· 数据科学与商务智能系列 ·

# Business Analytics
## 3rd Edition

# 商业数据分析
## （原书第3版）

杰弗里·D. 坎姆（Jeffrey D. Camm）
詹姆斯·J. 科克伦（James J. Cochran）
迈克尔·J. 弗赖伊（Michael J. Fry）
[美] 杰弗里·W. 奥尔曼（Jeffrey W. Ohlmann） 著
戴维·R. 安德森（David R. Anderson）
丹尼斯·J. 斯威尼（Dennis J. Sweeney）
托马斯·A. 威廉姆斯（Thomas A. Williams）

耿修林 ◎译

机械工业出版社
China Machine Press

## 图书在版编目（CIP）数据

商业数据分析：原书第3版 /（美）杰弗里·D. 坎姆（Jeffrey D.Camm）等著；耿修林译. —北京：机械工业出版社，2022.6（2024.1重印）
（数据科学与商务智能系列）
书名原文：Business Analytics, 3rd Edition
ISBN 978-7-111-71179-7

Ⅰ. ①商… Ⅱ. ①杰… ②耿… Ⅲ. ①商业信息 - 数据处理 Ⅳ. ①F713.51

中国版本图书馆CIP数据核字（2022）第124713号

**北京市版权局著作权合同登记　图字：01-2019-6095号。**

Jeffrey D. Camm, James J. Cochran, Michael J. Fry, Jeffrey W. Ohlmann, David R. Anderson, Dennis J. Sweeney, Thomas A. Williams. Business Analytics, 3rd Edition.

Copyright © 2019 by Cengage Learning, Inc.

Original edition published by Cengage Learning. China Machine Press is authorized by Cengage Learning to publish and distribute exclusively this simplified Chinese edition. This edition is authorized for sale in the Chinese mainland (excluding Hong Kong SAR, Macao SAR and Taiwan). Unauthorized export of this edition is a violation of the Copyright Act. No part of this publication may be reproduced or distributed by any means, or stored in a database or retrieval system, without the prior written permission of the publisher.

All rights reserved.

本书原版由圣智学习出版公司出版。本书中文简体字翻译版由圣智学习出版公司授权机械工业出版社独家出版发行。此版本仅限在中国大陆地区（不包括香港、澳门特别行政区及台湾地区）独家出版发行。未经授权的本书出口将被视为违反版权法的行为。未经出版者预先书面许可，不得以任何方式复制或发行本书的任何部分。

本书封底贴有Cengage Learning防伪标签，无标签者不得销售。

第3版的编写延续了以前版本的优点，在讲解相应的数量解析方法和模型时，从商务活动实际背景引出数量解析的问题及方法，对分析工具的性质、应用注意事项进行细致的说明，然后讲解如何利用Excel的功能进行求解，最后对数量解析的结果给出解读。与前一版相比，第3版在很多方面做了改进，主要表现为：章节的增删（新增两章，改写一章）、内容编排的调整（使全书内容衔接更紧凑）、大数据知识的充实更新、Excel数据分析新功能的讲解、电子数据资料和纸质图书的配合使用。

本书适合管理科学与工程、计算机科学与技术、统计学、工商管理、市场营销、经济贸易等专业的本科生、研究生和MBA使用，也可供相关企业人员学习参考。

出版发行：机械工业出版社（北京市西城区百万庄大街22号　邮政编码：100037）
责任编辑：张有利　　　　　　　　　　　　责任校对：郑　婕　李　婷
印　　刷：固安县铭成印刷有限公司　　　　版　　次：2024年1月第1版第2次印刷
开　　本：185mm×260mm　1/16　　　　　印　　张：42
书　　号：ISBN 978-7-111-71179-7　　　　定　　价：129.00元

客服电话：（010）88361066　68326294

**版权所有·侵权必究
封底无防伪标均为盗版**

# 前言

本书意欲给本科生和低年级研究生介绍商业数据分析学的一般知识。对于不断扩展的商业数据分析应用领域，这本教科书涵盖了其中一些最基本的素材。在本书的第 1 章中，我们对商业数据分析和采用的处理方法进行了概括性的介绍，简而言之，商业数据分析以数据为基础，旨在帮助商务人士做出更好的决策。第 2 章到第 6 章分别讲解了数据资料的统计描述方法、数据资料的可视化图表分析技术，以及如何从历史数据中获得有用的信息。第 7 章至第 9 章介绍了从历史数据中获得认知，并对未来可能结果进行预测的方法。第 10 章介绍了电子表格的使用，包括数据考察和构建决策模型。第 11 章说明了如何通过蒙特卡洛模拟，在电子表格模型中引入不确定性分析。本书的第 12 章至第 14 章讨论了如何根据可利用的数据资料，借助优化模型帮助决策人做出最优决策。第 15 章着重讲解如何站在决策人的视角，把决策人对风险的态度引入决策分析中。

本书对学生有没有选修过基础统计学课程不做要求。在编写本书的过程中，我们遵从了从商务统计到商业数据分析的顺序。书中涉及的所有统计概念，都是站在商业数据分析的角度并运用实际商务活动事例进行介绍的。第 2 章、第 5 章、第 6 章和第 7 章介绍了统计学的基本知识，它们构成了更复杂的数据分析方法的基础。第 3 章、第 4 章、第 9 章属于另外一类主题，就是数据可视化和数据挖掘，它们虽然不属于传统的初等商务统计的范畴，但在当前的商务活动情境下，它们是极其重要的内容，并得到了广泛的应用。第 10 章对数据分析应用中需要用到的 Excel 基本知识做了讲解。第 11 章、第 12 章、第 13 章、第 14 章和第 15 章属于一类主题，着重介绍如何利用电子表格模型进行指导性数据分析。

## 第 3 版的更新与修订

与前一版相比，第 3 版做了很多的修订。本版对数据挖掘有关章节的内容做了重大改写，以便于教师挑选他们喜欢的教学方法和软件，修订后的第 4 章和第 9 章的复习思考题中，有些题目不需要利用软件也能进行解答。新版第 4 章新增了一节，即文本挖掘，这是商业数据分析领域快速发展的一个分支。对于蒙特卡洛模拟这一章，我们基本上对其做了重新改写，以使其仅利用 Excel 自带的功能就可以实施模拟分析。第 3 版的其他改动包括：充实了与大数据有关的内容，增加了数据清洗方面的内容、数据可视化中 Excel 的新功能，并增补了复习思考题等。

具体来说，第 3 版修订的情况是：

- 增加了文本挖掘。在第 4 章我们增补了一节，专门介绍文本挖掘。随着非结构数据的井喷式出现，从文本中提取知识显得越来越重要。
- 修订了蒙特卡洛模拟的有关内容。我们对模拟模型的有关章节也进行了较大的修订。在蒙特卡洛模拟这一章的正文部分，我们仅介绍如何利用 Excel 自带的功能构建模拟分析模型。这种安排是基于作者的教学经验，以及对下列这些因素的考虑：①考虑到学生使用的操作系统不同（macOS 操作系统、Windows 操作系统），如此安排可以避免软件的不兼容问题；②把模拟原理和软件操作步骤区分开来，避免学生只知道使用某款软件而不知道模型分析的原理。

为此，我们增补了不少议题和事例，以讲清楚如何利用 Excel 自带的功能建构模拟模型，旨在帮助教师和学生熟悉不同的模拟模型以及对模拟结果的分析。如果教师希望使用专业的蒙特卡洛模拟软件，这一章的例题和复习思考题也完全可以使用专业的蒙特卡洛模拟软件求解。

另外，本版我们把蒙特卡洛模拟这一章挪到了优化模型章节之前介绍。我们认为做这样的顺序调整，能与第 10 章电子表格模型更好地过渡和衔接。因为在第 10 章中，我们增补了一小节，专门介绍如何利用 Excel 的方案管理器进行分析。第 11 章的复习思考题和案例讨论也能利用 Excel 的自带功能进行求解。

- 增补了大数据方面的资料。在本版第 6 章和第 7 章中，我们新增加了一些章节，目的是充实与大数据有关的内容。其中，第 6 章介绍了大数据的概念，讨论了在很大样本容量下统计推断面临的挑战和可能受到的影响；第 7 章进一步推广了这些概念，讨论了很大样本容量情境下估计和回归模型的应用问题。
- 引介了 Excel 中新的数据分析和可视化功能。Excel 2016 版开发了一些新的数据分析和可视化工具。第 2 章中我们介绍了如何利用 Excel 自带功能绘制箱线图。第 3 章中我们讲解了如何利用 Excel 自带功能创建可视化的树映射和地理信息系统（GIS）图。
- 充实了数据清洗的内容。第 2 章中我们讲解了数据清洗问题，并介绍了缺失数据、异常值、变量表征的概念。在处理带有缺失值和错误值的问题时，这些概念都是专业数据分析人员面对的重要内容。
- 讲解了 Excel 预测表的使用。就像我们在第 2 版所做的那样，第 3 版第 8 章附录中，我们介绍了 Excel 2016 版 "预测表"（Forecast Sheet）功能。Excel "预测表" 可以应用于时间序列预测模型。
- 增删了复习思考题。在这次修订中，我们对全书绝大多数章节的复习思考题都做了增删处理。

在这一版中，我们保留了前两版中好的做法，比如：

- Excel 运用。对 Excel 运用的讲解贯穿本书始终，对一些比较简单的数据分析方法，我们既说明了手工计算，也介绍了 Excel 的处理过程。对那些比较复杂的、只能通过电子表格解决的问题，我们着重介绍了 Excel 的使用办法和具体操作过程。
- 注释与点评。在本书一些章节的末尾，我们对相应章节的内容做了注意事项提醒和点评，以帮助学生更深入地认识和理解所学的知识，主要是所介绍方法的局限性、应用方面的建议等。另外，在书中用边框对需要注意的知识点和特别需要的提示，给出特别的说明。
- 商业数据分析实战。几乎每一章里，我们都在一开始编写了一段案例性质的实际应用材料。这些应用材料都是商业数据分析在实际应用中比较有趣的例子，它们来自不同领域的研究报告和科研论文，涵盖健康管理、金融、制造业、市场营销等领域。
- 电子资料。本书内容讲解中用到的示范数据，以及复习思考题中的背景数据，读者可联系出版社（通过封底邮箱）申请。
- 复习思考题和案例讨论。除了第 1 章，本书其余各章都编写了复习思考题，以帮助学生更好地通过练习掌握相应章节的学习内容。复习思考题的难易程度不一样，但它们绝大多数是商业数据分析实际应用的例子。除第 1 章外，其他 14 章都编写了有一定深度的案例，以供学生练习方法的综合运用。

我们对本书评审人的工作表示感谢，对提出意见和改进建议的本书读者表示感谢。

另外，我们还要感谢高级产品团队经理 Joe Sabatino、高级产品经理 Aaron Arnsparger、高级数字内容设计师 Brandon Foltz、高级市场营销经理 Nathan Anderson、内容开发者 Anne Merrill、内容项目经理 Jean Buttrom，以及圣智学习对本书提供咨询意见和辅助性工作的其他人士。

# ABOUT THE AUTHORS 作者简介

## 杰弗里·D. 坎姆（Jeffrey D. Camm）

杰弗里·D. 坎姆是维克森林大学（Wake Forest University）商学院数据分析系副主任。坎姆教授出生在俄亥俄州辛辛那提市，本科毕业于萨维尔大学（Xavier University），博士毕业于克莱姆森大学（Clemson University）。在到维克森林大学任教之前，坎姆教授一直是辛辛那提大学的教员，是斯坦福大学的访问学者，做过达特茅斯学院塔克商学院工商管理专业的访问教授。

坎姆博士在运营管理优化和市场营销领域发表了 30 多篇论文，分别刊登在《科学》《管理科学》《运筹学》《界面》（Interfaces）等专业期刊杂志上。在辛辛那提大学，坎姆博士是 Dornoff 教学优秀奖获得者，也是运筹学和管理学研究协会（INFORMS）2006 年运筹学实践教学奖获得者。坎姆教授是教学实践的坚定倡导者，长期在政府部门和许多大企业担任数据分析顾问。2005 年至 2010 年，坎姆教授为《界面》杂志的主编。2016 年，坎姆博士因长期从事运筹学研究荣获 Kimball 奖，2017 年被提名为运筹学和管理学研究协会（INFORMS）会士。

## 詹姆斯·J. 科克伦（James J. Cochran）

詹姆斯·J. 科克伦是亚拉巴马州立大学研究副院长、应用统计学教授、罗杰斯-斯皮维学院研究员，出生在俄亥俄州戴顿市，先后在莱特州立大学获得了学士、理学硕士和工商管理硕士学位，在辛辛那提大学获得博士学位。自 2014 年起，科克伦教授一直在亚拉巴马州立大学工作，曾做过斯坦福大学、智利塔尔卡大学、南非大学和法国达·芬奇大学中心的访问学者。

科克伦教授在运筹学和统计方法开发与应用领域发表过 20 多篇研究论文，分别刊登在《管理科学》《美国统计学人》《统计学通讯：理论和方法》《运筹学年鉴》《欧洲运筹学杂志》等专业期刊上。科克伦教授是运筹学和管理学研究协会（INFORMS）2008 年运筹学实践教学奖的获得者，是 2010 年 Mu Sigma Rho 统计学教育奖获得者。科克伦教授 2005 年当选为国际统计学协会会士，2011 年被提名为美国统计学协会会士，2017 年当选运筹学和管理学研究协会会士。科克伦教授还分别获得了 2014 年的 Founders 奖、2015 年的 Karl E. Peace 奖，以及 2017 年美国统计学会颁发的卓越教学成就奖。科克伦教授大力倡导如何把运筹学、统计学教学的重点转移到解决实际问题的成效和质量上。科克伦教授在世界各地组织和主持了多场教学研讨会。科克伦教授还在许多公司和非营利组织担任运筹学顾问，在 2006~2012 年间是运筹学和管理学研究协会《INFORMS 教育通报》杂志的主编，是《界面》杂志、《国际运筹学汇刊》杂志的编委会成员。

### 迈克尔·J. 弗赖伊（Michael J. Fry）

迈克尔·J. 弗赖伊是辛辛那提大学 Carl H. Lindner 商学院运筹学、商务统计分析、信息系统系教授和主任，出生于得克萨斯州基林市，在得克萨斯州农机大学获得学士学位，在密歇根大学获得工程硕士和博士学位。弗赖伊教授从 2002 年开始执教辛辛那提大学，曾被任命为 Lindner 研究员，担任过商务统计分析中心副主任和临时主管，曾做过康奈尔大学、英属哥伦比亚大学的访问教授。

在《运筹学》《制造业与服务业的运营管理》《运输科学》《海军物流研究》《国际工业工程汇刊》《界面》等期刊上，弗赖伊教授发表过 20 多篇论文。他的研究领域主要是：供应链分析中的定量管理方法、体育统计分析、公共政策运营。弗赖伊教授的科研合作对象包括戴尔公司、科普兰公司、星巴克、美国保险集团、辛辛那提消防局、俄亥俄州选举委员会、辛辛那提猛虎队、辛辛那提动物园。2008 年，弗赖伊教授入围 Daniel H. Wagner 运筹学应用优秀奖。在辛辛那提大学，弗赖伊教授一直是科研和教学的知名人物。

### 杰弗里·W. 奥尔曼（Jeffrey W. Ohlmann）

杰弗里·W. 奥尔曼是艾奥瓦大学 Tippie 商学院管理科学系副教授和 Huneke 研究员，出生在内布拉斯加州瓦伦丁市。他在内布拉斯加大学获得学士学位，后来在密歇根大学获得硕士和博士学位。从 2003 年开始，奥尔曼教授一直在艾奥瓦大学任教。

奥尔曼教授在决策问题的建模和求解领域发表过 20 多篇研究论文，先后刊登在《运筹学》《运筹学的数学研究》《INFORMS 计算杂志》《运输科学》《欧洲运筹学杂志入围》《界面》等期刊上。他合作过的公司和机构有 Transfreight、LeanCor、嘉吉（Cargill）、汉密尔顿县选举委员会、辛辛那提猛虎队等。由于奥尔曼教授的科研工作对行业发展有很强的指导意义，他曾被授予过乔治·B. 丹齐克（George B. Dantzig）论文奖，并因在运筹学实践中的成就荣获 Daniel H. Wagner 奖。

### 戴维·R. 安德森（David R. Anderson）

戴维·R. 安德森是辛辛那提大学 Carl H. Lindner 商学院数据分析专业荣誉教授，出生于北达科他州大福克斯市，先后在普渡大学获得学士、硕士和博士学位。安德森教授在退休之前，当过数据分析和运筹管理系主任，也当过商业管理学院副院长。

在辛辛那提大学从教的岁月里，安德森教授给商务专业的学生讲授过初等统计学，给研究生开设过回归分析、多元分析、管理科学等课程。此外，他还兼职在劳工部讲授统计学。由于在教学和学生服务方面的突出表现，安德森教授先后多次获得嘉奖。

安德森教授曾与他人合作出版过统计学、管理科学、线性规划、生产与运作管理等领域的教科书，此外他还担任抽样与统计方法领域的高级顾问。

### 丹尼斯·J. 斯威尼（Dennis J. Sweeney）

丹尼斯·J. 斯威尼是辛辛那提大学数据分析专业荣誉教授，是辛辛那提大学生产力促进中心的创始人。丹尼斯·J. 斯威尼出生于艾奥瓦州首府得梅因，在德雷克大学获得文学和理学学士后，又在印第安纳大学获得工商管理硕士（MBA）和博士学位（DBA）。斯威尼教授1978～1979年在宝洁公司管理科学部任职，1981～1982年在杜克大学做访问教授，担任辛辛那提大学数据分析系主任、商业管理学院副院长。

斯威尼教授先后发表过30多篇有关管理科学和统计学方面的文章和专著，曾经获得过美国国家科学基金、IBM公司、宝洁公司、美国联合百货公司、克罗格公司、辛辛那提煤气和电力公司的科研资助，这些方面的科研成果先后刊登在《管理科学》《运筹学研究》《数学规划》《决策科学》等杂志上。斯威尼教授曾与他人合作出版过统计学、管理科学、线性规划、生产与运作管理领域的教科书。

### 托马斯·A. 威廉姆斯（Thomas A. Williams）

托马斯·A. 威廉姆斯是罗切斯特理工学院商学院的管理科学荣誉教授，出生在纽约州埃尔迈拉市，在克拉克森大学获得学士学位，在伦斯勒理工学院攻读研究生，并获得了硕士和博士学位。

在任教罗切斯特理工学院之前，威廉姆斯教授曾在辛辛那提大学商业管理学院做过7年的教务员，参与开发了信息系统的研究生课程。来到罗切斯特理工学院之后，当过首任决策科学系主任，讲授的课程包括管理科学、统计学、回归与决策分析。

威廉姆斯教授曾与他人合作出版过管理科学、统计学、生产与运作管理、数学方面的教科书。威廉姆斯教授长期担任多家《财富》500强公司的顾问，参与过数据分析、大型回归模型项目的研究工作。

# 目 录

前言
作者简介

## 第1章 导论 … 1
### 1.1 决策的意义 … 3
### 1.2 什么是商业数据分析 … 4
### 1.3 数据分析方法与模型的分类 … 4
#### 1.3.1 描述性数据分析 … 5
#### 1.3.2 预测性数据分析 … 5
#### 1.3.3 指导性数据分析 … 6
### 1.4 大数据 … 7
#### 1.4.1 体量大 … 7
#### 1.4.2 速度快 … 8
#### 1.4.3 多样性 … 8
#### 1.4.4 真实性 … 8
### 1.5 商业数据分析学的应用 … 10
#### 1.5.1 金融领域 … 10
#### 1.5.2 人力资源管理 … 11
#### 1.5.3 市场营销 … 11
#### 1.5.4 健康管理 … 12
#### 1.5.5 供应链管理 … 12
#### 1.5.6 政府部门和非营利组织 … 12
#### 1.5.7 体育领域 … 13
#### 1.5.8 互联网领域 … 13
本章小结 … 14
关键术语 … 14

## 第2章 描述统计分析 … 16
数据分析案例：美国人口普查局 … 16
### 2.1 数据概述：定义和目标 … 17
### 2.2 数据的类型 … 18
#### 2.2.1 总体数据和样本数据 … 18
#### 2.2.2 数量数据和属性数据 … 18
#### 2.2.3 截面数据和时间序列数据 … 19
#### 2.2.4 数据的来源 … 19
### 2.3 Excel中的数据调整 … 21
#### 2.3.1 Excel中的数据排序和筛选 … 21
#### 2.3.2 Excel中的数据条件格式 … 24
### 2.4 数据的分布 … 26
#### 2.4.1 属性数据的频数分布 … 26
#### 2.4.2 频率分布与百分比分布 … 27
#### 2.4.3 数量数据的频率分布 … 28
#### 2.4.4 直方图 … 30
#### 2.4.5 累积频数分布 … 33
### 2.5 位置测度 … 34
#### 2.5.1 均值（算术平均数） … 34
#### 2.5.2 中位数 … 35
#### 2.5.3 众数 … 36
#### 2.5.4 几何平均 … 36
### 2.6 变异测度 … 38
#### 2.6.1 极差 … 39
#### 2.6.2 方差 … 39

  2.6.3 标准差 ………………… 41
  2.6.4 变异系数 ……………… 41
 2.7 分布分析 ……………………… 42
  2.7.1 百分位数 ……………… 42
  2.7.2 四分位数 ……………… 43
  2.7.3 $z$-值 …………………… 44
  2.7.4 经验法则 ……………… 45
  2.7.5 异常值识别 …………… 46
  2.7.6 箱线图 ………………… 46
 2.8 两个变量之间的相关关系 …… 49
  2.8.1 散点图 ………………… 49
  2.8.2 协方差 ………………… 50
  2.8.3 相关系数 ……………… 52
 2.9 数据清洗 ……………………… 53
  2.9.1 缺失数据 ……………… 54
  2.9.2 布莱克利轮胎 ………… 55
  2.9.3 错误异常值与其他错误值 … 57
  2.9.4 变量表征 ……………… 59
 本章小结 …………………………… 60
 关键术语 …………………………… 60
 复习思考题 ………………………… 62
 案例讨论：Heavenly 巧克力公司的
     网上交易 ……………… 69

## 第 3 章 数据可视化 …………………… 72
 数据分析案例：辛辛那提动物园 …… 72
 3.1 数据可视化概述 ……………… 74
 3.2 表格 …………………………… 76
  3.2.1 表格设计原则 ………… 77
  3.2.2 交叉表 ………………… 79
  3.2.3 Excel 数据透视表 …… 80
  3.2.4 Excel 推荐数据透视表 … 84
 3.3 图 ……………………………… 86
  3.3.1 散点图 ………………… 86
  3.3.2 折线图 ………………… 89
  3.3.3 条形图和柱状图 ……… 92
  3.3.4 饼状图和3D 图的评述 …… 94

  3.3.5 气泡图 ………………… 94
  3.3.6 热点图 ………………… 96
  3.3.7 其他多变量图形 ……… 97
  3.3.8 Excel 中的数据透视图 …… 101
 3.4 高级可视化方法 ……………… 103
  3.4.1 高级图形 ……………… 103
  3.4.2 地理信息系统图 ……… 105
 3.5 数据仪表盘 …………………… 107
  3.5.1 制作数据仪表盘的原则 …… 107
  3.5.2 数据仪表盘的应用 …… 108
 本章小结 …………………………… 109
 关键术语 …………………………… 110
 复习思考题 ………………………… 111
 案例讨论：电影票房数据 ………… 118

## 第 4 章 描述性数据挖掘 ……………… 121
 数据分析案例：来自机器的建议 …… 121
 4.1 聚类分析 ……………………… 122
  4.1.1 相似度测量 …………… 123
  4.1.2 分层聚类 ……………… 124
  4.1.3 $k$ 均值聚类 …………… 127
  4.1.4 分层聚类与 $k$ 均值聚类的
     比较 …………………… 129
 4.2 关联规则 ……………………… 129
 4.3 文本挖掘 ……………………… 132
  4.3.1 三联航空航班顾客之声 … 133
  4.3.2 文本数据的预处理 …… 134
  4.3.3 影评 …………………… 135
 本章小结 …………………………… 136
 关键术语 …………………………… 136
 复习思考题 ………………………… 138
 案例讨论：KTC 公司理财咨询服务 …… 144

## 第 5 章 概率：模式化不确定性
   原理 …………………………… 146
 数据分析案例：美国国家航空
     航天局 ………………… 146

| 5.1 | 事件与概率 | 147 |
| 5.2 | 概率的基本关系 | 148 |
| | 5.2.1 事件的补集 | 148 |
| | 5.2.2 加法定律 | 149 |
| 5.3 | 条件概率 | 151 |
| | 5.3.1 独立事件 | 154 |
| | 5.3.2 乘法定律 | 154 |
| | 5.3.3 贝叶斯定理 | 155 |
| 5.4 | 随机变量 | 157 |
| | 5.4.1 离散型随机变量 | 158 |
| | 5.4.2 连续型随机变量 | 158 |
| 5.5 | 离散概率分布 | 159 |
| | 5.5.1 自定义离散概率分布 | 159 |
| | 5.5.2 期望值与方差 | 161 |
| | 5.5.3 离散型均匀概率分布 | 163 |
| | 5.5.4 二项概率分布 | 164 |
| | 5.5.5 泊松分布 | 166 |
| 5.6 | 连续型概率分布 | 168 |
| | 5.6.1 连续型均匀分布 | 169 |
| | 5.6.2 三角分布 | 171 |
| | 5.6.3 正态分布 | 172 |
| | 5.6.4 指数分布 | 176 |

本章小结 ... 179
关键术语 ... 179
复习思考题 ... 181
案例讨论：汉密尔顿县审判员 ... 188

## 第6章 统计推断分析 ... 191
数据分析案例：约翰·莫雷尔公司 ... 191

| 6.1 | 样本选择 | 193 |
| | 6.1.1 从有限总体中抽样 | 194 |
| | 6.1.2 从无限总体中抽样 | 195 |
| 6.2 | 点估计 | 197 |
| 6.3 | 抽样分布 | 199 |
| | 6.3.1 样本均值 $\bar{x}$ 的抽样分布 | 201 |
| | 6.3.2 样本比例 $\bar{p}$ 的抽样分布 | 205 |
| 6.4 | 区间估计 | 208 |
| | 6.4.1 总体均值的区间估计 | 208 |
| | 6.4.2 总体比例的区间估计 | 214 |
| 6.5 | 假设检验 | 217 |
| | 6.5.1 零假设和备择假设 | 217 |
| | 6.5.2 假设检验两类错误 | 220 |
| | 6.5.3 总体均值假设检验 | 221 |
| | 6.5.4 总体比例假设检验 | 231 |
| 6.6 | 大数据、统计推断及其实际意义 | 235 |
| | 6.6.1 抽样误差 | 235 |
| | 6.6.2 非抽样误差 | 236 |
| | 6.6.3 大数据 | 237 |
| | 6.6.4 什么是大数据 | 238 |
| | 6.6.5 大数据与抽样误差 | 238 |
| | 6.6.6 大数据与置信区间精度 | 239 |
| | 6.6.7 大数据对置信区间的影响 | 240 |
| | 6.6.8 大数据、假设检验与 $p$ 值问题 | 241 |
| | 6.6.9 大数据对假设检验的影响 | 242 |

本章小结 ... 243
关键术语 ... 244
复习思考题 ... 246
案例讨论1：《青年职场生涯》杂志 ... 256
案例讨论2：质量联合公司 ... 257

## 第7章 线性回归分析 ... 259
数据分析案例：联合数据系统 ... 259

| 7.1 | 简单线性回归模型 | 260 |
| | 7.1.1 回归模型 | 260 |
| | 7.1.2 回归方程 | 261 |
| 7.2 | 最小二乘法 | 262 |
| | 7.2.1 回归参数的最小二乘估计 | 263 |
| | 7.2.2 Excel回归模型估计 | 266 |
| 7.3 | 简单线性回归模型的拟合效果 | 267 |

7.3.1 离差平方和的分解 …… 267
7.3.2 拟合优度系数 …… 269
7.3.3 Excel 拟合优度系数计算 … 270
7.4 多元回归模型 …… 271
7.4.1 回归模型 …… 271
7.4.2 多元回归方程 …… 271
7.4.3 最小二乘法和多元回归 …… 271
7.4.4 多元回归分析实例 …… 272
7.4.5 Excel 多元回归求解 …… 273
7.5 回归推断分析 …… 275
7.5.1 推断分析的必要条件 …… 276
7.5.2 回归参数检验 …… 280
7.5.3 不显著自变量处理 …… 282
7.5.4 多重共线性 …… 283
7.6 属性自变量 …… 286
7.6.1 引入属性自变量 …… 286
7.6.2 解读参数的意义 …… 287
7.6.3 多个属性变量的处理 …… 289
7.7 非线性回归模型 …… 290
7.7.1 二项式回归模型 …… 292
7.7.2 分段线性回归模型 …… 295
7.7.3 交互效应 …… 297
7.8 建模问题 …… 301
7.8.1 变量选择 …… 301
7.8.2 过度拟合 …… 302
7.9 大数据与回归分析 …… 303
7.9.1 推断与很大样本的关系 …… 303
7.9.2 模型选择 …… 306
7.10 回归预测分析 …… 307
本章小结 …… 309
关键术语 …… 310
复习思考题 …… 312
案例讨论：校友捐赠 …… 323

## 第 8 章 时间序列分析与预测 …… 325
数据分析案例：系列办公产品的需求预测 …… 325

8.1 时间序列的几种类型 …… 327
8.1.1 水平变化的时间序列 …… 327
8.1.2 带有趋势的时间序列 …… 329
8.1.3 带有季节性波动的时间序列 …… 330
8.1.4 同时带有趋势和季节性波动的时间序列 …… 331
8.1.5 带有周期性波动的时间序列 …… 332
8.1.6 如何识别时间序列形态 …… 333
8.2 预测精度问题 …… 333
8.3 移动平均法与指数平滑法 …… 337
8.3.1 移动平均法 …… 337
8.3.2 指数平滑法 …… 341
8.4 回归预测分析 …… 344
8.4.1 线性趋势回归预测分析 …… 344
8.4.2 不带趋势的季节性效应的回归预测分析 …… 346
8.4.3 带趋势的季节性效应的回归预测分析 …… 348
8.4.4 因果关系的回归分析预测 …… 349
8.4.5 存在因果变量和趋势及季节效应的回归预测 …… 352
8.4.6 回归预测分析中的有关问题 …… 353
8.5 预测模型优良性评估 …… 353
本章小结 …… 354
关键术语 …… 354
复习思考题 …… 355
案例讨论：食品和饮料销售预测分析 …… 365
附录 8A 运用 Excel "预测表" …… 366

## 第 9 章 预测性数据挖掘 …… 372
数据分析案例：在线旅游住宿网站 … 372
9.1 数据抽样、预处理与分割 …… 373

9.2 性能测度 ……………………… 375
　9.2.1 属性结果分类评估 ……… 375
　9.2.2 连续结果估计评估 ……… 380
9.3 逻辑回归 …………………… 381
9.4 k-最近邻法 ………………… 384
　9.4.1 属性资料的 k-最近邻法
　　　　分类 ……………………… 385
　9.4.2 连续资料的 k-最近邻法
　　　　估计 ……………………… 386
9.5 分类与回归树 ……………… 387
　9.5.1 分类树 ………………… 387
　9.5.2 回归树 ………………… 392
　9.5.3 集成方法 ……………… 393
本章小结 …………………………… 396
关键术语 …………………………… 397
复习思考题 ………………………… 399
案例讨论：灰色代码公司 ………… 407

## 第 10 章　电子表格模型 ……… 409
数据分析案例：宝洁公司利用电子
　　　　表格模型进行库存
　　　　管理 ……………………… 409
10.1 电子表格模型构建 ………… 410
　10.1.1 影响图 ………………… 410
　10.1.2 代数关系 ……………… 411
　10.1.3 电子表格模型设计 …… 412
10.2 What-If 分析 ……………… 415
　10.2.1 模拟运算表 …………… 415
　10.2.2 单变量求解 …………… 418
　10.2.3 方案管理器 …………… 420
10.3 常用的 Excel 函数 ………… 423
　10.3.1 SUM 和 SUMPRODUCT … 423
　10.3.2 IF 和 COUNTIF ……… 425
　10.3.3 VLOOKUP …………… 427
10.4 电子表格模型审核 ………… 429
　10.4.1 追踪引用单元格和从属
　　　　　单元格 …………………… 429

　10.4.2 显示公式 ……………… 431
　10.4.3 公式求值 ……………… 431
　10.4.4 错误检查 ……………… 432
　10.4.5 监视窗口 ……………… 432
10.5 预测性与指导性电子表格
　　　模型 ……………………… 433
本章小结 …………………………… 433
关键术语 …………………………… 434
复习思考题 ………………………… 434
案例讨论：退休计划 ……………… 444

## 第 11 章　蒙特卡洛模拟 ……… 445
数据分析案例：根除脊髓灰质炎 … 445
11.1 Sanotronics 公司的风险分析 … 446
　11.1.1 基本情境 ……………… 447
　11.1.2 最坏情境 ……………… 448
　11.1.3 最好情境 ……………… 448
　11.1.4 Sanotronics 公司的电子
　　　　　表格模型 ……………… 448
　11.1.5 随机变量取值的概率
　　　　　分布 …………………… 449
　11.1.6 运用 Excel 生成随机
　　　　　变量值 ………………… 450
　11.1.7 运用 Excel 进行模拟
　　　　　试验 …………………… 453
　11.1.8 模拟结果的综合测量与
　　　　　分析 …………………… 455
11.2 Land Shark 公司模拟模型 … 458
　11.2.1 Land Shark 公司的电子表格
　　　　　模型 …………………… 459
　11.2.2 生成 Land Shark 公司随机
　　　　　变量值 ………………… 461
　11.2.3 模拟试验和结果分析 … 463
　11.2.4 运用拟合分布生成投标
　　　　　报价金额 ……………… 465
11.3 相依变量模拟 ……………… 470
11.4 模拟分析的几点思考 ……… 474

11.4.1 核查与验证 …………… 474
11.4.2 模拟分析的优缺点 …… 475
本章小结 …………………………… 475
关键术语 …………………………… 476
复习思考题 ………………………… 477
案例讨论：四角公司（Four Corners）
问题 …………………………… 488
附录11A 模拟分析中常见的概率
分布 …………………………… 490

## 第12章 线性优化模型 …………… 500
数据分析案例：通用电气公司优化
决策 …………………………… 500
12.1 最大化问题 ………………… 501
12.1.1 问题的描述 …………… 502
12.1.2 Par 公司的线性规划模型 … 504
12.2 Par 公司规划模型的求解 … 505
12.2.1 Par 公司问题的图形
解法 …………………… 506
12.2.2 运用 Excel 求解线性规划
问题 …………………… 508
12.3 极小值问题 ………………… 511
12.3.1 问题的提法 …………… 512
12.3.2 M&D 公司优化问题的
求解 …………………… 512
12.4 线性规划的几类特殊情况 … 514
12.4.1 多个最优解 …………… 514
12.4.2 无可行解 ……………… 515
12.4.3 无界问题 ……………… 517
12.5 敏感性分析 ………………… 518
12.6 线性规划一般形式及推广
应用 …………………………… 521
12.6.1 投资组合问题 ………… 522
12.6.2 运输问题 ……………… 524
12.6.3 广告促销问题 ………… 527
12.7 线性规划多个解的一般性
说明 …………………………… 532

本章小结 …………………………… 533
关键术语 …………………………… 534
复习思考题 ………………………… 535
案例讨论：投资策略 ……………… 544

## 第13章 整数线性优化 …………… 545
数据分析案例：石油钻井工人运送的
优化问题 ……………………… 545
13.1 整数线性规划的类型 ……… 546
13.2 整数规划的一个实例 ……… 546
13.3 运用 Excel 求解整数优化
问题 …………………………… 549
13.4 0-1 变量的应用 …………… 553
13.4.1 资金预算问题 ………… 553
13.4.2 固定费用问题 ………… 556
13.4.3 银行选址问题 ………… 558
13.4.4 产品设计与市场份额优化
问题 …………………… 560
13.5 0-1 变量与建模 …………… 563
13.5.1 相互排斥的多种选择
问题 …………………… 564
13.5.2 从 $n$ 个项目中选出 $k$ 个
项目问题 ……………… 564
13.5.3 条件前提约束问题 …… 564
13.6 生成 0-1 问题的替代
最优解 ………………………… 565
本章小结 …………………………… 568
关键术语 …………………………… 568
复习思考题 ………………………… 569
案例讨论：苹果牌儿童服装销售
问题 …………………………… 578

## 第14章 非线性优化问题 ………… 580
数据分析案例：洲际酒店的零售
定价 …………………………… 580
14.1 一个生产管理实例 ………… 581
14.1.1 无约束问题 …………… 581

14.1.2 有约束问题 ·············· 582
14.1.3 利用 Excel 求解非线性优化模型 ·············· 584
14.1.4 非线性规划的敏感性分析和影子价格 ·············· 585
14.2 局部最优和全局最优 ·············· 586
14.3 选址问题 ·············· 590
14.4 Markowitz 投资组合模型 ·············· 591
14.5 新产品市场销售预测 ·············· 595
本章小结 ·············· 599
关键术语 ·············· 599
复习思考题 ·············· 600
案例讨论：带有交易费用的投资组合优化问题 ·············· 607

## 第 15 章 决策分析 ·············· 610

数据分析案例：Phytopharm 公司的新产品研发 ·············· 610
15.1 问题的表述 ·············· 611
  15.1.1 报偿表 ·············· 612
  15.1.2 决策树 ·············· 612
15.2 不使用概率的决策分析 ·············· 613
  15.2.1 乐观主义准则 ·············· 614
  15.2.2 保守主义准则 ·············· 614
  15.2.3 后悔主义准则 ·············· 615
15.3 使用概率的决策分析 ·············· 616
  15.3.1 期望值准则 ·············· 616
  15.3.2 风险分析 ·············· 618
  15.3.3 敏感性分析 ·············· 619
15.4 运用样本信息的决策分析 ·············· 620
  15.4.1 样本信息期望值 ·············· 620
  15.4.2 完全信息期望值 ·············· 623
15.5 利用贝叶斯定理计算状态枝概率 ·············· 625
15.6 效用理论 ·············· 627
  15.6.1 效用与决策分析 ·············· 628
  15.6.2 效用函数 ·············· 631
  15.6.3 指数效用函数 ·············· 633
本章小结 ·············· 635
关键术语 ·············· 635
复习思考题 ·············· 637
案例讨论：不动产投资策略 ·············· 647

**参考文献** ·············· 649

**译者后记** ·············· 651

# 第 1 章

# 导 论

当你第一次到银行申请贷款的时候,银行是怎样评估你的贷款风险的?当你登录亚马逊公司网站(www.amazon.com),它是怎么知道把相关的图书及产品推荐给你的?当你订购飞机票的时候,航空公司如何给你报价?当你生病或者受伤的时候,医生如何才能对你进行更好的诊断和治疗?

尽管你是第一次申请银行贷款,但是世界上已经有成千上万的人申请过。许多拿到贷款的人能够按时足额还清贷款,但是总有一部分人会违约。银行想知道你是更像那些正常还款的人,还是更像那些不能按期还款的人,那么把你的历史信用记录、财务状况,结合其他因素,与从该银行贷过款的人组成的庞大数据库进行比对,便能对贷给你的款项到期按时收回的可能性做出有效评估。

与此类似,亚马逊公司拥有曾经访问过该公司网站的客户的数百万条购买记录。通过你以前的购买记录、你浏览过的商品和你推荐过的产品的记录,亚马逊公司的业务人员从其庞大的数据库中就可以搜索和寻找那些与你有着相似的产品购买记录、产品推荐记录和兴趣的顾客。一旦在数据库中找到这些与你相似的顾客,这些人的历史购物信息就会成为推荐给你哪些产品的参考。

我们知道,机票的价格经常变动。以从纽约至旧金山的航班为例,系统推荐给你的当天的机票价格与第二天的价格可能会相差很大。产生这些价格差别的原因,是航空公司采用了叫作收益管理的定价策略。收益管理是通过分析航空公司大量的机票历史销售数据来预测未来的机票销售情况。这些销售预测数据将会被输入复杂的优化模型中,依据所得的结果来确定每条航线的最优票价,以及什么时候调整票价。通过收益管理,航空公司的收益得到了显著的增加。

再让我们设想一个场景:某位医生遇到一个非常有挑战性的医疗问题。虽然有成百上千篇医学论文描述和研究了类似的医疗问题,并且已经获得了大量实验数据,但是让医生阅读全部研究论文或者掌握所有以前类似病人的治疗状况是绝无可能的。与其依赖医生个人从有限的从医经验中获得的医学训练和知识,还不如让他去搜索全世界医生的专家经验及病人的治疗过程和结果。

IBM公司的计算机科学家启动了一个项目——开发一款新型决策技术，以帮助解答诸如此类的问题。这个项目被称为"沃森"（Watson），得名于IBM创始人托马斯·J.沃森（Thomas J. Watson）。该项目团队只有一个目标，就是利用互联网上的海量数据做出更多依赖于数据的、更聪明的决策。

自2011年始，"沃森"逐渐家喻户晓，因为它在哥伦比亚广播公司的益智问答游戏节目《危险边缘》（Jeopardy）中获胜！这次概念验证之后，IBM与健康保险公司康典（WellPoint，现在已被Anthem公司收购）、花旗银行（Citibank）、斯隆-凯特琳癌症中心（Memorial Sloan-Kettering Cancer Center）、通用汽车（General Motors）达成了合作协议，运用沃森来解决它们所面临的决策问题。

沃森是一个由计算硬件、高速数据处理和数据分析算法组成的系统，能够做出以数据为基础的决策建议。随着搜集的数据越来越多，沃森拥有了不断学习的能力。简言之，按照IBM的描绘，沃森首先从一个巨大的数据池里搜集成百上千个可能的方案，然后用数据分析技术来评估这些方案，最后提出一组最优的方案供人参考。沃森不仅提供单一解决方案，而且提供一系列带有置信水平的方案。

例如，在康典公司位于弗吉尼亚的数据中心，沃森已经被用来加快医学手术的审批过程，使医生和病人都很开心；花旗银行正在探索如何使用沃森来提高客户满意度；北美十几家医院的癌症专家正在利用沃森来协助进行诊断和治疗。⊖

本书关注的焦点是数据驱动下的决策支持，以及决策过程中所使用的数据分析方法。引发数据分析方法在商务应用中的爆炸式增长，源于三方面的因素。

第一，技术进步。POS扫描技术的完善、电子商务和社交网络的发展，以及安装在飞机、汽车、工厂机器设备上的各种各样的传感器（即所谓物联网技术）的发展，加之个人电子设备的普及，产生了难以置信的商务活动数据。很自然地，企业希望能利用这些数据来提高运营效率和利润水平，更好地了解客户需求，实行更有效的产品定价，进而进一步获得竞争优势。

第二，科研带来的新方法。不断发展的科研产生了数不胜数的新方法，归纳起来，这些新方法主要包括：更加先进的高效处理和探索海量数据的计算方法，更加快速的优化和仿真算法，以及更直观有效的数据可视化技术。

第三，计算能力和存储容量提升。伴随着上述方法在科研领域的运用，计算能力和存储容量也出现了巨大的突破。更好的计算硬件设施、并行计算的广泛采用，以及最新的云计算（通过互联网远程协调使用计算机软件和硬件），使得企业能够以前所未有的速度和精准度解决"大问题"（big problems）。

总而言之，可资利用的海量数据、不断改进的数据分析方法、持续提升的计算能力，三者共同引发了在商业活动领域使用数据分析方法的高潮，同时也使得我们信赖这门学

---

⊖ "IBM's Watson Is Learning Its Way to Saving Lives". Fastcompany web site, 2012.10.8. "IBM's Watson Targets Cancer and Enlists Prominent Providers in the Fight". ModernHealthcare web site, 2015.5.5.

科，也就是本书的重点：商业数据分析方法。正如本书前言所说的，撰写本书的重要目的在于，给初学者对商业数据分析在决策过程中扮演的角色提供一个概念上的感受。为此，为了强调本书的实用性，为了帮助同学们更好地理解数据分析方法各种各样的应用，我们在本书各章中都加入了"实践中的数据分析"，以展示商业数据分析无所不在的应用。

## 1.1 决策的意义

对经营管理人员来说，他们的责任就是计划、协调、组织和领导所在的组织获得更好的绩效。从根本上讲，企业管理人员肩负的职责要求他们做出战略层面、战术层面、运营层面的决策。**战略决策**涉及组织全局导向的高层次问题，这些决策确定了组织未来的整体目标和愿景。战略决策往往是高层管理者考虑的事情，筹划企业未来3~5年的发展。**战术决策**是指组织应该怎样实现战略决策所定下的目标和期望的结果，是中层管理人员的职责所在。战术决策通常以一年为期限，每年甚至每半年就需要进行调整。**运营决策**涉及公司日复一日的运行，是运营经理需要关心的、最贴近客户的议题。

以纯品经营公司（Thoroughbred Running Company，TRC）为例，历史上它一直是通过零售商目录经销跑鞋和运动服装的。自从把重点转为基于互联网的销售模式后，TRC公司的销售收入增长很快。近年来，TRC公司决定在大城市的购物中心或者商业区建立零售实体店。这种决策是战略层面的，决定了公司往哪走，这个新方向试图与TRC公司现行的基于互联网的销售模式互补。接下来，TRC公司的中层管理人员会思考一系列的战术决策，以支持TRC公司实现这个战略决策，包括一年要开多少家实体店、在哪儿开，需要多少个配送中心来支持这些新开的实体店，这些配送中心放在哪里。实体店的运营经理将会考虑那些日复一日的运营决策，如从分销中心订购哪个型号、哪个尺寸的鞋，订购多少双，如何对销售人员进行排班等。

无论身处公司的哪个层级，决策都需要按照以下的流程展开：

第一步，识别和界定问题。

第二步，确定用来评价各种可能解决方案的标准。

第三步，制订一组可能的备选方案。

第四步，对各个备选方案进行评估。

第五步，选择其中一个方案。

其中，第一步是决策中最重要的一环。只有当问题被界定清楚了，并且有了明确的成功与失败的评价指标（第二步），我们才能够开发出合适的解决问题的方法（第三步和第四步），最终才能在一组解决方案中进行选择（第五步）。

> 阿尔伯特·爱因斯坦说：给我1小时去拯救地球，我更愿意花59分钟界定问题，然后只花1分钟解决它。

有大量的方法可以用来做决策，比如，依据传统惯例（"我们通常都会这么做"）、根据直觉（"感知"）、基于经验（"作为餐馆老板，在周末我通常会安排两倍数量的服务员和厨师"）。以上三种方法的每一种，都有着不可低估的能量。管理上的经验和直觉，对于决策来讲是非常宝贵的。可是如果有相关的数据可资利用，这对做出更周到的决策岂不是更好？随着海量数据的产生和电子存储变得越来越简单，企业所拥有的数据量每两年便会翻一番。管理人员如何将这些数据转变为知识，并利用这些知识高效、有效地经营和管理企业，这将会成为一个时代的话题。

## 1.2 什么是商业数据分析

做决策存在的困难和挑战，究竟是什么造成的呢？首要问题是面临的不确定性。如果事先知道产品的需求量，就很容易制订生产计划和安排生产活动。如果事先能准确地知道项目每个步骤的完成时间，就能够很好地预测项目成本和完工时间。如果知道了股票价格如何波动，投资选择势必会变得非常简单。

另一个使决策变得困难的原因是我们拥有太多的备选方案，难以一一进行评估。如何找到最佳的股票组合来实现投资目标？如何找到最佳的产品线以使公司的市场份额达到最大？如何确定机票价格使航空公司的收益最大化？诸如这些问题都存在着为数众多的可选方案。

在一些公司和行业中，商业数据分析直接被简称为数据分析。数据分析学是个涉及范围很广的范畴，远不止商业数据分析，也涵盖科学和工程技术领域。在本书中，我们对商业数据分析和数据分析不做区分。

**商业数据分析**是通过科学的流程将数据转变为认知的信息从而做出更好的决策的技术。[⊖]商业数据分析可以帮助做出数据驱动或基于事实的决策，这种决策方法与前文提到的决策方法（惯例、直觉、经验）相比显得更加客观。

我们将会看到，商业数据分析所包含的方法和工具能够帮助我们做出更好的决策。我们使用这些方法和工具从数据中获取知识，提高计划预测的准确性，量化风险，通过分析和优化得到更好的解决方案。麻省理工学院斯隆管理学院和宾夕法尼亚大学的科研人员通过大样本的企业调查得出结论：大凡采用数据驱动决策的企业，其绩效、市值、产出和盈利能力都要好于其他公司。[⊜]

## 1.3 数据分析方法与模型的分类

商业数据分析学包含的面很广，可能是一份简单的报表，也可能是最先进的优化技术（找出最优做法的一类方法）。总体上看，商业数据分析学囊括了三大类技术：描述性数据分析技术、预测性数据分析技术和指导性数据分析技术。

---

⊖ 这里采用的是"运筹学和管理学研究协会"（INFORMS）的定义。
⊜ E. Brynjolfsson, L. M. Hitt, H. H. Kim, 数据的优势：数据驱动下的决策是如何影响公司的绩效的? 2013.4.18, SSRN, http://papers.ssrn.com/sol3/papers.cfm?abstract_id = 1819486.

### 1.3.1 描述性数据分析

**描述性数据分析**是用于描述已经发生的事情的一系列数据分析方法,如数据查询、报表、描述性统计、数据可视化(包括数据仪表盘)、部分数据挖掘技术、基本的 What-If 电子表格分析。

**数据查询**是指从数据库中查找带有某种特征的信息。例如,从加工企业的数据库里面找到 3 月份运往分销中心的货物清单。这个查询提供了针对出货的描述性信息,包括出货次数、每次出货量、出货的具体日期,等等。对历史数据查询所形成的管理报告,可通过描述性统计分析(如均值、标准差等),以及数据可视化工具(如表格、图形、地图等)来表达。简单的描述性统计和数据可视化技术的运用,有助于从大量数据中找出某种规则和关系。

**数据仪表盘**是指一系列的表格、图形、地图、汇总性的统计量,它们所表现出来的信息会随着新数据的出现而不断得到更新。数据仪表盘可以用来帮助管理人员监视企业特定方面与管理决策责任有关的绩效。每天的数据仪表盘给企业层面的管理人员提供了各个地区的销售额、当前的库存量,以及其他企业层面的指标。对一线管理人员而言,他们可能需要查看数据仪表盘所显示出来的用工规模、局部库存量、短期销售预测等信息。

**数据挖掘**是数据分析技术的又一种应用,通过数据挖掘可以更好地认识大数据集中存在的关系和模式。例如,通过对于像推特(Twitter)这样的社交网络平台的文本分析,数据挖掘方法(包括聚类分析、情感分析)有助于公司更好地掌握客户的动向。通过对这些正面或负面用词的归类,以及跟踪这些用词怎样频繁地在微博中出现,像苹果这样的公司便能很好地把握客户对苹果手表(Apple Watch)的感受。

### 1.3.2 预测性数据分析

**预测性数据分析**是指根据历史数据建构模型,然后对未来的情况进行预报,或者用来查明某个变量对另一个变量的影响。例如,利用过去的销售数据建立数学模型,基于此对未来的销售情况进行预测,包括分解出产品销售的长期趋势、季节性变化等。生产包装食品的企业,可以利用零售店 POS 系统扫描的数据,估计优惠券或打折所带来销售额的提升效果。调查数据和过去的购买行为记录数据,可以用来预测新产品的市场份额。可以说,这里所列举的事例,都属于预测性数据分析的应用。

线性回归分析、时间序列分析、某些数据挖掘技术,以及通常被叫作风险分析的模拟,都可能属于预测性数据分析的内容。有关预测性数据分析的知识,我们将在后续的章节中进行详细讲解。

数据挖掘技术之前常被用作描述性数据分析的工具,现在也经常被用于进行预测性数据分析。例如,大型连锁超市策划一个针对性的市场营销方案,对薯片进行折扣捆绑销售,通过积累下来的 POS 消费数据,该超市或许会运用数据挖掘技术,预测哪些顾客极有可能响应"买啤酒或者软饮料(高毛利产品)获得打折薯片"的营销策略,从而提高自身的总营收。

**模拟**是指通过概率统计方法构建计算机模型,以研究不确定性对决策的影响。比如,银行经常使用模拟方法对投资和违约风险建模以进行压力测试。模拟分析在医药行业也很常用,譬如评估开发新药的风险。

### 1.3.3 指导性数据分析

**指导性数据分析**有别于描述性数据分析和预测性数据分析,这类分析方法指明了采取的行动,也就是说,指导性数据分析给出的结果就是正式的决定。预测性模型提供了预测值或预报结果,但它并没有给出一个具体的方案。然而,预测或预报一旦与某个规则结合起来,就变成了指导性解析模型。例如,假定我们构建模型以预测贷款人发生违约的概率,要是单纯做这件事就属于预测性数据分析范畴,但如果给预测性数据分析模型规定一个标准——当违约概率超过 0.6 时不予贷出款项,这样的预测模型便属于指导性数据分析。诸如此类的指导性模型,依赖于某个规则或一组规则,所以通常也把它们叫作**基于规则的模型**。

其他应用指导性数据分析的领域还有:金融领域的资产投资组合,运营管理领域的供应网络设计模型,零售业领域的降价模型。投资组合模型利用投资回报的历史数据,确定最优的投资组合,以使期望回报最高,同时控制或者尽量规避风险。供应网络设计模型会根据客户服务要求,提供成本最小化的加工地点和分销中心的空间布局。基于历史数据,零售商品降价模型会计算出最大化营收的折扣,以及当商品不能按照计划卖出时推出折扣的时机。所有这类模型统称为**优化模型**,也就是这些模型会根据环境的约束条件给出最优决策。

还有一种指导性数据分析,就是**模拟优化**技术。模拟优化技术综合利用概率统计知识针对不确定性现象建立分析模型,然后在非常复杂和高度不确定的情境下找出最优决策。**决策分析**也属于指导性数据分析范畴,旨在帮助决策人制定最优策略,尤其是决策人面临多种选择以及一系列不确定因素的时候。决策分析融合了**效用理论**,综合考虑了决策人对风险、损失以及其他因素的权衡,赋予每个决策后果相对应的值。

在本书中,我们将介绍商业数据分析所涵盖的这三类知识,表 1-1 列出了每个章节对应的数据分析范畴。

表 1-1 商业数据分析的章节安排

| 各章编号 | 标题 | 描述性数据分析 | 预测性数据分析 | 指导性数据分析 |
| --- | --- | --- | --- | --- |
| 1 | 导论 | ● | ● | ● |
| 2 | 描述统计分析 | ● | | |
| 3 | 数据可视化 | ● | | |
| 4 | 描述性数据挖掘 | ● | | |
| 5 | 概率:模式化不确定性原理 | ● | | |
| 6 | 统计推断分析 | ● | | |
| 7 | 线性回归分析 | | ● | |
| 8 | 时间序列分析与预测 | | ● | |
| 9 | 预测性数据挖掘 | | ● | |

(续)

| 各章编号 | 标题 | 描述性数据分析 | 预测性数据分析 | 指导性数据分析 |
|---|---|---|---|---|
| 10 | 电子表格模型 | ● | ● | ● |
| 11 | 蒙特卡洛模拟 |  | ● | ● |
| 12 | 线性优化模型 |  |  | ● |
| 13 | 整数线性优化 |  |  | ● |
| 14 | 非线性优化问题 |  |  | ● |
| 15 | 决策分析 |  |  | ● |

## 1.4 大数据

沃尔玛每小时处理超过 100 万份的购买记录，脸书公司（Facebook）每天处理 2.5 亿多次图片上传，全世界 60 亿移动电话用户每天产生海量的通话、短信、微博和浏览网页数据。㊀正如谷歌公司 CEO 艾里克·施密特（Eric Schmidt）所说：现在每 48 小时产生的数据量，相当于从人类文明开始到 2003 年积累的数据总量。得益于技术的发展，我们真真切切进入了数字时代。由于现在可以利用电子手段收集数据，因此数据的可用量令人难以置信。通过互联网、移动电话、零售支付扫描系统、视频监控，从飞行器到汽车乃至桥梁安装的传感器，可以实时采集和存储巨量数据。

在所有这些数据的采集过程中，一个新的热词**大数据**诞生了。关于大数据，现在尚没有普遍接受的、更为一般的定义。可是，大多数人认为大数据是指一组太过于庞大、太过于复杂，以致不能采用传统的数据处理技术和常规的桌面软件处理的数据。在 IBM 看来，大数据典型地表现在四个"V"上：体量大（Volume，V）、速度快（Velocity，V）、多样性（Variety，V）、真实性（Veracity，V）。参见图 1-1。㊁

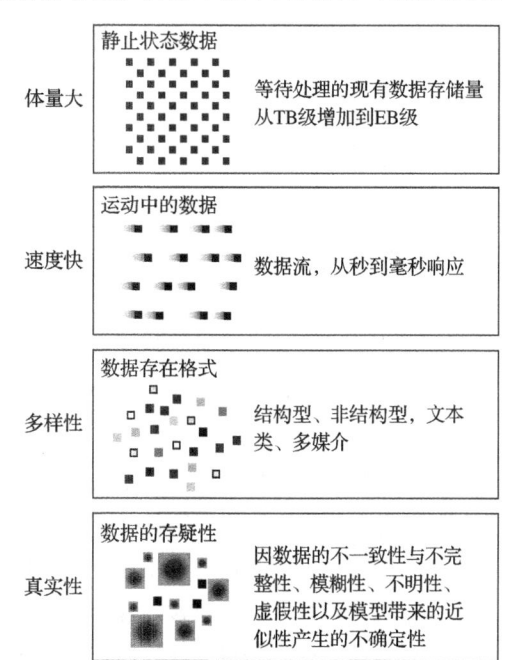

图 1-1 大数据的四个典型特征
资料来源：IBM.

### 1.4.1 体量大

由于数据是电子化采集的，因此我们不费事就能采集到很多。出于应用的目的，这些数据会得到很好的保存，日积月累便产生了海量数据。现在，许多企业储存着超过 100TB

---

㊀ SAS 白皮书，大数据与大数据数据分析，SAS 研究院，2012。
㊁ IBM 网站：http://www.ibmbigdatahub.com/sites/default/files/infographic_file/4-Vs-of-big-data.jpg。

的数据（1TB 等于 1 024GB）。

### 1.4.2 速度快

数据的实时采集和分析产生了前所未有的挑战，这既有数据存储方面的需要，也有决策要对这些数据及时开展分析的速度方面的诉求。例如，纽约证券交易所在一个交易日里就能采集到 1TB 数据，为了交易和建立预测模型，拥有现时数据和实时采集对管理股票投资是十分重要的。

### 1.4.3 多样性

除了数量之巨和数据采集速度之快，数据的类型更为复杂，并且这样的数据被证实对企业是有巨大价值的。通过社交平台（比如推特），借助监测能够收集到有关企业产品或服务的文字资料。来自服务的电话（你可能经常会听到"本次电话采访将用于质量改善"）会产生音频数据。为了分析购物行为，利用商店内的摄像机可以采集到影像数据。对这些非传统渠道产生的信息进行分析是非常复杂的，因为为了分析，需要把这些资料转换成数字格式。

### 1.4.4 真实性

真实性与数据资料的不确定性有关，例如，数据中可能存在大量的缺失值，这会使人对数据分析结果的可信度产生怀疑。由于测量单位的不一致，数据会缺乏信度，复杂性也会增加。

企业已经意识到，掌握大数据能给企业带来竞争优势。尽管大数据代表着机会，但毋庸置疑，大数据在存储、处理、安全、数据分析人才方面也提出了新的要求。

大数据的四个"V"表明，怎样进行复杂数据的采集、存储和处理，如何保证数据的安全性，怎样开展分析，这些都是大数据带给我们的挑战。传统数据库或多或少要求数据用规整的行和列录入，但大数据并不总是符合这样的情形。体量巨大往往意味着用一台计算机不可能存储下所有这些数据，由此就导致了类似**分布式计算**（Hadoop）的新技术的诞生。分布式计算是一种开源式编程环境，支持在一组计算机中分散存储和分散处理加工大数据。从本质上说，分布式计算属于处理海量数据的分治式方法（a divide-and-conquer approach），也就是在多台计算机上分开存储和处理。**MapReduce** 是分布式计算中运用的一种编程模型，它主要分为两个步骤，一是 map（映射）过程，二是 reduce（归约）过程。其中，map 是把数据分解成容易管理的子集，然后分配给一组计算机中的每一台（通常称之为节点）进行存储和处理；reduce 是把各个节点的答案收集起来，并把它们整合起来形成原始问题的答案。要是没有分布式计算和 MapReduce 技术，以及相对廉价的计算机能力，加工大数据将会变得十分昂贵且效率低下，在某种程度上，处理这样的数据也许几无可能。

一些来源的大数据是可供公开使用的，如推特、天气数据等，但许多大数据是带有私密成分的。医疗记录、银行账目、信用卡交易等，都属于高度私密的信息，需要被保护起来，以防计算机黑客盗用。**数据安全**就是对存储的数据实施保护，避免遭到攻击或被没授权的用户使用。例如，信用卡交易对了解消费者行为十分有用，但是一旦信息外露，该信用卡可能就会被没授权使用的身份盗用。例如，由 Ponemon 信息安全研究院和 IBM 公司在 2016 年发起的一项涵盖 12 个国家的 383 家公司的研究表明，数据外泄带来的损失平均高达 400 万美元。㊀像塔吉特（Target）、安森保险（Anthem）、摩根大通（JPMorgan Chase）、雅虎（Yahoo!）、家得宝（Home Depot）这样的公司，已花费了数百万美元以应对重要数据的外泄。

大数据的第四个"V"复杂性，已经使得对数据分析师的需求倍增。然而，富有资质的数据分析师仍然炙手可热。越来越多的公司正在寻求懂得高效处理和分析海量数据的**数据科学家**。要成为数据科学家，必须在计算机科学和统计学上训练有素。

下面，我们来介绍几个通过大数据获得竞争优势的公司。

**克罗格公司**㊁（Kroger）。克罗格公司是美国最大的零售连锁企业，该公司每个季度都会给其客户发送 1 100 万份邮寄广告，在每个季度寄出的邮件封套中针对每个家庭的特征夹带着 12 张优惠券。通过对每个家庭消费行为数据的采集和分析，克罗格公司一直能够超额收回优惠让渡出去的利益。根据邮件分布情况，在六周之内，超过 70% 的家庭至少赎回了一张优惠券，依此可以估算出优惠券收入将达到 1 000 万美元。

**迪士尼魔法腕带**㊂。对造访奥兰多、佛罗里达、迪士尼世界主题公园的游客，迪士尼公司开始给他们发放腕带。这款魔法腕带（MagicBand）能够覆盖 40 英尺㊃的范围，可以实时跟踪每位游客在迪士尼乐园的方位，腕带采集到的信息直接与信息中心对接，这样一来迪士尼的员工就能更好地服务于游客。例如，在到迪士尼乐园旅行之前，游客按要求填写一张登记表，包括出生日期、喜欢的游乐设施、卡通人物、餐桌类型、就餐地点等。这些信息与魔法腕带联结，如此一来，迪士尼员工在你一到达便能通过手机向你表示欢迎，给你推介他们业已知道的你喜欢的产品，对你表示生日祝福，在你排队等候或当你坐在你喜欢的餐位上就餐的时候，根据你的喜好出现在你面前。魔法腕带还能和你的信用卡捆绑在一起，所以你不需要随身携带现金或信用卡。在迪士尼乐园游玩期间，你在乐园里的一举一动都被跟踪着，迪士尼公司对采集到的数据进行分析，可以在你下一次游玩迪士尼乐园时做好接待。

**通用电气与物联网**㊄。**物联网**（the Internet of Things，IoT）是一种技术，该技术允许通过在各种设备上安装传感器来采集数据，随后采集的数据被发送到互联网上的存储仓。这项技术的应用，使得从事产品生产和销售的公司能更好地为其客户服务，并且经过数据分析还能为客户带来新的价值。例如，通用电气（GE）从安装在全球的医疗设备和航空发

---

㊀ 2016 年数据外泄损失研究：全球视野，Ponemon 信息安全研究院和 IBM 公司，2016 年 6 月。
㊁ 改编自《克罗格比你还了解你的购物模式》，Forbes.com，2013 年 10 月 23 日。
㊂ 改编自《迪士尼以 10 亿美元对赌魔法腕带》，Wired.com，2015 年 3 月 10 日。
㊃ 1 英尺 = 0.304 8 米。
㊄ 改编自《GE 开启大数据平台》，NYTimes.com，2014 年 10 月 9 日。

动机上的 1 000 万个传感器，采集了约 5 000 万组数据。以航空发动机为例，根据和用户签订的服务协议，GE 公司采集到使用该公司发动机的飞机起飞和降落的数据，通过对这些数据的分析，GE 公司能更好地预报飞机什么时候需要维护，帮助用户避免无计划的维修和停飞，从而保证飞行安全。通过这些数据，GE 公司还能帮助飞机更好地飞行，由此降低了燃油成本，提高了飞行效率。2014 年，GE 公司因物联网实现了接近 11 亿美元的收入。

尽管大数据很明显是数据分析学强有力的推动者，但我们要明白，大数据只是数据分析学的从属问题。数据分析学有许多非常有价值的应用，并不牵涉大数据，相反却是那些使用传统数据库方法和数据分析软件就能管理的数据。数据分析学的要义在于，依据可资利用的数据为我们提供有用的认识和做出更好的决策，就这一点来说，无论是"大数据"还是"小数据"，数据分析学都是可以胜任的。

## 1.5　商业数据分析学的应用

商业数据分析涉及的工具，简单的有报表和图像等，复杂的有优化分析、数据挖掘、数值模拟等。实践中，运用商业数据分析方法的企业，常常会采取由易到难的步骤，就像图 1-2 所示的那样，企业会从图中左下方最基本的数据分析方法的运用开始。一旦企业认识到商业数据分析的长处，就会不断把数据分析方法的运用推进到越来越复杂的层次，以此来寻求更多的竞争优势。因此，预测性数据分析和指导性数据分析有时被看成是**高级数据分析方法**。并不是所有的企业都能达到对商业数据分析高级方法的运用阶段，但这些方法确实能给企业带来更好的竞争策略。

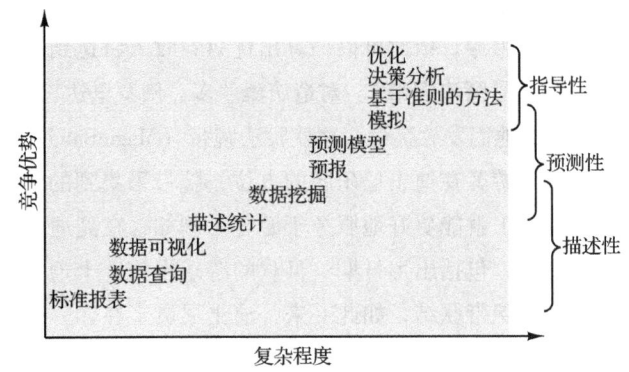

图 1-2　商业数据分析应用图景
资料来源：改编自 SAS。

商业数据分析学，不知不觉地已经在企业和政府的各级各类部门得到了应用。宝洁公司、IBM、UPS 快递、奈飞（Netflix）在线影院、亚马逊公司、谷歌、美国国家税务局（IRS）、通用电气公司等，已经愿意采纳商业数据分析方法解决重大问题，甚至把数据分析当成取得竞争优势的手段。在这一节中，我们将简要地介绍商业数据分析学的一些较为典型的应用领域。

### 1.5.1　金融领域

商业数据分析学在金融领域的应用几乎无处不在。预测模型被用于预测未来财务的状况，评估投资组合和投资项目的风险，构造如衍生产品这样的金融工具。运用指导性数据分析方法，可以构造最优投资组合、配置资产，以及制订最优资本预算计划。例如，GE资产管理公司对从保险和其他理财产品赚取的现金以及客户的预付款，就使用优化模型进行投资安排，据估计，因这一项活动在过去的五年就使GE公司收获了7 500万美元。⊖ 模拟分析也常被金融部门用在风险评估方面，比较有代表性的如Hypo不动产跨国有限公司（Hypo Real Estate International，HREI），该公司运用模拟模型成功地化解了商业地产的风险。⊜

### 1.5.2 人力资源管理

商业数据分析学在人力资源（HR）管理中的应用是一个相对比较新的领域。人力资源管理的功能，在于保证组织：①拥有一个能满足组织目标所必需的人力队伍技能组合；②能够招聘到高素质的人才，并提供让人才留下的环境；③获得多样性的目标。谷歌公司把人力资源数据分析的功能定位成"有关人的数据分析"。谷歌公司对其员工的基本数据进行分析，依此确定卓越领导者的特征，找出对生产率有贡献的因素，并对新招聘的员工进行测评。谷歌公司运用预测性数据分析，持续不断地更新对员工的解雇和留置的预测。⊝

### 1.5.3 市场营销

市场营销是商业数据分析得到最快应用的领域之一。通过扫描数据和社交媒体上产生的数据，组织能够更好地掌握消费者的行为，从而激发其在市场营销领域运用商业数据分析更大的兴趣。因此，描述性数据分析、预测性数据分析、指导性数据分析都得到大量的应用。通过数据分析更好地掌握消费者行为，让人们能够更好地进行广告预算，采取更有效的定价策略，改善需求预测，更有针对性地改进产品线，并能极大地提高顾客的满意度和忠诚度。例如，NBC环球集团每年都使用预测模型维护着它的前期市场运作，有逾200名工作人员根据预测分析的结果从事定价和销售活动。⊛

商业数据分析在市场营销领域另一个影响很大的应用案例，就是汽车制造商克莱斯勒（Chrysler）公司。该公司与君迪集团（J. D. Power and Associates）合作开发了一组创新性的预测分析模型，为汽车定价决策提供支持。这些模型帮助克莱斯勒公司更好地了解推荐的定价结构（制造商建议的零售价格、利息率优惠、折扣的三结合）所产生的影响，由此大大改进了该公司的定价决策。通过这样的定价系统改善，克莱斯勒公司每年节省

---

⊖ L. C. Chalermkraivuth 等，GE资产管理公司、Genworth 金融、GE保险运用序贯线性规划算法优化投资组合. Interfaces 35，no. 5（2005年9月—10月）。

⊜ Y. Jafry，C. Marrison，U. Umkehrer-Neudeck. Hypo公司大规模加强风险管理，确保电子表格管理架构的安全，Interfaces 38，no. 4（2008年7月—8月）。

⊝ J. Sullivan，Google公司是怎样运用有关人的数据分析来改造人力资源的，人才管理与人力资源网站，2013年2月26日。

⊛ S. Bollapragda 等，NBC环球运用神奇的定性预测技术预报广告需求，Interfaces 38，no. 2（2008年3月—4月）。

5 亿美元。○

### 1.5.4 健康管理

控制成本和提供更有效治疗的双重压力，促进了商业数据分析在医疗卫生领域应用的增加。通过运用描述性数据分析、预测性数据分析、指导性数据分析，改善了病人、医护人员、医疗设施之间的安排，有效地引导了病人的分流，优化了医药器械的采购和库存管理。根据麦肯锡全球研究院（MGI）和麦肯锡公司○的研究，得益于商业数据分析的应用，美国医疗卫生系统每年能节省 3 000 多亿美元，这些节省下来的财富接近于芬兰、新加坡、爱尔兰等国家一年的国内生产总值（GDP）。

指导性数据分析在医疗诊断和治疗方面的应用还是一个新鲜事物，但有证据表明，这可能是数据分析方法在医疗健康领域最为重要的应用。与佐治亚理工学院（Georgia Institute of Technology）合作，斯隆-凯特琳癌症中心开发了一个实时指导性数据分析模型，以决定用于治疗前列腺癌的放射性粒子的最佳放置方案。○这个模型的使用减少了 20%～30% 的放射性粒子用量，从而使治疗过程更快，最大限度地减轻了病情的蔓延。

### 1.5.5 供应链管理

商业数据分析得到最早应用的领域之一是物流和供应链管理领域。如 UPS 快递、奈飞在线影院这样的公司，其核心服务就是快速地提交物品，因此商业数据分析长期以来一直被用来提高效率。最优的货品分类、运输和人员安排、车船行走路线，这些活动的管理是物流公司盈利的关键性因素。

加强库存和加工过程控制，打造更有效率的供应链，一定能给企业带来收益。这些方面的商业数据分析工具全面推进了商业数据分析的应用范围。女性服饰制造商 Bernard Claus 公司运用描述性数据分析，给管理人员全景式地展现了该公司的供应链状况。○康尼格拉（ConAgra）食品公司运用预测性数据分析和指导性数据分析，通过将产品定价内在的不确定性因素融合进生产能力利用，制订出更好的计划方案。据说，康尼格拉食品公司在三个月之内就把用在商业数据分析上的投入全部收了回来，创造了重大技术投资闻所未闻的效果。○

### 1.5.6 政府部门和非营利组织

行政机构和非营利组织已经运用数据分析对低效率开刀，借此提升项目的效果和职责

---

○ J. Silva-Risso 等，克莱斯勒与君迪集团：开启汽车价格科学定制的先河，Interfaces 38, no. 1（2008 年 1 月 - 2 月）。
○ J. Manyika 等，大数据：创新、竞争与生产率的新天地，麦肯锡全球研究院白皮书，2011。
○ E. Lee, M. Zaidar, 运筹学助益癌症治疗，Interfaces 38, no. 1（2008 年 1 月 - 2 月）。
○ T. H. Davenport 等，企业数据分析. Upper Saddle River, NJ: Pearson Education Inc., 2013。
○ ConAgra 面粉厂：新见解推动了灵活销售决策，能力利用得到很大改善。IBM 智慧地球领导力系列，http://www.ibm.com/smarterplanet/us/en/leadership/conagra/，2012 年 12 月 1 日。

承担。不可否认，许多高级的数据分析方法产生于第二次世界大战期间英美的军事活动需要。现在，数据分析方法在政府部门的应用，从选举到税收可以说是无处不在。例如，纽约州政府和IBM公司合作，运用指导性数据分析方法，开发出了更有效的税收稽征系统，在过去的两年时间里追缴流失的税款达8 300万美元。○美国国家税务局运用数据挖掘，对存在问题的个人所得税申报书进行甄别，并依此识别存在的特征。其中的一个做法是，国家税务局把个体纳税人申报的数据，与从银行那里得到的抵押贷款数据整合起来，通过对照，一旦发现纳税人的抵押贷款与他们申报的应税收入存在不合理的差距，就视其为可能瞒报了应税收入，从而对这些人的纳税申报书进行重点审查。

与政府机构类似，非营利组织运用数据分析技术确保组织管理的效率，提高对捐赠人和帮扶对象的职责。天主教救济会（Catholic Relief Services，CRS）是带有官方色彩的国际性慈善机构，隶属于美国天主教会，它的使命是在全球范围内为因自然和人为灾难而受到伤害的人提供必需的健康、教育、种植方面的援助。CRS运用数据分析电子表格模型，根据不同援助所产生的影响分配每年的预算安排。○

### 1.5.7 体育领域

自2003年知名作家迈克尔·刘易斯（Michael Lewis）出版《点球成金》（*Moneyball*）一书后，数据分析技术在体育领域便名声大噪。《点球成金》讲述的是奥克兰棒球运动队（Oakland Athletics）怎样运用数据分析方法对运动员进行评估，以最少的预算组建一支有竞争力的球队。对选手进行评估和赛场上的排兵布阵是现在通常的做法，对职业体育运动更是如此。专业运动队运用数据分析从业余选手中挑选运动员，然后通过谈判用协议规定待遇。○职业摩托车竞技队使用复杂的优化方法设计变速箱以保证在比赛中取得优势。○在棒球比赛中，教练们会运用数据分析技术帮助安排选手的出场顺序。

运动场外的商务决策领域，数据分析方法的应用发展也很快。对一个公司来说，让顾客感到满意是重要的，粉丝就是运动队的顾客。克利夫兰印第安人棒球队运用联合分析的预测模型，根据对球迷的调研资料，设计优质座位的定价策略。

### 1.5.8 互联网领域

商业数据分析在互联网中的应用主要是针对在线活动开展的分析，包括对脸书、领英（LinkedIn）等网站以及社交网站的访问，这对通过互联网从事产品销售和服务的企业意义重大。一些专业的互联网公司运用描述性以及更高级的数据分析法，通过在线试验采集到的数据，确定用什么样的方式整合链接、广告植入、促销产品和服务。在线实验把网站的

---

○ G. Miller 等，纽约州的税收稽征优化，Interfaces 42，no.1（2013年1月–2月）。
○ I. Gamvros, R. Nidel, S. Raghavan，CRS 投资分析与预算分配，Interfaces 36，no.5（2006年9月–10月）。
○ N. Streib, S. J. Young, J. Sokol，大联盟棒球队运用运筹学制订协议，Interfaces 42，no.2（2012年3月–4月）。
○ J. Amoros, L. F. Escudero, J. F. Monge, J. V. Segura, O. Reinoso，TEAM ASPAR 队运用0–1优化方法获得竞技摩托车最优变速，Interfaces 42，no.2（2012年3月–4月）。

不同版本发送给不同的小组，然后跟踪观察其结果。由于互联网用户非常庞大，企业可以不必冒着中断所有业务的风险进行实验。在线实验被证实是具有宝贵价值的，它可以使企业通过试错的方式，从统计意义上确定网站访问量和销售数据的偏差是什么原因造成的。

## ● 本章小结

本章我们从有关决策的讨论开始。进行决策可能需要经过以下一些步骤：①识别和界定问题；②确定用来评价各种可能解决方案的标准；③制订一组可能的备选方案；④对各个备选方案进行评估；⑤选择其中一个方案。决策可划分为战略决策（层次高，关注的是企业总体发展方向问题）、战术决策（中等层次，关注的是如何完成战略决策所定下的目标和获得的结果）、运营决策（与公司日复一日的运行有关）。

不确定性和过多的备选方案，是决策中的两个关键性因素，它们使决策变得棘手。商业数据分析方法可以帮助我们识别和降低不确定性，并从大量的可选方案中挑选出最好的办法。一言以蔽之，商业数据分析有助于我们做出更好的决策。

商业数据分析学包括三类方法：描述性数据分析、预测性数据分析和指导性数据分析。描述性数据分析是用于描述已经发生的事情，主要采用的工具有数据报表、数据查询、数据可视化、描述性统计、部分数据挖掘技术。预测性数据分析是利用历史数据建构模型，然后对未来的情况进行预报，或者查清某个变量对另一个变量的影响，采用的方法包括线性回归分析、数据挖掘技术、时间序列分析与预测、模拟分析。指导性数据分析利用投入的数据以确定最优的办法，通常采用的技术方法有基于准则的模型、模拟分析、决策分析、最优化分析。描述性数据分析和预测性数据分析，可以帮助我们更好地理解与决策备选方案有关的不确定性和风险。预测性数据分析和指导性数据分析，常被当成高级解析分析的方法，在面临大量的备选方案的时候，这两种分析方法有助于我们做出最好的决定。

大数据是指一组太过于庞大、太过于复杂，不能用常规数据处理技术和常用的桌面办公软件进行处理的数据。大数据的盛行使得数据分析应用遍地开花。互联网、扫描仪、移动电话等工具使企业有了巨量数据可资利用，也使企业迫切需要更好地认识这些数据。商业数据分析有助于企业更好地认识这些数据，进而做出更有针对性的决策。

在本章的收尾部分，我们介绍了商业数据分析在各个领域的应用情况，主要涵盖金融领域的数据分析、人力资源领域的数据分析、市场营销领域的应用、健康管理领域的数据分析、供应链领域的数据分析、政府和非营利组织的数据分析、体育领域的数据分析、互联网领域的应用。现在商业数据分析正快速地向其他部门、产业以及企业的各个职能部门等推进。我们在本书的每个章节，都将编写一个相应的数据分析在实践中应用的片段。

## ● 关键术语

**高级数据分析方法**（advanced analytics）：预测性数据分析和指导性数据分析。

**大数据**（big data）：一组太过于庞大、太过于复杂，不能用常规数据处理技术和常用的桌面办公软件进行处理的数据。

商业数据分析（business analytics）：通过一系列的科学流程，将数据转变为认知信息，从而做出更好的决策。

数据仪表盘（data dashboard）：一系列的表格、图形、地图，用来帮助管理人员监测企业绩效的特定方面的表现。

数据挖掘（data mining）：运用数据分析方法，从大量数据中找出规则和因素之间关系的一种方法。

数据查询（data query）：从数据库中查找带有某种特征的信息。

数据科学家（data scientists）：在计算机和统计学领域训练有素，且懂得如何有效地处理和分析海量数据的数据分析专家。

数据安全（data security）：保护存储的数据，防止受到攻击破坏或没经过授权的使用。

决策分析（decision analysis）：帮助决策人制定最优策略，尤其是决策人面临多种选择以及一系列不确定的未来事件的时候。

描述性数据分析（descriptive analytics）：用于描述已经发生的事情的一系列数据分析方法。

分布式计算（hadoop）：一种开源式的编程模式，将大数据在一组计算机上分散存储和分析处理。

物联网（Internet of Things，IoT）：物联网是一种技术，该技术允许通过在各种设备上安装传感器来采集数据，随后采集的数据被发送到互联网上的存储仓。

MapReduce：分布式计算中运用的一种编程模型，它主要分为两个步骤，一是 map 过程，二是 reduce 过程。其中，map 是把数据分解成容易管理的子集，然后分配给一组计算机中的每一台（通常称之为节点）进行存储和处理；reduce 是把各个节点的答案收集起来，并把它们整合起来形成原始问题的答案。

运营决策（operational decision）：涉及公司日复一日的运行，是最贴近顾客的运营经理需要关心的议题。

优化模型（optimization model）：一类数学模型，在情境的约束条件下寻求最优决策。

预测性数据分析（predictive analytics）：根据历史数据建构模型，然后对未来的情况进行预报，或者搞清楚某个变量对另一个变量的影响关系。

指导性数据分析（prescriptive analytics）：运用输入数据并生成最好的决策。

基于规则的模型（rule-based model）：基于一个或一组准则的指导性数据分析模型。

模拟（simulation）：通过概率统计方法构建计算机模型，以研究不确定性对决策的影响。

模拟优化（simulation optimization）：综合利用概率统计对不确定性建模，然后在非常复杂和高度不确定的情景下找出最优决策。

战略决策（strategic decision）：战略决策涉及组织总体方向性的高层次问题，这些决策规定了组织未来的整体目标和愿景。

战术决策（tactical decision）：战术决策是指组织如何完成战略决策所定下的目标和获得的结果。

效用理论（utility theory）：关于某个结果的总价值或相对欲望的研究，用于反映决策人对利润、损失、风险的态度。

CHAPTER 2

# 第2章

# 描述统计分析

**数据分析案例：美国人口普查局**

美国人口普查局隶属于美国商务部。该局通过各种渠道，本着服务社会的目的，搜集与美国人口、经济相关的数据。这些数据为政府部门和工商企业的决策提供了基础性信息。

美国人口普查局所做的最出名的数据搜集工作，当属十年一度的美国人口普查，通过调查活动掌握美国的总人口规模。组织普查事务繁难，要通过电子邮件、入户调查等方法搜集数据。在这样的普查活动中，一方面采集的是人口属性方面的数据，包括被调查对象的性别、种族；另一方面采集的是人口数量方面的数据，如家庭人口数等。这十年一度的普查资料，可以用于各个州分配众议员席位数、总统选举团选票数，以及分摊联邦基金。

美国人口普查局还承担着当期人口调查（Current Population Survey，CPS）的任务，通过60 000个家庭样本的月度截面调查资料，来估计不同地区的就业率和失业率。美国人口普查局从1940年起就开展了当期人口调查，因此目前积累了大量有关就业率和失业率的时间序列数据，这些数据推动了就业援助计划等政府政策的制定。其中有关失业率方面的资料，被视为美国经济状况的晴雨表。

美国人口普查局搜集的数据对工商企业也十分有用。零售商通过观察不同地区人口数据的变化，筹划在什么地方开设新店铺。邮购公司利用人口统计数据，开展有针对性的营销活动。在许多事例中，企业将美国人口普查局的数据和自身关于消费者行为的数据结合在一起，用来制定战略、识别潜在客户。美国人口普查局是商业数据分析活动中最重要的数据提供者之一。

在这一章中，我们首先解释搜集数据、分析数据，以及识别一些常见数据来源的必要性。其次介绍实践中可能会遇到的数据类型，并且讲解一些在数据汇总时会用到的数值测算方法，还将说明一些利用电子表格进行数据管理、汇总的常见做法。最后，将介绍单变量数据的数值描述方法。对一个数据集包含一个以上变量的问题，可以使用同样的数值方法分别计算每个变量的统计量。对两个变量的问题，我们将介绍变量间相关性的分析方法。

## 2.1 数据概述：定义和目标

**数据**是指通过搜集、分析和提炼得到的用于展示与解释的事实及数字。表 2-1 给出的是 2017 年 10 月 17 日道琼斯工业指数（也可简称为"道指"）的股票信息，许多金融顾问和投资家将道指看作美国金融市场和经济总体状况的晴雨表。

表 2-1 道琼斯工业指数相关公司数据

| 公司名称 | 代码 | 所属行业 | 股价（美元） | 市值 |
| --- | --- | --- | --- | --- |
| 苹果（Apple） | AAPL | 高新技术 | 160.47 | 18 997 275 |
| 美国运通（American Express） | AXP | 金融业 | 91.69 | 2 939 556 |
| 波音（Boeing） | BA | 制造业 | 258.62 | 2 515 865 |
| 卡特彼勒（Caterpillar） | CAT | 制造业 | 130.54 | 2 380 343 |
| 思科系统（Cisco Systems） | CSCO | 高新技术 | 33.60 | 9 303 117 |
| 雪佛龙（Chevron Corporation） | CVX | 化工、石油、天然气 | 120.22 | 4 844 293 |
| 杜邦（DuPont） | DD | 化工、石油、天然气 | 83.93 | 34 861 021 |
| 迪士尼（Disney） | DIS | 娱乐业 | 98.36 | 5 942 501 |
| 通用电气（General Electric） | GE | 综合 | 23.19 | 58 639 089 |
| 高盛（Goldman Sachs） | GS | 金融业 | 236.09 | 7 088 445 |
| 家得宝（The Home Depot） | HD | 零售业 | 163.35 | 4 189 197 |
| IBM | IBM | 高新技术 | 146.54 | 6 372 393 |
| 英特尔（Intel） | INTC | 高新技术 | 39.79 | 15 532 818 |
| 强生（Johnson & Johnson） | JNJ | 医药业 | 140.79 | 11 717 348 |
| 摩根大通（JPMorgan Chase） | JPM | 银行业 | 97.62 | 10 335 687 |
| 可口可乐（Coca-Cola） | KO | 食品饮料业 | 46.52 | 7 699 367 |
| 麦当劳（McDonald） | MCD | 食品饮料业 | 165.40 | 2 379 725 |
| 3M | MMM | 综合 | 217.75 | 2 150 810 |
| 默克（Merck） | MRK | 医药业 | 63.22 | 7 028 492 |
| 微软（Microsoft） | MSFT | 高新技术 | 77.59 | 16 823 989 |
| 耐克（Nike） | NKE | 生活消费品 | 52.00 | 9 492 675 |
| 辉瑞（Pfizer） | PFE | 医药业 | 36.20 | 14 019 661 |
| 宝洁（Procter & Gamble） | PG | 生活消费品 | 92.80 | 5 316 062 |
| Travelers | TRV | 保险业 | 128.62 | 1 808 224 |
| 联合健康集团（UnitedHealth Group） | UNH | 健康产业 | 203.89 | 8 949 715 |
| 联合技术公司（United Technologies） | UTX | 综合 | 119.36 | 2 026 513 |
| Visa | V | 金融业 | 107.54 | 5 979 405 |
| 威瑞森（Verizon） | VZ | 电信业 | 48.40 | 14 842 814 |
| 沃尔玛（Wal-Mart） | WMT | 零售业 | 85.98 | 5 851 546 |
| 埃克森美孚（ExxonMobil） | XOM | 化工、石油、天然气 | 82.96 | 6 444 106 |

表 2-1 列示的 30 家上市公司的股价，是计算道琼斯工业平均指数（DJI）的基础。几乎所有金融出版物都在持续不断地跟踪这一指数的变化。

所谓**变量**是指可以取不同值的标志或指标。表 2-1 中，代码、所属行业、股价以及市值都属于变量。**观察**

优化分析中用到的决策变量将在本书的第 12 章至第 14 章中介绍。随机变量会在第 5 章至第 11 章中详细说明。

值是一组变量对应的一组值，表2-1中的每一列都代表着一个观察值。

实际上，每一个组织（或个人）所面临的问题（和机会）都受相关变量值的影响，因此需要关心变量的取值是如何变化的，也就是所谓的变异。**变异**是被测度的变量在各个观察值（时间、客户、项目，等等）上的差异。

描述性分析的作用，是通过对搜集来的数据进行分析，以更好地认识变异及其对商务环境的影响。一些变量的取值直接受决策人的控制（这样的变量我们称之为决策变量），另一些变量的取值由于不受决策人直接控制因素的影响，可能会出现不确定性波动。一般地，把那些不能确定地知道其取值的变量，称为**随机变量**或**不确定变量**。当搜集数据时，我们会采集已发生的观察值或者变量已实现的结果。通过搜集一个或者几个变量已发生或实现的结果，我们就能够更多地掌握具体商业环境的变异情况。

## 2.2 数据的类型

### 2.2.1 总体数据和样本数据

根据数据的搜集和采集方式，可以对数据进行分类。在许多场合下，从**总体**（感兴趣的元素的集合）中搜集数据是不可行的。在这种情况下，可以从总体的子集（**样本**）中搜集数据。例如，美国有成千上万家上市公司，每天跟踪分析所有这些上市公司的股票，势必要花费很多的时间和金钱，道琼斯工业指数选取了美国30家大型上市公司的股票作为样本，用来代表上市公司总体。搜集那些能代表总体的样本数据很重要，因为只有这样才能把这些样本数据推广到对总体情况的认识。在绝大多数场合下，要求采用**随机抽样**的方式（尽管道指并非如此），从总体数据中产生具有代表性的样本数据。怎样处理总体与样本的关系，将会直接影响到如何计算和解释统计量的问题。在几乎所有商业数据分析学的实际应用中，我们都要和样本数据打交道。

> 为保证纳入道指中的公司有代表性，道指中的公司会定期更换，有的新加进来，有的则被剔除出去。今天列入道指计算中的公司，有可能不再是表2-1所列示的那些公司了。

### 2.2.2 数量数据和属性数据

能够进行加减乘除等数值和算术运算的数据，被称为**数量数据**。比如表2-1中的市值就是数量数据，因为我们把该表中所有上市公司的市值加总起来，便能得到道琼斯指数上市公司的总市值。不能进行算术运算的数据称之为**属性数据**。对属性数据做描述性分析的时候，只能进行计数或计算每一个类别观察值的比例。比如表2-1中"所属行业"这一栏的数据，便是属性数据，由此可以汇总道琼斯指数中电信业上市公司的数目。表2-1显示了金融业有三家上市公司被纳入道琼斯指数中，即美国运通、高盛和Visa。我们不能对"所属行业"那一列的数据进行算术运算。

### 2.2.3 截面数据和时间序列数据

对于统计分析，区分截面数据和时间序列数据十分重要。**截面数据**是指在同一时期或几乎相同的时期、时点下搜集来的一些个体数据。表2-1中的数据是截面数据，因为搜集的是相同时点（2017年10月17日）下道琼斯所含30家公司的数据。**时间序列数据**搜集的是几个时期的数据。在商业经济出版物中，时常可以看到时间序列数据图。这种图能够帮助分析人员了解过去发生了什么，识别随着时间变化而发生变化的趋势，以对未来进行预测。图2-1属于时间序列图，描绘了从2006年到2017年道琼斯指数的变化情况。

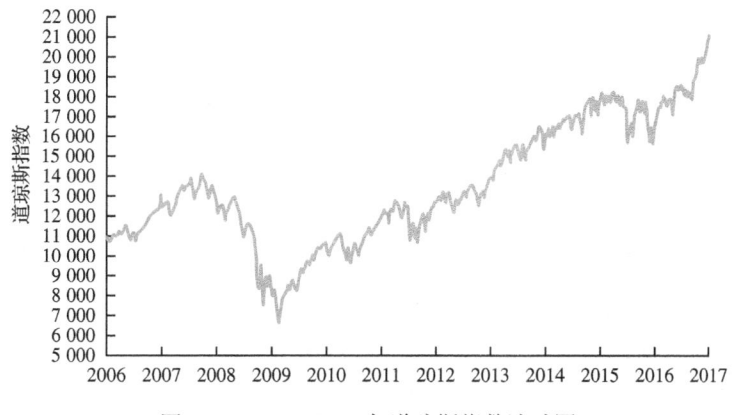

图2-1 2006~2017年道琼斯指数波动图

由图2-1能看出，2007年道琼斯指数值攀升到14 000点之上，后由于受2008年经济危机的影响，2009年道琼斯指数跳水到6 000点到7 000点之间，从2009年开始，道琼斯指数开始逐年升高，并于2017年升至顶峰21 000点。

### 2.2.4 数据的来源

开展商务问题或机会分析所需要的数据，经常要通过合适的调查研究来获取。从统计角度来说，采集数据的办法可以分为统计实验和统计观察。借助统计实验获取数据，首先需要界定一个研究变量，然后把对研究变量产生影响的一个或多个其他变量识别出来并加以控制或管制，目的是使采集的数据仅反映如何受到研究变量的影响。例如，制药公司需要做一个新研发出来的药物如何影响血压的实验，就这个问题，血压是我们的研究变量，新研发药物的剂量便是希望对血压造成影响的另一个变量。为了获取新药物对血压影响的数据，研究人员筛选出受试样本，然后对不同组施以测试药物的不同剂量，最后采集每个受试组血压实验前后的数据。对这些实验数据的统计分析，能够帮助制药企业了解新研发的药物是否会对血压产生影响。

与统计实验相比，非统计实验或者统计观察不用控制研究变量。调查是最常见的一类统计观察，比如个人访谈调查中，首先要确定研究问题，然后设计调查问卷和对受试样本实施调查。餐馆调查前来就餐的人对饭菜口味、服务质量、就餐环境等的评价，也属于比较典型的统计观察。

图 2-2 是位于佛罗里达州那不勒斯市一家烧烤店 Chops City Grill 的顾客评价调查问卷。

从图 2-2 中可以看出，参与调查的消费者需要填写 12 个问题的意见，分别是总体体验、迎宾礼仪、大堂服务、整体服务，等等。选项有优秀、良好、中等、合格、较差。搜集到的这些属性数据，能够帮助烧烤店管理人员改进食物口味和服务质量。

Chop's
CITY GRILL

日期：__________　　服务员姓名：__________

顾客您好！请帮忙填写下表，以便于我们改进服务。填好后，可以放在吧台或用信件寄回。谢谢您的合作！

| 调查项目 | 优秀 | 良好 | 中等 | 合格 | 较差 |
| --- | --- | --- | --- | --- | --- |
| 总体体验 | ❑ | ❑ | ❑ | ❑ | ❑ |
| 迎宾礼仪 | ❑ | ❑ | ❑ | ❑ | ❑ |
| 大堂服务 | ❑ | ❑ | ❑ | ❑ | ❑ |
| 整体服务 | ❑ | ❑ | ❑ | ❑ | ❑ |
| 职业素养 | ❑ | ❑ | ❑ | ❑ | ❑ |
| 菜单设计 | ❑ | ❑ | ❑ | ❑ | ❑ |
| 友善程度 | ❑ | ❑ | ❑ | ❑ | ❑ |
| 酒水配备 | ❑ | ❑ | ❑ | ❑ | ❑ |
| 菜单配备 | ❑ | ❑ | ❑ | ❑ | ❑ |
| 饭菜质量 | ❑ | ❑ | ❑ | ❑ | ❑ |
| 食物展示 | ❑ | ❑ | ❑ | ❑ | ❑ |
| 性价比 | ❑ | ❑ | ❑ | ❑ | ❑ |

您的建议：

______________________________

______________________________

谢谢您的帮助！——Chops City Grill全体员工

图 2-2　烧烤店的调查问卷

在一些情况下，需要从已有的统计实验或统计观察中搜集数据。比如，公司保留了各种各样的数据库，积累了员工、客户、经营活动方面的数据，如果需要员工的薪酬、年龄、工作年数，通常可以从公司内部个人档案中获取；如果需要销售额、广告费用、销售成本、库存水平、产品数量方面的数据，可以从公司内部的数据库中查询。另外，有些公司还建有客户数据库。

每一个想要通过数据和统计分析来帮助做决策的人需要认识到，获取数据是需要时间和经费的。当需要在一个相对较短的时期内搜集数据时，从现有数据资源里采集数据是一个不错的选择。要是不能从现有的资源中获取重要数据，那么为搜集资料额外付出的时间和费用需要予以考虑。不论是什么情况，决策人都需要考虑统计分析对决策制定的潜在价值，搜集数据和随后的统计分析所花的代价，不应超过由此带来的更好决策所产生的收益。

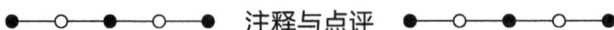

## 注释与点评

1. 专门从事搜集和维护数据的组织，拥有大量的可资利用的商业和经济活动方面的数据。企业可以通过租赁或者购买的方式获取这些外部数据资源。邓白氏（Dun & Bradstreet）、彭博（Bloomberg）、道琼斯公司（Dow Jones & Company）都是致力于向用户提供外部商业数据库的公司。尼尔森（Nielsen）和益普索（Ipsos）通过搜集商业数据并进行必要的加工，向广告商和制造商出售。从各类行业协会和相关组织那里也可以获取数据。

2. 政府部门是现存数据的另一个重要来源。比如，为了使国民更方便地获取数据，美国联邦政府于 2009 年建立了 data.gov 网站，该网站囊括了从美国政府部门搜集来的成百上千个数据库。通常情况下，互联网也是获取数据和统计信息的重要来源。通过简单的互联网搜索，人们能够获取股票行情、餐饮价格、薪酬等多方面的数据。

## 2.3 Excel 中的数据调整

数据库中的数据并不都是我们想要的，因此需要根据研究的任务，学会筛选和汇总。本节我们将介绍如何在 Excel 中进行数据分类、筛选、编辑，以使数据便于使用和分析。

### 2.3.1 Excel 中的数据排序和筛选

Excel 内置了许多有用工具，可以用来对数据进行排序和筛选，每个人都可以轻松地学会。表 2-2 是 2011 年 3 月美国汽车销售量前 20 名的数据。

表 2-2 的第一列是 2011 年 3 月汽车销售量的名次，第二列是制造商，第三列是车型，第四列是 2011 年 3 月份各车型的销售量，第五列是 2010 年 3 月份相应车型的销售量。

把表 2-2 的数据复制到 Excel 工作表，详见图 2-3。

图 2-3 与表 2-2 相比，其他各列都一样，只是多出一列各款汽车销售的增长速度，其计算方式是：在单元格 F2 输入公式 =（D2 – E2）/ E2，然后将其复制到单元格 F3 至 F20。（注意：因福特（Ford） Fiesta 2010 年 3 月没有销售数据，我们无法计算出它的增长速度。）

假设用 2010 年 3 月的销售量而不是 2011 年的销售量进行排序，则利用 Excel 的排序功能即可，其操作过程如下：

第一步，选定单元格 A1:F21。

第二步，单击功能区的**数据**（Data）。

第三步，单击**排序和筛选**（Sort & Filter）模块中的**排序**（Sort）。

表 2-2  2011 年 3 月美国汽车销售榜

| 排名（根据 2011 年 3 月的销量） | 制造商 | 车型 | 销售量（2011.3） | 销售量（2010.3） |
|---|---|---|---|---|
| 1 | 本田 | Accord | 33 616 | 29 120 |
| 2 | 日产 | Altima | 32 289 | 24 649 |
| 3 | 丰田 | Camry | 31 464 | 36 251 |
| 4 | 本田 | Civic | 31 213 | 22 463 |
| 5 | 丰田 | Corolla/Matrix | 30 234 | 29 623 |
| 6 | 福特 | Fusion | 27 566 | 22 773 |
| 7 | 现代 | Sonata | 22 894 | 18 935 |
| 8 | 现代 | Elantra | 19 255 | 8 225 |
| 9 | 丰田 | Prius | 18 605 | 11 786 |
| 10 | 雪佛兰 | Cruze/Cobalt | 18 101 | 10 316 |
| 11 | 雪佛兰 | Impala | 18 063 | 15 594 |
| 12 | 日产 | Sentra | 17 851 | 8 721 |
| 13 | 福特 | Focus | 17 178 | 19 500 |
| 14 | 大众 | Jetta | 16 969 | 9 196 |
| 15 | 雪佛兰 | Malibu | 15 551 | 17 750 |
| 16 | 马自达 | 3 | 12 467 | 11 353 |
| 17 | 日产 | Versa | 11 075 | 13 811 |
| 18 | 斯巴鲁 | Outback | 10 498 | 7 619 |
| 19 | 起亚 | Soul | 10 028 | 5 106 |
| 20 | 福特 | Fiesta | 9 787 | 0 |

DATA *file*
Top20Cars

|   | A | B | C | D | E | F |
|---|---|---|---|---|---|---|
| 1 | Rank (by March 2011 Sales) | Manufacturer | Model | Sales (March 2011) | Sales (March 2010) | Percent Change in Sales from 2010 |
| 2 | 1 | Honda | Accord | 33616 | 29120 | 15.4% |
| 3 | 2 | Nissan | Altima | 32289 | 24649 | 31.0% |
| 4 | 3 | Toyota | Camry | 31464 | 36251 | −13.2% |
| 5 | 4 | Honda | Civic | 31213 | 22463 | 39.0% |
| 6 | 5 | Toyota | Corolla/Matrix | 30234 | 29623 | 2.1% |
| 7 | 6 | Ford | Fusion | 27566 | 22773 | 21.0% |
| 8 | 7 | Hyundai | Sonata | 22894 | 18935 | 20.9% |
| 9 | 8 | Hyundai | Elantra | 19255 | 8225 | 134.1% |
| 10 | 9 | Toyota | Prius | 18605 | 11786 | 57.9% |
| 11 | 10 | Chevrolet | Cruze/Cobalt | 18101 | 10316 | 75.5% |
| 12 | 11 | Chevrolet | Impala | 18063 | 15594 | 15.8% |
| 13 | 12 | Nissan | Sentra | 17851 | 8721 | 104.7% |
| 14 | 13 | Ford | Focus | 17178 | 19500 | −11.9% |
| 15 | 14 | Volkswagen | Jetta | 16969 | 9196 | 84.5% |
| 16 | 15 | Chevrolet | Malibu | 15551 | 17750 | −12.4% |
| 17 | 16 | Mazda | 3 | 12467 | 11353 | 9.8% |
| 18 | 17 | Nissan | Versa | 11075 | 13811 | −19.8% |
| 19 | 18 | Subaru | Outback | 10498 | 7619 | 37.8% |
| 20 | 19 | Kia | Soul | 10028 | 5106 | 96.4% |
| 21 | 20 | Ford | Fiesta | 9787 | 0 | ----- |

图 2-3　2011 年 3 月美国汽车销售榜

第四步，选定对话框的**数据包含标题**（My data has headers）。

第五步，在**主关键字**（Sort by）的下拉菜单中，选择**销售量**（Sales）(2010.3)。

第六步，在**次序**（Order）的下拉式菜单中，选择**降序**（Largest to Smallest）（具体参见图2-4）。

第七步，单击**确定**（OK）。

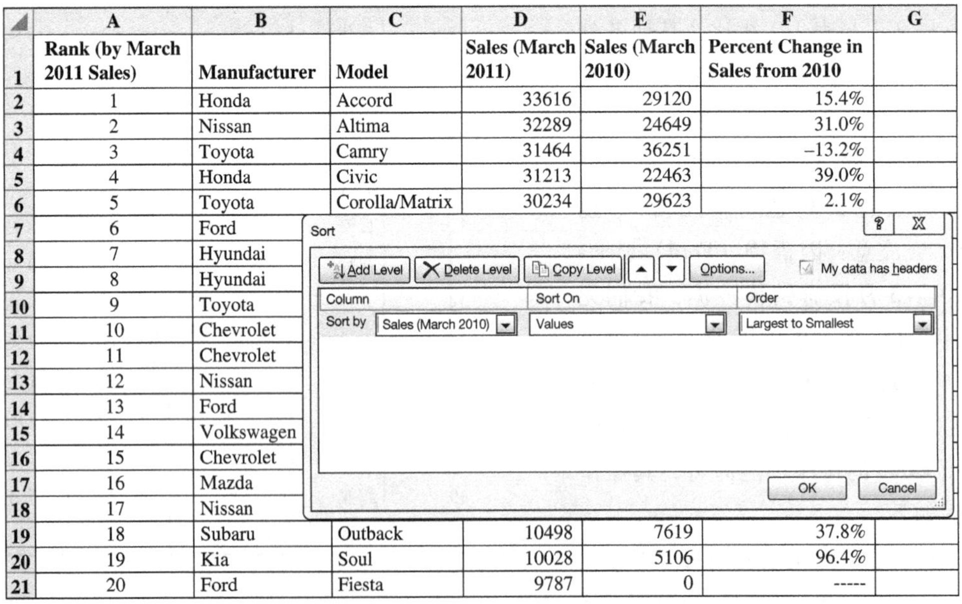

图 2-4　利用 Excel 的排序功能对 2010 年汽车销量排序

经过上述过程，得到的结果见图 2-5。

|  | A | B | C | D | E | F |
|---|---|---|---|---|---|---|
| 1 | Rank (by March 2011 Sales) | Manufacturer | Model | Sales (March 2011) | Sales (March 2010) | Percent Change in Sales from 2010 |
| 2 | 3 | Toyota | Camry | 31464 | 36251 | −13.2% |
| 3 | 5 | Toyota | Corolla/Matrix | 30234 | 29623 | 2.1% |
| 4 | 1 | Honda | Accord | 33616 | 29120 | 15.4% |
| 5 | 2 | Nissan | Altima | 32289 | 24649 | 31.0% |
| 6 | 6 | Ford | Fusion | 27566 | 22773 | 21.0% |
| 7 | 4 | Honda | Civic | 31213 | 22463 | 39.0% |
| 8 | 13 | Ford | Focus | 17178 | 19500 | −11.9% |
| 9 | 7 | Hyundai | Sonata | 22894 | 18935 | 20.9% |
| 10 | 15 | Chevrolet | Malibu | 15551 | 17750 | −12.4% |
| 11 | 11 | Chevrolet | Impala | 18063 | 15594 | 15.8% |
| 12 | 17 | Nissan | Versa | 11075 | 13811 | −19.8% |
| 13 | 9 | Toyota | Prius | 18605 | 11786 | 57.9% |
| 14 | 16 | Mazda | 3 | 12467 | 11353 | 9.8% |
| 15 | 10 | Chevrolet | Cruze/Cobalt | 18101 | 10316 | 75.5% |
| 16 | 14 | Volkswagen | Jetta | 16969 | 9196 | 84.5% |
| 17 | 12 | Nissan | Sentra | 17851 | 8721 | 104.7% |
| 18 | 8 | Hyundai | Elantra | 19255 | 8225 | 134.1% |
| 19 | 18 | Subaru | Outback | 10498 | 7619 | 37.8% |
| 20 | 19 | Kia | Soul | 10028 | 5106 | 96.4% |
| 21 | 20 | Ford | Fiesta | 9787 | 0 | ----- |

图 2-5　Excel 对 2010 年数据的排序结果

由图 2-5 可以看出，尽管本田（Honda）Accord 是 2011 年 3 月份的汽车销售冠军，但是丰田（Toyota）Camry 和丰田 Corolla/Matrix 在 2010 年 3 月的销售量均高于本田 Accord。另外，也可以看到，由于按 2010 年 3 月份的销售量进行排序，其他列的数据也随之变动了顺序。

假如我们只对丰田车型的销售量感兴趣，这时可以通过 Excel 的筛选功能来达到目的，其操作过程是：

第一步，选定单元格 A1:F21。

第二步，单击功能区的**数据**（Data）。

第三步，单击**排序和筛选**（Sort & Filter）模块中的**筛选**（Filter）。

第四步，单击 B 列的**筛选**（Filter）下拉箭头，然后点击**制造商**（Manufacturer）。

第五步，在弹出的对话框中，如果是全选，这时可以点击**全选**（Select all），之后只选择复选框的 **Toyota**。

第六步，单击**确定**（OK）。

经过上述过程，得到的输出结果见图 2-6。

|  | A | B | C | D | E | F |
|---|---|---|---|---|---|---|
| 1 | Rank (by March 2011 Sales) | Manufacturer | Model | Sales (March 2011) | Sales (March 2010) | Percent Change in Sales from 2010 |
| 2 | 3 | Toyota | Camry | 31464 | 36251 | −13.2% |
| 3 | 5 | Toyota | Corolla/Matrix | 30234 | 29623 | 2.1% |
| 13 | 9 | Toyota | Prius | 18605 | 11786 | 57.9% |

图 2-6　前 20 名汽车销售中仅输出丰田汽车

由图 2-6 可以看出，2011 年 3 月份汽车销售量前 20 名的车型中，有三个车型是丰田（Toyota）制造的。除此之外，还可以通过选择其他列的向下箭头进一步地筛选数据。通过点击 B 列的下拉箭头确认全选（Select All）或者再次单击**数据**（Data）中**排序、筛选**（Sort & Filter）模块中的**筛选**（Filter），可以再次看到所有的数据。

### 2.3.2　Excel 中的数据条件格式

利用 Excel 中的条件格式，能够很容易地找出数据集中符合某个条件的数据。比如，假设我们想要快速地找出表 2-2 中从 2010 年 3 月到 2011 年 3 月汽车销售量下降的车型，Excel 中的实现步骤如下：

第一步，打开图 2-3 中的原始数据，选定单元格 F1:F21。

第二步，单击功能区的**开始**（Home）。

第三步，单击**样式**（Styles）模块中的**条件格式**（Conditional Formatting）。

第四步，选择**突出显示单元格规则**（Highlight Cells Rules），然后从下拉菜单中单击**小于**（Less Than）。

第五步，在**为小于以下值设置格式**（Format Cells that are LESS THAN）框中输入 0%。

第六步，单击**确定**（OK）。

通过上述步骤，得到的输出结果见图 2-7。

| | A | B | C | D | E | F |
|---|---|---|---|---|---|---|
| 1 | Rank (by March 2011 Sales) | Manufacturer | Model | Sales (March 2011) | Sales (March 2010) | Percent Change in Sales from 2010 |
| 2 | 1 | Honda | Accord | 33616 | 29120 | 15.4% |
| 3 | 2 | Nissan | Altima | 32289 | 24649 | 31.0% |
| 4 | 3 | Toyota | Camry | 31464 | 36251 | −13.2% |
| 5 | 4 | Honda | Civic | 31213 | 22463 | 39.0% |
| 6 | 5 | Toyota | Corolla/Matrix | 30234 | 29623 | 2.1% |
| 7 | 6 | Ford | Fusion | 27566 | 22773 | 21.0% |
| 8 | 7 | Hyundai | Sonata | 22894 | 18935 | 20.9% |
| 9 | 8 | Hyundai | Elantra | 19255 | 8225 | 134.1% |
| 10 | 9 | Toyota | Prius | 18605 | 11786 | 57.9% |
| 11 | 10 | Chevrolet | Cruze/Cobalt | 18101 | 10316 | 75.5% |
| 12 | 11 | Chevrolet | Impala | 18063 | 15594 | 15.8% |
| 13 | 12 | Nissan | Sentra | 17851 | 8721 | 104.7% |
| 14 | 13 | Ford | Focus | 17178 | 19500 | −11.9% |
| 15 | 14 | Volkswagen | Jetta | 16969 | 9196 | 84.5% |
| 16 | 15 | Chevrolet | Malibu | 15551 | 17750 | −12.4% |
| 17 | 16 | Mazda | 3 | 12467 | 11353 | 9.8% |
| 18 | 17 | Nissan | Versa | 11075 | 13811 | −19.8% |
| 19 | 18 | Subaru | Outback | 10498 | 7619 | 37.8% |
| 20 | 19 | Kia | Soul | 10028 | 5106 | 96.4% |
| 21 | 20 | Ford | Fiesta | 9787 | 0 | ----- |

图 2-7　利用 Excel 的条件格式输出销量下降车型

由图 2-7 可以清楚地看到销量下降的车型，它们是丰田（Toyota）Camry、福特（Ford）Focus、雪佛兰（Chevrolet）Malibu 及尼桑（Nissan）Versa。

Excel 的条件格式功能具有极强的灵活性，如果我们不仅仅关注销售量下滑的车型，那么可以选择功能区中**开始**（Home）里**样式**（Styles）模块中的条件格式下拉菜单里的**数据**

条（Data Bars），图 2-8 是应用**蓝色数据条实心填充**（Blue Data Bar Gradient Fill）的输出结果。图 2-8 中的数据条，实际上是各单元格数值的条形图。每个条形图的长度是和变量值的大小相对应的，数据为 20 的条形图长度是数据为 10 的条形图长度的两倍。负值在轴线左边，正值在轴线右边，依此可以轻易辨别出哪些车型的销售量出现了下降。

> 我们将在第 3 章详细介绍条形图和其他图形，还会讲解条件格式的其他用法。

| | A | B | C | D | E | F |
|---|---|---|---|---|---|---|
| 1 | Rank (by March 2011 Sales) | Manufacturer | Model | Sales (March 2011) | Sales (March 2010) | Percent Change in Sales from 2010 |
| 2 | 1 | Honda | Accord | 33616 | 29120 | 15.4% |
| 3 | 2 | Nissan | Altima | 32289 | 24649 | 31.0% |
| 4 | 3 | Toyota | Camry | 31464 | 36251 | −13.2% |
| 5 | 4 | Honda | Civic | 31213 | 22463 | 39.0% |
| 6 | 5 | Toyota | Corolla/Matrix | 30234 | 29623 | 2.1% |
| 7 | 6 | Ford | Fusion | 27566 | 22773 | 21.0% |
| 8 | 7 | Hyundai | Sonata | 22894 | 18935 | 20.9% |
| 9 | 8 | Hyundai | Elantra | 19255 | 8225 | 134.1% |
| 10 | 9 | Toyota | Prius | 18605 | 11786 | 57.9% |
| 11 | 10 | Chevrolet | Cruze/Cobalt | 18101 | 10316 | 75.5% |
| 12 | 11 | Chevrolet | Impala | 18063 | 15594 | 15.8% |
| 13 | 12 | Nissan | Sentra | 17851 | 8721 | 104.7% |
| 14 | 13 | Ford | Focus | 17178 | 19500 | −11.9% |
| 15 | 14 | Volkswagen | Jetta | 16969 | 9196 | 84.5% |
| 16 | 15 | Chevrolet | Malibu | 15551 | 17750 | −12.4% |
| 17 | 16 | Mazda | 3 | 12467 | 11353 | 9.8% |
| 18 | 17 | Nissan | Versa | 11075 | 13811 | −19.8% |
| 19 | 18 | Subaru | Outback | 10498 | 7619 | 37.8% |
| 20 | 19 | Kia | Soul | 10028 | 5106 | 96.4% |
| 21 | 20 | Ford | Fiesta | 9787 | 0 | ----- |

图 2-8　利用 Excel 的条件格式输出数据条形图

在 Excel 中，当选定多个单元格时，右击鼠标便会在选定单元格的右下方出现**快速分析**（Quick Analysis）按钮。利用快速分析功能，可迅速进行条件格式分析、添加数据条及其他运算。对**格式**（Formatting）来说，可以选择如图 2-9 所示的按钮，除此之外还有**图表**（Charts）、**汇总**（Totals）、**表**（Tables）、**迷你图**（Sparklines）等按钮。

> **快速分析**（Quick Analysis）是 Excel 2013 以上版本新开发的功能。

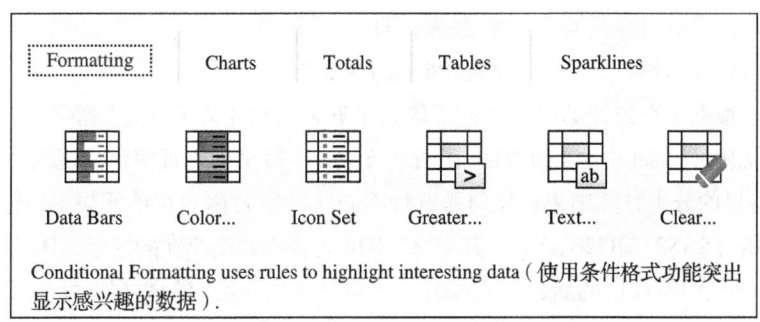

图 2-9　Excel 中"快速分析"的格式选择按钮

## 2.4 数据的分布

描述数据集中特定变量值出现的频数，有助于提炼出数据的很多特征。无论是属性数据还是数量数据，都可以编制出它们的分布。借助频数分布，可以分析数据所表现出来的变异。

### 2.4.1 属性数据的频数分布

**频数分布**主要用于对数据的提炼和压缩，反映了各个不重叠**分组**观察值出现的次数（频数）。为了说明频数分布的编制，下面我们以表 2-3 的资料为例。

表 2-3　软饮料购买的 50 次记录

| | | | | | | |
|---|---|---|---|---|---|---|
| Coca-Cola | Pepsi | Coca-Cola | Coca-Cola | Coca-Cola | Coca-Cola | Pepsi |
| Diet Coke | Pepsi | Coca-Cola | Sprite | Sprite | Coca-Cola | Pepsi |
| Pepsi | Coca-Cola | Sprite | Pepsi | Dr. Pepper | Pepsi | Pepsi |
| Diet Coke | Dr. Pepper | Coca-Cola | Coca-Cola | Pepsi | Dr. Pepper | Coca-Cola |
| Coca-Cola | Sprite | Diet Coke | Coca-Cola | Diet Coke | Coca-Cola | Dr. Pepper |
| Coca-Cola | Coca-Cola | Coca-Cola | Coca-Cola | Pepsi | Diet Coke | Pepsi |
| Dr. Pepper | Diet Coke | Diet Coke | Pepsi | Coca-Cola | Pepsi | Sprite |
| Diet Coke | | | | | | |

表 2-3 的数据是 50 次饮料购买记录的样本观察值。一共出现不同款式的饮料五个，分别是可口可乐（Coca-Cola）、健怡可乐（Diet Coke）、胡椒博士（Dr. Pepper）、百事可乐（Pepsi）和雪碧（Sprite）。

为了编制表 2-3 资料的频数分布，需要计算每种饮料出现的次数：可口可乐 19 次，健怡可乐 8 次，胡椒博士 5 次，百事可乐 13 次，雪碧 5 次。根据每种饮料的统计结果，做出表 2-4。

表 2-4 就是饮料销售的频数分布，给出了每种饮料被购买的次数。比较表 2-4 和表 2-3，显然表 2-4 更便于阅读。从表 2-4 中，我们不仅能看出每种饮料的销售次数，还能知道销售最多和最少的是哪些饮料。由表 2-4 可知，可口可乐的购买次数最多，百事可乐次之，健怡可乐排名第三，雪碧和胡椒博士的购买次数相对较少。根据这个统计结果，我们了解到了五种饮料受喜爱的差别情况。

表 2-4　饮料销售的频数分布

| 饮料名称 | 次数 |
|---|---|
| Coca-Cola | 19 |
| Diet Coke | 8 |
| Dr. Pepper | 5 |
| Pepsi | 13 |
| Sprite | 5 |
| 合计 | 50 |

我们可以利用 Excel 中的 COUNTIF 函数计算数据中每个类别观察值出现的次数。图 2-10 是 Excel 表格里的分类计算结果。D 列是五种不同饮料的名称。在单元格 E2 中输入计算公式 = COUNTIF（$A$2:$B$26,D2），其中 A2:B26 是样本数据所在的区域，D2 是要统计的对象可口可乐。通过 Excel 中的函数 COUNTIF，可以计算出在给定的数据区域中某个组别观察值出现的次数。单元格 E2 的数值 19，是计算出来的结果，表明可口可乐在样本观察值中出现了 19 次。复制单元格 E2，将其粘贴到单元格 E3:E6，可以得出健怡可乐、百事可乐、

胡椒博士以及雪碧出现的次数。注意：在进行这一操作的时候，需要对数据区域进行绝对引用处理，即编写成 \$A\$2:\$B\$26，否则 COUNTIF 给出的汇总结果会出错。

|   | A | B | C | D | E |
|---|---|---|---|---|---|
| 1 | Sample Data | | | Bins | |
| 2 | Coca-Cola | Coca-Cola | | Coca-Cola | 19 |
| 3 | Diet Coke | Sprite | | Diet Coke | 8 |
| 4 | Pepsi | Pepsi | | Dr. Pepper | 5 |
| 5 | Diet Coke | Coca-Cola | | Pepsi | 13 |
| 6 | Coca-Cola | Pepsi | | Sprite | 5 |
| 7 | Coca-Cola | Sprite | | | |
| 8 | Dr. Pepper | Dr. Pepper | | | |
| 9 | Diet Coke | Pepsi | | | |
| 10 | Pepsi | Diet Coke | | | |
| 11 | Pepsi | Pepsi | | | |
| 12 | Coca-Cola | Coca-Cola | | | |
| 13 | Dr. Pepper | Coca-Cola | | | |
| 14 | Sprite | Diet Coke | | | |
| 15 | Coca-Cola | Pepsi | | | |
| 16 | Diet Coke | Pepsi | | | |
| 17 | Coca-Cola | Pepsi | | | |
| 18 | Coca-Cola | Coca-Cola | | | |
| 19 | Diet Coke | Dr. Pepper | | | |
| 20 | Coca-Cola | Sprite | | | |
| 21 | Coca-Cola | Coca-Cola | | | |
| 22 | Coca-Cola | Coca-Cola | | | |
| 23 | Sprite | Pepsi | | | |
| 24 | Coca-Cola | Dr. Pepper | | | |
| 25 | Coca-Cola | Pepsi | | | |
| 26 | Diet Coke | Pepsi | | | |

图 2-10　利用 Excel 函数 COUNTIF 编制表 2-3 的频数分布

## 2.4.2　频率分布与百分比分布

频数分布展示了几个不相关组别观察值出现的次数（频数）。然而我们时常也想了解每个组别中观察值出现的比例或百分比。频率是某个类别观察值出现的次数占全部观察值总数的比例。对于一个由 $n$ 个观察值组成的数据，每个组别观察值出现的频率，其计算公式为：

$$\text{每个组别观察值出现的频率} = \frac{\text{该组观察值出现的次数}}{n}$$

**频率分布**是由每个组别及其对应观察值出现频率所构成的统计表，**百分比分布**是每个组别及其对应观察值出现次数的百分比。频率分布和百分比分布如表 2-5 所示。

在表 2-5 中，可口可乐出现的频率是 0.38，它是可口可乐出现的频数 19 和全部观察值 50 相比的结果，也就是：19/50 = 0.38。同理，健怡可乐的频率是 8/50 = 0.16，等等。在百分比分布中，可口可乐的 38 是对可口可乐出现的频率乘以 100 后得到的结果，其他的百分比也是如此。由表 2-5 还可以发

表 2-5　饮料销售的频率分布和百分比分布

| 饮料名称 | 频率 | 百分比（%） |
|---|---|---|
| Coca-Cola | 0.38 | 38 |
| Diet Coke | 0.16 | 16 |
| Dr. Pepper | 0.10 | 10 |
| Pepsi | 0.26 | 26 |
| Sprite | 0.10 | 10 |
| 合计 | 1.00 | 100 |

现销售居前三位的饮料销售的百分比之和是 38% + 26% + 16% = 80%。

频率分布可以看作随机变量取不同数值的可能性，因此通过计算随机变量观察值的频率分布，能够对其变异性的概率分布进行估计。例如，货摊老板不能确定未来饮料的销售数量，如果表 2-5 的数据代表了该货摊的销售情况，该货摊老板就可以用这些信息来决定各类饮料的合适进货量。

> 将上式得到的频率，用 100 相乘，便是每个组别观察值出现的占比，也叫百分制相对频数。

### 2.4.3 数量数据的频率分布

对于数量数据，我们也能编制出频数分布。但在编制数量数据频数分布的时候，我们需要谨慎地确定互不相关的分组组别。

Sanderson and Clifford 是一家小型会计师事务所，表 2-6 所给的数据是这家会计师事务所在年终前对 20 家客户完成账务审计所需要的时间。

表 2-6 给出的是数量性质的数据，要编制频数分布，首先需要规定分组的组别。确定数量资料分组组别，需要经过以下三个步骤：

第一步，确定分多少个互不重叠的组。
第二步，确定每个组的组距。
第三步，确定每个组的组限。

下面，我们就以表 2-6 的资料为例，讲解数量数据频数分布的编制过程。

表 2-6 年终账务审计所需要的时间（天）

| 12 | 14 | 19 | 18 |
| 15 | 15 | 18 | 17 |
| 20 | 27 | 22 | 23 |
| 22 | 21 | 33 | 28 |
| 14 | 18 | 16 | 13 |

（1）第一步，确定分多少个互不重叠的组。对于给定的数量性质的数据，在编制频数分布的时候，首先需要确定把它们划分成多少个组别。一般情况下分成 5~20 组。对观察数据数目较少的情形，分成 5~6 组即可。对观察数据数目较多的情形，划分的组别相应可以多一点。确定分组组数，要能把观察数据中的变异充分地表现出来，并不是组数越多越好。组数多了会出现空组，或者某些组的观察值出现数目寥寥无几，如果出现这些情形，则表明所划分的组数可能不是太理想。由于表 2-6 中的观察数据个数相对较少（$n=20$），所以把它们分成 5 个组就差不多了。

（2）第二步，确定每个组的组距。一般情况下，我们建议给每个组以相同的组距。组距和组数之间存在一定的关系，组数越多，组距越小，反之亦然。为了确定合适的组距，我们首先要确定观察值中的最大值和最小值，然后根据分组个数，采用以下公式确定组距。

$$组距 = \frac{最大值 - 最小值}{分组组数} \qquad (2\text{-}1)$$

由式（2-1）确定出来的组距，可能带有小数，为美观起见，可以对其做取整处理，比如由式（2-1）计算出来的组距等于 9.28，这时可以直接取 10。

由表 2-6 给出的资料可知最大值 33、最小值 12。因为已经确定了分成 5 组，所以由式（2-1）计算出来的组距是 (33-12)/5 = 4.2，故组距可以取 5。

在实际应用的时候,如何划分组数和确定组距,没有绝对的标准,我们可以通过试错的方法给出答案。一旦确定分组数目,式(2-1)就可以用来确定合适的组距,在不同数目的分组中重复试用,根据分析人员的判断最终找到合适的分组数目和各个组的组距。

(3)第三步,确定每个组的组限。在确定了分组组数和组距之后,接下来要确定每个组的组限。组限是每个组之间的界限,反映了每个组观察值的变化范围。每个组的下限代表着该组中的最小观察值,每个组的上限代表着该组中的最大观察值。确定下来的组限必须要能把观察值归集到各个组别,且仅能归集到某一个组别。在编制属性数据频数分布时,我们不需要明确每个组所在的范围,因为每个观察值各属于唯一的一个组别。可是在编制数量数据的频数分布时,需要明确每个观察值所属的组别范围。以表 2-6 的资料为例,可以选择 10 和 14 作为第一组的下限和上限,在表 2-7 中这一组别的范围记为 10~14。因此,最小的数据值 12 属于 10~14 组。在等距分组的情形下,第二组的上限和下限就是 19 和 15。以此类推,可以得到相关的其他组的组别,最后的分组情况是:10~14,15~19,20~24,25~29,以及 30~34。每组上下限之间的差叫作组距,如第二组的组距是 19-14=5。

> 表 2-6 的最小值是 12,但我们还是选择 10 作为第一组的下限值。原因在于:第一组的下限应该比最小的观察值稍小,最后一组的上限应该比最大的观察值稍大,以使既定的分组办法能够囊括进所有的观察值。

在确定了组数、组距及组限,并计算出每组观察值出现的数目之后,数量数据的频率分布便编制出来了。比如,表 2-6 的数据有 4 个数值 12、14、14、13 划分在 10~14 组,因此 10~14 组的频数就是 4,以此类推,可以得到表 2-7 的频数分布表。

表 2-7　表 2-6 资料的频数、频率与百分比分布

| 分组 | 频数 | 频率 | 百分比(%) | 分组 | 频数 | 频率 | 百分比(%) |
| --- | --- | --- | --- | --- | --- | --- | --- |
| 10~14 | 4 | 0.20 | 20 | 25~29 | 2 | 0.10 | 10 |
| 15~19 | 8 | 0.40 | 40 | 30~34 | 1 | 0.05 | 5 |
| 20~24 | 5 | 0.25 | 25 | 合计 | 20 | 1.00 | 100 |

由表 2-7 可以看出:
- 在 15~19 这个组中,观察值出现的次数最多达到 8 个,表明 Sanderson and Clifford 事务所的 20 家客户中,有 8 家的账务审计完成时间需要 15~19 天。
- 在 30~34 这个组中,只有 1 个观察值,所以只有 1 家需要花费 30 天以上的时间完成账务审计工作。

不同的人欣赏点不一样,因此,人们对频数分布可能存在不同的看法。编制频数分布的价值在于,我们能够更加直观地了解原始数据存在的信息,而这一点单靠观察原始资料是做不到的。表 2-7 中同时也给出了频率分布和百分比分布,由此我们可以看到,40% 的审计项目需要花费 15~19 天,只有 5% 的账务审计需要 30 天以上。

> 对数量数据,其频率和百分比分布的计算与属性数据一样。

利用 Excel 也可以编制数量数据的频率分布。图 2-11 给出了表 2-6 频数分布的编制过程及结果。

|   | A | B | C | D |
|---|---|---|---|---|
| 1 | Year-End Audit Times (in Days) | | | |
| 2 | 12 | 14 | 19 | 18 |
| 3 | 15 | 15 | 18 | 17 |
| 4 | 20 | 27 | 22 | 23 |
| 5 | 22 | 21 | 33 | 28 |
| 6 | 14 | 18 | 16 | 13 |
| 7 | | | | |
| 8 | | | | |
| 9 | Bin | Frequency | | |
| 10 | 14 | =FREQUENCY(A2:D6,A10:A14) | | |
| 11 | 19 | =FREQUENCY(A2:D6,A10:A14) | | |
| 12 | 24 | =FREQUENCY(A2:D6,A10:A14) | | |
| 13 | 29 | =FREQUENCY(A2:D6,A10:A14) | | |
| 14 | 34 | =FREQUENCY(A2:D6,A10:A14) | | |

|   | A | B | C | D |
|---|---|---|---|---|
| 1 | Year-End Audit Times (in Days) | | | |
| 2 | 12 | 14 | 19 | 18 |
| 3 | 15 | 15 | 18 | 17 |
| 4 | 20 | 27 | 22 | 23 |
| 5 | 22 | 21 | 33 | 28 |
| 6 | 14 | 18 | 16 | 13 |
| 7 | | | | |
| 8 | | | | |
| 9 | Bin | Frequency | | |
| 10 | 14 | 4 | | |
| 11 | 19 | 8 | | |
| 12 | 24 | 5 | | |
| 13 | 29 | 2 | | |
| 14 | 34 | 1 | | |

图 2-11　利用 Excel 编制数量数据的频率分布

图 2-11 中，单元格 A2:D6 的数据是从表 2-6 复制来的，每个组的上限输入在单元格 A10:A14。至此，可以使用 Excel 中的 FREQUENCY 函数，计算每个组观察值出现的数目，具体操作过程是：

> Excel 中，同时按 Ctrl + Shift + Enter 组合键，意味着输出一组值。

第一步，选定单元格 B10:B14。

第二步，输入函数 = FREQUENCY（A2:D6, A10:A14），A2:D6 为数据范围，A10:A14 为每个组的上限值。

第三步，按 Ctrl + Shift + Enter 组合键。

### 2.4.4　直方图

对数量数据进行描述分析的时候，**直方图**是最常用的工具。直方图可以用来展示频数分布、频率分布或者百分比分布。将相关变量用横轴表示，汇总或计算出来的频数（绝对频数、相对频数或者百分比频数）用纵轴表示，每个组别的频数由横轴的组距与纵轴相应组别的频数组成的长方形来体现，由此便可以绘制出直方图。

图 2-12 是根据表 2-7 资料绘制出来的直方图。

图 2-12 中出现的最高长方形所对应的是 15～19 这一组。长方

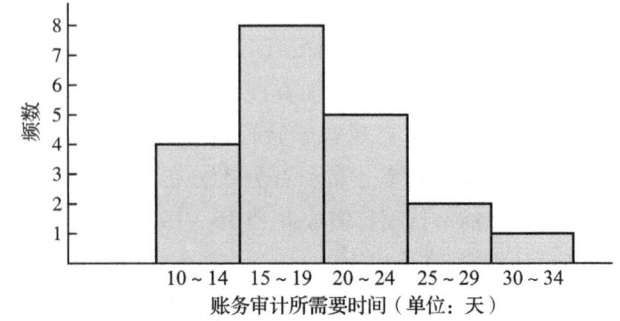

图 2-12　由表 2-7 资料绘制的频数直方图

形的高度代表着该组出现的频数，由图 2-12 能看出 15~19 这组的频数是 8。频率或百分比直方图与图 2-12 的频数直方图的形状完全相同，只是纵轴采用了频率或者百分比的值。

利用 Excel 中的"数据分析工具"（Data Analysis ToolPak）可以绘制直方图。我们以表 2-7 的资料为例说明操作的过程。与之前一样，我们将样本资料输入 Excel 工作表中的单元格 A2:D6，将表 2-7 中定义的每组范围输入单元格 A10:A14（见图 2-11）。

第一步，单击功能区中的**数据**（Data）。

第二步，单击**分析**（Analysis）模块中的**数据分析**（Data Analysis）。

第三步，当**数据分析**（Data Analysis）打开后，选择**分析工具**（Analysis Tool）数据分析列表中的**直方图**（Histogram），然后单击**确定**（OK）。

在**输入区域**（Input Range）栏输入单元格 A2:D6。

在**分组区域**（Bin Range）栏输入单元格 A10:A14。

在**输出选项**（Output Options）下选择**新工作表组**（New Worksheet Ply）。

选择**图表输出**（Chart Output）（具体见图 2-13）。

最后单击**确定**（OK）。

经过上述步骤，利用 Excel 的"数据分析工具"绘制出来的直方图见图 2-14。

在图 2-14 中，我们在 A 列给出了每个组完整的组别名称，从而使绘制出来的直方图的组别显示了每个组的

Excel 2016 以前的版本，点击功能区中的**分析**（Analysis），可以找到**数据分析**（Data Analysis）。

就图 2-14 来说，要想在单元格 A2 中输入 10~14，可以这样来做：在单元格 A2 中先输入左单引号，紧接着输入 10~14。这是 Excel 的一个小技巧，输入左单引号预示着此后输入的数字应当作文本，Excel 就不会把单引号后面的数字处理成数值或日期。

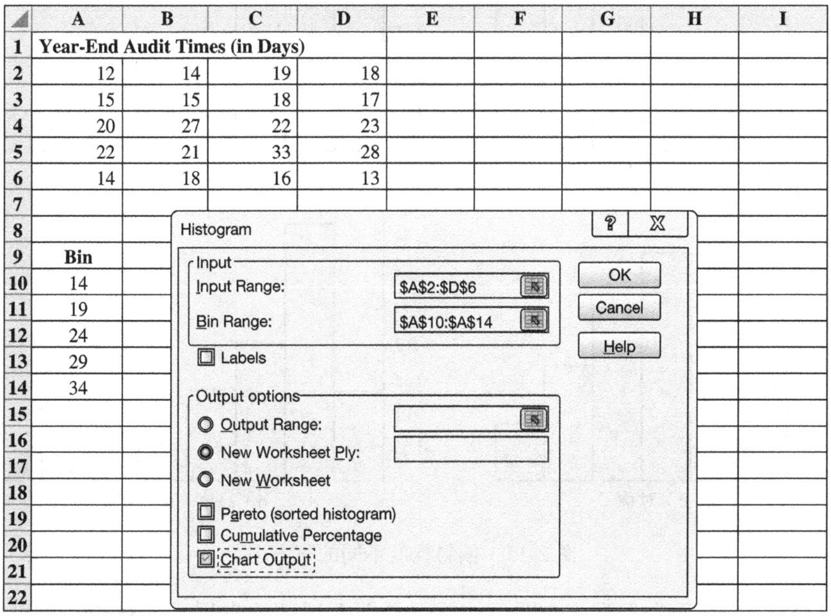

图 2-13 利用 Excel"数据分析工具"绘制直方图

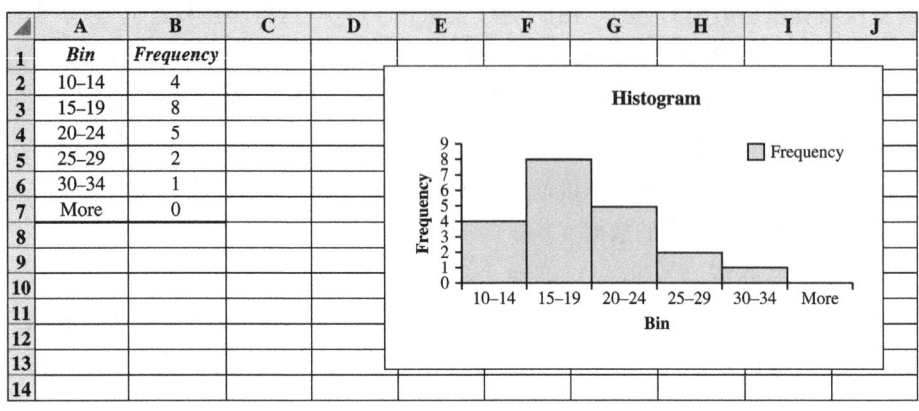

图 2-14 利用 Excel "数据分析工具" 绘制的直方图

上下限。考虑到直方图的传统表示形式，将每个长方形之间的空白间隙进行了移除处理。移除直方图中每个长方形之间间隙的步骤如下：

第一步，鼠标右击直方图中任意一列，选择**设置数据系列格式**（Format Data Series）。

第二步，当**设置数据系列格式**（Format Data Series）打开后，单击**系列选项**（Series Options），并将 **间隔宽度**（Gap Width）设置为 0。

直方图最重要的作用之一就是给出了分布形状或形式的信息。**偏度**或不对称性是分布形状的重要特征。图 2-15 给出了相对频数分布偏斜程度不同的四种类型的直方图。

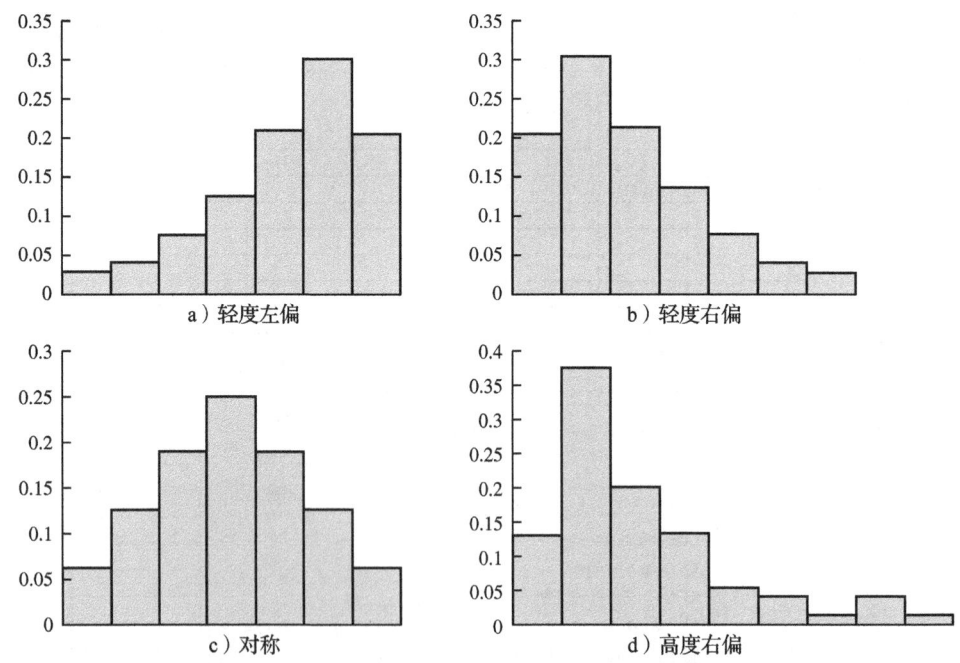

图 2-15 偏斜程度不同的直方图

图 2-15a 属于轻度左偏型直方图。如果直方图左尾部比右尾部显得更长，可以称这个直方图为左偏态分布。这种直方图的典型代表是考试成绩，因为考试分数不会超过 100

分,大多数的成绩会在70分以上,比较低的分数乃至0分虽然比较少见,但也总是会出现的。

图2-15b属于轻度右偏型直方图。如果直方图右尾部比左尾部显得更长,可以称这个直方图为右偏态分布。这类直方图的典型例子是房价,因为总有一些商品房的交易价格特别高。

图2-15c属于对称型直方图。在对称型直方图中,其左尾部和右尾部呈对称状。实际应用中,出现完全对称的直方图的情形比较少见,但呈近似对称的情形也不在少数,比如全体考生的SAT(美国高考)分数、人类的身高和体重等。

图2-15d属于高度右偏型直方图。女性服装店一天销量的数据,可能就会出现这样的情形。商业和经济方面的数据,通常也会出现高度右偏形态,比如房价、薪酬、销量等。

## 2.4.5 累积频数分布

**累积频数分布**是另外一种形式的频数分布,可以用来说明数量数据分布的变化。与一般的频数分布相比,累积频数分布采用了相同的分组、组距和组限,但它不仅描述了每个组的频数,还进一步显示了小于等于某个组上限的观察值出现的数目。表2-8是由表2-7资料得到的累积频数分布。

为了说明累积频数是怎么计算的,我们以"20~24"为例。这一组的累积频数是由小于等于该组上限值24的各个组中观察值出现的数目相加得到的。也就是表2-7的频数分布,将10~14、15~19、20~24的频数相加,所得到的17表明存在17个观察值小于

表2-8 表2-7资料的累积频数分布

| 分组 | 累积频数 | 累积频率 | 累积百分比(%) |
|---|---|---|---|
| 10~14 | 4 | 0.20 | 20 |
| 15~19 | 12 | 0.60 | 60 |
| 20~24 | 17 | 0.85 | 85 |
| 25~29 | 19 | 0.95 | 95 |
| 30~34 | 20 | 1.00 | 100 |

等于24。同样,表2-8中第一组的累积频数为4,表明有4个观察值小于等于14;第四组(25~29)的累积频数19,意味着有19个观察值小于等于29。

累积频率分布表明了小于等于某个组上限的观察数据出现的频率,累积百分比分布表明小于等于某个组上限观察数据出现的百分比。累积频率可以由频率分布的频率相加得到,也可以用累积频数除以总观察值数目计算得出,比如把表2-8各个组的累积频数除以总观察值数目($n=20$),同样能得到表2-8相应组的累积频率。累积百分比可由累积频率乘以100%得到,也可用各个组的累积频数除以总观察值数目再乘以100%计算出来。例如,年终账务审计所需时间小于等于24天的频率,可以用17除以20得到0.85,乘以100%后得到百分比频率85%。又如,年终账务审计所需时间小于等于29天的频率,可以用19除以20得到0.95,乘以100%后得到百分比频率95%,其他以此类推。

●───○───○───● 注释与点评 ●───○───○───●

1. 如果点击**分析**(Analysis)后没有出现**数据分析**(Data Analysis),说明Excel没有加载分析工具库。对此,可以按照以下步骤进行加载:首先点击Excel工作表左上角的图标,选择Excel选项,

从中找到**加载宏**（Add-Ins），然后打开，再点击 Excel 工作表底部出现的 **Excel 加载项**（Excel Options），单击**转到**（GO），选择**数据分析工具**（Analysis ToolPak），最后单击**确定**（OK）。

2. 在讨论概率和模拟概念的时候，分布是频繁使用的范畴，因为分布常用来刻画不确定性。本书第 5 章将介绍概率分布，第 11 章在介绍模拟模型的时候，还会重温有关分布的内容。

3. Excel 2016 版创建了新的**直方图**（Histogram）绘制功能，点击功能区中的**插入**（Insert），在**图表组**（Chart group）点击**插入统计图图示**（Insert Statistic Chart），并选择**直方图**（Histogram），便能得到 Excel 自动生成的直方图。Excel 自动生成的直方图，其自行选择的分组和组数，可以通过**轴格式**（Format Axis）进行修改。尽管如此，本节介绍的功能对于绘制直方图而言很有限。

## 2.5 位置测度

### 2.5.1 均值（算术平均数）

变量的**均值（算术平均数）**或平均数，是位置测度中使用最为频繁的方法。均值是一种中心位置的度量，如果是样本数据（典型情形），那么均值用 $\bar{x}$ 来表示。样本均值是对相应变量总体均值（往往未知）的点估计。如果依据的数据是总体的，可以用同样的方法计算出总体均值，但是需要用希腊字母 $\mu$ 表示。

在统计公式中，我们将变量 $x$ 的第一个观察值表示为 $x_1$，变量 $x$ 的第二个观察值为 $x_2$，以此类推。通常情况下，变量 $x$ 的第 $i$ 个观察值表示为 $x_i$。那么，对一个有 $n$ 个观察值的样本，其样本均值计算如下：

如果依据的不是样本数据，而是总体的 $N$ 个观察值，此时总体均值的计算公式为

$$\mu = \frac{\sum x_i}{N} = \frac{x_1 + x_2 + \cdots + x_N}{N}$$

$$\bar{x} = \frac{\sum x_i}{n} = \frac{x_1 + x_2 + \cdots + x_n}{n} \quad (2\text{-}2)$$

为了说明样本均值的计算，我们搜集了俄亥俄州辛辛那提郊区房屋销售价格的样本资料，详见表 2-9。

表 2-9 俄亥俄州辛辛那提郊区房屋销售价格

| 房屋编号 | 销售价格（美元） | 房屋编号 | 销售价格（美元） | 房屋编号 | 销售价格（美元） |
| --- | --- | --- | --- | --- | --- |
| 1 | 138 000 | 5 | 108 000 | 9 | 199 500 |
| 2 | 254 000 | 6 | 254 000 | 10 | 208 000 |
| 3 | 186 000 | 7 | 138 000 | 11 | 142 000 |
| 4 | 257 500 | 8 | 298 000 | 12 | 456 250 |

根据表 2-9 的资料，由式（2-2）得：

$$\bar{x} = \frac{\sum x_i}{n} = \frac{x_1 + x_2 + \cdots + x_n}{n} = \frac{138\,000 + 254\,000 + \cdots + 456\,250}{12} = \frac{2\,639\,250}{12} = 219\,937.50$$

我们可以利用 Excel 中的 AVERAGE 函数计算出观察值的均值。图 2-16 是表 2-9 房屋销售价格资料的 Excel 电子表格工作表，在单元格 E2 计算平均值，输入公式 = AVERAGE（B2:B13），便能得到均值的计算结果。

| | A | B | C | D | E |
|---|---|---|---|---|---|
| 1 | Home Sale | Selling Price ($) | | | |
| 2 | 1 | 138,000 | | Mean: | =AVERAGE(B2:B13) |
| 3 | 2 | 254,000 | | Median: | =MEDIAN(B2:B13) |
| 4 | 3 | 186,000 | | Mode 1: | =MODE.MULT(B2:B13) |
| 5 | 4 | 257,500 | | Mode 2: | =MODE.MULT(B2:B13) |
| 6 | 5 | 108,000 | | | |
| 7 | 6 | 254,000 | | | |
| 8 | 7 | 138,000 | | | |
| 9 | 8 | 298,000 | | | |
| 10 | 9 | 199,500 | | | |
| 11 | 10 | 208,000 | | | |
| 12 | 11 | 142,000 | | | |
| 13 | 12 | 456,250 | | | |

| | A | B | C | D | E |
|---|---|---|---|---|---|
| 1 | Home Sale | Selling Price ($) | | | |
| 2 | 1 | 138,000 | | Mean: | $ 219,937.50 |
| 3 | 2 | 254,000 | | Median: | $ 203,750.00 |
| 4 | 3 | 186,000 | | Mode 1: | $ 138,000.00 |
| 5 | 4 | 257,500 | | Mode 2: | $ 254,000.00 |
| 6 | 5 | 108,000 | | | |
| 7 | 6 | 254,000 | | | |
| 8 | 7 | 138,000 | | | |
| 9 | 8 | 298,000 | | | |
| 10 | 9 | 199,500 | | | |
| 11 | 10 | 208,000 | | | |
| 12 | 11 | 142,000 | | | |
| 13 | 12 | 456,250 | | | |

图 2-16 利用 Excel 计算均值（Mean）、中位数（Median）、众数（Mode）

## 2.5.2 中位数

**中位数**是另一种中心趋势的测度，是按升序（从最小值到最大值）排列的观察值居于中间位置的值。对于奇数数目的观察值，中间位置的那个观察值就是中位数。对于偶数数目的观察值，不存在一个居于中间位置的观察值，对此我们按照习惯，取中间位置上的两个观察值的简单平均作为中位数。

例如，5 所大学同专业班级的学生人数，按升序排列的结果如下：

$$32 \quad 42 \quad 46 \quad 46 \quad 54$$

因为 $n=5$ 是奇数，所以中位数就是中间位置上的那个数值。因此，班级规模的中位数是 46 名学生。即使这组数据中包含两个相同的观察值 46，但当我们将数据排列成升序的时候，每个观察值都需要被分别对待。

下面以表 2-9 中 12 所房屋销售价格为例，说明中位数的计算。首先将数据排列成升序，结果如下：

108 000　138 000　138 000　142 000　186 000　<u>199 500　208 000</u>　254 000　254 000　257 500　298 000　456 250

两个中间值

因为观察值数目 $n=12$ 是偶数，所以中位数是两个中间值即 199 500 和 208 000 的均值。根据上述中位数的定义，可以得到房屋销售价格中位数：

$$房屋销售价格中位数 = \frac{199\ 500 + 208\ 000}{2} = 203\ 750$$

中位数可以利用 Excel 中的 Median 函数计算得到。如图 2-16 所示，在单元格 E3 输入公式 = Median（B2：B13），按回车键便可得到中位数的输出结果。

尽管均值是位置测度中最常使用的方法，但在一些情况下中位数却是更好的选择。均值受最大值和最小值的影响，从图2-16中我们能看出，中位数比均值小。这是由于数据集中的456 250拉大了均值，但是该观察值对中位数没有任何影响。从图2-16我们还可以看出，如果将456 250换成15 000 000，此时中位数还是没有任何变化，房屋销售价格的中位数仍然是203 750，但均值却变成了306 916.67。如果打算购买这个区位的房子，与均值相比，中位数是更好的参考指标。因此，如果数据集包含的极端值非常特殊，那么中位数可能是更受欢迎的测度。

### 2.5.3 众数

中心位置的第三种度量就是**众数**，它是一组观察值中出现最频繁的那个数值。

为了说明众数的确定方法，我们以上文中出现的大学班级学生人数的样本资料为例。在该样本中，46出现的次数最多，是出现最频繁的数值，因此这个数值就是众数。

利用Excel中的MODE.SNGL函数，可以快速地获得观察值中的众数。

有的时候，两个或两个以上的观察值会频繁出现，这种情况则表明存在两个或两个以上的众数。一组观察值存在两个以上的众数，这是多峰分布。如果一组观察值恰好含有两个众数，我们则称之为双峰分布。当出现多于两个众数时，这时的众数就不需要报告出来了，因为列示三个及以上的众数对数据描述没有多大帮助。与此相反，如果数据中没有一个观察值出现次数超过一次，我们则称该组观察值没有众数。

使用Excel中的MODE.SNGL函数，将会得到一个出现频率最高的众数值。分析多众数分布情况则需要使用MODE.MULT函数。例如，表2-9中有两个房价出现的频数是2次，分别是138 000和254 000。因此，这组数据具有双众数。利用Excel找出这两个众数，其操作步骤如下：

输出一组计算值，需要按Ctrl + Shift + Enter组合键。

第一步，一次性选定单元格E4和E5。
第二步，输入函数 = MODE.MULT（B2：B13）。
第三步，按Ctrl + Shift + Enter组合键。

经过上述过程，Excel将会在单元格E4和E5中输出两个众数，分别是138 000和254 000。

### 2.5.4 几何平均

**几何平均**是位置测量的方法之一，它是$n$个观察值连乘积的$n$次方根。样本几何平均$\bar{x}_g$的计算公式为

总体几何平均计算方法与样本相似，但是用符号$\mu_g$表示，意味着是用总体全部观察值计算出来的。

$$\bar{x}_g = \sqrt[n]{(x_1)(x_2)\cdots(x_n)}$$
$$= [(x_1)(x_2)\cdots(x_n)]^{1/n} \quad (2-3)$$

在分析金融数据平均增长率的时候，一般要采用几何平均的计算方法。对诸如此类的情况，计算算术平均

或均值往往会得出误导性的结果。

为了说明几何平均的计算及其应用，在此以表 2-10 的资料为例。

表 2-10　互助基金的年收益率及增长因子

| 年份编号 | 收益率（%） | 增长因子 | 年份编号 | 收益率（%） | 增长因子 |
|---|---|---|---|---|---|
| 1 | -22.1 | 0.779 | 6 | 5.5 | 1.055 |
| 2 | 28.7 | 1.287 | 7 | -37.0 | 0.630 |
| 3 | 10.9 | 1.109 | 8 | 26.5 | 1.265 |
| 4 | 4.9 | 1.049 | 9 | 15.1 | 1.151 |
| 5 | 15.8 | 1.158 | 10 | 2.1 | 1.021 |

表 2-10 是某互助基金过去 10 年的收益率或增长率及变动速度的资料。假设我们想计算第一年年初投资的 100 美元在第十年的价值，为此我们首先需要计算第一年年末的余额。第一年基金收益率是 -22.1%，所以第一年年末的余额是：

$$100 + (-0.221 \times 100) = 100 \times (1 - 0.221) = 100 \times 0.779 = 77.90(美元)$$

我们把表 2-10 第一年的 0.779 看成是**增长因子**，用该值乘以年初的投资额 100 美元，便等于第一年年末的余额 77.90 美元。

第一年年末投资余额 77.90 美元，结转为第二年年初的投资额。由于第二年的收益率是 28.7%，因此第二年年末的余额是：

$$77.90 + (0.287 \times 77.90) = 77.90 \times (1 + 0.287)$$
$$= 77.90 \times 1.287$$
$$= 100.26(美元)$$

增长因子等于收益率除以 100，然后再加上 1。增长因子小于 1 说明负变动，增长因子大于 1 意味着正变动。另外，增长因子不可能小于 0。

对上式，用 $100 \times 0.779$ 代替 77.90，便得到第二年年末的余额：

$$100 \times 0.779 \times 1.287 = 100.26(美元)$$

换句话说，第二年年末余额是第一年年初的初始投资同时乘以这两年增长因子得到的结果。

由此可以推出，第十年年末余额等于初始投资额同时乘以这十年的增长因子的连乘积，即

$$100 \times 0.779 \times 1.287 \times 1.109 \times 1.049 \times 1.158 \times 1.055 \times 0.630 \times 1.265 \times 1.151 \times 1.021$$
$$= 100 \times 1.335 = 133.5(美元)$$

因此，第一年年初投资的 100 美元，到第十年年末的价值是 133.5 美元，并且我们还可以看出，十年的增长因子是 1.335。据此，我们用第一年年初的投资额，乘以增长因子 1.335，就可得到第十年年末的余额。例如，第一年年初投资了 2 500 美元，那么第十年年末该笔投资的价值将是 3 337.50 美元。

现在的问题是，平均每年的投资收益率或平均增长率是多少呢？我们可以用十年增长系数的几何平均来回答这个问题。因为十年的增长系数是 1.335，几何平均数便是 1.335 的 10 次方根，用算式表示就是：

$$\bar{x}_g = \sqrt[10]{1.335} = 1.029$$

计算结果表明，该投资的平均每年收益率是 $(1.029 - 1) \times 100\% = 2.9\%$。换句话说，

当平均每年收益率为 2.9% 的时候，在第一年年初投资该基金 100 美元，第十年年末将获得 $100 \times (1 + 2.9\%)^{10} = 133.09$ 美元。

对几何平均，我们可以通过 Excel 中的 GEOMEAN 函数来计算。图 2-17 给出了相应的计算结果。

图 2-17 中，单元格 C13 的结果就是根据公式 = GEOMEAN（C2:C11）计算出来的。

每年投资收益率的算术平均并不能反映投资的平均每年收益率，这一点值得注意。根据表 2-10 的资料，十年的投资收益率是 50.4%。因此，十年的投资收益率的算术平均是 50.4%/10 = 5.04%。业务员或许试图用每年投资收益率 5.04% 说服你购买这个投资基金。这种说法不仅具有误导性，而且也不够准确。每年平均收益率 5.04%，说明平均增长因子是 1.050 4。如果平均增长因子真的是 1.050 4，那么在第一年年初投资 100 美元的基金，在第十年年末的价值将是 163.51 美元。但是，根据表 2-10 给出的十年中每年的投资收益率，我们可以得出在初始投资额为 100 美元时，第十年年末的价值是 133.09 美元。业务员宣称的平均每年收益率 5.04%，高估了这只基金的真实价值。产生这一问题的原因在于，算术平均只适用于相加的过程，对于像增长率这样的相乘过程，采用几何平均似乎更为合适。

|   | A | B | C | D |
|---|---|---|---|---|
| 1 | Year | Return (%) | Growth Factor |   |
| 2 | 1 | −22.1 | 0.779 |   |
| 3 | 2 | 28.7 | 1.287 |   |
| 4 | 3 | 10.9 | 1.109 |   |
| 5 | 4 | 4.9 | 1.049 |   |
| 6 | 5 | 15.8 | 1.158 |   |
| 7 | 6 | 5.5 | 1.055 |   |
| 8 | 7 | −37.0 | 0.630 |   |
| 9 | 8 | 26.5 | 1.265 |   |
| 10 | 9 | 15.1 | 1.151 |   |
| 11 | 10 | 2.1 | 1.021 |   |
| 12 |   |   |   |   |
| 13 |   | Geometric Mean: | 1.029 |   |
| 14 |   |   |   |   |

图 2-17 投资收益率的几何平均

几何平均不仅适用于解决诸如金融、投资、银行等领域的问题，还可用于任何一个连续时间平均变化率的问题，包括人口增长率、农作物产量增长率、污染情况及出生率、死亡率等。几何平均还可以应用于任何时间长度的连续变化现象，除了年增长率，还包括每个季度、每月、每周乃至每天的平均增长率。

## 2.6 变异测度

除了位置测量，我们经常还想了解变异性或者离散性。假设现有两只投资基金，每只基金每年各需投资 1 000 美元，表 2-11 是过去 20 年两只基金每年的余额。

表 2-11 两只投资基金的年回报 （美元）

| 年份编号 | 基金 A | 基金 B | 年份编号 | 基金 A | 基金 B | 年份编号 | 基金 A | 基金 B |
|---|---|---|---|---|---|---|---|---|
| 1 | 1 100 | 700 | 8 | 1 100 | 1 600 | 15 | 1 100 | 1 150 |
| 2 | 1 100 | 2 500 | 9 | 1 100 | 1 500 | 16 | 1 100 | 1 200 |
| 3 | 1 100 | 1 200 | 10 | 1 100 | 350 | 17 | 1 100 | 1 800 |
| 4 | 1 100 | 1 550 | 11 | 1 100 | 460 | 18 | 1 100 | 100 |
| 5 | 1 100 | 1 300 | 12 | 1 100 | 890 | 19 | 1 100 | 1 750 |
| 6 | 1 100 | 800 | 13 | 1 100 | 1 050 | 20 | 1 100 | 1 000 |
| 7 | 1 100 | 300 | 14 | 1 100 | 800 | 均值 | 1 100 | 1 100 |

基金 A 在年初投资 1 000 美元后,每年年末的余额都是 1 100 美元。基金 B 却有多种多样的余额,但是 20 年平均余额都是 1 100 美元。那么问题来了,能认为基金 A 与基金 B 的回报相等吗?显然,答案不是这样的。两只基金投资余额之间的差别在于它们的变异性。

图 2-18 是基金 A 和基金 B 的余额直方图。

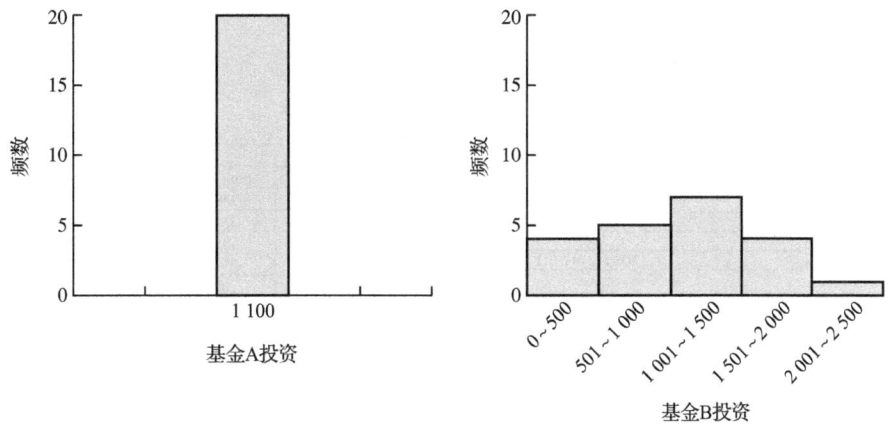

图 2-18　基金 A 和基金 B 的余额直方图

尽管两只基金的平均回报相同,但是由图 2-18 能看出,两只基金直方图显示出来的变异大不相同。拿基金 B 来说,有的年份的余额比平均余额高,有的年份的余额比平均余额低。本节将介绍变异测量的几种方法。

## 2.6.1　极差

测量变异性最简单的方法就是计算**极差**。将一组观察值中的最大值与最小值相减,便能求出极差。例如,根据表 2-9 的房屋销售价格数据,最高价格是 456 250 美元,最低是 108 000 美元,对此房屋销售价格的极差便是:456 250 - 108 000 = 348 250 美元。

尽管极差是测量变异最简单的方法,但是很少仅仅用极差来测量变异。原因在于极差只依赖最大值和最小值这两个数字,受到最大值和最小值的高度影响。例如,如果将 456 250 美元替换成 1 500 000 美元,那么极差便是 1 500 000 - 108 000 = 1 392 000 美元。这样计算出来的极差并不能客观地反映观察值之间的差异性,因为 12 个房屋销售价格中有 11 个在 108 000 美元和 298 000 美元之间。

我们可以利用 Excel 中的 MAX 和 MIN 函数计算极差,图 2-19 中,在单元格 E7 输入公式 = MAX(B2:B13)- MIN(B2:B13),然后按回车键就可计算出极差。

## 2.6.2　方差

**方差**是运用所有观察值测量变异的一种方法。方差是通过将每个观察值($x_i$)与它们均值的离差的平方平均得到的。例如,一个观察值的均值离差可以表示为 $(x_i - \bar{x})$。在计算方差时,需将均值离差进行平方处理。

| | A | B | C | D | E |
|---|---|---|---|---|---|
| 1 | Home Sale | Selling Price ($) | | | |
| 2 | 1 | 138000 | | Mean: | =AVERAGE(B2:B13) |
| 3 | 2 | 254000 | | Median: | =MEDIAN(B2:B13) |
| 4 | 3 | 186000 | | Mode 1: | =MODE.MULT(B2:B13) |
| 5 | 4 | 257500 | | Mode 2: | =MODE.MULT(B2:B13) |
| 6 | 5 | 108000 | | | |
| 7 | 6 | 254000 | | Range: | =MAX(B2:B13)-MIN(B2:B13) |
| 8 | 7 | 138000 | | Variance: | =VAR.S(B2:B13) |
| 9 | 8 | 298000 | | Standard Deviation: | =STDEV.S(B2:B13) |
| 10 | 9 | 199500 | | | |
| 11 | 10 | 208000 | | Coefficient of Variation: | =E9/E2 |
| 12 | 11 | 142000 | | | |
| 13 | 12 | 456250 | | 85th Percentile: | =PERCENTILE.EXC(B2:B13,0.85) |
| 14 | | | | | |
| 15 | | | | 1st Quartile: | =QUARTILE.EXC(B2:B13,1) |
| 16 | | | | 2nd Quartile: | =QUARTILE.EXC(B2:B13,2) |
| 17 | | | | 3rd Quartile: | =QUARTILE.EXC(B2:B13,3) |
| 18 | | | | | |
| 19 | | | | IQR: | =E17-E15 |

| | A | B | C | D | E |
|---|---|---|---|---|---|
| 1 | Home Sale | Selling Price ($) | | | |
| 2 | 1 | 138000 | | Mean: | $ 219,937.50 |
| 3 | 2 | 254000 | | Median: | $ 203,750.00 |
| 4 | 3 | 186000 | | Mode 1: | $ 138,000.00 |
| 5 | 4 | 257500 | | Mode 2: | $ 254,000.00 |
| 6 | 5 | 108000 | | | |
| 7 | 6 | 254000 | | Range: | $ 348,250.00 |
| 8 | 7 | 138000 | | Variance: | 9037501420 |
| 9 | 8 | 298000 | | Standard Deviation: | $ 95,065.77 |
| 10 | 9 | 199500 | | | |
| 11 | 10 | 208000 | | Coefficient of Variation: | 43.22% |
| 12 | 11 | 142000 | | | |
| 13 | 12 | 456250 | | 85th Percentile: | $ 305,912.50 |
| 14 | | | | | |
| 15 | | | | 1st Quartile: | $ 139,000.00 |
| 16 | | | | 2nd Quartile: | $ 203,750.00 |
| 17 | | | | 3rd Quartile: | $ 256,625.00 |
| 18 | | | | | |
| 19 | | | | IQR: | $ 117,625.00 |

图2-19 房屋销售价格变异性测量

在绝大多数统计应用中，用于分析的数据都是样本资料。当计算出样本方差时，我们的最终目的是用它来估计总体方差 $\sigma^2$。本书不对此给出详细的解释，对于随机变量，计算样本离差平方均值时，分母采用的是 $n-1$ 而不是 $n$，原因在于这样做能保证样本方差是总体方差的无偏估计[⊖]。

如果拥有总体的观察值，就不需要通过样本方差来估计了，这时可以直接计算出总体方差 $\sigma^2$。对于总体 $N$ 个观察值，总体均值用 $\mu$ 表示，则总体方差的计算公式为

$$\sigma^2 = \frac{\sum (x_i - \mu)^2}{N}$$

样本方差（$s^2$）的计算公式为

$$s^2 = \frac{\sum (x_i - \bar{x})^2}{n-1} \qquad (2\text{-}4)$$

为了说明样本方差的计算，我们用前面所讲的5个大学班级学生人数的样本资料为例。表2-12是样本方差的计算过程，包括样本均值、样本离差以及离差平方。

由式（2-4）得：

$$s^2 = \frac{\sum (x_i - \bar{x})^2}{n-1} = \frac{256}{5-1} = 64$$

---

⊖ 方差的无偏估计指的是，从总体中随机独立地抽取容量相同的大量的样本，对每个样本计算其方差，然后对这些样本方差计算平均，得到的结果等于总体方差。

表 2-12　班级学生人数的样本方差计算

| 班级学生人数 | 均值 ($\bar{x}$) | 离差 ($x_i - \bar{x}$) | 离差平方 $(x_i - \bar{x})^2$ |
| --- | --- | --- | --- |
| 46 | 44 | 2 | 4 |
| 54 | 44 | 10 | 100 |
| 42 | 44 | −2 | 4 |
| 46 | 44 | 2 | 4 |
| 32 | 44 | −12 | 144 |
| 合计 |  | 0 | 256 |

注意：由于在计算离差平方的时候，我们采用了平方处理，所以方差的计量单位也带有平方。比如计算出来的样本方差 $s^2 = 64$ 名$^2$。在 Excel 中，可以通过 VAR.S 函数计算样本观察值方差，具体见图 2-19 的计算示范及其结果。如图 2-19 所示，在单元格 E8 输入公式 =VAR.S（B2:B13），按回车键便能得到样本方差，结果是 12 栋房屋销售价格的方差为 9 037 501 420 美元$^2$。

### 2.6.3　标准差

**标准差**是方差的算术平方根。用 $s$ 表示样本标准差，用 $\sigma$ 表示总体标准差。样本标准差 $s$ 是对总体标准差 $\sigma$ 的点估计，计算样本标准差的公式为

$$s = \sqrt{s^2} \tag{2-5}$$

根据表 2-12 的资料，我们已经计算出了班级规模的样本方差 $s^2 = 64$。因此，样本标准差 $s = \sqrt{64} = 8$。

前面我们已经指出，方差的计量单位是带有平方的，不便理解。由于标准差是方差的平方根，那么在我们的例子中，方差计量单位名$^2$ 在标准差中也就重新变成了"名"。总而言之，标准差的计量单位与原始观察值的计量单位相同。正因为如此，标准差才可以更容易地与均值等其他统计方法相比较。

对全部总体观察值，这时只要对总体方差 $\sigma^2$ 开算术平方根，便可得到总体标准差 $\sigma$。在 Excel 中，计算总体方差的函数命令是 =VAR.P，计算总体标准差的函数命令是 =STDEV.P。

图 2-19 给出了利用 Excel 中的 STDEV.S 函数计算房屋销售价格样本标准差的操作过程及结果。其中，在单元格 E9 中输入公式 =STDEV.S（B2:B13），按回车键便能输出样本标准差，得到的结果就是房屋销售价格样本标准差是 95 065.77 美元。

### 2.6.4　变异系数

某些场合下，我们可能会用到反映标准差与相应均值大小的方法。这种方法通常被称作**变异系数**，其计算公式为

$$变异系数 = \frac{标准差}{均值} \times 100 \tag{2-6}$$

根据表 2-12 的样本资料，样本均值是 44，样本标准差为 8。那么，由式（2-6）能得

到班级学生人数的变异系数为（8/44）×100＝18.2%。简言之，变异系数告诉我们，该样本的样本标准差是样本均值的18.2%。图2-19给出了房屋销售价格的变异系数，其操作过程是：在单元格E11输入公式＝E9/E2，按回车键便得到了房屋销售价格的变异系数，结果为43.22%。一般情况下，当比较具有不同标准差和均值观察值之间的相对差异时，变异系数显得特别有用。

## 2.7 分布分析

在本章的2.4节中，我们介绍了如何编制一组数据的频数、频率和累积分布。分布能够反映变量所有观察值的变异情况，当解释和分析一组数据时，分布会发挥很好的作用。在这一节中，我们将讲解分布分析的一些其他方法。

### 2.7.1 百分位数

**百分位数**是低于某个观察值的观察值数目占全部观察值的百分比。$p$百分位数指的是，观察数据中约有$p\%$的观察值小于第$p$个百分位数。据此，对一组观察值，大约有$(100-p)\%$的观察值，比第$p$个百分位数大。

学校经常使用百分位数来公布入学考试成绩。假设某个学生英文的原始得分是54分，那么这个学生这门课的分数与其他考生的分数相比如何，就不是那么显而易见。然而，如果说得分54的百分位数是70，此时我们就知道将近有70%的考生成绩比这位学生低，或者说将近30%的学生成绩比这位学生高。

对给定的样本资料，计算其第$p$个百分位数的方法有多种，不管哪种方法得到的结果都大致相似，尤其是在大数据场合。这里我们介绍的第$p$个百分位数的计算，是Excel采用的做法。利用Excel计算第$p$个百分位数的函数是PERCENTILE.EXC。

计算$p$百分位数值的步骤如下：

第一步，将$n$项观察数据从小到大排列，最小的数值放在第一位，第二小的数值放在第二位，以此类推。

第二步，第$p$个百分位数所在的位置用符号$L_p$表示，则计算公式为

$$L_p = \frac{p}{100} \times (n+1) \qquad (2\text{-}7)$$

第三步，一旦找出了第$p$个百分位数所在的位置，接下来就是确定它的数值。

现在我们以表2-9的资料为例，说明房屋销售价格第85个百分位数的确定过程。

第一步，将房屋销售价格资料进行升序排列，为便于阅读，我们把前面已经排过序的资料复制到这里并给出排位次序，具体如下：

```
       108 000 138 000 138 000 142 000 186 000 199 500 208 000 254 000 254 000 257 500 298 000 456 250
排序位次     1       2       3       4       5       6       7       8       9      10      11      12
```

第二步，计算第85个百分位数所在的位置，$p=85$，$n=12$，由式（2-7）得：

$$L_{85} = \frac{p}{100} \times (n+1) = \frac{85}{100} \times (12+1) = 11.05$$

计算结果表明，第 85 个百分位数位于第 11 个观察值和第 12 个观察值的 5% 处，即第 11 个观察值（298 000）加上 0.05 乘以第 12 个观察值（456 250）与第 11 个观察值（298 000）差。因此，得到第 85 个百分位数的值为

$$第 85 个百分位数的值 = 298\,000 + 0.05 \times (456\,250 - 298\,000)$$
$$= 298\,000 + 0.05 \times 158\,250 = 305\,912.50$$

计算结果表明，房屋销售价格的第 85 个百分位数值是 305 912.5 美元。

利用 Excel 中的 PERCENTILE.EXC 函数，可以方便地计算出第 $p$ 个百分位数。图 2-19 给出了房屋销售价格第 85 个百分位数的计算方法，在单元格 E13 输入公式 = PERCENTILE.EXC（B2:B13,0.85），按回车键便能得到计算结果。

### 2.7.2 四分位数

我们经常希望把观察值划分为四个部分，使得每个部分包含 25% 的观察值。位于分割点处的观察值，称为**四分位数**，具体存在以下几种情况：

$Q_1$ = 第一个四分位数，或者第 25 百分位数；

$Q_2$ = 第二个四分位数，或者第 50 百分位数，也就是中位数；

$Q_3$ = 第三个四分位数，或者第 75 百分位数。

为说明四分位数的计算方法，我们仍然以房屋销售价格资料为例。前面我们已经求出了 $Q_2$，即中位数 203 750。为了求出 $Q_1$ 和 $Q_3$，还需要求出第 25 百分位数和第 75 百分位数。

与计算第 $p$ 个百分位数一样，四分位数的计算方法也有多种，不管哪种方法得到的结果都大致相似。这里我们介绍的四分位数的计算，是 Excel 采用的做法。利用 Excel 计算四分位数的函数是 QUARTILE.EXC。

求第一个四分位数 $Q_1$ 的步骤如下：

第一步，对房屋销售价格进行升序排列，具体结果见上页。

第二步，计算第 25 百分位数所在的位置，$p=25$，$n=12$，由式（2-7）得：

$$L_{25} = \frac{p}{100} \times (n+1) = \frac{25}{100} \times (12+1) = 3.25$$

计算结果表明，第 25 百分位数位于第 3 个观察值和第 4 个观察值的 25% 处。换句话说，就是第 25 百分位数值是第 3 个观察值（138 000）加上 0.25 乘以第 4 个观察值（142 000）与第 3 个观察值差。因此，得到第 25 百分位数的值为

$$第 25 百分位数的值 = 138\,000 + 0.25 \times (142\,000 - 138\,000)$$
$$= 138\,000 + 0.25 \times 4\,000 = 139\,000$$

计算结果表明，房屋销售价格的第一个四分位数或第 25 百分位数是 139 000。同样地，可以计算出房屋销售价格的第三个四分位数或第 75 百分位数。

第三个四分位数 $Q_3$ 位置：

$$L_{75} = \frac{p}{100} \times (n+1) = \frac{75}{100} \times (12+1) = 9.75$$

第三个四分位数 $Q_3$ 的值：

$$第三个四分位数值 = 254\,000 + 0.75 \times (257\,500 - 254\,000)$$
$$= 254\,000 + 0.75 \times 3\,500 = 256\,625$$

四分位数将房屋销售价格划分成四个部分，每个部分各含有25%的观察值，具体如下：

| 108 000 | 142 000 | 208 000 | 257 500 |
| 138 000 | 186 000 | 254 000 | 298 000 |
| 138 000 | 199 500 | 254 000 | 456 250 |

$Q_1 = 139\,000 \qquad Q_2 = 203\,750 \qquad Q_3 = 256\,625$

第三个四分位数和第一个四分位数之间的差，称为**四分位距**（用符号 IQR 表示）。对于房屋销售价格，$IQR = Q_3 - Q_1 = 256\,625 - 139\,000 = 117\,625$。由于将观察数据中25%的最大值和最小值排除在外，因此对于那些含有极端大值、极端小值或者存在严重偏斜的观察数据而言，四分位距是一种非常有用的测量变异的工具。

利用 Excel 中的 QUARTILE.EXC 函数，可以方便地计算出四分位数。以房屋销售价格的资料为例（见图2-19），第一个四分位数、第二个四分位数、第三个四分位数计算过程分别是：在单元格 E15 中输入计算公式 QUARTILE.EXC（B2:B13,1），输出第一个四分位数；在单元格 E16 中输入计算公式 = QUARTILE.EXC（B2:B13,2），输出第二个四分位数；在单元格 E17 中输入计算公式 = QUARTILE.EXC（B2:B13,3），输出第三个四分位数。

### 2.7.3 z-值

**z-值**能够帮助我们衡量某个观察值在一组观察值中的相对位置。确切地讲，z-值能够帮助我们了解某个观察值偏离平均值几个标准差。假设一个有 n 个观察值的样本，观察值分别是 $x_1$, $x_2$, …, $x_n$。另外，样本均值用 $\bar{x}$ 表示，样本标准差为 s。观察值 $x_i$ 对应的 z-值可以按照下式进行计算：

$$z_i = \frac{x_i - \bar{x}}{s} \tag{2-8}$$

式中，$z_i$ 表示观察值 $x_i$ 的 z-值；$\bar{x}$ 是样本均值；s 是样本标准差。

z-值又叫标准化值，观察值 $x_i$ 的 z-值 $z_i$ 可以理解成观察值 $x_i$ 位于离均值多少个标准差处。例如，$z_1 = 1.2$，可以解释为 $x_1$ 比样本均值大 1.2 个标准差。同样，$z_2 = -0.5$，表明 $x_2$ 比样本均值小 0.5 个标准差。当观察值大于均值时，z-值必定大于 0；当观察值小于均值时，z-值一定小于 0。若 z-值等于 0，说明对应的观察值和均值相同。

以班级学生人数的资料为例，样本均值 $\bar{x} = 44$，样本标准差 $s = 8$，表2-13给出了 z-值的计算过程及结果。

由表2-13可知，第5个观察值的 z-值等于 -1.50，说明该观察值离均值最远，位于离均值1.5个标准差的地方。

表2-13 班级学生人数的 z-值计算过程及结果

| 班级学生人数 ($x_i$) | 离差 ($x_i - \bar{x}$) | z-值 $\left(\dfrac{x_i - \bar{x}}{s}\right)$ |
| --- | --- | --- |
| 46 | 2 | 2/8 = 0.25 |
| 54 | 10 | 10/8 = 1.25 |
| 42 | -2 | -2/8 = -0.25 |
| 46 | 2 | 2/8 = 0.25 |
| 32 | -12 | -12/8 = -1.50 |

利用 Excel 的函数 STANDARDIZE 可以计算出 z-值。图2-20介绍了利用 STANDARDIZE 函数计算房屋销售价格 z-值的过程及结果。

|   | A | B | C |
|---|---|---|---|
| 1 | Home Sale | Selling Price ($) | z-Score |
| 2 | 1 | 138000 | =STANDARDIZE(B2,$B$15,$B$16) |
| 3 | 2 | 254000 | =STANDARDIZE(B3,$B$15,$B$16) |
| 4 | 3 | 186000 | =STANDARDIZE(B4,$B$15,$B$16) |
| 5 | 4 | 257500 | =STANDARDIZE(B5,$B$15,$B$16) |
| 6 | 5 | 108000 | =STANDARDIZE(B6,$B$15,$B$16) |
| 7 | 6 | 254000 | =STANDARDIZE(B7,$B$15,$B$16) |
| 8 | 7 | 138000 | =STANDARDIZE(B8,$B$15,$B$16) |
| 9 | 8 | 298000 | =STANDARDIZE(B9,$B$15,$B$16) |
| 10 | 9 | 199500 | =STANDARDIZE(B10,$B$15,$B$16) |
| 11 | 10 | 208000 | =STANDARDIZE(B11,$B$15,$B$16) |
| 12 | 11 | 142000 | =STANDARDIZE(B12,$B$15,$B$16) |
| 13 | 12 | 456250 | =STANDARDIZE(B13,$B$15,$B$16) |
| 14 |  |  |  |
| 15 | Mean: | =AVERAGE(B2:B13) |  |
| 16 | Standard Deviation: | =STDEV.S(B2:B13) |  |

|   | A | B | C |
|---|---|---|---|
| 1 | Home Sale | Selling Price ($) | z-Score |
| 2 | 1 | 138000 | −0.862 |
| 3 | 2 | 254000 | 0.358 |
| 4 | 3 | 186000 | −0.357 |
| 5 | 4 | 257500 | 0.395 |
| 6 | 5 | 108000 | −1.177 |
| 7 | 6 | 254000 | 0.358 |
| 8 | 7 | 138000 | −0.862 |
| 9 | 8 | 298000 | 0.821 |
| 10 | 9 | 199500 | −0.215 |
| 11 | 10 | 208000 | −0.126 |
| 12 | 11 | 142000 | −0.820 |
| 13 | 12 | 456250 | 2.486 |
| 14 |  |  |  |
| 15 | Mean: | $ | 219937.50 |
| 16 | Standard Deviation: | $ | 95065.77 |

图 2-20　利用 STANDARDIZE 函数计算房屋销售价格 z-值

利用 STANDARDIZE 函数计算 z-值的时候，需要输入均值和标准差。在图 2-20 中，在单元格 C2 输入公式 = STANDARDIZE（B2, $B$15, $B$16），其中单元格 $B$15 为样本均值，单元格 $B$16 为标准差。然后，将计算公式复制粘贴到单元格 C3:C13 即可。

## 2.7.4　经验法则

当数据分布呈对称、钟形分布时（见图 2-21），**经验法则**可用来确定均值几个标准差附近的观察值出现的百分比。

虽然谈不上所有的情形都是如此，但许多观察资料的分布带有对称、钟形分布的特征。

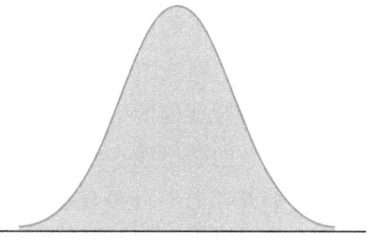

图 2-21　对称的钟形分布

> **经验法则：对于对称、钟形分布**
> - 将近 68% 的观察值位于均值附近 1 个标准差范围内。
> - 将近 95% 的观察值位于均值附近 2 个标准差范围内。
> - 几乎所有的观察值都位于均值附近 3 个标准差范围内。

美国成年男性身高呈现与图 2-21 相似的钟形分布，并且均值 69.5 英寸⊖、标准差 3 英寸。根据上述经验法则，我们可以得出以下结论：

---

⊖　1 英寸 = 0.025 4 米。

- 有将近68%的美国成年男性的身高在 69.5 – 3 = 66.5 英寸与 69.5 + 3 = 72.5 英寸之间。
- 大致有95%的美国成年男性，身高在 63.5 英寸与 75.5 英寸之间。
- 几乎所有的美国成年男性，身高都在 60.5 英寸与 78.5 英寸之间。

### 2.7.5 异常值识别

有的时候，我们会遇到一组数据中有一个或多个特别大、特别小的观察值。这样的观察值我们称为**异常值**。有经验的统计学家会想办法识别异常值，再进行慎重的检查。异常值可能是错误录入的数据值，如果是这种情况，一旦发现要及时将其修正。异常值也可能是从不属于所研究总体的观察值中不小心掺杂进来的，对此一旦发现要将其剔除。异常值也可能是正确记录的数据值，属于我们所研究的总体，在这种情况下，我们就应该让其进入数据处理的程序。

对观察数据进行标准化处理后所得到的标准化值（$z$-值），可以用来识别异常值。根据上面所说的经验法则，我们可以得出这样的结论：对于服从钟形分布的数据，几乎所有的观察值都位于均值附近3个平均标准差范围之内。因此，可以通过$z$-值识别出异常值，如果不存在登记或录入错误，也不存在观察值的混杂问题，那么此时可将小于 – 3 或大于 + 3 的 $z$-值的观察值判断为异常值。

### 2.7.6 箱线图

**箱线图**是对数据分布的图形描述，它是在观察值的四分位数基础上发展而来的。图2-22是房屋销售价格的箱线图。

绘制箱线图的步骤如下所述。

第一步，箱线图的左端和右端分别对应着观察值的第一个四分位数和第三个四分位数。如房屋销售价格资料中，$Q_1 = 139\ 000$，$Q_3 = 256\ 625$。箱线图左右两端的部分，包含了50%的观察数据。

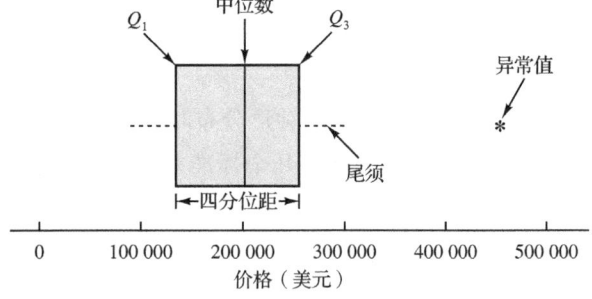

图2-22 房屋销售价格箱线图

第二步，在箱线图的中位数位置，画一条垂直的直线（以房屋销售价格资料为例，该垂线位于 203 750 处）。

第三步，通过使用四分位距 IQR = $Q_3 - Q_1$，确定箱线图的上下限。箱线图的下限比 $Q_1$ 低 1.5 个 IQR，比上限 $Q_3$ 高 1.5 个 IQR。例如房屋销售价格数据，IQR = $Q_3 - Q_1$ = 256 625 – 139 000 = 117 625。因此，下限是 139 000 – 1.5 × 117 625 = – 37 437.5，上限是 256 625 + 1.5 × 117 625 = 433 062.5。在此范围之外的数据，可以怀疑是异常值。

第四步，图2-22 中的虚线称作尾须。尾须是箱线图的两端到最大值和最小值之间的连线，因此房屋销售价格的尾须值分别是 108 000 和 298 000。

第五步，每一个异常值都用星号（*）标示出来。在图 2-22 中，我们可以看到房屋销售价格中存在一个异常值即 456 250。

箱线图对于比较几组不同的观察资料之间的差别也十分有用。例如，我们想要比较几个不同社区的房价，便可以绘制每个社区房价的箱线图，图 2-23 就是这种箱线图的例子。

容易理解，房屋的销售价格不可能小于 0，所以在这个例子中，我们把图 2-22 的箱线图的下限位置显示到 0 处即可。

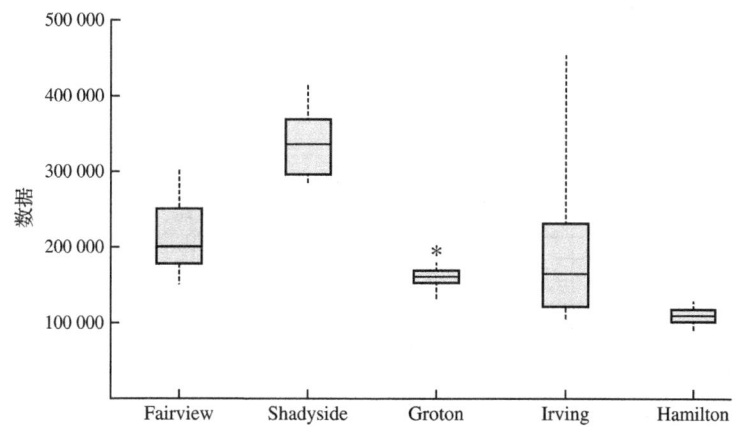

图 2-23　不同社区房价的箱线图

从箱线图中，我们可以获得什么样的认知呢？由图 2-23 可以看出，最贵的房价是 Shadyside 社区，最便宜的是 Hamilton 社区。Groton 的房价中位数和 Irving 的房价中位数相同，但 Irving 的房价变异性较大——Irving 的房价彼此之间的差异很大，从最低的到最高的都有。Groton 和 Hamilton 的房价变异性相对较小，Fairview、Groton、Irving 存在特别贵的房屋，可以将它们视为异常值。唯一具有小异常值的社区就是 Gro-

箱线图可以水平摆放，也可以垂直摆放。图 2-22 是水平状的箱线图，图 2-23 是垂直状的箱线图。

ton，不过我们可以发现 Groton 社区的房价大都相似，因此每套房价与中位数相差不大，对此很难将其视为异常值。

与用标准化值诊断异常值的说法不一样，箱线图对异常值诊断不要求观察值服从钟形分布。但是，它们对异常值的解释是相同的，箱线图所反映出来的异常值，也应该不是登记性录入错误或掺杂了其他数据造成的。

下面，我们来介绍一下如何利用 Excel 绘制单变量和多变量箱线图。利用 Excel 绘制单变量箱线图的操作过程如下所述。

第一步，选定单元格 B1:B13。

第二步，单击功能区的**插入**（Insert）：单击**图表**（Chart）组中的**插入统计图**（Insert Statistic Chart），从弹出的下拉菜单中选择**箱线图**（Box and Whisker）。

经过上述步骤，便可以得到箱线图，见图 2-24。

将图 2-24 与图 2-22 相比较，可以看出图 2-22 的箱线图中所有重要的元素，在图 2-24 中都反映出来了。

利用 Excel 绘制多变量箱线图的操作过程如下所述。

| | A | B |
|---|---|---|
| 1 | Home Sale | Selling Price ($) |
| 2 | 1 | 138000 |
| 3 | 2 | 254000 |
| 4 | 3 | 186000 |
| 5 | 4 | 257500 |
| 6 | 5 | 108000 |
| 7 | 6 | 254000 |
| 8 | 7 | 138000 |
| 9 | 8 | 298000 |
| 10 | 9 | 199500 |
| 11 | 10 | 208000 |
| 12 | 11 | 142000 |
| 13 | 12 | 456250 |

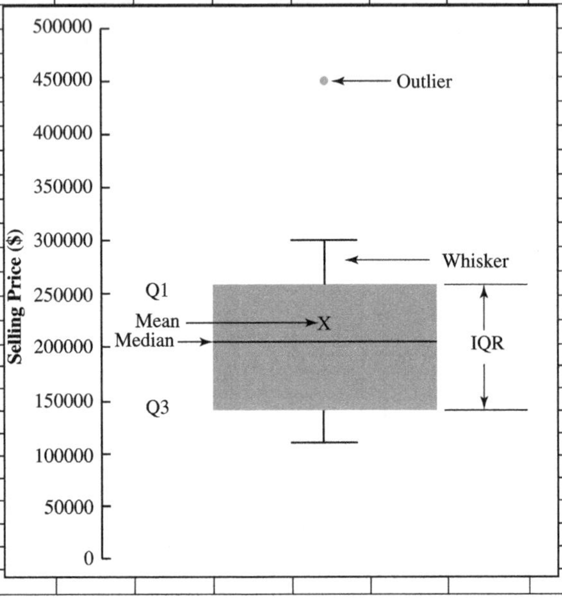

图 2-24　Excel 绘制的房屋销售价格箱线图

DATA file HomeSales Comparison

第一步，选定单元格 B1:F11。

第二步，点击功能区的**插入**（Insert）：单击**图表**（Chart）组中的**插入统计图**（Insert Statistic Chart），从弹出的下拉菜单中选择**箱线图**（Box and Whisker）。

经过上述步骤，便可以得到箱线图，见图 2-25。

| | A | B | C | D | E | F |
|---|---|---|---|---|---|---|
| 1 | | Fairview | Shadyside | Groton | Irving | Hamilton |
| 2 | Selling Prices | 302,000 | 336,000 | 152,000 | 201,000 | 102,000 |
| 3 | | 265,000 | 398,000 | 158,000 | 365,000 | 108,000 |
| 4 | | 280,000 | 378,000 | 154,000 | 115,000 | 88,000 |
| 5 | | 220,000 | 298,000 | 170,000 | 105,000 | 111,000 |
| 6 | | 149,000 | 425,000 | 132,000 | 225,000 | 105,000 |
| 7 | | 155,000 | 344,000 | 164,000 | 115,000 | 87,000 |
| 8 | | 198,000 | 302,000 | 198,000 | 108,000 | 95,000 |
| 9 | | 187,000 | 300,000 | 158,000 | 218,000 | 111,000 |
| 10 | | 208,000 | 298,000 | 149,000 | 454,000 | 98,000 |
| 11 | | 174,000 | 342,000 | 165,000 | 103,000 | 78,000 |

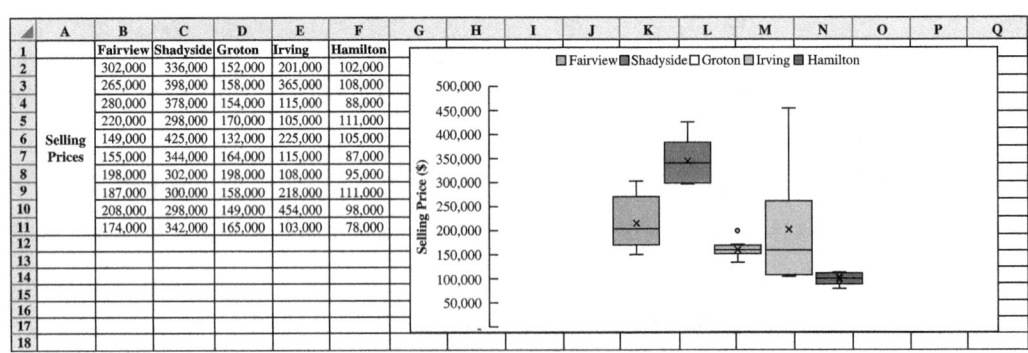

图 2-25　Excel 绘制的多变量箱线图

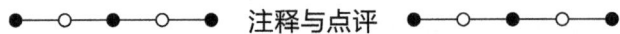

## 注释与点评

1. Excel 2010 版以前的版本，在计算百分位数、四分位数的时候，使用的函数命令分别是 PERCEN-

TILE 和 QUARTILE。可是，对数据集比较小的情况，它们会给出奇怪的输出结果。尽管 PERCENTILE、QUARTILE 在后来的 Excel 版本中仍然能够使用（它们等价于函数 PERCENTILE.INC、QUARTILE.INC），不过我们建议不要使用它们了，最好使用函数 PERCENTILE.EXC 和 QUARTILE.EXC。

2. 经验法则只适用于钟形分布。对于不是钟形的分布，我们可以用切比雪夫定理来说明观察值落在均值几个标准差附近的占比。切比雪夫定理认为，至少有 $(1-1/z^2)$ 的观察值位于均值附近 $z$ 个标准差范围之内，$z$ 为大于 1 的数。

3. Excel 2016 版带有绘制箱线图的功能。如果是 Excel 2016 版以前的版本，则不能用来帮助绘制箱线图。绝大多数专业统计软件带有绘制箱线图的功能。

4. 图 2-24 给出的箱线图使用了 Excel 的添加**图表元素**（Chart Elements）功能。如何在图表中添加元素，我们将在第 3 章讲解。

## 2.8 两个变量之间的相关关系

到目前为止，我们介绍的都是针对一个变量的观察数据的数值度量方法。通常情况下，管理者或决策人也希望能测算两个变量之间的关系。本章的这一节，我们将介绍如何用协方差和相关系数反映两个变量之间的关系。为了讲解这些概念，我们以昆士兰游乐园（Queensland Amusement Park）销售经理的问题为例，他负责订购矿泉水以供公园顾客的需要。销售经理认为夏季每天矿泉水的销售量与户外气温有关。表 2-14 是夏季里 14 天户外气温与矿泉水销量的资料。

表 2-14 昆士兰游乐园夏季里 14 天中的矿泉水销量和户外气温

| 户外气温（℉） | 矿泉水销量（瓶） | 户外气温（℉） | 矿泉水销量（瓶） |
| --- | --- | --- | --- |
| 78 | 23 | 86 | 25 |
| 79 | 22 | 87 | 28 |
| 80 | 24 | 87 | 26 |
| 80 | 22 | 88 | 29 |
| 82 | 24 | 88 | 30 |
| 83 | 26 | 90 | 31 |
| 85 | 27 | 92 | 31 |

注意：表 2-14 中的资料，已经按照户外气温从低到高的顺序进行了排列。

### 2.8.1 散点图

分析两个变量之间的相关关系，**散点图**是一种非常有用的统计图形。图 2-26 是矿泉水销量和夏季户外气温的散点图。

由图 2-26 可以看出，户外温度越高，矿泉水销量也越多。这是一个正相关的情形，因为一个变量（户外温度）增加时，另一个变量（矿泉水销量）也随之增加。图 2-26 还表明，可以用一条直线来刻画气温和矿泉水销量之间的关系。

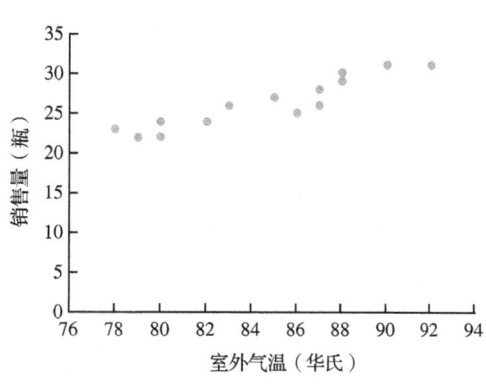

图 2-26 矿泉水销量和夏季户外气温散点图

## 2.8.2 协方差

**协方差**可以用来反映两个变量之间的线性相关关系。对于 $n$ 个成对的观察资料 $(x_1,y_1),(x_2,y_2),\cdots,(x_n,y_n)$，样本协方差计算公式为

$$s_{xy} = \frac{\sum(x_i-\bar{x})(y_i-\bar{y})}{n-1} \quad (2\text{-}9)$$

计算协方差需要两个变量成对的资料，然后分别计算出每个变量的均值离差，再将它们相乘并求和，最后除以观察项数减 1，即除以 $n-1$。

如果拥有变量 $x$ 与变量 $y$ 成对的总体观察资料，这时可以计算总体协方差。总体协方差的计算公式为：

$$\sigma_{xy} = \frac{\sum(x_i-\mu_x)(y_i-\mu_y)}{N}$$

总体协方差的计算公式与样本协方差的计算公式大体类同，但计算总体协方差时，要使用两个变量总体的有关参数，比如总体均值。另外，公式的分母不再需要减去 1，而是直接用总体成对观察数目 $N$。

为了计算出昆士兰游乐园的气温 $x$ 与矿泉水销量 $y$ 之间线性关系的强弱程度，根据式 (2-9)，我们将计算过程用表 2-15 表示出来。

由表 2-14 资料，得到：

$$\bar{x} = \frac{\sum x_i}{n} = \frac{1\,185}{14} = 84.6$$

$$\bar{y} = \frac{\sum y_i}{n} = \frac{368}{14} = 26.3$$

**表 2-15　气温与矿泉水销售量协方差的计算过程**

| 编号 | 室外气温 ($x_i$) | 矿泉水销量 ($y_i$) | 气温离差 ($x_i-\bar{x}$) | 矿泉水销量离差 ($y_i-\bar{y}$) | $(x_i-\bar{x})(y_i-\bar{y})$ |
|---|---|---|---|---|---|
| 1 | 78 | 23 | -6.6 | -3.3 | 21.78 |
| 2 | 79 | 22 | -5.6 | -4.3 | 24.08 |
| 3 | 80 | 24 | -4.6 | -2.3 | 10.58 |
| 4 | 80 | 22 | -4.6 | -4.3 | 19.78 |
| 5 | 82 | 24 | -2.6 | -2.3 | 5.98 |
| 6 | 83 | 26 | -1.6 | -0.3 | 0.48 |
| 7 | 85 | 27 | 0.4 | 0.7 | 0.28 |
| 8 | 86 | 25 | 1.4 | -1.3 | -1.82 |
| 9 | 87 | 28 | 2.4 | 1.7 | 4.08 |
| 10 | 87 | 26 | 2.4 | -0.3 | -0.72 |
| 11 | 88 | 29 | 3.4 | 2.7 | 9.18 |
| 12 | 88 | 30 | 3.4 | 3.7 | 12.58 |
| 13 | 90 | 31 | 5.4 | 4.7 | 25.38 |
| 14 | 92 | 31 | 7.4 | 4.7 | 34.78 |
| 求和 | 1 185 | 368 | 0.6 | -0.2 | 166.42 |

根据式 (2-9) 可得：

$$s_{xy} = \frac{\sum(x_i-\bar{x})(y_i-\bar{y})}{n-1} = \frac{166.42}{14-1} = 12.8$$

计算结果表明，气温与矿泉水销售量之间的协方差 $s_{xy}=12.8$。协方差 12.8 大于 0，表

明气温与矿泉水销售量呈正相关关系，这与图 2-26 所显示出来的关系是一致的，即温度越高，矿泉水销售量越高。如果协方差接近于 0，表明变量 $x$ 与变量 $y$ 不存在线性相关。协方差小于 0，表明变量 $x$ 与变量 $y$ 之间呈负相关关系，意味着变量 $x$ 增长，$y$ 却随之下降。

利用 Excel 中的 COVARIANCE.S 函数，可以方便地计算出样本协方差，具体参见图 2-27。

| | A | B |
|---|---|---|
| 1 | High Temperature (°F) | Bottled Water Sales (cases) |
| 2 | 78 | 23 |
| 3 | 79 | 22 |
| 4 | 80 | 24 |
| 5 | 80 | 22 |
| 6 | 82 | 24 |
| 7 | 83 | 26 |
| 8 | 85 | 27 |
| 9 | 86 | 25 |
| 10 | 87 | 28 |
| 11 | 87 | 26 |
| 12 | 88 | 29 |
| 13 | 88 | 30 |
| 14 | 90 | 31 |
| 15 | 92 | 31 |
| 16 | | |
| 17 | Covariance: | =COVARIANCE.S(A2:A15,B2:B15) |
| 18 | Correlation Coefficient: | =CORREL(A2:A15,B2:B15) |

| | A | B |
|---|---|---|
| 1 | High Temperature (°F) | Bottled Water Sales (cases) |
| 2 | 78 | 23 |
| 3 | 79 | 22 |
| 4 | 80 | 24 |
| 5 | 80 | 22 |
| 6 | 82 | 24 |
| 7 | 83 | 26 |
| 8 | 85 | 27 |
| 9 | 86 | 25 |
| 10 | 87 | 28 |
| 11 | 87 | 26 |
| 12 | 88 | 29 |
| 13 | 88 | 30 |
| 14 | 90 | 31 |
| 15 | 92 | 31 |
| 16 | | |
| 17 | Covariance: | 12.80 |
| 18 | Correlation Coefficient: | 0.93 |

图 2-27　利用 Excel 计算样本协方差和相关系数

由图 2-27，在单元格 B17 中输入公式：=COVARIANCE.S（A2:A15，B2:B15），按回车键便可得到协方差的计算结果。

图 2-28 给出了几种类型的散点图及其对应的协方差。

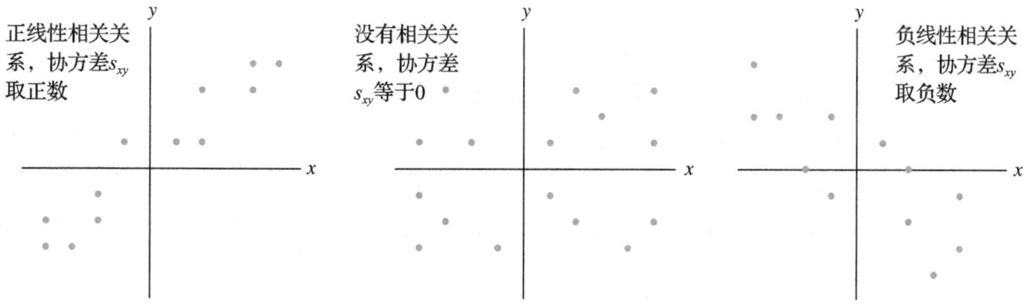

图 2-28　几种类型的散点图及其对应的协方差

通过协方差反映变量间的相关关系存在的一个问题是，对得到的协方差值很难给出相关程度较好的说明。$s_{xy}$ 的值比较大并不意味着变量之间存在更强的线性相关关系，因为协方差的计量单位依赖于变量 $x$ 和变量 $y$ 的计量单位。比如，我们考虑人的身高 $x$ 和体重 $y$ 之间的关系，显而易见，无论我们测量的身高单位是英尺还是英寸，都不会影响身高与体重之间的关系，但是如果用英寸测量身高，那么与英尺相比，我们将会得到更大的 $(x_i - \bar{x})$ 值，因此在用英寸测量身高的情况下，式（2-9）中的 $(x_i - \bar{x})(y_i - \bar{y})$ 也随之变大，由此使计算出来的协方差值变大，可是实际上身高与体重之间的关系并没有改变。

### 2.8.3 相关系数

**相关系数**测量了两个变量之间的关系，与协方差不同的是，变量间的关系不受变量 $x$、变量 $y$ 计量单位改变的影响。对于样本数据，相关系数的计算公式为

$$r_{xy} = \frac{\sum (x_i - \bar{x})(y_i - \bar{y})}{\sqrt{\sum (x_i - \bar{x})^2} \sqrt{\sum (y_i - \bar{y})^2}} = \frac{s_{xy}}{s_x s_y} \qquad (2\text{-}10)$$

式中，$r_{xy}$ 为样本相关系数；$s_{xy}$ 为样本协方差；$s_x$ 为变量 $x$ 的样本标准差；$s_y$ 为变量 $y$ 的样本标准差。

对于总体观察资料，总体相关系数的计算公式为 $\rho_{xy} = \dfrac{\sigma_{xy}}{\sigma_x \sigma_y}$。这与式（2-10）在形式上非常相似，只不过直接使用了总体有关参数。

由式（2-10）可以看出，样本相关系数是用样本协方差除以变量 $x$、变量 $y$ 的样本标准差之积计算出来的。正因为如此，样本相关系数的取值范围始终处于 $-1$ 到 $+1$ 之间。下面以表 2-14 的资料为例说明相关系数的计算过程。

根据表 2-14 的资料，我们已经计算出了 $s_{xy} = 12.8$。下面，我们再来计算气温、矿泉水销售量的标准差。

$$s_x = \sqrt{\frac{\sum (x_i - \bar{x})^2}{n-1}} = 4.36$$

$$s_y = \sqrt{\frac{\sum (y_i - \bar{y})^2}{n-1}} = 3.15$$

这时再由式（2-10）得：

$$r_{xy} = \frac{s_{xy}}{s_x s_y} = \frac{12.8}{4.36 \times 3.15} = 0.93$$

相关系数的取值在 $-1$ 与 $+1$ 之间，相关系数值接近于 0，说明变量 $x$ 与 $y$ 之间不存在线性相关关系。相关系数值大于 0，说明变量 $x$ 与变量 $y$ 之间呈线性正相关。相关系数值越接近于 $+1$，说明变量 $x$ 与变量 $y$ 的散点越接近于一条斜率为正数的趋势直线。相关系数值小于 0，说明变量 $x$ 与变量 $y$ 之间存在线性负相关。相关系数越接近于 $-1$，表明变量 $x$ 与变量 $y$ 的散点越接近于一条斜率为负的趋势直线。因为矿泉水销量的相关系数 $r_{xy} = 0.93$，所以我们可以认为这两个变量之间存在高强度的线性相关，这与图 2-26 所反映的关系比较吻合。

因为相关系数只测量两个数量变量之间的线性关系的强弱程度，所以当两个变量呈非线性关系时，相关系数可能等于 0。图 2-29 显示了 100 天内某商场室内温度控制（热与冷）的费用与户外温度之间的关系。

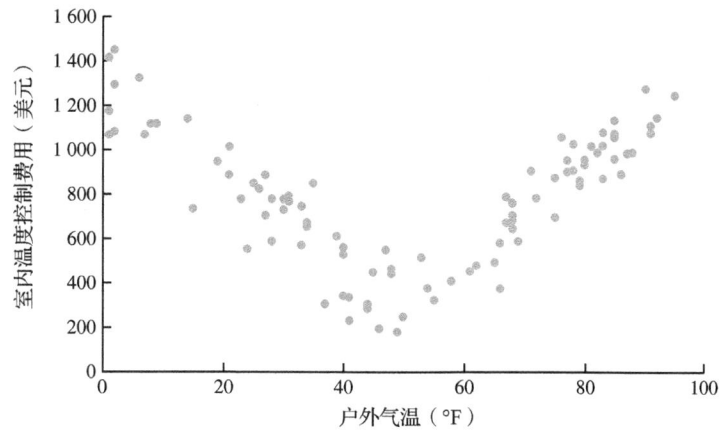

图 2-29　商场室内温度控制费用与户外温度散点图

根据观察资料计算出来的样本相关系数 $r_{xy} = -0.007$，说明两个变量之间不存在相关关系。可是从图 2-29 中我们可以看出两者存在较强的非线性相关关系，表现为随着户外温度升高，室内温度控制的费用由于制热需要的减少而降低，之后由于制冷需要的增加，控制费用又开始不断增加。

我们可以通过 Excel 的 CORREL 函数计算相关系数，图 2-27 给出了相关的操作方法和计算结果。在单元格 B18 中输入公式 = CORREL（A2：A15，B2：B15），然后按回车键便能得到相关系数的计算结果。

注释与点评

1. 这一章介绍的相关系数计算方法，是由卡尔·皮尔逊（Karl Pearson）发明的，所以有时也称为皮尔逊积矩相关系数。这种相关系数的计算方法，对两个数量变量才比较适合。计算相关关系的方法有很多，比如斯皮尔曼（Spearman）等级相关系数，不过斯皮尔曼等级相关系数只适用于反映定序变量之间的相关关系。
2. 相关系数只测量两个变量间的相关关系，并不反映变量之间的因果作用。

## 2.9　数据清洗

在数据被整理成适合做学术研究、分析和建模的形式之前，它们通常被认为是"脏的"和"粗糙的"。为了获得对数据的认识，描述性统计和可视化方法是数据预处理中频繁使用到的工具。数据预处理的主要任务包括处理缺失数据、识别错误数据和异常值、确定合适的变量表达办法等。

### 2.9.1 缺失数据

数据集中的变量在观察时常会含有缺失值。在一些情况下，数据缺失值的发生是自然的，这样缺失的属于**合理缺失数据**。例如，调查中的受访者会被问到"是属于兄弟会还是联谊会"，接下来又会被问到"参加兄弟会或联谊会多久了"，如果该受访者不属于兄弟会或联谊会，受访者就会跳过这个问题。一般地，对正当的数据缺失，我们不需要采取补救措施。

在另一些情况下，会因各种原因出现**不合理缺失数据**。不合理的数据缺失原因很多，例如，受访者刻意不回答他不想回答的问题，在完成调查之前受访者离开了，在研究期间发生了传感器或电子数据设备故障，等等。对这些不合理的数据缺失，采取的主要措施是：①舍弃含有缺失值的观察（就是把观察那一行删除）；②舍弃含有缺失值的变量（就是把变量所在的那一列删除）；③用估计的值填补缺失项；④运用能够处理缺失值的数据挖掘算法（如分类与回归树）。

要选择处理缺失数据的策略，需要搞清楚为什么数据会缺失，缺失值对分析可能会带来什么样的影响。如果怀疑某个变量的一个观察值缺失完全是随机发生的，那么数据缺失是否既与它自身无关，同时也与数据中任何其他变量值无关？如果是这样的情形，那么该缺失值就是**完全随机缺失**（MCAR）。例如，调查中一个测项的缺失值，完全不与缺失值相关，也完全不与调查中其他测项的值相关，这样的缺失值就是 MCAR。

然而，某些缺失值的发生可能不完全随机。如果怀疑某个变量的观察值缺失与数据中某个或某些其他变量值相关，这样的缺失值叫**随机缺失**（MAR）。对随机缺失的数据，缺失原因可能决定着它的重要性。例如，某个调查问题的回答由指定的员工收集，由于数据录入错误发生丢失，那么缺失数据可能不严重。不过，在一个医疗研究中，当与病人有关的诊疗结果缺失了，可能是医生认为病人病情太严重而没有必要再诊疗。在这样的事例中，变量测量的不存在实际上提供了病人病情其他方面的信息。这对了解数据中的其他关系可能有所帮助。

缺失数据的第三个类别是**非随机缺失**（MNAR）。假如怀疑变量值缺失与该缺失值有关，则数据缺失就是 MNAR。例如，高收入的受访者比低收入的受访者对年收入问题的回答可能存在较小的倾向性，因此这些缺失数据便是 MNAR。

了解缺失数据这三个范畴——MCAR、MAR、MNAR，对于决定怎么处理缺失数据是很重要的。如果变量观察缺失值是 MCAR 或者 MAR，并且缺失值的观察数目相对较少，那么带有缺失值的观察可以忽略。忽略变量缺失值的观察，我们有可能会损失信息，但根据缺失值的数据分析结果可能是无偏的。

假如变量观察的缺失值是 MNAR，带有缺失值的观察可能无法忽略，原因是对带有 MNAR 值变量的分析有可能存在偏差。要是带有 MNAR 值的变量相对于数据中缺失值较少的变量是多余的，可以考虑将该 MNAR 变量删除。在特殊情况下，MNAR 变量与大部分观察值的变量都高度相关，删除 MNAR 变量损失的信息可能很少。

无论缺失值是 MCAR、MAR 还是 MNAR，面对缺失值首先要通过检查数据来源尝试决定缺失的实际值，或者通过逻辑分析决定缺失的可能值。假如缺失值不能确定，也不要忽略缺失值或删除带有缺失值的变量，可以采用**插补**（用似乎合理的值系统地取代缺失值）措施。对变量缺失项进行替代，可以使用众数、均值或中位数。如果变量值是 MCAR 的，用这些方法获得的插补值确实有用，否则用这样的插补值有可能会把误导性信息带入数据中。假如缺失值特别棘手且是 MAR，这时我们可以构建模型对变量的缺失值进行估计，然后用估计值替代缺失值。怎样处理缺失值是相当主观的，需要注意的是替代缺失值的时候不能导致偏差。

### 2.9.2 布莱克利轮胎

布莱克利轮胎（Blakely Tires）公司是美国一家汽车轮胎制造商，为了解该公司生产的汽车轮胎在得克萨斯州的使用状况，该公司已经获取了 116 辆使用布莱克利品牌轮胎的汽车上四个轮胎的信息，这些信息资料是最近通过得克萨斯州汽车检测设备采集的。数据包括：轮胎在汽车上的位置（左前、左后、右前、右后），轮胎的使用年数，轮胎行驶的里程数，轮胎的磨损情况等。布莱克利轮胎公司管理人员在了解该公司生产的汽车轮胎在得克萨斯州的使用状况之前，打算先对这批数据的质量进行评估。

轮胎外表花纹深度采用垂直测量，就是测量轮胎外表橡胶花纹最上面到凹槽底部的长度，计量单位为 1 英寸的 1/32。新款布莱克利品牌轮胎的外表花纹深度是 1 英寸的 10/32，只要轮胎的外表花纹深度低于 1 英寸的 2/32，就表明轮胎的外表花纹深度不够。过浅的轮胎外表花纹隐含着危险，会使摩擦力降低，驾驶车辆变得更困难。布莱克利公司生产的轮胎一般使用寿命是 4～5 年，或行驶里程 40 000～60 000 英里㊀。

下面，我们就来评估布莱克利轮胎公司获取的这批数据的质量，主要是确定所涉及的变量的观察值是否存在缺失。对数据文件 TreadWear㊁中的数据，检查存在的缺失情况，可以利用 Excel 中的函数 COUNTBLANK。

TreadWear

打开数据文件 TreadWear 后：

第一步，在单元格 G2 中输入标题**# 缺失值**（# of Missing Values）。

第二步，在单元格 H1 中输入标题**轮胎寿命**（Life of Tire）。

第三步，在单元格 H2 中输入 = COUNTBLANK（C2:C457）。

结果单元格 H2 中显示数据中没有任何轮胎寿命观察值缺失。

对数据中剩下的第 I、J 列的数量变量（轮胎外表花纹深度和行驶里程，Tread Depth and Miles），重复上述过程，得到"轮胎外表花纹深度"（Tread Depth）没有缺失值，"行驶里程"（Miles）有 1 个缺失值。生成的 Excel 工作表的前几行见图 2-30。

---

㊀ 1 英里 = 1 609.344 米。

㊁ 该数据文件，读者可联系出版社（通过封底邮箱）申请，其后的外方数据资料可同样办理，不再另行说明。

| | A | B | C | D | E | F | G | H | I | J |
|---|---|---|---|---|---|---|---|---|---|---|
| 1 | ID Number | Position on Automobile | Life of Tire (Months) | Tread Depth | Miles | | | Life of Tire (Months) | Tread Depth | Miles |
| 2 | 13391487 | LR | 58.4 | 2.2 | 2805 | | # of Missing Values | 0 | 0 | 1 |
| 3 | 21678308 | LR | 17.3 | 8.3 | 39571 | | | | | |
| 4 | 18414311 | RR | 16.5 | 8.6 | 13367 | | | | | |
| 5 | 19778103 | RR | 8.2 | 9.8 | 1931 | | | | | |
| 6 | 16355454 | RR | 13.7 | 8.9 | 23992 | | | | | |
| 7 | 8952817 | LR | 52.8 | 3.0 | 48961 | | | | | |
| 8 | 6559652 | RR | 14.7 | 8.8 | 4585 | | | | | |

图 2-30 TreadWear 数据中缺失值数目 Excel 工作表的部分显示

下面，我们对 TreadWear 数据文件中行驶里程的数据按从小到大的顺序进行排序，以检查该变量的观察值是否存在缺失。通过 Excel 的分类工具，在 Excel 中列示出了被排序变量行驶里程观察中的所有缺失值。

由图 2-31 可知，行驶里程的值有缺失，是编码为 3354942 的左前轮胎。因为仅有第 456 行的行驶里程观察值缺失，所以该缺失值可能是 MCAR 的，忽略该观察将不会对这批数据的分析带来偏差。可是，我们能够通过逻辑分析确定一个合理的值以代替该缺失值，取得补救的效果。编号为 3354942 的汽车左前轮胎的行驶里程，可能与这辆汽车其他三个轮胎的行驶里程一样，这应该是合乎情理的猜测。这样一来，我们对所有数据按编码进行排序，通过滚动浏览找出属于编号 3354942 汽车的四个轮胎的数据。

| | A | B | C | D | E | F | G | H | I | J |
|---|---|---|---|---|---|---|---|---|---|---|
| 1 | ID Number | Position on Automobile | Life of Tire (Months) | Tread Depth | Miles | | | Life of Tire (Months) | Tread Depth | Miles |
| 2 | 15890813 | LF | 16.1 | 8.6 | 206 | | # of Missing Values | 0 | 0 | 1 |
| 3 | 15890813 | LR | 16.1 | 8.6 | 206 | | | | | |
| 4 | 15890813 | RF | 16.1 | 8.6 | 206 | | | | | |
| 455 | 9306585 | RR | 45.4 | 4.1 | 107237 | | | | | |
| 456 | 9306585 | LF | 45.4 | 4.1 | 107237 | | | | | |
| 457 | 3354942 | LF | 17.1 | 8.5 | | | | | | |

图 2-31 TreadWear 数据按行驶里程排序后 Excel 工作表的部分显示

图 2-32 给出了编号 3354942 的汽车其他三个轮胎的行驶里程数是 33 254，所以我们把 33 254 当作左前轮胎的行驶里程数，这可能是合理的。然而，在填补左前轮胎的缺失值之前，我们应该想方设法弄清楚（假如有可能的话）这个代替的值是有效的，即要找出合理的理由解释为什么司机只更换了一个轮胎。在这个事例中，我们假定用 33 254 作为左前轮胎行驶里程值的替代是正确的，那么就在相应的单元格中填上这个数字。

| | | | | |
|---|---|---|---|---|
| 54 | 3121851 | LR | 17.1 | 8.4 | 21378 |
| 55 | 3121851 | RR | 17.1 | 8.4 | 21378 |
| 56 | 3121851 | RF | 17.1 | 8.4 | 21378 |
| 57 | 3121851 | LF | 17.1 | 8.5 | 21378 |
| 58 | 3354942 | LF | 17.1 | 8.5 | |
| 59 | 3354942 | RF | 21.4 | 7.7 | 33254 |
| 60 | 3354942 | RR | 21.4 | 7.8 | 33254 |
| 61 | 3354942 | LR | 21.4 | 7.7 | 33254 |
| 62 | 3374739 | RR | 73.3 | 0.2 | 57313 |
| 63 | 3574739 | RF | 73.3 | 0.2 | 57313 |
| 64 | 3574739 | LF | 73.3 | 0.2 | 57313 |
| 65 | 3574739 | LR | 73.3 | 0.2 | 57313 |

图 2-32 TreadWear 数据经编码排序后 Excel 工作表的部分显示

## 2.9.3 错误异常值与其他错误值

利用描述统计、频数分布、条形图和直方图、$z$-值、散点图、相关系数等工具对数据集中的变量进行检查，能够揭示数据质量问题和异常值。例如，从数据文件 TreadWear 中找出轮胎外表花纹深度的最小值和最大值，便能发现轮胎外表花纹观察值中是否存在不合理的值（甚至是负值），可能意味着这个观察是有问题的。

需要注意，许多软件包括 Excel、JMP Pro、Analytic Solver，在计算不同统计量如均值、标准差、最小值、最大值的时候，会自动忽略缺失值。但是，如果数据集中缺失值用特别的数字（比如 9 999 999）表示，这时在计算统计量时，就有可能被软件采用而纳入计算中，导致错误的结果。这就是为什么许多商业数据分析人员在对数据进行描述统计分析之前，倾向于处理缺失数据，目的就是识别数据中错误的异常值和其他错误的观察值。

仍然以布莱克利轮胎公司为例，我们计算每个变量（轮胎使用年龄、行驶里程、轮胎外表花纹深度）的均值和标准差，以此来评估这些变量值总体上是否合理。

对数据文件 TreadWear 中的相应变量数据，接下列步骤操作：

第一步，在单元格 G3 中输入标题**均值**（Mean）。

第二步，在单元格 G4 中输入标题**标准差**（Standard Deviation）。

第三步，在单元格 H3 中输入 = AVERAGE（C2：C457）。

第四步，在单元格 H4 中输入 = STDEV. S（C2：C457）。

单元格 H3 和单元格 H4 的结果显示，轮胎使用时间的均值是 23.8 个月、标准差 31.83 个月，这些值对轮胎使用时间来说似乎是合理的。

对数据文件 TreadWear 中的其他变量（花纹深度、行驶里程）按照上述的做法再做一次，结果在第 I 列和第 J 列中显示（见图 2-33），轮胎花纹深度的均值是 1 英寸的 7.62/12、标准差为 1 英寸的 2.47/12，行驶里程的均值为 25 440.22 英里、标准差为 23 600.21 英里。这些计算结果对轮胎外表花纹深度和行驶里程来说，似乎也是比较合理的。

| | A | B | C | D | E | F | G | H | I | J |
|---|---|---|---|---|---|---|---|---|---|---|
| 1 | ID Number | Position on Automobile | Life of Tire (Months) | Tread Depth | Miles | | | Life of Tire (Months) | Tread Depth | Miles |
| 2 | 80441 | LR | 19.0 | 8.1 | 37419 | | # of Missing Values | 0 | 0 | 1 |
| 3 | 80441 | LF | 19.0 | 8.1 | 37419 | | Mean | 23.80 | 7.68 | 25440.22 |
| 4 | 80441 | RR | 19.0 | 8.2 | 37419 | | Standard Deviation | 31.82 | 2.62 | 23600.21 |
| 5 | 80441 | RF | 19.0 | 8.1 | 37419 | | | | | |
| 6 | 95990 | RR | 8.6 | 9.7 | 5670 | | | | | |
| 7 | 95990 | LR | 8.6 | 9.7 | 5670 | | | | | |
| 8 | 95990 | LF | 8.6 | 9.7 | 5670 | | | | | |

图 2-33 TreadWear 数据中变量的均值与标准差在 Excel 工作表中的部分显示

描述统计仅给出了数据的总体透视，我们也需要探测轮胎使用时间、轮胎外表花纹深度、行驶里程这几个变量是否存在单个的错误值。为此，可以从最小值和最大值入手。

仍然是布莱克利轮胎公司的例子，打开数据文件 TreadWear，然后按以下步骤操作：

第一步，在单元格 G5 中输入标题**最小值**（Minimum）。

第二步，在单元格 G6 中输入标题**最大值**（Maximum）。

第三步，在单元格 H5 中输入公式 = MIN（C2:C457）。

第四步，在单元格 H6 中输入公式 = MAX（C2:C457）。

从图 2-34 中可以看出，轮胎使用时间的最小值是 1.8 个月，最大值是 601 个月。对此，轮胎使用时间的最小值似乎是合理的，但轮胎使用时间的最大值超过了 50 年是不合理的。为了识别这个极端值，我们再对数据进行重新排序，见图 2-34。

| | A | B | C | D | E | F | G | H | I | J |
|---|---|---|---|---|---|---|---|---|---|---|
| 1 | ID Number | Position on Automobile | Life of Tire (Months) | Tread Depth | Miles | | | Life of Tire (Months) | Tread Depth | Miles |
| 2 | 9091771 | RF | 1.8 | 10.8 | 2917 | | # of Missing Values | 0 | 0 | 1 |
| 3 | 9091771 | RR | 1.8 | 10.7 | 2917 | | Mean | 23.80 | 7.68 | 25440.22 |
| 4 | 9091771 | LF | 1.8 | 10.7 | 2917 | | Standard Deviation | 31.82 | 2.62 | 23600.21 |
| 5 | 7712178 | LF | 2.1 | 10.7 | 2186 | | Minimum | 1.8 | | |
| 6 | 7712178 | RR | 2.1 | 10.7 | 2186 | | Maximum | 601.0 | | |
| 452 | 3574739 | RR | 73.3 | 0.2 | 57313 | | | | | |
| 453 | 3574739 | LF | 73.3 | 0.2 | 57313 | | | | | |
| 454 | 3574739 | LR | 73.3 | 0.2 | 57313 | | | | | |
| 455 | 3574739 | LR | 73.3 | 0.2 | 57313 | | | | | |
| 456 | 2122934 | LR | 111.0 | 9.3 | 21000 | | | | | |
| 457 | 8696859 | LR | 601.0 | 2.0 | 26129 | | | | | |

图 2-34　TreadWear 数据中轮胎使用时间排序后在 Excel 工作表中的部分显示

从图 2-34 中可以看出，汽车轮胎使用时间为 601 个月的是编号 8696859 的汽车的左后轮胎，另外我们也注意到，编号 2122934 的汽车的左后轮胎使用时间为 111 个月，这也是一个值得怀疑的值。对汽车编号进行排序，通过滚动浏览我们发现编号 8696859 的汽车其他三个轮胎的使用时间都是 60.1 个月，因此我们认为是小数点位数搞错了。对编号 2122934 的汽车，我们发现该辆汽车其他三个轮胎的使用时间是 11.1，我们也认为 111.0 是小数点位数搞错了。所以，需要对这些错误的值进行更正。

现在我们再来对 TreadWear 数据中的轮胎外表花纹深度和行驶里程重复以上的做法。轮胎外表花纹深度的最小值为 0，即 1 英寸的 0.0/12，最大值为 1 英寸的 16.7/12；汽车行驶里程数据的最小值为 206.0 英里，最大值为 107 237.0 英里。轮胎外表花纹深度的最小值和最大值都是不合理的，因为轮胎没有花纹的汽车是不能驾驶的，轮胎花纹深度的最大值超过了布莱克利轮胎公司对轮胎外表花纹的额定值。行驶里程的最小值是合理的，但最大值就不合理了。针对这些情况，需要进行进一步的调查研究，以决定是不是真的出错了。如果确定是数值搞错了，那就需要改正。

数据集中的错误值并不都是极端值，故错误的值是非常难以发现的。可是，假如某个带有错误值的变量与数据集中的另一个变量高度相关，那么我们可以利用这一点找寻错误的值。例如，由于行驶的里程数越多，汽车轮胎外表花纹的深度越浅，所以汽车轮胎外表花纹深度与行驶里程是高度的负相关关系。据此，通过绘制汽车轮胎外表花纹深度和行驶里程的散点图，可以帮助发现是否存在不合理的值。

图 2-35 的椭圆形部分中的散点，能反映汽车轮胎外表花纹深度与行驶里程的关系。在椭圆形外部的一些散点，至少它们所反映出来的关系不是负相关关系。把鼠标放在那些在椭圆形之外的散点上，Excel 会弹出一个框，显示出该点的汽车轮胎外表花纹深度值为

1.0，行驶里程为 1 472.1 英里。这意味着汽车轮胎外表花纹深度较浅，但行驶里程数却较低，显然这两个变量的取值中至少有一个是不准确的，有可能的话需要做进一步的调查。

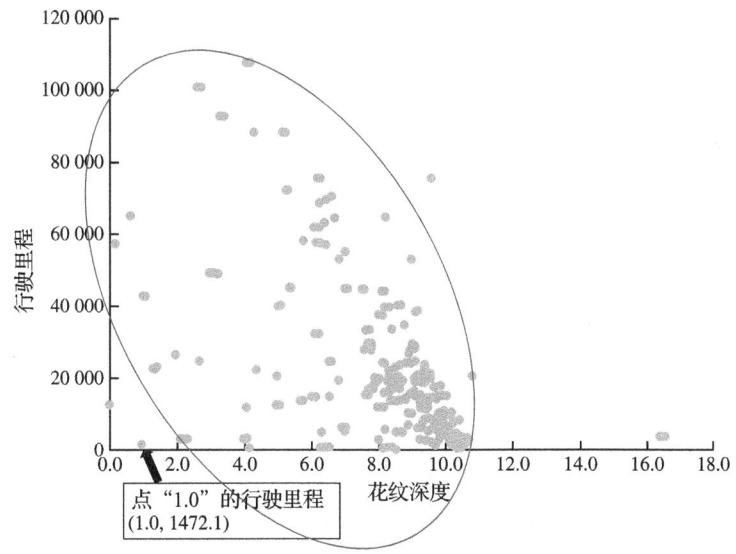

图 2-35　汽车轮胎外表花纹深度与行驶里程散点图

加强对异常值和潜在的错误值的检查，总能揭示出数据中是否存在错误，直至进一步调查以确定观察值与当前的分析是否有关。一种比较保守的做法是创建两个数据集，其中一个带有异常值和潜在的错误值，另一个不带有异常值和潜在的错误值，然后分别构建模型。如果模型的结果依赖于包含或不包含异常值和错误值，那么我们就需要多花点时间探寻异常值出现的原因。

## 2.9.4　变量表征

在许多数据挖掘的应用中，对数据集中变量的数目是有限制的。针对这样的情况，分析人员在实施数据挖掘之前，首先需要识别哪些变量能被安全地从进一步的分析中删除。**降维**是在不损失重要信息的前提下，从分析中移除一些变量的过程。减少变量数目的一个简单的做法，就是检查成对变量的相关性，以确定变量或变量组之间是不是可能提供同样的信息。这些变量可以被整合或者移除一些，使得模型的构建更为简洁。

数据挖掘的关键内容之一，就是决定怎样对变量的测量进行表征，以及应该关心哪些变量。属性变量的使用是特别重要的，一般地，最好是用 0－1 这样的虚拟变量来对属性变量进行编码。例如，某个数据集中含有语言这个变量，主要是跟踪一个呼叫中心呼叫员语言的偏好。语言变量有英语、德语、西班牙语三个可能值，我们可以通过三个 0－1 变量来表示英语、德语和西班牙语。用德语打进来的电话用 1 表示，用其他语言（英语、西班牙语）打进来的电话用 0 表示。运用 0－1 变量对具有许多不同属性的变量编码，会导致大量的变量出现。针对这一情况，使用数据透视表来辨别类似的属性和减少 0－1 变量的数目非常有用。例如，一些属性变量（区号、产品型号）可能存在多个属性，从建模的角度看，多个属性之间并没有什么实质性差别，因此可以通过对某些属性做合并处理，以减少属性的数目。

数据集包含的变量，单个地看可能没有什么特别的价值，但使用合适的方法把它们整合在一起形成一个新的变量，便有可能会揭示出重要的关系。对股票价格和公司盈利这样的金融数据，如果把股票价格除以公司盈利得到市盈率（PE）这样的变量，就变得特别有用。一个家庭花在食杂用品上的费用可能没有什么意义，因为这个数据与家庭人口数有关，但如果换算成家庭花在食杂用品上的费用占比，可能就更有价值了。

● ○ ● ○ ● ○ ● 注释与点评 ● ○ ● ○ ● ○ ●

1. 本书下一章中讲解的许多数据可视化工具可以帮助我们对数据进行清洗。
2. 在一些情况下，人们有可能会把数量性质的变量变换成属性结果。例如，分析数量变量的取值是否超过某个指定的值，这时便可能得到一个 0–1 属性变量，其中 1 表示数量变量取值大于某个指定的值，0 表示数量变量取值小于某个指定的值。此外，对那些呈偏态分布的变量，对其实施分位数属性化处理可能更有帮助。
3. 大多数专业性的统计软件包，带有更高级的降维处理功能，比如主成分分析等。像 JMP Pro、Analytic Solver 这样的软件，就带有主成分分析功能。通过主成分分析得到的综合变量（主成分），是原始变量的加权综合平均的结果，各个主成分变量之间不相关，只要保留少数几个这样的主成分变量，便能负载所有原始变量的信息。在许多情况下，只需要一两个主成分，便能解释所有原始变量的变异。这样一来数据分析人员就可以根据这几个变量开展数据挖掘分析建模，而无须从所有的原始变量出发了。尽管主成分分析能降低变量的维数，但对其结果的解释却比较困难，毕竟把若干个变量线性组合起来得到的结果不够直观。

● **本章小结** ● ○ ● ○ ●

本章我们介绍了数据资料的描述性统计分析方法。首先说明了搜集数据的必要性，讲解了可能遇到的数据类型，以及采集数据常用的渠道。另外，我们还介绍了怎样利用 Excel 进行数据资料整理，比如排序、筛选等。

本章引入了分布的概念，讲解了如何编制频数分布、频率分布、百分比分布以及累积分布，介绍了通过直方图对数据分布进行可视化描述。在这一章，我们讲解了数据分布位置测度，如均值、中位数、众数、几何平均，以及衡量变异性的计算方法，如极差、方差、标准差、变异系数、四分位距。此外，我们还介绍了分析数据分布的其他方法，包括百分位数、四分位数、$z$-值，介绍了箱线图的制作，以及怎样阅读箱线图。

本章的 2.8 节讲解了两个变量之间线性关系的分析方法，包括散点图、协方差和相关系数等的计算和使用。

在本章的最后，我们介绍了数据清洗方法。在正式使用数据之前，往往需要花费大量的时间对数据进行理解和对原始数据进行清理。我们介绍了识别缺失数据的方法，以及怎样处理缺失值和异常点等。

● **关键术语** ● ○ ● ○ ●

**分组（bins）**：用于编制频数分布所采用的不重叠的分组，属性数据中的分组也称作类别。

**箱线图**（box plot）：以四分位数为基础的观察数据来描述分析图像。

**属性数据**（categorical data）：通过代码或名称表示出来的分类性质的数据，一般不能进行算术运算。

**变异系数**（coefficient of variation）：将标准差除以均值再乘以 100 的一种变异测量。

**相关系数**（correlation coefficient）：反映两个变量线性相关关系的指标，取值始终在 $-1$ 与 $+1$ 之间。相关系数的取值接近 $-1$ 说明强负线性相关，接近 $+1$ 说明强正线性相关，接近 0 说明不存在线性相关。

**协方差**（covariance）：测量两个变量线性相关的方法。正值表示正相关，负值表示负相关。

**截面数据**（cross-sectional data）：同一时间维度下采集的数据。

**累积频数分布**（cumulative frequency distribution）：表明小于等于某个组上限的观察数据出现的次数。

**数据**（data）：搜集来的、用于描述和分析的事实及数字。

**降维**（dimesion reduction）：在不损失重要信息的前提下，将部分变量剔除出去的过程。

**经验法则**（empirical rule）：用来计算钟形分布中位于均值 1 个、2 个、3 个标准差范围内的观察值出现数目所占的比例。

**频数分布**（frequency distribution）：各个不重叠分组观察值出现的次数（频数）。

**几何平均**（geometric mean）：将 $n$ 个观察值连乘然后开 $n$ 次方。

**增长因子**（growth factor）：用 1 加上投资收益率所得到的结果。增长因子小于 1 说明负增长，大于 1 说明正增长，增长因子不可能小于 0。

**直方图**（histogram）：对数量数据的频数分布、频率分布、百分比分布的图形展示，绘制直方图时，一般将分组放在横轴，将频数、频率或百分比等放在纵轴。

**不合理缺失数据**（illegitimately missing data）：数据发生缺失不是自然原因造成的。

**插补**（imputation）：用似乎合理的值代替缺失数据。

**四分位距**（interquartile range）：第三个四分位数和第一个四分位数之间的差。

**合理缺失数据**（legitimately missing data）：自然原因产生的数据缺失。

**均值（算术平均）**［mean（arithmetic mean）］：将观察值相加然后除以观察值数目的一种位置度量。

**中位数**（median）：一种位置度量方法，将数据排列成升序后取中间位置的值。

**随机缺失**（missing at random，MAR）：某些变量观察值的缺失与数据中某个（某些）其他变量的观察值有关联。

**完全随机缺失**（missing completely at random，MCAR）：某些变量观察值的缺失是完全随机发生的。

**非随机缺失**（missing not at random，MNAR）：某些变量观察值缺失的发生与缺失值有关联。

**众数**（mode）：一种位置测度方法，是出现次数最多的观察数值。

**观察值**（observation）：一组变量对应的一组取值。

**异常值**（outlier）：极其大或者极其小的观察值。

**百分比分布**（percent frequency distribution）：每个组别及其对应观察值出现占比所构成

的统计表。

**百分位数（percentile）**：低于某个观察值的观察值数目占全部观察值的百分比。$p$ 百分位数指的是，观察数据中约有 $p\%$ 的观察值小于第 $p$ 个百分位数。对于一组观察值，大约有 $(100-p)\%$ 的观察值比第 $p$ 个百分位数大，第 50 个百分位数是中位数。

**总体（population）**：某个研究中由所有感兴趣的元素组成的集合。

**数量数据（quantitative data）**：能表征量的大小的数值型数据，能够进行加减乘除等算术运算的数据。

**四分位数（quartile）**：第 25、50、75 百分位数，被称作第一、二、三个四分位数。四分位数将一组观察值等分为四个部分，每个部分各包括 25% 的观察值。

**随机抽样（random sampling）**：每个样本单位都来自同一个总体，且都是独立抽取的一种抽样方法。

**随机变量或不确定变量 [random (uncertain) variable]**：取值带有不确定性的变量。

**极差（range）**：测量变异性的一种方法，由最大值减去最小值得出。

**频率分布（relative frequency distribution）**：每个组别及其对应观察值出现频率所构成的统计表。

**样本（sample）**：总体的一个子集。

**散点图（scatter chart）**：对两个数量变量之间关系的图形描述。绘制散点图时，需要把一个变量放在横轴，另一个变量放在纵轴。

**偏度（skewness）**：反映不对称分布的一种方法。

**标准差（standard deviation）**：对方差取算术平方根的一种变异性测量方法。

**时间序列数据（time series data）**：随着时间（小时、天、月、年等）变化采集的数据。

**变量（variable）**：可以取不同数值的特征或标志。

**方差（variance）**：将观察值与其均值相减，平方后再求均值的一种变异性测量方法。

**变异（variation）**：变量不同观察值之间的差异。

**z-值（z-score）**：观察值离差 $(x_i - \bar{x})$ 除以标准差 $s$ 所得到的结果。z-值被看作标准化数值，代表观察值 $x_i$ 偏离均值几个标准差。

## ● 复习思考题

1. 《华尔街日报》对订阅者特征和兴趣进行了一项包含 46 道问题的调查。请指出下列问题提供的是数量数据还是属性数据。

   （1）年龄。

   （2）性别。

   （3）你在什么时候第一次阅读《华尔街日报》，高中、大学、职业早期、职业中、职业晚期还是退休？

   （4）在你目前这个职位上，你干了多长时间？

   （5）下次购车准备购买哪种车型，比如轿车、跑车、SUV、小型货车等？

2. 下表是一些国家或地区及其所在的洲和 GDP（单位：百万美元）资料。

| 国家或地区 | 所在的洲 | GDP | 国家或地区 | 所在的洲 | GDP |
|---|---|---|---|---|---|
| 阿富汗 | 亚洲 | 18 181 | 巴林 | 亚洲 | 26 108 |
| 阿尔巴尼亚 | 欧洲 | 12 847 | 孟加拉国 | 亚洲 | 113 032 |
| 阿尔及利亚 | 非洲 | 190 709 | 白俄罗斯 | 欧洲 | 55 483 |
| 安哥拉 | 非洲 | 100 948 | 比利时 | 欧洲 | 513 396 |
| 阿根廷 | 南美洲 | 447 644 | 玻利维亚 | 南美洲 | 24 604 |
| 澳大利亚 | 大洋洲 | 1 488 221 | 波黑 | 欧洲 | 17 965 |
| 奥地利 | 欧洲 | 419 243 | 博茨瓦纳 | 非洲 | 17 570 |
| 阿塞拜疆 | 亚洲 | 62 321 | | | |

GDPlist

（1）将国家按 GDP 从大到小排列，排在前 10 位的是哪些国家？

（2）筛选所在洲是非洲的国家，位于非洲的国家中 GDP 排在前 5 位的是哪些？

（3）GDP 位居前 5 位的欧洲国家是哪几个？

3. 俄亥俄物流公司为其他公司提供正点率高、服务好的供应链服务。该公司非常关心客户的物资派发是否正点，所以十分在意运输的正点率。下表是俄亥俄物流公司下属运输公司最近两年的运输正点率资料。

| 运输公司 | 去年的正点率（%） | 今年的正点率（%） | 运输公司 | 去年的正点率（%） | 今年的正点率（%） |
|---|---|---|---|---|---|
| Blue Box Shipping | 88.4 | 94.8 | Minuteman Company | 91.0 | 84.2 |
| Cheetah LLC | 89.3 | 91.8 | Rapid Response | 78.8 | 70.9 |
| Granite State Carriers | 81.8 | 87.6 | Smith Logistics | 84.3 | 88.7 |
| Honsin Limited | 74.2 | 80.1 | Super Freight | 92.1 | 86.8 |
| Jones Brothers | 68.9 | 82.8 | | | |

Carriers

（1）根据今年的正点率将各运输公司按降序排列，并说说今年哪个运输公司提供了最好的正点率服务，哪个公司提供了最差的正点率服务。

（2）与去年相比，今年每个运输公司的正点率变化情况如何？请用 Excel 条件格式将正点率下降的公司标示出来。

（3）请用 Excel 条件格式计算每个运输公司正点率变化的情况，并用图形显示出来。

（4）俄亥俄物流公司在未来应该更多地使用哪家运输公司，为什么？

4. 下表是频率分布表。

| 等级 | 频率 |
|---|---|
| A | 0.22 |
| B | 0.18 |
| C | 0.40 |
| D | |

（1）等级 D 的频率是多少？

（2）假设样本单位数是 200，等级 D 的频数是多少？

（3）给出频数分布。

（4）编制百分比分布。

5. 在最近的报告中，排名前五的最常访问的英文网站是 google.com（GOOG）、facebook.com（FB）、youtube.com（YT）、yahoo.com（YAH）和 wikipedia.com（WIKI）。下表是 50 个互联网用户最常访问的网站样本。

| YAH | WIKI | YT | WIKI | GOOG | GOOG | GOOG | FB | FB | WIKI |
|---|---|---|---|---|---|---|---|---|---|
| YT | YAH | GOOG | GOOG | GOOG | FB | YAH | YT | YAH | YAH |
| WIKI | GOOG | YAH | YAH | YAH | YT | GOOG | YAH | FB | FB |
| YAH | YT | GOOG | YT | YAH | WIKI | GOOG | YAH | WIKI | WIKI |
| GOOG | FB | FB | WIKI | GOOG | YAH | YT | GOOG | GOOG | WIKI |

(1) 这些数据是属性的还是数量的？
(2) 编制频数和百分比分布；
(3) 根据给定的样本资料，说说哪个网站的访问频率最高，其次是哪个节目。

6. CEO 是如何度过每一天的？有关研究发现，CEO 一周需要花费 18 小时开会，这还不包括电话会议、商务午餐会以及公共活动。下表是 25 位 CEO 每周花费在会议上的时间资料。

| 14 | 15 | 18 | 23 | 15 |
|---|---|---|---|---|
| 19 | 20 | 13 | 15 | 23 |
| 23 | 21 | 15 | 20 | 21 |
| 16 | 15 | 18 | 18 | 19 |
| 19 | 22 | 23 | 21 | 12 |

(1) 样本中 CEO 每周花费在会议上的最少时间是多少？最多时间是多少？
(2) 假定组距为 2 小时，编制频率分布。
(3) 画出直方图，并谈谈该分布的形状。

7. 消费者向商业促进局投诉最多的行业是：银行（B），有线卫星电视公司（CST），讨债公司（C），手机供应商（CP），汽车经销商（CD）。文件 BBB 是采集的 200 个投诉的样本。
(1) 各行业投诉的频率是多少？
(2) 哪个行业被投诉的次数最多？
(3) 编制百分比分布，并说说分布的形状如何。

8. 有研究表明，许多美国成年人更愿意居住在生活过的社区，而不愿意搬到其他地方居住。对全美 2 260 名成年人进行调查访问的问题包括："你现在住在哪里？""你理想中的社区是怎样的？"可供选择的答案有：城市（C）、郊区（S）、小镇（T）、农村（R）。以下是其中 100 个回答资料。

| 你现在住在哪里？ | | | | | | | | | | 你理想中的社区是怎样的？ | | | | | | | | | |
|---|---|---|---|---|---|---|---|---|---|---|---|---|---|---|---|---|---|---|---|
| S | T | R | C | R | R | T | C | S | T | S | C | R | R | R | S | T | S | S | S |
| C | S | C | S | T | | | | | | T | T | S | C | S | T | | | | |
| S | S | C | S | S | T | T | C | C | S | T | C | S | T | C | C | R | T | R | S |
| | | | | | | | | | | T | T | S | S | C | C | T | T | S | |
| T | R | S | S | T | C | S | C | T | C | T | C | R | S | R | C | S | C | R | C |
| | | | | | | | | | | T | S | R | R | R | | | | | |
| C | C | R | T | C | S | T | S | C | C | R | S | C | T | S | T | T | R | R | S |
| | | | | | | | | | | C | C | R | R | S | | | | | |
| S | S | C | C | S | C | R | T | T | C | R | T | S | T | C | T | T | C | T | T |
| | | | | | | | | | | C | T | T | R | R | | | | | |
| C | T | R | R | C | T | C | C | R | T | T | R | S | R | T | C | S | R | T | C |
| | | | | | | | | | | T | C | C | T | T | T | R | C | R | T |
| T | S | S | S | S | C | C | R | T | | T | C | S | S | C | S | T | S | S | R |

(1) 根据上述给定的样本观察资料，编制百分比分布，并绘制出直方图。
(2) 大多数受试人现在住在哪里？

（3）大多数受试人的理想社区在哪里？

（4）如果人们从现居所搬迁到理想居住地，你认为居住地的变化率是多少？

9. 已知以下数据。

| 14 | 24 | 18 | 22 | 20 | 22 | 16 | 12 |
|---|---|---|---|---|---|---|---|
| 19 | 18 | 16 | 22 | 24 | 23 | 19 | 25 |
| 24 | 17 | 15 | 16 | 20 | 25 | 21 | 19 |
| 19 | 23 | 24 | 16 | 21 | 25 | 23 | 24 |
| 16 | 26 | 21 | 16 | 22 | 19 | 20 | 20 |

Frequency

（1）以 12～14、15～17、18～20、21～23、24～26 为分组，编制频数分布。

（2）采用上述分组办法，编制出频率分布及百分比分布。

10. 已知下列频数分布。

| 分组 | 频数 |
|---|---|
| 10～19 | 10 |
| 20～29 | 14 |
| 30～39 | 17 |
| 40～49 | 7 |
| 50～59 | 2 |

请编制累积频数分布。

11. 汽修店的老板正在研究消费者来店里更换润滑油的等待时间，以下数据是一个月内搜集的等待时间（单位：分钟）：

    2　5　10　12　4　4　5　17　11　8　9　8　12　21　6　8　7　13　18　3

以 0～4、5～9 等为分组，求：

（1）编制频数分布。

（2）编制频率分布。

（3）编制累积频数分布。

（4）编制累积频率分布。

（5）消费者等待时间不超过 9 分钟的比例是多少？

12. 在美国，每年有将近 165 万名高中生需要参加全国学业能力评估考试（SAT），并且有将近 80% 的美国大学根据 SAT 成绩录取学生。SAT 测试包括三个部分：阅读理解、数学、写作，总分为 2 400 分。以下是考生 SAT 分数的样本资料。

| 1 665 | 1 680 | 1 485 | 1 490 | 1 420 | 1 585 |
|---|---|---|---|---|---|
| 1 275 | 1 560 | 1 755 | 1 525 | 1 440 | 1 990 |
| 1 650 | 1 355 | 1 260 | 2 135 | 940 | 1 375 |
| 1 590 | 1 280 | 1 390 | 1 560 | 1 645 | 1 730 |
| 1 475 | 1 150 | 1 780 | 1 880 | 1 060 | 1 175 |

SAT

（1）第一组的下限定为 800 分、组距为 200 分，试据此编制频数分布，并绘制直方图。

（2）谈谈分布的形状。

（3）根据频数分布表和直方图，可以获得哪些方面的认识？

13. 假定有一组观察值：10，20，12，17，16。试据此：

（1）计算均值和中位数。

(2) 假定有另外一组观察值：10，20，12，17，16，12。该组观察值的均值和中位数与（1）相比会有哪些变化？

14. 已知一组观察值：27，25，20，15，30，34，28，25。试据此分别计算第 20、25、65、75 百分位数。

15. 给定一组观察值：53，55，70，58，64，57，53，69，57，68，53。试据此计算均值、中位数及众数。

16. 某资产价值 9 年间从 5 000 美元跌到 3 500 美元，则该资产年均收益率是多少？

17. 假设你向 Stivers 互助基金投了 10 000 美元，向 Trippi 基金投了 5 000 美元。两种基金每年年末的总价值如下。

| 年次 | Stivers | Trippi | 年次 | Stivers | Trippi |
|---|---|---|---|---|---|
| 1 | 11 000 | 5 600 | 5 | 15 000 | 8 500 |
| 2 | 12 000 | 6 300 | 6 | 16 000 | 9 200 |
| 3 | 13 000 | 6 900 | 7 | 17 000 | 9 900 |
| 4 | 14 000 | 7 600 | 8 | 18 000 | 10 600 |

哪种基金的收益更好？

18. 据报道，美国人上班途中花费时间的平均值是 27.7 分钟。以下是 48 个城市平均通勤时间资料。

| | | | | | | | |
|---|---|---|---|---|---|---|---|
| Albuquerque | 23.3 | Jacksonville | 26.2 | Phoenix | 28.3 |
| Atlanta | 28.3 | Kansas City | 23.4 | Pittsburgh | 25.0 |
| Austin | 24.6 | Las Vegas | 28.4 | Portland | 26.4 |
| Baltimore | 32.1 | Little Rock | 20.1 | Providence | 23.6 |
| Boston | 31.7 | Los Angeles | 32.2 | Richmond | 23.4 |
| Charlotte | 25.8 | Louisville | 21.4 | Sacramento | 25.8 |
| Chicago | 38.1 | Memphis | 23.8 | Salt Lake City | 20.2 |
| Cincinnati | 24.9 | Miami | 30.7 | San Antonio | 26.1 |
| Cleveland | 26.8 | Milwaukee | 24.8 | San Diego | 24.8 |
| Columbus | 23.4 | Minneapolis | 23.6 | San Francisco | 32.6 |
| Dallas | 28.5 | Nashville | 25.3 | San Jose | 28.5 |
| Denver | 28.1 | New Orleans | 31.7 | Seattle | 27.3 |
| Detroit | 29.3 | New York | 43.8 | St. Louis | 26.8 |
| El Paso | 24.4 | Oklahoma City | 22.0 | Tucson | 24.0 |
| Fresno | 23.0 | Orlando | 27.1 | Tulsa | 20.1 |
| Indianapolis | 24.8 | Philadelphia | 34.2 | Washington, D.C. | 32.8 |

(1) 48 个城市的平均通勤时间是多少？
(2) 48 个城市通勤时间的中位数是多少？
(3) 48 个城市通勤时间的众数是多少？
(4) 48 个城市通勤时间的方差和标准差各是多少？
(5) 48 个城市通勤时间的第三个四分位数是多少？

19. 假设病人就医等待时间的平均值大约为 29 分钟，为了解决病人等待时间较长这个问题，一些医院使用等待追踪系统关注病人期望等待的时间。病人可以根据这个系统发出的信息，调整自己到达医院的时间，以减少在就诊室的等候。以下是没有使用等待追踪系统时病人的等待时间与使用该系统时病人的等待时间的资料。

| 未使用等待追踪系统<br>病人等待时间 | 使用等待追踪系统<br>病人等待时间 | 未使用等待追踪系统<br>病人等待时间 | 使用等待追踪系统<br>病人等待时间 |
|---|---|---|---|
| 24 | 31 | 44 | 37 |
| 67 | 11 | 12 | 9 |
| 17 | 14 | 23 | 13 |
| 20 | 18 | 16 | 12 |
| 31 | 12 | 37 | 15 |

（1）使用等待追踪系统时病人等待时间的均值和中位数是多少？没有使用等待追踪系统时病人等待时间的均值和中位数是多少？

（2）使用等待追踪系统时病人等待时间的方差和标准差是多少？没有使用等待追踪系统时病人等待时间的方差和标准差是多少？

（3）绘制没有使用等待追踪系统时病人等待时间的箱线图。

（4）绘制使用等待追踪系统时病人等待时间的箱线图。

（5）使用等待追踪系统后病人等待时间有没有缩短？说说理由。

20. 根据美国教育协会（NEA）统计，教师每周的教学任务超过40小时。下面的数据是13个高中的自然课程教师每周教学工作时间和11个高中的英语课程教师每周教学工作时间。

| 高中自然教师 | 53 | 56 | 54 | 54 | 55 | 58 | 49 | 61 | 54 | 54 | 52 | 53 | 54 |
|---|---|---|---|---|---|---|---|---|---|---|---|---|---|
| 高中英语教师 | 52 | 47 | 50 | 46 | 47 | 48 | 49 | 46 | 55 | 44 | 47 | | |

（1）自然课程教师工作时间的中位数是多少？

（2）英语课程教师工作时间的中位数是多少？

（3）绘制自然课程教师工作时间的箱线图。

（4）绘制英语课程教师工作时间的箱线图。

（5）对两个箱线图的异同进行评述。

21. 依据第19题的资料，求：

（1）没有使用等待追踪系统的病人中，第10个病人等待时间的$z$-值是多少？

（2）使用等待追踪系统的病人中，第6个病人等待时间的$z$-值是多少？和（1）计算出来的$z$-值相比，你有何认识？

（3）根据$z$-值，没有使用等待追踪系统的病人等待时间有没有出现异常值？使用等待追踪系统的病人等待时间有没有异常值？

22. 国民调查表明，成年人每晚平均睡眠时间为6.9小时。假设标准差是1.2小时，睡眠时间呈钟形分布。

（1）用经验法则，计算成年人每天睡眠时间在4.5到9.3小时之间人数的百分比。

（2）睡眠8小时的$z$-值是多少？

（3）睡眠6小时的$z$-值是多少？

23. 美国大学委员会透露，SAT数学部分全美平均分为515分，标准差将近100分。假定SAT数学成绩呈钟形分布。

（1）数学分数超过615分的考生的百分比是多少？

（2）数学分数超过715分的考生的百分比是多少？

（3）数学分数在415到515分之间的考生的百分比是多少？

（4）数学分数是620分的$z$-值是多少？

(5) 数学分数是 405 分的 $z$-值是多少？

24. 两个变量的 5 个观察值如下：

| $x_i$ | 4 | 6 | 11 | 3 | 16 |
|---|---|---|---|---|---|
| $y_i$ | 50 | 50 | 40 | 60 | 30 |

(1) 以 $x$ 为横轴绘制散点图。
(2) 依据散点图，说说两个变量之间存在什么关系。
(3) 计算并解释样本协方差。
(4) 计算并解释样本相关系数。

25. 下图是部分《财富》500 强公司的利润和市值散点图。

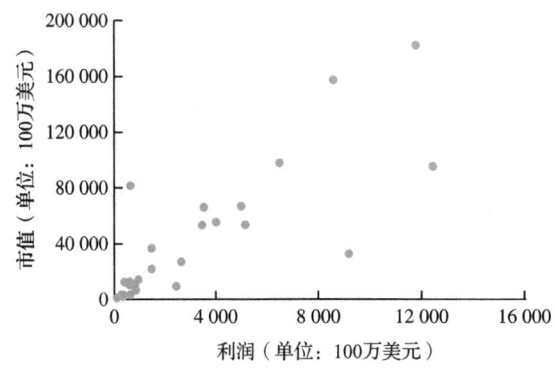

(1) 讨论散点图中利润和市值之间的关系。
(2) 根据数据文件 Fortune 500 计算利润和市值的协方差，并讨论协方差所反映出来的利润和市值之间的关系。
(3) 计算利润和市值之间的相关系数，并讨论相关系数所反映出来的利润和市值之间的关系。

26. 由于经济衰落导致失业率增加和房贷违约率上升，为此经济学家研究了失业率和贷款违约率之间的关系，认为如果失业率持续升高，贷款违约率也会增高。以下是 27 个主要房地产市场的失业率和贷款违约率资料。

| 城市 | 失业率（%） | 违约率（%） | 城市 | 失业率（%） | 违约率（%） |
|---|---|---|---|---|---|
| 亚特兰大（Atlanta） | 7.1 | 7.02 | 纽约（New York） | 6.2 | 5.78 |
| 波士顿（Boston） | 5.2 | 5.31 | 奥兰治县（Orange County） | 6.3 | 6.08 |
| 夏洛特（Charlotte） | 7.8 | 5.38 | 奥兰多（Orlando） | 7.0 | 10.05 |
| 芝加哥（Chicago） | 7.8 | 5.40 | 费城（Philadelphia） | 6.2 | 4.75 |
| 达拉斯（Dallas） | 5.8 | 5.00 | 菲尼克斯（Phoenix） | 5.5 | 7.22 |
| 丹佛（Denver） | 5.8 | 4.07 | 波特兰（Portland） | 6.5 | 3.79 |
| 底特律（Detroit） | 9.3 | 6.53 | 罗利（Raleigh） | 6.0 | 3.62 |
| 休斯敦（Houston） | 5.7 | 5.57 | 萨克拉门托（Sacramento） | 8.3 | 9.24 |
| 杰克逊维尔（Jacksonville） | 7.3 | 6.99 | 圣路易斯（St. Louis） | 7.5 | 4.40 |
| 拉斯韦加斯（Las Vegas） | 7.6 | 11.12 | 圣迭戈（San Diego） | 7.1 | 6.91 |
| 洛杉矶（Los Angeles） | 8.2 | 7.56 | 旧金山（San Francisco） | 6.8 | 5.57 |
| 迈阿密（Miami） | 7.1 | 12.11 | 西雅图（Seattle） | 5.5 | 3.87 |
| 明尼阿波利斯（Minneapolis） | 6.3 | 4.39 | 坦帕（Tampa） | 7.5 | 8.42 |
| 纳什维尔（Nashville） | 6.6 | 4.78 | | | |

(1) 计算相关系数，说明失业率和房贷违约率之间是否存在正相关关系。

(2) 绘制失业率和房贷违约率散点图，并说明两者之间是什么样的关系。

27. 休伦湖糖果（Huron Lakes Candies，HLC）公司开发出了一款新型棒糖"加瓦杯"（Java Cup）——咖啡奶油夹心巧克力杯。为了解加瓦杯棒糖的市场潜力，休伦湖糖果公司进行了体验品尝和跟踪调查。受试者在品尝加瓦杯棒糖之后，需要对口味、口感、奶油性、甜度等进行评价打分。该体验品尝随机选择了 217 位成年消费者样本，详细资料见文件 Java Cup。

(1) 调查数据中有没有缺失值？如果有，找出是哪些受访者存在数据缺失，缺失的值是什么？

(2) 休伦湖糖果公司的调查数据中存在错误吗？如果有，找出是哪些受访者的数据出现了错误，发生错误的值又是什么。

28. Marilyn Marshall 是一名体育经济学教授，手上有一批数据，是 2010～2016 年 30 支大联盟棒球赛每个赛季每个球队每一场的主场上座率。Marshall 博士对这批数据抱有怀疑，认为要进行彻底的清洗。假如你也找到了 2010～2016 年大联盟棒球赛每一场上座率比较可信的数据，可以用来帮助你对缺失值进行合适的插补。根据给定的数据文件 AttendMLB 回答下列问题。

(1) Marshall 博士掌握的这批数据存在缺失值吗？如果有，找出是哪些球队和哪个赛季存在数据缺失，缺失值是什么。根据你掌握的比较可信的数据，找出缺失数据的正确值。

(2) Marshall 博士掌握的这批数据存在错误的值吗？如果有，找出是哪些球队和哪个赛季的数据存在错误，错误的值是什么。根据你掌握的比较可信的数据，对错误的值进行更正处理。

## ● 案例讨论：Heavenly 巧克力公司的网上交易

Heavenly 巧克力公司生产高品质的巧克力。两年前，该公司建立了网站并且通过互联网销售产品。网上销量超出了当初的预期，该公司管理团队正在打算通过制定新的策略以扩大销售。为了研究网店的消费者，公司从前几个月的销售中选择了 50 笔作为样本。以下给出的数据包含每笔交易的日期、顾客所使用的浏览器、在网店耗费的时间、浏览的页数及购买金额等。

| 编号 | 日期（周） | 浏览器 | 花费时间（分钟） | 浏览页数 | 购买额（美元） |
|---|---|---|---|---|---|
| 1 | 周一 | Chrome | 12.0 | 4 | 54.52 |
| 2 | 周三 | Other | 19.5 | 6 | 94.90 |
| 3 | 周一 | Chrome | 8.5 | 4 | 26.68 |
| 4 | 周二 | Firefox | 11.4 | 2 | 44.73 |
| 5 | 周三 | Chrome | 11.3 | 4 | 66.27 |
| 6 | 周六 | Firefox | 10.5 | 6 | 67.80 |
| 7 | 周日 | Chrome | 11.4 | 2 | 36.04 |
| 8 | 周五 | Firefox | 4.3 | 6 | 55.96 |

(续)

| 编号 | 日期（周） | 浏览器 | 花费时间（分钟） | 浏览页数 | 购买额（美元） |
|---|---|---|---|---|---|
| 9 | 周三 | Firefox | 12.7 | 3 | 70.94 |
| 10 | 周二 | Chrome | 24.7 | 7 | 68.73 |
| 11 | 周六 | Other | 13.3 | 6 | 54.04 |
| 12 | 周日 | Firefox | 14.3 | 5 | 48.05 |
| 13 | 周日 | Other | 11.7 | 7 | 64.16 |
| 14 | 周一 | Firefox | 24.4 | 10 | 158.51 |
| 15 | 周五 | Chrome | 8.4 | 3 | 84.12 |
| 16 | 周四 | Chrome | 9.6 | 4 | 59.20 |
| 17 | 周四 | Chrome | 23.3 | 7 | 91.62 |
| 18 | 周一 | Chrome | 14.0 | 7 | 126.40 |
| 19 | 周五 | Other | 5.6 | 4 | 68.45 |
| 20 | 周三 | Chrome | 15.1 | 5 | 32.69 |
| 21 | 周六 | Firefox | 16.3 | 5 | 78.58 |
| 22 | 周二 | Chrome | 10.2 | 6 | 74.43 |
| 23 | 周日 | Chrome | 8.0 | 3 | 32.73 |
| 24 | 周二 | Firefox | 8.0 | 2 | 48.66 |
| 25 | 周五 | Firefox | 9.6 | 3 | 54.66 |
| 26 | 周三 | Chrome | 11.0 | 2 | 40.54 |
| 27 | 周六 | Chrome | 16.9 | 5 | 34.69 |
| 28 | 周六 | Firefox | 6.0 | 4 | 27.91 |
| 29 | 周五 | Firefox | 32.9 | 10 | 155.30 |
| 30 | 周一 | Other | 11.8 | 9 | 120.25 |
| 31 | 周四 | Chrome | 7.1 | 2 | 41.20 |
| 32 | 周五 | Firefox | 18.0 | 8 | 134.40 |
| 33 | 周日 | Chrome | 11.8 | 4 | 37.17 |
| 34 | 周五 | Chrome | 9.1 | 3 | 52.09 |
| 35 | 周二 | Chrome | 7.8 | 5 | 71.81 |
| 36 | 周一 | Firefox | 16.5 | 5 | 59.99 |
| 37 | 周四 | Firefox | 6.2 | 4 | 84.17 |
| 38 | 周六 | Chrome | 11.3 | 4 | 55.58 |
| 39 | 周二 | Chrome | 10.6 | 2 | 39.06 |
| 40 | 周三 | Chrome | 5.0 | 5 | 36.48 |
| 41 | 周二 | Other | 15.9 | 4 | 67.44 |
| 42 | 周六 | Chrome | 18.1 | 7 | 60.14 |
| 43 | 周五 | Firefox | 10.8 | 4 | 70.38 |
| 44 | 周一 | Chrome | 13.3 | 7 | 110.65 |
| 45 | 周一 | Chrome | 30.1 | 6 | 104.23 |
| 46 | 周五 | Firefox | 13.7 | 4 | 68.17 |
| 47 | 周四 | Chrome | 8.1 | 2 | 17.84 |
| 48 | 周五 | Chrome | 9.7 | 5 | 103.15 |
| 49 | 周一 | Other | 7.3 | 6 | 52.15 |
| 50 | 周五 | Chrome | 13.4 | 3 | 98.75 |

Heavenly 巧克力公司想通过上述样本资料，了解网上消费者是否浏览页面越多、花费时间越多，其购买金额也越多。除此之外，该公司还想了解日期、浏览器是否对销量也存在影响。

用描述性统计方法，对浏览 Heavenly 巧克力公司网站的消费者进行分析，并依此撰写管理分析报告。报告至少需要包含以下内容。

1. 对消费者在网站上花费的时间、浏览的页数进行数值和图形分析，并计算出购买金额的均值。
2. 计算每周中每天交易的频数、总金额以及均值，谈谈你的认识。
3. 计算每种浏览器的频数、总金额以及均值，谈谈所得到的结论。
4. 绘制浏览时间与消费金额散点图，计算样本相关系数，然后进行适当的讨论。
5. 绘制浏览页数与消费金额散点图，并计算样本相关系数，然后进行适当讨论。
6. 绘制浏览时间与浏览页数散点图，并计算样本相关系数，然后进行适当讨论。

CHAPTER 3

# 第 3 章

# 数据可视化

**数据分析案例：辛辛那提动物园**

辛辛那提动物园坐落于俄亥俄州辛辛那提市，是美国历史最悠久的动物园之一。为了使决策有数据支撑，该园管理层决定连接业务的各方面，以使非技术部门的管理人员和执行人员能更好地认识数据信息。但是现在面临的一个问题是，当公园游客流量多的时候，管理人员需要在园内接待游客、检查设备以及处理问题。因此，能够实时监控发生的事情，是决定做什么的重要因素。管理层一致认为，数据可视化战略是应对此问题的好方法。

因为易用性、实时更新且能与 iPad 兼容，辛辛那提动物园决定使用 IBM 一款名为 Cognos 的先进数据可视化软件，来实施其数据可视化战略。利用这款软件，辛辛那提动物园可以绘制出如图 3-1 所示的一系列图表（所谓数据仪表盘）。

借助图 3-1 这样的数据仪表盘，能确保管理人员及时跟踪了解以下方面的信息：

商品分析（动物园各个点商品的销售量、销售金额）；

地理分析（使用地图，显示游客在动物园内各个景点游玩的时间）；

游客消费；

收银员出纳情况；

销售、客流量与天气；

动物园忠诚奖励计划的实施效果。

使用 iPad 移动应用能够使动物园管理人员不在园内也可以看到、参与处理园内实时发生的事情。图 3-2 是辛辛那提动物园的 iPad 应用界面。

通过 iPad 应用界面，可以使管理人员获得以下信息：

实时游客流量数据，包括进入园区的游客类型（会员、非会员、学生团体等）；

实时分析，包括园内哪个景区游客流量最多以及哪些商品销售最快；

园区游客实时所在地理位置。

像图 3-1 和图 3-2 那样的数据，能够使动物园管理人员更好地安排工作人员、根据天气等其他外部条件进行商品储备,以及根据地域人口统计更好地进行广告宣传。数据可视化技术对该动物园影响颇深,在使用的第一年里,就为动物园带来新增直接收益逾 500 000 美元,增加了动物园的客流量,改善了游客服务质量,降低了营运成本。

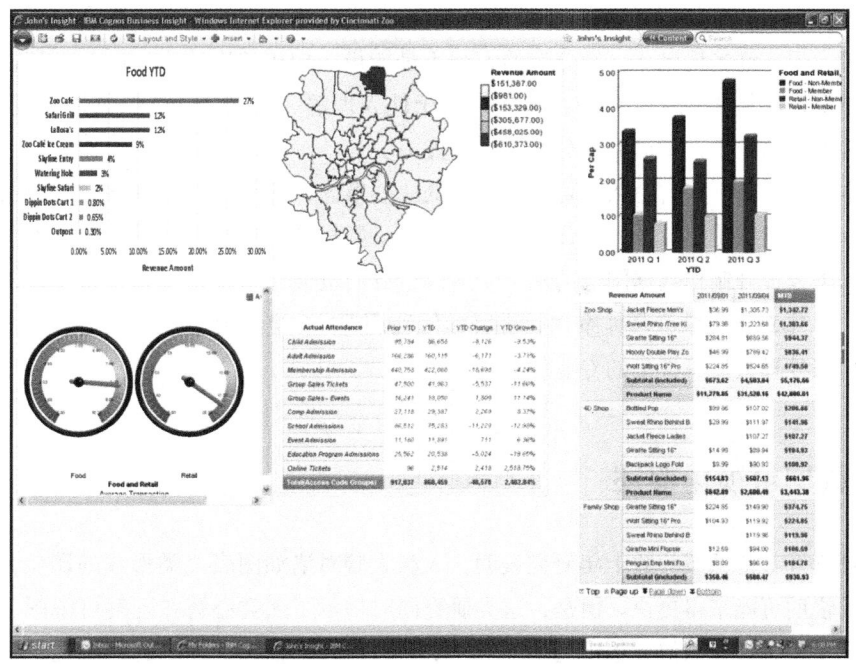

图 3-1　辛辛那提动物园数据仪表盘

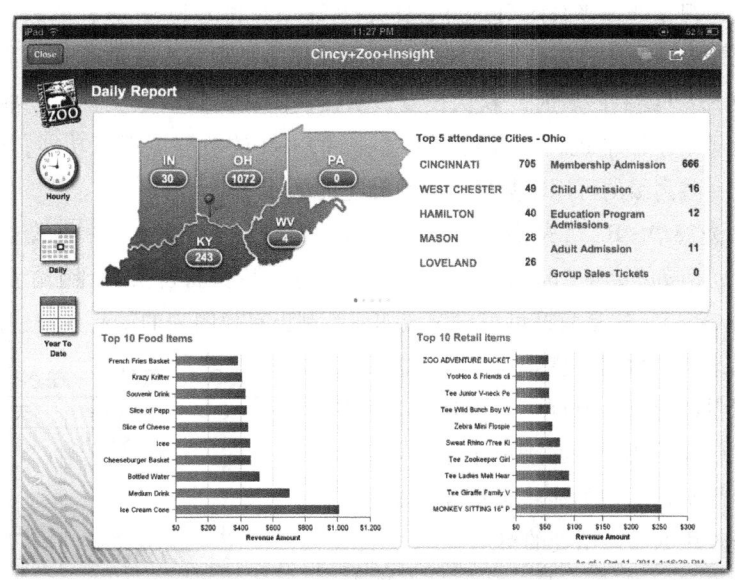

图 3-2　辛辛那提动物园 iPad 应用界面

资料来源:根据辛辛那提动物园 John Lucas 先生提供的资料整理。

从数据中获得认识的第一步,通常是用某种方法对数据进行可视化。数据可视化有可能是简单地编制数据汇总表，有可能是绘制数据图像，以有助于解释、分析数据和获取认识。通过突出数据中存在的重要关系和趋势，数据可视化可以帮助人们识别数据中的错误，减少数据过于庞杂所带来的认识干扰。

数据可视化在将数据分析结果传递给他人方面也很重要，尽管商业数据分析是为了更好地决策，但在许多情况下，做分析的人却不是能最终拍板的决策人。因此，数据分析人员需要用简洁的形式展示分析的结果，以便于他人理解。总之，合适的数据可视化技术，能够大幅度提高决策人阅读数据分析结果的能力。

在本章中，我们将讨论数据可视化方面的一些概念，这些概念对开展数据分析、有效展示数据信息很有价值。我们会详细讲解如何设计数据分析表、怎样用好常见的数据分析显示图、怎样提升制作数据图像的水平。另外，我们也会介绍数据仪表盘以及地理信息系统（GIS）。本章还将结合具体案例，讲解如何利用 Excel 绘制数据可视化图表，当然也包括可以用来处理数据可视化的专业性软件。

## 3.1 数据可视化概述

心理学及其他领域的数十年研究表明，人类大脑对诸如图表之类形成的印象，比对数字本身的说明可能来得更快。但是，这类研究同时揭示了人类心智在理解可视图像能力上也存在着不足，某些图像传达出的信息似乎更有利于人的认知。本章的目的在于讲解一些十分常见的数据可视化表现方式，并探讨这些表现方式的适用条件。

商业数据可视化处理普遍使用到的工具就是 Excel。利用 Excel 这样的软件工具，能使我们每个人都轻松地制作出符合要求的数据可视化图表。然而，正如本章将讲解的，我们可以通过修改 Excel 绘制图表时的默认设置，从而使图表更加清晰明确。一些新型的数据可视化软件近年来不断涌现，本章我们主要介绍 Excel 的数据可视化功能，但根据需要，我们也会提到一些高级的可用于数据可视化处理的软件。

2001 年，爱德华·R. 塔夫特（Edward R. Tufte）出版了《数字资料的图像展示》（*The Visual Display of Quantitative Information*）。在这本书中，塔夫特首次提到了"**数据－墨水比率**"（data-ink ratio）。这是数据可视化领域如何绘制出有效图表的最有建设性的观点之一。按塔夫特的话来说，数据－墨水比率是数据－墨水占图表用墨量的比例。数据－墨水是图表将数据蕴含的意义传递给用户所必需的墨水，与此相对，非数据－墨水是图表不能将数据蕴含的意义传递给用户所使用的没有用处的墨水。

为了讲清楚这一概念，下面我们举个事例。Gossamer Industries 公司是一家生产高级丝绸衣物的公司，该公司十分在意最受欢迎的一款女士围巾的销售。表 3-1 和图 3-3 分别是这款女士围巾

表 3-1 低数据－墨水比率表的式样

| 天 | 销售量 | 天 | 销售量 |
|---|---|---|---|
| 1 | 150 | 11 | 170 |
| 2 | 170 | 12 | 160 |
| 3 | 140 | 13 | 290 |
| 4 | 150 | 14 | 200 |
| 5 | 180 | 15 | 210 |
| 6 | 180 | 16 | 110 |
| 7 | 210 | 17 | 90 |
| 8 | 230 | 18 | 140 |
| 9 | 140 | 19 | 150 |
| 10 | 200 | 20 | 230 |

销售的较低数据-墨水比率表和图的式样。

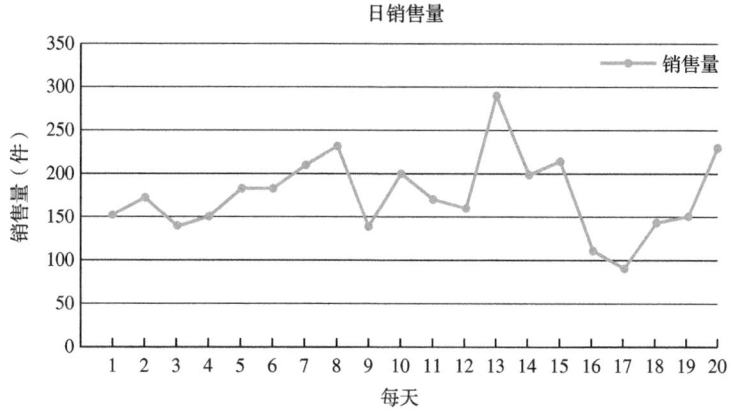

图 3-3　低数据-墨水比率图的式样

上述表和图中的数据为每天销售量。表 3-1 和图 3-3 与使用 Excel 默认设置绘制出来的表和图基本相似。表 3-1 中，大部分网格线是没有意义的。同样，图 3-3 中，添加上去的水平线也没有增进理解。在这两个例子中，如果把表 3-1 和图 3-3 的网格线舍去，也不会减少带给用户的认识信息。但是，图 3-3 中却会缺失重要的信息：坐标轴标签。图中的坐标轴必须有标签，除非测量单位和含义显而易见。

对表 3-1，我们把表体中的网格线去掉，这样得到表 3-2。

删除了表 3-1 中的网格线，会提高数据-墨水比率，因为现在的表 3-2 中大部分用墨量都是用来传递信息的。如果把图 3-3 中的水平线去掉，同样能提高数据-墨水比率，详见图 3-4。

表 3-2　对表 3-1 提高数据-墨水比率的式样

| 天 | 销售量 | 天 | 销售量 |
|---|---|---|---|
| 1 | 150 | 11 | 170 |
| 2 | 170 | 12 | 160 |
| 3 | 140 | 13 | 290 |
| 4 | 150 | 14 | 200 |
| 5 | 180 | 15 | 210 |
| 6 | 180 | 16 | 110 |
| 7 | 210 | 17 | 90 |
| 8 | 230 | 18 | 140 |
| 9 | 140 | 19 | 150 |
| 10 | 200 | 20 | 230 |

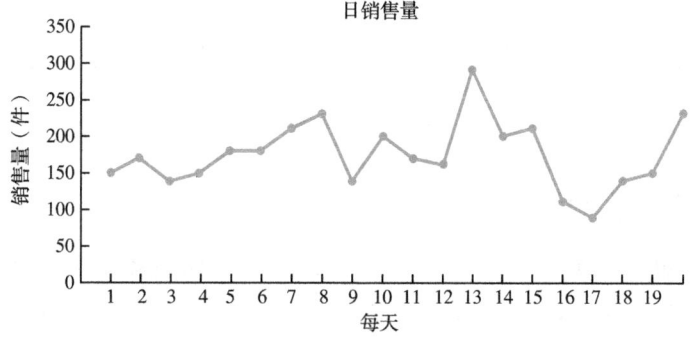

图 3-4　对图 3-3 提高数据-墨水比率的式样

但对图 3-4，不能再删除剩下的水平线和删除每个数据点的标识，否则会给阅读增加困难。然而，就像我们之后将讨论的，当用户需要知道精确值的时候，过于简单的图就不是最有效的传递数据信息的做法，在这种情况下，我们最好采用表格形式展示数据。

许多情况下，在图或表中留下空白可以提高可读性。这个原则与提高数据－墨水比率的思想如出一辙。以表 3-2 和图 3-4 为例，删除不必要的线条可以增加空白，从而给阅读这样的表和图减少视觉上的干扰。总之，绘制有效图表的基本要求是，以向用户传递信息为目的，做到越简洁越好。

●────○────●─── 注释与点评 ───●────○────●

1. 用来表达数据的表格历史悠久，但用图展示数据却是近现代的产物。17 世纪著名的法国数学家笛卡儿，发明了家喻户晓的直角坐标系。威廉·普莱费尔（William Playfair）在 18 世纪晚期发明了柱状图、折线图、饼状图等。所有这些图形我们在本章都将进行介绍。最近，威廉·克利夫兰（William Cleveland）、爱德华·R. 塔夫特、斯蒂芬·费尤（Stephen Few）等人引进设计技术，极大地促进了数据可视化的美观度和清晰度。
2. Excel 中的许多默认设置并不是绘制数据图表的理想设置，在将 Excel 生成的图表展示出来之前，最好对图表中不必要的线与标签进行修饰。

## 3.2 表格

表和图到底哪个更好？这是在进行数据图表描述的时候我们首先需要回答的问题。一般来说，图形能够更快地传递信息并且更易阅读，但是某些场合下，表格可能会更加合适。对于以下情况，最好选择表格。

第一，需要保留具体的数值资料。

第二，需要进行不同值间的精确比较而不仅仅是粗略对比。

第三，数据的计量单位不同或者量级不一样。

拿 Gossamer Industries 公司来说，该公司财务部汇总的联邦税申报由于与收入和支出对应着的具体数字十分重要，不是仅仅用大致数值就能识别的，因此这些数据应该采用表 3-3 这样的表格来展示。

表 3-3　Gossamer Industries 公司每月收入与支出　　　　　（美元）

| | 月份 | | | | | | |
|---|---|---|---|---|---|---|---|
| | 1 | 2 | 3 | 4 | 5 | 6 | 合计 |
| 支出 | 48 123 | 56 458 | 64 125 | 52 158 | 54 718 | 50 985 | 326 567 |
| 收入 | 64 124 | 66 128 | 67 125 | 48 178 | 51 785 | 55 687 | 353 027 |

同样地，要想准确地了解每月收入超过支出多少，编制表格比绘制像图 3-5 那样的折线图可能更加合适，因为图 3-5 的图形很难看出每月的收入和支出是多少。

虽然我们可以使用数据标签在图形中添加数值，但这样会使图形变得混乱。对于这样的情况，更好的解决方案就是将图与表像图 3-6 那样组合起来，这样既能反映每月收入、支出变化，同时也能获知具体数值的效果。

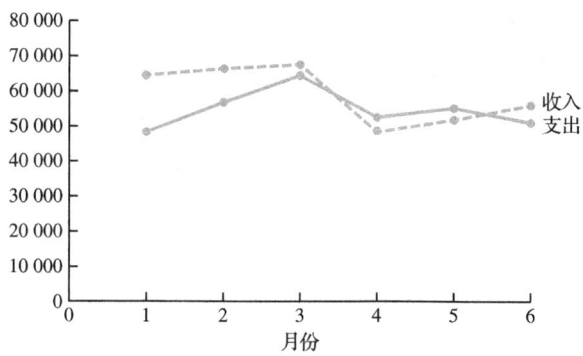

图 3-5　Gossamer Industries 每月收入支出折线图

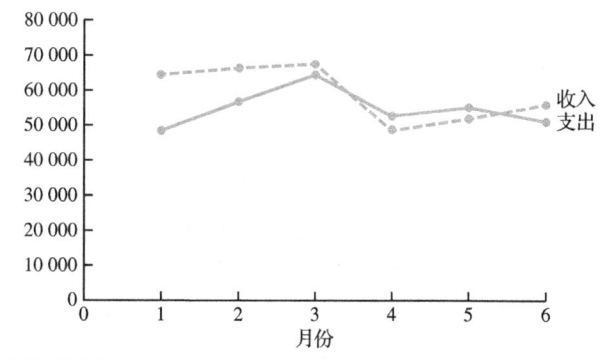

| | 月份 | | | | | | 合计 |
|---|---|---|---|---|---|---|---|
| | **1** | **2** | **3** | **4** | **5** | **6** | |
| 支出 | 48 123 | 56 458 | 64 125 | 52 158 | 54 718 | 50 985 | 326 567 |
| 收入 | 64 124 | 66 128 | 67 125 | 48 178 | 51 785 | 55 687 | 353 027 |

图 3-6　Gossamer Industries 每月收入支出折线图与表格

现在假设要列出每月收入、支出以及员工人数的数据，收入支出的计量单位是美元，员工人数的计量单位是人。尽管每个月的员工数、收入金额、支出金额可用折线图反映，但是一般不建议这么做。原因是数值间的计量单位不同（收入支出动辄数以万计，员工人数大致每月十来人），把它们放在一张图上很难给出对变化的解释。因此，对诸如此类的情形，我们建议采用表 3-4 那样的表格来表现。

表 3-4　Gossamer Industries 员工人数、收入与支出表

| | 月份 | | | | | | 合计 |
|---|---|---|---|---|---|---|---|
| | 1 | 2 | 3 | 4 | 5 | 6 | |
| 员工人数 | 8 | 9 | 10 | 9 | 9 | 9 | |
| 支出 | 48 123 | 56 458 | 64 125 | 52 158 | 54 718 | 50 985 | 326 567 |
| 收入 | 64 124 | 66 128 | 67 125 | 48 178 | 51 785 | 55 687 | 353 027 |

### 3.2.1　表格设计原则

在设计一个有效表格的时候，要牢记数据 – 墨水比率，以避免表格中出现不必要的墨

水。总而言之，这意味着在编制表格的过程中，如果不是为了清晰表达的需要，我们应该尽量避免在表体中使用竖线。有时候，表体中的横线也要考虑是否需要。表体中的横线只用于区分表的标题和表格中的数据，以及区分表格中的数据与汇总部分。图 3-7 给出了 Gossamer Industries 公司收入支出数据的几种不同的表格形式。

A型：

|  | 月份 | | | | | | 合计 |
|---|---|---|---|---|---|---|---|
|  | 1 | 2 | 3 | 4 | 5 | 6 |  |
| 支出 | 48 123 | 56 458 | 64 125 | 52 158 | 54 718 | 50 985 | 326 567 |
| 收入 | 64 124 | 66 128 | 67 125 | 48 178 | 51 785 | 55 687 | 353 027 |
| 利润 | 16 001 | 9 670 | 3 000 | (3 980) | (2 933) | 4 702 | 26 460 |

B型：

|  | 月份 | | | | | | 合计 |
|---|---|---|---|---|---|---|---|
|  | 1 | 2 | 3 | 4 | 5 | 6 |  |
| 支出 | 48 123 | 56 458 | 64 125 | 52 158 | 54 718 | 50 985 | 326 567 |
| 收入 | 64 124 | 66 128 | 67 125 | 48 178 | 51 785 | 55 687 | 353 027 |
| 利润 | 16 001 | 9 670 | 3 000 | (3 980) | (2 933) | 4 702 | 26 460 |

C型：

|  | 月份 | | | | | | 合计 |
|---|---|---|---|---|---|---|---|
|  | 1 | 2 | 3 | 4 | 5 | 6 |  |
| 支出 | 48 123 | 56 458 | 64 125 | 52 158 | 54 718 | 50 985 | 326 567 |
| 收入 | 64 124 | 66 128 | 67 125 | 48 178 | 51 785 | 55 687 | 353 027 |
| 利润 | 16 001 | 9 670 | 3 000 | (3 980) | (2 933) | 4 702 | 26 460 |

D型：

|  | 月份 | | | | | | 合计 |
|---|---|---|---|---|---|---|---|
|  | 1 | 2 | 3 | 4 | 5 | 6 |  |
| 支出 | 48 123 | 56 458 | 64 125 | 52 158 | 54 718 | 50 985 | 326 567 |
| 收入 | 64 124 | 66 128 | 67 125 | 48 178 | 51 785 | 55 687 | 353 027 |
| 利润 | 16 001 | 9 670 | 3 000 | (3 980) | (2 933) | 4 702 | 26 460 |

图 3-7　几种不同形式的表格

对于图 3-7，许多人认为网格线最少的 D 型最容易阅读。在这个表格中，网格线仅用于分开标题和数据、区分数据和利润以及分隔数据与合计。

在大型表格中，竖线或底纹对区分列和行十分有用。表 3-5 将收入数据根据地区分为 9 个城市并且列示了 12 个月的收入和支出数据。表 3-5 中，每隔一列加上了底纹。这可以帮助人们快速找到每月对应的数值。Academy 所在行和"合计"所在行之间的横线，能帮助用户分隔开每个地区的收入数据和所有地区每个月收入的合计数。如果想要强调地区之间的不同，这时可以每隔一行添加底纹，而不是像现在这样每隔一列添加底纹。

表 3-5　12 个月不同区域收入数据大型表

| 按地区分收入（美元） | 月份 | | | | | | | | | | | | 合计 |
|---|---|---|---|---|---|---|---|---|---|---|---|---|---|
|  | 1 | 2 | 3 | 4 | 5 | 6 | 7 | 8 | 9 | 10 | 11 | 12 |  |
| Temple | 8 987 | 8 595 | 8 958 | 6 718 | 8 066 | 8 574 | 8 701 | 9 490 | 9 610 | 9 262 | 9 875 | 11 058 | 107 894 |
| Killeen | 8 212 | 9 143 | 8 714 | 6 869 | 8 891 | 8 766 | 9 193 | 9 603 | 10 374 | 10 456 | 10 982 | 109 353 |
| Waco | 11 603 | 12 063 | 11 173 | 9 622 | 8 912 | 9 553 | 11 943 | 12 947 | 12 925 | 14 050 | 14 300 | 13 877 | 142 968 |
| Belton | 7 671 | 7 617 | 7 896 | 6 899 | 7 877 | 6 621 | 7 765 | 7 720 | 7 824 | 7 938 | 7 943 | 7 047 | 90 818 |
| Granger | 7 642 | 7 744 | 7 836 | 5 833 | 6 002 | 6 728 | 7 848 | 7 717 | 7 646 | 7 620 | 7 728 | 8 013 | 88 357 |
| Harker Heights | 5 257 | 5 326 | 4 998 | 4 304 | 4 106 | 4 980 | 5 084 | 5 061 | 5 186 | 5 179 | 4 955 | 5 326 | 59 762 |
| Gatesville | 5 316 | 5 245 | 5 056 | 3 317 | 3 852 | 4 026 | 5 135 | 5 132 | 5 052 | 5 271 | 5 304 | 5 154 | 57 860 |
| Lampasas | 5 266 | 5 129 | 5 022 | 3 022 | 3 088 | 4 289 | 5 110 | 5 073 | 4 978 | 5 343 | 4 984 | 5 315 | 56 619 |
| Academy | 4 170 | 5 266 | 7 472 | 1 594 | 1 732 | 2 025 | 8 772 | 1 956 | 3 304 | 3 090 | 3 579 | 2 487 | 45 447 |
| 合计 | 64 124 | 66 128 | 67 125 | 48 178 | 51 785 | 55 687 | 69 124 | 64 289 | 66 128 | 68 127 | 69 124 | 69 259 | 759 078 |
| 支出（美元） | 48 123 | 56 458 | 64 125 | 52 158 | 54 718 | 50 985 | 57 898 | 62 050 | 65 215 | 61 819 | 67 828 | 69 558 | 710 935 |

由表 3-5 我们可以发现，该表中的文字与数字是对齐编排的。表中每一列数字都是右对齐，即每列中最后一个数字位数对齐，这是为了便于发现数值量级的差别。如果想保留小数，那么所有数值的小数位数都应该保持一致。类似地，只有在比较数值需要传

递数据所蕴含的意义时才使用小数位数。如果对比较没有意义，就没必要使用小数。在许多商务应用中报告商业价值时，如果需要精确性，我们通常保留整数美元单位或者包含两位小数。一般情况下，没有必要使用小数。对于特别大的数字，人们倾向于将数字计量单位换算成千、万甚至百万。例如，表格中如果不需要精确的数值，我们可以将 3 457 982 美元和 10 124 390 美元写成 3 458 和 10 124，并在表中指明其计量单位为 1 000 美元。

> 本书中一些图表，背离了编制表格的这些原则，这主要是出于和 Excel 的输出格式相匹配的考虑。

如表 3-5 第一列所示，表体中的文字部分最好靠左对齐。在某些场合，人们可能会更喜欢将文字居中，但是只有文字长度相近时才这么做。否则，将首字母对齐会更方便阅读。标题栏要么比照所在列的数据对齐，要么就居中处理，如同表 3-5 那样。

### 3.2.2 交叉表

在反映两个变量的取值时，经常用到**交叉表**。这种表式是描述两个变量数据的一种很有用的表格，可用于两个变量数据汇总。为了说明交叉表及其使用方法，我们从"Zagat's 餐馆评论"（Zagat's Restaurant Review）采集了一组数据。该组数据以洛杉矶 300 家餐馆为样本，包括饭菜质量等级、价格（单位：美元）、用餐高峰期顾客等待时间（单位：分钟）。表 3-6 是前 10 家餐馆的数据。

表 3-6　300 家餐馆中前 10 家餐馆资料

| 餐馆编号 | 质量等级 | 饭菜价格 | 等待时间 | 餐馆编号 | 质量等级 | 饭菜价格 | 等待时间 |
|---|---|---|---|---|---|---|---|
| 1 | Good | 18 | 5 | 6 | Good | 28 | 5 |
| 2 | Very Good | 22 | 6 | 7 | Very Good | 19 | 11 |
| 3 | Good | 28 | 1 | 8 | Very Good | 11 | 9 |
| 4 | Excellent | 38 | 74 | 9 | Very Good | 23 | 13 |
| 5 | Very Good | 33 | 6 | 10 | Good | 13 | 1 |

表 3-6 中，Good 代表好，Very Good 代表很好，Excellent 代表特好。饭菜质量等级是典型的属性数据，饭菜价格属于数量数据。

现在，我们先来考虑饭菜质量等级和饭菜价格这两个变量。300 家餐馆质量等级和饭菜价格的交叉表，参见表 3-7。

表 3-7　300 家餐馆质量等级和饭菜价格的交叉表

| 质量等级 | 价格 | | | | 合计 |
|---|---|---|---|---|---|
| | 10~19 | 20~29 | 30~39 | 40~49 | |
| Good | 42 | 40 | 2 | 0 | 84 |
| Very Good | 34 | 64 | 46 | 6 | 150 |
| Excellent | 2 | 14 | 28 | 22 | 66 |
| 合计 | 78 | 118 | 76 | 28 | 300 |

表 3-7 中，左侧和最上边的一行，是饭菜质量等级和饭菜价格的分组。表 3-7 左侧的第一列，每一行对应着饭菜质量等级的类别（Good、Very Good、Excellent）。表 3-7 中的第

二行,是饭菜价格的 4 个分组或类别(10~19、20~29、30~39、40~49)。每家餐馆都拥有饭菜质量等级和饭菜价格资料,因此样本中的每家餐馆都会出现在行和列交叉的单元格中。比如,表 3-6 的第 5 家餐馆的饭菜质量等级是 Very Good,饭菜价格是 33 美元,因此这家餐馆就被汇总在表 3-7 中第二行和第三列相交的单元格。在编制交叉表的时候,只统计相应的行和列同时发生的观察值次数。

从表 3-7 可以看出,在 300 家餐馆中有 64 家餐馆饭菜质量等级很好(Very Good),且饭菜价格在 20~29 美元之间。只有两家餐馆的饭菜质量等级特好(Excellent)且饭菜价格为 10~19 美元,表 3-7 中的其他频数援例可以给出说明。另外,表 3-7 中底部和右端分别是饭菜质量等级和饭菜价格所对应餐馆的合计数。从表 3-7 的右侧,我们可以看出饭菜质量等级好(Good)的餐馆 84 家、很好(Very Good)的餐馆 150 家、特好(Excellent)的餐馆 66 家。表 3-7 最后一行是饭菜价格分组的餐馆汇总数。表 3-7 中右下角的 300 表明总共的餐馆数有 300 家。

### 3.2.3 Excel 数据透视表

交叉表可以运用 Excel 的数据透视功能编制出来,所以对 Microsoft Excel 来说,交叉表也可称为**数据透视表**。下面,我们仍然以"Zagat's 餐饮评论"采集的洛杉矶 300 家餐馆的数据为例,讲解 Excel 透视表的编制方法。图 3-8 是 300 家餐馆资料的部分展示,数据部分都录入在单元格 B2:D301 中。

在 Excel 中编制数据交叉表的具体操作过程如下:

第一步,单击功能区中的**插入**(Insert)。

第二步,单击**表格**(Tables)模块中的**数据透视表**(PivotTable)。

第三步,当**创建数据透视表**(Create PivotTable)打开后,单击**选择一个表或区域**(Select a Table or Range),在**表格/区域**(Table/Range)中输入 A1:D301,为数据透视表选取放置的位置**新工作表**(New Worksheet),单击**确定**(OK)。

|  | A | B | C | D |
|---|---|---|---|---|
| 1 | Restaurant | Quality Rating | Meal Price ($) | Wait Time (min) |
| 2 | 1 | Good | 18 | 5 |
| 3 | 2 | Very Good | 22 | 6 |
| 4 | 3 | Good | 28 | 1 |
| 5 | 4 | Excellent | 38 | 74 |
| 6 | 5 | Very Good | 33 | 6 |
| 7 | 6 | Good | 28 | 5 |
| 8 | 7 | Very Good | 19 | 11 |
| 9 | 8 | Very Good | 11 | 9 |
| 10 | 9 | Very Good | 23 | 13 |
| 11 | 10 | Good | 13 | 1 |
| 12 | 11 | Very Good | 33 | 18 |
| 13 | 12 | Very Good | 44 | 7 |
| 14 | 13 | Excellent | 42 | 18 |
| 15 | 14 | Excellent | 34 | 46 |
| 16 | 15 | Good | 25 | 0 |
| 17 | 16 | Good | 22 | 3 |
| 18 | 17 | Good | 26 | 3 |
| 19 | 18 | Excellent | 17 | 36 |
| 20 | 19 | Very Good | 30 | 7 |
| 21 | 20 | Good | 19 | 3 |
| 22 | 21 | Very Good | 33 | 10 |
| 23 | 22 | Very Good | 22 | 14 |
| 24 | 23 | Excellent | 32 | 27 |
| 25 | 24 | Excellent | 33 | 80 |
| 26 | 25 | Very Good | 34 | 9 |

图 3-8 300 家餐馆数据 Excel 工作表

经过上述步骤,便得到初始的数据透视表字段列表和数据透视表雏形,详见图 3-9。

图 3-8 中一共有 4 列(餐馆编号、饭菜质量等级、饭菜价格、等待时间),其中的每一列在 Excel 中被看作一个区域。区域可能被选择为代表行、列或者数据透视表核心部分中

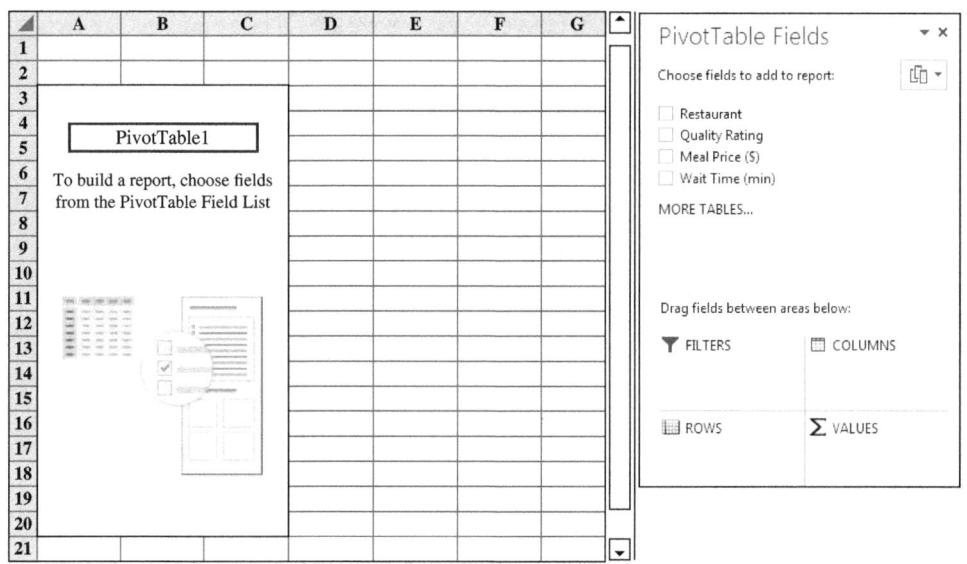

图 3-9　餐馆数据的数据透视表字段列表和数据透视表雏形

的数值。使用 Excel 数据透视表字段列表，将饭菜质量等级设定成行、饭菜价格设定成列、餐馆编号设定成数据透视表核心部分的具体操作过程如下：

第四步，在**数据透视表区域**（PivotTable Fields）中，选择**在以下区域拖动字段**（Drag fields between areas below），将饭菜质量等级拖动至**行标签**（ROWS），将饭菜价格拖拽至**列标签**（COLUMNS），将餐馆编号拖动至**数值**（VALUES）。

第五步，单击**数值**（VALUES）区域中的**餐馆计数**（Count of Restaurant）。

第六步，在选项列表中，选择**值字段设置**（Value Field Settings）。

第七步，当**值字段设置**（Value Field Settings）对话框打开时，在**值字段汇总方式**（Summarize value field by）中，选择**计数**（Count），单击**确定**（OK）。

经过上述步骤，便得到了图 3-10 所示的较为完整的数据透视表字段列表和数据透视表。

为了进一步完成数据透视表的编制，需要对图 3-10 列中的饭菜价格进行分组，并且将行标签"质量等级"按照合适的顺序进行编排，这一过程的具体操作方法如下：

第八步，鼠标右击单元格 B4 或者饭菜价格列的任何一个单元格。

第九步，选择选项列表中的**创建组**（Group）。

第十步，当**创建组**（Group）对话框打开时，在**起始于**（Starting at）框中输入 10，在**终止于**（Ending at）框中输入 49，在**步长**（By）框中输入 10，单击**确定**（OK）。

第十一步，右击单元格 A5 的 Excellent。

第十二步，选择**移动**（Move），并且单击**移动 Excellent 至末尾**（Move "Excellent" to End）。

通过第八步至第十二步，得到形如图 3-11 的最终数据透视表。

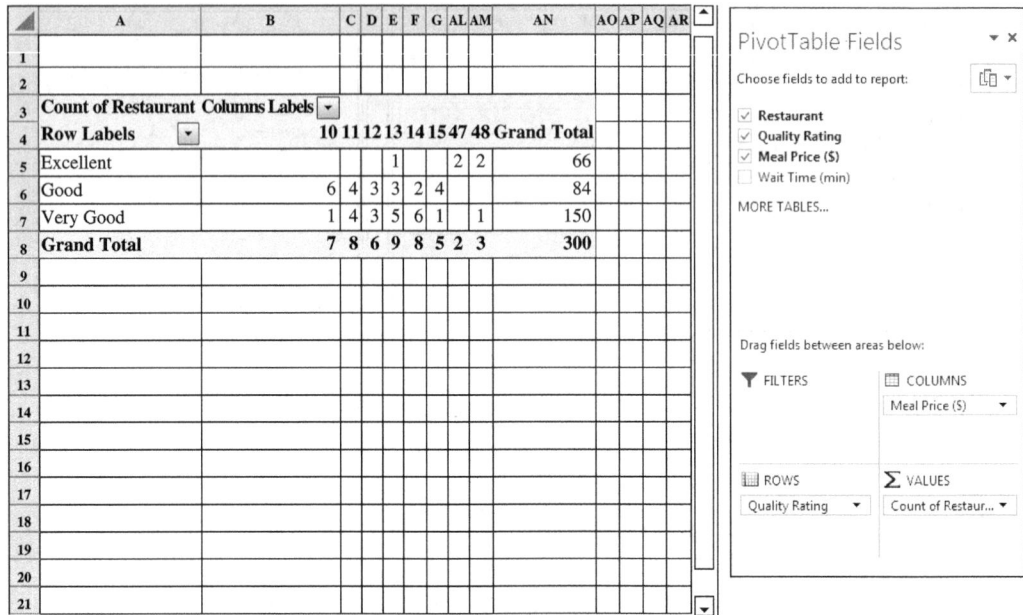

图 3-10　较为完整的数据透视表字段列表和数据透视表

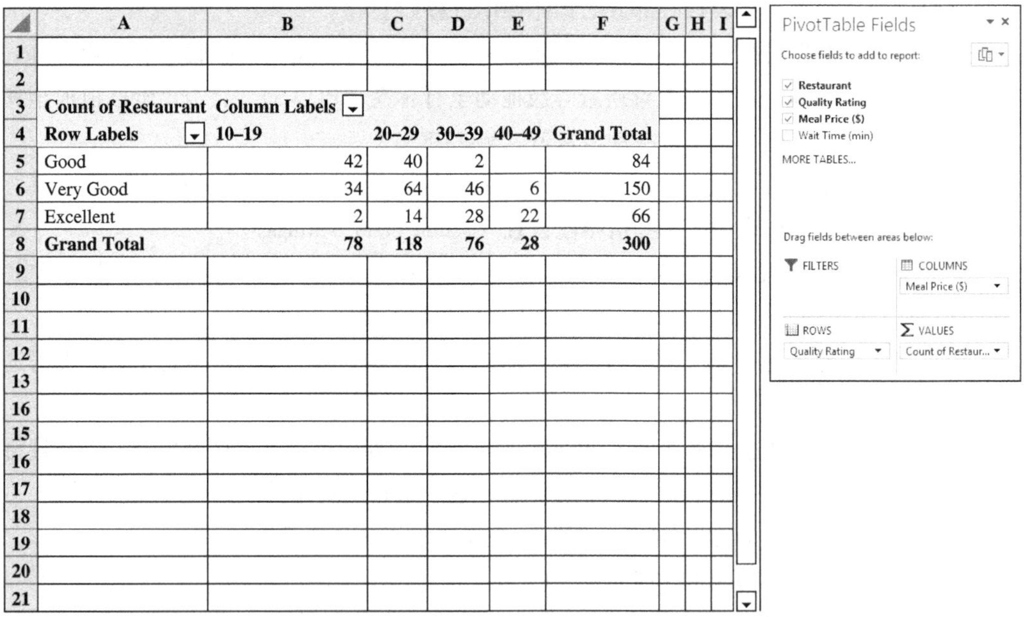

图 3-11　300 家餐馆的最终数据透视表

比较一下图 3-11 和表 3-7，可以看出二者是完全相同的。

图 3-11 表体中的数值，是观察值出现的频数。例如，第 8 行是数量变量饭菜价格观察值的频数分布，有 78 家餐馆的饭菜价格在 10～19 美元之间，有 118 家餐馆的饭菜价格为 20～29 美元，有 76 家餐馆的饭菜价格为 30～39 美元，有 28 家餐馆的饭菜价格为 40～49 美元。图 3-11 中的 F 列，是属性变量"饭菜质量等级"的频数分布。例如，有 84 家餐馆

的饭菜质量等级是"好"（Good），有 150 家餐馆的质量等级是"很好"（Very Good），有 66 家餐馆的饭菜质量等级是"特好"（Excellent）。

我们也可以使用 Excel 中的数据透视表功能编制频率分布，具体操作过程如下：

第一步，调用**数据透视表区域**（PivotTable Fields）的任务窗格，选择透视表中的任何一个单元格。

第二步，单击**数值**（VALUES）区域的**餐馆计数**（Count of Restaurant）。

第三步，从选项列表中选择**值字段设置**（Value Field Settings）。

第四步，当**值字段设置**（Value Field Settings）对话框出现后，选择**值显示方式**（Show Values As）。

第五步，在**值显示方式**（Show Values As）中，从下拉菜单中选择**占总和百分比**（% of Grand Total），然后单击**确定**（OK）。

通过上述过程，得到图 3-12。

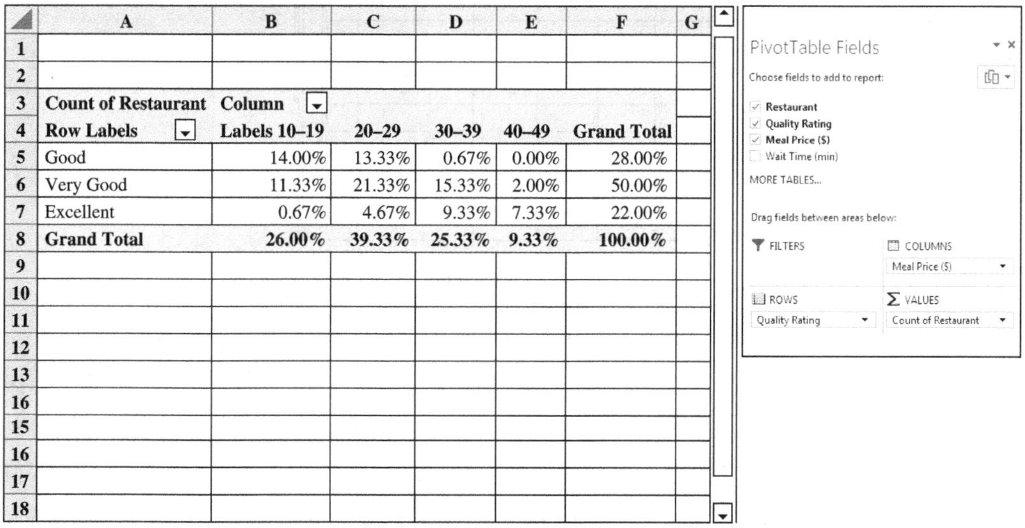

| | A | B | C | D | E | F | G |
|---|---|---|---|---|---|---|---|
| 1 | | | | | | | |
| 2 | | | | | | | |
| 3 | Count of Restaurant | Column | | | | | |
| 4 | Row Labels | Labels 10–19 | 20–29 | 30–39 | 40–49 | Grand Total | |
| 5 | Good | 14.00% | 13.33% | 0.67% | 0.00% | 28.00% | |
| 6 | Very Good | 11.33% | 21.33% | 15.33% | 2.00% | 50.00% | |
| 7 | Excellent | 0.67% | 4.67% | 9.33% | 7.33% | 22.00% | |
| 8 | Grand Total | 26.00% | 39.33% | 25.33% | 9.33% | 100.00% | |

图 3-12　300 家餐馆数据透视表百分比分布

图 3-12 是 300 家餐馆数据透视表的百分比分布。由该图可以看出，有 50% 的餐馆饭菜质量等级为"很好"（Very Good），26% 的餐馆饭菜价格为 10～19 美元。

Excel 的数据透视表是人机对话式的，不仅仅是对个体单位的简单计数，还能够显示其他统计量。作为例子，我们可以修改图 3-11 中的数据透视表，来说明等待时间信息的描述统计。具体操作过程如下：

第一步，调用**数据透视表区域**（PivotTable Fields）的任务窗格，选择透视表中的任何一个单元格。

第二步，单击**数值**（VALUES）区域的**餐馆计数**（Count of Restaurant），选择**移除字段**（Remove Field）。

第三步，将等待时间拖动到**数值**（VALUES）框中。

第四步，单击**数值**（VALUES）框里的**等待时间求和**[Sum of Wait Time（min）]。

第五步，在选项列表里，选择**值字段设置**（Value Field Settings）。

第六步，当**值字段设置**（Value Field Settings）对话框打开时，在**数值汇总方式**（Summarize value field by）中，选择**平均**（Average），单击**数字格式**（Number Format），在**分类**（Category）区域选择**数值**（Number），在**小数位**（Decimal places）框中输入1，单击**确定**（OK）。

当**值字段设置**（Value Field Settings）对话框出现时，单击**确定**（OK）。

经过上述设置，Excel 输出了图 3-13。

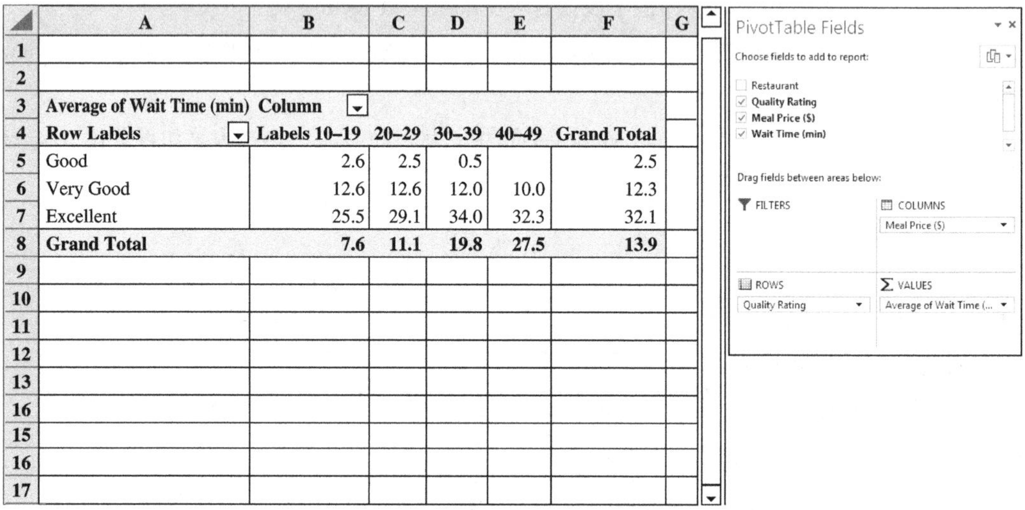

| | A | B | C | D | E | F |
|---|---|---|---|---|---|---|
| 1 | | | | | | |
| 2 | | | | | | |
| 3 | Average of Wait Time (min) | Column | | | | |
| 4 | Row Labels | Labels 10–19 | 20–29 | 30–39 | 40–49 | Grand Total |
| 5 | Good | 2.6 | 2.5 | 0.5 | | 2.5 |
| 6 | Very Good | 12.6 | 12.6 | 12.0 | 10.0 | 12.3 |
| 7 | Excellent | 25.5 | 29.1 | 34.0 | 32.3 | 32.1 |
| 8 | Grand Total | 7.6 | 11.1 | 19.8 | 27.5 | 13.9 |

图 3-13 在餐馆平均等待时间的数据透视表

图 3-13 展示出来的数据透视表已经不再是计数了，给出了每组饭菜价格（10~19、20~29、30~39、40~49）下餐馆的每桌平均等待时间。例如，单元格 B7 表明饭菜质量等级"特好"（Excellent）且饭菜价格是 10~19 美元的平均等待时间是 25.5 分钟。F 列是每种饭菜质量等级的总平均等待时间，据此我们可以看到，"特好"（Excellent）餐馆平均等待时间最长，平均为 32.1 分钟，"好"（Good）的餐馆平均等待时间最短，仅为 2.5 分钟。单元格 D7 表明，饭菜质量等级"特好"（Excellent）、饭菜价格在 30~39 美元的餐馆的等待时间最长（达 34 分钟）。

我们还可以利用 Excel 中的筛选功能检测数据透视表的部分数据。为了筛选数据透视表中的数据，单击**行标签**（Row Labels）或**列标签**（Column Labels）旁的筛选箭头，之后不选取想从数据透视表中移除的数值。例如，我们可以单击行标签旁的筛选箭头，然后不选取饭菜质量等级"好"（Good），只检测饭菜质量等级"很好"（Very Good）、"特好"（Excellent）的餐馆。

### 3.2.4 Excel 推荐数据透视表

Excel 也含有推荐数据透视表。为了说明 Excel 推荐数据透视表，我们以图 3-8 的餐馆数据为例，具体操作过程如下：

第一步，选定数据表中的任一单元格（如单元格 A1）。

第二步，单击功能区中的**插入**（Insert）。

第三步，单击**表**（Tables）模块中的**推荐透视表**（Recommended PivotTables）。

第四步，**当推荐透视表**（Recommended PivotTables）对话框出现后，选定**餐馆计数**（Count of Restaurant）、**等待时间求和**（Sum of Wait Time）、**饭菜质量等级下饭菜价格求和**［Sum of Meal Price（$）by Quality Rating］（参见图 3-14），单击**确定**（OK）。

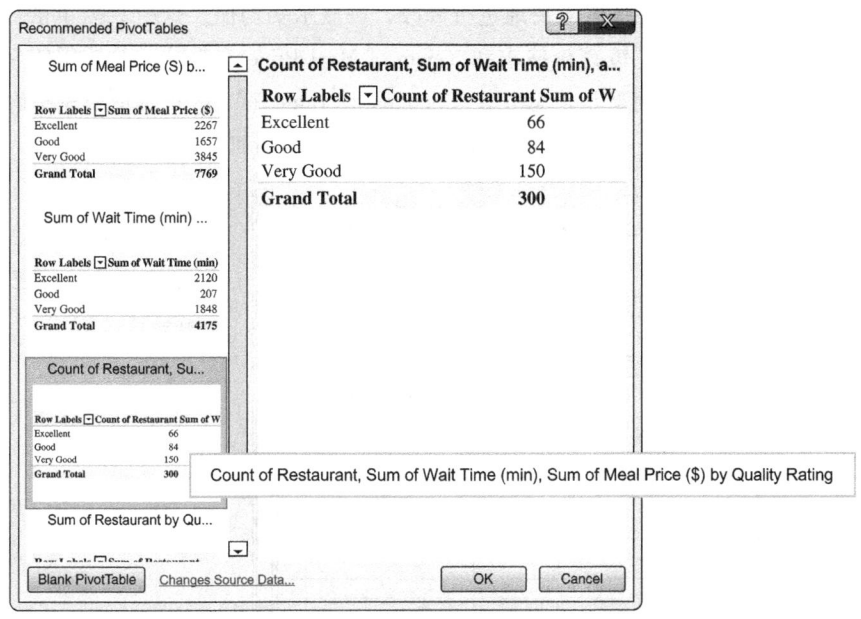

图 3-14　Excel 推荐数据透视表对话框

经过以上过程，在新的工作表中出现了如图 3-15 所示的数据透视表。

| | A | B | C | D | E |
|---|---|---|---|---|---|
| 1 | Row Labels | Count of Restaurant | Sum of Wait Time (min) | Sum of Meal Price ($) | |
| 2 | Excellent | 66 | 2120 | 2267 | |
| 3 | Good | 84 | 207 | 1657 | |
| 4 | Very Good | 150 | 1848 | 3845 | |
| 5 | Grand Total | 300 | 4175 | 7769 | |

图 3-15　用 Excel 推荐数据透视表生成的默认数据透视表

运用 Excel 推荐数据透视表能快速地获得数据透视表，这对创建常用的数据透视表非常有用。不过，Excel 推荐数据透视表不能提供对数据分析十分有用且紧密切合需要的选项。图 3-15 中显示的与饭菜质量等级相应的等待时间和、饭菜价格和，就不是很有价值，对我们来说，与饭菜质量等级相应的平均等待时间和平均饭菜价格则更能说明问题。在图 3-14 的数据透视表中，通过调用**数据透视表区域**（PivotTable Fields）任务窗格，选定数据透视表中的任一单元格，我们能比较容易地进行修改，以显示平均值，这时只需单击**等待时间求和**（Sum of Wait Time）、**饭菜价格求和**（Sum of Meal Price（$）），并使用**值字段设置**（Value Field Settings），来将**数值汇总方式**（Summarize value field by）选项换成**平均**（Average）即可。通过这些过程，最终得到的数据透视表如图 3-16 所示。

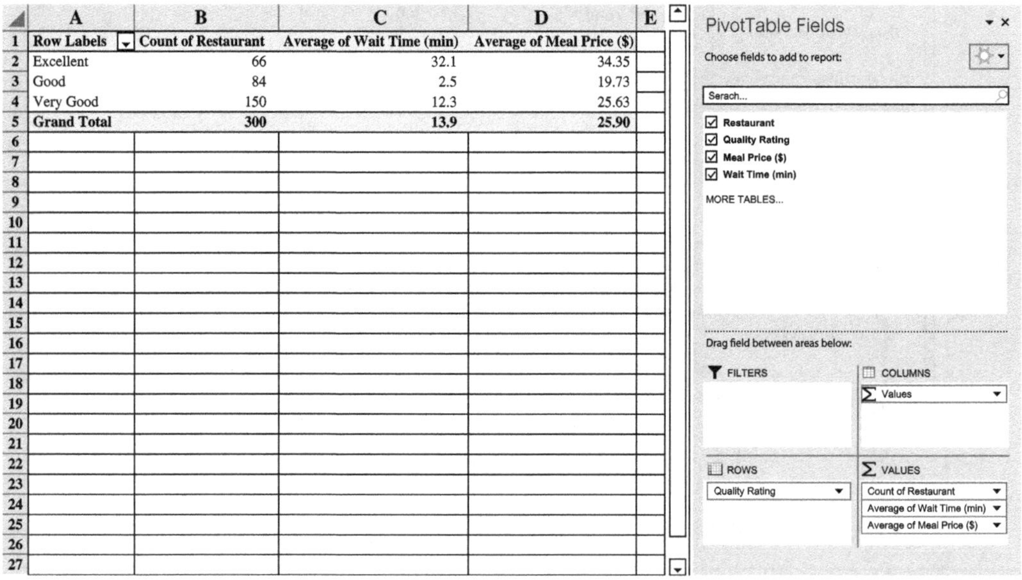

| | A | B | C | D |
|---|---|---|---|---|
| 1 | Row Labels | Count of Restaurant | Average of Wait Time (min) | Average of Meal Price ($) |
| 2 | Excellent | 66 | 32.1 | 34.35 |
| 3 | Good | 84 | 2.5 | 19.73 |
| 4 | Very Good | 150 | 12.3 | 25.63 |
| 5 | Grand Total | 300 | 13.9 | 25.90 |

图 3-16　修改设置后的 Excel 推荐数据透视表

## 3.3　图

**图**是一种展示数据的可视化方法。本章的这一节，我们将介绍一些展示和分析数据时比较常用的统计图，包括散点图、折线图、条形图等。Excel 是最常用的绘制简单图形的软件，这里我们将会介绍怎样运用 Excel 绘制散点图、折线图、走势图、条形图、气泡图、热点图。

### 3.3.1　散点图

**散点图**是反映两个数量变量关系的一种统计图形。为了讲解散点图的制作，我们以旧金山电子商城的广告与销售数据为例。在过去 3 个月的 10 个时段里，旧金山电子商城通过周末电视广告开展促销。管理人员想了解商业广告数量与销售是否存在关系，表 3-8 是 10

周的销售数据（单位：百美元）。

表 3-8  旧金山电子商城广告与销售

| 周 | 广告次数 | 销售额（百美元） | 周 | 广告次数 | 销售额（百美元） |
|---|---|---|---|---|---|
| 1 | 2 | 50 | 6 | 1 | 38 |
| 2 | 5 | 57 | 7 | 5 | 63 |
| 3 | 1 | 41 | 8 | 3 | 48 |
| 4 | 3 | 54 | 9 | 4 | 59 |
| 5 | 4 | 54 | 10 | 2 | 46 |

现在我们利用 Excel 制图工具，将表 3-8 的数据复制到 Excel 工作表中的 A1:C11。绘制散点图的操作过程如下：

第一步，选定单元格 B2:C11。

第二步，单击功能区里的**插入**（Insert）。

第三步，在**图表**（Charts）模块中，单击**插入散点图（X，Y）**[Insert Scatter（X，Y）]或者**气泡图**（Bubble Chart）。

第四步，当散点图各个可选类型打开时，单击**散点图**（Scatter）图标。

> 把光标移动到散点图的可选类型，Excel 会显示出该类型散点图的简要说明。

第五步，单击**图表工具**（Chart Tools）下的**图表设计**（Design）。

第六步，单击**图表布局**（Chart Layouts）中的**添加图表元素**（Add Chart Element），选择**图表标题**（Chart Title），然后单击**图表上方**（Above Chart）的文本框，然后输入"旧金山电子商城"。

第七步，单击**图表布局**（Chart Layouts）中的**添加图表元素**（Add Chart Element），选择**轴标题**（Axis Title），然后单击**主纵坐标轴**（Primary Vertical），单击纵坐标旁的文本框，输入"广告次数"。

第八步，单击**图表布局**（Chart Layouts）中的**添加图表元素**（Add Chart Element），选择**轴标题**（Axis Title），然后单击**主横坐标轴**（Primary Horizontal），单击横坐标旁的文本框输入"销售额（百美元）"。

第九步，对着图表中的水平网格线右击鼠标，并且单击**删除**（Delete）。

第十步，对着图表中的垂直网格线右击鼠标，并且单击**删除**（Delete）。

> 第九步和第十步可做可不做，如果做了，能减少对用户阅读图表的干扰，但有的时候，保留网格线是必要的，这样可以帮助用户精准地识别散点对应的具体数值。

还可以利用 Excel 给散点图添加趋势线，**趋势线**是一条直线，它更直观地反映了两个变量之间的关系。添加趋势线的步骤如下：

第一步，鼠标右击散点图中的数据点，选择**添加趋势线**（Add Trendline）。

第二步，当**设置趋势线格式**（Format Trendline）任务窗格出现后，选择**添加趋势线**（Trendline Options）中的**线性**（linear）。

图 3-17 是依据表 3-8 的数据利用 Excel 绘制的散点图和趋势线。

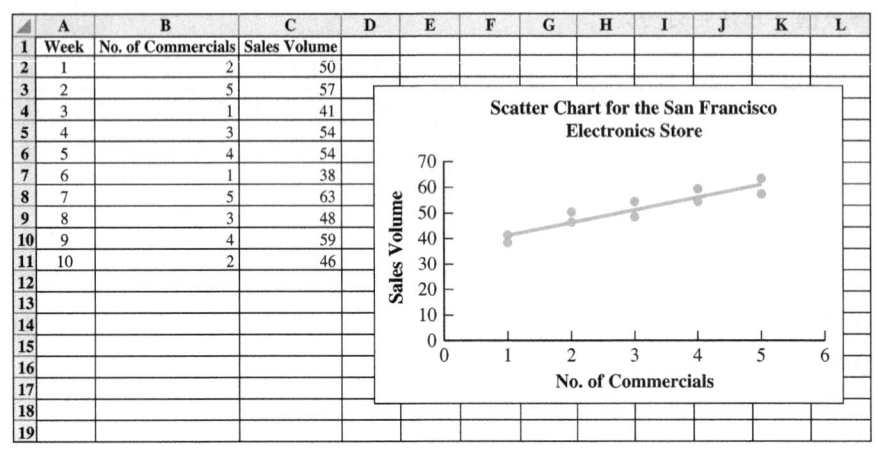

图 3-17 旧金山电子商城广告与销售散点图和趋势线

图 3-17 中,横轴是广告次数($x$),纵轴是销售额($y$)。第 1 周的广告次数 $x=2$、销售额 $y=50$,对应着图 3-17 第一个点,其余 9 周广告次数、销售额在散点图中分别对应另外的 9 个点。

由图 3-17 可以看出,广告次数和销售额呈正相关。商业广告做得越多,销售额也随之增加。由于所有的散点并不完全在一条直线上,所以线性关系并不是特别强。可是,散点与趋势线存在着一定的模式,总体上表明商业广告数量和销售额之间存在正向关系。这也意味着,商业广告数量与销售额之间的协方差是正数,它们之间的相关系数在 0 到 +1 之间。

Excel 中的**图表按钮**(Chart Buttons),可以帮助用户快速地修改和设计图形,单击图形时在图形旁边会出现三个按钮。单击**图表元素**(Chart Elements)会出现多选框列表,可以快速地添加或删除坐标轴、坐标轴标题、图形标题、数据标签、趋势线等;单击**图表类型**(Chart Styles)按钮可以快速帮助用户把现有的图形更换成用户需要的类型;单击**图表筛选**(Chart Filter)按钮,可以帮助用户在图形中显示数据,这个功能对进行数据补充分析十分有用。

与推荐透视表一样,Excel 也带有推荐图形功能。使用 Excel 推荐图形功能时,其操作过程是:

第一步,选定单元格 B2:C11。

第二步,单击功能区里的**插入**(Insert)。

第三步,在**图表**(Charts)模块中,单击**推荐图形**(Recommended Charts)。

第四步,当**插入图表**(Insert Charts)对话框出现后,选择相应的**散点图**(Scatter)(详见图 3-18),然后单击**确定**(OK)。

通过上述步骤,能得到很普通的散点图,在此基础上,我们可以运用**图表按钮**(Chart Buttons)或**图表工具功能**(Chart Tool Ribbon)对其进行重新设计,创建出如同图 3-17 的散点图。注意:图 3-18 的推荐图形功能给出了几个推荐的选择,包括散点图、折线图、柱状图、条形图等。总体上讲,利用 Excel 推荐图形功能可以较好地帮助我们认识数据和推荐图形,不过我们也需要注意在选择图形的时候,要保证图形对反映问题有意义,并且要符合图形设计的要求。

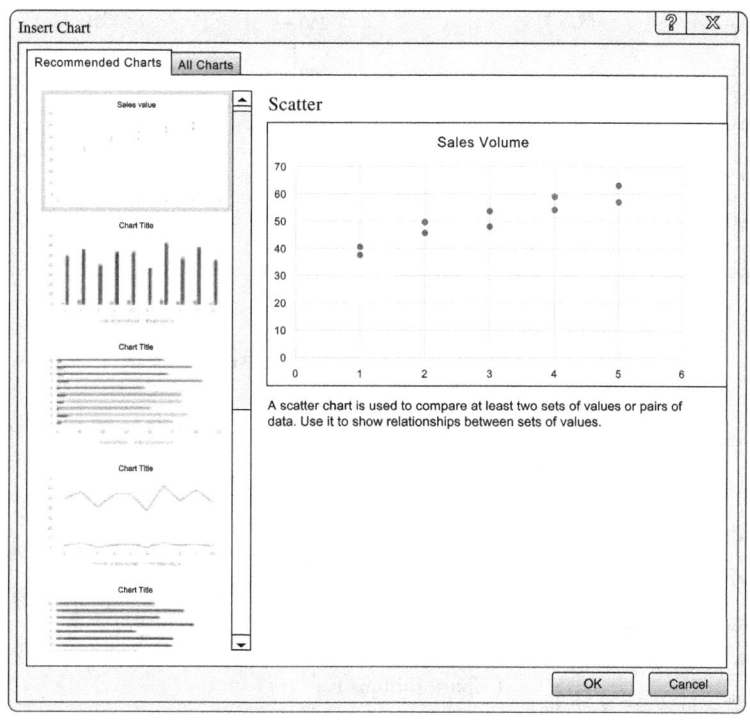

图 3-18　Excel 推荐图形的插入图对话框

## 3.3.2　折线图

**折线图**和散点图相似，只不过用折线将图中的散点连接起来。对在一定时期内搜集到的时间序列数据做图形描述，折线图是十分有用的。

Kirkland 公司生产空气压缩机，专门向其他制造厂家供货。表 3-9 是 Kirkland 公司过去一年每个月空气压缩机的销售额（单位：百美元）。

针对时间序列资料绘制的折线图，经常被叫作时间序列图。

表 3-9　Kirkland 公司每个月空气压缩机销售额

| 月份 | 销售额（百美元） | 月份 | 销售额（百美元） | 月份 | 销售额（百美元） |
| --- | --- | --- | --- | --- | --- |
| 1 月 | 150 | 5 月 | 170 | 9 月 | 160 |
| 2 月 | 145 | 6 月 | 125 | 10 月 | 120 |
| 3 月 | 185 | 7 月 | 210 | 11 月 | 115 |
| 4 月 | 195 | 8 月 | 175 | 12 月 | 120 |

把表 3-9 的资料复制到 Excel 工作表中的单元格 A1:B13，通过 Excel 绘制的散点图和折线图见图 3-19。

由图 3-19 可以看出，折线图将散点图中的点用折线连接起来。点与点之间的线意味着连续性，便于用户了解随着时间变化的情况。

利用 Excel 绘制像图 3-19 那样的折线图，具体操作过程如下：

第一步，选定单元格 A2:B13。

第二步，单击功能区中的**插入**（Insert）。

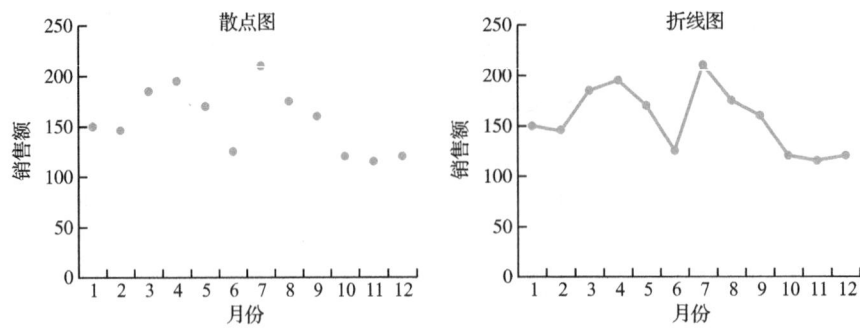

图3-19　Kirkland 公司每月销售额散点图和折线图

图 3-19 中的折线图，我们在每个数据点处都保留了记号。至于保留不保留记号，纯属个人的喜好。不过，不带记号更能流畅地反映数据变化的连续性，要是需要查看图形中点的具体数字，把光标置于折线上的点便能显示出来。

网格线不会带来任何有意义的信息，所以我们没有在**图表元素**（Chart Elements）中选择**网格线**（Gridlines），这样做主要是提高数据－墨水比率。

第三步，单击**图形**（Charts）模块中的**插入折线图**（Insert Line Chart）。

第四步，当折线图类型打开后，单击**二维折线图**（2D Line）中的**带有标记的折线图**（Line with Markers），这时绘制出了带有基本布局和最小格式的销售折线图。

第五步，选择绘制的折线图，将出现**图形按钮**（Chart Buttons）。

第六步，单击**图表元素**（Chart Elements），选择**轴**（Axis）、**轴标题**（Axis Titles）、**图表标题**（Chart Title），不选**网格线**（Gridlines）选项框，单击主纵坐标轴旁边的文本框并输入"销售额（百美元）"，单击主横坐标轴旁边的文本框并输入"月份"，单击图表上方的文本框然后输入"每月销售额折线图"。

通过使用 Excel 中的**图表按钮**（Chart Elements Buttons）功能，经过上述步骤，得到图 3-20。

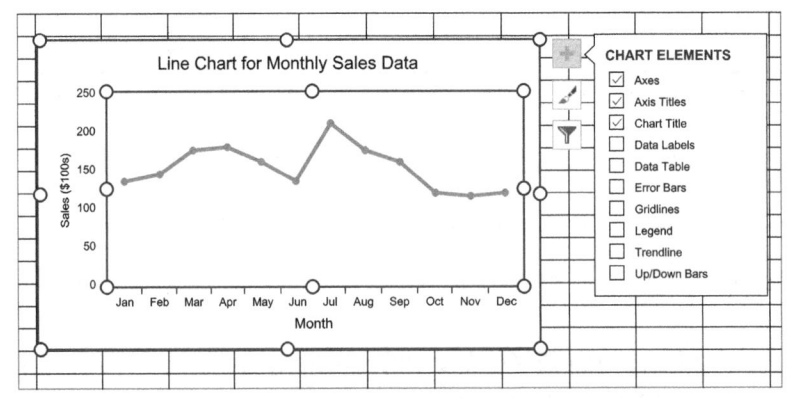

图 3-20　每月销售折线图及 Excel 中"图表元素"选项

利用 Excel 也可以绘制多个折线图。对于 Kirkland 公司的例子，假设我们把该公司的销售额根据地区（南方和北方）进行分类，可得到表 3-10 的数据。

表 3-10　Kirkland 公司南北方每月空气压缩机销售额

| 月份 | 销售额 | | 月份 | 销售额 | | 月份 | 销售额 | |
|---|---|---|---|---|---|---|---|---|
| | 北方 | 南方 | | 北方 | 南方 | | 北方 | 南方 |
| 1 月 | 95 | 40 | 5 月 | 100 | 60 | 9 月 | 100 | 60 |
| 2 月 | 100 | 45 | 6 月 | 85 | 50 | 10 月 | 50 | 70 |
| 3 月 | 120 | 55 | 7 月 | 135 | 75 | 11 月 | 40 | 75 |
| 4 月 | 115 | 65 | 8 月 | 110 | 65 | 12 月 | 40 | 80 |

DATA file Kirkland Regional

针对表 3-10 的数据，可以在 Excel 中绘制南北方销售额折线图。具体同上述步骤相似，只是在绘制折线图前，需要选定单元格 A2:C14，具体见图 3-21。

图 3-21　Kirkland 公司南北方销售额折线图

由图 3-21，我们可以看到一个有趣的状态：10 月份之前，南北方的折线图似乎有着相同的上升/下降状况；自 10 月份开始，北方销售持续下降，而南方销售却在增长。对此，我们可能想了解是什么原因造成了 10 月份之后南北方销售额的变化。

折线图的一种特殊形式便是**走势图**或迷你折线图，它是折线图的最简洁形式，可以直接嵌入 Excel 工作表的单元格中。走势图不含坐标轴，只有反映数据变化的折线。走势图所占空间极少，并且可以有效地提供时间序列数据的总体趋势信息。图 3-22 是利用 Excel 绘制南北方销售数据走势图的说明，具体操作过程如下：

第一步，单击功能区的**插入**（Insert）。

第二步，单击**走势图**（Sparklines）模块中的**直线**（Line）。

对图 3-21，我们把 Excel 默认的表示南方和北方销售额变动折线的图例做了修改，直接在相应折线后面标示了哪条折线代表南方、哪条折线代表北方，这样做可能更便于识别阅读。

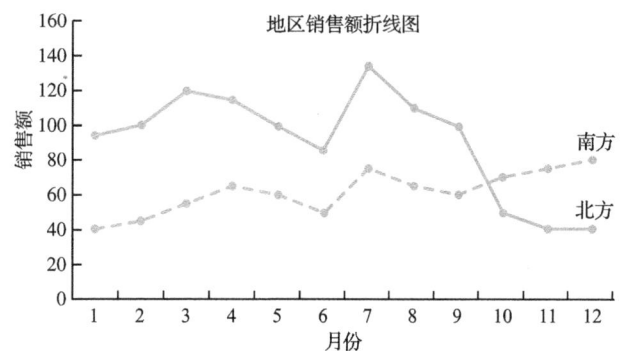

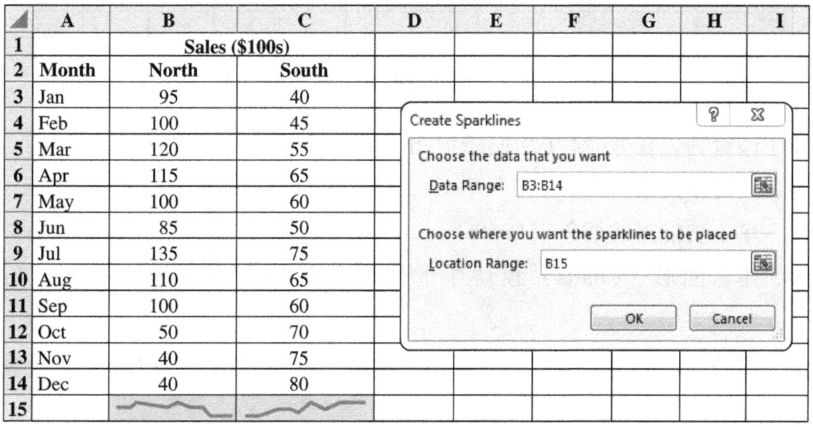

图 3-22　Kirkland 公司南北方销售数据走势图

第三步，当**绘制走势图**（Create Sparklines）对话框打开后，在**数据范围**（Data Range）框内输入 B3:B14，在**位置范围**（Location Range）框内输入 B15，单击**确定**（OK）。

第四步，复制单元格 B15 到 C15。

由图 3-22 可以看出，单元格 B15 和 C15 的走势图并不能表示南北方的销售额，但是能反映南北方销售的趋势。例如，北方销售近期出现了下降，南方销售总体上一直在上升。因为走势图直接嵌入 Excel 工作表的单元格里，我们可以在某个单元格的走势图之上添加说明性文字，或者可以给单元格添加底纹使之看上去更为突出。图 3-22 中，我们将单元格 B15 和 C15 加上底纹，这在一定程度上强调了走势图。正如我们所看到的，走势图给时间序列数据提供了有效而又简洁的基本信息。

## 3.3.3 条形图和柱状图

**条形图**用水平放置的长条形表示数量变量取值的大小。**柱状图**用垂直放置的长条形表示数量变量取值的情况。对属性资料，条形图和柱状图可以用来描述属性数据，在对属性变量进行比较时，它们都是很有用的图形。为说明 Excel 中条形图的制作，我们用某地区主管检查每个经理处理的账目数的资料为例，具体见图 3-23。

| | A | B |
|---|---|---|
| 1 | Manager | Accounts Managed |
| 2 | Davis | 24 |
| 3 | Edwards | 11 |
| 4 | Francois | 28 |
| 5 | Gentry | 37 |
| 6 | Jones | 15 |
| 7 | Lopez | 29 |
| 8 | Smith | 21 |
| 9 | Williams | 6 |

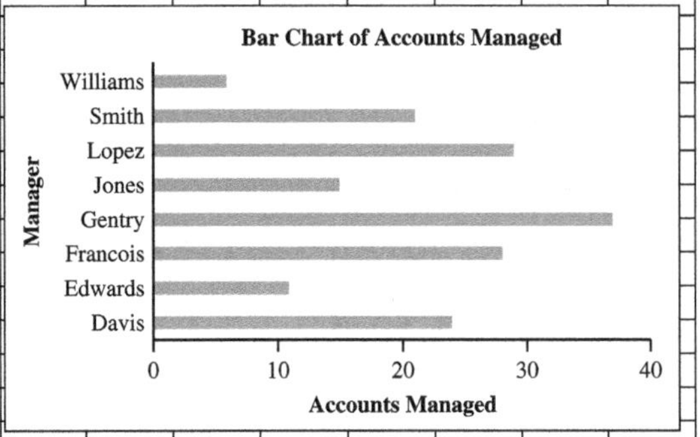


图 3-23　经理处理的账目数的条形图

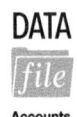

针对图中的资料，在 Excel 中绘制条形图，具体操作过程如下：

第一步，选定单元格 A2:B9。

第二步，单击功能区的**插入**（Insert）。

第三步，单击**图形**（Charts）模块中的**插入柱状图或条形图**（Insert Column or Bar Chart）。

DATA file Accounts Managed

第四步，当条形图的子类型列表出现后，单击**二维条形图**（2D Bar）中的**簇状条形图**（Clustered Bar Chart）。

第五步，选择条形图，出现**图形按钮**（Chart Buttons）。

第六步，单击**图表元素**（Chart Elements），选择**轴**（Axis）、**轴标题**（Axis Titles）、**图表标题**（Chart Title），不选**网格线**（Gridlines）选项框，单击主纵坐标轴旁边的文本框并输入"经理"，单击主横坐标轴旁边的文本框并输入"账目数"，单击图表上方的文本框然后输入"经理处理的账目数的条形图"。

经过以上过程，我们得到了图 3-23。

从图 3-23 中我们能看出，Gentry 处理的账目数最多，Williams 处理账目数最少。为了使条形图更便于阅读，可以按账目数的多少进行排列，为此需要经过以下处理过程：

第一步，选定单元格 A1:B9。

第二步，鼠标右击 A1:B9 中的任一单元格，选择**排序**（Sort），单击**自定义排序**（Custom Sort）。

第三步，当**排序**（Sort）对话框打开后，在**数据包含标题**（My data has headers）的复选框里打√号，在**条形**（Column）下面的**排序依据**（Sort by）中选择处理的账目数，在**排序**（Order）下选择**升序**（Smallest to Largest），单击**确定**（OK）。

至此，可以得到图 3-24。

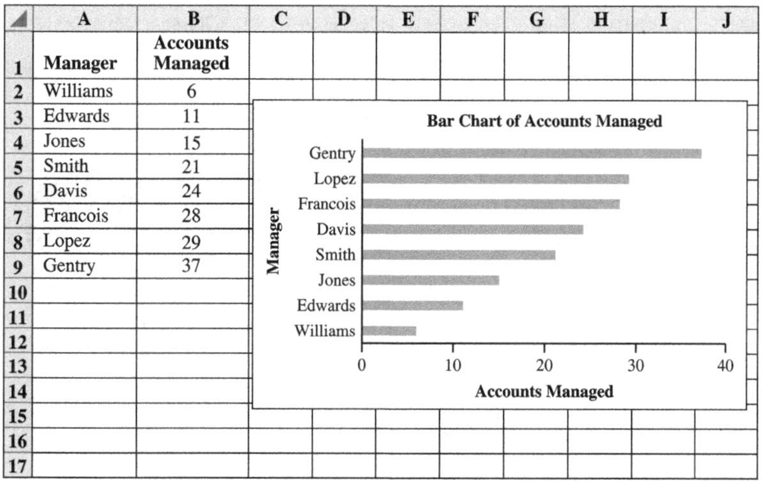

图 3-24　经理处理的账目数的排序条形图

从图 3-24 的条形图中，我们可以轻松地对比所有经理处理的账目数的多少，但还难以确知每位经理处理的账目数具体是多少。如果需要这些信息，最好辅之以表格同时展示，或者在条形图中添加数据标签。添加数据标签的操作过程如下：

第一步，单击图 3-24 的条形图，出现**图形按钮**（Chart Buttons）。

第二步，点击**图表元素**（Chart Elements）按钮，选择**数据标签**（Data Labels）。

当然，我们也可以直接右击图 3-24 中的长条形，然后选择**添加数据标签**（Add Data Labels）。

这时候，图 3-24 便被修改成了图 3-25。

给每个长条形添加了处理的账目数标签，我们就能更具体地看出条形图的信息。

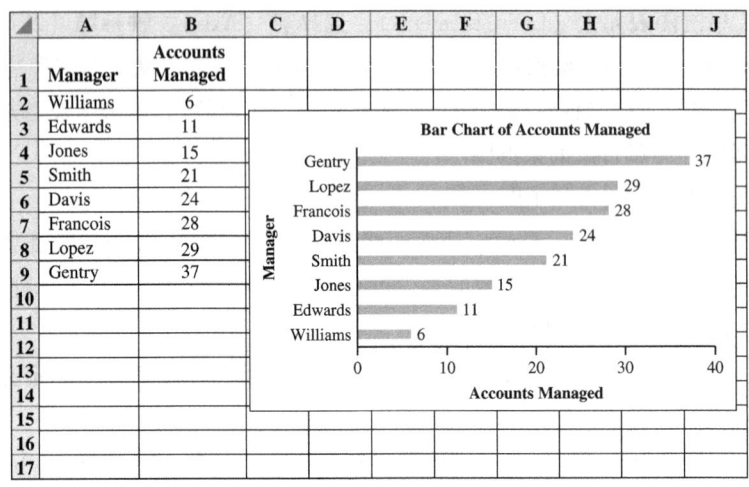

图 3-25　含有数据标签的条形图

### 3.3.4　饼状图和 3D 图的评述

**饼状图**是另一种常用统计图，经常用于比较属性资料。但是，许多专家认为在比较数据方面，饼状图并不如条形图。图 3-26 中的饼状图是根据图 3-23 中的处理账目数绘制的。

从图 3-26 中我们能直观地看出 Gentry 处理的账目数最多，Williams 处理的账目数最少。但是仅从图 3-26 中，我们很难说 Lopez 和 Francois 谁处理的账目数多。研究人员已经发现，人对面积大小差别的直观感觉相对比较困难。将图 3-26 和图 3-25 进行比较，我们不难看出条形图比饼状图似乎更容易比较。因此，我们不赞成不分场合地使用饼状图，建议在对比属性数据的时候还是使用条形图为好。

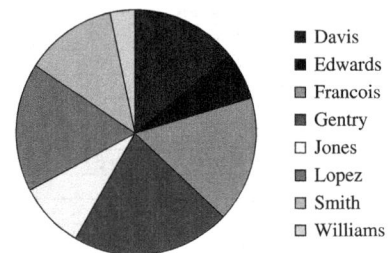

图 3-26　经理处理的账目数的饼状图

由于在可视化对比时存在的不足，许多专家也不赞成使用 3D 图。Excel 自带的功能可以很方便地绘制 3D 条形图、3D 折线图、3D 饼状图等 3D 图。然而，在大多数情况下，3D 图只不过增加了不必要的细节，对数据的解释却没有太多的助益。

### 3.3.5　气泡图

**气泡图**是在一个二维图形中直观显示三个变量的可视化图形，正因为如此，有时人们也把它当作 3D 图的理想替代品。假设我们想比较不同国家亿万富翁的人数，表 3-11 给出了 6 个国家的亿万富翁人数、每千万人口亿万富翁人数、人均收入的资料。

表 3-11　6 个国家亿万富翁人数资料

| 国家 | 每千万人口亿万富翁人数 | 人均收入（美元） | 亿万富翁人数 |
| --- | --- | --- | --- |
| 美国 | 54.7 | 54 600 | 1 764 |
| 中国 | 1.5 | 12 880 | 213 |
| 德国 | 12.5 | 45 888 | 103 |
| 印度 | 0.7 | 5 855 | 90 |
| 俄罗斯 | 6.2 | 24 850 | 88 |
| 墨西哥 | 1.2 | 17 881 | 15 |

根据表3-11 的资料，我们可以利用 Excel 绘制气泡图，具体操作过程如下：

第一步，选定单元格 B2：D7。

第二步，单击功能区的**插入**（Insert）。

第三步，在**图表**（Charts）模块中，单击**插入散点图（X，Y）**[Insert Scatter（X，Y）]或者**气泡图**（Bubble Chart），在**气泡图**（Bubble）分组中，单击**气泡图**（Bubble）。

第四步，选择气泡图，直至出现**图形按钮**（Chart Buttons）。

第五步，单击**图表元素**（Chart Elements），选择**轴**（Axis）、**轴标题**（Axis Titles）、**图表标题**（Chart Title）、**数据标签**（Data Labels），不选**网格线**（Gridlines）选项框，单击主横坐标轴旁边的文本框并输入"每千万人口亿万富翁人数"，单击主纵坐标轴旁边的文本框并输入"人均收入"，单击图表上方的文本框然后输入"不同国家亿万富翁人数"。

第六步，双击图中的数据标签（如离最大气泡最近的数字 54 600），出现**数据标签格式**（Format Data Labels）。

第七步，在**数据标签格式**（Format Data Labels）任务窗格中，单击**标签选项**（Labels Options）图标并打开**标签选项**（Labels Options），在**标签包括**（Label Contains）中，选择**来自单元格的值**（Value from Cells），选择**选择范围**（Select Range），当**数据标签范围**（Data Label Range）对话框出现后，选择 Excel 工作表中单元格 A2：A7，单击**确定**（OK）。

第八步，在**数据标签格式**（Format Data Labels）任务窗格中，在**标签包括**（Label Contains）任务窗格中不选 **Y 值**（Y Value），在**标签位置**（Label Position）下选择**靠右**（Right）。

经过上述一系列过程，绘制出来的气泡图如图 3-27 所示。

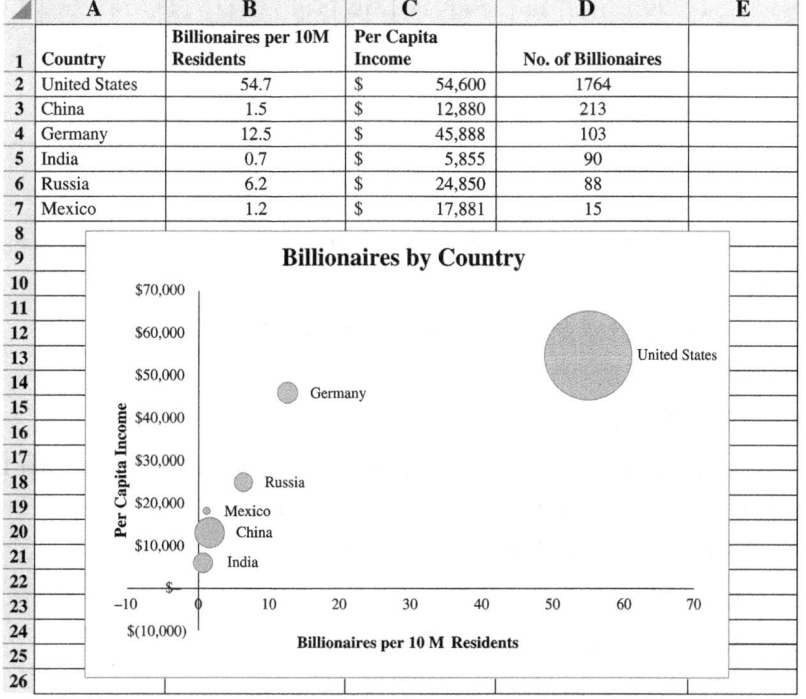

图 3-27 亿万富翁的气泡图

图 3-27 中，每个气泡的大小与各个国家亿万富翁人数的多少相对应，每千万人口亿万富翁人数用横轴表示，人均收入用纵轴表示。从图 3-27 中我们可以看出，美国每千万人口亿万富翁人数最多，亿万富翁人数也最多，中国亿万富翁人数比较少，而每千万人口亿万富翁人数、人均收入则更少（这主要是中国人口基数非常大的缘故）。德国、俄罗斯和印度亿万富翁人数比较接近，但它们的每千万人口亿万富翁人数、人均收入相差很大。总之，气泡图在比较两个不同数值的分类变量时是非常有效果的。

### 3.3.6 热点图

**热点图**是对数据进行展示的一种平面图，它通过使用不同深度的颜色表现数值大小的差别。图 3-28 是热点图的一个示例，这类图在零售业中的应用十分普遍。

| | A | B | C | D | E | F | G | H | I | J | K | L | M | N |
|---|---|---|---|---|---|---|---|---|---|---|---|---|---|---|
| 1 | | JAN | FEB | MAR | APR | MAY | JUN | JUL | AUG | SEP | OCT | NOV | DEC | SPARKLINES |
| 2 | St. Louis | –2% | –1% | –1% | 0% | 2% | 4% | 3% | 5% | 6% | 7% | 8% | 8% | |
| 3 | Phoenix | 5% | 4% | 4% | 2% | 2% | –2% | –5% | –8% | –6% | –5% | –7% | –8% | |
| 4 | Albany | –5% | –6% | –4% | –5% | –2% | –5% | –5% | –3% | –1% | –2% | –1% | –2% | |
| 5 | Austin | 16% | 15% | 15% | 16% | 18% | 17% | 14% | 15% | 16% | 19% | 18% | 16% | |
| 6 | Cincinnati | –9% | –6% | –7% | –3% | 3% | 6% | 8% | 11% | 10% | 11% | 13% | 11% | |
| 7 | San Francisco | 2% | 4% | 5% | 8% | 4% | 2% | 4% | 3% | 1% | –1% | 1% | 2% | |
| 8 | Seattle | 7% | 7% | 8% | 7% | 5% | 4% | 2% | 0% | –2% | –4% | –6% | –5% | |
| 9 | Chicago | 5% | 3% | 2% | 6% | 8% | 7% | 8% | 5% | 8% | 10% | 9% | 8% | |
| 10 | Atlanta | 12% | 14% | 13% | 17% | 12% | 11% | 8% | 7% | 7% | 8% | 5% | 3% | |
| 11 | Miami | 2% | 3% | 0% | 1% | –1% | –4% | –6% | –8% | –11% | –13% | –11% | –10% | |
| 12 | Minneapolis | –6% | –6% | –8% | –5% | –6% | –5% | –5% | –7% | –5% | –2% | –1% | –2% | |
| 13 | Denver | 5% | 4% | 1% | 1% | 2% | 3% | 1% | –1% | 0% | 1% | 2% | 3% | |
| 14 | Salt Lake City | 7% | 7% | 7% | 13% | 12% | 8% | 5% | 9% | 10% | 9% | 7% | 6% | |
| 15 | Raleigh | 4% | 2% | 0% | 5% | 4% | 3% | 5% | 5% | 9% | 11% | 8% | 6% | |
| 16 | Boston | –5% | –5% | –3% | 4% | –5% | –4% | –3% | –1% | 1% | 2% | 3% | 5% | |
| 17 | Pittsburgh | –6% | –6% | –4% | –5% | –3% | –3% | –1% | –2% | –2% | –1% | –2% | –1% | |

图 3-28 同店销售数据的热点图和走势图

图 3-28 中的不同颜色底纹单元格表明同店每月销售额下滑或上升。图 3-28 中的第 N 列是同店销售额数据的走势图。

使用 Excel 绘制图 3-28 的热点图，具体操作过程如下：

第一步，选定单元格 B2:M17。

第二步，单击功能区的**开始**（Home）。

第三步，单击**样式**（Styles）组中的**条件格式**（Conditional Formatting），选择**色阶**（Color Scales），然后单击**蓝–白–红色阶**（Blue-White-Red Color Scales）。

为了在第 N 列添加走势图，需要经过下列步骤：

第四步，选定单元格 N2。

第五步，单击功能区的**插入**（Insert）。

第六步，单击**走势图**（Sparklines）中的**直线**（Line）。

第七步，当**绘制走势图**（Create Sparklines）对话框打开后，在**数据范围**（Data Range）

框内输入 B2:M2，在**位置范围**（Location Range）框内输入 N2，单击**确定**（OK）。

第八步，把单元格 N2 复制粘贴到 N3:N17。

如图 3-28 这样的热点图能够帮助我们更容易识别趋势和模型。由图 3-28 我们可以看到，Austin 店全年正增长，但是 Pittsburgh 店的销售额持续负增长。Cincinnati 店的销售额年初为负增长，但是 5 月份之后就是正增长。另外，我们可以根据颜色辨别出 Austin 店的强正增长和 Chicago 店的弱正增长。销售经理可以使用图 3-28 辨别出哪些商店需要进行管理干预，哪些商店可以作为样板推广。通过热点图，我们既能进行横向比较，也能进行纵向分析，甚至能同时达成这两种分析比较的效果。

这里所介绍的热点图和走势图，都可以利用 Excel 的**快速分析**（Quick Analysis）来创建。具体做法是：选定单元格 B2:M17，**快速分析**键就会出现在所选单元格右下角，单击此键会出现热点图、走势图及其他数据分析工具等选项。

热点图在表达和传递信息的时候，着重于颜色的使用，因此我们必须确保颜色能够轻松地分辨并且不会过于夸张。为避免解释在颜色上出现问题，可以在图 3-28 的第 N 列中添加走势图，该图可以清晰地展现每个商店的总体走势。然而，走势图并不能使我们了解商店增长或下滑水平的不同，共同使用热点图和走势图，可以更有效地展示趋势和数量变化。

## 3.3.7　其他多变量图形

在 3.3.2 节，我们曾用 Kirkland 公司空气压缩机的分地区销售数据讲解了制作折线图的原理。我们也可用图 3-29 所示的**堆叠柱状图**描述表 3-10 的销售数据。

在 Excel 中绘制像图 3-29 那样的堆叠柱状图，具体操作过程如下：

第一步，选定单元格 A2:C14。

第二步，单击功能区的**插入**（Insert）。

第三步，在**图表**（Charts）模块中，单击**插入柱状图**（Insert Column Chart），在 **2D 柱状图**（2D Column）下选择**堆叠柱状图**（Stacked Column）。

| | A | B | C |
|---|---|---|---|
| 1 | | Sales ($100s) | |
| 2 | Month | North | South |
| 3 | Jan | 95 | 40 |
| 4 | Feb | 100 | 45 |
| 5 | Mar | 120 | 55 |
| 6 | Apr | 115 | 65 |
| 7 | May | 100 | 60 |
| 8 | Jun | 85 | 50 |
| 9 | Jul | 135 | 75 |
| 10 | Aug | 110 | 65 |
| 11 | Sep | 100 | 60 |
| 12 | Oct | 50 | 70 |
| 13 | Nov | 40 | 75 |
| 14 | Dec | 40 | 80 |

DATA file
Kirkland Regional

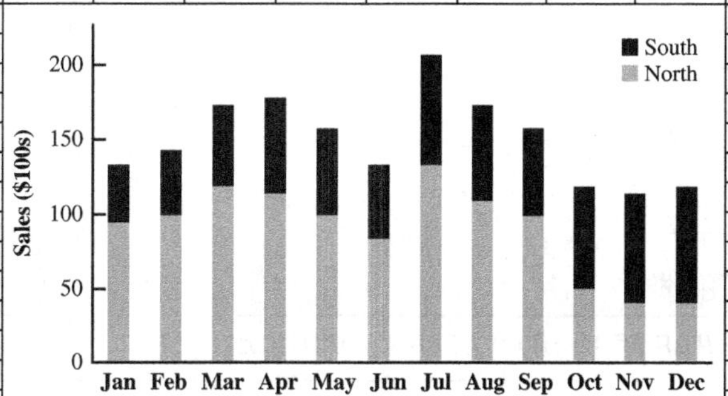

图 3-29　Kirkland 公司分地区销售数据的堆叠柱状图

堆叠柱状图和堆叠条形图使我们能在一个长条形中比较同类数量变量取值的相对大小。但是堆叠柱状图和堆叠条形图与饼状图存在着同样的问题，因为人的视觉能力很难捕捉面积的细小差异。因此，数据分析专家一般都不赞成在每个分类超过两个的情况下使用堆叠柱状图和堆叠条形图。作为堆叠柱状图和堆叠条形图的替代，可以使用**簇状柱状（条形）图**。在 Excel 中绘制簇状柱状图或簇状条形图的步骤与前面介绍的大致相同，只不过在第三步中，选择 **2D 柱状图**（2-D Column）下的**簇状柱状图**（Clustered Column）。簇状柱状图和簇状条形图在比较定量变量的时候，通常优于堆叠柱状图和堆叠条形图，但分类过多时也会让人眼花缭乱。

> 簇状柱状（条形）图也叫"挨着排在一起的柱状（条形）图"。

当有多个数量变量需要被展示的时候，使用多重图（multiple charts）优于堆叠图和簇状图。以 Kirkland 公司地区销售为例，我们可能只有两个柱状图，一个是北方地区销售数据的柱状图，另一个是南方地区销售数据的柱状图。要是再细分其他区域，这时只要简单地再添加柱状图即可。为了便于比较，需要保持图形中每个长条形的刻度划分一致。对于属性变量的数据，每个分类的顺序安排要相同。在 Kirkland 公司的例子中，南北方销售的纵坐标都从原点起直至 140。之所以这样做，是为了更容易地观察到大多数月份中北方地区的销售要多于南方地区。图 3-30 是根据 Kirkland 公司的数据绘制出来的，该图能直观地帮助我们比较地区销售数据的堆叠、簇状和多重柱状图的优缺点。

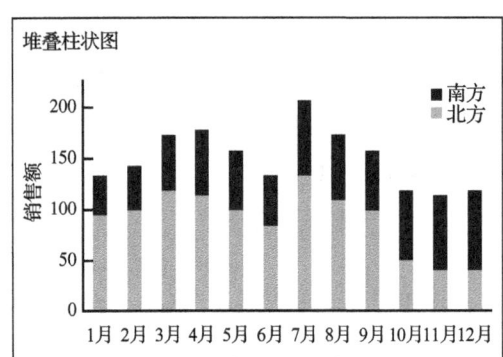
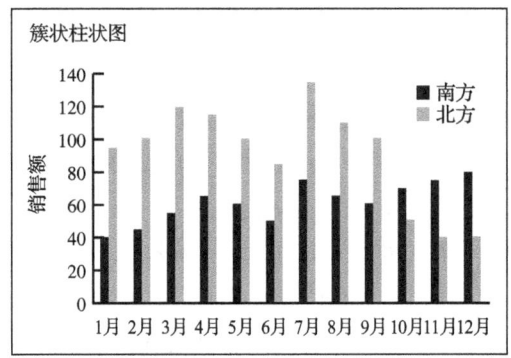
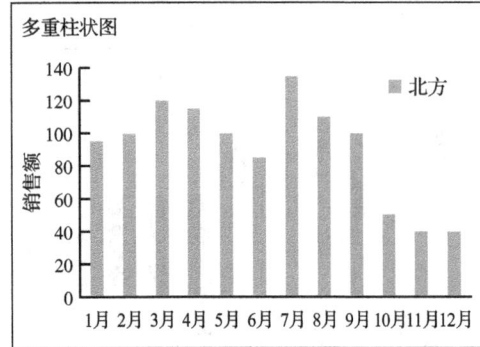
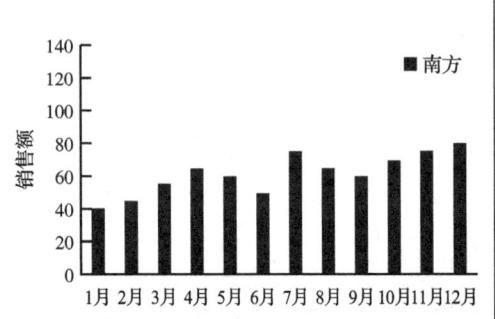

图 3-30　Kirkland 公司地区销售数据的堆叠、簇状和多重柱状图

从图 3-30 中可以看出，多重柱状图比簇状和堆叠柱状图需要占用更多的空间。然而，

当需要比较多个数量变量的时候，多重图形可能更具优势。当比较的只是少数几个数量变量或者每个类别中变量取值的差异较大时，我们可以考虑使用堆叠柱状图和堆叠条形图。

在展示多个变量的时候，**矩阵散点图**不失为一种比较有用的图形。表 3-12 是纽约 55 个小镇月租金中位数（单位：美元）、大学毕业生占比（%）、贫困率（%）、上班用时（单位：分钟）。

表 3-12 纽约 55 个小镇的数据

| 小镇名称 | 月租金中位数（美元） | 大学毕业生占比（%） | 贫困率（%） | 上班用时（分钟） |
|---|---|---|---|---|
| Astoria | 1 106 | 36.8 | 15.9 | 35.4 |
| Bay Ridge | 1 082 | 34.3 | 15.6 | 41.9 |
| Bayside/Little Neck | 1 243 | 41.3 | 7.6 | 40.6 |
| Bedford Stuyvesant | 822 | 21.0 | 34.2 | 40.5 |
| Bensonhurst | 876 | 17.7 | 14.4 | 44.0 |
| Borough Park | 980 | 26.0 | 27.6 | 35.3 |
| Brooklyn Heights/Fort Greene | 1 086 | 55.3 | 17.4 | 34.5 |
| Brownsville/Ocean Hill | 714 | 11.6 | 36.0 | 40.3 |
| Bushwick | 945 | 13.3 | 33.5 | 35.5 |
| Central Harlem | 665 | 30.6 | 27.1 | 25.0 |
| Chelsea/Clinton/Midtown | 1 624 | 66.1 | 12.7 | 43.7 |
| Coney Island | 786 | 27.2 | 20.0 | 46.3 |
| East Flatbush | 940 | 18.4 | 11.7 | 33.2 |
| East Harlem | 677 | 23.7 | 30.0 | 44.2 |
| East New York/Starrett City | 890 | 13.7 | 29.2 | 43.9 |
| Elmhurst/Corona | 1 121 | 21.8 | 22.3 | 41.1 |
| Flatbush | 931 | 28.3 | 25.1 | 43.9 |
| Flatlands/Canarsie | 1 052 | 26.6 | 9.3 | 42.0 |
| Flushing/Whitestone | 1 170 | 32.5 | 11.4 | 23.4 |
| Greenwich Village | 1 965 | 78.3 | 7.9 | 44.0 |
| Highbridge/South Concourse | 781 | 11.2 | 31.4 | 44.6 |
| Hillcrest/Fresh Meadows | 1 138 | 39.6 | 12.9 | 41.6 |
| Jackson Heights | 1 114 | 19.8 | 16.0 | 47.3 |
| Jamaica | 980 | 19.8 | 12.7 | 42.8 |
| Kingsbridge Heights/Moshulu | 860 | 16.0 | 35.0 | 31.6 |
| Lower East Side/Chinatown | 821 | 34.2 | 25.9 | 39.0 |
| Middle Village/Ridgewood | 1 078 | 20.1 | 12.1 | 39.7 |
| Mid-Island | 999 | 28.4 | 11.3 | 32.5 |
| Morningside Heights | 949 | 38.1 | 25.3 | 44.8 |
| Morrisania/Belmont | 727 | 11.3 | 38.9 | 39.7 |
| Mott Haven/Hunts Point | 625 | 8.3 | 41.6 | 41.3 |
| North Crown Heights | 872 | 29.7 | 24.8 | 42.8 |
| North Shore | 889 | 26.5 | 17.4 | 43.0 |
| Ozone Park/Woodhaven | 1 114 | 21.7 | 11.6 | 35.6 |
| Park Slope/Carroll Gardens | 1 566 | 61.8 | 8.4 | 37.5 |
| Pelham Parkway | 929 | 22.7 | 17.4 | 44.8 |
| Queens Village | 1 184 | 30.2 | 6.2 | 41.3 |
| Rego Park/Forest Hills | 1 192 | 51.2 | 10.4 | 42.5 |
| Riverdale/Kingsbridge | 969 | 41.4 | 13.4 | 48.6 |

NYCityData

（续）

| 小镇名称 | 月租金中位数（美元） | 大学毕业生占比（%） | 贫困率（%） | 上班用时（分钟） |
|---|---|---|---|---|
| Rockaways | 875 | 22.2 | 20.1 | 40.4 |
| Sheepshead Bay/Gravesend | 945 | 32.5 | 11.9 | 44.4 |
| Soundview/Parkchester | 848 | 15.8 | 27.9 | 42.4 |
| South Crown Heights | 874 | 19.9 | 19.7 | 44.6 |
| South Ozone Park/Howard Beach | 1 148 | 17.3 | 8.1 | 42.0 |
| South Shore | 999 | 27.6 | 4.3 | 25.9 |
| Stuyvesant Town/Turtle Bay | 1 849 | 78.0 | 6.9 | 36.7 |
| Sunnyside/Woodside | 1 137 | 31.8 | 10.2 | 44.7 |
| Sunset Park | 995 | 21.8 | 27.6 | 43.1 |
| Throgs Neck/Co-op City | 892 | 22.3 | 13.6 | 39.7 |
| University Heights/Fordham | 813 | 11.6 | 40.9 | 29.2 |
| Upper East Side | 1 706 | 78.2 | 5.9 | 29.1 |
| Upper West Side | 1 635 | 74.6 | 8.8 | 38.7 |
| Washington Heights/Inwood | 874 | 28.8 | 25.9 | 42.5 |
| Williamsbridge/Baychester | 950 | 20.1 | 16.7 | 31.9 |
| Williamsburg/Greenpoint | 959 | 33.9 | 31.7 | 33.8 |

假设我们想检查不同变量之间的相关关系，图 3-31 便是根据表 3-12 的资料绘制出来的矩阵散点图。

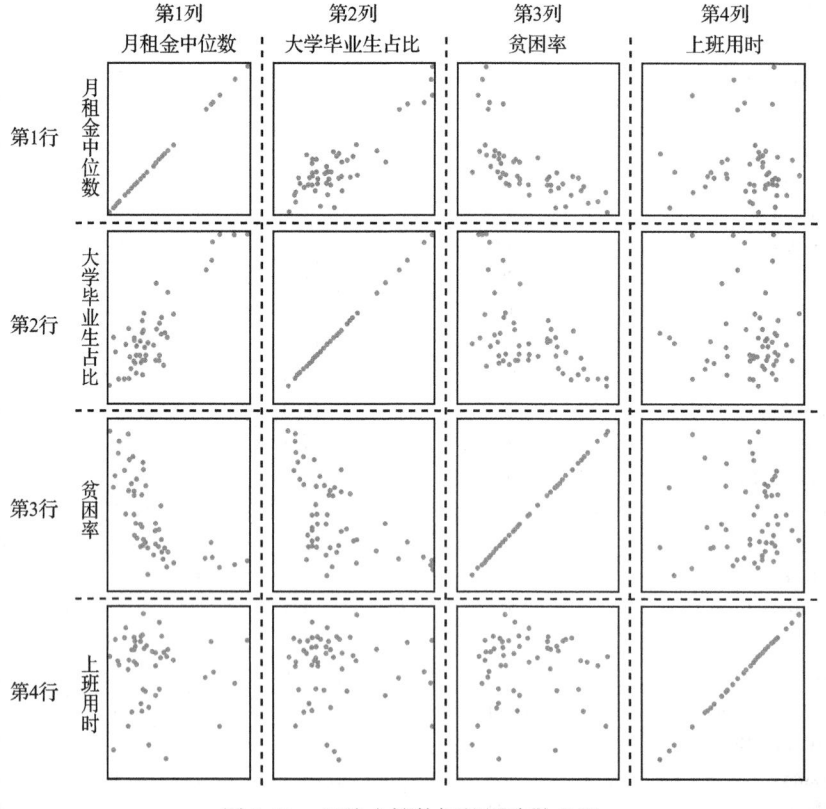

图 3-31　纽约小镇数据的矩阵散点图

通过矩阵散点图，我们能容易地考察多个变量两两之间的相关关系。矩阵散点图中的每个小的散点图,其绘制原理与我们前面介绍的散点图的绘制原理相同。矩阵散点图中,每个小散点图的每一列和每一行,都对应着一个变量。比如图3-31中的第1列第1行对应着月租金中位数,第2行第2列代表着大学毕业生占比。因此,散点图中的第1列第2行反映的是月租金中位数和大学毕业生占比之间的关系。散点图中的第2列第3行反映的是大学毕业生占比和贫困率之间的关系。

在矩阵散点图中,对角线的散点图是变量与其自身的关系(例如第1列第1行,第2列第2行)。因此,每个变量自身的散点图总是在斜率为1的直线上。

从图3-31中我们还可以得到几个有趣的发现。因为第1列第2行中散点图的散点从左下方向右上方散布,意味着大学毕业生占比越高,月租金中位数也越高。第1列第3行所在的散点图中的散点,从左上方往右下方散布,这说明贫困率越高,月租金中位数越低。同样,第2列第3行揭示出贫困率越高,大学毕业生占比越低。第4行反映出上班用时和其他变量的关系并不那么明显。

矩阵散点图对于分析多个变量之间的关系是十分有用的,不过单凭Excel的原始功能,很难绘制出矩阵散点图。

## 3.3.8 Excel中的数据透视图

为了综合使用交叉表和图形提炼并分析数据,Excel将**数据透视图**和数据透视表有机地联系了起来。下面,我们以表3-7的数据为例,讲解Excel数据透视图制作,具体操作过程如下:

第一步,单击功能区的**插入**(Insert)。

第二步,在**图形**(Charts)中,单击**数据透视图**(PivotChart)。

第三步,当**数据透视图**(PivotChart)对话框打开后,选择**选择一个表或区域**(Select a Table or Range),在**表/区域**(Table/Range)框里输入"A1:D301",选择**新工作表**(New Worksheet)作为放置数据透视图的位置,单击**确定**(OK)。

第四步,在**选择要添加到报表**(Choose fields to add to report)下面的**数据透视图区域**(PivotChart Field),把饭菜质量等级拖到**轴(类别)**(AXIS),把饭菜价格拖到**图例(系列)**(LEGEND),把等待时间拖到**数值**(VALUES)。

第五步,在**数值**(VALUES)区域里单击**等待时间求和**(Sum of Wait Time)。

第六步,在打开的列表里单击**值字段设置**(Value Field Settings)。

第七步,当**值字段设置**(Value Field Settings)对话框打开后,在**值字段汇总**(Summarize Value Field by)下面选择**平均值**(Average),单击**数字格式**(Number Format),在**属性**(Category)框中选择**数值**(Number),在**小数位数**(Decimal places)框输入"1",单击**确定**(OK),当**值字段设置**(Value Field Settings)对话框再次出现后单击**确定**(OK)。

第八步,鼠标右击单元格B2或者饭菜价格列标签的任一单元格。

第九步,选择选项中的**创建组**(Group)。

第十步，当**创建组**（Grouping）对话框出现的时候，在**起始于**（Starting at）框输入"10"，在**终止于**（Ending at）框输入"49"，在**步长**（By）框输入"10"，单击**确定**（OK）。

第十一步，鼠标右击单元格 A3。

第十二步，选择**移动**（Move），并且单击**移动 Excellent 至末尾**（Move "Excellent" to End）。

经过上述步骤，便得到图 3-32。

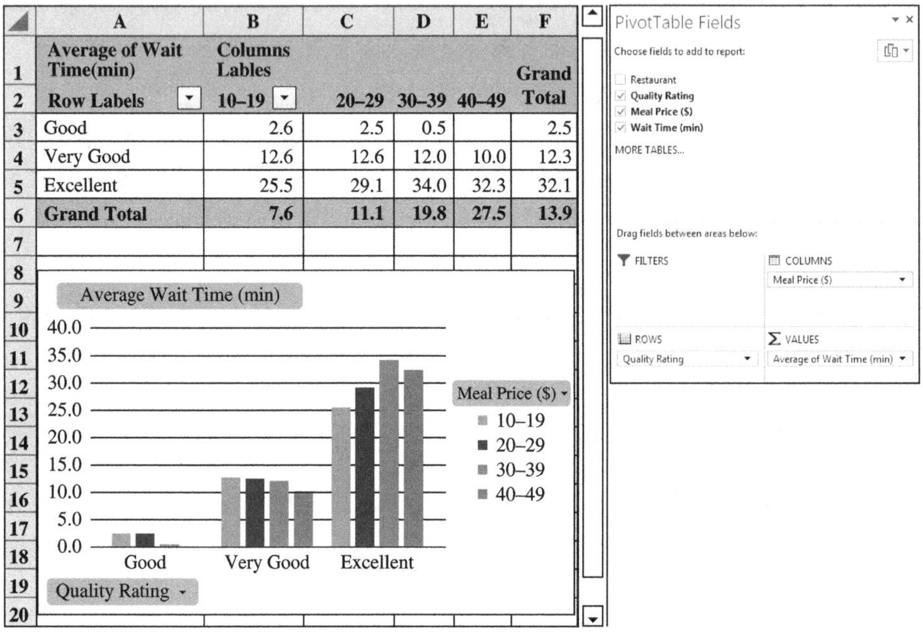

图 3-32 餐馆数据的数据透视表和数据透视图

数据透视图是一个簇状柱状图，其中柱形高度对应着平均等待时间，并且以好（Good）、很好（Very Good）、特好（Excellent）进行分类。各个柱形分别用不同色度的阴影，以表示多种饭菜价格区间里的等待时间。图 3-32 显示出，饭菜质量等级为特好的餐馆比质量等级好和很好的餐馆的等待时间更长。我们还可以看到，饭菜价格在 30～39 美元区间、质量等级特好的餐馆的等待时间最长。数据透视图展示出来的信息和图 3-13 中数据透视表的信息完全相同，但图 3-32 使用的柱状图更有助于根据饭菜质量等级和饭菜价格在餐馆之间进行比较。

与数据透视表一样，数据透视图也是人机交互的。可以使用坐标轴上的箭头和图例标签改变所展示的分类数据，例如，**单击质量等级**（Quality Rating）横轴标签，并且选择只看很好和特好的餐馆。

●─○─●─○─●─ 注释与点评 ─●─○─●─○─●

1. Excel 2013 版的特征之一，就是使用图形按钮可以快速地修改和编排图形格式。当我们在 Excel 中绘制图形时，图形旁边会出现三个按钮：图表元素按钮、图表类型按钮、图表筛选按钮。可以随时单击激活这些按钮，然后直接添加或删除坐标轴、坐标轴标题、图表标题、数据标签等。
2. 在 Excel 中，折线图主要用于绘制时间序列曲线图。对那些横坐标带有文字的情况，Excel 中的折线图功能可以自动识别出来。如果横坐标是用代码数字值（1、2、3 等）表示的，这时候我们可以单击功能区中的插入，从图表模块中选择带有折线的散点图。
3. 图表中的颜色常用来区分不同元素，但在使用颜色做区分时必须十分小心，原因如下：①许多人患有色盲症可能无法分辨颜色；②大多数出版物都是黑白印刷的，这会降低甚至丧失颜色的表达效果；③图表中使用过多的颜色，会让人感到乱糟糟的，很容易引起混淆。所以，在可能的情况下，可以通过虚线、图案或者标签来区分图表中的元素。
4. 关于直方图和箱线图（在本书的第 2 章介绍过）本章虽然没有再做介绍，但是这两种统计图也是数据可视化表达的有效工具。

## 3.4 高级可视化方法

到目前为止，我们已经介绍了用可视化方法有效地分析数据和传递信息的一些最基本做法。图表是实际中最常用的，能够满足大多数的数据可视化需求。但是，还有许多其他的概念、图表和工具可用来提高数据可视化技术。本节我们将简明扼要地讲解一些高级数据可视化工具。

### 3.4.1 高级图形

尽管折线图、条形图、散点图及气泡图可以满足大多数数据可视化的需要，但是在一些特定的场合，还有一些图形对数据可视化十分有用。

1. 平行坐标图

对两个或两个以上变量数据的可视化处理，其中最典型也很有用的就是**平行坐标图**。在平行坐标图中，每个变量有不同的垂直坐标轴。数据集中的每个观察值通过在平行坐标图上画一条直线连接每个垂直轴表现出来。每个垂直轴上的直线长度代表着所对应的垂直轴变量的观察值。图 3-33 是根据美国职业棒球大联盟运动员的样本资料

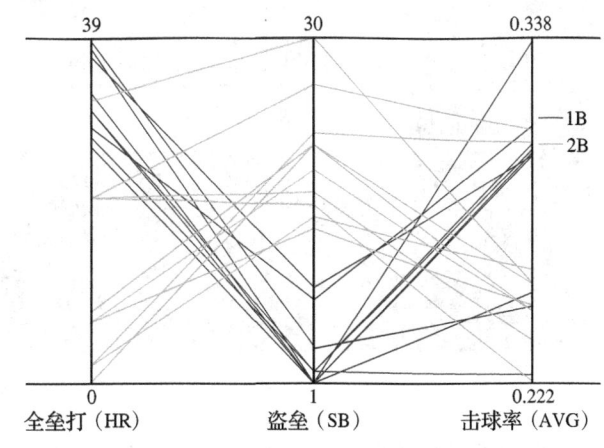

图 3-33 棒球运动员数据的平行坐标图

绘制的平行坐标图，该图包含 10 名一垒（1B）球员的数据和 10 名二垒（2B）球员的数据，最左边的垂直轴是每名球员所有全垒打（HR）的次数，中间垂直轴是该名球员所有盗垒（SB）的次数，最右边的垂直轴是运动员的击球率（AVG）。

由图 3-33，我们可以观察到几个有趣的现象。1B 球员偏重于击出更多的全垒打，然而

却很少盗垒。2B 球员与此刚好相反，2B 球员偏重于更多的盗垒和相对较少的全垒打。从图 3-33 中我们还可以看出，1B 球员的击球率比 2B 球员更高，由此我们推断 1B 球员与 2B 球员存在不同的特点。在大多数情况下，这种图形所反映出来的信息是符合实际的。1B 球员更有侵略性，他们击球力量大并且更平均，2B 球员为了承担防守责任，往往击球更快、更灵活（这种特点在全垒打球员中并不常见）。通过区分变量值，平行坐标图对辨别多变量的基本特点十分有用。

2. 树映射

对于多维分层数据，**树映射**是十分有用的可视化工具。图 3-34 的智能理财市场投资图，是分析股票市场绩效的树映射。在智能理财市场投资树映射中，每一个长方形代表着一家公司（在图 3-34 中，苹果公司被加亮），其他加阴影的长方形代表着过去 52 周公司股票的总体表现。智能理财市场投资树映射图像也被分成了几个市场板块（医疗、金融、能源等），每个公司长方形的大小提供了与市场板块和整个市场信息有关的公司市值大小。图 3-34 表明，相对于其他科技公司，苹果公司的市值更大，并且在过去 52 周股票市场中的表现尤其好。投资者可以根据图 3-34 中的树映射，快速地获取一个公司相对于该市场板块的其他公司以及该板块相对于其他板块的表现情况。

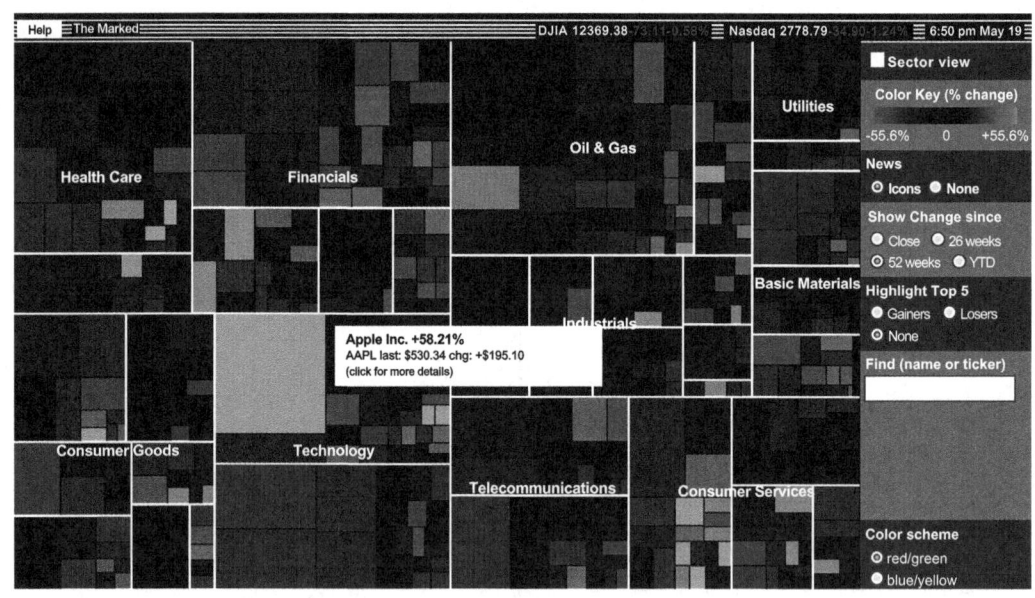

图 3-34　以市场投资图为例的树映射

用户可以利用 Excel 绘制树映射图，下面我们用世界 100 强企业的资料为例来讲解树映射的绘制过程。

第一步，把给定的世界 100 强企业的资料复制到 Excel 工作表中，具体在单元格 A1:D101。其中，A 列是 100 强企业总部所在的洲（如亚洲、大洋洲、欧洲等）；B 列是企业总部所在的国家或地区；C 列是企业的名称；D 列是企业的市值（单位：10 亿美元）。

第二步，单击功能区的**插入**（Insert），单击**图表**（Charts）模块中的**插入层次图**（Insert Hierarchy Chart)，从下拉菜单中选择**树映射**（Treemap）。

第三步，树映射出现后，鼠标右击图形，在弹出的菜单中，选择**数据系列格式**（Format Data Series），在**数据系列格式**（Format Data Series）任务窗格打开后，选择**横幅**（Banner）。

> 注意：Excel 2016 版以下版本中没有树映射图功能。

经过上述步骤，便得到图 3-35。第三步中选择**横幅**（Banner）是为了显示企业所在的洲，同时也是给企业所在的洲指派不同的颜色。从图 3-35 中我们可以看出，与其他洲相比，北美洲拥有更多的世界 100 强企业，其次是欧洲、亚洲。树映射图中每个长方形的大小表示相应的企业市值，苹果、埃克森美孚、谷歌、微软是市值最大的企业。大洋洲有 4 家世界 100 强企业，南美洲只有 2 家，而非洲和南极洲没有世界 100 强企业。只要把鼠标箭头对着某家企业，这个企业市值的具体数字就能显示出来。

DATA file Global100

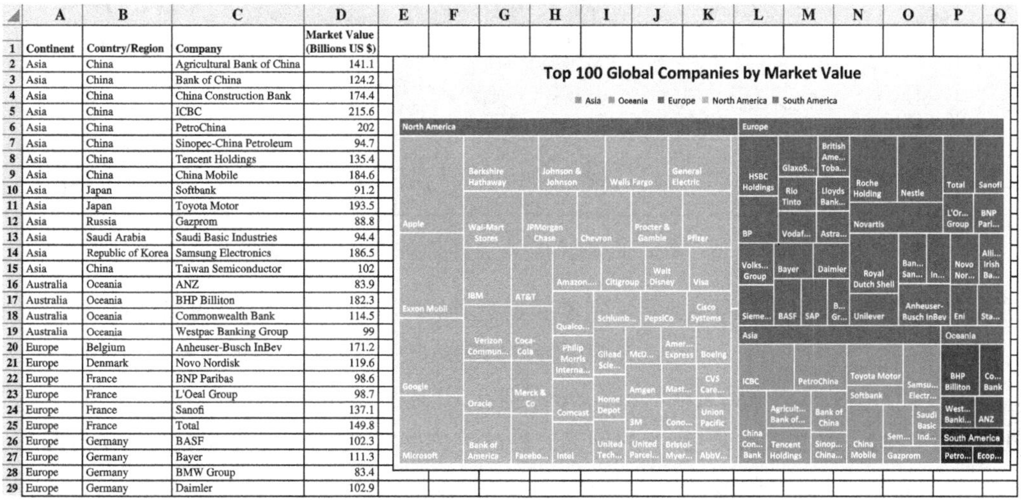

| | A | B | C | D |
|---|---|---|---|---|
| 1 | Continent | Country/Region | Company | Market Value (Billions US $) |
| 2 | Asia | China | Agricultural Bank of China | 141.1 |
| 3 | Asia | China | Bank of China | 124.2 |
| 4 | Asia | China | China Construction Bank | 174.4 |
| 5 | Asia | China | ICBC | 215.6 |
| 6 | Asia | China | PetroChina | 202 |
| 7 | Asia | China | Sinopec-China Petroleum | 94.7 |
| 8 | Asia | China | Tencent Holdings | 135.4 |
| 9 | Asia | China | China Mobile | 184.6 |
| 10 | Asia | Japan | Softbank | 91.2 |
| 11 | Asia | Japan | Toyota Motor | 193.5 |
| 12 | Asia | Russia | Gazprom | 88.8 |
| 13 | Asia | Saudi Arabia | Saudi Basic Industries | 94.4 |
| 14 | Asia | Republic of Korea | Samsung Electronics | 186.5 |
| 15 | Asia | China | Taiwan Semiconductor | 102 |
| 16 | Australia | Oceania | ANZ | 83.9 |
| 17 | Australia | Oceania | BHP Billiton | 182.3 |
| 18 | Australia | Oceania | Commonwealth Bank | 114.5 |
| 19 | Australia | Oceania | Westpac Banking Group | 99 |
| 20 | Europe | Belgium | Anheuser-Busch InBev | 171.2 |
| 21 | Europe | Denmark | Novo Nordisk | 119.6 |
| 22 | Europe | France | BNP Paribas | 98.6 |
| 23 | Europe | France | L'Oeal Group | 98.7 |
| 24 | Europe | France | Sanofi | 137.1 |
| 25 | Europe | France | Total | 149.8 |
| 26 | Europe | Germany | BASF | 102.3 |
| 27 | Europe | Germany | Bayer | 111.3 |
| 28 | Europe | Germany | BMW Group | 83.4 |
| 29 | Europe | Germany | Daimler | 102.9 |



图 3-35　世界 100 强企业树映射图

## 3.4.2　地理信息系统图

因向顾客销售年度会员卡大大提高了收入，辛辛那提动物园想进一步掌握现有会员的居住地信息。图 3-36 是俄亥俄州辛辛那提城区地图，由该图可以看出辛辛那提动物园的会员居住地相对集中。

图 3-36 中的区域底色越深，说明该区域的会员数量越多。图 3-36 是**地理信息系统（GIS）图**的一个例子，它将地图和统计信息整合在一起，以展示不同地区的数据。在地图上展示地理信息，通常能够帮助我们解释数据和观察状态。

从图 3-36 中我们可以看到，辛辛那提动物园会员主要集中在动植物园的东北部，其中包括梅森（Mason）和汉密尔顿（Hamilton）（参见图 3-36 中的大圆圈）。另外，我们还观察到动物园的西南部——佛罗伦斯（Florence）附近也有许多会员。根据这些观察，可以帮助动物园管理人员了解梅森、汉密尔顿、佛罗伦斯居民的特点，以便更有针对性地发展

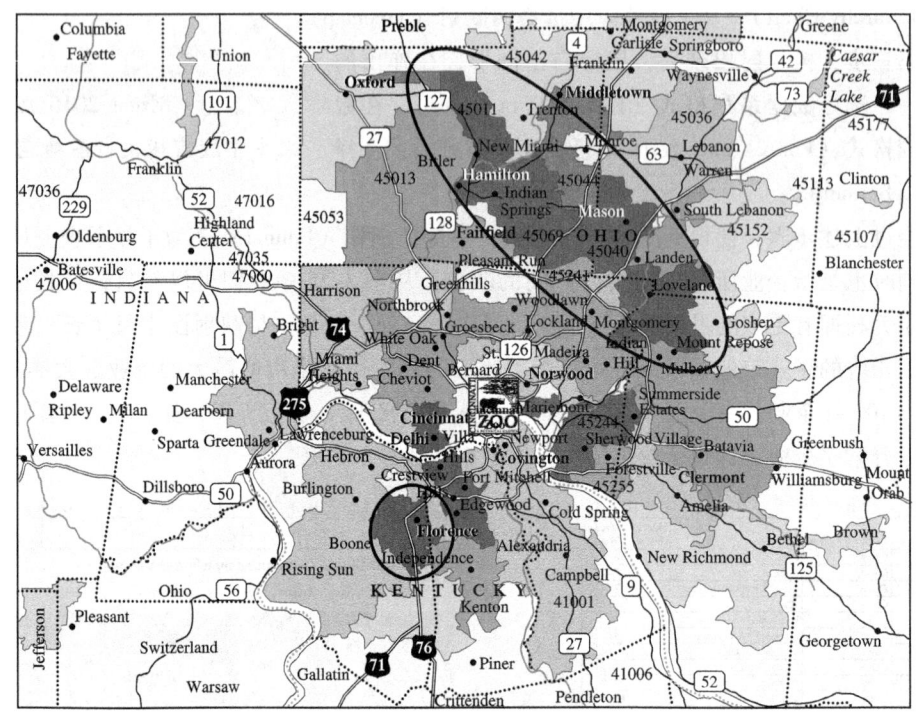

图 3-36 辛辛那提动物园会员数据的地理信息系统图

这些地区的市民成为动物园的会员。在掌握到会员的特点后,管理人员可以尝试把那些拥有相同特点的附近居民发展成动物园会员。

3D 地图 (3D Map) 在 Excel 2013 版中被称作增强版地图 (Power Map),但它不如 Excel 2016 版那么完善。地理信息系统 (GIS) 是 Excel 2016 版新增的功能。

DATA file
WorldGDP

Excel 拥有 3D 地图 (3D Map) 的功能,可以帮助用户创建人机对话式的 GIS 图像。这类工具现在十分强大,下面我们用世界银行统计的全球各个国家或地区的生产总值资料,介绍地理信息系统图的制作过程。

第一步,将世界银行有关全球各个国家或地区的生产总值 (GDP) 资料,复制到 Excel 工作表中,选定单元格 A4:C267。

第二步,单击功能区的**插入** (Insert),在**游览** (Tours) 组中,单击 **3D 地图** (3D Map),选择**打开 3D 地图** (Open 3D Map),此时 Excel 会打开一个新的窗口显示出世界地图 (见图 3-37)。

第三步,把 **GDP2014(Billions US $)** 从**字段列表** (Field List) 拖动到**层 1** (Layer1) **任务窗格数据** (Data) 中的**高度** (Height) 框,单击**层 1** (Layer1) 任务窗格**数据** (Data) 中的**改变可视化至区域** (Change the Visualization to Region)。

第四步,在**层 1** (Layer1) 任务窗格,单击**层选项** (Layer Options),修改颜色。

最后得到全球各个国家或地区的 GDP 分布的 GIS 图。这时,我们可以单击和转动世界地图,浏览世界地图的不同国家或地区。只要把鼠标箭头对着某个国家或地区,就会显示这个国家或地区的名称以及 GDP 数字。

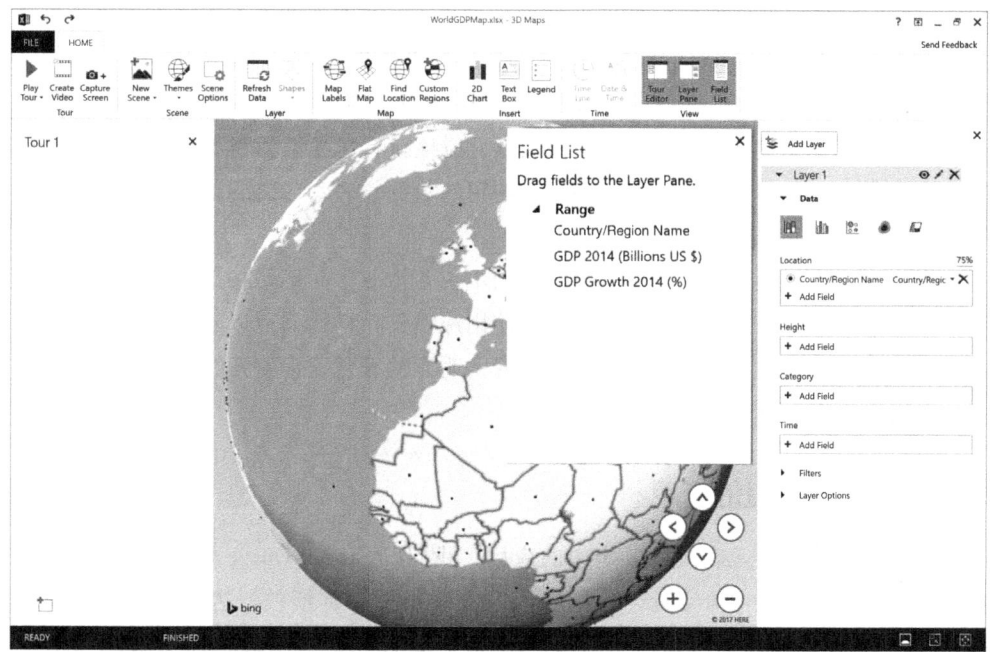

图 3-37　在 Excel 中单击"打开 3D 地图"的窗口显示

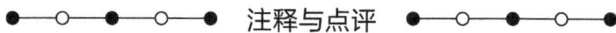 注释与点评

Spotfire、Tableau、QlikView、SAS Visual Analytics、R、JMP 是含有高级数据可视化功能的软件。

## 3.5　数据仪表盘

**数据仪表盘**，是一种显示多种测量，并且能对测量数据自动更新的可视化工具。我们知道，汽车上的仪表盘提供了汽车现时速度、油量、发动机温度等信息，以使驾驶人员能够评估当前的行驶状况并采取有针对性的操作。与此类似，数据仪表盘能够提供数据，供管理人员快速评估组织现状和采取应对之策。本节我们将介绍绘制数据仪表盘的原理及其有关应用问题。

### 3.5.1　制作数据仪表盘的原则

汽车仪表盘显示了行驶速度、油箱中的油量、机油压力等，以供司机对行驶状况做出快速判断。在商业活动中，同样也存在着类似的要求，如财务状况、现有库存、客户服务水平等，能够帮助管理人员诊断组织运行的状态。财务、库存、客服，诸如此类的重要信息通常被称作**关键绩效指标**（KPI）。通过数据仪表盘对这些关键指标进行加工，能够为管理人员实时提供有价值的信息，否则这些关键指标的数据就会变成管理人员的负担。

理想情况下，数据仪表盘应该把所有关键绩效指标用一个显示屏展示出来，以便于管理人员能够快速浏览进而掌握目前商业活动的状况。为避免管理人员上下左右滚动屏幕观看，最好绘制出每个关键指标的数据仪表盘，然后把这些单个数据仪表盘放置在一个窗口中。

通过数据仪表盘显示出来的关键指标，应该能向管理人员和决策相关人传达有关信息。例如，供市场营销人员使用的数据仪表盘，应该含有与现行销售策略和区域销售情况有关的关键指标；供企业财务总监（CFO）使用的数据仪表盘，需要能提供现金流、负债等现有财务方面的信息。

数据仪表盘应该唤起人们关注需要关注的不正常情况，而不是相反。为了引导对不同变量具体取值的注意，在数据仪表盘中可以使用深浅不一样的颜色以示提醒，然而对颜色的使用也应该有所节制。过多的颜色种类或者太明亮的颜色，会使人阅读起来注意力难以集中甚至不易阅读。

### 3.5.2 数据仪表盘的应用

为了说明数据仪表盘在决策制定中的应用，我们以 Grogan Oil 公司为例。该公司在田纳西州的三个城市都设有办事处，分别是奥斯汀（总部）、休斯敦、达拉斯。Grogan Oil 公司的信息技术（IT）呼叫中心坐落于奥斯汀，负责员工的软件、网络、电子邮件等与电脑相关问题的报修。例如，如果达拉斯办事处某位员工的电脑软件出现了故障，该员工可以向公司的信息技术呼叫中心打电话寻求帮助。

图 3-38 给出的数据仪表盘是 Grogan Oil 公司信息技术呼叫中心几个指标的跟踪显示，主要用来监控呼叫中心的实时状况。

每天上午 8 点开始监控报修电话实时数据，图 3-38 左上角的折线图显示的是随着时间的变化每类问题（软件、互联网或者电子邮件）报修的电话次数。这张图表明，上班后的前几个小时接到的电子邮件类的报修电话次数比较多，此后电子邮件方面问题的电话量持续减少，到上午 10 点左右，有关软件方面的问题接到的报修电话最多。对这样的问题，使用折线图效果比较好，因为是时间序列数据，折线图刚好能帮助识别随着时间变化而变化的现象。

图 3-38 右上角的柱状图说明了呼叫中心的工作人员在接待每类问题上花费的时间占比。通过折线图和柱状图所显示出来的信息，管理人员可以更好地进行人员调度安排。图 3-38 中间靠右的簇状条形图，是 Grogan Oil 公司各个办事处每类问题的电话数量。这个簇状图可以帮助呼叫中心经理判断各个地区是否存在某个共同的问题。例如，奥斯汀办事处报告的电子邮件问题特别多，一旦及时认识到存在这种类型的问题，就可以迅速解决许多员工所存在的同一类型的问题。同样，如果注意到达拉斯办事处的软件问题相对较高，那么经理便会安排足够的人手以应对达拉斯办事处打来的电话。

图 3-38 中间靠左的条形图，显示了那些超过 15 分钟还未解决的问题的时间长度。根据这张图，呼叫中心经理能够快速地监控到焦点问题所在，然后就能决定是否需要增加额外资源来帮助解决。图 3-38 底部的图是频数分布，反映了解决问题所花费时间的分布状况。

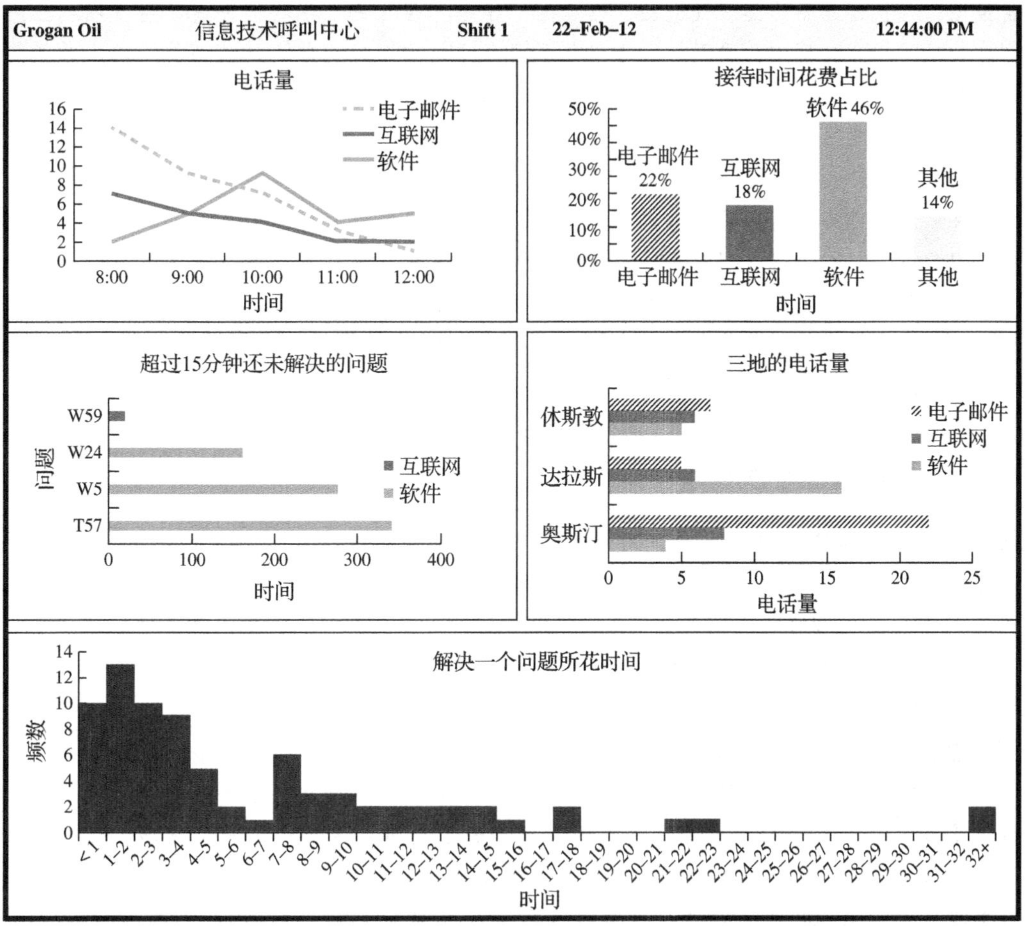

图 3-38 Grogan Oil 公司信息技术呼叫中心的数据仪表盘

  注释与点评

在 Excel 中创建数据仪表盘，通常需要进行 VBA 编程。这虽然超出了本书范围，但是 VBA 的确是个十分有用的工具，赖之可以大幅度提高 Excel 的数据分析能力，当然也会大幅度提升数据可视化的应用水平。

## 本章小结

本章我们着重讲解了与数据可视化相关的技术和工具，讨论了增强可视化展示的几个重要方法，说明了如何通过删除不必要的网格线、保留必要的小数点位数以提高图表简约程度。当用户需要掌握准确的数值资料时，建议最好采用表格的形式来显示数据，而不要不分场合一味依靠图形。本章还讲解了同时反映两个变量的交叉表的编制，说明了如何利用 Excel 创建数据透视表。

在本章 3.3 节，我们较为详细地介绍了数据可视化经常用到的一些图形，包括散点图、折线图、柱状图和条形图、气泡图、热点图,等等。在这一节中我们评述了饼状图、三维图在数据可视化处理中的局限性,指出条形图(或柱状图)可能比饼状图使用起来效果更好。在本章3.4节里,简要介绍了几种高级数据可视化图,如平行坐标图、树映射、GIS图。本章的最后一节介绍了数据仪表盘的制作原理,并通过实例说明了数据仪表盘的应用。

许多其他图表也可用于数据可视化处理,但本章我们只介绍了最流行、最有用途的数据可视化图表。在进行数据分析、揭示现象之间的关系和模式的时候,数据可视化起着十分重要的作用。不论采用什么样的可视化图表,关键的一点是要能把数据本身所蕴含的认识信息表达出来。数据可视化所采用的方法,不在乎是简单还是复杂,只要能将隐藏在数据中的现象存在的状态及其之间的关系揭示出来就可以了。

## ● 关键术语 ●─○─●─○─●

**条形图(bar chart)**:用水平放置的长条形表示数量数值大小的一种图形。在条形图中,每一个长条形代表着属性变量的一个类别。

**气泡图(bubble chart)**:在平面中将三个变量进行可视化的一种图形。两条坐标轴分别代表两个变量,第三个变量数值的大小由气泡大小显示。

**图(chart)**:显示数据的一种可视化方法,也称作图像或图形。

**簇状柱状(条形)图[clustered column (bar) chart]**:多个柱状(条形)聚集排列在同一组别中以比较多个变量的图形,也叫"挨着排在一起的柱状(条形)图"。

**柱状图(column chart)**:用垂直放置的长条形表示数量数值大小的一种图形。在柱状图中,每一个长条形代表着属性变量的一个类别。

**交叉表(crosstabulation)**:两个变量数据的一种汇总表。在交叉表中,一个变量以行表示,另一个变量以列表示。

**数据仪表盘(data dashboard)**:数据可视化的一种工具,能够对数据进行实时更新,并提供多重输出。

**数据-墨水比率(data-ink ratio)**:通过图或表将数据所蕴含的信息传递出来所必需的用墨与全部用墨之间的比率。不能传递信息的用墨会降低数据-墨水比率。

**地理信息系统(Geographic information system,GIS)图**:将地图和统计信息整合在一起,以表达不同地区的数据。

**热点图(heat map)**:用颜色表明大小的二维数据显示图形。

**关键绩效指标(key performance indicator,KPI)**:了解组织现状的重要指标,也称作关键性能指标。

**折线图(line chart)**:将时间序列的数据点用线段连接起来的图。

**平行坐标图(parallel coordinates plot)**:平行坐标图是一种考察超过两个变量数据的图形,在平行坐标图中,每个变量有不同的垂直坐标轴。数据集中的每个观察值通过在平行坐标图上画一条直线连接每个垂直轴表现出来。

**饼状图(pie chart)**:比较分类数据的一种图形。因为在饼状图中不易比较面积的相对大小,所以不推荐使用这种图形。在比较分类数据时,条形图或者柱状图可能更加适合。

数据透视图（pivotChart）：用Excel绘制的、与数据透视表功能相似的图形。

数据透视表（pivotTable）：使用Excel创建的交互式交叉表。

散点图（scatter chart）：反映两个数量变量之间关系的一种图形。在散点图中，一个变量放在横轴，另一个变量放在纵轴。

矩阵散点图（scatter chart matrix）：用矩阵形式反映出来的多个散点图，以说明多个变量之间关系的一种图形。

走势图（sparkline）：一种表明数据趋势特殊形式的迷你折线图，走势图不带有坐标轴和数据标签。

堆叠柱状（条形）图［stacked column（bar）chart］：在同一长条形中展示多个变量取值大小的一种特殊柱状（条形）图。

树映射（treemap）：数据可视化的一种图像表示，对多维分层数据的可视化十分有用。树映射将对应的分类数据进行分组，使用长方形的面积来代表分类变量的相对大小。

趋势线（trendline）：图形中显示变量间大致关系的直线。

● **复习思考题** ●—○—●—○—●

1. 某销售经理正筹划销售员绩效奖分配，下表给出了与绩效奖分配相关的数据，但是不便于阅读和分析。请重新对该表进行编排以提高可读性，并帮助销售经理决定奖金分配方案。

| 销售员 | 销售额（美元） | 去年平均绩效奖（美元） | 客户数 | 工作年限 |
|---|---|---|---|---|
| Michael Smith | 325 000.78 | 12 499.345 2 | 124 | 14 |
| Joe Yu | 13 678.21 | 239.943 4 | 9 | 7 |
| Bill Reeves | 452 359.19 | 21 987.246 2 | 175 | 21 |
| Joshua Hamilton | 87 423.91 | 7 642.901 1 | 28 | 3 |
| Derek Harper | 87 654.21 | 1 250.139 3 | 21 | 4 |
| Dorothy Quinn | 234 091.39 | 14 567.983 3 | 48 | 9 |
| Lorrie Graves | 379 401.94 | 27 981.443 2 | 121 | 12 |
| Yi Sun | 31 733.59 | 672.911 1 | 7 | 1 |
| Nicole Thompson | 127 845.22 | 13 322.971 3 | 17 | 3 |

2. 下表是5个国家过去6年的GDP（单位：美元）。

| 国家 | 第1年 | 第2年 | 第3年 | 第4年 | 第5年 | 第6年 |
|---|---|---|---|---|---|---|
| 阿尔巴尼亚 | 7 385 937 423 | 8 105 580 293 | 9 650 128 750 | 11 592 303 225 | 10 781 921 975 | 10 569 204 154 |
| 阿根廷 | 169 725 491 092 | 198 012 474 920 | 241 037 555 661 | 301 259 040 110 | 285 070 994 754 | 339 604 450 702 |
| 澳大利亚 | 704 453 444 387 | 758 320 889 024 | 916 931 817 944 | 982 991 358 955 | 934 168 969 952 | 1 178 776 680 167 |
| 奥地利 | 272 865 358 404 | 290 682 488 352 | 336 840 690 493 | 375 777 347 214 | 344 514 388 622 | 341 440 991 770 |
| 比利时 | 335 571 307 765 | 355 372 712 266 | 408 482 592 657 | 451 663 134 614 | 421 433 351 959 | 416 534 140 346 |

（1）改进表的可读性。

（2）文件GDP years是联合国公布的30个国家6年的GDP资料（单位：美元），试编制表并尽可能增强表的可读性。（提示：GDP数据不需要精确到个位数，通常以百万美元或亿美元计。）

3. 下表是Tedstar公司向大型企业销售阀门的月收入资料。

| 月份 | 收入（美元） | 月份 | 收入（美元） | 月份 | 收入（美元） |
|---|---|---|---|---|---|
| 1 | 145 869 | 5 | 186 850 | 9 | 154 285 |
| 2 | 123 576 | 6 | 192 850 | 10 | 148 523 |
| 3 | 143 298 | 7 | 134 500 | 11 | 139 600 |
| 4 | 178 505 | 8 | 145 286 | 12 | 148 235 |

根据上述资料绘制的折线图如下所示。

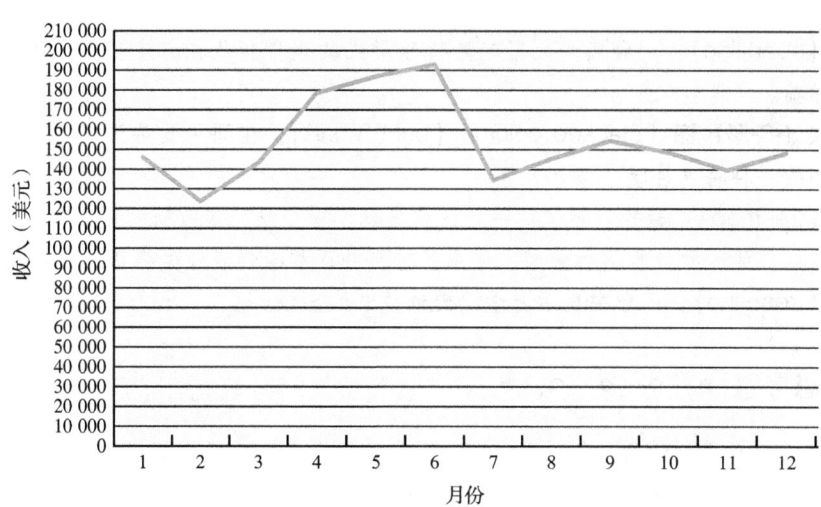

（1）折线图的布局和显示有没有问题？

（2）重新绘制折线图，以便更容易阅读和认识。

4. 文件 MajorSalary 是 111 个商学院毕业生的月初始薪资。毕业生的专业包括管理学、金融、会计、信息系统以及市场营销。请用 Excel 创建一个数据透视表，说明每个专业毕业生数量和平均薪资。

（1）哪个专业的毕业生人数最多？

（2）哪个专业的月初始薪资最高？

（3）根据数据透视表说说月初始薪资最高的毕业生所学的专业，月初始薪资最低的毕业生所学的专业。

5. 《企业家》杂志对连锁企业进行排名，排名主要依据增长率、分店数、固定资产和财务稳定性，以下资料是美国前 20 家连锁店的分店数。

| 连锁店 | 分店数 | 连锁店 | 分店数 |
|---|---|---|---|
| Hampton Inns | 1 864 | Jan-Pro Franchising Intl Inc. | 12 394 |
| ampm | 3 183 | Hardee's | 1 901 |
| McDonald's | 32 805 | Pizza Hut Inc. | 13 281 |
| 7-Eleven, Inc. | 37 496 | Kumon Math & Reading Centers | 25 199 |
| Supercuts | 2 130 | Dunkin' Donuts | 9 947 |
| Days Inn | 1 877 | KFC Corp. | 16 224 |
| Vanguard Cleaning | 2 155 | Jazzercise Inc. | 7 683 |
| Servpro | 1 572 | Anytime Fitness | 1 618 |
| Subway | 34 871 | Matco Tools | 1 431 |
| Denny's Inc. | 1 668 | Stratus Building Solutions | 5 018 |

根据上述资料,采用的分组办法是:0~9 999、10 000~19 999、20 000~29 999、30 000~39 999,试据此编制数据透视表,并简要回答以下问题:

(1) 0~9 999 这一组的分店数是多少。

(2) 超过 30 000 家分店的连锁店是多少。

6. 文件 MutualFunds 是晨星基金 500 中的 45 只共同基金数据资料,包含的变量主要有:基金类型(国内股票,DE;国际股票,IE;固定收入,FI),资产净值(每股收盘价),5 年期平均年收益率(过去 5 年基金的平均每年回报率),费用比率(扣除每年基金费用后的资产百分比),晨星排名(每只基金风险调整后的星级排名从低到高为 1~5)。

(1) 5 年期平均年收益率的分组办法为:0~9.99%、10%~19.99%、20%~29.99%、30%~39.99%、40%~49.99%、50%~59.99%,对基金类型(用作行)和 5 年期平均年收益率(用作列)编制数据透视表。

(2) 由数据透视表,谈谈能得到什么样的结论。

Mutual Funds

7. 数据文件 TaxData 是 2007 年全美所有县(3 142 个)的联邦纳税申报资料,运用 Excel 的数据透视功能,编制数据透视表,并依此回答以下问题。注意:编制的数据透视表,要求把每个州的州名缩写放在行;数据透视表的列名,是每个州的调整后总收入。

(1) 对每个州的调整后总收入,按从小到大的顺序进行编排,并指出调整后总收入最小的是哪个州,该州合计的调整后总收入是多少。(提示:对数据透视表中的数据进行排序时,把光标移动到数据透视表中你想要进行排序的数据所在的列或行,然后右击光标选定希望的排序方式。)

(2) 在数据透视表的行中加入各个县的县名,然后对各个县的调整后总收入按照从小到大的顺序进行排列,再对数据透视表的行进行筛选,找出得克萨斯州。该州哪个县的调整后总收入最小,哪个县的调整后总收入最大?

(3) 在数据透视表的值字段设置的值显示方式中,选择父行汇总百分比。对得克萨斯州来说,该州哪个县的调整后总收入占比最大,具体数值是多少?

(4) 取消筛选功能,纽约州的调整后总收入在全美的占比是多少?

8. 数据文件 FDICBankFailures 是 2000~2012 年美国联邦担保银行的坏账资料,运用 Excel 的数据透视功能,编制数据透视表,并依此回答以下问题。要求:编制的数据透视表,要能对倒闭银行的数据按年份分组,并显示每年倒闭的银行数;数据透视表的行名,是银行所在的区位,且能按州进行分组或者能分城市观察;编制的数据透视表,要能根据 2000~2012 年倒闭的银行数目,按照从大到小的顺序对各个州进行排序。

(1) 2000~2012 年联邦担保银行倒闭数最多的是哪个州?

(2) 2010 年,内华达州有多少家联邦担保银行倒闭了,这些倒闭的联邦担保银行发生在内华达州的哪些城市?

(3) 运用数据透视表的筛选功能,筛选出 2009~2012 年加利福尼亚州、佛罗里达州、得克萨斯州、纽约州倒闭的联邦担保银行,并指出这些州倒闭的联邦担保银行的总数是多少。

(4) 根据(3)的筛选结果,2009~2012 年佛罗里达州的哪个城市倒闭的联邦担保银行最多,具体数目是多少?

(5) 对2009～2012年佛罗里达州每年倒闭的联邦担保银行数绘制数据透视柱状图。对该数据透视图做适当的修饰，使其能更好地展示数据的信息，并据此说说2009～2012年佛罗里达州倒闭银行的特征。

(提示：要回答好上述问题，有可能需要重设数据透视表的行名和列名。)

9. 变量 $x$、$y$ 的20个成对观察资料如下：

| 编号 | $x$ | $y$ | 编号 | $x$ | $y$ |
| --- | --- | --- | --- | --- | --- |
| 1 | −22 | 22 | 11 | −37 | 48 |
| 2 | −33 | 49 | 12 | 34 | −29 |
| 3 | 2 | 8 | 13 | 9 | −18 |
| 4 | 29 | −16 | 14 | −33 | 31 |
| 5 | −13 | 10 | 15 | 20 | −16 |
| 6 | 21 | −28 | 16 | −3 | 14 |
| 7 | −13 | 27 | 17 | −15 | 18 |
| 8 | −23 | 35 | 18 | 12 | 17 |
| 9 | 14 | −5 | 19 | −20 | −11 |
| 10 | 3 | −3 | 20 | −7 | −22 |

(1) 根据上述资料绘制散点图。

(2) 对散点图拟合趋势线，并说说变量之间存在什么样的关系。

10. 文件Fortune500是《财富》500强企业的利润（单位：百万美元）和市值（单位：百万美元）数据：

(1) 根据上述资料，以市值为纵坐标、利润为横坐标绘制散点图。

(2) 在散点图中拟合趋势线，并谈谈市值与利润之间存在什么样的关系。

11. 下表是5年4个汽车制造商汽车产量（单位：百万辆）数据：

| 制造商 | 第1年 | 第2年 | 第3年 | 第4年 | 第5年 |
| --- | --- | --- | --- | --- | --- |
| 丰田 | 8.04 | 8.53 | 9.24 | 7.23 | 8.56 |
| 通用 | 8.97 | 9.35 | 8.28 | 6.46 | 8.48 |
| 大众 | 5.68 | 6.27 | 6.44 | 6.07 | 7.34 |
| 现代 | 2.51 | 2.62 | 2.78 | 4.65 | 5.76 |

(1) 根据上述资料，在同一张图像里绘制折线图。

(2) 由折线图，说说能得出什么样的结论。

(3) 根据上述资料，绘制簇状条形图，并做出简要的分析。

12. 下表是美国连续36个月普通汽油价格的时间序列数据：

| 编号 | 价格 | 编号 | 价格 | 编号 | 价格 | 编号 | 价格 | 编号 | 价格 | 编号 | 价格 |
| --- | --- | --- | --- | --- | --- | --- | --- | --- | --- | --- | --- |
| 1 | 2.27 | 7 | 2.65 | 13 | 2.84 | 19 | 2.86 | 25 | 3.91 | 31 | 3.38 |
| 2 | 2.63 | 8 | 2.61 | 14 | 2.73 | 20 | 2.99 | 26 | 3.68 | 32 | 3.27 |
| 3 | 2.53 | 9 | 2.72 | 15 | 2.73 | 21 | 3.10 | 27 | 3.65 | 33 | 3.38 |
| 4 | 2.62 | 10 | 2.64 | 16 | 2.73 | 22 | 3.21 | 28 | 3.64 | 34 | 3.58 |
| 5 | 2.55 | 11 | 2.77 | 17 | 2.71 | 23 | 3.56 | 29 | 3.61 | 35 | 3.85 |
| 6 | 2.55 | 12 | 2.85 | 18 | 2.80 | 24 | 3.80 | 30 | 3.45 | 36 | 3.90 |

(1) 根据上述资料，绘制一个折线图，说说你的认识。

(2) 拟合趋势线，并进行适当的分析。

13. 下表是美国排名前6的人寿保险销售人员的销售数据：

| 销售人员 | 销售合同数 | 销售人员 | 销售合同数 | 销售人员 | 销售合同数 |
|---|---|---|---|---|---|
| Harish | 24 | Kristina | 19 | Tim | 53 |
| David | 41 | Steven | 23 | Mona | 39 |

(1) 根据上述资料绘制柱状图，并且要添加上图表元素，如轴标签、图标题等。

(2) 按销售合同数从高到低进行排序，以使柱状图更具有秩序。

(3) 插入数据标签，并给出你的结论。

14. 上题中，销售合同的总数是199，右图是6位销售员的销售合同数的饼形图：

    (1) 运用饼状图描述数据会存在什么问题。

    (2) 什么类型的图比饼状图似乎更好些？

    (3) 运用条形图或柱状图反映销售人员销售合同数占比，并添加上图表元素。

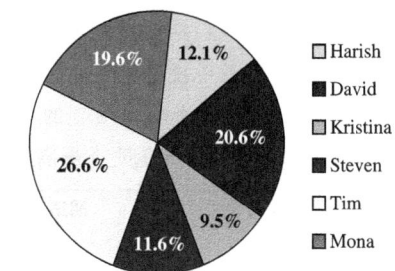

15. 汽车公司打算研发一款新型跑车，有两种发动机可供选择：4缸发动机和6缸发动机，车身颜色暂定4类：红、黑、绿、白。以下是调查问卷的汇总资料：

|  |  | 发动机类型 | |
|---|---|---|---|
|  |  | 4 缸 | 6 缸 |
| 车身颜色 | 红色 | 143 | 857 |
|  | 黑色 | 200 | 800 |
|  | 绿色 | 321 | 679 |
|  | 白色 | 420 | 580 |

NewAuto

(1) 用车身颜色为横坐标，绘制簇状柱状图。

(2) 从绘制的簇状柱状图中，能得到什么样的推断？

16. 下表是按年龄分组的手机使用情况占比调查数据：

| 年龄分组 | 智能手机 | 其他手机 | 没有手机 |
|---|---|---|---|
| 18～24 | 0.49 | 0.46 | 0.05 |
| 25～34 | 0.58 | 0.35 | 0.07 |
| 35～44 | 0.44 | 0.45 | 0.11 |
| 45～54 | 0.28 | 0.58 | 0.14 |
| 55～64 | 0.22 | 0.59 | 0.19 |
| 65 及以上 | 0.11 | 0.45 | 0.44 |

SmartPhone

(1) 以年龄分组为横坐标，绘制堆叠柱状图。

(2) 以年龄分组为横坐标，绘制簇状柱状图。

(3) 从上述柱状图中，就年龄和智能手机使用情况来说，能得出什么样的推论？

17. Logan 户外装备公司西北地区区域经理，做了一项调查以了解该地区6家门店经理工作时间的分配情况，得到了如下的汇总资料：

|  |  | 参加会议 | 准备报告 | 接待客户 | 自由支配 |
|---|---|---|---|---|---|
| 门店 | Seattle | 32% | 17% | 37% | 14% |
|  | Portland | 52% | 11% | 24% | 13% |
|  | Bend | 18% | 11% | 52% | 19% |
|  | Missoula | 21% | 6% | 43% | 30% |
|  | Boise | 12% | 14% | 64% | 10% |
|  | Olympia | 17% | 12% | 54% | 17% |

Logan

(1) 以门店为纵坐标，绘制堆叠条形图，并添加图表元素。
(2) 以门店为纵坐标，绘制簇状条形图，并添加图表元素。
(3) 根据给定的资料，绘制多维条形图，并添加图表元素。
(4) 比较说明，哪种条形图（堆叠条形图、簇状条形图、多重条形图）更适合，并谈谈你的理由。
(5) 对每家门店经理的时间分配差别做出推断说明。

18. Ajax 公司采用投资组合方法管理研发项目，旨在使项目的期望回报和风险水平保持平衡。下表是 6 个研发项目的期望回报率、风险水平（评估数值在 1 到 10 之间，1 代表风险最低，10 代表风险最高）、投入资金的资料：

| 项目编号 | 期望回报率（%） | 风险水平 | 投入资金（百万美元） |
|---|---|---|---|
| 1 | 12.6 | 6.8 | 6.4 |
| 2 | 14.8 | 6.2 | 45.8 |
| 3 | 9.2 | 4.2 | 9.2 |
| 4 | 6.1 | 6.2 | 17.2 |
| 5 | 21.4 | 8.2 | 34.2 |
| 6 | 7.5 | 3.2 | 14.8 |

(1) 以期望回报率为横坐标、风险水平为纵坐标、气泡表示投入资金，绘制气泡图，并添加上图表元素。
(2) 研发项目的有效边界意味着，在给定的风险水平下，项目拥有最高的期望回报率。根据绘制的气泡图，说说哪些项目出现在有效边界上。

19. 对大型数据集或比较大的数据集，热点图对识别数据集中的缺失值十分有用。以下数据 SurveyResults 来自某次市场营销活动的调查，该次调查一共有 10 个测项，受访人 108 位。每个测项要求受访人按 1、2、3、4、5 打分，但不是每位受访人对每个测项都会给出回答。
(1) 找出数据中的缺失值，利用 Excel 的条件格式功能绘制热点图，并用不同颜色给没有数字的空格打上底纹。
(2) 对每个提问，哪些受访者没有给出回答？哪些提问的不回答率最高？

20. 下表是 6 家网络开发公司的月收入资料：

| 公司名称 | 月收入（美元） | | | | | |
|---|---|---|---|---|---|---|
| | 1月 | 2月 | 3月 | 4月 | 5月 | 6月 |
| Blue Sky Media | 8 995 | 9 285 | 11 555 | 9 530 | 11 230 | 13 600 |
| Innovate Technologies | 18 250 | 16 870 | 19 580 | 17 260 | 18 290 | 16 250 |
| Timmler Company | 8 480 | 7 650 | 7 023 | 6 540 | 5 700 | 4 930 |
| Accelerate, Inc. | 28 325 | 27 580 | 23 450 | 22 500 | 20 800 | 19 800 |
| Allen and Davis, LLC | 4 580 | 6 420 | 6 780 | 7 520 | 8 370 | 10 100 |
| Smith Ventures | 17 500 | 16 850 | 20 185 | 18 950 | 17 520 | 18 580 |

(1) 利用 Excel，绘制每家公司月收入走势图。
(2) 分析在过去 6 个月里，哪些公司月收入下降，哪些公司月收入持续增长，哪些公司的月收入存在波动。
(3) 利用 Excel 为每个公司收入绘制热点图，并指出热点图和走势图各自的优缺点。

21. 数据文件 NFLAttendance 是美国国家橄榄球联盟 32 支球队的数据，包括：所属联盟（AFC、NFC），所在分区，主场比赛次数（Average Home Attendance）等。以下是数据文件 NFLAttendance 中的部分资料。

| 所属联盟 | 所在分区 | 球队 | 主场比赛次数 |
| --- | --- | --- | --- |
| AFC | 西部 | 奥克兰 | 54 584 |
| AFC | 西部 | 洛杉矶 | 57 024 |
| NFC | 北部 | 芝加哥 | 60 368 |
| AFC | 北部 | 辛辛那提 | 60 511 |
| NFC | 南部 | 坦帕湾 | 60 624 |
| NFC | 北部 | 底特律 | 60 792 |
| AFC | 南部 | 杰克逊维尔 | 61 915 |

NFLAttendance

(1) 根据数据文件 NFLAttendance 中的资料，利用所属联盟和主场比赛次数绘制树映射。
(2) 绘制排序条形图，比较每支球队的主场比赛次数。
(3) 针对给定的数据资料，对上述的两种统计图形进行比较，说说各自的优缺点，并指出用哪种统计图形展示数据更好，为什么？

22. 利用数据文件 Global100 中的数据绘制 GIS 图，并回答相关的问题。数据文件 Global100 中的部分数据如下。

| 所在的洲 | 国家 | 公司名称 | 市值（十万美元） |
| --- | --- | --- | --- |
| 亚洲 | 中国 | 中国农业银行 | 141.1 |
| 亚洲 | 中国 | 中国银行 | 124.2 |
| 亚洲 | 中国 | 中国建设银行 | 174.4 |
| 亚洲 | 中国 | 中国工商银行 | 215.6 |
| 亚洲 | 中国 | 中石油 | 202 |
| 亚洲 | 中国 | 中石化 | 94.7 |
| 亚洲 | 中国 | 腾讯控股 | 135.4 |
| 亚洲 | 中国 | 中国移动 | 184.6 |
| 亚洲 | 日本 | 软银 | 91.2 |
| 亚洲 | 日本 | 丰田汽车 | 193.5 |

利用 Excel 绘制 GIS 图，并且要能够做到：像热点图那样，显示出不同国家或地区公司的市值；对挑选出来的洲进行添加或移除；标示出每个国家或地区的公司名称。要想达到这些方面的要求，就需要用到 Excel 的"3D 地图"（3D Map），然后单击按钮"改变可视化到地区"（Change the visualization to Region），再把国家或地区添加到位置框中（如果位置框中出现了洲，需要把它移除），把洲添加到筛选框中，把市值添加到值框中。另外，在层选项（Layer Options）下，还需要自定义"数据卡片"（Data Card），使得"自定义工具条"（Customer Tooltip）把公司名称当成"字段"（Field）。

(1) 在绘制的 GIS 图中，仅显示欧洲的公司。欧洲的哪个国家拥有最大的市值？总市值是多少？
(2) 把北美洲添加到 GIS 图中，这时的欧洲热点图发生了什么样的改变，为什么会出现这样的改变？

23. Zeitler 百货公司既在网上销售商品，也开设有传统的实体店。以下是在 Zeitler 百货公司线上线下购买服饰的客户的资料，主要包括年龄、年收入、离最近实体店的距离、购买方式（线上或线下）。根据平行坐标图，分析线上客户和线下客户的区别。

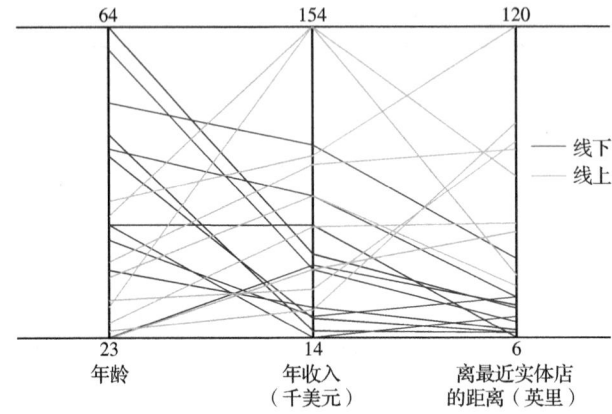

24. 数据文件 ZeitlersElectronics 是线上或线下购买 Zeitlers 百货公司电子产品的客户资料。
    (1) 根据数据文件 ZeitlersElectronics 中的资料绘制平行坐标图，其中纵坐标包括客户的年龄、年收入、离最近实体店的距离，用不同颜色区分客户的购买方式（线上、线下）。
    (2) 上一问中的平行坐标图与复习思考题 23 的平行坐标图怎么进行比较？客户线上线下购买电子产品习惯的差别，和线上线下购买服饰是一样的吗？
    (3) 平行坐标图对于数据交互分析十分有用，筛选平行坐标图，只显示离最近实体店的距离超过 40 英里的顾客，并做出简要的说明。

25. Aurora 放射服务中心是一家保健诊所，向病人提供放射影像（如 MRI、X 射线、CTA）服务。
    (1) 为了帮助 Aurora 放射服务中心安排每天出勤的人数，数据仪表盘中需要显示哪些关键绩效指标及其他方面的信息？
    (2) 在监管多个放射影像诊所主管的数据仪表盘中，需要显示哪些关键绩效指标及其他方面的信息？

26. Bravman 服饰公司在网上出售高档衣服，同时也接受电话订单。数据文件 Bravman 中是 Bravman 服饰公司采集的 25 名电话订单顾客的样本资料。
    (1) 对等待时间、购买金额、顾客年龄、信用卡积分绘制矩阵散点图。
    (2) 根据绘制的矩阵散点图，谈谈能得出变量之间什么样的关系。

## 案例讨论：电影票房数据

电影业是高度竞争的产业，每年都会有成千上万的影片出炉。在这些影片的生产和发行过程中，有的成本动辄上亿美元；但一些影片的票房收入过亿美元，但有的甚至会出现入不抵支的状况。

下表是美国票房收入排名前十的 50 部影片的有关数据，其中：电影上映年份、限制级别、题材为属性变量；美国国内票房收入（可比价）、预算（现价）、其他地区票房收入（现价）、美国国内票房收入（现价）属于数量变量。

| 名称 | 上映年份 | 美国国内票房收入（可比价） | 限制级别 | 题材 | 预算（现价） | 其他地区票房收入（现价） | 美国国内票房收入（现价） |
| --- | --- | --- | --- | --- | --- | --- | --- |
| 乱世佳人（Gone With the Wind） | 1939 | $1 650 | G | 戏剧 | $3 | $391 | $199 |
| 星球大战（Star Wars） | 1977 | $1 426 | PG | 科幻 | $11 | $798 | $461 |
| 音乐之声（The Sound of Music） | 1965 | $1 145 | G | 音乐 | — | $163 | $163 |
| E.T. 外星人（E.T.） | 1982 | $1 132 | PG | 科幻 | — | $757 | $435 |
| 泰坦尼克号（Titanic） | 1997 | $1 096 | PG-13 | 戏剧 | $200 | $2 185 | $659 |
| 十诫（The Ten Commandments） | 1956 | $1 053 | G | 戏剧 | $14 | $80 | $80 |
| 大白鲨（Jaws） | 1975 | $1 029 | PG | 动作 | $12 | $471 | $260 |
| 日瓦戈医生（Doctor Zhivago） | 1965 | $973 | PG-13 | 戏剧 | $11 | $112 | $112 |
| 森林王子（The Jungle Book） | 1967 | $871 | G | 动画 | — | $206 | $142 |
| 白雪公主（Snow White and the Seven Dwarfs） | 1937 | $854 | G | 动画 | $1 | $185 | $185 |
| 宾虚（Ben-Hur） | 1959 | $844 | G | 戏剧 | $15 | $70 | $70 |
| 101 斑点狗（One Hundred and One Dalmatians） | 1961 | $825 | G | 动画 | — | $215 | $153 |
| 驱魔人（The Exorcist） | 1973 | $809 | R | 恐怖 | $12 | $358 | $205 |
| 阿凡达（Avatar） | 2009 | $804 | PG-13 | 动作 | $230 | $2 778 | $761 |
| 星球大战 2：帝国反击战（The Empire Strikes Back） | 1980 | $772 | PG | 科幻 | $18 | $534 | $290 |
| 星球大战 3：绝地归来（Return of the Jedi） | 1983 | $741 | PG | 科幻 | $33 | $573 | $309 |
| 狮子王（The Lion King） | 1994 | $722 | G | 动画 | $45 | $952 | $423 |
| 星球大战前传 1：魅影危机（Star Wars：The Phantom Menace） | 1999 | $720 | PG | 科幻 | $110 | $1 027 | $475 |
| 骗中骗（The Sting） | 1973 | $715 | PG | 戏剧 | $6 | $160 | $160 |
| 欢乐满人间（Mary Poppins） | 1964 | $686 | G | 喜剧 | — | $102 | $102 |
| 夺宝奇兵（Raiders of the Lost Ark） | 1981 | $683 | PG | 动作 | $20 | $384 | $248 |
| 侏罗纪公园（Jurassic Park） | 1993 | $676 | PG-13 | 动作 | $63 | $920 | $357 |
| 毕业生（The Graduate） | 1967 | $671 | PG | 戏剧 | — | $104 | $104 |
| 幻想曲（Fantasia） | 1940 | $651 | G | 动画 | $2 | $76 | $76 |
| 复仇者联盟（Marvel's The Avengers） | 2012 | $623 | PG-13 | 科幻 | $220 | $1 512 | $623 |
| 教父（The Godfather） | 1972 | $623 | R | 戏剧 | $6 | $135 | $135 |
| 阿甘正传（Forrest Gump） | 1994 | $618 | PG-13 | 戏剧 | $55 | $680 | $330 |
| 第三类接触（Close Encounters of the Third Kind） | 1977 | $612 | PG | 戏剧 | — | $300 | $128 |
| 黑暗骑士（The Dark Knight） | 2008 | $589 | PG-13 | 科幻 | $150 | $1 002 | $533 |
| 睡美人（Sleeping Beauty） | 1959 | $570 | G | 动画 | $6 | $52 | $52 |
| 油脂（Grease） | 1978 | $562 | PG | 喜剧 | $6 | $380 | $182 |
| 怪物史莱克 2（Shrek 2） | 2004 | $557 | PG | 动画 | $75 | $912 | $437 |
| 虎豹小霸王（Butch Cassidy and the Sundance Kid） | 1969 | $553 | PG | 西部 | — | $102 | $102 |
| 蜘蛛侠（Spider-Man） | 2002 | $552 | PG-13 | 科幻 | $139 | $807 | $404 |
| 小鹿斑比（Bambi） | 1942 | $552 | G | 动画 | — | $268 | $103 |
| 独立日（Independence Day） | 1996 | $549 | PG-13 | 科幻 | $75 | $813 | $306 |
| 爱情故事（Love Story） | 1970 | $549 | PG | 戏剧 | — | $106 | $106 |
| 妙探出差（Beverly Hills Cop） | 1984 | $548 | R | 喜剧 | — | $316 | $235 |
| 匹诺曹（Pinocchio） | 1940 | $529 | G | 动画 | $3 | $84 | $84 |
| 小鬼当家（Home Alone） | 1990 | $528 | PG | 喜剧 | — | $534 | $286 |
| 埃及艳后（Cleopatra） | 1963 | $527 | UR | 戏剧 | $44 | $58 | $58 |

(续)

| 名称 | 上映年份 | 美国国内票房收入（可比价） | 限制级别 | 题材 | 预算（现价） | 其他地区票房收入（现价） | 美国国内票房收入（现价） |
|---|---|---|---|---|---|---|---|
| 国际机场（Airport） | 1970 | $518 | G | 戏剧 | $10 | $101 | $101 |
| 美国风情画（American Graffiti） | 1973 | $515 | PG | 戏剧 | $1 | $115 | $115 |
| 捉鬼敢死队（Ghostbusters） | 1984 | $515 | PG | 科幻 | $30 | $292 | $239 |
| 圣袍千秋（The Robe） | 1953 | $513 | UR | 戏剧 | $5 | $36 | $36 |
| 加勒比海盗聚魂棺（Pirates of the Caribbean: Dead Man's Chest） | 2006 | $513 | PG-13 | 动作 | $225 | $1 066 | $423 |
| 环游世界80天（Around the World in 80 Days） | 1956 | $507 | G | 动作 | $6 | $42 | $42 |
| 魔戒（LOTR: The Return of the King） | 2003 | $496 | PG-13 | 科幻 | $94 | $1 129 | $377 |
| 灼热的马鞍（Blazing Saddles） | 1974 | $496 | R | 喜剧 | — | $120 | $120 |
| 蝙蝠侠（Batman） | 1989 | $494 | PG-13 | 科幻 | — | $413 | $251 |

根据上述资料，运用这一章介绍的数据可视化方法对变量进行分析，并撰写管理报告，该报告中需要含有以下要点。

1. 绘制散点图，并通过散点图检查上映年份和美国国内票房收入（可比价）之间的关系。其中，散点图中应包含趋势线，并说说随着上映年份的变化，美国国内票房收入（可比价）是怎样变动的。

2. 绘制散点图，并谈谈预算（现价）和其他地区票房收入（现价）之间的关系。（注意：预算数据中存在部分缺失，在绘制散点图的时候，可以先将缺失的数据删除，再绘制散点图。）

3. 对美国国内票房收入（可比价）创建频数分布、百分比分布和直方图，并分析是否存在异常值。

4. 对限制级别和题材数据，创建数据透视表，并进行适当的分析。运用数据筛选功能，对1980年之后上映的电影进行考察，谈谈电影发行者的喜好是否随时间发生了变化。

5. 对限制级别和题材的美国国内票房收入（可比价）编制数据透视表，并解释所得到的结果。

CHAPTER 4

# 第4章

# 描述性数据挖掘

**数据分析案例：来自机器的建议**

数据资料的大量涌现，计算能力的不断提升，激发了自动推荐系统的开发，该系统能给用户推介电影、音乐、图书、服饰、餐饮、交友以及社交网络上的跟帖。高明、独特的算法引导推荐系统度量着用户或留言的相似度，以迎合用户的口味。

奈飞（Netflix）公司通过邮寄DVD和通过互联网发送媒介内容，根据用户对以前浏览内容的反馈和表现出来的兴趣，向用户推荐电影和电视节目。奈飞公司的业务已经从邮寄DVD转移到在线流媒体，能够更密切地跟踪客户浏览行为，从而能根据用户一周当中的哪天、一天当中的什么时间、使用的设备（计算机、手机、电视），甚至在什么地方浏览的差别，提供差异化的推荐服务。

推荐系统目前在电子商务领域很流行，依据"音乐基因工程"（Music Genome Project）提供的详细特征描述，"潘多拉网络电台"（Pandora Internet Radio）能够按用户"喜好"播放歌曲。在网络约会世界里，像"和睦家庭"（eHarmoney，美国最大的婚恋交友网站）、"相亲"（Match.com）、"丘比特之箭"（OKCupid）这些网站，能够根据求偶人千差万别的行为特征运用不同的"计算方法"进行婚介服务。Stitch Fix公司专门为女性购物提供服务，该公司把推荐算法和时尚专家的意见结合起来，为女性顾客准备相应的时尚用品。

资料来源："The Science Behind the Netflix Algorithms that Decide What You'll Watch Next", http://www.wired.com/2013/08/qq_netflix-algotithm; E. Colson, "Using Human and Machine Processing in Recommendation System", *First AAAI Conference on Human Computation and Crowdsourcing*, 2013; K. Zhao, X. Wang, M. Yu, B. Gao, "User Recommendation in Reciprocal and Bipartite Social Networks—A Case Study of Online Dating", *IEEE Intelligent Systems*, 29, No. 2, 2014.

过去几十年，科技进步带来了数据记录量的急剧增加。智能手机、射频识别（RFID）、电子传感器、信用卡和互联网的使用，使得从电话交流、电子邮件、商业交易、产品和客户跟踪、网页浏览中采集数据更加方便。数据挖掘技术在商业领域应用的增长，主要得益于三个方面：电子追踪和产生的数据量爆发式增加，数据电子储存的能力扩张，计算机分析数据的承载功能大大增强。本章将讲解对大批量数据的分析，以便获得对客户更深入的了解，找出改进企业流程的模式。

**观察值**又叫**记录**，是指与单个实体有关的变量记录值的集合，经常表现为电子表格或数据库中一行一行的数值。在这些电子表格和数据库中，不同的列对应不同的变量。例如，某大学校友数据库中，一项观察值对应着某校友的年龄、性别、婚姻状况、是否为雇主、职称、对母校捐赠的数额和次数等。

数据挖掘方法可以分为：有监督学习方法和无监督学习方法。有监督学习方法将在第9章介绍，本章我们专门讲解无监督学习方法。**无监督学习**方法不需要对变量结果进行预报，相反，其目标是使用变量的值识别观察值之间的关系。无监督学习方法被认为是高维描述性数据分析，因为它主要针对多个变量且各有若干项观察值的大数据集，刻画其中存在的关系和模式。对于无监督学习方法来说，不需要清晰地说出结果（或者是客观上知晓的结果），不需要界定测量的精度，而重在定性评价，比如无监督学习方法得到的结论与专家判断在多大程度上吻合。

## 4.1 聚类分析

聚类的目的是对观测变量将其观察值分割为相似的组。在数据预处理环节，可以运用聚类来识别被聚合或删除的变量和观察值。在市场营销中，通常会运用聚类方法将消费者分为不同的同质组，该过程就是我们所熟知的**市场细分**。识别不同的消费者群体，可以帮助企业为每一个群体确立不同的营销策略。聚类分析还可以用来识别异常值，这些异常值在加工制造中可能反映出质量控制出现的问题，在金融交易中可能反映出欺骗性行为。

DemoKTC

Know Thy Customer（KTC）是一家为客户提供理财咨询的企业，为了提供定制化的建议，KTC 公司打算将客户分为几个不同的组（或类），使得相同组中的客户在关键特征上相似，而与其他组中客户的特征不一样。对每个客户，KTC 公司采集到的观测数据包括的变量有：

年龄 = 客户的周岁；

性别 = 女性用 1 表示，男性用 0 表示；

收入 = 每年的收入（单位：美元）；

婚姻 = 已婚用 1 表示，未婚用 0 表示；

子女 = 抚养小孩的数目；

贷款 = 有汽车贷款用 1 表示，无汽车贷款用 0 表示；

抵押 = 有抵押用 1 表示，无抵押用 0 表示。

结合上述资料，我们来介绍两种聚类方法。其一是**分层聚类**（又叫系统聚类），这是一种自下而上的聚类方法，开始时把每项观察值都各自作为一类，而后循序渐进地合并最相似的类，以创建一系列嵌套式的聚类。其二是 $k$-**均值聚类**，即将每个观察值分配到 $k$ 个类中的某一个类中，以使同一类中的观察值尽可能相似。因为这两种方法都是以观察值的相似度为基础，我们首先来介绍如何测量观察值间的相似度。

## 4.1.1 相似度测量

聚类分析的目的是将观察值分成不同的类，使得相同类里的观察值相似，不同类里的观察值不相似。因此，为规范这一过程，我们需要清晰地测量相似性或者不相似性。一些指标可以跟踪观察值间的相似性，使用这一指标的聚类方法，可使观察值间的相似性最大化。其他指标测度观察值间的不相似性或者距离，使用这些指标的聚类方法，可使观察值之间的距离最小化。

当观察值是数值变量时，**欧氏距离**是最常用的测量观察值间不相似性的方法。令观察值 $u=(u_1,u_2,\cdots,u_q)$ 和 $v=(v_1,v_2,\cdots,v_q)$，都由 $q$ 个变量的测量值组成。观察值 $u$ 和 $v$ 的欧氏距离是：

$$d_{uv} = \sqrt{(u_1-v_1)^2 + (u_2-v_2)^2 + \cdots + (u_q-v_q)^2}$$

欧氏距离的几何意义见图 4-1。

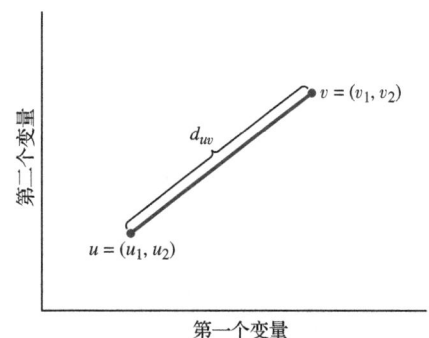

图 4-1 欧氏距离的几何意义

图 4-1 刻画了两个变量的两个观察值之间的欧氏距离，与两个变量相应的一对观察值越相似，欧氏距离就越小。欧氏距离受变量测量尺度的影响很大，比如，对顾客按年龄和收入这两个变量进行聚类，假定某位顾客 23 岁、年收入 20 375 美元，令 $u=(23,20\,375)$，另一位顾客年龄 36 岁、年收入 19 475 美元，$v=(36,19\,475)$，两项观察之间的欧氏距离为

$$d_{uv} = \sqrt{(23-36)^2 + (20\,375-19\,475)^2} = \sqrt{169+811\,441} = 901$$

由此我们能看出，在使用变量原始观察值的时候，这两个变量观察值之间的不相似度受到年收入变量值的主导，因为年收入的两个观察值的差异数量比较大。对此，通常需要对变量 $j$ 的每个观察值 $u$ 进行标准化，比如变量 $j$ 的观察值 $u_j$ 的值，用标准化处理后的 $z$-值 $z_j$ 来代替。以文件 DemoKTC 的资料为例，对 $u=(23,20\,375)$、$v=(36,19\,475)$，它们的标准化（或标准正态变换）的值分别是：$(-1.76,-0.56)$、$(-0.76,-0.62)$。这时候，欧氏距离的计算结果为

$$(\text{标准化})d_{uv} = \sqrt{(-1.76-(-0.56))^2 + (-0.76-(-0.62))^2}$$
$$= \sqrt{0.994+0.004} = 0.998$$

根据变量的标准化值，我们发现对于观察值 $u$、$v$，其中客户年龄的差异要比年收入的差异大得多。

将观察值转换成 $z$-值，可使识别异常值更加容易，异常值会使观察值间的欧氏距离失真。转换成 $z$-值后，可以通过将选定的权重乘以每个观察值的变量来考虑不等地位变量的重要性。例如，在标准化客户观察值后，使得收入和年龄由各自的 $z$-值表示后（取代美元和年龄的计量单位），如果认为收入比年龄重要一倍，我们可以用 2 乘以收入的 $z$-值。也就

是说，标准化消除了由测量单位不同造成的偏差，变量权重使分析人员能够根据商务情境导入适当的偏好。

当仅对 0-1 变量（或虚拟变量）的观察值进行聚类时，测量观察值间相似性一个比较好的方法，是计算具有相同观察值的变量个数。最简单的相似性测量就是**匹配系数**，其计算公式为

$$匹配系数 = \frac{观察值 u 和 v 相匹配的变量数目}{变量总个数}$$

匹配系数的缺点之一是，如果两个观察值的某一属性变量都是 0 值，计算时会认为这是两个观察值具有相同的标志。然而，匹配项都是 0 值，并不一定表明相似。例如，如果属性变量是拥有一辆小型货车，那么两个观察值都是 0 值，这仅仅意味着他们都没有小型货车，并不意味着这两人拥有相同类型的汽车。为了避免由于某一特征的不存在造成相似性的错误表达，另一种被称为**杰卡德系数**的相似性测量标准不计算一致为 0 值的个数，其计算公式为

$$杰卡德系数 = \frac{观察值 u 和 v 项非 0 值匹配的变量数目}{变量总个数 - 观察值 u 和 v 项 0 值匹配的变量数目}$$

表 4-1 的上部分是 KTC 公司的 5 位顾客的资料，包括性别、婚姻、贷款、抵押。根据上面给出的背景可知，这些变量都是用 0-1 表示的属性变量。表 4-1 的下部分，分别是用匹配系数和杰卡德系数计算出来的相似度。根据匹配系数的相似度计算方法，观察 1 和观察 4 的相似度（0.75）大于观察 2 和观察 3 的相似度（0.5）。这是因为在观察 1 和观察 4 中，4 个变量有 3 个匹配，而在观察 2 和观察 3 中，4 个变量仅有 2 个匹配。可是，根据杰卡德相似度的计算方法，由于舍弃了匹配的 0 值，由此观察 1 和观察 4 的相似度（0.5）与观察 2 和观察 3 的相似度（0.5）相等。联系示例的背景，究竟是选择匹配系数方法还是杰卡德系数计算相似度，取决于 KTC 公司是否认为 0 匹配意味着相似性。也就是说，KTC 公司必须做出判断，非女性、未婚、没有办理过贷款、没有抵押这样的观察，它们之间的相似度是否具有意义。

表 4-1 0-1 变量观察相似矩阵的比较

| 观察 | 性别 | 婚姻 | 贷款 | 抵押 |
|---|---|---|---|---|
| 1 | 1 | 0 | 0 | 0 |
| 2 | 0 | 1 | 1 | 1 |
| 3 | 1 | 1 | 1 | 0 |
| 4 | 1 | 1 | 0 | 0 |
| 5 | 1 | 1 | 0 | 0 |

| 匹配系数相似矩阵 | | | | | |
|---|---|---|---|---|---|
| 观察 | 1 | 2 | 3 | 4 | 5 |
| 1 | 1 | | | | |
| 2 | 0 | 1 | | | |
| 3 | 0.5 | 0.5 | 1 | | |
| 4 | 0.75 | 0.25 | 0.75 | 1 | |
| 5 | 0.75 | 0.25 | 0.75 | 1 | 1 |

| 杰卡德系数相似矩阵 | | | | | |
|---|---|---|---|---|---|
| 观察 | 1 | 2 | 3 | 4 | 5 |
| 1 | 1 | | | | |
| 2 | 0 | 1 | | | |
| 3 | 0.333 | 0.5 | 1 | | |
| 4 | 0.5 | 0.25 | 0.667 | 1 | |
| 5 | 0.5 | 0.25 | 0.667 | 1 | 1 |

### 4.1.2 分层聚类

自下而上的分层聚类方法，开始时每个观察值都各自成为一类，而后依次将两个最相似的类聚合在一起。通过减少不同类的数目，每次聚类都相应地提高了聚合的水平。分层聚类是通过考察组成每个类的观察值的相似性来决定两个聚类的相似性的。除了一个聚类

里的观察值相似度测量（已经介绍过的欧氏距离、匹配系数、杰卡德系数），还有多种方法可以用来测量不同聚类的相似性。图 4-2 给出的类间相似度的测量方法，就是接下来我们将着重介绍的。

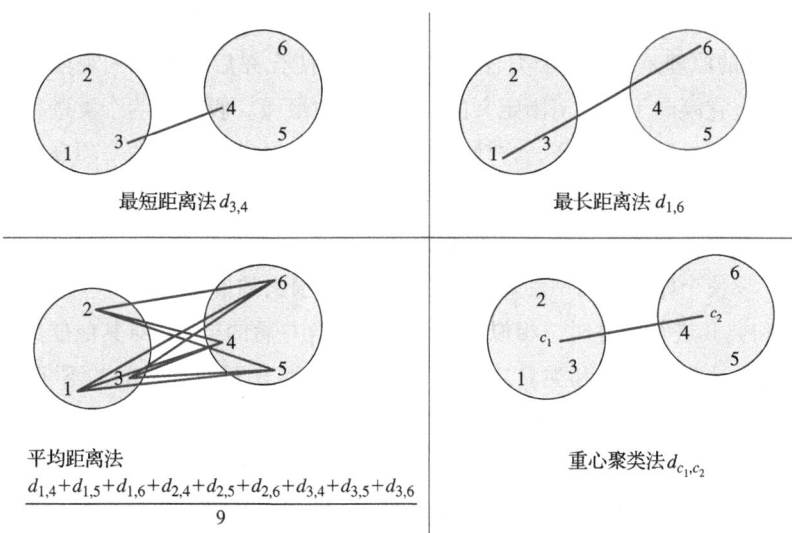

图 4-2　类间相似度的测量方法

图 4-2 展示了聚类相似度的 4 种测量方法，即最短距离法（Single Linkage）、最长距离法（Complete Linkage）、平均距离法（Group Average Linkage）、重心聚类法（Centroid Linkage），都和欧氏距离的运用有一定的关系。

当运用**最短距离法**时，两个聚类间的相似性是根据最相似的一对观察值（每个聚类中各取一个）的相似性来确定的。因此，如果一个聚类里的一个观察值与另一个聚类里的至少一个观察值相近，最短距离法则认为这两个聚类相似。然而，运用最短距离法把两个聚类合并成新的聚类，有可能还包含着差异很大的观察值。原因是对一个聚类中的观察值，仅仅考虑与另一个聚类的某个观察值的相似性，却没有考虑与其他观察值的差异如何。因此，对二维（变量）运用最短距离聚类时，有可能会导致不是紧凑、圆形的类，而是细长的类。

**最长距离法**由差异最大的一对观察值（每个聚类中各取一个）的相似性来确定两个聚类间的相似性。因此，如果两个差异最大的观察值相近，最长距离法会认为两个聚类相近，由这种方法得到的聚类中的所有观察值彼此相对都比较接近。最长距离聚类法有可能会受到异常观察值的影响而歪曲。

最短距离法和最长距离法是根据两个不同聚类里最相似或最不相似的一对观察值来确定两个聚类的相似性。与其对比，**组平均连接法**通过计算两个聚类所有成对观察值的平均相似性来确定两个聚类的相似性。如果聚类 1 有 $n_1$ 个观察值、聚类 2 有 $n_2$ 个观察值，两个聚类的相似性将会是 $n_1 \times n_2$ 个相似性测量值的平均值。运用该方法得到的聚类，不会受到单个成对观察值相似性的影响。**中位数聚类法**类似于组平均聚类法，只不过它在计算两个聚类所有成对观察值相似性的基础上，取其中位数作为聚类的依据。中位数聚类法，能够极大地降低异常值的影响。

**重心聚类法**运用聚类重心的概念定义类之间的相似性，聚类 $k$ 的重心是通过计算聚类中每个变量所有观察值的平均值得到的，以 $c_k$ 表示。也就是说，重心是一个聚类的平均观察值。聚类 $k$ 与聚类 $j$ 的相似性，就用重心 $c_k$ 和 $c_j$ 的相似性来代表。

**Ward 方法**的原理是，把两个类合并成一个类，使合并后的类中的观察值不相似度增加得尽可能少，它倾向于产生清晰定义的类似大小的聚类。假定对两个类进行聚合，Ward 方法首先计算出合并后类的重心，再计算该重心与两个聚类合并后的每项观察值的离差平方和。从某种意义上说，用重心代表聚类内的观察值，可以认为是信息的损失，因为用聚类的重心不可能捕捉到观察值中个体的差异。运用 Ward 方法进行聚类时，在不断将类聚合的过程中，要使个体观察水平和聚类重心水平之间损失的信息最小。

对类 A 和类 B 进行合并时，**相似法**的做法是：合并后的类 AB 对其他任何类 C 的不相似性，其计算方法为（类 A 和类 C 之间的不相似性 + 类 B 和类 C 之间的不相似性）/2，在每次合并类的时候，使新的被合并的类与所有其他类总的不相似性增加得最小。

下面我们仍然以 KTC 公司为例，该公司打算根据客户的性别、婚姻、是否办理了汽车消费贷款、是否办理了抵押来对客户进行细分，具体资料见表 4-1。这里，我们使用匹配系数测量观察值之间的相似性，运用组平均距离法测量聚类之间的相似性。测量观察值相似性之所以使用匹配系数（而不使用杰卡德系数），理由是两个客户的 4 个 0 – 1 变量中任何一个都记录的是 0，这也意味着存在着某种程度的相似性。比如，没有办理过抵押的两位客户，说明他们两个都没有与抵押有关的重大债务。

使用匹配系数测量观察值之间的相似性，运用组平均距离聚类法测量聚类之间的相似性，由此得到了层次聚类的树状图，见图 4-3。

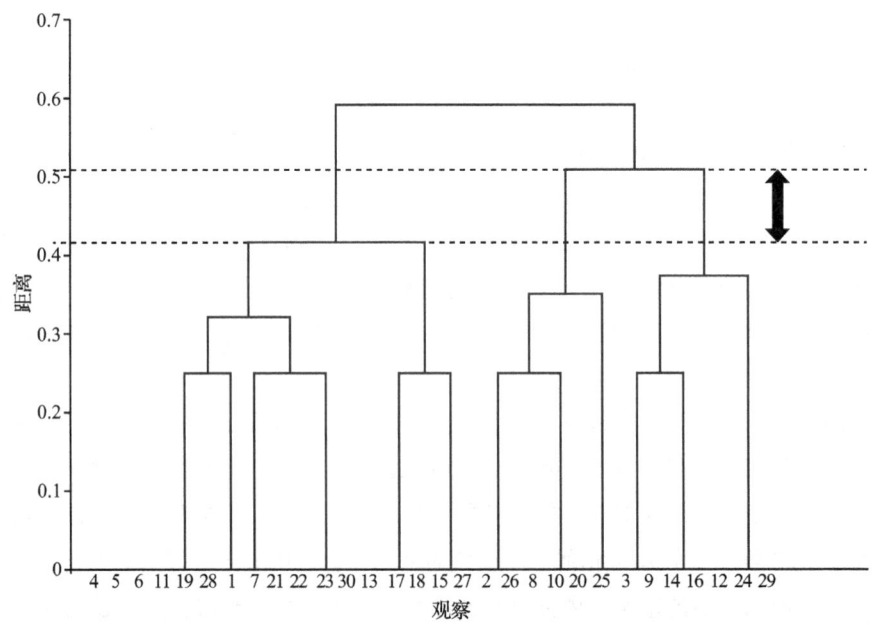

图 4-3 运用匹配系数和组平均距离聚类法的 KTC 问题树状图

图 4-3 中，横轴是观察的索引，纵轴是来自两个不同组观察合并的不相似性（距离）值，横线表示两个（或多个）类的合并，构成合并后类的观察用在竖线上的横线连接起来。

位于横轴上加粗的横线连接着观察 4、5、6、11、19、28，表示这 6 项观察被分在同一组中，被划在不相似性为 0 的类。这个类的不相似性为 0，是因为该 6 项观察在性别、婚姻、贷款、抵押变量上存在相同的观察值：都是已婚女性，没有贷款，没有抵押。在类 {4,5,6,11,19,28} 后面，还有一个类，这个类中只有唯一的一项观察即观察 1，因此对类 {4,5,6,11,19,28} 和类 {1} 进行合并，其不相似性为 0.25，这是因为在 4 个属性变量中，观察 1 与类 {4,5,6,11,19,28} 存在 1 个变量不一样：观察 1 是未婚女性，没有贷款，没有抵押。

为了说明树状图在什么层次处聚合，我们来看看图 4-3 中的虚线。图 4-3 中下面的虚线与垂直分支相交三次，每个交点相当于一个聚类，它包含着由垂直分支连接的观察。由图 4-3 可知，三个聚类分别是：

聚类 1：{4,5,6,11,19,28,1,7,21,22,23,30,13,17,18,15,27}
　　　　= 性别不易区分出规则，17 项观察中有 15 个已婚，都没有贷款，17 项观察
　　　　　中只有 5 个办理过抵押

聚类 2：{2,26,8,10,20,25}
　　　　= 办理过汽车消费贷款的所有男性，6 人中 5 人已婚，6 人中 2 人办理过抵押

聚类 3：{3,9,14,16,12,24,29}
　　　　= 办理过汽车消费贷款的所有女性，7 人中 4 人已婚，7 人中 5 人办理过抵押

上述三个聚类把 KTC 的客户划分成了三组，在从事金融业务的时候，需要考虑这些重要的因素，从管理层级上要做到各司其职。

嵌套式的层次聚类，可供 KTC 公司辨别不同的聚类数，并评估（经常从定性的角度）可能的影响。在树状图中，沿着纵轴上下移动水平线，通过观察水平线与垂直分支的相交情况，数据分析人员可以获得不同的聚类数。在图 4-3 中，水平线移动到上面的虚线时，聚类 2、聚类 3 和聚类 1 被合并成一个大类，这时候的不相似度更大。聚合点之间的垂直距离，是合并类后的"代价"，因为它降低了类内的同质性。由此可见，垂直地向上延伸虚线，意味着更多不相似的类被合并起来；反之，垂直地向下压缩虚线，合并后的类其类内的相似度更高。聚类的持久性（或长度），可以通过原来聚类的距离值与合并了另外类之后的距离值之间的差来反映。图 4-3 中，聚类 {12,24,29}（单身女性、办理过贷款和抵押业务）显示了很长的持久性，因为在与另外的类合并之前，该聚类的垂线很长。

## 4.1.3　$k$ 均值聚类

在 $k$ 均值聚类中，分析人员必须确定聚类的数目 $k$。根据问题的情境分析，尚不能明确地确定聚类数目 $k$，那么 $k$ 均值聚类算法可以用几个不同的 $k$ 值不断进行尝试。在既定的 $k$ 值下，$k$ 均值算法会将观察值随机分成 $k$ 个类。所有观察值都被划分进类后，由此产生的聚类，需要计算出其重心（这些聚类重心是 $k$ 均值聚类的"均值"）。使用更新后的聚类重

心，所有观察值被重新划分进离重心最近的类（一般采用欧氏距离）。重复该过程（计算聚类重心，将观察值分配到距离重心最近的类），直到聚类不再改变或到达了指定的最大重复次数。

作为一种无监督学习方法，聚类分析不受任何明确的准确性测量指导，因此名义上"好的"聚类是主观的，它依赖于分析人员希望聚类分析能揭示什么样的东西。无论如何，可以通过对比一个聚类中的平均距离和聚类重心间的距离来测量聚类的强度。获得有用的聚类的经验法则是，类间距离（用类重心之间的距离来测量）和聚类距离均值的比值应当超过 1.0。

为说明 $k$ 均值聚类，我们用表 4-1 的资料为例进行 3 均值聚类，具体结果见图 4-4。

图 4-4 是根据变量的原始观察资料绘制的，但在做聚类分析的时候，我们一般首先要对观察资料进行标准化（标准正态性）处理。

图 4-4 中的圆圈表示聚类的重心。

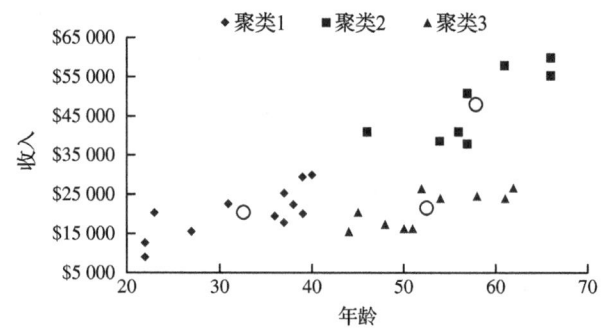

图 4-4　对年龄与收入进行 3 均值聚类

图 4-4 显示了以客户收入和年龄为基础的 3 个聚类，其中：聚类 1 的特征是，客户年龄相对较年轻，收入较低（聚类 1 的重心位于 [33, 20 364 美元]）；聚类 2 的特征是，客户年龄相对较大，收入较高（聚类 2 的重心位于 [58, 47 729 美元]）；聚类 3 的特征是，客户年龄偏大，收入偏低（聚类 3 的重心在 [53, 21 416 美元]）。与图 4-4 的图像表示相同，表 4-2 展示了聚类 2 是最小且最异质的聚类，聚类 1 是最大的聚类，聚类 3 是最同质的聚类。

为了说明类与类彼此之间的区别，表 4-3 给出了类与类之间的重心距离。

表 4-2　聚类内的平均距离

| | 观察值数目 | 观察值间的平均距离 |
| --- | --- | --- |
| 聚类 1 | 12 | 0.622 |
| 聚类 2 | 8 | 0.739 |
| 聚类 3 | 10 | 0.520 |

表 4-3　聚类重心间的距离

| | 聚类 1 | 聚类 2 | 聚类 3 |
| --- | --- | --- | --- |
| 聚类 1 | 0 | 2.748 | 1.529 |
| 聚类 2 | 2.748 | 0 | 1.964 |
| 聚类 3 | 1.529 | 1.964 | 0 |

表 4-2 和表 4-3 是根据观察资料标准化值计算的，这主要是为了消除观察资料的数值大小和计量单位可能带来的干扰。

由表 4-3 可以看出，聚类 1 和聚类 2 间的差距最大。为比较聚类的强度，我们把类内的平均距离（见表 4-2）与类间的平均距离（见表 4-3）做个比较。尽管聚类 2 的异质性最大，类内观察值间的平均距离达到 0.739，但相比于聚类 2 和聚类 3 重心之间的距离（1.964），表明聚类 2 中的观察值接近于聚类 2 的重心，要比接近于聚类 3 重心大 2.66 倍。总之，类间重心距离与类内平均距离之比越大，观察值被聚在某类就越清晰。虽然在评价聚类的时候，定性分析应该优先考虑，但类间重心距离与类内平均距离之间的比率，可作为确定 $k$ 均值聚类中 $k$ 的取值的重要指导。

### 4.1.4　分层聚类与 $k$ 均值聚类的比较

如果拥有的数据集较小（小于 500 个观察值），而且想方便地以逐渐提升的聚类数检查求解结果，这时可以采用分层聚类办法。如果还想观察聚类是如何嵌套的，使用分层聚类也很方便。不过，分层聚类对异常值十分敏感，如果从既定的数据集中删除（或增加）观察资料，那么聚类可能会发生非常大的变动。如果想得到多少个聚类，并且拥有的数据集比较大（多于 500 个观察值），这时可以选择 $k$ 均值聚类。$k$ 均值聚类能对观察值做分割处理，所以如果想用 $k$ 个"平均"的观察值对观察资料进行汇总描述，$k$ 均值聚类可能比较合适。由于 $k$ 均值聚类过程中多半采用欧氏距离，因此对 0-1 数据或顺序数据采用 $k$ 均值聚类，原则上是不适合的。

●━○━●━○━● 注释与点评 ●━○━●━○━●

对既有数量变量的数值性观察又有属性变量的非数值性观察（混合数据）进行聚类，可能是件比较棘手的事。数量变量观察资料的不相似性计算，通常使用欧氏距离。然而，欧氏距离并不是针对属性变量定义的，更何况两个属性值的欧氏距离计算结果完全取决于怎样对属性变量实施数量化编码。解决混合数据的聚类问题，现在有了许多量身打造的方法，本书不做过多介绍。

对混合数据聚类，利用本节所介绍的方法，有两种变通处理的做法。

第一种做法：分两步完成。第一步，对数据中包含的属性变量资料实施分层聚类，在这一步中运用合适的测量方法（匹配系数、杰卡德系数）进行聚类，以获得一系列"初步的"类。第二步，对第一步得到的"初步的"类中对应的数值变量，再运用 $k$ 均值聚类法（或分层聚类法）聚类。这种将观察值分解成数值型和属性型资料进行的聚类，并不是万无一失的，但确实给数据分析人员辨别带有两种类型变量的观察值之间的相似或不相似提供了解决的思路。

第二种做法：对属性变量进行数字编号（比如，0-1 编码、顺序编码），然后不分属性值和数量值都进行标准化变换。为体现变量之间的相对重要性，可以通过试验对变量赋予不同的权重，再运用 $k$ 均值聚类法或分层聚类法进行聚类。不过这种做法带有很强的尝试色彩，变量权重的确定往往有一定的主观性。

## 4.2　关联规则

在市场营销中，分析消费者行为能带来对产品定位与促销方式更深刻的认识。市场营销人员尤其对消费者购物交易数据感兴趣，因为这能帮助识别被顺带一起购买的产品。条形码扫描仪的广泛使用，有助于收集零售交易数据；消费者忠诚度计划实行的会员制，可以更进一步地把交易与具体顾客联系起来。这一节我们讨论如何构建假设陈述（if-then）。假设陈述被称为**关联规则**，表示特定商品被同时购买的可能性。虽然关联规则是**购物篮分析**中的重要工具，但它除了市场营销领域外还适合其他领域，比如运用关联规则可以帮助医疗研究人员了解对特定病人症状开出了哪些药（以及产生了哪些影响）。

海威（Hy-Vee）杂货店想了解其顾客购买模式，以便改善过道商品摆放和跨商品的促销。表4-4是相关的数据资料，其中每个交易是到海威杂货店的消费者一次购买的商品品类。

表4-4中的数据是用商品罗列的方式呈现的，也就是说，每笔交易列示了所购商品的名称。我们还可以用0-1矩阵的方式来表达，该矩阵中每一行是交易记录，每一列分别为不同的商品，当交易中购买了某种商品用1表示，没有购买这种商品用0表示。此外，还可以采用堆积方式存储数据，每一行是一个有序对，其中第一项是交易编号，第二项是商品。

表4-4 购物车交易信息

| 交易编号 | 购物车 |
|---|---|
| 1 | 面包、花生酱、牛奶、水果、果冻 |
| 2 | 面包、果冻、苏打水、马铃薯片、牛奶、水果、蔬菜、花生酱 |
| 3 | 生奶油、水果、巧克力酱、啤酒 |
| 4 | 牛排、果冻、苏打水、马铃薯片、面包、水果 |
| 5 | 果冻、苏打水、花生酱、牛奶、水果 |
| 6 | 果冻、苏打水、马铃薯片、牛奶、面包、水果 |
| 7 | 水果、苏打水、马铃薯片、牛奶 |
| 8 | 水果、苏打水、花生酱、牛奶 |
| 9 | 水果、奶酪、乳酪 |
| 10 | 乳酪、蔬菜、啤酒 |

从表4-4中，我们可以看到关联规则的一个示例，就是"假如{面包，果冻}，那么{花生酱}"，意思是说"一次购物中买了面包和果冻，那么在这次购买中也会有花生酱"。与规则if部分有关的商品集{面包，果冻}被称为**前提**，与规则then部分相应的商品集{花生酱}被称为**结果**。

只有那些结果包含单一商品的关联规则才被特殊考虑，这是因为这些规则更有可控性。虽然可能得到的关联规则数量有时会很多，但我们只关注前提商品和结果商品频繁地同时发生的关联规则。为规范"频繁"的概念，我们定义商品集的**支持度**为数据中包括该商品集的交易次数。在表4-4中{面包，果冻}的支持度是4。关联规则的潜在影响往往被其可能影响的交易数量所支配。我们来考察一下表4-4给出的一个规则："如果{面包，果冻}，那么{花生酱}"，这样{面包，果冻，花生酱}的支持度是2。仅考虑牵涉具有最小水平支持度的商品集的规则，通常能避免无法解释的情况。根据经验法则，仅仅考虑支持度至少占整个交易数20%的关联规则。如果某个商品集特别有价值，并且代表着赚大钱的机会，这时候用于筛选关联规则的最小支持度还可以再低些。

为帮助识别可靠的关联规则，我们来定义关联规则**信度**的度量指标，具体计算公式如下：

$$信度 = \frac{\{前提和结果\}的支持度}{前提的支持度}$$

该度量指标可以被看作当前提商品集发生时，结果商品集发生的条件概率。较高的信度值，表示关联规则中的前提成立时，结果往往也成立。但是高信度也可能造成误解，比如结果的支持度高,也就是对应"那么"部分的商品集很频繁,那么即使商品集之间很少甚至没有关联,关联规则的信度也可能很高。在表 4-4 中,规则"如果 {奶酪},那么 {水果}"的信度是 1.0(或 100%)。这是一种误导,因为 {水果} 是频繁的商品,几乎任何以 {水果} 为结果的规则信度都会很高。因此,为了评估关联规则的有效性,我们通过考虑结果的频率来计算规则的**提升比**(lift ratio)。

$$\text{提升比} = \frac{\text{信度}}{\text{结果支持度} / \text{交易总数}}$$

由上式可知,信度是提升比的分子,它是前提商品集发生条件下结果商品集发生的概率。提升比的分母是随机选择的包含了结果商品集交易的概率。因此,提升比反映了关联规则在识别是结果商品集出现还是随机选择交易时的效果。大于 1 的提升比例,表明规则是有用的,而且当结果事件发生时,这比完全没有规则更易辨别事件。也就是说,大于 1 的提升比表明前提和结果的关联水平,比这些事件相互独立时所期望的关联水平更高。

表 4-4 中的数据表明,对规则"假如 {面包,果冻},那么 {花生酱}",其信度 = 2/4 = 0.5,提升比 = 0.5/(4/10) = 1.25。换句话说,认为一个购买了面包和果冻的顾客也购买了花生酱,比仅仅猜测一个随机的顾客购买了花生酱要好 25%。

关联规则的使用,既依赖于支持度也依赖于提升比。虽然提升比高表明规则对发现结果何时发生很有效,但如果支持度较低,该规则可能并不像另一个有更低提升比例但影响大量交易数(由高支持度表示)的规则有效。然而,具有高提升比、低支持度的关联规则,如果结果代表了非常有价值的机会,这样的关联规则可能仍然有用。

根据表 4-4 中的数据,表 4-5 列示了提升比至少是 1.39、符合最小支持度的 4 次交易(全部 10 次)、最低信度 50% 的关联规则。表 4-5 上方的关联规则表明面包、水果、果冻是常见的关联规则。再比如,表 4-5 中第 4 个规则表明,"假如购买了水果、果冻,那么也会购买面包"。据此,海威杂货店或许会考虑促销、商品布置,以利用这个感知到的关系。

表 4-5 海威杂货店的关联规则

| 前提(A) | 结果(C) | A 支持度 | C 支持度 | A 和 C 支持度 | 信度(%) | 提升比 |
| --- | --- | --- | --- | --- | --- | --- |
| 面包 | 水果、果冻 | 4 | 5 | 4 | 100.0 | 2.00 |
| 面包 | 果冻 | 4 | 5 | 4 | 100.0 | 2.00 |
| 面包、水果 | 果冻 | 4 | 5 | 4 | 100.0 | 2.00 |
| 水果、果冻 | 面包 | 5 | 4 | 4 | 80.0 | 2.00 |
| 果冻 | 面包 | 5 | 4 | 4 | 80.0 | 2.00 |
| 果冻 | 面包、水果 | 5 | 4 | 4 | 80.0 | 2.00 |
| 水果、马铃薯片 | 苏打水 | 4 | 6 | 4 | 100.0 | 1.67 |
| 花生酱 | 牛奶 | 4 | 4 | 6 | 100.0 | 1.67 |
| 花生酱 | 牛奶、水果 | 4 | 6 | 4 | 100.0 | 1.67 |
| 花生酱、水果 | 牛奶 | 4 | 6 | 4 | 100.0 | 1.67 |
| 马铃薯片 | 水果、苏打水 | 4 | 6 | 4 | 100.0 | 1.67 |
| 马铃薯片 | 苏打水 | 4 | 6 | 4 | 100.0 | 1.67 |
| 水果、苏打水 | 马铃薯片 | 6 | 4 | 4 | 66.7 | 1.67 |
| 牛奶 | 花生酱 | 6 | 4 | 4 | 66.7 | 1.67 |
| 牛奶 | 花生酱、水果 | 6 | 4 | 4 | 66.7 | 1.67 |

(续)

| 前提（A） | 结果（C） | A支持度 | C支持度 | A和C支持度 | 信度（%） | 提升比 |
|---|---|---|---|---|---|---|
| 牛奶、水果 | 花生酱 | 6 | 4 | 4 | 66.7 | 1.67 |
| 苏打水 | 水果、马铃薯片 | 6 | 4 | 4 | 66.7 | 1.67 |
| 苏打水 | 马铃薯片 | 6 | 4 | 4 | 66.7 | 1.67 |
| 水果、苏打水 | 牛奶 | 6 | 6 | 5 | 83.3 | 1.39 |
| 牛奶 | 水果、苏打水 | 6 | 6 | 5 | 83.3 | 1.39 |
| 牛奶 | 苏打水 | 6 | 6 | 5 | 83.3 | 1.39 |
| 牛奶、水果 | 苏打水 | 6 | 6 | 5 | 83.3 | 1.39 |
| 苏打水 | 牛奶 | 6 | 6 | 5 | 83.3 | 1.39 |
| 苏打水 | 牛奶、水果 | 6 | 6 | 5 | 83.3 | 1.39 |

虽然支持度、信度和提升比例这些明确的测量值能帮助筛选关联规则，但一个关联规则的好坏，最终要以其可执行性和解释商品集之间关系的好坏来判断。例如，沃尔玛通过挖掘交易数据发现很强的关联规则，"如果一个消费者购买了芭比娃娃，那么该消费者也购买了巧克力棒糖"。沃尔玛于是在商品摆放、广告和促销中利用这样的关系，例如在芭比娃娃货架旁放置巧克力棒糖横幅。然而我们必须要认识到，关联规则分析往往会得到显而易见的关系，如"如果消费者购买汉堡包，那么他也会购买汉堡面包"，该关联规则是事实，但并不能提供新的认知。支持度比较弱的关联规则，往往是无法解释的。一个有用的关联规则，必须能被很好地支持并能解释重要的未知关系。为提高关联规则的支持，可以使其基于不甚明确的前提和结果商品集。不幸的是，基于不甚明确商品集的关联规则往往缺乏洞察力。对此，通过将商品整合进更一般的类别（或者把商品分割成更具体的类别）进行数据调整，以使商品以大致相同的购买数目出现，往往能产生更好的关联规则。

## 4.3 文本挖掘

作为社交网站的推特（Twitter），每天大概有5亿条帖子被发布。不要小看这些帖子，它们也许包含有这些推特用户对企业产品和服务看法的蛛丝马迹。某些帖子可能为产品叫好，另一些帖子或许埋怨服务的质量低。而且这些推特用户后面还跟着人数不等的粉丝（少则几个，多则成千上万），因此推特用户产生的影响是不可小觑的。那些擅长数据分析的公司，可能会利用社交媒体数据改善它们的产品和服务。像亚马逊（Amazon）、业普（Yelp，美国最大的点评网站）这些网站上的点评，为企业的产品和服务提供了客户感受的数据。

然而，点评这样的数据不是数字化的，它们是文本：单词、短语、句子、段落。如同数字化的数据，文本也含有信息，可以帮助人们解决问题并做出更好的决策。**文本挖掘**是从文本数据中汲取有用信息的过程。这一节我们将介绍文本挖掘，讲解文本挖掘与数字资料挖掘之间的区别，以及怎样利用文本数据进行决策。

文本资料通常是**非结构化数据**，因为它们是以原生态的形式存在的，不能使用传统结构数据库（既有行也有列）进行存储。音频和视频也是一类非结构化数据。相比于传统的数字化数据挖掘，对文本资料进行数据挖掘是极富挑战的事，因为它需要做出更多的预处理工作，以把文本转换成适合分析的格式。不过，一旦文本数据被转换成数字资料，对文本资料进行描述性挖掘的数据分析方法，便与数字资料描述性挖掘分析方法没有什么差别了。接下来，我们先从一个简单的例子开始，介绍如何把文本资料转换成数字化数据并进行分析，再讲解深入一点的文本挖掘范畴和预处理方法。

### 4.3.1 三联航空航班顾客之声

三联航空是一家地区通勤航空公司，搞了一场顾客之声活动，请乘坐航班的顾客在飞行结束后用电子邮件反馈自己的意见，包括对航班各个方面的评价，并提出个人的意见和建议。

在电子邮件调查中，除了评价的打分外，对反馈邮件中的意见和建议也需要进行分析，以便三联航空能更好地掌握顾客具体关心的事情，并用恰当的方式答复。对此，我们从顾客回复邮件中抽取一个小样本作为训练集，据此讲解描述性文本挖掘是怎么运用的。

一般来讲，被分析的文本文件可称为**语料库**。在三联航空的例子中，语料库由10个文件组成，每个文件都是顾客给出的他们关心的事情（见表4-6）。

三联航空公司的管理人员希望对顾客的意见进行分类，然后安排专门人手解决顾客所反映出来的问题。

为了进行分析，需要把文本资料转换成结构化数据（有行和列的数字数据），这样才能运用描述统计、数据可视

表4-6　三联航空受试者关心的事情

| |
|---|
| Wi-Fi 比较糟糕，不仅速度慢而且有时会中断 |
| 座位不舒服 |
| 航班不明理由延误了2小时 |
| 座位不能向后倾 |
| 售票员很粗鲁，服务态度糟糕 |
| 班机上的乘务员粗鲁，服务态度糟糕 |
| 航班延误了，没有得到解释 |
| 前排乘客把座位靠背往后倾斜时，把饮料弄洒了 |
| 航班被取消了 |
| 座位扶手较脏 |

化、数据挖掘方法。为此，我们可以这样考虑把文件转换成有行有列的矩阵形式，每一行对应着一个文件，每一列对应着一个具体的单词。在三联航空的例子中，每个文件是某个回复邮件人的意见，文件中的关键词在列中列示。这样一来，在**出现或没出现（或0-1）关键词-文件矩阵**中，有行反映着文件、列代表着各个单词，矩阵中的元素表示的是某个具体的单词出现或没有出现在相应的文件中（如果相应的关键词出现用1表示，要是没有就用0表示）。

构建用于出现/不出现矩阵中的关键词清单，可能是件复杂的事情。如果关键词多，矩阵的列数必然也多，而太多列的矩阵不但不好处理，有可能还会产生无意义的结果。相反，太少的关键词有可能会错失重要的关系。通常根据问题的具体背景，以出现频率的多少来确定关键词。对此，下面我们还会详细说明。在三联公司的例子中，管理人员根据单词出现的次数，并结合满足顾客的需要，从能够将顾客反馈意见进行较好分类的角度，提出如下7个关键词：延误（航班延误）、飞行、糟糕、倾斜（座位靠背倾斜）、粗鲁（态度粗鲁）、座位（座位问题）、服务。

如表 4-7 所示，7 个关键词各自占用着出现或没出现关键词 – 文件矩阵中的一列，每一行对应着一个文件，共 10 行。矩阵中的每个元素，表明相应行中列的关键词在文件中是否出现。比如，第一行第三列的元素 1，表明"糟糕"这个关键词出现在文件 1 中；第三行第四列的元素 0，说明关键词"倾斜"没在文件 3 中出现。

表 4-7　三联航空文件中出现或没出现关键词 – 文件矩阵

| 文件编号 | 关键词 | | | | | | | 文件编号 | 关键词 | | | | | | |
|---|---|---|---|---|---|---|---|---|---|---|---|---|---|---|---|
| | 延误 | 飞行 | 糟糕 | 倾斜 | 粗鲁 | 座位 | 服务 | | 延误 | 飞行 | 糟糕 | 倾斜 | 粗鲁 | 座位 | 服务 |
| 1 | 0 | 0 | 1 | 0 | 0 | 0 | 1 | 6 | 0 | 1 | 0 | 0 | 1 | 0 | 1 |
| 2 | 0 | 0 | 0 | 0 | 0 | 1 | 0 | 7 | 1 | 1 | 0 | 0 | 0 | 0 | 0 |
| 3 | 1 | 1 | 0 | 0 | 0 | 0 | 0 | 8 | 0 | 0 | 0 | 1 | 0 | 1 | 0 |
| 4 | 0 | 0 | 0 | 1 | 0 | 1 | 0 | 9 | 0 | 1 | 0 | 0 | 0 | 0 | 0 |
| 5 | 0 | 0 | 1 | 0 | 1 | 0 | 1 | 10 | 0 | 0 | 0 | 0 | 0 | 1 | 0 |

一旦把文本转换成数字数据，我们就可以对其进行聚类。在三联公司的事例中，由于采用的是二进制 0 – 1 表示关键词，所以可以使用层次聚类分析。由于两个不同文件中某个关键词没有出现，并不暗指这两个文件具有相似性，因此我们需要使用杰卡德系数测量各个文件的相似性。为测量两个类间的相似性，我们采用了最长距离聚类法。在聚类数目为 3 的水平下，层次聚类法将文件分成以下 3 个组别：

聚类 1　{1, 5, 6} = 讨论服务问题的文件

聚类 2　{2, 4, 8, 10} = 讨论座位问题的文件

聚类 3　{3, 7, 9} = 讨论航班问题的文件

根据上述界定划分的三个聚类，三联公司可以安排专门人手对关心相关问题的顾客直接做出解释。

### 4.3.2　文本数据的预处理

一般来讲，文本挖掘过程包括两个部分：一是将非结构化文本转换成数值化数据；二是数量分析方法的运用。在三联公司的例子中，我们把文本文件转换成关键词 – 文件矩阵，然后运用层次聚类分析得到了顾客意见（及其出现的频数）的不同类型。接下来，我们将对用词以及文本资料的预处理进行更为详细的讨论。

把文件转换成关键词 – 文件矩阵不是一件轻而易举的事。显然，选择什么样的关键词，对后续的分析会带来非常大的影响。将文本划分成一个个词汇的过程叫作**标记化**，也可称为做记号。识别标记不是那么简单，首先符号和音标必须要从文件中移除，所有的字母都必须采用小写，例如，"Awesome！""awesome""#Awesome"一律写成"awesome"。与此做法类似，同一单词的不同时态不要考虑，把它们当作不存在差别的单词，例如，"stacking""stacked""stack"一律当成"stack"。也就是**词干化**（stemming），把单词转换成它的词干或词根，就是统统去掉"ing""ed"的过程，这样做的目的是便于搜索。

预处理的目标是产生一个最相关而充分小的词语清单，这样才便于分析。除了词干化，对多次出现的单词，也需要从标记中清除。例如，某个词干在语料库中的每个文件都频繁地出现，那可能说明该词干没有用途，可以删掉不做考虑。"the"就是一个常见的例

子，它是不具有信息的单词。同样地，出现频率非常低的单词标记出来也不会有太大的用途。减少标记的另外一种方法就是把具有相同意思的一组词用一个词代表，例如，"courteous""cordial""polite"，最好用同一标记表达，可以都标记成"polite"。

除了自动词干化和依据频率、同义词进行文本减小外，大多数文本挖掘软件都会让用户手动确定需要把哪些词汇包含进标记，哪些不。另外，俚语、俏皮用语、挖苦用词，可能会带来解释问题，需要采用更复杂的数据清洗技术，甚至需要进行主观干预，以避免可能产生的误解。

数据预处理把原始的文本资料从语法上描述成一系列与研究主题有关的标记。基于这些标记，视其存在与否，我们就能得到表4-7那样的出现或没出现关键词－文件矩阵。

如果语料库中的文件含有许多单词，联系到商务活动的情境，频繁出现的词汇有重要价值，对此类研究问题的预处理，可以采用**频数词汇－文件矩阵**。该矩阵中，行代表不同的文件，列代表标记，矩阵中的元素是每个标记在每个文件中出现的频数。

### 4.3.3 影评

一部新的动作片已经发行，从影评人那里采集到了10条评论。通过采用同义词归一的预处理技术，我们将标记数减少到两个："精彩""惊险"。频数词汇－文件矩阵见表4-8。

在表4-8中，标记"精彩"在文件7中出现了4次。浏览表4-8我们可以看出，文件中标记出现的最大频数是5，最小频数为0。

基于表4-8的资料，我们可以使用$k$均值聚类分析方法，这里假定$k=2$，得到的聚类结果见图4-5。

由图4-5可知，聚类1包含的影评倾向于负面，聚类2中的影评多半属于正面。文件4中的观察（3,3）既无正面评价也无负面评价，属于中立观点，基于小语料库，中立观点更相似于正面评价，因此我们认为负面影评或许倾向于极端。

表4-8　频数词汇－文件矩阵

| 文件 | 关键词 | | 文件 | 关键词 | |
|---|---|---|---|---|---|
| | 精彩 | 惊险 | | 精彩 | 惊险 |
| 1 | 5 | 0 | 6 | 0 | 5 |
| 2 | 5 | 1 | 7 | 4 | 1 |
| 3 | 5 | 1 | 8 | 5 | 3 |
| 4 | 3 | 3 | 9 | 1 | 3 |
| 5 | 5 | 1 | 10 | 1 | 2 |

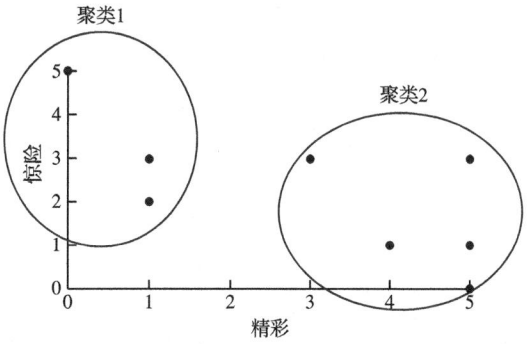

图4-5　影评的$k$均值聚类

1. 关键词－文件矩阵有时又被叫作文件－关键词矩阵。
2. 除了0－1关键词－文件矩阵、频数关键词－文件矩阵，还有各种各样非常复杂的关键词－文件

矩阵用于非结构文本数据的预处理。这些方法使用的是频数测量，而不是简单的计数，包括对数尺度的频数、倒数文件频数、关键词频数－倒数文件频数（TF-IDF）。
3. 把单词转换成小写字母的过程，相当于对关键词进行标准化。
4. 聚类或分类评述为正面、负面或中立，常被看作情绪分析。

## 本章小结

　　本章介绍了描述性数据挖掘方法及其相关概念。我们首先说明了怎样测量观察值之间的相似性，然后讲解了基于相似性对观察值进行分组的两个不同方法，即层次聚类分析和 $k$ 均值聚类分析。层次聚类分析一开始把每个观察当成一类，再通过具体的聚类方法，不断迭代聚合类。在 4.1.2 节，我们介绍了层次聚类的几种不同的方法，并对它们的特征进行了说明。在 $k$ 均值聚类的介绍中，需要注意的是，采用 $k$ 均值聚类首先需要确定聚类数目 $k$ 的取值，观察值划在哪一类需要保证类内的不相似性最小。在 4.1 节的结尾，我们还对层次聚类与 $k$ 均值聚类做了对比分析。

　　在 4.2 节，我们着重讨论了关联规则，并说明了怎样运用关联规则识别交易活动尤其是零售数据中存在的模式。为了讲清楚关联规则，我们界定了支持度、信度、提升比等概念，在此基础上借助例子讲解了利用关联规则探寻可操作的认知。

　　在 4.3 节，我们主要介绍了文本挖掘的有关问题。对采集到的文件，要把大的单词集通过预处理方法过渡到比较小的标记集。此后，需要将标记了的文本资料转换成出现或没出现关键词－文件矩阵，或者频数关键词－文件矩阵。这一节我们讲解了对于 0－1 关键词－文件矩阵如何实行层次聚类，对于频数关键词－文件矩阵如何运用 $k$ 均值聚类。通过这些方面的工作，对给定的文本资料，我们也是能获得认识的。

## 关键术语

**前提（antecedent）**：对应假设陈述（if-then）关联规则的 if（如果）部分的商品集。
**关联规则（association rules）**：描述商品集间关系的如果－那么（if-then）的陈述。
**0－1 关键词－文件矩阵（binary term-document matrix）**：行代表文件，列代表单词，列中的元素表示相应文件中某个具体单词出现或没有出现（出现＝1，没有出现＝0）的矩阵。
**重心聚类法（centroid linkage）**：一种计算类与类之间不相似性的方法，其做法是只考虑两个类重心之间的距离。
**最长距离法（complete linkage）**：通过只考虑两个聚类中差异最大的两个观察值，计算得出的聚类间不相似性的测量指标。
**信度（confidence）**：给定前提发生时，关联规则的结果发生的条件概率。
**结果（consequent）**：对应假设陈述（if-then）关联规则的 then（那么）部分的商品集。
**语料库（corpus）**：被分析的文本文件的集合。
**树状图（dendrogram）**：用于说明由分层聚类生成的嵌套式聚类顺序的树形图。
**欧氏距离（Euclidean distance）**：依据勾股定理反映观察值间相异性的几何度量。

频数词汇 – 文件矩阵（frequency term-document matrix）：该矩阵中，行代表不同的文件，列代表标记，矩阵中的元素是每个标记（关键词）在每个文件中出现的频数。

组平均连接法（group average linking）：通过考察两个类中每对观察值之间的距离，计算得出的聚类间不相似性。

分层聚类（hierarchical clustering）：根据相似性将观察值聚合成一系列嵌套组的过程。

杰卡德系数（Jaccard coefficient）：通过观察值反映两属性变量相似性的指标，仅考虑非零记录的匹配。

$k$ 均值聚类（k-means clustering）：根据相似性（一般用欧氏距离反映）将每个观察值分入 $k$ 个组中的过程。

提升比（lift ratio）：数据挖掘模型的效果与随机选择效果之间的比率。对具体的关联规则，提升比是在结果符合前提条件的交易中结果出现的概率与随机选择的交易结果出现概率之间的比值。

购物篮分析（market basket analysis）：对交易中（如购物）同时频繁出现的商品的分析。

市场细分（market segmentation）：把具有相同特征的客户划分在一个组中，从而可以对同一组中的客户采用定制化的策略。

匹配系数（matching coefficient）：通过观察值反映属性变量间相似性的指标。

相似法（McQuitty method）：相似法的做法是，合并后的类 AB 对其他任何类 C 的不相似性，其计算方法为（类 A 和类 C 之间的不相似性＋类 B 和类 C 之间的不相似性）/2，在每次合并类的时候，使得新的被合并的类与所有其他类总的不相似性增加得最小。

中位数聚类法（median linkage）：在计算两个聚类所有成对观察值相似性的基础上，取其中位数作为聚类的依据。

观察值（observation）：又叫记录（record），与单一对象相关的一组变量观察到的取值，经常呈现为电子数据表或数据库的一行。

出现或没出现关键词 – 文件矩阵（presence/absence term-document matrix）：是一个矩阵，该矩阵的行代表文件、列代表单词，矩阵中的元素表示的是某个具体的单词出现或没有出现在相应的文件中（如果相应的关键词出现用 1 表示，没有就用 0 表示）。

最短距离法（single linkage）：通过只考虑两个聚类中最相近的两个观察值，计算得出的聚类间不相似性的测量指标。

词干化（stemming）：把单词转换成它的词干或词根。

支持度（support count）：交易数据集中商品组合发生的次数。

文本挖掘（text mining）：从文本资料中汲取有用信息的过程。

标记化（tokenization）：将文本划分成一个个词汇的过程，也可称为做记号（tokens）。

无监督学习（unsupervised learning）：一类数据挖掘技术，在该类技术中，算法解释了在没有结果变量指导下的各种关系。

非结构化数据（unstructured data）：文本、音频、视频等不能使用传统结构数据库进行存储的数据。

Ward 方法（Ward's method）：使获得的聚类因聚合丢失的信息最少的方式，是分割观察值的过程。

## 复习思考题

1. 电力和天然气公用事业管理是一项重要的公共政策问题，不仅影响着消费者的选择，也影响着能源供应商的成本。为了审议公共政策，对一些能源公司采集了 8 个数量变量的数据。在分析这些数据的时候，运用欧氏距离测量相似性，并通过 Ward 法进行分层聚类，得到的树状图如下所示。如要对这些公司进行分组，试说说最合适的聚类数目是多少。

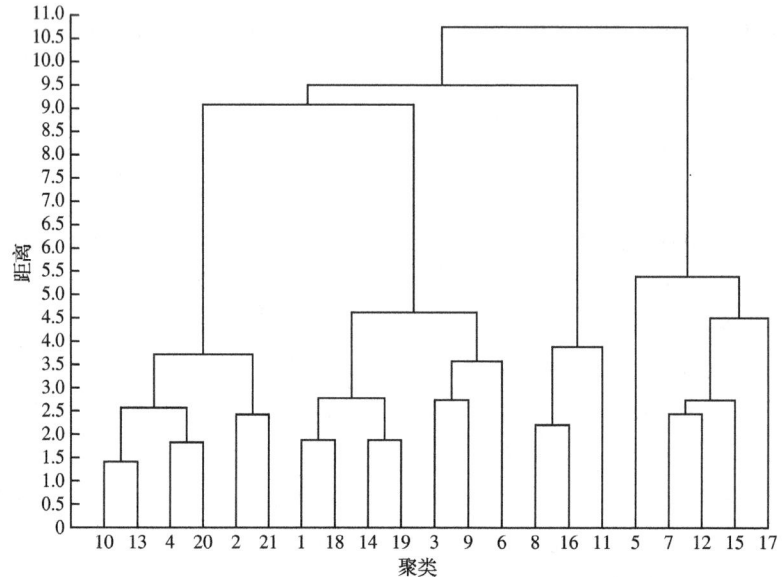

2. 为了召集政治领袖与经济学家开会讨论电力和天然气公用事业的放松管制需要，对来自公用事业公司的 8 个数量变量的数据进行了分层聚类式的分组。在分层聚类的过程中，运用欧氏距离测量相似度，采用最长距离聚类方法，得到如下的树状图。

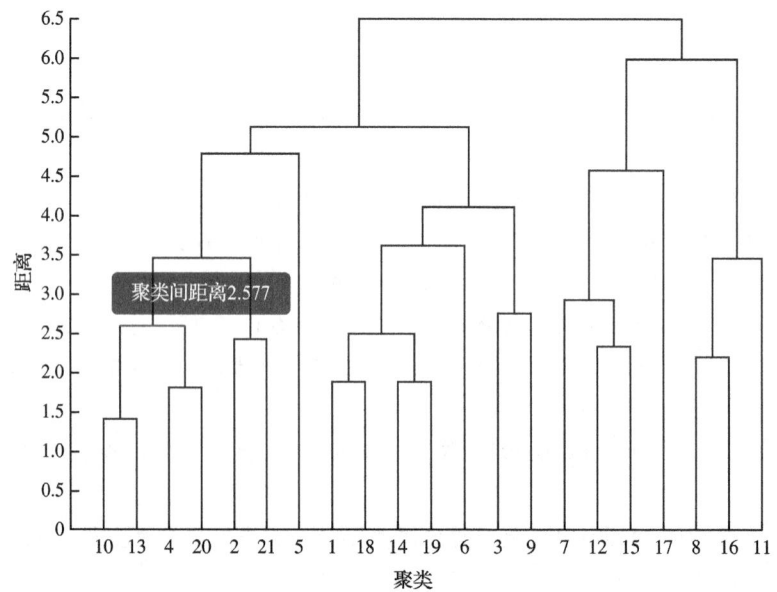

(1) 说说最合适的分类数目是多少;
(2) 假定观察10、13、4、20的数据资料如下,验证类{10,13}与类{4,20}之间的最长距离是2.577个单位。

| | 观察 | | | |
|---|---|---|---|---|
| | 10 | 13 | 4 | 20 |
| 收入或负债 | 0.032 | 0.195 | -0.510 | 0.466 |
| 回报率 | 0.741 | 0.875 | 0.207 | 0.474 |
| 成本 | 0.700 | 0.748 | -0.004 | -0.490 |
| 佣金 | -0.892 | -0.735 | -0.219 | 0.655 |
| 峰值 | -0.173 | 1.013 | -0.943 | 0.083 |
| 销售 | -0.693 | -0.489 | -0.702 | -0.458 |
| 核能占比 | 1.620 | 2.275 | 1.328 | 1.723 |
| 燃料总成本 | -0.863 | -1.035 | -0.724 | -0.721 |

3. Amanda Boleyn是一位企业家,她最近卖掉了她的初创公司获得了数百万美元的收入。现在正在物色新的投资项目,准备投资精品葡萄酒,这和其他人投资稀有硬币和艺术品的做法一样。为了给自己普及葡萄酒方面的知识,Amanda Boleyn搜集了178种葡萄酒的13个不同特征的数据。对这些数据,Amanda Boleyn分别取$k=2$、3、4做$k$均值聚类,相关结果列示如下。试据此分析选择什么样的$k$值进行分类最合适,并通过计算验证你的选择。

| | 类间距离 | |
|---|---|---|
| | 聚类1 | 聚类2 |
| 聚类1 | 0 | 3.829 |
| 聚类2 | 3.829 | 0 |

| | 类内描述 | |
|---|---|---|
| | 规模 | 平均距离 |
| 聚类1 | 94 | 3.080 |
| 聚类2 | 84 | 2.746 |
| 合计 | 178 | 2.922 |

| | 类间距离 | | |
|---|---|---|---|
| | 聚类1 | 聚类2 | 聚类3 |
| 聚类1 | 0 | 5.005 | 3.576 |
| 聚类2 | 5.005 | 0 | 3.951 |
| 聚类3 | 3.576 | 3.951 | 0 |

| | 类内描述 | |
|---|---|---|
| | 规模 | 平均距离 |
| 聚类1 | 63 | 2.357 |
| 聚类2 | 51 | 2.438 |
| 聚类3 | 64 | 2.765 |
| 合计 | 178 | 2.527 |

| | 类间距离 | | | |
|---|---|---|---|---|
| | 聚类1 | 聚类2 | 聚类3 | 聚类4 |
| 聚类1 | 0 | 2.991 | 2.576 | 4.785 |
| 聚类2 | 2.991 | 0 | 3.951 | 5.105 |
| 聚类3 | 2.576 | 3.951 | 0 | 3.808 |
| 聚类4 | 4.785 | 5.105 | 3.808 | 0 |

| | 类内描述 | |
|---|---|---|
| | 规模 | 平均距离 |
| 聚类1 | 21 | 2.738 |
| 聚类2 | 55 | 2.285 |
| 聚类3 | 51 | 2.559 |
| 聚类4 | 51 | 2.438 |
| 合计 | 178 | 2.461 |

4. Jay Gatsby 把葡萄酒划分成三类，每类的重心（描述每个类中葡萄酒的平均特征）见下表。

| 特征 | 聚类1 | 聚类2 | 聚类3 | 特征 | 聚类1 | 聚类2 | 聚类3 |
|---|---|---|---|---|---|---|---|
| Alcohol | 0.819 | 0.164 | −0.937 | Nonflavanoids | −0.595 | 0.724 | 0.009 |
| MalicAcid | −0.329 | 0.869 | −0.368 | Proanthocyanins | 0.619 | −0.778 | 0.010 |
| Ash | 0.248 | 0.186 | −0.393 | ColorIntensity | 0.135 | 0.939 | −0.881 |
| Alcalinity | −0.677 | 0.523 | 0.249 | Hue | 0.497 | −1.162 | 0.437 |
| Magnesium | 0.643 | −0.075 | −0.573 | Dilution | 0.744 | −1.289 | 0.295 |
| Phenols | 0.825 | 0.977 | −0.034 | Proline | 1.117 | −0.406 | −0.776 |
| Flavanoids | 0.896 | −1.212 | 0.083 | | | | |

最近 Jay Gatsby 发现葡萄酒的一款新品种，产自意大利的皮埃蒙特地区，具有以下特征。

| 特征 | | 特征 | | 特征 | |
|---|---|---|---|---|---|
| Alcohol | −1.023 | Phenols | 1.094 | Hue | 0.711 |
| MalicAcid | −0.480 | Flavanoids | 0.001 | Dilution | −0.425 |
| Ash | 0.049 | Nonflavanoids | 0.548 | Proline | 0.010 |
| Alcalinity | 0.600 | Proanthocyanins | −0.229 | | |
| Magnesium | −1.242 | ColorIntensity | −0.797 | | |

这款新葡萄酒划归哪一类比较合适？运用适当的计算验证你的选择。

5. Leggere 是一家互联网图书经销商，十分在意怎样更好地掌握顾客的购买行为。他们将 2 000 位顾客的交易分成以下类别：Novels（小说），Willa Bean series（维拉豆系列），Cooking Books（烹饪类图书），Bob Villa Do-It-Yourself（鲍勃·维拉自己动手），Youth Fantasy（青春幻想），Art Books（艺术类图书），Biograph（传记），Cooking Books by Mossimo Bottura（莫西摩·博图拉烹饪类图书），Harry Potter series（哈利·波特系列），Florence Art Books（佛罗伦萨艺术类图书），Titian Art Books（缇香艺术类图书）。Leggere 已经对这些数据做了关联规则分析，并希望对结果进行分析。根据最小支持度 200 次交易，最小信度 50%，下表给出了前 10 个关联规则及其提升比。

| 前提 | 结果 | A 支持度 | C 支持度 | A 和 C 支持度 | 信度 | 提升比 |
|---|---|---|---|---|---|---|
| BotturaCooking | Cooking | 227 | 862 | 227 | 100.00 | 2.32 |
| Cooking, BobVilla | Art | 379 | 482 | 205 | 54.09 | 2.24 |
| Cooking, Art | Biography | 334 | 554 | 204 | 61.08 | 2.20 |
| Cooking, Biography | Art | 385 | 482 | 204 | 52.99 | 2.20 |
| Youth Fantasy | Novels, Cooking | 446 | 512 | 245 | 54.93 | 2.15 |
| Cooking, Art | BobVilla | 334 | 583 | 205 | 61.38 | 2.11 |
| Cooking, BobVilla | Biography | 379 | 554 | 218 | 57.52 | 2.08 |
| Biography | Novels, Cooking | 554 | 512 | 293 | 52.89 | 2.07 |
| Novels, Cooking | Biography | 512 | 554 | 293 | 57.23 | 2.07 |
| Art | Novels, Cooking | 482 | 512 | 249 | 51.66 | 2.02 |

（1）表中的第一个关联规则——"假如顾客购买了博图拉烹饪图书，那么该顾客也会购买烹饪类图书"的提升比最大、信度达到 100%，为什么说这条关联规则没有任何用途？

（2）对关联规则——"假如顾客购买了烹饪和传记类图书，那么该顾客也会购买艺术类图书"，其信度 52.99%、提升比 2.20 是怎么计算出来的？并对信度和提升比的数值进行解释。

(3) 根据上表给出的规则，Leggere 能获得对顾客购买习惯的一般认识是什么？
(4) 假如 Leggere 降低最小支持度并重新进行关联规则分析，这将会对规则产生什么影响？
(5) 假如 Leggere 降低最小信度并重新进行关联规则分析，这又将对规则产生什么影响？

6. （美国）大学生体育协会（NCAA）的足球碗赛部（FBS）由上百家学校组成。这些学校的大部分属于协会或者学校联盟之一，协会和联盟彼此定期举行高校体育比赛。假设 NCAA 开展了一项研究，该研究将根据组成学校的相似性为协会的构成提出建议。数据文件 FBS 给出了足球碗赛部的学校数据，数据文件中每行是一个学校的数据，主要变量是：足球场容量、纬度、经度、体育部的收入、捐款和本科生注册人数。

(1) 对足球场容量、纬度、经度、捐款和本科生注册人数数据实施标准化处理，以调整不同变量的量值，然后进行 $k=10$ 的 $k$ 均值聚类，分析最终的聚类结果，最小的聚类是哪个？最松散的聚类（用类内的平均距离表示）是哪个？是什么致使该聚类如此多样？

(2) 直接根据这 10 个聚类定义协会的 10 个成员学校有什么问题？

(3) 重复第一问，但这次不对输入数据进行标准化处理。分析最终的聚类，为什么这些聚类与第一问中的聚类不同？找出这些新聚类组成中的主要影响因素。

7. 背景资料见复习思考题 6，对足球场容量、纬度、经度、捐款和本科生注册人数数据进行分层聚类分析，并分成 10 个聚类。要求对输入数据实施标准化处理，以调整不同变量的量值，并使用 Ward 聚类方法。

(1) 计算分层聚类中聚类的中心。（提示：可以利用 Excel 数据透视表，对包含在类中的学校的每个变量计算均值。）

(2) 找出平均足球场容量最大的聚类。使用所有的变量，对此如何说明所得到的聚类的特征？

(3) 检查最小的聚类，并说说是什么原因导致其与众不同。

8. 参考复习思考题 6 的背景资料。

运用分层聚类法给出 10 个使用纬度和经度作为变量的聚类。对纳入分析的变量值实施标准化处理，以调整不同变量的量值，分别用最短距离法和组平均距离法聚类，并计算聚类的大小，以及每个类中最小及最大纬度和经度的观察值。（提示：可以利用 Excel 数据透视表，显示每个类中学校数，以及每个类内最小及最大的经纬度。）另外，为使聚类可视化，用经度作为 $x$ 变量、纬度为 $y$ 变量，绘制散点图，并比较说明两种聚类的结果。

9. 参考复习思考题 6 的背景资料。

运用分层聚类法给出 10 个使用纬度和经度作为变量的聚类。对纳入分析的变量值实施标准化处理，以调整不同变量的量值，分别用 Ward 法和组平均距离法聚类，并计算聚类的大小，以及每个类中最小及最大纬度和经度的观察值。（提示：可以利用 Excel 数据透视表，显示每个类中学校数，以及每个类内最小及最大的经纬度。）另外，为使聚类可视化，用经度作为 $x$ 变量、纬度为 $y$ 变量，绘制散点图，并比较说明两种聚类的结果。

10. 参考复习思考题 6 的背景资料。

运用分层聚类法给出 10 个使用纬度和经度作为变量的聚类。对纳入分析的变量值实施标准化处理，以调整不同变量的量值，分别用最长距离法和 Ward 法聚类，并计算聚类的大小，以及每个类中最小及最大纬度和经度的观察值。（提示：可以利用 Excel 数据透视表，显示每个类中学校数，以及每个类内最小及最大的经纬度。）另外，为使聚类可视化，用经度作为 $x$ 变量、纬度为 $y$ 变量，绘制散点图，并比较说明两种聚类的结果。

11. 参考复习思考题 6 的背景资料。

    运用分层聚类法给出 10 个使用纬度和经度作为变量的聚类。对纳入分析的变量值实施标准化处理，以调整不同变量的量值，分别用重心距离法和组平均距离法聚类，并计算聚类的大小，以及每个类中最小及最大纬度和经度的观察值。（提示：可以利用 Excel 数据透视表，显示每个类中学校数，以及每个类内最小及最大的经纬度。）另外，为使聚类可视化，用经度作为 $x$ 变量、纬度为 $y$ 变量，绘制散点图，并比较说明两种聚类的结果。

12. 从 1946 年到 1990 年，大十联盟（Big Ten Conference）由十所大学组成，分别是：伊利诺伊大学、印第安纳大学、爱荷华大学、密歇根大学、密歇根州立大学、明尼苏达大学、西北大学、俄亥俄州立大学、普渡大学和威斯康星大学。1990 年，宾夕法尼亚州立大学加入该联盟。2011 年，内布拉斯加大学加入该联盟。2014 年，马里兰大学和罗格斯大学加入该联盟。根据这个势头，预计未来会有更多的大学加入该联盟。文件 BigTen 包含了与文件 FBS 类似的信息，只是把大十联盟十所学校的变量值换成了变量均值。

BigTen

以足球场容量、纬度、经度、捐款和注册学生人数为变量，对使用到的变量的观察值实施标准化处理，以调整不同变量的量值，运用最长距离法进行分层聚类分析以得到 2 个聚类，哪些学校最适合成为大十联盟的第 11 个和第 12 个大学？第 13 个和第 14 个？第 15 个和第 16 个？

13. 参考复习思考题 6 中描述的涉及数据文件 FBS 的聚类问题，在此将夏威夷州删除出去，只考虑在陆地上的州。NCAA 倾向于由相似学校组成联盟，这些学校的相似性与它们的捐款、注册学生人数和足球场容量有关，但这些学校必须位于相同的地理区域。为实现这一诉求，对纳入分析的变量值实施标准化处理，以经度和纬度作为变量进行 $k=3$ 的 $k$ 均值聚类。根据聚类的结果，将原始数据划分成三个数据集，每个数据集对应着一个"区域"。

Continenta IFBS

(1) 对区域 1 数据集，使用足球场容量、捐款和学生注册人数作为变量，对纳入分析的变量值实施标准化处理，运用 Ward 法的分层聚类建立 3 个聚类，并使用数据透视表报告每个聚类的特征，包括每个类中的学校数、平均足球场容量、平均捐款数、平均注册学生数。

(2) 对区域 2 数据集，使用足球场容量、捐款和注册人数作为变量，对纳入分析的变量值实施标准化处理，运用 Ward 法的分层聚类建立 4 个聚类，并使用数据透视表报告每个聚类的特征，包括每个类中的学校数、平均足球场容量、平均捐款数、平均注册学生数。

(3) 对区域 3 数据集，使用足球场容量、捐款和注册人数作为变量，对纳入分析的变量值实施标准化处理，运用 Ward 法的分层聚类建立 2 个聚类，并使用数据透视表报告每个聚类的特征，包括每个类中的学校数、平均足球场容量、平均捐款数、平均注册学生数。

（4）直接用按照区域形成的 9 个聚类确定 9 个联盟的学校成员的方案有什么问题？如何调整方法来解决这个问题？

14. 假定 IBM 采用一个针对不同项目的专家数据分析顾问网络，为确定如何分配奖金，IBM 希望根据关键绩效指标将绩效相似的雇员分为一组。文件 BigBlue 中每个观察（对应一个雇员）的组成是：①UsageRate，对应雇员在高优先级项目上工作时间的比例；②Recognition，雇员被具体要求的项目数；③Leader，雇员作为项目领导的项目数。

要求：当 $k = 2, \cdots, 7$ 时，进行 $k$ 均值聚类。对纳入分析的变量值实施标准化处理，以调整不同变量的量值。你会建议使用多少个聚类来对雇员进行分类？为什么？

15. 参考文件 DemoKTC 的资料，根据女性、已婚、办理过汽车消费贷款、办理过房产抵押这几个变量，运用匹配系数测量相似度，运用平均距离法作为聚类方法，进行聚类分析以得到 3 个聚类。利用 Excel 数据透视表，对每个类中的客户总人数、女性客户人数、已婚人数、贷款人数、抵押人数进行统计，你是怎样认识每个类的特征的？

16. 参考上题资料，基于年龄、年收入、抚养子女数这几个变量，对纳入分析的变量值实施标准化处理，以调整不同变量的量值，对 $k = 2, 3, 4, 5$ 时进行 $k$ 均值聚类，并谈谈你会建议使用多少个聚类来对客户进行分类。为什么？

17. 受到电影投资组合可能回报的吸引，可通过为个人电影或电影制片厂提供资金支持对电影业进行投资。为了解电影市场，对冲基金 Star Ventures 最近对美国著名表演艺术家、电影剧本作家、制片商 Adam Sandler 进行了一次调研。作为第一步的工作，Star Ventures 希望对 Adam Sandler 的电影根据总票房收入、影评人评分做聚类分析。由搜集到的资料 Sandler，对 $k = 3$ 时进行 $k$ 均值聚类，把 Adam Sandler 电影划分成 3 个不同特征的类型。每部电影的评分（分值越高表示电影的评价越好）由电影评论家给出，票房代表票房的总收入。以 2015 年的美元币值计算。对纳入分析的变量值实施标准化处理，以调整变量的不同量值。

利用 Excel 数据透视表，对每个类中包含的电影数目特征进行说明，并指出每个类中电影的平均评分和平均票房收入。另外，谈谈你是怎样认识每个类中电影的特征的。

18. Trader Joe 公司是一家特色杂货连锁店，Josephine Mater 在其供应链数据分析部门任职。Trader Joe 公司准备对它的供应链进行重新设计，Josephine Mater 知道公司常用卡车把分销中心的货物运送到各个零售店。为了保持低费用，零售店一般都设立在离分销中心近的地方。根据零售店位置的数据文件 TraderJoes，假定 Trader Joe 公司希望建立 8 个分销中心，为此 Josephine Mater 打算在 $k = 8$ 时进行 $k$ 均值聚类，以找出分销中心比较好的位置。对纳入分析的变量值实施标准化处理，以调整变量的不同量值。

假如开设 8 个分销中心，每个分销中心要覆盖多少个零售店？运用这种办法划分零售店的缺陷是什么？

19. 为在客户浏览其网站时提供推荐，苹果电脑追踪 iStore 内的网络交易并尝试研究客户的购买模式。"购物车"样本数据分别见数据文件 AppleCartBinary 和 AppleCartStacked。以最小支持度为总交易次数的 10%、最小信度为 50% 生成关联规则的列表。

（1）解释提升比最大的规则关于前提商品集和结果商品集关系的表述是什么。

(2) 解释提升比最大规则的信度。

(3) 解释提升比最大规则的提升比。

(4) 检查前15个规则，总结一下它们表明了什么。

20. Cookie Monster 公司专门从事跟踪个人网络浏览历史的软件开发。浏览历史的样本数据分别见数据文件 CookieMonsterBinary 和 CookieMonsterStacked。以最小支持度为4%（总交易次数20 000中的800次交易）、最小信度为50%生成关联规则列表，检查前14个规则，关于个人的网络行为，该分析为 Cookie Monster 公司提供了哪些信息？

21. 一家杂货店从意大利进口商品，包括意大利熏火腿、意大利辣香肠、意大利调味饭和冰激凌，该杂货店希望分析新的国际商品的购买趋势。具体背景资料见数据文件 GroceryStoreList 和 GroceryStoreStacked。

(1) 以最小支持度为100次交易（1 000次总交易中的10%）、最小信度为50%生成关联规则的列表，有多少规则能满足该标准？

(2) 以最小支持度为250次交易（1 000次总交易中的25%）、最小信度为50%生成关联规则列表，多少规则能满足该标准？为什么杂货店希望提高分析要求的最小支持度？提高要求的最小支持度有什么风险？

(3) 对第二中列示的规则，针对涉及的是意大利商品且提升比最大的规则，解释该规则关于前提商品集和结果商品集关系的表述是什么。

(4) 解释提升比最大规则的信度。

(5) 解释提升比最大的规则提升比。

(6) 说说杂货商可以对意大利食品的购买者获得哪些认知。

22. 通过跟踪监测社交网站推特，企业能了解到顾客的体验。数据文件 AirlineTweets 含有某航空公司36位顾客的帖子，运用词干化方法，生成0-1关键词-文件矩阵。

(1) 帖子中出现最频繁的5个关键词是什么？每个关键词以怎样的频数出现？

(2) 根据0-1关键词-文件矩阵，运用最长距离法进行分层聚类以得到3个类。

(3) 基于第二问中得到的结果，如何把这样的结果用于管理？

23. 在线评论服务 Yelp 帮助数百万消费者获取了商品和服务，为了让消费者更充分地挑选信息，Yelp 收录了1.2亿条评论。数据文件 YelpItalian 是关于意大利餐饮的21条评论。运用词干化方法，生成0-1关键词-文件矩阵。

(1) 在这些评论中，出现最频繁的5个关键词是什么？每个关键词以怎样的频数出现？

(2) 依据出现最频繁的5个关键词的0-1关键词-文件矩阵，运用最长距离法进行分层聚类以得到2个类，每个类中包含多少个文件？对每个类进行描述说明。

## 案例讨论：KTC 公司理财咨询服务

Know Thy Customer（KTC）是一家为客户提供理财咨询服务的企业，为了提供定制化的理财建议，KTC 公司打算根据客户的关键特征将他们细分为几个代表性的组别。刚接任 KTC 公司数据分析部门的主管 Peyton Blake 打算根据600位客户的资料构建代表性客户的概况（参看文件 KnowThyCustomer）。每位客户的资料记录的是：年龄、性别、年收入、婚姻状况、抚养的子女数、是否办理过汽车消费贷款、是否办理过房产抵押。KTC 公司的市场研究人员已经决定，根据客户的上述 7 项特征，对客户开展聚类分析。

Peyton 邀请了一位暑期实习生 Danny Riles 来办公室，一起讨论怎么做这项工作。当他们浏览了计算机屏幕上的数据后，Peyton 的眉头皱了起来，意识到这项工作可能不是那么容易。因为数据中既有属性变量（性别、婚姻状况、是否办理过汽车消费贷款、是否办理过房产抵押），又有数量性质的变量（年龄、年收入、抚养的子女数）。

根据给定的背景材料和资料，要求：

1. 运用层次聚类分析法对所有 7 个变量进行聚类分析，尝试分别采用最长距离聚类法和平均聚类法，给出顾客基本情况的分类（聚类），按照"平均"特征对得到的聚类进行描述说明，谈谈对于 KTC 公司的例子运用层次聚类分析为什么不是好的做法。

2. 使用两步聚类方法，

（1）用匹配系数测量相似度，用平均距离聚类法聚类，对变量性别、婚姻状况、是否办理过汽车消费贷款、是否办理过房产抵押，运用分层聚类生成 4 个聚类。

（2）在第一步聚类结果的基础上，把 600 项观察分解成 4 组数据集。对每个分解得到的数据集，以年龄、年收入、抚养的子女数为变量，对它们实施标准化处理，然后进行 $k=2$ 的 $k$ 均值聚类。至此会产生 8 个分类，根据"平均"特征对这些分类进行描述性说明。与直接使用分层聚类分析法和 $k$ 均值聚类分析法相比，两步聚类的好处是什么，缺点又是什么？

CHAPTER 5
第5章

# 概率：模式化不确定性原理

**数据分析案例：美国国家航空航天局**

美国国家航空航天局（NASA）是美国政府设立的机构，其主要职责是承担美国政府的太空计划和航空航天研究。NASA的宗旨是："开创空间探索的未来，致力伟大的科学发现，航天事业研究。"NASA拥有18 800名员工，为了能把宇航员送入更远的太空，为未来空间探索奠定基石，NASA目前正在从事新型空间发射系统的设计。

尽管NASA的重要使命是空间探索，然而它的专长一直被用于帮助全球一些国家和机构做些非航空航天方面的事情。例如，2010年8月5日，位于智利圣何塞（San Jose）的铜金矿发生塌方事故，有33名矿工被困在2 000多英尺⊖深的地下。如何尽快把这些矿工安全营救出来是十万火急的事，但是营救方案也必须要花时间进行精心设计。为此，智利政府请求NASA提供帮助，以便制订更好的营救措施。接到请求后，NASA派出了一个4人工作小组前去援助，这4人当中包括一名熟悉交通运输工具设计的工程师、两名物理学家，以及一名能对长时间处于封闭环境下产生心理问题的人进行疏导的心理学家。

在所有与此次营救有关的人当中，大家都在关心各种各样的营救措施成功和失败的可能性有多大。由于没有任何历史资料可供这次特别营救活动参考，NASA的科学家们根据若干年来空间发射活动中宇航员返回地球的类似经历，为各种营救方法的成败赋予了主观概率，据此可以挑选营救方案，也可以帮助人们了解升井时被困人员的存活情况。经过智利官员和NASA工作小组共同协商，最终形成了营救办法，建造一个能一次性救出33名矿工的长13英尺、重924磅⊜的钢质救生舱。事情的结局是，在矿难发生后的第68天，所有被困人员成功得到营救。

资料来源：根据NASA的Michael Duncan博士和Clinton Cragg提供的资料改编。

---

⊖ 1英尺=0.304 8米。
⊜ 1磅=0.453 6千克。

在本章中，我们将介绍有关概率方面的知识，包括如何计算各种各样的概率，以及如何解释它们。同时，我们也将介绍概率的基本关系、条件概率和贝叶斯定理等。另外，本章还将介绍随机变量及其概率分布，并说明常用的离散概率分布和连续概率分布的应用。

对决策人来说，不确定性是永远需要面对的活生生的事实。在决策制定的过程中，大量的时间与精力往往花费在计划和应对不确定性上。CEO在安排营销预算和产量的时候，理财师在给委托人做股票和债券投资组合方案的时候，都面临着不确定性的困扰。前者是因为无法确知市场需求规模多大，后者是没办法确定投资回报率是多少的。在许多商务活动场合，决策可能产生的结果，尽管有可资利用的数据能够提供相应的参考信息，但究竟会出现什么样的结果是无法确切知道的，因为在决策过程中始终存在着决策人难以左右的因素（比如竞争对手可能会采取什么样的行为、天气变化，等等）。

**概率**⊖是对事件发生可能性的一种数量化测度，因此可以用来度量与事件有关的不确定性。不确定性的度量常常通过概率分布的形式展现，据此可以更好地掌握事件多方面的信息。在本书后面的有关章节，我们将会学习到如何运用概率分布评估决策方案以及选择最佳决策方案。

## 5.1 事件与概率

在介绍概率的时候，人们总是先引入**随机实验**的概念。在随机实验过程中，其可能产生的结果能够明确地给出。表5-1中的第一列是随机实验的事例，第二列是相应的实验结果。

表 5-1 随机实验及其结果

| 随机实验 | 实验结果 |
| --- | --- |
| 掷一枚硬币 | 正面朝上，反面朝上 |
| 摇一颗骰子 | 1,2,3,4,5,6 |
| 打一个销售电话 | 购买，不购买 |
| 一只股票持有一年 | 该只股票价格上涨，下跌，既没有涨也没有跌 |
| 降低产品价格 | 需求上升，需求下降，需求维持不变 |

随机实验的所有可能结果构成**样本空间**。例如掷一枚硬币这样的随机实验，其所有可能的结果是：正面朝上，反面朝上。用 $S$ 表示样本空间，那么掷一枚硬币实验的样本空间可以表示成：

$$S = \{正面朝上, 反面朝上\}$$

以摇一颗骰子的随机实验为例，该实验的可能结果是所有可能出现的点数，一共有6种可能结果，则摇一颗骰子的样本空间为

$$S = \{1,2,3,4,5,6\}$$

事件及其结果，构成了我们学习概率的基础。所谓**事件**，就是随机实验可能结果的集

---

⊖ 根据采用的方法对事件发生的概率赋值，概率有各种不同的定义，包括古典概率、频率概率和主观概率等。在本书中，我们主要使用概率的频率定义，它是根据经验数据确定的。

合。下面，我们举个事例来说明。California Power & Light Company（CP&L）筹划对其位于南加州的一座工厂进行扩建以提高产能，通过对类似扩建项目的分析，要完成扩建任务可能需要 8、9、10、11 或 12 个月的时间。表 5-2 列示了过去类似项目的完工时间，需要 8、9、10、11 或 12 个月完成时相应的发生次数。

表 5-2　CP&L 过去 40 个项目的完工时间

| 完工时间（月） | 过去类似项目相应完工时间次数 | 完工时间的概率 |
| --- | --- | --- |
| 8 | 6 | 6/40 = 0.15 |
| 9 | 10 | 10/40 = 0.25 |
| 10 | 12 | 12/40 = 0.30 |
| 11 | 6 | 6/40 = 0.15 |
| 12 | 6 | 6/40 = 0.15 |
| 合计 | 40 | 1.00 |

假设负责 CP&L 该项目的经理最关心能不能在接近 10 个月以内的时间完工。由表 5-2 可知，8 个月、9 个月、10 个月这三种可能比较符合项目经理期望的结果。用 $C$ 表示项目在 10 个月内完工，则该事件可以表示成：

$$C = \{8,9,10\}$$

只要完工时间 8 个月、9 个月、10 个月中的任何一个出现，事件 $C$ 便发生了。

对 CP&L 的项目问题，我们还可以定义其他一系列事件，比如：

$L$ = 项目完工时间小于 10 个月 = $\{8,9\}$

$M$ = 项目完工时间多于 10 个月 = $\{11,12\}$

不管怎么说，事件一定是随机实验可能结果的集合。

**事件的概率**是该事件中每个可能结果发生概率的累加之和。据此，根据表 5-2 第三列给出的概率，我们可以得到事件 $C = \{8,9,10\}$ 的发生概率。用符号 $P(C)$ 表示事件 $C$ 发生的概率，则有：

$$P(C) = P(8) + P(9) + P(10) = 0.15 + 0.25 + 0.30 = 0.70$$

同样，对事件 $L = \{8,9\}$，其发生的概率为

$$P(L) = P(8) + P(9) = 0.15 + 0.25 = 0.40$$

对事件 $M = \{11,12\}$，发生的概率为

$$P(M) = P(11) + P(12) = 0.15 + 0.15 = 0.30$$

由上述结果，我们可以告知 CP&L 该项目的经理，该项目完工时间在 10 个月内的可能性是 0.70，不超过 10 个月完工的可能性为 0.40，完工时间超过 10 个月的概率是 0.30。

## 5.2　概率的基本关系

### 5.2.1　事件的补集

对给定的事件 $A$，由不包含在 $A$ 中的所有其他元素构成的集合，称为**事件 $A$ 的补集**，

用符号 $A^c$ 表示。

事件 $A$ 和其补集 $A^c$ 的关系，可以用**文氏图**表现出来，见图 5-1。

在图 5-1 中，长方体表示随机实验的样本空间，包含了所有实验可能产生的结果。圆形代表事件 $A$，只包含属于事件 $A$ 中的元素。图 5-1 中的其他部分，是事件 $A$ 的补集，是由不包含在事件 $A$ 中的元素构成的。

在其他教科书中，事件 $A$ 的补集也表达成 $\overline{A}$ 或 $A'$。

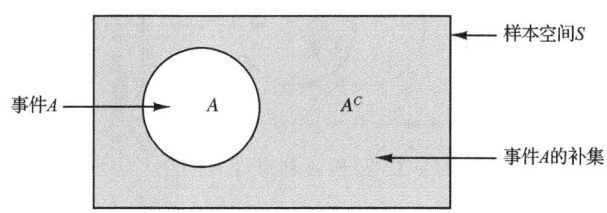

图 5-1　事件 $A$ 与其补集 $A^c$ 的关系

由于事件 $A$ 或事件 $A^c$ 必有一个会发生，因此有：

$$P(A) + P(A^c) = 1$$

通过移项，可以得到下列结论：

$$P(A) = 1 - P(A^c) \tag{5-1}$$

式（5-1）表明，只要知道事件 $A$ 的补集 $A^c$ 的发生概率，就很容易得到事件 $A$ 的发生概率。

例如，在考察销售报告之后，销售经理认为 80% 的新客户不会购买商品，用 $A$ 表示购买事件，$A^c$ 表示不购买事件，也即 $P(A^c) = 0.80$，那么根据式（5-1）可以得到：

$$P(A) = 1 - P(A^c) = 1 - 0.80 = 0.20$$

这样，某位新客户购买商品的概率就是 0.20。

### 5.2.2　加法定律

当我们想了解两个事件中至少一个发生的概率，概率的**加法定律**就很有用。例如，对事件 $A$ 和事件 $B$，我们想知道事件 $A$ 或事件 $B$ 以及事件 $A$ 和事件 $B$ 同时发生的概率。

在讨论概率的加法定律之前，我们需要了解一下事件并和事件交的概念。对事件 $A$ 和事件 $B$，包含事件 $A$ 中所有元素，或包含事件 $B$ 中所有元素，或同时包含事件 $A$ 和事件 $B$ 中所有元素的事件，称为**事件 $A$ 和事件 $B$ 的并**，用符号表示为 $A \cup B$。

图 5-2 显示了事件 $A$ 和事件 $B$ 的并。

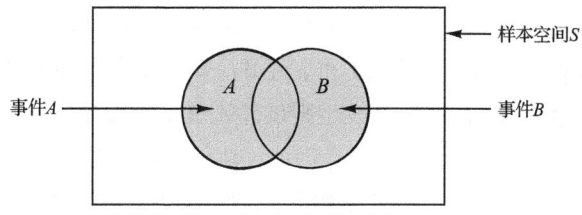

图 5-2　事件 $A$ 和事件 $B$ 的并

图 5-2 中，圆圈 A 包含了事件 A 中所有的元素，圆圈 B 包含了事件 B 中所有的元素。圆圈 A 和圆圈 B 重叠的部分，就是同时包含了事件 A 和事件 B 的元素。

**事件 A 和事件 B 的交**，是指同时包含了事件 A 和事件 B 的元素，用符号 A∩B 表示。图 5-3 显示了事件 A 和事件 B 的交。

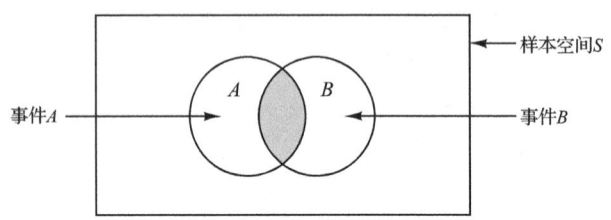

图 5-3　事件 A 和事件 B 的交

图 5-3 中，圆圈 A 和圆圈 B 重叠的部分，就是事件 A 和事件 B 的交，它同时包含了事件 A 和事件 B 中的元素。

利用概率的加法定律，可以计算事件 A 和事件 B 至少一个发生的概率。换句话说，加法定律可以帮助我们计算事件并的概率。对事件 A 和事件 B，它们并的概率可以表示为

$$P(A \cup B) = P(A) + P(B) - P(A \cap B) \tag{5-2}$$

下面，我们对式（5-2）做些解释。式（5-2）中等式右边的前两项 $P(A) + P(B)$，是事件 A 和事件 B 并 $A \cup B$ 中所有样本点发生的概率，由于事件 A 和事件 B 的交 $A \cap B$ 同时包含了事件 A 和事件 B 的样本点，这样一来，计算 $P(A) + P(B)$ 时就重复计算了 $P(A \cap B)$，所以需要从 $P(A \cup B)$ 中减去一个 $P(A \cap B)$。

下面，我们举个例子说明加法定律的应用。有研究表明，30% 的员工因不满意薪酬待遇会在 2 年内离职，20% 的员工因对其岗位安排不满意选择离职，还有 12% 的员工因薪酬待遇和岗位安排都不满意而主动辞职。问题：在 2 年内，员工因薪酬待遇不满意、工作岗位安排不满意，或薪酬待遇和工作岗位安排都不满意而离职的概率是多少？

假定

$$S = 因薪酬待遇不满意而离职的事件$$
$$W = 因工作岗位安排不满意而离职的事件$$

根据调查资料，$P(S) = 0.30$，$P(W) = 0.20$，$P(S \cap W) = 0.12$。由式（5-2）可以得到：

$$P(S \cup W) = P(S) + P(W) - P(S \cap W) = 0.30 + 0.20 - 0.12 = 0.38$$

结果表明，因薪酬待遇或岗位安排问题，员工选择离职的概率是 0.38。

实际应用中，我们可以用因薪酬待遇不满意而离职的员工所占的百分比替代 $P(S)$，用因工作岗位安排不满意而离职的员工所占百分比代替 $P(W)$。

在本节结束之前，我们来讨论一下**互斥事件**。如有事件 A 和事件 B，事件 A 发生则事件 B 就不会发生，事件 B 发生则事件 A 就不会发生，我们称这样的事件是互斥事件。因此，事件 A 和事件 B 互斥的前提条件是它们的交集为空集，即不包含任何样本点。互斥事件的图像表示见图 5-4。

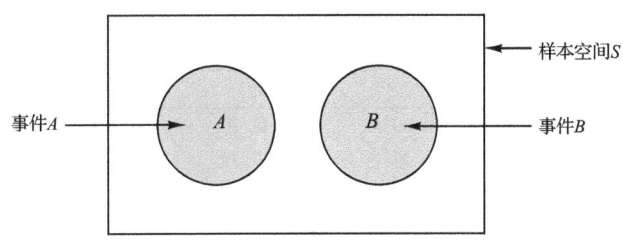

图 5-4 事件 $A$ 和事件 $B$ 互斥

如果事件 $A$ 和事件 $B$ 互斥，则有 $P(A \cap B) = 0$。这样，概率的加法定律可以直接表示为：

$$P(A \cup B) = P(A) + P(B)$$

一般地，事件之间不存在公共元素，我们就认为它们是互斥事件。

●—○—●—○—● 注释与点评 ●—○—●—○—●

概率的加法定律可以推广到两个以上的事件。例如，对事件 $A$、事件 $B$、事件 $C$，$P(A \cup B \cup C) = P(A) + P(B) + P(C) - P(A \cap B) - P(A \cap C) - P(B \cap C) + P(A \cap B \cap C)$。以此类推，我们可以得到三个以上事件至少一个发生的概率加法计算公式。

## 5.3 条件概率

有的时候，一个事件发生的概率取决于另一个相关事件是否发生，此时我们需要利用这个信息重新计算某事件发生的概率。重新计算的事件 $A$ 的概率，称为**条件概率**，用符号 $P(A|B)$ 表示。记号 | 的意思是，在给定的事件 $B$ 已经发生的条件下计算事件 $A$ 发生的概率。因此，$P(A|B)$ 也可以读作"给定事件 $B$ 时事件 $A$ 发生的概率"。

为了帮助大家更好地理解条件概率，我们通过例子加以说明。兰卡斯特银行（Lancaster Savings and Loan）专门从事高风险次级按揭，十分关注用房屋做抵押的客户的违约风险，表 5-3 是在该行办理了房屋抵押贷款的 300 位客户中的前 25 位客户的资料。

在这些办理了房屋抵押贷款的客户中，有的已经违约，有的能够继续履行合同到期偿还。表 5-3 的资料包括了客户的年龄、婚姻状况（已婚或未婚）、年收入、抵押金额、每年还款金额、总还款金额、是否违约等。

表 5-3 兰卡斯特银行部分房屋抵押贷款客户资料

| 客户编号 | 年龄 | 婚姻状况 | 年收入（美元） | 贷款总额（美元） | 每年还款次数 | 总还款金额（美元） | 是否违约 |
|---|---|---|---|---|---|---|---|
| 1 | 37 | 未婚 | 172 125.70 | 473 402.96 | 24 | 581 885.13 | 是 |
| 2 | 31 | 未婚 | 108 571.04 | 300 468.60 | 12 | 489 320.38 | 否 |
| 3 | 37 | 已婚 | 124 136.41 | 330 664.24 | 24 | 493 541.93 | 是 |
| 4 | 24 | 已婚 | 79 614.04 | 230 222.94 | 24 | 449 682.09 | 是 |
| 5 | 27 | 未婚 | 68 087.33 | 282 203.53 | 12 | 520 581.82 | 否 |

(续)

| 客户编号 | 年龄 | 婚姻状况 | 年收入（美元） | 贷款总额（美元） | 每年还款次数 | 总还款金额（美元） | 是否违约 |
|---|---|---|---|---|---|---|---|
| 6 | 30 | 已婚 | 59 959.80 | 251 242.70 | 24 | 356 711.58 | 是 |
| 7 | 41 | 未婚 | 99 394.05 | 282 737.29 | 12 | 524 053.46 | 否 |
| 8 | 29 | 未婚 | 38 527.35 | 238 125.19 | 12 | 468 595.99 | 否 |
| 9 | 31 | 已婚 | 112 078.62 | 297 133.24 | 24 | 399 617.40 | 是 |
| 10 | 36 | 未婚 | 224 899.71 | 622 578.74 | 12 | 233 002.14 | 否 |
| 11 | 31 | 已婚 | 27 945.36 | 215 440.31 | 24 | 285 900.10 | 是 |
| 12 | 40 | 未婚 | 48 929.74 | 252 885.10 | 12 | 336 574.63 | 否 |
| 13 | 39 | 已婚 | 82 810.92 | 183 045.16 | 12 | 262 537.23 | 否 |
| 14 | 31 | 未婚 | 68 216.88 | 165 309.34 | 12 | 253 633.17 | 否 |
| 15 | 40 | 未婚 | 59 141.13 | 220 176.18 | 12 | 424 749.80 | 否 |
| 16 | 45 | 已婚 | 72 568.89 | 233 146.91 | 12 | 356 363.93 | 否 |
| 17 | 32 | 已婚 | 101 140.43 | 245 360.02 | 24 | 388 429.41 | 是 |
| 18 | 37 | 已婚 | 124 876.53 | 320 401.04 | 4 | 360 783.45 | 是 |
| 19 | 32 | 已婚 | 133 093.15 | 494 395.63 | 12 | 861 874.67 | 否 |
| 20 | 32 | 未婚 | 85 268.67 | 159 010.33 | 12 | 308 656.11 | 否 |
| 21 | 37 | 未婚 | 92 314.96 | 249 547.14 | 24 | 342 339.27 | 是 |
| 22 | 29 | 已婚 | 120 876.13 | 308 618.37 | 12 | 472 668.98 | 否 |
| 23 | 24 | 未婚 | 86 294.13 | 258 321.78 | 24 | 380 347.56 | 是 |
| 24 | 32 | 已婚 | 216 748.68 | 634 609.61 | 24 | 915 640.13 | 是 |
| 25 | 44 | 未婚 | 46 389.75 | 194 770.91 | 12 | 385 288.86 | 否 |

兰卡斯特银行很关心违约发生的概率是否因婚姻状况而不同。假定：$S$ = 婚姻状况为未婚，$M$ = 婚姻状况为已婚，$D$ = 发生违约，$D^C$ = 没有违约。

表 5-4 是根据兰卡斯特银行 300 位客户的婚姻状况和是否违约的资料编制出来的交叉表（在第 3 章我们已经详细介绍过了数据透视表的编制，表 5-4 就是依此编制的）。

表 5-4 婚姻状况与是否违约的交叉表

| 婚姻状况 | 是否违约 | | 合计 |
|---|---|---|---|
| | 没有违约 | 违约 | |
| 已婚 | 64 | 79 | 143 |
| 未婚 | 116 | 41 | 157 |
| 合计 | 180 | 120 | 300 |

由表 5-4 可知，客户违约的概率为 120/300 = 0.4，没有违约的概率是 1 − 0.4 = 0.6（或者 180/300 = 0.6）。现在的问题是，违约或不违约发生的概率是否因婚姻状况而不同呢？回答这样的问题，就需要用到条件概率。

首先，我们来介绍一下与此有关的问题：某个随机挑选出来的客户，没有违约且已婚的概率是多少？客户已婚且违约的概率可以表示成 $P(M \cap D)$，根据表 5-4 的资料，该事件发生的概率为 $P(M \cap D) = \dfrac{79}{300} = 0.263\ 3$。

同样地，客户已婚且没有违约的概率为 $P(M \cap D^C) = \dfrac{64}{300} = 0.213\ 3$。

客户未婚且违约的概率为 $P(S\cap D) = \dfrac{41}{300} = 0.136\,7$。

客户未婚且没有违约的概率 $P(S\cap D^C) = \dfrac{116}{300} = 0.386\,7$。

$P(M\cap D)$、$P(M\cap D^C)$、$P(S\cap D)$、$P(S\cap D^C)$ 表示的是两个事件同时发生的概率，又叫**联合概率**。

表5-5是联合概率表，给出了客户违约和婚姻状况关系的相关信息。

> 我们也可以这样来理解联合概率：顾客的婚姻状况和是否违约同时发生的百分比。

**表5-5  客户违约与婚姻状况联合概率**

| 联合概率 | 没有违约（$D^C$） | 违约（$D$） | 合计 |
|---|---|---|---|
| 已婚（$M$） | 0.213 3 | 0.263 3 | 0.476 6 |
| 未婚（$S$） | 0.386 7 | 0.136 7 | 0.523 4 |
| 合计 | 0.600 0 | 0.400 0 | 1.000 0 |

（边际概率）

表5-5中的行和列合计栏，是每个事件单独发生的概率，比如 $P(M) = 0.476\,6$，$P(S) = 0.523\,4$，$P(D^C) = 0.600\,0$，$P(D) = 0.400\,0$，它们叫作**边际概率**。在联合概率表中，边际概率可以通过加总相应行或列的联合概率得到。由表5-5可知，60%的客户没有违约，40%的客户发生违约，47.66%的客户已婚，52.34%的客户未婚。

在上述铺垫的基础上，现在我们就可以讨论条件概率了，如客户在已婚条件下发生违约的概率。根据条件概率的记号，我们就是试图求出 $P(D\mid M)$ 的值。在计算 $P(D\mid M)$ 时，我们首先注意到143位客户已婚（$M$）。由于在这143位客户中有79人出现了违约，因此，在客户已婚前提下客户发生违约的概率为79/143 = 0.552 4，也就是说，在已婚客户中，有55.24%的人会违约。与此同时，我们注意到条件概率 $P(D\mid M)$，可以由联合概率 $P(D\cap M)$ 与边际概率 $P(M)$ 之比得到：

$$P(D\mid M) = \frac{P(D\cap M)}{P(M)} = \frac{0.263\,3}{0.476\,6} = 0.552\,4$$

这个结论不是偶然的，事实上条件概率就是联合概率对边际概率的比值。据此，我们可以得到两个事件 $A$ 和 $B$ 条件概率的一般计算公式：

$$P(A\mid B) = \frac{P(A\cap B)}{P(B)} \tag{5-3}$$

$$P(B\mid A) = \frac{P(A\cap B)}{P(A)} \tag{5-4}$$

上面我们已经计算出了客户已婚条件下发生违约的概率是0.552 4，那么客户未婚条件下发生违约的概率是多少呢？这时，我们需要计算 $P(D\mid S)$。由式（5-3）可以得到：

$$P(D\mid S) = \frac{P(D\cap S)}{P(S)} = \frac{0.136\,7}{0.523\,4} = 0.261\,1$$

结果表明，客户未婚条件下发生违约的概率是26.11%，比已婚条件下客户违约的概率小得多。

关于条件概率的计算，我们也可以利用 Excel 的数据透视表功能来完成（见图 5-5）。其过程是：运用 Excel 数据透视表功能编制出事件的频数分布表（如果是两个事件，可以编制交叉表或列联表）；将鼠标指针移动到表体有数字的部分，然后右击；在弹出的**值字段设置**选择**值显示方式**；从弹出的窗口值显示方式下拉式菜单中，选择**占同行数据总和的百分比**或**占同列数据总和的百分比**；最后单击**确定**即可。

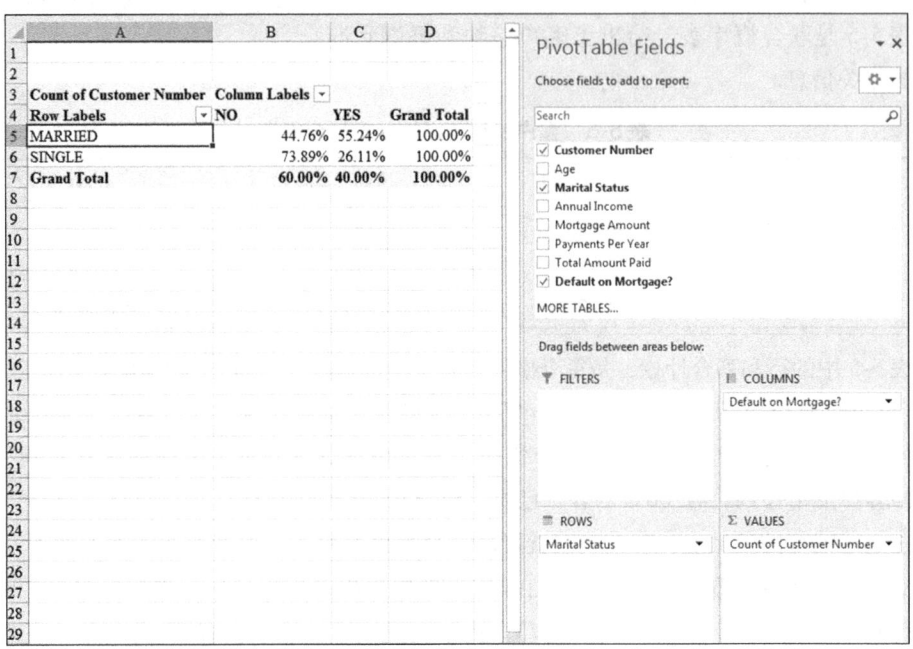

图 5-5 用 Excel 的数据透视表功能计算条件概率

### 5.3.1 独立事件

在上面的例子中，$P(D) = 0.400\,0$，$P(D\mid M) = 0.552\,4$，$P(D\mid S) = 0.261\,1$。因此，客户违约概率受到客户婚姻状况的影响。由于 $P(D\mid M) \neq P(D)$，我们说事件 $D$ 和事件 $M$ 是相依的。如果事件 $D$ 发生的概率不随事件 $M$ 而改变，也就是说存在 $P(D\mid M) = P(D)$，这时便意味着事件 $D$ 和事件 $M$ 是**独立事件**。

对事件 $A$ 和事件 $B$，如果存在下列情况，表明这两个事件相互独立：

$$P(A\mid B) = P(A) \tag{5-5}$$

或者

$$P(B\mid A) = P(B) \tag{5-6}$$

式（5-5）或式（5-6）不成立，那就表明事件 $A$ 和事件 $B$ 存在相依关系。

### 5.3.2 乘法定律

计算两个相交事件的概率，要用到概率的**乘法定律**。乘法定律建立在条件概率的基础上，对式（5-3）、式（5-4）求出 $P(A \cap B)$，便得到概率的乘法计算公式：

$$P(A \cap B) = P(B)P(A|B) \tag{5-7}$$

或者

$$P(A \cap B) = P(A)P(B|A) \tag{5-8}$$

为了说明乘法定律的运用，我们来计算客户违约且已婚的概率，即计算 $P(D \cap M)$。由式（5-7）可知，$P(D \cap M) = P(M)P(D|M)$。

根据表5-5的资料，$P(M) = 0.4766$，前面我们已经计算过 $P(D|M) = 0.5524$。由此可得：

$$P(D \cap M) = P(M)P(D|M) = 0.4766 \times 0.5524 = 0.2633$$

由乘法定律得到的 $P(D \cap M)$ 值，与表5-5给出的值完全一样。在已知条件概率但不知道联合概率的情形下，概率的乘法定律是很有用的。

假如事件 $A$ 和事件 $B$ 相互独立，那么式（5-7）和式（5-8）可以简写成：

$$P(A \cap B) = P(A)P(B) \tag{5-9}$$

所以，对两个独立事件的交求其概率，就是把这两个事件的发生概率直接相乘。

### 5.3.3 贝叶斯定理

当有追加信息可利用时，对概率进行修正是概率分析的一项重要内容。通常，对某个感兴趣的事件进行分析时，我们使用的是初始概率或**先验概率**。然而由于从样本调查或产品检测中能够获得事件额外的信息，因此在拥有新的信息的时候，我们需要计算修正的概率以取代先验概率。这个修正的概率叫作**后验概率**。**贝叶斯定理**提供了有关这一概率的计算方法。

下面，我们从应用的角度讲讲贝叶斯定理。某制造商从两个不同供应商那里采购了一批零部件，用 $A_1$ 表示从供应商1处采购零部件事件，$A_2$ 表示从供应商2处采购零部件事件。该企业65%的零部件采购于供应商1，其余的35%采购于供应商2。假定零部件是随机抽取的，因此我们可赋予先验概率 $P(A_1) = 0.65$、$P(A_2) = 0.35$。

从不同供应商那里采购的零部件的质量不完全相同。由历史数据可以得到各个供应商零部件的质量状况，具体见表5-6。

表5-6　供应商零部件的质量状况

| | 合格零部件占比（%） | 不合格零部件占比（%） |
|---|---|---|
| 供应商1 | 98 | 2 |
| 供应商2 | 95 | 5 |

用 $G$ 表示合格零部件事件，$B$ 表示不合格零部件事件。那么结合表5-6的资料，我们可以得到如下的条件概率。

$$P(G|A_1) = 0.98 \qquad P(B|A_1) = 0.02$$
$$P(G|A_2) = 0.95 \qquad P(B|A_2) = 0.05$$

该问题有4个可能的结果，其中2个反映来自不同供应商的合格零部件，2个反映来自不同供应商的不合格零部件,零部件来自不同供应商及其检查结果可以用图像直观地描绘出来(详见图5-6)。

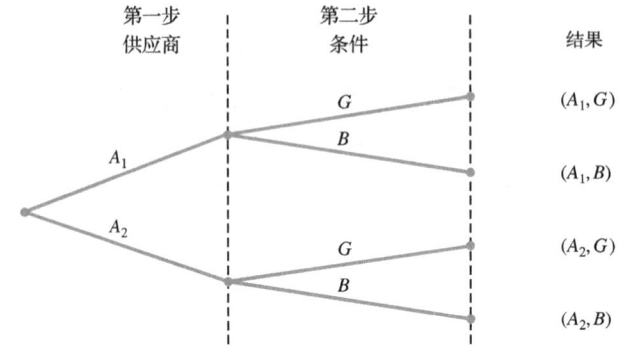

图5-6　零部件来源及其检查情况

注:第一步说明了零部件来自的供应商,第二步显示了零部件的合格与不合格。

从图5-6可以看出,每个结果都是两个事件的交,因此可以利用乘法定律计算它们的概率,例如:

$$P(A_1,G) = P(A_1 \cap G) = P(A_1)P(G|A_1)$$

联合概率的具体计算过程,为清晰起见,我们可以用概率树来展示(见图5-7)。

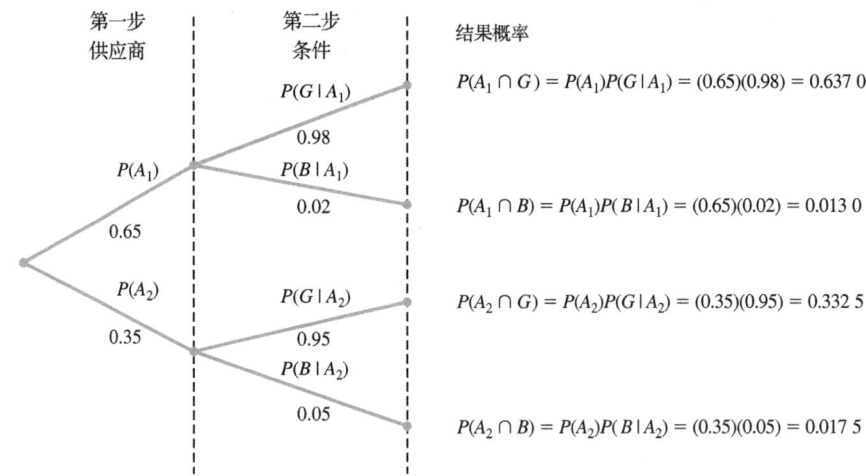

图5-7　零部件来源及其检查情况的概率树

在图5-7中从左往右看,第一步中的每个分支是先验概率,第二步中的每个分支是条件概率,这样一来,要想得到每个结果的概率,只需把每一步中各个分支的概率相乘即可。

现在假定来自不同供应商的零部件都在使用着,加工过程中因为不合格零部件导致机器设备发生故障。在使用了不合格零部件的条件下,该零部件来自供应商1的概率是多少?来自供应商2的概率又是多少?结合图5-7的信息,运用贝叶斯定理我们就能对这些问题给出解答。

对两个事件的情形，贝叶斯公式为

$$P(A_1 \mid B) = \frac{P(A_1)P(B \mid A_1)}{P(A_1)P(B \mid A_1) + P(A_2)P(B \mid A_2)} \tag{5-10}$$

$$P(A_2 \mid B) = \frac{P(A_2)P(B \mid A_2)}{P(A_1)P(B \mid A_1) + P(A_2)P(B \mid A_2)} \tag{5-11}$$

利用式（5-10）和图 5-7 的资料，可以得到

$$P(A_1 \mid B) = \frac{P(A_1)P(B \mid A_1)}{P(A_1)P(B \mid A_1) + P(A_2)P(B \mid A_2)}$$

$$= \frac{0.65 \times 0.02}{0.65 \times 0.02 + 0.35 \times 0.05} = \frac{0.0130}{0.0130 + 0.0175} = \frac{0.0130}{0.0305} = 0.4262$$

利用式（5-11）和图 5-7 的资料，可以得到

$$P(A_2 \mid B) = \frac{P(A_2)P(B \mid A_1)}{P(A_1)P(B \mid A_1) + P(A_2)P(B \mid A_2)}$$

$$= \frac{0.35 \times 0.05}{0.65 \times 0.02 + 0.35 \times 0.05} = \frac{0.0175}{0.0130 + 0.0175} = \frac{0.0175}{0.0305} = 0.5738$$

在这个例子中，随机抽取一个零部件来自供应商 1 的概率，一开始我们使用的是 0.65，可是在拥有零部件不合格的信息情况下，该零部件来自供应商 1 的概率立即降到了 0.4262。同样，在零部件不合格的信息下，该零部件来自供应商 2 的概率也变成了 0.5738。

对于完备互斥事件，计算其后验概率，贝叶斯定理也是可以使用的。$A_1$，$A_2$，$\cdots$，$A_n$ 为互斥事件，且它们的并为整个样本空间，那么根据贝叶斯定理，后验概率 $P(A_i \mid B)$ 的计算公式为

> 事件并是整个样本空间，则称这些事件为完备的事件。

$$P(A_i \mid B) = \frac{P(A_i)P(B \mid A_i)}{P(A_1)P(B \mid A_1) + P(A_2)P(B \mid A_2) + \cdots + P(A_n)P(B \mid A_n)} \tag{5-12}$$

●—○—●—○—● 注释与点评 ●—○—●—○—●

运用代数运算规则，我们可以从条件概率导出概率的乘法定律。对两个事件 $A$ 和 $B$，给定 $B$ 条件下事件 $A$ 发生的概率为 $P(A \mid B) = \dfrac{P(A \cap B)}{P(B)}$。用 $P(B)$ 同乘以该式的两边，便能得到概率的乘法计算公式 $P(B)P(A \mid B) = P(A \cap B)$。

## 5.4 随机变量

在概率论中，对随机实验结果进行数量描述的变量，称为**随机变量**。随机实验的结果无法确切知道，因此随机变量也可看作取值不能确知的量。根据取值的特征，随机变量有离散型随机变量和连续型随机变量之分。

## 5.4.1 离散型随机变量

只能取具体离散值的随机变量,叫作离散型随机变量。表 5-7 展示了部分离散型随机变量的示例。

表 5-7 离散型变量示例

| 随机实验 | 随机变量($X$) | 可能的取值 |
| --- | --- | --- |
| 掷一枚硬币 | 朝上的一面 | 1 表示正面朝上,0 表示反面朝上 |
| 摇一颗骰子 | 出现的点数 | 1,2,3,4,5,6 |
| 联系 5 位客户 | 下订单的客户数 | 0,1,2,3,4,5 |
| 诊所开门一天 | 前来就诊的病人数 | 0,1,2,3,… |
| 两件产品让客户挑选 | 客户挑选的产品 | 0 没有选中,1 挑选了产品 A,2 挑选了产品 B |

在兰卡斯特银行的例子中,可以用随机变量 $x$ 表示客户是否违约。就像前面所说的,随机变量的取值必须能够用数值表示,因此我们可以这样来定义随机变量 $x$,$x=1$ 表示客户违约,$x=0$ 表示客户没有违约。用随机变量 $y$ 表示客户婚姻状况,$y=1$ 表示客户已婚,$y=0$ 表示客户未婚。用随机变量 $z$ 表示客户每年还款情况,如果某位客户每个月都还款,那么 $z=12$,如果每个季度还款一次,那么 $z=4$,等等。表 5-8 与表 5-5 粗看起来没有什么两样,但这里我们采用了随机变量的表达。

表 5-8 客户违约与婚姻状况联合概率

| | 没有违约($x=0$) | 违约($x=1$) | $f(y)$ |
| --- | --- | --- | --- |
| 已婚($y=1$) | 0.213 3 | 0.263 3 | 0.476 6 |
| 未婚($y=0$) | 0.386 7 | 0.136 7 | 0.523 4 |
| $f(x)$ | 0.600 0 | 0.400 0 | 1.000 0 |

## 5.4.2 连续型随机变量

随机变量的取值呈现区间特征,这样的随机变量称为**连续型随机变量**。从分析技术角度真正把随机变量当成连续型随机变量处理的比较少见,比如时间、重量、距离、温度就是如此。随机变量 $x$ 表示某接待中心相继接到打进电话的时间间隔,该随机变量 $x$ 的可能取值是 $x>0$,比如 $x=1.26$ 分钟、$x=2.571$ 分钟、$x=4.333\ 3$ 分钟,等等。表 5-9 展示了部分连续型随机变量的示例。

表 5-9 连续型随机变量示例

| 随机实验 | 随机变量($x$) | 可能取值 |
| --- | --- | --- |
| 访问网页的用户 | 用户浏览网页的时间(分钟) | $x>0$ |
| 一罐饮料的灌装(罐体最大容积12.1盎司①) | 灌装量 | $0 \leqslant x \leqslant 12.1$ |
| 测试一种新型化学反应 | 期望发生的反应温度<br>(最小温度150℉,最大温度212℉) | $150 \leqslant x \leqslant 212$ |
| 花 10 000 美元购买股票 | 一年后的投资价值 | $x \geqslant 0$ |

① 1 盎司(美液)=29.574 立方厘米。

以表 5-9 中最后一个事例来说，潜在的投资结果可能非常之多，虽然这些结果也许是离散值，但为处理方便起见，我们还是把它当作连续型变量。在兰卡斯特银行的例子中，用随机变量 x 表示抵押期间总还款金额，出于核算习惯我们保留了两位小数，这样做有可能就把 x 当成了离散型随机变量，不过随机变量 x 在任何一个实区间（practical interval）中有许多可能的取值，所以我们通常也把它当成连续型随机变量来对待。

●—○—●—○—● 注释与点评 ●—○—●—○—●

1. 本章的这一节，我们在兰卡斯特银行的例子中，把频率当作概率使用。从理论上讲，随机变量这个概率仅适用于总体，根据样本资料获得的频率只是对真正概率的估计。不过，如果样本观察规模很大，由样本资料估计出来的概率也是比较可靠的。所以，只要我们拥有足够大的数据集（就像兰卡斯特银行的数据），就可以把它当成总体资料，这样便可以把事件发生结果的频率直接看成概率。
2. 随机变量可以用来表示不确定性的未来值，在本书的第 11 章，我们将解释在不确定性场合随机变量是怎么被用于模拟模型以对商业决策进行评价的。

## 5.5 离散概率分布

随机变量的**概率分布**刻画了随机变量可能取值的范围及其可能性。对离散型随机变量 x，其概率分布通常称为**概率质量函数**，用符号 $f(x)$ 表示。概率质量函数 $f(x)$ 提供了随机变量 x 的每个取值对应的概率。

根据表 5-3 和表 5-8 的资料，我们能看出 $f(0)=0.6$、$f(1)=0.4$。注意，离散概率分布的基本条件是：① $f(x) \geq 0$；② $\sum f(x)=1$。

我们也可以通过图示的方法表达概率分布。在图 5-8 中，随机变量 x 的取值放在横轴上，其相应的发生概率放在纵轴上。

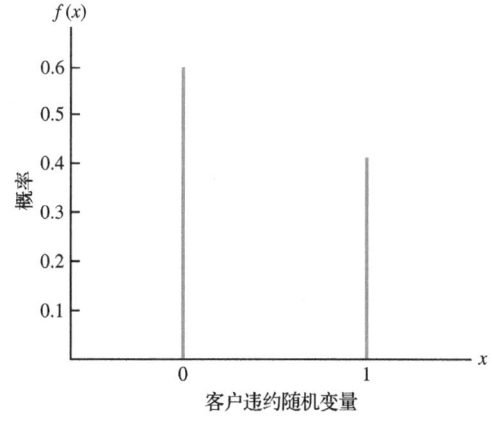

图 5-8 客户违约概率分布的图形展示

### 5.5.1 自定义离散概率分布

根据观察资料生成的概率分布，称为**经验概率分布**，有时又叫作**自定义离散概率分布**。

在那些出现不同概率的情形下刻画不同可能结果时，自定义离散分布很有用。与每个情形相关的概率，可以采用主观概率方法也可以采用频率概率方法给出。当可资利用的资料很少时，就需要根据经验或直觉给概率赋值。如果有充足的资料，就可以采用频率概率方法。随机挑选一名客户，随机变量 x 表示每年支付次数，兰卡斯特银行办理了抵押按揭的 300 名客户的每年支付次数统计见表 5-10。

表 5-10　兰卡斯特银行每年还款次数统计

| | 每年支付次数 | | | 合计 |
| --- | --- | --- | --- | --- |
| | $x=4$ | $x=12$ | $x=24$ | |
| 观察次数 | 45 | 180 | 75 | 300 |
| $f(x)$ | 0.15 | 0.60 | 0.25 | |

由表 5-10 可知，每季度还款（$x=4$）的客户有 45 人，每月还款（$x=12$）的客户有 180 人，一个月还款两次（$x=24$）的客户有 75 人。依此，我们可以计算得到：$f(4)=45/300=0.15$，$f(12)=180/300=0.60$，$f(24)=75/300=0.25$。换句话说，随机挑选一名客户，每年还款 4 次的概率是 0.15，每年还款 12 次的概率是 0.60，每年还款 24 次的概率是 0.25。

据此，我们可以用下列函数形式表达每年还款次数的概率分布：

$$f(x)=\begin{cases} 0.15, & x=4 \\ 0.60, & x=12 \\ 0.25, & x=24 \\ 0, & \text{其他} \end{cases}$$

上式就是概率质量函数，它用了一种非常简便的方式告诉我们如下信息：$x=4$ 时，$f(4)=0.15$（随机变量 $x=4$ 的概率是 0.15）；$x=12$ 时，$f(12)=0.60$（随机变量 $x=12$ 的概率是 0.60）；$x=24$ 时，$f(24)=0.25$（随机变量 $x=24$ 的概率是 0.25）；$x=$ 其他值时，$f(0)=0.00$（随机变量 $x=$ 其他值的概率是 0.00）。

我们同样可以用 Excel 中的数据透视表功能生成相应事件的概率（见图 5-9），大家不妨自己动手试试。

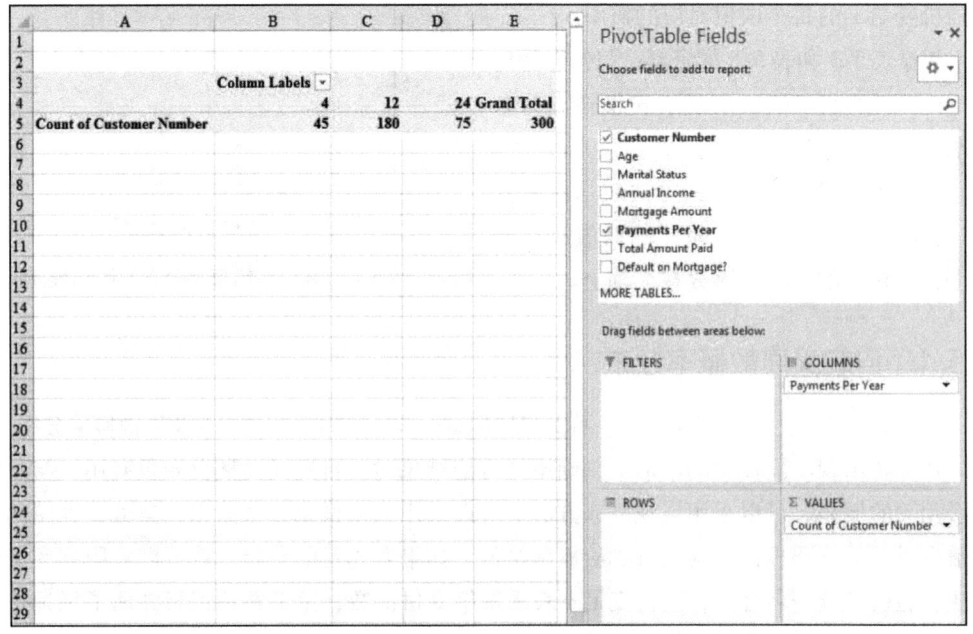

图 5-9　每年支付次数的 Excel 数据透视表

## 5.5.2 期望值与方差

**期望值**或均值，是对随机变量集中趋势的测度。它是随机变量取值的加权算术平均数，其中采用的权数是随机变量相应取值的概率。

离散型随机变量 $x$ 期望的计算公式为

$$E(x) = \mu = \sum xf(x) \tag{5-13}$$

式中，$E(x)$、$\mu$ 习惯上用来表示随机变量的期望。计算离散型随机变量期望时，把随机变量的取值与其相应的发生概率相乘，然后再相加即可。

表 5-11 示范说明了兰卡斯特银行每年还款次数期望的计算过程及结果。

表 5-11　兰卡斯特银行每年还款次数期望的计算过程及结果

| $x$ | $f(x)$ | $xf(x)$ |
|---|---|---|
| 4 | 0.15 | $4 \times 0.15 = 0.6$ |
| 12 | 0.60 | $12 \times 0.60 = 7.2$ |
| 24 | 0.25 | $24 \times 0.25 = 6.0$ |
|  |  | 13.8　←——　$E(x) = \mu = \sum xf(x)$ |

计算结果表明，兰卡斯特银行办理抵押按揭的客户平均每年还款次数是 13.8。因此，对任何一个办理了抵押按揭贷款的新客户，其每年还款次数或许是 13.8 次。当然，没有哪位客户一定是每年还款 13.8 次的，只不过在没有这位新客户额外信息的情况下，每年还款 13.8 次是平均来看的结果。

Excel 中的 SUMPRODUCT 函数可用来计算离散型随机变量的期望值，详见图 5-10。

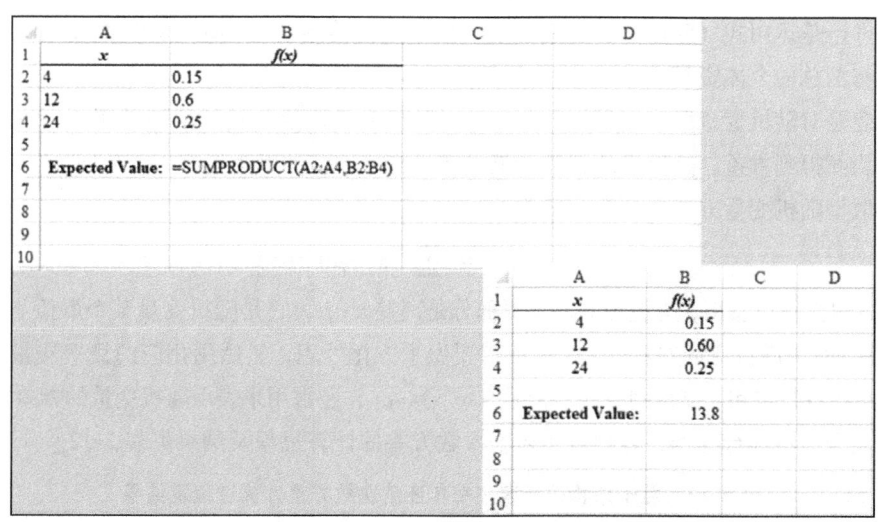

图 5-10　兰卡斯特银行抵押按揭客户每年期望还款次数

当然，我们也可以直接根据兰卡斯特银行抵押按揭客户的资料，运用 Excel 中的 AVERAGE 函数计算期望值，详见图 5-11。

|   | A | B | C | D | E | F | G | H |
|---|---|---|---|---|---|---|---|---|
| 1 | Customer Number | Age | Marital Status | Annual Income | Mortgage Amount | Payments Per Year | Total Amount Paid | Prepay Mortgage? |
| 2 | 1 | 37 | SINGLE | 172125.7 | 473402.96 | 24 | 581885.13 | YES |
| 3 | 2 | 31 | SINGLE | 108571.04 | 300468.6 | 12 | 489320.38 | NO |
| 4 | 3 | 37 | MARRIED | 124136.41 | 330664.24 | 24 | 493541.93 | YES |
| 5 | 4 | 24 | MARRIED | 79614.04 | 230222.94 | 24 | 449682.09 | YES |
| 6 | 5 | 27 | SINGLE | 68087.33 | 282203.53 | 12 | 520581.82 | NO |
| 296 | 295 | 37 | SINGLE | 84791.08 | 179676.63 | 24 | 256361.65 | YES |
| 297 | 296 | 33 | MARRIED | 83498.89 | 235907.5 | 12 | 437145.85 | NO |
| 298 | 297 | 41 | SINGLE | 16597.53 | 151972.2 | 4 | 171289.87 | YES |
| 299 | 298 | 30 | SINGLE | 49293.95 | 186043.13 | 12 | 376694.27 | NO |
| 300 | 299 | 35 | SINGLE | 84241.8 | 194417.84 | 12 | 352597.79 | NO |
| 301 | 300 | 31 | MARRIED | 94428.15 | 264175.55 | 24 | 434102.49 | YES |
| 302 |   |   |   |   |   |   |   |   |
| 304 |   |   |   |   | Expected Value: | =AVERAGE(F2:F301) |   |   |
| 305 |   |   |   |   | Variance: | =VAR.P(F2:F301) |   |   |
| 306 |   |   |   |   | Standard Deviation: | =STDEV.P(F2:F301) |   |   |

|   | A | B | C | D | E | F | G | H |
|---|---|---|---|---|---|---|---|---|
| 1 | Customer Number | Age | Marital Status | Annual Income | Mortgage Amount | Payments Per Year | Total Amount Paid | Prepay Mortgage? |
| 2 | 1 | 37 | SINGLE | $ 172,125.70 | $ 473,402.96 | 24 | $ 581,885.13 | YES |
| 3 | 2 | 31 | SINGLE | $ 108,571.04 | $ 300,468.60 | 12 | $ 489,320.38 | NO |
| 4 | 3 | 37 | MARRIED | $ 124,136.41 | $ 330,664.24 | 24 | $ 493,541.93 | YES |
| 5 | 4 | 24 | MARRIED | $ 79,614.04 | $ 230,222.94 | 24 | $ 449,682.09 | YES |
| 6 | 5 | 27 | SINGLE | $ 68,087.33 | $ 282,203.53 | 12 | $ 520,581.82 | NO |
| 296 | 295 | 37 | SINGLE | $ 84,791.08 | $ 179,676.63 | 24 | $ 256,361.65 | YES |
| 297 | 296 | 33 | MARRIED | $ 83,498.89 | $ 235,907.50 | 12 | $ 437,145.85 | NO |
| 298 | 297 | 41 | SINGLE | $ 16,597.53 | $ 151,972.20 | 4 | $ 171,289.87 | YES |
| 299 | 298 | 30 | SINGLE | $ 49,293.95 | $ 186,043.13 | 12 | $ 376,694.27 | NO |
| 300 | 299 | 35 | SINGLE | $ 84,241.80 | $ 194,417.84 | 12 | $ 352,597.79 | NO |
| 301 | 300 | 31 | MARRIED | $ 94,428.15 | $ 264,175.55 | 24 | $ 434,102.49 | YES |
| 302 |   |   |   |   |   |   |   |   |
| 304 |   |   |   |   | Expected Value: | 13.8 |   |   |
| 305 |   |   |   |   | Variance: | 42.360 |   |   |
| 306 |   |   |   |   | Standard Deviation: | 6.508 |   |   |

图 5-11　兰卡斯特银行抵押按揭客户每年期望还款次数

图 5-11 中，F 列是在兰卡斯特银行办理了抵押按揭客户的每年还款次数，据此我们可以在单元格中编写计算公式 = AVERAGE（F2：F301），同样能得到期望值。

注意，对自定义离散型随机变量 $x$，我们不主张使用 AVERAGE 计算期望值。如果这样做了，给出的计算结果是（4 + 12 + 24）/3 = 13.333 3，联系到具体的案例背景，这个结果显然不正确。究其原因，在于 AVERAGE 函数只适应于随机变量 $x$ 的每个取值是等可能的情形。然而，在我们的例子中，$x = 12$ 比 $x = 4$、$x = 24$ 的可能性要大得多。鉴于此，我们建议最好还是运用式（5-13）计算期望值，如果坚持使用 AVERAGE 计算期望值，那就必须是没有汇总的全体资料。

**方差**是对随机变量取值变异性的测度。对随机变量取值与其均值离差平方，进行加权算术平均便得到方差。这里讲的权数，就是随机变量取值的发生概率。

离散型随机变量方差的计算公式为

$$\text{Var}(x) = \sigma^2 = \sum (x - \mu)^2 f(x) \tag{5-14}$$

由式（5-14）可以看出，方差公式的重要部分是离差 $x - \mu$，它是随机变量某个取值与期望值 $\mu$ 的偏差。计算随机变量方差时，对离差需要做平方化处理，然后用相应的概率质量函数加权，最后再进行求和才能得到方差。记号 $\text{Var}(x)$、$\sigma^2$，经常用来表示随机变量的方差。

以兰卡斯特银行为例，客户每年还款次数方差的计算过程及结果见表 5-12。

表 5-12　兰卡斯特银行客户每年还款次数方差计算过程及结果

| $x$ | $x - \mu$ | $f(x)$ | $(x-\mu)^2 f(x)$ |
|---|---|---|---|
| 4 | 4 − 13.8 = − 9.8 | 0.15 | $(-9.8)^2 \times 0.15 = 15.606$ |
| 12 | 12 − 13.8 = − 1.8 | 0.60 | $(-1.8)^2 \times 0.60 = 2.904$ |
| 24 | 24 − 13.8 = 10.2 | 0.25 | $(10.2)^2 \times 0.25 = \underline{24.010}$ |
|   |   |   | 42.360　⟵　$\sigma^2 = \sum (x-\mu)^2 f(x)$ |

计算结果表明，兰卡斯特银行客户每年还款次数的方差是 42.360。

在方差的基础上，我们可以定义标准差。**标准差**（$\sigma$）是方差的算术平方根。据此，兰卡斯特银行客户每年还款次数的标准差为 $\sqrt{42.360} = 6.508$。

对自定义的离散型随机变量，Excel 中的 SUMPRODUCT 函数可用来计算离散型随机变量的方差，具体过程见图 5-12。

图 5-12　兰卡斯特银行客户每年还款次数的方差

对给定的未经分组汇总的数据集，我们也可以直接使用 Excel 中的函数 VAR 计算方差。图 5-12 中，单元格 F305 的方差计算结果 42.360，便是使用 VAR.P（F2：F301）计算得到的。同样，我们也可以使用 Excel 中的 STDEV 计算标准差。图 5-11 中，单元格 F306 的标准差计算结果 6.508，由 STDEV.P（F2：F301）计算得到。

如同不能用 Excel 中的 AVERAGE 计算自定义离散型概率分布的期望一样，如果随机变量 $x$ 的取值的发生概率不全相等，此时，我们也不能使用 Excel 中的 VAR.P 和 STDEV.P 计算方差、标准差。相反，我们既可以用式（5-14）也可以用 Excel 函数，计算如图 5-11 所示的全数据集。

注意：这里我们在计算方差和标准差的时候，使用了 Excel 中的 VAR.P 和 STDEV.P，而不是 VAR.S、STDEV.S。原因是：兰卡斯特银行客户达到 300 个，样本比较大，可以当成总体看待。

### 5.5.3　离散型均匀概率分布

如果概率质量函数 $f(x)$ 中的所有可能值完全相等，则称这样的概率分布为**离散型均匀概率分布**。比如，摇一颗骰子的结果，就是典型的离散型均匀概率分布，因为所有可能出现的结果 $y=1$、$y=2$、$y=3$、$y=4$、$y=5$、$y=6$，都存在 $f(1)=f(2)=f(3)=f(4)=f(5)=f(6)=1/6$。

离散型均匀概率分布可以表示为

$$f(x) = \frac{1}{n} \tag{5-15}$$

其中，$n$ 为随机变量，可取不同值。

### 5.5.4 二项概率分布

为说明二项概率分布的应用，我们先来看个事例。Martin 公司是一家从事线上经销特种服装的企业，经常瞄准它的大客户发送电子邮件，提醒这些客户 Martin 公司的折扣促销活动，并附有链接以引导客户直接到相关网页挑选折扣项目。显然，点击链接的具体客户数目无法知道，可是根据以往的资料，Martin 公司估计客户收到邮件点击链接的概率是 0.30，但 Martin 公司更想了解收到邮件点击链接的 1 位、2 位、3 位等客户的概率是多少。

对 Martin 公司的这个问题，可以使用二项概率分布来描述。**二项概率分布**是一种离散型概率分布，有很多广泛的应用，只要 $n$ 次重复独立、结果仅有两个的实验，都可以运用二项分布刻画。一般地，我们把这两个结果一个称作"成功"，另一个称作"失败"，每次实验中"成功"出现的概率为 $p$，"失败"发生的概率为 $1-p$。联系到 Martin 公司的事例，实验是客户接收邮件，"成功"是客户收到邮件后点击了链接（$p = 0.30$），"失败"是客户没有点击链接（$1 - p = 0.70$）。就 Martin 公司的事例，利用二项分布可以计算既定成功（客户收到邮件后点击了链接）次数的概率。像掷一枚硬币 20 次正面朝上的次数、某天点击网页上广告的客户数、某只股票一个月里价格上涨的天数、一批产品中的合格品数量等，诸如此类的现象，我们都可以使用二项概率分布进行刻画。

> 客户是否点击链接，属于贝努里（Bernoulli）实验。贝努里实验要求：①实验只有两个可能结果，成功或失败；②每次实验中，成功出现的概率相同。$n$ 次独立的贝努里实验，成功的出现次数的概率分布，就是二项概率分布。

> $n!$ 是阶乘，$n! = n \times (n-1) \times (n-2) \times \cdots \times 2 \times 1$。计算阶乘，可以使用 Excel 中的函数 FACT，如 $n! = \text{FACT}(n)$。

二项概率分布的表达式为

$$f(x) = \binom{n}{x} p^x (1-p)^{n-x} \tag{5-16}$$

式中，$x =$ 成功的次数；$p =$ 一次实验成功的概率；$n =$ 实验的次数；$f(x) = n$ 次实验中 $x$ 次成功的概率。

另

$$\binom{n}{x} = \frac{n!}{x!(n-x)!}$$

在 Martin 公司的事例中，可以运用式 (5-16) 计算 3 个客户以下事件的概率：①没有人点击链接；②只有 1 个人点击链接；③只有两个人点击了链接；④3 个客户都点击了链接。表 5-13 给出了该问题的概率计算，图 5-13 是其概率分布情况。

从表 5-13 或图 5-13 可以看出，1 位客户点击链接的可能性最大，3 位客户都点击链接的可能性最小。

表 5-13　Martin 公司问题的概率分布

| x | f(x) |
|---|---|
| 0 | $\dfrac{3!}{0!3!}(0.30)^0(0.70)^3 = 0.343$ |
| 1 | $\dfrac{3!}{1!2!}(0.30)^1(0.70)^2 = 0.441$ |
| 2 | $\dfrac{3!}{2!1!}(0.30)^2(0.70)^1 = 0.189$ |
| 3 | $\dfrac{3!}{3!0!}(0.30)^3(0.70)^0 = 0.027$ |

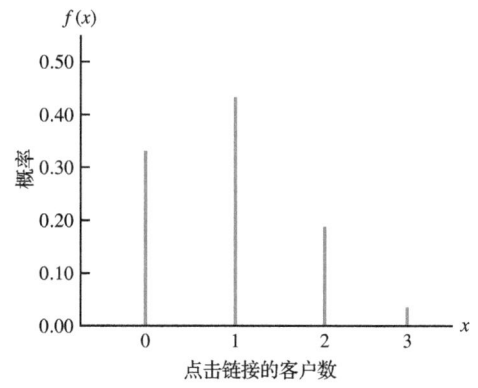

图 5-13　Martin 公司问题的概率分布

Martin 公司问题的实验结果是互斥的，根据这一结论，我们能很容易地计算出其他有关事件发生的概率。例如，由表 5-13 可知，不超过 1 个客户点击链接的概率 $P(x \leq 1) = P(x=0) + P(x=1) = 0.343 + 0.441 = 0.784$。

对 Martin 公司而言，假如有 10 位客户接收到了该公司邮件，现在求有 4 位客户点击了链接的概率。式（5-16）同样可以用于解决这一问题，这时的计算为

$$f(4) = \frac{10!}{4!6!}(0.30)^4(0.70)^6 = 0.2001$$

二项概率分布的计算，可以利用 Excel 中的函数 BINOM.DIST 进行。表 5-13 中的计算，我们利用函数 BINOM.DIST 来完成，详见图 5-14。

|   | A | B | C | D |
|---|---|---|---|---|
| 1 |   |   | Number of Trials (n): | 3 |
| 2 |   |   | Probability of Success (p): | 0.3 |
| 3 |   |   |   |   |
| 4 | x | f(x) | Cumulative Probability |   |
| 5 | 0 | =BINOM.DIST(A5,$D$1,$D$2,FALSE) | =BINOM.DIST(A5,$D$1,$D$2,TRUE) |   |
| 6 | 1 | =BINOM.DIST(A6,$D$1,$D$2,FALSE) | =BINOM.DIST(A6,$D$1,$D$2,TRUE) |   |
| 7 | 2 | =BINOM.DIST(A7,$D$1,$D$2,FALSE) | =BINOM.DIST(A7,$D$1,$D$2,TRUE) |   |
| 8 | 3 | =BINOM.DIST(A8,$D$1,$D$2,FALSE) | =BINOM.DIST(A8,$D$1,$D$2,TRUE) |

|   | A | B | C | D |
|---|---|---|---|---|
| 1 |   |   | Number of Trials (n): | 3 |
| 2 |   |   | Probability of Success (p): | 0.3 |
| 3 |   |   |   |   |
| 4 | x | f(x) | Cumulative Probability |   |
| 5 | 0 | 0.343 | 0.343 |   |
| 6 | 1 | 0.441 | 0.784 |   |
| 7 | 2 | 0.189 | 0.973 |   |
| 8 | 3 | 0.027 | 1.000 |   |

图 5-14　Martin 公司问题的二项概率分布 Excel 结果图

使用 Excel 中的 BINOM.DIST 函数，需要输入 4 个参数：随机变量 x 的值，实验次数 n，成功的概率 p，逻辑值 TRUE 或 FALSE。如果求概率质量函数 $f(x)$，输入 FALSE；如果求累积概率，则输入 TRUE。图 5-14 中单元格 B5 输入的公式是 = BINOM.DIST（A5, $D$1, $D$2, FALSE），就是计算 $x = 0$ 时的 $f(0)$。图 5-14 显示 $f(0)$ 的值为 0.343，与表 5-13

相同。

图 5-14 中的单元格 C5:C8，显示了累积概率分布的计算。计算累积概率时，Excel 要求要在 BINOM.DIST 函数中输入参数 TRUE。使用二项概率分布的随机变量 $x$ 的累积概率，表示 $x$ 取值不大于某个成功次数发生的概率。单元格 C5 计算了 $x=0$ 的累积概率，它恰好就是 $x=0$ 时的概率质量函数的值，因为不大于 0 次成功的次数只有 0。单元格 C7 计算的是 $x=2$ 时的累积概率，Excel 中的计算公式为 = BINOM.DIST(A7, $D$1, $D$4, TRUE)，得到的结果是 0.973，表明 2 人及以下人数点击链接的发生概率为 0.973。注意，这个 0.973 就是 $f(0)+f(1)+f(2)=0.343+0.441+0.189$ 相加之后的值。

### 5.5.5 泊松分布

这里，我们再来介绍一个很有用的离散随机变量，它可以用来估计某个时间或空间范围内事件发生的次数。例如，1 小时之内前来诊所看病的人数，一个月里计算机服务器发生故障的次数，10 英里公路上需要修理的次数，100 英里管道渗漏数，等等。下列两个条件得到满足时，随机变量发生数便可以通过**泊松分布**来刻画：①事件在任何两个等长区间（时间或空间）发生的概率相等；②在任何一个区间（时间或空间）事件发生或不发生，与另一个区间的事件发生或不发生相互独立。

> $e$ 是数学常数，为自然对数的底。$e$ 是无理数，但取 2.71828 已经不会对计算结果产生太大的影响了。

泊松概率质量函数为

$$f(x) = \frac{\mu^x e^{-\mu}}{x!} \quad (5\text{-}17)$$

式 (5-17) 中，$f(x)$ 为在某个区间内随机变量 $x$ 出现的概率；$\mu$ 为出现次数的期望或均值；$e$ 取 2.71828。

泊松分布中，随机变量 $x$ 是离散型随机变量，表示某个区间内事件出现的次数。既然没有规定事件出现次数的上限，所以概率质量函数 $f(x)$ 对 $x$ 取值都有效。在实际应用的时候，$x$ 取值有可能非常大，以至于 $f(x)$ 趋近于 0。$x$ 取大的值的概率可以忽略不计。

假设需要估计一个大医院急诊室里周三早上 15 分钟内前来看病的人数，显然，我们无法确切知道在既定的时长内有多少病人会来，因此该随机变量的取值是未知的。对医院管理人员来说，掌握前来就诊的病人数及其概率是重要的，因为会对安排医务人员产生一定的影响，也会给就诊病人等待时间管理提供依据。如果假定 15 分钟之内任何两个等长时段内前来看病的病人到达的概率相等，在任何一个时段病人到达或不到达，与任何另一个时段到达或不到达相互独立，这时我们就能运用泊松概率质量函数。根据历史资料分析，得到 15 分钟之内前来看病的平均人数是 10，于是该问题的概率质量函数为

$$f(x) = \frac{10^x e^{-10}}{x!}$$

这里，随机变量 $x$ 是任何一个 15 分钟内到达诊室看病的病人数。

如果医院管理团队想了解 15 分钟内恰好有 5 人到达的概率，设 $x=5$，相应的发生概率是：

$$f(5) = \frac{10^5 e^{-10}}{5!} = 0.0378$$

在上面的例子中，泊松分布的均值 $\mu = 10$。泊松分布有一个重要的性质，就是泊松分布的均值和方差总是相等的。因此，在每个 15 分钟时段到达的病人数的方差是 $\sigma^2 = 10$，相应地，标准差就是 $\sigma = \sqrt{\sigma^2} = \sqrt{10} = 3.16$。在我们所举的例子中用 15 分钟作为一个时段，事实上其他的时间划分也是可以的。例如，我们想计算 3 分钟之内 1 个病人到达的概率。由于 10 是 15 分钟时长到达病人数的平均数，那么 10/15 = 2/3 就是 1 分钟时长之内到达病人数的平均数，因此 3 分钟时长到达的平均病人数便为 (2/3)×3 = 2。按式（5-17），3 分钟时长到达的病人数 $x$ 的泊松概率质量函数为

$$f(x) = \frac{2^x e^{-2}}{x!}$$

据此，3 分钟之内 1 个病人到达的概率是：

$$f(1) = \frac{2^1 e^{-2}}{1!} = 0.2707$$

依此测算，5 人到达/5 = 1 人到达，15 分钟/5 = 3 分钟，因此，对于 3 分钟之内 1 人到达和 15 分钟之内 5 人到达，我们似乎会得到相同的概率。在前面我们计算了 15 分钟之内 5 人到达的概率是 0.0378。可是，3 分钟之内 1 人到达的概率是 0.2707，它们并不相等。所以，当我们对不同时间间隔计算泊松概率时，必须首先把平均到达率转换到新的时段，再计算概率。

Excel 中的 POSSION.DIST 函数可以用来计算泊松概率。对 15 分钟时段平均有 10 位病人到达诊室的问题，图 5-15 给出了概率计算的过程。

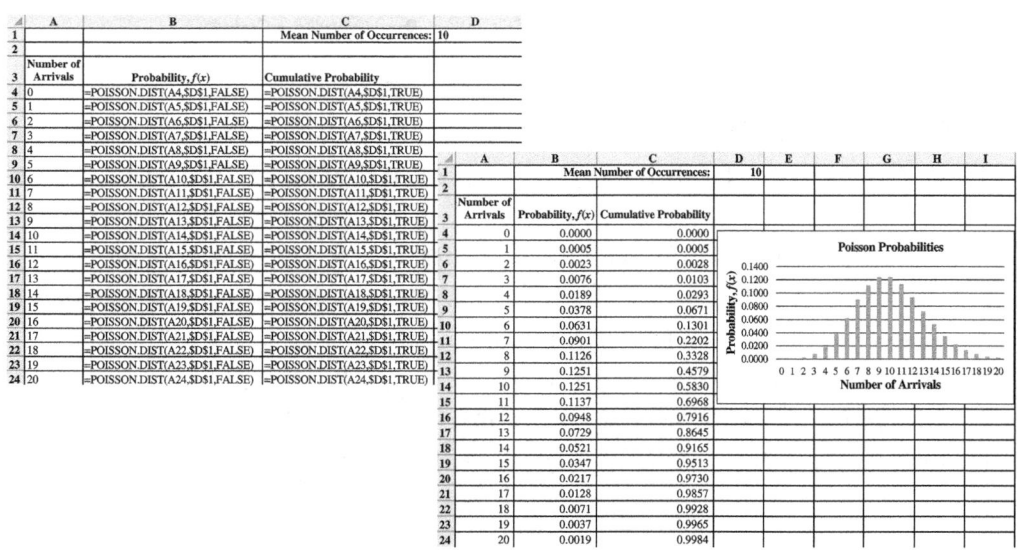

图 5-15　诊室病人到达数的泊松概率计算

Excel 中的 POSSION.DIST 函数，需要输入 3 个参数：随机变量 $x$ 的取值，泊松分布的均值，逻辑值 TRUE 或 FALSE。如果计算累积概率，需要输入 TRUE；如果计算概率质量

函数 $f(x)$，则需要输入 FALSE。图 5-15 中，单元格 B4 输入的计算公式 = POISSON（A4，$D$1,FALSE），主要是计算出现次数为 0 时的概率 $f(0)$，输出的结果是 0.000 0，表明 15 分钟之内没有任何病人到达是不可能的。单元格 B12 的计算结果是 0.112 6，说明 15 分钟之内有 8 位病人前来看病的概率是 0.112 6。

运用泊松分布计算的随机变量 $x$ 的累积概率，是指在既定的区间内不超过 $x$ 出现的概率。单元格 C4 计算的是 $x=0$ 时的累积概率，它与 $x=0$ 的概率相等。单元格 C12 计算的是 $x=8$ 时的累积概率，采用的计算公式为 = POISSON（A12，$D$1,TRUE），结果为 0.332 8，表明 15 分钟内前来看病的人数不超过 8 人的概率是 0.332 8。这个值等价于：

$$f(0)+f(1)+f(2)+\cdots+f(7)+f(8)$$
$$=0.000\ 0+0.000\ 5+0.002\ 3+\cdots+0.090\ 1+0.112\ 6=0.332\ 8$$

现在我们换一个与时间没有关系的事例来介绍泊松分布的应用，估算路面被整修后 1 个月内出现重大破损的情况。假定任何两个等长路段破损发生的概率相同，且一个路段破损出现与否，和任何其他路段破损出现与否相互独立，这时泊松分布就可以派上用场了。

假定路面整修后，1 个月内每英里平均出现 2 个重大破损。现在我们来求 3 英里内没有出现重大破损的概率。这样，便有 $\mu=$（2 个重大破损/1 英里）×3 英里 =6。由式（5-17），可以得到 $f(0)=\dfrac{6^0 e^{-6}}{0!}=0.002\ 5$。这个结果表明，3 英里长的路段没有重大破损是不可能的。事实上，这个例子反映了 3 英里长的路段至少有一个重大破损的概率是 $1-0.002\ 5=0.997\ 5$。

●——○——●——○——● 注释与点评 ●——○——●——○——●

1. 用样本数据估计自定义离散分布的概率时，式（5-13）得到的只是样本均值 $\overline{X}$，而不是总体均值 $\mu$。然而，当样本容量不断增加时，样本就逐渐与总体无异，样本均值 $\overline{X}$ 收敛于总体均值 $\mu$。在兰卡斯特银行的例子中，我们假定 300 位客户足以代表所有可能在兰卡斯特银行办理了抵押按揭客户的信息。
2. 当数据中观察值出现的频率与随机变量的概率分布相称时，我们能够利用 Excel 中的 AVERAGE 函数计算自定义离散变量的期望。一旦这个假定不能得到满足，那么由 Excel 中的 AVERAGE 函数得到的估计期望值是不够精确的。事实上，随着样本容量不断增大，估计的期望值精度也在不断提高。不然的话，我们就必须采用式（5-13）计算自定义离散变量期望值。
3. 利用样本资料估计自定义离散分布概率，式（5-14）得到的样本方差 $s^2$ 不同于总体方差 $\sigma^2$。不过，随着样本观察规模扩大，能不断提高对总体的代表性，样本方差 $s^2$ 会收敛于总体方差 $\sigma^2$。

## 5.6 连续型概率分布

上一节我们介绍了离散型随机变量及其概率分布，这一节讲解连续型随机变量，尤其是介绍一些在商业数据分析领域特别有用的连续型概率分布，如连续型均匀分布、三角分布、正态分布及指数分布等。

离散型随机变量与连续型随机变量的主要区别在于如何计算它们的概率。对离散型变量来说，通过**概率密度函数** $f(x)$ 确定随机变量取某个具体值的概率。而对连续型随机变量来说，与概率质量函数相对的是概率密度函数，也用符号 $f(x)$ 表示，不同之处在于，由概率密度函数并不能直接得到概率值。可是，在相应区间 $f(x)$ 曲线下的面积，给出了连续型随机变量 $x$ 位于这个区间值的概率。所以，在计算连续型随机变量概率的时候，我们求的是随机变量在该区间取值的概率。由于在概率密度函数图像中，任何一个具体点处的面积等于 0，表明对连续型随机变量而言，其取任一具体值的概率就是 0。

### 5.6.1 连续型均匀分布

随机变量 $x$ 表示从芝加哥到纽约的飞行时间，因可能会受到天气状况（逆风、气流等）、空中飞行模式以及其他无法完全把控因素的影响，所以从芝加哥飞往纽约的精确时间变得很不确定。但出于航班换乘、出行时间安排等考虑，我们必须把与飞行时间有关的不确定性刻画出来。假如该航程的飞行时间是 120～140 分钟，由于随机变量 $x$ 在这个时间范围内取任何值都有可能，所以 $x$ 是连续的而不是离散的随机变量。如果有充足的实际飞行资料，可用于帮助我们得出在 120～140 分钟范围之内任一既定时长的飞行时间发生的概率，与其他位于 120～140 分钟范围内的等时长飞行时间的概率相等，也即每个既定时长的飞行时间是同等可能性发生的，此时我们称随机变量 $x$ 服从**均匀分布**。该问题的概率密度函数可以表示成：

$$f(x) = \begin{cases} \dfrac{1}{20}, & 120 \leqslant x \leqslant 140 \\ 0, & 其他 \end{cases}$$

图 5-16 展示了飞行时间的均匀概率分布情形。

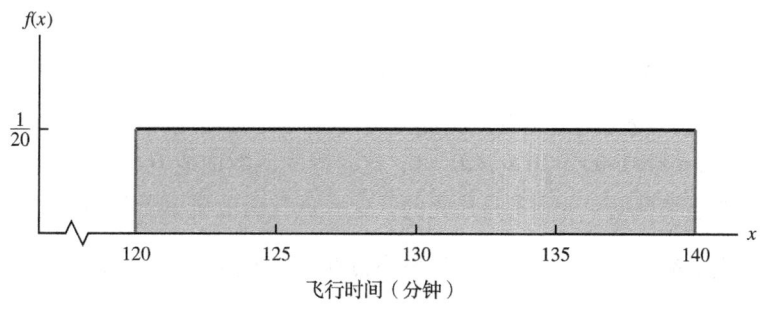

图 5-16 飞行时间的均匀概率分布

随机变量 $x$ 的均匀概率密度函数一般可以表示成：

$$f(x) = \begin{cases} \dfrac{1}{b-a}, & a \leqslant x \leqslant b \\ 0, & 其他 \end{cases} \tag{5-18}$$

在上述飞行时间的事例中，$a = 120$，$b = 140$。

对于连续型随机变量，我们总是在某个具体区间下讨论它发生的可能性。在飞行时间的例子中，我们能不能接受这样的说法：飞行时间在 120～130 分钟的概率是多少，也就是求 $P(120 \leq x \leq 130)$ 的值。

为了回答这个问题，我们来考察一下 $f(x)$ 在区间 120～130 的面积（见图 5-17）。该图像是一个长方形，长方形的面积很容易计算，就是长乘以宽。长度为 130 – 120 = 10，宽度就是概率密度函数的值 $f(x) = 1/20$，因此得到面积 = 长度 × 宽度 = 10/20 = 0.50。

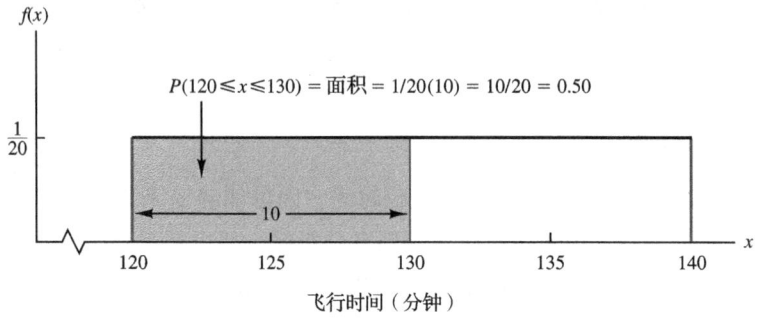

图 5-17　飞行时间在 120～130 范围内的概率图形面积

对于连续型随机变量，函数曲线 $f(x)$ 下的面积和概率是等同的。一旦概率密度函数 $f(x)$ 得到确定，变量 $x$ 在 $x_1$ 至 $x_2$ 范围内取值的概率，便可以通过计算 $f(x)$ 在 $x_1$ 至 $x_2$ 之间的面积得到。

以飞行时间的均匀分布为例，把面积当成概率，我们就能回答有关飞行时间的任一概率问题，例如：

- 飞行时间在 128～136 分钟的概率是多少？长度是 136 – 128 = 8，飞行时间均匀分布的概率密度是 $f(x) = 1/20$，便有 $P(128 \leq x \leq 136) = 8 \times 1/20 = 0.40$。
- 飞行时间在 118～123 分钟的概率是多少？长度是 123 – 118 = 5，但飞行时间在 118～120 分钟均匀分布的概率密度函数取值 0，飞行时间在 120～123 分钟范围内的概率是 1/20，这样一来，便有 $P(118 \leq x \leq 123) = P(118 \leq x < 120) + P(120 \leq x \leq 123) = 2 \times 0 + 3 \times 1/20 = 0.15$。

注意：$P(120 \leq x \leq 140) = 20 \times 1/20 = 1$，这是因为函数曲线 $f(x)$ 下的面积等于 1，这个性质对所有的连续型概率分布都是成立的，这一点与离散概率质量函数中所有概率之和等于 1 的情况完全类同。另外，连续型均匀分布 $f(x)$ 的宽度是 $\frac{1}{b-a}(a \leq x \leq b)$，那么 $a$ 到 $x_0(a \leq x_0 \leq b)$ 的面积为 $(x_0 - a) \times \frac{1}{b-a}$，这是均匀随机变量小于等于某个具体值 $x_0$ 的累积概率。

连续型均匀分布的累积概率计算公式为

$$P(x \leq x_0) = \frac{x_0 - a}{b - a}, \quad a \leq x_0 \leq b \tag{5-19}$$

连续型随机变量的期望和方差的计算，与离散型随机变量类似。不过，连续型随机变量的期望和方差的计算需要用到微积分知识，具体过程这里就不介绍了。

这一节介绍的连续型均匀概率分布，其期望和方差的计算公式为

$$E(x) = \frac{a+b}{2}$$

$$\text{Var}(x) = \frac{(b-a)^2}{12}$$

式中，$a$ 是随机变量取的最小值；$b$ 是随机变量取的最大值。

在芝加哥开往纽约航班的例子中，我们可以得到：

$$E(x) = \frac{a+b}{2} = \frac{120+140}{2} = 130$$

$$\text{Var}(x) = \frac{(b-a)^2}{12} = \frac{(140-120)^2}{12} = 33.33$$

对方差开算术平方根，便得到相应的标准差，因此 $\sigma = \sqrt{33.33} = 5.77$ 分钟。

### 5.6.2 三角分布

当只能使用主观概率估计时，三角分布十分有用。在许多场合，由于没有充足的资料，仅能使用可能值的主观估计。在**三角分布**中，我们仅需要确定最小的可能值 $a$、最大的可能值 $b$，以及分布的最有可能的取值（或众数）$m$。对连续型随机变量，一旦这些值由行业专家理性地估计出来，那么作为实际概率密度函数的一种近似，三角分布就能派上用场。

项目经理想知道完成新的公司总部投资方案初评需要多少时间。评审过程包括环境影响评估、获得所有许可证、安排所有承包商，以及完成项目所需要的分包商。在这些工作开展的过程中，存在许许多多的不确定性因素，但可以用来估计评审过程所需时间概率分布的历史资料却没有或很少。对此，项目经理与曾经做过类似项目的几位行业专家一起进行讨论，根据这些专家的意见并结合自己的经历，估计完成初评最少需要 6 个月时间。如果办理许可证过程中存在延误、环境影响评估需要补充论证，那么完成初评可能就需要 24 个月时间。6 个月是最好的情况，24 个月就比较糟糕，大家一致认为完成项目初步评审最有可能的时间是 12 个月。基于这些估计结果，项目经理运用三角分布作为完成项目初评所需时间的概率密度函数的一个近似。图 5-18 显示了这个问题的三角分布的概率密度函数，可以看出它是一个三角形。

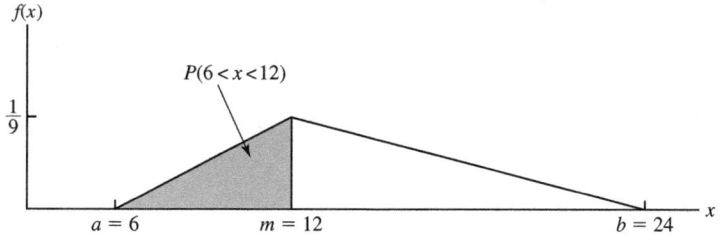

图 5-18 项目初评所需时间的三角分布

三角概率密度函数为

$$f(x) = \begin{cases} \dfrac{2(x-a)}{(b-a)(m-a)}, & a \leqslant x \leqslant m \\ \dfrac{2(b-x)}{(b-a)(b-m)}, & m < x \leqslant b \end{cases} \quad (5\text{-}20)$$

式中，$a$ 表示最小值；$b$ 表示最大值；$m$ 为众数值。

在上述例子中，最小值 $a$ 是 6 个月，最大值 $b$ 为 24 个月，众数值 $m$ 是 12 个月。就像均匀分布的说明一样，我们可以运用概率密度函数 $f(x)$ 下的面积计算出概率。对所需时间不超过 12 个月的概率计算，它是图 5-18 中 $f(x)$ 与 $x=6$ 到 $x=12$ 的面积。对任何给定的值，需要运用几何学知识确定面积，这比计算均匀分布的面积显得复杂些，可是利用三角分布公式就变得容易了。

$$P(x \leqslant x_0) = \begin{cases} \dfrac{(x_0-a)^2}{(b-a)(m-a)}, & a \leqslant x_0 \leqslant m \\ 1 - \dfrac{(b-x_0)^2}{(b-a)(b-m)}, & m < x_0 \leqslant b \end{cases} \quad (5\text{-}21)$$

根据式（5-21），我们可以计算不超过某个具体值 $x_0$ 的累积概率。例如，对 $P(x \leqslant 12)$，由于 $a=6$、$b=24$、$m=12$、$x_0=12$，便有：

$$P(x \leqslant x_0) = \frac{(x_0-a)^2}{(b-a)(m-a)} = \frac{(12-6)^2}{(24-6)(12-6)} = 0.333\,3$$

可知，完成项目初评需要 12 个月时间的概率是 0.333 3。依据式（5-21），我们也可以得出完成项目初评多于 10 个月、不超过 18 个月的概率，即 $P(10 < x < 18)$，经过变换处理 $P(10 \leqslant x \leqslant 18) = P(x \leqslant 18) - P(x \leqslant 10)$，可以参见图 5-19 来理解。

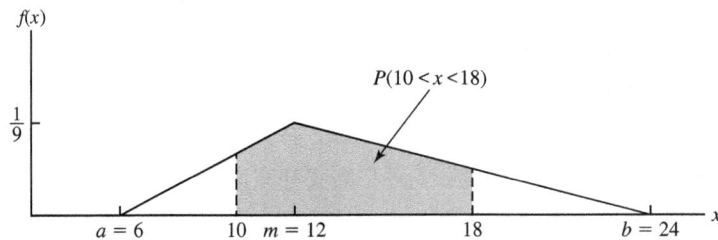

图 5-19　项目初评时间多于 10 个月、不超过 18 个月的三角分布

具体计算结果是：

$$P(10 \leqslant x \leqslant 18) = P(x \leqslant 18) - P(x \leqslant 10)$$
$$= \left[1 - \frac{(24-18)^2}{(24-6)(24-12)}\right] - \left[\frac{(10-6)^2}{(24-6)(10-6)}\right] = 0.611\,1$$

所以，完成项目初评需要至少 10 个月且不超过 18 个月的概率是 0.611 1。

### 5.6.3　正态分布

最适合用来刻画连续型随机变量概率分布的就是**正态分布**。正态分布有着十分广泛的应用，比如人的身高和体重、考试成绩、科学测量、降水量等。在商务活动领域，正态分布也被广泛用于分析不确定量，比如产品需求、股票和债券投资回报率、制造零部件需要的时间等。

正态分布的形状类似于钟形，参见图 5-20。

正态概率密度函数是：

$$f(x) = \frac{1}{\sigma\sqrt{2\pi}} e^{-(x-\mu)^2/2\sigma^2} \quad (5-22)$$

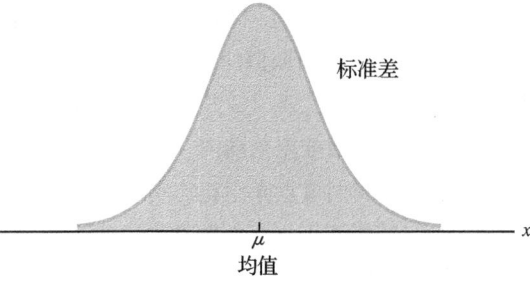

图 5-20　正态分布的钟形曲线

式中，$\mu$ 为均值；$\sigma$ 表示标准差；$\pi = 3.14159$；$e = 2.71828$。

现在我们来介绍一下正态分布的几个特征。

（1）正态分布由两个参数唯一确定，这两个参数是均值 $\mu$ 和标准差 $\sigma$。均值 $\mu$ 通常又叫作正态分布的位置参数，标准差 $\sigma$ 是正态分布的形状参数。

> $\pi$ 和 e 都是无理数，这里取 $\pi = 3.14159$、$e = 2.71828$，已经足够了。

（2）正态分布的极值点是均值，正态分布中的均值和中位数、众数相同。

（3）正态分布的均值可以取任何数值，可以是正数，也可以是负数，甚至也可以取 0。标准差相同，但均值分别是 -10、0、20 的正态分布图像，见图 5-21。

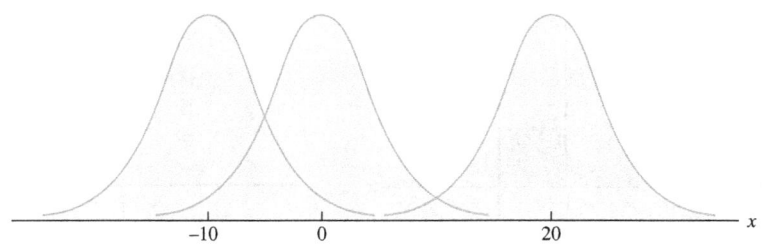

图 5-21　方差相同但均值分别是 -10、0、20 的正态分布

（4）正态分布是对称的，正态曲线均值左边的形状是均值右边形状的镜像。

（5）正态曲线的尾巴向左右两个方向无限伸展，理论上它们不会与水平轴相交。由于是对称分布，所以正态分布的偏度等于 0。

（6）标准差决定着正态曲线的平坦或凸起程度，标准差越大，意味着正态曲线越宽、越扁平，也表明数据的变异性越大。变异性越大，反映了不确定性也越大。具有相同均值但标准差不同的两条正态曲线参见图 5-22。

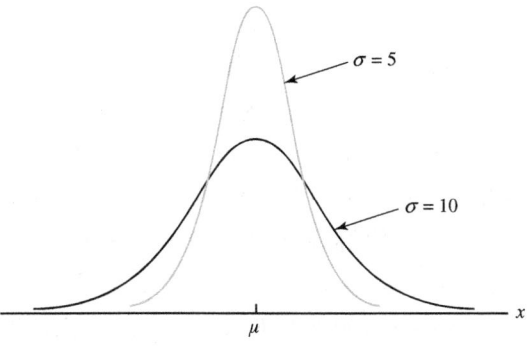

图 5-22　均值相同、标准差不同的两条正态曲线

（7）正态随机变量发生的概率，可由正态曲线下面的面积给出。正态曲线下面的总面积等于1。由于正态分布是对称的，因此均值左边的面积等于0.5，均值右边的面积也等于0.5。

（8）在常用区间取值的百分比包括：①正态随机变量68.3%的数值位于均值附近1个标准差的范围内；②95.4%的数值位于均值附近2个标准差的范围内；③99.7%的数值位于均值附近3个标准差范围内，可以参见图5-23。

接下来，我们重点介绍正态分布的应用。格雷尔航空发动机公司（Grear Aircraft Engines）专门销售商用飞机的航空发动机，现在该公司拿出一份销售合同，标明只要航空公司购买了格雷尔公司的预防性维修服务，它的发动机就能保证在其寿命周期内的飞行时间。格雷尔公司坚信这样的销售合同能带来销售收入的增加，除此之外还能额外增加一笔维修服务方面的收入。

根据大量的飞行测试和计算机模拟，格雷尔发动机公司估计，只要它的发动机得到适当的配件和良好的维修，发动机的平均终身飞行时间服从均值$\mu = 36\,500$小时、标准差$\sigma = 5\,000$小时的正态分布。现在我们来考察一下，格雷尔航空发动机能持续使用40 000小时的百分比，也就是终身飞行时间$x$超过40 000小时的概率。要回答这个问题，可以通过确定图5-24阴影部分的面积来解决。

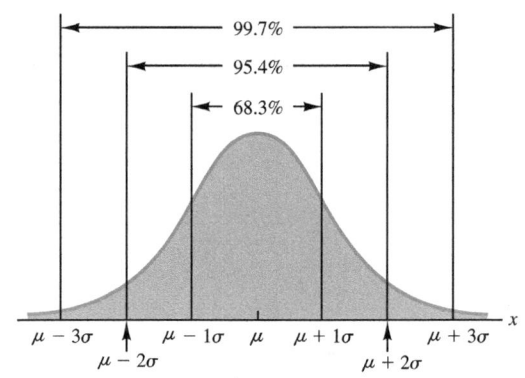
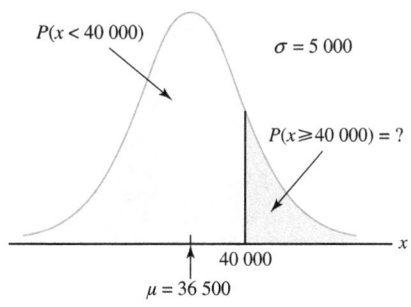

图5-23　一般正态曲线的面积　　图5-24　格雷尔航空发动机飞行时间分布

对于正态分布，可以用Excel中的NORM.DIST函数来计算正态曲线下面的面积。运用NORM.DIST函数需要输入4个参数值：计算其概率的变量值，正态分布的均值，正态分布的标准差，逻辑值TRUE或FALSE。如果计算累积分布函数，需要输入逻辑值TRUE；如果计算概率密度函数，则输入逻辑值FALSE。

关于格雷尔公司的例子，图5-25给出了概率计算的说明。

在图5-25中单元格B5里，采用的计算公式为=NORM.DIST(40 000,$B$1,$B$2,TRUE)。单元格B1是正态分布的均值，单元格B2是正态分布的标准差。由于我们想知道正态曲线下面的面积，需要采用累积分布，因此输入了逻辑值TRUE。单元格B5是输出值，即0.758 0。但要注意，这个值对应于$P(x \leqslant 40\,000) = 0.758\,0$，也就是给出了图5-24中$x = 40\,000$左边曲线下面的面积，为了求出问题要求的概率，还需要进行简单的变换：$1 - 0.758\,0 = 0.242\,0$（单元格B6）。这样，我们便得到$x > 40\,000$的概率为0.242 0。据此，可以认为24.20%的航空发动机终身飞行时间超过40 000小时。

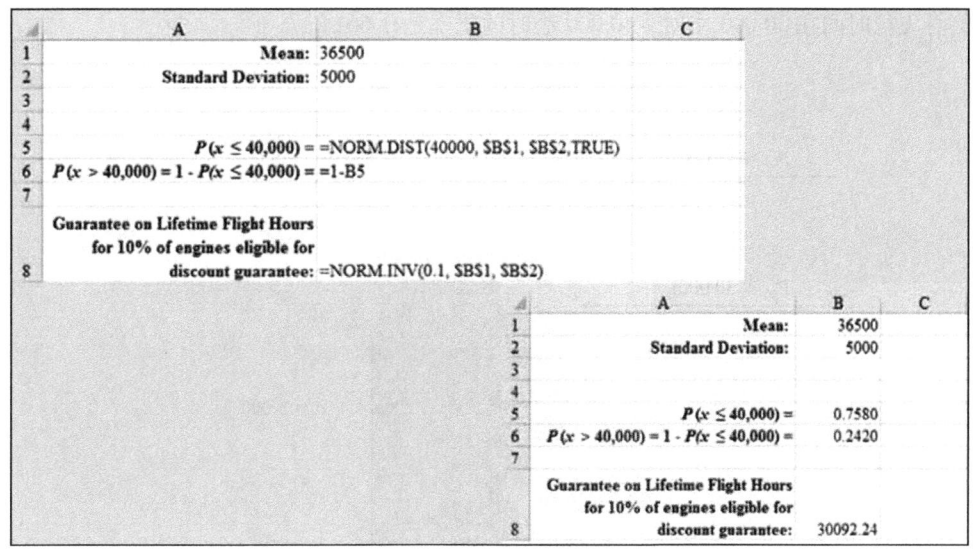

图 5-25　格雷尔公司例子的 Excel 计算过程及结果

格雷尔公司正酝酿一个折扣保证，要是发动机不满足终身飞行时间保证条款，该公司将对每台更换的航空发动机给予折扣。假定格雷尔公司希望不超过 10% 的航空发动机适用折扣保证，那么格雷尔公司应该承诺多少终身飞行时间？有关这一问题的详细说明，参见图 5-26。

在图 5-26 中，正态曲线下面未知承诺终身飞行时间左右的面积必须等于 0.10。对这个问题的 Excel 求解，需要使用 NORM.INV 函数。在运用该函数时，需要输入 3 个参数：概率值、正态分布的均值、正态分布的标准差。图 5-25 中给出了该问题的操作示范。单元格 B8 采用计算公式 = NORM.INV(0.1, $B$1, $B$2)，其中正态分布的均值是单元格 B1 的值，

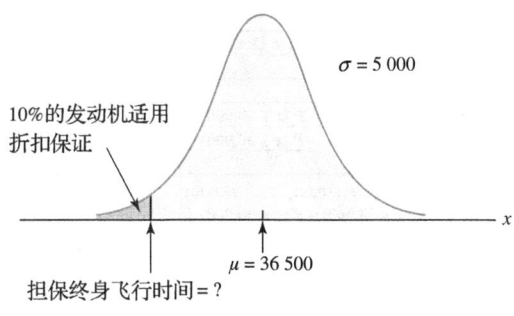

图 5-26　格雷尔公司的折扣保证

正态分布标准差是单元格 B2 的值。输出的结果是 30 092.24，表明承诺飞行时间 30 092.24 小时，比较接近符合 10% 的航空发动机适用担保这一期望。

格雷尔公司还想了解航空发动机终身飞行时间大于 30 000 小时但小于 40 000 小时的概率，对此应该怎么做呢？这个问题可以表述成求解 $P(30\,000 \leqslant x \leqslant 40\,000)$，图 5-27 直观地给出了正态曲线下面的面积。

$P(30\,000 \leqslant x \leqslant 40\,000)$ 可以用这样的形式表达：$P(30\,000 \leqslant x \leqslant 40\,000) = P(x \leqslant 40\,000) - P(x \leqslant 30\,000)$。图 5-28 展示了用 Excel 计算 $P(30\,000 \leqslant x \leqslant 40\,000)$ 的操作过程及其结果，首先在单元格 B5 运用函数 NORM.DIST 计算 $P(x \leqslant 40\,000)$，然后在单元格 B6 运用函数 NORM.DIST 计算 $P(x \leqslant 30\,000)$，再在单元格 B8 中用 B5 的计算结果减去 B6 的计算结果，最后便得到 $P(30\,000 \leqslant x \leqslant 40\,000) = 0.758\,0 - 0.096\,8 = 0.661\,2$。计算结果表明，航空发动

机终身飞行时间在 30 000 小时 ~40 000 小时的概率是 0.661 2。

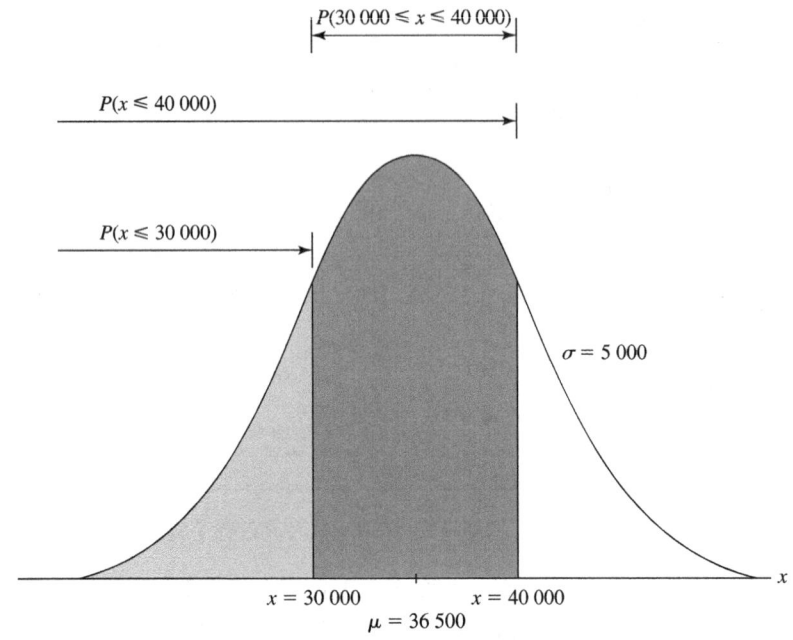

图 5-27　与 $P(30\,000 \leqslant x \leqslant 40\,000)$ 对应的曲线下面的面积

| | A | B | C |
|---|---|---|---|
| 1 | Mean: | 36500 | |
| 2 | Standard Deviation: | 5000 | |
| 3 | | | |
| 4 | | | |
| 5 | $P(x \leq 40,000) =$ | =NORM.DIST(40000, $B$1, $B$2,TRUE) | |
| 6 | $P(x \leq 30,000) =$ | =NORM.DIST(30000, $B$1, $B$2,TRUE) | |
| 7 | | | |
| 8 | $P(30,000 \leq x \leq 40,000)$ $= P(x \leq 40,000) - P(x \leq 30,000) =$ | =B5-B6 | |

| | A | B | C |
|---|---|---|---|
| 1 | Mean: | 36500 | |
| 2 | Standard Deviation: | 5000 | |
| 3 | | | |
| 4 | | | |
| 5 | $P(x \leq 40,000) =$ | 0.7580 | |
| 6 | $P(x \leq 30,000) =$ | 0.0968 | |
| 7 | | | |
| 8 | $P(30,000 \leq x \leq 40,000)$ $= P(x \leq 40,000) - P(x \leq 30,000) =$ | 0.6612 | |

图 5-28　用 Excel 求解格雷尔公司的 $P(30\,000 \leqslant x \leqslant 40\,000)$

### 5.6.4　指数分布

病人相继到达诊室的时间间隔，公路上两个重大破损之间的距离，某信用风险模型的违约时间，诸如此类的随机变量，就可以运用**指数分布**用来刻画。

指数分布的概率密度函数是：

$$f(x) = \frac{1}{\mu} e^{-x/\mu}, \quad x \geqslant 0 \tag{5-23}$$

式中，$\mu$ 为期望值或均值；e = 2.718 28。

下面，我们来举例说明。假定商业贷款两次违约之间的时间间隔平均为 15 个月（$\mu$ = 15），则相应的概率密度函数为：

$$f(x) = \frac{1}{15} e^{-x/15}$$

图 5-29 是该问题的概率密度函数图像。

如同其他连续型概率分布一样，在某个区间指数概率密度曲线下方的面积，就是随机变量 x 在这个区间取值发生的概率。两次违约间隔时间在 6 个月以内的发生概率 $P(x \leqslant 6)$，就是图 5-29 中曲线下方 x = 0 至 x = 6 范围内的面积。同样地，违约时间间隔不超过 18 个月的概率 $P(x \leqslant 18)$，是图 5-29 曲线下方 x = 0 至 x = 18 范围内的面积；违约时间间隔在 6~18 个月的概率 $P(6 \leqslant x \leqslant 18)$，是图 5-29 曲线下方 x = 6 至 x = 18 范围内的面积。

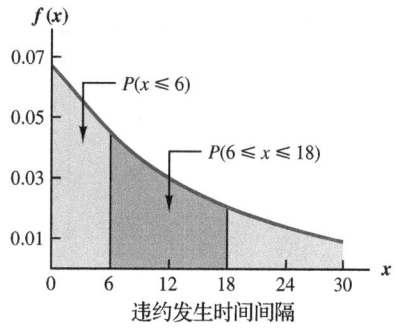

图 5-29　商业贷款发生违约时间间隔的指数分布

计算指数概率，需要用到式（5-24）。利用该式，我们可以计算出指数随机变量小于或等于某个值 $x_0$ 的累积概率。

指数分布累积概率计算公式：

$$P(x \leqslant x_0) = 1 - e^{-x_0/\mu} \tag{5-24}$$

对两次违约时间间隔 x、平均违约时间间隔 15 个月，式（5-24）可以写成：

$$P(x \leqslant x_0) = 1 - e^{-x_0/15}$$

因此，违约间隔时间 6 个月以内的发生概率 $P(x \leqslant 6)$ 为：

$$P(x \leqslant 6) = 1 - e^{-6/15} = 0.329\,7$$

根据式（5-24），违约时间间隔不超过 18 个月的概率 $P(x \leqslant 18)$ 为：

$$P(x \leqslant 18) = 1 - e^{-18/15} = 0.698\,8$$

由以上两个概率的计算结果可知，违约时间间隔在 6~18 个月的概率 $P(6 \leqslant x \leqslant 18)$ 为 0.698 8 - 0.329 7 = 0.369 1。至于其他违约时间间隔的发生概率，我们可以同样计算出来。

利用 Excel 中的 EXPON.DIST 函数，可以计算指数分布的概率值。使用这个函数时，需要输入三个参数：指数变量 x，1/m，逻辑值 TRUE 或 FALSE。如果计算累积分布函数，需要输入逻辑值 TRUE；如果计算概率密度函数，则输入逻辑值 FALSE。具体示例见图 5-30。

当然，对 $P(6 \leqslant x \leqslant 18)$ 的计算，我们也可以直接编写计算公式 = EXPON.DIST(18,1/$B$1,TRUE) - EXPON.DIST(6,1/$B$1,TRUE)。

在图 5-30 中，单元格 B3 计算的是 $P(x \leqslant 18)$，计算公式为 = EXPON.DIST(18,1/$B$1,TRUE)，其中单元格 B1 是指数分布的均值。单元格 B4 计算的是 $P(x \leqslant 6)$，单元格 B5 计算的是 $P(6 \leqslant x \leqslant 18) = P(x \leqslant 18) - P(x \leqslant 6)$，即用单元格 B3 的计算结果减去单元格 B4 的

计算结果。

| | A | B | C |
|---|---|---|---|
| 1 | Mean, μ = | 15 | |
| 2 | | | |
| 3 | P (x≤18) = | =EXPON.DIST(18,1/$B$1,TRUE) | |
| 4 | P (x≤6) = | =EXPON.DIST(6,1/$B$1,TRUE) | |
| 5 | P (6≤x≤18) = P (x≤18) − P (x≤6) = | =B3-B4 | |

| | A | B | C |
|---|---|---|---|
| 1 | Mean, μ = | 15 | |
| 2 | | | |
| 3 | P (x≤18) = | 0.6988 | |
| 4 | P (x≤6) = | 0.3297 | |
| 5 | P (6≤x≤18) = P (x≤18) − P (x≤6) = | 0.3691 | |

图 5-30　指数概率 $P(6 \leqslant x \leqslant 18)$ 的 Excel 计算示例

 注释与点评

1. 对离散型随机变量和连续型随机变量，我们刻画它们的概率方法有所不同。离散型随机变量的概率是随机变量取某个具体值的概率，连续型随机变量的概率是随机变量某个取值区间的概率。
2. 为了弄清楚为什么概率密度函数的高不能成为概率，我们来看下面的均匀概率分布：

$$f(x) = \begin{cases} 2, & 0 \leqslant x \leqslant 0.5 \\ 0, & 其他 \end{cases}$$

随机变量 $x$ 的取值在 0 ~ 0.5 范围内，概率密度函数 $f(x)$ 的高是 2。我们知道，概率值是不能超过 1 的，因此概率密度函数 $f(x)$ 是不能当成随机变量 $x$ 取值概率来看待的。

3. 均值为 0、标准差为 1 的正态分布，又叫作标准正态分布，它是正态分布的一个特例。标准正态分布很有用，各种各样的正态分布都可以转换成标准正态分布来计算其概率。对均值 $\mu$、标准差 $\sigma$ 的正态随机变量 $x$，其标准化变换结果 $z$ 为：

$$z = \frac{x - \mu}{\sigma}$$

它说明了正态随机变量 $x$ 偏离均值 $\mu$ 几个标准差。通过查找标准正态概率表，我们可以得到标准正态随机变量 $x$ 取值发生的概率。

Excel 中的标准正态分布的计算函数分别是 NORM.S.DIST 和 NORM.S.INV。NORM.S.DIST 与 NORM.DIST 的功能相同，利用 NORM.S.DIST 计算概率时，只需输入两个参数：随机变量 $x$ 标准化值，逻辑值 TRUE 或 FALSE。选择什么样的逻辑值，取决于我们想要计算的是概率密度还是累积概率。NORM.S.INV 与 NORM.INV 的功能相同，运用 NORM.S.INV 时，我们只需输入一个参数，就是我们感兴趣的概率值。无论是 NORM.S.DIST 还是 NORM.S.INV，对于标准正态分布，我们都不需要输入均值和标准差，因为软件已经默认了均值为 0、标准差为 1。

4. 指数分布的均值和标准差相等。
5. 指数分布与泊松分布之间存在一定的关系。泊松分布刻画的是每个区间范围内事件发生的次数，而指数分布描述的是两个事件发生之间的间隔长度。在排队问题中，顾客到达数使用泊松分布反映，相继到达的时间间隔用指数分布刻画。
6. 在本书的第 11 章，我们将介绍如何利用 Excel 生成离散型随机变量和连续型随机变量的随机数值。

## ● 本章小结

本章我们介绍了如何理解和测度不确定性的概率。不确定性是商务活动决策中普遍存在的现象。因此，了解和掌握概率对决策建模和决策过程的改进是十分基本的要求。

本章的第1、2、3节里，我们介绍了一些基本的概率关系，包括什么是随机实验结果、事件、有关概率计算、条件概率等，并说明了如何运用贝叶斯公式计算后验概率。

在本章的第4、5、6节中，我们讲解了离散型随机变量和连续型随机变量，同时还介绍了与离散型随机变量、连续型随机变量有关的一些常用的概率分布，如离散型随机变量的自定义离散概率分布、离散型均匀分布、二项分布、泊松分布，以及连续型随机变量的均匀分布、三角分布、正态分布、指数分布。此外，还讲解了随机变量的期望（均值）和方差的概念及计算等。

本书的许多章节里我们都会用到概率。对于在后面将讨论的预测性建模，正态分布是基础。在本书第6章介绍运用样本资料对总体进行推断学习时，在第7章介绍变量之间关系估计时，以及第11章的模式化不确定性模拟方法和第15章的决策分析，我们还会涉及随机变量和概率分布。了解和掌握概率及其有关的知识真的很重要，它有助于提高商业数据分析的技能。

## ● 关键术语

**加法定律**（addition law）：一种概率定律（法则），用于计算事件并的概率。对事件 $A$ 和事件 $B$，加法定律是：$P(A \cup B) = P(A) + P(B) - P(A \cap B)$。若这两个事件互斥，则有 $P(A \cap B) = 0$。这样，对两个互斥事件，便有 $P(A \cup B) = P(A) + P(B)$。

**贝叶斯定理**（bayes' theorem）：有关后验概率的计算方法。

**二项概率分布**（binomial probability distribution）：简称二项分布，离散型随机变量 $x$ 在 $n$ 次实验中成功次数的概率分布。

**事件 $A$ 的补集**（complement of $A$）：由不包含在事件 $A$ 中的实验结果构成的事件。

**条件概率**（conditional probability）：在某个事件已经发生的情况下，另一个事件发生的概率。对事件 $A$ 和事件 $B$，给定事件 $B$ 时事件 $A$ 的条件概率为：$P(A \mid B) = \dfrac{P(A \cap B)}{P(B)}$。

**连续型随机变量**（continuous random variable）：随机变量的取值需要使用区间表示，取值区间可能包含负无穷和正无穷，这样的随机变量称为连续型随机变量。

**自定义离散概率分布**（custom discrete probability distribution）：一种离散型随机变量的概率分布，随机变量的每个取值 $x_i$ 都伴随着一个明确的概率 $f(x_i)$。

**离散型随机变量**（discrete random variable）：只能取具体离散值的随机变量。

**离散型均匀概率分布**（discrete uniform probability distribution）：一种随机变量的概率分布，离散型随机变量每个可能结果出现的概率相同。

**经验概率分布**（empirical probability distribution）：使用频率替代概率的一种概率分布。

**事件**（event）：随机实验可能结果的集合。

**期望值**（expected value）：对随机变量中心位置的测度，也叫均值。

指数分布（exponential probability distribution）：一种连续型概率分布，用来计算完成一项任务所需的时间，或相继到达的时间间隔的概率。指数分布的均值和标准差相等。

独立事件（independent events）：对事件 $A$ 和事件 $B$，若有 $P(A|B)=P(A)$ 或 $P(B|A)=P(B)$，则称事件 $A$ 和事件 $B$ 相互独立，独立事件彼此之间不发生影响。

事件 $A$ 和事件 $B$ 的交（intersection A and B）：同时包含了事件 $A$ 和事件 $B$ 中实验结果的事件，事件 $A$ 和事件 $B$ 的交表示为 $A \cap B$。

联合概率（joint probabilities）：两个事件同时出现的概率，或者两个事件交的概率。

边际概率（marginal probabilities）：在联合概率表中，加总相应行或列的联合概率便得到边际概率，它反映了两个事件各自发生的可能性。

乘法定律（multiplication law）：用于计算事件交的概率的一种概率定律。对事件 $A$ 和事件 $B$，乘法定律是：$P(A \cap B) = P(A)P(B|A)$ 或者 $P(A \cap B) = P(B)P(A|B)$。事件 $A$ 和事件 $B$ 如果相互独立，乘法定律可以直接写成：$P(A \cap B) = P(A)P(B)$。

互斥事件（mutually exclusive events）：不存在相同实验结果的事件，称为互斥事件。如果事件 $A$ 和事件 $B$ 互斥，则 $A \cap B = \varnothing$（空集），且有 $P(A \cap B) = 0$。

正态分布（normal probability distribution）：一种连续型概率分布，概率密度函数曲线呈钟形，由均值 $\mu$、标准差 $\sigma$ 唯一确定。

泊松分布（poisson probability distribution）：一种离散型概率分布，用来刻画在某个具体时间或空间范围内事件出现 $x$ 次的概率。

后验概率（posterior probabilities）：根据追加信息的事件的修正概率。

先验概率（prior probability）：对事件发生概率的初始估计。

概率（probability）：对事件发生可能性大小的一种数量测度。

概率密度函数（probability density function）：计算连续型随机变量概率的函数，概率密度曲线下方某个区间的面积，可以用来表示概率。

概率分布（probability distribution）：随机变量所有可能取值及其相应概率的一种描述。

概率质量函数（probability mass function）：用于计算离散型随机变量 $x$ 取某个具体值的概率，符号表示为：$f(x)$。

事件的概率（probability of an event）：事件发生结果的概率之和。

随机实验（random experiment）：产生明确的事件实验结果的过程。简单重复或实验，其出现的结果凭机会而定。

随机变量（random variable）：实验结果的数量化刻画。

样本空间（sample space）：所有实验结果的集合。

标准差（standard deviation）：方差的算术平方根。

三角分布（triangular Probability distribution）：一种连续型概率分布，该分布的概率密度函数形状呈带有最小值 $a$、最大值 $b$、最可能值 $m$ 的三角形。当只有最小值、最大值、最可能值的主观估计时，三角分布可以派上用场。

均匀分布（uniform Probability distribution）：用来描述连续型随机变量在任何等长区间取值的概率。

事件 $A$ 和事件 $B$ 的并（union of A and B）：包含事件 $A$ 中的元素或事件 $B$ 中的元素以及同时包含事件 $A$ 和事件 $B$ 中元素的事件。事件 $A$ 和事件 $B$ 的并可以表示成：$A \cup B$。

**方差**（variance）：对随机变量离散或变异的一种测度。

**文氏图**（venn diagram）：样本空间或事件运算的图像展示。在文氏图中，长方形表示样本空间，长方形中的圆圈表示有关事件。

## ● 复习思考题

1. 准点到达率、行李处置不当、顾客投诉是反映航空服务质量的 3 个典型指标。以下资料是美国 10 家航空公司的相应数据。

| 航空公司 | 准点到达率（%） | 行李处置不当（每1 000 旅客） | 顾客投诉（每1 000 旅客） |
|---|---|---|---|
| Virgin America | 83.5 | 0.87 | 1.50 |
| JetBlue | 79.1 | 1.88 | 0.79 |
| AirTran Airways | 87.1 | 1.58 | 0.91 |
| Delta Air Lines | 86.5 | 2.10 | 0.73 |
| Alaska Airlines | 87.5 | 2.93 | 0.51 |
| Frontier Airlines | 77.9 | 2.22 | 1.05 |
| Southwest Airlines | 83.1 | 3.08 | 0.25 |
| US Airways | 85.9 | 2.14 | 1.74 |
| American Airlines | 76.9 | 2.92 | 1.80 |
| United Airlines | 77.4 | 3.87 | 4.24 |

根据上述资料回答：

(1) 假如随机挑选的是 Delta Air Lines 航空公司的航班，该航班准点到达的概率是多少？

(2) 假如从上述 10 家航空公司随机挑选一家，进行航班质量水平的跟踪研究，选择的航班其每千名旅客行李处置不当小于 2 的概率是多少？

(3) 假如从上述 10 家航空公司随机挑选一家，进行航班质量水平的跟踪研究，选择的航班其每千名旅客顾客投诉多于 1 个的概率是多少？

(4) 随机选择 AirTran Airways 航空公司的航班，该航班不能准点到达的概率是多少？

2. 摇两颗骰子，记录出现的点数和。

(1) 该实验有多少种可能结果？

(2) 列出全部可能的实验结果。

(3) 点数和为 7 的概率是多少？

(4) 出现的点数和不小于 9 的概率是多少？

3. 常春藤联盟学校（Ivy League）接到 2 851 份提前录取申请。在这些申请人当中，提前录取的名额是 1 033 人，直接拒绝的有 854 人，尚待进一步考察的有 964 人。根据以往的经验，尚待考察的人中会有 18% 被录取。提前录取加上考察之后录取的人数，一共有 2 375 人。用 $E$ 表示提前录取事件，$R$ 表示直接拒绝事件，$D$ 表示进一步考察后录取事件。

(1) 分别估计 $P(E)$、$P(R)$、$P(D)$。

(2) $E$ 和 $D$ 是不是互斥事件？计算 $P(E \cap D)$。

(3) 在被录取的 2 375 人当中，随机挑选 1 人，其提前录取的概率是多少？

(4) 假定某人申请提前录取，该人被提前录取的概率是多少？被进一步考察之后录取的概率是多少？

4. 对事件 A 和事件 B, $P(A) = 0.50$, $P(B) = 0.60$, $P(A \cap B) = 0.40$。
   (1) 计算 $P(A|B)$。
   (2) 计算 $P(B|A)$。
   (3) 事件 A 和事件 B 是否相互独立, 为什么?

5. 申请研究生管理科学入学考试 (GMAT) 的学生, 要求回答他们本科阶段所学的专业, 以及入学后是上全日制 MBA 还是非全日制 MBA。学生们回答的结果汇总如下。

| | | 本科阶段所学的专业 | | | 合计 |
|---|---|---|---|---|---|
| | | 企业管理 | 工程 | 其他 | |
| 意向编班类型 | 全日制班 | 352 | 197 | 251 | 800 |
| | 非全日制班 | 150 | 161 | 194 | 505 |
| | 合计 | 502 | 358 | 445 | 1 305 |

   (1) 计算联合概率分布。
   (2) 运用本科阶段所学专业的边际概率分布, 评价一下本科所学什么专业能带来最有潜质的 MBA 学生。
   (3) 假如某位学生想上全日制班, 该学生本科阶段是工程专业的概率是多少?
   (4) 假如某位学生本科阶段专业是企业管理, 该学生想上全日制班的概率是多少?
   (5) F 表示学生想上全日制班事件, B 为本科专业是企业管理事件, 事件 F 和事件 B 是否相互独立? 试用上述资料论证你的结论。

6. 据估计, 有多达 4 000 万美国人办理了至少一项助学贷款用于支付学费。并不是所有的学生毕业后都能及时偿还贷款。下表给出了助学贷款状况和是否毕业的联合概率分布。

| | | 是否毕业 | | 合计 |
|---|---|---|---|---|
| | | 是 | 否 | |
| 贷款状况 | 还款 | 0.26 | 0.24 | 0.5 |
| | 拖欠 | 0.16 | 0.34 | 0.5 |
| | 合计 | 0.42 | 0.58 | |

   (1) 办理了助学贷款且顺利毕业的学生的概率是多少?
   (2) 办理了助学贷款但没有毕业的学生的概率是多少?
   (3) 在毕业的条件下, 拖欠贷款的概率是多少?
   (4) 在没有毕业的条件下, 拖欠贷款的概率是多少?
   (5) 办理了助学贷款, 对退学没有毕业的学生有什么影响?

7. Optilytics 公司的人力资源部经理, 正在对申请该公司高级数据分析师岗位的申请人的材料进行考评, 整理出来的数据资料见数据文件 OptilyticsLLC。
   (1) 运用 Excel 数据透视表, 编制性别和学历的联合概率分布;
   (2) 根据得出的联合概率分布表, 计算性别和学历的边缘概率, 并进行简要分析;
   (3) 假如申请人是女性, 该类申请人拥有博士学位的概率是多少?
   (4) 假如申请人获得的是学士学位, 该类申请人为男性的概率是多少?
   (5) 能否给出申请人是男性且拥有博士学位的概率。

8. 美国人口普查局是美国人口和经济资料的信息中心, 下表是从美国人口普查局网站下载的资料。

| 接受教育水平 | 家庭收入（美元） | | | | 合计 |
|---|---|---|---|---|---|
| | 25 000 以下 | 25 000~49 999 | 50 000~99 999 | 100 000 以上 | |
| 高中 | 9 880 | 9 970 | 9 441 | 3 482 | 32 773 |
| 学士 | 2 484 | 4 164 | 7 666 | 7 817 | 22 131 |
| 硕士 | 685 | 1 205 | 3 019 | 4 094 | 9 003 |
| 博士 | 79 | 160 | 422 | 1 076 | 1 737 |
| 合计 | 13 128 | 15 499 | 20 548 | 16 469 | 65 644 |

根据这些资料，要求：

(1) 编制联合概率表。
(2) 家庭中户主拥有硕士学位或更高学历的概率是多少？
(3) 户主拥有高中文凭且该户收入在 100 000 美元以上的概率是多少？
(4) 家庭收入 25 000 美元以下的概率是多少？
(5) 户主拥有学士学位且该户收入低于 25 000 美元的概率是多少？
(6) 家庭收入与接受教育水平是不是相互独立？

9. Cooper Realty 是一家位于纽约州 Albany 的小型不动产公司，专门从事住宅买卖。该公司想知道挂牌待售的住宅在多少天之后销售出去的可能性，根据该公司以前年份卖出去的 800 套房屋，得到如下的数据。

| | | 挂牌至卖出的间隔天数（天） | | | 合计 |
|---|---|---|---|---|---|
| | | 30 以下 | 31~90 | 90 以上 | |
| 标价（美元） | 150 000 以下 | 50 | 40 | 10 | 100 |
| | 150 000~199 999 | 20 | 150 | 80 | 250 |
| | 200 000~250 000 | 20 | 280 | 100 | 400 |
| | 250 000 以上 | 10 | 30 | 10 | 50 |
| 合计 | | 100 | 500 | 200 | 800 |

根据上述资料，要求：

(1) $A$ 为房产挂牌直至 90 天后卖出事件，求 $P(A)$。
(2) $B$ 为标价 150 000 美元以下事件，求 $P(B)$。
(3) 事件 $A$ 与事件 $B$ 交的概率是多少？
(4) 一套标价不超过 150 000 美元的房屋，90 天之后卖出的概率是多少？
(5) 事件 $A$ 和事件 $B$ 是不是相互独立？

10. 事件 $A_1$ 的先验概率 $P(A_1)=0.40$，事件 $A_2$ 的先验概率 $P(A_2)=0.60$，另外 $P(A_1 \cap A_2)=0$，$P(B|A_1)=0.20$，$P(B|A_2)=0.05$。要求：

(1) 事件 $A_1$ 和事件 $A_2$ 是否互斥？为什么？
(2) 计算 $P(A_1 \cap B)$、$P(A_2 \cap B)$。
(3) 计算 $P(B)$。
(4) 运用贝叶斯定理计算 $P(A_1|B)$ 和 $P(A_2|B)$。

11. 某银行准备修订信用卡策略，希望收回已发出的信用卡。根据过去的资料，大约有 5% 的信用卡持有者流失了，使该行不能收回未清余额。由此，管理人员确立了信用卡持有人流失的先验概率为 0.05。另外，该行注意到，没有流失的客户不履行月付的概率是 0.20。当然，流失客户不履行月付的概率一定是 1。

(1) 已知客户不履行月付，计算该客户将流失的后验概率。

(2) 一旦客户流失概率超过 0.20，该行有可能收回发放的信用卡，假如客户没有履行月付，该行会收回信用卡吗？为什么？

12. 网站 RunningWithTheDevil.com 在线销售运动鞋和运动服装。管理人员给网站女性浏览者发送一种特殊弹出窗口，给男性浏览者发送另一种特殊弹出窗口。根据网站过去浏览者的记录，管理人员了解到浏览网站的男性占 60%、女性占 40%。要求：

(1) 当前网站访问者是女性的概率是多少？

(2) 假定 RunningWithTheDevil.com 网站 30% 的女性访问者之前浏览过网站 LetsRun.com，10% 的男性访问者之前浏览过网站 LetsRun.com，则网站 RunningWithTheDevil.com 当前访问者是女性的修正概率是多少？网站 RunningWithTheDevil.com 应该怎样给女性访问者或男性访问者显示特殊弹出窗口？

13. 某石油公司购买了阿拉斯加一块地的期权，通过地理勘察得到如下的先验概率：

$$P(含油量高) = 0.50$$
$$P(含油量中等) = 0.20$$
$$P(没有石油) = 0.30$$

(1) 开采出石油的概率是多少？

(2) 在 200 英尺试开采后，获得了土壤测试结果，土壤状况与含油量的概率如下：

$$P(土壤状况 | 含油量高) = 0.20$$
$$P(土壤状况 | 含油量中等) = 0.80$$
$$P(土壤状况 | 没有石油) = 0.20$$

对此，该石油公司应怎样解释开采测试？修正概率是多少？获得石油的概率又是多少？

14. 下列数据是得克萨斯州 Killeen 失业月数及失业人数，其中第一列是失业月数，第二列是相应的失业人数。

| 失业月数 | 失业人数 | 失业月数 | 失业人数 |
| --- | --- | --- | --- |
| 1 | 1 029 | 6 | 4 652 |
| 2 | 1 686 | 7 | 4 145 |
| 3 | 2 269 | 8 | 3 587 |
| 4 | 2 675 | 9 | 2 325 |
| 5 | 3 487 | 10 | 1 120 |

用 $x$ 表示失业人员失业月数。

(1) 给出随机变量 $x$ 的经验离散概率分布。

(2) 对你给出的概率分布，检查一下是否满足离散型概率分布的要求。

(3) 某人失业不超过 2 个月的概率是多少？超过 2 个月的概率又是多少？

(4) 某人失业超过 6 个月的概率是多少？

15. 下表是对信息中心高级经理和中层管理人员工作满意度的测评资料。

表中的工作满意度等级栏中，1 表示很不满意，2 表示比较不满意，3 表示一般，4 表示比较满意，5 表示很满意。表中的第二栏、第三栏是工作满意度等级相应岗位人员占比（%）。要求：

| 工作满意度等级 | 高级经理（%） | 中层管理人员（%） |
|---|---|---|
| 1 | 5 | 4 |
| 2 | 9 | 10 |
| 3 | 3 | 12 |
| 4 | 42 | 46 |
| 5 | 41 | 28 |

(1) 随机选择一名高级经理，给出其工作满意度等级的概率分布。

(2) 随机选择一名中层管理人员，给出其工作满意度等级的概率分布。

(3) 随机选择一名高级经理，其工作满意度等级是 4 或 5 的概率是多少？

(4) 随机选择一名中层管理人员，其工作满意度等级是 5 的概率是多少？

(5) 比较高级经理人员和中层管理人员总体工作满意度的情况。

16. 下表是随机变量 $y$ 的概率分布。

| $y$ | $f(y)$ | $y$ | $f(y)$ |
|---|---|---|---|
| 2 | 0.20 | 7 | 0.40 |
| 4 | 0.30 | 8 | 0.10 |

(1) 计算 $E(y)$。

(2) 计算 $\mathrm{Var}(y)$ 和 $\sigma$。

17. 关于汽车碰撞损失险，Newton Automobile 保险公司给出的理赔金额及其相应概率的资料如下：

| 赔付金额（美元） | 概率 | 赔付金额（美元） | 概率 |
|---|---|---|---|
| 0 | 0.85 | 5 000 | 0.02 |
| 500 | 0.04 | 8 000 | 0.01 |
| 1 000 | 0.04 | 10 000 | 0.01 |
| 3 000 | 0.03 | | |

(1) 运用期望值确定 Newton Automobile 保险公司盈亏平衡时的碰撞保险费。

(2) 如果 Newton Automobile 保险公司收取碰撞险年保费 520 美元，对保单持有人来说，碰撞保险单期望值是什么？（提示：公司的期望赔付减去年保费）为何投保人会根据这个期望值购买碰撞险保单？

18. J. R. Ryland 公司准备扩建工厂，以便使一款新型计算机可以量产。现在摆在该公司总裁面前的问题是选择大规模扩建还是中等规模扩建。由于该款计算机的市场需求不确定，需求状态包括：需求量小，需求量一般，需求量大。与此相应的发生概率是：0.20，0.50，0.30。用 $x$ 和 $y$ 分别表示中等规模扩建的利润（单位：1 000 美元）、大规模扩建的利润（单位：1 000 美元），下表给出了该公司预期的盈利水平及相应的概率。

| | | 中等规模扩建 | | 大规模扩建 | |
|---|---|---|---|---|---|
| | | $x$ | $f(x)$ | $y$ | $f(y)$ |
| 市场需求 | 需求量小 | 50 | 0.20 | 0 | 0.20 |
| | 需求量一般 | 150 | 0.50 | 100 | 0.50 |
| | 需求量大 | 200 | 0.30 | 300 | 0.30 |

(1) 对两种扩建规模，分别计算它们的期望利润，根据期望值最大原理，应该选择什么样的扩建方案？

(2) 对两种扩建规模，分别计算它们的利润方差，根据方差最小化原则，应该选择什么样的扩建方案？

19. 对 $n=10$、$p=0.10$ 的二项分布，试计算：
    (1) $f(0)$；
    (2) $f(2)$；
    (3) $P(x \leq 2)$；
    (4) $P(x \geq 2)$；
    (5) $E(x)$；
    (6) $\text{Var}(x)$ 和 $\sigma$。

20. 许多公司都在使用接受抽样（acceptance sampling）技术，以检测采购的零部件、原材料等的质量状况。在电子业界，元件通常从供应商那里大批量采购。从中抽取 $n$ 件作为检测样本，这可视作 $n$ 次二项实验。每个元件的检测（实验）结果要么合格，要么不合格。Reynolds Electronics 电子公司愿意以一批元件中不合格元件不超过1%的条件购入这批元件，假定该公司从新近采购的一批元件中抽取5件进行检测。要求：
    (1) 假定一批元件中不合格率1%，5件检测品中没有不合格元件的概率是多少？
    (2) 假定一批元件中不合格率1%，5件检测品中只有1件不合格元件的概率是多少？
    (3) 假定一批元件中不合格率1%，5件检测品中多于1件不合格元件的概率是多少？
    (4) 如果1件元件检测不合格，你会购入这批元件吗？为什么？

21. 某大学有20%的学生因没有修完统计学课程中途退学了，假定20名学生登记选修统计学课程，要求：
    (1) 计算不多于2名学生退学的概率。
    (2) 计算恰好有4名学生退学的概率。
    (3) 计算多于3名学生退学的概率。
    (4) 计算退学学生人数的期望值。

22. 对 $\mu=3$ 的泊松分布，要求：
    (1) 写出泊松概率质量函数。
    (2) 计算 $f(2)$。
    (3) 计算 $f(1)$。
    (4) 计算 $P(x \geq 2)$。

23. 爱达荷州某地的911报警电话每2分钟就响一次。假定911报警电话呼叫次数可以用泊松分布刻画，要求：
    (1) 1小时内911报警电话的期望呼叫次数是多少？
    (2) 5分钟内911报警电话求助3次的概率是多少？
    (3) 5分钟内没有911报警电话求助的概率是多少？

24. 某区域经理负责调研宾夕法尼亚州小企业破产的情况。假定平均每个月有10家小企业破产，任何两个月里小企业破产的概率是相同的，小企业破产是否在不同月份之间相互独立，求某个月里恰好有4家小企业破产的概率。

25. 随机变量 $x$ 服从 10~20 的均匀分布。
    (1) 写出概率密度函数；

(2) 计算 $P(x<15)$；

(3) 计算 $P(12\leq x\leq 2)$；

(4) 计算 $E(x)$；

(5) 计算 $\text{Var}(x)$。

26. Excel 中的 RAND 函数可以用来生成 0~1 之间的随机数。用 $x$ 表示 RAND 生成的随机数，那么 $x$ 为连续型随机变量，具有如下的概率密度函数。

$$f(x) = \begin{cases} 1, & 0 \leq x \leq 1 \\ 0, & \text{其他} \end{cases}$$

(1) 用图像展示概率密度函数。

(2) 产生的随机数在 0.25~0.75 之间的概率是多少？

(3) 产生的随机数小于等于 0.30 的概率是多少？

(4) 产生的随机数大于 0.60 的概率是多少？

(5) 运用 Excel RAND 函数产生 50 个随机数。

(6) 对（5）的结果计算均值和标准差。

27. 假定我们要对某块土地投标，有一位竞标者。拍卖人宣称只有超过 10 000 美元的最高出价才能接受。假定竞标者的出价 $x$ 是随机变量，服从 10 000~15 000 美元的均匀分布。

(1) 如果出价 12 000 美元，能中标的概率是多少？

(2) 如果出价 14 000 美元，能中标的概率是多少？

(3) 要想以最大可能中标，需要出价多少？

(4) 假定知道了竞标者出价 16 000 美元，那你愿意出低于（3）的价格吗？为什么？

28. 随机变量服从 $a=50$、$b=375$、$m=250$ 的三角分布。

(1) 绘制该随机变量的概率分布函数。

(2) 随机变量取值 50~250 的概率是多少？

(3) 随机变量取值大于 300 的概率是多少？

29. Siler 建筑公司打算投标某工厂扩建项目，为了编写标书，该公司需要估计项目的完工时间。根据过去的经验，预期完成该项目需要至少 24 个月，如果情况复杂，有可能需要 48 个月，最有可能的情形是需要 30 个月。

(1) 假定项目的实际完成时间可以用三角分布刻画，那么该项目在 30 个月内完成的概率是多少？

(2) 项目完工时间在 28~32 个月的概率是多少？

(3) 假如中标后完成项目超过 36 个月，那么 Siler 公司将会赔钱。如果赔钱的概率大于 25%，Siler 公司就不准备投标了。Siler 公司应该投标吗？

30. 某只股票基金的收益率服从均值为 14.4%、标准差为 4.4% 的正态分布，试回答下列问题：

(1) 该只股票基金收益率至少为 20% 的概率是多少？

(2) 该只股票基金收益率小于 10% 的概率是多少？

31. 只有那些智商（IQ）测试排名前 2% 的人，才有资格申请加入门萨（Mensa）俱乐部（国际高 IQ 社团组织）。假定 IQ 得分服从于均值为 100、标准差为 15 的正态分布，要想获得门萨俱乐部成员的资格,智商测试结果需要达到多少分?

32. 某服装网站的浏览量服从均值为每天450万人、标准差为每天82万人的正态分布,试回答下列问题:

    (1) 某天小于500万人浏览量的概率是多少?
    (2) 某天多于300万人浏览量的概率是多少?
    (3) 网站浏览量在300万~400万人之间的概率是多少?

33. 摩托罗拉公司使用正态分布刻画生产过程中的缺陷数和加工过程中的缺陷数的发生概率,假定加工制造的产品平均重量10盎司[一],计算下列条件下的缺陷和怀疑的缺陷数概率。

    (1) 加工过程的标准差是0.15,过程控制界线设在正负一个标准差处。单位产品重量小于9.85盎司或大于10.15盎司被认为是缺陷。
    (2) 通过过程设计改善,过程标准差降到0.05。假定过程控制界线保持不变,重量小于9.85盎司或大于10.15盎司被认为是缺陷。
    (3) 降低过程变异的好处是什么?由此引起过程控制界线是否离均值的标准差更大?

34. 假定有下列指数概率密度函数:

    $$f(x) = \frac{1}{3} e^{-x/3}, x \geq 0$$

    (1) 对$P(x \leq x_0)$写出计算公式。
    (2) 计算$P(x \leq 2)$。
    (3) 计算$P(x \geq 3)$。
    (4) 计算$P(x \leq 5)$。
    (5) 计算$P(2 \leq x \leq 2)$。

35. 在一个十字路口,车辆相继到达的时间间隔服从均值为12秒的指数概率分布。

    (1) 画出指数概率分布的图像。
    (2) 车辆相继到达的时间间隔小于12秒的概率是多少?
    (3) 车辆相继到达的时间间隔小于6秒的概率是多少?
    (4) 车辆相继到达的时间间隔超过30秒的概率是多少?

36. 魔兽世界(World of Warcraft)是一款多人在线角色扮演游戏,它的单级(single session)游戏时间服从均值为38.3分钟的指数分布。

    (1) 写出单级游戏时间的指数概率分布函数。
    (2) 玩家单级游戏时间在20~40分钟的概率是多少?
    (3) 单级游戏时间超过1小时的概率是多少?

● **案例讨论:汉密尔顿县审判员**

汉密尔顿县(Hanmilton County)的审判员每年要审判数以千计的案件,在绝大多数案件中,审判结果是没有什么问题的。但是有一些案件被提出上诉,一些上诉的案件得到了

---

㈠ 1盎司=28.35克。

改判。《辛辛那提调查报》（*Cincinnati Enquirer*）的记者 Kristen DelGuzzi 对三年里汉密尔顿县审判员办理的案件开展了研究，下表给出了民事诉讼法庭（Common Pleas Courts）、家务法院（Domestic Relations Court）、初审法庭（Municipal Court）38 位审判员经办的 182 908 件案件。在这些审判员中，只有 Patrick Dinkelacker、Timothy Hogan 在同一法庭工作的时间是整三年。

| 民事诉讼法庭 | | | |
| --- | --- | --- | --- |
| 审判员 | 经办的案件数 | 上诉的案件数 | 改判的案件数 |
| Fred Cartolano | 3 037 | 137 | 12 |
| Thomas Crush | 3 372 | 119 | 10 |
| Patrick Dinkelacker | 1 258 | 44 | 8 |
| Timothy Hogan | 1 954 | 60 | 7 |
| Robert Kraft | 3 138 | 127 | 7 |
| William Mathews | 2 264 | 91 | 18 |
| William Morrissey | 3 032 | 121 | 22 |
| Norbert Nadel | 2 959 | 131 | 20 |
| Arthur Ney, Jr. | 3 219 | 125 | 14 |
| Richard Niehaus | 3 353 | 137 | 16 |
| Thomas Nurre | 3 000 | 121 | 6 |
| John O'Connor | 2 969 | 129 | 12 |
| Robert Ruehlman | 3 205 | 145 | 18 |
| J. Howard Sundermann | 955 | 60 | 10 |
| Ann Marie Tracey | 3 141 | 127 | 13 |
| Ralph Winkler | 3 089 | 88 | 6 |
| 合　计 | 43 945 | 1 762 | 199 |

| 家务法庭 | | | |
| --- | --- | --- | --- |
| 审判员 | 经办的案件数 | 上诉的案件数 | 改判的案件数 |
| Penelope Cunningham | 2 729 | 7 | 1 |
| Patrick Dinkelacker | 6 001 | 19 | 4 |
| Deborah Gaines | 8 799 | 48 | 9 |
| Ronald Panioto | 12 970 | 32 | 3 |
| 合　计 | 30 499 | 106 | 17 |

| 初审法庭 | | | |
| --- | --- | --- | --- |
| 审判员 | 经办的案件数 | 上诉的案件数 | 改判的案件数 |
| Mike Allen | 6 149 | 43 | 4 |
| Nadine Allen | 7 812 | 34 | 6 |
| Timothy Black | 7 954 | 41 | 6 |
| David Davis | 7 736 | 43 | 5 |
| Leslie Isaiah Gaines | 5 282 | 35 | 13 |
| Karla Grady | 5 253 | 6 | 0 |
| Deidra Hair | 2 532 | 5 | 0 |
| Dennis Helmick | 7 900 | 29 | 5 |
| Timothy Hogan | 2 308 | 13 | 2 |
| James Patrick Kenney | 2 798 | 6 | 1 |
| Joseph Luebbers | 4 698 | 25 | 8 |

(续)

| 初审法庭 | | | |
|---|---|---|---|
| 审判员 | 经办的案件数 | 上诉的案件数 | 改判的案件数 |
| William Mallory | 8 277 | 38 | 9 |
| Melba Marsh | 8 219 | 34 | 7 |
| Beth Mattingly | 2 971 | 13 | 1 |
| Albert Mestemaker | 4 975 | 28 | 9 |
| Mark Painter | 2 239 | 7 | 3 |
| Jack Rosen | 7 790 | 41 | 13 |
| Mark Schweikert | 5 403 | 33 | 6 |
| David Stockdale | 5 371 | 22 | 4 |
| John A. West | 2 797 | 4 | 2 |
| 合 计 | 108 464 | 500 | 104 |

该记者的研究旨在评估审判员的办案质量。上诉案件通常是因为审判员的工作失误造成的，Kristen DelGuzzi 就是想搞清楚哪些审判员的工作完成得好，哪些审判员出错多。现在由你来进行上述数据分析，运用概率和条件概率知识对审判员的工作做个排序，也可以对不同法院做出的上诉和改判案件的可能性进行分析。

对审判员进行排名，并分析三个法院上诉和改判案件的可能性，报告至少需要含有以下内容：

（1）三个法院上诉和改判案件的发生概率；
（2）每位审判员办理的案件出现上诉的概率；
（3）每位审判员办理的案件被改判的概率；
（4）每位审判员办理的案件出现上诉并被改判的概率；
（5）对每个法院中的审判员进行排名，陈述清楚你排名的标准，并给出合理的解释。

CHAPTER 6

# 第6章

# 统计推断分析

**数据分析案例：约翰·莫雷尔公司**

约翰·莫雷尔公司（John Morrell & Company）1827年创建，是美国最古老的肉类产品生产商，全资独立管理着位于弗吉尼亚州的史密斯菲尔德食品公司（Smithfield Foods）。约翰·莫雷尔公司拥有广泛的肉食产品生产线，给顾客提供新鲜猪肉，共有12个区域品牌，包括John Morrell、E-Z-Cut、Tobin's First Prize、Dinner Bell、Hunter、Kretschmar、Rath、Rodeo、Shenson、Farmers Hickory Brand、Iowa Quality和Peyton's。这些区域品牌都有很高的品牌认知度和忠诚度。

市场调研提供了约翰·莫雷尔公司有关产品各种各样的最新信息，以及与同类产品相比的竞争状况。为了对比约翰·莫雷尔公司的牛肉煲与来自另外两家竞争对手的牛肉煲产品，该公司通过随机样本调查了消费者对产品的好恶，要求受试者对产品口味、外观、香味和总体感受进行评价。

为了解顾客对约翰·莫雷尔公司产品口味的好恶，调查人员从辛辛那提、密尔沃基、洛杉矶等地抽取了224名消费者，结果150位消费者喜欢约翰·莫雷尔公司的牛肉煲。据此，约翰·莫雷尔公司估计在所有消费者当中，喜欢约翰·莫雷尔公司牛肉煲的消费者占比$\bar{p}=150/224=0.67$。考虑到抽样误差，约翰·莫雷尔公司又采用了区间估计，得到置信水平95%时的估计置信区间是0.608 0～0.731 2。

基于得到的样本调查资料，约翰·莫雷尔公司想进一步了解其牛肉煲产品是否会受到50%的消费者欢迎。用$p$表示所有消费者中喜欢约翰·莫雷尔公司产品的比例，据此可以提出这样的研究假设：

$$H_0: p \leqslant 0.50$$
$$H_a: p > 0.50$$

式中，零假设$H_0$表示喜欢约翰·莫雷尔公司产品的比例小于等于50%。如果样本资料能拒绝零假设$H_0$，即意味着备择假设$H_a$成立，据此就能得出结论，通过对3家公司产品的比较，约翰·莫雷尔公司的牛肉煲受到消费者欢迎的比例超过50%。现在，基于统计假设检验的程序，零假设$H_0$被拒绝。因此，该项调研提供了统计证据，支持备择假设$H_a$，由此可以认为，约翰·莫雷尔公司产品受到消费者欢迎的比例超过50%。

资料来源：约翰·莫雷尔公司市场部副总经理 Marty Butler 提供。

在采集数据资料的时候，我们通常想去了解与总体有关的一些特征。总体是我们感兴趣的所有元素的集合，也是我们从中搜集数据资料的对象。要想确定性地掌握总体的一些特征，那就必须对总体中的每个元素采集资料，也就是说，需要开展**普查**活动。然而，普查有许多自身无法克服的缺陷。

（1）费用支出大。对于财务资源有限的情况，普查可能就行不通。

（2）时间拖得长。当数据需求比较急的时候，采用普查搜集资料显然不合适。

（3）总体范围不好固定。如果总体处于快速变化之中，而普查需要时间来完成，这样即使能采集到数据资料，可能也是过去时了。

（4）并不总是必需的。关于总体特征的完全信息，有时无须计较那么多，这时再诉诸普查，就显得有些浪费。

（5）适应场合有限。对那些带有破坏性的观测，普查活动有可能会带来毁灭性局面。

> 来自总体的样本与总体保持一定的相似度，这样的样本就能成为相应总体的代表。

为了回避普查这些方面的缺陷，更多的时候，我们总是对样本（总体的子集）进行调查和观测。由此而来，我们一般使用样本数据对总体进行推断，用样本资料来解答有关总体的研究假设。所以，抽样的目的就是从总体的子集中采集数据，在这一过程中，总体的子集要尽可能与总体保持一定的相似度，这样样本的信息就能准确地帮助我们认识总体的有关情况。根据样本资料，对总体进行估计或形成有关总体特征的认识结论的过程，称为**统计推断**。

许多场合会用到抽样。下面，我们先来看通过抽样推断总体的两个例子。

（1）得克萨斯一个政党的党员们在策划推举某位特别候选人参选国会参议员，该党党魁想要估计得克萨斯州登记选民支持这位候选人的比例。为此，从登记选民中抽取400人作为调查样本，其中160人表示支持这位候选人，因此，得克萨斯州登记选民支持该候选人参选国会参议员的比例是160/400 = 0.40。

> 样本均值可用于估计总体均值，样本比例可用于估计总体比例。在做这样的估计时，估计误差一定是存在的。本章的有关内容即为确定估计误差提供了基础。

（2）某轮胎制造商策划生产一款新型轮胎，这款轮胎比该厂目前生产的轮胎有更长的使用寿命。为了估计新款轮胎的平均使用寿命，该轮胎制造商试制了120件样品做测试。测试结果表明，新型轮胎的平均行驶里程为36 500英里。据此，轮胎制造商认为新型轮胎的使用寿命平均为36 500英里。

样本结果仅仅提供了有关总体特征值的估计，认识到这一点很重要。我们并不指望登记选民恰好有40%的人支持候选人,我们也不指望新型轮胎的样本测试均值 36 500 英里就一定等于所有新型轮胎的平均使用寿命。原因很简单,因为样本只是总体的一部分,不会完全是总体的复制品,误差或样本偏离总体总是存在的。运用合适的抽样方法,样本结果就能提供总体参数的"优良"估计。但我们怎样判断样本给出的结果有多好呢?万幸的是,统计方法能在这一方面起到作用。

下面,我们来对抽样中的一些术语进行解释。

**抽样总体**是能够用来抽取样本的总体。**抽样框**是总体单位的名录,可以从中抽取样本观察单位。在上述第一个例子中,抽样总体是得克萨斯州所有登记在册的选民,抽样框是登记在册所有选民的名单。由于得克萨斯州所有选民是一个有限总体,因此该问题就是从有限总体中进行抽样。

对上述第二个例子来说,确定抽样总体是比较困难的,原因在于 120 个轮胎构成的样本只是从加工过程中某个时点抽取出来的。我们只能将抽样总体视为在那个时段所有可能生产出来的轮胎所构成的总体,从这个意义上讲,该抽样总体可能属于无限总体。对无限总体,我们可能无法列出它的抽样框。

本章我们将介绍简单随机抽样,告诉读者从有限总体中是怎样抽取样本的。我们也将说明从无限总体中怎样获取随机样本,介绍如何把样本数据用于估计总体的均值、总体标准差、总体比例。除此之外,我们还要介绍抽样分布,让读者掌握抽样分布的有关知识,表述样本估计如何偏离相应总体参数,进而计算样本估计误差范围以及构造区间估计。本章的最后,我们会学到如何提出假设,怎样运用样本资料对总体均值和总体比例开展假设检验。

## 6.1 样本选择

Electronics Associates, Inc.(EAI)公司的人事主管接受了一项任务,对该公司的 2 500 名员工进行管理分析,内容包括员工平均年薪、接受过公司管理培训课程的员工占比等。

如果我们把 2 500 名员工当作研究总体,查阅公司的人事档案,就可以得到每个员工的年薪和接受培训课程的情况。

界定总体、过程或系统特征的可测因素,叫作**参数**。以 EAI 公司为例,总体平均年薪 $\mu$、反映年薪的总体标准差 $\sigma$、接受过公司管理培训的员工占比,都是我们感兴趣的因素。根据 EAI 公司的资料,我们能计算出员工年薪的总体均值和总体标准差:总体均值 $\mu$ = 51 800 美元,总体标准差 $\sigma$ = 4 000 美元。公司内部培训记录显示,2 500 名员工中有 1 500 人接受过公司组织的培训。用 $p$ 表示总体比例,这样,$p$ = 1 500/2 500 = 0.60。总体平均年薪($\mu$ = 51 800 美元)、总体标准差($\sigma$ = 4 000 美元)、总体比例($p$ = 0.60),就是 EAI 公司员工的总体参数。

假定 EAI 公司所有员工的必要信息在该公司的数据库中没有很好地保存下来。对此,我们就需要考虑 EAI 公司的人事主管怎样根据样本资料而不是全部 2 500 名员工的资料获得总体参数的估计。假设有 30 名员工的样本可以利用，显然对 30 名员工的资料进行分析要比对全部 2 500 名员工进行分析，在时间和费用上都节省许多。一旦人事主管相信 30 名员工提供的信息能充分反映 2 500 名员工的情况，那么该人事主管或许就不会费力地对 2 500 名员工的资料进行处理。在解释样本运用的可能性之前，我们首先来讨论一下怎样获得 30 名员工的样本。

## 6.1.1 从有限总体中抽样

从有限总体中抽取样本，统计学家建议要采用概率抽样，因为概率样本能对总体参数进行有效的推断。概率抽样最简单的一种，就是容量为 $n$ 的每个样本都有同等的可能性被抽中。这种概率抽样也叫作简单随机抽样。

> **所谓简单随机抽样**是指，从总体 $N$ 个单位中抽取容量为 $n$ 的样本时，每个样本都有同等的概率被抽中。

从有限总体中抽取简单随机样本时，经常要用到随机数。我们可以利用 Excel 中的 RAND 函数生成 0~1 之间的随机数。操作方式是：在工作表中的单元格编写函数计算公式 =RAND( )。之所以称这样的数字为随机数，是因为 RAND 函数运用数学方法确保 0~1 之间的每个数都有着同等被取到的可能。下面，我们用例子说明怎样通过随机数获得简单随机样本。

从总体 $N$ 个单位中抽取容量为 $n$ 的简单随机样本，可以分两步完成：

第一步，给每个总体单位分配一个随机数。

第二步，选择与 $n$ 个最小随机数相应的 $n$ 个单位。

> Excel 中的排序功能（Sort procedure）对识别 $n$ 个最小随机数对应的 $n$ 个单位特别有用。

由于总体中每 $n$ 个单位的集合会以相同的概率被分配给 $n$ 个最小的随机数，因此每 $n$ 个单位的集合都有同样的概率被抽中作为样本。假如我们用两步法抽取样本，每个容量为 $n$ 的样本都有同等的概率被抽中，那么抽中的样本符合简单随机样本的定义。

现在我们来讲讲从 EAI 公司 2 500 名员工中抽取 30 名员工组成随机样本的过程。首先，我们生成 2 500 个随机数，每个随机数对应着总体中的每个员工。然后，我们选择与 30 个最小随机数对应的 30 名员工作为样本。对照图 6-1，具体操作过程如下：

第一步，在单元格 D1 输入文本随机数（Random Numbers）。

> 执行这一步时，产生出来的随机数会有所变化，因此不要担心与图 6-1 给出的随机数不一致。

第二步，在单元格 D2:D2501 输入公式：=RAND( )。

第三步，选定单元格范围 D2:D2501。

第四步，选择功能区的**开始**（Home）选项卡，在**剪贴板组**（Clipboard）中，单击**复制**（Copy），在**剪贴板组**中，单击**粘贴**（Paste）下方箭头，当粘贴窗口出现时，在粘贴值（Paste Value）区域单击**值**（Value），按**退出**（Esc）键。

第五步，选定单元格 A1:D2501。

第六步，回到功能区**数据**（Data），在**分类和筛选组**（Sort & Filter）中单击**分类**（Sort）。

第七步，当**分类**对话框出现时，选择**数据包含标题**（My data has headers），在第一个**排序依据**（Sort by）下拉菜单中，选择**随机数**（Random Numbers），单击**确定**（OK）。

完成这些步骤之后，我们便得到如同图 6-1 的工作表。列示在行 2 ~ 31 的员工就是对应着最小 30 个随机数的人，他们构成了一个简单随机样本。注意：显示在图 6-1 右边的随机数是按升序排列的，并且员工的排序与原始排序相比也发生了变化。例如，总体中编号 812 的员工与最小随机数有关，在样本中排在第一位，总体中编号 13 的员工（图 6-1 左侧工作表中的第 14 行），在样本中作为第 22 个观察（图 6-1 右侧工作表中的第 23 行）。

| | A | B | C | D | E | F | G |
|---|---|---|---|---|---|---|---|
| 1 | Employee | Annual Salary | Training Program | Random Numbers | | | |
| 2 | 1 | 55769.50 | No | 0.613872 | | | |
| 3 | 2 | 50823.00 | Yes | 0.473204 | | | |
| 4 | 3 | 48408.20 | No | 0.549011 | | | |
| 5 | 4 | 49787.50 | No | 0.047482 | | | |
| 6 | 5 | 52801.60 | Yes | 0.531085 | | | |
| 7 | 6 | 51767.70 | No | 0.994296 | | | |
| 8 | 7 | 58346.60 | Yes | 0.189065 | | | |
| 9 | 8 | 46670.20 | No | 0.020714 | | | |
| 10 | 9 | 50246.80 | Yes | 0.647318 | | | |
| 11 | 10 | 51255.00 | No | 0.524341 | | | |
| 12 | 11 | 52546.60 | No | 0.764998 | | | |
| 13 | 12 | 49512.50 | Yes | 0.255244 | | | |
| 14 | 13 | 51753.00 | Yes | 0.010923 | | | |
| 15 | 14 | 53547.10 | No | 0.238003 | | | |
| 16 | 15 | 48052.20 | No | 0.635675 | | | |
| 17 | 16 | 44652.50 | Yes | 0.177294 | | | |
| 18 | 17 | 51764.90 | Yes | 0.415097 | | | |
| 19 | 18 | 45187.80 | Yes | 0.883440 | | | |
| 20 | 19 | 49867.50 | Yes | 0.476824 | | | |
| 21 | 20 | 53706.30 | Yes | 0.101065 | | | |
| 22 | 21 | 52039.50 | Yes | 0.775323 | | | |
| 23 | 22 | 52973.60 | No | 0.011729 | | | |
| 24 | 23 | 53372.50 | No | 0.762026 | | | |
| 25 | 24 | 54592.00 | Yes | 0.066344 | | | |
| 26 | 25 | 55738.10 | Yes | 0.776766 | | | |
| 27 | 26 | 52975.10 | Yes | 0.828493 | | | |
| 28 | 27 | 52386.20 | Yes | 0.841532 | | | |
| 29 | 28 | 51051.60 | Yes | 0.899427 | | | |
| 30 | 29 | 52095.60 | Yes | 0.486284 | | | |
| 31 | 30 | 44956.50 | No | 0.264628 | | | |
| 32 | | | | | | | |

The formula in cells D2:D2501 is = RAND[].

| | A | B | C | D |
|---|---|---|---|---|
| 1 | Employee | Annual Salary | Training Program | Random Numbers |
| 2 | 812 | 49094.30 | Yes | 0.000193 |
| 3 | 1411 | 53263.90 | Yes | 0.000484 |
| 4 | 1795 | 49643.50 | Yes | 0.002641 |
| 5 | 2095 | 49894.90 | Yes | 0.002763 |
| 6 | 1235 | 47621.60 | No | 0.002940 |
| 7 | 744 | 55924.00 | Yes | 0.002977 |
| 8 | 470 | 49092.30 | Yes | 0.003182 |
| 9 | 1606 | 51404.40 | Yes | 0.003448 |
| 10 | 1744 | 50957.70 | Yes | 0.004203 |
| 11 | 179 | 55109.70 | Yes | 0.005293 |
| 12 | 1387 | 45922.60 | Yes | 0.005709 |
| 13 | 1782 | 57268.40 | No | 0.005729 |
| 14 | 1006 | 55688.80 | Yes | 0.005796 |
| 15 | 278 | 51564.70 | No | 0.005966 |
| 16 | 1850 | 56188.20 | No | 0.006250 |
| 17 | 844 | 51766.00 | Yes | 0.006708 |
| 18 | 2028 | 52541.30 | No | 0.007767 |
| 19 | 1654 | 44980.00 | Yes | 0.008095 |
| 20 | 444 | 51932.60 | Yes | 0.009686 |
| 21 | 556 | 52973.00 | Yes | 0.009711 |
| 22 | 2449 | 45120.90 | Yes | 0.010595 |
| 23 | 13 | 51753.00 | Yes | 0.010923 |
| 24 | 2187 | 54391.80 | No | 0.011364 |
| 25 | 1633 | 50164.20 | No | 0.011603 |
| 26 | 22 | 52973.60 | No | 0.011729 |
| 27 | 1530 | 50241.30 | No | 0.013570 |
| 28 | 820 | 52793.90 | No | 0.013669 |
| 29 | 1258 | 50979.40 | Yes | 0.014042 |
| 30 | 2349 | 55860.90 | Yes | 0.014532 |
| 31 | 1698 | 57309.10 | No | 0.014539 |
| 32 | | | | |

图 6-1　利用 Excel 抽取简单随机样本

注：32 ~ 2 501 行未予显示。

## 6.1.2 从无限总体中抽样

从总体中抽取样本，如果该总体无限大，或者总体中的单位随着不断变化的过程而不断产生新的单位，以至于产生出来的单位数没有界限可言，在进行抽样时就没有办法得到抽样框。正因为如此，对于无限总体，我们不可能抽取出简单随机样本。对于无限总体情形，统计学家建议把抽取出来的样本叫作随机样本。

> **随机样本**（针对无限总体）是指从无限总体中抽取的容量为 $n$ 并符合以下条件的样本：①抽取出来的每个单位来自同样的总体；②每个单位的抽取是相互独立的。

从无限总体中获得随机样本，在选择的过程中必须小心谨慎，不同的随机样本可能需要用到不同的抽样方法。这里，我们通过两个例子说明随机样本两个条件的意义。

一般质量控制的应用针对的是流水线生产过程，从中进行抽样的名义总体，是能够源源不断生产出来的所有产品（不仅仅是已经生产出来的产品）。由于我们无法列示可能被生产出来的所有产品，所以该总体可以被看成是无限的。为了说得更具体些，现在我们来考察一条早餐麦片灌装线，该灌装线向每个罐子里灌装麦片，额定每罐重量24盎司。由质量检查员每隔一段时间从灌装好的产品中抽取12罐做检查，以判断生产线运行是否稳定，机器设备一旦出现故障，那么灌装的重量就会产生变动。

从这样的生产活动中抽取随机样本时，我们最看重的是要确保条件①得到满足，也就是被抽取出来的样本单位都要来自同一个总体。为确保条件①得到满足，检测样品必须要在大致相同的时间点抽取。通过这样的办法，检查员就能保证抽取的样本不会是过程正常的产品，也不会是过程不正常的产品。通过设计生产过程以使每罐麦片在相互不影响的情境下灌装，那么随机样本的第②个条件也能得到满足。在这些假定下，质量检查员只需要保证样本来自同一总体即可。

我们再来看一个顾客到达快餐店的例子。一名员工接受了一项任务，找一些就餐的顾客做调查，以了解顾客们的意见。顾客的到达是源源不断的，显然没有办法获得全部顾客的名录，因此顾客总体是无限总体。对此，抽样方法只要能保证样本顾客是在该快餐店就餐的人，并且是随机选择的，我们就能获得随机样本。在这个例子中，这名员工挑选的受试对象必须是进到该快餐店且买了食品的顾客，以确保随机样本来自相同总体的条件得到满足。对于在该快餐店只是小憩而没有消费的人，如果把他们选为受试对象，便不符合样本单位来自同一总体的要求。所以，调查员只要从就餐的人当中选取受试对象，无限总体中随机抽样的条件①就能成立。相比之下，怎样保证选取受试对象的独立性可能更困难些。

随机样本选取方法的第②个条件（相互独立地抽取样本单位）旨在防止选择偏差。调查员用同样的主观判断随意地选取顾客就会产生选择偏差，例如，调查员可能偏好从某个年龄组中选取顾客，而刻意回避其他年龄段的人。如果调查员选取的是5位结伴前来就餐的人，把这些人当作受试样本，那么选择偏差也会出现。因为结伴来的顾客，他们可能表现出类似的特征，运用这样的调查资料，有可能会得出对总体顾客的误导性信息。诸如此类的选择偏差可以避免，只要做到选取的受试对象不存在相互影响即可。也就是说，样本单位（顾客）需要相互独立地选取。

有些顾客会出示优惠券，基于这一情况，麦当劳快餐连锁店为避免选择偏差，采用了这样的随机抽样方法：一旦某位顾客出示了优惠券，下一位排队等候购餐的顾客就被请求填写问卷。由于顾客是否出示优惠券是随机的并且彼此之间也是相互独立的，因此这样的抽样方法能够保证独立地选取受试人，从而使来自无限总体的随机样本符合随机样本产生的条件要求。

无限总体的抽样通常与时间过程有关。例如，生产线上加工制造的产品，实验室的重复试验，到银行办理交易业务的客户，技术服务中心接到的求助电话，进入零售店的消费者，等等。诸如此类的事例都可以看成是无限总体单位产生的一个过程。只要样本单位来自相同的总体，并且是独立抽取的，都属于随机样本。

●─○─●─○─● 注释与点评 ●─○─●─○─●

1. 这一节，我们关注样本的两种类型，即来自有限总体的简单随机样本和来自无限总体的随机样本，并给予了详细的界定说明。在本书的后面，我们将不加区分地把它们叫作随机样本，或简单地直接称作样本，除非需要特别指明。
2. 研究有限总体抽样调查的统计学家，采用概率样本的抽样方法。在概率抽样中，每个可能的样本以已知的概率抽取，通过随机过程抽取样本单位。简单随机抽样是概率抽样的一种，它意味着每个容量为 $n$ 的样本，以相同的概率被抽取。
3. 对容量为 $N$ 的有限总体，从中抽取容量为 $n$ 的简单随机样本，可能的样本数目是：

$$\frac{N!}{n!(N-n)!}$$

式中，$N!$ 和 $n!$ 是阶乘。例如，对于 EAI 公司的问题，$N = 2\,500$ 人，$n = 30$ 人，根据上述公式，能抽出的不同简单随机样本的数目是 $2.75 \times 10^{69}$ 个。
4. 简单随机抽样的其他概率抽样方法有：
   分层随机抽样——先把总体划分成不同的组或层，再从每个层中抽取简单随机样本。
   整群抽样——把总体划分成不同的子组或群，然后以群为抽样单位，从这些群中抽取一些群，凡被抽中群的所有个体构成调查样本。
   系统抽样——对总体中的单位按照某种重要特征进行排列，随机地从中抽取一个单位，然后以 $k$ 为间隔，依次确定其他样本单位。
   不同的概率抽样方法，样本统计量如样本均值 $\bar{x}$、样本标准差 $\sigma$、样本比例 $\bar{p}$ 等的计算方法不尽相同。
5. 非概率抽样方法，主要包括：
   方便抽样——根据易得性确定样本单位。
   判断抽样——根据人的目的抽取样本单位。
   非概率样本有自身的优点，就是样本确定相对容易，资料采集也较方便。不过，概率抽样的统计推断方法一般不适用非概率样本。所以，利用非概率样本对总体进行推断需要慎重对待。

## 6.2 点估计

到目前为止，我们已经介绍了简单随机样本的抽取，现在我们重新回到 EAI 公司的事例。表 6-1 是 EAI 公司 30 位员工组成的简单随机样本资料，包括每位员工的年薪、接受公司培训的状况。

表 6-1 样本员工的年薪和接受公司培训情况

| 年薪（美元） | 接受培训状况 | 年薪（美元） | 接受培训状况 |
| --- | --- | --- | --- |
| $x_1 = 49\,394.3$ | 1 | $x_{16} = 51\,766.0$ | 1 |
| $x_2 = 53\,263.9$ | 1 | $x_{17} = 52\,541.3$ | 0 |
| $x_3 = 49\,343.5$ | 1 | $x_{18} = 44\,980.0$ | 1 |
| $x_4 = 49\,894.9$ | 1 | $x_{19} = 51\,932.6$ | 1 |
| $x_5 = 47\,621.6$ | 0 | $x_{20} = 52\,973.0$ | 1 |
| $x_6 = 55\,924.0$ | 1 | $x_{21} = 45\,120.9$ | 1 |
| $x_7 = 49\,092.3$ | 1 | $x_{22} = 51\,753.0$ | 1 |
| $x_8 = 51\,404.4$ | 1 | $x_{23} = 54\,391.8$ | 0 |
| $x_9 = 50\,957.7$ | 1 | $x_{24} = 50\,164.2$ | 0 |
| $x_{10} = 55\,109.7$ | 1 | $x_{25} = 52\,973.6$ | 0 |
| $x_{11} = 45\,922.6$ | 1 | $x_{26} = 50\,241.3$ | 0 |
| $x_{12} = 57\,268.4$ | 0 | $x_{27} = 52\,793.9$ | 0 |
| $x_{13} = 55\,688.8$ | 1 | $x_{28} = 50\,979.4$ | 1 |
| $x_{14} = 51\,564.7$ | 0 | $x_{29} = 55\,860.9$ | 1 |
| $x_{15} = 56\,188.2$ | 0 | $x_{30} = 57\,309.1$ | 0 |

用 $x$ 表示员工年薪，$x_1, x_2, \cdots, x_{30}$ 分别代表第 1 个员工，第 2 个员工，…，第 30 个员工等。接受过公司组织的培训用 1 表示，没有接受过公司培训的用 0 表示。

为估计总体参数值，我们计算相应的样本特征数字。样本特征数字，也可以叫作**样本统计量**，如为估计 EAI 公司员工年薪的总体均值 $\mu$、员工年薪的标准差 $\sigma$。由表 6-1 的资料，我们计算样本均值和样本标准差。

样本均值

$$\bar{x} = \frac{1}{n}\sum x_i = \frac{1\,554\,420}{30} = 51\,814 (美元)$$

样本标准差

$$s = \sqrt{\frac{\sum(x_i - \bar{x})^2}{n-1}} = \sqrt{\frac{325\,009\,260}{30-1}} = 3\,348 (美元)$$

为估计 EAI 公司员工培训情况的总体比例 $p$，其相应的样本比例表示为 $\bar{p}$。用 $x$ 代表样本中接受过培训的员工数，由表 6-1 可知，$x = 19$，所以，$n = 30$ 时，样本比例为：

$$\bar{p} = \frac{x}{n} = \frac{19}{30} = 0.63$$

基于上述计算结果，我们就可以进行点估计。用样本均值 $\bar{x}$ 作为总体均值 $\mu$ 的点估计量，样本标准差 $s$ 用作总体标准差 $\sigma$ 的点估计量，用样本比例 $\bar{p}$ 作为总体比例 $p$ 的**点估计量**。$\bar{x}$、$s$、$\bar{p}$ 的计算结果，叫作**点估计值**。例如，EAI 公司 30 名样本员工的平均年薪 51 814 美元是总体均值 $\mu$ 的点估计值，样本员工的年薪标准差 3 348 美元是总体标准差 $\sigma$ 的点估计值，样本比例 $\bar{p} = 0.63$ 是总体比例的点估计值。表 6-2 是样本点估计结论和总体实际参数值的比较。

表 6-2　样本点估计与总体实际参数值比较

| 总体参数 | 实际值 | 点估计量 | 点估计值 |
|---|---|---|---|
| 总体平均年薪 $\mu$ | 51 800 美元 | 样本平均年薪 $\bar{x}$ | 51 814 美元 |
| 年薪标准差 $\sigma$ | 4 000 美元 | 样本年薪标准差 $s$ | 3 348 美元 |
| 接受过公司培训员工总体比例 $p$ | 0.6 | 接受过公司培训样本员工占比 $\bar{p}$ | 0.63 |

由表 6-2 可知，点估计值与总体参数实际值存在少许差异。这个差别完全在预料之中，它是由使用样本估计造成的。

本书的大部分章节都是与统计推断有关的主题，就是运用样本统计量对总体参数进行推断。在运用样本对总体参数推断的时候，保证目标总体和抽样总体一致是十分重要的。**目标总体**是我们意在做出推断的对象，而抽样总体则是样本实际从中抽取的总体。本节我们陈述了从 EAI 公司全部员工中抽取简单随机样本的过程，并介绍了对 EAI 公司全部员工平均年薪、年薪标准差、接受过公司培训员工占比的点估计做法。在 EAI 公司的例子中，它的抽样总体和目标总体完全一样。然而，在许多场合，要保证抽样总体和目标总体一致，往往不那么容易。

如在游乐园里，选取一部分游客作为样本，以了解在该游乐园游玩的游客的年龄和逗留的时间。对此，如果样本单位只是在某一天选取的，而恰好该游乐园在那天为某大型公司的员工开专场。这样，抽样总体将由这个公司的员工及其家庭成员组成。如果目标总体是那些在整个夏季里光顾该游乐园的一般性游客，抽样总体和目标总体之间就存在非常明显的差别。出现这种情况时，我们会怀疑点估计的有效性。站在游乐园的立场看，需要分析某天抽取的游客样本能不能代表目标总体。

总之，在我们利用样本对总体进行推断的时候，需要做好研究设计，保证抽样总体和目标总体之间有更好的一致性。良好的判断，是使统计实践圆满不可或缺的组成部分。

## 6.3　抽样分布

上一节我们提到了，样本均值 $\bar{x}$ 是总体均值 $\mu$ 的点估计量，样本比例 $\bar{p}$ 是总体比例 $p$ 的点估计量。对于表 6-1 中的 EAI 公司 30 名员工的简单随机样本，总体均值 $\mu$ 的点估计值为 $\bar{x} = 51\,814$ 美元，总体比例 $p$ 的点估计值是 $\bar{p} = 0.63$。假定我们抽取 EAI 公司另 30 名员工的简单随机样本，并得到以下的点估计：

样本均值

$$\bar{x} = 52\,670(\text{美元})$$

样本比例

$$\bar{p} = 0.70$$

我们注意到，两个不同的简单随机样本，得到的样本均值和样本比例的取值是不相同的。确实，我们不能指望 EAI 公司第二个简单随机样本能给出与第一个简单随机样本相同的点估计值。

假定我们从 EAI 公司员工中不断地抽取 30 名员工组成简单随机样本，对得到的样本都计算它们的样本均值 $\bar{x}$ 和样本比例 $\bar{p}$。表6-3是EAI公司30名员工组成的500个简单随机样本的均值和比例。

表6-3 EAI公司30名员工组成的500个简单随机样本的均值 $\bar{x}$ 和比例 $\bar{p}$

| 样本编号 | 样本均值 | 样本比例 | 样本编号 | 样本均值 | 样本比例 |
| --- | --- | --- | --- | --- | --- |
| 1 | 51 814 | 0.63 | 4 | 51 588 | 0.53 |
| 2 | 52 670 | 0.70 | … | … | … |
| 3 | 51 780 | 0.67 | 500 | 51 752 | 0.50 |

对表6-3的500个样本均值编制频数分布并计算出频率，得到表6-4的结果。

表6-4 500个样本均值的频数分布及相应的频率

| 平均年薪（美元） | 频数（次） | 频率 | 平均年薪（美元） | 频数（次） | 频率 |
| --- | --- | --- | --- | --- | --- |
| 49 500.00~49 999.99 | 2 | 0.004 | 52 000.00~52 499.99 | 110 | 0.220 |
| 50 000.00~50 499.99 | 16 | 0.032 | 52 500.00~52 999.99 | 54 | 0.108 |
| 50 500.00~50 999.99 | 52 | 0.104 | 53 000.00~53 499.99 | 26 | 0.052 |
| 51 000.00~51 499.99 | 101 | 0.202 | 53 500.00~53 999.99 | 6 | 0.012 |
| 51 500.00~51 999.99 | 133 | 0.266 | 合计 | 500 | 1.000 |

图6-2是500个样本均值 $\bar{x}$ 的频率分布直方图。

**随机变量** 的取值不能完全确定，由于样本均值 $\bar{x}$ 是不确定变量，它的取值随着样本的不同而变化，所以样本均值 $\bar{x}$ 是随机变量。像其他随机变量一样，样本均值具有均值或期望、标准差的概率分布。样本均值 $\bar{x}$ 的概率分布叫作**抽样分布**。掌握样本均值 $\bar{x}$ 的抽样分布及其性质，有助于对样本均值 $\bar{x}$ 怎样逼近总体均值 $\mu$ 给出概率表述。

再来看看图6-2，或许我们需要列示所有可能的30名员工组成的样本，并计算每个样本的均值，以完整地确定样本均值 $\bar{x}$ 的抽样分布。不过，500个样本均值 $\bar{x}$ 的值给出了抽样分布的近似。由图6-2，样本均值的抽样分布呈现出钟形轮廓。另外我们也注意到，出现次数最多的 $\bar{x}$ 值和500个样本均值 $\bar{x}$ 的均值，接近于总体均值 $\mu$ = 51 800美元。在6.3.1节里，我们还将详细地说明样本均值 $\bar{x}$ 抽样分布的性质特征。

由500个样本比例 $\bar{p}$ 频率分布绘制的直方图见图6-3。

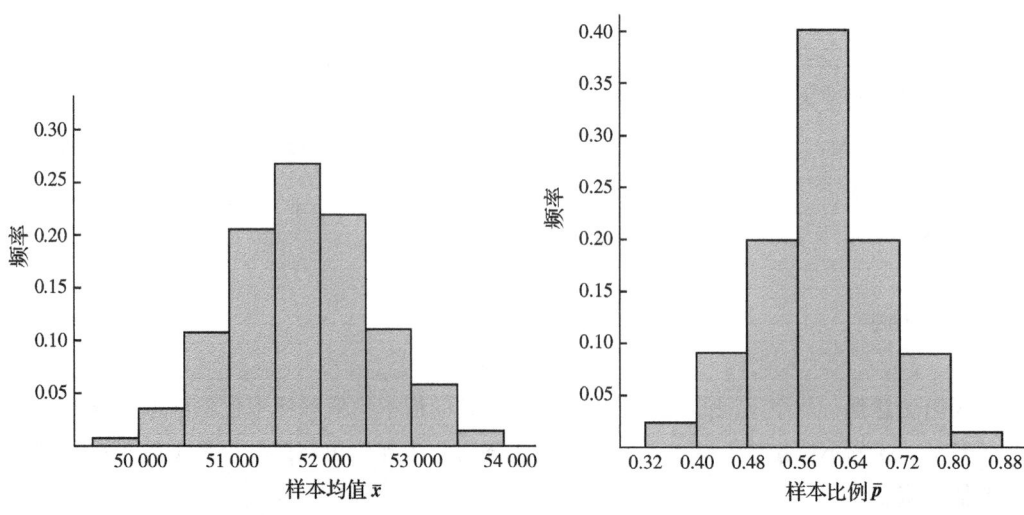

图6-2 500个样本均值 $\bar{x}$ 的频率分布直方图　　图6-3 500个样本比例 $\bar{p}$ 的频率直方图

如同均值 $\bar{x}$，样本比例 $\bar{p}$ 是随机变量。如果我们把所有由 30 名员工组成的样本都从总体中找出来，并对每个样本都计算样本比例，由此得到的概率分布便是样本比例 $\bar{p}$ 的抽样分布。图 6-3 虽然只是根据 500 个样本比例的值绘制的，但它让我们看到了样本比例 $\bar{p}$ 的抽样分布的面貌。

实际上，我们仅从总体中选取一个简单随机样本，这里重复抽样 500 次意在揭示不同样本都可能产生各不相同的样本均值 $\bar{x}$、样本比例 $\bar{p}$。任何一个样本统计量的概率分布，都叫作该统计量的抽样分布。在 6.3.1 节和 6.3.2 节中，我们将讨论样本均值 $\bar{x}$ 和样本比例 $\bar{p}$ 抽样分布的特征。

## 6.3.1 样本均值 $\bar{x}$ 的抽样分布

前面我们已经提到过，样本均值 $\bar{x}$ 是随机变量，其概率分布称为样本均值 $\bar{x}$ 的抽样分布。

> 样本均值 $\bar{x}$ 的抽样分布：样本均值 $\bar{x}$ 所有可能取值的概率分布。

这里，我们着重讨论样本均值 $\bar{x}$ 抽样分布的性质。如同我们已经学习过的其他概率分布，样本均值 $\bar{x}$ 的抽样分布也拥有期望或均值、标准差以及特征形状。我们先来考虑所有可能 $\bar{x}$ 值的均值，也就是 $\bar{x}$ 的期望值。

### 1. $\bar{x}$ 的期望值

在 EAI 公司的抽样问题中，我们看到了不同的简单随机样本，样本均值 $\bar{x}$ 的取值也不尽相同。作为随机变量 $\bar{x}$ 具有许多不同取值是可能的，但我们更想知道所有 $\bar{x}$ 取值的均值是什么。随机变量 $\bar{x}$ 的均值，就是 $\bar{x}$ 的期望值。用 $E(\bar{x})$ 表示 $\bar{x}$ 的期望值，样本所来自总体的均值用 $\mu$ 表示。可以证明，在简单随机抽样中，$E(\bar{x})$ 与 $\mu$ 相等。

样本均值 $\bar{x}$ 的期望：

$$E(\bar{x}) = \mu \quad (6-1)$$

式中，$E(\bar{x})$ 表示 $\bar{x}$ 的期望值；$\mu$ 表示总体均值。

> 样本均值 $\bar{x}$ 的期望，等于样本所来自总体的均值。

这个结论表明，对于简单随机抽样，$\bar{x}$ 抽样分布的均值或期望值等于总体均值。在 6.1 节里，我们已经看到了 EAI 公司所有员工平均年薪 $\mu = 51\ 800$ 美元。因此，由式（6-1），我们可以认为来自 EAI 公司员工总体所有容量为 $n$ 的样本，所有可能样本均值的均值将会是 51 800 美元。

当点估计量的期望值等于总体参数，我们就说该点估计量是**无偏的**。据此，式（6-1）表明，$\bar{x}$ 是总体均值 $\mu$ 的无偏估计。

### 2. $\bar{x}$ 的标准差

现在我们来说说 $\bar{x}$ 的抽样分布的标准差。$\sigma_{\bar{x}}$ 表示 $\bar{x}$ 的标准差，或均值的**标准误差**。$\sigma$ 为总体标准差，$n$ 为样本容量，$N$ 为总体容量。

> 在统计推断中，经常用到标准误差这个词，它是点估计量的标准差。

对于有限总体及无限总体，$\bar{x}$ 的标准差的计算方法有一定差别。
$\bar{x}$ 的标准差：

$$\text{有限总体} \qquad \text{无限总体}$$
$$\sigma_{\bar{x}} = \sqrt{\frac{N-n}{N-1}}\left(\frac{\sigma}{\sqrt{n}}\right) \qquad \sigma_{\bar{x}} = \frac{\sigma}{\sqrt{n}} \tag{6-2}$$

比较式（6-2）中的两个计算式，对有限总体情形需要用到系数 $\sqrt{(N-n)/(N-1)}$，对无限总体却并不需要。该系数经常被叫作**有限总体修正系数**。在许多实际应用场合，遇到的总体尽管是有限的却非常大。对这样的有限总体，修正系数接近于 1，这样一来，有限总体和无限总体 $\bar{x}$ 标准差的差别就可以忽略。即使总体是有限总体，在总体规模很大的时候，$\sigma_{\bar{x}} = \sigma/\sqrt{n}$ 也能很好地反映 $\bar{x}$ 的标准差。如果 $n/N > 0.05$，这时建议最好还是使用有限总体的 $\bar{x}$ 标准差计算方法。除非特别说明，本书中我们假定相对于样本容量，总体规模是很大的，即有 $n/N \leq 0.05$。

运用式（6-2）计算 $\bar{x}$ 的标准差，需要知道总体标准差 $\sigma$。这就是说，对点估计量 $\bar{x}$ 计算其标准差，需要使用到样本所来自总体的标准差 $\sigma$。然而，我们通过抽样利用样本均值 $\bar{x}$ 估计总体均值，在这一过程中，往往并不知道总体标准差。因此，我们需要用样本标准差替代总体标准差，才能计算出样本均值 $\bar{x}$ 的标准差。于是有：

$$\text{有限总体} \qquad \text{无限总体}$$
$$s_{\bar{x}} = \sqrt{\frac{N-n}{N-1}}\left(\frac{s}{\sqrt{n}}\right) \qquad s_{\bar{x}} = \frac{s}{\sqrt{n}} \tag{6-3}$$

式中，$s$ 表示样本标准差；$s_{\bar{x}}$ 为 $\sigma_{\bar{x}}$ 的估计。

由式（6-3）得到的 $\bar{x}$ 的标准差 $s_{\bar{x}}$，叫作 $\bar{x}$ 的估计标准差。

在 EAI 公司的例子中，表 6-2 给出的由 30 个员工组成的样本的标准差 $s = 3\,348$。总体规模 $N = 2\,500$，是有限总体，但 $n/N = 30/2\,500 = 0.012 < 0.05$，可以忽略有限总体修正系数，因而有：

$$s_{\bar{x}} = \frac{s}{\sqrt{n}} = \frac{3\,348}{\sqrt{30}} = 611.3$$

在这个例子中，我们偶然得知总体标准差实际上是 4 000，这时有：

$$\sigma_{\bar{x}} = \frac{\sigma}{\sqrt{n}} = \frac{4\,000}{\sqrt{30}} = 730.3$$

从计算结果可以看出，$s_{\bar{x}}$ 与 $\sigma_{\bar{x}}$ 之间有一定的差别，这是**抽样误差**，毕竟样本只有 30 名员工。

3. $\bar{x}$ 抽样分布的形状

前面讨论的 $\bar{x}$ 抽样分布的期望和标准差的有关结论，对任何总体都是适用的。接下来，我们讲解 $\bar{x}$ 抽样分布的形状，它也是我们辨别 $\bar{x}$ 抽样分布特征的一个重要内容。在介绍 $\bar{x}$ 抽样分布形状的时候，我们分两种情形讨论：①总体服从正态分布；②总体不服从正态分布。

在许多场合，假定样本来自的总体服从正态分布或近似服从正态分布是合理的。总体服从正态分布，不管样本容量大小，样本均值 $\bar{x}$ 的抽样分布也服从正态分布。

样本来自的总体不服从正态分布，则中心极限定理在识别 $\bar{x}$ 抽样分布形状时很有帮助。

**中心极限定理**：从总体中随机抽取容量为 $n$ 的样本，当样本容量很大的时候，样本均值 $\bar{x}$ 的抽样分布可以用正态分布近似。

针对三个不同的总体，图6-4展示了中心极限定理的作用过程。

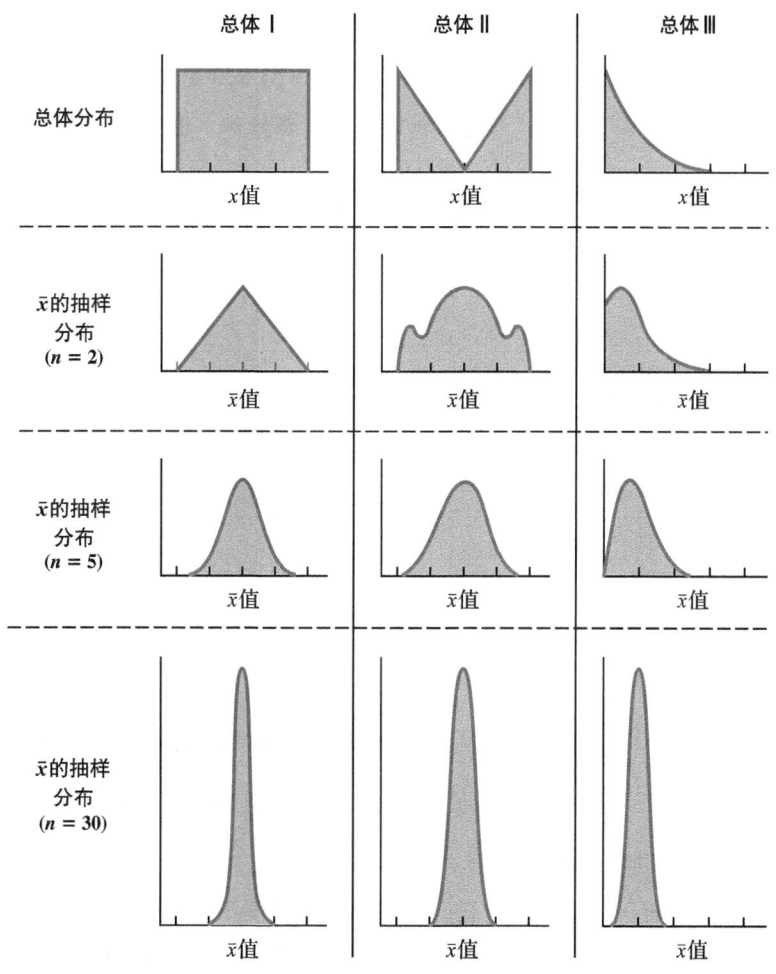

图6-4  三个不同总体中心极限定理的作用过程

图6-4中，每一列代表着一个总体，图的最上部是每个总体的名称，它们都不是正态分布。其中：第一个总体是均匀分布；第二个总体常常被叫作兔耳分布，它呈对称状，数值分布更有可能落在两端；第三个总体类似于指数分布，呈右偏态。

图6-4的下部，是样本容量分别为 $n=2$、$n=5$、$n=30$ 时，样本均值 $\bar{x}$ 的抽样分布。对抽样规模 $n=2$，我们可以看到每个抽样分布的形状，与相应的总体分布的形状不一样了。$n=5$ 时，第一、第二个总体对应的抽样分布看起来已经具备了正态分布的形状。对第

三个总体，$n=5$ 时的抽样分布也出现了正态分布状况，但右偏情况依然存在。当 $n=30$ 时，三个总体的抽样分布都近似服从正态分布。

从实用主义出发，在运用中心极限定理时，我们常常想知道要抽取多大规模的样本，才能对抽样分布采用正态假定。统计科研人员已经通过研究不同总体、不同的抽样规模下样本均值 $\bar{x}$ 的抽样分布，找到了这个问题的答案。为了更好地应用，统计学一般建议，当样本容量不小于 30 的时候，$\bar{x}$ 的抽样分布就可以用正态分布近似。对总体高度偏态或存在异常值的场合，抽样规模最好不少于 50 个单位。

4. EAI 公司问题的 $\bar{x}$ 的抽样分布

对 EAI 公司的例子，前面我们已经说明了 $E(\bar{x})=51\,800$ 美元、$\sigma_{\bar{x}}=730.3$。但对总体服从什么样的分布我们并不知晓，总体有可能服从正态分布，也可能不服从正态分布。如果总体服从正态分布，$\bar{x}$ 的抽样分布则服从正态分布。要是总体不服从正态分布，由于样本容量包含了 30 名员工，中心极限定理告诉我们 $\bar{x}$ 的抽样分布可以用正态分布近似。为清晰起见，我们换一种方式展示 $\bar{x}$ 的抽样分布，具体见图 6-5。

图 6-5 给出的抽样分布，是假定总体均值、标准差已知情况下的样本均值的抽样分布。如果样本均值抽样分布中存在未知的总体均值、标准差，这时我们可以使用相应的样本统计量对其进行估计。

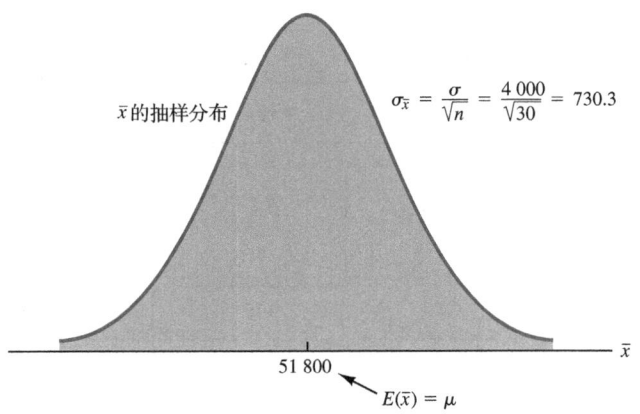

图 6-5　30 名员工的简单随机样本平均年薪 $\bar{x}$ 的抽样分布

图 6-5 显示了 EAI 公司所有 30 名员工的可能样本，其样本均值的抽样分布情况。

5. 样本规模与 $\bar{x}$ 抽样分布的关系

在 EAI 公司的抽样问题中，假定我们采用的抽样规模不是 30 人而是 100 人。直观上，我们似乎能感觉到，由于大样本提供了更多的信息，因此 100 人的样本均值比 30 人的样本均值能更好地估计总体均值。究竟好了多少？对此我们来讨论一下样本规模与 $\bar{x}$ 抽样分布的关系。

首先，我们注意到，不管样本容量多大，都有 $E(\bar{x})=\mu$，表明所有可能的 $\bar{x}$ 值的均值等于总体均值 $\mu$，与抽样规模的大小无关。然而，我们也注意到均值的标准误差 $\sigma_{\bar{x}}=\sigma/\sqrt{n}$，与样本容量的算术平方根有关。随着样本容量的增加，均值标准误差 $\sigma_{\bar{x}}$ 越来越小。在 $n=30$ 时，EAI 公司问题的均值标准误差是 730.3。现在样本增加到 $n=100$，此时均值的标准误差是：

$$\sigma_{\bar{x}} = \frac{\sigma}{\sqrt{n}} = \frac{4\,000}{\sqrt{100}} = 400$$

当 $n = 30$、$n = 100$ 时，$\bar{x}$ 的抽样分布见图 6-6。

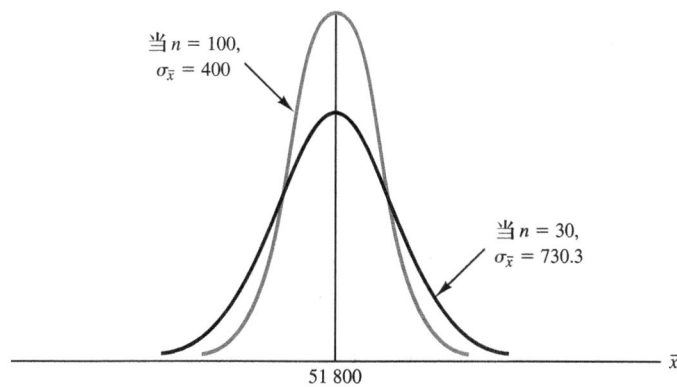

图 6-6　$n = 30$、$n = 100$ 时 $\bar{x}$ 的抽样分布

从图 6-6 可以看出，由于 $n = 100$ 时抽样分布的标准误差更小，因此 $n = 100$ 时 $\bar{x}$ 具有更小的变异，使样本均值 $\bar{x}$ 比 $n = 30$ 时更接近总体均值。

总之，随着样本规模增大，均值标准误差不断减小。由此带来的结果是，样本容量越大，样本均值落在总体均值附近的概率就越大。出于实际应用的目的，我们更关心的是样本均值 $\bar{x}$ 的抽样分布能被用于反映样本均值接近总体均值的信息。第 6.4、6.5 节介绍的区间估计和假设检验，便是建立在抽样分布性质的基础上的。

### 6.3.2　样本比例 $\bar{p}$ 的抽样分布

样本比例 $\bar{p}$ 是总体比例 $p$ 的点估计，样本比例的计算公式为

$$\bar{p} = \frac{x}{n}$$

式中，$x$ 表示具有某种特征的样本单位数目；$n$ 是样本容量。

样本比例 $\bar{p}$ 是随机变量，其概率分布叫作样本比例 $\bar{p}$ 的抽样分布。

> 样本比例 $\bar{p}$ 的抽样分布，是样本比例 $\bar{p}$ 所有可能取值的概率分布。

为了理解样本 $\bar{p}$ 是怎样逼近总体比例 $p$ 的，我们就需要搞清楚样本比例 $\bar{p}$ 抽样分布的特征，包括样本比例 $\bar{p}$ 的期望、样本比例 $\bar{p}$ 的标准差，以及样本比例 $\bar{p}$ 抽样分布的形状。

1. 样本比例 $\bar{p}$ 的期望

样本比例 $\bar{p}$ 的期望是所有可能的样本比例 $\bar{p}$ 的均值，它等于总体比例 $p$。即有

$$E(\bar{p}) = p \tag{6-4}$$

式中，$E(\bar{p})$ 表示样本比例 $\bar{p}$ 的期望；$p$ 是总体比例。

由于 $E(\bar{p}) = p$，所以样本比例 $\bar{p}$ 是总体比例 $p$ 的无偏估计。对于 6.1 节 EAI 公司的例子，我们知道总体比例 $p = 0.60$，这样样本比例 $\bar{p}$ 的期望值就是 0.60。也就是说，所有容

量为 $n$ 的样本，它们的样本比例的均值将是 0.60。

## 2. 样本比例 $\bar{p}$ 的标准差

与样本均值 $\bar{x}$ 一样，样本比例 $\bar{p}$ 的标准差与总体有限还是无限有关。在总体有限与无限的情形下，样本比例 $\bar{p}$ 的标准差计算公式为：

$$\text{有限总体} \qquad \text{无限总体}$$
$$\sigma_{\bar{p}} = \sqrt{\frac{N-n}{N-1}} \sqrt{\frac{p(1-p)}{n}} \qquad \sigma_{\bar{p}} = \sqrt{\frac{p(1-p)}{n}} \tag{6-5}$$

从中可见，有限总体样本比例 $\bar{p}$ 的标准差带有修正系数 $\sqrt{(N-n)/(N-1)}$。

如同样本均值 $\bar{x}$，如果有限总体规模相比于样本容量大得多，有限总体和无限总体的样本比例 $\bar{p}$ 其标准差计算公式上的差别可以忽略不计。也就是说，对于有限总体，如果 $n/N \leqslant 0.05$，我们便使用 $\sigma_{\bar{p}} = \sqrt{p(1-p)/n}$ 计算样本比例 $\bar{p}$ 的标准差。要是 $n/N > 0.05$，计算有限总体样本比例 $\bar{p}$ 的标准差时，需要使用修正系数。再次说明一下，除非特别提醒，本书假定总体规模相比于样本容量特别大，有限总体样本比例 $\bar{p}$ 的标准差计算时不采用带修正系数的公式。

前文中，在讲到样本均值 $\bar{x}$ 的标准差时，我们用到了均值标准误差一词。一般，标准误差指的是点估计量的标准差。据此，对比例问题，我们也使用比例标准误差指代样本比例 $\bar{p}$ 的标准差。由式（6-5），我们能看出点估计 $\bar{p}$ 在样本之间存在变异性，用标准误差 $\sigma_{\bar{p}}$ 去测量，要用到总体比例 $p$。可是，我们是通过抽样去计算 $\bar{p}$ 的，总体比例多半不知道。有鉴于此，我们需要用样本比例 $\bar{p}$ 来代替总体比例。这时得到 $s_{\bar{p}}$，可用作 $\sigma_{\bar{p}}$ 的估计。

样本比例 $\bar{p}$ 的估计标准差的计算公式为：

$$\text{有限总体} \qquad \text{无限总体}$$
$$s_{\bar{p}} = \sqrt{\frac{N-n}{N-1}} \sqrt{\frac{\bar{p}(1-\bar{p})}{n}} \qquad s_{\bar{p}} = \sqrt{\frac{\bar{p}(1-\bar{p})}{n}} \tag{6-6}$$

以 EAI 公司 30 名员工的样本资料，我们来计算样本比例的估计标准误差（标准差）。由表 6-2 给出的结果，接受过 EAI 公司培训的员工的样本比例 $\bar{p} = 0.63$。由于 $n/N = 30/2\,500 = 0.012 < 0.05$，可以忽略有限总体修正系数，于是有：

$$s_{\bar{p}} = \sqrt{\frac{\bar{p}(1-\bar{p})}{n}} = \sqrt{\frac{0.63(1-0.63)}{30}} = 0.088\,1$$

在 EAI 公司的例子中，其实我们已经知道了总体比例 $p = 0.60$，那么真实的标准误差是：

$$\sigma_{\bar{p}} = \sqrt{\frac{p(1-p)}{n}} = \sqrt{\frac{0.60(1-0.60)}{30}} = 0.089\,4$$

$s_{\bar{p}}$ 和 $\sigma_{\bar{p}}$ 之间的差别是由抽样误差引起的。

## 3. 样本比例 $\bar{p}$ 的抽样分布形式

我们已经知道了样本比例 $\bar{p}$ 抽样分布的均值和标准差，接下来我们确定样本比例 $\bar{p}$ 抽样分布的形式或形状。样本比例的计算公式为 $\bar{p} = x/n$，对来自比较大的总体的简单随机样本，样本中具有某种特征的单位数目 $x$ 是二项随机变量。样本容量 $n$ 是个常量，$x$ 的二项概率和 $x/n$ 是相同的，这表明样本比例 $\bar{p}$ 的抽样分布也是离散型概率分布，每个 $x/n$ 的值的概率与相应的 $x$ 值的二项概率相同。

统计学家已经证明了，当样本容量足够大并满足 $np \geq 5$、$n(1-p) \geq 5$ 时，二项分布可以用正态分布近似。

假定这两个条件能得到满足，在样本比例 $\bar{p}=x/n$ 中的 $x$ 的概率分布，可以用正态分布来近似。由于 $n$ 是固定的数，那么样本比例 $\bar{p}$ 也可以用正态分布进行近似。

总体比例一般是未知的，需要用样本比例 $\bar{p}$ 进行估计。那么关于样本比例 $\bar{p}$ 的抽样分布是否能用正态分布近似，可以使用 $n\bar{p} \geq 5$、$n(1-\bar{p}) \geq 5$ 验证。

> 总之，当样本容量足够大并满足 $np \geq 5$、$n(1-p) \geq 5$ 时，样本比例 $\bar{p}$ 的抽样分布可以用正态分布近似。

实际应用中，在对总体比例进行估计时，样本容量一般都足够大，样本比例 $\bar{p}$ 的抽样分布可以使用正态分布近似。

对 EAI 公司的例子，我们得到了样本比例 $\bar{p} = 0.63$。该例子的简单随机样本容量是 30，这样 $n\bar{p} = 30 \times 0.63 = 18.9 \geq 5$，$n(1-\bar{p}) = 30 \times (1-0.63) = 11.1 \geq 5$。因此，$\bar{p}$ 的抽样分布可以用正态分布近似，具体见图 6-7。

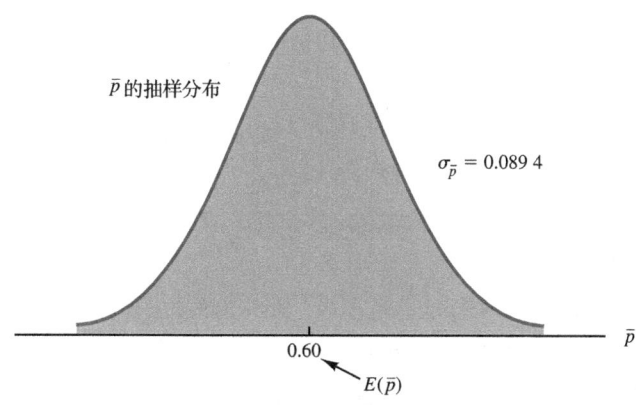

图 6-7 给出的样本比例 $\bar{p}$ 的抽样分布，是一种理论上的结论。样本比例 $\bar{p}$ 的抽样分布，如果出现总体比例这个未知参数，则可以用样本比例对其进行估计。

图 6-7 EAI 公司例子中样本比例 $\bar{p}$ 的抽样分布

4. 抽样规模与样本比例 $\bar{p}$ 抽样分布的关系

在 EAI 公司的抽样问题中，如果我们的抽样规模不是 30 人而是 100 人，直觉告诉我们，由于比较大的样本规模能提供更多的信息，那么 100 人的样本比例相较于 30 人的样本，能对总体比例做出更好的估计。为了看看到底有多好，我们来计算样本比例的标准误差。

$$\sigma_{\bar{p}} = \sqrt{\frac{0.60(1-0.60)}{100}} = 0.0490$$

如同我们从样本均值 $\bar{x}$ 抽样分布的标准差所看到的，增大样本容量会降低样本比例在样本间的变异。带来的结果是，对样本比例落在总体比例某个特定范围内，大的样本规模能给出更高的概率。出于实际应用的目的，我们更为关心的是样本比例 $\bar{p}$ 的抽样分布能被用于反映样本比例在多大程度上接近总体比例的信息。在6.4节、6.5节介绍的样本比例区间估计和假设检验，便是建立在样本比例抽样分布性质的基础上的。

## 6.4 区间估计

在6.2节，我们讲到了点估计量是样本统计量，被用来估计总体参数。例如，样本均值 $\bar{x}$ 是总体均值 $\mu$ 的点估计量，样本比例 $\bar{p}$ 是总体比例 $p$ 的点估计量。由于点估计量不能获得总体参数的精确值，因此**区间估计值**经常被用来产生总体参数值的估计。**区间估计**通常可以由点估计值加上或减去一个值计算出来，加上和减去的这个值被称作**允许误差**：

$$点估计值 \pm 允许误差$$

区间估计的目的在于帮助我们了解点估计值在多大程度上接近总体参数值。在本节中，我们将介绍如何对总体均值 $\mu$ 和总体比例 $p$ 进行区间估计。

### 6.4.1 总体均值的区间估计

总体均值区间估计的一般形式为：

$$\bar{x} \pm 允许误差$$

在计算这个区间估计时，样本均值 $\bar{x}$ 的抽样分布扮演着重要角色。

在6.3节里，我们已经讲解了样本均值 $\bar{x}$ 的抽样分布，其均值等于总体均值（$E(\bar{x}) = \mu$），标准差等于总体标准差除以样本容量的算术平方根（$\sigma_{\bar{x}} = \sigma/\sqrt{n}$）。另外，我们也说明了样本足够大或者样本来自的总体服从于正态分布时，样本均值 $\bar{x}$ 的抽样分布也服从于正态分布。对EAI公司30名员工的样本，有关这些结论在图6-5中给出了直观显示。由于样本均值 $\bar{x}$ 的抽样分布揭示了 $\bar{x}$ 的取值是怎样围绕着总体均值 $\mu$ 散布的，故 $\bar{x}$ 的抽样分布能够用来说明 $\bar{x}$ 与 $\mu$ 可能存有差别的情况。

对正态随机变量，90%的值位于均值1.645个标准差范围内，95%的值位于均值1.960个标准差范围内，99%的值位于均值2.576个标准差范围内。据此，当 $\bar{x}$ 的抽样分布是正态的，那么也应有90%的 $\bar{x}$ 值在均值 $\mu$ 的 $\pm 1.645\sigma_{\bar{x}}$ 范围内，95%的 $\bar{x}$ 值在均值 $\mu$ 的 $\pm 1.960\sigma_{\bar{x}}$ 范围内，99%的 $\bar{x}$ 值在均值 $\mu$ 的 $\pm 2.576\sigma_{\bar{x}}$ 范围内。

当 $\bar{x}$ 的抽样分布是正态的，图6-8显示了我们预料的10个独立随机样本的均值会是什么情况。

因为90%的 $\bar{x}$ 值在均值 $\mu$ 的 $\pm 1.645\sigma_{\bar{x}}$ 范围内，为此我们预料10个样本均值 $\bar{x}$ 有9个在该范围内。假如我们重复抽取10个样本，可能没有9个样本均值落在均值 $\mu$ 的 $\pm 1.645\sigma_{\bar{x}}$ 范围内，但平均来说，10个样本均值将有9个落在该范围内。

现在准备运用 $\bar{x}$ 抽样分布的知识，对总体均值 $\mu$ 构造区间估计。不过，在构造总体均值 $\mu$ 的区间估计时，一般不知道总体标准差 $\sigma$，因此便也不知道 $\bar{x}$ 的标准误差 $\sigma_{\bar{x}} = \sigma/\sqrt{n}$。在这种情况下，就需要利用样本资料估计总体均值 $\mu$ 和总体标准差 $\sigma$，于是需要用 $s_{\bar{x}} = s/\sqrt{n}$ 估计 $\bar{x}$ 的标准误差。当用 $s_{\bar{x}}$ 估计 $\sigma_{\bar{x}}$ 时，我们再来介绍 $\bar{x}$ 值的分布的另一不确定性来源。

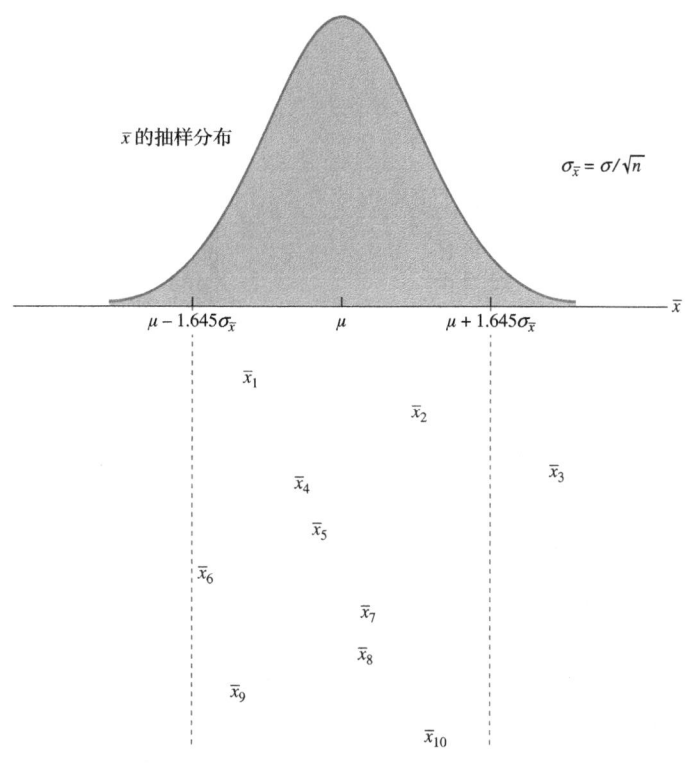

图 6-8 样本均值的抽样分布

$\bar{x}$ 的抽样分布服从正态分布,我们用被称作 **$t$ 分布**的概率分布表达不确定性新的来源。

$t$ 分布是类似概率分布的总称,每个具体的 $t$ 分布取决于其参数**自由度**。自由度为 1 的 $t$ 分布是唯一的,以此类推,自由度为 2 的 $t$ 分布、自由度为 3 的 $t$ 分布等都是唯一的。$t$ 分布在形状上与**标准正态分布**类似,但比它显得更宽,这反映了用 $s_{\bar{x}}$ 估计 $\sigma_{\bar{x}}$ 时所产生的新的不确定性。随着自由度的增加,$s_{\bar{x}}$ 估计 $\sigma_{\bar{x}}$ 的差别减小,$t$ 分布越来越窄。由于任何分布曲线下的面积始终等于 1,因此,$t$ 分布变窄后就显得更高耸,也越来越接近于标准正态分布。图 6-9 给出了自由度分别为 10、20 的 $t$ 分布概率密度曲线,以及它们与标准正态分布的对比。

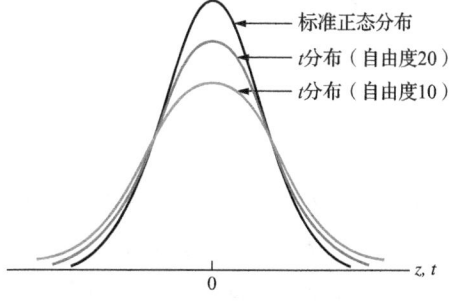

图 6-9 自由度为 10、20 时的 $t$ 分布与标准正态分布的对比

注意:与标准正态分布一样,$t$ 分布的均值也是 0。

我们可以运用 $t$ 分布计算 EAI 公司问题的允许误差。对 $t$ 分布来讲,该问题的自由度是 $n-1=30-1=29$,图 6-10 展示了自由度为 29 时,$t$ 分布随机变量的取值情况。

$t$ 分布是基于样本来自的总体服从正态分布推导而来的,然而研究表明,对总体偏离正态分布的情况,$t$ 分布也能得到成功的应用。

由图 6-10 可知，90% 的值落在均值 ±1.699 个标准差范围内，只有 10% 的值落在均值 ±1.699 个标准差范围之外。5% 的值落在小于均值的比 1.699 个标准差大的范围，5% 的值落在大于均值的比 1.699 个标准差大的范围。这样我们就能用 $t_{0.05}$ 表示 $t$ 分布上尾端面积是 0.05 时 $t$ 统计量的值。例如，对自由度为 29 时的 $t$ 分布，$t_{0.05} = 1.699$。

对 $t$ 分布，给定区间 ±$t$ 范围内的面积百分比，利用 Excel 中的 T.INV.2T 函数，就可以得到相应自由度下 $t$ 分

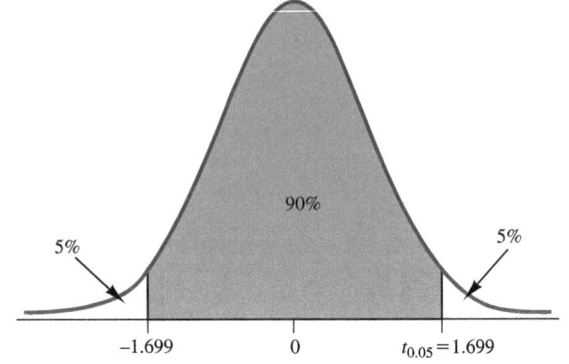

图 6-10　自由度 29 时的 $t$ 分布

布变量的值。利用 T.INV.2T 函数时，需要输入两个参数：①1 减去区间 $-t$ 到 $t$ 的 $t$ 分布面积；②自由度（本例中的样本容量减 1）。例如，$t$ 服从于 $t$ 分布，自由度为 29，区间 $-t$ 到 $t$ 的面积为 90%，对此可以在 Excel 单元格中编写计算公式 = T.INV.2T(1 − 0.90，30 − 1)，便得到计算结果 1.699，这与图 6-10 的数字一样。

为了比较 $t$ 分布和标准正态分布之间的差别，是否随着自由度的增大而减小，利用 Excel 的 T.INV.2T 函数计算 $t_{0.05}$，在不断增大自由度的情形下，观察 $t_{0.05}$ 是不是越来越接近 1.645。

在本节一开始，我们给出了总体均值 $\mu$ 区间估计的一般形式：$\bar{x}$ ± 允许误差。为了给出这个区间估计的解释，我们来考察一下从 EAI 公司抽取 10 个由 30 名员工组成的简单随机样本的样本均值 $\bar{x}$ 的可能取值。对于第一个样本的均值 $\bar{x}_1$、标准差 $s_1$，图 6-11 展示了所构造的区间 $\bar{x}_1 - 1.699 s_1 / \sqrt{30}$ 和 $\bar{x}_1 + 1.699 s_1 / \sqrt{30}$ 包含了总体均值 $\mu$。对于第二个样本的均值 $\bar{x}_2$、标准差 $s_2$，尽管 $\bar{x}_2$ 与 $\bar{x}_1$ 可能存在差别，但构造的区间 $\bar{x}_2 - 1.699 s_2 / \sqrt{30}$ 和 $\bar{x}_2 + 1.699 s_2 / \sqrt{30}$ 却也包含了总体均值 $\mu$（见图 6-11）。对于第三个样本的均值 $\bar{x}_3$、标准差 $s_3$，所构造的区间 $\bar{x}_3 - 1.699 s_3 / \sqrt{30}$ 和 $\bar{x}_3 + 1.699 s_3 / \sqrt{30}$，没有包含总体均值 $\mu$（见图 6-11）。由于使用了 $t_{0.05} = 1.699$ 构造区间，我们预料由不同样本资料构造的区间，其中 90% 包含了总体均值 $\mu$。图 6-11 给出了示意，在由 30 名员工组成的 10 个简单随机样本构造的 10 个区间中，有 9 个包含了总体均值 $\mu$。在此，我们也需要特别注意，抽取 30 名员工组成的 10 个简单随机样本所构造的区间 $\bar{x} ± 1.699 s_{\bar{x}}$，也许会出现不足 9 个包含了总体均值 $\mu$，或者有 10 个这样的区间 $\bar{x} ± 1.699 s_{\bar{x}}$ 都包含了总体均值 $\mu$。那么，我们说 10 个样本区间有 9 个包含了总体均值 $\mu$，只是从平均角度给出的结论。

在 6.2 节，我们已经获得了 EAI 公司抽样问题的均值 $\bar{x} = 51\,814$ 美元、标准差 $s = 3\,340$ 美元，现在用 $\bar{x} ± 1.699 × 3\,340 / \sqrt{30}$ 计算区间估计，得到 51 814 ± 1 036，因此根据这个具体样本所得到的具体区间估计，便是 50 778～52 850 美元。由于使用 $\bar{x} ± 1.699 × s / \sqrt{30}$ 构造的区间估计，大致有 90% 包含了总体均值 $\mu$，因此我们说区间 50 778～52 850 美元包含

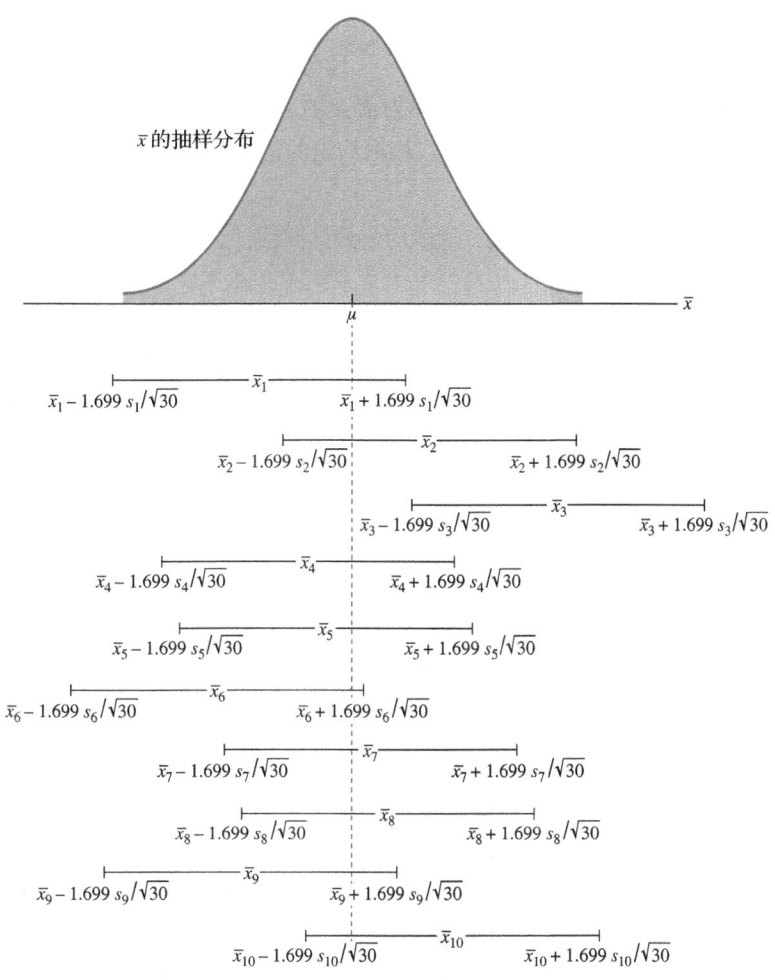

图 6-11 10 个简单随机样本围绕样本均值构造的区间

总体均值 $\mu$ 的大致信度是 90%。也可以这样讲，我们在 90% 的**置信水平**下构造了这个区间。0.90 指的是**置信系数**，区间 50 778 ~ 52 850 美元叫作**置信区间**。

有的时候，与区间估计相关的另一个术语是**显著性水平**，一般用希腊字母 $\alpha$ 表示。显著性水平与置信系数之间的关系是：

$$\alpha = 显著性水平 = 1 - 置信系数$$

显著性水平是按照区间估计方法所构造的区间没有包含总体均值 $\mu$（见图 6-11 的第三个样本）发生的概率，与置信系数 0.90 相应的显著性水平，便是 $\alpha = 1 - 0.90 = 0.10$。

一般地，用 $t_{\alpha/2}$ 表示 $t$ 分布右尾部 $\alpha/2$ 面积时的端点值，详见图 6-12。

如果 $\bar{x}$ 的抽样分布是正态的，那么总体均值 $\mu$ 区间估计的允许误差为：

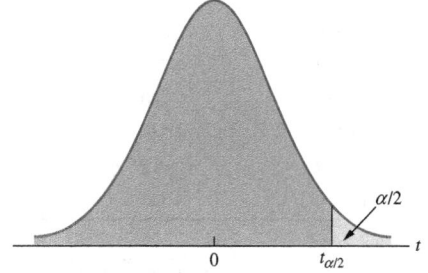

图 6-12 $t$ 分布右尾部 $\alpha/2$ 面积或概率

$$t_{\alpha/2}s_{\bar{x}} = t_{\alpha/2}\frac{s}{\sqrt{n}}$$

只要 $\bar{x}$ 的抽样分布是正态的，为了得到总体均值 $\mu$ 的区间估计，这时我们仅需要将 $\bar{x}$ 减去这个允许误差、$\bar{x}$ 加上这个允许误差即可。根据约定的记号，我们可以根据式（6-7）计算总体均值 $\mu$ 的置信区间或区间估计。

> 允许误差 $t_{\alpha/2}(s/\sqrt{n})$ 随着样本的变化而变化，这是由于样本标准差 $s$ 是随抽到的样本发生变化的。样本标准差 $s$ 大，允许误差也较大，反之样本标准差 $s$ 小，允许误差也较小。

总体均值的区间估计公式：

$$\bar{x} \pm t_{\alpha/2}\frac{s}{\sqrt{n}} \qquad (6\text{-}7)$$

式中，$s$ 为样本标准差；$\alpha$ 表示显著性水平；$t_{\alpha/2}$ 表示 $t$ 分布右尾部 $\alpha/2$ 面积、自由度为 $n-1$ 时的端点值。

在 EAI 公司的例子中，如果对均值 $\mu$ 构造 95% 的置信区间，我们知道自由度 $30-1=29$，运用 Excel 中的 T.INV.2T 函数得到 $t_{0.025}=2.045$，另外 $s_{\bar{x}}=611.3$，所以置信水平为 95% 时的允许误差为 $t_{0.025}s_{\bar{x}}=2.045\times 611.3=1\,250$，加上已知 $\bar{x}=51\,814$，这样一来，95% 的置信区间就是 $51\,814\pm 1\,250$，或者 $50\,564\sim 53\,064$ 美元。

需要特别注意的是，95% 的置信区间并不意味着 95% 的概率包含着总体均值 $\mu$。构造出来的置信区间，要么包含了总体参数，要么没包含总体参数。假如从 EAI 公司全部员工中抽取同样容量的几个相互独立的样本，并对每个样本构造 95% 的置信区间，我们预料这些区间中 95% 包含了总体均值。前面给出的 EAI 公司例子，置信水平 95% 的置信区间是 $50\,564\sim 53\,064$ 美元，这个置信区间确实包含了总体均值 51 800 美元，可是假如我们从 EAI 公司的总体中抽取若干个样本，对每个样本都构造 95% 的置信区间，可以预料到这些置信区间中没有包含总体均值 51 800 美元的将达 5%。

为进一步说明区间估计方法，我们再举个例子。某项研究专门调查美国家庭信用卡平均欠费金额，表 6-5 给出了 70 户样本家庭信用卡余额。

表 6-5　70 户样本家庭信用卡余额　　　　　　（美元）

| | | | | | |
|---|---|---|---|---|---|
| 9 430 | 14 661 | 7 159 | 9 071 | 9 691 | 11 032 |
| 7 535 | 12 195 | 8 137 | 3 603 | 11 448 | 6 525 |
| 4 078 | 10 544 | 9 467 | 16 804 | 8 279 | 5 239 |
| 5 604 | 13 659 | 12 595 | 13 479 | 5 649 | 6 195 |
| 5 179 | 7 061 | 7 917 | 14 044 | 11 298 | 12 584 |
| 4 416 | 6 245 | 11 346 | 6 817 | 4 353 | 15 415 |
| 10 676 | 13 021 | 12 806 | 6 845 | 3 467 | 15 917 |
| 1 627 | 9 719 | 4 972 | 10 493 | 6 191 | 12 591 |
| 10 112 | 2 200 | 11 356 | 615 | 12 851 | 9 743 |
| 6 567 | 10 746 | 7 117 | 13 627 | 5 337 | 10 324 |
| 13 627 | 12 744 | 9 465 | 12 557 | 8 372 | |
| 18 719 | 5 742 | 19 263 | 6 232 | 7 445 | |

这项研究的总体标准差 $\sigma$ 没有先前的估计资料可以利用，因此只能根据样本资料来估计总体均值和总体标准差。由表 6-5 给出的资料，计算得到样本均值 $\bar{x}=9\,312$ 美元、样本

标准差 $s=4\ 007$ 美元。

运用 Excel 中 T. INV. 2T 函数计算 $t_{\alpha/2}$，以便构造置信区间使用。对 95% 的置信水平，自由度 $n-1=70-1=69$，T. INV. 2T(1 −0. 95，69) =1. 995，$t_{\alpha/2}=t_{(1-0.95)/2}=t_{0.025}=1.995$。

由式（6-7）得到

$$9\ 312 \pm 1.995 \times \frac{4\ 007}{\sqrt{70}}$$

化简后有：

$$9\ 312 \pm 995$$

总体均值的点估计为 9 312 美元，允许误差 995，这样一来，95% 置信水平下的置信区间是 8 357 ~ 10 267 美元。所以，在 95% 信度下美国家庭信用卡平均欠费在 8 357 美元和 10 267美元之间。

对表 6-5 给出的资料，我们来介绍如何利用 Excel 构造总体均值的区间估计。利用 Excel 做区间估计时，首先需要通过 Excel 的“描述统计”（Descriptive Statistics）工具对数据资料进行统计描述处理，参见图 6-13，公式编辑见该图的左边，计算结果见右边。具体操作过程如下。

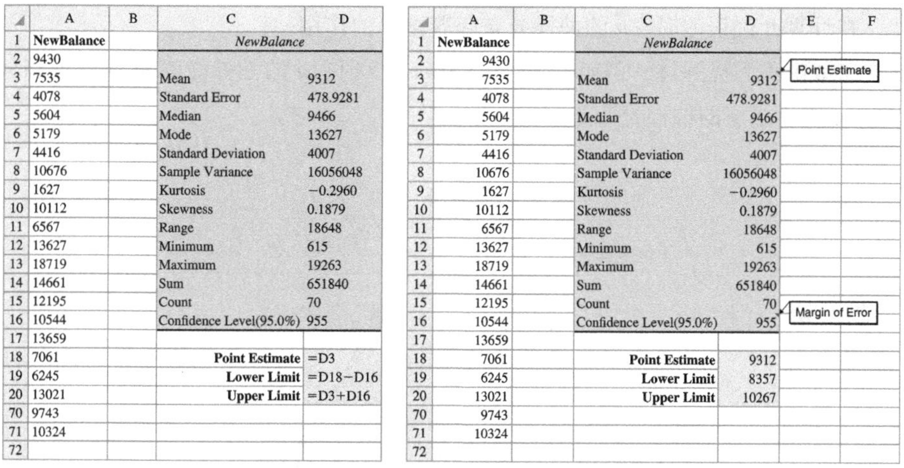

| | A | B | C | D |
|---|---|---|---|---|
| 1 | NewBalance | | NewBalance | |
| 2 | 9430 | | | |
| 3 | 7535 | | Mean | 9312 |
| 4 | 4078 | | Standard Error | 478.9281 |
| 5 | 5604 | | Median | 9466 |
| 6 | 5179 | | Mode | 13627 |
| 7 | 4416 | | Standard Deviation | 4007 |
| 8 | 10676 | | Sample Variance | 16056048 |
| 9 | 1627 | | Kurtosis | −0.2960 |
| 10 | 10112 | | Skewness | 0.1879 |
| 11 | 6567 | | Range | 18648 |
| 12 | 13627 | | Minimum | 615 |
| 13 | 18719 | | Maximum | 19263 |
| 14 | 14661 | | Sum | 651840 |
| 15 | 12195 | | Count | 70 |
| 16 | 10544 | | Confidence Level(95.0%) | 955 |
| 17 | 13659 | | | |
| 18 | 7061 | | Point Estimate | =D3 |
| 19 | 6245 | | Lower Limit | =D18−D16 |
| 20 | 13021 | | Upper Limit | =D3+D16 |
| 70 | 9743 | | | |
| 71 | 10324 | | | |
| 72 | | | | |

| | A | B | C | D | E | F |
|---|---|---|---|---|---|---|
| 1 | NewBalance | | NewBalance | | | |
| 2 | 9430 | | | | | |
| 3 | 7535 | | Mean | 9312 | Point Estimate | |
| 4 | 4078 | | Standard Error | 478.9281 | | |
| 5 | 5604 | | Median | 9466 | | |
| 6 | 5179 | | Mode | 13627 | | |
| 7 | 4416 | | Standard Deviation | 4007 | | |
| 8 | 10676 | | Sample Variance | 16056048 | | |
| 9 | 1627 | | Kurtosis | −0.2960 | | |
| 10 | 10112 | | Skewness | 0.1879 | | |
| 11 | 6567 | | Range | 18648 | | |
| 12 | 13627 | | Minimum | 615 | | |
| 13 | 18719 | | Maximum | 19263 | | |
| 14 | 14661 | | Sum | 651840 | | |
| 15 | 12195 | | Count | 70 | | |
| 16 | 10544 | | Confidence Level(95.0%) | 955 | Margin of Error | |
| 17 | 13659 | | | | | |
| 18 | 7061 | | Point Estimate | 9312 | | |
| 19 | 6245 | | Lower Limit | 8357 | | |
| 20 | 13021 | | Upper Limit | 10267 | | |
| 70 | 9743 | | | | | |
| 71 | 10324 | | | | | |
| 72 | | | | | | |

图 6-13　信用卡欠费的 95% 置信区间

第一步，单击功能区的**数据**（Data）。

第二步，在**分析**（Analysis）模块中，单击**数据分析**（Data Analysis）。

第三步，当**数据分析**对话框出现后，从**分析工具**（Analysis Tools）列表中，选择**描述统计**（Descriptive Statistics）。

第四步，当**描述统计**对话框出现后，将 A1:A71 输入**输入区域**（Input Range）框，选定**分组方式的逐列**（Group By Columns），选定**标志位于第一行**（Labels in First Row），指定**输出区域**（Output Range），在**输出区域**

单击**数据**（Data）后，在 Excel 工作表的右上方如果没有找到**数据分析**（Data Analysis），说明你的 Offices 是经典安装，这时需要运行“加载宏”进行加载。

中输入"C1",选定**汇总统计**(Summary Statistics),选定**平均数置信水平**(Confidence Level for Mean),在**平均数置信水平**框中输入"95",最后单击**确定**(OK)。

---

$t$ 分布下的允许误差也可以利用 Excel 中的 CONFIDENCE.T($\alpha$, $s$, $n$) 直接进行计算,其中 $\alpha$ 为显著性水平,$s$ 是样本标准差,$n$ 是样本容量。

---

图 6-13 中,样本均值在单元格 D3 中,显示的结果为 9 312。允许误差(标注了置信度 95%)的输出结果在单元格 D16 中,值为 955。单元格 D18:D20,分别给出了点估计、置信区间下限、置信区间上限。由于点估计值就是样本均值,所以单元格 D18 输入公式 = D3。为了计算 95% 置信区间的下限,在单元格 D19 输入 D3 − D16,显示的计算结果是 8 357。同样为了计算 95% 置信区间的上限,在单元格 D20 输入计算公式 D3 + D16,显示的计算结果是 10 267。换句话说,总体均值 95% 的置信区间是 8 357 ~ 10 267。

## 6.4.2 总体比例的区间估计

总体比例 $p$ 的区间估计的一般形式为

$$\bar{p} \pm 允许误差$$

对上式,在计算允许误差时,$\bar{p}$ 的抽样分布起着重要的作用。

在 6.3 节中我们提到过,当 $np \geq 5$、$n(1-p) \geq 5$ 时,$\bar{p}$ 的抽样分布可以用正态分布近似。图 6-14 展示了 $\bar{p}$ 的抽样分布正态近似情况。

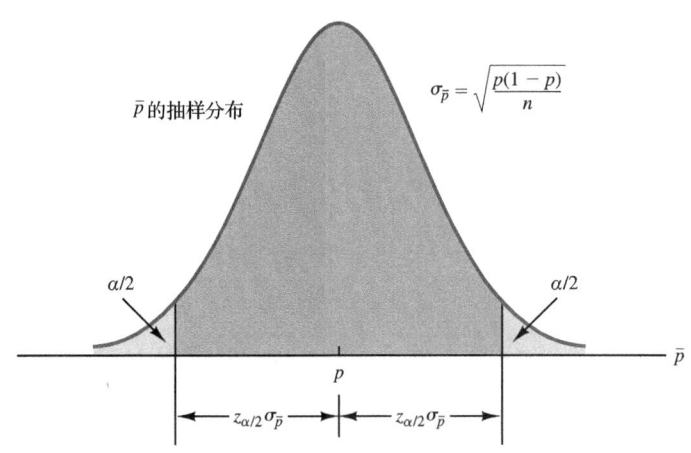

图 6-14 $\bar{p}$ 的抽样分布正态近似

$\bar{p}$ 的抽样分布的均值是总体比例 $p$,其标准误差为

$$\sigma_{\bar{p}} = \sqrt{\frac{p(1-p)}{n}} \tag{6-8}$$

由于 $\bar{p}$ 的抽样分布服从正态分布,因此在对总体比例做区间估计时,假如选择 $z_{\alpha/2}\sigma_{\bar{p}}$ 作为允许误差,那么我们知道,$100(1-\alpha)\%$ 的区间将包含着真实的总体比例。可是,$\sigma_{\bar{p}}$ 无法直接计算出来,原因是总体比例 $p$ 值不知道。$p$ 的取值需要借用样本资料估计,鉴于此,

$\sigma_{\bar{p}}$ 需要用 $s_{\bar{p}}$ 来估计，这样，对总体比例进行区间估计的允许误差为

$$z_{\alpha/2} s_{\bar{p}} = z_{\alpha/2} \sqrt{\frac{\bar{p}(1-\bar{p})}{n}} \tag{6-9}$$

由式（6-9）出发，总体比例区间估计的一般形式为：

$$\bar{p} \pm z_{\alpha/2} \sqrt{\frac{\bar{p}(1-\bar{p})}{n}} \tag{6-10}$$

式中，$\alpha$ 表示显著性水平；$z_{\alpha/2}$ 表示标准正态分布右尾部面积为 $\alpha/2$ 时的 $z$ 值。

下面，我们通过一个例子说明总体比例估计时允许误差和区间估计的计算。在全国范围内对 900 名女性高尔夫球手做了一次调查，旨在了解高尔夫训练中她们受到了什么样的对待。调查结果表明，396 名女性高尔夫球手对可用的开球时间段比较满意。据此，全体女性高尔夫球手中对可用开球时间段满意占比的点估计值为 396/900 = 0.44。运用式（6-10），95% 置信水平时的置信区间：

$$\bar{p} \pm z_{\alpha/2} \sqrt{\frac{\bar{p}(1-\bar{p})}{n}}$$

$$0.44 \pm 1.96 \sqrt{\frac{0.44(1-0.44)}{900}}$$

$$0.44 \pm 0.0324$$

要得到 $z_{\alpha/2}$，Excel 的计算公式为 = NORM.S.INV($1 - \alpha/2$)，例如，$\alpha = 0.05$，$z_{0.025}$ = NORM.S.INV($1 - 0.05/2$) = 1.96。

因此，总体比例区间估计时的允许误差是 0.032 4，95% 置信水平下的总体比例区间估计是 0.407 6 ~ 0.472 4。运用百分比表示，调查结果表明，有 95% 的信度认为女性高尔夫球手对可用开球时间段满意的占比为 40.76% ~ 47.24%。

对于女性高尔夫球手的例子，利用 Excel 可以构造总体比例的区间估计。对可用开球时间段满意，受访女性高尔夫球手的回答记录为"是"或"否"，对照图 6-15，公式编辑见该图的左边，计算结果见右边。

| | A | B | C | D |
|---|---|---|---|---|
| 1 | Response | | Interval Estimate of a Population Proportion | |
| 2 | Yes | | | |
| 3 | No | | Sample Size | =COUNTA(A2:A901) |
| 4 | Yes | | Response of Interest | Yes |
| 5 | Yes | | Count for Response | =COUNTIF(A2:A901,D4) |
| 6 | No | | Sample Proportion | =D5/D3 |
| 7 | No | | | |
| 8 | No | | Confidence Coefficient | 0.95 |
| 9 | Yes | | Level of Significance (alpha) | =1−D8 |
| 10 | Yes | | z Value | =NORM.S.INV(1−D9/2) |
| 11 | Yes | | | |
| 12 | No | | Standard Error | =SQRT(D6*(1−D6)/D3) |
| 13 | No | | Margin of Error | =D10*D12 |
| 14 | Yes | | | |
| 15 | No | | Point Estimate | =D6 |
| 16 | No | | Lower Limit | =D15−D13 |
| 17 | Yes | | Upper Limit | =D15+D13 |
| 18 | No | | | |
| 900 | Yes | | | |
| 901 | Yes | | | |
| 902 | | | | |

| | A | B | C | D | E | F | G |
|---|---|---|---|---|---|---|---|
| 1 | Response | | Interval Estimate of a Population Proportion | | | | |
| 2 | Yes | | | | | | |
| 3 | No | | Sample Size | 900 | | Enter Yes as the | |
| 4 | Yes | | Response of Interest | Yes | | Response of Interest | |
| 5 | Yes | | Count for Response | 396 | | | |
| 6 | No | | Sample Proportion | 0.44 | | | |
| 7 | No | | | | | | |
| 8 | No | | Confidence Coefficient | 0.95 | | | |
| 9 | Yes | | Level of Significance | 0.05 | | | |
| 10 | Yes | | z Value | 1.96 | | | |
| 11 | Yes | | | | | | |
| 12 | No | | Standard Error | 0.0165 | | | |
| 13 | No | | Margin of Error | 0.0324 | | | |
| 14 | Yes | | | | | | |
| 15 | No | | Point Estimate | 0.44 | | | |
| 16 | No | | Lower Limit | 0.4076 | | | |
| 17 | Yes | | Upper Limit | 0.4724 | | | |
| 18 | No | | | | | | |
| 900 | Yes | | | | | | |
| 901 | Yes | | | | | | |
| 902 | | | | | | | |

图 6-15 女性高尔夫球手调查中 95% 的置信区间

描述性统计和回答设置在单元格 D3:D6，由于 Excel 的 COUNT 函数仅适用于数值资料，因此在单元格 D3 中使用计数函数 COUNTA 来统计样本容量。此例中我们进行区间估

计的对象是响应"Yes",所以在单元格 D4 输入"Yes"。如果我们进行区间估计的对象是"No",就要在单元格 D4 输入"No"。在单元格 D5 中,使用了 Excel 的 COUNTIF 函数,用于在统计样本中回答"Yes"的数目。单元格 D6 是样本比例,可用单元格 D5 除以单元格 D3 得到。

单元格 D8:D10 主要为计算 $z_{\alpha/2}$,其中单元格 D8 输入的是置信水平,单元格 D9 是显著性水平,用 1 − D8 得到。$z_{\alpha/2}$ 的值利用了 Excel 函数 = NORM.S.INV(1 − D9/2),结果在 D10 中显示为 1.96。

单元格 D12:D13 为标准误差估计和允许误差。单元格 D12 采用计算公式 = SQRT(D6 * (1 − D6)/D3),用于计算估计标准误差。单元格 D13 为允许误差,按照式(6-9)使用的计算公式 = D10 * D12。

单元格 D15:D17 是点估计和置信区间的上下限计算。单元格 D15 是样本比例,也是总体比例的点估计。单元格 D16 计算的是置信区间的下限,单元格 D17 计算的是置信区间的上限,它们给出了 95% 置信水平下的总体比例的区间估计是 0.407 6 ~ 0.472 4。

●──○──○──● **注释与点评** ●──○──○──●

1. 在式(6-7)中,与 t 值相关的自由度的数目是 $n-1$,这主要是因为使用了样本标准差 s 去估计总体标准差 $\sigma$。样本标准差的计算公式为

$$s = \sqrt{\frac{\sum (x_i - \bar{x})^2}{n-1}}$$

自由度指的是,在计算 $\sum (x_i - \bar{x})^2$ 时,能独立取值的 $x_i$ 的个数。我们知道计算 $\sum (x_i - \bar{x})^2$ 时,会使用到 $x_1 - \bar{x}, x_2 - \bar{x}, \cdots, x_n - \bar{x}$,但对任何一个数据集,始终存在 $\sum (x_i - \bar{x}) = 0$,因此只有 $n-1$ 个 $x_i - \bar{x}$ 可以自由取值,也就是说,只要知道了 $n-1$ 个 $x_i - \bar{x}$ 的值,另外一个 $x_i - \bar{x}$ 取值由于 $\sum (x_i - \bar{x}) = 0$ 必然存在,便得到唯一的确定值。因此,与 $\sum (x_i - \bar{x})^2$ 有关的自由度数目就是 $n-1$,由此可知,式(6-7)t 分布的自由度为 $n-1$。

2. 在许多实际问题中,只要样本容量 $n \geq 30$ 时,利用式(6-7)对总体均值进行区间估计就是合适的。可是,如果总体分布高度偏斜或存在异常值,对此,统计学家或许会建议把样本容量扩大到 50 以上。总体不服从正态分布,但基本呈对称状,样本容量小到 15 个单位,也能获得理想的置信区间。对容量比较小的样本,只要我们相信或愿意假定总体接近正态分布,式(6-7)就可以用来构造置信区间。

3. 对于偏态总体,$\bar{x}$ 的置信区间估计会发生什么情况呢?总体呈右偏态,存在特别大的数值,使得分布在右边延伸,出现这样的情况,样本均值 $\bar{x}$ 和样本标准差 s 会受到这些大的数值的极大影响。大的 s 值与大的 $\bar{x}$ 会同时出现,因此当 $\bar{x}$ 比总体均值 $\mu$ 大,s 也会比总体标准差 $\sigma$ 大,这样的偏态使得允许误差 $t_{\alpha/2}(s/\sqrt{n})$ 会比已知总体标准差 $\sigma$ 时的允许误差大,如此得到的置信区间更有可能包含总体均值。反之,$\bar{x}$ 比总体均值小,因 $\bar{x}$ 与 s 的相关关系,会导致允许误差变得较小,如此一来,所构造的置信区间不包含总体均值的可能性变大。出于这样的顾虑,总体呈高度偏态时,我们建议使用大容量样本。

4. 在给定的置信水平下,要获得理想的允许误差,确定样本大小是必需的。用 E 表示理想的允许

误差，那么总体均值区间估计的样本容量的计算公式为

$$n = \frac{(z_{\alpha/2})^2 \sigma^2}{E^2}$$

式中，$E$ 为用户愿意接受的允许误差；$z_{\alpha/2}$ 为给定置信水平时的 $z$ 值。

总体比例区间估计时的样本容量计算公式为：

$$n = \frac{(z_{\alpha/2})^2 p^* \times (1 - p^*)}{E^2}$$

式中，$p^*$ 的确定办法有：①利用以前同样或类似样本的比例；②通过初始样本测试取得；③通过判断或"最好猜测"取得；④如果这些方法都行不通，可以取 $p^* = 0.50$。

5. 估计总体比例理想的允许误差，一般不超过 0.10。在一些组织（如盖洛普、哈里斯等）举行的民意测验中，0.03 或 0.04 的允许误差是很常用的。在这样的允许误差下，用公式

$$n = \frac{(z_{\alpha/2})^2 p^* \times (1 - p^*)}{E^2}$$

确定抽样规模，绝大多数场合都能很好地满足 $np \geq 5$、$n(1-p) \geq 5$ 要求，从而能够保证用正态分布近似 $\bar{p}$ 的抽样分布。

## 6.5 假设检验

我们已经讲解了怎样利用样本对总体参数进行点估计和区间估计，如对总体均值进行点估计和区间估计，对总体比例进行点估计和区间估计。本节将继续介绍统计推断问题，着重说明统计假设检验。

在进行**假设检验**的时候，我们总是先从初步猜测总体参数的取值开始。这个初步猜测叫作**零假设**，用符号 $H_0$ 表示。与此同时，我们也会提出另一个假设叫作**备择假设**。备择假设是与零假设相反的假设，用符号 $H_a$ 表示。假设检验就是运用样本资料，检验有关总体参数的这两个对立假设 $H_0$ 和 $H_a$ 的有效性。

本节将讲解如何对总体均值和总体比例进行假设检验，我们先从例子开始说明怎样提出零假设和备择假设。

### 6.5.1 零假设和备择假设

提出零假设和备择假设通常都不会非常容易。我们需要小心谨慎地构造合适的假设，才能使假设检验的结论给研究人员或决策制定者提供参考。构建检验假设的时候，结合具体场景是十分重要的。首先假设检验的应用涉及随机样本资料的采集，然后依据样本资料形成结论。因此，在我们提出零假设和备择假设时，需要考虑采集样本资料的目的是什么，希望获得的结论又是什么。

零假设 $H_0$ 是关于总体参数的初步猜测，备择假设 $H_a$ 是零假设的对立假设。在某些场合下，备择假设的提出相对容易，故可以先提出备择假设，再给出零假设。在另外一些场合下，零假设的提出可能比较容易，那么就先提出零假设，再提出备择假设。究竟是先提

出零假设还是先提出备择假设,我们结合下面的事例来说明。

1. 把研究假设当成备择假设

许许多多的假设检验与搜集证据支持某个研究假设有关。在这样的场合下,我们最好先从备择假设下手,并把它设定为研究人员希望支持的结果。例如,某品牌汽车的燃油效率是每加仑①汽油在城市道路能行驶 24 英里,产品研发小组开发出一款新型燃油喷射系统,旨在进一步提升燃油效率。该产品研发小组将对新型燃油喷射系统进行控制试验,目的是找到统计证据证明新型燃油喷射系统优于目前使用的产品。

为此,产品研发小组试制几台新型喷射系统安装在汽车上,并对行驶条件进行了严格控制。通过测试数据,计算出了安装新型喷射系统的汽车平均每加仑汽油行驶里程,再利用这些数据进行假设检验,以验证新系统的效率是否优于现有产品(每加仑汽油行驶 24 英里)。每加仑汽油行驶距离的总体均值为 $\mu$,研究假设便能表示成 $\mu > 24$,这可以用作备择假设。目前产品效率是平均每加仑汽油行驶 24 英里,于是我们可以把零假设表述成新型喷射系统的燃油效率不会优于现有产品效率。零假设和备择假设具体如下:

$$H_0: \mu \leqslant 24$$

$$H_a: \mu > 24$$

如果根据样本资料得出拒绝零假设 $H_0$ 的结论,那么可以推断 $H_a: \mu > 24$ 是正确的,由此研究人员便可获得新型燃油喷射系统提高了每加仑汽油平均行驶里程的统计支持,从而运用这种新型喷射系统的汽车会被投入生产。反过来,如果样本资料不能拒绝零假设 $H_0$,研究人员便不能认为新型燃油喷射系统优于现有产品,是否需要生产新型喷射系统的汽车没有得到统计证实,尚需要做进一步研究测试。

一旦样本资料提供了充分的证据说明零假设应该被拒绝,那么就可以做出研究假设是真实的这一结论。

成功的企业一般通过开发新产品、新方法、新服务来保持竞争力。在采用新的办法之前,希望诉诸试验研究,运用统计证据以确定新的举措是不是更好。在这样的场合下,研究假设可以当作备择假设。例如,开发的一种新技术方法被认为比现行方法好,这时的备择假设就是新方法更好,对应的零假设就是新方法不比旧方法好。新的促销措施能否提高销售,备择假设为新促销措施提高了销售,对应的零假设就是新促销措施没有提高销售量。一款新药能否降低血压,备择假设是该款新药能更好地降低血压,零假设是该款新药没有更好地降低血压。在这些事例中,一旦拒绝了零假设,便意味着找到了支持备择假设的统计证据。本节及后面的一些章节,将会介绍许多把研究猜想当作备择假设的例子。

2. 把有待怀疑的猜测当作零假设

当然,不是所有的假设检验都与研究假设有关。在下面对假设检验应用的介绍中,我们从相信或猜测总体参数值是真实的开始。在这些情况下,假设检验就是用来质疑猜测的,通过统计证据决定猜测是否正确。对此,首先构建零假设可能更好。零假设 $H_0$ 可以

---

① 1 加仑(美制)= 3.785 4 升。

表述成对总体参数取值的看法或猜测正确，与此对应，备择假设便可以表述成对总体参数取值的看法或猜测不正确。

下面，我们来看一个饮料产品生产厂家的例子。饮料瓶的标签上印有液体含量 67.6 盎司，我们只能认为标签上标注的含量正确，即每瓶灌装的饮料平均容量至少是 67.6 盎司。因为没有什么理由怀疑标注有假，所以只能从善意对待生产厂家的角度，姑且接受标签上的是事实。对于这样的问题，可以提出这样的零假设 $\mu \geqslant 67.6$，相应地，备择假设为 $\mu < 67.6$，也就是：

$$H_0 : \mu \geqslant 67.6$$

$$H_a : \mu < 67.6$$

政府监管部门的责任是确认标签说明是否真实，为此抽取瓶装饮料样本做检测，依据样本检测数据对上述假设进行检验。一旦运用样本资料做出拒绝零假设 $H_0$ 的判断，那么就接受备择假设 $H_a : \mu < 67.6$，意味着标签说明不真实，每瓶饮料灌装的分量不足。反过来，如果样本资料不能拒绝零假设，则不能拒绝生产厂家的标签声明是正确的猜测，因而也无须对该生产商提出整改要求。

现在从生产厂家的角度，在同样背景下再来考察饮料瓶装容量的变化。就像标签上说明的那样，灌装生产线已经设计好每瓶灌装 67.6 盎司液体饮料。生产厂家因担心顾客投诉或行政部门的处罚，不希望灌装分量不足。另外，出于减少不必要开支的考虑，生产厂家当然也不愿意灌装过多。通过校正灌装线的运行，生产厂家会按照标签上的声明确保每瓶灌装的液体饮料是 67.6 盎司。

生产厂家的目标是每瓶灌装 67.6 盎司液体饮料，但随着时间的推移，任何生产过程都会出现失控现象。一旦这样的情况出现，灌装过多或灌装不足便是常有的事。无论是灌装过多还是灌装不足，生产厂家都希望掌握这些情况，以便能校正生产线保持额定标准的灌装量。应用假设检验的时候，我们应该先提出零假设，猜测生产过程运行正常，把零假设设置为 $\mu = 67.6$。作为对零假设的质疑，备择假设可以设置成 $\mu \neq 67.6$，以示灌装过多或灌装不足。从生产厂家的角度出发，零假设和备择假设可以表示成：

$$H_0 : \mu = 67.6$$

$$H_a : \mu \neq 67.6$$

假定饮料生产厂家运用质量控制方法，从生产线上按一定的时间间隔抽取灌装好了的瓶装饮料作为样本，计算每瓶的平均灌装容量。根据样本资料，如果拒绝了零假设 $H_0$，我们就认为备择假设 $H_a : \mu \neq 67.6$ 是真实的。这表明每瓶饮料灌装的重量不合要求，需要校正生产线。如果样本检测资料不能拒绝零假设 $H_0$，那么我们就不能否定该生产线灌装运行正常，也就意味着生产线可以继续作业，没有必要采取其他校正措施。

饮料生产假设检验的上述两种形式提醒我们，根据研究人员或决策人的视角不同，零假设和备择假设的提法也会不一样。要想正确地提出假设，重要的是记住这两点：①明确具体问题的背景；②体现研究人员或决策人的想法。

3. 零假设和备择假设的形式

这一章介绍的假设检验涉及两个总体参数，即总体均值和总体比例。根据情况的不同，总体参数的假设检验可能有下列三种形式：零假设采用大于等于号，零假设采用小于等于号，零假设采用等号。用 $\mu_0$ 表示总体均值的假设值，对总体均值假设检验，必是以下三种形式的某一个：

$$H_0: \mu \geq \mu_0 \qquad H_0: \mu \leq \mu_0 \qquad H_0: \mu = \mu_0$$
$$H_a: \mu < \mu_0 \qquad H_a: \mu > \mu_0 \qquad H_a: \mu \neq \mu_0$$

其中，前两种形式叫作单尾检验，后一种形式叫作双尾检验。

> 零假设 $H_0$ 和备择假设 $H_a$ 有三种可能的形式，注意：等号一般只出现在零假设 $H_0$ 中。

在许多实际问题中，选择什么形式的零假设 $H_0$ 和备择假设 $H_a$ 并不那么显而易见，需要结合我们的判断来确定合适的假设检验形式。但不管怎样，等号部分（≥、≤、=）只出现在零假设中。在选择合适的零假设 $H_0$ 和备择假设 $H_a$ 形式的时候，要记住备择假设常常是检验试图确立的。因此，想想决策者是否需要寻找证据支持 $\mu < \mu_0$ 或 $\mu > \mu_0$、$\mu \neq \mu_0$，将有助于确定备择假设 $H_a$。

### 6.5.2 假设检验两类错误

零假设和备择假设是关于总体的相互对立的表述，要么零假设 $H_0$ 真实，要么备择假设 $H_a$ 真实，两者不可能同时为真。理想的情况是，假设检验方法能在 $H_0$ 真实时做出接受 $H_0$ 的判断，或者备择假设 $H_a$ 真实时做出拒绝 $H_0$ 的判断。但很多时候并不总是能得到正确的结果。原因是，假设检验是建立在样本资料的基础上的，为此必须要考虑到出错的可能性。假设检验中的两类错误列示在表6-6 中。

表6-6 假设检验中的正确判断和错误判断

| | | 总体状况 | |
|---|---|---|---|
| | | $H_0$ 真实 | $H_a$ 真实 |
| 结论 | 不拒绝 $H_0$ | 正确 | 第二类错误 |
| | 拒绝 $H_0$ | 第一类错误 | 正确 |

表6-6 的第一行说明了接受 $H_0$ 时可能发生的情况。当 $H_0$ 真实时，判断结论是正确的。当 $H_a$ 真实时，接受 $H_0$ 就会犯**第二类错误**，也就是在 $H_0$ 错误时却接受了 $H_0$。表6-6 的第二行说明了拒绝 $H_0$ 时可能发生的情况。当 $H_0$ 真实时，便犯了**第一类错误**，即 $H_0$ 真实时却做出拒绝 $H_0$ 的判断。如果 $H_a$ 真实，拒绝 $H_0$ 就是正确的。

在汽车燃油喷射系统研发的例子中，产品研发小组研制了一款新型燃油喷射系统，以提高某款汽车每加仑汽油行驶里程，已知现有产品的燃油效率是每加仑24 英里，这个问题的假设检验可以构造成：

$$H_0: \mu \leq 24$$
$$H_a: \mu > 24$$

备择假设 $H_a: \mu > 24$ 反映了研究人员正在找寻样本证据，支持新系统效率将大于每加仑汽油行驶里程 24 英里。

在这个例子中，拒绝 $H_0$ 犯的第一类错误就是，相对于研发人员宣称的新型燃油喷射系统提高了每加仑汽油行驶里程（$\mu > 24$）的 $H_0$ 事实上是正确的，却做出了拒绝 $H_0$ 的判断。与此相比，接受 $H_0$ 犯的第二类错误是，新型燃油喷射系统的效率逊于现有产品（$\mu \leq 24$）零假设 $H_0$ 是错误的，也就是新型燃油喷射系统事实上提高了燃油使用效率时，却做出了接受 $H_0$ 的判断。

对汽车效率的假设检验问题，其零假设是 $H_0: \mu \leq 24$。假定这个零假设取等号是真实的，即 $\mu = 24$ 成立。这时，犯第一类错误的概率叫作**显著性水平**。据此，当 $\mu = 24$ 成立时，拒绝 $H_0: \mu \leq 24$ 的概率就是显著性水平。考虑到显著性水平这个概念的重要性，在此有必要再重申一次：

> 取等号的零假设成立时，犯第一类错误的概率就是显著性水平。

显著性水平一般用希腊字母 $\alpha$ 表示，其取值常用的有 0.05 和 0.01。

在实际应用中做假设检验时，需要事先确定显著性水平。通过选择 $\alpha$，我们能控制犯第一类错误的概率。如果犯第一类错误的成本很高，应该选取较小的 $\alpha$ 值。反之，如果犯第一类错误的代价不那么大，可以采用比较大的 $\alpha$ 值。控制犯第一类错误的假设检验，被称为显著性检验。许多假设检验采用这样的做法。

尽管许多假设检验的应用，总是控制犯第一类错误的概率，但这样的做法并不能控制犯第二类错误的概率。因此，在接受 $H_0$ 时，我们不能以多大的信度肯定这个决策。针对进行假设检验的时候伴随犯第二类错误的不确定性，统计学家一般建议使用"不拒绝 $H_0$"的表述，最好不用"接受零假设 $H_0$"。"不拒绝 $H_0$"意味着既不给出肯定的回答，也不建议采取行动。实际上，不直接表述为"接受 $H_0$"在一定程度上回避了犯第二类错误的风险。在犯第二类错误的概率没有确定和没能得到控制的时候，尽量不要使用"接受 $H_0$"表述。因此，对零假设 $H_0$ 检验结果的表述，要么是"不拒绝 $H_0$"，要么是"拒绝 $H_0$"。

> 在样本信息支持零假设 $H_0$ 的时候，我们最好还是遵循惯例，采用"不拒绝 $H_0$"的表述，相比于"接受 $H_0$"，能帮助我们回避犯第二类错误的风险。

在假设检验的时候，虽然控制犯第二类错误不太常见，但并不是说不能这样做。在一些专业性教科书中，介绍了确定和控制犯第二类错误概率的做法。一旦对犯第二类错误的概率能进行控制，做出基于"接受 $H_0$"的行动可能也是合适的。

### 6.5.3 总体均值假设检验

本节将联系具体事例，介绍如何利用样本在对总体均值 $\mu$、总体标准差 $\sigma$ 估计的基础上，实施总体均值假设检验。所以，在进行总体均值假设检验的时候，仍然用样本均值 $\bar{x}$ 估计总体均值 $\mu$、样本标准差 $s$ 来估计总体标准差 $\sigma$。

## 1. 单尾检验

**检验假设提法**

总体均值的**单尾检验**，有下列两种形式：

左单尾检验　　右单尾检验

$H_0: \mu \geq \mu_0$　　$H_0: \mu \leq \mu_0$

$H_a: \mu < \mu_0$　　$H_a: \mu > \mu_0$

下面，我们通过例子说明左单尾检验。

联邦贸易委员会（Federal Trade Commission，FTC）为检查生产厂家的产品宣传，定期开展统计调查。大听装的山顶咖啡（Hilltop Coffee）的标签上声明，每听咖啡重量为 3 磅[○]。FTC 知道山顶咖啡在生产过程中不可能做到每听灌装的咖啡恰好是 3 磅，哪怕平均重量是 3 磅。可是，只要总体平均重量每听不少于 3 磅，消费者权益就没有受到侵害。山顶公司在大听装咖啡罐上的标注说明，FTC 把它理解成总体上平均重量每听不少于 3 磅。接下来，我们介绍 FTC 怎样运用左单尾假设检验来检查山顶公司的标注。

第一步，构造检验的零假设和备择假设。如果每听灌装的咖啡平均重量不少于 3 磅，山顶公司的宣传就没有问题，据此可以构造检验的零假设。可是，如果每听灌装的咖啡平均重量不足 3 磅，山顶公司的宣传便是虚假的，依此可以提出备择假设。用 $\mu$ 表示平均每听咖啡重量，零假设和备择假设就是：

$$H_0: \mu \geq 3$$
$$H_a: \mu < 3$$

这里，总体平均的假设值是 $\mu_0 = 3$。

根据样本资料，如果 $H_0$ 不能被拒绝，那就说明找到了统计证据，标签上没有做虚假声明，则无须对山顶公司采取措施。可是，一旦样本资料显示拒绝 $H_0$，我们就认为备择假设 $H_a: \mu < 3$ 成立。于是，灌装不足和对山顶公司标签作假的指控便得到了证实。

第二步，给出检验的显著性水平。抽取 36 听咖啡作为样本，并用样本均值 $\bar{x}$ 估计总体均值 $\mu$。假如样本均值 $\bar{x}$ 小于 3 磅，我们将会怀疑零假设。在断言差别显著和指控山顶公司标签虚假可能犯下第一类错误风险之前，我们需要知道样本均值 $\bar{x}$ 比 3 磅究竟少了多少。该问题的一个关键性因素，是在给定的显著性水平下如何找到临界值。

前面我们已经提到过，显著性水平 $\alpha$ 是零假设取等号时拒绝 $H_0$ 所产生的犯第一类错误的概率。在进行假设检验的时候，我们必须事先给定显著性水平。如果犯第一类错误的代价很大，则显著性水平取较小的值。如果犯第一类错误的代价不大，给显著性水平取较大的值可能更为合适。在山顶咖啡的例子中，FTC 监管项目的负责人是这样说的："该公司的产品符合所标示的重量 $\mu = 3$，我们是不想对它采取整改措施的。但是，我们会冒 1% 的风险做出错误的决定。"根据这位项目监管负责人的话，FTC 对该假设检验问题设定了显著性水平 $\alpha = 0.01$。于是，我们需要构造假设检验，以使 $\mu = 3$ 成立时犯第一类错误的概

---

○　1 磅 = 0.453 6 千克。

率等于 0.01。

在山顶咖啡的例子中，我们通过提出零假设和备择假设并检验显著性水平，提出了在所有的假设检验过程中必需的两个步骤。下面，我们介绍假设检验的第三步，即采集样本数据，计算检验统计量的值。

2. 检验统计量

在 6.3 节对抽样分布的学习中，我们知道，随着样本容量的增加，$\bar{x}$ 的抽样分布趋于正态分布。当取等号的零假设成立时，也就是 $\mu = \mu_0 = 3$ ⊖，图 6-16 给出了 $\bar{x}$ 的抽样分布。

对于样本均值 $\bar{x}$ 的标准误差 $\sigma_{\bar{x}}$，用 $s_{\bar{x}} = s/\sqrt{n} = 0.17/\sqrt{36} = 0.028$ 估计。在 6.4 节，我们已经介绍过，对总体均值进行区间估计要用到 $t$ 分布。$t$ 分布与标准正态分布比较相似，只不过用了样本均值和标准差估计总体均值与标准差，从而产生了更大的变异。对总体均值进行假设检验，也要用到 $t$ 分布。具体地说，若 $\bar{x}$ 服从正态分布，则检验统计量

$$t = \frac{\bar{x} - \mu_0}{s_{\bar{x}}} = \frac{\bar{x} - \mu_0}{s/\sqrt{n}} = \frac{\bar{x} - 3}{0.028}$$

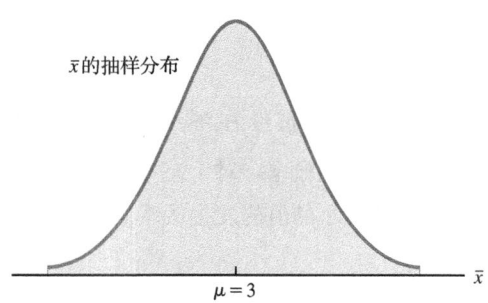

图 6-16　取等号的零假设成立时山顶咖啡 $\bar{x}$ 的抽样分布

服从自由度为 $n-1$ 的 $t$ 分布。

$t$ 统计量的值，代表了样本均值在总体均值假定值左或右多少个样本均值标准误差处。$t = -1$，表明 $\bar{x}$ 值在总体均值假定值左边 1 个标准误差处；$t = -2$，表明 $\bar{x}$ 值位于总体均值假定值左边 2 个标准误差处，等等。对这个左单尾做假设检验，我们可以利用 Excel 求出与 $t$ 值对应的左端概率（本节的后面会有说明）。例如，图 6-17 展示了 $t = -3.00$ 时，左端面积是 0.002 5，说明获得的 $t$ 值在均值左端 3 个或 3 个以上标准误差的概率是 0.002 5，如果零假设成立（即总体均值是 3 成立），那么取得的 $t$ 值在总体均值假定值 $\mu_0 = 3$ 左端 3 或 3 个以上标准误差的概率也是 0.002 5。对此，如果零假设是真实的，这样的结果是不可能的，所以我们有理由怀疑零假设是否成立。

$\bar{x}$ 的标准误差是 $\bar{x}$ 抽样分布的标准差。

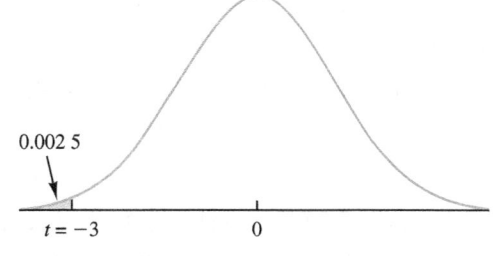

图 6-17　$t = -3.00$、自由度为 35 的 $t$ 分布左端面积

---

⊖　讨论假设检验下的抽样分布，总是对 $H_0$ 取等号。

我们用 $t$ 分布随机变量 $t$ 作为**检验统计量**，来确定 $\bar{x}$ 是否偏离 $\mu$ 的假定值足够大，以此有理由拒绝零假设。对 $s_{\bar{x}} = s/\sqrt{n}$，总体均值假设检验 $t$ 检验统计量的一般形式为

$$t = \frac{\bar{x} - \mu_0}{s/\sqrt{n}} \quad (6\text{-}11)$$

> $t$ 分布基于样本来自的总体服从正态分布的假定，不过研究表明，在样本容量足够大的时候，这个假定前提可以不考虑。

左单尾检验的关键问题是，检验统计量 $t$ 值必须要达到多小，我们才能选择拒绝零假设。为此，需要使用检验统计量 $t$ 的值来计算概率，这个概率就是 **$p$ 值**。

> $p$ 值是在零假设 $H_0$ 成立时，检验统计量取等于或比由样本资料得到的统计量值更极端的值的发生概率。对于左单尾检验，$p$ 值是检验统计量取等于或比由样本资料得到的统计量值更小的值的发生概率。

> $p$ 值小，表明检验统计量在假定 $H_0$ 成立时的取值不正常。

$p$ 值反映了根据样本观察否定零假设的强度。$p$ 值越小，表明拒绝零假设的证据越充分，也意味着在 $H_0$ 成立时，该样本出现的可能性越小。

接下来，我们来介绍怎样计算和运用 $p$ 值。利用检验统计量的值，可以计算出 $p$ 值。利用检验统计量值计算 $p$ 值时，还需要考虑采用的是左单尾检验、右单尾检验还是双尾检验。对左单尾检验，$p$ 值是等于和小于由样本资料计算出来的检验统计量值的那些统计量值的发生概率。因此，为计算左单尾检验的 $p$ 值，我们需要通过 $t$ 分布获得 $t$ 等于和小于检验统计量值的概率。在计算出 $p$ 值之后，我们视其取值的大小以做出是否拒绝零假设的决定。我们将会看到，这个决定的做出，牵涉到 $p$ 值与显著性水平的比较。

### 3. Excel 的使用

对总体均值的单尾检验和双尾检验，都可以使用 Excel 的功能来完成。根据样本资料和检验统计量（$t$），可以计算三个 $p$ 值，分别是左单尾 $p$ 值、右单尾 $p$ 值、双尾 $p$ 值。然后，选择显著性水平 $\alpha$，再根据假设检验的类型使用相应的 $p$ 值，通过比较，最后形成假设检验的结论。

现在，我们来介绍如何利用 Excel 中的 T.DIST 函数，计算左单尾 $p$ 值。T.DIST 函数需要输入 3 个参数，其一般使用形式为

T.DIST(检验统计量值,自由度,累积)

据此，利用 T.DIST 函数计算左单尾 $p$ 值，我们首先输入检验统计量的值，其次输入与 $t$ 分布有关的自由度，最后输入累积。累积是逻辑值，输入 TRUE 时，Excel 计算的是与左单尾 $p$ 值相应的累积概率。

左单尾 $p$ 值计算出来之后，我们也能很容易地计算出右单尾 $p$ 值和双尾 $p$ 值。用 1 减去左单尾 $p$ 值，便得到右单尾 $p$ 值。双尾 $p$ 值是左单尾 $p$ 值和右单尾 $p$ 值中较小值的 2 倍。

对于山顶咖啡左单尾检验的例子，可参照图 6-18 来学习假设检验的做法过程。在图 6-18 中，公式编辑放在图的后面，计算结果放在该图的前面。

| | A | B | C | D |
|---|---|---|---|---|
| 1 | Weight | | Hypothesis Test about a Population Mean | |
| 2 | 3.15 | | | |
| 3 | 2.76 | | | |
| 4 | 3.18 | | Sample Size | =COUNT(A2:A37) |
| 5 | 2.77 | | Sample Mean | =AVERAGE(A2:A37) |
| 6 | 2.86 | | Sample Standard Deviation | =STDEV.S(A2:A37) |
| 7 | 2.66 | | | |
| 8 | 2.86 | | Hypothesized Value | 3 |
| 9 | 2.54 | | | |
| 10 | 3.02 | | Standard Error | =D6/SQRT(D4) |
| 11 | 3.13 | | Test Statistic $t$ | =(D5-D8)/D10 |
| 12 | 2.94 | | Degrees of Freedom | =D4-1 |
| 13 | 2.74 | | | |
| 14 | 2.84 | | $p$ value (Lower Tail) | =T.DIST(D11,D12,TRUE) |
| 15 | 2.6 | | $p$ value (Upper Tail) | =1-D14 |
| 16 | 2.94 | | $p$ value (Two Tail) | =2*MIN(D14,D15) |
| 17 | 2.93 | | | |
| 18 | 3.18 | | | |
| 19 | 2.95 | | | |

| | A | B | C | D |
|---|---|---|---|---|
| 1 | Weight | | Hypothesis Test about a Population Mean | |
| 2 | 3.15 | | | |
| 3 | 2.76 | | | |
| 4 | 3.18 | | Sample Size | 36 |
| 5 | 2.77 | | Sample Mean | 2.92 |
| 6 | 2.86 | | Sample Standard Deviation | 0.170 |
| 7 | 2.66 | | | |
| 8 | 2.86 | | Hypothesized Value | 3 |
| 9 | 2.54 | | | |
| 10 | 3.02 | | Standard Error | 0.028 |
| 11 | 3.13 | | Test Statistic $t$ | −2.824 |
| 12 | 2.94 | | Degrees of Freedom | 35 |
| 13 | 2.74 | | | |
| 14 | 2.84 | | $p$ value (Lower Tail) | 0.0039 |
| 15 | 2.60 | | $p$ value (Upper Tail) | 0.9961 |
| 16 | 2.94 | | $p$ value (Two Tail) | 0.0078 |

图 6-18　总体均值假设检验

需要用到的描述统计在单元格 D4:D6 显示，COUNT、AVERAGE、STDEV.S 函数三者分别计算的是样本容量、样本均值、样本标准差。在单元格 D8 中输入总体均值的假设值（3）。运用样本标准差估计总体标准差，标准误差的估计在单元格 D10 中显示，它用单元格 D6 中的样本标准差除以单元格 D4 样本容量算术平方根得到。单元格 D11 的计算公式为 =（D5-D8）/D10，用来计算检验统计 $t$ 值，相应的计算为

$$t = \frac{\bar{x} - \mu_0}{s/\sqrt{n}} = \frac{2.92 - 3}{0.17/\sqrt{36}} = -2.824$$

自由度的计算在单元格 D12 中给出，它是样本容量减去 1 得到的。左单尾 $p$ 值的计算在单元格 D14 给出，计算公式为

$$= \text{T.DIST}(D11, D12, \text{TRUE})$$

右单尾 $p$ 值在单元格 D15 中，它是 1 − 左单尾 $p$ 值得到的。双尾 $p$ 值在单元格 D16 中，它是两个单尾 $p$ 值中较小值的 2 倍。图 6-18 的计算结果表中，给出了左单尾 $p$ 值 0.003 9、右单尾 $p$ 值 0.996 1、双尾 $p$ 值 0.007 8。

在图 6-18 给出的计算结果的基础上，尚有其他事情有待完成。$\bar{x} = 2.92$ 是不是小到能拒绝 $H_0$？由于这是一个左单尾检验问题，$p$ 值是 $t$ 分布概率密度曲线下 $t \leqslant -2.824$（检验统计量的值）的面积，对山顶咖啡的左单尾检验的例子，图 6-19 直观地显示了 $p$ 值。

$p$ 值 = 0.003 9 表明，从均值 $\mu = 3$ 的总体中抽取的样本，得到的样本均值等于或小于 2.92（对应的检验统计量值是 -2.824）的概率很小。这么小的 $p$ 值对零假设成立不能提供更多的支持，现在的问题是：$p$ 值是否小到能够拒绝 $H_0$？要回答这个疑问，需要用到决策制定人给检验选定的显著性水平（$\alpha$）。

$p$ 值是对否定零假设的样本证据强度的一种测量，样本资料与零假设的不一致性越大，$p$ 值就会越小。因此，比较小的 $p$ 值意味着，从零假设成立时的总体中采集到这样的样本是不合理的。也就是说，较小的 $p$ 值表明样本提供了否定零假设的强有力证据。

前面我们已经提到过，FTC 监管项目的主管选择了显著性水平 0.01。$\alpha =$

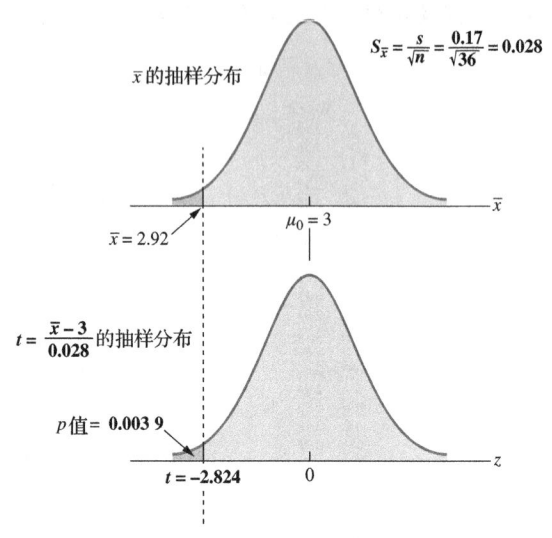

图 6-19　山顶咖啡例子中 $\bar{x} = 2.92$、$s = 0.17$ 时的 $p$ 值

0.01 意味着，该项目主管在 $\mu_0 = 3$ 成立的情况下，愿意承担以 0.01 的概率拒绝零假设的风险。在山顶咖啡的例子中，由 36 听咖啡样本资料计算得到的 $p$ 值为 0.003 9，说明在零假设成立的情况下，样本均值等于小于 2.92 的发生概率是 0.003 9。由于 0.003 9 小于等于 $\alpha = 0.01$，因此我们拒绝零假设 $H_0$。就是说，在 0.01 显著性水平下，我们找到了充分的统计证据拒绝零假设。

在我们将拒绝零假设之前，显著性水平 $\alpha$ 象征着样本资料证据的强度。$p$ 值比选定的显著性水平 $\alpha$ 越小，拒绝零假设的样本资料证据越强，这就是说，我们相信样本资料来自零假设成立的总体 $H_0: \mu \geq 3$ 是不合理的。反之，$p$ 值比选定的显著性水平 $\alpha$ 大，拒绝零假设的样本资料证据不够充分，也就是说，我们相信样本资料来自零假设成立的总体是合理的。

下面，我们对运用 $p$ 值决定是否拒绝零假设给出更为一般的规则。对既定的显著性水平 $\alpha$，运用 $p$ 值决定是否拒绝零假设的规则是：

$$\text{若 } p \text{ 值} \leq \alpha，\text{则拒绝零假设 } H_0$$

在山顶咖啡的例子中，该问题的 $p$ 值是 0.003 9，导致了零假设被拒绝。尽管做出拒绝决策的基础涉及 $p$ 值与 FTC 主管确立的显著性水平的比较，但根据样本资料得到的 $p$ 值 0.003 9 意味着对任何不小于 0.003 9 的 $\alpha$ 值，我们都将会拒绝 $H_0$。基于这一点考虑，$p$ 值也叫作由样本资料得到的显著性水平。

不同的决策人对犯第一类错误的代价可能会有不同的看法，从而选择不同的显著性水平。根据计算出来的 $p$ 值，还有一些决策人可能把 $p$ 值与他们心目中的显著性水平做比较，因此又会做出与拒绝零假设有关的不同决策。

在本节的一开始，我们说过总体均值单尾检验可能是下列两种形式中的一种：

$$\text{左单尾检验} \quad \text{右单尾检验}$$
$$H_0: \mu \geq \mu_0 \quad H_0: \mu \leq \mu_0$$
$$H_a: \mu < \mu_0 \quad H_a: \mu > \mu_0$$

我们已经通过山顶咖啡的实例说明了左单尾检验的做法,可以使用同样的方法进行右单尾检验。对右单尾假设检验问题,仍然使用式(6-11)计算 $t$ 检验统计量,不过在右单尾检验时,$p$ 值是样本检验统计量值和比该值更大的值发生的概率。因此,为了计算右单尾检验的 $p$ 值,我们需要利用 $t$ 分布计算 $t$ 大于或等于检验统计量值的概率。然后,按照拒绝的规则,若 $p$ 值小于等于显著性水平 $\alpha$,就拒绝零假设。

这里,我们把单尾假设检验涉及 $p$ 值计算的步骤归纳如下。

① 利用式(6-11),计算检验统计量的值。
② 对左单尾检验:利用 $t$ 分布计算 $t$ 小于等于检验统计量值的概率(左尾端面积)。
③ 对右单尾检验:利用 $t$ 分布计算 $t$ 大于等于检验统计量值的概率(右尾端面积)。

4. 双尾检验

在假设检验中,总体均值**双尾检验**的一般形式为
$$H_0: \mu = \mu_0$$
$$H_a: \mu \neq \mu_0$$

接下来,我们将具体讲解总体均值双尾检验的实施过程。

节日玩具(Holiday Toys)公司生产并通过上千家零售店分销产品。为了给即将到来的冬季准备货源,在不知道各家零售店实际订货量的情况下,节日玩具公司需要计划每种产品生产多少件。对当年最重要的一款新玩具,节日公司的销售主管预计每家零售店平均需求量为 40 件。在根据预测制订的最终生产计划实施之前,节日玩具公司进行了一次抽样调查,抽取 25 家零售店以搜集新玩具的需求信息。在告知了每家零售店新玩具的特征、成本、建议的零售价之后,要求每家零售店回答预期的订货量。

用 $\mu$ 表示每家零售店平均订货量,该问题的检验假设为
$$H_0: \mu = 40$$
$$H_a: \mu \neq 40$$

如果 $H_0$ 没被拒绝,节日玩具公司将会根据销售主管的估计,按每家零售店平均订购量 $\mu = 40$ 件的方案进行生产。如果 $H_0$ 被拒绝,节日玩具公司将立即重新评估产品的生产计划。由于不管全部零售店的平均订货量是多于还是少于销售主管的预期,节日玩具公司都打算重新评估生产计划,所以需要用到双尾假设检验。由于这是一款新的玩具,没有历史资料可以利用,总体的均值和标准差需要用样本均值 $\bar{x}$、样本标准差 $s$ 来估计。

根据 25 家零售店的调查资料,得到样本均值 $\bar{x} = 37.4$、样本标准差 $s = 11.79$。在利用 $t$ 分布之前,可以先绘制样本资料的直方图,看看总体分布的形状。样本资料显示了没有偏态或任何异常值,据此可以认为使用自由度为 $n - 1 = 25 - 1 = 24$ 的 $t$ 分布比较合适。由式(6-11)可得,在 $\bar{x} = 37.4$、$H_0: \mu = 40$、$s = 11.79$、$n = 25$ 时,检验统计量的值为

$$t = \frac{\bar{x} - \mu_0}{s/\sqrt{n}} = \frac{37.4 - 40}{11.79/\sqrt{25}} = -1.10$$

虽然样本均值 $\bar{x} = 37.4$ 比 40 小，但这不足以成为所有零售店平均订货量小于 40 的证据，因为产生这个现象可能是抽样误差造成的。对此，我们必须要说清楚样本均值与总体假定值之间的差别，是否大到能在显著性水平 0.05 下拒绝 $H_0$。为了获得假设检验的结果，我们需要来计算 $p$ 值。

回忆一下，$p$ 值是用来决定是否拒绝零假设的概率。对双尾检验问题，检验统计量的取值无论在哪个尾端，都提供了否定零假设的证据。下面，我们就来介绍节日玩具公司双尾假设检验的 $p$ 值是怎样计算的。

为计算节日玩具公司双尾假设检验的 $p$ 值，在总体均值实际为 40 成立的假定条件下，我们需要找到检验统计量取值不太可能像 $t = -1.10$ 的概率。由于这是个双尾检验问题，在任何一个方向上偏离假定值 $\mu_0$ 1.10 个标准差的那些值，都能提供否定零假设的证据，如同样本资料否定零假设证据一样强。图 6-20 给出了直观的说明，该例子的双尾 $p$ 值是 $P(t \leq -1.10) + P(t \geq 1.10)$。

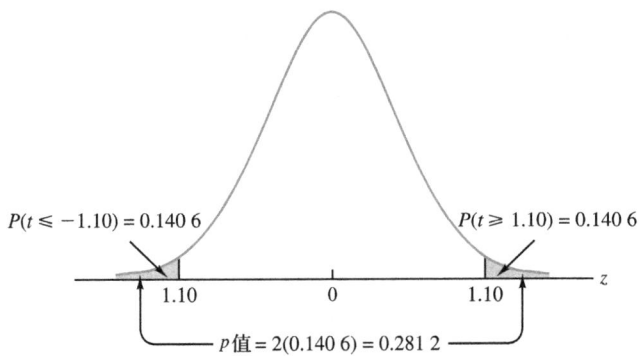

图 6-20 节日玩具公司例子中的双尾假设检验 $p$ 值

就像山顶咖啡例子介绍过的一样，对节日玩具公司的问题，我们可以利用 Excel 计算尾端概率。具体过程参见图 6-21，该图的后部显示的是计算公式，前部是计算的结果。

我们继续来完成节日玩具公司双尾假设检验的过程，把双尾 $p$ 值与显著性水平进行比较，以决定是否应该拒绝零假设。对给定的显著性水平 $\alpha = 0.05$，由于双尾 $p$ 值 $= 0.2811 > 0.05$，所以不能拒绝零假设 $H_0$。据此建议，节日玩具公司应按照预计的 $\mu = 40$ 组织产品的生产。

对任何总体均值的双尾假设检验问题，我们都可以仿照图 6-21 给出的做法进行。为便于大家熟悉 Excel 的使用，我们再对图 6-21 做些解释。

图 6-21 中，单元格 D4：D6 的计算公式分别是：

Cell D4：= COUNT(A:A)

Cell D5：= AVERAGE(A:A)

Cell D6：= STDV(A:A)

其中，Excel 函数 COUNT 对 A2:A26 的数值进行计数，函数 AVERAGE 计算样本资料的均值，函数 STDEV 计算的是样本资料的标准差。单元格 D8 给出的是假设值。依据这些计算

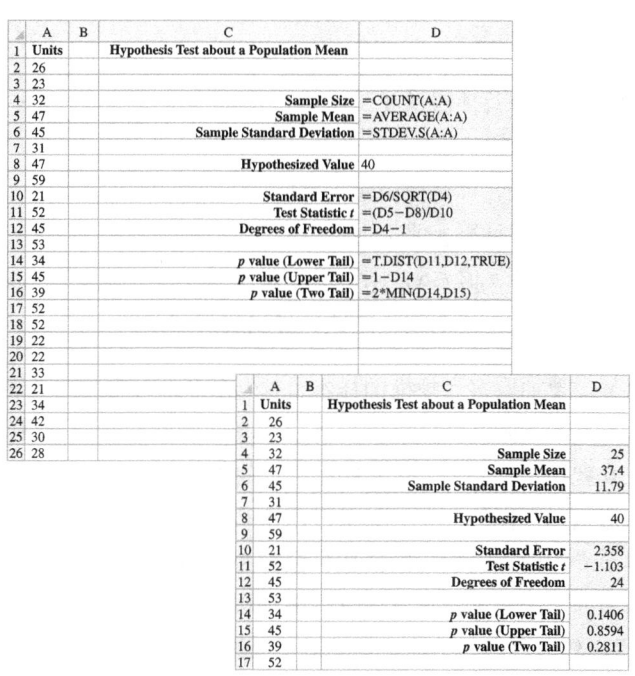

图 6-21 节日玩具公司的双尾假设检验

注：18—24 行已隐藏。

结果，可以计算标准误差、检验统计量、自由度以及 3 个 $p$ 值，它们分别存放在单元格 D10、D11、D12、D14、D15 和 D16 中。

双尾假设检验的 $p$ 值计算，归纳如下：

①利用式（6-11），计算检验统计量。
②如果检验统计量值在右单尾，计算 $t$ 大于等于检验统计量值的概率（右单尾面积）；如果检验统计量值在左单尾，计算 $t$ 小于等于检验统计量值的概率（左单尾面积）。
③对②得到的概率（尾端面积）乘以 2，以得到双尾检验时的 $p$ 值。

### 5. 总结与实践建议

我们在这里结合具体例子，介绍了总体均值的左单尾检验和双尾检验。据此，我们可以把总体均值假设检验方法归纳一下，详见表 6-7。

表 6-7 总体均值假设检验一览表

| | 左单尾检验 | 右单尾检验 | 双尾检验 |
|---|---|---|---|
| 假设 | $H_0: \mu \geq \mu_0$<br>$H_a: \mu < \mu_0$ | $H_0: \mu \leq \mu_0$<br>$H_a: \mu > \mu_0$ | $H_0: \mu = \mu_0$<br>$H_a: \mu \neq \mu_0$ |
| 统计量 | $t = \dfrac{\bar{x} - \mu_0}{s/\sqrt{n}}$ | $t = \dfrac{\bar{x} - \mu_0}{s/\sqrt{n}}$ | $t = \dfrac{\bar{x} - \mu_0}{s/\sqrt{n}}$ |
| $p$ 值 | = T. DIST(t, n−1, TRUE) | = 1 − T. DIST(t, n−1, TRUE) | = 2 × MIN(T. DIST(t, n−1, TRUE), 1 − T. DIST(t, n−1, TRUE)) |

从本节的两个例子中，我们能体会到，假设检验的问题不尽相同，但假设检验的步骤

存在相同之处。假设检验的步骤是：

> 第一步，提出零假设和备择假设。
> 第二步，确定显著性水平。
> 第三步，采集样本资料，计算检验统计量值。
> 第四步，利用统计量值计算 $p$ 值。
> 第五步，进行判断，若 $p$ 值 $\leq \alpha$，则拒绝零假设 $H_0$。
> 第六步，联系实际背景，说明统计结论并提出管理建议。

假设检验的时候需要抽取多大规模的样本，这与我们在本章 6.4 节对于区间估计时样本容量确定的忠告有基本相同之处。最常见的说法是，对于本节所介绍的这类假设检验方法，样本容量 $n \geq 30$ 就比较合适了。在某些场合，如果样本容量小于 30，那我们就必须关注样本来自的总体服从什么样的分布。如果样本来自的总体是正态分布，那么样本容量的大小都不会影响本节介绍的假设检验的使用。假如总体不是正态的，除非样本容量不低于 30，否则在运用本节介绍的假设检验方法时就要加以注意。总体近似呈正态分布，小样本（如 $n=15$）也能得出较为可靠的结论。如果总体高度偏斜或含有异常值，这时我们建议抽样规模最好达到 50。

### 6. 区间估计与假设检验的关系

在 6.4 节，我们介绍过了怎样构造总体均值的置信区间，在 $(1-\alpha)\%$ 的置信水平下，总体均值的置信区间为

$$\bar{x} \pm t_{\alpha/2} \frac{s}{\sqrt{n}}$$

总体均值的双尾假设检验问题，其假设采用了如下的提法：

$$H_0: \mu = \mu_0$$
$$H_a: \mu \neq \mu_0$$

注意：$\mu_0$ 为总体均值的假设值。

按照 6.4 节介绍的方法构造总体均值 $100(1-\alpha)\%$ 的置信区间，对此我们知道了，所构造出来的置信区间有 $100(1-\alpha)\%$ 个包含了总体均值，还有 $100\alpha\%$ 的置信区间没能包含总体均值。因此，如果置信区间没有包含 $\mu_0$ 就拒绝零假设，意味着在零假设成立（$\mu = \mu_0$）时，我们以概率 $\alpha$ 拒绝零假设。显著性水平是在零假设成立的情况下拒绝零假设的概率。因此，构建的 $100(1-\alpha)\%$ 置信区间只要没有包含 $\mu_0$ 就拒绝零假设，等价于在显著性水平 $\alpha$ 进行了双尾假设检验。

运用置信区间实现假设检验的目的，其具体做法是：

> 对总体均值的双尾假设检验：
>
> $$H_0: \mu = \mu_0$$
> $$H_a: \mu \neq \mu_0$$
>
> 首先从总体中抽取随机样本，运用样本均值 $\bar{x}$ 构建总体均值 $\mu$ 的置信区间，即

$$\bar{x} \pm t_{\alpha/2} \frac{s}{\sqrt{n}}$$

其次做出判断。置信区间包含了总体均值的假定值 $\mu_0$，不拒绝 $H_0$，反之则拒绝 $H_0$。[⊖]

对总体均值的双尾假设检验，如果置信区间没有包含 $\mu_0$，我们就拒绝零假设。

下面，我们用节日玩具公司的例子，运用置信区间方法做假设检验。节日玩具公司的检验假设采用的形式是：

$$H_0: \mu = 40$$
$$H_a: \mu \neq 40$$

给定的显著性水平 $\alpha = 0.05$，从全部零售店中抽取 25 个作为样本，得到样本均值 $\bar{x} = 37.4$、样本标准差 $s = 11.79$。由于 $t_{0.025} =$ T.DIST($1 - 0.05/2$，$25 - 1$) $= 2.064$，这样一来，我们便得到总体均值 95% 置信水平下的置信区间估计值：

$$\bar{x} \pm t_{\alpha/2} \frac{s}{\sqrt{n}}$$

$$37.4 \pm 2.064 \times \frac{11.79}{\sqrt{25}}$$

$$37.4 \pm 4.4$$

或者

$$33.0 \sim 41.8$$

计算结果表明，节日玩具公司的销售主管可以用 95% 的信度认为每家零售店平均订购件数在 33.0~41.8 之间。由于该置信区间包含了总体均值的假设值 $\mu_0 = 40$，因此，我们不能拒绝零假设 $H_0: \mu = 40$。

注意：这里我们着重对总体均值双尾假设检验讲解了区间估计与假设检验之间的关系。上面我们结合具体例子，讲解了有关总体均值区间估计与假设检验关系的应用。不过可以肯定的是，对其他总体参数，置信区间和双尾假设检验之间的这种关系也是存在的。另外，置信区间与双尾假设检验之间的关系，也可以推广到总体参数的单尾假设检验。要想做到这些，就需要构建单尾置信区间，然而在实际应用中比较少见。

### 6.5.4 总体比例假设检验

这一节我们将介绍总体比例假设检验的做法，用 $p_0$ 表示总体比例的假设值，总体比例假设检验有以下三种形式：

$$H_0: p \geq p_0 \quad H_0: p \leq p_0 \quad H_0: p = p_0$$
$$H_a: p < p_0 \quad H_a: p > p_0 \quad H_a: p \neq p_0$$

以上三种形式中，第一种形式是左单尾检验，第二种形式是右单尾检验，第三种形式是双

---

[⊖] 如同 $p$ 值 $\leq \alpha$ 拒绝零假设 $H_0$ 的规则，如果 $\mu_0$ 刚好和 $(1-\alpha)\%$ 置信区间的端点值一样，我们也给出拒绝 $H_0$ 的判断。

尾检验。

总体比例的假设检验，是建立在样本比例 $\bar{p}$ 和总体比例假定值 $p_0$ 比较基础上的。总体比例假设检验的做法，与总体均值假设检验的做法有许多相似之处，其主要差别在于我们使用样本比例及其标准误差计算检验统计量的值。

现在我们来看看平克里克（Pink Creek）俱乐部高尔夫训练的例子。在过去的年份里，参加平克里克俱乐部训练的高尔夫球手有20%是女性。为了开拓女性高尔夫球手市场，提高女性参与高尔夫球训练的比例，平克里克俱乐部采取了一项特别的激励措施以吸引女性高尔夫球手。开展市场活动一个月之后，平克里克俱乐部经理做了一次统计调查，目的是了解平克里克俱乐部女性球手的比例是否有所增加。由于调研的目标是明确女性高尔夫球手比例有否上升，所以这是个右单尾检验 $H_a: p > 0.20$ 的问题。就平克里克俱乐部的例子，零假设和备择假设如下：

$$H_0: p \leq 0.20$$
$$H_a: p > 0.20$$

如果零假设 $H_0$ 被拒绝，说明统计证据证实参加平克里克俱乐部训练的女性高尔夫球手的比例得到了提高，采用的激励推广措施取得了效果。俱乐部经理认为，进行这个假设检验，可以使用显著性水平 $\alpha = 0.05$。

为了完成假设检验，接下来我们需要抽取样本并计算相应检验统计量的值。在具体解决平克里克俱乐部右单尾检验问题之前，我们先来讨论一下总体比例假设检验统计量值计算的一般做法。样本比例 $\bar{p}$ 是总体比例 $p$ 的点估计，样本比例 $\bar{p}$ 的抽样分布是建立检验统计量的基础。

当取等号的零假设成立时，样本比例 $\bar{p}$ 的期望等于总体比例的假定值 $p_0$，即 $E(\bar{p}) = p_0$，这时，样本比例 $\bar{p}$ 的标准误差为

$$\sigma_{\bar{p}} = \sqrt{\frac{p_0(1-p_0)}{n}}$$

在6.3节我们已经说过，只要 $np \geq 5$、$n(1-p) \geq 5$ 时，样本比例 $\bar{p}$ 的抽样分布可以用正态分布近似。⊖在这样的条件下，统计量

$$z = \frac{\bar{p} - p_0}{\sigma_{\bar{p}}} \tag{6-12}$$

服从标准正态概率分布。对 $\sigma_{\bar{p}} = \sqrt{p_0(1-p_0)/n}$，由式（6-12）给出的标准正态随机变量 $z$，可以用作总体比例的假设检验统计量。

总体比例假设检验统计量为

$$z = \frac{\bar{p} - p_0}{\sqrt{\frac{p_0(1-p_0)}{n}}} \tag{6-13}$$

---

⊖ 在总体比例假设检验的应用中，样本容量都足够大，以至于能用正态分布近似。确切地说，样本比例 $\bar{p}$ 的分布是离散的，对每个 $\bar{p}$ 的值服从二项分布。因此，对于小样本，当正态分布不能使用时，此时的总体比例假设检验相对复杂了点。

对于平克里克俱乐部问题，利用式（6-13）可以计算出检验统计量的值。假定选取了 400 名运动员的随机样本，其中女性运动员 100 名。样本比例是：

$$\bar{p} = \frac{100}{400} = 0.25$$

由式（6-13）得到：

$$z = \frac{\bar{p} - p_0}{\sqrt{\frac{p_0(1-p_0)}{n}}} = \frac{0.25 - 0.20}{\sqrt{\frac{0.20 \times (1-0.20)}{100}}} = \frac{0.05}{0.02} = 2.50$$

> Excel 中的公式 = NORM.S.DIST($z$, TRUE) 可以计算出小于等于 $z$ 值时标准正态分布下的面积。

平克里克假设检验属于右单尾检验，$p$ 值是检验统计量值大于等于 $z = 2.50$ 的发生概率，也就是相应于 $z \geq 2.50$ 的右尾端面积，详见图 6-22。

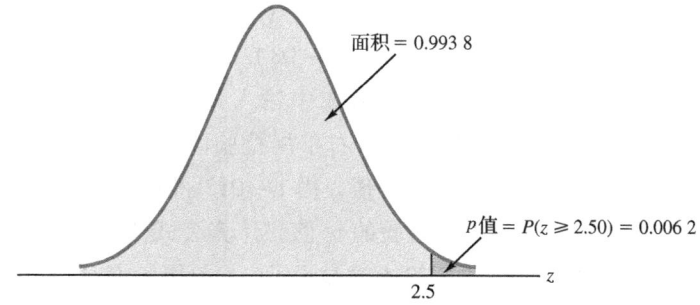

图 6-22　平克里克假设检验问题的 $p$ 值

利用 Excel 的公式 = 1 - NORM.S.DIST(2.50, TRUE)，可以方便地计算出右单尾的面积是 0.006 2。

假如平克里克俱乐部经理给出显著性水平 $\alpha = 0.05$，由于 $p$ 值 = 0.006 2 < 0.05，说明在显著性水平 0.05 下，找到了拒绝 $H_0$ 的统计证据。所以，从统计意义上讲，平克里克俱乐部开展的促销活动提高了女性高尔夫球手加入该俱乐部的比例。

应用 Excel 对于运用 $p$ 值法进行总体比例的假设检验，无论是单尾检验还是双尾检验，有关计算都可以利用 Excel 来帮助实现，操作过程类似于总体均值的假设检验。主要区别在于，总体均值的假设检验统计量是基于样本均值 $\bar{x}$ 的抽样分布，而总体比例假设检验统计量基于样本比例 $\bar{p}$ 的抽样分布。因此，尽管计算检验统计量和 $p$ 值的方法不一样，但它们的逻辑过程没有什么区别。

为介绍 Excel 在总体比例右单尾假设检验中的应用，我们结合平克里克俱乐部的例子讲解实现的过程。大家在学习的时候，可以参照图 6-23。该图中，计算公式在图的左边，计算结果在图的右边。

注意：图 6-23 中的单元格 D3、D5、D6 分别是需要用到的描述统计，其中单元格 D3 是样本容量，使用的函数 = COUNT(A1:A401)。单元格 D5 是调查受访人中女性的人数。单元格 D6 计算的是样本比例，用单元格 D5 除以单元格 D3 得到。

总体比例的假设值（0.20），录入在单元格 D8。单元格 D10 是标准误差，计算公式

|   | A | B | C | D | E | F |
|---|---|---|---|---|---|---|
| 1 | Golfer | | Hypothesis Test about a Population Proportion | | | |
| 2 | Female | | | | | |
| 3 | Male | | Sample Size | =COUNTA(A2:A401) | | |
| 4 | Female | | Response of Interest | Female | | |
| 5 | Male | | Count for Response | =COUNTIF(A2:A401,D4) | | |
| 6 | Male | | Sample Proportion | =D5/D3 | | |
| 7 | Female | | | | | |
| 8 | Male | | Hypothesized Value | 0.2 | | |
| 9 | Male | | | | | |
| 10 | Female | | Standard Error | =SQRT(D8*(1−D8)/D3) | | |
| 11 | Male | | Test Statistic z | =(D6−D8)/D10 | | |
| 12 | Male | | | | | |
| 13 | Male | | p value (Lower Tail) | =NORM.S.DIST(D11,TRUE) | | |
| 14 | Male | | p value (Upper Tail) | =1−D13 | | |
| 15 | Male | | p value (Two Tail) | =2*MIN(D13,D14) | | |
| 16 | Female | | | | | |
| 400 | Male | | | | | |
| 401 | Male | | | | | |
| 402 | | | | | | |

|   | A | B | C | D | E | F |
|---|---|---|---|---|---|---|
| 1 | Golfer | | Hypothesis Test about a Population Proportion | | | |
| 2 | Female | | | | | |
| 3 | Male | | Sample Size | 400 | | |
| 4 | Female | | Response of Interest | Female | | |
| 5 | Male | | Count for Response | 100 | | |
| 6 | Male | | Sample Proportion | 0.25 | | |
| 7 | Female | | | | | |
| 8 | Male | | Hypothesized Value | 0.20 | | |
| 9 | Male | | | | | |
| 10 | Female | | Standard Error | 0.02 | | |
| 11 | Male | | Test Statistic z | 2.5000 | | |
| 12 | Male | | | | | |
| 13 | Male | | p value (Lower Tail) | 0.9938 | | |
| 14 | Male | | p value (Upper Tail) | 0.0062 | | |
| 15 | Male | | p value (Two Tail) | 0.0124 | | |
| 16 | Female | | | | | |
| 400 | Male | | | | | |
| 401 | Male | | | | | |
| 402 | | | | | | |

图 6-23  平克里克假设检验问题

为 =SQRT(D8*(1−D8)/D3)。

只要 $np \geq 5$、$n(1-p) \geq 5$，图 6-23 给出的工作表，便可以当成总体比例假设检验的模板使用。这时候，我们只需在 A 列输入相应的待处理数据，修改单元格 D3 和单元格 D5 的计数函数的数据范围，重新给出单元格 D4 的感兴趣事件，在单元格 D8 中输入假设检验的假定值，此后就能自动得到标准误差、检验统计量值以及 $p$ 值。根据不同的假设检验类型（左单尾检验、右单尾检验和双尾检验），我们再选择合适的 $p$ 值，就可以做出拒绝还是接受的判断。

单元格 D11 按照式（6-13）计算的是 $z$ 检验统计量，计算公式为 =(D6−D8)/D10。为计算右单尾检验的 $p$-值，在单元格 D13 中输入计算公式 =NORM.S.DIST(D11,TRUE)。对右单尾检验问题，单元格 D14 计算的是左单尾的 $p$-值，用 1−D13 得到。单元格 D15，计算的是双尾检验的 $p$-值，计算公式为 =2*MIN(D13,D14)。图 6-23 右边显示了：右单尾 $p$-值（0.0062），左单尾 $p$-值（0.9938），双尾 $p$-值（0.0124）。

根据图 6-23 给出的结果，对平克里克右单尾检验问题，由于右单尾 $p$-值 0.0062 比给定的显著性水平 $\alpha = 0.05$ 小，所以拒绝零假设。事实上，就这个右单尾 $p$-值，对任何等于 0.0062 或大于 0.0062 的显著性水平，我们都会拒绝零假设。

总体比例假设检验与总体均值假设检验的程序相同，虽然我们只讲解了如何对总体比例右单尾进行假设检验，对总体比例的左单尾检验和双尾检验都可以依此进行。只要 $np \geq 5$、$n(1-p) \geq 5$，关于总体比例的假设检验可以采用正态检验办法，表 6-8 给出了总体比例假设检验可能遇到的类型。

表 6-8  总体比例假设检验一览表

|  | 左单尾检验 | 右单尾检验 | 双尾检验 |
|---|---|---|---|
| 假设 | $H_0: p \geq p_0$<br>$H_a: p < p_0$ | $H_0: p \leq p_0$<br>$H_a: p > p_0$ | $H_0: p = p_0$<br>$H_a: p \neq p_0$ |
| 统计量 | $z = \dfrac{\bar{p} - p_0}{\sqrt{\dfrac{p_0(1-p_0)}{n}}}$ | $z = \dfrac{\bar{p} - p_0}{\sqrt{\dfrac{p_0(1-p_0)}{n}}}$ | $z = \dfrac{\bar{p} - p_0}{\sqrt{\dfrac{p_0(1-p_0)}{n}}}$ |
| $p$ 值 | =NORM.S.DIST(z,TRUE) | =1−NORM.S.DIST(z,TRUE) | =2×MIN(NORM.S.DIST(z,TRUE), 1−NORM.S.DIST(z,TRUE)) |

●—○—●—○—● 注释与点评 ●—○—●—○—●

1. 本章的这一节，我们讲解了 $p$ 值的应用。$p$ 值越小，样本资料证据否定零假设 $H_0$ 的说服力越强，支持备择假设的证据强度也越大。一些统计学家就 $p$ 值的解释问题提出了一些参考建议：$p$ 值小于 0.01——备择假设 $H_a$ 成立的证据特别强；$p$ 值在 0.01~0.05 之间——备择假设 $H_a$ 成立的证据较强；$p$ 值在 0.05~0.10 之间——备择假设 $H_a$ 成立的证据较弱；$p$ 值大于 0.10——备择假设 $H_a$ 成立的证据不足。

2. 这里介绍的总体均值假设检验的方法是可以相信的，除非样本容量小、总体分布高度偏斜、总体中存在异常值。一旦这些情况发生，可以采用非参数方法如符号检验进行假设检验。对总体分布高度偏斜和存在异常值时，非参数检验方法比本章介绍的假设检验方法更可靠些。可是，使用非参数方法提高可信度也会带来代价，如果样本容量比较大或者总体比较接近正态性分布，这时使用非参数检验方法对错误的零假设做出拒绝的可能性也小。

3. 我们在这里仅仅介绍了单个总体均值和单个总体比例的假设检验方法，对多个均值或多个比例的假设检验问题没有提及，其实有许多统计方法可用于检验多个均值和多个比例问题。不只是总体均值和总体比例，对于总体其他参数的检验问题，可选的统计方法也很多。

## 6.6 大数据、统计推断及其实际意义

正如本章开始所述的，利用样本资料开展统计推断的目的，就是希望能快速而且少花代价地获得对总体一些特征的认识。因此，样本看上去能代表被研究的总体是十分重要的。可是在实际应用中，样本总是或在一定程度上不能很好地代表样本来自的总体。之所以会出现这样的情形，有两个重要的原因：抽样误差和非抽样误差。

### 6.6.1 抽样误差

样本不能代表它来自的总体的一个重要原因是**抽样误差**，造成样本偏离总体的原因在于随机抽样。运用概率抽样方法，从研究总体中重复、独立地抽样容量相同的随机样本，平均地讲，样本是能够代表总体的。这正是随机采集样本资料的理由。然而，随机采集样本数据并不能确保任何一个样本都能代表我们研究的对象。在随机抽样的时候，不能指望样本中的数据全权代表它们来自的总体。当我们不想承担普查产生的代价而决意采用随机抽样时，抽样误差总是不可避免的，这个风险我们必须要面对。

用样本资料估计总体均值 $\mu$ 和总体比例 $p$，如同式（6-2）和式（6-5）的说明，样本均值 $\bar{x}$ 的抽样分布、样本比例 $\bar{p}$ 的抽样分布的标准误差，可以反映抽样误差的影响。随着样本容量 $n$ 的增大，极端值对统计量的可能影响会降低，根据样本资料计算出来的统计量值和抽样分布标准误差会减小。在我们使用样本资料估计总体均值 $\mu$ 和总体比例 $p$ 时，由于标准误差能反映抽样误差的影响，所以我们可以看到比较大的样本能够在一定程度上遏制抽样误差的影响。

## 6.6.2 非抽样误差

抽样分布的标准误差随着样本容量 $n$ 的增大而减小,这并不意味着特别大的样本总是能提供研究对象的可靠信息,原因是抽样误差不是样本没有很好地代表总体的唯一因素。造成样本偏离总体除了随机抽样因素之外,还有其他因素在起作用。这些因素带来的干扰,统称为**非抽样误差**。不像抽样误差产生的原因那么单一,非抽样误差形成的机制比较复杂。

潘宁顿每日头条(Pennington Daily Times.com,PDT)是一家在线时事服务公司,其收入主要来源于广告业务。新闻服务只是幌子,目的是收集浏览该网站网民的上网行为资料,以便更好地制订广告销售策略。广告主愿意支付费用在那些网民逗留时间长的网站做广告,PDT 的管理者们于是就特别在意光顾他们网站的网民所花的时间。广告主还关心网民上网会不会频繁地点击弹出的广告画面,对此 PDT 管理者也重视浏览他们网站的网民是否点击时不时跳出的广告。

PDT 向哪些人采集数据?是采集浏览 PDT 网站的老用户资料,还是吸引新网民然后采集这些人的资料?如果是这样,是不是对吸引过来的或者不常光顾在线新闻服务的网民采集他们在 PDT 网站浏览的时间?这些问题的答案,取决于 PDT 的调研目标。如果研究目标与从中抽取样本的总体不一致,那么 PDT 即使采集到数据,可能对它的调研目的也无所助益。由于研究目标与从中抽取样本的总体不一致而产生的误差叫作**覆盖误差**。

> 不论是样本调查还是普查,非抽样误差都可能出现。

即使样本是从符合研究目标的总体中抽取的,但当样本由没有机会代表或总有机会代表总体的结构性个体组成时,非抽样误差可能也会发生。造成这种情况,一方面是因为研究设计存在缺陷,另一方面是总体的某些组成部分更有可能做出反应或更没有可能做出反应。假如 PDT 采用弹出式调查问卷,有可能在问卷弹出时,某位网民刚好下线。一些 PDT 的网民可能安装了拦截软件,对这一部分人来说,就没有机会在样本中出现了。对那些没有安装拦截软件的网民,在样本中出现的机会便大了。如果安装了拦截软件的访问 PDT 网站的网民的浏览行为,与那些没有安装拦截软件的网民的浏览行为不一样,那么依据受试样本资料分析 PDT 网站网民的行为特征,有可能会产生误导性结论。诸如此类的非抽样误差,称为**无回答误差**。

对研究变量的不正确测量,是非抽样误差的另一个来源。如果 PDT 调查询问的问题模棱两可或者对受访者来说难以理解,那么受访者或许会做出词不达意的回答。例如,对于"PDT 网站登载的新闻是不是引人入胜并符合事实"这样的测项,受访者如果觉得新闻引人入胜但报道不实,那么受访者会做出什么样的回答呢?如果受访者感觉新闻报道真实但枯燥无味,该受访者又将怎样回答呢?如果测项带有偏见或诱导性,那么相似的问题可能也会产生。

例如,对于"许多访问 PDT 网站的网民都认为该网站登载的新闻趣味盎然且真实,你是不是也这样认为呢"这样的测项,由于该测项带有诱导性陈述,很有可能使受访者不能按照他们自己的想法做出回答。受访者对过去的事记忆不清，不愿意做出诚实的回答，出现诸如此类的现象，受访者就会给出不正确的回答，由此也会产生对研究变量的不正确测量。总之，如这些原因带来的非抽样误差，我们把它叫作**测量误差**。

因调查员或在采访过程中的记录、数据资料整理等产生的失误，属于非抽样误差，分别叫作调查员误差和过程误差。

运用样本资料进行估计的时候，存在非抽样误差的样本资料会对估计结果产生影响，由此给决策带来误导。不管样本量是大还是小，只要是通过样本资料对研究对象加深认识，我们就必须克服如此抽样的不足。抽样误差会随着样本量的增加而减小，但规模很大的样本可能受到非抽样误差和样本不能代表研究对象的困扰。在抽样调查的时候，必须小心谨慎地对待样本资料采集过程中的非抽样误差，把非抽样误差的影响控制在尽可能小的范围内。为此，我们可以采用以下的策略。

- 在采集样本数据资料之前，要精心界定好目标总体，此后要设计好资料的采集办法，最好采用概率抽样方法从研究对象中抽取样本。
- 精心地筹划好资料的搜集过程，对调查员进行培训。
- 通过数据资料采集的试调研，识别和预防可能存在的非抽样误差。
- 在依据研究对象的重要属性特征可以将其区分成不同的层的时候，可以使用分层抽样方法。
- 当总体能被区分成不同子组或群的时候，使用整群抽样。
- 根据某种特征可以将研究对象进行排列时，最好采用系统抽样方法。

最后，随机样本（即使容量比较大）总存在一定程度的非抽样误差。对非抽样误差，要想消除它所有可能产生的根源也许不切实际。理解抽样的局限性，在我们利用样本资料对研究对象开展认识的时候，就会变得更加理性和更加务实。

### 6.6.3 大数据

最新研究表明，全球每天产生大约 2.5 百万兆字节（quintillion bytes）数据。1992 年全球每天产生 100GB 数据，1997 年全球每小时产生 100GB，2002 年全球每秒钟产生 100GB 数据。每一分钟，大约诞生 216 000 个帖子，发送 204 000 000 份电子邮件，12 小时时长的视频上传到 YouTube，277 000 条推文发布在 Twitter。毫无疑问，现在数据的产生量无可阻挡，完全可以预见这种趋势还将持续保持下去。

现今产生出来的数据是如此庞大和复杂，以致目前的数据处理能力和数据处理方法已经不适用于对这样的数据开展分析。可以说，上述的每个例子都属于**大数据**范畴。除此之外，还有大量的其他的大数据产生方式。传感器和移动设备传输着海量数据，互联网、数字通信、社交媒体也产生着巨量数据。

数据量增加得如此之快，使我们用来描述数据集容量的用词也在不断拓展。几年前，千兆字节的数据看起来似乎是无法想象之大了，但是我们现在对使用 $2^{80}$ 字节（尧字节，YB，Yottabytes）已经习以为常了，表 6-9 给出了描述数据集的用词。

表 6-9　描述数据集的用词

| 字节数 | 计量单位 | 名称 | 字节数 | 计量单位 | 名称 |
|---|---|---|---|---|---|
| $1\,000^1$ | KB | 千字节 | $1\,000^5$ | PB | 拍字节 |
| $1\,000^2$ | MB | 兆字节 | $1\,000^6$ | EB | 艾字节 |
| $1\,000^3$ | GB | 吉字节 | $1\,000^7$ | ZB | 泽字节 |
| $1\,000^4$ | TB | 太字节 | $1\,000^8$ | YB | 尧字节 |

### 6.6.4　什么是大数据

产生大数据的过程，具有四个特征或维度，可以形象地称为 4 个 V，分别是：

- **体量大**（Volume）——产生的数据体量非常大；
- **多样性**（Variety）——产生的数据类型和结构多样化；
- **真实性**（Veracity）——产生的数据具有可靠性；
- **速度快**（Velocity）——产生数据的速度非常快速。

上述四个特征中任何一个只要达到一定的程度，就足以产生大数据。如果这些特征同时以一定程度出现，产生出来的数据量将非常惊人。技术进步和电子数据（通常自动）采集方式的改进，我们很容易在特别短的时间里收集动辄数以万计甚至数以亿计的数据。商务活动也正以从未有过的高速度，产生越来越多的巨量数据。

为了理解大数据带来的挑战，我们来考察一下大数据的结构维度。大数据可能是**高数据**（tall data）：数据集中有如此众多的观察值，以致传统的统计推断变得没有意义。例如，消费品生产商每天从难以计数的社交媒体帖子中采集消费者对产品情感方面的信息，以便更好地了解消费者对产品的意见，在这样的数据中，消费者情感（变量）是通过百万计（随着时间的推移，甚至是亿计）的社交帖子（观察）表达出来的。大数据也可能是**宽数据**（wide data）：数据集中含有太多的变量，以致同时考察这些变量行不通。例如，一幅高分辨率的图像可能由数百万或数十亿像素组成，当比较两幅图像是否一样时，面部识别算法使用到的数据可能包含了图像中的每一个像素，因此该算法对较少的高分辨率图像（观察）使用了数百万或数十亿像素（变量）。当然，大数据可能既是高的又是宽的，如此一来产生的数据量将更加惊人。

对大数据中的信息进行认识，统计是个很有用的工具。但是在运用统计方法分析大数据的时候，我们必须要小心谨慎。对大数据，统计方法的运用存在一定的局限性，相应地我们要调整我们的解释。在商务活动领域，高数据是大数据最常见的一种形式，在本节后面的有关内容中，我们将聚焦于对这种数据结构的讨论。

### 6.6.5　大数据与抽样误差

仍然以 PDT 在线新闻服务数据采集问题为例，由于 PDT 的主要收入来源是广告销售，所以 PDT 的管理人员在意登录 PDT 网站的客户逗留的时间。根据历史数据，PDT 估计每位光顾该网站的人所花时间的标准差 $s=20$ 秒。样本用户登录 PDT 网页平均用时抽样分布的标准误差是如何随着样本容量增大而减小的，表 6-10 给出了直观的说明。

PDT 也想采集光顾网站的用户是否会点击弹出广告，根据历史资料，PDT 已经掌握 51%的用户会点击弹出的广告，依此可以用 $\bar{p}$ 估计标准误差。对于样本比例抽样分布的标准误差是怎样随着样本容量增大而减小的，表 6-11 给出了相应的说明。

表 6-10 $s=20$ 时不同样本容量下样本均值 $\bar{x}$ 抽样分布的标准误差

| 样本容量 | 标准误差 $s_{\bar{x}} = s/\sqrt{n}$ |
| --- | --- |
| 10 | 6.324 56 |
| 100 | 2.000 00 |
| 1 000 | 0.632 46 |
| 10 000 | 0.200 00 |
| 100 000 | 0.063 25 |
| 1 000 000 | 0.020 00 |
| 10 000 000 | 0.006 32 |
| 100 000 000 | 0.002 00 |
| 1 000 000 000 | 0.000 63 |

表 6-11 $p=0.51$ 时不同样本容量下样本比例 $\bar{p}$ 抽样分布的标准误差

| 样本容量 | 标准误差 $\sigma_{\bar{p}} = \sqrt{\bar{p}(1-\bar{p})/n}$ |
| --- | --- |
| 10 | 0.158 08 |
| 100 | 0.049 99 |
| 1 000 | 0.015 81 |
| 10 000 | 0.005 00 |
| 100 000 | 0.001 58 |
| 1 000 000 | 0.000 50 |
| 10 000 000 | 0.000 16 |
| 100 000 000 | 0.000 05 |
| 1 000 000 000 | 0.000 02 |

表 6-10 和表 6-11 揭示了样本容量与标准误差之间的一般关系。由表 6-10 可以看出，随着样本容量的增加，样本均值的标准误差在不断减小。例如，$n=10$ 时，样本均值的标准误差为 6.324 56；$n=100 000$ 时，样本均值的标准误差减小到 0.063 25；$n=1 000 000 000$ 时，样本均值的标准误差减小到只有 0.000 63。同样，从表 6-11 中可以看出，样本比例的标准误差也随着样本容量的增大而不断减小。例如，$n=10$ 时，样本比例的标准误差为 0.158 08；$n=100 000$ 时，样本比例的标准误差减小到 0.001 58；$n=1 000 000 000$ 时，样本比例的标准误差减小到只有 0.000 02。表 6-10 和表 6-11 都显示出，$n=1 000 000 000$ 时的标准误差，只相当于 $n=10$ 时标准误差的 10‰左右。

### 6.6.6 大数据与置信区间精度

在对总体参数进行推断的时候，置信区间是个非常重要的工具，但是区间估计的有效性与样本数据质量有很大的关系。不管样本观察规模多大，如果样本不能代表我们研究的对象，那么置信区间便不能给总体参数认知带来有用的信息。如果这些情况发生，统计推断可能会产生误导。

从式（6-7）、式（6-10）我们可以看出，随着样本容量的增大，总体均值 $\mu$ 的置信区间、总体比例 $p$ 的置信区间，其范围不断变小。为揭示在给定的置信水平下置信区间范围变小的情况，我们仍然以 PDT 的调查作为示例。

PDT 的主要收入来源是广告销售，在那些网民逗留时间长的网站，广告商愿意支付费用在这样的网站做广告。假定 PDT 管理人员打算在 95%置信水平下，对光顾 PDT 网站用户的平均逗留时间进行区间估计。在 $s=20$ 时，随着样本容量的增大，95%置信水平下总体均值区间估计允许误差是怎样变化的，表 6-12 给出了说明。

除了总体均值估计之外，PDT 管理人员还想在 95% 的置信水平下，对 PDT 网页浏览者点击广告画面的比例进行区间估计。在样本比例 $\bar{p}=0.51$ 时，随着样本容量增大，95%置信水平下总体比例区间估计允许误差是怎样变化的，表 6-13 给出了说明。

表 6-12 不同样本容量 $n$ 时，95% 置信水平下总体均值区间估计的允许误差

| 样本容量 | 允许误差 $t_{\alpha/2}s_{\bar{x}}$ |
| --- | --- |
| 10 | 14.307 14 |
| 100 | 3.968 43 |
| 1 000 | 1.241 09 |
| 10 000 | 0.392 04 |
| 100 000 | 0.123 96 |
| 1 000 000 | 0.039 20 |
| 10 000 000 | 0.012 40 |
| 100 000 000 | 0.003 92 |
| 1 000 000 000 | 0.001 24 |

表 6-13 不同样本容量 $n$ 时，95% 置信水平下总体比例区间估计的允许误差

| 样本容量 | 允许误差 $z_{\alpha/2}\sigma_{\bar{p}}$ |
| --- | --- |
| 10 | 0.309 84 |
| 100 | 0.097 98 |
| 1 000 | 0.030 98 |
| 10 000 | 0.009 80 |
| 100 000 | 0.003 10 |
| 1 000 000 | 0.000 98 |
| 10 000 000 | 0.000 31 |
| 100 000 000 | 0.000 10 |
| 1 000 000 000 | 0.000 03 |

从 PDT 的例子中，我们看出了样本容量与区间估计精度之间的关系。在给定的置信水平下，表 6-12 和表 6-13 反映了随着样本容量的增大允许误差在不断减小。假如由样本资料得到访问 PDT 网站网民的平均逗留时间是 84.1 秒，那么在 95% 置信水平下，样本容量 $n = 10$ 时，总体均值的置信区间为 (69.792 86, 98.407 14); $n = 100 000$ 时，总体均值置信区间变为 (83.976 04, 84.223 96)，而 $n = 1 000 000 000$ 时，总体均值的置信区间为 (84.098 76, 84.101 24)。与此类似，由样本资料得到点击 PDT 网页广告的网民比例为 0.51，那么在 95% 置信水平下，在 $n = 10$ 时总体比例的置信区间为 (0.200 16, 0.819 84)，在 $n = 100 000$ 时总体比例的置信区间为 (0.506 90, 0.513 10)，$n = 1 000 000 000$ 时总体比例的置信区间为 (0.509 97, 0.510 03)。从这两个事例中，我们能得出样本容量变得特别大时，允许误差会变得特别小，由此产生的置信区间变得特别窄。

### 6.6.7 大数据对置信区间的影响

去年所有访问 PDT 网站的网民平均花的时间是 84 秒，假定 PDT 管理人员想评估去年以来访问 PDT 网站的网民平均花的时间是否发生了改变。为此，PDT 采集了 1 000 000 位新的 PDT 网站访问者资料，计算得到了他们平均花的时间是 $\bar{x} = 84.1$ 秒。另外估计出来的总体标准差是 $s = 20$ 秒，据此可得标准误差是 $s_{\bar{x}} = s/\sqrt{n} = 0.020\ 00$。进一步地，如果样本容量足够大，那么样本均值的抽样分布服从正态分布。所以在 95% 置信水平下，总体均值的置信区间是：

$$\bar{x} \pm t_{\alpha/2}s_{\bar{x}} = 84.1 \pm 0.039\ 2 = (84.060\ 80, 84.139\ 20)$$

从这个结果中，我们能得到什么结论呢？PDT 样本均值 84.1 秒与去年的总体均值 84 秒不一样，这可能是三种原因造成的：①抽样误差；②非抽样误差；③自去年以来总体均值确实发生了改变。

总体均值 95% 置信水平下的置信区间，没有包含着去年网民访问 PDT 网站平均花的时间 84 秒，表明新样本的样本均值（84.1 秒）和去年均值（84 秒）之间的差别，不可能全是抽样误差的影响结果。非抽样误差是一种可能的解释，由于不能确信非抽样误差在样本

资料中是否存在，出于统计推断的考虑，应该对非抽样误差进行考察。如果 PDT 确信样本资料没有或只有一点点非抽样误差，那么对新样本的样本均值（84.1 秒）和去年均值（84 秒）之间差别的最后一种合理解释，便是自去年以来总体均值发生了改变。

如果 PDT 认为样本信息可靠，总体均值自去年以来确实发生了改变，那么为此 PDT 的管理人员还需要考虑样本均值与总体均值差别的潜在影响。和去年相比，PDT 网站访问者平均多花了 0.1 秒，这关系到广告收费问题，从而可能对 PDT 的实际商务活动产生影响。否则，0.1 秒的差别可能就没有什么**实际意义**了。

置信区间十分有用，可是像其他任何统计工具一样，只有在得到正确应用时它们才有效。由于区间估计随着样本容量的增加其精度不断得到提高，因此当样本容量特别大时，将带来特别精确的估计。然而，没有哪个区间估计，不管精度怎么样，都能准确地反映待估计的参数，除非样本不存在非抽样误差。因此，在使用区间估计的时候，认真考虑样本是不是从研究对象中随机抽取总是很重要的。

## 6.6.8 大数据、假设检验与 $p$ 值问题

我们已经知道，随着样本容量的增大，总体均值 $\mu$、总体比例 $p$ 的区间估计将会变窄。其原因在于，当样本容量不断增大时，相应的抽样分布的标准误差在减小。现在我们来考察本章前面介绍过的区间估计和假设检验之间的关系，对总体均值构建 $100(1-\alpha)\%$ 置信水平的置信区间，如果该置信区间没有包含总体均值的假定值 $\mu_0$，这时我们将拒绝 $H_0: \mu = \mu_0$。因此，在给定的置信水平下，随着样本容量的增大，因不断缩小的样本均值 $\bar{x}$ 和总体均值假定值 $\mu_0$ 之间的差别，我们将会拒绝 $H_0: \mu = \mu_0$。我们还能看到，当样本容量 $n$ 很大，样本均值 $\bar{x}$ 和总体均值假定值 $\mu_0$ 之间的任何差别，几乎都将导致拒绝零假设。

这一节里，我们将阐述大数据怎样影响假设检验和 $p$ 值大小。具体地说，我们将考察随着样本容量的增大，在给定点估计和参数假设值之间差异的前提下，$p$ 值是怎样快速变化的。

再以 PDT 为例，PDT 的主要收入来源是广告租售，广告主愿意支付费用在那些网民逗留时间长的网站做广告。为了促进 PDT 的发展，PDT 的管理人员打算向广告主保证，访问 PDT 网站的网民平均逗留时间比去年长，也就是多于 84 秒。为此，PDT 决定采集样本跟踪每位访问 PDT 网站的网民的逗留时间，以用于检验零假设 $H_0: \mu \leq 84$。

对于样本均值 84.1 秒、样本标准差 $s = 20$ 秒，表 6-14 给出了对检验零假设 $H_0: \mu \leq 84$ 时的 $t$ 检验统计量值和 $p$ 值。

从表 6-14 中可以看出，样本容量在 $n = 1\,000\,000$ 之后，假设检验的 $p$ 值基本上为 0。

PDT 的管理人员还打算向广告主承诺，访问 PDT 网站的网民点击弹出的广告画面的比例，超过了去年的 0.5。为此，PDT 从访问网站点击广告画面的网民样本中采集资料，然后运用这些资料检验零假设：$H_0: p \leq 0.50$。

对于样本比例 0.51，在零假设 $H_0: p \leq 0.50$ 条件下，表 6-15 给出了 $z$ 检验统计量值和 $p$ 值。

表 6-14 零假设 $H_0:\mu\leq 84$、样本均值 $\bar{x}=84.1$ 时不同样本容量 $t$ 检验统计量值与 $p$ 值

| 样本容量 $n$ | $t$ | $p$ 值 |
| --- | --- | --- |
| 10 | 0.015 81 | 0.493 86 |
| 100 | 0.050 00 | 0.480 11 |
| 1 000 | 0.158 11 | 0.437 20 |
| 10 000 | 0.500 00 | 0.308 54 |
| 100 000 | 1.581 14 | 0.056 92 |
| 1 000 000 | 5.000 00 | 2.87E-07 |
| 10 000 000 | 15.811 39 | 1.30E-56 |
| 100 000 000 | 50.000 00 | 0.00E+00 |
| 1 000 000 000 | 158.113 88 | 0.00E+00 |

表 6-15 零假设 $H_0:p\leq 0.50$、样本比例 $\bar{p}=0.51$ 时不同样本容量 $z$ 检验统计量值与 $p$ 值

| 样本容量 $n$ | $z$ | $p$ 值 |
| --- | --- | --- |
| 10 | 0.063 25 | 0.474 79 |
| 100 | 0.200 00 | 0.420 74 |
| 1 000 | 0.632 46 | 0.263 54 |
| 10 000 | 2.000 00 | 0.022 75 |
| 100 000 | 6.324 56 | 1.27E-10 |
| 1 000 000 | 20.000 00 | 0.00E-07 |
| 10 000 000 | 63.245 55 | 0.00E-56 |
| 100 000 000 | 200.000 00 | 0.00E+00 |
| 1 000 000 000 | 632.455 53 | 0.00E+00 |

由表 6-15 可以看出，样本容量在 $n=1\,000\,000$ 之后，假设检验的 $p$ 值基本上为 0。

无论是表 6-14 还是表 6-15，都反映了随着样本容量的增大，与既定的点估计和参数假设值之间差异相应的 $p$ 值在不断减小。因此，如果访问 PDT 网站的网民在该网站逗留时间的样本均值是 84.1 秒，给定的显著性水平 $\alpha=0.01$，且样本容量 $n\leq 100\,000$ 时，零假设 $H_0:\mu\leq 84$ 不能被拒绝。当显著性水平 $\alpha=0.01$，但样本容量 $n\geq 1\,000\,000$ 时，零假设 $H_0:\mu\leq 84$ 应被拒绝。同样地，如果访问 PDT 网站点击广告画面的网民样本比例是 0.51，给定的显著性水平 $\alpha=0.01$，且样本容量 $n\leq 100\,000$ 时，零假设 $H_0:p\leq 0.50$ 不能被拒绝。显著性水平 $\alpha=0.01$，但样本容量 $n\geq 100\,000$ 时，零假设 $H_0:p\leq 0.50$ 应被拒绝。在两个例子中，随着样本容量变得特别大，与既定点估计和参数假设值之间差异相应的 $p$ 值也会变得极小。

### 6.6.9 大数据对假设检验的影响

PDT 采集了访问其网站的 1 000 000 名网民的样本资料，并运用这些资料在显著性水平 0.05 下，检验零假设 $H_0:\mu\leq 84$ 和 $H_0:p\leq 0.50$。样本均值是 84.1、样本比例为 0.51，由表 6-14 和表 6-15 给出的结果，这两个零假设都应该被拒绝。于是，PDT 能向广告主做出承诺：每位访问 PDT 网站的网民平均逗留时间多于 84 秒，每位访问 PDT 网站的网民点击弹出的广告画面的比例超过 0.5。这些检验结果表明，对每一个这样的假设检验，点估计与待检验参数的假设值之间的差异，不可能全是抽样误差造成的。可是，任何假设检验的结果，不管样本容量多大，只有样本中不存在非抽样误差才是可信的。假如样本资料中掺杂着非抽样误差，这时候犯第一类错误或第二类错误的可能性，要比样本资料中没有非抽样误差时犯第一类错误或第二类错误的可能性大得多。因此，在做假设检验的时候，仔细考虑样本是不是从研究对象中随机抽取的显得很重要。

如果 PDT 肯定样本资料中没有掺杂非抽样误差或者很少，那么对于上述结论剩下的一个合理解释，就是零假设是错误的。从这一点上讲，PDT 和准备在 PDT 网站做广告的企业，还要考虑点估计与待检验参数假定值之间这些统计意义上的显著性差异，是不是具有实际意义。尽管光顾 PDT 网站网民的平均逗留时间增加了 0.1 秒具有统计显著性，这也许

对准备在 PDT 网站做广告的企业来说没有价值。同样地，尽管光顾 PDT 网站网民点击弹出的广告画面的比例提高 0.01 个百分点具有统计显著性，但这也许不会给准备在 PDT 网站做广告的企业带来什么利益。因此，我们还需要确定统计意义上的显著性差异，是否对 PDT 和广告主的商务行为决策产生有意义的影响。

最后，没有哪个商务问题的决策，完全建立在统计推断的基础上。实际意义总是需要纳入对统计意义的猜测中，这一点特别重要，尤其是假设检验建立在很大的样本基础上，即使点估计与待检验参数假定值之间很小的差异，其统计意义也将可能是显著的。只有做正确了，依据统计推断提供的证据，再与其他来源的信息结合起来，做出远见卓识的决策才有可能。

### 注释与点评

1. 无论是概率抽样还是非概率抽样，非抽样误差都有可能发生。然而，如方便抽样、判断抽样等非概率抽样，由于样本资料的搜集方式，在样本中掺杂着非抽样误差是常有的事。所以，从这一点来说，概率抽样要好于非概率抽样。
2. 当使用特别大样本的时候，对此我们可以想象得到，样本容量占总体比例至少在 5% 以上，也就是 $n/N \geq 0.05$。在这样的场合下，进行区间估计或假设检验用到的抽样分布标准误差的计算，需要使用有限总体修正系数。

## 本章小结

本章介绍了抽样和抽样分布的概念，说明了如何从有限总体中抽取简单随机样本，从无限总体中抽取随机样本。接着讲解了如何使用样本资料对总体参数进行点估计，不同的样本会给出不同的点估计结果，因此点估计量如样本均值 $\bar{x}$、样本比例 $\bar{p}$ 等，都属于随机变量。如样本均值 $\bar{x}$、样本比例 $\bar{p}$ 等的概率分布叫作抽样分布，我们对其做了非常详尽的说明。在对样本均值 $\bar{x}$、样本比例 $\bar{p}$ 抽样分布特征进行说明的时候，我们指出了 $E(\bar{x}) = \mu$、$E(\bar{p}) = p$。在介绍了样本均值 $\bar{x}$、样本比例 $\bar{p}$ 的标准差或标准误差之后，说明了样本均值 $\bar{x}$、样本比例 $\bar{p}$ 抽样分布服从正分布的必要条件。

6.4 节介绍了总体均值和总体比例的区间估计做法。点估计也许是也许不是总体参数好的估计形式，区间估计能够对估计的精度进行测量。总体均值和总体比例的区间估计形式为：点估计值 ± 误差范围。

在介绍总体均值区间估计的时候，我们结合例子在总体标准差未知的情况下，说明了如何做总体均值的区间估计。在总体标准差未知的情况下，我们运用样本标准差 $s$ 并通过 $t$ 分布，对总体均值进行区间估计。区间估计的好坏，取决于样本来自的总体的分布和抽样规模。在样本来自的总体服从正态分布的时候，哪怕抽样规模较小，也能获得精确程度较高的区间估计。如果样本来自的总体不服从正态分布，获得的区间估计将是近似的。对那些偏斜程度大的总体，只能通过加大样本观察，才能带来较好的近似区间估计。

总体比例区间估计的一般形式为：$\bar{p}$ ± 允许误差。在实际中，通常采用大样本对总体比例进行区间估计。因此，对总体比例进行区间估计，是建立在标准正态分布基础上的。

在 6.5 节，我们讲解了假设检验方法。所谓假设检验，就是运用样本资料对有关总体参数的假设，做出是否拒绝的判断。统计假设是关于总体参数两个相互竞争的表述，其中的一个叫作零假设（$H_0$），另一个叫作备择假设（$H_a$）。在这一节里，我们讲解了实际中经常遇到的假设提法的一般原理。

在介绍总体均值假设检验做法的时候，用样本标准差 $s$ 估计总体标准差 $\sigma$，然后运用 $t$ 分布进行总体均值的假设检验。假设检验结果的质量，依赖于样本来自的总体的分布情况和样本容量。对于不服从正态分布的总体，需要使用大样本。在 6.5 节里，给出了关于抽样规模的一般性建议。对总体比例的假设检验问题，我们也介绍了基于标准正态分布的检验统计量的构建及相应的检验过程。

另外在这一节里，我们讲解了如何根据 $t$ 统计量的值，计算 $p$ 值的问题。$p$ 值是用于决定零假设是否被拒绝的概率。$p$ 值如果比显著性水平 $\alpha$ 小，那么零假设应该被拒绝。

在 6.6 节，我们简要介绍了大数据的概念及其对统计推断的影响，包括抽样误差和非抽样误差，大数据对标准误差的影响，大数据对置信区间的影响，大数据对总体均值和总体比例假设检验的影响，等等。另外，我们还提到了统计意义和实际价值之间的关系等。

## ● 关键术语

**备择假设**（alternative hypothesis）：零假设被拒绝时，能够成立的假设。

**大数据**（big data）：规模特别大、特别复杂，以致不能用常规数据处理技术和典型桌面软件进行加工处理的数据。

**普查**（census）：从研究对象中的每一个个体采集数据的一种调查方法。

**中心极限定理**（central limit theorem）：将大量相互独立的随机变量相加，其和服从正态分布。根据这个定理，在样本量足够大的情况下，对样本均值的抽样分布和样本比例的抽样分布可以用正态分布近似。

**置信系数**（confidence coefficient）：用小数表示的置信水平。比如，95% 的置信水平，对应的置信系数是 0.95。

**置信区间**（confidence interval）：区间估计的另一种叫法。

**置信水平**（confidence level）：与区间估计有关的信度。比如，区间估计方法给出了 95% 的区间，意味着 95% 的区间包含了总体参数，该区间叫作在 95% 的置信水平下构造的。

**覆盖误差**（coverage error）：非抽样误差的一种，研究目标和样本来自的总体不一致所产生的误差。

**自由度**（degrees of freedom）：$t$ 分布的参数。使用 $t$ 分布计算总体均值区间估计时，采用的 $t$ 分布其自由度为 $n-1$，这里的 $n$ 为样本容量。

**有限总体修正系数**（finite population correction factor）：被抽样的总体是有限总体，不是无限总体，在计算样本均值、样本比例（估计的）标准误差时，计算公式中的一项即 $\sqrt{(N-n)/(N-1)}$。当 $n/N \leqslant 0.05$ 时，根据经验规则可以忽略不计有限总体修正系数项。

**抽样框**（frame）：从中抽取样本的所有单位的列名。

**假设检验**（hypothesis test）：对总体参数的取值给出猜测，采集样本数据，运用样本数据对该猜测进行评估，测算否定猜测的样本证据的强度，并据此形成关于猜测的结论。

**区间估计**（interval estimate）：总体参数估计的一种形式，给出一个可信区间以试图包含参数的值。这一章所讲到的区间估计，其形式为点估计±允许误差。

**区间估计值**（interval estimation）：运用样本资料计算有可能包含总体未知参数的范围值的过程。

**显著性水平**（level of significance）：运用区间估计方法构造一个区间，该区间没有包含参数值的概率。也即零假设取等号成立时，犯第一类错误的概率。

**允许误差**（marginal of error）：用点估计减去和加上的那个值，以便构造总体参数的区间估计。

**测量误差**（measurement error）：非抽样误差中的一种，指的是对研究对象特征不正确的测量。

**无回答误差**（nonresponse error）：非抽样误差中的一种，总体被分割成更有可能做出回答或更没有可能做出回答的调查机制。

**非抽样误差**（nonsampling error）：样本统计量值（如样本均值、样本标准差、样本比例）和相应的总体参数值（如总体均值、总体标准差、总体比例）之间的差异，不属于抽样误差的部分。非抽样误差不仅限于覆盖误差、无回答误差、测量误差，还包括调查员误差、整理误差等。

**零假设**（null hypothesis）：在假设检验过程中，意在假定成立的假设。

**单尾检验**（one-tail test）：假设检验的一种类型，零假设的拒绝域位于检验统计量抽样分布的某一端。

**$p$ 值**（p value）：在零假设 $H_0$ 成立时，检验统计量取等于或比由样本资料得到的统计量值更极端的值的发生概率。对于左单尾检验，$p$ 值是检验统计量取等于或比由样本资料得到的统计量值更小值的发生概率。对于右单尾检验，$p$ 值是检验统计量取等于或比由样本资料得到的统计量值更大值的发生概率。对于双尾检验，$p$ 值是检验统计量取等于或比由样本资料得到的统计量值更极端值的发生概率。

**参数**（parameter）：确定总体、过程、系统特征的可测因子，比如，总体均值 $\mu$、总体标准差 $\sigma$、总体比例 $p$ 等。

**点估计值**（point estimate）：用样本统计量的值，如样本均值 $\bar{x}$、样本标准差 $s$、样本比例 $\bar{p}$，作为相应总体参数的估计。

**点估计量**（point estimator）：用样本统计量，如样本均值 $\bar{x}$、样本标准差 $s$、样本比例 $\bar{p}$，作为相应总体参数的估计。

**实际意义**（practical significance）：统计推断结果对商务活动决策带来的真实影响。

**随机样本**（random sample）：从有限总体中抽取的样本，且符合下列条件：①被抽取的每个元素来自同一总体；②每个元素在抽取过程中相互独立。

**随机变量**（random variable）：具有多个取值的变量，具体哪个发生不能确定。

**样本统计量**（sample statistic）：样本数据的特征值，比如，样本均值 $\bar{x}$、样本标准差 $s$、样本比例 $\bar{p}$ 等。样本统计量的值，常用来估计相应总体参数的值。

**抽样总体**（sampled population）：样本从中抽取的总体。

**抽样分布**（sampling distribution）：样本统计量所有可能取值的概率分布。

**抽样误差**（sampling error）：样本统计量值（如样本均值 $\bar{x}$、样本标准差 $s$、样本比例 $\bar{p}$）与相应的总体参数（如总体均值、总体标准差、总体比例）的差别，是由于用随机样本估计总体参数造成的。

**简单随机抽样**（simple random sample）：容量为 $n$ 的随机样本，是从有限总体 $N$ 中按照相同概率抽取出来的。

**标准误差**（standard error）：点估计量的标准差。

**标准正态分布**（standard normal distribution）：均值为 0、标准差为 1 的正态分布。

**统计推断**（statistical inference）：从总体中抽取样本，根据样本资料，对总体一个或多个参数（取值）进行估计并形成结论。

**$t$ 分布**（$t$ distribution）：概率分布的一种，当总体标准差未知，需要用样本标准差来估计，这时对总体均值进行区间估计时用到的分布。

**高数据**（tall data）：数据集中含有如此多的观察，以致使传统的统计推断变得没有意义。

**目标总体**（target population）：统计推断的对象，目标总体和相应的抽样总体尽可能地达到一致是很重要的。

**检验统计量**（test statistic）：一种统计量，能够帮助决定是否拒绝零假设。

**双尾检验**（two-tailed test）：假设检验的一种类型，零假设的拒绝域在检验统计量抽样分布的任何一个尾端。

**第一类错误**（type I error）：零假设 $H_0$ 成立时，拒绝零假设 $H_0$ 所犯的错误。

**第二类错误**（type II error）：零假设 $H_0$ 不成立时，接受零假设 $H_0$ 所犯的错误。

**无偏的**（unbiased）：点估计的一个性质，点估计的期望等于被估计总体参数值。

**多样性**（variety）：产生的数据在类型和结构上多种多样。

**速度快**（velocity）：数据产生的速度非常快。

**真实性**（veracity）：产生的数据具有可靠性。

**体量大**（volume）：产生的数据规模非常庞大。

**宽数据**（wide data）：数据集中众多的变量同时发生，以致同时进行考察不可行。

## ● 复习思考题

1. 美国棒球联赛有 15 支棒球队参赛，从中抽取 5 支球队对运动员进行采访。下表列示了 15 支球队以及相应的由 Excel 函数 RAND 生成的随机数字。要求：根据这些随机数字抽取 5 支球队。

| 球队 | 随机数 | 球队 | 随机数 |
| --- | --- | --- | --- |
| New York | 0.178 624 | Boston | 0.290 197 |
| Baltimore | 0.578 370 | Tampa Bay | 0.867 778 |
| Toronto | 0.965 807 | Minnesota | 0.811 810 |
| Chicago | 0.562 178 | Cleveland | 0.960 271 |
| Detroit | 0.253 574 | Kansas City | 0.326 836 |
| Oakland | 0.288 287 | Los Angeles | 0.895 267 |
| Texas | 0.500 879 | Seattle | 0.839 071 |
| Houston | 0.713 682 | | |

2. 美国高尔夫协会正在酝酿一项动议,在正式比赛场合禁止使用长推杆和腹式推杆。这项动议在业余高尔夫球手和职业高尔夫协会(PGA)的会员当中引起了巨大的争论。以下是 PGA 巡回赛麦克格雷经典高尔夫锦标赛前 10 位名单。

| 序号 | 姓名 | 序号 | 姓名 |
|---|---|---|---|
| 1 | Tommy Gainey | 6 | Davis Love III |
| 2 | David Toms | 7 | Chad Campbell |
| 3 | Jim Furyk | 8 | Greg Owens |
| 4 | Brendon de Jonge | 9 | Charles Howell III |
| 5 | D. J. Trahan | 10 | Arjun Atwal |

要求:从这些高尔夫球手中抽取 3 人组成简单随机样本,从网上查查资料,评价一下抽取出来的球手对禁用长推杆和腹式推杆的意见。

3. 由 5 个月销售量组成的简单随机样本资料如下。

| 月份 | 1 | 2 | 3 | 4 | 5 |
|---|---|---|---|---|---|
| 销售量 | 94 | 100 | 85 | 94 | 92 |

(1)给出每个月平均销售量的点估计。
(2)给出每个月销售量标准差的点估计。

4. 晨星机构发布 1 208 家公司股票的行情资料,从中抽取 40 只股票作为样本,具体资料参见数据文件 MorningSatar。

(1)给出 5 星股票占比的点估计。
(2)给出风险在平均水平之上股票占比的点估计。
(3)给出 2 星及 2 星以下的股票占比的点估计。

5. "皮尤互联网和美国人生活项目"调查中的一个测项是询问成年人是否偶尔使用互联网。调查结果显示:18~29 岁年龄段,被调查的 478 人当中 454 人回答"是";30~49 岁年龄段,被调查的 833 人中 741 人回答"是";50 岁以上年龄段,被调查的 1 644 人当中 1 058 人回答"是"。

(1)对 18~29 岁年龄段使用互联网人数的占比进行点估计。
(2)对 30~49 岁年龄段使用互联网人数的占比进行点估计。
(3)对 50 岁以上年龄段使用互联网人数的占比进行点估计。
(4)谈谈不同年龄段的人和他们使用互联网的关系。
(5)假定目标总体是所有的成年人(18 岁及以上),试对总人口中使用互联网的比例进行估计。

6. 这一章中,我们用 EAI 公司 30 名员工的样本资料,说明了如何用样本员工的平均年薪对该公司所有员工平均年薪进行点估计,用样本员工年薪的标准差对所有员工年薪标准差进行点估计,用样本员工接受管理培训占比对所有员工接受培训占比进行点估计。具体资料参见数据文件 EAI。

(1)利用 Excel 抽取 50 名员工的简单随机样本。
(2)根据 50 名员工的简单随机样本资料,对 EAI 所有员工的平均年薪进行点估计。
(3)根据 50 名员工的简单随机样本资料,对 EAI 所有员工年薪的标准差进行点估计。
(4)根据 50 名员工的简单随机样本资料,对 EAI 所有员工接受过管理培训的占比进行点估计。

7. 美国大学委员会公布了 SAT 三个部分的平均得分，具体如下。

   阅读：502    数学：515    写作：494

   假定 SAT 三个部分得分的总体标准差都是 $\sigma = 100$。要求：
   (1) 由 30 名参加考试的学生组成随机样本，SAT 阅读部分平均得分的抽样分布是什么？
   (2) 由 60 名参加考试的学生组成随机样本，SAT 数学部分平均得分的抽样分布是什么？
   (3) 由 90 名参加考试的学生组成随机样本，SAT 写作部分平均得分的抽样分布是什么？

8. 2010 年，年收入为 30 000～60 000 美元的纳税人，有 33% 在联邦收入纳税申报表中获得了分项减免，平均减免金额是 16 642 美元。假定标准差 $\sigma = 2\,400$ 美元。
   (1) 在样本容量分别是 30、50、100、400 时，分项减免平均金额 $\bar{x}$ 的抽样分布各是什么？
   (2) 对总体均值进行估计时，大样本的好处是什么？

9. 经济政策协会定期发布新入职者的薪资报告，据该协会 2011 年的报告，男性大学毕业生的初始薪资为每小时 21.68 美元，女性大学毕业生的初始薪资为每小时 18.80 美元。假定男性毕业生每小时初始薪资标准差为 2.30 美元，女性毕业生每小时初始薪资标准差为 2.05 美元。
   (1) 50 名男性大学毕业生随机样本的平均每小时初始薪资 $\bar{x}$ 的抽样分布是什么？
   (2) 50 名女性大学毕业生随机样本的平均每小时初始薪资 $\bar{x}$ 的抽样分布是什么？
   (3) 男性大学毕业生和女性大学毕业生随机样本平均每小时初始薪资 $\bar{x}$ 的标准误差哪个更小，为什么？

10. 加利福尼亚州的年均降水量为 22 英寸，纽约州的年均降水量为 42 英寸，假定这两个州年降水量的标准差都是 4 英寸。对加利福尼亚州 30 年的降水样本和纽约州 45 年的降水样本：
    (1) 写出加利福尼亚州年降水量样本均值的抽样分布。
    (2) 写出纽约州年降水量样本均值的抽样分布。
    (3) 加利福尼亚州和纽约州年降水量样本均值 $\bar{x}$ 的标准误差哪个更小，为什么？

11. Doerman 分销公司总裁认为该公司 30% 的客户是新客户，从该公司的客户中随机抽取 100 个客户，以此估计该公司新客户的比例。假定 Doerman 分销公司总裁的说法是正确的，即该公司 30% 的客户是新客户，则 Doerman 分销公司新客户样本比例 $\bar{p}$ 的抽样分布是什么？

12. 《华尔街日报》报道，55% 的企业家初次创业年龄在 29 岁以下，45% 的企业家初次创业年龄在 30 岁以上。
    (1) 为了了解企业家的特质，抽取了 200 名企业家样本，试回答该样本中初次创业年龄在 29 岁以下的占比 $\bar{p}$ 的抽样分布是什么。
    (2) 为了了解企业家的特质，抽取了 200 名企业家样本，试回答该样本中初次创业年龄在 30 岁以上的占比 $\bar{p}$ 的抽样分布是什么。
    (3) 上述两个抽样分布的标准误差有什么不同？

13. 42% 的保健医生认为他们的病人中存在过度医疗现象。
    (1) 抽取 300 名保健医生的样本，写出其中认为病人存在过度医疗现象的保健医生占比的抽样分布。

(2) 抽取 500 名保健医生的样本，写出其中认为病人存在过度医疗现象的保健医生占比的抽样分布。

(3) 抽取 1 000 名保健医生的样本，写出其中认为病人存在过度医疗现象的保健医生占比的抽样分布。

(4) 上述三个抽样分布的标准误差哪个最小，为什么？

14. 国际航空运输协会对商务出行者做了一次调查，目的是评价跨大西洋门户机场的服务质量，最高等级是 10 级。为此，抽取了 50 名商务出行者的简单随机样本，要求他们对迈阿密国际机场给出评价，具体资料如下：

| 6 | 4 | 6 | 8 | 7 | 7 | 6 | 3 | 3 | 8 | 10 | 4 | 8 |
| 7 | 8 | 7 | 5 | 9 | 5 | 8 | 4 | 3 | 8 | 5 | 5 | 4 |
| 4 | 4 | 8 | 4 | 5 | 6 | 2 | 5 | 9 | 9 | 8 | 4 | 8 |
| 9 | 9 | 5 | 9 | 7 | 8 | 3 | 10 | 8 | 9 | 6 | | |

对迈阿密国际机场服务质量的平均等级进行 95% 的置信区间估计。

15. 以下是 40 家公司债券的到期时间和收益资料，参见数据文件 CorporateBonds。

(1) 公司债券到期时间的均值是多少？样本标准差是多少？

(2) 对债券到期时间均值，构建 95% 的置信区间。

(3) 公司债券收益均值是多少？样本标准差是多少？

(4) 对债券收益均值，构建 95% 的置信区间。

16. 为取代进医院问诊，医疗保险商正在拓展远程在线医药服务。康点（WellPoint）公司开发出一套视频服务系统，可供用户在线与医生沟通和看病开药。康点公司声称，该公司开发的"生活健康在线服务"能帮助用户节省看病费用。下列资料是康点公司提供的 20 位在线看病者问诊一次节省的费用：

| 92 | 34 | 40 |
| 105 | 83 | 55 |
| 56 | 49 | 40 |
| 76 | 48 | 96 |
| 93 | 74 | 73 |
| 78 | 93 | 100 |
| 53 | 82 | |

假定总体大致呈对称分布，对问诊一次平均节省的费用构造 95% 的置信区间。

17. 在美国，汽车险平均年费是 1 503 美元。以下是在密歇根州网站上调查得到的样本资料：

| 1 905 | 3 112 | 2 312 |
| 2 725 | 2 545 | 2 981 |
| 2 677 | 2 525 | 2 627 |
| 2 600 | 2 370 | 2 857 |
| 2 962 | 2 545 | 2 675 |
| 2 184 | 2 529 | 2 115 |
| 2 332 | 2 442 | |

假定总体大致服从正态分布，要求：
(1) 对密歇根州汽车险年均保险费进行点估计。
(2) 对密歇根州汽车险年均保险费，在95%置信水平下构造置信区间。
(3) 构造的95%置信区间，是否包含了全美汽车险平均年费？怎样看待密歇根和全美汽车险平均年费的关系？

18. 对1 000名成年人进行调查，其中问到的一个测项是："下一代是否比上一代境况更好？"具体调查资料参见数据文件ChildOutlook。"是"表示被调查人认为"下一代比上一代境况更好"，"否"表示被调查人认为"下一代不比上一代境况更好"。给出"不确定"回答的被调查人占比23%。

(1) 对回答"下一代比上一代境况更好"的被调查人占比进行点估计。
(2) 95%置信水平下，允许误差是多少？
(3) 95%置信水平下，回答"下一代比上一代境况更好"的被调查人占比的置信区间是多少？
(4) 95%置信水平下，回答"下一代不比上一代境况更好"的被调查人占比的置信区间是多少？
(5) 两个置信区间中，哪个允许误差更小？为什么？

19. 根据汤姆逊财经披露，去年大多数公司报告的利润都存在超值估计现象。在162家公司的样本中，104家公司存在超值估计，29家公司匹配估计，29家公司低值估计。
(1) 低值估计公司占比的点估计是什么？
(2) 对超值估计公司占比，95%置信水平下的允许误差是多少？
(3) 如果限定允许误差为0.05，需要抽取多大规模的样本？

20. "皮尤研究中心互联网项目"曾对857个互联网用户做过一次调查，这次调查采集了许多统计资料。
(1) 在这次抽样调查中，90%的受访者认为互联网对他们个人来说是一件好事。在95%置信水平下，对认为互联网对他们个人来说是一件好事的用户占比进行区间估计。
(2) 在这次抽样调查中，67%的互联网用户认为互联网加强了家庭和子女间的关系。在95%置信水平下，对认为互联网加强了家庭和子女间关系的用户占比进行区间估计。
(3) 根据这次调查，56%的互联网用户参与了在线群，聚集在一起帮助个人或社区解决问题，与此相对，仅有25%的互联网用户因为不愉快的互动选择了退群。在95%置信水平下，构造认为在线群能帮助解决问题的用户占比的置信区间。
(4) 对上述得到的三个允许误差进行比较，并说说样本比例和允许误差的关系。

21. 许多年来，企业一直在与不断上涨的医疗费用抗争。近年来，由于医疗费用价格下降，以及雇员支付了大部分医疗福利费，抗争的势头有所减弱。美世咨询（Mercer）最近的一项调查披露，对医疗全覆盖，有52%的雇主强烈要求雇员承担更多的保险费。美世咨询的这项调查由800家公司样本组成。在95%置信水平下，试计算雇主强烈要求雇员承担更多保险费的企业占比的允许误差。

22. 丹佛-希尔顿旅游度假酒店的经理声称，周末平均房费在600美元以下。该酒店的一位会计员注意到，最近几个月来客房收费一直在增加。这位会计员将用下个周末的客房付费为样本资料，对经理的说法进行检验。

（1）使用下列哪个假设检验经理的说法？为什么？

$$H_0: \mu \geq 600 \qquad H_0: \mu \leq 600 \qquad H_0: \mu = 600$$
$$H_a: \mu < 600 \qquad H_a: \mu > 600 \qquad H_a: \mu \neq 600$$

（2）当零假设 $H_0$ 不能被拒绝时，其结论是什么？

（3）当零假设 $H_0$ 被拒绝时，结论又是什么？

23. 一家汽车专卖店的经理正在策划新型优惠促销计划，目的是提高汽车的销售量。该汽车专卖店目前每个月平均能销售14辆汽车。销售经理打算做一次市场调研，看看新型优惠促销是否能提高销售量。为了采集数据，他选取一部分销售人员，在为期1个月的时间里允许他们使用新的优惠办法进行销售。

（1）提出该问题的零假设。

（2）零假设 $H_0$ 被拒绝时，结论是什么？

（3）零假设 $H_0$ 没被拒绝时，结论又是什么？

24. 一条盒装洗衣剂的生产线，额定标准是平均每盒重32盎司。从生产线上按时抽取一些产品并称重，以观察是否存在灌装不足或灌装过多现象。根据样本检测资料，一旦出现灌装不足或灌装过多，生产线必须关停，直至校正到正常状态。

（1）提出零假设和备择假设。

（2）零假设 $H_0$ 没被拒绝时，结论是什么？

（3）零假设 $H_0$ 被拒绝时，结论又是什么？

25. 由于生产转换的时间长、费用高，生产主管必须说服管理层在采用新方法之前，需要通过试制以检测新方法能否减少成本。目前的生产方法平均每小时费用是220美元。

（1）提出零假设和备择假设。

（2）零假设 $H_0$ 没被拒绝时，结论是什么？

（3）零假设 $H_0$ 被拒绝时，结论又是什么？

26. 杜克能源（Duke Energy）报告称，在俄亥俄州辛辛那提市某个特定街区，一个住宅的电力成本为每月104美元。研究人员相信在伊利诺州芝加哥市相似的街区电力成本更高，从芝加哥这个街区中抽取样本住宅，平均每个月的电力成本被用来检验下列假设：

$$H_0: \mu \leq 104$$
$$H_a: \mu > 104$$

（1）假定依据样本资料拒绝了零假设，关于芝加哥街区的电力成本你会得出什么结论？

（2）该问题的第一类错误是什么？犯这类错误的后果是什么？

（3）该问题的第二类错误是什么？犯这类错误的后果是什么？

27. 某橙汁瓶上的标签声称所含脂肪平均不超过1克。对此，可以用假设检验验证标签说明的真实性。

（1）该问题的零假设和备择假设是什么？

（2）第一类错误是什么？犯这类错误的后果是什么？

(3) 第二类错误是什么？犯这类错误的后果是什么？

28. Carpetland 公司的销售员平均每周销售额 8 000 美元，该公司的副总经理 Steve Contois 建议推行新的销售激励补偿方案。Steve 希望试验期每位销售员的销售业绩能使他相信补偿方案能够提高每位销售员的销售额。

    (1) 提出零假设和备择假设。
    (2) 第一类错误是什么？犯这类错误的后果是什么？
    (3) 第二类错误是什么？犯这类错误的后果是什么？

29. 如果假设检验支持新的生产方法能够减少每小时的平均运营成本，那么这种新的生产方法将被采纳。

    (1) 假定现行生产方法每小时平均成本是 220 美元，试据此提出零假设和备择假设。
    (2) 第一类错误是什么？犯这类错误的后果是什么？
    (3) 第二类错误是什么？犯这类错误的后果是什么？

30. 在家吃饭和下馆子哪个更便宜？从食杂店购买 1 份牛排、1 份西蓝花、1 份米饭，平均花费 13.04 美元。100 家街区餐馆样本显示，同样的食材平均花 12.75 美元，标准差 2 美元。

    (1) 提出假设，以检验同样的食材，下馆子比在家吃的平均花费少。
    (2) 根据 100 家餐馆样本，该问题的 $p$ 值是多少？
    (3) 对给定的显著性水平 $\alpha = 0.05$，假设检验的结论是什么？

31. 一个股东小组用抗议的口吻宣称 CEO 的平均任职时间至少 9 年，一则登载在《华尔街日报》上的关于公司治理的调查认为，CEO 平均任期 $\bar{x} = 7.27$ 年、标准差 $s = 6.38$ 年。

    (1) 提出能对股东小组说法的有效性予以质疑的检验假设。
    (2) 假定样本由 85 家公司组成，假设检验的 $p$ 值是多少？
    (3) 对给定的显著性水平 $\alpha = 0.01$，假设检验的结论是什么？

32. 在美国，学校管理人员的平均年薪是 90 000 美元。某人在俄亥俄州抽取了 25 名学校管理人员的样本，用于了解该州的学校管理人员的年薪是否与全美学校管理人员的平均年薪不一样，具体资料参见数据文件 Administrator。

    (1) 就俄亥俄州学校管理人员的平均年薪是否与全美学校管理人员的平均年薪 90 000 美元不一样，提出检验假设。
    (2) 根据俄亥俄州 25 名学校管理者的资料，假设检验的 $p$ 值是多少？
    (3) 对给定的显著性水平 $\alpha = 0.05$，零假设会不会被拒绝？假设检验的结论是什么？

33. 据报道，已婚有孩子的男人平均每周花在照顾小孩上的时间是 6.4 小时。假定你是一位家庭事务的职业研究人员，期望通过自己的独立研究，确定你所在地区的已婚有孩子的男人平均每周花在照顾孩子上的时间不同于报告所说的 6.4 小时，为此，抽取了 40 对已婚夫妇的样本，并获得了相应的调查数据，参见数据文件 ChildCare。

    (1) 就你所在地区的已婚有孩子的男人平均每周花在照顾孩子上的时间不同于报告所说的 6.4 小时，提出检验假设。
    (2) 样本均值和 $p$ 值是多少？
    (3) 显著性水平由你自己定，假设检验的结论是什么？

34. 可口可乐公司披露，在美国平均每人年消费可口可乐 423 罐。对此，你觉得很不可思议，想了解可口可乐公司总部所在地佐治亚州亚特兰大地区的可口可乐消费是不是更多。从亚特兰大地区抽取36人的样本,样本均值是460.4罐,样本标准差 $s = 101.9$ 罐。在显著性水平 $\alpha = 0.05$ 下,亚特兰大地区平均年消费可口可乐更多的结论能得到样本支持吗?

35. 根据汽车经销商协会统计,二手车的平均价格是 10 192 美元。堪萨斯城一位二手车经销商从其最近销售出去的二手车中抽取50辆作为样本,试图搞清楚他经营的店中二手车的平均价格是否与全国二手车的平均价格有差别。具体资料参见数据文件 UsedCars。

    (1) 对比较堪萨斯城这位二手车经销商与全国二手车平均价格的差别,提出假设检验。
    (2) $p$ 值是多少?
    (3) 对给定的显著性水平 $\alpha = 0.05$,假设检验的结论是什么?

36. 总人口中生活在出生地人口的占比是多少?据"美国普查局美国人社区调查部"报告,内华达州最低为25%,路易斯安那州最高为78.7%,美国各州加上哥伦比亚特区平均为57.7%。从阿肯色州居民中抽取120人的随机样本,从弗吉尼亚州居民中抽取180人的随机样本。具体资料参见数据文件 HomeState。

    (1) 就阿肯色州和弗吉尼亚州生活在出生地的居民占比,是否与美国各州加哥伦比亚特区的平均水平57.7%不一样的问题,提出检验假设。
    (2) 对阿肯色州居住在出生地的居民占比进行估计,并在显著性水平 $\alpha = 0.05$ 下,检验该州居住在出生地居民占比是否显著不同于各州的平均占比。
    (3) 对弗吉尼亚州居住在出生地的居民占比进行估计,并在显著性水平 $\alpha = 0.05$ 下,检验该州居住在出生地居民占比是否显著不同于各州的平均占比。
    (4) 根据本题 (2) 和 (3) 的检验结果,能认为弗吉尼亚州居住在出生地居民占比高于阿肯色州吗?

37. 去年有46%的企业主在其员工过生日时送礼物。最近对60位企业主的一项抽样调查显示,有35%的企业主打算在其员工过生日时送礼物。

    (1) 该项调查中,有多少企业主打算在员工过生日时送礼物?
    (2) 假如被调查的企业主真的像他们打算的那样做到了,就企业主给过生日员工送礼物占比比去年降低了的假设检验,计算其 $p$ 值。
    (3) 在显著性水平 $\alpha = 0.05$ 下,能认为企业主给过生日员工送礼物占比比去年降低了吗?如果能得出这样的结论,显著性水平应多小?

38. 10年前,53%的美国家庭持有股票或股票基金,投资公司协会搜集的样本数据表明现在该比例是46%。

    (1) 当零假设 $H_0$ 被拒绝时,就表明支持了投资公司协会的调查结论,也就是相比于10年前,美国家庭持有股票或股票基金的比例下降了,按照这样的思路提出检验假设。
    (2) 如果投资公司协会调查了300个美国家庭,得到美国家庭持有股票或股票基金的比例为46%,在既定的假设下,$p$ 值是多少?
    (3) 对给定的显著性水平 $\alpha = 0.01$,假设检验的结论是什么?

39. 按照内华达大学物流管理研究中心的说法,在美国销售出去的商品有6%发生了退货。位于休斯敦的1家百货公司以1月份卖出去的80件商品为样本,结果有12件被退回来了。

    (1) 对休斯敦这家百货公司销售的商品发生退货的比例进行点估计。
    (2) 对休斯敦这家百货公司销售的商品发生退货的比例构造95%的置信区间。

(3) 休斯敦这家百货公司销售的商品退货比例是不是显著不同于6%？统计证据是什么？

40. 鹰牌户外服装公司是一家连锁商店，专门从事户外服装和野营设备经销。该公司正在开展一项促销活动，对公司的信用卡用户实行邮寄折扣优惠。如果有10%以上的用户使用了优惠券，就说明这项促销活动是成功的。这项活动在全美推行之前，鹰牌户外服装公司选取了100位信用卡用户作为调查样本。具体资料参见数据文件 Eagle。

(1) 就能不能将优惠券促销措施在全美推广，提出检验假设。
(2) 对总体比例进行点估计。
(3) 在显著性水平 $\alpha=0.05$ 下，对假设进行检验，并说说鹰牌户外服装公司应不应该在全美推行这样的促销措施。

41. 近年来健康险费用持续快速增加的一个原因是，医生玩忽职守导致了保险费用的提高。另外，出于害怕被起诉，医生往往采取更多的预备性检查（可能根本没必要）。毫无疑问，这些预备性检查势必增加了健康险费用。《读者文摘》上的一篇文章中的数据可以用来估计55岁以上的医生至少被起诉过一次。具体资料参见数据文件 LawSuit。

(1) 提出假设，该假设能被用于判断55岁以上的医生中有一半至少被起诉过一次。
(2) 利用 Excel 计算55岁以上的医生中有一半至少被起诉过一次的样本比例，并回答该假设检验的 p 值是多少。
(3) 对给定的显著性水平 $\alpha=0.01$，假设检验的结论是什么？

42. 港务局在线经销各种各样的缆绳和电子设备的适配器，去年该公司订单的平均金额是47.28美元，管理人员想了解今年订单的平均金额是否与去年一样。具体资料参见数据文件 PortAuthority。

(1) 提出假设，该假设能被用于检验今年的订单的平均金额是否与去年不一样。
(2) 对提出的假设进行检验，并回答该假设检验的 p 值是多少。
(3) 对给定的显著性水平 $\alpha=0.01$，假设检验的结论是什么？

43. 港务局还打算了解它的客户性别构成是否自去年以来发生了变化，去年下订单的人有59.4%是男性。具体资料参见数据文件 PortAuthority。

(1) 提出假设，该假设能被用于检验今年男性客户下订单的比例是否不同于去年。
(2) 对提出的假设进行检验，并回答该假设检验的 p 值是多少。
(3) 对给定的显著性水平 $\alpha=0.05$，假设检验的结论是什么？

44. 从去年有错误的联邦收入纳税申报表中，抽取10 001份作为样本，正数表示纳税人少交了税金，负数表示纳税人多交了税金。具体资料参见数据文件 FedTaxErrors。

(1) 去年有错误的联邦收入纳税申报表中平均出错是多少？
(2) 在置信水平95%下，允许误差是多少？
(3) 根据本题（1）和（2）的结果，构造平均出错的95%置信区间。

45. 根据美国普查局统计，有2 475 780人在美国联邦政府工作。从这些联邦雇员中随机抽取3 500人，并从电子人事档案数据库获取病假时间数据。具体资料参见数据文件 FedSickHours。

(1) 样本平均病假时间是多少？
(2) 在置信水平99%下，允许误差是多少？
(3) 根据本题（1）和（2）的结果，构造99%置信水平下平均病假时间的置信区间。

(4) 假如历史上平均病假时间是 62.2 小时，结合本题（3），能得出什么结论？
46. 最近网页浏览器做了一次满意度调查，互联网用户被要求就他们经常使用的浏览器给出满意度评价。在 102 519 名互联网用户受访者中，65 120 人表示对他们经常使用的浏览器很满意。
(1) 互联网用户表示对他们经常使用的浏览器很满意的占比是多少？
(2) 在置信水平 95% 下，允许误差是多少？
(3) 根据本题（1）和（2）的结果，构造 99% 置信水平下互联网用户表示对他们经常使用的浏览器很满意占比的置信区间。
47. ABC 新闻报道，美国开车的人当中，58% 的人承认有过超速驾驶。一套新型卫星技术设备能够及时地对行驶在道路上的车辆进行测速，并能判断车辆是否超速行驶。在某个周二下午 6：00，运用该套设备对 20 000 辆汽车进行测速，结果发现有 9 252 辆汽车存在超速行驶嫌疑。
(1) 超速行驶车辆的占比是多少？
(2) 在置信水平 99% 下，允许误差是多少？
(3) 由本题（1）和（2）结果，构造 99% 置信水平下超速行驶汽车占比的置信区间。
(4) 根据本题（3）的结果，你是怎样看待 ABC 新闻报道的？
48. 联邦政府想了解联邦政府雇员在每个工作日发送和接收与他们工作有关系的电子邮件的平均数，是否与公司雇员每个工作日发送和接收与他们工作有关系的电子邮件的平均数 101.5 份不一样。假定随机抽取了 10 163 名联邦政府雇员，从过去一年中随机选择一个工作日，通过电子办法采集样本中每位联邦政府雇员发送和接收与他们工作有关系的电子邮件数。
要求：在显著性水平 $\alpha = 0.01$ 下，对联邦政府管理部门的假设进行检验，并讨论假设检验结果的实际意义。具体资料参见数据文件 FedEmail。
49. CEO 社区是一个颇受欢迎的商务导向型的社会网络服务，平均拥有 930 个连接点，是不是其他社区的连接点没有 CEO 社区多呢？从非 CEO 社区中随机抽取 7 515 人，获得他们每一位的连接点数。具体资料参见数据文件 SocialNetwork。
要求：在显著性水平 $\alpha = 0.01$ 下，对其他社区的连接点没有 CEO 社区多的假设进行检验，并讨论假设检验结果的实际意义。
50. 美国马铃薯种植协会（APGA）打算做这样的检验，今年快餐包含炸薯条订购的份额超过了去年快餐包含炸薯条订购的份额。从今年 49 581 份订单电子票据的随机样本中，有 31 038 份包含了炸薯条。假定去年快餐包含炸薯条订购的比例是 0.62。
要求：在显著性水平 $\alpha = 0.05$ 下，对 APGA 的声明的假设进行检验，并讨论假设检验结果的实际意义。
51. 据 CNN 报道，美国有 55% 的人使用智能手机导航。加拿大一家无线电话服务主要供应商想了解加拿大用户使用 GPS 的情况，为此，该供应商在加拿大随机抽取 547 192 名智能手机用户，采集他们的手机使用记录，结果发现 302 050 名用户使用了 GPS 导航。要求：根据这些数据，在显著性水平 $\alpha = 0.01$ 下，检验加拿大智能手机用户 GPS 导航使用情况不同于美国智能手机用户，并讨论假设检验结果的实际意义。
52. 一家颇受好评的民意调查机构，就即将到来的总统选举策划了一次民意调查。此次调查随机抽取了 50 000 名选民,并采取了相应的措施以确保对所有选民的代表性。50 000 名受访者的选前调查和选后调查资料,参见数据文件 Pedro。

(1) 根据"选前民意测验支持 Pedro"一栏中的调查资料,在 99% 置信水平下,对在即将到来的选举中支持候选人 Pedro Ringer 的选民占比进行区间估计。如果至少需要获得 50% 的选票才能在选举中获胜,Pedro 对其赢得选举乐观吗?

(2) 现在假定选举如期举行,Pedro 赢得 55% 的选民支持。这个结果会在本题(1)给出的区间估计中出现吗?

(3) 为了进一步对选举结果(Pedro 赢得 55% 的选票)进行解释,该民意调查机构对选前被调查的选民进行了跟踪调查,调查结果在"给 Pedro 投票了吗"一栏列示。在 99% 置信水平下,对投票给 Pedro Ringer 的选民占比进行区间估计,该结果与选举结果是否一致?

(4) 利用透视表对把票投给了 Pedro 的那些选前不准备支持 Pedro 的选民受访者占比进行计算,并对选前投票和实际选举结果不一致进行解释,有可能会出现哪种类型的错误?

## 案例讨论 1:《青年职场生涯》杂志

《青年职场生涯》(Young Professional)杂志的目标读者,是大学毕业后踏入社会前 10 年的人群。自《青年职场生涯》创办以来,取得了一系列的骄人业绩。目前该杂志发行人对拓展杂志的广告业务十分感兴趣。一些广告主不断打电话问询《青年职场生涯》杂志的市场覆盖面和订阅者对哪些话题感兴趣。为了搜集资料,《青年职场生涯》杂志进行了一次调查活动,以进一步了解订阅者的情况,并依此来改进文章选题并根据读者情况有针对性地做些广告。假如你是一位新加入《青年职场生涯》杂志的员工,要求你来帮忙分析调查数据。这次调查用到的部分测项如下:

(1) 您多大年龄?
(2) 您的性别是:男_____ 女_____
(3) 在未来的 2 年中,您有购房打算吗?有_____ 无_____
(4) 除房产外,您或您的家庭成员理财投资的总价值大致是多少?
(5) 在过去的一年里,您做过多少次股票/债券/互助基金交易?
(6) 您的住所有互联网宽带接入吗?有_____ 无_____
(7) 过去一年,您的家庭总收入是多少?
(8) 您抚养子女了吗?有_____ 无_____

下表只给出前 5 位受访人的调查结果,详细资料参见数据文件 Professional。

| 年龄 | 性别 | 房产交易 | 投资价值(美元) | 交易次数 | 宽带接入 | 家庭收入(美元) | 抚养子女 |
|---|---|---|---|---|---|---|---|
| 38 | 女 | 无 | 12 200 | 4 | 有 | 75 200 | 有 |
| 30 | 男 | 无 | 12 400 | 4 | 有 | 70 300 | 有 |
| 41 | 女 | 无 | 26 800 | 5 | 有 | 48 200 | 无 |
| 28 | 女 | 有 | 19 600 | 6 | 无 | 95 300 | 无 |
| 31 | 女 | 有 | 15 100 | 5 | 无 | 73 300 | 无 |
| ⋮ | ⋮ | ⋮ | ⋮ | ⋮ | ⋮ | ⋮ | ⋮ |

根据调查资料，撰写一篇描述分析报告。除了对调查资料的统计描述分析，还需要说明该杂志怎样利用这些资料以更好地吸引广告主，以及谈谈如何建议杂志编辑根据读者兴趣来甄别选题。注意：这篇分析报告，至少需要达到以下几个要求。

（1）对调查资料进行统计描述。
（2）给出受访者平均年龄和杂志订阅者家庭收入的95%置信区间。
（3）在95%置信水平下，对杂志订阅者住所有互联网宽带接入和抚养子女的占比进行区间估计。
（4）对那些做网络广告的经纪人来说，该杂志也适合刊登他们的广告吗？用调查统计数据佐证你的观点。
（5）该杂志能否刊登教育软件和电子游戏类的广告？
（6）对你认为该杂志应该登载符合读者兴趣的文章类型做出说明。

## ● 案例讨论2：质量联合公司

质量联合公司（Quality Associates, Inc.）是一家咨询机构，专门从事生产过程控制中抽样方案和统计分析方法方面的服务。在一次实际应用中，某企业将其在生产过程运行比较平稳时抽取的800项检测数据提供给了质量联合公司。根据这些数据计算出的样本标准差是0.21，因此可以认为总体标准差也是0.21。对此，质量联合公司建议，在进行生产的过程中，按固定间隔随机抽取30件产品作为检测样本，通过对新样本观测资料的分析，企业能够及时地了解生产过程是否处于平稳状态。一旦生产过程出现异常，可以迅速采取校正措施以减少问题的发生。生产过程的均值要达到12。质量联合公司建议采用的检验假设是：

$$H_0: \mu = 12$$
$$H_a: \mu \neq 12$$

如果零假设 $H_0$ 被拒绝，生产过程就必须进行调整。

在新的统计过程控制方法实行的第一天里，按1小时抽检一件产品，得到如下的一组样本数据：

| 样本1 | 样本2 | 样本3 | 样本4 |
| --- | --- | --- | --- |
| 11.55 | 11.62 | 11.91 | 12.02 |
| 11.62 | 11.69 | 11.36 | 12.02 |
| 11.52 | 11.59 | 11.75 | 12.05 |
| 11.75 | 11.82 | 11.95 | 12.18 |
| 11.90 | 11.97 | 12.14 | 12.11 |
| 11.64 | 11.71 | 11.72 | 12.07 |
| 11.64 | 11.71 | 11.72 | 12.07 |
| 11.80 | 11.87 | 11.61 | 12.05 |
| 12.03 | 12.10 | 11.85 | 11.64 |
| 11.94 | 12.01 | 12.16 | 12.39 |
| 11.92 | 11.99 | 11.91 | 11.65 |
| 12.13 | 12.20 | 12.12 | 12.11 |
| 12.09 | 12.16 | 11.61 | 11.90 |

(续)

| 样本1 | 样本2 | 样本3 | 样本4 |
|---|---|---|---|
| 11.93 | 12.00 | 12.21 | 12.22 |
| 12.21 | 12.28 | 11.56 | 11.88 |
| 12.32 | 12.39 | 11.95 | 12.03 |
| 11.93 | 12.00 | 12.01 | 12.35 |
| 11.85 | 11.92 | 12.06 | 12.09 |
| 11.76 | 11.83 | 11.76 | 11.77 |
| 12.16 | 12.23 | 11.82 | 12.20 |
| 11.77 | 11.84 | 12.12 | 11.79 |
| 12.00 | 12.07 | 11.60 | 12.30 |
| 12.04 | 12.11 | 11.95 | 12.27 |
| 11.98 | 12.05 | 11.96 | 12.29 |
| 12.30 | 12.37 | 12.22 | 12.47 |
| 12.18 | 12.25 | 11.75 | 12.03 |
| 11.97 | 12.04 | 11.96 | 12.17 |
| 12.17 | 12.24 | 11.95 | 11.94 |
| 11.85 | 11.92 | 11.89 | 11.97 |
| 12.30 | 12.37 | 11.88 | 12.23 |
| 12.15 | 12.22 | 11.93 | 12.25 |

根据上述资料，撰写一篇管理报告。要求包含以下内容。

（1）对每个样本，在显著性水平 $\alpha=0.01$ 下，对假设进行检验，并指出需不需要采取工序调整措施。在做这些事情的时候，需要说明检验统计量和 $p$ 值是什么。

（2）计算出每个样本的标准差，对总体标准差是 0.21 的说法的合理性进行说明。

（3）计算出样本均值 $\bar{x}$ 围绕着 $\mu=12$ 的变化范围。只要上述样本均值落在这个范围内，则当前的生产过程运行平稳。一旦上述样本均值超出这个范围的上限或下限，生产过程就需要进行调整。这个界限在过程质量管理中，叫作上控制线和下控制线。

（4）讨论将显著性水平改到最大值的意义。假如显著性水平不断提高，有可能会增加犯什么假设检验错误的风险？

# 第 7 章

# 线性回归分析

**数据分析案例：联合数据系统**

近年来，客户关系管理（CRM）行业发展十分迅速。联合数据系统公司（Alliance Data Systems，以下简称 ADS）正是针对这一现象，为客户提供交易处理、信用服务和网络营销服务。ADS 的客户主要集中在四个行业，分别是零售业、石油或便利店、公共事业、运输业。1983 年，ADS 开始向零售业、便利店以及休闲餐饮行业提供端到端信贷处理服务。ADS 有超过 6 500 名员工在全世界向顾客提供服务，仅在美国就有 14 000 多个 POS 终端，每年的交易额超过 25 亿美元。ADS 在美国私人信贷服务公司中排名第二，现有 49 个自有品牌项目、接近 7 200 万持卡人。2001 年，ADS 公司获准 IPO，在纽约证券交易所挂牌上市。

ADS 公司营销服务的一项举措是开展直邮活动促销。该公司的数据库包含超过 1 亿名消费者的消费行为资料，据此 ADS 可以轻松地锚定偏好直邮服务的目标客户。ADS 所属的分析发展部门，通过回归分析模型来测量及预测顾客对直销活动的响应性，利用回归模型预测受到促销活动影响的顾客购买产品的可能性，并通过回归模型预测顾客的购买金额。

通过促销活动，连锁经营的零售商想要吸引新顾客。为了评估促销活动的效果，ADS 分析人员从消费者数据库抽取样本，给每个抽取出来的样本顾客发送促销资料，然后搜集顾客反馈的交易数据。样本数据是由消费者在促销活动期间的购买金额以及对预测销售额有用的特定消费者的相关变量组成的。抽选出来的消费者变量是过往 39 个月在相关商店信用卡的购买金额，这对于预测购买金额十分有用。ADS 分析人员建立了一个购买金额与在相关商店消费金额的估计回归方程：

$$\hat{y} = 26.7 + 0.002\,05x$$

式中，$\hat{y}$ 表示购买金额的预测值；$x$ 为相关商店的消费金额。

根据上述方程，可以预测过去 39 个月在相关商店消费 10 000 美元的顾客，在这次直邮促销中会消费47.20美元。在这一章里，我们将介绍如何建立这样的回归方程。由ADS分析师构建的最终模型，在上述方程的基础上，还含有几个其他的变量，以此提高模型的预测效果。在这些变量中，可能用到的有银行信用卡、估计的收入、去某个商店一趟平均花费的金额等。在这一章中，我们还将讲解怎样把这些变量引入回归分析，从而建立起多个变量的回归模型。

资料来源：根据联合数据系统公司数据分析部主管Philip Clemance先生提供的资料整理。

使用统计方法研究两个变量之间的关系，最早是由F.高尔顿（F. Galton，1822—1911）爵士提出来的。高尔顿发现无论身材特别高还是特别矮的父辈，他们子女的身高都会趋向于或者"回归于"居民的平均身高。高尔顿的学生K.皮尔逊（K. Pearson，1857—1936），后来通过1 028对父子样本证实了高尔顿的学说。

管理决策通常是基于两个或两个以上变量间的关系做出的，例如根据广告费用与销售量之间的关系，销售经理可能就会用给定的广告费用去预测销售量。再比如，公共事业单位可能根据每天最高气温和电量需求的关系，以及下个月每天最高气温的预报来预测用电量。有些场合下，经理人员将会根据直觉判断两个变量间的相关性。然而，如果有可供利用的数据，我们就可以用统计**回归分析**的方法，借助回归方程揭示变量间的关系。

在回归范畴中，被预测的变量称作**因变量**，或者响应变量。用来预测因变量的变量，称作**自变量**，或者预测变量。例如，在分析广告费用对销售量影响的时候，销售经理想要预测的销售量便是因变量，用来预测销售量的广告费用就是自变量。

在这一章中，我们先来介绍**简单线性回归**。简单线性回归反映了一个自变量（$x$）和一个因变量（$y$）之间可以用直线近似的关系。然后，我们把这个概念推广到高维，也就是在一个因变量（$y$）和两个或两个以上自变量（$x_1, x_2, \cdots, x_q$）之间建立模型，即**多元线性回归**。

## 7.1 简单线性回归模型

Butler汽运公司（Butler Trucking Company）位于加利福尼亚州南部，其主要业务是在当地运送货物。为了更好地制订工作计划，Butler汽运公司的管理人员打算评估公司驾驶员每日行驶时间。管理人员认为，驾驶员每天行驶时间（用$y$表示）与每天运送货物路程远近（用$x$表示）紧密相关。借助回归分析，可以建立方程来反映自变量$x$与因变量$y$之间的关系。

### 7.1.1 回归模型

在Butler汽运公司的案例中，简单线性回归模型假定驾驶任务的行驶时间（$y$）与行驶里程（$x$）之间呈如下的线性关系：

$$y = \beta_0 + \beta_1 x + \varepsilon \tag{7-1}$$

式中，$\beta_0$、$\beta_1$ 表示总体参数，分别代表着因变量 $y$ 的截距、$y$ 与 $x$ 相关关系直线的斜率；误差项 $\varepsilon$（希腊字母）是不能通过 $x$ 与 $y$ 之间线性关系解释的因变量 $y$ 的变异。在简单线性回归模型中，假定误差项是均值为 0、对所有观察值方差保持不变的正态随机变量。

## 7.1.2 回归方程

实际中，总体参数 $\beta_0$、$\beta_1$ 的值是未知的，需要使用样本数据进行估计。样本统计量（对应地分别用 $b_0$、$b_1$ 表示）需要先计算出来，以作为总体参数 $\beta_0$、$\beta_1$ 的估计。用样本统计量的值 $b_0$、$b_1$ 代替式（7-1）中的 $\beta_0$、$\beta_1$，并舍去误差项（因为误差项的期望等于 0）。如此一来，我们便得到简单线性回归**估计的回归方程**。

估计的简单线性回归方程可以表示成：

$$\hat{y} = b_0 + b_1 x \tag{7-2}$$

图 7-1 给出了简单线性回归的统计估计过程。

由式（7-2）可知，对给定的 $x$ 取值，相应的 $y$ 的均值的估计就是 $\hat{y}$。

图 7-1 中，估计的简单线性回归方程又叫作估计的回归线。$b_0$ 是 $y$ 截距项的估计，$b_1$ 为斜率的估计。本章的下一节，我们将介绍估计的回归方程中 $b_0$、$b_1$ 的最小二乘计算方法。

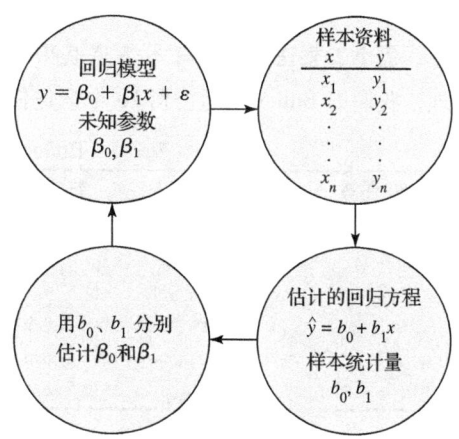

图 7-1　简单线性回归的统计估计过程

几个可能的回归线类型可参见图 7-2。

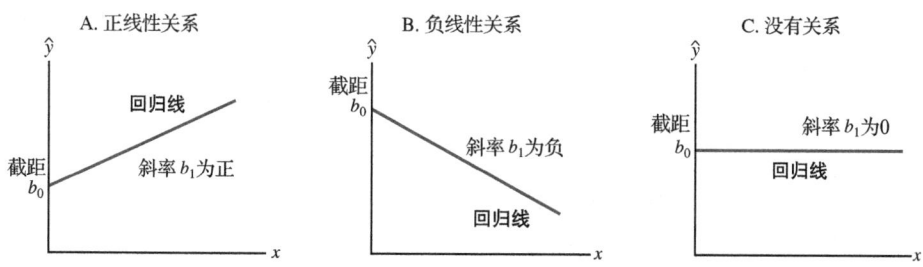

图 7-2　简单线性回归的几个回归线类型

图 7-2 中，A 示意了 $y$ 估计均值与 $x$ 之间存在正相关，即 $x$ 值越大，$\hat{y}$ 的取值也越大；B 示意了 $y$ 估计均值与 $x$ 之间存在负相关，即 $x$ 值越大，$\hat{y}$ 反而越小；C 示意了 $y$ 的估计均值与 $x$ 不相关，即不论 $x$ 值如何变化，$\hat{y}$ 值始终不变。

一般来讲，$\hat{y}$ 是 $E(y|x)$ 的**点估计量**，也就是在给定自变量 $x$ 取值的条件下，对因变量 $y$ 取值均值的估计。因此，以 Butler 汽运公司为例，为了估计行驶里程 75 英里⊖的时候，完成一次任务行驶时间的均值或期望值，我们把 75 直接代入式（7-2）中即可。然而，出

---

⊖　1 英里 = 1 609.344 米。

于某种目的，Butler 汽运公司可能会对即将发生的某个运送距离的行驶时间更感兴趣，如 Butler 汽运公司想预测一个 75 英里新任务的行驶时间。其结果是，给定自变量 $x$ 的取值，因变量 $y$ 值最好的预测也可以使用 $\hat{y}$。因此，为了预测 75 英里的行驶时间，Butler 汽运公司会用 75 代替式（7-2）中的 $x$。$\hat{y}$ 的值既可以用于给定 $x$ 值时 $E(y \mid x)$ 的点估计，也可用于给定 $x$ 值时的因变量 $y$ 单个取值的预测。

> 点估计是用单个值作为相应总体参数取值的估计。

在大多数场合下，我们将 $\hat{y}$ 值等同于 $y$ 的预测值。

## 7.2 最小二乘法

**最小二乘法**，是用样本数据获得估计的回归方程的方法。为了说明最小二乘法的原理，我们以 Butler 汽运公司 10 个运送任务的样本数据为例，详细资料见表 7-1。

表 7-1 Butler 汽运公司行驶里程和行驶时间

| 运送任务编号 | 行驶里程 $x$（英里） | 行驶时间 $y$（小时） | 运送任务编号 | 行驶里程 $x$（英里） | 行驶时间 $y$（小时） |
|---|---|---|---|---|---|
| 1 | 100 | 9.3 | 6 | 80 | 6.2 |
| 2 | 50 | 4.8 | 7 | 75 | 7.4 |
| 3 | 100 | 8.9 | 8 | 65 | 6.0 |
| 4 | 100 | 6.5 | 9 | 90 | 7.6 |
| 5 | 50 | 4.2 | 10 | 90 | 6.1 |

对表 7-1 中的第 $i$ 个观察值或者运送任务，$x_i$ 表示行驶里程（单位：英里），$y_i$ 表示行驶时间（单位：小时）。这样，当 $i$ 取值为 1 时，表示的是第 1 个运送任务，此时有 $x_1 = 100$、$y_1 = 9.3$，也就是运送距离 100 英里，行驶时间 9.3 小时。对第 2 个运送任务，有 $x_2 = 50$、$y_2 = 4.8$，即运送距离 50 英里，行驶时间 4.8 小时。对行驶时间最少的第 5 个运送任务，有 $x_5 = 50$、$y_5 = 4.2$，意指运送距离 50 英里，行驶时间 4.2 小时。

由表 7-1 的资料绘制出的散点图见图 7-3。

图 7-3 中，横坐标为行驶里程，纵坐标为行驶时间。在回归分析中，绘制的散点图一般将自变量 $x$ 放置在横轴，因变量 $y$ 放置在纵轴。通过绘制出来的散点图，可以帮助我们观察到数据所呈现出来的图形，由此有助于形成对变量间可能存在关系的初步认识。

由图 7-3 我们不难看出，行驶的里程越长，行驶时间也越多。另外，行驶时间和行驶里程之间近似存在一条直线，而且还是正的线性相关关系。据此，我

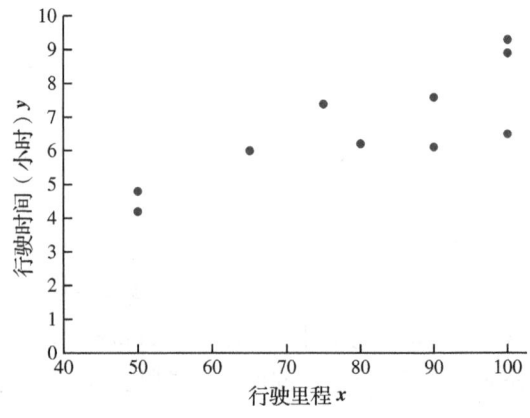

图 7-3 Butler 汽运公司行驶里程和行驶时间散点图

们可以选择简单线性回归模型,来表示行驶时间 $y$ 与行驶里程 $x$ 之间的关系。现在我们的任务就是,利用表7-1的样本数据,确定估计的简单线性回归方程的 $b_0$、$b_1$。

对于第 $i$ 个运送任务,估计的回归方程可以表示成:

$$\hat{y}_i = b_0 + b_1 x_i \tag{7-3}$$

式中,$\hat{y}_i$ 表示第 $i$ 个运送任务的预测行驶时间(单位:小时);$b_0$ 为估计的回归直线的截距;$b_1$ 表示估计的回归直线的斜率;$x_i$ 表示第 $i$ 个运送任务的行驶里程。

$y_i$ 表示第 $i$ 个运送任务的实际行驶时间,式(7-3)中的 $\hat{y}_i$ 代表第 $i$ 个运送任务的预测行驶时间。对表7-1,每次运送任务都存在着实际行驶时间 $y_i$ 和预测的行驶时间 $\hat{y}_i$。如果估计的回归方程能对样本观察数据进行较好的拟合,这时候实际行驶时间 $y_i$ 和预测行驶时间 $\hat{y}_i$ 之间一定只有较小的差异。

最小二乘法根据样本数据,通过使各个因变量 $y_i$ 的实际观察值与因变量预测值 $\hat{y}_i$ 的离差平方达到最小的办法,可求出 $b_0$、$b_1$ 的值。最小二乘法的数学表达见式(7-4)。

$$\min \sum_{i=1}^{n} (y_i - \hat{y}_i)^2 = \min \sum_{i=1}^{n} (y_i - b_0 - b_1 x_i)^2 \tag{7-4}$$

式中,$y_i$ 为因变量第 $i$ 个实际观察值;$\hat{y}_i$ 为因变量第 $i$ 个预测值;$n$ 是样本观测数目。

借用误差的概念,我们可以将第 $i$ 个观察因变量实际值 $y_i$,与第 $i$ 个观察因变量预测值 $\hat{y}_i$ 之间的离差,表示成 $e_i = y_i - \hat{y}_i$。这个离差,叫作第 $i$ 个回归**残差**。由此出发,式(7-4)又可表示成:

$$\min \sum_{i=1}^{n} e_i^2$$

因此,对回归方程进行估计,实质就是求残差平方和最小。

## 7.2.1 回归参数的最小二乘估计

尽管根据公式(见本节的"注释与点评")可以手工计算出使式(7-4)达到最小的 $b_0$、$b_1$ 的值,不过我们大多是利用 Excel 这样的软件来计算的。对表7-1的资料,可以得到 Butler 汽运公司回归方程的斜率 $b_1 = 0.0678$、截距 $b_0 = 1.2739$(后面我们将介绍这些值是怎样利用 Excel 计算出来的)。因此,获得的估计简单线性回归方程为 $\hat{y} = 1.2739 + 0.0678x$。

对 $b_0$、$b_1$,我们可以把它们解释成直线方程的截距和斜率。斜率 $b_1$ 是自变量 $x$ 变化1个单位时,因变量 $y$ 相应发生的平均改变量。在 Butler 汽运公司的例子中,如果行驶里程每增加1英里,那么行驶时间平均将增加0.0678小时即约4分钟。截距 $b_0$ 是当自变量 $x$ 取值等于0时,因变量 $y$ 的估计值。以 Butler 汽运公司为例,当运送任务的行驶里程是0个单位(0英里)时,其行驶时间的平均值为1.2739个单位(1.2739小时即近76分钟)。但这是不是合理的解释呢?可能76分钟包含着发车之前需要准备的时间,比如装卸作业,不管行驶里程是远还是近,这些时间都是必须要付出的,它与行驶里程长短没有关系。然而,我们仍然需要慎重对待这个问题,为了估计行驶里程为0英里时的行驶时间,我们只能根据由样本观察获得的简单线性关系,将自变量的取值扩展到样本观察值范围之外。在

表 7-1 的样本观察中，自变量的取值范围在 50～100 英里之间，仅在自变量取值范围里，我们所获得的行驶里程和行驶时间之间的关系，才是有经验证据的。

注意：回归模型只有在**样本观察范围**内才是有效的。所谓样本观察范围，是用于估计模型的样本数据中自变量取值的区间。在样本观察范围之外，对因变量取值进行的预测，叫作**外推法**。在回归分析中，进行外推式的预测是要冒一定风险的。原因是，我们没有实际证据能证实，依据样本所获得的变量之间的关系，在样本观察范围之外是否仍然存在。既然外推式的预测有风险，所以只要有可能，我们最好避免做这样的预测。以 Butler 汽运公司为例，这可能意味着任何行驶里程小于 50 英里或大于 100 英里的行驶时间预测都不可靠，因此硬要对模型中的截距项 $b_0$ 做出这样的估计似乎也没有什么意义。反过来，如果样本观察范围内出现了 0，此时取自变量为 0 来预测截距项才有意义。

> 截距项估计值的解释常常是由外推引起的。

我们现在可以利用估计出来的回归方程，即根据已知的行驶里程（$x$）来估计平均行驶时间。比如根据表 7-1 中的第一个运送任务的行驶里程值 $x=100$，我们可以预测这次运送任务的行驶时间，即

$$\hat{y} = 1.273\,9 + 0.067\,8x = 1.273\,9 + 0.067\,8 \times 100 = 8.053\,9$$

因为这次运送任务的行驶时间是 9.3 小时，所以这个回归估计的残差就是：

$$e_1 = y_1 - \hat{y}_i = 9.3 - 8.053\,9 = 1.246\,1$$

残差分析的结果表明，简单线性回归模型对第一个运送任务的行驶时间做出了过低的估计，低估的行驶时间是 1.246 1 小时（约等于 74 分钟）。表 7-2 给出了由自变量样本观察数据进行估计的行驶时间、回归估计残差以及残差估计的平方。

表 7-2 Butler 汽运公司运送任务的估计行驶时间和残差

| 运送任务编号 | 行驶里程 $x$（英里） | 行驶时间 $y$（小时） | $\hat{y}_i = b_0 + b_1 x_i$ | $e_i = y_i - \hat{y}_i$ | $e_i^2$ |
| --- | --- | --- | --- | --- | --- |
| 1 | 100 | 9.3 | 8.056 5 | 1.243 5 | 1.546 3 |
| 2 | 50 | 4.8 | 4.665 2 | 0.134 8 | 0.018 2 |
| 3 | 100 | 8.9 | 8.056 5 | 0.843 5 | 0.711 5 |
| 4 | 100 | 6.5 | 8.056 5 | -1.556 5 | 2.422 7 |
| 5 | 50 | 4.2 | 4.665 2 | -0.465 2 | 0.216 4 |
| 6 | 80 | 6.2 | 6.700 0 | -0.500 0 | 0.250 0 |
| 7 | 75 | 7.4 | 6.360 9 | 1.039 1 | 1.079 7 |
| 8 | 65 | 6.0 | 5.682 6 | 0.317 4 | 0.100 7 |
| 9 | 90 | 7.6 | 7.378 3 | 0.221 7 | 0.049 2 |
| 10 | 90 | 6.1 | 7.378 3 | -1.278 3 | 1.634 1 |
| 合计 | | 67.0 | 67.000 0 | 0.000 0 | 8.028 8 |

由表 7-2 我们能看出：

- 预测值 $\hat{y}_i$ 的和等于因变量 $y$ 值的和。
- 残差 $e_i$ 的和等于 0。
- 残差 $e_i^2$ 平方和达到了最小。

对简单线性回归模型来说，以上的几个结论一定是正确的。图 7-4 是表 7-1 Butler 汽运公司数据的散点图添加上简单线性回归直线方程 $\hat{y} = 1.2739 + 0.0678x$ 的情形。

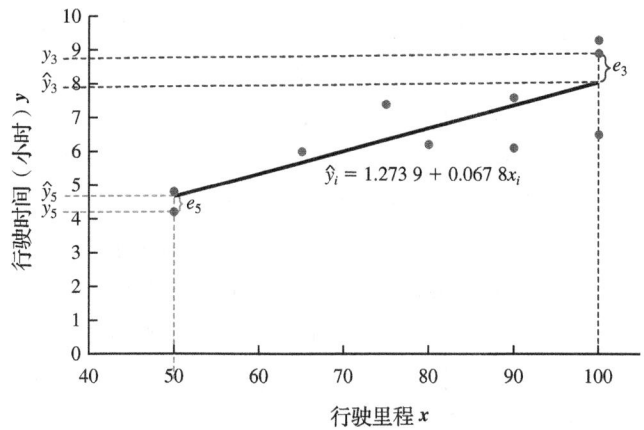

图 7-4  Butler 汽运公司散点图拟合的简单线性回归方程

在图 7-4 中，特别对第 3 个运送任务和第 5 个运送任务做了残差标示。从图 7-4 中我们能够看出，所得到的回归方程对某些运送任务的行驶时间做了过低的估计（如第 3 个运送任务，$e_3 > 0$），对另外一些运送任务的行驶时间做出了过高的估计（如第 5 个运送任务，$e_5 < 0$），从总体上回归方程对数据的拟合效果还是比较好的。

在图 7-5 中，给散点图上的每个点都画上了一条线性回归方程的垂线。每一条这样的垂线，都代表着实际行驶时间和由线性回归方程预测出来的行驶时间之间的残差。每条垂线的长度等于每一个运送任务估计的行驶时间残差的绝对值。当将残差进行平方处理后，其结果就是图 7-5 中代表残差的垂线所组成的正方形的面积。例如，第 4 个运送任务的回归残差平方 $e_4^2 = (-1.5565)^2 = 2.4227$，是边长为 1.5565 的正方形面积。因此，所谓求解 Butler 汽运公司残差平方和最小的线性回归模型，就是找到一条回归线，使得在该回归线下，图 7-5 中的 10 个正方形面积之和达到最小。

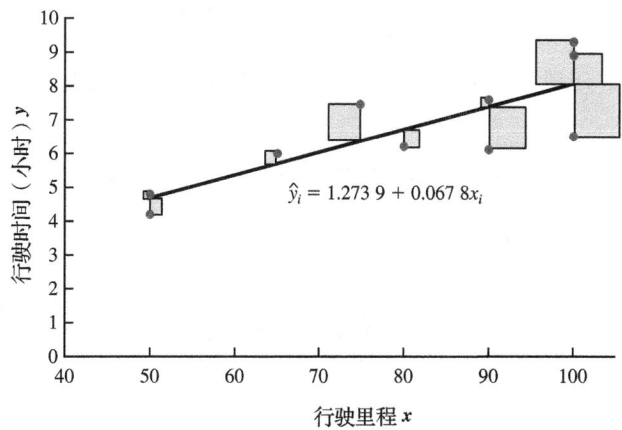

图 7-5  Butler 汽运公司最小二乘法的几何解释

## 7.2.2 Excel 回归模型估计

可以使用 Excel 图表工具，根据绘制出来的散点图对简单线性回归方程进行估计。在利用 Excel 绘制出散点图（见图 7-3）之后，估计回归方程的操作过程如下：

第一步，鼠标右击散点图中的任一数据点，然后选择**添加趋势线**（Add Trendline）。

第二步，当**设置趋势线格式**（Format Trendline）任务控件打开后，在**趋势线选项**（Trendline Options）区域选择**线性**（Linear），在**趋势线选项**（Trendline Options）控件区选择**显示公式**（Display Equation on Chart）。

> 注意：Excel 直接用 $y$ 代替因变量的预测值 $\hat{y}$，另外给出的估计回归方程形式与上文所述的有些差别。由图 7-6 能看出，Excel 把截距项放在了自变量项的后面。

经过上述步骤，便可在散点图中生成回归估计方程（见图 7-6）。

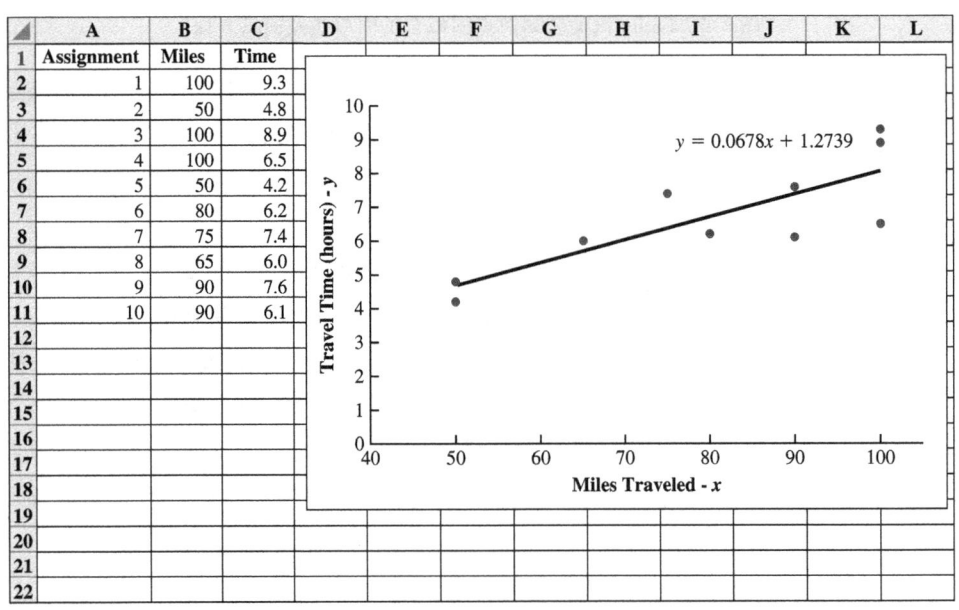

图 7-6 Butler 汽运公司散点图及估计的回归直线

  注释与点评

1. 可以使用求导运算得到 $b_0$、$b_1$，其中：

斜率方程为

$$b_1 = \frac{\sum_{i=1}^{n}(x_i - \bar{x})(y_i - \bar{y})}{\sum_{i=1}^{n}(x_i - \bar{x})^2}$$

截距方程为

$$b_0 = \bar{y} - b_1 \bar{x}$$

式中，$x_i$ 为自变量第 $i$ 个观察值；$y_i$ 为因变量第 $i$ 个观察值；$\bar{x}$ 表示自变量的均值；$\bar{y}$ 表示因变量的均值；$n$ 为样本观察数目。

2. 式（7-4）求因变量观察值 $y_i$ 与因变量预测值 $\hat{y}$ 的离差平方和最小，这是必须要做的，因为直接对因变量实际观察值 $y_i$ 与因变量预测值 $\hat{y}$ 的离差求和是没有意义的，原因是负残差（回归预测值大于实际数值）和正残差（回归预测值小于实际数值）在累加的过程中会相互抵消。为了防止正负回归残差加总时出现这样的情况，还有一个可供选择的做法是对回归残差取绝对值，然后求和再求极小化。对回归残差取绝对值然后求和再求极小化，也能得到 $b_0$、$b_1$ 的值，但相对来讲比最小二乘法似乎更复杂些。

## 7.3　简单线性回归模型的拟合效果

在 Butler 汽运公司的例子中，我们建立了一个估计回归方程 $\hat{y} = 1.2739 + 0.0678x$，依此来近似行驶里程（$x$）和行驶时间（$y$）之间的线性关系。对此，我们还需要评估所得到的估计回归方程对样本数据的拟合优度。下面，我们就来讲解这些方面的问题。

### 7.3.1　离差平方和的分解

在求解 Butler 汽运公司回归方程的时候，我们是从式（7-4）出发的。把式（7-4）中的极小值符号 min 去掉，剩下的便是回归残差平方和（SSE），用公式表示就是：

$$\text{SSE} = \sum_{i=1}^{n} (y_i - \hat{y}_i)^2 \tag{7-5}$$

SSE（因变量计量单位的平方）反映的是，用由样本观察资料得到的估计回归方程对因变量进行估计时所产生的误差。

在表 7-2 中，我们已经给出了回归残差平方和的计算过程。表 7-2 中的最后一栏，列示了每个因变量观察值的残差平方，再对这些残差平方求和，就得到了回归残差平方和 $\text{SSE} = 8.0288$ 小时$^2$。该值测量了用回归方程 $\hat{y}_i = 1.2739 + 0.0678x_i$ 估计行驶时间的总残差。

现在假设我们想在不知道行驶里程的情况下去预测某个运送任务的行驶时间，由于没有可资利用的有关变量的信息，我们或许会用样本均值 $\bar{y}$ 作为运送任务行驶时间的预测值。以 Butler 汽运公司为例，$\bar{y}$ 很容易计算出来，将表 7-2 各次运送的实际行驶时间加总起来（67），除以样本观测数目 $n(10)$，便得到 $\bar{y} = 6.7$。

用 $\bar{y} = 6.7$ 估计行驶时间，其效果究竟如何呢？图 7-7 给出了直观的说明。

由图 7-7 可知，对第 3 次和第 5 次的运送任务，用均值预测行驶时间加大了预测残差，容易看出，$\bar{y}$ 高估了行驶里程较短的运送任务（如第 5 次运送任务）的行驶时间，低估了行驶里程较长的运送任务（如第 3 次运送任务）的行驶时间。

表 7-3 给出了用样本均值 $\bar{y} = 6.7$ 预测每次运送任务行驶时间的离差平方和。

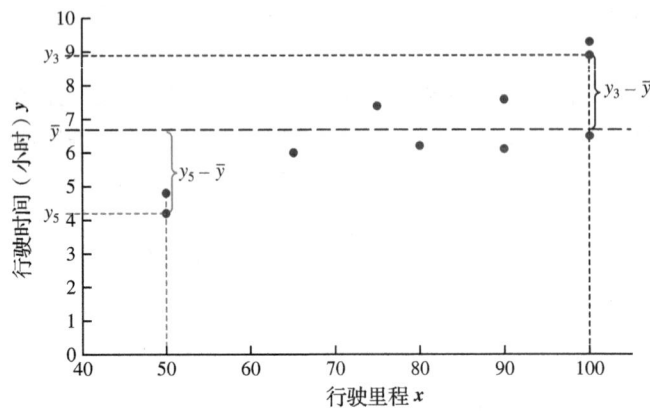

图 7-7 用样本均值做预测时的残差图

表 7-3 用样本均值 $\bar{y}=6.7$ 预测行驶时间的离差

| 运送任务编号 | 行驶里程 $x$（英里） | 行驶时间 $y$（小时） | $y_i - \bar{y}$ | $(y_i - \bar{y})^2$ |
| --- | --- | --- | --- | --- |
| 1 | 100 | 9.3 | 2.6 | 6.76 |
| 2 | 50 | 4.8 | -1.9 | 3.61 |
| 3 | 100 | 8.9 | 2.2 | 4.84 |
| 4 | 100 | 6.5 | -0.2 | 0.04 |
| 5 | 50 | 4.2 | -2.5 | 6.25 |
| 6 | 80 | 6.2 | -0.5 | 0.25 |
| 7 | 75 | 7.4 | 0.7 | 0.49 |
| 8 | 65 | 6.0 | -0.7 | 0.49 |
| 9 | 90 | 7.6 | 0.9 | 0.81 |
| 10 | 90 | 6.1 | -0.6 | 0.36 |
| 合计 | | 67.0 | 0.0 | 23.9 |

表 7-3 的第四列是用样本均值 $\bar{y}=6.7$ 估计每次运送任务行驶时间的误差，第五列是各次运送任务行驶时间估计误差的平方，将这些平方值加总起来得到另一个误差平方和，回归分析中称之为总离差平方和 SST。

总离差平方和的计算公式为

$$\mathrm{SST} = \sum_{i=1}^{n}(y_i - \bar{y})^2 \tag{7-6}$$

表 7-3 最后一列的最后一行，便是 Butler 汽运公司的总离差平方和 SST = 23.9 小时$^2$。

现在我们把图 7-4、图 7-7 合并在一起，得到图 7-8。

在图 7-8 中，不仅有估计的回归方程 $\hat{y}_i = 1.2739 + 0.0678x_i$，还有水平线 $\bar{y} = 6.7$。由图 7-8 容易看出，图中的数据点更多地围绕着 $\hat{y}_i = 1.2739 + 0.0678x_i$ 散布，而不是水平线 $\bar{y} = 6.7$。例如，样本中的第三个运送任务，采用 $\bar{y} = 6.7$ 估计 $y_3$ 的残差，比使用 $\hat{y}_3 = 1.2739 + 0.0678 \times 100 = 8.0539$ 预测 $y_3$ 产生的残差更大。我们可以认为，SST 测量了观察值围绕直线 $\bar{y}$ 聚集的程度，SSE 测量了观察值聚集在回归方程 $\hat{y}_i = 1.2739 + 0.0678x_i$ 周围的情况。

为了测量估计回归直线上的 $\hat{y}$ 值偏离 $\bar{y}$ 的大小，我们需要计算另一个平方和。这个平方和也称作回归离差平方和，表示为 SSR。

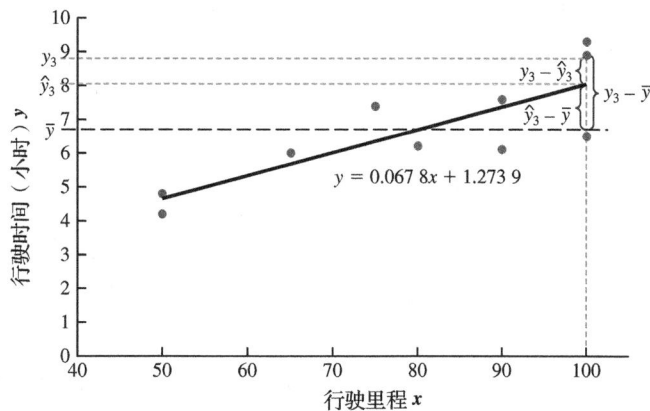

图7-8 Butler汽运公司估计回归直线和直线 $y=\bar{y}$ 的偏离

回归离差平方和的计算公式为

$$\text{SSR} = \sum_{i=1}^{n}(\hat{y}_i - \bar{y})^2 \tag{7-7}$$

根据之前的讨论，我们认为 SST、SSR 和 SSE 是存在一定关系的。实际上，这三个离差平方和的关系是：

$$\text{SST} = \text{SSR} + \text{SSE} \tag{7-8}$$

式中，SST 为总离差平方和；SSR 为回归离差平方和；SSE 为回归残差平方和。

## 7.3.2 拟合优度系数

现在让我们讨论一下，如何根据 SST、SSR、SSE 来测量估计回归方程的拟合优度。如果因变量 $y_i$ 的每个观察值正好落在估计的回归直线上，那么估计回归方程拟合就非常理想。在这种情况下，对于每个观察值，由于 $y_i - \hat{y}_i = 0$，所以回归残差平方和 SSE = 0。因为 SST = SSR + SSE，我们可以得出完全拟合时 SSR 必定等于 SST，并且两者之比 SSR/SST 必定等于1。如果拟合程度不好，势必会产生较大的回归残差平方和。由式（7-8）变换出 SSE = SST − SSR。因此，当 SSR = 0 时，SSE 取得最大值（拟合程度最差），这时便存在 SSE = SST。综合起来，SSR/SST 的取值必定在 0～1 之间，可以用来衡量估计回归方程的拟合优度。在回归分析中，一般把 SSR/SST 的比率叫作拟合优度系数，表示为 $r^2$。

拟合优度系数的计算公式为

$$r^2 = \frac{\text{SSR}}{\text{SST}} \tag{7-9}$$

在简单回归分析中，$r^2$ 经常也被叫作简单拟合优度系数。

在 Butler 汽运公司的例子中，拟合的简单线性回归方程的拟合优度系数为

$$r^2 = \frac{\text{SSR}}{\text{SST}} = \frac{15.8712}{23.9} = 0.6641$$

拟合优度系数 $r^2$，是观察值 $y_i$ 与其回归估计值 $\hat{y}_i$ 之间相关系数的平方，且存在 $0 \leqslant r^2 \leqslant 1$。

把拟合优度系数 $r^2$ 用百分比表示时，意味着在总离差平方和中由回归方程解释的部分所占的份额。以 Butler

汽运公司为例，使用估计的回归方程 $\hat{y}_i = 1.2739 + 0.0678 x_i$，可以解释总离差平方和的 66.41%。换言之，样本中行驶时间 66.41% 的变异，可以通过行驶里程和行驶时间之间的线性关系得到解释。

### 7.3.3 Excel 拟合优度系数计算

在本章的 7.1 节，我们利用 Excel 图表工具绘制了 Butler 汽运公司的散点图，并且计算出了估计的回归方程。这里，我们将在图 7-3 的基础上，介绍如何计算拟合优度系数。

在 Excel 中计算拟合优度系数，其基本步骤如下：

Excel 中的拟合优度系数写作 $R^2$。

第一步，鼠标右击散点图中的任一数据点，然后选择**添加趋势线**（Add Trendline）。

第二步，当**设置趋势线格式**（Format Trendline）任务控件打开后，在**趋势线选项**（Trendline Options）控件区选择**在图形中显示拟合优度系数值**（Display R-squared value on Chart）。

通过上述步骤，得到的输出结果见图 7-9。

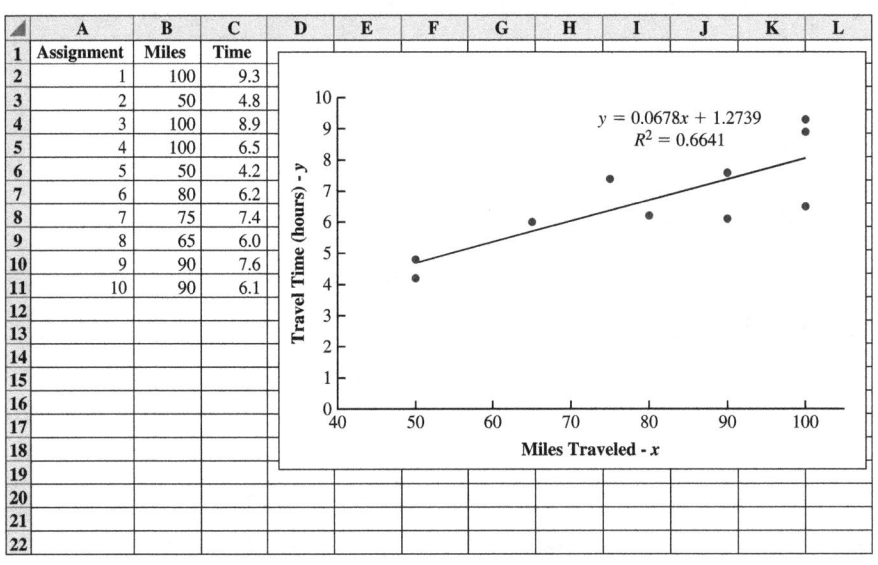

图 7-9　Butler 汽运公司估计回归方程及拟合优度系数 $r^2$

图 7-9 显示了 Butler 汽运公司数据的散点图、估计的回归方程、估计的回归方程的图像，以及拟合优度系数 $r^2$，其中 $r^2 = 0.6641$。

注释与点评

对于社会和行为科学领域的问题，拟合优度系数 $r^2$ 的值有时低于 0.25，也被认为是有用的。在生命科学领域，拟合优度系数 $r^2$ 的值通常在 0.6 以上。某些场合下，拟合优度系数 $r^2$ 的值甚至大于 0.9。在商业经济管理活动中，由于不同现象自身的特殊性，拟合优度系数 $r^2$ 的取值可能变化比较大。

## 7.4 多元回归模型

本节中,我们将在 7.1 节简单线性回归的基础上,介绍一个因变量对两个或两个以上自变量的回归分析问题。

### 7.4.1 回归模型

上一节介绍的回归模型和回归方程的概念,在多元回归中同样适用。用 $q$ 表示回归模型中自变量的数目,这时候,反映因变量 $y$ 与自变量 $x_1, x_2, \cdots, x_q$ 以及误差项之间关系的等式,称为多元回归模型。

多元回归模型可以表示成:

$$y = \beta_0 + \beta_1 x_1 + \beta_2 x_2 + \cdots + \beta_q x_q + \varepsilon \tag{7-10}$$

式中,$\beta_0, \beta_1, \beta_2, \cdots, \beta_q$ 是模型中的参数;误差项 $\varepsilon$ 为随机变量,服从 0 均值、等方差的正态分布。实际上,式(7-10)是因变量 $y$ 与 $x_1, x_2, \cdots, x_q$ 的线性函数加上误差项 $\varepsilon$。如同简单回归,误差项 $\varepsilon$ 说明了用 $x_1, x_2, \cdots, x_q$ 的线性组合不能解释的因变量 $y$ 的变异。多元回归模型中的截距 $\beta_0$ 的解释,与简单回归截距项的解释相似。在多元回归模型中,截距 $\beta_0$ 可以理解成,当自变量 $x_1, x_2, \cdots, x_q$ 取值都等于 0 时,因变量 $y$ 取值的均值。另一方面,对于多元回归模型中自变量的系数 $\beta_1, \beta_2, \cdots, \beta_q$ 的解释,与简单回归模型对回归系数的解释存在微妙但重要的差别。在多元回归模型中,斜率 $\beta_j$ 代表着当其他自变量取值保持不变时,自变量 $x_j$ 变化一个单位对因变量 $y$ 产生的平均影响。因此,在多元回归模型中,斜率 $\beta_1$ 代表当 $x_2, x_3, \cdots, x_q$ 取值不变时,自变量 $x_1$ 变化一个单位对因变量 $y$ 产生的平均影响;同样地,$\beta_2$ 代表当 $x_1, x_3, \cdots, x_q$ 取值不变时,自变量 $x_2$ 变化一个单位对因变量 $y$ 产生的平均影响,等等。

### 7.4.2 多元回归方程

一般情况下,我们都不知道参数 $\beta_0, \beta_1, \beta_2, \cdots, \beta_q$ 的取值,因此必须根据样本数据对它们进行估计。假定参数 $\beta_0, \beta_1, \beta_2, \cdots, \beta_q$ 的点估计量分别为 $b_0, b_1, b_2, \cdots, b_q$,则可以定义出估计的多元回归方程。

估计的多元回归方程为:

$$\hat{y} = b_0 + b_1 x_1 + b_2 x_2 + \cdots + b_q x_q \tag{7-11}$$

式中,$b_0, b_1, b_2, \cdots, b_q$ 分别为 $\beta_0, \beta_1, \beta_2, \cdots, \beta_q$ 的点估计;$\hat{y}$ 为给定自变量 $x_1, x_2, \cdots, x_q$ 时因变量 $y$ 的估计。

### 7.4.3 最小二乘法和多元回归

与简单线性回归一样,我们希望建立的多元回归模型对样本观察数据进行拟合时的残差小。关于多元回归模型的求解，我们仍然采用最小二乘法，通过使残差（因变量 $y_i$ 的实际值和其估计值 $\hat{y}$ 之间的离差）平方和最小，以此找出参数 $\beta_0,\beta_1,\beta_2,\cdots,\beta_q$ 的估计 $b_0,b_1,b_2,\cdots,b_q$。多元回归估计的最小二乘表达式为：

$$\min \sum_{i=1}^{n}(y_i - \hat{y}_i)^2 = \min \sum_{i=1}^{n}(y_i - b_0 - b_1 x_1 - \cdots - b_q x_q)^2 = \min \sum_{i=1}^{n} e_i^2 \quad (7\text{-}12)$$

多元回归模型的估计过程见图 7-10。

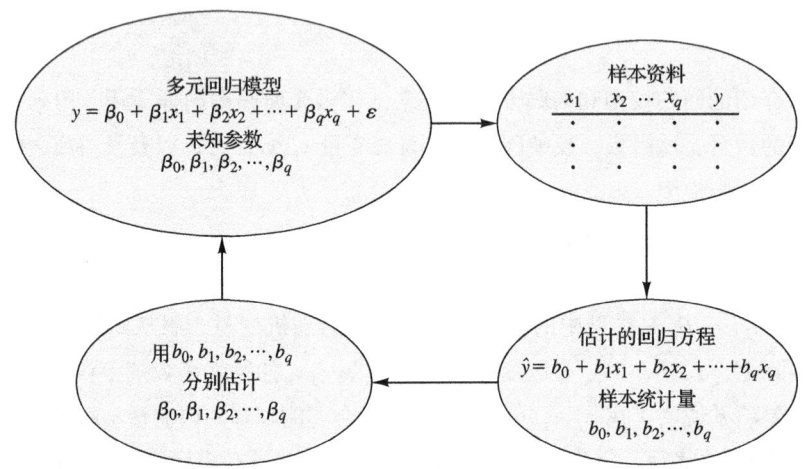

图 7-10　多元回归的统计估计过程

根据样本观察资料，得到参数 $\beta_0,\beta_1,\beta_2,\cdots,\beta_q$ 的点估计 $b_0,b_1,b_2,\cdots,b_q$ 后，这时在给定自变量 $x_1,x_2,\cdots,x_q$ 的取值情况下，我们将其代入式（7-11）中，就可以计算出因变量 $y$ 的预测值。

与简单回归一样，由式（7-12）完全可能推导出回归系数的计算公式。然而，这些公式表达式牵涉到矩阵代数运算，超出了本书的范围。因此对多元回归模型，我们着重讲解怎样利用计算机软件求解。我们将会重点介绍怎样构建和解释回归模型。

### 7.4.4　多元回归分析实例

为了举例说明多元回归分析，我们再来回顾一下，Butler 汽运公司在当地运送货物和管理人员为了更好地安排司机而估计每日行驶时间的事例。

起初管理人员认为，每日行驶时间与每日运送的行驶里程有很大的关系。根据包含 10 个运送任务的简单随机样本数据，建立行驶时间（$y$）和行驶里程（$x$）之间的简单线性回归模型 $y=\beta_0+\beta_1 x+\varepsilon$。图 7-9 给出了由样本数据得到的估计简单线性回归方程 $\hat{y}_i = 1.2739 + 0.0678 x_i$，并且拟合优度系数 $r^2 = 0.6641$，说明行驶时间 66.41% 的变异，可以通过行驶里程和行驶时间之间的线性关系得到解释。与此同时，这也意味着还有 33.59% 的行驶时间变异没有得到解释。因此，Butler 汽运公司的管理人员如果想要更好地搞清楚行驶时间的变化，需要继续考虑其他影响行驶时间的因素。为此，该公司的管理人员可能要在分析模型中，增加一个或更多的自变量来解释因变量取值的变化。

在为模型筛选其他自变量时，该公司的管理人员认为，途中分送货物次数可能会影响行驶时间。为了建立含有运送里程和分送货物次数的多元回归模型，管理人员把原来 10 次运送任务的观察资料扩大，重新采集了若干周的观察数据。新数据集包含了 300 项观察，详见数据文件 ButlerWithDeliveries。行驶里程用 $x_1$ 表示，分送货物次数用 $x_2$ 表示，此时简单线性回归方程 $\hat{y} = b_0 + b_1 x$，便被扩展成 $\hat{y} = b_0 + b_1 x_1 + b_2 x_2$。对多元回归模型，其分析程序与简单线性回归模型大致类同，只不过我们需要根据式（7-5）、式（7-6）、式（7-7），针对多元回归重新计算总离差平方和（SST）、回归离差平方和（SSR）和回归残差平方和（SSE）。另外，在多元回归分析中，拟合优度系数我们用 $R^2$ 表示，可以通过式（7-9）进行计算。接下来，我们将介绍如何利用 Excel 回归工具计算估计量 $b_0$、$b_1$、$b_2$ 的值以及 $R^2$。

在多元回归分析中，$R^2$ 通常被叫作多元拟合优度系数。

## 7.4.5　Excel 多元回归求解

使用 Excel 回归工具，计算估计的回归方程的步骤如下：

第一步，单击功能区的**数据**（Data）。

第二步，单击**分析**（Analysis）中的**数据分析**（Data Analysis）。

第三步，选择**数据分析**（Data Analysis）工具框**分析工具**（Analysis Tools）列表中的**回归**（Regression）（见图 7-11），然后单击**确定**（OK）。

单击**数据**（Data）时，如果在**分析**（Analysis）框中没有出现**数据分析**（Data Analysis），这时需要从 Excel 加载宏中加载。具体操作步骤是：单击**文件**（File），单击右下方的 **Excel 选项**（Excel Options），当出现选项对话框时，单击**加载宏**（Add-Ins），然后单击**管理**（Manage）中的 **Excel 加载宏**，单击**转移到**（Go），在加载宏对话框打开后，选择可用加载宏中的**分析工具**（Analysis ToolPak），然后单击**确定**（OK）即可。

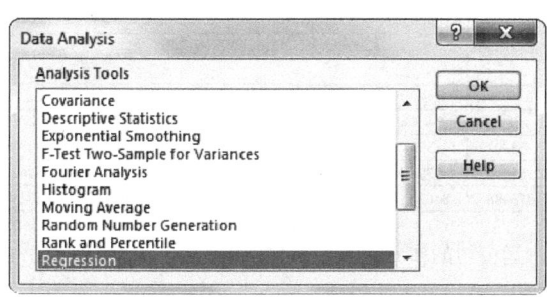

图 7-11　数据分析工具框

第四步，**回归**（Regression）对话框打开后（见图 7-12），在 **Y 值输入区域**（Input Y Range）框输入"D1:D301"，在 **X 值输入区域**（Input X Range）框输入"B1:C301"，选定**标志**（Labels）（意在指令 Excel 在输出回归分析结果时，采用 Excel 工作表中的第一行命名），选定**置信水平**（Confidence Level），并在置信水平对话框输入"99"，选择**新工作簿**（New Worksheet Ply），单击**确定**（OK）。

使用 Excel 回归工具时，自变量数据必须编辑在相邻的行或列。因此，对具体的多元回归，我们需要把数据编排成适合 Excel 求解的格式。

选择**新工作簿**（New Worksheet Ply），就是命令 Excel 把回归分析的结果在新的工作表中显示。我们也可以指定回归分析结果输出的位置，或者不用管它，让 Excel 自行处理输出结果的显示位置（如同我们在这里所做的）。

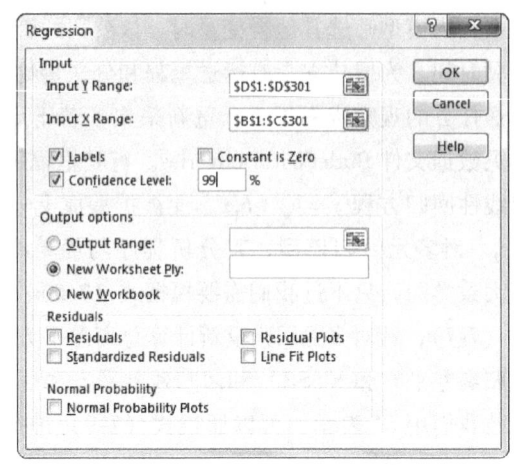

图 7-12　回归对话框

经过上述步骤，便得到 Excel 的输出结果，详见图 7-13。

| | A | B | C | D | E | F | G | H | I |
|---|---|---|---|---|---|---|---|---|---|
| 1 | SUMMARY OUTPUT | | | | | | | | |
| 2 | | | | | | | | | |
| 3 | *Regression Statistics* | | | | | | | | |
| 4 | Multiple R | 0.90407397 | | | | | | | |
| 5 | R Square | 0.817349743 | | | | | | | |
| 6 | Adjusted R Square | 0.816119775 | | | | | | | |
| 7 | Standard Error | 0.829967216 | | | | | | | |
| 8 | Observations | 300 | | | | | | | |
| 9 | | | | | | | | | |
| 10 | ANOVA | | | | | | | | |
| 11 | | *df* | *SS* | *MS* | *F* | *Significance F* | | | |
| 12 | Regression | 2 | 915.5160626 | 457.7580313 | 664.5292419 | 2.2419E-110 | | | |
| 13 | Residual | 297 | 204.5871374 | 0.68884558 | | | | | |
| 14 | Total | 299 | 1120.1032 | | | | | | |
| 15 | | | | | | | | | |
| 16 | | *Coefficients* | *Standard Error* | *t Stat* | *P-value* | *Lower 95%* | *Upper 95%* | *Lower 99.0%* | *Upper 99.0%* |
| 17 | Intercept | 0.127337137 | 0.20520348 | 0.620540826 | 0.53537766 | –0.276499931 | 0.531174204 | –0.404649592 | 0.659323866 |
| 18 | Miles | 0.067181742 | 0.002454979 | 27.36551071 | 3.5398E-83 | 0.062350385 | 0.072013099 | 0.06081725 | 0.073546235 |
| 19 | Deliveries | 0.68999828 | 0.029521057 | 23.37308852 | 2.84826E-69 | 0.631901326 | 0.748095234 | 0.613465414 | 0.766531147 |

图 7-13　Butler 汽运公司的多元回归 Excel 输出

在回归模型中新增加自变量时，残差平方和 SSE 不会变大（相反，通常会变小）。由于 SSR = SST – SSE，所以当回归模型引入新的自变量时，SSR 不会变小（相反，通常会变大）。于是当回归模型增加新的自变量时，$R^2$ = SSR/SST 不会变小。

由图 7-13，得到的估计回归方程是：

$$\hat{y} = 0.127\,3 + 0.067\,2x_1 + 0.690\,0x_2 \quad (7\text{-}13)$$

式中，$x_1$ 表示行驶里程（单元格 A18）；$x_2$ 表示分送货物次数（单元格 A19）。

由式（7-13），我们能得到以下几点认识。

- 当分送次数不变时，行驶里程每增加 1 英里，行驶时间平均将增加 0.067 2 小时。
- 当行驶里程保持不变时，分送次数每增加 1 次，行驶时间平均将增加 0.69 小时。

回归方程的截距项（行驶里程为 0 英里、分送次数为 0 的平均行驶时间）在这里没有意义，因为这是由外推给出来的结果。

由图 7-13，拟合优度系数 $R^2 = 0.8173$。在原先的简单线性回归中，通过再引入一个自变量（分送次数），行驶时间的变异得到了 81.73% 的解释。只含有行驶里程这个自变量的简单线性回归只能解释 66.41% 行驶时间的变异性，而引进自变量分送次数后，对行驶时间变异的解释提高了 15.32%，说明将分送次数当成自变量引入模型中是十分值得的。

对含有两个自变量 $x_1$ 和 $x_2$ 的多元线性回归模型，如果同时给定 $x_1$、$x_2$ 的值，这时我们就可以对因变量 $y$ 的取值进行估计。含有两个自变量的回归模型，在几何上就不再是一条直线了，而是立体坐标系中的一个回归平面，详见图 7-14。

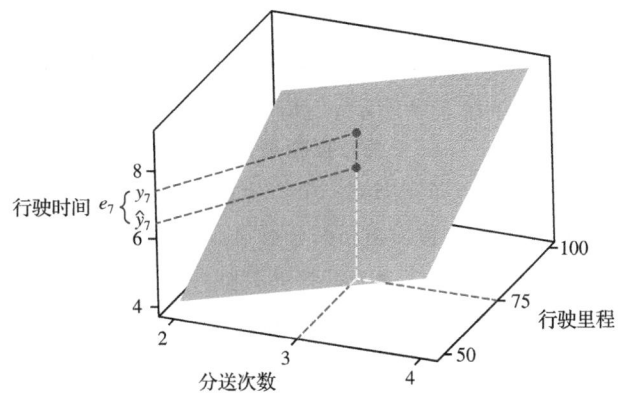

图 7-14 含有两个自变量的回归模型几何图像

图 7-14 给出了 Butler 汽运公司问题的估计的回归面，还显示了第七个运送任务行驶时间的估计情况。从图 7-14 我们能看出：行驶里程（$x_1$）或者分送次数（$x_2$）增加时，平面朝着行驶时间较大的方向上升。在 $x_1 = 75$、$x_2 = 3$ 的时候，对应该次运送任务的残差，是在 $x_1 = 75$、$x_2 = 3$ 的条件下，因变量 $y$ 的实际值与其估计的期望值之间的离差。在图 7-14 中，第七个运送任务的观察值位于回归面之上，说明回归模型低估了第七个运送任务的行驶时间。

注释与点评

尽管我们可以运用回归分析估计因变量和自变量之间的关系，但这并不能说明因变量和自变量之间一定存在着因果关系。判断自变量和因变量之间是否存在因果关系，仅仅依赖回归分析是不够的，还需要诉诸专业理论上的认识。在 Butler 汽运公司多元回归的例子中，通过回归分析，我们虽然能够找到依据，表明行驶里程和行驶时间之间存在着关系，分送次数和行驶时间也存在着关系，然而我们也不能仅凭这些，就断言行驶里程 $x_1$ 的变化导致了行驶时间 $y$ 的变化，或者分送次数 $x_2$ 的变化导致了行驶时间 $y$ 的变化。行驶里程和行驶时间、分送次数和行驶时间之间是否存在因果关系，恰当的做法是要让分析人员根据个人的专业知识和实践经验来做出判断。需要着重强调的一点，回归分析的结果并不能证明现象之间存在因果关系。

## 7.5 回归推断分析

在多元线性回归模型中，我们用统计量 $b_0, b_1, b_2, \cdots, b_q$ 作为总体参数 $\beta_0, \beta_1, \beta_2, \cdots, \beta_q$

的点估计。也就是，用 $b_0, b_1, b_2, \cdots, b_q$ 的每个取值，来估计相应的总体参数 $\beta_0, \beta_1, \beta_2, \cdots, \beta_q$ 的取值。与此类似，我们用 $\hat{y}$ 作为 $E(y \mid x_1, x_2, \cdots, x_q)$ 的点估计。

然而，我们需要认识到，样本不是总体的完全复制品。从同一个总体抽取不同的样本，得到 $b_0, b_1, b_2, \cdots, b_q$ 的值不完全相同，换句话说，点估计的结果是随着样本的变化而变化的，所以点估计量也属于随机变量。如果像 $b_0, b_1, b_2, \cdots, b_q$ 这样的点估计量值在不同的样本之间变化比较小，那么点估计就具有较低的变异性，由此根据随机样本计算出来的总体参数的点估计值，就具有较高的信度。反过来，如果样本与样本之间回归参数的点估计值变化很大，这样的点估计具有高变异性，由此根据随机样本计算出来的总体参数的点估计值其信度就比较低。拿 Butler 汽运公司的例子来说，我们对回归模型参数求出的估计值 $b_0$、$b_1$、$b_2$，它们的信度怎样呢？这些估计结果是具有低变异性因而相对可信，还是变异性较高因而没有价值呢？回答这些方面的问题，需要借助统计推断的思想。

> 关于区间估计和假设检验，我们在第 6 章做过比较系统的介绍。

**统计推断**是根据来自总体的样本观察，对总体特征（一个或一个以上的参数值）进行估计和形成结论的过程。在回归分析中，统计推断主要用于：

- 对回归模型中未知的参数 $\beta_0, \beta_1, \beta_2, \cdots, \beta_q$ 进行估计和检验。
- 在给定自变量 $x_1, x_2, \cdots, x_q$ 取值的条件下，对因变量 $y$ 的均值或预测值进行估计。

关于回归推断分析，我们主要讲解**区间估计**和**假设检验**。

### 7.5.1 推断分析的必要条件

在进行回归分析时，我们首先需要假设自变量和因变量之间的关系能用合适的模型表达。对于线性回归，假设多元回归模型为：

$$y = \beta_0 + \beta_1 x_1 + \beta_2 x_2 + \cdots + \beta_q x_q + \varepsilon$$

对上述理论模型，一般采用最小二乘法对模型的参数进行估计，得到参数 $\beta_0, \beta_1, \beta_2, \cdots, \beta_q$ 的估计量分别是 $b_0, b_1, b_2, \cdots, b_q$。在估计出模型中的参数之后，便得到估计的多元回归方程：

$$\hat{y} = b_0 + b_1 x_1 + b_2 x_2 + \cdots + b_q x_q$$

对于上述做法，我们一般不难理解，但问题是，这样的估计是不是有效。要想获得回归分析的有效估计，模型中的误差项 $\varepsilon$ 需要满足以下两个条件。

第一，对于自变量 $x_1$、$x_2, \cdots, x_q$ 的任何一组取值，误差项 $\varepsilon$ 服从于均值 0、同方差的正态分布；

第二，各个样本点处的误差项 $\varepsilon$ 统计上相互独立。

对于任何一组 $x_1, x_2, \cdots, x_q$ 取值，误差项服从均值 0、同方差的正态分布，其实际意义是能够保证回归估计的无偏性（不会出现或高或低的估计结果）、一致性和有效性（回归残差趋近小而不是变大）。要想获得有效的回归统计推断，第一个条件必须要得到满足。至于第二个条件，只有在从某个总体搜集时间序列数据时，为了保证回归统计推断的有效性，我们才会加以重视。然而，除非十分明显地违反这些条件，一般情形下回归推断都是可信的。

图 7-15 用几何图像形式直观地说明了简单线性回归的假定条件及其意义。

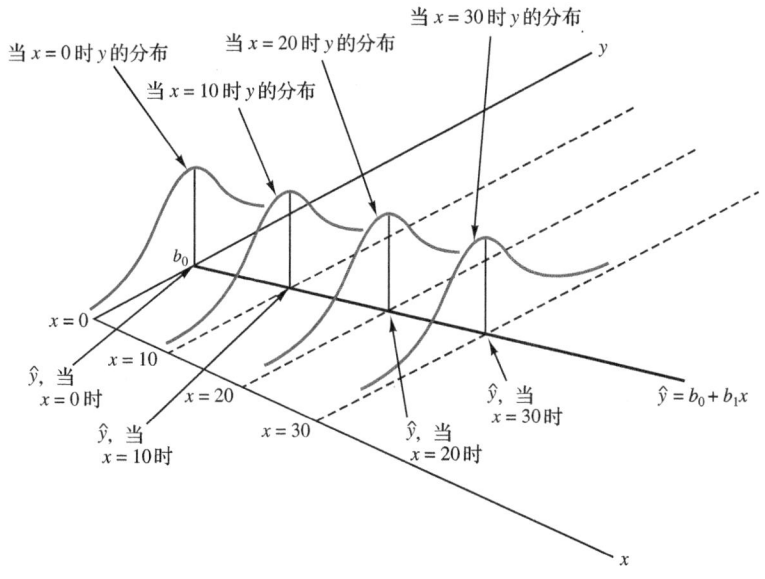

图 7-15　回归中有效推断的必要条件

注：对每个 x 取值，y 分布的形状是相同的。

由图 7-15 可知，随着自变量 x 取值的变化，$E(y|x)$ 始终呈线性变化。因此，在自变量 x 的每个取值处，误差项的均值总是等于 0。但是，无论自变量 x 取什么样的值，误差项 $\varepsilon$ 乃至因变量 y 都服从正态分布，并且方差相同。

为评估估计的回归方程的误差是否满足上述两个条件，需要对样本残差（$e_i = y_i - \hat{y}_i$，$i = 1, 2, \cdots, n$）进行考察。对是否违反了最小二乘回归条件，有许多复杂的诊断方法。然而，由回归残差与因变量预测值、回归残差和自变量取值绘制出来的散点图，虽然很简单，但很有效。我们应该注意考察残差散点图中可能存在的模式，一旦发现存在某种规则的形状，便意味着违反了回归分析的一个甚至多个必要条件。对于因变量预测值与残差

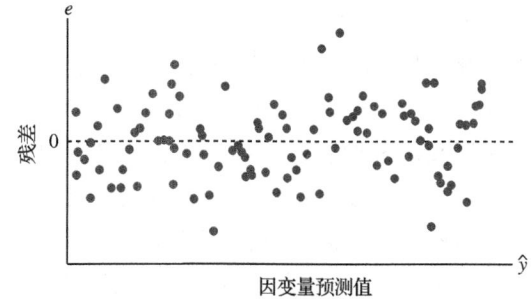

图 7-16　因变量预测值和残差散点图

散点图，如果回归分析的条件没有被违背，此时回归残差会频繁地围绕 0 这条水平线随机对称散布。为清晰起见，我们来看看图 7-16。

图 7-16 中不存在明显的形状，所以我们很难质疑回归分析的必要条件没有得到遵守。下面，我们再来看看图 7-17。

与图 7-16 相比，图 7-17 可就不一样了，每张图都显示出了不同的模式，也意味着至

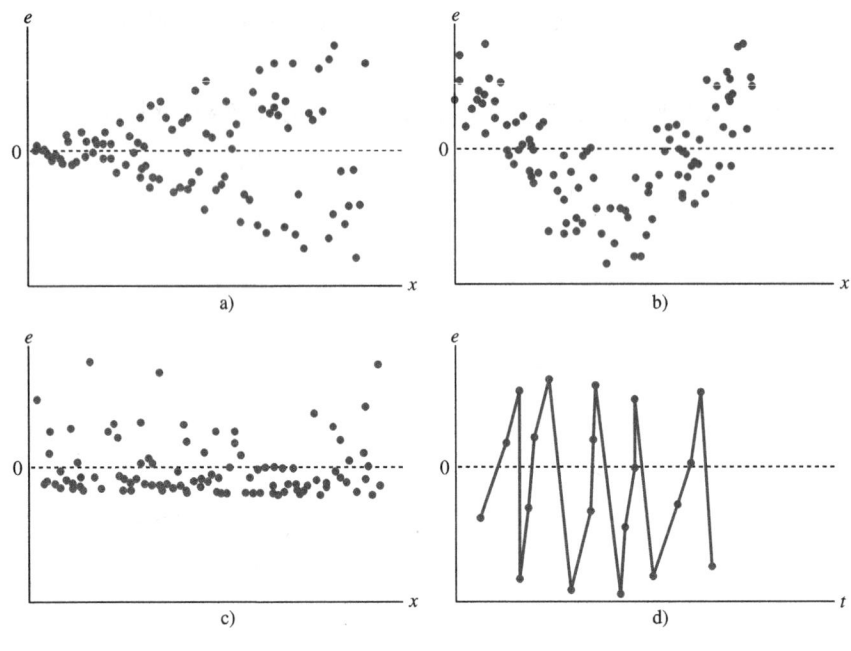

图 7-17　回归残差诊断图

少一个回归分析条件没有满足。图 7-17a 中，残差 $e$ 的离散程度随着自变量 $x$ 取值的增加而不断加大，表明残差中不存在同样水平的方差。图 7-17b 中，在自变量取较大值和较小值时，残差 $e$ 都是正数，除此之外，残差 $e$ 的取值都是负数，这说明线性回归模型在自变量取较小值和较大值时低估了因变量的取值，自变量在较小部分和较大部分之间取值时又高估了因变量的取值，总之在这种情况下，采用的回归模型不能恰当地表达自变量 $x$ 与因变量 $y$ 之间的关系。图 7-17c 中，残差并不是围绕着 0 对称散布的，在水平线 0 以下，出现了大量的靠近 0 水平线的负残差，但也有一部分正残差远离于水平线 0 之上，这种呈偏态状的残差分布，意味着正态分布的条件没有得到满足。图 7-17d 中，残差图是按照时间自变量变化绘制的，如果我们把该图的残差点 4 个当成一组，从中我们可以看出，第二个残差始终比第一个残差大，而又总是比第三个残差小，在各个组中，第四个残差都是最小的，这表明残差图中的残差不是相互独立产生的，如果搜集的是分季度数据，并且在建模时又没有给予足够的重视，就会出现这类情况。一旦出现诸如图 7-17 中的任一情形，那么由回归分析所做出的推断其信度都会大打折扣。

通常情况下，残差项不能满足上述条件，原因可能是：模型中丢掉了重要的自变量，或者是用来表达因变量和自变量关系的函数形式不合适。单纯计算回归参数估计量 $b_0, b_1, b_2, \cdots, b_q$ 的值，并不要求满足这些条件。但是，在进行回归推断分析（对因变量预测值进行区间估计，对回归参数 $\beta_0, \beta_1, \beta_2, \cdots, \beta_q$ 构造置信区间和开展假设检验）的时候，残差必须满足上述条件才能保证推断结果的信度。

利用 Excel 回归工具，能够绘制出自变量与残差的散点图。具体操作步骤是：在**回归**（Regression）对话框的**残差**（Residual）区域中，选择**残差图**（Residual Plots）即可。图 7-18 是用 Excel 绘制的 Butler 汽运公司行驶里程（$x_1$）与回归残差、分送次数（$x_2$）与回归残差的散点图。

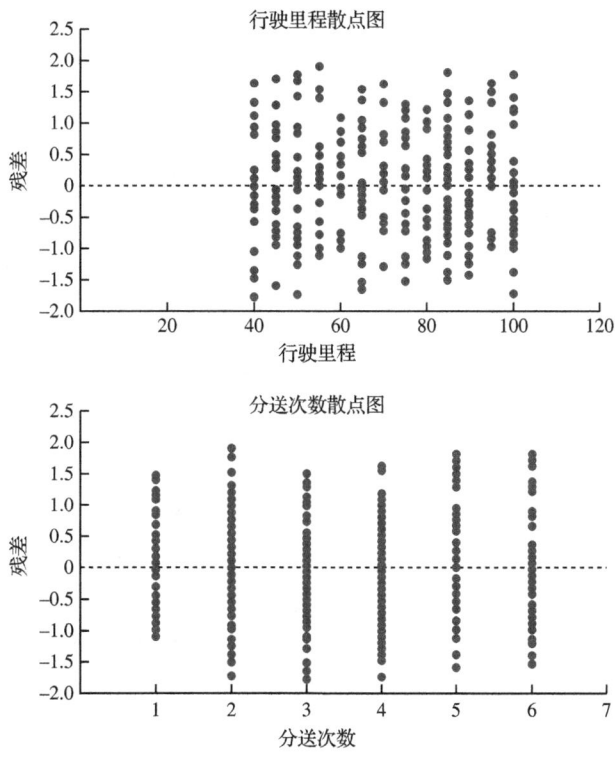

图 7-18　Butler 汽运公司多元回归的 Excel 残差图

由图 7-18 的行驶里程（$x_1$）与回归残差散点图可知，在每个行驶里程处，相应的残差均值都趋向于 0，并且存在着相同的方差，另外残差值都围绕着水平线 0 大致对称地散布着。分送次数与回归残差散点图虽然有某些规则存在，但不是太严重，可以忽略不计，并且可以认为这是由随机变异导致的。因此，我们没有太多的理由怀疑回归推断的有效性。

在回归推断分析条件诊断中，也经常用到由因变量估计值与回归残差 $e$ 绘制的散点图。同样可以利用 Excel 回归工具，绘制因变量预测值和回归残差的散点图。为了绘制因变量预测值和回归残差散点图，需要计算出因变量的预测值。利用 Excel 计算因变量的预测值，其过程可参见图 7-12，即在**回归**（Regression）对话框的**残差**（Residuals）中选定**残差**（Residuals），这时便能产生因变量预测值与观察值相应的回归残差。图 7-19 给出了 Butler 汽运公司例子中部分因变量预测值和残差。

由图 7-19 给出的因变量预测值和回归残差

| 23 | RESIDUAL OUTPUT | | |
|---|---|---|---|
| 24 | | | |
| 25 | Observation | Predicted Time | Residuals |
| 26 | 1 | 9.605504464 | −0.305504464 |
| 27 | 2 | 5.556419081 | −0.756419081 |
| 28 | 3 | 9.605504464 | −0.705504464 |
| 29 | 4 | 8.225507903 | −1.725507903 |
| 30 | 5 | 4.8664208 | −0.6664208 |
| 31 | 6 | 6.881873062 | −0.681873062 |
| 32 | 7 | 7.235932632 | 0.164037368 |
| 33 | 8 | 7.254143492 | −1.254143492 |
| 34 | 9 | 8.243688763 | −0.643688763 |
| 35 | 10 | 7.553690482 | −1.453690482 |
| 36 | 11 | 6.936415641 | 0.063584359 |
| 37 | 12 | 7.290505212 | −0.290505212 |
| 38 | 13 | 9.287776613 | 0.312223387 |
| 39 | 14 | 5.874146931 | 0.625853069 |
| 40 | 15 | 6.954596501 | 0.245403499 |
| 41 | 16 | 5.556419081 | 0.443580919 |

图 7-19　Butler 汽运公司部分因变量预测值和残差

资料，可以绘制出因变量预测值和回归残差的散点图，具体见图 7-20。

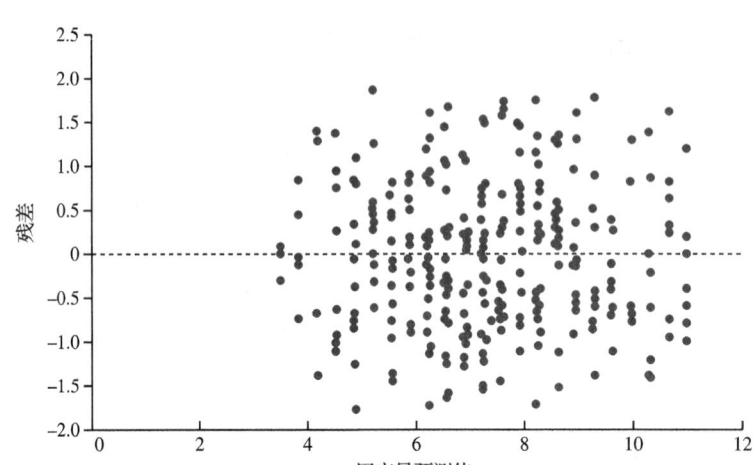

图 7-20　因变量预测值和回归残差散点图

由图 7-20 可以看出，在因变量的每个预测值处，残差均值趋向于 0，散点都围绕着水平线 0 保持着较为一致程度的散布。因此，根据图 7-20，我们也可以得出这样的结论：Butler 汽运公司的多元线性回归必要条件没有被违反，进行回归推断是可信的。

## 7.5.2　回归参数检验

一旦我们确定回归模型满足有效推断的必要条件，我们就可以开始检验假设以及建立置信区间。具体地说，就是检验因变量 $y$ 和各个自变量 $x_1, x_2, \cdots, x_q$ 之间的关系是否在统计意义上显著。注意：如果 $\beta_j$ 等于 0，意味着自变量 $x_j$ 变化时因变量 $y$ 不会发生变化，表明 $y$ 和 $x_j$ 之间不存在线性关系。相反，如果 $\beta_j$ 不等于 0，说明 $y$ 和 $x_j$ 存在线性关系。

关于因变量 $y$ 和 $x_j$ 之间是否存在线性关系，我们使用 $t$ 检验统计量检验假设：回归参数 $\beta_j$ 等于 0。相应的零假设和备择假设为

$$H_0 : \beta_j = 0$$
$$H_a : \beta_j \neq 0$$

> 关于假设检验比较详细的讲解，参见第 6 章。

$t$ 检验统计量的计算公式为

$$t = \frac{b_j}{s_{b_j}} \qquad (7\text{-}14)$$

式中，$b_j$ 是参数 $\beta_j$ 的点估计；$s_{b_j}$ 是估计量 $b_j$ 估计标准差。

> $b_j$ 的标准差也被叫作 $b_j$ 的标准误差，$s_{b_j}$ 就是 $b_j$ 的标准误差的估计。

$b_j$ 是参数 $\beta_j$ 的点估计，$b_j$ 在任一方向上偏离 0，对应的回归参数 $\beta_j$ 不等于 0 的样本证据就得到了加强。因此，随着 $t$ 值的增加（$t$ 在任一方向偏离 0），我们就越有可能拒绝回归参数 $\beta_j$ 等于 0 这个假设，由此可以推断因变量 $y$ 和自变量 $x_j$ 之间存在关系。

统计软件可以为 $t$ 检验统计量计算出 $p$ 值。对于给定 $t$ 值，$p$ 值代表着 $\beta_j$ 实际为 0 时，从同一总体搜集规模相同样本所得到 $t$ 值比较大的概率。因此，$p$ 值越小就说明拒绝 $\beta_j$ 等

于 0 的证据越强（即意味着因变量 $y$ 和自变量 $x_j$ 之间存在关系的证据越强）。当对应的 $p$ 值比显著性水平的预定值（通常是 0.05 或 0.01）小时，我们就拒绝原假设。

Excel 中的回归工具会输出每个回归参数的 $t$ 检验结果。图 7-13 给出的是 Butler 汽运公司自变量 $x_1$（行驶里程）、$x_2$（分送次数）的多元回归分析结果。参数估计量 $b_0$、$b_1$、$b_2$ 的值分别列示在单元格 B17、B18、B19 中，标准误差 $s_{b_0}$、$s_{b_1}$、$s_{b_2}$ 列示在相应的单元格 C17、C18、C19 中，假设检验的 $t$ 统计量值列示在对应的单元格 D17、D18、D19 中，检验统计量值对应的 $p$ 值列示在单元格 E17、E18、E19 中。

现在我们利用这些结果，检验假设 $\beta_1 = 0$。如果不拒绝这个假设，表明 $x_1$ 的值改变时因变量 $y$ 的均值不会随之发生改变，因此行驶时间和行驶里程不存在关系。根据图 7-13 的 Excel 输出结果，对应假设 $\beta_1 = 0$ 的 $t$ 统计量值是 27.365 5，$p$ 值是 3.539 8E-83。这个 $p$ 值告诉我们，如果 $\beta_1 = 0$ 成立，那么从 Butler 汽运公司运送任务的总体中，抽取一个含 300 个观察单位的简单随机样本所得到的 $t$ 统计量值，其绝对值大于 27.365 5 的发生概率实际上等于 0。这么小的 $p$ 值，代表着较高程度的不可能情形。因此，$p$ 值很小时，我们就在显著性水平小于等于 0.01 下拒绝假设 $\beta_1 = 0$，于是便可以认为行驶时间和行驶里程之间存在相关关系。

同样地，我们可以根据图 7-13 的输出结果，对假设 $\beta_2 = 0$ 进行检验。如果接受了该假设，意味着因变量 $y$ 的均值不会随着分送次数 $x_2$ 取值的变化而发生变化，这时可以认为行驶时间和分送次数不存在相关关系。从图 7-13 的 Excel 输出结果中，我们可以看到 $t$ 统计值是 23.373 1，$p$ 值是 2.848 26E-69。这个 $p$ 值告诉我们，如果 $\beta_2 = 0$ 成立，那么从 Butler 汽运公司运送任务的总体中，抽取一个含 300 个观察单位的简单随机样本所得到的 $t$ 统计量值，其绝对值大于 23.373 1 的发生概率实际上等于 0。这样的结果是没有太大的可能性的，如此小的 $p$ 值表明，在显著性水平小于等于 0.01 下，拒绝假设 $\beta_2 = 0$。所以，检验的结论是行驶时间和分送次数之间存在相关关系。

对于参数 $\beta_0$，我们同样可以进行假设检验。检验的假设是：$\beta_0 = 0$。如果我们接受原假设，那么我们就可以推断在自变量 $x_1$、$x_2$ 取值都等于 0 时，因变量 $y$ 的均值也等于 0，这相当于说，行驶里程为 0 并且没有分送次数时，便没有行驶时间。由图 7-13 的 Excel 输出结果我们可以看到，参数 $\beta_0$ 对应的估计量 $b_0$ 的 $t$ 值是 0.620 5，$p$ 值是 0.535 4。该 $p$ 值表明，从 Butler 汽运公司运送任务的总体中，抽取一个含 300 个观察单位的简单随机样本所得到的 $t$ 统计量值，其绝对值大于 0.620 5 的发生概率等于 0.535 4。$p$ 值比较大，所以我们不能拒绝假设，即认为 $\beta_0 = 0$ 是成立的。也就是说，行驶里程为 0、分送次数为 0 时，平均行驶时间为 0。

我们还可以通过置信区间进行上述有关假设检验。回归参数 $\beta_i$ 的**置信区间**是在一定的置信水平下能包含总体参数的估计区间。**置信水平**的含义是，从总体中用同样的抽样方式抽取若干个容量相同的样本，由每个样本观察资料构造总体参数的估计区间，在这些估计区间中包含着总体真实参数的估计区间占全部估计区间的比例。因此，95% 的置信区间，表明用同样的抽样方法从总体中抽取容量

> 关于区间估计，第 6 章中有较为深入的讲解。

相同的 100 个样本，由这些样本构造出来的 100 个区间中，平均起来有 95 个包含了总体参数的真实值。

根据统计量 $b_0, b_1, b_2, \cdots, b_q$，对总体参数 $\beta_0, \beta_1, \beta_2, \cdots, \beta_q$ 所做的置信区间，也可以用于对每一参数取值是否等于 0 的假设检验。在事先给定的显著性水平（比如 0.05）下，检验假设：$\beta_j$ 等于 0（表明 $x_j$ 和 $y$ 不存在线性关系），我们先构造置信水平为（1－0.05）× 100% 的置信区间，得到的置信区间如果不包含 0，可以推断 $\beta_j$ 在给定的显著性水平下不等于 0。

参数 $\beta_j$ 的置信区间形式为

$$b_j \pm t_{\alpha/2} s_{b_j}$$

式中，$b_j$ 是回归参数 $\beta_j$ 的点估计；$s_{b_j}$ 就是 $b_j$ 的估计标准误差；$t_{\alpha/2}$ 是与样本容量和给定置信水平 100%×（1－$\alpha$）有关的乘积项，更具体地说，$t_{\alpha/2}$ 是自由度为 $n－q－1$ 时 $t$ 分布右尾端对应 $\alpha/2$ 面积的 $t$ 值。

许多具有回归分析功能的统计软件，在输出回归分析结果的时候，一般都会给出模型中每个回归参数的置信区间。比如图 7-13 所示的 Butler 汽运公司问题的回归输出中，就给出了 $\beta_1$（对应自变量 $x_1$ 的回归系数，反映的是行驶里程对行驶时间的影响）、$\beta_2$（对应自变量 $x_2$ 的回归系数，反映的是分送次数对行驶时间的影响），以及因变量 $y$ 截距 $\beta_0$ 的置信区间。回归参数 $\beta_0$、$\beta_1$、$\beta_2$ 置信水平 95% 的置信区间，分别列示在单元格 F17:G17、单元格 F18:G18、单元格 F19:G19 中。无论是 $\beta_1$ 还是 $\beta_2$，它们的 95% 的置信区间都不含有 0，这样我们就可以认为在显著性水平 0.05 下，$\beta_1$、$\beta_2$ 都不等于 0。另外，$\beta_0$ 的 95% 的置信区间却含有 0，表明在显著性水平 0.05 下 $\beta_0$ 是等于 0 的。

Excel 回归工具对话框中，自带的置信水平是 95%，除此之外还给用户提供了对参数 $\beta_0$、$\beta_1$、$\beta_2$ 进行区间估计可自行选择的置信水平。在 Butler 汽运公司的例子中，对参数 $\beta_0$、$\beta_1$、$\beta_2$ 进行区间估计，我们设定了 99% 的置信水平，相应的结果分别显示在图 7-13 中单元格 H17:I17、H18:I18 和 H19:I19。不管是参数 $\beta_1$ 的 99% 置信区间，还是参数 $\beta_2$ 的 99% 置信区间，它们都不含有 0，所以我们认为在显著性水平 0.01 下，参数 $\beta_1$、$\beta_2$ 都不等于 0。可是，参数 $\beta_0$ 的 99% 的置信区间却含有 0，表明在显著性水平 0.01 下 $\beta_0$ 等于 0。

### 7.5.3 不显著自变量处理

如果样本观察数据不能做出拒绝 $\beta_j$ 等于 0 的假设，那么我们就可以推断因变量 $y$ 和自变量 $x_j$ 之间不存在线性关系。现在就产生了一个问题，我们应该怎样处理不显著的自变量，是仍然使用我们一开始采用的包含了不显著自变量的模型，还是重新构建不含有不显著自变量的新回归方程？究竟怎么做，与模型中涉及的自变量的数目多少有关，但最终应该取决于理论分析。如果实践经验表明，不显著的自变量和因变量存在相关关系，那么应该在模型中保留这样的不显著自变量。另一方面，如果在没有不显著自变量的情况下，模型能够充分地解释因变量，对此我们就应该考虑重新建立不包含不显著自变量的模型。注意：当我们去除不显著自变量时，模型中其他自变量的回归系数的估计值及其相应的 $p$ 值，有可能发生很大变化。

当截距项没有通过显著性检验的时候，模型中要不要保留截距项，这是需要慎重对待的。例如，在 Butler 汽运公司的多元回归模型中，截距项检验统计量的 $p$ 值是 0.535 4，按照规则该模型中的截距项是不显著的。对此，我们是不是因为不显著而将截距从模型中剔除出去呢？将截距项从模型中剔除出去很简单，这时只要在 Excel 回归控件中选定**常数等于 0**（Constant is zero）就可以了。如此一来，就会强行使回归模型穿过原点（当自变量 $x_1, x_2, \cdots, x_q$ 都等于 0 时，因变量的估计值等于 0）。然而这样做，有可能会严重改变回归模型的斜率，并且会导致回归模型的有效性减弱，从而降低因变量预测值的准确性。因为回归分析的基本目的，是在给定位于样本观察范围内自变量观察值时，通过模型对因变量进行解释或预测，如果由此导致预测准确性降低，那就得不偿失了。因此，除非有先验理由相信，所有自变量取值都为 0 则因变量也等于 0 时，我们才会这样做。回归方程经过原点的现象也会经常见到，比较典型的是劳动密集型生产活动。如果用产出表示因变量，劳动时间投入作为自变量，依此构造的回归模型就会经过原点，因为生产过程是纯靠人工的，据此可以认为当投入的劳动时间为 0，这时是不会有任何产出的。

### 7.5.4 多重共线性

在回归分析中，我们使用自变量一词，主要是将其与因变量区分开来。然而，这不意味着，自变量与自变量之间在统计意义上相互独立。恰好相反，多元回归分析中的大多数自变量彼此之间存在着一定的相关性。以 Butler 汽运公司为例，我们用两个自变量 $x_1$（行驶里程）、$x_2$（分送次数）构造了回归分析模型，对这两个自变量，我们计算它们的样本相关系数，得到 $r_{x_1, x_2} = 0.16$。因此，可以认为行驶距离和分送次数之间存在某种程度的线性相关。在多元回归分析中，自变量之间的相关关系，称为**多重共线性**。

为了对多重共线性带来的潜在影响有更为深入的感受，我们对已经用过的 Butler 汽运公司的模型做些修改：用汽油消耗量来代替之前的分送次数。很明显，行驶里程 $x_1$ 和汽油消耗量 $x_2$ 之间一定存在相关关系。汽油消耗量在很大程度上取决于行驶里程，因此从情理上我们可以断定，行驶里程 $x_1$ 和汽油消耗量 $x_2$ 之间是高度相关的。在模型中，如果用行驶里程 $x_1$ 和汽油消耗量 $x_2$ 作为自变量，那么这样的多元回归模型便存在着多重共线性。

根据采集到的 Butler 汽运公司的行驶时间（$y$）、行驶里程（$x_1$）和汽油消耗量（$x_2$）的观察数据，利用 Excel 回归功能，得到的回归分析结果见图 7-21。

由图 7-21 可知，当我们用 $t$ 检验确定 $\beta_1$ 是否等于 0 时，检验统计量的 $p$ 值等于 3.154 4E-07，这样得出拒绝假设的结论，认为行驶时间和行驶里程之间存在着相关关系。另一方面，当我们用 $t$ 检验确定 $\beta_2$ 是否等于 0 时，检验统计量对应的 $p$ 值等于 0.658 8，据此不能拒绝假设，可这是否意味着行驶时间与汽油消耗量之间不存在相关关系呢？现在的问题是，这样的结论合理吗？

对于这样的情况，可能的解释是，因为模型中包含了行驶里程（$x_1$），从而使自变量

|   | A | B | C | D | E | F | G | H | I |
|---|---|---|---|---|---|---|---|---|---|
| 1 | SUMMARY OUTPUT | | | | | | | | |
| 2 | | | | | | | | | |
| 3 | *Regression Statistics* | | | | | | | | |
| 4 | Multiple R | 0.69406354 | | | | | | | |
| 5 | R Square | 0.481724198 | | | | | | | |
| 6 | Adjusted R Square | 0.478234125 | | | | | | | |
| 7 | Standard Error | 1.398077545 | | | | | | | |
| 8 | Observations | 300 | | | | | | | |
| 9 | | | | | | | | | |
| 10 | ANOVA | | | | | | | | |
| 11 | | | df | SS | MS | F | Significance F | | |
| 12 | Regression | | 2 | 539.5808158 | 269.7904079 | 138.0269794 | 4.09542E-43 | | |
| 13 | Residual | | 297 | 580.5223842 | 1.954620822 | | | | |
| 14 | Total | | 299 | 1120.1032 | | | | | |
| 15 | | | | | | | | | |
| 16 | | Coefficients | Standard Error | t Stat | P-value | Lower 95% | Upper 95% | Lower 99.0% | Upper 99.0% |
| 17 | Intercept | 2.493095385 | 0.33669895 | 7.404523781 | 1.36703E-12 | 1.830477398 | 3.155713373 | 1.620208758 | 3.365982013 |
| 18 | Miles | 0.074701825 | 0.014274552 | 5.233216928 | 3.15444E-07 | 0.046609743 | 0.102793908 | 0.037695279 | 0.111708371 |
| 19 | Gasoline Consumption | −0.067506102 | 0.152707928 | −0.442060235 | 0.658767336 | −0.368032789 | 0.233020584 | −0.463398955 | 0.328386751 |

图 7-21　行驶时间、行驶里程和汽油消耗量的 Excel 回归分析

汽油消耗量（$x_2$）对因变量产生不了显著的边际贡献。针对 Butler 汽运公司的例子，做出这样的解释也许是合理的，因为如果我们知道了行驶里程，再用汽油消耗量预测行驶时间，不会带来更多的有用信息。

下面我们来考察一下行驶里程与汽油消耗量之间的散点图，具体见图 7-22。

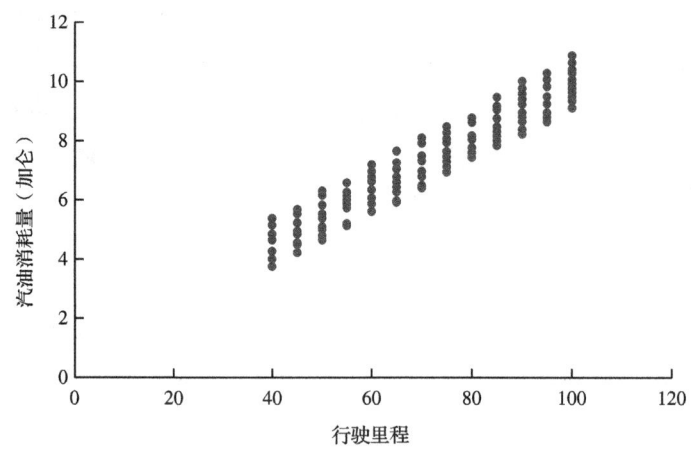

图 7-22　Butler 汽运公司行驶里程和汽油消耗量散点图

由图 7-22 我们可以看出，行驶里程和汽油消耗量之间存在很强的相关关系。

注意：即使在行驶时间与行驶里程、汽油消耗量的模型中，也给出了拒绝 $\beta_1 = 0$ 的假设，但与以行驶里程和分送次数为自变量的多元回归相比，$t$ 统计量值变得小了，并且 $p$ 值大了很多。因此，在以行驶里程和汽油消耗量为自变量的多元回归中，拒绝假设 $\beta_1 = 0$ 的证据显得弱了。这一切，可能都与行驶里程和汽油消耗量之间高度相关有关。

在对各个回归参数进行 $t$ 假设检验的时候，模型中如果存在多重共线性，有可能会给

某些本来与因变量有关系的自变量带来没有通过假设检验的后果。在没有严重多重共线性的回归模型中，这样的情况是不可能出现的。

为了识别多元回归模型中是否存在严重的共线性，统计学家已经研究出了很多方法。除了绘制像图 7-22 那样的散点图外，还可以计算模型中自变量之间的相关系数，来帮助识别共线性的严重程度。根据经验规则，如果由样本观察资料计算出来的两个自变量间的相关系数绝对值超过 0.7，那么我们就认为模型中可能存在着比较严重的共线性。在 Excel 中，计算自变量之间相关系数的方法是：

> 关于相关与如何利用 Excel 进行计算，第 2 章有比较详细的讲解。

$$= \text{CORREL}(B2:B301, C2:C301)$$

由上式，行驶里程（数据录入在 B 列）和汽油消耗量（数据录入在 C 列）之间的相关系数计算结果是 0.957 2，这验证了行驶里程和汽油消耗量是存在多重共线性的。

为比较起见，我们也来计算行驶里程与分送次数之间的相关关系，Excel 的计算方法是：

$$= \text{CORREL}(B2:B301, D2:D301)$$

由上式，行驶里程（数据录入在 B 列）和分送次数（数据录入在 D 列）之间的相关系数计算结果是 0.025 8，表明行驶里程和分送次数之间不存在多重共线性。关于多重共线性的检查有许多高级方法，本书不做过多介绍。

多重共线性带来的主要影响在于：增大了回归参数 $\beta_0, \beta_1, \beta_2, \cdots, \beta_q$ 估计量 $b_0, b_1, b_2, \cdots, b_q$ 以及因变量预测值 $\hat{y}$ 的标准差，因此根据这些参数估计量所进行的统计推断，其精确度可能会降低，即对回归参数 $\beta_0, \beta_1, \beta_2, \cdots, \beta_q$ 给出的置信区间，以及因变量预测值的置信区间，将会变得更宽。在进行回归参数假设检验的时候，由于存在比较严重的共线性，这往往会导致更有可能接受假设，从而把某个自变量与因变量存在的相关关系，错误地当成不存在相关。另外，共线性还有可能会产生令人困惑或扭曲的回归参数估计。因此，如果做回归分析的目的是要进行统计推断（包括对因变量预测值进行置信区间估计，对回归参数进行区间估计和假设检验），只要有可能，那就要尽力避免模型中出现高度相关的自变量。例如，当模型中有一对自变量高度相关，那么最好在回归模型中只保留其中一个自变量。如果决策人认为确实有必要存在多重共线性，而且模型中需要同时存在高度相关的自变量时，我们要提醒的是，这时候要想分别认识每个自变量和因变量的回归关系，那就有可能变得十分困难（甚至不可能）。最后要说明的是，多重共线性不会影响回归模型的预测分析，所以如果建立多元回归模型的目的在于进行预测，那么我们也许就不必对它是否存在那么较真。

●─◦─●─◦─● 注释与点评 ●─◦─●─◦─●

1. 在多元回归分析中，我们可以对回归参数都等于 0 的假设进行检验（即 $H_0: \beta_1 = \beta_2 = \cdots = \beta_q = 0$；$H_a: \beta_1, \beta_2, \cdots, \beta_q$ 不全等于 0）。此时，需要用到 $F$ 检验和 $F$ 概率分布。由样本资料建立的 $F$ 检

验统计量为

$$F = \frac{\text{SSR}/q}{\text{SSE}/(n-q-1)}$$

式中，SSR 的定义见式（7-5）；SSE 的定义见式（7-7）；$q$ 为回归模型中自变量的数目；$n$ 为样本观察数目。如果 $F$ 统计量相应的 $p$ 值比事先设定的显著性水平（通常是 0.05 或 0.01）小，那就拒绝零假设 $H_0: \beta_1 = \beta_2 = \cdots = \beta_q = 0$，表明总体上存在回归关系，否则就不认为总体上存在回归关系。Excel 的回归分析工具会输出 $F$ 检验的结果，参见图 7-13。对 Butler 汽运公司的例子，该问题是两个自变量 $x_1$（表示行驶里程）和 $x_2$（表示分送次数）的多元线性回归，$F$ 统计量及相应的 $p$ 值列示在单元格 E24、F24 中。从图 7-13 可以看出，$F$ 统计量的 $p$ 值基本上为 0，由于 $p$ 值非常小，所以在显著性水平 0.01 下，可以拒绝零假设，即可以认为总体上运送时间和行驶里程、分送次数之间存在着回归关系。

2. 在线性回归分析中，自变量 $x_j$ 和因变量 $y$ 之间存在显著性关系，但这并不意味着它们之间的关系是线性的。我们只能说自变量 $x_j$ 和因变量 $y$ 之间存在相关关系，在自变量 $x_j$ 的样本观察值范围内，线性关系只是解释了因变量 $y$ 统计显著性变异的一部分。
3. 只考察两两自变量之间的相关关系，并不足以说明多重共线性问题。有的时候，也会存在某个自变量与其他几个自变量高度相关，对此我们可以通过多元回归从样本数据的角度评估是否存在这样的现象。例如，起初拟定的多元回归模型中包含的自变量有 $x_1, x_2, \cdots, x_q$，如果怀疑自变量 $x_1$ 与 $x_2, \cdots, x_q$ 中的某几个存在高度相关关系，这时候可以用 $x_1$ 作为因变量，以 $x_2, \cdots, x_q$ 中的那几个变量作为自变量，那么可以运用拟合优度系数 $R^2$ 判断它们之间是否存在严重的共线性。一条经验规则是，如果这样构建的回归模型其拟合优度系数 $R^2$ 超过 0.5，我们就需要注意 $x_1$ 与 $x_2, \cdots, x_q$ 中的某几个存在多重共线性。
4. 样本观察规模比较小，评价回归统计推断的必要条件是否得到满足是比较困难的。同样，样本容量小的话，要通过样本观察数据评估多重共线性可能也行不通。
5. 在许多场合下，用于估计因变量的自变量的取值是不知道的。例如，企业可能用竞争对手的产品定价作为回归模型的自变量，以用于对未来本企业的市场需求进行预测。可是，竞争对手产品定价在未来是什么情况，企业是不可能掌握的，所以只能对竞争对手的产品定价进行估计，然后用估计值来预测企业的市场需求。这样的做法司空见惯，但我们需要小心谨慎，自变量不准确的估计值，会波及因变量预测值的准确性。

## 7.6 属性自变量

到目前为止，我们已经介绍的回归分析中的自变量都是数量变量，比如行驶里程和分送次数等。然而在许多场合下，模型中用到的自变量有可能是属性变量，如婚姻状况（已婚、未婚）、支付方式（现金、信用卡或签单）等。这一节我们着重介绍在回归分析中如何对待这些属性自变量。为了讲清楚属性自变量的运用和反映功能，我们仍然以 Butler 汽运公司的问题为例。

### 7.6.1 引入属性自变量

对 Butler 汽运公司的运送任务来说，有的货物的运送要求送货司机在下午高峰时段通过一段拥堵的高速公路。该公司的管理人员认为，这一因素可能也会给行驶时间的变化带来一定的影响。对此，我们怎样才能将交通拥堵这个因素考虑进回归模型中呢？

我们之前考虑的自变量（如行驶里程和分送次数）都是数量性质的，现在这个新变量却是属性的。为此，我们需要定义一种新的变量形式，即**虚拟变量**。现有的模型中包含了行驶里程（$x_1$）和分送次数（$x_2$），为了将交通拥堵纳入回归模型中，可以这样来定义交通拥堵变量：

$$x_3 = \begin{cases} 0, & 运输过程中没有出现交通拥堵 \\ 1, & 在运输过程中出现了交通拥堵 \end{cases}$$

上述定义给出的自变量 $x_3$ 就属于虚拟变量，其取值要么是 1，要么是 0：$x_3 = 1$ 表示在运送货物的路上出现了拥堵，$x_3 = 0$ 表示在运送货物的路上没有出现交通拥堵。这样一来，我们就可以将交通拥堵（$x_3$）连同行驶里程（$x_1$）和分送次数（$x_2$）当成自变量，在行驶时间之间建立回归分析模型。

> 虚拟变量有时又被叫作示性变量。

添加进交通拥堵这样的虚拟变量，能给 Butler 汽运公司的回归模型增加有价值的信息吗？为此，分别对包含和不包含交通拥堵因素做回归，并根据回归分析得到的残差绘制出残差分布图，具体见图 7-23。

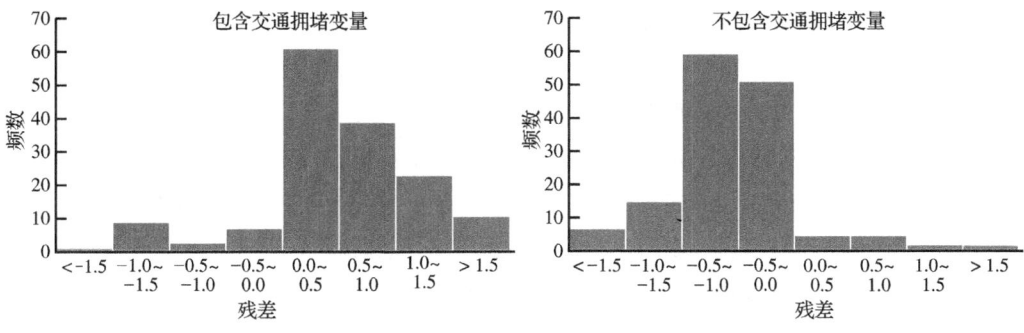

图 7-23　包不包含交通拥堵回归分析残差图

回归残差是第 $i$ 个因变量实际观察值与其回归预测值之间的离差，即 $e_i = y_i - \hat{y}_i$。图 7-23 的直方图表明，引入交通拥堵变量后的回归残差出现了更多的正数，说明整体上低估了这些运送任务的行驶时间。相反地，不含有交通拥堵因素的回归残差普遍出现负数，表明我们整体上高估了这些运送任务的行驶时间。所有这些情况告诉我们，在模型中引入虚拟变量能够更好地解释行驶时间的变异，因此需要在 Butler 汽运公司的问题中加进虚拟变量 $x_3$。在加进交通拥堵（$x_3$）后，运用 Excel 回归分析功能，得到的输出结果见图 7-24。

由图 7-24 的输出，得到的 Butler 汽运公司估计的回归方程为

$$\hat{y} = -0.330\,2 + 0.067\,2x_1 + 0.673\,5x_2 + 0.998\,0x_3 \tag{7-15}$$

## 7.6.2　解读参数的意义

只有在检查满足回归有效推断的必要条件，并且模型不存在严重共线性之后，我们才

| | A | B | C | D | E | F | G | H | I |
|---|---|---|---|---|---|---|---|---|---|
| 1 | SUMMARY OUTPUT | | | | | | | | |
| 2 | | | | | | | | | |
| 3 | *Regression Statistics* | | | | | | | | |
| 4 | Multiple R | 0.940107228 | | | | | | | |
| 5 | R Square | 0.8838016 | | | | | | | |
| 6 | Adjusted R Square | 0.882623914 | | | | | | | |
| 7 | Standard Error | 0.663106426 | | | | | | | |
| 8 | Observations | 300 | | | | | | | |
| 9 | | | | | | | | | |
| 10 | ANOVA | | | | | | | | |
| 11 | | *df* | *SS* | *MS* | *F* | *Significance F* | | | |
| 12 | Regression | 3 | 989.9490008 | 329.9830003 | 750.455757 | 5.7766E–138 | | | |
| 13 | Residual | 296 | 130.1541992 | 0.439710132 | | | | | |
| 14 | Total | 299 | 1120.1032 | | | | | | |
| 15 | | | | | | | | | |
| 16 | | *Coefficients* | *Standard Error* | *t Stat* | *P-value* | *Lower 95%* | *Upper 95%* | *Lower 99.0%* | *Upper 99.0%* |
| 17 | Intercept | −0.330229304 | 0.167677925 | −1.969426232 | 0.04983651 | −0.66022126 | −0.000237349 | −0.764941128 | 0.104482519 |
| 18 | Miles | 0.067220302 | 0.00196142 | 34.27125147 | 4.7852E-105 | 0.063360208 | 0.071080397 | 0.062135243 | 0.072305362 |
| 19 | Deliveries | 0.67351584 | 0.023619993 | 28.51465081 | 6.74797E-87 | 0.627031441 | 0.720000239 | 0.612280051 | 0.734751629 |
| 20 | Highway | 0.9980033 | 0.076706582 | 13.0106605 | 6.49817E-31 | 0.847043924 | 1.148962677 | 0.799138374 | 1.196868226 |

图 7-24 含有虚拟变量的 Butler 汽运公司模型分析结果

能利用回归分析进行推断。从图 7-24 的输出结果我们能看出，行驶里程 $t$ 检验统计量（$p$ 值 = 4.785 2E-105）、分送次数 $t$ 检验统计量（$p$ 值 = 6.748 0E-87）、虚拟变量交通拥堵 $t$ 检验统计量（$p$ 值 = 6.498 2E-31）的 $p$ 值都非常小，说明每个自变量都和行驶时间存在相关关系。因此，根据式（7-15）可以得出：

- 分送次数和交通拥堵一定时，行驶里程每增加 1 英里，行驶时间增加 0.067 2 小时。
- 行驶里程和交通拥堵一定时，分送次数每增加 1 次，行驶时间增加 0.673 5 小时。
- 分送次数和行驶里程一定时，交通拥堵将增加行驶时间 0.998 0 小时。

另外，拟合优度系数 $R^2 = 0.883\,8$，表明拟定的回归模型能解释约 88.4% 的行驶时间变异。因此，式（7-15）对预测不同运送任务的行驶时间能起到帮助作用。

由于交通拥堵（$x_3$）是虚拟变量，其取值只有 0 或 1 两种情形，因此当 $x_3 = 0$（运送任务不含有拥堵路段）时，Butler 汽运公司问题的回归方程可以表达成：

$$\hat{y} = -0.330\,2 + 0.067\,2x_1 + 0.673\,5x_2 + 0.998\,0 \times 0$$
$$= -0.330\,2 + 0.067\,2x_1 + 0.673\,5x_2 \tag{7-16}$$

当 $x_3 = 1$ 时（运送任务含有拥堵路段），存在：

$$\hat{y} = -0.330\,2 + 0.067\,2x_1 + 0.673\,5x_2 + 0.998\,0 \times 1$$
$$= 0.667\,8 + 0.067\,2x_1 + 0.673\,5x_2 \tag{7-17}$$

比较式（7-16）和式（7-17），我们能看出，不管运送任务是否经过拥堵路段，运送时间均值都和 $x_1$、$x_2$ 呈同样的线性关系。只不过式（7-16）的截距项是 −0.330 2，而式（7-17）的截距项是 0.667 8，含不含有交通拥堵因素两者之间相差 0.998 0 小时。

实际上，引进虚拟变量，我们能得到可用以预测运送时间的两个回归方程：其一是运送任务包含了经过拥堵路段的回归方程，其二是运送任务不经过拥堵路段的回归方程。

### 7.6.3 多个属性变量的处理

在上述对 Butler 汽运公司的回归分析中,使用的属性变量存在两个水平,即含有拥堵路段的运送任务以及不含拥堵路段的运送任务。因此,引进的虚拟变量其取值也分别指定了两个值,0 表示不含拥堵路段的运送任务,1 表示含有拥堵路段的运送任务。可是,有时我们遇到的属性变量可能取两个以上的水平。如果是这样的情况,那我们在定义和解释的时候就要小心对待。如果属性变量包含 $k$ 个水平,这时我们只需要定义 $k-1$ 个虚拟变量,每个虚拟变量的取值仍然是 0 或 1。

某自动售货机制造企业出于特殊情况,打算在 3 个区域(用 A、B、C 表示)组织销售。该公司的管理人员想运用回归分析预测每周自动售货机的销售量,为此以销售量为因变量,同时也考虑了一些自变量(如销售人数、广告费用等)。假设该公司的管理人员认为,销售区域是预测销售量的一个重要因子。销售区域是 3 个水平的分类变量,所以我们需要设置 3 - 1 = 2 个虚拟变量,具体定义如下:

$$x_1 = \begin{cases} 1, & \text{在 B 区域销售} \\ 0, & \text{不在 B 区域销售} \end{cases}$$

$$x_2 = \begin{cases} 1, & \text{在 C 区域销售} \\ 0, & \text{不在 C 区域销售} \end{cases}$$

根据这个定义,$x_1$ 和 $x_2$ 的取值是:

| 区域 | $x_1$ | $x_2$ |
|---|---|---|
| A | 0 | 0 |
| B | 1 | 0 |
| C | 0 | 1 |

这时,反映平均销售量与虚拟变量之间关系的回归方程可以表达成:

$$\hat{y} = b_0 + b_1 x_1 + b_2 x_2$$

对销售区域 A,相应有 $x_1 = 0$、$x_2 = 0$,回归方程为:

$$\hat{y} = b_0 + b_1 \times 0 + b_2 \times 0 = b_0$$

对销售区域 B,相应有 $x_1 = 1$、$x_2 = 0$,回归方程为:

$$\hat{y} = b_0 + b_1 \times 1 + b_2 \times 0 = b_0 + b_1$$

对销售区域 C,相应有 $x_1 = 0$、$x_2 = 1$,回归方程为:

$$\hat{y} = b_0 + b_1 \times 0 + b_2 \times 1 = b_0 + b_2$$

因此,$b_0$ 是销售区域 A 估计的平均销售量,$b_1$ 是销售区域 B 平均销售量与销售区域 A 平均销售量之间的差,$b_2$ 是销售区域 C 平均销售量与销售区域 A 平均销售量之间的差。

由于销售区域被划分成 3 个类别,对这样的属性变量只需要 2 个虚拟变量就可以了。此时,$x_1 = 0$、$x_2 = 0$ 表示的是销售区域 A,$x_1 = 1$、$x_2 = 0$ 表示的是销售区域 B,$x_1 = 0$、$x_2 = 1$ 表示的是销售区域 C。不过这样的处理并不是唯一的,我们也可以选择让 $x_1 = 1$、$x_2 = 0$ 表示销售区域 A,$x_1 = 0$、$x_2 = 0$ 表示销售区域 B,$x_1 = 0$、$x_2 = 1$ 表示销售区域 C。如果这样做的话，此时 $b_0$ 就是销售区域 B 的平均销售量，$b_1$ 是销售区域 A 平均销售量和销售区域 B 平均销售量之间的差，$b_2$ 是销售区域 C 平均销售量和销售区域 B 平均销售量之间的差。

虚拟变量经常用在对销售数据的季节效应建模中，如果数据是按季度采集的，这时我们需要设置三个虚拟变量，可以采用如下的表达形式：

$$x_1 = \begin{cases} 1, & 春季 \\ 0, & 其他 \end{cases} \quad x_2 = \begin{cases} 1, & 夏季 \\ 0, & 其他 \end{cases}$$

$$x_3 = \begin{cases} 1, & 秋季 \\ 0, & 其他 \end{cases}$$

记住这一点非常有必要，就是当属性变量有 $k$ 个水平时，多元回归分析需要设置 $k-1$ 个虚拟变量。因此，假如还存在第四个销售区域 D，就需要设置 3 个虚拟变量，它们的定义可以采用如下的方式：

$$x_1 = \begin{cases} 1, & 在 B 区域销售 \\ 0, & 不在 B 区域销售 \end{cases}$$

$$x_2 = \begin{cases} 1, & 在 C 区域销售 \\ 0, & 不在 C 区域销售 \end{cases}$$

$$x_3 = \begin{cases} 1, & 在 D 区域销售 \\ 0, & 不在 D 区域销售 \end{cases}$$

●──●──●──●──● 注释与点评 ●──●──●──●──●

在多元线性回归分析中，自变量中含有属性变量，这时要诊断多重共线性是比较困难的。本章的 7.5 节，我们介绍了用相关系数探测多重共线性，但这也仅适用于数量性质的自变量。前面我们讲过在现有回归分析模型中引入一个新的自变量（或者从现有回归分析模型中删除一个自变量），这时回归参数估计量 $b_0, b_1, b_2, \cdots, b_q$ 及其相应的 $p$ 值会发生很大的变化，多元线性回归模型中存在共线性的可能性非常大。我们可以运用这个结论，去评估回归模型自变量中含有虚拟变量时的多重共线性问题。具体做法是：对含有虚拟变量和不含有虚拟变量的模型分别进行回归分析，观察含有虚拟变量的回归模型，如果回归参数估计量 $b_0, b_1, b_2, \cdots, b_q$ 及其相应的 $p$ 值发生的变化比较小，我们可以相信不存在严重多重共线性。

## 7.7 非线性回归模型

对一些比较复杂的关系，我们也可以建立回归分析模型。为了讲清楚这一方面的内容，我们先来看个具体事例。Reynolds 公司生产工业电子秤和实验设备，该公司的管理人员想要考察销售人员的从业月数和电子秤销售量之间的关系，表 7-4 是为此采集的数据。

根据表 7-4 的资料，绘制出来的散点图见图 7-25。

从图 7-25 可以看出，销售人员的从业月数和销售量之间存在着曲线关系。

表 7-4 销售人员从业月数与销售量

| 从业月数 | 销售量 | 从业月数 | 销售量 |
| --- | --- | --- | --- |
| 41 | 275 | 40 | 189 |
| 106 | 296 | 51 | 235 |
| 76 | 317 | 0 | 83 |
| 100 | 376 | 12 | 112 |
| 22 | 162 | 6 | 67 |
| 12 | 150 | 56 | 325 |
| 85 | 367 | 19 | 189 |
| 111 | 308 | | |

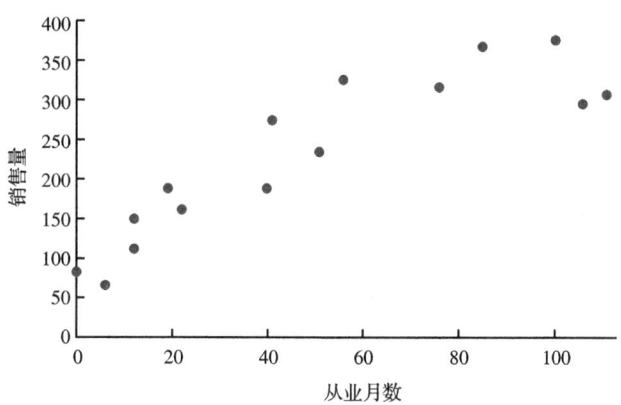

图 7-25 销售人员从业月数与销售量散点图

这里我们暂且不考虑如何建立曲线关系的回归模型，而把它们当成简单线性回归来处理。由表 7-5 的数据，利用 Excel 的回归功能，得到图 7-26 的输出结果。

| | A | B | C | D | E | F | G | H | I |
|---|---|---|---|---|---|---|---|---|---|
| 1 | SUMMARY OUTPUT | | | | | | | | |
| 2 | | | | | | | | | |
| 3 | *Regression Statistics* | | | | | | | | |
| 4 | Multiple R | 0.888897515 | | | | | | | |
| 5 | R Square | 0.790138792 | | | | | | | |
| 6 | Adjusted R Square | 0.773995622 | | | | | | | |
| 7 | Standard Error | 48.49087146 | | | | | | | |
| 8 | Observations | 15 | | | | | | | |
| 9 | | | | | | | | | |
| 10 | ANOVA | | | | | | | | |
| 11 | | | df | SS | MS | F | Significance F | | |
| 12 | Regression | | 1 | 115089.1933 | 115089.1933 | 48.94570268 | 9.39543E-06 | | |
| 13 | Residual | | 13 | 30567.74 | 2351.364615 | | | | |
| 14 | Total | | 14 | 145656.9333 | | | | | |
| 15 | | | | | | | | | |
| 16 | | | Coefficients | Standard Error | t Stat | P-value | Lower 95% | Upper 95% | Lower 95.0% | Upper 95.0% |
| 17 | Intercept | | 113.7452874 | 20.81345608 | 5.464987985 | 0.000108415 | 68.78054927 | 158.7100256 | 68.78054927 | 158.7100256 |
| 18 | Months Employed | | 2.367463621 | 0.338396631 | 6.996120545 | 9.39543E-06 | 1.636402146 | 3.098525095 | 1.636402146 | 3.098525095 |

图 7-26 销售人员从业月数和销售量的简单线性回归

由图 7-26 得到的回归方程为

$$销售量 = 113.745\,3 + 2.367\,5 \times 从业月数$$

尽管计算机软件输出的结果表明，销售人员从业月数和销售量之间的关系是显著的（图 7-26 显示，单元格 E18 的 $t$ 统计量值对应的 $p$ 值 $= 9.395\,4E\text{-}06$），并且用销售人员的从业月数解释销售量的拟合优度系数也很高（单元格 B5 的 $r^2 = 0.790\,1$），然而，销售量的预测值与回归残差的散点图（见图 7-27）却表现出明显的形状。

不仅如此，残差与自变量散点图也存在着明显规则的形状，表明采用曲线关系的回归模型拟合效果可能更好。

除非实践经验能佐证销售量和销售人员从业月数确实不是非线性关系，否则我们最好还是尝试在销售量和销售人员从业月数之间建立曲线关系的回归模型。根据学习曲线理

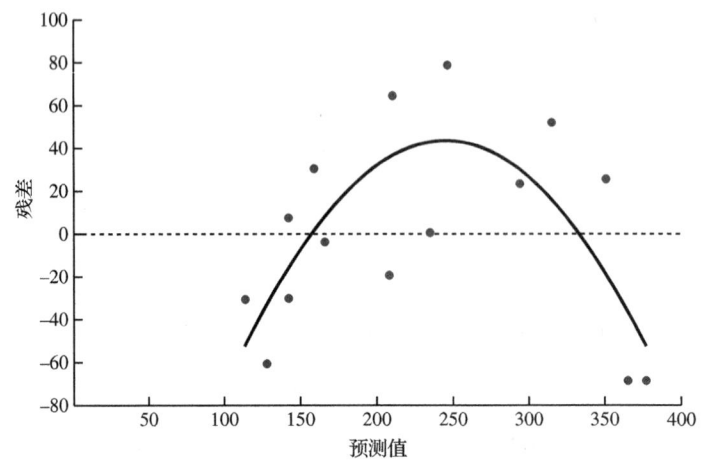

图 7-27　销售人员从业月数和销售量简单线性回归之残差与因变量预测值散点图

论，新近招聘的销售员一开始由于经验不足，销售业绩不易做上去，但随着时间的推移掌握了销售技巧后，销售业绩会有一个快速而长期的提升，在达到巅峰之后又会出现下降。如果回归模型支持这一理论，Reynolds 公司的管理人员就可以运用这个模型，识别销售人员销售效率开始下降的拐点，并有计划地采取管理对策。

### 7.7.1　二项式回归模型

根据图 7-27 的因变量预测值和残差散点图，我们可以考虑在销售量和销售人员从业月数之间建立曲线关系的回归模型：

$$\hat{y} = b_0 + b_1 x_1 + b_2 x_1^2 \tag{7-18}$$

式（7-18）给出的模型叫作**二项式回归模型**。二次回归模型的灵活性很强，可以用来反映许多因变量与自变量之间的非线性关系。二项式回归模型的可能情形见图 7-28。

为了能在 Excel 中求解出式（7-18）中的 $b_0$，$b_1$，$b_2$，需要在原始数据的基础上添加一项销售人员从业月数的平方项。为了构造销售人员从业月数的平方这个变量，我们新增了一列，并在该列的每个单元格中输入相应的从业月数的平方值，具体见图 7-29 中的 B 列。

经过这些准备工作之后，我们就可以利用 Excel 的回归分析功能对式（7-18）进行求解，得到的输出结果见图 7-30。

如果 $\beta_2 > 0$，对应的函数为凸函数（向着 $x$ 轴方向呈碗状）。
如果 $\beta_2 < 0$，对应的函数为凹函数（向着 $x$ 轴方向呈丘状）。

由图 7-30 的输出结果，得到的估计回归方程是：

销售量 = 61.429 9 + 5.819 8 × 从业月数
$\qquad$ − 0.031 0 × 从业月数$^2$

在估计出来的回归方程中，$b_1$(5.819 8) 取正数，并且 $b_2$(−0.031 0) 是负数，所以销售量 $\hat{y}$ 起初会随着销售人员从业月数的增加而增加，但随着自变量从业月数的增加，其平方值也得到更快速的增加，使销售量最终又随着销售人员从业月数的增加而减少。

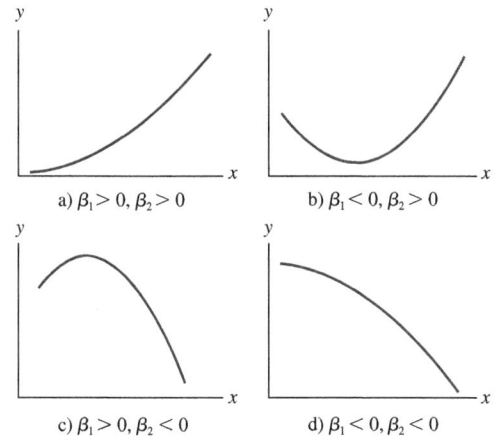

图 7-28 二项式回归模型的可能情形

| | A | B | C |
|---|---|---|---|
| 1 | Months Employed | MonthsSq | Scales Sold |
| 2 | 41 | 1,681 | 275 |
| 3 | 106 | 11,236 | 296 |
| 4 | 76 | 5,776 | 317 |
| 5 | 100 | 10,000 | 376 |
| 6 | 22 | 484 | 162 |
| 7 | 12 | 144 | 150 |
| 8 | 85 | 7,225 | 367 |
| 9 | 111 | 12,321 | 308 |
| 10 | 40 | 1,600 | 189 |
| 11 | 51 | 2,601 | 235 |
| 12 | 0 | 0 | 83 |
| 13 | 12 | 144 | 112 |
| 14 | 6 | 36 | 67 |
| 15 | 56 | 3,136 | 325 |
| 16 | 19 | 361 | 189 |

图 7-29 Reynolds 公司二项式回归模型的数据

| | A | B | C | D | E | F | G | H | I |
|---|---|---|---|---|---|---|---|---|---|
| 1 | SUMMARY OUTPUT | | | | | | | | |
| 2 | | | | | | | | | |
| 3 | *Regression Statistics* | | | | | | | | |
| 4 | Multiple R | 0.949361402 | | | | | | | |
| 5 | R Square | 0.901287072 | | | | | | | |
| 6 | Adjusted R Square | 0.884834917 | | | | | | | |
| 7 | Standard Error | 34.61481184 | | | | | | | |
| 8 | Observations | 15 | | | | | | | |
| 9 | | | | | | | | | |
| 10 | ANOVA | | | | | | | | |
| 11 | | df | SS | MS | F | Significance F | | | |
| 12 | Regression | 2 | 131278.711 | 65639.35548 | 54.78231208 | 9.25218E-07 | | | |
| 13 | Residual | 12 | 14378.22238 | 1198.185199 | | | | | |
| 14 | Total | 14 | 145656.9333 | | | | | | |
| 15 | | | | | | | | | |
| 16 | | Coefficients | Standard Error | t Stat | P-value | Lower 95% | Upper 95% | Lower 99.0% | Upper 99.0% |
| 17 | Intercept | 61.42993467 | 20.57433536 | 2.985755485 | 0.011363561 | 16.60230882 | 106.2575605 | -1.415187222 | 124.2750566 |
| 18 | Months Employed | 5.819796648 | 0.969766536 | 6.001234761 | 6.20497E-05 | 3.706856877 | 7.93273642 | 2.857606371 | 8.781986926 |
| 19 | MonthsSq | -0.031009589 | 0.008436087 | -3.675826586 | 0.003172962 | -0.049390243 | -0.012628935 | -0.05677795 | -0.005241228 |

图 7-30 Reynolds 公司二项式回归模型的 Excel 输出结果

由图 7-30 可知，式（7-18）的拟合优度系数 $R^2$ 达到 0.901 3，表明这个回归模型能解释样本数据中销售量 90.2% 的变异。因变量预测值和回归残差的散点图（见图 7-31）不存在明显的规则状态，意味着二项式回归模型比简单线性回归似乎更适合说明 Reynolds 公司的问题。另外，自变量从业月数与回归残差散点图也不存在明显的规则形状。

Reynolds 公司例子的样本观察规模比较小，尽管很难评估回归模型是否满足有效推断的必要条件，但我们也没有看出明显违背必要条件的地方，所以不妨根据二项式回归分析的输出结果进行假设检验分析。

由图 7-30 的 Excel 输出结果可以看到，从业月数 $t$ 检验统计量的 $p$ 值（6.205 0E-05）和从业月数平方 $t$ 检验统计量的 $p$ 值（0.003 2）都明显小于 0.05，因此我们可以认为，在

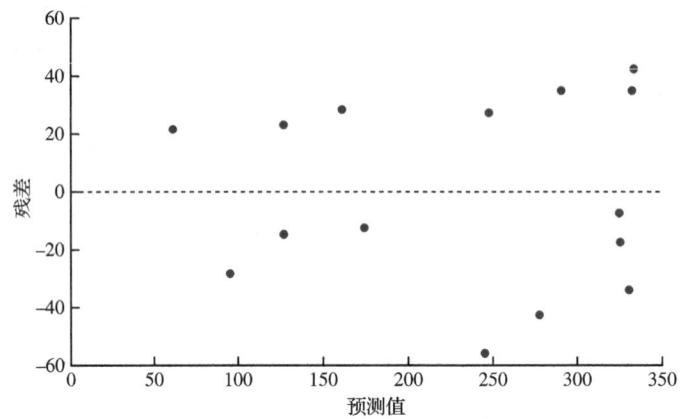

图 7-31　二项式回归因变量预测值与回归残差散点图

含有从业月数的模型中再引进的从业月数平方项都是显著不等于 0 的。综合说，从业月数和销售量之间存在非线性关系。

注意：如果与 $x$ 和 $x^2$ 对应的参数估计量 $b_1$、$b_2$ 的取值符号相同，那么在 $x$ 的观察数据范围内，因变量预测值要么增加（当 $b_1>0$、$b_2>0$ 时），要么减少（当 $b_1<0$、$b_2<0$ 时）。如果 $x$ 和 $x^2$ 对应的参数估计量 $b_1$、$b_2$ 的取值符号不相同，那么在 $x$ 的观察数据范围内，因变量预测值要么存在最大值（当 $b_1>0$、$b_2<0$ 时），要么存在最小值（当 $b_1<0$、$b_2>0$ 时）。在这些情形下，我们可以通过因变量估计值停止增加开始减少（当存在最大值时），或者因变量估计值停止减少开始增加（当存在最小值时），找出在 $x$ 样本观察范围内因变量的最大值或最小值。例如，从业月数从 $x$ 增加到 $x+1$ 时，我们来看看销售量的变化。

$$5.819\,8 \times [(x+1)-x] - 0.031\,0 \times [(x+1)^2 - x^2]$$
$$= 5.819\,8 \times (x+1-x) - 0.031\,0 \times (x^2 + 2x + 1 - x^2)$$
$$= 5.819\,8 - 0.031\,0 \times (2x+1) = 5.788\,8 - 0.062\,0x$$

销售量一开始随着从业月数的增加而增加，到一定程度之后，便随着从业月数的增加而减少。由上面的讨论，令

$$5.788\,8 - 0.062\,0x = 0$$

据此，解出

$$x = \frac{-5.788\,8}{-0.062\,0} = 93.338\,7$$

这说明，从业月数 93 个月（将近 7 年零 9 个月）左右时，会出现销售量的最大值。可以将这个值代入估计的回归方程中，以求出因变量销售量的预测最大值：

$$销售量 = 61.429\,9 + 5.819\,8 \times 93.338\,7 - 0.031\,0 \times 93.338\,7^2$$
$$= 334.490\,9$$

---

在商业数据分析应用中，采用的多项式回归模型，其阶数一般不超过 3 次方。

---

计算结果表明，从业月数 93 个月左右的时候，销售量得到最大值 334。

## 7.7.2 分段线性回归模型

从图 7-25 中我们可以看出,从业月数小于某个值(93.338 7)时,从业月数和销售量之间呈线性正相关,而在这个值(93.338 7)之后,从业月数和销售量之间呈线性负相关。因此,作为二项式回归模型的一个替代,我们可以运用分段线性回归模型来拟合诸如此类的问题。所谓**分段线性回归模型**,就是用相交于某个从业月数值的两条回归线分别拟合从业月数和销售量之间的关系。

> 分段线性回归模型,有时也称作分割回归或者样条回归。

建立分段线性回归模型,以 Reynolds 公司为例,首先需要找出从业月数和销售量之间的关系在自变量(从业月数)取什么值时发生了改变。导致因变量与自变量关系发生改变的这个点,叫作**节点**或者拐点。尽管理论分析能够帮助我们决定拐点,但是数据分析人员通常更喜欢利用样本数据帮助寻找。由图 7-32 可知,Reynolds 公司问题的节点可能在 $x^{(k)}$ 处,同时结合 7.7.1 节的分析,Reynolds 公司问题的节点可能在 90 个月附近。

一旦确定了节点的位置,我们就可以通过引进虚拟变量构造分段回归模型。在分段回归中,虚拟变量的设法是:

$$x_k = \begin{cases} 1, x_1 \geqslant x^{(k)} \\ 0, x_1 < x^{(k)} \end{cases} \quad (7\text{-}19)$$

式中,$x_1 =$ 从业月数,$x^{(k)} =$ 节点值(对于 Reynolds 公司的例子,该值是 90),$x_k =$ 虚拟变量。

对 Reynolds 公司问题,拟合的估计回归方程为

$$\hat{y} = b_0 + b_1 x_1 + b_2 (x_1 - x^{(k)}) x_k \quad (7\text{-}20)$$

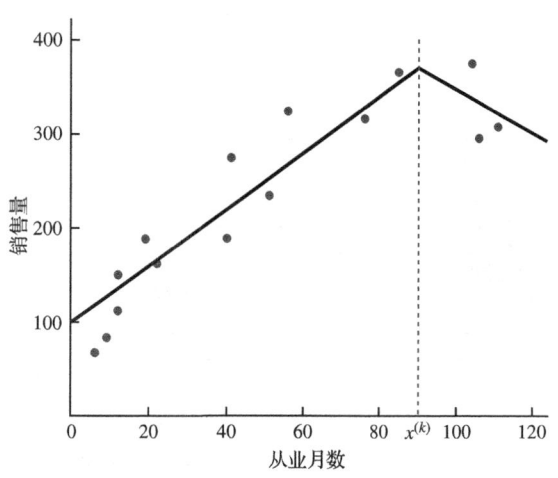

图 7-32 Reynolds 公司问题节点 $x^{(k)}$ 的可能位置

关于数据变换处理及 Excel 的运算结果,见图 7-33。

由图 7-33,我们得到式(7-20)的估计方程是:

$$\hat{y} = 87.217\,2 + 3.409\,4 x_1 - 7.872\,6 (x_1 - 90) x_k$$

图 7-33 的输出结果显示,节点变量(虚拟变量)$t$ 检验统计量的 $p$ 值(0.001 4)小于 0.05,因此可以认为模型引进节点变量后和模型自有自变量从业月数是显著不相关的。

现在的问题是,这个模型有什么作用呢?对从业月数小于或等于 90 个月的情形,因为节点虚拟变量 $x_k = 0$,所以节点项就等于 $7.872\,6(x_1 - 90) x_k = 0$,这时估计的回归方程变成:

$$\hat{y} = 87.217\,2 + 3.409\,4 x_1$$

对从业月数大于 90 个月的情形,因为节点虚拟变量 $x_k = 1$,由此可以得到估计的回归方程:

| | A | B | C | D | E | F | G | H | I |
|---|---|---|---|---|---|---|---|---|---|
| 1 | Knot Dummy | Months Employed | Knot Dummy* Months | Scales Sold | | | | | |
| 2 | 0 | 41 | 0 | 275 | | | | | |
| 3 | 1 | 106 | 16 | 296 | | | | | |
| 4 | 0 | 76 | 0 | 317 | | | | | |
| 5 | 1 | 100 | 10 | 376 | | | | | |
| 6 | 0 | 22 | 0 | 162 | | | | | |
| 7 | 0 | 12 | 0 | 150 | | | | | |
| 8 | 0 | 85 | 0 | 367 | | | | | |
| 9 | 1 | 111 | 21 | 308 | | | | | |
| 10 | 0 | 40 | 0 | 189 | | | | | |
| 11 | 0 | 51 | 0 | 235 | | | | | |
| 12 | 0 | 0 | 0 | 83 | | | | | |
| 13 | 0 | 12 | 0 | 112 | | | | | |
| 14 | 0 | 6 | 0 | 67 | | | | | |
| 15 | 0 | 56 | 0 | 325 | | | | | |
| 16 | 0 | 19 | 0 | 189 | | | | | |
| 17 | | | | | | | | | |
| 18 | | | | | | | | | |
| 19 | SUMMARY OUTPUT | | | | | | | | |
| 20 | | | | | | | | | |
| 21 | *Regression Statistics* | | | | | | | | |
| 22 | Multiple R | 0.955796127 | | | | | | | |
| 23 | R Square | 0.913546237 | | | | | | | |
| 24 | Adjusted R Square | 0.899137276 | | | | | | | |
| 25 | Standard Error | 32.3941739 | | | | | | | |
| 26 | Observations | 15 | | | | | | | |
| 27 | | | | | | | | | |
| 28 | ANOVA | | | | | | | | |
| 29 | | df | SS | MS | F | Significance F | | | |
| 30 | Regression | 2 | 133064.3433 | 66532.17165 | 63.4012588 | 4.17545E-07 | | | |
| 31 | Residual | 12 | 12592.59003 | 1049.382502 | | | | | |
| 32 | Total | 14 | 145656.9333 | | | | | | |
| 33 | | | | | | | | | |
| 34 | | Coefficients | Standard Error | t Stat | P-value | Lower 95% | Upper 95% | Lower 99.0% | Upper 99.0% |
| 35 | Intercept | 87.21724231 | 15.31062519 | 5.696517369 | 9.9677E-05 | 53.85825572 | 120.5762289 | 40.45033153 | 133.9841531 |
| 36 | Months Employed | 3.409431979 | 0.338360666 | 10.07632484 | 3.2987E-07 | 2.67220742 | 4.146656538 | 2.375895931 | 4.442968028 |
| 37 | Knot Dummy* Months | −7.872553259 | 1.902156543 | −4.138751508 | 0.00137388 | −12.01699634 | −3.728110179 | −13.68276572 | −2.062340794 |

图 7-33 Reynold 公司问题分段线性回归模型数据变换及 Excel 输出结果

$$\hat{y} = 87.2172 + 3.4094x_1 - 7.8726(x_1 - 90)x_k$$
$$= 87.2172 + 3.4094x_1 - 7.8726(x_1 - 90) = 795.7512 - 4.4632x_1$$

如果存在多个节点，这时可以拟合更为复杂的分段线性回归模型。

注意：如果从业月数恰好等于 90 个月，此时两个回归方程的因变量的估计值 $\hat{y}$ 完全相同：

$$\hat{y} = 87.2172 + 3.4094 \times 90$$
$$= 795.7512 - 4.4632 \times 90 = 394.06$$

所以，在节点 90 处，两个回归方程因变量的取值相同。

对分段线性回归模型的解释与二项式回归模型的解释相似，销售人员在其从业月数没达到 90 个月时，每多一个月，实现的销售量平均将增加 3.4094 个单位。在从业月数超过 90 个月之后，每多一个月，销售量平均会减少 4.4632 个单位。

那么应该使用二项式回归模型还是分段线性回归模型呢？这些模型都很好地拟合了数

据，而且都能给出合理的解释，所以按照这些标准，无论哪一个，我们都不能区分它们的好坏。要做出是使用分段线性回归还是二项式回归的判断，主要取决于因变量与自变量的关系是否存在突变的情形，如果存在突变就拟合分段线性回归，否则就采用二项式回归模型。

### 7.7.3 交互效应

某个自变量取不同值时，因变量和另一个自变量之间的关系发生了变化。一般地，我们称这种现象为**交互效应**。对因变量 $y$ 和两个自变量 $x_1$、$x_2$，我们将 $x_1$ 和 $x_2$ 相乘得到 $x_1x_2$，以此来表示交互作用。带有交互项的多元线性回归方程为

$$\hat{y} = b_0 + b_1x_1 + b_2x_2 + b_3x_1x_2 \tag{7-21}$$

为了说明什么是交互效应及其反映功能，我们以 Tyler 公司洗发水问题为例。该公司的管理人员认为，销售价格和广告费用对产品销售量的影响最大。为了考察这两个变量对销售量的影响，Tyler 公司在 24 个市场进行了试销实验，产品的售价分别定为 2.00 美元、2.50 美元、3.00 美元，广告费用分别投入 50 000 美元、100 000 美元，得到了如文件 Tyler 所示的一组数据。

单价 2.00 美元、广告费用 50 000 美元，对应的平均销售量是 461 000。而价格 2.00 美元、广告费用 100 000 美元，对应的平均销售量是 808 000。因此，在定价同为 2.00 美元时，50 000 美元的广告费用和 100 000 美元的广告费用，它们的平均销售量之间的差等于 808 000 – 461 000 = 347 000。同样，在价格为 2.50 美元时，50 000 美元的广告费用和 100 000 美元的广告费用，它们的平均销售量之间的差等于 646 000 – 364 000 = 282 000。在价格为 3.00 美元时，50 000 美元的广告费用和 100 000 美元的广告费用，它们的平均销售量之间的差等于 375 000 – 332 000 = 43 000。这表明，50 000 美元广告费用和 100 000 美元广告费用平均销售量之间出现的差别与产品的定价有关。换言之，产品定价高了，增加广告费用的效果便降低了。诸如此类的情况，说明了产品定价和广告费用之间存在着交互效应。

图 7-34 给我们提供了交互效应的另一个认识视角，图 7-34 中显示的是 6 个 "价格 – 广告费用" 组合的样本平均销售量，通过这个图可以看出广告费用和平均销售量之间的关系取决于产品价格。

当两个自变量存在交互效应时，我们不能只考虑自变量与因变量之间的关系，也要考虑这两个自变量共同对因变量的关系，只有这样做，拟合的回归分析模型才能更好地反映现象之间关系的实质。

以 Tyler 公司为例，对式（7-21）假定：$y$ = 销售额（单位：1 000 美元），$x_1$ = 销售价格（单位：美元），$x_2$ = 广告费用（单位：1 000 美元）。

注意，式（7-21）反映了 Tyler 公司的销售额与销售价格及广告费用（由 $\beta_1x_1$ 和 $\beta_2x_2$ 项解释）相关，以及两个变量（由 $\beta_3x_1x_2$ 项解释）的交互效应。

Tyler 问题的交互模型的 Excel 输出结果如图 7-35 所示。

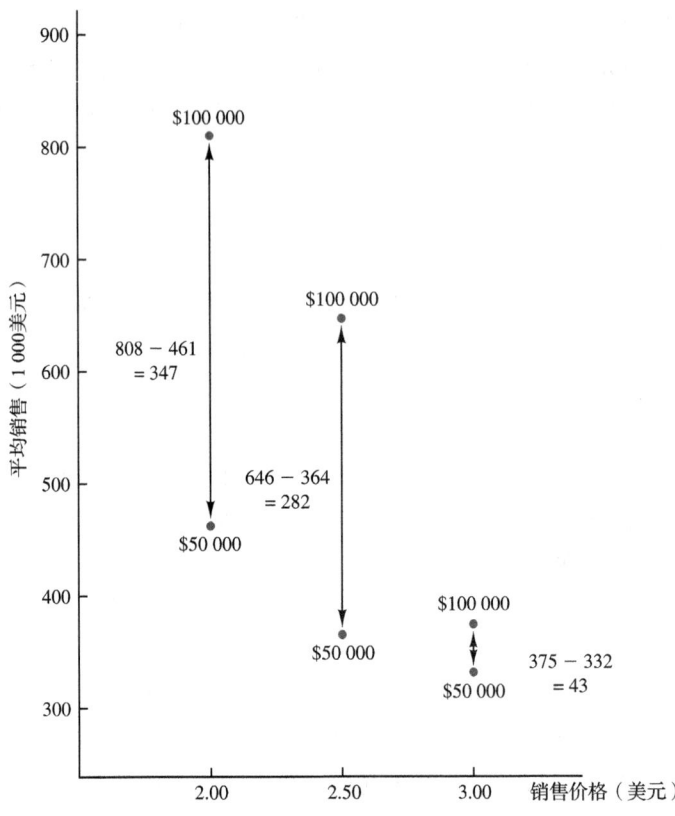

图 7-34 "价格－广告费用"组合的平均销售量

| | A | B | C | D | E | F | G | H | I |
|---|---|---|---|---|---|---|---|---|---|
| 1 | SUMMARY OUTPUT | | | | | | | | |
| 2 | | | | | | | | | |
| 3 | *Regression Statistics* | | | | | | | | |
| 4 | Multiple R | 0.988993815 | | | | | | | |
| 5 | R Square | 0.978108766 | | | | | | | |
| 6 | Adjusted R Square | 0.974825081 | | | | | | | |
| 7 | Standard Error | 28.17386496 | | | | | | | |
| 8 | Observations | 24 | | | | | | | |
| 9 | | | | | | | | | |
| 10 | ANOVA | | | | | | | | |
| 11 | | *df* | *SS* | *MS* | *F* | *Significance F* | | | |
| 12 | Regression | 3 | 709316 | 236438.6667 | 297.8692 | 9.25881E-17 | | | |
| 13 | Residual | 20 | 15875 | 793.7666667 | | | | | |
| 14 | Total | 23 | 5191.3333 | | | | | | |
| 15 | | | | | | | | | |
| 16 | | *Coefficients* | *Standard Error* | *t Stat* | *P-value* | *Lower 95%* | *Upper 95%* | *Lower 99.0%* | *Upper 99.0%* |
| 17 | Intercept | −275.8333333 | 112.8421033 | −2.444418575 | 0.023898351 | −511.2178361 | −40.44883053 | −596.9074508 | 45.24078413 |
| 18 | Price | 175 | 44.54679188 | 3.928453489 | 0.0008316 | 82.07702045 | 267.9229796 | 48.24924412 | 301.7507559 |
| 19 | Advertising Expenditure ($1,000s) | 19.68 | 1.42735225 | 13.78776683 | 1.1263E-11 | 16.70259538 | 22.65740462 | 15.61869796 | 23.74130204 |
| 20 | Price*Advertising | −6.08 | 0.563477299 | −10.79014187 | 8.67721E-10 | −7.255393049 | −4.904606951 | −7.683284335 | −4.476715665 |

图 7-35 Tyler 公司交互模型的 Excel 输出结果

得到的回归方程估计结果是：

$$\hat{y} = -275.8333 + 175x_1 + 19.68x_2 - 6.08x_1x_2$$

因为交互效应项销售价格×广告费用的 $t$ 检验统计量的 $p$ 值是 8.677 2E-10，据此我们可以认为交互效应是显著不等于 0 的。回归结果表明，广告费用支出和销售额的关系还取决于销售价格（或者销售价格与销售量之间的关系依赖于广告费用）。

上述模型的估计结果可能有些反常，销售价格对销售额的回归系数怎么出现了正数呢？我们知道，除非是奢侈品，否则销售额会随着产品价格提高而下降的。尽管这个结果有些反常，但是如果我们联系到交互效应，对这样的疑问可能就不难回答了。换言之，自变量（销售价格）和因变量（销售额）之间的关系，随着广告费用的变化而发生改变（或者，广告费用和销售额之间的关系，随着产品价格的变化而发生改变）。

根据估计的回归方程，很容易看到销售价格对销售额的影响，价格提高 1 美元时，销售额 = −275.833 3 + 175 × (价格 + 1) + 19.68 × 广告费用 − 6.08 × (价格 + 1) × 广告费用。因此，价格提高后的销售额 − 价格提高前的销售额 = 175 − 6.08 × 广告费用。这说明了，价格提高 1 美元所带来的销售量变化取决于广告费用的多少。

下面，我们来具体举个例子。当价格为 2.00 美元、广告费用 50 000 美元时，得到的销售额将会是：

销售额 = −275.833 3 + 175 × 2 + 19.68 × 50 − 6.08 × 2 × 50 = 450.166 7(或 450 167)

当价格为 3.00 美元、广告费用相同（50 000 美元）时，得到的预测销售额将是：

销售额 = −275.833 3 + 175 × 3 + 19.68 × 50 − 6.08 × 3 × 50 = 321.166 7(或 321 167)

因此，广告费用 500 00 美元时，价格从 2.00 美元提高到 3.00 美元，会导致预测销售额减少 450 167 − 321 167 = 129 000。

然而，对价格 2.00 美元，我们将广告费用提高到 100 000 美元，得到的预测销售额将是：

销售额 = −275.833 3 + 175 × 2 + 19.68 × 100 − 6.08 × 2 × 100 = 826.166 7(或 826 167)

对价格 3.00 美元，广告费用相同（100 000 美元）时，得到的预测销售额将会是：

销售额 = −275.833 3 + 175 × 3 + 19.68 × 100 − 6.08 × 3 × 100 = 393.166 7(或 393 167)

因此，广告费用为 100 000 美元时，价格从 2.00 美元提高到 3.00 美元，会导致预测销售额减少 826 167 − 393 167 = 433 000。Tyler 公司在广告上投入越多，销售额就会对价格变化更加敏感。可能的原因是广告投入更多时，Tyler 公司能把购买其他公司产品的客户吸引过来。

关于交互效应的解释和说明，上面我们用广告费用作为交互因素，这里我们以价格作为交互因素。这种解释告诉我们，自变量（广告费用）和因变量（销售额）的关系是怎样随着价格的不同而发生变化的。当广告费用增加 1 000 美元时，使用估计的回归方程可以得到：广告费用增加后的销售额 = −275.833 + 175 × 价格 + 19.68 × (广告 + 1) − 6.08 × 价格 × (广告 + 1)。

因此，广告费用增加后的销售额 − 广告费用增加前的销售额 = 19.68 − 6.08 × 价格。这说明，广告费用每增加 1 000 美元所带来的销售额变化取决于价格。

现在我们保持价格不变，看看改变广告费用的影响。价格为 2.00 美元，广告费用为 50 000 美元，预测销售额将会是：

销售额 = −275.833 3 + 175 × 2 + 19.68 × 50 − 6.08 × 2 × 50
= 450.166 7(或 450 167)

价格不变（2.00 美元），广告费用提高到 100 000 美元时，预测销售额将会是：

销售额 = −275.833 3 + 175 × 2 + 19.68 × 100 − 6.08 × 2 × 100
     = 826.166 7（或 826 167）

因此，当价格为 2.00 美元时，广告费用由 50 000 美元提高到 100 000 美元，销售额增加了 826 167 − 450 167 = 376 000。

然而，当价格为 3.00 美元，广告费用为 50 000 美元时，这时预测的销售额将会是：

销售额 = −275.833 3 + 175 × 3 + 19.68 × 50 − 6.08 × 3 × 50
     = 321.166 7（或 321 167）

价格不变（3.00 美元），广告费用提高到 100 000 美元时，预测销售额将会是：

销售额 = −275.833 3 + 175 × 3 + 19.68 × 100 − 6.08 × 3 × 100
     = 393.166 7（或 393 167）

说明价格为 3.00 美元时，广告费用由 50 000 美元提高到 100 000 美元，销售额增加了 393 167 − 321 167 = 72 000。

所以，Tyler 公司的产品定价高时，销售量对广告费用的敏感度减弱。可能随着 Tyler 公司提高销售价格，该公司必须投入更多广告以使潜在客户相信 Tyler 公司的产品价值。

●—○—●—○—● **注释与点评** ●—○—●—○—●

1. 通过引入虚拟变量，可以改变回归模型的截距项。同样，通过引入虚拟变量，并在该虚拟变量与某个自变量间建立交互项，也可以改变模型中的回归系数。以 Butler 汽运公司的问题为例，行驶时间是因变量（$y$），行驶里程（$x_1$）和分送次数（$x_2$）是数量性质的自变量，还有虚拟变量自变量交通拥堵（$x_3$）。如果我们认为行驶里程和行驶时间之间的关系因为是否含有交通拥堵而有所不同，那么可以在行驶里程和虚拟变量之间建立交互项 $x_4 = x_1 x_3$，并把它当成新的自变量添加到模型中，具体如下：

$$\hat{y} = b_0 + b_1 x_1 + b_2 x_2 + b_3 x_4$$

如果运送任务不含有交通拥堵，那么 $x_4 = x_1 x_3 = x_1 \times 0 = 0$，这时的回归方程便是：

$$\hat{y} = b_0 + b_1 x_1 + b_2 x_2$$

如果运送任务含有交通拥堵，那么 $x_4 = x_1 x_3 = x_1 \times 1 = x_1$，回归方程为

$$\hat{y} = b_0 + b_1 x_1 + b_2 x_2 + b_3 x_1 \times 1 = b_0 + (b_1 + b_3) x_1 + b_2 x_2$$

比较含有与不含交通拥堵情况的两个模型，反映行驶里程和运送时间关系的系数是不一样的。

2. 多重共线性可分为两种类型。一种是基于数据的多重共线性，在模型建立的过程中，把存在相关关系的自变量引入，这时就会出现这类的共线性问题。例如，我们把顾客对面包香味和口感的评价作为自变量，把对面包的总体评价当成因变量，这样建立起来的回归模型，就会存在基于数据的多重共线性。另一种是结构性多重共线性，按照模型中已存在的自变量的函数方式，引入新的自变量，这时就会出现结构性多重共线性。如果我们把面包香味及香味的平方当成自变量，在面包的总体评价之间建立回归模型，这时便会产生结构性多重共线性。

3. 在多项式回归模型和交互回归模型中，出现结构性多重共线性是不可避免的，对此，我们能做的工作就是尽可能地减轻多重共线性的影响。可供采用的做法是：将自变量 $x$ 进行中心化变换，即用 $x - \bar{x}$ 代替模型中原来的 $x$。但是，如果构造的多项式回归模型和交互回归模型只用于预测，

在这种情况下，我们可以不必过度关心多重共线性问题。
4. 将二项式回归和交互效应结合起来，可以建立二阶多项式并带有两个自变量交互项的回归方程。该回归方程的形式为

$$\hat{y} = b_0 + b_1x_1 + b_2x_2 + b_3x_1^2 + b_4x_2^2 + b_5x_1x_2$$

上述模型在刻画非线性关系时，具有更大的灵活性。

## 7.8 建模问题

如何获得一个有效的回归模型，往往颇具挑战性。尽管我们可以从专业理论分析入手，但是常见的情况是，面对一大堆可供选择的自变量而不知道究竟选择哪些。本章的这一节，我们将介绍建立回归模型的一般方法以及这些方法的优缺点，主要内容包括变量选择的策略、模型的过度拟合等。

### 7.8.1 变量选择

当需要面对很多自变量时，有时我们会利用特定方法选择回归模型中的自变量。变量选择的方法包括：**后向删除法**、**前向选择法**、**逐步回归法**以及**最优子集法**。对给定的含有几个可能自变量的数据，我们可以使用这些方法来确定选择什么样的自变量能得到最好的回归结果。变量选择方法的前三个都属于变量选择的迭代方法，其过程是：每次添加或删除一个自变量，并相应地对模型进行估计，持续进行这些步骤，直到不能找出更好的模型为止。至于最优子集法，它不是一次选择一个变量，而是对所有自变量的不同组合建模，然后通过对这些回归模型进行评估来确定最合适的模型。

后向删除法是先将所有可供选择的自变量都纳入回归模型中，然后按照某些标准每次从模型中删去一个自变量。其中的一个标准就是，当前模型中的自变量在给定的显著性水平下是否不显著，如果是这样，那就将自变量中最不显著的自变量从模型中删除，再对保留下来的自变量进行回归分析，并进行相应的统计显著性检查。当保留在模型中的所有自变量在既定的显著性水平下都显著时，则停止迭代。

前向选择法是从没有自变量的回归模型开始，在其后的每一步，按照某个标准添加一个自变量，标准之一是检查被引进的自变量在既定的显著性水平下是否显著，把那个最显著的自变量先引进模型，然后对新引进的自变量实施回归分析并进行统计显著性检查，当所有不包含在模型中的自变量一旦纳入模型，在既定的显著性水平下都不显著，这时前向选择法就停止迭代。

和前向选择法相似，逐步回归法先不在回归模型中设自变量。分析人员先确定一个自变量能够进入模型并保留在模型中的标准，其中的一个标准，就是把最显著的自变量添加进模型，把最不显著的自变量从模型中删除。一开始，如果自变量的显著性水平符合进入模型的门槛要求，则把显著性水平最高的自变量先引进回归模型。接下来，分两个步骤完成：第一步，对未包含在当前模型中的自变量进行评估，把其中最能满足标准的自变量添

加到模型之中；第二步，对纳入当前模型中的所有自变量进行评估，将不满足标准程度最高的自变量删除，直至没有被纳入模型的自变量中不存在能满足既定标准的自变量，以及纳入当前模型中的自变量都能够满足既定标准为止。

> 对逐步回归法而言，给模型引进自变量比从模型删除自变量的标准制定更复杂些，因为要防止同一个自变量反复被引进和删除。

最优子集法的做法是，需要建立每个自变量的简单线性回归，此后再建立两个自变量所有组合的多元回归，以此类推，最后从这些回归中找出满足特定标准的那一个回归模型。

尽管对于如何从大量可供选择的自变量中选出用于回归分析的自变量，上述方法都是有用的做法，但是它们并不一定能带来有价值的回归模型。在运用上述方法确定了模型的自变量之后，我们还需要慎重考虑最终纳入模型的自变量是否具有实际解释功能，所以在方法运用之外，我们还需要依据个人的判断和对数据的感觉再进行改进。

### 7.8.2 过度拟合

建立回归模型（或任何其他形式的数学模型），其目的在于用简约的方式表达对现象的认识。相对简单的模型更容易理解、解释和使用，准确地表达研究对象的模型能够提供很多有意义的结论。

对根据样本数据建立的模型，我们必须十分小心。样本数据通常不能很好地代表它们来自的总体，如果模型过于追求拟合样本数据，我们就要冒着是针对样本观察而不是研究对象的风险。当模型过于适合样本数据而不能准确地反映研究对象的时候，这样的模型就被称作过度拟合的模型。

**过度拟合**的产生，是为了使样本数据特征能得到解释而采用了过于复杂的模型。在回归分析中，这主要表现在使用了那些自变量或对反映自变量和因变量之间关系没有太多意义的函数形式。过度拟合的模型也许能够很好地符合既有的样本数据，但不一定适合来自研究对象的其他样本数据。因此，过度拟合模型有可能会误导模型的预测能力和解释能力。

> 在不牺牲准确性的情况下，采用最简单而富有意义的模型，这是建模的原则，也叫"奥卡姆剃刀"准则或简约之道、经济法则。

如何发现和避免过度拟合，是个比较复杂的问题。那么，怎样才能使模型避免过度拟合呢？要想做到这一点，需要注意：

第一，只选择那些与因变量有着真实、有意义关系的自变量。

第二，只有在具有充分的理由，表明能够提供更准确刻画的情况下，才使用比较复杂的模型，比如二项式模型、分段线性回归模型等。

第三，逐步回归法或最优子集法这些迭代性建模算法，只能作为参考，不要完全相信通过这些方法所带来的结果。

第四，在建立模型的时候，要注意对数据的研判和直觉感受。

第五，要根据足够多的数据来评估建立的模型，而不能仅仅依赖建模那么一点点的样本数据（这涉及**交叉验证**问题）。

以下是实行交叉验证的做法。

1. 坚守法

把样本数据划分成互不相同且完备的两个部分，一部分作为训练集，另一部分作为验证集。**训练集**是用来建立有实践意义的候选模型的数据集。**验证集**则是用来比较模型好坏，最终确定出模型并用以预测因变量取值的数据集。例如，我们可以随机选择一部分的数据，用其建立回归模型，利用这些数据对建立的模型进行估计，或者从一组模型中选择比较优良的模型。然后利用另外一部分数据作为验证集，以再来评估和比较模型的好坏，最终筛选出总体误差最小的模型。坚守法的优点是不仅简单而且快速。然而，坚守法使用的样本在很大程度上取决于训练集中的数据是不是随机选择的。另外，样本中观察数目的多少，以及观察数目怎样在训练集和验证集中分配，都要求是随机选择的。

2. $k$ 层交叉验证法

将样本数据随机地划分成 $k$ 个容量相同、互斥且完备的子集，每个子集叫作层（fold），然后进行 $k$ 次迭代分析。在每次迭代中，某个子集被选出来作为验证集，其余的 $k-1$ 个子集合并在一起作为训练集。通过相应的训练集数据对模型进行估计，然后利用验证集数据对模型进行评估。最后，再把 $k$ 次迭代结果合并起来并给予评估。通常，分层的数目 $k=10$ 个。$k$ 层交叉验证法与坚守法相比显得较为烦琐也比较费时，但不会过多地受到怎样随机地把数据集划分成训练集和验证集的影响。

3. 留一交叉验证法

对容量为 $n$ 的样本观察，一次迭代时用 $n-1$ 项观察估计模型，用剩下的没有纳入训练集的一项观察评估模型。留一交叉验证法需要重复 $n$ 次迭代，以使模型每次都在 $n-1$ 项观察中得到训练和用一项数据进行评价。

## 7.9 大数据与回归分析

### 7.9.1 推断与很大样本的关系

某信用卡公司拥有非常大的客户信息数据库，这些信息都是客户在申请信用卡时填写的，包括家庭年收入、接受高中以上教育年数、家庭人口数、每周用于看电视的时间、过去的一年信用卡支付金额等。该公司想用申请信用卡新客户的家庭年收入、接受高中以上教育年数、家庭人口数，去预测新客户信用卡支付金额，以决定是否为其办理信用卡。为此，数据分析人员把 5 000 个样本客户资料划分成两个数据集：一个数据集是训练集，由 3 000 个客户资料组成；另一个是验证集，包含 2 000 个客户资料。

现在该公司的数据分析师准备运用多元回归模型对申请信用卡的新客户的年信用卡支付金额进行预测。其中，信用卡支付金额（$y$）是因变量，自变量包括家庭年收入（$x_1$）、

DATA
file
LargeCredit

家庭人口数（$x_2$）和接受高中以上教育年数（$x_3$）。训练集 3 000 个信用卡用户数据的多元回归分析结果见图 7-36。

| | A | B | C | D | E | F | G | H | I |
|---|---|---|---|---|---|---|---|---|---|
| 1 | SUMMARY OUTPUT | | | | | | | | |
| 2 | | | | | | | | | |
| 3 | *Regression Statistics* | | | | | | | | |
| 4 | Multiple R | 0.602663145 | | | | | | | |
| 5 | R Square | 0.363202867 | | | | | | | |
| 6 | Adjusted R Square | 0.362565219 | | | | | | | |
| 7 | Standard Error | 4834.449957 | | | | | | | |
| 8 | Observations | 3000 | | | | | | | |
| 9 | | | | | | | | | |
| 10 | ANOVA | | | | | | | | |
| 11 | | df | SS | MS | F | Significance F | | | |
| 12 | Regression | 3 | 39937797910 | 13312599303 | 569.5983495 | 6.5207E-293 | | | |
| 13 | Residual | 2996 | 70022231537 | 23371906.39 | | | | | |
| 14 | Total | 2999 | 1.0996E+11 | | | | | | |
| 15 | | | | | | | | | |
| 16 | | Coefficients | Standard Error | t Stat | P-value | Lower 95% | Upper 95% | Lower 99.0% | Upper 99.0% |
| 17 | Intercept | 2119.600282 | 333.0922952 | 6.363402314 | 2.27497E-10 | 1466.487528 | 2772.713036 | 1261.064442 | 2978.136122 |
| 18 | Annual Income ($1000) | 121.3384676 | 3.165148859 | 38.33578544 | 5.4905E-262 | 115.1323826 | 127.5445525 | 113.1803871 | 129.496548 |
| 19 | Household Size | 528.0996852 | 42.84154037 | 12.32681366 | 4.29401E-34 | 444.097873 | 612.1014973 | 417.6768433 | 638.522527 |
| 20 | Years of Post-High School Education | -535.3593516 | 58.5960221 | -9.136445516 | 1.15792E-19 | -650.2518601 | -420.4668432 | -686.3889184 | -384.3297849 |

图 7-36　信用卡公司多元回归分析结果

由图 7-36 可知，拟合优度系数为 0.363 2（图 7-36 中的单元格 B5），表明根据过去 3 000 个信用卡客户的资料，拟合的模型解释了 36% 的信用卡支付金额的变异。每个回归参数检验的 $p$-值也非常小（见图 7-36 中的单元格 E18 ~ E20），意味着每个自变量与因变量之间都存在着相关关系，每个自变量对因变量的回归系数（斜率）都表现出高度的显著性。

根据图 7-36 的回归输出结果，可以得出以下几点结论：

- 在家庭人口数、接受高中以上教育年数保持不变的前提下，当客户家庭年收入每增加 1 000 美元，信用卡年支付平均增加 121.34 美元（图 7-36 中的单元格 B18）。
- 在家庭年收入、接受高中以上教育年数保持不变的前提下，当客户家庭人口数每增加 1 人，信用卡年支付平均增加 528.10 美元（图 7-36 中的单元格 B19）。
- 在家庭年收入、家庭人口数保持不变的前提下，当客户接受高中以上教育年数每增加 1 年，信用卡年支付平均减少 535.36 美元（图 7-36 中的单元格 B20）。

对截距项，明显它是外推的结果（因为在数据中不存在家庭年收入、家庭人口数、接受高中以上教育年数都等于 0 的情形），所以回归参数 $\beta_0$ 的估计值没有什么意义。

根据特别大的样本拟合的模型，尽管假设检验的 $p$-值非常小，但这并不能说明一切问题。事实上，如果样本容量充分大，则所有自变量与因变量之间的关系都将是统计意义上显著不等于 0 的。这就是说，当样本容量非常大的时候，不同随机样本产生的 $b_j$ 值之间将不存在差别。究其原因，在于我们对估计量可能取值的变异是通过统计推断做出的，而估计量 $b_j$ 的变异随着样本容量不断增大基本上不会出现，也就是对由很大样本得到的估计量的值做统计推断没有用。因此，在使用非常大的样本的时候，为保证回归模型统计推断有效性的条件，我们基本上不再关心了。不过，在利用大数据集对用于解释目的的回归模型进行估计时，考虑到有可能会给回归参数估计带来混乱或扭

> 随着样本容量不断增大，估计量的值会越来越接近相应总体参数的值，这个现象一般被叫作大数定律。

曲，我们仍然需要关心多重共线性问题。

样本容量究竟有多重要呢？在信用卡公司的例子中，我们把每50项观察作为一组进行多元回归，得到的回归参数估计及相应的 $p$-值列示在表7-5中。

表7-5　10个多元回归模型回归参数估计及相应的 $p$-值

| 样本观察 | $b_0$ | $p$-值 | $b_1$ | $p$-值 | $b_2$ | $p$-值 | $b_3$ | $p$-值 |
|---|---|---|---|---|---|---|---|---|
| 1～50 | -805.152 | 0.7814 | 154.488 | 1.45E-06 | 234.664 | 0.5489 | 207.828 | 0.6721 |
| 51～100 | 894.407 | 0.6796 | 125.343 | 2.23E-07 | 822.675 | 0.0070 | -355.585 | 0.3553 |
| 101～150 | -2 191.590 | 0.4869 | 155.187 | 3.56E-07 | 674.961 | 0.0501 | -25.309 | 0.9560 |
| 151～200 | 2 294.023 | 0.3445 | 114.734 | 1.26E-04 | 297.011 | 0.3700 | -537.063 | 0.2205 |
| 201～250 | 8 994.040 | 0.0289 | 103.378 | 6.89E-04 | -489.932 | 0.2270 | -375.601 | 0.5261 |
| 251～300 | 7 265.471 | 0.0234 | 73.207 | 1.02E-02 | -77.874 | 0.8409 | -405.195 | 0.4060 |
| 301～350 | 2 147.906 | 0.5236 | 117.500 | 1.88E-04 | 390.447 | 0.3053 | -374.799 | 0.4696 |
| 351～400 | -504.532 | 0.8380 | 118.926 | 8.54E-07 | 798.499 | 0.0112 | 45.259 | 0.9209 |
| 401～450 | 1 587.067 | 0.5123 | 81.532 | 5.06E-04 | 1 267.041 | 0.0004 | -891.118 | 0.0359 |
| 451～500 | -315.945 | 0.9048 | 148.860 | 1.07E-05 | 1 000.243 | 0.0053 | -974.791 | 0.0420 |
| 均值 | 1 936.567 | | 119.316 | | 491.773 | | -368.637 | |

注意：即使50个样本观察资料回归参数估计的平均值，与全部5 000个样本观察资料得到回归参数的估计比较相似，但根据每50个样本观察资料得到的回归参数估计值之间的差异是非常大的。在表7-5的10个回归分析中，$b_0$ 的估计值从 -2 191.590 到 8 994.040，$b_1$ 的估计值从 73.207 到 155.187，$b_2$ 的估计值从 -489.932 到 1 267.041，$b_3$ 的估计值从 -974.791 到 207.828。另外，50个样本观察资料回归参数估计相应的 $p$-值，与3 000个样本观察资料回归参数估计相应的 $p$-值相比，前者实际上比后者大得多。所有这些情况都着重说明了规模很大的样本对推断可能产生的影响。

从图7-36的回归结果中我们能看出，根据给定的数据集，信用卡支付金额尚有约65%的变异没有得到解释。信用卡公司的数据分析师试图提高模型对因变量变异的解释，为此，决定对原回归模型增加一个新的自变量，该自变量为客户每周收看电视小时数（用 $x_4$ 表示）。新的多元回归模型的 Excel 输出结果见图7-37。

| | A | B | C | D | E | F | G | H | I |
|---|---|---|---|---|---|---|---|---|---|
| 1 | SUMMARY OUTPUT | | | | | | | | |
| 2 | | | | | | | | | |
| 3 | *Regression Statistics* | | | | | | | | |
| 4 | Multiple R | 0.603724482 | | | | | | | |
| 5 | R Square | 0.36448325 | | | | | | | |
| 6 | Adjusted R Square | 0.36363448 | | | | | | | |
| 7 | Standard Error | 4830.393498 | | | | | | | |
| 8 | Observations | 3000 | | | | | | | |
| 9 | | | | | | | | | |
| 10 | ANOVA | | | | | | | | |
| 11 | | df | SS | MS | F | Significance F | | | |
| 12 | Regression | 4 | 40078588918 | 10019647230 | 429.4250838 | 8.3277E-293 | | | |
| 13 | Residual | 2995 | 69881440529 | 23332701.35 | | | | | |
| 14 | Total | 2999 | 1.0996E+11 | | | | | | |
| 15 | | | | | | | | | |
| 16 | | Coefficients | Standard Error | t Stat | P-value | Lower 95% | Upper 95% | Lower 99.0% | Upper 99.0% |
| 17 | Intercept | 1712.552073 | 371.7837807 | 4.606311953 | 4.26973E-06 | 983.5746542 | 2441.529492 | 754.2898349 | 2670.814311 |
| 18 | Annual Income ($1000) | 121.6120724 | 3.164453912 | 38.43066631 | 4.943e-263 | 115.4073492 | 127.8167955 | 113.4557814 | 129.7683633 |
| 19 | Household Size | 531.213362 | 42.82435656 | 12.40446803 | 1.71315E-34 | 447.2452317 | 615.1814922 | 420.8347874 | 641.5919365 |
| 20 | Years of Post-High School Education | -539.8345703 | 58.57519443 | -9.216095235 | 5.64208E-20 | -654.6862563 | -424.9828843 | -690.8104864 | -388.8586541 |
| 21 | Hours Per Week Watching Television | 12.55178379 | 5.109759992 | 2.456433142 | 0.014088759 | 2.532789303 | 22.57077828 | -0.618478873 | 25.72204645 |

图7-37　信用卡公司添加新变量后的回归输出

由图 7-37 可以看出，添加新的自变量客户每周电视收看小时数（$x_4$）后，拟合优度系数为 0.364 5（图 7-37 中的单元格 B5），提高不到 1%，家庭年收入、家庭人口数、接受高中以上教育年数的回归参数估计值及其相应的 $p$-值变化比较小。

在多元回归方程中，客户每周收看电视小时数的回归参数估计值是 12.55（图 7-37 中的单元格 B21），说明在过去的信用卡用户中，客户每周收看电视小时数每增加 1 小时，信用卡支付金额增加 12.55 美元。该变量对应的 $p$-值为 0.014（图 7-37 中的单元格 E21）。如果给定的显著性水平是 0.05，我们可以拒绝客户每周收看电视小时数与信用卡支付金额没有关系的假设。可是，如果模型是基于非常大的样本观察估计的，不管自变量与因变量之间的关系是否真实，模型中的自变量与因变量之间的关系都会是显著的，统计推断并不必然隐含着这样的关系是有意义或有用途的。

试想一下，用户每周收看电视小时数与信用卡支付金额之间的相关关系是合理的吗？如果不是，那么纳入客户每周收看电视小时数这个自变量的模型，对新客户的信用卡支付金额的预测，或许就是不准确的、不可信的，哪怕数据分析结果显示客户每周收看电视小时数与信用卡支付金额之间存在着显著的相关关系。如果该模型被用于预测未来信用卡支付金额，那么客户每周收看电视小时数这个自变量是否有用，最好是通过不包括在建模用的样本数据的预测精度来评估。接下来，我们将在第 9 章说明这样的方法。

### 7.9.2 模型选择

在本章的 7.8 节，我们已经介绍过把哪些自变量引进回归模型，可以考虑在增添或删除自变量的迭代过程中自变量的 $p$-值，然而当我们面对充分大的大样本的时候，每个自变量的 $p$-值实际上都很小，因此如果根据 $p$-值的大小决定相应的自变量进入模型，那么几乎所有的自变量都将被采用。所以，在面对大样本的时候，辨识什么是最合适的模型通常是比较困难的。

如果为了解释的目的构造回归模型，则回归系数的实际意义需要加以考虑，出于解释的需要，把那些具有解释意义的变量保留在模型中。如果为了预测构造回归模型，某个自变量是否被纳入回归模型，需要根据对非训练模型用的观察数据的预测精度来决定。

在信用卡公司的例子中，我们把 5 000 个样本客户的资料划分成两个部分：一部分由 3 000 个样本客户资料组成，并把它当成训练集；另一部分由 2 000 个样本客户资料组成，作为验证集。

对于新的信用卡客户申请者，该公司要想预测其每年信用卡支付金额，可以考虑如下的两个模型。

- 模型 A——因变量是数据集中现有信用卡用户的信用卡支付金额（$y$），自变量分别是家庭年收入（$x_1$）、家庭人口数（$x_2$）、接受高中以上教育年数（$x_3$）。基于 3 000 个样本用户的训练集数据，图 7-36 给出了模型 A 的求解结果。
- 模型 B——因变量是数据集中现有信用卡用户信用卡支付金额（$y$），自变量分别是家庭年收入（$x_1$）、家庭人口数（$x_2$）、接受高中以上教育年数（$x_3$）、客户每周电视收看小时数（$x_4$）。基于 3 000 个样本用户训练集数据，图 7-37 给出了模型 B 的求解结果。

现在我们想比较这两个模型在验证集 2 000 个样本观察资料中的预测精度，对验证集中的第一个观察（账号 18572870），模型 A 的预测结果是：

$$\hat{y}_1^A = 2\,119.60 + 121.33 \times 50.2 + 528.10 \times 5 - 525.36 \times 1 = 10\,315.93(\text{美元})$$

再来看模型 B 的预测结果：

$$\hat{y}_1^B = 1\,712.55 + 121.61 \times 50.2 + 531.21 \times 5 - 539.89 \times 1 + 12.55 \times 4 = 9\,983.92(\text{美元})$$

账号 18572870 的信用卡用户实际年支付金额为 5 472.51 美元，由此，对于验证集的第一个信用卡用户，模型 A 的预测误差平方为 $(5\,472.51 - 10\,315.93)^2 = 23\,458\,721$，模型 B 的预测误差平方为 $(5\,472.51 - 9\,983.92)^2 = 20\,352\,797$。对验证集的 2 000 个样本观察逐个进行这样的预测并计算出相应的预测误差，具体情况见图 7-38。由图 7-38 可知，模型 A 的预测误差平方和为 47 392 009 111，模型 B 的预测误差平方和为 47 409 404 281。两相比较，就验证集的资料来说，用预测误差平方衡量预测精度，其结果是模型 A 要稍微好于模型 B。尽管在模型 B 中，客户每周收看电视小时数的 $p$-值比较小，但经过验证集的资料测算，模型引进客户每周收看电视小时数这个自变量，对预测效果没有带来什么改善。

| | A | B | C | D | E | F | G | H | I | J | K |
|---|---|---|---|---|---|---|---|---|---|---|---|
| 1 | | | | | | | Model A (3 Variable) | | | Model B (4 Variable) | |
| 2 | Account Number | Annual Income ($1000) | Household Size | Years of Post-High School Education | Hours Per Week Watching Television | Annual Charges ($) | Prediction | Squared Error | | Prediction | Squared Error |
| 3 | 18572870 | 50.2 | 5.0 | 1.0 | 4.0 | 5,472.51 | 10,315.93 | 23,458,721 | | 9,983.92 | 20,352,797 |
| 4 | 10135558 | 39.6 | 2.0 | 4.0 | 15.0 | 3,968.42 | 5,839.37 | 3500437.294 | | 5,619.76 | 2726908.398 |
| 5 | 23467852 | 88.8 | 4.0 | 1.0 | 19.0 | 11,382.63 | 14,471.50 | 9541090.638 | | 14,335.21 | 8717710.157 |
| 6 | 2221007 | 101.2 | 6.0 | 2.0 | 54.0 | 16,827.83 | 16,496.93 | 109493.0845 | | 16,805.10 | 516.6005887 |
| 7 | 23024579 | 52.0 | 5.0 | 2.0 | 19.0 | 13,175.27 | 9,998.98 | 10088816.14 | | 9,851.26 | 11049033.2 |
| 8 | 5534868 | 100.8 | 5.0 | 4.0 | 50.0 | 20,292.73 | 14,849.58 | 29627894.64 | | 15,095.37 | 27012585.44 |
| 9 | 19704869 | 70.6 | 3.0 | 0.0 | 49.0 | 6,230.89 | 12,270.40 | 36475622.43 | | 12,507.04 | 39390082.33 |
| 10 | 9388137 | 88.9 | 8.0 | 2.0 | 41.0 | 18,914.62 | 16,060.67 | 8145037.3 | | 16,208.53 | 7322943.679 |
| 11 | 23883625 | 89.4 | 5.0 | 2.0 | 29.0 | 14,362.00 | 14,537.04 | 30638.65325 | | 14,525.07 | 26592.06635 |
| 1991 | 6776616 | 87.6 | 3.0 | 2.0 | 59.0 | 20,541.21 | 13,262.43 | 52980632.57 | | 13,620.30 | 47899053.37 |
| 1992 | 8695442 | 47.3 | 8.0 | 1.0 | 10.0 | 17,011.33 | 11,548.35 | 29844173.12 | | 11,300.19 | 32617082.88 |
| 1993 | 5888985 | 82.4 | 4.0 | 1.0 | 48.0 | 9,416.69 | 13,694.93 | 18303332.35 | | 13,920.89 | 20287829.66 |
| 1994 | 12243467 | 43.2 | 5.0 | 1.0 | 16.0 | 3,101.00 | 9,466.56 | 40520368.82 | | 9,283.25 | 38220269.2 |
| 1995 | 28297658 | 49.9 | 5.0 | 0.0 | 48.0 | 14,538.99 | 10,814.89 | 13868933.92 | | 11,039.55 | 12246101.91 |
| 1996 | 4605783 | 36.7 | 3.0 | 2.0 | 19.0 | 12,620.39 | 7,086.30 | 30626125.63 | | 6,928.17 | 32401368.92 |
| 1997 | 21430617 | 54.9 | 1.0 | 5.0 | 27.0 | 3,755.45 | 6,632.39 | 8276755.445 | | 6,559.99 | 7865464.344 |
| 1998 | 3080483 | 84.4 | 4.0 | 5.0 | 23.0 | 13,018.42 | 11,796.17 | 1493897.685 | | 11,690.98 | 1762090.043 |
| 1999 | 8089356 | 41.6 | 2.0 | 4.0 | 14.0 | 8,740.70 | 6,082.04 | 7068459.72 | | 5,850.43 | 8353673.976 |
| 2000 | 14223252 | 51.0 | 7.0 | 5.0 | 4.0 | 0.00 | 9,327.76 | 87007165.68 | | 8,984.30 | 80717567.08 |
| 2001 | 8048637 | 39.0 | 7.0 | 1.0 | 5.0 | 360.73 | 10,013.14 | 93168998.76 | | 9,696.84 | 87162964.44 |
| 2002 | 27638369 | 39.0 | 5.0 | 2.0 | 19.0 | 1,554.11 | 8,421.58 | 47162147.49 | | 8,270.30 | 45107267.97 |
| 2003 | | | | | | | | | | | |
| 2004 | | | | | | | SSE: | 47,392,009,111 | | | 47,409,404,281 |

图 7-38　信用卡公司的预测精度

## 7.10　回归预测分析

为了讲清楚怎样利用回归模型开展预测并为决策提供支持，我们仍然以 7.4 节的 Butler 汽运公司的回归分析作为例子。在 Butler 汽运公司的多元回归分析中，因变量为运送时间（$y$），自变量分别是行驶里程（$x_1$）、分送次数（$x_2$），得到的回归方程是：

$$\hat{y} = 0.1273 + 0.0672x_1 + 0.6900x_2 \quad (7\text{-}22)$$

假定 Butler 汽运公司现有 10 个新的运送任务，它们的行驶里程、分送次数见表 7-6 中的前三栏。

表 7-6　10 个新的运送任务的预测值、置信区间和预测区间

| 运送任务 | 行驶里程 | 分送次数 | 预测值 | 95%置信区间 | 95%预测区间 |
|---|---|---|---|---|---|
| 301 | 105 | 3 | 9.25 | 0.193 | 1.645 |
| 302 | 60 | 4 | 6.92 | 0.112 | 1.637 |
| 303 | 95 | 5 | 9.96 | 0.173 | 1.642 |
| 304 | 100 | 1 | 7.54 | 0.225 | 1.649 |
| 305 | 40 | 3 | 4.88 | 0.177 | 1.643 |
| 306 | 80 | 3 | 7.57 | 0.108 | 1.637 |
| 307 | 65 | 4 | 7.25 | 0.103 | 1.637 |
| 308 | 55 | 3 | 5.89 | 0.124 | 1.638 |
| 309 | 95 | 2 | 7.89 | 0.175 | 1.643 |
| 310 | 95 | 3 | 8.58 | 0.154 | 1.641 |

把新的运送任务相应的行驶里程和分送次数的数值代入式（7-22），便得到运送时间的点估计，比如对编号 301 的运送任务，其预测值的点估计为

$$\hat{y}_{301} = 0.1273 + 0.0672 \times 105 + 0.6900 \times 3 = 9.25$$

有关新运送任务运送时间的点估计，列示在表 7-8 中的第四栏。

除了点估计外，与回归方程有关的估计还存在另外两种类型，一是置信区间估计，一是预测区间估计。置信区间估计是在给定自变量取值的情况下，对因变量 $y$ 均值所做的区间估计。**预测区间**估计是在给定自变量取值的情况下，对因变量 $y$ 单个取值所做的区间估计。

对给定的自变量 $x_1, x_2, \cdots, x_q$ 取值，因变量 $y$ 均值的置信区间估计的一般形式为：

$$\hat{y} \pm t_{\alpha/2} s_{\hat{y}} \quad (7\text{-}23)$$

式中，$\hat{y}$ 是通过回归方程对因变量 $y$ 均值所做的点估计；$s_{\hat{y}}$ 是 $\hat{y}$ 的估计标准差；$t_{\alpha/2}$ 是乘积项，根据样本容量和置信水平 $100(1-\alpha)\%$ 得到，具体地说，是自由度为 $n-q-1$ 时 $t$ 分布右尾端 $\alpha/2$ 面积处的 $t$ 统计量值。原则上讲，式（7-23）给出的置信区间的计算，需要用矩阵代数知识和专业的统计软件才能处理。

对给定的自变量 $x_1, x_2, \cdots, x_q$ 取值，因变量 $y$ 单个取值置信区间估计的一般形式为

$$\hat{y} \pm t_{\alpha/2} \sqrt{s_{\hat{y}}^2 + \frac{\text{SSE}}{n-q-1}} \quad (7\text{-}24)$$

式中，$\hat{y}$ 是通过回归方程对因变量 $y$ 均值所做的点估计；$s_{\hat{y}}$ 是 $\hat{y}$ 的估计标准差；$t_{\alpha/2}$ 是自由度为 $n-q-1$ 时 $t$ 分布右尾端 $\alpha/2$ 面积处的 $t$ 统计量值。对式（7-24）的 SSE/$(n-q-1)$ 项，$n$ 为样本观察数目，$q$ 为回归模型中自变量的个数，SSE 为回归残差平方和，参见式（7-5）。同样，式（7-24）给出的预测区间的计算，需要用到矩阵代数知识和专业的统计软件才能处理。

在 Butler 汽运公司的例子中，对某个运送任务下的行驶里程、分送次数，95% 的置信

区间就是平均行驶时间的区间估计。如果想估计有具体行驶里程和分送次数的所有这类运送任务下的平均运送时间，我们就可以按此构造区间估计，该置信区间还能估计平均运送时间的变异程度。

仍然以 Butler 汽运公司为例，95% 预测区间便是对某个具体行驶里程和分送次数运送任务的运送时间预测的区间估计。如果想估计某个有具体行驶里程和分送次数的一次运送任务下的运送时间，我们就可以按式（7-24）构造预测区间估计，该预测区间还能估计一次运送任务运送时间的变异程度。

> 如 Analytic Solver、JMP、R 这样的软件，在回归输出结果中，会给出因变量 y 均值的置信区间、因变量 y 单个取值的置信区间。

根据表 7-8 的资料，对于编号 301 的运送任务，行驶里程 105 英里、3 次分送，平均运送时间 95% 的置信区间为 9.25±0.193，意味着我们用 95% 的信度认为所有同样行驶里程 105 英里、3 次分送的运送任务，平均行驶时间在 9.06 到 9.44 小时之间。

现在假定 Butler 汽运公司想预测行驶里程 105 英里、分送 3 次的新运送任务的行驶时间，由回归方程得到的预测值仍然是 9.25，对这样的运送任务的 95% 预测区间是 9.25±1.645；也就是说，我们以 95% 的信度认为行驶里程 105 英里、分送 3 次的运送任务，其运送时间在 7.61~10.90 小时范围内。

在置信水平 95% 下，单个值的预测区间范围比均值置信区间的大。这一点反映了这样的一个事实：对自变量取值给定时因变量 y 均值的估计，比预测因变量 y 某个取值要更精确些。通过比较式（7-23）和式（7-24），我们不难看出置信区间与预测区间差别的原因。相比于置信区间，预测区间不仅含有因变量 y 均值估计的变异 $s_{\hat{y}}^2$ 项，还包括了因变量 y 偏离于其均值的变异。

最后我们还要指出，对每个观察为回归点估计构造的预测（与置信）区间的范围是不相同的。区间估计的范围还取决于自变量的取值。当自变量 $x_1, x_2, \cdots, x_q$ 取值越靠近它们各自的均值时，无论是置信区间还是预测区间都会变窄。根据 Butler 汽运公司 300 个样本观察资料，运送任务的平均行驶里程是 70.7 英里，平均分送次数是 3.5 次。表 7-8 中编号 307 的运送任务，其行驶里程是 65 英里、分送次数 4 次，比较接近于样本观察资料的平均值，由此得到的运送时间的置信区间和预测区间就比较窄。相反，表 7-6 中编号 304 的运送任务，行驶里程 100 英里、分送次数 1 次，离样本观察资料的平均值比较远，对此构造的置信区间和预测区间就比较宽。

## ● 本章小结 ●—○—●—○—●

本章讲解了怎样利用回归分析，以确定因变量 y 和自变量 x 之间的相关关系。对于简单线性回归问题，所采用的回归模型是 $y = \beta_0 + \beta_1 x + \varepsilon$。对于简单线性回归模型，我们使用样本数据和最小二乘法进行估计，并由此得到估计的回归方程 $\hat{y} = b_0 + b_1 x$。简单线性回归模型中的未知参数，其样本估计量是 $b_0$ 和 $b_1$。

拟合优度系数 $r^2$ 是衡量估计回归方程拟合优度的一种方法，其含义是：运用估计的回归方程能够解释因变量 $y$ 样本观察值的变异所占的比例。本章在介绍了简单线性回归之后，还把相关的结论推广到多个自变量的回归分析问题，介绍了如何利用 Excel 的回归分析功能，求解多元回归方程 $\hat{y}=b_0+b_1x_1+b_2x_2+\cdots+b_qx_q$，并且说明了多元回归模型参数的解释以及多重共线性可能产生的影响。

本章我们讨论了与回归分析模型及其误差项有关的假定条件，这是利用回归模型进行推断分析所必需的。我们介绍了在回归模型中其他自变量保持不变的情况下，如何运用 $t$ 检验决定因变量和某个自变量之间是否存在显著性关系，还讲解了怎样利用 Excel 进行多元回归参数 $\beta_0,\beta_1,\cdots,\beta_q$ 的区间估计。

本章中，我们介绍了怎样通过虚拟变量将属性变量引入回归模型中，讲解了如何在自变量与因变量之间建立多元非线性回归模型的一些做法，也简要说明了回归模型的自变量选择，以及回归模型的过度拟合问题。

本章的 7.9 节，讨论了大数据对回归分析的意义，尤其是特别大的样本对回归推断分析的影响，介绍了如何运用坚守法、$k$ 层交叉验证法、留一交叉验证法评估可供选择的回归模型。本章的最后，我们讲解了运用回归模型进行置信区间和预测区间估计的概念等。

## ● 关键术语 ●━○━●━○━●

**后向删除法**（backward elimination）：变量选择的一种迭代方法，先让所有的自变量进入回归模型，然后每次从模型中删除一个自变量。

**最优子集法**（best subsets）：变量选择的一种方法，通过对自变量所有可能组合的回归模型的构建和比较，来确定模型中的最终自变量。

**拟合优度系数**（coefficient of determination）：测量回归方程拟合优度的指标，可以解释为因变量 $y$ 值的变异能够被估计的回归方程解释部分所占的比重。

**置信区间**（confidence interval）：总体参数估计的一种形式，在某种置信水平下，认为有可能包含总体参数值的区间。

**置信水平**（confidence level）：在相同抽样方法、相同样本容量下，所得到的区间估计在多大频率上包含着待估计总体参数的真实值。

**交叉验证法**（cross-validation）：利用数据对模型好坏进行评估，而不是通过数据来建立回归模型。

**因变量**（dependent variable）：被预测或解释的变量，用字母 $y$ 表示，也被称作响应变量。

**虚拟变量**（dummy variable）：在回归模型中，用来建立属性自变量影响的变量，通常取值 0 或 1。

**估计的回归**（estimated regression）：使用最小二乘法建立的以样本数据为基础的回归方程，也可叫作经验回归方程。其中，估计的多元线性回归方程为 $\hat{y}=b_0+b_1x_1+b_2x_2+\cdots+b_qx_q$。

**样本观察范围**（experimental region）：用来估计回归模型的数据中，自变量 $x_1,x_2,\cdots,x_q$ 取值的范围。

**外推法**（extrapolation）：利用样本观察范围之外的自变量 $x_1,x_2,\cdots,x_q$ 值，所得到的因变量 $y$ 的平均预测值。

**前向选择法**（forward selection）：一种自变量选择的迭代方法，每一步给回归模型添加一个自变量。

**坚守法（holdout method）**：交叉验证的一种方法，将样本观察资料随机地划分成互斥且完备的子集，然后用某个数据子集构建分析模型，其他的样本观察数据用于比较模型好坏和最终确定模型。

**假设检验（hypothesis testing）**：对总体参数取值做出某种猜测，并根据采集到的样本数据，对这种猜测进行评估的方法。

**自变量（independent variable）**：用来预测或解释因变量的变量。用字母 $x$ 表示，也被称作预测变量。

**交互效应（interaction）**：回归模型使用到的一种方法，因变量与一个自变量之间的关系，随着另一个自变量取值的变化而发生改变。

**区间估计（interval estimation）**：使用样本数据计算出来的有可能包含着未知总体参数取值的范围。

**$k$ 层交叉验证法（$k$-fold cross-validation）**：交叉验证的方法之一，样本数据被随机地划分成容量相同、互斥且完备的子集，在 $k$ 次迭代中，用 $k-1$ 个子集观察资料构建模型，用某个子集对构建的模型进行评价。

**节点（knot）**：在分段线性回归模型中，因变量和自变量关系发生变化时自变量的取值，也称作拐点。

**最小二乘法（least squares method）**：利用样本数据获得估计的回归方程的方法。

**留一交叉验证法（leave-one-out cross-validation）**：交叉验证的一种做法，回归模型用 $n-1$ 项观察资料重复地进行拟合，剩下的一项观察资料用来评估模型的好坏。

**线性回归（linear regression）**：自变量和因变量的关系近似一条直线的回归分析。

**多重共线性（multicollinearity）**：回归模型中，自变量之间的相关性。

**多元线性回归（multiple regression）**：包含一个因变量和多个自变量的回归分析。

**过度拟合（overfitting）**：模型过于适合样本数据，从而导致模型不能准确地反映研究对象。

**$p$ 值（$p$ value）**：采用同样的抽样方法从同一总体抽取容量相同的样本，并根据样本资料，对假设做出不正确判断的概率。

**参数（parameter）**：用来说明总体、过程或系统特征的指标。

**分段线性回归模型（piecewise linear regression model）**：对小于特定自变量值时，在自变量和因变量之间建立某种形式的线性回归模型；对大于特定自变量时，在自变量和因变量之间建立另一种线性回归模型。

**预测区间（prediction interval）**：在给定自变量取值的情况下，对因变量 $y$ 单个取值的区间估计。

**点估计（point estimator）**：用单个值作为相应总体参数取值的估计。

**二项式回归模型（quadratic regression model）**：反映自变量和因变量之间非线性关系的一类回归模型，模型中包含了自变量及其平方项，如 $\hat{y} = b_0 + b_1 x_1 + b_2 x_1^2$，有时也被叫作二阶多项式回归。

**回归分析（regression analysis）**：构造方程来反映相关变量之间关系的一种统计方法。

**简单线性回归（simple linear regression）**：包含一个因变量和一个自变量的回归分析。

**回归模型（regression model）**：描述因变量 $y$ 和自变量 $x$ 相关关系和残差项的方程。其中，简单线性回归模型是 $y = \beta_0 + \beta_1 x + \varepsilon$，多元线性回归模型是 $y = \beta_0 + \beta_1 x_1 + \beta_2 x_2 + \cdots + \beta_q x_q + \varepsilon$。

**残差**（residual）：因变量实际值和使用估计的回归方程得到的因变量预测值之间的离差。对于第 $i$ 个观察值，残差可以表示成：$e_i = y_i - \hat{y}_i$。

**统计推断**（statistical inference）：根据来自总体的样本观察数据，对反映总体特征的参数进行估计和假设检验的统计方法之总称。

**逐步回归法**（stepwise selection）：一种自变量选择的迭代方法，每一步给模型添加一个自变量和删除一个自变量。

**$t$ 检验**（$t$ test）：一种基于 $t$ 统计量的假设检验方法，用于对回归参数是否等于 0 的假设进行检验。

**训练集**（training set）：用来建立候选模型的数据集。

**验证集**（validation set）：用来比较模型预测并且最终选择合适模型的数据集。

## ● 复习思考题 ●━━○━━○━━●

1. 《自行车运动世界》是与自行车运动有关的杂志，经常刊登适合公路自行车竞赛用车的重量和价格资料，以下是 10 款自行车的重量（单位：磅）和价格（单位：美元）资料。

| 生产商 | 重量 | 价格 | 生产商 | 重量 | 价格 |
| --- | --- | --- | --- | --- | --- |
| Fierro 7B | 17.9 | 2 200 | bicyclette vélo | 13.2 | 8 700 |
| HX 5000 | 16.2 | 6 350 | Supremo Team | 16.3 | 6 100 |
| Durbin Ultralight | 15.0 | 8 470 | XTC Racer | 17.2 | 2 680 |
| Schmidt | 16.0 | 6 300 | D'Onofrio Pro | 17.7 | 3 500 |
| WSilton Advanced | 17.3 | 4 100 | Americana #6 | 14.2 | 8 100 |

（1）绘制散点图，并说说自行车的重量和价格之间存在什么关系。

（2）在自行车重量与价格之间建立回归模型，并根据给定的资料对模型进行估计。

（3）给定显著性水平 0.05，给出回归参数假设检验的结论。

（4）模型的拟合优度系数是多少，它表明了什么样的意思？

（5）假定生产商 D'Onofrio Pro 计划推出一款 15 磅重的自行车，这时的定价是多少？

（6）某自行车经销商对 D'Onofrio Pro 公司推出的一款 15 磅重的 D'Onofrio Elite 自行车比较感兴趣，为此该经销商正筹划为该款自行车准备库存空间，却怀疑这款自行车的售价超过 7 000 美元的话，可能没有销售市场。利用（1）建立的回归分析模型，你认为自行车经销商会做出什么样的决定。

2. 生产过程中，流水线的速度（单位：英尺/分）被认为会影响检查过程中对缺陷零件的发现。为了验证这个理论，管理人员设计了一个场景，以不同的流水线速度检查同一批零件，采集到了如下的一组资料。

| 流水线速度 | 检测出来的缺陷零部件数 | 流水线速度 | 检测出来的缺陷零部件数 |
| --- | --- | --- | --- |
| 20 | 21 | 30 | 16 |
| 20 | 19 | 60 | 14 |
| 40 | 15 | 40 | 17 |

（1）根据上述资料绘制散点图，并说说流水线速度与缺陷零件检查出来的数量之间存在什么关系。

(2) 在流水线速度与缺陷零件检查出来的数量之间建立回归方程，并根据给定的资料进行求解估计。

(3) 给定显著性水平 0.01，对回归参数是否等于 0 进行假设检验。

(4) 拟合优度系数是多少？表达了什么样的含义？

3. Jensen Tire & Auto 公司考虑是否签订新的电脑车轮对位平衡机的维修合同，该公司的管理人员认为维修费用和使用时间有关，为此采集如下一组资料。

| 每周使用时间<br>（小时） | 年均维护费用<br>（100 美元） | 每周使用时间<br>（小时） | 年均维护费用<br>（100 美元） |
|---|---|---|---|
| 13 | 17.0 | 17 | 30.5 |
| 10 | 22.0 | 24 | 32.5 |
| 20 | 30.0 | 31 | 39.0 |
| 28 | 37.0 | 40 | 51.5 |
| 32 | 47.0 | 38 | 40.0 |

Jensen

(1) 根据上述资料绘制散点图，并说说每周使用时间与年均维修费之间存在什么关系。

(2) 在每周使用时间与年均维修费之间建立回归模型，并根据给定资料进行模型估计。

(3) 给定显著性水平 0.05，对回归参数是否等于 0 进行假设检验。

(4) 拟合优度系数是多少？表达了什么样的含义？

(5) 如果维修合同费用每年超过 3 000 美元，合同值不值得签订？为什么？

4. 一家大型医院雇用了一名社会学家，调查员工每年无故缺勤的天数（单位：天）同员工住家与上班地点距离（单位：英里）的关系，选择了 10 名员工为样本，收集的数据如下。

| 与上班地点距离 | 缺勤天数 | 与上班地点距离 | 缺勤天数 |
|---|---|---|---|
| 1 | 8 | 10 | 3 |
| 3 | 5 | 12 | 5 |
| 4 | 8 | 14 | 2 |
| 6 | 7 | 14 | 4 |
| 8 | 6 | 18 | 2 |

Absent

(1) 根据上述资料绘制散点图，并说说缺勤天数同员工住家与上班地点距离存在什么样的关系。

(2) 在缺勤的天数同员工住家与上班地点距离之间建立回归模型，并根据给定的资料对模型进行估计。

(3) 在 99% 的置信水平下，对回归系数进行区间估计，根据估计的结果，能得出什么样的结论？

(4) 模型的拟合优度系数是多少？有什么样的含义？

5. 一个大都市的区域交通局想调查公交车使用年数（单位：年）和每年维修费用（单位：美元）之间是否存在相关关系，采集了 10 辆公交车的样本数据。

| 使用年数 | 年维修费用 | 使用年数 | 年维修费用 |
|---|---|---|---|
| 1 | 350 | 3 | 550 |
| 2 | 370 | 4 | 750 |
| 2 | 480 | 4 | 800 |
| 2 | 520 | 5 | 790 |
| 2 | 590 | 5 | 950 |

AgeCost

(1) 根据上述资料绘制散点图,并说说公交车使用年数和每年维修费用之间存在什么样的关系。

(2) 在公交车使用年数和每年维修费用之间建立回归模型,并根据给定的资料对模型进行估计。

(3) 在显著性水平 0.05 下对回归系数进行假设检验,根据估计的结果,能得出什么样的结论?

(4) 模型的拟合优度系数是多少?有什么样的含义?

(5) 使用了 3.5 年的公交车,其年均维修费用大概是多少?

6. Givens 学院的一名营销学教授研究了课程学习投入的时间(单位:小时)和获得的成绩(单位:分)之间的关系,采集的数据见文件 MktHrsPts。

(1) 根据给定的数据绘制散点图,并说说学习时间和成绩之间存在什么关系。

(2) 在学习时间和成绩之间建立回归分析模型,根据给定的资料进行求解。

(3) 给定显著性水平 0.01,对回归系数进行假设检验。

(4) 拟合优度系数是多少?其含义是什么?

(5) 某位同学花费了 95 小时学习这门课,其平均得分可能是多少?

(6) 要想获得 A 等学分至少需要 90 分,根据估计出来的回归方程,需要投入多少学习时间才能获得 A 等学分?

7. 道琼斯工业平均指数(DJIA)和标准普尔 500(S&P 500)指数,都是用来衡量股票市场总体变动的。DJIA 是根据 30 家大型公司股价变化编制的,S&P 500 是 500 只股票价格指数。据此,有人说 S&P 500 能够更好地反映股市表现,因为它包含的股票范围更广。以下是 DJIA 和 S&P 500 从 2012 年 1 月 6 日开始的 15 周的收盘价。

| 时间 | DJIA(点) | S&P 500(点) | 时间 | DJIA(点) | S&P 500(点) |
| --- | --- | --- | --- | --- | --- |
| 1月6日 | 12 360 | 1 278 | 3月2日 | 12 978 | 1 370 |
| 1月13日 | 12 422 | 1 289 | 3月9日 | 12 922 | 1 371 |
| 1月20日 | 12 720 | 1 315 | 3月16日 | 13 233 | 1 404 |
| 1月27日 | 12 660 | 1 316 | 3月23日 | 13 081 | 1 397 |
| 2月3日 | 12 862 | 1 345 | 3月30日 | 13 212 | 1 408 |
| 2月10日 | 12 801 | 1 343 | 4月5日 | 13 060 | 1 398 |
| 2月17日 | 12 950 | 1 362 | 4月13日 | 12 850 | 1 370 |
| 2月24日 | 12 983 | 1 366 | | | |

(1) 根据给定的数据绘制散点图,并说说 DJIA 和 S&P 500 存在什么关系。

(2) 对 DJIA 和 S&P 500 建立回归分析模型,根据给定的资料进行求解。

(3) 在置信水平 95% 下对回归系数进行区间估计,并依此说说 DJIA 和 S&P 500 之间是否存在相关关系。

(4) 在置信水平 95% 下,对回归方程截距项进行区间估计。假定要对截距项是否等于 0 做假设检验,那么依据置信区间能得出什么结论?

(5) 拟合优度系数是多少?其含义是什么?

(6) 假定 DJIA 的收盘价是 13 500 点,这时 S&P 500 的收盘价是多少?

(7) 用于构建回归方程的 DJIA 指数值都没有超过 13 500 点,那么用 DJIA 的 13 500 点去预测 S&P 500 指数值时，我们需要关心什么？

8. 丰田凯美瑞是北美畅销车之一。二手凯美瑞的成本取决于许多因素，如车龄、行驶里程、车况等。为了调查凯美瑞汽车行驶里程和销售价格之间的关系，以下是19辆车的行驶里程（单位：1 000 英里）和销售价格（单位：1 000 美元）资料。

| 行驶里程<br>（1 000 英里） | 价格<br>（1 000 美元） | 行驶里程<br>（1 000 英里） | 价格<br>（1 000 美元） |
| --- | --- | --- | --- |
| 22 | 16.2 | 110 | 8.3 |
| 29 | 16.0 | 28 | 12.5 |
| 36 | 13.8 | 59 | 11.1 |
| 47 | 11.5 | 68 | 15.0 |
| 63 | 12.5 | 68 | 12.2 |
| 77 | 12.9 | 91 | 13.0 |
| 73 | 11.2 | 42 | 15.6 |
| 87 | 13.0 | 65 | 12.7 |
| 92 | 11.8 | 110 | 8.3 |
| 101 | 10.8 | | |

(1) 根据给定的资料绘制散点图，并说明行驶里程和价格之间存在什么关系。
(2) 建立回归分析模型，并根据给定的资料进行求解。
(3) 给定显著性水平 0.01，对回归参数进行假设检验。
(4) 拟合优度系数是多少？表达的是什么意思？
(5) 运用估计的回归方程，计算每辆车的预测价格和回归残差。
(6) 假如某一款这样的车行驶了 60 000 英里，对其价格进行估计，你会按照这个价格购买吗？

9. Dixie Showtime 电影放映公司在美国南部经营着好几家电影院，该公司管理人员想根据广告费用（单位：100 美元）预测每周收入（单位：100 美元）。最近一周8个市场的样本数据如下：

| 电影院 | 每周毛收入<br>（100 美元） | 电视广告费用<br>（100 美元） | 报纸广告费用<br>（100 美元） |
| --- | --- | --- | --- |
| Mobile | 101.3 | 5.0 | 1.5 |
| Shreveport | 51.9 | 3.0 | 3.0 |
| Jackson | 74.8 | 4.0 | 1.5 |
| Birmingham | 126.2 | 4.3 | 4.3 |
| Little Rock | 137.8 | 3.6 | 4.0 |
| Biloxi | 101.4 | 3.5 | 2.3 |
| New Orleans | 237.8 | 5.0 | 8.4 |
| Baton Rouge | 219.6 | 6.9 | 5.8 |

(1) 在电视广告和每周收入之间建立回归模型，并在显著性水平 0.05 下检验两者关系的显著性，并对这个关系做出说明。
(2) 对 (1) 得到的回归模型，谈谈样本资料中每周总收入的变异被模型解释了多少。
(3) 以电视广告、报纸广告为自变量建立回归方程，并在显著性水平 0.05 时，检验回归参数是否显著，怎样解释回归参数估计值的意义？这些解释是否合理？
(4) 对 (3) 得到的回归模型，说说样本资料中每周总收入的变异被模型解释了多少。

(5) 根据（1）和（3）的结果，你接下来会做什么事？为什么？

(6) 谈谈这些结论的管理意义。

10. *Resorts & Spas* 是一本主要登载高档度假酒店消息的杂志，同时发布世界上最受欢迎的前20名独立精品酒店的排行榜。以下是有关资料。

BeachFront Hotels

| 酒店名称 | 总体得分 | 舒适度 | 配套设施 | 酒店餐饮 |
|---|---|---|---|---|
| Muri Beach Odyssey | 94.3 | 94.5 | 90.8 | 97.7 |
| Pattaya Resort | 92.9 | 96.6 | 84.1 | 96.6 |
| Sojourner's Respite | 92.8 | 99.9 | 100.0 | 88.4 |
| Spa Carribe | 91.2 | 88.5 | 94.7 | 97.0 |
| Penang Resort and Spa | 90.4 | 95.0 | 87.8 | 91.1 |
| Mokihana Ho-Kele | 90.2 | 92.4 | 82.0 | 98.7 |
| Theo's of Cape Town | 90.1 | 95.9 | 86.2 | 91.9 |
| Cap d'Agde Resort | 89.8 | 92.5 | 92.5 | 88.8 |
| Spirit of Mykonos | 89.3 | 94.6 | 85.8 | 90.7 |
| Turismo del Mar | 89.1 | 90.5 | 83.2 | 90.4 |
| Hotel Iguana | 89.1 | 90.8 | 81.9 | 88.5 |
| Sidi Abdel Rahman Palace | 89.0 | 93.0 | 93.0 | 89.6 |
| Sainte-Maxime Quarters | 88.6 | 92.5 | 78.2 | 91.2 |
| Rotorua Inn | 87.1 | 93.0 | 91.6 | 73.5 |
| Club Lapu-Lapu | 87.1 | 90.9 | 74.9 | 89.6 |
| Terracina Retreat | 86.5 | 94.3 | 78.0 | 91.5 |
| Hacienda Punta Barco | 86.1 | 95.4 | 77.3 | 90.8 |
| Rendezvous Kolocep | 86.0 | 94.8 | 76.4 | 91.4 |
| Cabo de Gata Vista | 86.0 | 92.0 | 72.2 | 89.2 |
| Sanya Deluxe | 85.1 | 93.4 | 77.3 | 91.8 |

(1) 以舒适度、配套设施、酒店餐饮为自变量，建立多元线性回归模型，并根据给定的资料对模型进行估计；

(2) 在显著性水平0.01下，对模型的回归参数显著性进行假设检验；

(3) 剔除显著性水平0.01下不显著的自变量后，拟合的模型又是什么？

(4) 假如 *Resorts & Spans* 杂志决定推介那些估计的总体得分超过90的独立精品酒店，根据得到的回归方程，哪些独立精品酒店会得到 *Resorts & Spans* 杂志的推荐？

11. 美国个人投资者协会（AAII）线上折扣券商研究协会，对会员做了一个电子交易费用的调查，要求会员对交易价格满意度、实施速度满意度以及总体满意度进行评价，可供选择的答案有：非常不满意（0），不满意（1），有点满意（2），满意（3），非常满意（4）。每个测项的加权平均得分资料如下。

Broker

| 券商 | 交易价格满意度 | 实施速度满意度 | 总体满意度 |
|---|---|---|---|
| Scottrade, Inc. | 3.4 | 3.4 | 3.5 |
| Charles Schwab | 3.2 | 3.3 | 3.4 |
| Fidelity Brokerage Services | 3.1 | 3.4 | 3.9 |
| TD Ameritrade | 2.9 | 3.6 | 3.7 |
| E*Trade Financial | 2.9 | 3.2 | 2.9 |
| (Not listed) | 2.5 | 3.2 | 2.7 |
| Vanguard Brokerage Services | 2.6 | 3.8 | 2.8 |

（续）

| 券商 | 交易价格满意度 | 实施速度满意度 | 总体满意度 |
|---|---|---|---|
| USAA Brokerage Services | 2.4 | 3.8 | 3.6 |
| Thinkorswim | 2.6 | 2.6 | 2.6 |
| Wells Fargo Investments | 2.3 | 2.7 | 2.3 |
| Interactive Brokers | 3.7 | 4.0 | 4.0 |
| Zecco.com | 2.5 | 2.5 | 2.5 |
| Firstrade Securities | 3.0 | 3.0 | 4.0 |
| Banc of America Investment Services | 4.0 | 1.0 | 2.0 |

（1）在交易价格满意、实施速度满意与总体满意度之间建立回归模型，并根据给定的资料进行求解，对得到的拟合优度系数加以解释。

（2）显著性水平为 0.05，运用 $t$ 检验对每个自变量的显著性进行假设检验，并对检验的结果做出相应的说明。

（3）对回归参数的估计进行说明，并指出这是不是你期望的关系。

（4）假定交易价格满意度得分为 3 分、交易速度满意度得分也是 3 分，根据（1）得到的回归方程，对总体满意度进行预测。

12. 职业橄榄球大联盟（NFL）收集球员和球队的有关数据，为了调查比赛传球率对球队赢球的重要性，以下是 2011 赛季 16 支 NFL 球队所属的联合会、平均尝试传球数、平均尝试拦截数，以及获胜率的数据。

| 球队 | 所属联合会 | 平均尝试传球数 | 平均尝试拦截数 | 获胜率（%） |
|---|---|---|---|---|
| Arizona Cardinals | NFC | 6.5 | 0.042 | 50.0 |
| Atlanta Falcons | NFC | 7.1 | 0.022 | 62.5 |
| Carolina Panthers | NFC | 74.1 | 0.033 | 37.5 |
| Cincinnati Bengals | AFC | 6.2 | 0.026 | 56.3 |
| Detroit Lions | NFC | 7.2 | 0.024 | 62.5 |
| Green Bay Packers | NFC | 8.9 | 0.014 | 93.8 |
| Houstan Texans | AFC | 7.5 | 0.019 | 62.5 |
| Indianapolis Colts | AFC | 5.6 | 0.026 | 12.5 |
| Jacksonville Jaguars | AFC | 4.6 | 0.032 | 31.3 |
| Minnesota Vikings | NFC | 5.8 | 0.033 | 18.8 |
| New England Patriots | AFC | 8.3 | 0.020 | 81.3 |
| New Orleans Saints | NFC | 8.1 | 0.021 | 81.3 |
| Oakland Raiders | AFC | 7.6 | 0.044 | 50.0 |
| San Francisco 49ers | NFC | 6.5 | 0.011 | 81.3 |
| Tennessee Titans | AFC | 6.7 | 0.024 | 56.3 |
| Washington Redskins | NFC | 6.4 | 0.041 | 31.3 |

NFLPassing

（1）根据平均尝试传球数建立预测获胜率的估计回归方程，这个模型能解释多少获胜率的变异性？

（2）根据平均尝试拦截数建立预测获胜率的估计回归方程，这个模型能解释多少获胜率的变异性？

（3）根据平均尝试传球数、平均尝试拦截数，建立预测获胜率的估计回归方程，这个模型能解释多少获胜率的变异性？

（4）Kansas City Chiefs 在 2011 赛季平均尝试传球数是 6.2，并且球队的平均拦截数是

0.036,试据此预测 Kansas City Chiefs 的获胜率,并把预测的结果和 Kansas City Chiefs 的实际获胜率相比较。

(5) 仅用平均尝试传球数作为自变量建立预测获胜率的估计回归方程,该模型的拟合效果如何?

13. Johnson Filtration 公司向南佛罗里达州提供净水过滤系统的维修服务,该公司的管理人员想要预测每一次维修的修理时间(单位:小时)。与修理时间有关的因素分别是:距上次维修的时间(单位:月),修理问题类型(机器、电路),修理人员(DN、BJ)。采集的 10 个样本数据如下。

| 维修时间 | 距上次维修时间 | 报修类型 | 修理人员 |
| --- | --- | --- | --- |
| 2.9 | 2 | 电路 | DN |
| 3.0 | 6 | 机器 | DN |
| 4.8 | 8 | 电路 | BJ |
| 1.8 | 3 | 机器 | DN |
| 2.9 | 2 | 电路 | DN |
| 4.9 | 7 | 电路 | BJ |
| 4.2 | 9 | 机器 | BJ |
| 4.8 | 8 | 机器 | BJ |
| 4.4 | 4 | 电路 | BJ |
| 4.5 | 6 | 电路 | DN |

(1) 对距上次维修时间与维修时间建立简单线性回归方程,并对模型进行推断分析(显著性水平 0.05)。

(2) 运用(1)建立的简单线性回归方程,对上述资料中的 10 次维修时间进行预测,并计算出相应的回归残差,对回归残差按升序排列,能不能看出,两种不同类型的维修是否存在某种规则?据此需不需要对模型进行修改?区分机器故障和电路故障情况,根据距上次维修时间与维修时间资料绘制散点图。区分修理人员(DN、BJ),根据距上次维修时间与维修时间资料绘制散点图。针对这些散点图和残差分析,谈谈构建的简单线性回归模型需不需要进行修改。

(3) 以报修类型为虚拟变量,对距上次维修时间与维修时间建立多元回归模型,怎么解释回归参数的估计结果,拟合优度系数说明了什么?

(4) 以维修人员为虚拟变量,对距上次维修时间与维修时间建立多元回归模型,怎么解释回归参数的估计结果,拟合优度系数说明了什么?

(5) 同时引进报修类型、维修人员虚拟变量,对距上次维修时间与维修时间建立多元回归模型,怎么解释回归参数的估计结果?拟合优度系数说明了什么?

(6) 评估分析一下,哪个模型比较合适?

14. 一项研究调查了审计延迟(公司财务年度终结日和审计报告日期的时间差)和客户、审计员之间的关系。该研究中的一些自变量定义如下。

行业:虚拟变量,产业类企业为 1,银行、借贷公司或者保险公司为 0。

客户:虚拟变量,上市公司为 1,否则为 0。

内控质量:测量总体内部控制的方法,由审计员评定,分为五个等级,从"几乎没有"(1)到"极好"(5)。

完成状况：由审计员评定，分为四个等级，1 代表"所有工作都是在年末之后完成"，4 代表"大多数工作在年前完成"。

以下是 40 家公司的样本数据。

| 延迟时间 | 行业 | 客户 | 内控质量 | 完成情况 | 延迟时间 | 行业 | 客户 | 内控质量 | 完成情况 |
|---|---|---|---|---|---|---|---|---|---|
| 62 | 0 | 0 | 3 | 1 | 86 | 1 | 0 | 2 | 2 |
| 45 | 0 | 1 | 3 | 3 | 76 | 1 | 1 | 3 | 1 |
| 54 | 0 | 0 | 2 | 2 | 67 | 1 | 0 | 2 | 3 |
| 71 | 0 | 1 | 1 | 2 | 57 | 1 | 0 | 4 | 2 |
| 91 | 0 | 0 | 1 | 1 | 55 | 1 | 1 | 3 | 2 |
| 62 | 0 | 0 | 4 | 4 | 54 | 1 | 0 | 5 | 2 |
| 61 | 0 | 0 | 3 | 2 | 69 | 1 | 0 | 3 | 3 |
| 69 | 0 | 1 | 5 | 2 | 82 | 1 | 0 | 5 | 1 |
| 80 | 0 | 0 | 1 | 1 | 94 | 1 | 0 | 1 | 1 |
| 52 | 0 | 0 | 5 | 3 | 74 | 1 | 1 | 5 | 2 |
| 47 | 0 | 0 | 3 | 2 | 75 | 1 | 1 | 4 | 3 |
| 65 | 0 | 1 | 2 | 3 | 69 | 1 | 0 | 2 | 2 |
| 60 | 0 | 0 | 1 | 3 | 71 | 1 | 0 | 4 | 4 |
| 81 | 1 | 0 | 1 | 2 | 79 | 1 | 0 | 5 | 2 |
| 73 | 1 | 0 | 2 | 2 | 80 | 1 | 0 | 1 | 4 |
| 89 | 1 | 0 | 2 | 1 | 91 | 1 | 0 | 4 | 1 |
| 71 | 1 | 0 | 5 | 4 | 92 | 1 | 0 | 1 | 4 |
| 76 | 1 | 0 | 2 | 2 | 46 | 1 | 1 | 4 | 3 |
| 68 | 1 | 0 | 1 | 2 | 72 | 1 | 0 | 5 | 2 |
| 68 | 1 | 0 | 5 | 2 | 85 | 1 | 0 | 5 | 1 |

Audit

（1）根据给定的数据，运用上述资料中的所有自变量建立回归方程。

（2）样本资料中审计延迟时间的变异有多少是可以通过回归方程解释的？有没有其他自变量能改善模型的拟合效果？

（3）在显著性水平为 0.05 时，对每个回归参数的显著性进行假设检验，并对自变量与因变量之间的关系予以说明。

（4）如果在审计延迟时间与内控质量、完成情况之间建立回归模型，该模型能不能取代第一问由所有自变量构造的回归模型？其解释审计延迟时间变异的程度如何？

15. 美国能源部的"燃油经济指南"定期发布小汽车和卡车的燃料效率数据。数据文件 FuelData 中的数据，包含了小汽车的型号、发动机的排量、燃油类型，以及用每加仑汽油行驶里程表示的公路行驶燃油效率等级（HwyMPG）。其中：小汽车的型号区分为小型（Compact）、中型（Midsize）和大型（Large）；燃油类型分成高级（P）、常规（R）。以下是数据文件 FuelData 中的部分数据：

| 编号 | 汽车型号 | 排量 | 燃油类型 | 燃油效率等级（HwyMPG） |
|---|---|---|---|---|
| 1 | 小型 | 3.1 | P | 25 |
| 2 | 小型 | 3.1 | P | 25 |
| 3 | 小型 | 3.0 | P | 25 |
| ⋮ | ⋮ | ⋮ | ⋮ | ⋮ |
| 161 | 中型 | 2.4 | R | 30 |
| 162 | 中型 | 2.0 | P | 29 |
| ⋮ | ⋮ | ⋮ | ⋮ | ⋮ |
| 310 | 大型 | 3.0 | R | 25 |

FuelData

(1) 以燃油效率等级为因变量，排量为自变量，建立回归分析模型并进行估计。在显著性水平0.05下，对模型中的参数进行检验。说说该回归分析模型解释了多少燃油效率等级的变异。

(2) 用纵轴表示燃油效率等级，横轴表示排量绘制散点图，并用不同的形状或颜色表示散点图中的散点，哪些是小型小汽车的、哪些是中型小汽车或大型小汽车的。从这样的散点图中，你能看出小汽车的型号和燃油效率等级是什么样的关系？

(3) 在（1）回归分析模型的基础上，把小汽车的型号作为虚拟变量引入模型中，其中：汽车型号为中型时取1，其他取0；汽车型号为大型时取1，其他取0。对该回归模型进行估计，并指出模型对燃油效率等级变异的解释水平。

(4) 在给定的显著性水平0.05下，谈谈是否需要引入汽车型号这个虚拟变量。

(5) 再把燃油类型当作虚拟变量引入回归分析模型，其中：高级燃油（P）取值为1，常规燃油（R）取值0，然后对建立的回归模型进行估计。谈谈在同时引入汽车型号和燃油类型这两个虚拟变量后，模型对燃油效率等级变异的解释水平。

(6) 对（5）建立的回归分析模型，在显著性水平0.05下，检验各个自变量是否显著不等于0。

(7) 汽车制造商正在设计一款新的排量为2.9升的小型汽车，并希望燃油效率等级不低于25。为此，该汽车制造商需要做出决定，新设计的小汽车是否需要使用高级汽油，并且达到燃油效率等级25。请利用（3）的回归分析模型，给出管理建议。

16. 高速公路管理部门正在研究193号高速公路车流量和高峰期车速的关系，采集到了如数据文件TrafficFlow所示的一组数据。

(1) 根据上述资料绘制散点图，并谈谈车速和交通流量之间存在什么样的关系。

(2) 建立简单线性回归模型，并根据给定的资料对模型进行估计，拟合优度系数是多少？在0.05显著性水平下检验车速和交通流量之间存在什么样的关系。

(3) 根据给定的数据建立二项式回归方程，在0.05显著性水平下检验车速和交通流量之间的关系，并把该模型与简单线性回归模型进行比较。

(4) 建立分段线性回归模型，指出车速的节点，说说分段线性回归模型拟合效果是否比二项式回归方程的拟合效果更好。

(5) 假定根据节点把观察数据分成两个部分，一部分由小于节点车速的观察资料组成，另一部分由大于等于节点车速的观察资料组成，然后分别拟合简单线性回归方程，并把它们与分段线性回归方程做比较，尤其是要比较节点以上和以下交通流量预测值的情况。

(6) 有没有其他自变量可以考虑纳入回归模型，以使交通流量变异能得到更多的解释和反映？

17. 数据文件CorporateBonds是40家公司债券的到期年限和收益率数据。

(1) 根据给定数据绘制散点图，并说说拟合简单线性回归模型是否合适。

(2) 以到期年限和到期年限平方为自变量，建立二项式回归方程，样本资料中收益率的变异有多少可以通过该回归方程得到解释？在显著性水平为0.05时，检验自变量与因变量之间的关系，怎样看待这个模型？

(3) 在散点图中，分别拟合线性回归方程和二项式回归方程，比较一下哪个更好。

(4) 有没有其他自变量可以考虑纳入回归模型，以使交通流量变异能得到更多的解释和反映？

18. 2011 年，房价和按揭利率下降很快，在一些城市买房的每月花费要比租房少。以下是相关的租金和按揭支付中位数价格（包括税收、保险）数据。

| 城市 | 租金（美元） | 按揭支付（美元） | 城市 | 租金（美元） | 按揭支付（美元） |
| --- | --- | --- | --- | --- | --- |
| 亚特兰大 | 840 | 539 | 迈阿密 | 1 071 | 977 |
| 芝加哥 | 1 062 | 1 002 | 明尼阿波利斯 | 953 | 776 |
| 底特律 | 823 | 626 | 奥兰多 | 851 | 695 |
| 杰克逊维尔 | 779 | 711 | 凤凰城 | 762 | 651 |
| 拉斯韦加斯 | 796 | 655 | 圣路易斯 | 723 | 654 |

Rent Mortgage

(1) 以租金为自变量绘制散点图，并说说拟合简单线性回归模型是否合适。
(2) 以租金为自变量建立简单线性回归模型，并绘制租金和回归残差散点图，根据这个残差图，说说简单线性模型拟合是否合适。
(3) 以租金为自变量建立二项式回归模型，并进行求解分析。
(4) 简单线性回归模型与二项式回归模型，哪个拟合效果更好些？在散点图中添加直线和二项式曲线，并以此评价简单线性回归方程和二项式回归方程。

19. Great Falls 医学院的一个研究团队开展了为期 10 年的一项研究，以评估年龄、心脏收缩压、是否吸烟与中风率之间的关系。0 表示不吸烟，1 表示吸烟。以下是该研究团队采集的部分数据。

| 中风率（%） | 年龄 | 心脏收缩压 | 吸烟 | 中风率（%） | 年龄 | 心脏收缩压 | 吸烟 |
| --- | --- | --- | --- | --- | --- | --- | --- |
| 12 | 57 | 152 | 0 | 22 | 71 | 152 | 0 |
| 24 | 67 | 163 | 0 | 36 | 70 | 173 | 1 |
| 13 | 58 | 155 | 0 | 15 | 67 | 135 | 1 |
| 56 | 86 | 177 | 1 | 48 | 77 | 209 | 1 |
| 28 | 59 | 196 | 0 | 15 | 60 | 199 | 0 |
| 51 | 76 | 189 | 1 | 36 | 82 | 119 | 1 |
| 18 | 56 | 155 | 1 | 8 | 66 | 166 | 0 |
| 31 | 78 | 120 | 0 | 34 | 80 | 125 | 1 |
| 37 | 80 | 135 | 1 | 3 | 62 | 117 | 0 |
| 15 | 78 | 98 | 0 | 37 | 59 | 207 | 1 |

Stroke

(1) 在中风率和年龄、心脏收缩压、是否吸烟之间建立多元回归模型，并根据给定的资料对模型进行估计。
(2) 在显著性水平 0.05 下，检验吸烟和中风率是否存在相关关系。
(3) 一位 68 岁、心脏收缩压为 175 的老烟民，发生中风的概率是多少？假如你是医生，你会给这位病人什么样的建议？
(4) 保险公司只向那些在未来 10 年发生中风的概率不超过 0.01 的人出售保险，如果一位吸烟、心脏收缩压为 230 的人申请保险，在什么条件下保险公司会卖给他保险？
(5) 有没有其他自变量可以考虑纳入回归模型？

20. 学业能力测试（Scholastic Aptitude Test，SAT）是标准的大学入学考试，是美国一些大学是否录取学生的依据。据报道，SAT 的阅读和数学模块的考分为 200~800。大学普遍认为即将入学的学生是否能顺利完成学业，这些考分是很重要的预测项，所以也把它们作为是否录取新生的参考依据。以下资料是从拉格尔斯大学（Ruggles College）一年级新生中随机抽取的 200 名学生的资料，包括第一学年的 GPA、SAT 考试的阅读和数学模块的得分。参见数据文件 RugglesCollege。

(1) 以 SAT 的阅读和数学考分为自变量，建立多元回归方程，样本资料中第一学年的 GPA 的变异有多少可以通过该模型得到解释？在显著性水平 0.05 下对回归参数进行假设检验，回归参数的估计值表达了什么意思？怎样解释才是合理的？

(2) 根据（1）得到的回归方程，对 SAT 考试中阅读得 660 分、数学得 630 分的学生的 GPA 进行预测。

(3) 拉格尔斯大学招生委员会认为，学生 SAT 的阅读考分与 GPA 之间的关系，因学生 SAT 的数学考分而变化。试在 GPA 和 SAT 阅读考分、数学考分及其交互项之间建立多元回归方程，样本资料中第一学年的 GPA 的变异有多少可以通过这个模型得到解释？在显著性水平 0.05 下对回归参数进行假设检验，回归参数的估计值表达了什么意思？怎样解释才是合理的？这些结论是否能支持拉格尔斯大学招生委员会的判断？

(4) 对（1）和（3）得到的回归模型，你更倾向于哪一个？为什么？

(5) 有没有其他自变量可以考虑纳入回归模型？

21. 本章的 7.9 节，我们提到过某信用卡公司的例子，并以信用卡支付金额（$y$）作为因变量，家庭年收入（$x_1$）、家庭人口数（$x_2$）、接受高中以上教育年数（$x_3$）作为自变量，构建了一个多元回归模型，图 7-36 给出了 Excel 的求解输出结果。由于数据量比较大，这里只给出部分资料，需要详细的数据可见数据文件 ExtendedLargeCredit。

(1) 以家庭年收入作为自变量，信用卡支付金额为因变量，构建简单线性回归模型，并进行求解，解释家庭年收入和信用卡支付金额两者之间的关系。信用卡支付金额的变异有多少可以通过该模型得到解释？

(2) 以家庭人口数作为自变量，信用卡支付金额为因变量，构建简单线性回归模型，并进行求解，解释家庭人口数和信用卡支付金额两者之间的关系。信用卡支付金额的变异有多少可以通过该模型得到解释？

(3) 以接受高中以上教育年数作为自变量，信用卡支付金额为因变量，构建简单线性回归模型，并进行求解，解释接受高中以上教育年数和信用卡支付金额两者之间的关系。信用卡支付金额的变异有多少可以通过该模型得到解释？

(4) 以信用卡支付金额（$y$）为因变量，家庭年收入（$x_1$）、家庭人口数（$x_2$）、接受高中以上教育年数（$x_3$）作为自变量，构建多元回归模型，图 7-36 给出了 Excel 的求解输出结果，试比较一下（1）、（2）、（3）简单线性回归模型的斜率与多元线性回归模型回归系数（斜率）的差别，能不能说明多元回归模型中存在着多重共线性？

(5) 在 Excel 中，绘制家庭年收入与信用卡支付金额、家庭人口数与信用卡支付金额、接受高中以上教育年数与信用卡支付金额的散点图，并通过显示 $R^2$ 得到拟合优度系数，然后把它们与多元回归的拟合优度系数加以比较，说说多元线性回归模型中是否存在多重共线性。

(6) 在以信用卡支付金额（$y$）为因变量，家庭年收入（$x_1$）、家庭人口数（$x_2$）、接受高中以上教育年数（$x_3$）作为自变量构建多元回归模型的基础上，再引进年龄、性别（虚拟变量）、过去 1 年中是否有过信用卡透支（虚拟变量）这些自变量，这样做是否会改善模型的拟合效果？

## ● 案例讨论：校友捐赠

校友捐赠是美国大学财务收入的重要来源，如果大学管理人员能够知道什么因素可以提高校友参与捐赠比例，就可以采取相应措施来提高学校的财务收入。研究表明，学生对教师越满意，就越有可能毕业。因此，人们可能认为小班和低师生比会带来更高的毕业生满意度，从而反过来提高捐赠比例。下表是美国 48 所大学的校友捐赠资料，其中，毕业率是入学学生毕业率，小班占比是学生人数少于 20 人的班级占全校班级的百分比，师生比是学生数除以教职工人数，校友捐赠率指的是毕业校友捐赠占比。

| 大学 | 所在的州 | 毕业率（%） | 小班占比（%） | 师生比（%） | 校友捐赠率（%） |
| --- | --- | --- | --- | --- | --- |
| 波士顿学院 | MA | 85 | 39 | 13 | 25 |
| 布兰迪斯大学 | MA | 79 | 68 | 8 | 33 |
| 布朗大学 | RI | 93 | 60 | 8 | 40 |
| 加利福尼亚理工学院 | CA | 85 | 65 | 3 | 46 |
| 卡内基-梅隆大学 | PA | 75 | 67 | 10 | 28 |
| 凯斯西储大学 | OH | 72 | 52 | 8 | 31 |
| 威廉与玛丽学院 | VA | 89 | 45 | 12 | 27 |
| 哥伦比亚大学 | NY | 90 | 69 | 7 | 31 |
| 康奈尔大学 | NY | 91 | 72 | 13 | 35 |
| 达特茅斯学院 | NH | 94 | 61 | 10 | 53 |
| 杜克大学 | NC | 92 | 68 | 8 | 45 |
| 埃默里大学 | GA | 84 | 65 | 7 | 37 |
| 乔治城大学 | DC | 91 | 54 | 10 | 29 |
| 哈佛大学 | MA | 97 | 73 | 8 | 46 |
| 约翰斯·霍普金斯大学 | MD | 89 | 64 | 9 | 27 |
| 理海大学 | PA | 81 | 55 | 11 | 40 |
| 麻省理工学院 | MA | 92 | 65 | 6 | 44 |
| 纽约大学 | NY | 72 | 63 | 13 | 13 |
| 西北大学 | IL | 90 | 66 | 8 | 30 |
| 宾夕法尼亚州立大学 | PA | 80 | 32 | 19 | 21 |
| 普林斯顿大学 | NJ | 95 | 68 | 5 | 67 |
| 莱斯大学 | TX | 92 | 62 | 8 | 40 |
| 斯坦福大学 | CA | 92 | 69 | 7 | 34 |
| 塔夫茨大学 | MA | 87 | 67 | 9 | 29 |
| 杜兰大学 | LA | 72 | 56 | 12 | 17 |
| 加州伯克利大学 | CA | 83 | 58 | 17 | 18 |
| 加州大学-戴维斯分校 | CA | 74 | 32 | 19 | 7 |
| 加州大学-欧文分校 | CA | 74 | 42 | 20 | 9 |
| 加州大学洛杉矶分校 | CA | 78 | 41 | 18 | 13 |

（续）

| 大学 | 所在的州 | 毕业率（%） | 小班占比（%） | 师生比（%） | 校友捐赠率（%） |
|---|---|---|---|---|---|
| 加州大学圣迭戈分校 | CA | 80 | 48 | 19 | 8 |
| 加州大学-圣芭芭拉分校 | CA | 70 | 45 | 20 | 12 |
| 芝加哥大学 | IL | 84 | 65 | 4 | 36 |
| 佛罗里达大学 | FL | 67 | 31 | 23 | 19 |
| 伊利诺斯大学香槟分校 | IL | 77 | 29 | 15 | 23 |
| 密歇根大学安娜堡分校 | MI | 83 | 51 | 15 | 13 |
| 北卡罗来纳大学教堂山分校 | NC | 82 | 40 | 16 | 26 |
| 圣母大学 | IN | 94 | 53 | 13 | 49 |
| 宾夕法尼亚大学 | PA | 90 | 65 | 7 | 41 |
| 罗切斯特大学 | NY | 76 | 63 | 10 | 23 |
| 南加利福尼亚大学 | CA | 70 | 53 | 13 | 22 |
| 得克萨斯大学奥斯汀分校 | TX | 66 | 39 | 21 | 13 |
| 弗吉尼亚大学 | VA | 92 | 44 | 13 | 28 |
| 华盛顿大学 | WA | 70 | 37 | 12 | 12 |
| 威斯康星大学麦迪逊分校 | WI | 73 | 37 | 13 | 13 |
| 范德堡大学 | TN | 82 | 68 | 9 | 31 |
| 维克弗里斯特大学 | NC | 82 | 59 | 11 | 38 |
| 华盛顿大学圣路易斯分校 | MO | 86 | 73 | 7 | 33 |
| 耶鲁大学 | CT | 94 | 77 | 7 | 50 |

根据上述资料，撰写管理分析报告，要求报告中包括以下要点：

1. 使用描述性统计方法对数据进行描述性分析。

2. 在学生毕业率与校友捐赠率之间建立简单线性回归模型，并进行求解和讨论。

3. 以学生毕业率、小班占比、师生比为自变量，以校友捐赠率为因变量，建立多元线性回归模型，并进行求解和分析。

4. 与建立的简单线性回归模型和多元线性回归模型相比，是否还存在其他更好的回归模型，说说你的理由。

5. 根据回归分析的结果，你能给出什么样的结论和建议？在给定的学生毕业率、小班占比、师生比条件下，哪些大学能获得比它们预期还要高的校友捐赠率？又有哪些大学获得的校友捐赠率比这些大学预期的低？模型中是否需要引入其他的自变量？

# 第8章

# 时间序列分析与预测

**数据分析案例：系列办公产品的需求预测**

ACCO 公司是一家知名品牌办公用品和印后加工解决方案的供应商。由于 ACCO 公司能够根据各种各样的需求特征，生产和经销非常宽泛的产品线，因此在生产计划编排、分销、营销活动中，ACCO 公司十分仰仗对销售的预测分析。从供应链的角度看，ACCO 公司与其客户（主要是零售连锁商）建立了密切的合作关系，并且视对方为价值伙伴，因此客户愿意为 ACCO 公司提供预测分析中的信息和数据资料。

作为 ACCO 公司的市场预测分析管理人员，Vanessa Baker 非常感谢客户提供的重要信息，"我们为每位大客户分别制定需求预测。" Baker 说，"我们一般利用 24~36 个月的历史数据，对未来 12~18 个月的需求进行预测。在这一过程中，趋势分析自然是重要的，但我们的几条主要产品线（包括学校和学生用品及装饰挂历）的生产计划和组织，存在非常明显的季节性，季节性销售占到年销售量的绝大部分份额。"

作为 ACCO 公司战略预测最终审核人之一，Daniel Marks 也认为："供应链过程包括机会识别、产品制造或采购、产品适量投放到市场，这可能会花去几个月的时间，所以供应链过程每个环节的预测精度起着至关重要的作用，更何况还面临着产品过时风险的挑战。我们经销的产品许多都是有时间期限的，比如年历、挂历，这些产品一旦不能及时销售出去，只能当废品处理。另外，我们公司许多产品设计的特征比较时尚或含有流行文化的元素，只要消费者的偏好发生改变，这些产品可能很快就被淘汰掉了。对诸如此类的产品，如果销售预测过于乐观，有可能会产生非常大的损失；如果过于悲观，也会导致 ACCO 公司拱手让出应得的市场份额。"

除了了解趋势、季节性效用和周期性影响，Vanessa Baker 和 Daniel Marks 还必须应付其他方面的因素。Baker 指出："我们还不得不根据可能到来的购物狂潮，来修正我们的预测。" 对此，Marks 表示赞同，并补充道："为预测消费者的需求，我们不得不做一些分外的事，我们需要考虑我们的产品零售商对所订购产品的特别要求，比如采用什么样的陈列方式，以及需要拿出多少产品做展销。当前的库存是另一个因素，如果客户库存过多或过少，这会影响他们对ACCO公司的订购量，因此在做预测时需要能体现这些方面的因素。产品是否与流行文化有关，从而使产品的寿命周期很短？零售商的营销和降价策略是什么？对ACCO公司供应链合作伙伴之间竞争环境的认知，可以帮助我们提高需求预测的精度，从而减少浪费，确保ACCO公司及其客户的盈利水平。"

资料来源：本书作者根据ACCO公司Vanessa Baker、Daniel Marks提供的资料改编。

> 所谓预测，是对现象在未来可能出现的状态所做的一种推测。我们应该接受这样的事实，那就是：无论采用了什么样的预测分析技术，我们都不能得到精确的预测结果。

在本章里，我们将介绍时间序列分析和预测。假定我们被要求对公司某款产品，在未来一年各个季度的销售进行**预测**，那么这个预测结果有可能会影响产品的生产安排、原材料采购、库存管理策略、市场营销计划，以及企业的财务状况。因此，糟糕的预测有可能导致不合适的计划，并由此给公司带来成本的增加。我们究竟应该怎样进行季节性销售预测分析呢？良好的判断、直觉感受、对经济状况的认知，能给我们一个大致的看法或感觉，但把这些看法或感觉转化成用于对下年销售预测的数字，这一点值得怀疑。

可以把预测方法区分为定性预测和定量预测两种。定性预测分析一般会用到专家判断，在没有预测变量的历史数据资料或者虽有历史数据资料但并不可用的场合，我们就只能采用定性预测方法。在以下场合，我们可以采用定量预测分析方法：①预测变量存在可以利用的历史资料；②掌握的信息资料可以进行量化处理；③有理由认为过去的只是开端（比如，过去的状态将持续到未来）。本章中我们将专门讲解定量预测方法。

如果历史资料完全是被预测变量过去发生的数值，那么这样的历史数据可称为时间序列，依此所做的预测就是时间序列预测。时间序列分析的目标，是要揭示时间序列中可能存在的规则性状态，然后依据这个规则性状态对未来进行预报。总之，这样的预测是纯粹根据被预测变量的历史数据资料进行的，当然有可能也会用到过去预测分析的误差资料。

因果或探索性预测方法是根据假定做出的，它要求被预测变量与其他一个或多个变量之间存在着因果关系。这种预测分析方法，能帮助我们认识某个变量的取值是如何影响另一个变量取值的。例如，许多产品的销售量，可以用广告支出做出解释，对此我们建立回归分析方程，以刻画变量之间的关系。一旦在未来某个时期的广告预算给定了，我们把这个值代入回归方程，就可以实现对销售量的预测。与此相比，要是利用时间序列进行预测，我们就不会考虑使用广告支出资料，因为时间序列预测是仅仅根据某个现象的历史数据资料做出的。

随着现代数据资料采集技术的发展，无论是个人还是企业组织或是政府机构，都搜集了大量的可用于因果预测分析的数据资料。例如，通过超市的电子扫描系统，零售商可以采集到POS（point-of-sale）数据，利用这些数据资料，有助于制定销售计划安排、发放优惠券和采取其他营销措施，还能帮助我们搞清楚顾客购物时会连带购买哪些商品。要回答这样的问题，其中用到的一个方法，就是回归分析。在这一章里，我们也会介绍如何利用因果关系做回归分析预测。

本章的 8.1 节，我们将介绍预测人员在实际中会面临的各种各样时间序列类型，包括常量或水平变化的时间序列、带有趋势的时间序列、带有季节性波动的时间序列、同时带有趋势和季节性波动的时间序列，以及带有周期性波动的时间序列。建立一个定量预测分析模型，还必须要说明预测的精度是多少，在 8.2 节，我们将介绍测量预测结果精度的一些方法，并对这些方法的优缺点进行比较。在 8.3 节中我们结合一个简单的事例，对水平变化或常量的时间序列，讲解如何进行简单移动平均分析、加权移动平均分析，以及指数平滑分析。大多数时间序列存在着某种趋势，在预测分析时把时间序列的趋势考虑进来是很重要的，在 8.4 节我们将介绍如何利用回归模型对线性趋势、季节性波动、存在因果关系的动态问题进行预测分析。最后，在 8.5 节将讨论如何获得最佳的预测模型，并指出需要注意的事项。

注释与点评

今天，几乎所有的大型企业在做计划和运营管理的时候，都倚重于企业资源计划（ERP）软件，该系统通过采集和有效地存储企业数据，进行企业各个层面包括战略的、战术的、日常运营的计划管理，使得企业能够平稳地运行下去。大多数 ERP 系统，都含有预测功能。SAP 这款使用极为广泛的 ERP 软件就带有预测模块，用户可以通过它从一系列可供选择的预测技术中挑选一个最合适的。不仅如此，这些管理软件还提供了预测结果的质量和精度评价方法。

## 8.1 时间序列的几种类型

**时间序列**是变量在各个时点或时期上观测值的数列。时间序列中的时间因素，可以用小时计，也可以用天、周、月、年计，或者其他规则的时间间隔。通过时间序列，可以观察现象随着时间变化所表现出来的状态，一旦这样的状态被认为能持续到未来的某个时间，我们就可以据此选择出合适的预测方法。

> 这里我们只讨论观察值所属时间间隔具有相同长度的时间序列，至于那些时间间隔长度不同的时间序列，本书不作介绍。

对于给定的时间序列，为了识别它可能存在的模式，一个有用的做法就是绘制时间序列图。时间序列图展现了时间与时间序列变量的关系，一般地，我们用横坐标表示时间，用纵坐标表示时间序列中的观察值。

> 在本书的第 2 章，我们曾介绍过折线图。绘制时间序列图，最常见的方法，便是根据给定的时间序列绘制折线图。

下面，我们着重介绍通过时间序列图能够识别出来的几种常见的时间序列类型。

### 8.1.1 水平变化的时间序列

围绕着某个常数均值，随着时间变化而发生的随机性波动，这样的时间序列叫作水平变化的时间序列。在此我们用一个事例说明这类时间序列的特点。

表 8-1 是一个汽油销售中心在过去 12 周的汽油销售量。

表 8-1 是一个时间序列，由表 8-1 的资料，可以得出销售中心平均每周销售汽油 19.250 千加仑或 19 250 加仑①。根据表 8-1 资料绘制的时间序列图如图 8-1 所示。

由图 8-1 我们能看出，每一周卖出去的汽油大致围绕着 19 250 加仑上下波动。尽管存在着一定的随机变化，但我们仍然可以把这样的时间序列称作水平变化的时间序列。

在时间序列的研究中，人们经常提到**平稳时间序列**这一概念。所谓平稳时间序列，是指时间序列的统计特性不随时间变化而发生变化，具体而言如下：

（1）产生数据的过程存在着一个常数均值；

（2）时间序列的波动在各个时间上大致相同。

对于平稳时间序列，由其绘制出来的时间序列图总是表现出水平状态的随机波动。不过，简单地观察时间序列是不是存在水平波动，并依此判断时间序列是不是平稳，这可能还是不够的。许多有关预测分析的教科书，都有对如何识别一个时间序列是否平稳的方法介绍，也有如何把一个不平稳的时间序列转换成平稳时间序列的讨论。

商务经营环境的变化，会导致一个水平变化的时间序列在某个时间上变化到一个新的水平上。假定上述汽油销售中心与佛蒙特州警察局签订了一份合同，从第 13 周开始要为佛蒙特州的警务用车供应汽油。由于这份合同，很显然汽油销售中心从第 13 周开始销售量会有一定程度的增加。表 8-2 中前 12 周的销售量与表 8-1 相同，后 10 周是签订合同后的

表 8-1　12 周的汽油销售量

（千加仑）

| 周 | 销售量 | 周 | 销售量 |
|---|---|---|---|
| 1 | 17 | 7 | 20 |
| 2 | 21 | 8 | 18 |
| 3 | 19 | 9 | 22 |
| 4 | 23 | 10 | 20 |
| 5 | 18 | 11 | 15 |
| 6 | 16 | 12 | 22 |

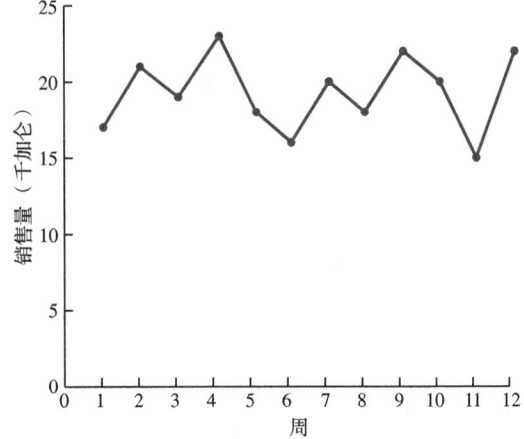

图 8-1　根据表 8-1 资料绘制的时间序列图

表 8-2　签订合同前后的每周销售量

（千加仑）

| 周 | 销售量 | 周 | 销售量 |
|---|---|---|---|
| 1 | 17 | 12 | 22 |
| 2 | 21 | 13 | 31 |
| 3 | 19 | 14 | 34 |
| 4 | 23 | 15 | 31 |
| 5 | 18 | 16 | 33 |
| 6 | 16 | 17 | 28 |
| 7 | 20 | 18 | 32 |
| 8 | 18 | 19 | 30 |
| 9 | 22 | 20 | 29 |
| 10 | 20 | 21 | 34 |
| 11 | 15 | 22 | 33 |

---

① 1 加仑（英）= 3.785 L。

每周销售量资料。

根据表 8-2 资料绘制的时间序列折线图如图 8-2 所示。

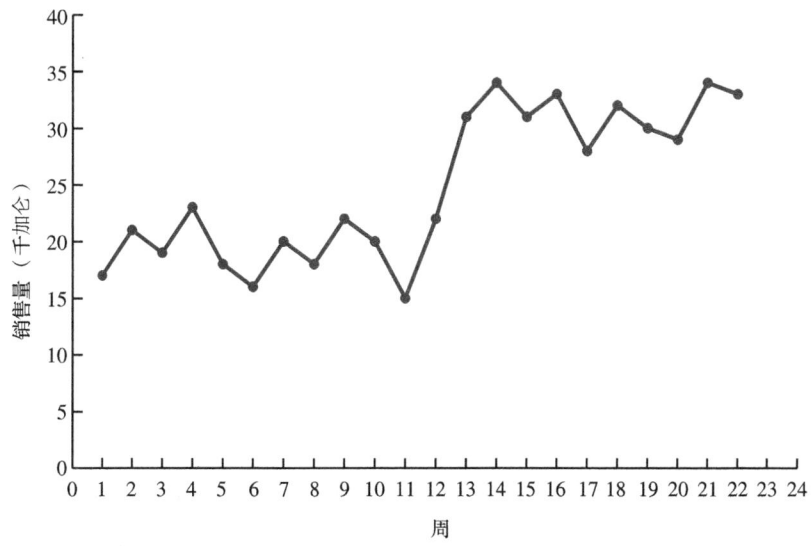

图 8-2　根据表 8-2 资料绘制的时间序列折线图

比较图 8-1 和图 8-2 可以看出，新的时间序列图像从第 13 周开始得到较大幅度的提升，这个变化给选择合适的预测方法带来了比较大的困难。在许多实际应用的场合，如何选择更好的适合时间序列水平变化后的预测方法，这是非常值得重视的问题。

## 8.1.2　带有趋势的时间序列

尽管时间序列总是表现出某种程度的随机波动，但在一个更长的时间范围内，时间序列可能呈现出向较大或较小的数值逐渐移动，对这样的时间序列，我们称为带有**趋势**的时间序列。趋势现象常常是长期因素起作用的结果，比如人口增加或减少、人口的大规模迁移变动、人口特征的改变、技术革新、竞争环境的改变，以及消费者偏好的变化等。

表 8-3 是某生产商过去 10 年间每年的自行车销售量（单位：千辆）。

根据表 8-3 资料绘制的时间序列图如图 8-3 所示。

从图 8-3 我们能看出，尽管折线表现出一会儿上升一会儿下降，但整体上依然存在着一个系统化趋势，就是从左下方往右上方递升。

表 8-3　某生产商过去 10 年每年自行车销售量　　　　（千辆）

| 年 | 销售量 | 年 | 销售量 |
| --- | --- | --- | --- |
| 1 | 21.6 | 6 | 27.5 |
| 2 | 22.9 | 7 | 31.5 |
| 3 | 25.5 | 8 | 29.7 |
| 4 | 21.9 | 9 | 28.6 |
| 5 | 23.9 | 10 | 31.4 |

表 8-3 或图 8-3 虽然呈现出线性增加的状态，但存在着一定程度的曲折变化。有的时候，时间序列可能表现出其他形态的趋势。表 8-4 的资料是某公司得到美国食品药品监督局（FDA）批文后，近 10 年来的胆固醇类药品的销售额。

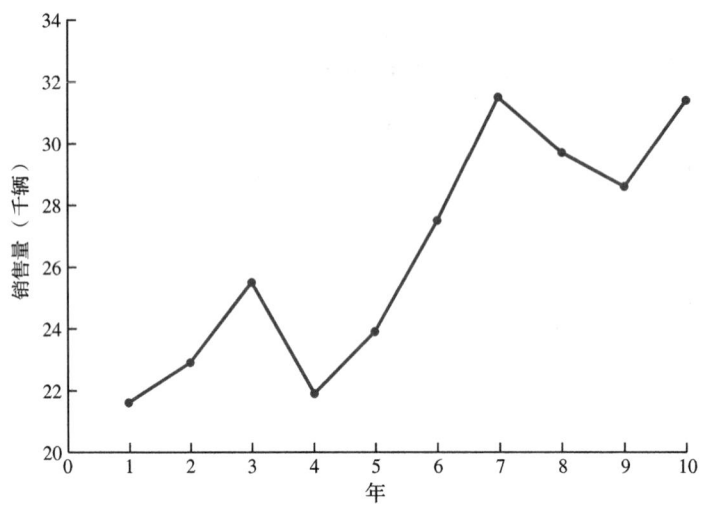

图 8-3 根据表 8-3 资料绘制的时间序列图

根据表 8-4 资料绘制的时间序列图如图 8-4 所示。

由图 8-4 可知，该公司胆固醇类药品的销售额呈非线性形式递增，也就是说，销售收入的变化率并不是按固定的数量逐年递增。事实上，这个公司的胆固醇药品销售额呈现出指数增长的模式。当

表 8-4　某公司近 10 年胆固醇类药品销售额

（100 万美元）

| 年 | 销售收入 | 年 | 销售收入 |
|---|---|---|---|
| 1 | 23.1 | 6 | 43.2 |
| 2 | 21.3 | 7 | 59.5 |
| 3 | 27.4 | 8 | 64.4 |
| 4 | 34.6 | 9 | 74.2 |
| 5 | 33.8 | 10 | 99.3 |

变化率不随时间变化而发生改变时，用指数函数来描述这样的时间序列趋势就比较合适。

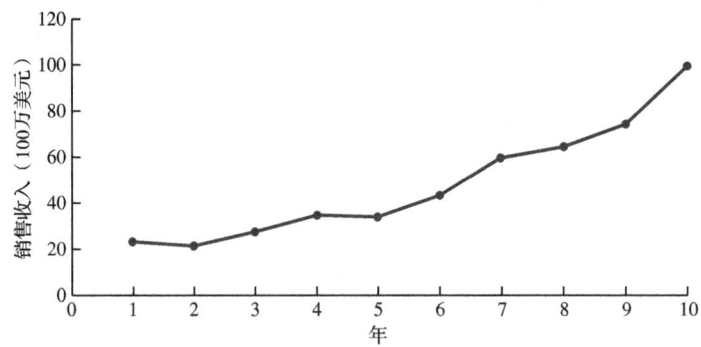

图 8-4　根据表 8-4 资料绘制的时间序列图

## 8.1.3　带有季节性波动的时间序列

通过分析多个时期历史数据的变动，可以识别出时间序列中的趋势。要识别时间序列中的季节性波动，需要观察在相继的时间里是否会反复出现某种规则状态。例如，游泳衣在秋冬季节的月份里市场销售低迷，在春夏季节销售火爆，这种现象在每一年都会出现。与此相对，铲雪设备和棉质衣服的销售却呈现截然相反的变化。对此，我们一点也不感到奇怪。

时间序列如果在一年以上的时间里呈现出随着季节改变而反复出现同样的模式，我们就称之为**季节性波动**。时间序列的季节性变化，有的表现在一年以上，也有的是一年以内的，例如，城市的交通流量每天都会显示出一个"季节性"变化，上班高峰期交通压力达到最大，白天的其他时间和傍晚交通压力适中，午夜到早晨这段时间交通流量就比较小。比较典型的、很容易能看出一天中带有季节性波动现象的，就是餐饮业。

以下资料是某商店过去5年每个季度卖出去的雨伞量，详见表8-5。

根据表8-5资料绘制的时间序列图如图8-5所示。

由图8-5可知，该时间序列没有显示出长期趋势。如果不仔细看，图8-5存在着水平状态的随机波动，然而当我们更认真地检查时间序列图的波动，就会发现每一年内都会出现类似的变化，

表8-5　某商店过去5年每个季度卖出去的雨伞量

（把）

| 年 | 季度 | 时间编码 | 销售量 |
|---|---|---|---|
| 1 | 1 | 1 | 125 |
|   | 2 | 2 | 153 |
|   | 3 | 3 | 106 |
|   | 4 | 4 | 88 |
| 2 | 1 | 5 | 118 |
|   | 2 | 6 | 161 |
|   | 3 | 7 | 133 |
|   | 4 | 8 | 102 |
| 3 | 1 | 9 | 138 |
|   | 2 | 10 | 144 |
|   | 3 | 11 | 113 |
|   | 4 | 12 | 80 |
| 4 | 1 | 13 | 109 |
|   | 2 | 14 | 137 |
|   | 3 | 15 | 125 |
|   | 4 | 16 | 109 |
| 5 | 1 | 17 | 130 |
|   | 2 | 18 | 165 |
|   | 3 | 19 | 128 |
|   | 4 | 20 | 96 |

特别是第一季度和第三季度的销售状况一般，第二季度销售在每一年里都达到最大，第四季度的销售量最少。因此，过去5年每个季度雨伞销售量是存在着季节性波动效应的。

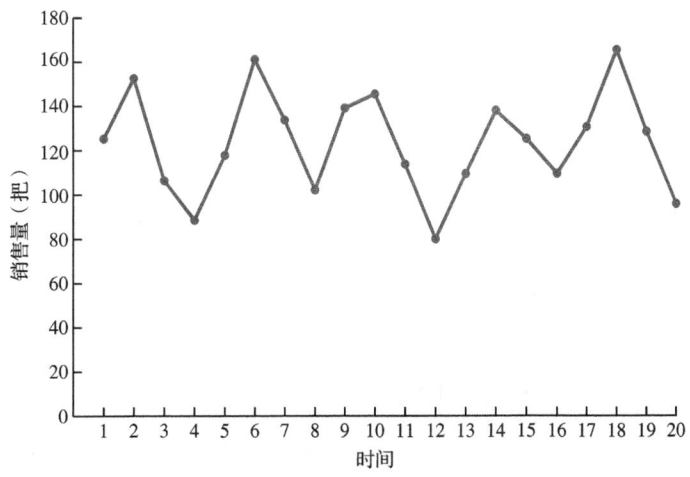

图8-5　根据表8-5资料绘制的时间序列图

## 8.1.4　同时带有趋势和季节性波动的时间序列

有的时候，我们碰到的时间序列可能既包含长期趋势，也包含季节性波动效应。在

此，我们通过一个实例来说明。表 8-6 的资料是某企业过去 4 年每个季度智能手机的销售额。

表 8-6　某企业过去 4 年每个季度智能手机销售额　　　（千美元）

| 年 | 季度 | 销售额 | 年 | 季度 | 销售额 |
| --- | --- | --- | --- | --- | --- |
| 1 | 1 | 4.8 | 3 | 1 | 6.0 |
|  | 2 | 4.1 |  | 2 | 5.6 |
|  | 3 | 6.0 |  | 3 | 7.5 |
|  | 4 | 6.5 |  | 4 | 7.8 |
| 2 | 1 | 5.8 | 4 | 1 | 6.3 |
|  | 2 | 5.2 |  | 2 | 5.9 |
|  | 3 | 6.8 |  | 3 | 8.0 |
|  | 4 | 7.4 |  | 4 | 8.4 |

根据表 8-6 资料绘制的时间序列图如图 8-6 所示。

显然，图 8-6 显示智能手机的销售存在一个增长的趋势，与此同时，我们也能从中看出，每年的第二季度销售额较小，第三、四季度销售额较大。因此，我们可以认为表 8-6 的资料也存在着季节性波动。对这样的时间序列进行预测分析，就需要找到既能处理长期趋势也能处理季节性波动的预测方法。

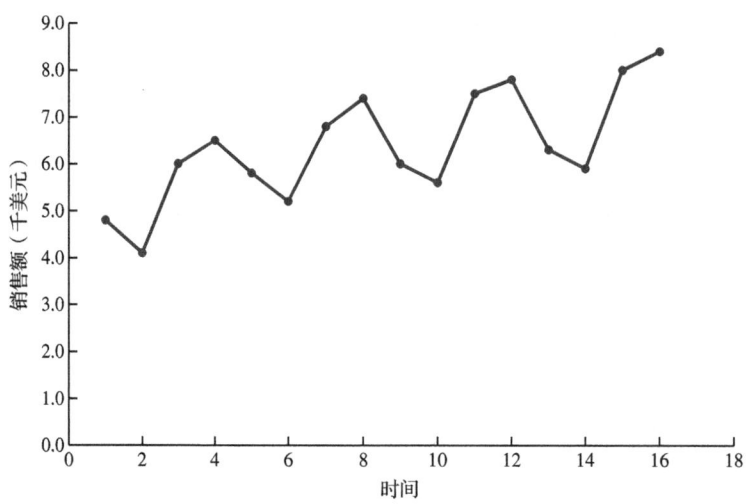

图 8-6　根据表 8-6 资料绘制的时间序列图

## 8.1.5　带有周期性波动的时间序列

在一个时间序列中，围绕着趋势线上下交替波动，并且持续时间超过 1 年，这时我们就称该时间序列存在**周期性波动**。许多反映经济现象的时间序列都带有周期性波动。时间序列的周期性波动，通常都与多年的商业活动的周期性有关。例如，紧随一个迅猛的通货膨胀后出现的中等程度的通货膨胀，就有可能导致相应的时间序列围绕着趋势线发生或上或下的交替波动。即使并非不可能，但对商业周期的预测也确实非常困难。周期性效应常常与长期趋势效应伴随存在，我们称之为趋势周期效应。在本书中，尽管时间序列中可能存在周期性波动，但我们不过多介绍周期性效应。

### 8.1.6 如何识别时间序列形态

时间序列中隐藏的形态，对预测方法的选择有着重要的影响。因此，当我们在确定选择使用什么样的预测方法的时候，最好先来绘制时间序列图。如果时间序列图显示的是水平变化状态，那么我们就必须选择适合这种类型的预测分析方法。同样，如果时间序列存在趋势，我们就应采用能有效处理这类时间序列的预测方法。下一节里，我们将介绍预测精度的评估方法。

## 8.2 预测精度问题

根据表 8-1 的资料，对汽油销售量进行预测。这里我们先采用最简单的预测方法，也就是用最近一周的销售量作为下一周汽油销售量的预测值，例如，第 1 周的汽油销售量是17 千加仑，我们就以这个值作为第 2 周的预测值，用第 2 周的实际销售量 21 千加仑作为第 3 周的汽油销售量的预测值，以此类推。这种预测方法确实再简单不过了，人们一般把它称作**朴素预测方法**。如此一来，我们得到的预测结果见表 8-7。

表 8-7　汽油销售量的预测及预测误差计算　　　　　　　　　　（千加仑）

| 周 | 汽油销量 | 预测结果 | 预测误差 | 预测误差绝对值 | 预测误差的平方 | 相对误差 | 相对误差绝对值 |
|---|---|---|---|---|---|---|---|
| 1 | 17 | | | | | | |
| 2 | 21 | 17 | 4 | 4 | 16 | 19.05 | 19.05 |
| 3 | 19 | 21 | −2 | 2 | 4 | −10.53 | 10.53 |
| 4 | 23 | 19 | 4 | 4 | 16 | 17.39 | 17.39 |
| 5 | 18 | 23 | −5 | 5 | 25 | −27.78 | 27.78 |
| 6 | 16 | 18 | −2 | 2 | 4 | −12.50 | 12.50 |
| 7 | 20 | 16 | 4 | 4 | 16 | 20.00 | 20.00 |
| 8 | 18 | 20 | −2 | 2 | 4 | −11.11 | 11.11 |
| 9 | 22 | 18 | 4 | 4 | 16 | 18.18 | 18.18 |
| 10 | 20 | 22 | −2 | 2 | 4 | −10.00 | 10.00 |
| 11 | 15 | 20 | −5 | 5 | 25 | −33.33 | 33.33 |
| 12 | 22 | 15 | 7 | 7 | 49 | 31.82 | 31.82 |
| 合计 | | | 5 | 41 | 179 | 1.19 | 211.69 |

运用朴素预测方法进行预测，其预测精度如何呢？为了回答这一问题，下面我们根据表 8-7 得到的预测结果，介绍几种预测精度的测算方法。由预测精度的测算结果，我们可以确定什么样的预测方法比较合适，进而提高对未来预测结果的准确性。与预测精度相关的一个关键概念，就是**预测误差**。用 $y_t$ 表示时间序列 $t$ 时刻的实际值，用 $\hat{y}_t$ 表示相应时刻的预测值，则预测误差可以定义成

$$e_t = y_t - \hat{y}_t \tag{8-1}$$

上式表明，预测误差就是时间序列 $t$ 时刻的实际值与该时刻预测值之间的差。

例如，表 8-7 中第 2 周汽油实际销售量是 21 千加仑，而根据朴素预测方法得到的预测

值是 17 千加仑，所以第 2 周的预测误差为

$$e_2 = y_2 - \hat{y}_2 = 21 - 17 = 4$$

上面计算的结果是正数，表明采用的预测方法低估了相应时间的实际值。我们用第 2 周的实际值 21 千加仑，作为第 3 周的预测值，而第 3 周的实际值是 19 千加仑，这样一来，第 3 周的预测误差便是：$e_3 = 19 - 21 = -2$。这是负误差，表明对第 3 周的预测估计过高了。所以，由式（8-1）计算出来的预测误差有正有负，也有可能等于 0。正的误差表明所采用的预测方法过低地估计了相应时间上的实际值。与此相反，负的误差意味着预测方法给出的预测结果过高地估计了相应时间上的实际值。由朴素预测方法得到的预测误差，详见表 8-7 的第四列。注意：由于这里采用的朴素预测方法是用上一周的实际值作为本周的预测值，所以表 8-7 中的预测值的第一行没有数值，对应地，第 1 周也不存在预测误差。

预测精度的一个简单测量方法，便是计算预测误差的均值或平均值。假定时间序列共有 $n$ 项，采用的预测方法不能产生相应预测误差的项数是 $k$，则均值预测误差（MFE）的计算公式为

$$\text{MFE} = \frac{\sum_{t=k+1}^{n} e_t}{n - k} \tag{8-2}$$

表 8-7 第四列显示了预测误差的和是 5，因此均值或平均预测误差（MFE）为 5/11 = 0.45。因为我们没有更多的数据资料能对第 1 周的汽油销售量进行预测，所以在进行误差计算的时候，我们需要相应地调整计算公式的分子和分母。在做动态预测分析时，我们往往用 $k$ 项时间序列观察值进行预测，这样我们就得不到时间序列前 $k$ 项的预测值。在上述的例子中，预测误差均值分子之和，是从有预测值的那一项开始的，所以 $t$ 的取值是从 $k+1$ 项到 $n$ 项。相应地，预测误差均值的分母也要反映这一方面的情况。在汽油销售的例子中，尽管时间序列的总项数是 $n = 12$，但产生误差项的数目是 11，所以在计算平均误差的时候，我们用误差之和除以 11。

在汽油销售量的时间序列例子中，均值预测误差是正数，意味着所采用的预测方法整体上对实际销售量做了过低的估计。换句话说，时间序列中的实际观察值，存在大于预测值的倾向。正的预测误差和负的预测误差，在加总的过程中有可能相互抵消，所以按照式（8-2）计算的均值预测误差有可能偏小，这表明由式（8-2）定义的均值预测误差对反映预测精度不算太有用。

> 平均绝对值误差（MAE）也可称为平均绝对值偏差（MAD）。

如果对预测误差取绝对值，这样在加总预测误差的时候，就会避免正负预测误差抵消的情况。对预测误差取绝对值，然后求均值，由此得到的预测精度计算方法，就是**平均绝对值误差（MAE）**。平均绝对值误差的计算公式为

$$\text{MAE} = \frac{\sum_{t=k+1}^{n} |e_t|}{n - k} \tag{8-3}$$

表 8-7 给出的预测误差绝对值之和是 41，这样由式（8-3）得到平均绝对值误差为

$$\text{MAE} = \frac{\sum_{t=k+1}^{n} |e_t|}{n-k} = \frac{41}{11} = 3.73$$

另外一个能使正负预测误差在加总过程中不发生相互抵消的做法是对预测误差进行平方处理。对预测误差取平方，然后求均值，所得到的结果叫作**均方误差（MSE）**，其计算公式为

$$\text{MSE} = \frac{\sum_{t=k+1}^{n} e_t^2}{n-k} \tag{8-4}$$

由表 8-7 可得，预测误差平方后的和是 179，因此得到的均方误差为

$$\text{MSE} = \frac{\sum_{t=k+1}^{n} e_t^2}{n-k} = \frac{179}{11} = 16.27$$

无论是平均绝对值误差还是均方误差，它们都与时间序列观察值采用的刻度有关，因此会给在不同时间长度的时间序列预测精度之间的比较带来困难，例如，比较每个月汽油销售量的预测精度和每周汽油销售量预测精度，或者比较不同时间序列的预测精度，如比较每个月汽油销售量的预测精度和每个月汽车汽油清滤器的预测精度。为了能在不同长度的时间序列和不同性质的时间序列之间进行预测精度的比较，我们可以采用**平均绝对值百分比误差（MAPE）**的预测精度的计算方法，具体计算公式为

$$\text{MAPE} = \frac{\sum_{t=k+1}^{n} \left| \left( \frac{e_t}{y_t} \right) \times 100 \right|}{n-k} \tag{8-5}$$

由表 8-7 我们能得到绝对值相对误差的和：

$$\sum_{t=k+1}^{n} \left| \left( \frac{e_t}{y_t} \right) \times 100 \right| = 211.69$$

再根据式（8-5），可以得到平均绝对值百分比误差的计算结果：

$$\text{MAPE} = \frac{\sum_{t=k+1}^{n} \left| \left( \frac{e_t}{y_t} \right) \times 100 \right|}{n-k} \times 100\% = \frac{211.69}{11} \times 100\% = 19.24\%$$

这些预测精度的值，只是测量了所采用的预测方法在多大程度上可以用于对时间序列中各项观察值的预测。现在假定我们想要预测未来某个时间上的销售，例如对第 13 周的销售量进行预测，我们仍然采用朴素的预测方法，就是用第 12 周的实际销售量作为第 13 周销售量的预测值，这是不是第 13 周汽油销售量的精确估计值呢？可惜的是，我们没有办法对未来时间上的预测精度进行回答。可是，只要我们选择的预测方法能够很好地对时间序列中的实际观察值进行预测，只要我们能确信时间序列目前存在的状态能够保持到未来，那么根据时间序列实际观察值计算出来的预测精度，也一定能说明对未来预测的效果。

在结束本节内容之前，我们再来以表 8-1 的时间序列资料为例，采用另外一种预测方法对汽油销售量进行预测。假定我们采用对所有可以利用的时间序列观察值进行平均的方法，对下一个时期的观察值进行预测。对第 2 周来说，由于只有第 1 周的汽油销售量资料

可以利用，这时第 2 周的预测结果仅是第 1 周的实际观察值，因此第 2 周的预测值便是 17 千加仑。由于现在有了第 1 周和第 2 周的实际观察值可以利用，根据我们在这里的既定规则，第 3 周的销售预测结果为

$$\hat{y}_3 = \frac{17 + 21}{2} = 19$$

同样，第 4 周的预测值为

$$\hat{y}_4 = \frac{17 + 21 + 19}{3} = 19$$

其他以此类推，得到的预测结果及预测误差见表 8-8。

表 8-8  用所有可以利用的时间序列平均观察值进行预测及其误差  （千加仑）

| 周 | 汽油销量 | 预测结果 | 预测误差 | 预测误差绝对值 | 预测误差的平方 | 相对误差 | 相对误差绝对值 |
|---|---|---|---|---|---|---|---|
| 1 | 17 | | | | | | |
| 2 | 21 | 17.00 | 4.00 | 4.00 | 16.00 | 19.05 | 19.05 |
| 3 | 19 | 19.00 | 0.00 | 0.00 | 0.00 | 0.00 | 0.00 |
| 4 | 23 | 19.00 | 4.00 | 4.00 | 16.00 | 17.39 | 17.39 |
| 5 | 18 | 20.00 | -2.00 | 2.00 | 4.00 | -11.11 | 11.11 |
| 6 | 16 | 19.60 | -3.60 | 3.60 | 12.96 | -22.50 | 22.50 |
| 7 | 20 | 19.00 | 1.00 | 1.00 | 1.00 | 5.00 | 5.00 |
| 8 | 18 | 19.14 | -1.14 | 1.14 | 1.30 | -6.33 | 6.33 |
| 9 | 22 | 19.00 | 3.00 | 3.00 | 9.00 | 13.64 | 13.64 |
| 10 | 20 | 19.33 | 0.67 | 0.67 | 0.45 | 3.35 | 3.35 |
| 11 | 15 | 19.40 | -4.40 | 4.40 | 19.36 | -29.33 | 29.33 |
| 12 | 22 | 19.00 | 3.00 | 3.00 | 9.00 | 13.64 | 13.64 |
| 合计 | | | 4.53 | 26.81 | 89.07 | 2.80 | 141.34 |

这种预测方法的预测精度为

$$\text{MAE} = \frac{26.81}{11} = 2.44$$

$$\text{MSE} = \frac{89.07}{11} = 8.10$$

$$\text{MAPE} = \frac{141.34}{11} \times 100\% = 12.85\%$$

我们把这一节介绍的两种预测方法所得到的预测精度列示在一起以便于比较（见表 8-9）。

从中我们可以看出，无论是平均绝对值误差（MAE），还是均方误差（MSE）、平均绝对值百分比误差（MAPE），采用对所有可以利用的时间序列观察值进行平均的预测方法，其预测精度都比朴素预测方法好。

表 8-9  两种预测方法精度比较

| | 朴素预测方法 | 观察值平均法 |
|---|---|---|
| MAE | 3.73 | 2.44 |
| MSE | 16.27 | 8.10 |
| MAPE | 19.24% | 12.85% |

只要时间序列存在的状态能够持续保持到未来某个时期，我们用时间序列实际观察资料对其进行预测，由此所得到的预测精度就是有用的。在 8.1 节，我们提到了表 8-1 所给的 12 项观察资料，其所构成的时间序列是平稳的。对此，我们也讨论了汽油销售中心与佛蒙特州警察局签订的一份合同为警务用车供应汽油，表 8-2 给出之前汽油销售的时间序列

以及签订合同后的 10 周销售情况，并在图 8-2 中展示了相应的时间序列图。可以观察到，在第 13 周之后时间序列变化到一个新的水平。如同汽油销售中心的事例，当时间序列跃升到一个新的水平，对采用所有历史数据平均做法的预测模型，要花几期才能调整到时间序列的新水平。可是，简单朴素预测方法调整起来非常迅速，因为它是用最近一期的观察值作为下一期的预测值的。

在比较不同预测方法的时候，对预测精度的测量很重要。但我们也要提醒大家，不能过度看重预测精度。在选择预测分析方法的时候，要审慎地考虑对预测变量值可能产生影响的商务活动环境。如果时间序列展现出来的模式在未来有可能发生改变，仅仅依赖预测精度挑选预测方法会有很大问题。

对于水平变化的时间序列，在本章的下一节我们将介绍比较复杂的预测方法。运用本章所讲的预测精度计算，我们能评估这些比较复杂的预测方法是不是比简单预测方法的预测效果要好。对于时间序列水平发生变动的情形，下面要介绍的方法的一个优点就是能较好地适应时间序列水平的改变。在短期预测的场合，选择能快速适应时间序列变化的预测方法必须要作为考虑的重点。

## 8.3 移动平均法与指数平滑法

本章的这一节，我们将介绍两类比较常用的预测分析方法：移动平均法和指数平滑法。对于呈水平状态变化的时间序列的预测，移动平均法和指数平滑法特别合适。对于水平状态的时间序列变化到一个新的水平上的情形，移动平均法和指数平滑法也能较好地适用。然而，在没有进行修匀的情况下，对带有趋势、周期性、季节效应的时间序列的预测分析，移动平均法和指数平滑的使用效果可能要差一些。通过移动平均法和指数平滑法，可以对时间序列的随机性波动进行光滑化处理，所以这两种方法经常也被叫作平滑方法。移动平均法和指数平滑法不仅使用起来容易，对短期预测分析也能产生很高的预测精度。

### 8.3.1 移动平均法

**移动平均法**，就是使用时间序列中最近时间的 $k$ 项观察值的算术平均数，作为下一个时间上现象的预测值。$k$ 期移动平均预测的计算公式为

$$\hat{y}_{t+1} = \frac{\sum(\text{最近的 } k \text{ 项观察值})}{k} = \frac{\sum_{i=t-k+1}^{t} y_i}{k} = \frac{y_{t-k+1} + \cdots + y_{t-1} + y_t}{k} \tag{8-6}$$

式中，$\hat{y}_{t+1}$ 表示 $t+1$ 期的预测值，$y_t$ 表示 $t$ 期的实际观察值，$k$ 表示移动平均的项数。

所谓移动，是指每次计算平均值时用时间序列中一个新的观察值替代一个旧的观察值，然后计算新的算术平均值。因此在计算移动平均时，每次都要舍去一个观察值，在此基础上再逐次增补一个新的观察值。

下面，我们仍然以表 8-1 和图 8-1 汽油销售量的资料为例，说明移动平均方法的应用。

前面我们已经指出，汽油销售量的时间序列图呈水平状态变化，因此本节所介绍的两种方法能够很好地适用。

要想运用移动平均法进行时间序列预测，我们首先需要确定移动平均的阶数 $k$，$k$ 也叫时间序列移动平均的项数。如果仅关心时间序列最近的有关观察值，这时我们可以给 $k$ 选取一个较小的移动平均项数值；若是考虑时间序列最近比较多的有关观察值，那我们就需要给 $k$ 选取一个比较大的移动平均项数值。我们在前面已经提到过，水平状态的时间序列的观察值随着时间的变化，有可能会变化到一个新的水平上，对此移动平均法仍然能用于新水平的时间序列，并且用 $k$ 项移动平均依然能得到较好的预测结果。因此，一个取值较小的移动平均项数 $k$（我们在上一节所讲的朴素预测方法，实际上也是一种移动平均法，只不过移动平均项数 $k$ 取值为 1 而已），能更快地捕捉到时间序列的漂移。另外，给移动平均项数 $k$ 取较大的值，能对时间序列随机性波动进行更有效的平滑。所以，在确定移动平均项数 $k$ 时，我们需要在考察时间序列存在状态的前提下，再结合管理需要做出合适的选择。

对表 8-1 的资料，我们采用 3 期（$k=3$）移动平均，这样第 4 周的汽油销售量移动平均的预测结果为

$$\hat{y}_4 = 1 \text{ 到 } 3 \text{ 周的算术平均数} = \frac{17 + 21 + 19}{3} = 19$$

这说明用 3 期移动平均得到的第 4 周汽油销售量的预测值是 19 千加仑或 19 000 加仑。第 4 周的实际销售量是 23 千加仑，那么第 4 周的预测误差便是：$e_4 = 23 - 19 = 4$（千加仑）。

第 5 周的汽油销售量的移动平均预测结果为

$$\hat{y}_5 = 2 \text{ 到 } 4 \text{ 周的算术平均数} = \frac{21 + 19 + 23}{3} = 21$$

因此，第 5 周汽油销售量的预测值是 21 千加仑，相应的预测误差是：$e_5 = 18 - 21 = -3$（千加仑）。

汽油销售量时间序列 3 期移动平均的详细预测结果，见表 8-10。

表 8-10　汽油销售量时间序列 3 期移动平均的预测结果及相应误差　（千加仑）

| 周 | 汽油销量 | 预测结果 | 预测误差 | 预测误差绝对值 | 预测误差的平方 | 相对误差 | 相对误差绝对值 |
|---|---|---|---|---|---|---|---|
| 1 | 17 | | | | | | |
| 2 | 21 | | | | | | |
| 3 | 19 | | | | | | |
| 4 | 23 | 19.00 | 4.00 | 4.00 | 16.00 | 17.39 | 17.39 |
| 5 | 18 | 21.00 | -3.00 | 3.00 | 9.00 | -16.67 | 16.67 |
| 6 | 16 | 20.00 | -4.00 | 4.00 | 16.00 | -25.00 | 25.00 |
| 7 | 20 | 19.00 | 1.00 | 1.00 | 1.00 | 5.00 | 5.00 |
| 8 | 18 | 18.00 | 0.00 | 0.00 | 0.00 | 0.00 | 0.00 |
| 9 | 22 | 18.00 | 4.00 | 4.00 | 16.00 | 18.18 | 18.18 |
| 10 | 20 | 20.00 | 0.00 | 0.00 | 0.00 | 0.00 | 0.00 |
| 11 | 15 | 20.00 | -5.00 | 5.00 | 25.00 | -33.33 | 33.33 |
| 12 | 22 | 19.00 | 3.00 | 3.00 | 9.00 | 13.64 | 13.64 |
| 合计 | | | 0.00 | 24.00 | 92.00 | -20.79 | 129.21 |

把表 8-10 中的第二列的实际销售量和第三列的预测销售量绘制成图，便得到原始时间

序列和 3 期移动平均时间序列的动态折线图（见图 8-7）。

从图 8-7 我们能够看出，移动平均后的时间序列曲线变得更加光滑，并且波动的幅度也变小了。

如果要对第 13 周的汽油销售量进行预测，我们只需要计算第 10、11、12 周的平均数即可，也就是：

$$\hat{y}_{13} = 第 10 到 12 周的算术平均数 = \frac{20 + 15 + 22}{3} = 19$$

所以按照 3 期移动平均，第 13 周的汽油销售量大约是 19 千加仑或者 19 000 加仑。

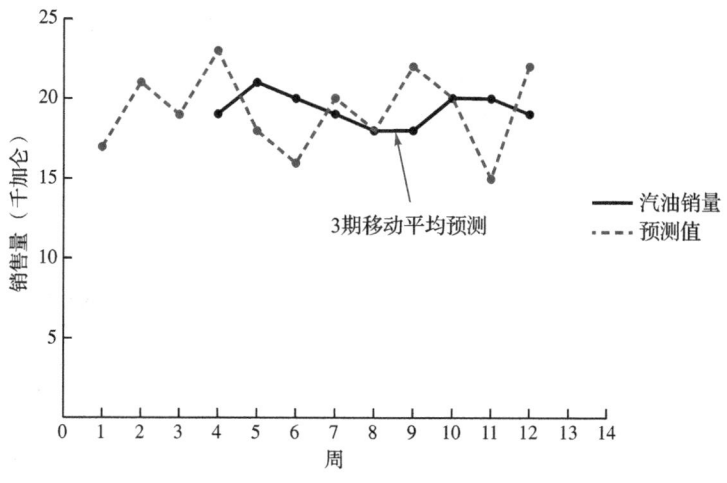

图 8-7　原始时间序列和 3 期移动平均时间序列的动态折线图

Excel 中带有移动平均的加载宏功能，可以利用它进行预测分析。假定我们把表 8-1 的每周代码录入在 Excel 工作表 A 列的第 2 到 13 行，把销售量数据录入在 Excel 工作表 B 列的第 2 到 13 行，这时利用 Excel 中的移动平均分析法进行 3 期移动平均，需要经过以下几个步骤：

第一步，单击功能区中的**数据**（Data）。

第二步，打开 Excel 工作表右上角的**数据分析**（Data Analysis）。

第三步，当出现**数据分析**（Data Analysis）对话框（见图 8-8）时，选择**移动平均**（Moving Average），然后单击**确定**（OK）按钮。

第四步，当出现**移动平均**（Moving Average）对话框（见图 8-9）时，把 B2:B13 输入**输入框**（Input Range），在**间隔**（即移动平均项数）（Interval）框中输入"3"，在**输出区域**（Output Range）框中键入"C3"，最后单击**确定**（OK）按钮。

如果单击功能区中的**数据**（Data），没有出现**数据分析**（Data Analysis），表明你的计算机没有安装 Excel 的**加载宏**（Add-in），这时你可以自行安装。具体过程是：单击功能区中的**文件**（File），找到**选项**（Options）；当出现 Excel 选项对话框时，从中找到**加载宏**（Add-in）；然后单击**加载宏**（Add-in），当出现新的对话框时，选择**分析工具库**（Analysis ToolPak）；最后单击**确定**（OK）按钮即可。

图 8-8　Excel **数据分析**（Data Analysis）对话框　　图 8-9　Excel **移动平均**（Moving Average）对话框

完成上述步骤之后，3 期移动平均的预测结果将出现在 Excel 工作表中的 C 列，如图 8-10 所示。

注意：对不同项数的移动平均预测，我们只需在**间隔**（Interval）框中输入相应的移动平均项数值就可以了，其他操作过程完全一样。

在本章的 8.2 节，我们介绍了几种预测精度的计算方法，如平均绝对值误差（MAE）、均方误差（MSE）、平均绝对值百分比误差（MAPE）。根据表 8-10 的计算资料，这三种预测误差的计算结果分别为

$$\text{MAE} = \frac{\sum_{t=4}^{12} |e_t|}{n-3} = \frac{24}{9} = 2.67$$

$$\text{MSE} = \frac{\sum_{t=4}^{12} e_t^2}{n-3} = \frac{92}{9} = 10.22$$

$$\text{MAPE} = \frac{\sum_{t=4}^{12} \left|\left(\frac{e_t}{y_t}\right) \times 100\right|}{n-3} = \frac{129.21}{9} \times 100\%$$
$$= 14.36\%$$

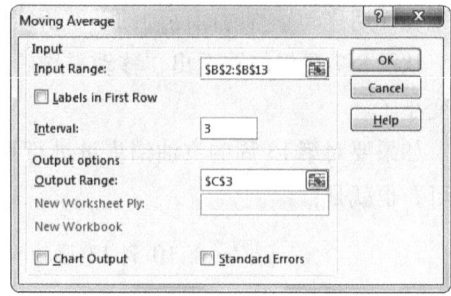

|  | A | B | C |
|---|---|---|---|
| 1 | Week | Sales (1,000s of gallons) | |
| 2 | 1 | 17 | |
| 3 | 2 | 21 | #N/A |
| 4 | 3 | 19 | #N/A |
| 5 | 4 | 23 | 19 |
| 6 | 5 | 18 | 21 |
| 7 | 6 | 16 | 20 |
| 8 | 7 | 20 | 19 |
| 9 | 8 | 18 | 18 |
| 10 | 9 | 22 | 18 |
| 11 | 10 | 20 | 20 |
| 12 | 11 | 15 | 20 |
| 13 | 12 | 22 | 19 |
| 14 | 13 |  | 19 |

图 8-10　3 期移动平均预测的 Excel 输出结果

如果在构建预测分析模型的时候，有足够多的数据资料可以利用，我们建议可以把数据划分成两个组成部分：一个是训练数据集；另一个是验证数据集。然后以能保证验证数据集的均方误差（MSE）达到最小的 $k$ 值作为移动平均的项数。对此，我们将在 8.5 节予以详细的介绍和说明。

在 8.2 节，我们运用朴素预测方法（移动平均项数 $k$ 取值为 1），得到的预测误差分别是：MAE = 3.73，MSE = 16.27，MAPE = 19.24%。两相比较，可以看出 3 期移动平均预测的精度，都比朴素预测方法好。此外，我们也应注意到，计算 MAE、MSE、MAPE 的公式也做了相应的修改，原因是 3 期移动平均预测时间序列的项数少了 3 项。

选择什么样的移动平均项数 $k$ 才能带来更好的预测精度？这一点没有定论。我们建议大家通过试错的方式，以均方误差（MSE）最小时对应的 $k$ 为准。在汽油销售的例子中，均方误差（MSE）最小值对应的移动平均项数是 $k = 6$，此时的 MSE = 6.79。只要我们能肯定既定的

移动平均项数对原时间序列的实际观察值的预测结果比较好，同时对现象未来的预测结果也比较好，此时我们就选择这样的移动平均项数进行移动平均预测。

### 8.3.2 指数平滑法

**指数平滑法**利用时间序列观察值的加权平均作为预测值，其计算公式为

$$\hat{y}_{t+1} = \alpha y_t + (1-\alpha)\hat{y}_t \tag{8-7}$$

式中，$\hat{y}_{t+1}$ 表示 $t+1$ 期的预测值；$y_t$ 表示 $t$ 期的实际观察值；$\hat{y}_t$ 表示 $t$ 期的预测值；$\alpha$（$0 \leq \alpha \leq 1$）为常数，表示平滑系数。

式（8-7）表明，现象 $t+1$ 期预测的结果，是 $t$ 期的实际观察值 $y_t$ 和 $t$ 期预测值 $\hat{y}_t$ 的加权算术平均数。对 $t$ 期实际观察值 $y_t$ 采用的权数是**平滑系数** $\alpha$，对 $t$ 期预测值 $\hat{y}_t$ 采用的权数是 $1-\alpha$。实质上，指数平滑预测分析方法是对时间序列的各项观察值进行一系列加权平均的结果。为了说明这一点，我们以 3 期时间序列为例，假定一个时间序列只有 3 项观察值，分别是 $y_1$、$y_2$、$y_3$。第 1 期的预测值 $\hat{y}_1$ 我们用时间序列第 1 期的实际观察值 $y_1$ 代表，即 $\hat{y}_1 = y_1$。这样一来，便有

$$\hat{y}_2 = \alpha y_1 + (1-\alpha)\hat{y}_1 = \alpha y_1 + (1-\alpha)y_1 = y_1$$

表明时间序列第 2 期的预测值，等于时间序列第 1 期的实际观察值。

对第 3 期进行预测，则有

$$\hat{y}_3 = \alpha y_2 + (1-\alpha)\hat{y}_2 = \alpha y_2 + (1-\alpha)y_1$$

如果把第 3 期的预测值代入第 4 期的预测中，我们能得到

$$\hat{y}_4 = \alpha y_3 + (1-\alpha)\hat{y}_3 = \alpha y_3 + (1-\alpha)[\alpha y_2 + (1-\alpha)y_1]$$
$$= \alpha y_3 + \alpha(1-\alpha)y_2 + (1-\alpha)^2 y_1$$

从上式我们不难发现，第 4 期的预测值，就是假定的时间序列前 3 期的实际观察值的加权算术平均数，并且各项前面的权数之和等于 1。由此，我们可以得到一个一般性的结论：利用指数平滑法对 $t+1$ 期进行预测，实质上是时间序列所有 $t+1$ 期之前的实际观察值的加权平均数。

尽管指数平滑是用所有实际观察值的加权平均进行预测，但在具体实现的过程中，并不需要把所有的实际观察值都纳入计算。由式（8-7）可知，实际上在运用指数平滑进行预测时，我们只需要掌握两项数值就可以了，一项是时间序列第 $t$ 期实际观察值 $y_t$，另一项是第 $t$ 期预测值 $\hat{y}_t$。下面，我们仍然以表 8-1 的资料为例，来说明指数平滑的预测过程。前面我们已经指出过，对于指数平滑预测方法，一开始我们令第 2 期的预测值等于第 1 期的实际观察值。这样便存在 $y_1 = 17$、$\hat{y}_2 = 17$，表 8-11 给出的第 2 期的实际观察值是 21，因此指数平滑法对第 2 期的预测误差是：$e_2 = 21 - 17 = 4$。在平滑系数假定为 0.2 的时候，由指数平滑法得到的第 3 期预测值为

$$\hat{y}_3 = 0.2 y_2 + (1-0.2)\hat{y}_2 = 0.2 \times 21 + 0.8 \times 17 = 17.8$$

同样的做法，我们可以得到第 4 期的指数平滑预测结果：

$$\hat{y}_4 = 0.2 y_3 + (1-0.2)\hat{y}_3 = 0.2 \times 19 + 0.8 \times 17.8 = 18.04$$

不断进行上述过程，我们可以得到每周汽油销售量的预测值，具体见表 8-11。

表 8-11　平滑系数为 0.2 时汽油销售量指数平滑的预测结果　　　（千加仑）

| 周 | 汽油销量 | 预测值 | 预测误差 | 预测误差的平方 |
| --- | --- | --- | --- | --- |
| 1 | 17 | | | |
| 2 | 21 | 17.00 | 4.00 | 16.00 |
| 3 | 19 | 17.80 | 1.20 | 1.44 |
| 4 | 23 | 18.04 | 4.96 | 24.60 |
| 5 | 18 | 19.03 | -1.03 | 1.07 |
| 6 | 16 | 18.83 | -2.83 | 7.98 |
| 7 | 20 | 18.26 | 1.74 | 3.03 |
| 8 | 18 | 18.61 | -0.61 | 0.37 |
| 9 | 22 | 18.49 | 3.51 | 12.34 |
| 10 | 20 | 19.19 | 0.81 | 0.66 |
| 11 | 15 | 19.35 | -4.35 | 18.94 |
| 12 | 22 | 18.48 | 3.52 | 12.38 |
| 合计 | | | 10.92 | 98.81 |

由表 8-10 可知，第 12 周的实际观察值是 22，第 12 周的预测值为 18.48，于是根据式（8-7）可以得到第 13 周的预测值，具体为

$$\hat{y}_{13} = \alpha y_{12} + (1-\alpha)\hat{y}_{12} = 0.2 \times 22 + (1-0.2) \times 18.48 = 19.18$$

表明在既定条件下，第 13 周汽油销售量的预测结果是 19.18 千加仑或 19 180 加仑。根据这个预测结果，企业就可以编制计划和进行其他方面的管理决策。

把表 8-11 的第二列和第三列的资料用动态折线图显示出来，得到图 8-11。

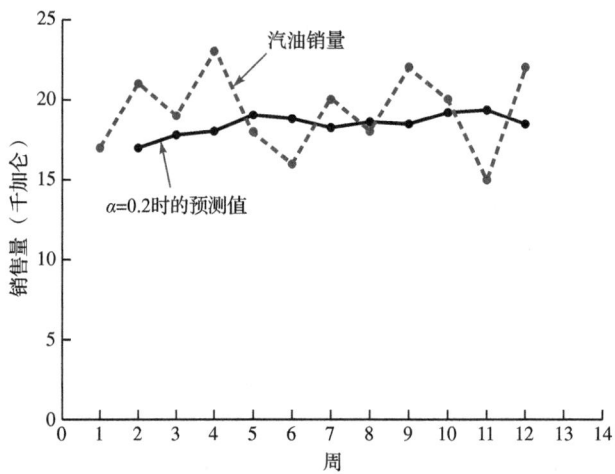

图 8-11　汽油销售量指数平滑预测折线图

从图 8-11 可以看出，与原始时间序列资料绘制的折线图相比，由于指数平滑法把不规则变动或随机性波动平滑掉了，因此绘制出来的折线图显得比较光滑。

Excel 中带有指数平滑的分析功能，可以利用它进行指数平滑预测分析。同样，假定我们把表 8-1 的每周代码录入 Excel 工作表的单元格 A2:A13，把销售量数据录入 Excel 工作表的单元格 B2:B13。另外还假定采用的指数平滑系数取值为 0.2，这时利用 Excel 中的指数平滑分析法进行预测，需要经过以下几个步骤：

第一步，单击功能区中的**数据**（Data）。

第二步，打开 Excel 工作表右上角的**数据分析**（Data Analysis）。

第三步，当出现**数据分析**（Data Analysis）对话框（见图 8-12）时，选择**指数平滑**（Exponential Smoothing），然后单击**确定**（OK）按钮。

第四步，当出现**指数平滑**（Exponential Smoothing）对话框（见图 8-13）时。把"B2：B13"输入**输入框**（Input Range），在**阻尼系数**（Damping Factor）框中输入"0.8"，在**输出结果**（Output Range）框中键入"C2"，最后单击**确定**（OK）按钮。

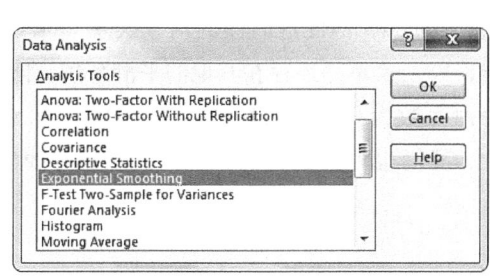

图 8-12　**数据分析**（Data Analysis）对话框

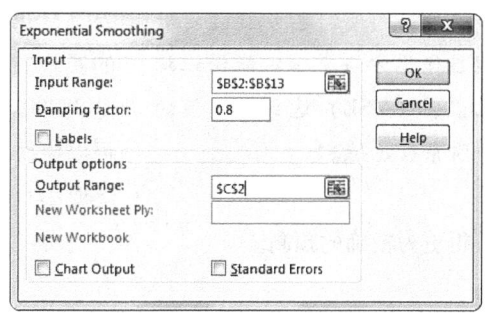

图 8-13　**指数平滑**（Exponential Smoothing）对话框

完成上述步骤之后，指数平滑的预测输出结果将出现在 Excel 工作表中的 C 列，详见图 8-14。

注意：我们在**阻尼系数**（Damping Factor）框中输入 0.8，它是 1 - 0.2 的结果。对不同平滑系数的指数平滑预测，我们只需在**阻尼系数**（Damping Factor）框中输入相应的"1 - 平滑系数"数值就可以了，其他操作过程完全一样。

在上述介绍指数平滑方法的过程中，我们采用的平滑系数是 0.2。尽管在**阻尼系数**（Damping Factor）框中输入 0 ~ 1 之间的值都可以，但不同的平滑系数 α 所得到的预测精度往往存在差别。为了更

| | A | B | C |
|---|---|---|---|
| 1 | Week | Sales (1,000s of gallons) | |
| 2 | 1 | 17 | #N/A |
| 3 | 2 | 21 | 17 |
| 4 | 3 | 19 | 17.8 |
| 5 | 4 | 23 | 18.04 |
| 6 | 5 | 18 | 19.032 |
| 7 | 6 | 16 | 18.8256 |
| 8 | 7 | 20 | 18.2605 |
| 9 | 8 | 18 | 18.6084 |
| 10 | 9 | 22 | 18.4867 |
| 11 | 10 | 20 | 19.1894 |
| 12 | 11 | 15 | 19.3515 |
| 13 | 12 | 22 | 18.4812 |

图 8-14　指数平滑预测输出结果

进一步考察如何能选择一个更好的平滑系数 α 的值，现在我们把指数平滑方法基本公式［参见式（8-7）］的形式重新编写如下：

$$\hat{y}_{t+1} = \alpha y_t + (1 - \alpha) \hat{y}_t = \alpha y_t + \hat{y}_t - \alpha \hat{y}_t = \hat{y}_t + \alpha(y_t - \hat{y}_t) = \hat{y}_t + \alpha e_t$$

这样一来，预测值 $\hat{y}_{t+1}$ 可以表示成 t 期的预测值 $\hat{y}_t$ 和一个调整项之和。这个调整项指的是，平滑系数 α 值与第 t 期预测误差 $e_t = y_t - \hat{y}_t$ 的乘积。换句话说，t + 1 期的预测值可以通过 t 期的预测值和对 t 期的预测误差系数的折算得到。如果时间序列确实存在随机性变异，我们只需选择一个比较小的平滑系数值。这样做的一个理由是，如果时间序列预测误差的大部分是因随机性变异造成的，那么我们不想急于干预和调整预测结果。如果时间序列

与确定移动平均的移动项数所介绍的一样，如果有足够多的数据可以利用，我们在选择平滑系数 α 值时，可以考虑使验证数据集的均方误差（MSE）达到最小时的平滑系数 α 值。

的随机性变异相对比较小，那么预测误差更有可能代表着时间序列取值水平的实际变化，因此这时候给平滑系数赋以较大的值，其好处是能够迅速调整预测结果，以适用时间序列的改变，由此也能使预测分析对变化的环境做出更快速的反应。

确定理想的平滑系数 $\alpha$ 值的标准，与我们曾建议确定移动平均的项数做法是一样的。也就是说，选取的平滑系数 $\alpha$ 值，要能使均方误差（MSE）达到最小。表 8-11 给出了平滑系数为 0.2 时的误差平方之和 98.80，因此这时候的均方误差（MSE）是 98.80/11 = 8.98。是不是还存在其他的平滑系数 $\alpha$ 值，可以使得比平滑系数为 0.2 时的均方误差（MSE）8.98 还要小？对此，我们也可以通过试错的方式不断寻找以获得更为精确的预测。

> 当然，我们也可以运用非线性优化方法来确定能保证均方误差（MSE）达到最小值的平滑系数 $\alpha$ 值。

注释与点评

1. 电子表格软件对实现指数平滑分析是十分有用的工具。在给定的时间序列资料和预测分析方法的前提下，我们可以运用平均绝对值误差（MAE）、均方误差（MSE）、平均绝对值百分比误差（MAPE）对不同平滑系数取值所产生的预测效果进行评估。
2. 移动平均分析法和指数平滑分析法，是大多数时间序列分析的基本工具。以此为基础，许多复杂的改进方法先后得到开发，如加权移动平均法、双重移动平均法、Brown 双指数平滑法、Holt-Winters 指数平滑法。在本章附录中，我们将介绍如何利用 Excel 预测表（Excel Forecast Sheet）实现 Holt-Winters 指数平滑分析。

## 8.4　回归预测分析

在本书的第 7 章，我们比较详细地介绍过回归分析模型。回归分析是一类应用广泛的统计方法，回归模型能够反映变量之间的数学相关关系。按照回归分析的说法，被预测的变量叫作因变量或响应变量，用于预测因变量取值的变量叫作自变量或预测变量。本节我们将介绍如何利用回归分析方法对带有趋势、季节性效应、同时带有趋势和季节性效应的时间序列进行预测，与此同时，我们也介绍怎样运用回归分析建立包含原因变量的预测模型。

### 8.4.1　线性趋势回归预测分析

这里我们着重讨论适合于线性趋势时间序列的预测方法，并介绍如何利用回归分析方法对线性趋势的时间序列进行预测。8.1 节给出表 8-3 的时间序列资料，显示出带有长期趋势，现在我们用这些资料说明回归分析的应用。尽管图 8-3 存在随着时间的变化呈现出或上或下的波动，但从整体上看，该时间序列还是具有持续的线性变化趋势的。

求解简单线性回归模型的常用方法是使用最小二乘法。由最小二乘法得到的回归方程能够保证均方误差（MSE）达到最小。运用这一原理，我们可以对带有线性趋势的时间序列拟合一条最好的回归线。在时间序列的回归分析中，一般将时间序列的实际观察值当作因变量的取值（$y_t$，表示 $t$ 期的实际观察值），将趋势变量（$t$，时间编码）当作自变量。因此，可以构造如下的线性趋势回归方程：

$$\hat{y}_t = b_0 + b_1 t \tag{8-8}$$

式中，$\hat{y}_t$ 表示 $t$ 期的预测值，$t$ 代表时间编码，$b_0$ 表示线性趋势线的截距项，$b_1$ 表示线性趋势线的斜率。

在式（8-8）的趋势直线方程中，$t$ 的取值从 1 开始，$t = 1$ 对应着时间序列的第一项，以此类推，直至 $t = n$，对应着时间序列的最后一项，在自行车销售的例子中，$t = 10$ 表示该时间序列的最后一项的编码。

利用 Excel 可以计算截距项 $b_0$ 和斜率项 $b_1$ 的估计值。依据表 8-3 的资料，Excel 线性趋势回归分析的输出结果如图 8-15 所示。

| | A | B | C | D | E | F | G | H | I |
|---|---|---|---|---|---|---|---|---|---|
| 1 | SUMMARY OUTPUT | | | | | | | | |
| 2 | | | | | | | | | |
| 3 | *Regression Statistics* | | | | | | | | |
| 4 | Multiple R | 0.874526167 | | | | | | | |
| 5 | R Square | 0.764796016 | | | | | | | |
| 6 | Adjusted R Square | 0.735395518 | | | | | | | |
| 7 | Standard Error | 1.958953802 | | | | | | | |
| 8 | Observations | 10 | | | | | | | |
| 9 | | | | | | | | | |
| 10 | ANOVA | | | | | | | | |
| 11 | | | df | SS | MS | F | Significance F | | |
| 12 | Regression | | 1 | 99.825 | 99.825 | 26.01302932 | 0.000929509 | | |
| 13 | Residual | | 8 | 30.7 | 3.8375 | | | | |
| 14 | Total | | 9 | 130.525 | | | | | |
| 15 | | | | | | | | | |
| 16 | | | Coefficients | Standard Error | t Stat | P-value | Lower 95% | Upper 95% | Lower 99.0% | Upper 99.0% |
| 17 | Intercept | | 20.4 | 1.338220211 | 15.24412786 | 3.39989E-07 | 17.31405866 | 23.48594134 | 15.90975286 | 24.89024714 |
| 18 | Year | | 1.1 | 0.215673715 | 5.100296983 | 0.000929509 | 0.60265552 | 1.59734448 | 0.376331148 | 1.823668852 |

图 8-15 自行车销售的 Excel 回归分析输出

由图 8-15 得到截距项 $b_0$ 的估计值是 20.4（图 8-15 中的单元格 B17），斜率项 $b_1$ 的估计值是 1.1（图 8-15 中的单元格 B18）。因此，自行车销售的线性趋势方程为

$$\hat{y}_t = 20.4 + 1.1t \tag{8-9}$$

斜率 1.1 的含义是，在过去的 10 年中，该企业自行车销售平均每年增加 1 100 辆。假设该企业自行车销售的趋势在未来仍然存在着，这时我们就可以利用式（8-9）进行预测。比如对第 11 年，把 $t = 11$ 代入式（8-9），便可以得到第 11 年的自行车销售的预测值，具体为

$$\hat{y}_{11} = 20.4 + 1.1 \times 11 = 32.5$$

表明在第 11 年，自行车的销售量估计为 32 500 辆。

我们也可以利用线性趋势方程，对更远的时间上的销售情况进行预测。利用式（8-9），我们可以对第 12 年、第 13 年的自行车销售进行预测，具体为

$$\hat{y}_{12} = 20.4 + 1.1 \times 12 = 33.6$$

$$\hat{y}_{13} = 20.4 + 1.1 \times 13 = 34.7$$

由预测的结果我们不难看出，自行车销售每年都递增了 1 100 辆。

注意：在上述例子中，我们并没有利用时间序列中的滞后观察值作为预测因子，而是用时间序列中各期代码作为预测因子，这样一来，在运用式（8-3）~式（8-5）计算预测精度的时候，$k$ 的取值等于 0。

对于非线性趋势，我们也可以仿照上面所说的办法建立趋势方程，只不过得到的回归趋势方程更为复杂而已。例如：如果趋势方程中包含了 $t^2$、$t^3$，这时的趋势方程为

$$\hat{y}_t = b_0 + b_1 t + b_2 t^2 + b_3 t^3$$

这个多项式趋势方程，可以对曲线形式的时间序列进行预测。

如果趋势方程中所有的自变量都是同一时间序列的滞后值，这时我们可以得到另一种形式的回归预测模型。假如时间序列的各项观察值用 $y_1, y_2, \cdots, y_n$ 表示，我们可能会尝试通过用与 $y_t$ 相关的最近的一些时间序列值 $y_{t-1}$、$y_{t-2}$ 等来建立回归方程。例如，用时间序列最近三期的观察值作为自变量，按照这种方式得到的回归方程：

$$\hat{y}_t = b_0 + b_1 y_{t-1} + b_2 y_{t-2} + b_3 y_{t-3}$$

用时间序列的先前观察值作为自变量，这样构造出来的回归模型，一般叫作**自回归模型**。

由于自回归模型典型地违背了最小二乘回归推断的必要条件，因此在对自回归模型做假设检验和区间估计时，我们需要慎重对待。有一些特殊的手段可以帮助构造自回归模型，但本书不介绍这一方面的内容。

### 8.4.2 不带趋势的季节性效应的回归预测分析

从某种程度上说，季节性效应是客观存在的。对此，在构造预测分析模型的时候，需要把季节性效应也考虑进来，以保证预测的精度。下面，我们首先来介绍不带趋势的季节性效应时间序列，带趋势的季节性效应时间序列的回归预测分析，将在下一节讲解。

我们重新来考虑服饰商店雨伞销售量的例子，具体资料见表 8-5。从图 8-5 中我们可以看出，该折线图并没有显示出某种长期趋势。事实上，除非我们看得很仔细，否则我们可能认为该时间序列呈现随机波动的水平状态变化，并且认为简单的指数平滑分析就能带来很好的预测效果。可是，只要认真地看看就能发现，图 8-5 显示出的波动是具有某种规律的。正如我们在前面所说的，第一、三季度销售比较温和，第二季度销售旺盛，第四季度销售相对比较差，所以该时间序列存在着季节性效应。

通过引进虚拟变量，我们可以对带有季节性效应的时间序列构造分析模型。在第 7 章我们曾提到过，借助属性变量可以对观察数据进行分类处理，并且指出要把数据划分成 $k$ 个类别，我们只需要引入 $k-1$ 虚拟变量。因此，要对 4 个季度的资料进行处理，只需要引进 3 个虚拟变量即可。例如，在雨伞销售的时间序列例子中，观察资料被区分成 4 个部分，每个部分都可以当成一个季度，这是一个带有 4 个水平的属性变量，分别是第一季度、第二季度、第三季度和第四季度。因此，关于雨伞销售的时间序列，对季节效应进行模拟，需要设立 $4-1=3$ 个虚拟变量，它们分别为

$$\text{Qtr1}_t = \begin{cases} 1, & \text{时间 } t \text{ 属于第一季度} \\ 0, & \text{时间 } t \text{ 不属于第一季度} \end{cases}$$

$$\text{Qtr2}_t = \begin{cases} 1, & \text{时间 } t \text{ 属于第二季度} \\ 0, & \text{时间 } t \text{ 不属于第二季度} \end{cases}$$

$$\text{Qtr3}_t = \begin{cases} 1, & \text{时间 } t \text{ 属于第三季度} \\ 0, & \text{时间 } t \text{ 不属于第三季度} \end{cases}$$

$\hat{y}_t$ 表示 $t$ 期销售量的预测值，则雨伞各个季度销售量回归方程的一般形式为

$$\hat{y}_t = b_0 + b_1 \text{Qtr1}_t + b_2 \text{Qtr2}_t + b_3 \text{Qtr3}_t \tag{8-10}$$

注意：虽然我们没有提到第四季度，但当 3 个虚拟变量都等于 0 时，便是第四季度的销售预测结果。

为了求出式（8-10）给出的回归方程，需要对时间序列进行适当编排，具体见表 8-12。

表 8-12　含有虚拟变量的雨伞销售时间序列　　　　　　　　　（把）

| 时间编码 | 年 | 季度 | Qtr1 | Qtr2 | Qtr3 | 销售量 |
|---|---|---|---|---|---|---|
| 1 |   | 1 | 1 | 0 | 0 | 125 |
| 2 | 1 | 2 | 0 | 1 | 0 | 153 |
| 3 |   | 3 | 0 | 0 | 1 | 106 |
| 4 |   | 4 | 0 | 0 | 0 | 88 |
| 5 |   | 1 | 1 | 0 | 0 | 118 |
| 6 | 2 | 2 | 0 | 1 | 0 | 161 |
| 7 |   | 3 | 0 | 0 | 1 | 133 |
| 8 |   | 4 | 0 | 0 | 0 | 102 |
| 9 |   | 1 | 1 | 0 | 0 | 138 |
| 10 | 3 | 2 | 0 | 1 | 0 | 144 |
| 11 |   | 3 | 0 | 0 | 1 | 113 |
| 12 |   | 4 | 0 | 0 | 0 | 80 |
| 13 |   | 1 | 1 | 0 | 0 | 109 |
| 14 | 4 | 2 | 0 | 1 | 0 | 137 |
| 15 |   | 3 | 0 | 0 | 1 | 125 |
| 16 |   | 4 | 0 | 0 | 0 | 109 |
| 17 |   | 1 | 1 | 0 | 0 | 130 |
| 18 | 5 | 2 | 0 | 1 | 0 | 165 |
| 19 |   | 3 | 0 | 0 | 1 | 128 |
| 20 |   | 4 | 0 | 0 | 0 | 96 |

根据表 8-12 的资料，对式（8-10）我们可以使用一般的多元线性回归模型求解方法求解，得到的结果为

$$\hat{y}_t = 95.0 + 29.0 \text{Qtr1}_t + 57.0 \text{Qtr2}_t + 26.0 \text{Qtr3}_t \tag{8-11}$$

由式（8-11）可以得到来年每个季度雨伞销售量的预测值，分别为

第一季度销售量 $= 95.0 + 29.0 \times 1 + 57.0 \times 0 + 26.0 \times 0 = 124$

第二季度销售量 $= 95.0 + 29.0 \times 0 + 57.0 \times 1 + 26.0 \times 0 = 152$

第三季度销售量 $= 95.0 + 29.0 \times 0 + 57.0 \times 0 + 26.0 \times 1 = 121$

第四季度销售量 $= 95.0 + 29.0 \times 0 + 57.0 \times 0 + 26.0 \times 0 = 95$

通过简单计算每个季度雨伞的销售量，我们或许就能获得下一年各个季度的销售预测值。但是对于那些复杂的情形——既带有趋势也存在季节性效应的时间序列，我们还这样处理可能就不合适了。

### 8.4.3 带趋势的季节性效应的回归预测分析

在本章8.1节智能手机的例子中，该时间序列就属于既带有季节性效应也存在着线性趋势的时间序列。表8-6给出智能手机销售的时间序列资料，据此绘制的时间序列图8-6显示，每年总是第二季度销售最差，第三季度、第四季度销售量回升。所以，智能手机销售时间序列的例子是存在季节性效应的。可是该时间序列也表现出呈线性向右上方变化的态势。本着提高预测精度的目的，对这类时间序列建立回归分析模型时，需要考虑季节性效应的影响，也需要考虑到趋势的作用。

类似智能手机销售的例子，带有趋势的季节性效应回归分析模型的一般形式为

$$\hat{y}_t = b_0 + b_1 \text{Qtr1}_t + b_2 \text{Qtr2}_t + b_3 \text{Qtr3}_t + b_4 t \tag{8-12}$$

式中，$\hat{y}_t$ 表示第 $t$ 期的预测值；Qtr1、Qtr2、Qtr3 属于虚拟变量，其定义方式见上例；$t$ 为时间编码（按所有季度进行的表编码）。式（8-12）中，$\hat{y}_t$ 为因变量，Qtr1、Qtr2、Qtr3 这些虚拟变量和时间编码 $t$ 为自变量。

表8-13给出了修改后的智能手机销售的时间序列，包括虚拟变量的代码、时间编码 $t$、智能手机销售额等。

表8-13　带有虚拟变量和趋势的智能手机销售时间序列　　　（千美元）

| 时间编码 | 年 | 季度 | Qtr1 | Qtr2 | Qtr3 | 销售额 |
|---|---|---|---|---|---|---|
| 1 | 1 | 1 | 1 | 0 | 0 | 4.8 |
| 2 | 1 | 2 | 0 | 1 | 0 | 4.1 |
| 3 | 1 | 3 | 0 | 0 | 1 | 6.0 |
| 4 | 1 | 4 | 0 | 0 | 0 | 6.5 |
| 5 | 2 | 1 | 1 | 0 | 0 | 5.8 |
| 6 | 2 | 2 | 0 | 1 | 0 | 5.2 |
| 7 | 2 | 3 | 0 | 0 | 1 | 6.8 |
| 8 | 2 | 4 | 0 | 0 | 0 | 7.4 |
| 9 | 3 | 1 | 1 | 0 | 0 | 6.0 |
| 10 | 3 | 2 | 0 | 1 | 0 | 5.6 |
| 11 | 3 | 3 | 0 | 0 | 1 | 7.5 |
| 12 | 3 | 4 | 0 | 0 | 0 | 7.8 |
| 13 | 4 | 1 | 1 | 0 | 0 | 6.3 |
| 14 | 4 | 2 | 0 | 1 | 0 | 5.9 |
| 15 | 4 | 3 | 0 | 0 | 1 | 8.0 |
| 16 | 4 | 4 | 0 | 0 | 0 | 8.4 |

根据表8-12的资料，对式（8-12）进行求解，得到的结果：

$$\hat{y}_t = 6.07 - 1.36 \text{Qtr1}_t - 2.03 \text{Qtr2}_t - 0.304 \text{Qtr3}_t + 0.146 t \tag{8-13}$$

现在，我们就可以利用式（8-13）对未来一年各个季度智能手机的销售额进行预测。

按照既定的时间代码，未来一年 4 个季度的时间编码分别是 17、18、19 和 20。这样得到的未来一年各个季度销售额的预测结果分别为

第 17 个时期（第 5 年第一季度）销量预测值
$$\hat{y}_{17} = 6.07 - 1.36 \times 1 - 2.03 \times 0 - 0.304 \times 0 + 0.146 \times 17 = 7.19$$

第 18 个时期（第 5 年第二季度）销量预测值
$$\hat{y}_{18} = 6.07 - 1.36 \times 0 - 2.03 \times 1 - 0.304 \times 0 + 0.146 \times 18 = 6.67$$

第 19 个时期（第 5 年第三季度）销量预测值
$$\hat{y}_{19} = 6.07 - 1.36 \times 0 - 2.03 \times 0 - 0.304 \times 1 + 0.146 \times 19 = 8.54$$

第 20 个时期（第 5 年第四季度）销量预测值
$$\hat{y}_{20} = 6.07 - 1.36 \times 0 - 2.03 \times 0 - 0.304 \times 0 + 0.146 \times 20 = 8.99$$

表明在同时考虑了时间序列季节性效应和趋势的情况下，第 5 年智能手机各个季度的销售额分别是：7 190 美元、6 670 美元、8 540 美元和 8 990 美元。

模型中引入虚拟变量，实际上意味着我们得到了 4 个回归方程，即每个季度都有一个回归方程。在上述情形中，这 4 个回归方程分别为

第一季度销售额 $= 6.07 - 1.36 \times 1 + 0.146 \times t = 4.71 + 0.146 \times t$
第二季度销售额 $= 6.07 - 2.03 \times 1 + 0.146 \times t = 4.04 + 0.146 \times t$
第三季度销售额 $= 6.07 - 0.304 \times 1 + 0.146 \times t = 5.77 + 0.146 \times t$
第四季度销售额 $= 6.07 + 0.146 \times t$

上述 4 个季度销售额回归方程的斜率完全一样，都是 0.146，表明每个季度的销售平均递增了 1 460 美元，差别表现在各个回归方程的截距上。

在智能手机销售的例子中，我们说明了怎样利用虚拟变量来表达时间序列中的季节性效应。由于属性变量只有 4 个水平，因此只需 3 个虚拟变量就可以了。然而，许多商务活动可能需要使用月度而不是季度预测，这时候季节性效应的属性变量有 12 个水平，对此我们可以设立 12 - 1 = 11 个虚拟变量，同样也能解决问题，这 11 个虚拟变量可以这样来设立：

$$\text{Month } 1_t = \begin{cases} 1, & \text{时间 } t \text{ 属于 1 月份} \\ 0, & \text{时间 } t \text{ 不属于 1 月份} \end{cases}$$

$$\text{Month } 2_t = \begin{cases} 1, & \text{时间 } t \text{ 属于 2 月份} \\ 0, & \text{时间 } t \text{ 不属于 2 月份} \end{cases}$$

…

$$\text{Month } 11_t = \begin{cases} 1, & \text{时间 } t \text{ 属于 11 月份} \\ 0, & \text{时间 } t \text{ 不属于 11 月份} \end{cases}$$

式中，Month 指的是月份。

除了虚拟变量的设立和数量不一样之外，对月度时间序列的回归预测分析的其他方面与季度数据分析基本相同，不仅如此，对任何时间长度的时间序列我们也可以采用同样的做法。

### 8.4.4 因果关系的回归分析预测

对带有线性趋势和季节性效应的情形，我们在前面介绍了如何利用时间序列的观察资

料进行预测。这类方法可以归为时间序列分析法，因为我们采用的分析模型都依赖于时间序列本身的观察值才能进行预测分析。可是，根据因变量和自变量之间存在的关系，建立相应的分析模型也能进行预测。从一般角度看，这类模型仅包含着能引起被预测变量变化的原因变量，例如：

- 用广告支出对销售进行预测；
- 用按揭利率解释住房建设规模；
- 用学生在校学习成绩说明初始薪资；
- 用产品价格说明对市场需求的影响；
- 用道琼斯指数说明个股价值；
- 用气温变化解释电力消耗。

当诸如此类的自变量能够导致因变量发生变化时，我们把这类自变量纳入预测分析模型，由此构造出来的模型叫作**因果模型**。这里有必要提醒一下，虽然我们称之为因果模型，但是这类模型只是反映了自变量与因变量之间的关系，并没有真正说明自变量与因变量是否存在因果关系。因果关系的判断不能靠模型，需要结合实际经验。

下面，我们以阿尔芒比萨店的销售为例，来说明如何利用回归分析做预测。阿尔芒比萨店是一家意大利人经营的连锁餐馆，从过去的经验看，开设在大学校园附近的比萨店都经营得相当好，经理们相信这些餐馆的季节性销售（用符号 $y$ 表示）与学生人数的多少（用符号 $x$ 表示）存在正相关关系，因此相对而言，在学生人数多的校园附近的比萨店，其销售业绩将比那些学生人数少的校园附近的比萨店要好得多。

运用回归分析原理，可以在比萨店销售（$y$）和学生人数（$x$）之间建立函数方程，依赖这样的方程，我们就可以在给定学校学生人数的时候，对位于学校附近比萨店的季节性销售进行预测。不仅如此，如果阿尔芒比萨店要开设一家新的餐馆，我们也可以依据所得到的回归方程进行预测分析。由于新的比萨店没有可以利用的历史数据，因此依靠时间序列来预测显然没有可能，但通过因果关系的回归方程可以做到这一点。

为了构建季节性销售与学生人数之间的模型，阿尔芒比萨店搜集了位于学校附近的 10 家比萨店的经营数据，详见表 8-14。

由表 8-14 的第一行可知，该店所在学校的学生人数为 2 000 人，每个季度的销售额为 58 000 美元。由表 8-14 绘制的散点图如图 8-16 所示。

从图 8-16 中能得出什么结论呢？我们容易看出，销售额表现出与学生人数的高度正相关关系，并且销售额和学生人数之间呈现出线性关系形式。尽管图 8-16 的散点不全落在一条直线上，但基于回归分析的原理，能够在销售收入（$y$）和学生人数（$x$）之间建立直线形式的回归方程（如图 8-17 所示）。

表 8-14　10 家位于学校附近的比萨店的经营数据

| 比萨店编号 | 学生人数（千人） | 销售额（千美元） |
|---|---|---|
| 1 | 2 | 58 |
| 2 | 6 | 105 |
| 3 | 8 | 88 |
| 4 | 8 | 118 |
| 5 | 12 | 117 |
| 6 | 16 | 137 |
| 7 | 20 | 157 |
| 8 | 20 | 169 |
| 9 | 22 | 149 |
| 10 | 26 | 202 |

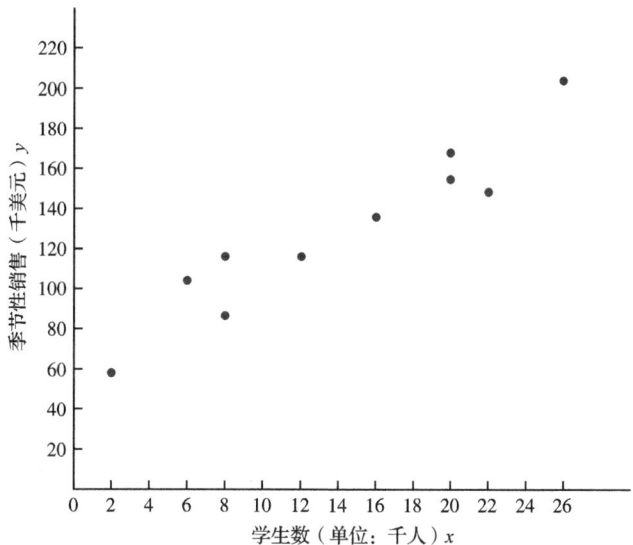

图 8-16  学生人数与季度销售额散点图

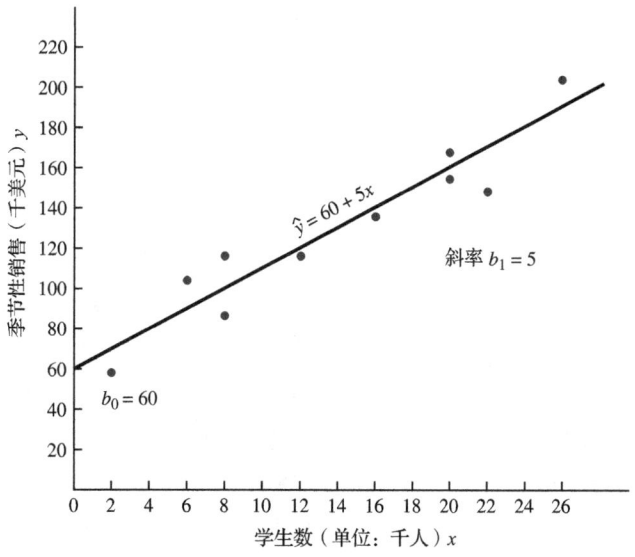

图 8-17  销售收入（$y$）和学生人数（$x$）的回归直线

由图 8-17，我们观察发现，季度销售收入与学生人数的散点不全落在一条直线上，只有很少的几个散点确实落在直线上，可是，假如我们用数学方程表示这条直线，那么我们就可以运用这个方程，依据给定的 $x$ 的可能取值预测 $y$ 的值。根据数据资料得到的线性方程称为估计的回归方程。

运用最小二乘法进行估计，得到的估计回归方程为

$$\hat{y}_i = b_0 + b_1 x_i \tag{8-14}$$

式中，$\hat{y}_i$ 表示第 $i$ 家比萨店的（季度）销售额；$b_0$ 表示线性回归方程的截距项；$b_1$ 表示线性回归方程的斜率；$x_i$ 为第 $i$ 家比萨店所在附近学校的学生人数。

运用 Excel 的回归分析功能，根据表 8-14 的资料，得到的式（8-14）求解结果如图 8-18 所示。

| | A | B | C | D | E | F | G | H | I |
|---|---|---|---|---|---|---|---|---|---|
| 1 | SUMMARY OUTPUT | | | | | | | | |
| 2 | | | | | | | | | |
| 3 | *Regression Statistics* | | | | | | | | |
| 4 | Multiple R | 0.950122955 | | | | | | | |
| 5 | R Square | 0.90273363 | | | | | | | |
| 6 | Adjusted R Square | 0.890575334 | | | | | | | |
| 7 | Standard Error | 13.82931669 | | | | | | | |
| 8 | Observations | 10 | | | | | | | |
| 9 | | | | | | | | | |
| 10 | ANOVA | | | | | | | | |
| 11 | | | df | SS | MS | F | Significance F | | |
| 12 | Regression | | 1 | 14200 | 14200 | 74.24836601 | 2.54887E-05 | | |
| 13 | Residual | | 8 | 1530 | 191.25 | | | | |
| 14 | Total | | 9 | 15730 | | | | | |
| 15 | | | | | | | | | |
| 16 | | | Coefficients | Standard Error | t Stat | P-value | Lower 95% | Upper 95% | Lower 99.0% | Upper 99.0% |
| 17 | Intercept | | 60 | 9.22603481 | 6.503335532 | 0.000187444 | 38.72472558 | 81.27527442 | 29.04307968 | 90.95692032 |
| 18 | Student Population (1,000s) | | 5 | 0.580265238 | 8.616749156 | 2.54887E-05 | 3.661905962 | 6.338094038 | 3.052985371 | 6.947014629 |

图 8-18 阿尔芒比萨店的回归分析输出结果

根据图 8-18 求解输出结果，截距项 $b_0$ 的估计值为 60，斜率项 $b_1$ 的估计值为 5，因此，得到的估计回归方程为

$$\hat{y}_i = 60 + 5x_i$$

回归直线方程的斜率（$b_1 = 5$）是正数，表明随着学生人数的增加，季度销售额也会增加。具体点讲，就是学生人数每增加 1 000 人，销售额平均会增加 5 000 美元，或者学生人数每增加 1 人，季度销售额预期会增加 5 美元。回归直线方程的截距项是 60 000 美元，这是阿尔芒比萨店所在附近学校的学生人数是 0 时的期望销售额。

由表 8-14 或图 8-18 可知，自变量取值范围为 2 000 ~ 26 000。根据本书第 7 章介绍的内容，回归直线方程的截距项是对回归直线向左下方延长的结果，我们在进行解释的时候需要适当注意。

由最小二乘法得到的直线回归方程，如果能较好地拟合阿尔芒比萨店的销售收入（$y$）和学生人数（$x$）之间的关系，那么在给定学生人数的时候，就可以利用得到的回归方程对销售额进行预测。例如，某家比萨店所在附近学校的学生人数为 16 000 人，由线性回归方程的求解结果可得该比萨店预期销售额是

$$\hat{y} = 60 + 5 \times 16 = 140$$

计算结果表明，位于 16 000 人学校附近的比萨店平均季度销售额是 140 000 美元。注意：计量单位的换算。

## 8.4.5 存在因果变量和趋势及季节效应的回归预测

回归模型的包容性非常强，可以在回归方程中同时融进因果变量以及时间序列的相关

效应。以阿尔芒比萨店为例,如果它拥有若干年的季度销售额的时间序列资料,同时拥有广告支出费用资料,并且我们也有理由认为广告支出费用与销售额之间存在相关关系,季度销售额存在趋势和季节性效应,那么对此我们可以用一个回归模型把这些因素都作为解释变量纳入进来。如果我们认为广告的效应存在一定程度的滞后,这也不要紧,只要我们把广告支出费用进行滞后 1 期处理即可,也就是用第 $t-1$ 期的广告支出费用解释第 $t$ 期的销售额。

如果遇到多个自变量的情形,例如,阿尔芒比萨店的管理人员还认为,在学校附近开店的竞争对手对阿尔芒比萨店的销售会带来影响,如果竞争对手少,比萨店的销售会比竞争对手多的情况下好,此时只要增加相应解释变量的观察数据,便能通过构造多元回归模型进行回归拟合和预测。

使用自变量的前期观察值作为解释变量,这在回归分析中叫作滞后变量。

### 8.4.6 回归预测分析中的有关问题

回归分析虽然可以帮助我们处理复杂的预测问题,但我们不能掉以轻心,需要注意防止发生过度拟合情况。著名的预测分析专家 Spyros Makridakis 根据个人研究实践指出,做短期预测采用简单的分析技术可能比使用复杂的方法好。采用复杂的方法和昂贵的技术,并不一定能保证好的预测结果。许多研究人员都一致表示,定量的预测分析要比"专家"做出的定性预测好得多。所以,只要有可以利用的数据资料,我们最好还是诉诸定量预测分析。

回归方法能不能给出良好的预测分析结果,很大程度上取决于我们选择的自变量是不是与时间序列的变化有较好的相关性,以及所采集到的数据资料的质量。在构建回归方程的时候,最好把可能的自变量都做一番考察,然后从中选择能够产生最好预测结果的变量。

注释与点评

有许多软件可以用来估计回归,本书的 7.4 节讲解了如何利用 Excel 的回归分析工具进行回归模型的求解。也可以用本书作者开发的 Analytic Solver 软件包进行回归分析。

## 8.5 预测模型优良性评估

假定有各种各样的预测模型和方法,现在我们面临着一个很现实的问题,就是"针对既定的预测对象,怎样选择一个合适的模型或方法"。有鉴于此,就像本书在多处所建议的做法一样,根据已有的数据资料,最好是先对这些数据资料进行统计描述,并绘制出数据图像,以便直观地进行观察。就时间序列来说,绘制动态曲线图,能够帮助我们直观地判断是否存在季节性效应、是存在线性趋势还是非线性趋势。对因果关系建模,绘制出的散点图,能帮助我们识别自变量和因变量之间是存在高强度的线性关系还是非线性关系,如果两者之间完全呈随机性变化，建模的时候就根本没有必要考虑这样的自变量。

在回归分析建模的时候，我们可能要与大量的数据资料打交道。对此，我们建议把这些数据划分成两个部分：一部分作为训练数据；一部分作为验证数据。例如，如果拥有5年的月度时间序列资料，这时可以把前3年的资料作为训练数据，并依此来估计分析模型，或者挑选一个能带来良好预测结果的模型。针对训练数据资料，我们可能会采用指数平滑模型，也可能会采用回归模型。然后我们用剩下的2年数据资料，来评估和比较所采用模型的拟合效果。为了验证数据资料，根据不同模型所产生的误差，通过计算平均绝对值误差（MAE）、均方误差（MSE）、平均绝对值百分比误差（MAPE），我们可以从中挑选一个具有最小误差的模型。不过在这一过程中，我们还必须小心地检查训练数据资料和验证数据资料本身所存在的差异，如果时间序列已经发生了变化，那么由训练数据资料所揭示出来的状态，可能在验证数据资料中不再存在，这样，根据训练数据资料建立的预测模型所使用的验证数据资料，其效果可能就不会那么好。

许多软件包能够根据给定的时间序列输出各种各样的预测模型（有的是本章介绍的，有的则不是），并报告了模型参数的估计结果及相应的误差。这给我们选择分析模型带来了很大的方便，但是究竟挑选什么样的模型，也需要结合分析人员的知识和经验来做出判断。

## ● 本章小结 ●—○—●—○—●

本章主要介绍了时间序列分析和预测的基本方法。我们通过具体的时间序列资料，用图像的形式展示和解释了时间序列可能存在的形态。在时间序列分析中，绘制动态折线图是重要的，利用这些图形可以帮助我们识别是否存在趋势、季节性效应乃至周期性，进而有助于我们选择适当的分析方法。

对不存在明显的趋势、季节性效应或周期性特征的时间序列，本章介绍了如何使用平滑方法进行预测。其中，对于移动平均法，介绍了如何根据时间序列观察值计算移动平均值，并依据移动平均值进行预测。对于指数平滑法，介绍了指数平滑法的性质特点，指出如何用时间序列资料通过指数平滑进行预测。

对仅存在长期趋势的时间序列，本章介绍了如何构造回归形式的模型及用于趋势预测分析的做法。针对存在季节性效应的时间序列，说明了如何把季节性效应纳入回归模型，以此提高预测分析的精度。另外，本章介绍了怎样根据变量之间存在的因果关系，建立回归模型并用于预测。最后，就如何选择合适的预测模型提出了相关的建议。

## ● 关键术语 ●—○—●—○—●

**自回归模型**（autoregressive model）：用时间序列的前期观察值作为自变量，这样构造出来的回归模型，一般叫作自回归模型。

**因果模型**（causal models）：把时间序列与认为能够解释或引起时间序列观察值变化的其他变量联系起来的预测方法。

周期性波动（cyclical pattern）：在一个时间序列中，若围绕着趋势线上下波动并且持续时间超过 1 年，这时我们就称该时间序列存在着周期性波动。

指数平滑法（exponential smoothing）：利用时间序列观察值的加权平均作为预测值。

预测误差（forecast error）：时间序列 $t$ 时刻的实际值与该时刻预测值之间的差。用 $y_t$ 表示时间序列 $t$ 时刻的实际值，$\hat{y}_t$ 为相应时刻的预测值，则预测误差可定义成 $e_t = y_t - \hat{y}_t$。

预测（forecasts）：对时间序列未来值的推测。

平均绝对值误差（mean absolute error, MAE）：对预测误差取绝对值，然后求均值，由此得到的预测精度计算方法，就是平均绝对值误差（MAE）。

平均绝对值百分比误差（mean absolute percentage error, MAPE）：预测模型精度的测量，误差绝对值占相应观察值百分比的平均数。

均方误差（mean squared error, MSE）：预测模型精度的测量，对预测误差取平方，然后求均值，所得到的结果叫作均方误差（MSE）。

移动平均法（moving average method）：一种预测或时间序列平滑的方法，运用时间序列最近期的 $n$ 项观察值的平均作为下一期的预测值。

朴素预测方法（naive forecasting method）：运用时间序列中最近期的观察值作为下一期预测值的一种预测方法。

季节性波动（seasonal pattern）：时间序列中的组成成分，在一年内表现出的循环波动。

平滑系数（smoothing constant）：指数平滑法中的参数，在计算预测值的时候给时间序列最近观察值赋予的权重。

平稳时间序列（stationary time series）：统计特性不随时间变化而发生改变的时间序列。

时间序列（time series）：按照时间先后顺序将各个时期或时点的观察值排列在一起。

趋势（trend）：时间序列的观察值随着时间的变化而表现出持续变化的态势。

## ● 复习思考题

1. 已知下面的时间序列资料：

| 周 | 1 | 2 | 3 | 4 | 5 | 6 |
|---|---|---|---|---|---|---|
| 观察值 | 18 | 13 | 16 | 11 | 17 | 14 |

运用朴素方法对下周的观察值进行预测，并计算：
（1）平均绝对值误差（MAE）。
（2）均方误差（MSE）。
（3）平均绝对值百分比误差（MAPE）。
（4）第 7 周的预测结果是多少？

2. 根据复习思考题 1 的资料，运用某一周之前所有观察值的算术平均数对下一周进行预测，并计算：
（1）平均绝对值误差（MAE）。
（2）均方误差（MSE）。
（3）平均绝对值百分比误差（MAPE）。

(4) 第 7 周的预测结果是多少?

3. 复习思考题 1 和复习思考题 2 分别采用了不同的预测方法,试通过比较说明哪种预测方法的预测精度比较好。

4. 已知下面的时间序列资料:

| 月 | 1 | 2 | 3 | 4 | 5 | 6 | 7 |
|---|---|---|---|---|---|---|---|
| 观察值 | 24 | 13 | 20 | 12 | 19 | 23 | 15 |

(1) 用最近时间上的观察值预测下个月的观察值,其均方误差(MSE)是多少?第 8 个月的预测值是多少?

(2) 用某个月前所有观察值的算术平均数对下个月进行预测时,其均方误差(MSE)是多少?第 8 个月的预测值是多少?

(3) 哪个预测方法能够产生较好的预测结果?

5. 已知下面的时间序列资料:

| 周 | 1 | 2 | 3 | 4 | 5 | 6 |
|---|---|---|---|---|---|---|
| 观察值 | 18 | 13 | 16 | 11 | 17 | 14 |

(1) 绘制时间序列图,指出存在什么样的状态。

(2) 做 3 期移动平均,此时的均方误差(MSE)是多少?第 7 周的预测值是多少?

(3) 给定平滑系数 0.2,运用指数平滑法预测此时的均方误差(MSE)是多少,并指出第 7 周的预测值是多少。

(4) 对(2)和(3)的预测精度进行比较,并说明哪种预测方法能产生较好的结果。

(5) 运用试错分析法找出能使均方误差(MSE)达到最小时的平滑系数值。

6. 已知下面的时间序列资料:

| 月 | 1 | 2 | 3 | 4 | 5 | 6 | 7 |
|---|---|---|---|---|---|---|---|
| 观察值 | 24 | 13 | 20 | 12 | 19 | 23 | 15 |

(1) 绘制时间序列图,并指出存在什么样的状态。

(2) 做 3 期移动平均,此时的均方误差(MSE)是多少?第 8 个月的预测值是多少?

(3) 给定平滑系数 0.2,运用指数平滑法预测此时的均方误差(MSE)是多少,并指出第 8 个月的预测值是多少。

(4) 对(2)和(3)的预测精度进行比较,并说明哪种预测方法能产生较好的结果?

(5) 运用试错分析法找出能使均方误差(MSE)达到最小时的平滑系数值。

7. 根据本章表 8-1 的资料,要求:

(1) 分别计算 4 期和 5 期移动平均。

(2) 根据 4 期和 5 期移动平均的结果,分别计算均方误差(MSE)。

(3) 根据均方误差(MSE),说明表 8-1 的时间序列资料进行几期移动平均效果比较好。

8. 根据本章表 8-1 的资料,在平滑系数 0.1 时进行指数平滑预测分析。要求:

(1) 根据均方误差（MSE）的计算结果，说说你更倾向于采用平滑系数 0.1 还是 0.2。

(2) 如果采用平均绝对值误差（MAE）计算预测精度，这时（1）得到的结论有没有发生改变？

(3) 如果采用平均绝对值百分比误差（MAPE）计算预测精度，这时的结论又是怎样的？

9. 对于平滑系数 0.2，由表 8-1 的资料得到的第 13 周汽油销售的预测公式为

$$\hat{y}_{13} = 0.2 y_{12} + 0.8 \hat{y}_{12}$$

如果对第 12 周的汽油销售进行预测，得到的预测公式为

$$\hat{y}_{12} = 0.2 y_{11} + 0.8 \hat{y}_{11}$$

现在把第 12 周的预测结果代入第 13 周的预测公式，得到

$$\hat{y}_{13} = 0.2 y_{12} + 0.8 \hat{y}_{12} = 0.2 y_{12} + 0.8 \times (0.2 y_{11} + 0.8 \hat{y}_{11}) = 0.2 y_{12} + 0.16 y_{11} + 0.64 \hat{y}_{11}$$

(1) 按照上述的做法，直至用 $y_{12}$、$y_{11}$、$y_{10}$、$y_9$、$y_8$ 和 $\hat{y}_8$ 表达 $\hat{y}_{13}$。

(2) 根据 $y_{12}$、$y_{11}$、$y_{10}$、$y_9$、$y_8$ 前面的权数，说说指数平滑预测的特征，并把它与移动平均的做法相比较。

10. United Dairies 公司给佛罗里达州戴德县杂货店配送牛奶，该公司的管理人员打算对每周牛奶的销售量进行预测分析。以下是 United Dairies 公司过去 12 周的销售量资料。

| 周 | 销售量 | 周 | 销售量 | 周 | 销售量 |
|---|---|---|---|---|---|
| 1 | 2 750 | 5 | 2 900 | 9 | 2 950 |
| 2 | 3 100 | 6 | 3 050 | 10 | 3 000 |
| 3 | 3 250 | 7 | 3 300 | 11 | 3 200 |
| 4 | 2 800 | 8 | 3 100 | 12 | 3 150 |

(1) 绘制时间序列图，指出存在什么样的状态。

(2) 平滑系数为 0.4，试据此对第 13 周的牛奶销售量进行预测，给出预测精度（MSE）。

11. Hawkins 公司在过去的 12 个月里，能及时收到发来货物的百分比分别是 80、82、84、83、83、84、85、84、82、83、84、83。要求：

(1) 绘制时间序列图，指出存在什么样的状态。

(2) 对给定的资料，分别做 3 期移动平均和平滑系数为 0.2 时的指数平滑分析，用均方误差（MSE）说明哪种预测分析效果比较好。

(3) 下个月的预测结果是什么？

12. 某公司发行的债券最近 12 个月的利息率分别是

    9.5  9.3  9.4  9.6  9.8  9.7  9.8  10.5  9.9  9.7  9.6  9.6

(1) 绘制时间序列图，指出存在什么样的状态。

(2) 对给定的资料，分别做 3 期移动平均和 4 期移动平均，用均方误差（MSE）说明哪种移动平均的预测分析效果比较好。

(3) 下个月的预测结果是什么？

13. Alabama 建筑公司最近 12 个月的建筑合同金额（单位：100 万美元）分别是

    240  350  230  260  280  320  220  310  240  310  240  230

(1) 绘制时间序列图，指出存在什么样的状态。

(2) 对给定的资料，分别做 3 期移动平均和平滑系数为 0.2 时的指数平滑分析，用均方误差（MSE）说明哪种移动平均的预测分析效果比较好。

(3) 如果平滑系数为 0.2 时，运用指数平滑对下个月进行预测，其结果是什么？

14. 以下资料是某款产品过去 12 个月的销售情况：

| 月 | 销售量 | 月 | 销售量 | 月 | 销售量 |
| --- | --- | --- | --- | --- | --- |
| 1 | 105 | 5 | 90 | 9 | 100 |
| 2 | 135 | 6 | 120 | 10 | 80 |
| 3 | 120 | 7 | 145 | 11 | 100 |
| 4 | 105 | 8 | 140 | 12 | 110 |

(1) 绘制时间序列图，指出存在什么样的状态。

(2) 对给定的资料，在平滑系数为 0.2 时，进行指数平滑分析。

(3) 运用试错分析法找出能使均方误差（MSE）达到最小时的平滑系数值。

15. 以下资料是最近 10 周产品期货价格指数（CFI）：

| 周 | 产品期货价格指数 | 周 | 产品期货价格指数 |
| --- | --- | --- | --- |
| 1 | 7.35 | 6 | 7.52 |
| 2 | 7.40 | 7 | 7.52 |
| 3 | 7.55 | 8 | 7.70 |
| 4 | 7.56 | 9 | 7.62 |
| 5 | 7.60 | 10 | 7.55 |

(1) 绘制时间序列图，指出存在什么样的状态。

(2) 运用试错法找出能使均方误差（MSE）达到最小时的平滑系数值。

16. 以下资料是 9 个季度某投资组合中股票投资所占的比例：

| 年份 | 季度代码 | 投资组合中股票投资所占的比例（%） | 年份 | 季度代码 | 投资组合中股票投资所占的比例（%） |
| --- | --- | --- | --- | --- | --- |
| 2017 | 1 | 29.8 | 2018 | 2 | 31.5 |
| 2017 | 2 | 31.0 | 2018 | 3 | 32.0 |
| 2017 | 3 | 29.9 | 2018 | 4 | 31.9 |
| 2017 | 4 | 30.1 | 2019 | 1 | 30.0 |
| 2018 | 1 | 32.2 | | | |

(1) 绘制时间序列图，指出存在什么样的状态。

(2) 运用试错分析法找出能使均方误差（MSE）达到最小时的平滑系数值。

(3) 根据得到的结果，运用指数平滑法，对 2019 年第二季度的投资组合中股票投资所占的比例进行预测分析。

17. 已知下列时间序列资料：

| 时间代码 | 1 | 2 | 3 | 4 | 5 |
| --- | --- | --- | --- | --- | --- |
| 观察值 | 6 | 11 | 9 | 14 | 15 |

（1）绘制时间序列图，指出存在什么样的状态。
（2）拟合线性趋势方程，给出均方误差（MSE）最小时方程参数的估计结果。
（3）根据得到的结果，对第 6 期的观察值进行预测。

18. 对下列时间序列资料：

| 时间代码 | 1 | 2 | 3 | 4 | 5 | 6 | 7 |
|---|---|---|---|---|---|---|---|
| 观察值 | 120 | 110 | 100 | 96 | 94 | 92 | 88 |

（1）绘制时间序列图，指出存在什么样的状态。
（2）拟合线性趋势方程，给出均方误差（MSE）最小时方程参数的估计结果。
（3）根据得到的结果，对第 8 期的观察值进行预测。

19. 由于州立和私立大学的收费较高，因此近年来申请社区大学的人数急剧上升。以下资料是过去 9 年杰弗逊社区学院的申请人数。

| 年份 | 代码 | 申请人数（千人） | 年份 | 代码 | 申请人数（千人） |
|---|---|---|---|---|---|
| 2001 | 1 | 6.5 | 2006 | 6 | 13.3 |
| 2002 | 2 | 8.1 | 2007 | 7 | 13.7 |
| 2003 | 3 | 8.4 | 2008 | 8 | 17.2 |
| 2004 | 4 | 10.2 | 2009 | 9 | 18.1 |
| 2005 | 5 | 12.5 | | | |

Jefferson

（1）绘制时间序列图，指出存在什么样的状态。
（2）拟合线性趋势方程，给出均方误差（MSE）最小时方程参数的估计结果。
（3）根据得到的结果，对 2010 年的申请人数进行预测。

20. Seneca Children Fund（SCF）是一家地方慈善机构，专门为智障儿童开设暑期学校。该基金会的管理委员会近年来一直非常努力地削减过度的支出，以下资料是过去 7 年 SCF 削减管理和募集基金费用所占的百分比。

| 时间代码 | 削减费用支出百分比（%） | 时间代码 | 削减费用支出百分比（%） |
|---|---|---|---|
| 1 | 13.9 | 5 | 11.5 |
| 2 | 12.2 | 6 | 10.0 |
| 3 | 10.5 | 7 | 8.5 |
| 4 | 10.4 | | |

Seneca

（1）绘制时间序列图，指出存在什么样的状态。
（2）拟合线性趋势方程，给出均方误差（MSE）最小时方程参数的估计结果。
（3）根据得到的结果，对第 8 年的削减管理和募集基金费用所占百分比进行预测。
（4）假如 SCF 能保持管理费用缩减的趋势，多长时间 SCF 可以使百分比达到 5% 以下水平？

21. 某制造企业的董事长非常在意持续不断增加的制造成本，以下资料是该企业最近几年的单位产品成本：

| 年 | 单位成本（美元） | 年 | 单位成本（美元） |
|---|---|---|---|
| 1 | 20.0 | 5 | 26.6 |
| 2 | 24.5 | 6 | 30.0 |
| 3 | 28.2 | 7 | 31.0 |
| 4 | 27.5 | 8 | 36.0 |

(1) 绘制时间序列图，指出存在什么样的状态。
(2) 拟合线性趋势方程，给出均方误差（MSE）最小时方程参数的估计结果。
(3) 该企业每年单位产品成本平均递增多少？
(4) 根据得到的结果，对该企业第 9 年的单位产品成本进行预测。

22. 以下是 3 年 4 个季度的时间序列资料：

| 季度 | 第一年 | 第二年 | 第三年 |
|---|---|---|---|
| 1 | 71 | 68 | 62 |
| 2 | 49 | 41 | 51 |
| 3 | 58 | 60 | 53 |
| 4 | 78 | 81 | 72 |

(1) 绘制时间序列图，指出存在什么样的状态。
(2) 通过引进虚拟变量，建立多元线性回归模型。
(3) 根据得到的结果，对第四年各个季度观察值进行预测。

23. 以下是 3 年 4 个季度的时间序列资料：

| 季度 | 第一年 | 第二年 | 第三年 |
|---|---|---|---|
| 1 | 4 | 6 | 7 |
| 2 | 2 | 3 | 6 |
| 3 | 3 | 5 | 6 |
| 4 | 5 | 7 | 8 |

(1) 绘制时间序列图，指出存在什么样的状态。
(2) 通过引进虚拟变量，建立多元线性回归模型。
(3) 根据（2）得到的结果，对第四年各个季度观察值进行预测。
(4) 同时考虑趋势和季节性效应，建立多元线性回归模型。
(5) 根据（4）得到的结果，对第四年各个季度观察值进行预测。
(6) 比较（2）和（4）的模型，说说哪个预测的精度更好些。

24. 以下是 3 年 4 个季度的时间序列资料：

| 季度 | 第一年 | 第二年 | 第三年 |
|---|---|---|---|
| 1 | 1 690 | 1 800 | 1 850 |
| 2 | 940 | 900 | 1 100 |
| 3 | 2 625 | 2 900 | 2 930 |
| 4 | 2 500 | 2 360 | 2 615 |

(1) 绘制时间序列图，指出存在什么样的状态。

(2) 通过引进虚拟变量,建立多元线性回归模型。
(3) 根据 (2) 得到的结果,对第四年各个季度观察值进行预测。
(4) 同时考虑趋势和季节性效应,建立多元线性回归模型。
(5) 根据 (4) 得到的结果,对第四年各个季度观察值进行预测。
(6) 比较 (2) 和 (4) 的模型,说说哪个预测的精度更好些。

25. 大气污染控制专家在南加利福尼亚监测空气中的臭氧量、二氧化碳、氧化氮的含量,从上午 6:00 开始直至下午 6:00,每小时采集一次数据,以下是 7 月 15 日、7 月 16 日和 7 月 17 日三天的时间序列资料:

| 7 月 15 日 | | 7 月 16 日 | | 7 月 17 日 | |
|---|---|---|---|---|---|
| 每小时 | 氧化氮 | 每小时 | 氧化氮 | 每小时 | 氧化氮 |
| 1 | 25 | 1 | 28 | 1 | 35 |
| 2 | 28 | 2 | 30 | 2 | 42 |
| 3 | 35 | 3 | 35 | 3 | 45 |
| 4 | 50 | 4 | 48 | 4 | 70 |
| 5 | 60 | 5 | 60 | 5 | 72 |
| 6 | 60 | 6 | 65 | 6 | 75 |
| 7 | 40 | 7 | 50 | 7 | 60 |
| 8 | 35 | 8 | 40 | 8 | 45 |
| 9 | 30 | 9 | 35 | 9 | 40 |
| 10 | 25 | 10 | 25 | 10 | 25 |
| 11 | 25 | 11 | 20 | 11 | 25 |
| 12 | 20 | 12 | 20 | 12 | 25 |

Pollution

(1) 绘制时间序列图,指出存在什么样的状态。
(2) 通过引进虚拟变量,建立多元线性回归模型。
(3) 根据 (2) 得到的结果,对 7 月 18 日每小时的氧化氮的含量进行预测。
(4) 同时考虑趋势和季节性效应,建立多元线性回归模型。
(5) 根据 (4) 得到的结果,对 7 月 18 日每小时的氧化氮的含量进行预测。
(6) 比较 (2) 和 (4) 的模型,说明哪个预测的精度更好些。

26. South Shore 建筑公司沿着纽约长岛的南端海岸建造永久性的船坞和防浪墙,尽管该公司从事这项业务只有 5 年的时间,但收入从第一年的 308 000 美元迅速蹿升到 1 084 000 美元。以下是 South Shore 建筑公司 5 年分季度的收入资料:
(1) 绘制时间序列图,指出存在什么样的状态。

| 年 | 季度 | 收入(千美元) |
|---|---|---|
| 1 | 1 | 20 |
| | 2 | 100 |
| | 3 | 175 |
| | 4 | 13 |
| 2 | 1 | 37 |
| | 2 | 136 |
| | 3 | 245 |
| | 4 | 26 |
| 3 | 1 | 75 |
| | 2 | 155 |
| | 3 | 326 |
| | 4 | 48 |
| 4 | 1 | 92 |
| | 2 | 202 |
| | 3 | 384 |
| | 4 | 82 |
| 5 | 1 | 176 |
| | 2 | 282 |
| | 3 | 445 |
| | 4 | 181 |

SouthShore

(2) 通过引进虚拟变量，建立多元线性回归模型。
(3) 根据 (2) 得到的结果，对第六年每个季度的收入进行预测。
(4) 同时考虑趋势和季节性效应，建立多元线性回归模型。
(5) 根据 (4) 得到的结果，对第六年每个季度的收入进行预测。
(6) 比较 (2) 和 (4) 的模型，说明哪个预测的精度更好些。

27. Hogs-Dawgs 冰激凌店经营着 40 多种口味的冰激凌。在夏季，该店周一到周六每天下午 1:00 到晚上 10:00 营业，以下是某一周的相关资料：

| 每天 | 小时 | 室外气温（℉） | 销售收入（美元） |
|---|---|---|---|
| 星期一 | 1:00 P.M.—2:00 P.M. | 82 | 55.49 |
| 星期一 | 2:00 P.M.—3:00 P.M. | 83 | 61.89 |
| 星期一 | 3:00 P.M.—4:00 P.M. | 87 | 44.79 |
| 星期一 | 4:00 P.M.—5:00 P.M. | 93 | 68.62 |
| 星期一 | 5:00 P.M.—6:00 P.M. | 95 | 58.82 |
| 星期一 | 6:00 P.M.—7:00 P.M. | 96 | 51.85 |
| 星期一 | 7:00 P.M.—8:00 P.M. | 93 | 66.20 |
| 星期一 | 8:00 P.M.—9:00 P.M. | 89 | 52.89 |
| 星期一 | 9:00 P.M.—10:00 P.M. | 86 | 61.95 |
| 星期二 | 1:00 P.M.—2:00 P.M. | 86 | 59.55 |
| 星期二 | 2:00 P.M.—3:00 P.M. | 90 | 47.07 |
| 星期二 | 3:00 P.M.—4:00 P.M. | 92 | 53.29 |
| 星期二 | 4:00 P.M.—5:00 P.M. | 96 | 47.42 |
| 星期二 | 5:00 P.M.—6:00 P.M. | 99 | 60.52 |
| 星期二 | 6:00 P.M.—7:00 P.M. | 100 | 71.98 |
| 星期二 | 7:00 P.M.—8:00 P.M. | 97 | 55.71 |
| 星期二 | 8:00 P.M.—9:00 P.M. | 94 | 64.95 |
| 星期二 | 9:00 P.M.—10:00 P.M. | 93 | 60.12 |
| 星期三 | 1:00 P.M.—2:00 P.M. | 90 | 48.72 |
| 星期三 | 2:00 P.M.—3:00 P.M. | 94 | 66.41 |
| 星期三 | 3:00 P.M.—4:00 P.M. | 96 | 65.27 |
| 星期三 | 4:00 P.M.—5:00 P.M. | 98 | 54.76 |
| 星期三 | 5:00 P.M.—6:00 P.M. | 100 | 48.08 |
| 星期三 | 6:00 P.M.—7:00 P.M. | 103 | 53.59 |
| 星期三 | 7:00 P.M.—8:00 P.M. | 101 | 62.99 |
| 星期三 | 8:00 P.M.—9:00 P.M. | 98 | 66.35 |
| 星期三 | 9:00 P.M.—10:00 P.M. | 95 | 67.92 |
| 星期四 | 1:00 P.M.—2:00 P.M. | 88 | 47.85 |
| 星期四 | 2:00 P.M.—3:00 P.M. | 90 | 56.62 |
| 星期四 | 3:00 P.M.—4:00 P.M. | 92 | 46.05 |
| 星期四 | 4:00 P.M.—5:00 P.M. | 95 | 56.72 |
| 星期四 | 5:00 P.M.—6:00 P.M. | 99 | 69.94 |
| 星期四 | 6:00 P.M.—7:00 P.M. | 99 | 65.72 |
| 星期四 | 7:00 P.M.—8:00 P.M. | 97 | 51.01 |
| 星期四 | 8:00 P.M.—9:00 P.M. | 94 | 73.51 |
| 星期四 | 9:00 P.M.—10:00 P.M. | 92 | 65.57 |

（续）

| 每天 | 小时 | 室外气温（℉） | 销售收入（美元） |
|---|---|---|---|
| 星期五 | 1:00 P.M.—2:00 P.M. | 90 | 63.26 |
| 星期五 | 2:00 P.M.—3:00 P.M. | 93 | 44.09 |
| 星期五 | 3:00 P.M.—4:00 P.M. | 96 | 65.69 |
| 星期五 | 4:00 P.M.—5:00 P.M. | 99 | 48.62 |
| 星期五 | 5:00 P.M.—6:00 P.M. | 103 | 68.16 |
| 星期五 | 6:00 P.M.—7:00 P.M. | 105 | 67.79 |
| 星期五 | 7:00 P.M.—8:00 P.M. | 104 | 62.79 |
| 星期五 | 8:00 P.M.—9:00 P.M. | 101 | 70.16 |
| 星期五 | 9:00 P.M.—10:00 P.M. | 99 | 68.05 |
| 星期六 | 1:00 P.M.—2:00 P.M. | 88 | 60.43 |
| 星期六 | 2:00 P.M.—3:00 P.M. | 90 | 63.78 |
| 星期六 | 3:00 P.M.—4:00 P.M. | 92 | 67.80 |
| 星期六 | 4:00 P.M.—5:00 P.M. | 95 | 69.53 |
| 星期六 | 5:00 P.M.—6:00 P.M. | 97 | 61.80 |
| 星期六 | 6:00 P.M.—7:00 P.M. | 99 | 57.92 |
| 星期六 | 7:00 P.M.—8:00 P.M. | 98 | 53.97 |
| 星期六 | 8:00 P.M.—9:00 P.M. | 95 | 71.55 |
| 星期六 | 9:00 P.M.—10:00 P.M. | 92 | 57.93 |

（1）绘制时间序列图和室外气温与销售收入散点图，指出存在什么样的关系。
（2）在室外气温和销售收入之间建立简单线性回归，根据这个模型对室外气温93℉时的销售收入进行估计。
（3）通过引进虚拟变量和因果关系变量，建立多元线性回归模型，然后根据该模型对室外气温93℉时的销售收入进行估计。
（4）比较（2）和（3）的模型，说说哪个预测的精度更好些。

28. 以下是某加油站有关的经营资料：

（美元）

| 周 | 每天 | 价格 | 竞争对手价格 | 总收入 |
|---|---|---|---|---|
| 1 | 周一 | 3.48 | 3.48 | 994.33 |
| 1 | 周二 | 3.52 | 3.53 | 917.53 |
| 1 | 周三 | 3.48 | 3.46 | 920.26 |
| 1 | 周四 | 3.49 | 3.47 | 940.49 |
| 1 | 周五 | 3.37 | 3.37 | 1 026.05 |
| 1 | 周六 | 3.48 | 3.45 | 982.85 |
| 1 | 周日 | 3.40 | 3.38 | 868.82 |
| 2 | 周一 | 3.59 | 3.56 | 1 001.85 |
| 2 | 周二 | 3.71 | 3.71 | 969.33 |
| 2 | 周三 | 3.53 | 3.50 | 907.81 |
| 2 | 周四 | 3.41 | 3.45 | 965.42 |
| 2 | 周五 | 3.58 | 3.61 | 988.87 |
| 2 | 周六 | 3.36 | 3.37 | 1 092.33 |
| 2 | 周日 | 3.38 | 3.33 | 844.32 |
| 3 | 周一 | 3.49 | 3.50 | 983.25 |
| 3 | 周二 | 3.59 | 3.62 | 978.40 |

GasStation

(续)

| 周 | 每天 | 价格 | 竞争对手价格 | 总收入 |
|---|---|---|---|---|
| 3 | 周三 | 3.66 | 3.67 | 905.00 |
| 3 | 周四 | 3.58 | 3.58 | 926.72 |
| 3 | 周五 | 3.29 | 3.27 | 990.25 |
| 3 | 周六 | 3.38 | 3.38 | 954.78 |
| 3 | 周日 | 3.46 | 3.47 | 905.12 |
| 4 | 周一 | 3.40 | 3.40 | 1 032.73 |
| 4 | 周二 | 3.49 | 3.46 | 937.92 |
| 4 | 周三 | 3.54 | 3.54 | 954.31 |
| 4 | 周四 | 3.61 | 3.59 | 967.57 |
| 4 | 周五 | 3.69 | 3.71 | 987.20 |
| 4 | 周六 | 3.37 | 3.36 | 976.94 |
| 4 | 周日 | 3.38 | 3.33 | 824.32 |
| 5 | 周一 | 3.59 | 3.62 | 985.53 |
| 5 | 周二 | 3.50 | 3.45 | 1 004.14 |
| 5 | 周三 | 3.49 | 3.49 | 939.62 |
| 5 | 周四 | 3.46 | 3.44 | 952.71 |
| 5 | 周五 | 3.67 | 3.69 | 1 006.75 |
| 5 | 周六 | 3.34 | 3.35 | 967.02 |
| 5 | 周日 | 3.59 | 3.53 | 817.03 |
| 6 | 周一 | 3.42 | 3.41 | 986.83 |
| 6 | 周二 | 3.63 | 3.63 | 970.02 |
| 6 | 周三 | 3.55 | 3.55 | 945.04 |
| 6 | 周四 | 3.60 | 3.60 | 934.36 |
| 6 | 周五 | 3.63 | 3.64 | 998.38 |
| 6 | 周六 | 3.61 | 3.62 | 1 031.23 |
| 6 | 周日 | 3.68 | 3.70 | 867.18 |
| 7 | 周一 | 3.49 | 3.51 | 994.00 |
| 7 | 周二 | 3.47 | 3.45 | 1 005.76 |
| 7 | 周三 | 3.55 | 3.54 | 959.69 |
| 7 | 周四 | 3.51 | 3.51 | 950.12 |
| 7 | 周五 | 3.38 | 3.36 | 1 063.42 |
| 7 | 周六 | 3.50 | 3.52 | 1 003.03 |
| 7 | 周日 | 3.51 | 3.55 | 861.59 |
| 8 | 周一 | 3.45 | 3.42 | 1 004.04 |
| 8 | 周二 | 3.51 | 3.51 | 953.20 |
| 8 | 周三 | 3.66 | 3.66 | 996.66 |
| 8 | 周四 | 3.36 | 3.34 | 938.04 |
| 8 | 周五 | 3.39 | 3.41 | 1 072.94 |
| 8 | 周六 | 3.59 | 3.59 | 1 042.82 |
| 8 | 周日 | 3.27 | 3.28 | 885.81 |

(1) 绘制时间序列图和加油站价格、竞争对手价格与销售收入散点图，指出存在什么样的关系。

(2) 在加油站价格、竞争对手价格和销售收入之间建立多元线性回归，根据这个模型对加油站价格为 3.50 美元、竞争对手价格为 3.45 美元时的销售收入进行估计。

(3) 通过引进虚拟变量、趋势变量和因果关系变量，建立多元线性回归模型，然后根据该模型对第一周星期二的销售收入进行估计。
(4) 通过引进虚拟变量、趋势变量和因果关系变量，建立多元线性回归模型，然后根据该模型对第一周星期二、加油站价格 3.50 美元、竞争对手价格 3.45 美元时的销售收入进行估计。
(5) 比较（2）、(3) 和 (4) 的模型，说明哪个预测的精度更好些。

## 案例讨论：食品和饮料销售预测分析

Karen Payne 经营着一家名叫 Vintage 的餐馆，开业已有三年。这些年来，Vintage 餐馆一直以高质量的饭菜赢得广泛的赞誉，特别为人称道的是该店的海鲜食品。

为了更好地规划未来的发展，Karen Payne 需要对来年每个月的销售额（单位：千美元）进行预测。以下资料是 Vintage 餐馆过去三年的营业情况：

（千美元）

| 月份 | 第一年销售额 | 第二年销售额 | 第三年销售额 |
| --- | --- | --- | --- |
| 1 | 242 | 263 | 282 |
| 2 | 235 | 238 | 255 |
| 3 | 232 | 247 | 265 |
| 4 | 178 | 193 | 205 |
| 5 | 184 | 193 | 210 |
| 6 | 140 | 149 | 160 |
| 7 | 145 | 157 | 166 |
| 8 | 152 | 161 | 174 |
| 9 | 110 | 122 | 126 |
| 10 | 130 | 130 | 148 |
| 11 | 152 | 167 | 173 |
| 12 | 206 | 230 | 235 |

根据给定的资料，对 Vintage 餐馆的经营情况进行分析，并依此撰写一份描述你的发现、预测和管理建议的管理报告。管理报告需要包括以下内容：

1. 绘制时间序列图，分析可能存在的状态。
2. 运用虚拟变量对未来一年每个月的销售额进行预测分析。

假定来年一月份的销售额是 295 000 美元，说明根据模型所做的预测是否存在误差，对出现的预测误差如何给 Karen Payne 做出解释？

## 附录8A 运用Excel"预测表"

Excel的一个特色工具叫作"预测表"（Forecast Sheet），该工具运用Holt-Winters加法季节平滑模型，能自动生成预测值。Holt-Winters模型属于指数平滑方法，可用于估计加法线性趋势和季节效应，同时也输出由其生成的预测模型精度等各种有用的其他结果。

> "预测表"是Excel 2016版本以上才具备的功能。

这里我们结合智能手机4年每个季度的销售资料，讲解预测表的使用。智能手机4年每个季度的销售资料见表8-6，根据表8-6资料绘制的时间序列曲线见图8-6。从图8-6中，我们可以清楚地看出存在递增的线性趋势和季节性波动（每年第二季度销售偏低、第三季度和第四季度较高的现象反复出现）。在8.4节里我们就已指出，对诸如此类的时间序列预测，需要构建一个既能处理趋势同时又能兼顾季节效应的预测方法。Excel中的"预测表"正适合对这样的时间序列进行预测。

> Excel"预测表"使用的预测方法叫作AAA指数平滑（ETS）算法，"AAA"表示的是加法误差、加法趋势、加法季节效应。

运用Excel"预测表"时，首先需要把数据整理成"预测表"所要求的格式。对于时间序列资料，必须是以相同的间隔（如每年、每个季度、每个月份等）采集的，"预测表"必须包括两组相邻的列或行的数据系列，即一个系列是时间序列中的日期或时间，另一个系列是时间序列中相应的观察值。

将表8-6的资料复制到Excel工作表。在B列（季度）和D列（销售额）中间插入一列。在单元格C1输入"时期"，这一列用来放置时间序列中时间编码，比如：单元格C2输入"1"，单元格C3输入"2"，单元格C4输入"3"，直至单元格C17输入"16"，详见图8-19。

|  | A | B | C | D |
|---|---|---|---|---|
| 1 | Year | Quarter | Period | Sales (1000s) |
| 2 | 1 | 1 | 1 | 4.8 |
| 3 | 1 | 2 | 2 | 4.1 |
| 4 | 1 | 3 | 3 | 6.0 |
| 5 | 1 | 4 | 4 | 6.5 |
| 6 | 2 | 1 | 5 | 5.8 |
| 7 | 2 | 2 | 6 | 5.2 |
| 8 | 2 | 3 | 7 | 6.8 |
| 9 | 2 | 4 | 8 | 7.4 |
| 10 | 3 | 1 | 9 | 6.0 |
| 11 | 3 | 2 | 10 | 5.6 |
| 12 | 3 | 3 | 11 | 7.5 |
| 13 | 3 | 4 | 12 | 7.8 |
| 14 | 4 | 1 | 13 | 6.3 |
| 15 | 4 | 2 | 14 | 5.9 |
| 16 | 4 | 3 | 15 | 8.0 |
| 17 | 4 | 4 | 16 | 8.4 |

图8-19 "预测表"格式的数据编辑

至此"预测表"格式的数据就编辑好了,下面我们介绍运用"预测表"对第5年各个季度(时间编码是17、18、19、20)进行预测的操作步骤。具体过程如下:

第一步,选定单元格 C1:D17[在"预测表"中,选定的 C 列部分叫作**时间线区域**(Timeline Range),D 列的数据叫作**观察值区域**(Values Range)]。

第二步,单击功能区的**数据**(Data)。

第三步,在**预测组**(Forecast)中,单击**预测表**(Forecast Sheet)。

第四步,当**创建预测工作表**(Create Forecast Worksheet)对话框打开后(见图 8-20),在**预测结束期**(Forecast End)输入"20",单击**选项**(Options),打开**创建预测工作表**(Create Forecast Worksheet)对话框,在**预测起始点**(Forecast Start)输入"16",在**置信区间**(Confidence Interval)框中输入"95%",在**季节效应**(Seasonality)的备选项中选定**人工设置**(Set Manually)并输入"4",选定**包括预测统计**(Include forecast statistics),单击**创建**(Create)按钮。

使用"预测表"的时候,在选择"预测起始点"(Forecast Start)时,一定要有一个是原时间序列的期数编码。

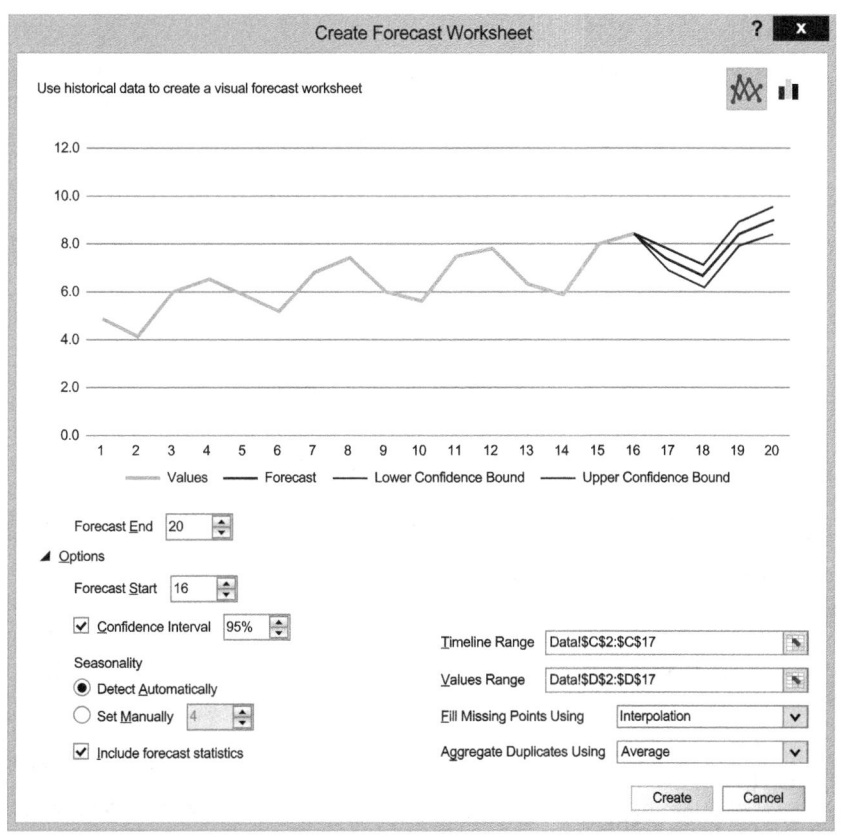

图 8-20 创建"预测表"对话框

经过上述步骤,便得到一个新的工作表(见图 8-21),"预测表"的输出结果包括以下内容。

- A 列中显示了时间序列 16 个观察期和预测期编码；
- B 列显示了 1~16 期的时间序列实际观察值；
- C 列显示了 16~20 期的预测值；
- D 列显示了 16~20 期预测值的置信区间下限值；
- E 列显示了 16~20 期预测值的置信区间上限值；
- 时间序列曲线图，预测值，预测区间；
- 单元格 H2:H4 给出了 Holt-Winters 加法季节平滑模型的三个参数值（$\alpha$、$\beta$、$\gamma$）（这些值是由预测表的算法计算出来的）。

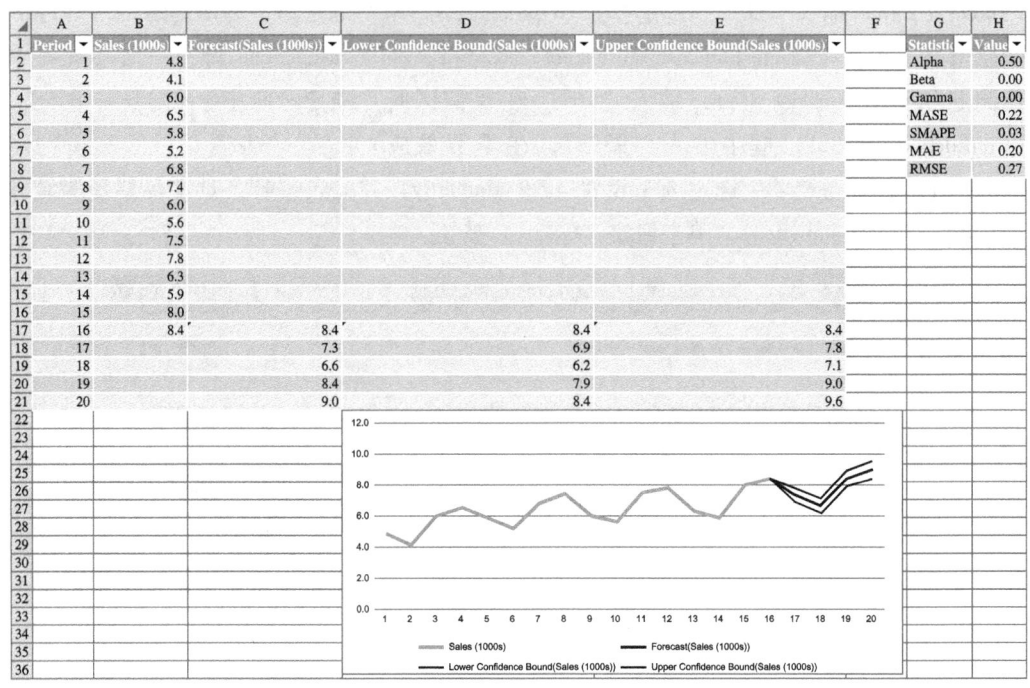

图 8-21 "预测表"输出结果

- 单元格 H5:H8 给出了预测精度计算结果，包括，单元格 H5 是平均绝对值折合误差（mean absolute scaled error，MASE），MASE 的计算公式为

$$\text{MASE} = \frac{1}{n}\sum_{t=1}^{n}\frac{|e_t|}{\frac{1}{n-1}\sum_{t=2}^{n}|y_t - y_{t-1}|}$$

MASE 把预测误差 $e_t$ 和用 $|y_t - y_{t-1}|$ 表示的朴素预测误差做了比较。如果 MASE>1，采用朴素预测方法比较好；如果 MASE<1，表明朴素预测方法不如其他预测方法。

单元格 H6 是对称平均绝对值百分比误差（symmet-

运用 ETS 方法进行预测，对预测公式中的第四个参数输入"1"，表明 Excel 能自动地探测时间序列中的季节性效应。如果输入的值是"0"，意味着时间序列中不存在季节性效应。

ric mean absolute percentage error，SMAPE），SMAPE 的计算公式为

$$\mathrm{SMAPE} = \frac{1}{n}\sum_{t=1}^{n}\frac{|e_t|}{(|y_t|+|\hat{y}_t|)/2}$$

SMAPE 类似我们在 8.2 节所讲的平均绝对值百分比误差（MAPE），无论是 SMAPE 还是 MASE，都是相对于实际观察值来计算预测误差的。

- 单元格 H7 给出的是平均绝对值误差 MAE，参见式（8-3）；
- 单元格 H8 输出的是平方根平均误差 RMSE（MSE 的算术平方根），见式（8-4）。

对给定的智能手机每年季度销售数据，图 8-22 和图 8-23 展示了"预测表"生成的工作表中的一些计算公式，例如，单元格 C18 中，第 17 期智能手机销售的预测值计算公式为

= FORECAST. ETS(A18,B2:B17,A2:A17,4,1)

上述公式中，第一个参数是被预测的时期；第二个参数是赖以进行预测的时间序列的观察值；第三个参数是与时间序列相关的时间编码；第四个参数（可选可不选）是季度，所以输入的是"4"；第五个参数（可选可不选）是关于缺失数据的，输入"1"表示如果时间序列中存在缺失值，就用相邻观察值的平均作为近似，如果时间序列中不存在缺失观察值，那就可以不输入。

> 运用 ETS 方法进行预测，对预测公式中的第五个参数输入"0"，Excel 会把缺失观察当作 0 处理。

> FORECAST. ETS 第六个参数（可选可不选）反映的是怎样把相同时期的多项观察值整合起来。选项有均值（AVERAGE）、求和（SUM）、数值计数（COUNT）、非数值计数（COUNTA）、求极小值（MIN）、求极大值（MAX）、中位数（MEDIAN）。

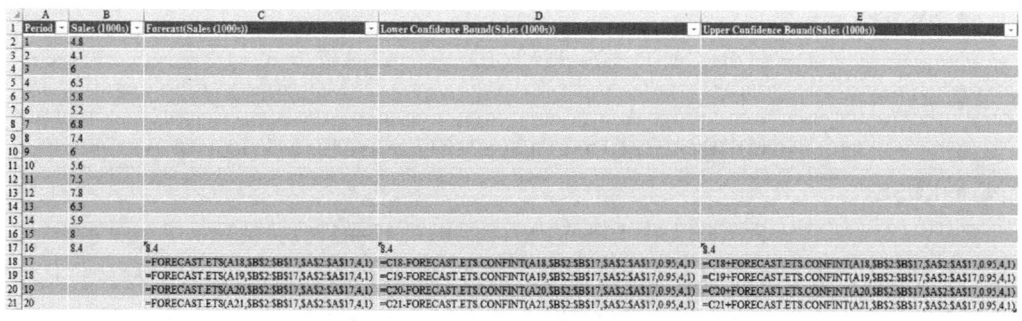

图 8-22 "预测表"的公式一览

图 8-23 "预测表"预测统计量公式

单元格 D18 是智能手机销售第 17 期预测值置信区间的下限，置信区间下限的计算公式为

$$= C18 - FORECAST.ETS.CONFINT(A18,B2:B17,A2:A17,0.95,4,1)$$

同样地，单元格 E18 是智能手机销售第 17 期预测值置信区间的上限，置信区间上限的计算公式为

$$= C18 + FORECAST.ETS.CONFINT(A18,B2:B17,A2:A17,0.95,4,1)$$

FORECAST.ETS.CONFINT 函数的许多参数和 FORECAST.ETS 函数是一样的。FORECAST.ETS.CONFINT 函数的第一个参数是被预测的时期，第二个参数是时间序列的观察值，第三个参数是与时间序列有关的时期数，第四个参数（可选可不选）给出的是置信水平，第五个参数（可选可不选）是季节效应，4 表示季节长度，第六个参数（可选可不选）是关于缺失数据的，输入"1"表示任何缺失数据将用相邻观察值的均值替代，如何时间序列中没有缺失值可以不输入。

图 8-23 中的单元格 H2:H8，列示了与预测有关的统计量 Excel 的计算公式，分别为

- α

$$= FORECAST.ETS.STAT(B2:B17,A2:A17,1,4,1)$$

- β

$$= FORECAST.ETS.STAT(B2:B17,A2:A17,2,4,1)$$

- γ

$$= FORECAST.ETS.STAT(B2:B17,A2:A17,3,4,1)$$

- MASE

$$= FORECAST.ETS.STAT(B2:B17,A2:A17,4,4,1)$$

- SMAPE

$$= FORECAST.ETS.STAT(B2:B17,A2:A17,5,4,1)$$

- MAE

$$= FORECAST.ETS.STAT(B2:B17,A2:A17,6,4,1)$$

- RMSE

$$= FORECAST.ETS.STAT(B2:B17,A2:A17,7,4,1)$$

FORECAST.ETS.STAT 函数输入的许多参数和 FORECAST.ETS 函数是一样的。其中，第一个参数是时间序列资料，第二个参数是与时间序列观察值相关的时间线，第三个参数是统计量或参数类型（比如，输入的 4 对应着 MASE 统计量），第四个参数（可选可不选）表示季节性效应，输入"4"反映的是季节的长度，第五个参数（可选可不选）是关于缺失值的，输入"1"说明的是用相邻两个观察值的均值代替缺失值，如果时间序列中没有缺失值可以不用输入任何值。

最后，我们对"预测表"的功能做些评论。时间序列中存在季节性效应，"预测表"提供的算法能自动找寻时间序列中季节性效应的时期数。要想利用这项功能，在单击**创建**（Create）按钮之前，需要在**创建预测工作表**（Create Forecast Worksheet）对话框中，在**季节性效应**（Seasonality）的备选项中选定选项**自动**（Automatically）。我们建议，在使用这

项功能的时候，仅仅是为验证可能存在的季节性模式，如果真的用该项功能去寻找季节性效应，有可能会导致时间序列实际上本不存在季节性效应而给出虚假的识别。这有可能导致对时间序列观察值的过度拟合，也有可能产生精度非常不理想的预测结果。原因在于，只有当我们有理由认为存在季节性效应的时候，才会拟合带有季节性效应的模型。

**创建预测工作表**（Create Forecast Worksheet）对话框中的参数**预测时点**（Forecast Start），既可以输入预测的第一期，也可以输入预测的最后一期。假如我们选择预测初始点是 15，那我们将只能根据智能手机前 15 期的观察值进行预测。

"预测表"能适用于一个时期多个观察的时间序列，**创建预测工作表**（Create Forecast Worksheet）对话框中的**聚合重复使用**（Aggregate Duplicates Using）选项，允许用户从几个方法中选择一个处理这类问题。

"预测表"允许有时间序列的观察值存在 30% 以内的缺失，在智能手机 4 年 4 个季度的销售数据中，在总共 16 项观察值中允许最多 4 期观察值缺失，如果是这样，"预测表"仍然能报告预测结果。**创建预测工作表**（Create Forecast Worksheet）对话框中的**填充缺失数据点**（Fill Missing Points Using）选项，允许用户选择是用 0 还是用线性插补值代替缺失数据。

CHAPTER 9
第 9 章

# 预测性数据挖掘

**数据分析案例：在线旅游住宿网站**

尽管可能不会面对面地接触到顾客，但线上零售商正在慢慢了解老主顾以定制虚拟货架。通过对采集于网络浏览数据的挖掘，网上零售商可识别某些趋势，而这些趋势可以用于提高顾客满意度，促进线上销售。

Orbitz 是一家提供预订机票、宾馆住宿、汽车出租、游轮旅游和其他旅行活动服务的在线旅行社。通过跟踪老顾客的在线活动，Orbitz 发现使用苹果计算机的人比其他顾客每晚花费高 30%。Orbitz 的分析团队还发现其他影响购买行为的因素，包括消费者是如何进入 Orbitz 网站的（直接进入或从其他网站进入）、在 Orbitz 的订购历史，以及消费者的地理位置。Orbitz 根据这些及其他从大量网络数据中采集的信息，有针对性地为顾客推荐宾馆、汽车出租、航班预订和其他购买事项。

各类组织都在搜集越来越多的数据，当务之急是要把数据转换成有价值的内容。数据分析一个常见的挑战，就是如何从数据中提炼出模式和趋势，只有做到这一点，我们才能对未来做出预测。本章我们将介绍预测性方法，以此可以通过数据获得对顾客的深入了解，进而帮助我们改进商务活动规则。

**观察值**又叫记录，是与单个实体有关的一组**变量**的记录值，经常表现为电子表格或数据库中的一行数值。在这些电子表格和数据库中，不同的列对应不同的变量。例如，在直销数据中，一个观察值可能对应一个顾客，并包含该顾客对广告邮件的回复和个人人口特征的信息。

本章我们将聚焦于根据一组输入变量或**特征**预测某个结果的数据挖掘方法，这类方法又叫作**有监督学习**。线性回归是一种广为人知的来自经典统计学的有监督学习方法，在线性回归里，使用定量结果的观察值（因变量 $y$）和一个或多个对应特征（自变量 $x_1, x_2, \cdots, x_q$），构建用于估计 $y$ 值的方程。换句话说，在有监督学习中，结果变量"监督"或指导着如何预测未来结果的"学习"过程。在这一章里，我们侧重于连续结果（比如销售收入）**估计**和二元属性结果（比如客户是否存在贷款违约）**分类**的有监督学习方法。

无论采用有监督学习方法还是无监督学习方法，数据挖掘过程都包括以下几个步骤。

1. 数据抽样。从与所研究问题有关的数据中抽取样本。
2. 数据预处理。对采集的数据进行整理，为正式的建模准备合适的数据形式。在这一环节中要做的工作包括缺失数据和错误数据的处理，变量数目的降低，新变量的界定。另外，数据探索是这一步中的重要内容，在数据探索过程中，可能要使用到数据描述统计、数据可视化，以及为更好地认识数据蕴含着的关系所进行的聚类分析。
3. 数据分割。所谓数据分割，就是把样本数据切分成三组：训练集、验证集，以及为检验数据挖掘算法性能的测试集。
4. 模型构建。针对训练数据集，运用合适的数据挖掘技术（如 $k$-最近邻法、回归树），完成有目的的数据挖掘任务（如分类、估计）。
5. 模型评价。根据构建的模型在训练数据集和验证数据集中表现的比较，对模型进行评估。然后将选定的模型运用于检验数据集，作为模型性能的最终评价。

## 9.1 数据抽样、预处理与分割

1. 数据抽样

当明确了一个商业经济管理问题之后，为了进行分析，必须要获得相关变量的数据。虽然大批量数据提供了发掘洞察和改善决策的潜能，但同时存在着迷失于数据汪洋大海的风险。现如今，包含数百个被测变量及其成千上万个观察值的数据库比比皆是。如果相关数据的容量过大（成千上万个观察值或更多），是不需要（而且很难计算）对所有的数据进行详细分析的。处理大批量数据（数万个或数百万个观察）的最好方法，是抽取具有代表性的样本（数千个或上万个观察）进行分析。代表性样本表现在，从样本分析中得出的结论与全部总体数据分析得到的结论相同。

没有明确的规则可以告诉我们抽样规模的大小。样本数据必须足够大，以使包含的信息充分，可是也要足够小，以使数据处理起来便捷、快速。如果样本量过小，可能发现不了数据中本应存在的关系或得出错误的关系。所以，最好的做法是，采用能让人不怀疑这样的样本量是否足够了的抽样规模。一般来说，使用的数据量大，能使数据挖掘算法更有效。如果我们调查的是一个稀有事件（如发布在网站上的广告的点击量），这时就需要有足够大的样本，以确保有成千上万的与点击有关的观察值。也就是说，如果点击率仅有 1%，那么具有代表性的样本应接近 50 000 个观察值，以确保能获得 500 个点击了广告的观察值。

2. 数据预处理

当获取代表性样本后，避免随意丢弃变量也是非常重要的。一般来讲，样本中最好包括尽可能多的变量。在使用描述统计和可视化探索数据以后,分析人员才可以剔除无关的变量。另外,描述统计和可视化在处理缺失数据和错误数据中也起着一定的作用。在数据预处理阶段,根据相似观察的聚类,聚类分析可能对定义新的变量很有价值。

3. 数据分割

一旦代表性样本数据确定后,接下来就需要将其分割成两个或三个数据集,以便能适合评估预测性数据挖掘模型的性能。为了帮助人们理解数据分割的必要性,我们来考察一个情境,分析人员在建立多元回归模型时没有多少数据点。此时,为了保证必需的样本容量,以获得回归系数的可靠估计,分析人员除了使用全部数据外,没有其他的选择余地。即使拟合优度系数 $R^2$ 和估计标准误差都表明线性回归模型对数据集拟合效果好,但这些反映模型拟合效果的指标,只是说明了模型对"看得见"的数据的拟合情况,至于模型对那些"观察不到"的数据点的拟合是好还是不好,我们可能一无所知。

经典统计学中,为获得总体合理的推断认识,一般都规定最小样本量的要求。与此相比,实际应用中的数据挖掘面对的数据量非常丰富,然而过多的数据有可能促使分析人员企图过度拟合模型。所谓**模型过度拟合**,是指建立的模型能够非常好地说明赖以构建这个模型的数据,但对样本之外的数据不能精确地预测。为避免可能存在的过度拟合问题,我们需要把数据集分解成三个部分,即训练集、验证集和测试集。

**训练集**由那些用于建立候选模型的数据组成,比如多元回归模型中用于估计回归参数的数据。根据训练集构建的模型,我们采用反映模型拟合效果的指标,从中识别出一些可供备选的模型。可是,由于训练集是专门用来建模的,因而无法明确地鉴定对新数据(训练集之外的数据)建立的模型是不是最好的预测模型。所以,对初步筛选出来的较为满意的模型,需要通过**验证集**的数据帮助甄别哪个是预测精度最好的模型。

如果验证集通过模型比较或修订模型中的参数来识别"最好"的模型,那么对模型性能的估计会存在偏差(我们总是倾向于过高地估计模型性能)。有鉴于此,最终确定的模型需要通过**测试集**验证,这样才有可能对选择模型的效果进行客观评估。例如,我们已经识别出能够合理地拟合训练集的 4 个模型,为评价应用于新的数据时这些模型的预测如何,我们将这些模型应用于验证集。在识别 4 个模型中最好的模型后,我们将"最好"模型应用于测试集,以获得该模型准确度的公正估计。

分割 3 个数据集的大小没有明确的规定,但是训练集往往最大。对于预测任务,一条经验法则是,观察值数目至少应是变量数的 10 倍。对于分类任务,可供参考的经验法则是,至少应有 $6 \times m \times q$ 个观察值,这里 $m$ 是结果类别数目,$q$ 是变量数目。当我们预测稀有事件时,如投放在网站上的广告的点击率、信用卡诈骗交易等,建议根据稀有事件采集观察值作为训练集,以便为数据挖掘算法提供足够的数据"学习"稀有事件。例如,如果我们有 10 000 个用户,但只有 1 个用户点击了投放在网站上的广告,我们将没有足够的信息区分点击和未点击广告的用户。在诸如此类的情形下,训练集必须包含与结果变量的不同值相等或近似相等数量的观察值。需要注意的是,我们不对验证集和测试集进行采样,这些样本应该具有总体的代表性,以便在这些数据集上的评价指标能够反映数据挖掘模型的潜在性能。

## 9.2 性能测度

相比于估计连续结果的方法，属性结果的分类方法存在各种不同的性能测度。对此我们将结合一个金融服务业的实例，逐个说明这些性能测度。Optiva 信用合作社打算重新了解个人贷款流程及其贷款客户，为此采集了相关的数据，详见数据文件 Optiva（http://login.cengage.com）。数据文件 Optiva 中一共有 40 000 多客户观察记录，涉及的变量包括有无贷款违约、客户年龄、账户平均余额、是否有抵押、客户的工作状况、客户的婚姻状况、客户接受教育的水平。我们将利用这些数据，讲解有监督学习方法在区分客户是否有可能违约问题上的应用，并估计客户在银行账户的平均余额。

### 9.2.1 属性结果分类评估

在分类问题的处理中，我们把注意力集中在将观察值划分成两个不同的组（比如，拖欠贷款或未拖欠贷款），但是这些概念一般都可以推广到两个以上的分组情形。评价分组方法或分类器好坏一个很自然的做法，是计数观察值被错误分组的数目。通过计数充分大且具有总体代表性的验证集和测试集上的分类误差数，可以得到关于模型分类好坏的准确性评价指标。

分类误差通常用**混淆矩阵**来说明，该矩阵展示了模型的正确和错误分类情况。表 9-1 列举了尝试对 Optiva 数据子集中的客户进行分类时，生成的一个分类混淆矩阵。

表 9-1 分类混淆矩阵

| 实际类别 | 预测分类 | |
|---|---|---|
| | 0 | 1 |
| 0 | $n_{00} = 7\ 479$ | $n_{01} = 5\ 244$ |
| 1 | $n_{10} = 89$ | $n_{11} = 146$ |

在表 9-1 中，分类 1 = 拖欠贷款，分类 0 = 未拖欠贷款。分类混淆矩阵是每个观察值的实际分类和预测分类的交叉表，从表 9-1 矩阵的第一行可以看出，7 479 个未拖欠贷款被正确识别，5 244 个实际未拖欠贷款的观察值被错误分类成拖欠贷款。从第二行可以看出，89 个实际拖欠贷款的客户被划分在未拖欠贷款组，146 个拖欠贷款的观察值被正确识别。

依据分类混淆矩阵，可以测算分类准确度。错误分类的观察值所占的百分比记为**总误差率**，计算方法如下：

$$总误差率 = \frac{n_{10} + n_{01}}{n_{11} + n_{10} + n_{01} + n_{00}}$$

根据表 9-1 中的资料，分类的总误差率是 (89 + 5 244)/(146 + 89 + 5 244 + 7 479) = 41.2%。用 1 减去总误差率，便得到模型**准确度**。上述例子中，分类模型的准确度是 58.8%。

虽然总误差率表示了错误分类的整体情况，但它将实际类别为 0 的观察值错误划分在类别 1（**假阳性**）的数目，与实际类别 1 的观察值错误划分在类别 0（**假阴**

表 9-1 中，$n_{01}$ 为假阳性数，$n_{10}$ 为假阴性数。

性）的数目不加区分地进行计算。

在很多情形中，这两类错误发生的成本是不对等的。例如，假定我们把病人分为两组：类别1为癌症，类别0为健康，那么将一位健康病人错误分类为"癌症"的成本，可能仅限于额外检查的花费（和压力），如果将癌症病人错误分类为"健康"，可能导致癌症不能及时得到治疗和病人的提前死亡。

为说明错误分类代价的不对称，我们可以分别计算分组的错误率。

$$\text{分组 1 的错误率} = \frac{n_{10}}{n_{11} + n_{10}}$$

$$\text{分组 0 的错误率} = \frac{n_{01}}{n_{01} + n_{00}}$$

由表9-1的资料，按照上述分组错误率的计算公式，分组1的错误率是89/(89+146)=37.9%，分组0的错误率5 244/(5 244+7 479)=41.2%。分组错误率计算结果表明，模型产生的分类对分组1的预测要稍好于对分组0的预测。

为理解分组1错误率和分组0错误率之间的此消彼长关系，我们必须认识分类算法对观察值进行分类时一般采用的标准。大部分分类算法，首先估计一个观察值属于分组1的可能性，然后如果这个可能性符合或超过指定**阈值**（默认阈值是0.5），则将该观察值归为分组1。阈值的选择影响分类错误的类型，随着阈值的降低，更多的观察值将被划分为分组1的观察值，也就是说，分组1错误将会降低。然而其负面影响是，更多的分组0观察值将被错误地划分在分组1中，也就是分组0错误上升。

为说明阈值的选择是如何影响分类错误的，表9-2列出了50个观察值（其中11个属于真实的分组1），和分类算法估计出的每个对象属于分组1的概率。

表9-2 分类概率

| 实际类别 | 分组1的概率 | 实际类别 | 分组1的概率 | 实际类别 | 分组1的概率 | 实际类别 | 分组1的概率 |
| --- | --- | --- | --- | --- | --- | --- | --- |
| 1 | 1.00 | 0 | 0.86 | 0 | 0.65 | 0 | 0.44 |
| 1 | 1.00 | 1 | 0.86 | 1 | 0.64 | 0 | 0.30 |
| 0 | 1.00 | 0 | 0.86 | 0 | 0.62 | 0 | 0.28 |
| 1 | 1.00 | 0 | 0.86 | 0 | 0.60 | 0 | 0.26 |
| 0 | 1.00 | 0 | 0.85 | 0 | 0.51 | 1 | 0.24 |
| 0 | 0.90 | 0 | 0.84 | 0 | 0.49 | 0 | 0.22 |
| 1 | 0.90 | 0 | 0.84 | 0 | 0.49 | 0 | 0.21 |
| 0 | 0.88 | 0 | 0.83 | 1 | 0.46 | 0 | 0.04 |
| 0 | 0.88 | 0 | 0.68 | 0 | 0.46 | 0 | 0.04 |
| 1 | 0.88 | 0 | 0.67 | 1 | 0.45 | 0 | 0.01 |
| 0 | 0.87 | 0 | 0.67 | 1 | 0.45 | 0 | 0.00 |
| 0 | 0.87 | 0 | 0.67 | 0 | 0.45 | | |
| 0 | 0.87 | 0 | 0.66 | 0 | 0.44 | | |

表9-3给出了分类混淆矩阵及阈值分别为0.75、0.50和0.25时，对应的分组1的错误率、分组0的错误率及总误差率。

表 9-3 不同阈值的分类混淆矩阵和错误率

| | 阈值 =0.75 | | |
|---|---|---|---|
| | | 分类结果 | |
| 实际类别 | | 0 | 1 |
| 0 | | $n_{00}=24$ | $n_{01}=15$ |
| 1 | | $n_{10}=5$ | $n_{11}=6$ |
| 实际类别 | 发生数 | 错误数 | 错误率（%） |
| 0 | $n_{00}+n_{01}=39$ | $n_{01}=15$ | 38.46 |
| 1 | $n_{10}+n_{11}=11$ | $n_{10}=5$ | 45.45 |
| 总计 | $n_{00}+n_{01}+n_{10}+n_{11}=50$ | $n_{01}+n_{10}=20$ | 40.00 |

| | 阈值 =0.50 | | |
|---|---|---|---|
| | | 分类结果 | |
| 实际类别 | | 0 | 1 |
| 0 | | $n_{00}=15$ | $n_{01}=24$ |
| 1 | | $n_{10}=4$ | $n_{11}=7$ |
| 实际类别 | 发生数 | 错误数 | 错误率（%） |
| 0 | 39 | 24 | 61.54 |
| 1 | 11 | 4 | 36.36 |
| 总计 | 50 | 28 | 56.00 |

| | 阈值 =0.25 | | |
|---|---|---|---|
| | | 分类结果 | |
| 实际类别 | | 0 | 1 |
| 0 | | $n_{00}=6$ | $n_{01}=33$ |
| 1 | | $n_{10}=1$ | $n_{11}=10$ |
| 实际类别 | 发生数 | 错误数 | 错误率（%） |
| 0 | 39 | 33 | 84.62 |
| 1 | 11 | 1 | 9.09 |
| 总计 | 50 | 34 | 68.00 |

由表 9-3 可知，随着阈值的降低，更多的观察值将被划分在分组 1，因此提高了分组 1 观察值被正确分类为分组 1 的可能性（分组 1 错误将会降低）。然而另一方面，更多的分组 0 观察值将被错误地分类为分组 1 观察值（提高了分组 0 错误的发生）。换句话说，我们可以通过降低阈值来精确地识别更多实际为分组 1 的观察值，但代价是将实际为分组 0 的观察值错误地分类为分组 1。图 9-1 显示了阈值从 0 到 1 改变时，分组 1 和分组 0 的错误率。

平衡分组 1 和分组 0 错误的方法之一是设定阈值，使得服从

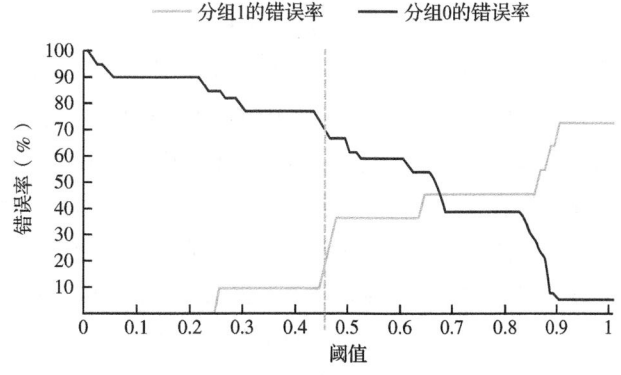

图 9-1 不同阈值对应的分类错误率

分组 0 的错误率最大值临界点的情况下，最小化分组 1 的错误率。具体而言，图 9-1 展示了分组 0 的错误率的最大值是 70% 时，0.45 的阈值会得到最小的分组 1 的错误率 20%。

正如我们前面提到过的，识别分组 1 的观察值往往比识别分组 0 的观察值更重要。评

价分类器价值的一种方法，就是对比其识别分组 1 观察值和随机分类的效果。为测量分类器的增加值，**累积提升图**将依次减小的属于分组 1 的估计概率所识别的实际分组 1 观察值个数，与随机选择的实际分组 1 观察值个数进行对比。图 9-2 的左面部分显示了累积提升图，曲线上的（10,5）是指，如果选择 10 个属于分组 1 的估计概率最大的观察值，其中 5 个观察值属于实际的分组 1（参照表 9-2）。与之相比，对角线上的（10,2.2）是指，如果 10 个观察值被随机选择，则平均只有（11/50）×10 = 2.2 个观察值属于分组 1。因此，分类器在识别应答者时表现越好，对角线和曲线的垂直距离越大。

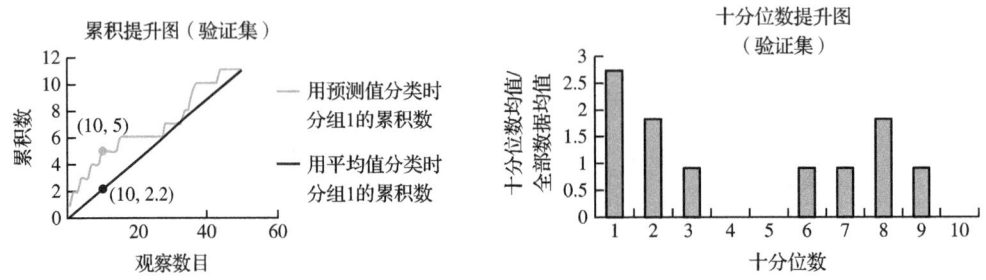

图 9-2　累积提升图和十分位数提升图

要考察分类器比随机分类在识别分组 1 观察值上好多少，另一种方法是建立**十分位数提升图**。对于一个十分位数提升图，根据属于分组 1 的概率由大到小排列观察值，然后以 10 个相等大小的组考虑这些观察值。对表 9-2 中的数据，第一个十分位数组对应 0.1 × 50 = 5 个最可能是分组 1 的观察值，第二组对应第六到第十个最可能属于分组 1 的观察值，以此类推。对每个十分位数组，十分位数提升图将实际属于分组 1 的观察值与随机选择的 0.1 × 50 = 5 个观察值组中的分组 1 观察值进行比较。由表 9-2 可知，在第一个十分位数组里（分类器认为最可能属于类别 1 的前 10% 观察值）有 3 个分组 1 观察值，包含 5 个观察值的随机样本分组 1 观察值的期望数目是 5 ×（11/50）= 1.1 个。因此分类的第一个十分位数提升是 3/1.1 = 2.73，对应着图 9-2 中右面图的第一个柱形的高度，这个比率解释的是，在第一个十分位数中，模型正确地预报了 3 个观察值，而随机抽样平均能正确分组的仅有 1.1 个观察值。形象地说，十分位数提升图中的柱形越高，分类器在各自的十分位数组中分类的效果越好。在图 9-2 右面的十分位数提升图中，第二至第十个十分位数柱形高度的计算和解释与此类同。提升图主要应用于直邮营销活动中，旨在识别可能会对直邮营销方式做出回应的客户。在这些应用中，通常只有固定的预算来给固定数目的客户发邮件。提升图就用于识别数据挖掘模型在识别有效客户时相对比随机选择客户绩效会有多大提升。

除了总误差率、分组 1 的错误率、分组 0 的错误率，还有其他指标能测量分类器的性能。正确预报分组 1（阳性）观察值的能力，可以用 1 减去分组 1 的错误率表示。由此得到的测度，被称作**灵敏度**或召回率。

灵敏度的计算公式为

$$\text{灵敏度} = 1 - \text{分组 1 的错误率} = \frac{n_{11}}{n_{11} + n_{10}}$$

同样，正确预报分组 0（阴性）观察值的能力，可以用 1 减去分组 0 的错误率表示。由此得到的测度，被称作**特异性**，其计算公式为

$$特异性 = 1 - 分组 0 的错误率 = \frac{n_{00}}{n_{00} + n_{01}}$$

产生表 9-1 分类的模型，其灵敏度是 $146/(146 + 89) \times 100\% = 62.1\%$，特异性为 $7\,479/(5\,244 + 7\,479) \times 100\% = 58.8\%$。

分类器正确预报属于分组 1 的观察值占比，叫作**精度**，也可以用于衡量分类器的性能。精度的计算公式为

$$精度 = \frac{n_{11}}{n_{11} + n_{01}}$$

将精度与灵敏度联系在一起的一个指标，就是 **F1 得分**（F1 Score），其计算公式为

$$F1\ 得分 = \frac{2n_{11}}{2n_{11} + n_{01} + n_{10}}$$

正如我们在图 9-1 所示例的，降低阈值会错误地将本属于分组 1 的观察值划分在分组 0 中，因而会减少属于分组 1 的观察值数目，但也会增加将分组 0 中的观察值错误地划分给分组 1 的代价。**ROC 曲线**是另外一种通过图形展示的方式，反映分类器正确识别分组 1 观察能力和分组 0 的错误率关系的曲线。在 ROC 曲线中，纵轴是分类器的灵敏度，横轴是分组 0 的错误率（1 - 特异性），参见图 9-3。

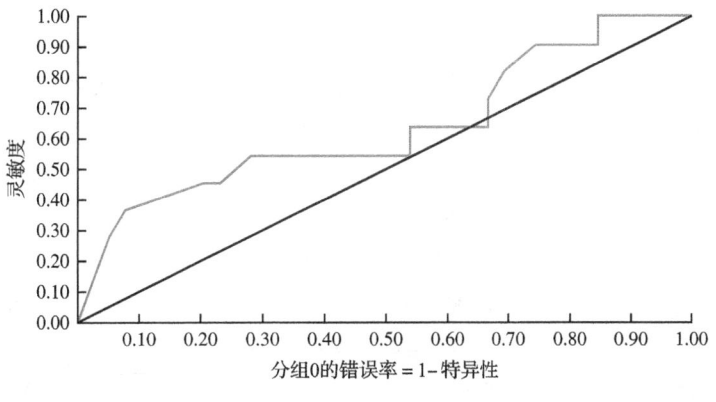

图 9-3 ROC 曲线

在图 9-3 中，对角线上方的曲线描绘了与表 9-2 中的 50 项观察相关的分类概率 ROC 曲线。图 9-3 中的对角线表示期望灵敏度和 50 项观察随机分类的分组 0 的错误率。要是把所有的观察值划分在分组 0，对 50 项观察值来说，只有设置的阈值大于 1 才能得到，这时位于图 9-3 曲线上的点（0，0）会出现。这就是说，对大于 1 的阈值，由表 9-2 的资料可知，灵敏度 = $1/(0 + 11) = 0$，分组 0 的错误率 = $1/(0 + 39) = 0$。如果把所有的观察值划分在分组 1，对 50 项观察值来说，只有设置的阈值为 0 才能得到，这时位于图 9-3 曲线上的点（1，1）会出现。也就是说，对等于 0 的阈值，由表 9-2 的资料，灵敏度 = $11/(11 + 0) = 1$，分组 0 的错误率 = $39/(39 + 0) = 1$。对不同的阈值，重复这样的计算并记录下灵敏度和分组 0 的错误率，就能绘制出图 9-3 那样的 ROC 曲线。

一般地,我们评价分类器的好坏,是通过计算 ROC 下方的面积(the area under the ROC curve,AUC)进行的。ROC 下方的面积越大,分类器的性能越好。假定存在一个阈值,使分类器能够正确地识别每个观察实际所在的组,那么 ROC 曲线将会穿过点 (0,1)。该点表示的是,分组 0 的错误率是 0、灵敏度等于 1(也即意味着分组 1 的错误率是 0)。既然是这样,随着 ROC 贯穿 (0,0)、(0,1) 至 (1,1),ROC 下方的面积有可能等于 1。图 9-3 中,对角线下方的面积反映的是随机分类结果为 0.5。因此,比起随机分类,分类器分类的价值体现在 AUC 大于 0.5 上。

### 9.2.2 连续结果估计评估

当估计连续结果变量时,有几种方法可以测量准确度,但这些测量指标的每一个都是估计观察值 $i$ 的误差函数。令 $e_i$ 是估计观察值 $i$ 的误差,则 $e_i = y_i - \hat{y}_i$,这里 $y_i$ 是第 $i$ 个实际观察结果,$\hat{y}_i$ 是第 $i$ 个观察值的预测结果。关于预测准确度,两个常用的测算方法为**平均误差** = $\sum_{i=1}^{n} e_i/n$ 和**均方根误差**(RMSE)= $\sqrt{\sum_{i=1}^{n} e_i^2/n}$。

平均误差估计的是模型预测的**偏差**,如果平均误差是负数,表明高估了实际值;如果平均误差为正数,表明低估了实际值。RMSE 类似于回归模型估计值的标准误差,和预测的结果变量有相同的计量单位,同样反映了预测值偏离实际值的程度。

> 第 8 章介绍的一些测算方法,如平均绝对值误差、平均绝对值百分比误差、均方误差等,也可以用来评价连续结果的预测效果。

需要注意的是,对训练集上的模型估计值应用这些指标(或其他指标)所估计出的是模型的拟合优度,并不是预测准确度。为估计模型对未来预测的效果,我们更倾向于对验证集和测试集上的模型估计值应用这些指标。

为了说明平均误差和 RMSE 的计算和解释,在此以 Optiva 信用合作社客户的账户平均余额预测为例。表 9-4 给出了 10 位客户平均账户余额的预测误差和误差平方的计算过程。

表 9-4  10 位客户账户平均余额误差

| 实际平均余额 | 估计平均余额 | 误差($e_i$) | 误差平方($e_i^2$) |
| --- | --- | --- | --- |
| 3 793 | 3 784 | 9 | 9 054 081 |
| 1 800 | 1 460 | 340 | 16 384 |
| 900 | 1 381 | −481 | 1 666 681 |
| 1 460 | 566 | 894 | 176 400 |
| 6 288 | 5 487 | 801 | 641 601 |
| 341 | 605 | −264 | 69 696 |
| 506 | 760 | −254 | 64 516 |
| 621 | 1 593 | −972 | 944 784 |
| 1 442 | 3 050 | −1 608 | 1 292 769 |
| 944 | 210 | 734 | 538 756 |

由表 9-4 可得,平均误差 = −80.1,RMSE = 774。由于平均误差是负数,表明采用的模型过高估计了 10 位客户实际账户平均余额。进一步地,假如 10 位客户资料建立的模型

的性能代表了更大观察值建立的模型的性能,那么我们就需要对估计模型进行改进。RMSE 的值 774 相当于平均账户余额的 43%。经验规则表明,优良的估计模型其 RMSE 占被预测变量平均值应该不超过 10%。

注释与点评

如同那些分类方法的构建,提升图也可以应用于估计的连续结果。连续结果变量的提升图,与识别具有结果变量最大值观察的模型效果评价有关,类似于属性结果变量提升图用以评估观察值最有可能属于分组 1 的模型效果的做法。

## 9.3 逻辑回归

多元线性回归以一组自变量 $x_1, x_2, \cdots, x_q$,通过线性方程 $\hat{y} = b_0 + b_1 x_1 + \cdots + b_q x_q$ 预测连续因变量 $y$。与之类似,**逻辑回归**试图通过自变量的线性函数区分两个分类结果($y = 0$ 或 1)。然而,直接通过自变量的线性函数解释两个分类结果可能是无效的。为说明这一点,我们来看一个例子,根据一部电影获得的奥斯卡提名数,预测该部电影是否会赢得奥斯卡最佳影片奖。根据 1984—2007 年每年获得提名影片的提名数和获奖结果数据,绘制的散点图与简单线性拟合回归方程,如图 9-4 所示。

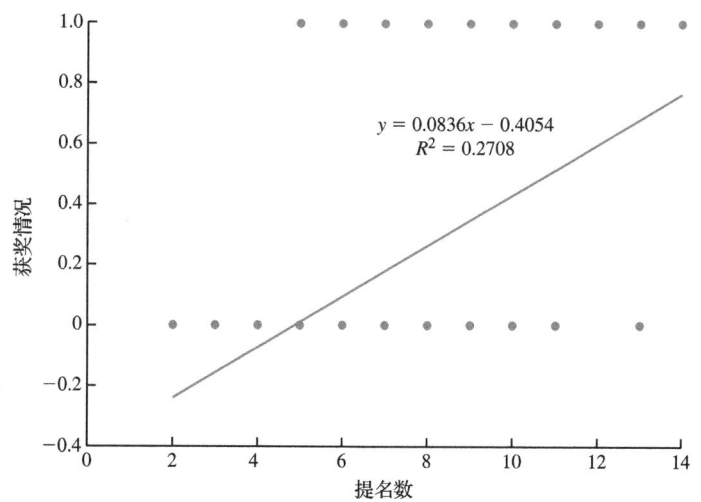

图 9-4 奥斯卡最佳影片提名数与获奖情况散点图和简单线性回归拟合

在图 9-4 中,每个散点对应着一部电影获得的奥斯卡提名数和该部电影是否赢得最佳影片奖(1 = 获得最佳影片,0 = 没有获得最佳影片)。图 9-4 中的直线是简单线性回归拟合,得到的线性回归方程为 $\hat{p} = -0.4054 + 0.0836x$,$x$ 表示影片获奥斯卡提名数,$\hat{p}$ 为该部电影获得奥斯卡最佳影片奖概率 $p$ 的估计。从图 9-4 能看出,线性回归模型不能恰当地说明分类结果变量(是否获得奥斯卡最佳影片)。比如,对于提名数少于 5 个的影片,线性回归方程预测赢得最佳影片奖的概率为负值;对于提名数多于 17 个的影片,线性回归方程预测赢得最佳影片奖的概率大于1.0。由回归残差和提名数绘制的散点图如图9-5所示，该图存在着明显的规则形状，这也能验证对给定的资料建立简单线性模型很不合适。

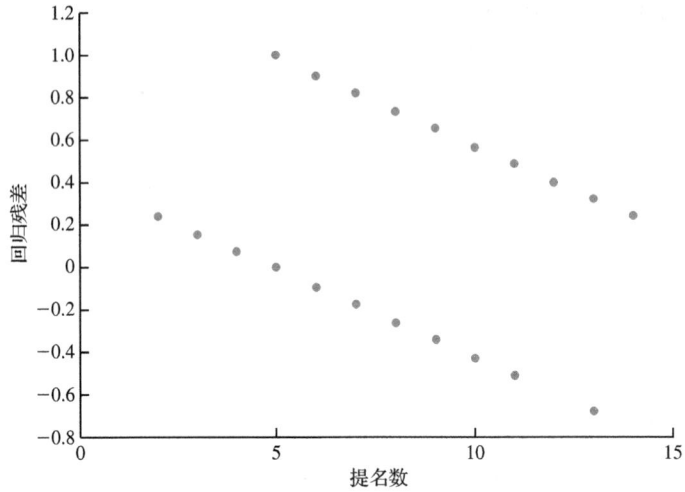

图9-5 简单线性回归残差图

> 我们在第7章已经介绍过，如果线性回归模型合适，则残差图中的点应该呈随机散布状，不存在明显的模式。

采用线性函数 $\hat{p} = b_0 + b_1x_1 + \cdots + b_qx_q$ 估计概率 $p$ 不完全合适，这是因为虽然 $p$ 也取连续型数值，但被限定在 $[0, 1]$ 范围内。也就是概率值不能小于0或大于1。图9-6给出了一条更好的、能解释赢得最佳影片奖和奥斯卡提名数之间关系的 S 形曲线。

S 形曲线在两端扁平并且永远不会超过 1 或低于 0，而不是延伸至正无穷或负无穷。我们不能直接用线性函数估计 $p$ 值，取而代之的是利用 S 形曲线来估计赢得奥斯卡最佳影片奖的概率 $p$。

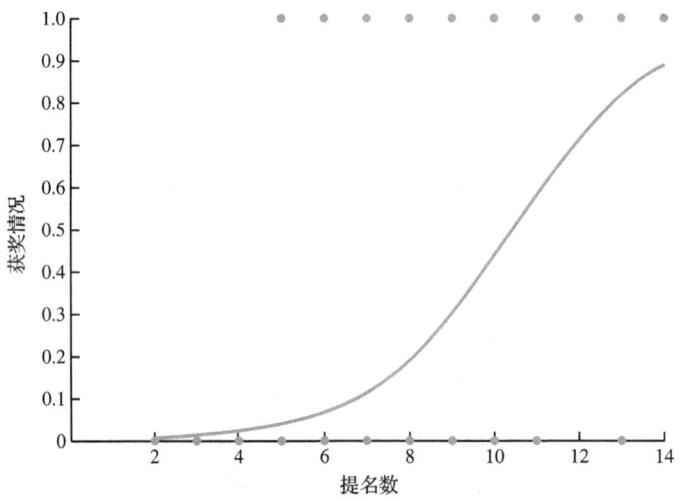

图9-6 奥斯卡例子的逻辑 S 形曲线

首先，我们注意到有一个与概率有关的被称为优势比（odds）的度量指标，其在赌博游戏和流行病学中非常常见。假如某个事件的概率估计值是 $\hat{p}$，则等价的优势比为 $\hat{p}/(1-\hat{p})$。比如一事件发生的概率是 $\hat{p}=2/3$，对此优势比将是 $(2/3)/(1/3)=2$，意味着该事件发生的优势比是 2:1。优势比的取值范围在零和正无穷之间，所以利用优势比，就能消除线性拟合可能导致的超过概率 $\hat{p}$ 最大值 1 的界限问题。为解决 $\hat{p}/(1-\hat{p})$ 取值仍然不小于 0 这个问题，我们注意到对事件优势比取对数，也即 $\ln[\hat{p}/(1-\hat{p})]$，如此一来就能得到负无穷到正无穷之间的取值。以线性函数估计对数，得到估计的逻辑回归方程为

$$\ln\left(\frac{\hat{p}}{1-\hat{p}}\right) = b_0 + b_1 x_1 + \cdots + b_q x_q \tag{9-1}$$

给定一个训练集，其中的观察由一组自变量 $x_1, x_2, \cdots, x_q$ 组成，以及感兴趣的事件是否发生（$y=0$，或 1），为获得优势比对数的最佳估计，可以运用逻辑回归算法确定出 $b_0, b_1, \cdots, b_q$ 值。在奥斯卡影片评奖的例子中，对给定的资料，逻辑回归算法得到估计值 $b_0 = -6.214$ 和 $b_1 = 0.596$，也就是，一部电影赢得最佳影片奖的优势比的对数回归方程为

$$\ln\left(\frac{\hat{p}}{1-\hat{p}}\right) = -6.214 + 0.596x \tag{9-2}$$

式中的 $x$ 表示奥斯卡奖提名数。

与一般的多元线性回归系数的含义有所不同，逻辑回归方程中的系数不能给出直观的说明。例如，$b_1 = 0.596$ 意味着影片每多获得一个奥斯卡提名，赢得最佳影片奖的优势比的对数提高 0.596。换句话说，奥斯卡提名总数与赢得最佳影片奖的优势比对数线性相关。不幸的是，事件优势比对数的变化并不像解释事件概率变化那么容易。根据代数原理，解出式（9-1）的 $\hat{p}$，我们可以得到以逻辑函数表示的估计概率和自变量间的关系：

$$\hat{p} = \frac{1}{1 + e^{-(b_0 + b_1 x_1 + \cdots + b_q x_q)}} \tag{9-3}$$

对于奥斯卡评奖的例子，估计出来的逻辑函数方程为

$$\hat{p} = \frac{1}{1 + e^{-(-6.214 + 0.596x)}} \tag{9-4}$$

把式（9-4）用图像形式展现出来，我们得到了如图 9-6 所示的 S 形曲线。很明显，拟合的逻辑回归，反映了获得奥斯卡最佳影片奖的概率和奥斯卡影片提名数间的非线性关系。奥斯卡影片提名数的增加对获得最佳影片奖概率的影响，与最初的提名数多少有一定的关系，比如影片奥斯卡奖提名数是 4，那么再增加一个奥斯卡提名数，将使获得最佳影片奖的估计概率从 $\hat{p} = 1/(1 + e^{-(-6.214 + 0.596 \times 4)}) = 0.021$ 提高至 $\hat{p} = 1/(1 + e^{-(-6.214 + 0.596 \times 5)}) = 0.038$，增加的绝对数为 0.017。但是，如果影片奥斯卡提名数是 8，再增加一个提名将使获得最佳影片奖的估计概率从 $\hat{p} = 1/(1 + e^{-(-6.214 + 0.596 \times 8)}) = 0.191$ 提高至 $\hat{p} = 1/(1 + e^{-(-6.214 + 0.596 \times 9)}) = 0.299$，增加的绝对数为 0.108。

与其他分类方法一样，逻辑回归分析通过式（9-3）计算新观察值属于分组 1 的概率，然后对比阈值来对其分类。如果概率超过阈值（典型的阈值取 0.5），该观察值被分类为分

组 1，否则就被划分在分组 0 中。

通过式（9-3）计算出的一部影片获奖的预测概率及其分类情况，详见表 9-5。

**表 9-5　奥斯卡评奖数据的逻辑回归预测概率**

| 提名数 | 预测获奖的概率 | 由预测概率进行的分类 | 实际类别 |
|---|---|---|---|
| 14 | 0.89 | 获胜 | 获胜 |
| 11 | 0.58 | 获胜 | 失败 |
| 10 | 0.44 | 失败 | 失败 |
| 6 | 0.07 | 失败 | 获胜 |

第 7 章我们对多元回归模型自变量的选择问题曾给出过详细的介绍。

逻辑回归模型中自变量的选择方法，与多元线性回归介绍的做法类似。尤其在面临许多变量时，通过描述统计和数据可视化对数据进行探察，可以帮助我们逐步缩小自变量筛选范围。用于预测的逻辑回归模型，最终需要经过验证集和测试集数据来判断。**马尔洛 $C_p$ 统计量**（Mallow's $C_p$ statistic）是统计软件常用的一个指标，可以用来识别保留在逻辑多元回归模型中的一组自变量。马尔洛 $C_p$ 统计量值小的逻辑回归模型，相应的均方误差也比较小，马尔洛 $C_p$ 统计量值接近于模型回归系数的数目，则这样的逻辑回归模型的偏差比较小（呈现出交替出现的过高预测或过低预测）。

●—○—○—○—● 　注释与点评　●—○—○—○—●

与多元线性回归一样，自变量 $x_1, x_2, \cdots, x_q$ 之间的强共线性，对式（9-1）中的系数 $b_1, \cdots, b_q$ 会带来扭曲的估计。假如构建的逻辑回归模型是用于解释和量化自变量与事件出现的对数优势比之间的关系，那么我们提醒的是要避免自变量之间的高度共线性。反过来，如果构建的逻辑回归模型是为了对观察值进行分类，这时的共线性不会影响模型的预测能力，因此对于自变量之间的共线性可以不予在意，模型只需根据验证集和测试集分类效果来评价即可。

## 9.4　$k$-最近邻法

$k$-**最近邻法**（$k$-NN 法）既可以用于对属性结果进行分类，也可以用于对连续结果进行预测。为对一个观察值进行分类或预测，$k$-NN 法会利用训练集中的 $k$ 个最相似的观察值。这里的相似度，通常是与一组输入变量（特征）有关的测度。在 $k$-NN 法中，统计软件一般使用欧氏距离来衡量观察值之间的相似度，这对所有特征为连续的情形非常适合。

有效运用 $k$-NN 法的一个重要方面，就是选择用来测算相似度的合适特征。计算过多特征的相似度，因观察之间几近等距，欧氏距离便失去判别能力。在 $k$-NN 法内部不能自动选择特征时，初步的数据勘察并结合试验，能够帮助我们辨别应该包含的有价值特征。

## 9.4.1 属性资料的 k-最近邻法分类

在逻辑回归分析中,我们在训练集中通过逻辑方程生成数据中存在的关系,运用该参数模型估计验证集和测试集中观察值分组的概率。与逻辑回归有所不同,最近邻分类器属于"懒散学习者"。这就是说,k-NN 法取而代之地直接使用整个训练集,对验证集和测试集中的观察值进行分类。当 k-NN 法被用作分类方法的时候,如果一个观察值的 k 个最近邻属于训练集分组 1 的占比大于或等于某个特定阈值(典型的是 0.5),则该观察值被分类为分组 1。k 的取值范围是 1 到 n,n 为训练集中的观察值数目。如果 k = 1,那么新观察值的分类必定等于训练集的单个最相似观察值的组。在另一个极端,如果 k = n,那么新观察值的组很自然被分配到训练集中最常见的类。k 取值越小,越容易受到训练集中的噪声影响;相反,k 取值越大,有可能捕捉不到特征与结果组之间的关系。一般地,k 的取值可考虑 1 到 $\sqrt{n}/2$。理想的 k 值可以这样来确定,在 k 的取值范围内建立模型,然后选择对验证集分类误差最小的 $k^*$。需要注意的是,以这种方法利用验证集识别 $k^*$ 值,意味着该方法在 $k^*$ 值下需要应用到测试集,以准确地估计在未来数据上的分类误差率。

下面我们举例说明,假定训练集包含 10 个观察,见表 9-6。

在这个例子中,我们把贷款违约 = 1 的观察作为分组 1 的观察,把贷款违约 = 0 的观察作为分组 0 的观察。现在的任务是,根据与训练集中的 10 个观察平均账户余额和年龄的相似度,把一个新的观察平均账户余额 900、年龄 28 进行分类。

在计算新的观察和训练集中观察间的相似度之前,通常的做法是对变量取值进行标准化处理。用相应的各个变量的 z 得分(z-score)取代它们的原始值,我们就可以避免欧氏距离计算过程中所受到的变量取值大小的影响。例如,训练集中平均

表 9-6 k-NN 分类器的训练集观察

| 观察 | 平均余额 | 年龄 | 贷款违约 |
|---|---|---|---|
| 1 | 49 | 38 | 1 |
| 2 | 671 | 26 | 1 |
| 3 | 772 | 47 | 1 |
| 4 | 136 | 48 | 1 |
| 5 | 123 | 40 | 1 |
| 6 | 36 | 29 | 0 |
| 7 | 192 | 31 | 0 |
| 8 | 6 574 | 35 | 0 |
| 9 | 2 200 | 58 | 0 |
| 10 | 2 100 | 30 | 0 |
| 平均 | 1 285 | 38.2 | |
| 标准差 | 2 029 | 10.2 | |

账户余额是 1 285、标准差是 2 029,年龄的均值和标准差分别是 38.2、10.2。因此,表 9-6 中观察 1 的平均账户余额的标准化值是 (49 - 1 285)/2 029 = -0.61,年龄的标准化值是 (38 - 38.2)/10.2 = -0.02。

根据标准化的结果,训练集中 10 项观察和一个新观察的散点图见图 9-7。

为了对新的观察分类,我们使用阈值 0.5。当 k = 1 时,新的观察被划分在贷款违约组(分组 1)中,原因是△的最近邻观察 2(属于分组 1)。当 k = 2 时,新的观察△的最近邻有两个,一个是观察 2(属于分组 1),另一个是观察 6(属于分组 0),因为 k = 2 个近邻至少有 0.5 个属于分组 1,所以新的观察被划分在分组 1 中。当 k = 3 时,新的观察△的最近邻有三个,分别是:观察 2(属于分组 1),观察 6(属于分组 0),观察 7(属于分组 0)。

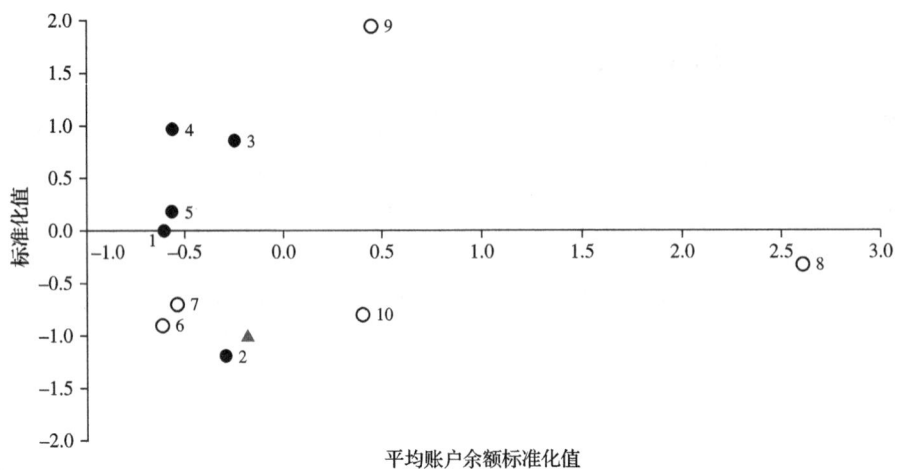

图 9-7 $k$-NN 分类散点图

因为只有 1/3 的近邻属于分组 1，这样新的观察被划分在没有贷款违约组（分组 0）中（0.33 小于阈值 0.5）。表 9-7 给出了 $k=1,2,\cdots,10$ 时，新观察的分类情况。

表 9-7 新观察平均账户余额为 900 美元、年龄为 28 岁在不同 $k$ 下的分类情况

| $k$ | 分组1近邻的占比（%） | 分类结果 | $k$ | 分组1近邻的占比（%） | 分类结果 |
| --- | --- | --- | --- | --- | --- |
| 1 | 1.00 | 1 | 6 | 0.50 | 1 |
| 2 | 0.50 | 1 | 7 | 0.57 | 1 |
| 3 | 0.33 | 0 | 8 | 0.63 | 1 |
| 4 | 0.25 | 0 | 9 | 0.56 | 1 |
| 5 | 0.40 | 0 | 10 | 0.50 | 1 |

## 9.4.2 连续资料的 $k$-最近邻法估计

当 $k$-NN 法被用于估计连续结果时，新的观察的结果值被预测为训练集中 $k$ 个最近邻的平均值。$k$ 的取值从 1 到 $n$ 可能都是合理的，其中 $n$ 是训练集观察值的个数。如果 $k=1$，则新观察结果值的估计仅仅依据训练集中最相似的一个结果值。另一个极端是，如果 $k=n$ 时，则新的观察结果值被设置为整个训练集的平均结果值。$k$ 的取值过小，会导致对训练集噪声过度拟合的预测。反之，$k$ 的取值过大，会导致不足拟合和不能捕捉特征与结果变量之间关系。最好的 $k$ 值可以这样来确定，通过在典型范围内（$k=1,\cdots,\sqrt{n/2}$）构建一系列模型，然后选择能使估计误差最小的 $k^*$ 值。注意：以这种方法利用验证集识别 $k^*$ 值，意味着该方法在 $k^*$ 值下需要应用到测试集，以准确地估计在未来数据上的估计误差。

接下来，我们以表 9-6 给出的 10 个观察值的训练集为例来说明。现在我们感兴趣的是根据与训练集中的 10 项观察的相似度，估计一个新观察账户余额的平均值。训练集中 10 项观察和一个年龄 28 岁的新观察，他们的账户平均余额的估计如图 9-8 所示。

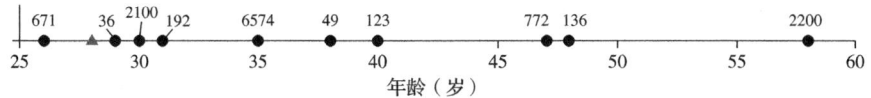

图 9-8 $k$-NN 法估计散点图

当 $k=1$ 时，新观察的平均账户余额估计是 36 美元，其最近邻的平均账户余额值是 36 美元（表 9-6 中的第 6 个观察）。当 $k=2$ 时，我们可以看出在第 2 个观察（年龄 = 28）和第 10 个观察（年龄 = 30）之间存在一个连接，第 2 个更靠近新的观察（年龄 = 28）。不同统计软件之间采用的平分决胜规则不一样，这里我们简单地用 3 个观察值来估计新观察的平均账户余额，即 (36 + 671 + 2 100)/3 = 936。表 9-8 给出了 $k$ 取值从 1 到 10 时，新观察的平均账户余额估计的结果。

表 9-8 不同 $k$ 值下年龄为 28 岁观察的平均账户余额估计　　　　　　　　（美元）

| $k$ | 平均账户余额估计 | $k$ | 平均账户余额估计 |
|---|---|---|---|
| 1 | 36 | 6 | 1 604 |
| 2 | 936 | 7 | 1 392 |
| 3 | 936 | 8 | 1 315 |
| 4 | 750 | 9 | 1 184 |
| 5 | 1 915 | 10 | 1 285 |

## 9.5 分类与回归树

分类与回归树（CART）持续不断地将观察值的数据集分割为越来越小且更同质的子集。CART 方法的每一次迭代都会根据单变量的值，将观察值子集分为两个新的子集。可以将 CART 方法看作一系列问题，它们将观察值不断缩减为杂质不断减少的越来越小的组。所谓**杂质或不纯度**，是观察结果组或结果值的异质性的指标。运用统计软件包生成分类与回归树，不同统计软件包采用的指标各不相同。本章的这一节，我们只对 CART 逻辑进行一般性的说明。

### 9.5.1 分类树

对于**分类树**，一组观察值的杂质依赖于属于同一种类的观察值的比例（如果组内所有观察值属于同一种类，则非纯度水平等于 0）。最终的分类树建成后，新观察值的分类就基于该观测值最终所属的类别（变量切分规则）。

为说明分类树，我们以夏威夷小镇有限公司（HHI）为例，该公司专门从事过滤垃圾邮件的软件的开发。HHI 搜集了 4 601 条邮件信息的数据，详见数据文件 DemoHHI（https://login.cengage.com）。对 4 601 条邮件的每一条，HHI 采集了"垃圾邮件"（分组 1）或"非垃圾邮件"（分组 0），以及字符"!"和"$"的频度（用邮件中字符的占比表示）。

为了介绍分类树是怎么对观察值进行分类的，我们从数据文件中截取46项观察作为训练集。在这个训练集中，我们可以看到变量"Dollar"和"Exclamation"分别对应着字符"＄"和"！"占比。分类树分析的结果，可以图形化地展示在一个解释分类新观测值过程的树中，该树列出导致观测值落到一个特定分区的变量值。

下面，我们来看看图9-9的分类树。

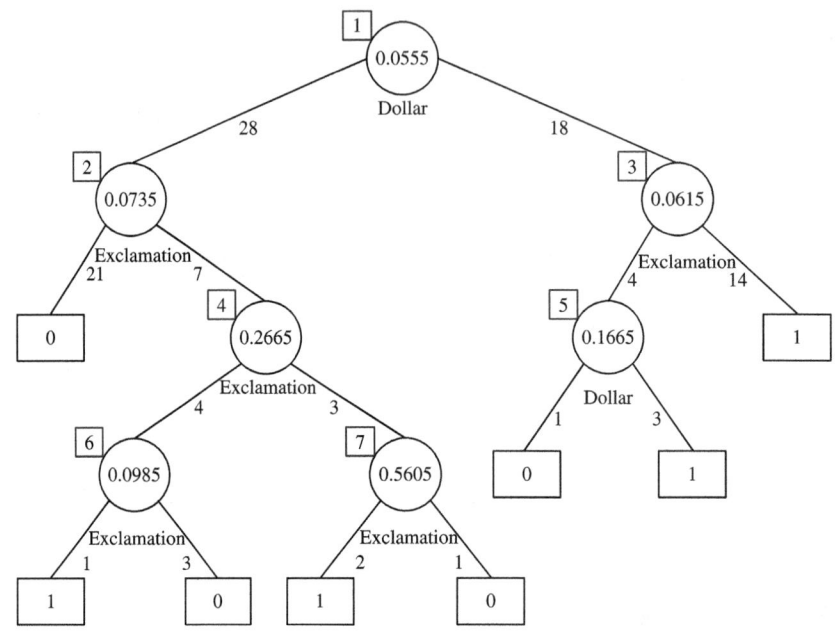

图9-9　分类树中分支的建立顺序

由图9-9可知，在每个步骤中，CART识别并分裂该变量，使两个结果类别的非纯度最小。在图9-9中，圆圈（或节点）中的数值代表变量（其名称列示在节点下面）分离的值。第一次分割是将观察值分离为两组，其中一组是Dollar≤0.0555的观察值，另一组是Dollar＞0.0555的观察值。从节点发出的左右弧线上的数字，分别表示在Dollar≤0.0555和Dollar＞0.0555部分中的观察值数目。含字符"＄"的百分比小于0.0555的电子邮件有28封，含字符"＄"的百分比大于0.0555的电子邮件有18封。选择在变量Dollar值为0.0555的点进行分裂，是因为在该点对原始46个观察值进行分裂所得到的两个子集不纯度最小。接着，在这2个刚刚创建的观察值子集中重复上述分裂过程，再产生另外的纯度最小的子集。在该分类树中，第二次分裂是在Dollar≤0.0555的28个观察值组上进行的。此时采用变量Exclamation，该子集中，28个观察值有21个是Exclamation≤0.0735，另外7个是Exclamation＞0.0735。在变量第二次分裂后，46个原始观察值被做了3个分割。其中，21个观察值有Dollar≤0.0555和Exclamation≤0.0735，7个观察值有Dollar≤0.0555和Exclamation＞0.0735，18个观察值有Dollar＞0.0555。Dollar≤0.0555和Exclamation≤0.0735的21个观察值没有必要进一步分裂，因为该组所有观察值（不纯度为零）都属于分组0（非垃圾邮件）。对Dollar≤0.0555和Exclamation＞0.0735的7个观察值组，以及

Dollar > 0.055 5 的 18 个观察值组，以图 9-9 中方框中数字标记的顺序继续分裂，直到不纯度为 0 的子集。

例如，运用变量 Exclamation，将 Dollar > 0.055 5 的 18 个观察值组进一步分裂成两个组，该子集中的 4 个观察值有 Exclamation ≤ 0.061 5，另外 14 个有 Exclamation > 0.061 5。换句话说，4 个观察值的 Dollar > 0.055 5 且 Exclamation ≤ 0.061 5。对这 4 个观察值再分成包含 1 个观察值的 Dollar > 0.055 5 组和包含 3 个观察值的 Dollar > 0.166 5 组。此时对于这部分数据无须继续分裂，因为对应的子集不纯度为 0。换句话说，0.055 5 < Dollar < 0.166 5 且 Exclamation ≤ 0.061 5 的 1 个观察值组是分组 0 观察值（非垃圾邮件），Dollar > 0.055 5、Exclamation ≤ 0.061 5，且 Dollar > 0.166 5 的 3 个观察值组是类别 1 观察值。图 9-9 中其他分支同理分裂。图 9-10 列出了一系列变量分裂所产生的最终分区，定义分裂的规则将变量空间分为不同矩形，每个对应着图 9-9 树中 8 个叶节点的一个。

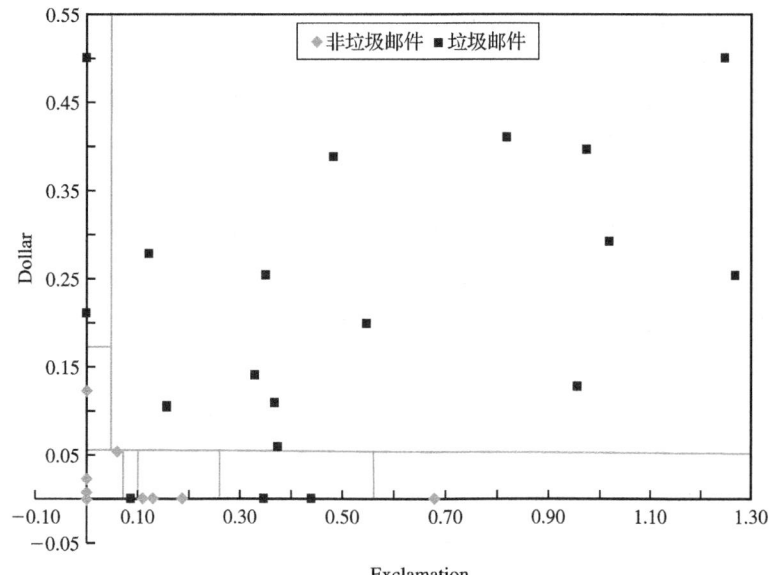

图 9-10　分类树分区的几何图示

如图 9-10 所示，通过足够的变量分裂，有可能获得训练集上的分区，使得每个分区只包含类别 1 观察值或类别 0 观察值，而不是两个类别都包括。换句话说，充分的分解会形成一个杂质为 0 的子集，通过完整的分类树，训练集数据没有错误分类。一般地，只有存在所有的输入变量取相同的值但不同的结果分组，完整分类树的叶节点才会有 0 杂质。然而，把一整套分割规则从完整的分类树应用到验证集的观察值中，通常会导致相对

图 9-10 基于 46 项观察值，但只有 28 项观察值能得到区分。在 46 项观察值中，18 项是非垃圾邮件，具有坐标点 (0，0)，另外 2 项观察值是垃圾邮件，具有坐标点 (0，0.210)。

较大的分类误差。完整分类树中的分割度，是极端过度拟合的一个例子。尽管完整分类树完美地刻画了训练集的特征，但它不可能对新的观察进行很好的分类。

为了理解怎样构建对新的观察值表现良好的分类树，我们首先来考察分类错误怎么计算。表9-9的第二列给出了图9-9中构建分类树每个阶段的分类误差。

图9-9基于的训练集包含26个分组0的观察值和20个分组1的观察值，因此不讲决策规则，粗暴地把所有46个观察值都划分在分组0，得到的训练集的分类误差是43.5%（20/46）。增加一个决策节点，把观察值划分成两个组，一个组包含28个观察值，另一个组包含18个观察值。包含28个观察值的组具有的 Dollar ≤ 0.055 5，其中25个观察值属于分组0、3个观察值属于分组1，因此根据大多数规则，该组

表9-9 分类树分类误差

| 决策节点数 | 训练集分类误差百分比 | 验证集分类误差百分比 |
| --- | --- | --- |
| 0 | 43.5 | 39.4 |
| 1 | 8.7 | 20.9 |
| 2 | 8.7 | 20.9 |
| 3 | 8.7 | 20.9 |
| 4 | 6.5 | 20.9 |
| 5 | 4.3 | 21.3 |
| 6 | 2.2 | 21.3 |
| 7 | 0.0 | 21.6 |

将被分在分组0，由此导致了3个错误分类的观察值。包含18个观察值的组具有的 Dollar > 0.055 5，其中一个观察值属于分组0、17个观察值属于分组1，这样依据大多数规则，该组将被划归为分组1，由此导致了1个错误的分类观察。所以，对于一个决策节点，分类树的分类错误是（3+1）/46 = 0.087。

当增加第二个决策节点，具有 Dollar ≤ 0.055 5 的28个观察值被进一步分解成21个观察值的组和7个观察值的组。这样，带有2个决策节点的分类树存在3个组，分别是：Dollar > 0.055 5 的18个观察值组，Dollar ≤ 0.055 5 且 Exclamation ≤ 0.073 5 的21个观察值组，Dollar ≤ 0.055 5 且 Exclamation > 0.073 5 的7个观察值组。如前所述，18个观察值这一组将被划归为分组1，由此1个观察值被错误分类。在21个观察值这一组，所有的观察值归属于分组0，该组没有出现分类错误。在7个观察值这一组，4个观察值属于分组0，3个观察值属于分组1。因此，根据大多数规则，该组将会被划分在分组0，从而导致3个错误分类的观察值。所以，对具有2个决策节点（3个分割）的分类树，分类误差是（1+0+3）/46 = 0.087。以类似的方式，对不同的节点数，我们可以计算训练集分类树分类错误率，以获得表9-9中第二列的全部结果。由表9-9可知，随着决策节点的不断增加和观察值分割成更小的组，训练集的分类错误率在逐步减小。

为评估依据训练集构建的图9-9那样的分类树的决策规则推广到其他数据的效果究竟怎样，我们把它们应用到验证集。该验证集来自数据文件DemoHHI中的4 555项观察值，其中2 762项观察属于分组0，1 793项观察值属于分组1。在没有任何决策规则下，把所有4 555项观察值都划归为分组0，这时的分类错误是39.4%（1 793/4 555）。引进第一个决策节点，把4 555项观察值划分成 Dollar ≤ 0.055 5 的3 452项观察值的组，以及 Dollar > 0.055 5 的1 103个观察值的组。在3 452项观察值的组中，2 631项观察值属于分组0，821项观察值属于分组1。根据大多数规则，该组的观察值将会被划分在分组0，这样会导致821项观察值被错误分类。在1 103项观察值组中，有131项观察值属于分组0，972项观察值属于分组1，同样根据大多数规则，这一组将被划归为分组1，从而导致131项观察值被错误分类。因此，对1个决策节点，验证集决策树的分类错误率是（821+131）/4 555 =

0.209。沿袭同样的做法，对不同的决策节点数，我们可以运用分类树计算验证集分类错误率，以获得表9-9中第三列的结果。由表9-9，我们注意到，在验证集中随着决策节点的不断增加和观察值分割成更小的组，得到的分类错误率并不必然逐步减小。

为了识别分类树在新数据上的良好性能，我们通过反方向移除决策节点"修剪"完整的分类树。按照这样的方式，我们试图减少决策规则弱的决策节点。对图9-9修剪最后的变量分裂（Exclamation ≤ 0.560 5 或 Exclamation > 0.560 5），所得到的分类树如图9-11所示。

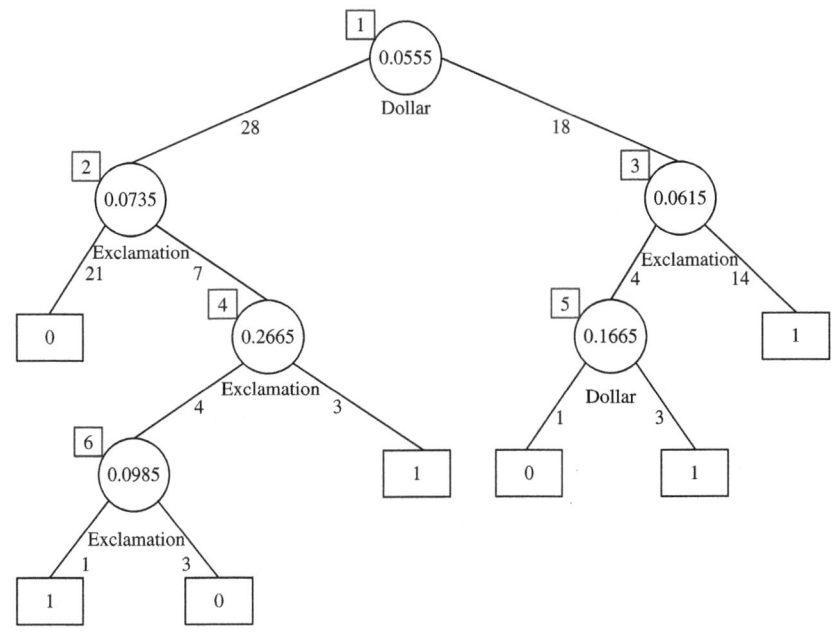

图9-11　修剪一个分支后的分类树

通过修剪规则，我们获得一个由 Dollar ≤ 0.055 5、Exclamation > 0.073 5、Exclamation > 0.266 5 定义的分区，该分区包含3个观察值，其中的2个观测值属于分组1（垃圾邮件），1个属于分组0（非垃圾邮件）。这样修剪后的树把该分区中的所有观察值都划归分组1，原因是该分区中分组1观察值占比（2/3）超过了默认的阈值0.5。因此，验证集修剪树的分类错误是 1/46 = 0.022，比完整分类树分类误差0提高了0.022。可是，由表9-9可知，对验证集使用6个决策节点的修剪树，其分类误差是0.213，比验证集完整树的分类误差0.216小。与具有7个决策节点的完整树相比较，6个节点的修剪树不太可能过度拟合了训练集。

按顺序移除决策节点，我们能得到6个修剪树，这些修剪树有1~6个变量的分裂（决策节点）。然而，当我们一开始添加决策节点时，验证集分类错误减少，太多的决策节点过度拟合了训练集分类树，由此导致了验证集误差的增加。对于这样的修剪树，每个观察值属于一个由一系列决策规则给出的单一分区，如果该分区中分组1观察值占比超过阈值，则该观察值划归为分组1，否则划归为分组0。

识别最好修剪树的一个常见做法是，从完整的分类树和修剪决策规则开始，直至验证集分类错误增加。依据这个过程，表 9-9 表明具有单个决策节点（Dollar≤0.055 5 或 Dollar > 0.055 5）、把观察值分割成 2 个子组的分类树，要与对验证数据分类的任何其他树一样可靠。图 9-12 显示，假如 " $ " 字符占比不超过 5.55%，最好的修剪树把一封邮件分类为非垃圾邮件，否则把一封邮件分类为垃圾邮件。这个最好的修剪分类树产生的验证集的分类误差是 20.9%。

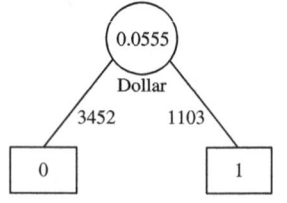

图 9-12　最好的修剪分类树

### 9.5.2　回归树

为了估计连续性结果，如同分类树做法一样，**回归树**连续不断地把训练集中的观察值分割成一个个小的组别。它们之间的差别在于：①分割的杂质测量；②在既定的分割下，对某个观察结果值进行估计。回忆一下分类树，不纯度是根据没有正确分类的观察值占比计算的。在回归树中，分割的不纯度基于组中观察结果值的方差。通过不断识别变量分裂规则，在构建回归树的时候，以使产生的分割中结果值的组内方差最小。回归树最终构建后，观察的估计结果值便基于新的观察所属分割的结果值的均值。

为了说明回归树，我们结合事例来讲解，运用客户的年龄、是否曾拖欠过贷款来估计客户银行账户的平均余额。我们用表 9-6 中的 10 项观察值构建回归树。图 9-13 展示了前 6 个变量在变量空间中回归树的分裂规则，其中坐标轴里面的线条为变量分裂规则，图中圆圈里面的数字代表引进规则的顺序。第一个规则把 10 项观察值分别分裂成两组，一组是贷款违约（Loan Default）≤0.5 的 5 个观察值，另一组是贷款违约 >0.5 的 5 个观察值。该规则产生的观察值的两个组，使得组内平均账户余额方差尽可能地小。第二个规则进一步把

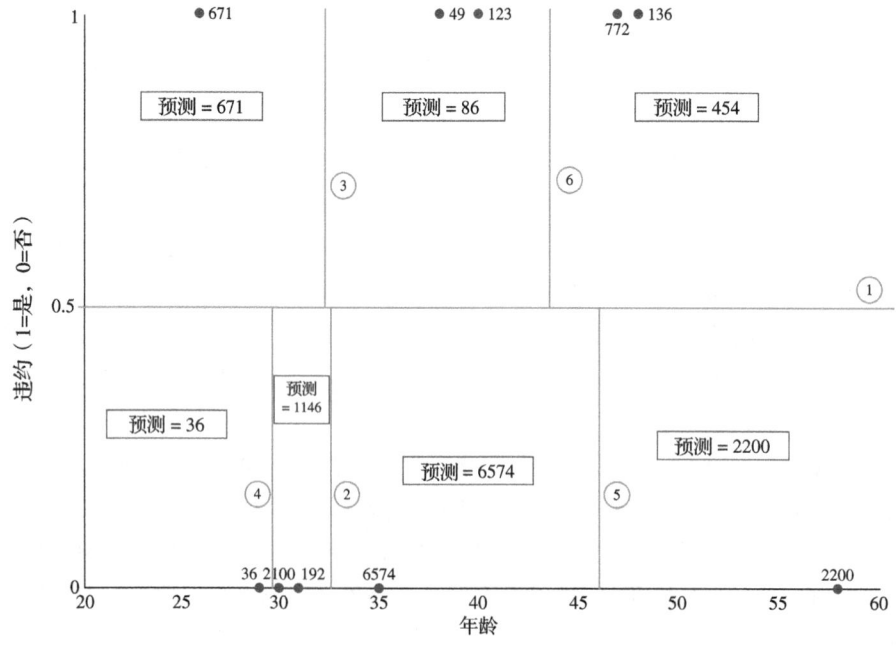

图 9-13　回归树 6 个规则的几何示例

贷款违约≤0.5 的 5 个观察值，分裂成年龄（Age）≤33 的 3 个观察值、年龄（Age）>33 的 2 个观察值，该规则再一次造成了分割内方差的大幅度减小。4 个及以上规则，进一步把观察值分割成平均余额更小的分割，如图 9-13 所示。这 6 个规则的回归树，会确定每个分区的平均余额预测估计（图 9-13 长方形中的数字）。

完整的回归树需要继续把变量空间分割成更小的长方形，直至每个分区内部平均余额的方差尽可能小。这就是说，完全回归树的叶节点将获得 0 不纯度，除非存在所有输入变量的观察值具有相同的值。这样一来，类似于分类树，完全回归树的修剪规则目的是获得最简单的树，并在验证集上预测误差最小。

### 9.5.3 集成方法

到目前为止，我们已经介绍了基于树决策规则如何进行一个新观察的预测（属性结果的分类和连续结果估计）。这里，我们再来介绍**集成方法**的概念。在集成方法中，预测是根据一系列模型的综合运用做出的。例如，与基于单棵分类树的新的观察分类不一样，集成方法生成一组不同的分类树，然后根据集体投票预测新的观察分类。

预测模型的集成一般要好于任何单个预测模型，为了获得直观的认识，我们来看一个事例。现在要预测未来一年的 S&P 500 指数值，假定有 100 位金融分析师独自依据各种各样的信息构建了自己的预测模型，从现在开始的一年，肯定会有一位（或者多位）分析师的预测将被证实是最准确的。可是，要事先识别出 100 位分析师中哪个预测是最准确的，这几乎没有可能。因此，与试图挑选一位分析师并只依赖这位分析师的预测不同，集成方法会把若干位分析师的预测整合起来（如取 100 位分析师预测结果的平均值），并作为 S&P 500 指数的预测值。集成方法好于单个模型的两个必要条件是：①每个基模型是彼此独立构建的（分析师不会把他的预测建立在其他分析师预测基础上）；②每个基模型好于仅靠随机猜测。

集成方法有两个重要的步骤：①开发一组单个的基模型；②把这些单个的基模型联合起来形成一个综合性预测值。当集成由任何类型的单个分类或估计模型组成，在不稳定的预测方法中，集成方法的效果更好。假如训练集中相对小的变动会引起预测的巨大波动，那么这样的分类或估计方法就是**不稳定**的。这里我们运用分类或回归树讨论集成方法，我们将特别讲解三类不同的构建分类或回归树的集成，它们是 Bagging 法（装袋法）、Boosting 法（助推法）、随机森林法。

在 **Bagging 法**中，首先从原始数据中有放回地重复抽取 $n$ 个观察值，并依此构建多个训练集，然后产生一组单个基模型。由于抽样是有放回的，因此一个单个训练集中一些观察值可能多次重复出现，另外一些观察值可能根本不会出现。假定每个产生的训练集包含 $n$ 个观察值，那么对于一个具体训练集、原始数据中某个观察值没被抽取的概率是 $((n-1)/n)^n$。因此，容量为 $n$ 的训练集中来自原始数据的不同观察值的平均占比是 $1-((n-1)/n)^n$。Bagging 法对 $m$ 个训练集中的每个训练一个预测模型，然后以 $m$ 个单个预测值的平均作为集成预测。

为说明 Bagging 法，我们以使用年龄区分客户拖欠贷款或不拖欠贷款作为事例。表 9-10 是原始训练集中的 10 项观察，表 9-11 给出了从原始数据中有放回地随机抽样得到的 10 个新的训练集。对每个训练集，我们构建了一个单一规则分类树，使得由此产生的分割的不纯度最小。每个训练集的两个分割用垂线标示，并伴有相应的决策规则。

表 9-10　训练集的 10 项观察

| 年龄 | 29 | 31 | 35 | 38 | 47 | 48 | 53 | 54 | 58 | 70 |
|---|---|---|---|---|---|---|---|---|---|---|
| 拖欠贷款 | 0 | 0 | 0 | 1 | 1 | 1 | 1 | 0 | 0 | 0 |

表 9-11　Bagging 法：10 项新的训练集和相应的分类树

| 迭代 1 | | | | 年龄≤36.5 | | | | | | |
|---|---|---|---|---|---|---|---|---|---|---|
| 年龄 | 29 | 31 | 31 | 35 | 38 | 38 | 47 | 48 | 58 | 58 |
| 违约 | 0 | 0 | 0 | 0 | 1 | 1 | 1 | 1 | 0 | 0 |
| 预测 | 0 | 0 | 0 | 0 | 1 | 1 | 1 | 1 | 1 | 1 |
| 迭代 2 | | | | | 年龄≤50.5 | | | | | |
| 年龄 | 29 | 31 | 35 | 38 | 47 | 54 | 58 | 70 | 70 | 70 |
| 违约 | 0 | 0 | 0 | 1 | 1 | 0 | 0 | 0 | 0 | 0 |
| 预测 | 0 | 0 | 0 | 0 | 0 | 0 | 0 | 0 | 0 | 0 |
| 迭代 3 | | | | 年龄≤36.5 | | | | | | |
| 年龄 | 29 | 31 | 35 | 38 | 38 | 47 | 53 | 53 | 54 | 58 |
| 违约 | 0 | 0 | 0 | 1 | 1 | 1 | 1 | 1 | 0 | 0 |
| 预测 | 0 | 0 | 0 | 1 | 1 | 1 | 1 | 1 | 1 | 1 |
| 迭代 4 | | | 年龄≤34.5 | | | | | | | |
| 年龄 | 29 | 29 | 31 | 38 | 38 | 47 | 47 | 53 | 54 | 58 |
| 违约 | 0 | 0 | 0 | 1 | 1 | 1 | 1 | 1 | 0 | 0 |
| 预测 | 0 | 0 | 0 | 1 | 1 | 1 | 1 | 1 | 1 | 1 |
| 迭代 5 | | | | 年龄≤39 | | | | | | |
| 年龄 | 29 | 29 | 31 | 47 | 48 | 48 | 48 | 70 | 70 | 70 |
| 违约 | 0 | 0 | 0 | 1 | 1 | 1 | 1 | 0 | 0 | 0 |
| 预测 | 0 | 0 | 0 | 1 | 1 | 1 | 1 | 1 | 1 | 1 |
| 迭代 6 | | | | | | 年龄≤53.5 | | | | |
| 年龄 | 31 | 38 | 47 | 48 | 53 | 53 | 53 | 54 | 58 | 70 |
| 违约 | 0 | 1 | 1 | 1 | 1 | 1 | 1 | 0 | 0 | 0 |
| 预测 | 1 | 1 | 1 | 1 | 1 | 1 | 1 | 0 | 0 | 0 |
| 迭代 7 | | | | | 年龄≤53.5 | | | | | |
| 年龄 | 29 | 38 | 38 | 48 | 53 | 54 | 58 | 58 | 58 | 70 |
| 违约 | 0 | 1 | 1 | 1 | 1 | 0 | 0 | 0 | 0 | 0 |
| 预测 | 1 | 1 | 1 | 1 | 1 | 0 | 0 | 0 | 0 | 0 |
| 迭代 8 | | | | | | 年龄≤53.5 | | | | |
| 年龄 | 29 | 31 | 47 | 47 | 47 | 53 | 53 | 54 | 58 | 70 |
| 违约 | 0 | 0 | 1 | 1 | 1 | 1 | 1 | 0 | 0 | 0 |
| 预测 | 1 | 1 | 1 | 1 | 1 | 1 | 1 | 0 | 0 | 0 |
| 迭代 9 | | | | | | 年龄≤53.5 | | | | |
| 年龄 | 29 | 35 | 38 | 38 | 48 | 53 | 53 | 54 | 70 | 70 |
| 违约 | 0 | 0 | 1 | 1 | 1 | 1 | 1 | 0 | 0 | 0 |
| 预测 | 1 | 1 | 1 | 1 | 1 | 1 | 1 | 0 | 0 | 0 |
| 迭代 10 | | | | 年龄≤14.5 | | | | | | |
| 年龄 | 29 | 29 | 29 | 29 | 35 | 35 | 54 | 54 | 58 | 58 |
| 违约 | 0 | 0 | 0 | 0 | 0 | 0 | 0 | 0 | 0 | 0 |
| 预测 | 0 | 0 | 0 | 0 | 0 | 0 | 0 | 0 | 0 | 0 |

表 9-12 显示对验证集 10 项观察所得到的 10 个分类树集成的结果，集成方法的分类建立在 10 个分类树平均的基础上，假如至少一半的单个分类树把某个观察划归为分组 1，那么集成法也能做得到。从表 9-12 我们注意到，集成法的分类误差率为 20%，低于任何一个单个分类树，这就表明了集成方法可能存在的优势。

表 9-12 Bagging 集成算法验证集 10 项观察分类

| 年龄 | 26 | 29 | 30 | 32 | 34 | 37 | 42 | 47 | 48 | 54 | 总误差率（%） |
|---|---|---|---|---|---|---|---|---|---|---|---|
| 违约 | 1 | 0 | 0 | 0 | 0 | 1 | 0 | 1 | 1 | 0 | |
| 树 1 | 0 | 0 | 0 | 0 | 0 | 1 | 1 | 1 | 1 | 1 | 30 |
| 树 2 | 0 | 0 | 0 | 0 | 0 | 0 | 0 | 0 | 0 | 0 | 40 |
| 树 3 | 0 | 0 | 0 | 0 | 0 | 1 | 1 | 1 | 1 | 1 | 30 |
| 树 4 | 0 | 0 | 0 | 0 | 0 | 1 | 1 | 1 | 1 | 1 | 30 |
| 树 5 | 0 | 0 | 0 | 0 | 0 | 0 | 1 | 1 | 1 | 1 | 40 |
| 树 6 | 1 | 1 | 1 | 1 | 1 | 1 | 1 | 1 | 1 | 0 | 50 |
| 树 7 | 1 | 1 | 1 | 1 | 1 | 1 | 1 | 1 | 1 | 0 | 50 |
| 树 8 | 1 | 1 | 1 | 1 | 1 | 1 | 1 | 1 | 1 | 0 | 50 |
| 树 9 | 1 | 1 | 1 | 1 | 1 | 1 | 1 | 1 | 1 | 0 | 50 |
| 树 10 | 0 | 0 | 0 | 0 | 0 | 0 | 0 | 0 | 0 | 0 | 40 |
| 平均票数 | 0.4 | 0.4 | 0.4 | 0.4 | 0.4 | 0.7 | 0.8 | 0.8 | 0.8 | 0.4 | |
| Bagging 集成 | 0 | 0 | 0 | 0 | 0 | 1 | 1 | 1 | 1 | 0 | 20 |

与 Bagging 法类似，**Boosting 法**通过抽取多个训练集，产生一组单个的基模型，然而 Boosting 法与 Bagging 法的不同之处表现在怎么抽取多个训练集，以及怎么对分类或估计模型加权计算出集成预测结果。Boosting 法在构建新的训练集的时候，是根据先前训练集模型的预测误差，反复地应用于原始数据的抽样。为产生第一个训练集，给予原始数据中 n 项观察的每一个以相等的抽取权重，也就是说，第 i 个观察的权重是 $w_i = 1/n$。分类或估计模型就在这样的训练集培育，并用于对原始数据 n 项观察的预测。以分类问题来说，假如第 i 个观察由分类器错误地分类，那么该项观察的权重 $w_i$ 将被提高，如果正确地进行了分类，该项观察的权重 $w_i$ 将被降低。在抽取下一个训练集的时候，按照更新后的权重进行加权抽样。依照这样的做法，在早前迭代中被错误预测的观察更有可能进入下一个训练集。

为合并来自 m 个训练集的 m 个单个模型的预测，Boosting 法根据总的预测误差，对每个单个模型分配投票权。例如，与第 j 个训练集有关的分类器具有较大的预测误差，与第 k 个训练集有关的分类器具有较小的预测误差，这时在合并两个分类器预测结果的时候，分配给第 j 个分类器的投票权要小于第 k 个分类器。这一点与 Bagging 法有所不同，Bagging 法在合并单个分类器预测结果的时候采用的是同等投票权。

**随机森林法**可以看作专门为分类或回归树打造的一种 Bagging 法，与 Bagging 法的做法一样，随机森林法采用随机抽样（有放回），从原始数据中抽取 n 项观察，以此产生多个训练集。可是，在对每个训练集分别构建树模型的时候，每棵树仅限制使用随机抽取输入变量的固定数目。假定有 q 个输入变量，我们现在准备对纳税申报单是否存在欺诈进行分类。对产生出来的 m 个训练集，对随机选择的 $f(f<q)$ 个输入变量，按照分裂规则建立每

个分类树。单棵分类树被看作"弱学习者",原因是它们只允许考虑输入变量的小的子集。这些"弱学习者"分类树,不需要修剪运用于验证集,以减小在合并集成时过度拟合的可能性。随机森林中单棵树的最佳数目取决于数据,所以随机森林动辄包含几百甚至上千的单棵树是很常见的事。

对于大多数问题,Boosting 法集成的预测性能超过 Bagging 法集成。Boosting 法集成之所以能获得性能优势,其原因在于:①该方法聚焦于错误预测的观察值,并以此建立一组模型;②每个模型的投票权根据准确性来定。然而,Boosting 法的计算成本要高于 Bagging 法,这是因为 Bagging 法没有反馈机制,所有 $m$ 个训练集和相应的模型能够同时执行。不过,在 Boosting 法中,第一个训练集和预测模型控制着第二个训练集与预测模型的构建,以此类推。随机森林法的性能类似 Boosting 法,只是保留了 Bagging 法计算上的简单性。

## 本章小结

本章讲解了预测性数据挖掘中的相关概念和技术,预测性数据挖掘也被称作有监督学习,包括属性结果的分类或连续结果的估计。我们说明了怎么把数据分割成训练集、验证集和测试集,以便能构建和评估预测性数据挖掘模型。我们介绍了三类常见的数据挖掘方法,它们是逻辑回归、$k$-最近邻法、分类和回归树。对逻辑回归问题,我们比较了它与一般的多元线性回归模型的异同,主要是逻辑回归处理的结果变量是二分类的。另外在这一章中,我们介绍了如何运用逻辑回归、$k$-最近邻法、分类树来对 0-1 属性结果进行分类,讨论了利用 $k$-最近邻法和回归树来预测连续结果。在有关集成方法的讲解中,我们说明了产生多个预测模型以及合并它们预测结果的概念。我们讲解了分类树背景下的集成方法的使用,指出了为什么基于一组大量"弱"预测模型的集成要强于单个的"强"预测模型。表 9-13 对常见的监督学习方法做了比较,除了本章着重介绍的方法外,还包括支持向量机、朴素 Bayes 方法、神经网络等。

表 9-13 关于监督学习方法的概述

| 方法 | 优点 | 缺点 |
| --- | --- | --- |
| $k$-NN 法 | 简单 | 要求大量与多个变量相关的数据 |
| 分类与回归树 | 能提供容易解释的商业规则,能够处理带有缺失数据的数据集 | 因为每次仅对一个变量进行分类,所以可能忽略变量间的相互作用;对数据输入的变化较敏感 |
| 多元线性回归 | 能提供自变量和因变量之间的容易解读的关系 | 需要假定结果和变量之间的线性关系 |
| 逻辑回归 | 提供了每个变量对结果对数优势比的可解释效应 | 假定变量与结果对数优势比之间的线性关系 |
| 支持向量机 | 能把非线性效应整合起来,能够抗过度拟合 | 不适用于大量的观察和众多的变量 |
| 朴素 Bayes 方法 | 在分类的时候使用起来简单且有效 | 需要大批量数据,仅限于属性变量 |
| 神经网络 | 灵活性好且常常很有效果 | 建立模型时需要做很多困难的决定,结果不易解释,比如"黑箱" |

●——○——○——○—— 注释与点评 ●——○——○——○——●

    1. 支持向量机运用超平面定义边界分割观察值，在边界被限定为线性时，支持向量机类似逻辑回归的逻辑方程。可是，支持向量机能运用非线性边界分割观察值，并能捕捉变量间更为复杂的关系。

    2. 朴素Bayes方法的背后思想可以表达成，作为条件概率某个观察值划归为分组1的可能性。所谓朴素来自这样的假定：每个特征有条件地独立于其他每个特征。

    3. 神经网络基于脑活动的生物学模型，在许多领域精心构建的神经网络被证实拥有精确的分类和估计性能。然而，神经网络是个"黑箱"，对预测结果的相关情况很少能做出解释性说明。通过修改参数调整神经网络性能，很大程度上需要借鉴经验规则和用户本人的体验来进行试错。神经网络是深度学习的基础，是机器学习领域一个新兴的分支，在语音和影像识别以及其他领域，都有着重要的应用。

## ● 关键术语 ●——○——○——○——●

**准确度（accuracy）**：定义为1减去总误差率的分类成功测量指标。

**ROC下面的面积（area under the ROC curve，AUC）**：反映分类方法性能的指标，AUC等于0.5意味着分类方法不会好于随机分类，完美分类器的AUC值是1。

**平均误差（average error）**：数据集中实际值和预测值间的平均差异，用来考察预测偏差。

**Bagging法（bagging）**：一种集成方法，根据不同随机样本产生一组模型，然后用这组模型预测值的均值做预测。

**偏差（bias）**：预测模型过高或过低估计连续结果值的趋势。

**Boosting法（boosting）**：一种集成模型，针对在先前预测模型被错误预测的观察，反复地从原始训练数据中抽样以产生单个模型，然后以单个模型预测的加权平均作为集成预测，权重与单个模型的精度成比例。

**分组0的错误率（class 0 error rate）**：数据集中实际的分组0观察值被模型错误分类所占的百分比。

**分组1的错误率（class 1error rate）**：数据集中实际的分组1观察值被模型错误分类所占的百分比。

**分类（classification）**：预测性数据挖掘的内容，对观察结果分组或类别进行预测。

**分类树（classification tree）**：一种树形图，通过对输入变量的一系列分层规则，把观察值分割成不同的组，以达到对属性结果变量的分类。

**混淆矩阵（confusion matrix）**：显示实际和预测类值数目的矩阵。

**累积提升图（cumulative lift chart）**：用于显示在识别最可能属于分组1的观察值时，模型相对于随机选择有多好的图形。

**阈值（cutoff value）**：观察值可以被分类为分组1的预测概率最小值。

**十分位数提升图（decile-wise lift chart）**：用于显示识别前$k$个十分位数每个最可能属于分组1的观察值时，模型相对随机选择有多好的图形。

**集成方法（ensemble method）**：预测性数据挖掘方法，产生一组单个分类或估计模型，然后以这些单个模型的预测值综合结果作为预测。

**估计**（estimation）：一种预测性数据挖掘，其任务是对观察的连续结果值进行预测。

**F1 得分**（F1 Score）：将精度和灵敏度综合成一个简单的指标。

**假阴性**（false negative）：实际有某个特征的观察值被划分为不具有这种特征的组。

**假阳性**（false positive）：实际没有某个特征的观察值被划分为具有这种特征的组。

**特征**（features）：用于预测某个观察结果类别或连续结果值的一组输入变量。

**杂质或不纯度**（impurity）：分类树中的观察值异质性的测量指标。

**k-最近邻法**（k-nearest neighbors，k-NN 法）：一种数据挖掘方法，根据与一个观察值最相似或最近邻的 k 个观测类别来区分该观察值。

**逻辑回归**（logistic regression）：线性回归的推广，通过计算结果的对数优势比作为输入变量的线性函数，以预测属性结果变量。

**马尔洛 $C_p$ 统计量**（Mallow's $C_p$ statistic）：可以用来识别保留在逻辑多元回归模型中的一组自变量，若马尔洛 $C_p$ 统计量值接近模型回归系数的数目，则这样的逻辑回归模型比较理想。

**模型过度拟合**（model overfitting）：对用于建立模型数据中的随机状况做了较好的说明，而不是那些可推广的关系，由此导致了模型在训练集的表现优于新的数据集。

**观察值**（observation）：与单一对象相关的一组变量的观察值，经常呈现为电子数据表或数据库的一行。

**总误差率**（overall error rate）：数据集中被模型错误分类的观察值所占的百分比。

**精度**（precision）：实际属于分组 1 的观察值被预测为分组 1 的观察值占比。

**随机森林法**（random forests）：Bagging 集成方法的变种，根据不同随机样本产生一组分类或回归树，但每棵树仅限制使用随机抽取输入变量（特征）的有限数目。

**ROC 曲线**（the receiver operating characteristic curve）：通过图形展示模型识别分组 1 观察能力和分组 0 错误率的阈值。

**回归树**（regression tree）：一种树形图，通过一系列分类规则将观察值分割为不同组，来预测连续结果变量的值。

**均方根误差**（root mean squared error，RMSE）：预测方法准确度的测量指标，是实际值和预测值离差平方均值的算术平方根。

**灵敏度**（sensitivity）：分组 1 在多大程度上被识别的反映指标，可以用 1 减去类别 1 错误率得到。

**特异性**（specificity）：类别 0 在多大程度上被识别的反映指标，可以用 1 减去类别 0 错误率得到。

**有监督学习**（supervised learning）：一类数据挖掘技术，在该类技术中算法学习如何预测或估计一个所研究的结果变量。

**测试集**（test set）：用于估计最终预测模型性能的数据集。

**训练集**（training set）：用于建立数据挖掘模型的数据集。

**不稳定**（unstable）：训练集小的变动引起模型预测出现实质性的波动。

**验证集**（validation set）：用于评估候选预测模型的数据集。

**变量（特征）**［variable（feature）］：能够取不同值的特征或量。

### 复习思考题

1. 约会网站 Oollama.com 要求该网站的用户填写个人资料，对他们感兴趣的要求做出评价，包括身材、健康、音乐、精神状态、教育和饮酒，评价打分从 0 到 3。Erin 是 Oollama 网站的新用户，她已经收到了 40 位约会对象的资料，并根据自己是否愿意进一步了解进行了分类。

   基于 Erin 对这 40 位约会对象的分类，Oollama 网站运用逻辑回归预测 Erin 对没有看到的其他人的材料是否感兴趣，得到如下的逻辑回归模型：

   兴趣的对数优势比 = $-0.920 + 0.325 \times$ 健康 $- 3.611 \times$ 音乐 $+ 5.535 \times$ 教育 $- 2.927 \times$ 饮酒

   就 Erin 对这 40 份感兴趣的约会对象材料的分类，逻辑回归模型给出了兴趣概率，详见下表：

| 观察 | 兴趣 | 兴趣概率 | 观察 | 兴趣 | 兴趣概率 |
| --- | --- | --- | --- | --- | --- |
| 35 | 1 | 1.000 | 13 | 0 | 0.412 |
| 21 | 1 | 0.999 | 2 | 0 | 0.285 |
| 29 | 1 | 0.999 | 3 | 0 | 0.219 |
| 25 | 1 | 0.999 | 7 | 0 | 0.168 |
| 39 | 1 | 0.999 | 9 | 0 | 0.168 |
| 26 | 1 | 0.990 | 12 | 0 | 0.168 |
| 23 | 1 | 0.981 | 18 | 0 | 0.168 |
| 33 | 1 | 0.974 | 22 | 1 | 0.168 |
| 1 | 0 | 0.882 | 31 | 1 | 0.168 |
| 24 | 1 | 0.882 | 6 | 0 | 0.128 |
| 28 | 1 | 0.882 | 20 | 0 | 0.128 |
| 36 | 1 | 0.882 | 15 | 0 | 0.029 |
| 16 | 0 | 0.791 | 5 | 0 | 0.020 |
| 27 | 1 | 0.791 | 14 | 0 | 0.015 |
| 30 | 1 | 0.791 | 19 | 0 | 0.011 |
| 32 | 1 | 0.791 | 8 | 0 | 0.008 |
| 34 | 1 | 0.791 | 10 | 0 | 0.001 |
| 37 | 1 | 0.791 | 17 | 0 | 0.001 |
| 40 | 1 | 0.791 | 4 | 0 | 0.001 |
| 38 | 1 | 0.732 | 11 | 0 | 0.000 |

   (1) 对阈值 0.5，把观察区分成感兴趣或不感兴趣组，把上述 40 项观察当作训练集构建混淆矩阵，计算灵敏度、特异性、精度，并结合背景说明 Erin 会和哪些人约会。

   (2) Oollama 网站明白它的用户对安排约会的时间是有要求的，使用十分位数提升图评价分类模型，对训练集来说，逻辑回归模型产生的第一个十分位数提升是什么？对这个数值进行解释。

   (3) 最近贴上的一份材料的情况是，健康 = 3、音乐 = 1、教育 = 3、饮酒 = 1，运用逻辑回归方程估计 Erin 对这份材料感兴趣的概率。

   (4) 根据 Erin 对这 40 位约会对象的初步评价，Oollama 网站已经训练出逻辑回归模型，按照数据挖掘建模的过程，接下来要做的事是什么？

2. Fleur-de-Lis 是一家精品蛋糕店，专注于纸杯蛋糕制作。Fleur-de-Lis 店的蛋糕师们喜欢在他们烹饪的纸杯蛋糕中尝试 4 种主要原料的不同搭配，并收集顾客的反馈意见，现在已经采集了 150 项关于原料搭配及相应的顾客反馈数据，顾客对每一种搭配的反馈被区分为"赞成"（分组 1）或"不赞成"（分组 0）。为更好地预料顾客对新食谱的反馈意见，Fleur-de-Lis 店决定采用 $k = 10$ 时的 $k$-最近邻分类器。

阈值为 0.5，验证集包含 45 项观察。Fleur-de-Lis 店构建了如下图所示的混淆矩阵和 $k = 10$ 时的 $k$-最近邻分类器的 ROC 曲线。

| 实际反馈意见 | 预测反馈意见 | |
| --- | --- | --- |
|  | 赞成 | 不赞成 |
| 赞成 | 13 | 1 |
| 不赞成 | 1 | 30 |

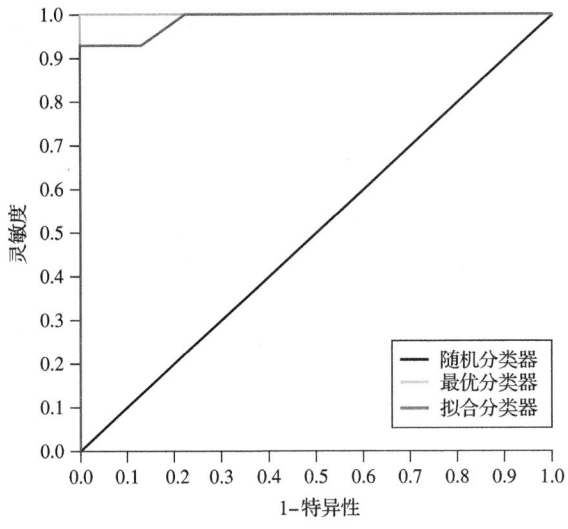

如混淆矩阵所呈现的，有 1 个观察实际是不赞成，但 $k$-最近邻分类器把它预测成赞成。另外，有 1 个观察实际是赞成，$k$-最近邻分类器把它预测成不赞成。具体见下表。

| 观察 | 实际分组 | 赞成概率 | 预测分组 |
| --- | --- | --- | --- |
| A | 不赞成 | 0.5 | 赞成 |
| B | 赞成 | 0.2 | 不赞成 |

(1) 对观察 A 和观察 B，说明赞成概率是怎么计算的，为什么观察 A 被分类成赞成、观察 B 被分类成不赞成？

(2) 计算灵敏度和特异性值，在 ROC 曲线图中标示出灵敏度和特异性值点。

(3) 在已知观察 B 时，阈值降到 0.2，灵敏度和特异性值会发生什么样的变化，说说其中的理由，运用 ROC 曲线估计在阈值为 0.2 时的灵敏度和特异性的值。

3. Casey Deesel 是一家体育代理机构，为美国职业橄榄球大联盟（NFL）运动员 Titus Johnston 商谈签约。NFL 合同的一个重要方面，就是在合同有效期内以一定数量的金钱担保。Casey Deesel 已经采集了 506 位 NFL 选手新近签订的合同数据，每个观察（NFL 运动员）包括所属球队比赛中该运动员上场率（SnapPercent）、运动员赛场表现的获奖次数（Awards）、运动员因伤没参加比赛场次（GamesMissed）、运动员最近签订的合约担保金（Money，因变量）。

Casey Deesel 根据 304 项训练集观察值，建立了一个完全回归树，然后通过验证集对回归树进行修剪，以得到最优修剪树，具体如下图所示。

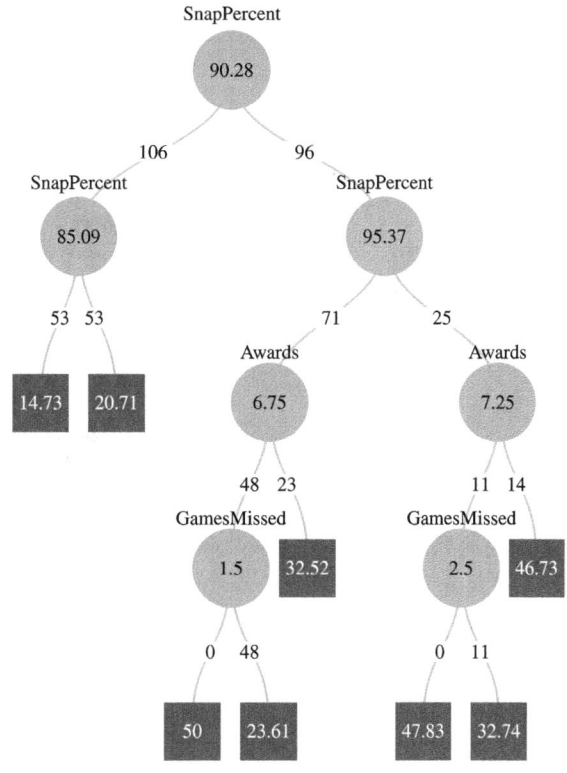

(1) 球员 Titus Johnston 的变量值是：SnapPercent = 96，Awards = 7，GamesMissed = 3。对这样特征的运动员，回归树预测的担保金是多少？

(2) Casey Deesel 认为在过去的一个赛季，因体育传媒投票问题，Titus Johnston 被否定了一个奖项。假如 Titus Johnston 赢得这个奖项，回归树预测的担保金是多少？比没获得这个奖项的担保金多了多少？

(3) 在审查了最优修剪树后，Casey Deesel 感到有点困惑，按照与叶节点相应的一连串决策规则"SnapPercent > 90.28，SnapPercent < 95.37，Awards < 6.75，GamesMissed < 1.5"，产生的担保金估计金额是 5 000 万美元，然而回归树指示在这个分区中只有 0 个观察值。假如 0 观察出现在这个分区，回归树是怎么能给出 5 000 万美元估计的？参照最优修剪树的取得，解释 Casey Deesel 问题的回归树的这一部分。

4. Sommelier4U 公司为客户运送各种类型的瓶装酒，然后要求他们对酒进行评价，是"喜欢"还是"不喜欢"。根据酒的特征和客户品尝后的评价，Sommelier4U 公司训练了分类树。通过分类树，Sommelier4U 公司辨别客户可能喜欢的酒。Sommelier4U 公司推荐的酒有 50% 以上的概率可能受到客户喜欢。Neal Jones 是位忠诚的客户，对他品尝过的酒提供了反馈意见。根据这些反馈意见，Sommelier4U 公司训练和验证了如下图所示的分类树：

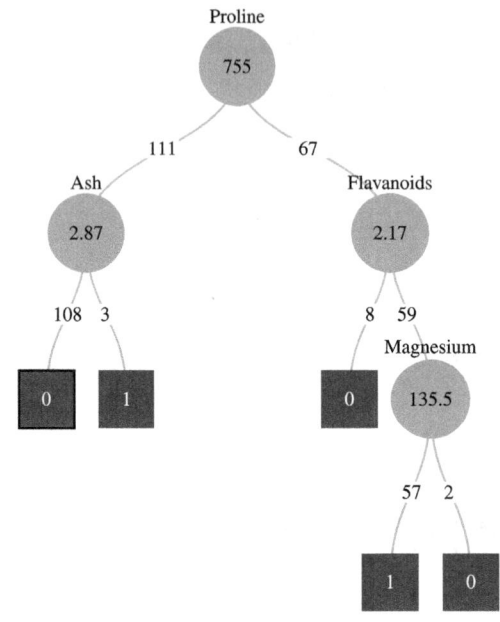

(1) 在 178 瓶酒中，分类树仅有 2 瓶酒被错误地分类，这两瓶酒具有以下的特征。

酒 1——Proline（脯氨酸）= 735，Ash（酒灰）= 2.88，Flavanoids（黄酮）= 2.69，Magnesium（镁）= 118；

酒 2——Proline（脯氨酸）= 680，Ash（酒灰）= 2.29，Flavanoids（黄酮）= 2.63，Magnesium（镁）= 103。

根据这个信息，构建 178 瓶酒的混淆矩阵，为了更好地了解 Neal Jones 的偏好，Sommelier4U 公司应该向他推荐什么类型的酒？

(2) 对于具有这一特征的酒——Proline（脯氨酸）= 820、Ash（酒灰）= 2.16、Flavanoids（黄酮）= 3.1、Magnesium（镁）= 87，Neal Jones 会喜欢吗？

5. 某大学运用分类方法识别可能捐款的校友，已经建立了 58 205 位校友的资料库。在这 58 205 位校友中，仅有 576 位校友在过去捐过款。该大学从校友资料中进行多重抽样，并训练了由 100 个分类树组成的随机森林。阈值取 0.5，混淆矩阵描述了验证集随机森林的表现：

|  | 预测 | |
| --- | --- | --- |
| 实际 | 捐款 | 没捐款 |
| 捐款 | 268 | 20 |
| 没捐款 | 5 275 | 23 439 |

下表列示了验证集中单个观察的某些信息：

| 观察 | 实际组 | 捐款概率 | 预测组 |
|---|---|---|---|
| A | 捐款 | 0.8 | 捐款 |
| B | 没捐款 | 0.1 | 没捐款 |
| C | 没捐款 | 0.6 | 捐款 |

(1) 解释上述 3 个观察的捐款概率是怎么计算出来的。为什么观察 A 和观察 C 被划归为捐款组，而观察 B 被划归为没捐款组？

(2) 计算准确度、灵敏度、特异性、精度值，说说为什么准确度是个误导性指标？评价一下随机森林的效果，尤其是评说精度指标。

6. Salmons Stores 经营着一家全国连锁的女士服饰店，5 000 份昂贵的四色销售目录已经印制出来，每份目录夹带着一张优惠券，只要购买金额高于 2 000 美元，便能享受 50 美元的折扣优惠。Salmons Stores 商店希望仅给那些最有可能使用优惠券的顾客寄送商品目录，数据文件 Salmons（https://login.cengage.com）是以前促销活动收集的数据，每位顾客跟踪了 3 个变量，分别是上年在 Salmons Stores 的消费总金额（Spending），是否拥有 Salmons Stores 店的信用卡（Card），是否使用了 Salmons Stores 促销优惠券（Coupon）。以 Coupon 为输出变量、Spending 和 Card 为输入变量，建立逻辑回归模型并对顾客是否对促销活动做出反应进行分类。

(1) 根据分类误差评估候选的逻辑回归模型，最终建立的模型是什么？并用数学方程表达输入变量与输出变量之间的关系。

(2) 对（1）选出的模型，解释测试集十分位提升图中第一个十分位提升的意义。

(3) 测试集中 ROC 的面积是多少？为了获得不低于 0.8 的灵敏度，允许分类 0 的错误率是多少？

7. 在过去的几年中，Dana 大学的一年级新生的退学率一直在增加。上年，Dana 大学推行有教职员工自愿参加的一个研讨会，旨在帮助新生建立校园内的联系。如果 Dana 大学能够证明研讨会对留住学生有正面效应，校务委员会将会继续资助这项活动。Dana 大学的校务委员会也怀疑在中学阶段 GPA 越低的一年级新生，越有可能在大一时就退学。数据文件 Dana（https://login.cengage.com）是自上年开始的 500 名大一学生的数据，包含的变量是高中阶段的 GPA，是否报名参加了研讨会，是否退学。以退学为输出变量、GPA 和是否报名参加了研讨会为输入变量，通过逻辑回归对学生是否退学进行分类。

(1) 根据验证集的预测效果，对候选的逻辑回归模型进行评价，最终建立的模型是什么？用数学方程表达输入变量与输出变量之间的关系，说说研讨会对留住学生效果的意义是什么。

(2) 运用描述统计和图表，考察数据中可能存在的关系，对下一年的新生，Dana 大学校务委员会将采取什么措施帮助研讨会更好地留住学生？

8. Sandhills 银行希望提高将工资直接打入银行账户的客户人数，以作为新的电子银行平台首次展示的一部分。Sandhills 银行的管理层建议，对那些签订了协议同意将工资直接打入银行账户的客户，可提高他们的存款利息率。为确定这个建议是不是一个好主意，Sandhills 银行的管理层需要估计没有采用工资直存的 200 位当前客户中有多少人会接受这样的条款。帮助 Sandhills 银行管理电子银行事务的某 IT 公司，提供了也在开展类似

业务的其他银行 1 000 名客户的匿名数据。对这 1 000 名客户，每个观察包含的变量有：平均每个月账户余额，是否签订了直存协议。数据文件 Sandhills（https://login.cengage.com）对数据做了分割，其中训练集有 600 项观察，验证集有 400 项观察。Sandhills 银行把它当前的 200 位客户数据指定为测试集。在 Sandhills 银行还没有对这 200 位客户发起促销时，人为将这些客户是否签订直存协议赋以 0 值。随着这 200 位客户将被作为直存促销目标，Sandhills 银行希望运用平均每月账户余额估计 200 位客户中的人签订直存合同的可能性。运用 $k$-最近邻法对这些数据进行分类，$k = 1, 2, \cdots, 10$。银行账户余额为输入变量，直存为输出变量。

（1）阈值为 0.5，$k$ 取什么值时验证集中总误差率达到最小？

（2）阈值为 0.5，$k$-最近邻法把 Sandhills 银行 200 位客户中的多少人划分在签订直存协议类别中？

9. 对即将到来的大选，共和党和民主党的竞选组织者都很在意那些没有做出选票决定的个人选民。数据文件 BlueOrRed（https://login.cengage.com）的数据是投票者的样本数据，跟踪的变量有：是否已经决定投票给谁，年龄，是否有房，性别，婚姻状况，家庭规模，收入，教育年限和是否有宗教信仰。运用 $k$-最近邻法对数据进行分类，$k = 1, 2, \cdots, 10$。以年龄、拥有住房、女性、已婚、家庭规模、收入、教育和宗教信仰作为输入变量，未决定投票给谁为输出变量。对输入变量进行标准化处理，以调整变量的不同量级。

DATA file
BlueOrRed

（1）阈值为 0.5，使验证集上的总错误率最小的 $k$ 值是多少？

（2）对（1）得到的 $k$ 值，计算验证集和测试集的总误差率，解释测试集的作用以及这些具体结果的可能影响。

10. 参考复习思考题 9 的背景资料和数据文件 BlueOrRed。以年龄、有房者、已婚、家庭规模、收入、教育和宗教信仰作为输入变量，未做出投票决定作为输出变量，运用逻辑回归把观察划分为未决定（或已决定）组。

（1）使用马尔洛 $C_p$ 统计量识别几个候选模型，根据分类误差和验证集上的十分位数提升，对这些候选模型进行评估，找出最终的模型并用数学方程表达输入变量与输出变量的关系。

（2）对（1）给出的最终模型，哪个变量的增加会提高选民未决定的概率？哪个变量的增加会降低选民已决定的概率？

（3）对阈值 0.5，（1）给出的最终模型在测试集上的总误差率是多少？

11. 背景资料参见复习思考题 9 和数据文件 BlueOrRed。以年龄、有房者、已婚、家庭规模、收入、教育和宗教信仰作为输入变量，未做出投票决定作为输出变量，拟合分类树。

（1）阈值为 0.5，总误差率是多少？测试集上的分组 1 和分组 0 的错误率是多少？

（2）对于一位选民，年龄 50 岁、有住房、已婚、家庭人口 4 人、年收入 150 000 美元、教育 15 年、有宗教信仰，最优修剪树会把这位选民划分在未决定组吗？

（3）对于最优修剪树，测试集前 30% 的提升是什么？

12. 背景资料参见复习思考题 9 和数据文件 BlueOrRed。以年龄、有房者、已婚、家庭规模、收入、教育和宗教信仰作为输入变量，未做出投票决定作为输出变量，运用 10 棵分类树的随机森林集成。

(1) 减小集成分类误差最重要的变量是什么？

(2) 阈值为0.5，计算测试集上随机森林的总误差率、分组1的错误率和分组0的错误率，并把它们与复习思考题11的单棵最优修剪树做比较。

13. 提供手机服务的电信公司，对顾客维系十分在意。尤其是，如果公司能提前处理客户考虑退订的原因并留住客户，那么识别准备退出（取消服务）客户的潜在价值将高达数百万美元。数据文件 Cellphone（https://login.cengage.com）所给出的客户数据可用于区分客户为退出者和非退出者。使用 $k$-最近邻法对数据分类，$k=1,2,\cdots,10$。以是否退出为输出变量，其他所有变量为输入变量。对所有输入变量实施标准化处理，以调整变量的不同量级。

(1) 训练集中退出者的占比是多少？验证集中退出者的占比是多少？解释一下两者之间的差异是合理的。

(2) 阈值为0.5，使验证数据上总误差率最小的 $k$ 值是多少？

(3) 测试数据上的总误差率、分组1的错误率、分组0的错误率是多少？

(4) 计算并解释对测试数据的灵敏度和特异性。

(5) 该模型在测试数据上出现的假阴性和假阳性有多少？预测的退出者为假阳性的比例是多少？预测的非退出者为假阴性的比例是多少？

14. 背景资料参见复习思考题13和数据文件 Cellphone。以退出为输出变量，其他所有变量作为输入变量，拟合分类树。

(1) 阈值为0.5，测试数据上最优修剪树的总误差率、分组1的错误率、分组0的错误率各是多少？

(2) 列出并解释最优修剪树用于描述退出者特征的规则集。

(3) 检查测试数据上最优修剪树的十分位提升图，第一个十分位点是多少？并做出解释。

15. 背景资料参见复习思考题13。以退出为输出变量，其他所有变量作为输入变量，运用10棵分类树的随机森林集成。

(1) 减小集成分类误差最重要的变量是什么？

(2) 计算测试集上随机森林的总误差率、分组1的错误率和分组0的错误率，并把它们与复习思考题14的单棵最优修剪树做比较。

16. 背景资料及数据文件参见复习思考题13。以退出为输出变量，所有其他变量为输入变量，运用逻辑回归。

(1) 根据验证集的分类误差和十分位数提升图，对候选的模型进行评估，找出最终模型并用数学方程表达输出变量和输入变量之间的关系。模型反映出来的关系意义是什么？给出相应的解释和说明。

(2) 对于构建的逻辑回归模型，阈值为0.5，测试集上的总误差率是多少？

17. 一家消费者权益保护机构，打算提供一项新的服务，利用该服务，个人可以估计他们自己的信用评分（银行、保险公司和其他企业在放贷、投保和开具信用证明时使用的连续测度）。数据文件 CreditScore（https://login.cengage.com）给出了关于个人信用评分和其他变量的数据。运用回归树预测个人信用评分，以信用评分（CreditScore）为输出变量，其他所有变量作为输入变量。最后节点的最小观察数目设置为244。

(1) 验证集和测试集上最优修剪树的RMSE是多少？说说这些计算的可能影响。

(2) 某位客户有5个征信查询、已经使用10%的信用额度、总信用额度14 500美元、没有不良记录或未付款、户主、平均信用年龄6.5、过去5年连续工作，对这位客户最优修剪树预测的信用评分是多少？

(3) 现在将最终节点的最小观察数目设置为1，重新构建回归树，据此计算测试集上最优修剪树的RMSE，并把它与（1）做比较。

18. 背景资料参考复习思考题17和数据文件CreditScore中的数据。运用10棵回归树的随机森林集成回归树预测个人信用评分，以信用评分（CreditScore）为输出变量，其他所有变量为输入变量。最后节点的最小观察数目设置为244，计算测试集上随机森林的RMSE，并把它与复习思考题17的（1）做比较。

19. 背景资料参见复习思考题17，使用数据文件CreditScore，运用$k$-最近邻法预测个人信用评分，$k=1,2,\cdots,10$。以CreditScore为输出变量，其他所有变量作为输入变量，对输入变量实施标准化以调整变量之间的量级差别。

(1) 对于验证集数据，使RMSE最小的$k$值是多少？

(2) 测试集的RMSE与验证集的RMSE相比如何？

20. 美国电影艺术与科学学会每年都会评选电影界的杰出成就奖（俗称"奥斯卡金像奖"），如最佳导演、最佳演员、最佳编剧各种奖项。在这些奖项中，最著名的就是奥斯卡最佳影片奖。数据文件Oscars（https://login.cengage.com）中的数据（Data）工作表包含奥斯卡最佳影片的提名影片样本数据，变量有奥斯卡提名数、金球奖数（金球奖先于奥斯卡奖公布）、是否为喜剧电影、是否获得了奥斯卡最佳影片。以是否获得了奥斯卡最佳影片为输出变量，以奥斯卡提名数、金球奖数、是否为喜剧影片为输入变量。

(1) 在验证集上运用分类误差评估候选模型，找出最终模型，并用数学方程表达输出变量与输入变量之间的关系，模型所反映出来的关系是否有意义？为什么？

(2) 阈值为0.5，逻辑回归方程在验证集上的灵敏度是多少？为什么灵敏度对这个问题是好的指标？

(3) 每年最佳影片评选结果只有一部，为什么根据阈值对影片分类是错误的？

(4) 利用模型预测每年的最佳影片，最好的方法是什么？

21. 在近期的经济危机中，住房市场遭受了重创。作为当地房屋建筑协会实习生，要求你分析当地住房市场状况。可供使用的数据文件是HousingBubble（https://login.cengage.com），该数据文件包含了两个数据集：一个是Pre-Crisis工作表，是"房地产泡沫"爆发之前一年卖出去的1 978套独户住宅的信息，这1 978项观察被划分成训练集（1 186项观察）和验证集（792项观察）；另一个是Post-Crisis工作表，是"房地产泡沫"爆发之后一年卖出去的1 657套独户住宅信息，也被划分成训练集（994项观察）和验证集（663项观察）。另外，数据文件HousingBubble还包括由2 000项观察组成的测试集，这个测试集是近期供出售的房屋，由于还处于销售状态，这2 000项观察的销售价格被人为赋予0。

(1) 对Pre-Crisis工作表的数据，运用$k$-最近邻法预测住房销售价格，$k=1,2,\cdots,10$。以房屋价格为输出变量，其他变量为输入变量，对输入变量进行标准化处理，消除变量间数量级别的差异。

①对于验证集，使RMSE最小时的$k$值是多少？RMSE是多少？

②运用$k$-最近邻法预测测试集中的住宅销售价格，$k$取使验证集RMSE最小时的值。

(2) 将（1）中的做法和要求，应用到Post-Crisis工作表的数据。

(3) 就测试集中的2 000套住宅，对依据Pre-Crisis数据和Post-Crisis数据的预测结果进行比较。要计算出两者之间的差异率，差异率 =（Post-Crisis数据预测的价格 – Pre-Crisis数据预测的价格）/Pre-Crisis数据预测的价格，并谈谈两者之间的平均差异率是多少。

22. 背景资料及数据资料见复习思考题21。

(1) 对于Pre-Crisis工作表的数据，运用回归树预测房屋销售价格。以房屋价格为输出变量，其他所有变量为输入变量。

①对于验证集，最优修剪树的RMSE值是多少？

②运用最优修剪树预测测试集中的住宅销售价格。

(2) 将（1）中的做法和要求，应用到Post-Crisis工作表的数据。

(3) 对于测试集中的2 000套住宅，对依据Pre-Crisis数据和Post-Crisis数据的预测结果进行比较。要计算出两者之间的差异率，差异率 =（Post-Crisis数据预测的价格 – Pre-Crisis数据预测的价格）/Pre-Crisis数据预测的价格，并谈谈两者之间的平均差异率是多少，房地产泡沫爆发产生的影响是什么。

23. 背景资料及数据文件参见复习思考题21。

(1) 对于Pre-Crisis工作表的数据，以房屋价格为输出变量，其他所有变量为输入变量，运用10棵回归树的随机森林集成。

①对于验证集，随机森林的RMSE值是多少？

②运用随机森林预测测试集中的住宅销售价格。

(2) 将（1）中的做法和要求，应用到Post-Crisis工作表的数据。

(3) 对于测试集中的2 000套住宅，对依据Pre-Crisis数据和Post-Crisis数据的预测结果进行比较。要计算出两者之间的差异率，差异率 =（Post-Crisis数据预测的价格 – Pre-Crisis数据预测的价格）/Pre-Crisis数据预测的价格，并谈谈两者之间的平均差异率是多少，房地产泡沫爆发产生的影响是什么。

## ● 案例讨论：灰色代码公司

灰色代码公司（GCC）是一家从事传媒和营销的企业，涉及的业务主要是期刊、图书发行和电视广播。GCC的"家庭生活和家庭状况"系列期刊一直是该公司的主要业务，现在该公司已经发展成为能增强客户品牌服务（市场调查、通信方案、网站广告等）的提供商。

GCC的相关数据库有超过1TB的数据，包含7 500万客户。GCC使用其数据库中的数据开展活动，以获取新客户、客户再活化及识别商品交叉销售机会。例如，GCC会对一本月刊杂志生成不同的版本，各版本只有包含的广告不同，然后把印刷有广告的版本邮寄给一个订阅客户，GCC 数据库已经确定该客户会对这些广告最感兴趣。

GCC 面临的一个问题是，如何提高客户对续订通知的回应率。行业回应率大概在 2% 左右，但是 GCC 历史上有过更高的回应率。GCC 公司的数据库营销主管 Chris Gray 希望 GCC 能保持其目标营销表现最佳之一的位置。在维持其市场地位的活动中，GCC 目前正考虑为一本以业余爱好为基础的杂志建立目标营销策略。数据文件 GCC（http://login.cengage.com）包含 38 列（每一列对应一个不同的变量）和 45 000 多行（每行对应一个不同的客户），其中工作表 Description 中给出数据的描述分析，工作表 Data 包含用于训练、验证、测试分类方法的数据，工作表 NewDataToPredict 含有一列新的该杂志早期订阅者，GCC 希望将他们分类为可能或不可能回应续订通知。

请站在 GCC 数据库营销主管 Chris Gray 的角度，建立分类模型，以识别可能回应邮件的客户，并进行管理分析。主要要求如下：

1. 勘察数据。由于数据文件 GCC 给出的数据仍然比较原始，通过对缺失数据的处理和变量转换，为数据挖掘分析做好数据的预处理。

2. 由于给出的数据量大，因此需要采取合适的方法对数据实施降维处理，尤其要使用相关表和数据透视表分析变量间的关系。

3. 尝试应用各种分类方法，然后推荐一个最终模型，以用于识别将会回应目标营销的客户。其中包括选择的分类模型的概要说明；测试集上的十分位提升图和模型性能的分析；对于不同概率阈值，测试集上分组 1 和分组 0 的错误率的图；对工作表 NewDataToPredict 中的客户进行分类。

CHAPTER 10

# 第10章

# 电子表格模型

**数据分析案例：宝洁公司利用电子表格模型进行库存管理**

宝洁（P&G）是一家"财富500强"消费品公司，总部位于俄亥俄州辛辛那提市。宝洁拥有很多著名的品牌，如汰渍洗衣粉、吉列剃须刀等。宝洁是一家全球性公司，因其在供应链分析和市场调查中广泛使用商务数据分析方法，而得到广泛的肯定和认同。

因为在全球都有业务经营，所以宝洁公司需要全方位地做好库存管理，这样才能更好地满足顾客的要求。如果现有库存不足，就有可能导致销售缺货，从而无法满足顾客需求。这不仅会丧失即时销售收入，还可能造成顾客永久地转向购买其他竞争品牌。另一方面，过多的库存会占用资金，这有可能会增加资金使用的机会成本。

为了在全球范围内确保产品库存的合适水平，宝洁公司的分析人员开发并推行了一系列电子表格库存管理模型，它们将数学公式转化成电子表格方式，以此帮助各经营单位决定在什么时候开始采购以及一次采购多少，以使库存既能满足销售的需要，又能降低资金成本。

这些精心设计出来的电子表格模型，是专门针对各个使用单位的具体情况编制的，不仅容易理解，而且运用起来十分方便。据说，宝洁公司超过70%的经营单位使用这些电子表格模型，保守估计使库存降低了10%，相当于节省了近3.5亿美元。

资源来源：I. Farasyn, K. Perkoz, W. Van de Velde. Spreadsheet Model for Inventory Target Setting at Procter & Gamble. Interfaces 38, No.4 (7-8, 2008): 241-250.

有很多专业性软件可以用于描述性数据分析、预测性数据分析和指导性数据分析。这些软件包通常为用户提供了大量使用选项，具备进行详细分析的能力。不过，这些专业性的软件一般都是相当昂贵的，不像Excel那样便宜。另外，专业软件经常需要对用户进行操作培训。Excel不仅相对来说十分便宜，而且通常在计算机上已经提前安装了，并且更加容易使用，所以毫无疑问是最常用的商务数据分析工具。每天，全球有成千上万的人从事着风险分析、库存跟踪与控制、投资计划编制、盈亏平衡分析以及其他各种各样的电子表格决策模型制定工作。一个设计良好、有据可查、准确高效的电子表格模型，是决策制定活动中非常有价值的工具。

电子表格模型根植于数学和逻辑基础的模型，其优势在于使复杂的数学和逻辑函数变得容易使用，并且在输入改变时能瞬时得到重新计算的结果。正因为如此，电子表格模型通常被称为 What-If 模型。这类模型使我们能够回答诸如此类的问题："如果每单位成本是 4 美元，其对利润会产生什么影响？"如果在单元格之间建立相应的函数关系，这时改变某个单元格中的数据，对另外一些单元格的影响就会直接地显示出来。

本章我们将讲解构建可靠的电子表格模型的一些原则。首先我们来介绍如何建立决策问题的概念模型，如何将概念模型转换为数学模型，以及如何在电子表格中应用该模型。我们将介绍 Excel 中三种有用的分析工具：模拟运算表（Data Tables）、单变量求解（Goal Seek）、方案管理器（Scenario Manager）。然后介绍一些对建立决策分析电子表格模型有用的 Excel 函数，另外，我们会介绍怎样审查电子表格模型以确保其可靠性。

> 对于从未使用过电子表格或近若干年来也没怎么用过电子表格的读者，我们建议在学习本章之前最好先熟悉一下 Excel 的基本知识。

## 10.1 电子表格模型构建

下面我们先从单产品生产成本出发，介绍电子表格模型。生产一种产品的总成本，通常可以分解为固定成本和可变成本。固定成本是总成本中的一部分，与生产数量不发生任何关系，无论生产多少这种产品，固定成本总是不变的。可变成本构成总成本中的另一部分，是总成本中与产品生产数量有关的部分，随着生产数量的变化而发生变化。为讲清楚成本模型的构建，我们结合 Nowlin 塑料公司产品生产成本的例子，来介绍电子表格模型的编制。

Nowlin 公司专门生产系列手机外壳，其中销量最好的一款手机外壳就是 Viper，这是一种很薄但耐用的黑灰色塑料外壳。生产 Viper 手机外壳的年固定成本为 234 000 美元，可变成本主要由劳务和材料费用组成，每件产品的可变成本为 2 美元。

Nowlin 公司打算在下一年把一些生产任务外包出去，其中也包括 Viper 产品。Nowlin 公司从投标公司得到的报价是，加工一个 Viper 外壳 3.50 美元。这个报价虽然比较高，但是可以节省下固定成本。由于不知道来年 Viper 的准确需求量，Nowlin 公司想去比较一下自己生产 Viper 的成本和将该产品外包给其他公司的成本。诸如此类的问题，很多制造商都会遇到，这类决策被称为**制造-购买决策**。

### 10.1.1 影响图

从反映问题的各个组成部分之间关系的概念模型开始讨论建模的过程通常是有好处的，这不仅有助于采集需要的数据资料，而且能为构建数学模型提供路线图。另外，概念模型能在该模型与其他模型之间进行沟通以提供清晰的途径。**影响图**是一种视觉表达，展示了模型中哪些要素影响着其他要素。圆形或椭圆形符号代表的模型部分被称为节点，连接节点的箭头代表着影响。

Nowlin 公司的 Viper 产品总成本如图 10-1 所示。

由图 10-1 我们能看出，总成本依赖于固定成本和可变成本，而可变成本又取决于单位可变成本和需求量。

将外包方案也纳入，便得到图 10-1 的扩展图（见图 10-2）。

把图 10-2 与图 10-1 做比较可以看出，图 10-1 包含在图 10-2 中。由图 10-1 到图 10-2，这是一种很好的层层推进的办法，不仅能降低出错的可能性，而且有助于构建数学和电子表格模型。

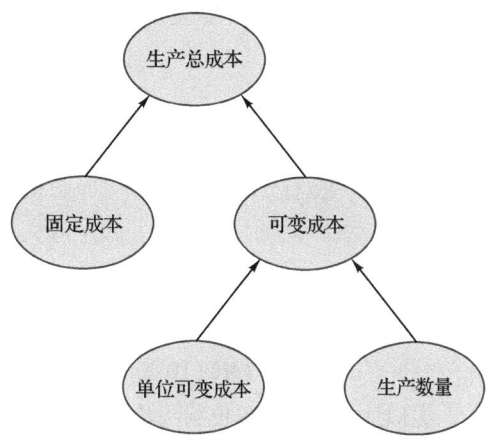

图 10-1　Nowlin 公司的 Viper 产品总成本

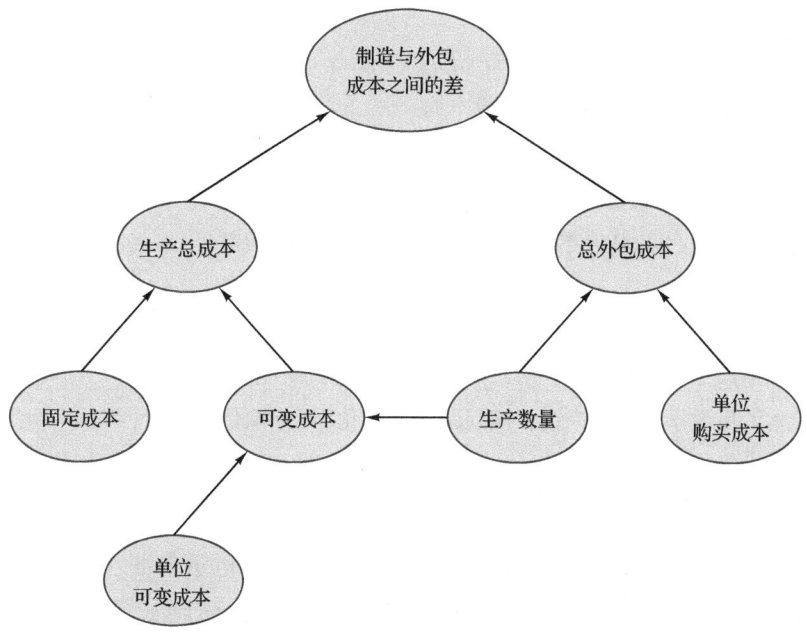

图 10-2　Nowlin 公司加工成本与外包成本对比

## 10.1.2　代数关系

在图 10-2 的基础上，现在我们来讨论它们之间的代数关系。首先我们来考虑自己制造的成本，如图 10-1 所示，该成本是固定成本、单位可变成本和产品生产数量的函数。一般来说，最好为图中的每个节点赋予符号代码，这里令

$q$ = 产品数量（单位个数）

$FC$ = 自己制造的固定成本

$VC$ = 自己制造的单位可变成本

$TMC(q)$ = 制造 $q$ 个数量的产品的总成本

于是，能得到

$$TMC(q) = FC + (VC \times q) \quad (10\text{-}1)$$

在 Nowlin 公司生产 Viper 手机外壳的例子中，由于已知 $FC = 234\,000$，$VC = 2$，因此式（10-1）便可以写成

$$TMC(q) = 234\,000 + 2 \times q$$

一旦产品生产数量（$q$）给定，只要把该数字代入上式中，就可以计算出总的制造成本。比如 $q = 10\,000$ 件产品，这时的总成本为

$$TMC(10\,000) = 234\,000 + 2 \times (10\,000) = 254\,000$$

类似地，令 $P$ = 单位购买价格，$q$ = 外购的数量，$TPC(q)$ = 外包或外购 $q$ 件的总成本，这时也应存在

$$TPC(q) = P \times q \quad (10\text{-}2)$$

对于 Nowlin 公司外购 Viper 手机外壳，已知 $P = 3.5$，所以方程（10-2）可以直接写成

$$TPC(q) = 3.5 \times q$$

假如外购 10 000 件，则对应的总外购成本为

$$TPC(q) = 3.5 \times q = 3.5 \times 10\,000 = 35\,000$$

现在我们可以从代数的角度给出外购节约的成本表达式。令 $S(q)$ = 外包带来的节约，也就是，自己制造 $q$ 件的总成本和购买 $q$ 件的总成本之间的差。

$$S(q) = TMC(q) - TPC(q) \quad (10\text{-}3)$$

概括起来，Nowlin 公司的决策问题是：要自己生产还是外包出去然后回购产品。因为管理人员仍不知道产品的需要数量，所以问题的关键是：产品数量为多少时，外包比自己生产更能节约成本？用数学的语言来说，该问题可以转化为：$q$ 取值多少时，$S(q) > 0$？

### 10.1.3 电子表格模型设计

为了使其他人容易使用，从而减少出错的风险，在建立电子表格的时候，需要遵守一些原则。构建电子表格模型时，对其组成部分进行归类会有所助益。就 Nowlin 公司的问题来说，我们已经定义了以下组成部分（对应于图 10-2 中的节点）：

$q$ = 需求数量

$FC$ = 自己制造时的固定成本

$VC$ = 自己制造时的单位可变成本

$TMC(q)$ = 自己制造 $q$ 单位数量的总成本

$P$ = 单位购买成本

$TPC(q)$ = 购买 $q$ 单位数量的总成本

$S(q)$ = 外包带来的节约

有几点需要准备好，有些组成部分是其他组成部分的函数（如 $TMC$、$TPC$ 和 $S$），有

些不是（如 $q$、$FC$、$VC$ 和 $P$）。在电子表格模型中，$TMC$、$TPC$ 和 $S$ 将成为涉及其他单元格的公式，而 $q$、$FC$、$VC$ 和 $P$ 仅仅是电子表格中的输入。另外，我们可以控制或选择的数值是 $q$。在分析中，我们寻找使 $S(q)>0$ 的 $q$ 值。也就是说，与外包有关的节约取正值。自己制造或购买的数量，是 Nowlin 公司真正要做出的决策。所以在电子表格模型中，我们将区别对待 $q$ 与 $FC$、$VC$、$P$，把 $q$ 称为**决策变量**。$FC$、$VC$ 和 $P$ 是可测因素，界定了建模过程的特征，是模型的不可控输入，我们称其为模型的**参数**。

注意：$q$、$FC$、$VC$ 和 $P$，都是图 10-2 中路径的开端始点。换句话说，它们没有内部指向的箭头。

图 10-3 给出了 Nowlin 公司的制造 – 购买决策电子表格模型。

| | A | B | C |
|---|---|---|---|
| 1 | Nowlin Plastics | | |
| 2 | | | |
| 3 | Parameters | | |
| 4 | Manufacturing Fixed Cost | 234000 | |
| 5 | Manufacturing Variable Cost per Unit | 2 | |
| 6 | | | |
| 7 | Outsourcing Cost per Unit | 3.5 | |
| 8 | | | |
| 9 | | | |
| 10 | Model | | |
| 11 | Quantity | 10000 | |
| 12 | | | |
| 13 | Total Cost to Produce | =B4+B11*B5 | |
| 14 | | | |
| 15 | Total Cost to Outsource | =B7*B11 | |
| 16 | | | |
| 17 | Savings due to Outsourcing | =B13–B15 | |
| 18 | | | |
| 19 | | | |

| | A | B |
|---|---|---|
| 1 | Nowlin Plastics | |
| 2 | | |
| 3 | Parameters | |
| 4 | Manufacturing Fixed Cost | $234,000.00 |
| 5 | Manufacturing Variable Cost per Unit | $2.00 |
| 6 | | |
| 7 | Outsourcing Cost per Unit | $3.50 |
| 8 | | |
| 9 | | |
| 10 | Model | |
| 11 | Quantity | 10,000 |
| 12 | | |
| 13 | Total Cost to Produce | $254,000.00 |
| 14 | | |
| 15 | Total Cost to Outsource | $35,000.00 |
| 16 | | |
| 17 | Savings due to Outsourcing | $219,000.00 |
| 18 | | |
| 19 | | |

图 10-3　Nowlin 公司的制造 – 购买决策电子表格模型

图 10-3 中，A 列是命名列，其中：单元格 A1 是决策问题的命名 Nowlin 公司；单元格

B4、B5 和 B7 是输入的参数（FC、VC 和 P），参数 P 是外购价格，在此我们把它与 FC、VC 隔开一点处理。至此，我们在工作表的上方创建了参数部分。在参数区域下方，是创建的模型区。模型区的第一个输入值是自己生产或购买的数量 $q$（单元格 B11），属于决策变量，为此我们用底纹着重显示。单元格 B13、B15 和 B17，分别是按照式（10-1）、式（10-2）和式（10-3）输入的计算公式，单元格 B13 对应式（10-1），单元格 B15 对应式（10-2），单元格 B17 对应式（10-3）。

图 10-3 的单元格 B11 中，我们设置的 $q$ 值为 10 000。模型显示，制造 10 000 件的成本是 254 000 美元，购买 10 000 件的成本是 35 000 美元，外包节约了 219 000 美元。我们可以看出，在数量是 10 000 件时，虽然购买的可变成本比自己生产的可变成本高，但如果自己生产，除了发生可变费用外，还要承受固定成本 234 000 美元，所以在这个产品数量下购买更好些。如果 Nowlin 公司自己生产，那就需要生产出比 10 000 件更多的产品，才能化解固定成本。为此，我们可以在单元格 B11 中输入比 10 000 更大的值，然后看看单元格 B17 显示出来的节约降低了多少，直到自己生产的总成本与外购总成本相等。这种做法被称为试错法。不过，我们不需要这样做，利用 Excel 中的 What-If 分析工具，很容易解决这一问题。

通过上面的讲解，我们大致也了解了电子表格模型的一些知识。电子表格模型的设计和创建，需要遵循以下的几项原则：

- 单列参数；
- 编辑模型；
- 简化公式。

下面，我们阐释一下按照这些原则做的好处。

1. 单列参数

之所以要把参数从模型中分隔开来列示，是因为这样做能使用户在更新参数值的时候不至于发生错误的操作。图 10-3 就提供了一种比较好的示范性做法，把参数部分与模型部分分割开，参数部分放在电子表格的上部，需要计算的模型部分集中放在一起。对于 What-If 模型或优化模型，在模型部分的一些单元格或许也相当于可控输入或决策变量（其值不是参数或计算出来的，而是我们选择的）。图 10-3 中，参数放在电子表格的上部，所有需要计算的部分放在参数区域的下方，包括相应的计算和最终决策结果（单元格 B11）。决策单元格特别用底纹凸显，以表明它是决策分析的结果。

2. 编辑模型

一个好的电子表格模型，应该得到很好的编辑。建立的电子表格模型，应该根据需要采用合适的布局，并能醒目地标示出引起注意的事项。清晰的标注和适当的编排有助于引导阅读和识别，例如，工作表中的数值是成本，则应使用货币格式。另外，没有内容的单元格不要加上标注。要想到给新用户的使用和阅读带来方便，如果颜色能使模型易于认识，那么最好对相应的单元格和标注使用不同的颜色以示区别。

### 3. 简化公式

很明显,使用简洁的计算公式能够减少错误,并使电子表格的维护变得容易。对那些较长的和复杂的计算,可以将它们分解到几个单元格中编写计算过程,以使计算易于理解和审查。避免在计算公式中出现数字(将数据从模型中分离出来),代之以将数字放在工作表参数区域的单元格中,以预防因数据的少许改变而编辑整个计算过程。例如,对式(10-3),可以这样来计算:$S(q) = TMC(q) - TPC(q) = FC + VC \times q - P \times q = FC + (VC - P) \times q$,因为 $VC - P = 3.50 - 2 = 1.50$,这样能仅在一个单元格中输入 = 234 000 − 1.50 × B11。不过这样做不是一个好主意,因为假如输入的数据有任何改变,我们都必须重新编辑公式。更何况,用户将再也不知道 $VC$ 和 $P$ 的具体数值是什么了。像图 10-3 那样的做法,就显得简洁明了,也方便于修改参数,并且确保不至于发生低级错误。

●—○—●—○—● 注释与点评 ●—○—●—○—●

1. 绘制影响图的时候,对模型输入的不同内容,最好使用不同的记号。例如,圆圈表示完全确知的输入,椭圆表示不确定的输入,框形表示决策或可控输入,三角形表示计算,等等。
2. 在电子表格模型的单元格中,使用不同的颜色可能有助于提醒用户的注意。例如,图 10-3 中的单元格 B11,通过打上底纹突出 $q$ 是可控制性输入。但颜色的使用不能过度,否则反而让人感到眼花缭乱,从而造成用户的困惑。
3. 为显示电子表格中单元格的公式,按住 Ctrl 键,然后按 ~ 键。为转换显示数字,重复该过程即可。

## 10.2 What-If 分析

Excel 带有许多功能,可以方便地进行 What-If 分析。本章的这一节,我们将介绍其中的三种工具,即模拟运算表(Data Table)、单变量求解(Goal Seek)、方案管理器(Scenario Manager)。利用这些工具,可以免除繁杂的手工计算过程。下面我们结合 Nowlin 公司的事例,说明它们的使用办法。

### 10.2.1 模拟运算表

Excel 的**模拟运算表**,能对输入值改变可能产生的对输出的影响进行量化分析。对于单个输入值的改变可能产生的对输出的影响分析,可以利用 Excel 的**单向模拟运算表**,对于两个输入值的改变可能产生的对输出的影响分析,可以利用 Excel 的**双向模拟运算表**。

接下来我们以 Nowlin 公司的问题为例,讲解单向模拟运算表的使用。

创建单向模拟运算表的时候,首先需要给出一列希望作为输入的数值。这里,把决策变量 $q$ 的数值范围规定为从 0 开始,然后以等步长 25 000 递增,直至 300 000 为止,详见图 10-4 的单元格 D5:D17。

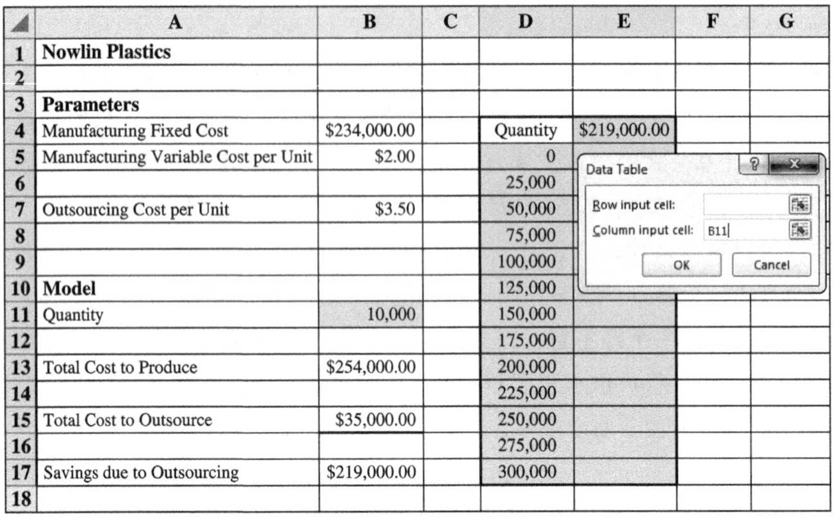

| | A | B | C | D | E | F | G |
|---|---|---|---|---|---|---|---|
| 1 | Nowlin Plastics | | | | | | |
| 2 | | | | | | | |
| 3 | Parameters | | | | | | |
| 4 | Manufacturing Fixed Cost | $234,000.00 | | Quantity | $219,000.00 | | |
| 5 | Manufacturing Variable Cost per Unit | $2.00 | | 0 | | | |
| 6 | | | | 25,000 | | | |
| 7 | Outsourcing Cost per Unit | $3.50 | | 50,000 | | | |
| 8 | | | | 75,000 | | | |
| 9 | | | | 100,000 | | | |
| 10 | Model | | | 125,000 | | | |
| 11 | Quantity | 10,000 | | 150,000 | | | |
| 12 | | | | 175,000 | | | |
| 13 | Total Cost to Produce | $254,000.00 | | 200,000 | | | |
| 14 | | | | 225,000 | | | |
| 15 | Total Cost to Outsource | $35,000.00 | | 250,000 | | | |
| 16 | | | | 275,000 | | | |
| 17 | Savings due to Outsourcing | $219,000.00 | | 300,000 | | | |
| 18 | | | | | | | |

（对话框：Data Table，Row input cell: ，Column input cell: B11，OK，Cancel）

图 10-4　Nowlin 公司单向模拟运算表的输入信息

图 10-4 单元格 D5:D17 列示的数据，将用作 $q$ 的输入值。由于输出是外包产生的节约（单元格 B17），因此在单元格 E4 中输入公式"=B17"。注意：一般将输出变量的单元格放置在决策变量可选值范围的右边。一旦电子表格模型准备就位，便可以按照如下步骤调用模拟运算表工具：

2016 前的 Excel 版本，可在模拟运算中找到 What-If 分析（假设分析）。

第一步，选定单元格 D4:E17。

第二步，单击功能区的**数据**（Data）。

第三步，单击**数据工具**（Data Tools）中的 **What-If 分析**（What-If Analysis），并选择**模拟运算表**（Data Table）。

第四步，当**模拟运算表**（Data Table）对话框出现后，**在输入引用列的单元格**（Column input cell）框输入"B11"，单击**确认**（OK）按钮。

**在输入引用列的单元格**（Column input cell）框输入"B11"，意味着数据列（D5:D17）中的每个数值，相当于在单元格 B11 中输入的不同值。

经过上述步骤之后，得到图 10-5 的输出。

由图 10-5 可以看出，单元格 E4:E17 分别计算出了对应于单元格 D4:D17 的节约值。例如，$q = 25\,000$ 时 $S(25\,000) = 196\,500$，$q = 250\,000$ 时 $S(250\,000) = -141\,000$。单元格 E4:E17 中的负数表示：自己组织生产的总成本比外购的总成本小，自己生产比外包要成本低。

从模拟运算表的输出结果中，我们已经了解了一些非常有价值的东西，不仅为不同数量确定了自己组织生产和外购总成本之间的差，还知道了如果需求的数量不足 150 000，采用外包比自己组织生产成本更低，如果需求的数量超过 175 000，自己生产比外包要更有利些。要是 Nowlin 公司能够确定该款产品的需求量，那我们就会令人满意地回答到底是自己生产还是外包这个问题。如果该公司的管理层坚信这款产品的需求量至少是 200 000 件，那么根据模拟运算表的输出结果，就应该自己组织生产而不是外包。需求量为 150 000 件时，外包带来的节约只有 9 000 美元。对此，假如外包公司的质量保证未达到可接受水平，

|   | A | B | C | D | E |
|---|---|---|---|---|---|
| 1 | Nowlin Plastics | | | | |
| 2 | | | | | |
| 3 | Parameters | | | | |
| 4 | Manufacturing Fixed Cost | $234,000.00 | | Quantity | $219,000.00 |
| 5 | Manufacturing Variable Cost per Unit | $2.00 | | 0 | $234,000 |
| 6 | | | | 25,000 | $196,500 |
| 7 | Outsourcing Cost per Unit | $3.50 | | 50,000 | $159,000 |
| 8 | | | | 75,000 | $121,500 |
| 9 | | | | 100,000 | $84,000 |
| 10 | Model | | | 125,000 | $46,500 |
| 11 | Quantity | 10,000 | | 150,000 | $9,000 |
| 12 | | | | 175,000 | –$28,500 |
| 13 | Total Cost to Produce | $254,000.00 | | 200,000 | –$66,000 |
| 14 | | | | 225,000 | –$103,500 |
| 15 | Total Cost to Outsource | $35,000.00 | | 250,000 | –$141,000 |
| 16 | | | | 275,000 | –$178,500 |
| 17 | Savings due to Outsourcing | $219,000.00 | | 300,000 | –$216,000 |
| 18 | | | | | |

图 10-5　Nowlin 公司单向模拟运算表的输出结果

这时一味进行外包也许并不合理。基于这些方面的信息，Nowlin 公司的管理层可以结合实际做出是自己组织生产还是外包的选择。

下面，我们介绍双向模拟运算表的应用。

假定 Nowlin 公司同时收到 5 个愿意承包产品加工厂家的不同报价，显然最低的报价带来的节省也最大。不过，外包厂家的选择取决于很多因素，比如可靠性、质量和交货及时性，所以对不同的需求数量和出价计算节约的差异是有意义的。目前接到的 5 个报价分别是 2.89、3.13、3.50、3.54 和 3.59。我们可以利用 Excel 模拟运算表功能构建双向模拟运算表，详见图 10-6。

|   | A | B | C | D | E | F | G | H | I | J | K | L | M |
|---|---|---|---|---|---|---|---|---|---|---|---|---|---|
| 1 | Nowlin Plastics | | | | | | | | | | | | |
| 2 | | | | | | | | | | | | | |
| 3 | Parameters | | | | | | | | | | | | |
| 4 | Manufacturing Fixed Cost | $234,000.00 | | $219,000.00 | $2.89 | $3.13 | $3.50 | $3.54 | $3.59 | | | | |
| 5 | Manufacturing Variable Cost per Unit | $2.00 | | 0 | | | | | | | | | |
| 6 | | | | 25,000 | | | | | | | | | |
| 7 | Outsourcing Cost per Unit | $3.50 | | 50,000 | | | | | | | | | |
| 8 | | | | 75,000 | | | | | | | | | |
| 9 | | | | 100,000 | | | | | | | | | |
| 10 | Model | | | 125,000 | | | | | | | | | |
| 11 | Quantity | 10,000 | | 150,000 | | | | | | | | | |
| 12 | | | | 175,000 | | | | | | | | | |
| 13 | Total Cost to Produce | $254,000.00 | | 200,000 | | | | | | | | | |
| 14 | | | | 225,000 | | | | | | | | | |
| 15 | Total Cost to Outsource | $35,000.00 | | 250,000 | | | | | | | | | |
| 16 | | | | 275,000 | | | | | | | | | |
| 17 | Savings due to Outsourcing | $219,000.00 | | 300,000 | | | | | | | | | |
| 18 | | | | | | | | | | | | | |
| 19 | | | | | | | | | | | | | |

Data Table
Row input cell: B7
Column input cell: B11

图 10-6　Nowlin 公司双向模拟运算表的输入信息

在图 10-6 中，需求量数值放在了一列，5 个报价放在一行。与单向模拟运算表相同，我们已经在单元格 D5:D17 中输入了不同的需求量数值，这些数值等同于模型中的单元格

B11。在单元格 E4:I4 输入的是承包商的报价，它们等同于单元格 B7 即单位外包成本。在输入需求量数值列的上面的单元格 D4，输入的是公式"= B17"，单元格 B17 是输出的位置。做了这样的准备之后，现在可以按照以下的步骤使用双向模拟运算表：

第一步，选定单元格 D4:I17。

第二步，单击功能区的**数据**（Data）。

第三步，单击**数据工具**（Data Tools）中的 **What-If 分析**（What-If Analysis），并选择**模拟运算表**（Data Table）。

第四步，当**模拟运算表**（Data Table）对话框出现后，在**输入引用行单元格**（Row input cell）输入"B7"，在**输入引用列单元格**（Column input cell）输入"B11"，单击**确认**（OK）按钮。

经过上述操作，得到图 10-7 的输出结果。

| | A | B | C | D | E | F | G | H | I |
|---|---|---|---|---|---|---|---|---|---|
| 1 | **Nowlin Plastics** | | | | | | | | |
| 2 | | | | | | | | | |
| 3 | **Parameters** | | | | | | | | |
| 4 | Manufacturing Fixed Cost | $234,000.00 | | $219,000.00 | $2.89 | $3.13 | $3.50 | $3.54 | $3.59 |
| 5 | Manufacturing Variable Cost per Unit | $2.00 | | 0 | $234,000 | $234,000 | $234,000 | $234,000 | $234,000 |
| 6 | | | | 25,000 | $211,750 | $205,750 | $196,500 | $195,500 | $194,250 |
| 7 | Outsourcing Cost per Unit | $3.50 | | 50,000 | $189,500 | $177,500 | $159,000 | $157,500 | $154,500 |
| 8 | | | | 75,000 | $167,250 | $149,250 | $121,500 | $118,500 | $114,750 |
| 9 | | | | 100,000 | $145,000 | $121,000 | $84,000 | $80,000 | $75,000 |
| 10 | **Model** | | | 125,000 | $122,750 | $92,750 | $46,500 | $41,500 | $35,250 |
| 11 | Quantity | 10,000 | | 150,000 | $100,500 | $64,500 | $9,000 | $3,000 | −$4,500 |
| 12 | | | | 175,000 | $78,250 | $36,250 | −$28,500 | −$35,500 | −$44,250 |
| 13 | Total Cost to Produce | $254,000.00 | | 200,000 | $56,000 | $8,000 | −$66,000 | −$74,000 | −$84,000 |
| 14 | | | | 225,000 | $33,750 | −$20,250 | −$103,500 | −$112,500 | −$123,750 |
| 15 | Total Cost to Outsource | $35,000.00 | | 250,000 | $11,500 | −$48,500 | −$141,000 | −$151,000 | −$163,500 |
| 16 | | | | 275,000 | −$10,750 | −$76,750 | −$178,500 | −$189,500 | −$203,250 |
| 17 | Savings due to Outsourcing | $219,000.00 | | 300,000 | −$33,000 | −$105,000 | −$216,000 | −$228,000 | −$243,000 |
| 18 | | | | | | | | | |

图 10-7　Nowlin 公司的双向模拟运算表的输出结果

由图 10-7 可知，每个数量和报价对应着一个外包带来的节约。例如，当需要数量为 75 000 件、单位成本为 3.13 美元时，购买比自己组织生产节约成本 149 250 美元。图 10-7 还告诉我们，数量在相应的报价下如果出现负数，表明自己组织生产比外包出去更有利可图。

通过模拟运算表，使我们能够计算出在指定数量和报价下，外包引起的节约量。然而，模拟运算表并没有讲清楚具体的数量值是多少。例如，我们虽然从图 10-7 的模拟运算表中清楚地知道，对于报价 3.50 美元，在 150 000 件和 175 000 件之间的某个数值处，外包带来的节约会从正数变为负数，但我们并不知道由正数变成负数的具体数值点在哪儿。要解决这个问题，需要学习 Excel 中的单变量求解功能。

### 10.2.2　单变量求解

Excel 中的**单变量求解**工具，帮助用户确定一个输入单元格的值，以使相关输出单元格的值等于某个指定值（目标）。以 Nowlin 公司的例子来说，我们希望具体知道手机外壳的需求数量，使得在该需求量下自己组织生产变得比外包更能节约成本，例如当报价为 3.50

美元时,从外包带来的节约由正数变为负数的数量范围在 150 000 到 175 000 之间,找到某个值使外包带来的节约等于 0。对于这样的问题,我们可以使用单变量求解来达到目的。

运用单变量求解,具体操作过程如下:

第一步,单击功能区的**数据**(Data)。

第二步,单击**数据工具**(Data Tools)中的 **What-If 分析**(What-If Analysis),选择**单变量求解**(Goal Seek)。

第三步,当**单变量求解**(Goal Seek)对话框出现后(图10-8),在**目标单元格**(Set cell)框输入"B17",在**目标值**(To value)框中输入"0",在**可变单元格**(By changing cell)框输入"B11",单击**确认**(OK)按钮。

第四步,当**单变量求解状态**(Goal Seek Status)对话框出现后,再单击"确认"(OK)按钮。

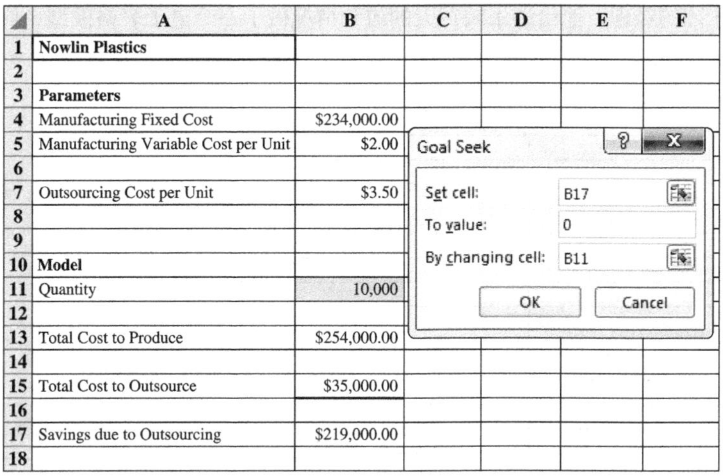

图 10-8 Nowlin 公司问题的单变量求解对话框

经过上述设定后,得到的输出结果如图 10-9 所示。

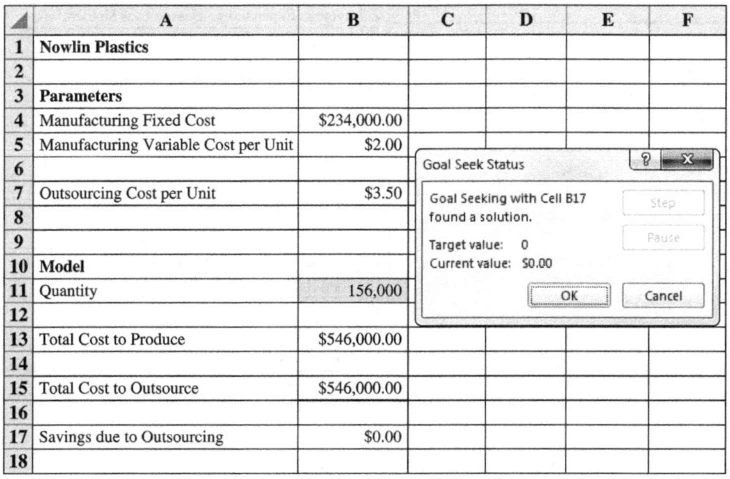

图 10-9 Nowlin 公司问题的单变量求解输出结果

由图 10-9 可知，单元格 B17 的值为 0，此时对应的单元格 B11 数量是 156 000 件，表明需求量为 156 000 件时，自己生产或外包购买产品的总成本都是 564 000 美元。因此，当需求量低于这个值时就外包购买，反之就自己组织生产。

### 10.2.3 方案管理器

正如我们已经看到的，1~2 个模型输入值的改动对模型结果的影响，利用模拟运算表就能得到很好的反映。**方案管理器**是 Excel 中的另一种工具，可以对多个模型输入值的变动（多个输入的设置叫作情境）对 1 个到多个输出结果的影响进行量化。也就是说，方案管理器拓展了模拟运算表的功能，能够用来处理多于 2 个输入值的变化对 1 个以上输出结果的变动进行数据分析。

为了说明方案管理器的使用，我们结合 Middletown 游乐园的例子来讲解。John Miller 是 Middletown 游乐园的经理，他给游乐园每天的盈利情况做了一个电子表格模型，详见图 10-10。

| | A | B | C |
|---|---|---|---|
| 1 | Middletown Amusement Park | | |
| 2 | | | |
| 3 | **Parameters** | | |
| 4 | | | |
| 5 | Admission Price | 35 | |
| 6 | Number of Season-Pass Holders Admitted | 3000 | |
| 7 | Admissions | 1600 | |
| 8 | Average Expenditure - Season Pass Holders | 15 | |
| 9 | Average Expenditure - Admissions | 45 | |
| 10 | | | |
| 11 | Cost of Operations | 33000 | |
| 12 | Cost of Goods % | 0.5 | |
| 13 | | | |
| 14 | **Model** | | |
| 15 | | | |
| 16 | Admissions Revenue | =B5*B7 | |
| 17 | Season Pass Holder Expenditures Revenue | =B6*B8 | |
| 18 | Admissions Expenditures Revenue | =B7*B9 | |
| 19 | Total Revenue | =B16+B17+B18 | |
| 20 | | | |
| 21 | Cost of Operations | =B11 | |
| 22 | Cost of Goods | =B12*(B17+B18) | |
| 23 | Total Cost | =B21+B22 | |
| 24 | | | |
| 25 | Profit | =B19–B23 | |
| 26 | | | |

| | A | B | C |
|---|---|---|---|
| 1 | Middletown Amusement Park | | |
| 2 | | | |
| 3 | **Parameters** | | |
| 4 | | | |
| 5 | Admission Price | $35 | |
| 6 | Number of Season-Pass Holders Admitted | 3000 | |
| 7 | Admissions | 1600 | |
| 8 | Average Expenditure - Season Pass Holders | $15 | |
| 9 | Average Expenditure - Admissions | $45 | |
| 10 | | | |
| 11 | Cost of Operations | $33,000 | |
| 12 | Cost of Goods% | 50% | |
| 13 | | | |
| 14 | **Model** | | |
| 15 | | | |
| 16 | Admissions Revenue | $56,000 | |
| 17 | Season Pass Holder Expenditures Revenue | $45,000 | |
| 18 | Admissions Expenditures Revenue | $72,000 | |
| 19 | Total Revenue | $173,000 | |
| 20 | | | |
| 21 | Cost of Operations | $33,000 | |
| 22 | Cost of Goods | $58,500 | |
| 23 | Total Cost | $91,500 | |
| 24 | | | |
| 25 | Profit | $81,500 | |
| 26 | | | |

图 10-10　Middletown 游乐园每天盈利模型

游乐园有两类游客，一类游客持有季卡，另一类游客不持有季卡。持季卡的游客在非相应的季节入园游览需要按年度会员价付费，但不是在入园售票处交钱。没有办理季卡的游客，以天计每人每次都需要买票入园，票价 35 美元，John Miller 把这些没有办理季卡的人叫作"普通游客"。平均起来说，持季卡的游客在游乐园购买食物、饮料、纪念品的消费人均 15 美元，不持季卡的普通游客在这些方面的花销人均 45 美元。游乐园每天的运营成本（包括固定费用）为 33 000 美元，进货成本是货物价格的 50%。这些方面的资料都体现在 John Miller 构建的电子表格模型中，通过它们才能计算出每天的盈利。如图 10-10 所示，根据上述资料，John Miller 构建的模型计算出来的利润是 81 500 美元。

可能如你想象的那样，每天获得的利润在很大程度上与天气状况有关。John Miller 也深知这一点，他把可能的天气状况对游园人数及其在游乐园内买东西的花销、运营成本做了适当的调整，详见表 10-1。

表 10-1  天气状况对 Middletown 游乐园运营的影响

|  | 天气状况 | | |
| --- | --- | --- | --- |
|  | 多云 | 降雨 | 晴天 |
| 持季卡入园人数 | 3 000 | 1 200 | 8 000 |
| 普通游客人数 | 1 600 | 250 | 2 400 |
| 持季卡游客人均消费支出（美元） | 15 | 10 | 18 |
| 普通游客人均消费支出（美元） | 45 | 20 | 57 |
| 运营成本（美元） | 33 000 | 27 000 | 37 000 |

从表 10-1 可以看出，John Miller 把天气状况划分成三类：多云、降雨、晴天。天气状况对 4 个参数产生直接的影响，持季卡的游园人数会有变化，普通游客的人数随着天气状况也会发生变化，而这些又会影响到游客在游乐园里的消费支出，影响到游乐园的运营成本。对此，方案管理器能够帮助我们获得变量的结果，能给出不同情境下变量相应的取值。

方案管理器的具体操作过程如下：

第一步，单击功能区**数据**（Data）。

第二步，单击**数据工具**（Data Tools）中的 **What-If 分析**（What-If Analysis），选择**方案管理器**（Scenario Manager）。

第三步，当**方案管理器**（Scenario Manager）对话框出现后（见图 10-11），单击**添加**（Add）按钮。

第四步，当**添加方案**（Add Scenario）对话框出现后（见图 10-12），把"多云"输入**方案名**（Scenario name）框，把"\$B\$6：\$B\$9""\$B\$11"输入**可变单元格**（Changing cells）框，单击**确认**（OK）按钮。

第五步，当**方案变量值**（Scenario Values）对话框打开（见图10-13）后，把"3 000"输入 \$B\$6 框，把"1 600"输入 \$B\$7 框，把"15"输入 \$B\$8 框，把"45"输入 \$B\$9 框，把"33 000"输入 \$B\$11 框，单击**确认**（OK）按钮。

第六步，当**方案管理器**（Scenario Manager）对话框出现后，对于其他情境见表 10-1（降雨和晴天），重复第三至第五步。

第七步，当所有的情境都已被输入，且**方案管理器**（Scenario Manager）对话框出现后，选择**摘要**（Summary）。

第八步，当**方案摘要**（Scenario Summary）对话框出现后（见图10-14），选择**方案摘要**（Scenario Summary），把"B25"输入**结果单元格**（Result Cells）框，单击**确认**（OK）按钮。

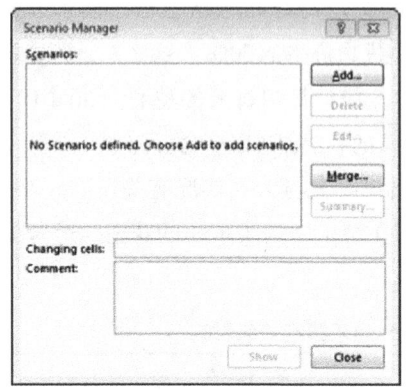

图10-11　方案管理器对话框

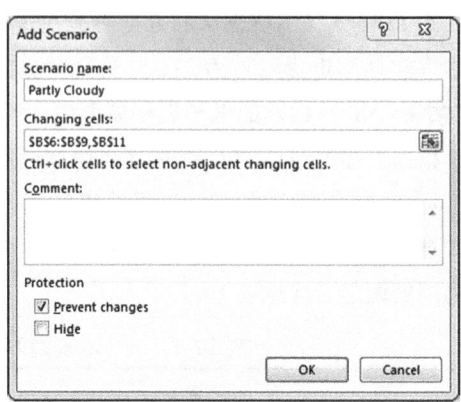

图10-12　添加方案管理器对话框

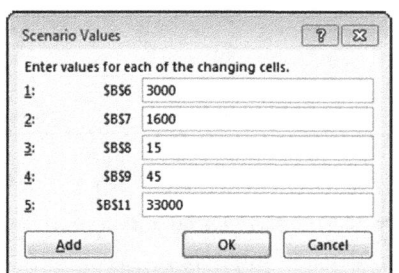

图10-13　方案变量值对话框

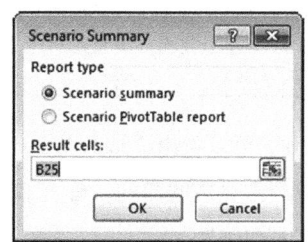

图10-14　方案摘要对话框

经过上述过程，最后得到的Middletown游乐园的方案摘要如图10-15所示。

| | Scenario Summary | | | | |
|---|---|---|---|---|---|
| | | Current Values: | Partly Cloudy | Rain | Sunny |
| | **Changing Cells:** | | | | |
| | SB$6 | 3000 | 3000 | 1200 | 8000 |
| | SB$7 | 1600 | 1600 | 250 | 2400 |
| | SB$8 | $15 | $15 | $10 | $18 |
| | SB$9 | $45 | $45 | $45 | $57 |
| | SB$11 | $33,000 | $33,000 | $27,000 | $37,000 |
| | **Result Cells:** | | | | |
| | SB$25 | $81,500 | $81,500 | –$6,625 | $187,400 |
| | Notes: Current Values column represents values of changing cells at time Scenario Summary Report was created. Changing cells for each scenario are highlighted in gray. | | | | |

图10-15　Middletown游乐园方案摘要

由图 10-15 可知，方案管理器给出的报告在另外一个工作表中，方案摘要包括当前值以及随同一起的具体情境下的值。从图 10-15 中可以看出，Middletown 游乐园每天的盈利范围为从降雨天的 -6 625 美元至晴天的 187 400 美元。

●—○—●—○—●—○—●　注释与点评　●—○—●—○—●—○—●

1. 在单向数据表或双向数据表中，要重视输出结果的摆放位置。对于单向表，输出单元格的参考位置是在输入数据的右上方，即在输入数据列标签的右侧单元格。对于双向表，输出单元格的参考位置是在输入数据列的上方和输入数据行的左侧。
2. 图 10-5 和图 10-7 中，表体中的数值给出货币式样。如果要给出运算结果的货币格式，需要在数据表建立以后通过手动方式来设置。
3. 对于非常复杂的函数，单变量求解可能不收敛于稳定解。进行单变量求解时，尝试不同的初始值可能会有用。
4. 在图 10-13 中，我们选择**方案摘要**（Scenario Summary）生成了图 10-14 的摘要报告。如果选择**透视表报告**（PivotTable report），将会生成一个与输入和输出相关的透视表。
5. 一旦所有的情境都被添加到**方案管理器**（Scenario Manager）对话框（见图 10-11），还有几个备选可供选择。用**编辑**（Edit）可以编辑方案；单击**显示**（Show）按钮，我们可以浏览已经被选择的情境；单击**删除**（Delete）按钮，可以直接删除相应的情境；单击**合并**（Merge）按钮，可以把另一工作表和当前的工作表合并起来。

## 10.3　常用的 Excel 函数

本章的这一节，我们通过例子来讲解 Excel 中的一些函数命令，这些函数在决策问题建模中很有用，本书后面的有关章节（如随机模拟、优化分析、决策分析）中也将会用到。

### 10.3.1　SUM 和 SUMPRODUCT

SUM 和 SUMPRODUCT 是两个非常有用的函数。SUM 是求和函数，可以将区域内所有单元格中的数字累加起来。SUMPRODUCT 是积和函数，可以将两个数组中对应位置上的元素相乘然后再求和。在本书的第 12 章中，我们将看到 SUMPRODUCT 在线性优化模型的电子表格求解中的用途很大。

下面我们以 Foster Generators 公司的运输问题为例，来说明 SUM 和 SUMPRODUCT 的使用，该问题涉及将产品从 3 个工厂运送到 4 个分销中心。Foster Generators 公司在俄亥俄州的克利夫兰、印第安纳州的贝德福德、宾夕法尼亚州的约克经营着 3 家工厂，3 个工厂在接下来 3 个月的生产能力已知。

Foster Generators 公司通过位于马萨诸塞州的波士顿、伊利诺伊州的芝加哥、密苏里州的圣路易斯、肯塔基州的莱克星顿 4 个分销中心销售发电机。该公司已经预测了每个分销中心未来 3 个月的需求量。从每个工厂到分销中心的单位运输成本也是已知的，该公司的管理人员想确定应该从每个工厂运输多少产品到每个分销中心。

分析人员建立了What-If分析电子表格模型（见图10-16），以帮助Foster Generators公司制定一个运送方案，要求确定从每个工厂向每个分销中心运输多少产品，并能使总的运输成本最小。当然，从每个工厂运出去的产品不能超过该工厂的生产能力，且4个分销中心的销售需求必须得到满足。

|   | A | B | C | D | E | F | G |
|---|---|---|---|---|---|---|---|
| 1 | Foster Generators | | | | | | |
| 2 | Parameters | | | | | | |
| 3 | Shipping Cost/Unit | | Destination | | | | |
| 4 | Origin | Boston | Chicago | St. Louis | Lexington | Supply | |
| 5 | Cleveland | 3 | 2 | 7 | 6 | 5000 | |
| 6 | Bedford | 6 | 5 | 2 | 3 | 6000 | |
| 7 | York | 2 | 5 | 4 | 5 | 2500 | |
| 8 | Demand | 6000 | 4000 | 2000 | 1500 | | |
| 9 | | | | | | | |
| 10 | | | | | | | |
| 11 | Model | | | | | | |
| 12 | | | | | | | |
| 13 | Total Cost | =SUMPRODUCT(B5:E7,B17:E19) | | | | | |
| 14 | | | | | | | |
| 15 | | | Destination | | | | |
| 16 | Origin | Boston | Chicago | St. Louis | Lexington | Total | |
| 17 | Cleveland | 5000 | 0 | 0 | 0 | =SUM(B17:E17) | |
| 18 | Bedford | 1000 | 4000 | 1000 | 0 | =SUM(B18:E18) | |
| 19 | York | 0 | 0 | 1000 | 1500 | =SUM(B19:E19) | |
| 20 | Total | =SUM(B17:B19) | =SUM(C17:C19) | =SUM(D17:D19) | =SUM(E17:E19) | | |
| 21 | | | | | | | |

|   | A | B | C | D | E | F | G |
|---|---|---|---|---|---|---|---|
| 1 | Foster Generators | | | | | | |
| 2 | Parameters | | | | | | |
| 3 | Shipping Cost/Unit | | Destination | | | | |
| 4 | Origin | Boston | Chicago | St. Louis | Lexington | Supply | |
| 5 | Cleveland | $3.00 | $2.00 | $7.00 | $6.00 | 5000 | |
| 6 | Bedford | $6.00 | $5.00 | $2.00 | $3.00 | 6000 | |
| 7 | York | $2.00 | $5.00 | $4.00 | $5.00 | 2500 | |
| 8 | Demand | 6000 | 4000 | 2000 | 1500 | | |
| 9 | | | | | | | |
| 10 | | | | | | | |
| 11 | Model | | | | | | |
| 12 | | | | | | | |
| 13 | Total Cost | $54,500.00 | | | | | |
| 14 | | | | | | | |
| 15 | | | Destination | | | | |
| 16 | Origin | Boston | Chicago | St. Louis | Lexington | Total | |
| 17 | Cleveland | 5000 | 0 | 0 | 0 | 5000 | |
| 18 | Bedford | 1000 | 4000 | 1000 | 0 | 6000 | |
| 19 | York | 0 | 0 | 1000 | 1500 | 2500 | |
| 20 | Total | 6000 | 4000 | 2000 | 1500 | | |
| 21 | | | | | | | |

图10-16 Foster Generators公司的What-If分析

图10-16中的第2行到第10行为参数区。其中：单元格B5至E7是从每个起点（工厂）到每个终点（分销中心）的单位运输成本，如将一个发电机从贝德福德运输到圣路易

斯的成本是 2 美元；单元格 F5 至 F7 是每个工厂的生产能力；单元格 B8 至 E8 是每个分销中心的需求量。

图 10-16 中的第 11 行至第 20 行是模型区。其中：单元格 B17 至 E19 是从每个工厂运送到各个分销中心的运输量。总的运输成本放置在单元格 B13 中，由 SUMPRODUCT（求积和）函数计算出结果。求积和函数的一般编辑格式为

$$= \text{SUMPRODUCT}(数组1, 数组2)$$

该函数将第一个数组中的每个元素和第二个数组中的对应元素相乘，之后对乘积结果求和。在单元格 B13 中，通过 = SUMPRODUCT(B5:E7, B17:E19)，将每个起点到终点的单位运输成本和对应的运输量相乘，然后再把相乘的结果相加，即

$$B5 \times B17 + C5 \times C17 + D5 \times D17 + E5 \times E17 + B6 \times B18 + \cdots + E7 \times E19$$

在单元格 F17 至 F19，通过 SUM 函数将每个工厂运出去的产品数量相加。SUM 函数的一般编辑格式为

$$= \text{SUM}(数组)$$

这里的数组指的是由若干单元格组成的范围，例如，单元格 F17 中的函数是 = SUM(B17:E17)，它将单元格 B17、单元格 C17、单元格 D17 和单元格 E17 中的数值相加起来，即 5 000 + 0 + 0 + 0 = 5 000。单元格 B20 至 E20 中的 SUM 函数，采用相同方式计算运输到每个分销中心产品的数量。

SUMPRODUCT 函数要求数组的行和列必须具有相同的维度，例如在 Foster Generator 公司的问题中，B5:E7 行列有 3 行和 4 列，B17:E19 也有 3 行和 4 列。

通过对比图 10-16 中从每个工厂运出的数量和工厂的生产能力，能看出没有工厂超出其产能。同样，通过对比运往每个分销中心的数量和该中心的需要量，也能看出所有的需求都得到满足。在现有的运送方案下，总的运输成本是 54 500 美元。至于这个解是怎么得到的，我们将在第 12 章中再做介绍。

## 10.3.2 IF 和 COUNTIF

Gambrell 制造公司生产汽车音响，音响由不同的配件构成，该公司为了保证生产能平稳地进行下去，建立了相应的配件库存。然而，库存会发生费用，Gambrell 制造公司希望配件库存维持在最低水平。为帮助管理和控制库存，Gambrell 制造公司的管理人员采用了订购点（order-up-to）库存管理策略。

所谓订购点策略，是指无论何时当现有库存下降到某一水平以下时，订购足够数量的产品，使库存回到先前预定的水平。如果目前的库存数（记为 $H$）下降到 $M$ 以下，则订购足够的数量，使库存水平重新达到 $M$。$M$ 称为订购点，$Q$ 表示订购数，那么用数学语言表示为

$$Q = M - H$$

图 10-17 给出了 Gambrell 制造公司的库存模型。

在图 10-17 所示工作表的上半部分的参数模块，分别给出了 4 个配件（代码 ID 分别是 570、578、741、755）各自的现有库存（$H$）、订购点（$M$）和单位成本。另外，在参数模

| | A | B | C |
|---|---|---|---|
| 1 | **Gambrell Manufacturing** | | |
| 2 | **Parameters** | | |
| 3 | Component ID | **570** | **578** |
| 4 | Inventory On-Hand | 5 | 30 |
| 5 | Order-up-to Point | 100 | 55 |
| 6 | Cost per Unit | 4.5 | 12.5 |
| 7 | | | |
| 8 | Fixed Cost per Order | 120 | |
| 9 | | | |
| 10 | Minimum Order Size for Discount | 50 | |
| 11 | Discounted to | 0.9 | |
| 12 | | | |
| 13 | **Model** | | |
| 14 | | | |
| 15 | Component ID | =B3 | =C3 |
| 16 | Order Quantity | =B5–B4 | =C5–C4 |
| 17 | Cost of Goods | =IF(B16 >= $B$10, $B$11*B6,B6)*B16 | =IF(C16 >= $B$10, $B$11*C6,C6)*C16 |
| 18 | | | |
| 19 | Total Number of Orders | =COUNTIF(B16:E16,">0") | |
| 20 | | | |
| 21 | Total Fixed Costs | =B19*B8 | |
| 22 | Total Cost of Goods | =SUM(B17:E17) | |
| 23 | Total Cost | =SUM(B21:B22) | |
| 24 | | | |

| | A | B | C | D | E |
|---|---|---|---|---|---|
| 1 | **Gambrell Manufacturing** | | | | |
| 2 | **Parameters** | | | | |
| 3 | Component ID | **570** | **578** | **741** | **755** |
| 4 | Inventory On-Hand | 5 | 30 | 70 | 17 |
| 5 | Order-up-to Point | 100 | 55 | 70 | 45 |
| 6 | Cost per Unit | $4.50 | $12.50 | $3.26 | $4.15 |
| 7 | | | | | |
| 8 | Fixed Cost per Order | $120 | | | |
| 9 | | | | | |
| 10 | Minimum Order Size for Discount | 50 | | | |
| 11 | Discounted to | 90% | | | |
| 12 | | | | | |
| 13 | **Model** | | | | |
| 14 | | | | | |
| 15 | Component ID | **570** | **578** | **741** | **755** |
| 16 | Order Quantity | 95 | 25 | 0 | 28 |
| 17 | Cost of Goods | $384.75 | $312.50 | $0.00 | $116.20 |
| 18 | | | | | |
| 19 | Total Number of Orders | 3 | | | |
| 20 | | | | | |
| 21 | Total Fixed Costs | $360.00 | | | |
| 22 | Total Cost of Goods | $813.45 | | | |
| 23 | Total Cost | $1,173.45 | | | |
| 24 | | | | | |

图 10-17 Gambrell 制造公司的库存模型

块中，也同时给出了每次订购的固定费用。固定订购费用是指，无论何时进行订购，不管订购多少单位，这笔费用都必须要支出。表中显示，每次订购配件需要花费 120 美元。

图 10-17 工作表中的模型部分，计算了每个配件的订购数量。其中：对于配件 570，$M=100$ 且 $H=5$，所以 $Q=M-H=100-5=95$；对于配件 741，$M=70$ 且 $H=70$，因为现有库存 70 等于订购点 70，所以没有订购任何单位；其他两个配件的计算相似。

根据订购的数量，Gambrell 制造公司可以得到单位成本的折扣。如果订购 50 件或更多配件，每件的成本折扣为 10%。例如，对于配件 741，单位成本是 4.50 美元，订购 95 件，因为 95 件超过要求的 50 件，有 10% 折扣，这时的单位成本便降到 $4.50-0.1\times 4.50=4.50-0.45=4.05$ 美元，如果不包括固定成本，购买产品的总成本是 $4.05\times 95=384.75$ 美元。

用于这些计算的 Excel 函数,在图 10-17 中给出(为清晰起见,我们仅展示了前三列的计算公式)。在图 10-17 所示的电子表格中,第 17 行采用的 IF 函数可用于计算每个配件的产品购买成本。IF 函数的一般编辑格式为

= IF(条件,条件成立时的结果,条件不成立时的结果)

例如,单元格 B17 中的 IF 函数的编辑方式为 = IF(B16 > = \$B\$10,\$B\$11 × B6,B6) × B16,表述意思:如果订购数量(B16)大于或等于折扣要求的最小数量(B10),则每单位成本是 B11 × B6(有 10% 折扣,所以成本是初始成本的 90%);如果没有折扣,单位成本是单元格 B6 中给出的数值。由 IF 函数计算出单位成本后,再与订购数量(B16)相乘,得到配件 570 的总购买成本,其他配件的商品购买成本以同样的方式计算得出。

单元格 B23 中的总成本,是总固定成本(单元格 B21)和总购买成本(单元格 B22)的总和。因为有 3 次订购(每次订购配件 570、578 和 755 中的一种),所以订购的固定成本是 3 × 120 = 360(美元)。

单元格 B19 中采用的 COUNTIF 函数主要用于计算订购次数。需要注意的是,计算的是配件订购数量为正数的次数。COUNTIF 函数的一般形编辑格式为

= COUNTIF(单元格范围,条件)

单元格范围是数据所在的区域,对满足条件的单元格进行计数。图 10-17 中,单元格 B19 通过函数 = COUNTIF(B16:E16,">0"),对单元格 B16:E16 内大于 0 的单元格进行的计数。注意:COUNTIF 函数条件前写上逗号。图 10-17 中,因为单元格 B16、C16 和 E16 的数值都大于 0,所以单元格 B19 给出的 COUNTIF 计数结果就是 3。

正如我们已经看到的,IF 和 COUNTIF 是很有用的函数,能对符合(或不符合)条件的对象进行计算。Excel 中还带有其他如同这样的条件函数,如 SUMIF 函数,希望大家自行学习这一方面的知识。

### 10.3.3 VLOOKUP

Granite 保险公司的销售经理需要根据销售业绩为销售人员发放奖金。该销售团队共有 15 名销售人员,且每位销售人员各负责一个销售区域。根据区域大小和人口数,每位销售人员都有年度销售目标。

用于发放奖金的绩效考核标准是超额完成销售目标的比例,以这个指标为基础,将销售人员划分为 5 个奖金等级并奖励积分。在所有的销售人员被划分为不同奖金等级和获得奖励积分后,按照个人积分占总奖励积分的比例,从奖励总额中领取个人奖励金额。销售经理建立了电子表格模型(见图 10-18)用以计算奖金。

图 10-18 的单元格 E3 给出了奖金总额 250 000 美元。单元格 A6:C10 给出的是奖金等级,A 列是奖金等级的下限,B 列是奖金等级的上限,C 列是奖励给处于该奖金等级的销售人员的奖金积分。例如,超额完成销售目标 56% 的销售人员获得 15 个积分的奖励。

在图 10-18 中,每个销售人员的名字和超额完成目标的百分比列示在 A 列和 B 列。C 列的 VLOOKUP 函数,用于查找奖金等级并自动为每位销售人员分配奖金积分。

|  | A | B | C | D | E |
|---|---|---|---|---|---|
| 1 | Granite Insurance Bonus Awards | | | | |
| 2 | | | | | |
| 3 | Parameters | | | Bonus Pool | 250000 |
| 4 | | | | | |
| 5 | Bonus Bands to be awarded for percentage above target sales. | | | | |
| 6 | Lower Limit | Upper Limit | Bonus Points | | |
| 7 | 0 | 0.1 | 0 | | |
| 8 | 0.11 | 0.5 | 10 | | |
| 9 | 0.51 | 0.79 | 15 | | |
| 10 | 0.8 | 0.99 | 25 | | |
| 11 | 1 | 100 | 40 | | |
| 12 | | | | | |
| 13 | Model | | | | |
| 14 | Last Name | % Above Target Sales | Bonus Points | % of Pool | Bonus Amount |
| 15 | Barth | 0.83 | =VLOOKUP(B15,$A$7:$C$11,3,TRUE) | =C15/$C$30 | =D15*$E$3 |
| 16 | Benson | 0 | =VLOOKUP(B16,$A$7:$C$11,3,TRUE) | =C16/$C$30 | =D16*$E$3 |
| 17 | Capel | 1.18 | =VLOOKUP(B17,$A$7:$C$11,3,TRUE) | =C17/$C$30 | =D17*$E$3 |
| 18 | Choi | 0.44 | =VLOOKUP(B18,$A$7:$C$11,3,TRUE) | =C18/$C$30 | =D18*$E$3 |
| 29 | Ruebush | 0.85 | =VLOOKUP(B29,$A$7:$C$11,3,TRUE) | =C29/$C$30 | =D29*$E$3 |
| 30 | | | Total =SUM(C15:C29) | =SUM(D15:D29) | =SUM(E15:E29) |

|  | A | B | C | D | E |
|---|---|---|---|---|---|
| 1 | Granite Insurance Bonus Awards | | | | |
| 2 | | | | | |
| 3 | Parameters | | | Bonus Pool | $250,000 |
| 4 | | | | | |
| 5 | Bonus Bands to be awarded for percentage above target sales. | | | | |
| 6 | Lower Limit | Upper Limit | Bonus Points | | |
| 7 | 0% | 10% | 0 | | |
| 8 | 11% | 50% | 10 | | |
| 9 | 51% | 79% | 15 | | |
| 10 | 80% | 99% | 25 | | |
| 11 | 100% | 10000% | 40 | | |
| 12 | | | | | |
| 13 | Model | | | | |
| 14 | Last Name | % Above Target Sales | Bonus Points | % of Pool | Bonus Amount |
| 15 | Barth | 83% | 25 | 8.5% | $21,186.44 |
| 16 | Benson | 0% | 0 | 0.0% | $0.00 |
| 17 | Capel | 118% | 40 | 13.6% | $33,898.31 |
| 18 | Choi | 44% | 10 | 3.4% | $8,474.58 |
| 29 | Ruebush | 85% | 25 | 8.5% | $21,186.44 |
| 30 | | Total | 295 | 100% | $250,000.00 |

Granite

图 10-18　Granite 保险公司奖金模型

VLOOKUP 函数允许用户根据某些标准从更大的数据表中拉取子数据集。VLOOKUP 函数的编辑格式为

= VLOOKUP(值,表格,索引,范围)

式中

　　值 = 在表格第一列中查找的值

　　表格 = 表格中用于查找的单元格范围

　　索引 = 表格中用于查找的要求返回的单元格范围的列

　　范围 = TRUE 搜索首个相近的匹配值；范围 = FALSE 搜索一个准确的匹配值

VLOOKUP 要求表格的第一列以递升顺序排列。针对 C18 中销售人员 Choi 的 VLOOKUP 函数操作方式如下：

= VLOOKUP(B18,＄A＄6：＄C＄10,3,TRUE)

该函数使用单元格 B18 中的超额完成销售目标百分比并搜索表格的第一列，其中表格由 A6：C10 定义。因为范围定义为 TRUE，表明搜索首个相近的匹配值，所以 Excel 在表格的第一列从顶部开始搜索，直到找到一个在严格意义上大于 B18 的值。单元格 B18 是

44%，表格的 A 列中第一个大于 44% 的值是 A8（51%），然后回到对应的某行（第 7 行）。换句话说，找到了第一列中最后一个小于或等于 44% 的值。因为 VLOOKUP 函数的第三个参数是 3，所以将会选择第 7 行中表格的第三列元素，也就是 10 个奖金积分。概括起来，范围设置为 TRUE 的 VLOOKUP 选择第一个变量，并在表格第一列中搜索严格小于第一个变量的最后一行。然后从该行选择元素，该元素在第三个变量的数列。

一旦根据 VLOOKUP 和奖金等级为所有的销售人员奖励了奖金积分，此时 C30 使用 SUM 函数给出总的奖金积分数。每个人的奖金积分占总奖金的占比在 D 列计算出来，E 列是 D 列中的百分比乘以奖金总额得到的每个人的奖金额。

## 10.4 电子表格模型审核

Excel 包含各种工具，有助于我们建立和调试电子表格模型。这些工具，可以在**公式**（Formulas）标签的**公式审核**（Formula Auditing）模块中找到，具体参见图 10-19。

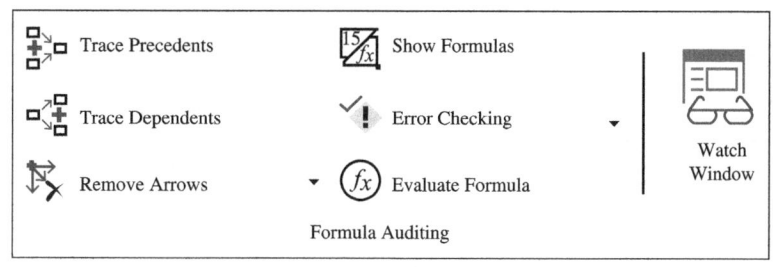

图 10-19 公式审核模块

下面，我们分别来介绍该模块中的每一个工具。

### 10.4.1 追踪引用单元格和从属单元格

选择单元格后，单击**公式审核**（Formula Auditing）模块中的**追踪引用单元格**（Trace Precedents），这时会创建指向选定单元格的箭头，箭头起点是选定的单元格公式中的部分单元格。另一方面，单击**公式审核**（Formula Auditing）模块中的**追踪从属单元格**（Trace Dependents），显示的箭头是从选定的单元格指向引用选定的单元格。利用追踪引用单元格和从属单元格，都能快速地确定部分计算是如何连接的。

打开 Excel 文档 Foster Generators，选定单元格 B13，单击**公式审核**（Formula Auditing）模块中的**追踪引用单元格**（Trace Precedents），便得到追踪引用单元格示例，详见图 10-20。

单元格 B13 中的总运输费用，是由单位运输成本和运输量计算得到的 SUMPRODUCT（乘积之和）。图 10-20 为显示这一关系，箭头从这些电子表格区域指向单元格 B13。这些箭头，可以通过单击**公式审核**（Formula Auditing）模块中的**移去箭头**（Remove Arrows）移除。

选定单元格 E18，即从贝德福德（Bedford）运至莱克星顿（Lexington）的单位数，并单击**公式审核**（Formula Auditing）模块中的**追踪从属单元格**（Trace Dependents），得到示例图 10-21。

|  | A | B | C | D | E | F | G |
|---|---|---|---|---|---|---|---|
| 1 | Foster Generators | | | | | | |
| 2 | Parameters | | | | | | |
| 3 | Shipping Cost/Unit | | Destination | | | | |
| 4 | Origin | Boston | Chicago | St. Louis | Lexington | Supply | |
| 5 | Cleveland | $3.00 | $2.00 | $7.00 | $6.00 | 5000 | |
| 6 | Bedford | $6.00 | $5.00 | $2.00 | $3.00 | 6000 | |
| 7 | York | $2.00 | $5.00 | $4.00 | $5.00 | 2500 | |
| 8 | Demand | 6000 | 4000 | 2000 | 1500 | | |
| 9 | | | | | | | |
| 10 | | | | | | | |
| 11 | Model | | | | | | |
| 12 | | | | | | | |
| 13 | Total Cost | $54,500.00 | | | | | |
| 14 | | | | | | | |
| 15 | | | Destination | | | | |
| 16 | Origin | Boston | Chicago | St. Louis | Lexington | Total | |
| 17 | Cleveland | 5000 | 0 | 0 | 0 | 5000 | |
| 18 | Bedford | 1000 | 4000 | 1000 | 0 | 6000 | |
| 19 | York | 0 | 0 | 1000 | 1500 | 2500 | |
| 20 | Total | 6000 | 4000 | 2000 | 1500 | | |
| 21 | | | | | | | |
| 22 | | | | | | | |

图 10-20　Foster Generators 公司的追踪引用单元格

|  | A | B | C | D | E | F | G |
|---|---|---|---|---|---|---|---|
| 1 | Foster Generators | | | | | | |
| 2 | Parameters | | | | | | |
| 3 | Shipping Cost/Unit | | Destination | | | | |
| 4 | Origin | Boston | Chicago | St. Louis | Lexington | Supply | |
| 5 | Cleveland | $3.00 | $2.00 | $7.00 | $6.00 | 5000 | |
| 6 | Bedford | $6.00 | $5.00 | $2.00 | $3.00 | 6000 | |
| 7 | York | $2.00 | $5.00 | $4.00 | $5.00 | 2500 | |
| 8 | Demand | 6000 | 4000 | 2000 | 1500 | | |
| 9 | | | | | | | |
| 10 | | | | | | | |
| 11 | Model | | | | | | |
| 12 | | | | | | | |
| 13 | Total Cost | $54,500.00 | | | | | |
| 14 | | | | | | | |
| 15 | | | Destination | | | | |
| 16 | Origin | Boston | Chicago | St. Louis | Lexington | Total | |
| 17 | Cleveland | 5000 | 0 | 0 | 0 | 5000 | |
| 18 | Bedford | 1000 | 4000 | 1000 | 0 | 6000 | |
| 19 | York | 0 | 0 | 1000 | 1500 | 2500 | |
| 20 | Total | 6000 | 4000 | 2000 | 1500 | | |
| 21 | | | | | | | |
| 22 | | | | | | | |

图 10-21　Foster Generators 公司的追踪从属单元格

由图 10-21，从贝德福德运往莱克星顿的数量，影响着单元格 B13 中的成本函数，以及单元格 F18 从贝德福德运出的数量、单元格 E20 中运往莱克星顿的数量。可以通过单击**公式审核**（Formula Auditing）模块中的**移去箭头**（Remove Arrows）移除。

## 10.4.2 显示公式

顾名思义，显示公式的作用旨在帮助我们浏览工作表中的公式。选定工作表中的任意单元格，然后单击**显示公式**（Show Formulas）即可，这时就能看到工作表中的公式。若要隐藏公式，可重新单击**显示公式**（Show Formulas）。正如我们在本章的例子中已经提到过的，使用显示公式可以帮助我们检查单元格中的公式。

## 10.4.3 公式求值

**公式求值**（Evaluate Formulas）功能，可以帮助我们非常详细地检查单元格中的计算。作为一个例子，我们来检查 Gambrell 制造问题的单元格 B17（参见图 10-17），现在考虑是否有数量折扣来计算采购成本，具体步骤如下：

第一步，选定单元格 B17。

第二步，单击功能区中的**公式求值**（Evaluate Formulas）。

第三步，单击**公式审核**（Formula Auditing）模块中的**公式求值**（Evaluate Formulas）。

第四步，当**公式求值**（Evaluate Formulas）对话框打开后（图 10-22），单击**求值**（Evaluate）按钮。

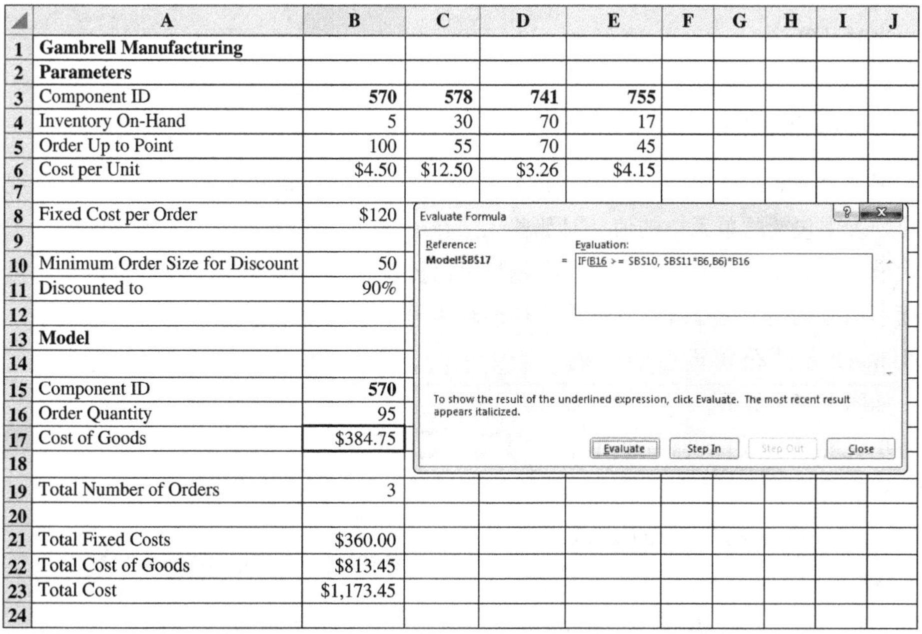

图 10-22 公式求值对话框

第五步，重复步骤 4 直到完成对整个公式的求值。

第六步，单击**关闭**（Close）按钮。

图 10-23 给出了 Gambrell 制造公司电子表格模型中，点击四次**求值**（Evaluate）后单元格 B17 的公式求值对话框。

公式求值功能为识别公式中错误的准确位置提供了很好的检查方法。

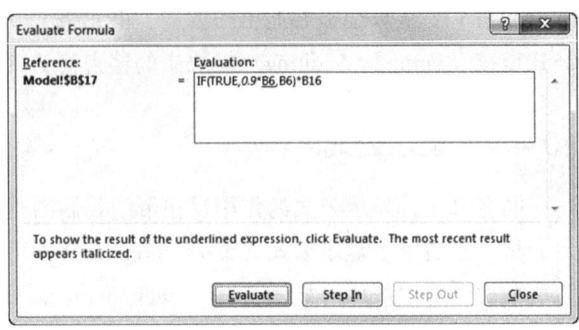

图 10-23 单击四次"求值"按钮，弹出单元格 B17 的公式求值对话框

### 10.4.4 错误检查

Excel 中的**错误检查**（Error Checking）功能，能够自行检查工作表中公式内部的数学错误。单击**错误检查**（Error Checking），会激活 Excel 检查表格中的每一个公式来寻找计算错误。一旦发现错误，**错误检查**（Error Checking）对话框就会出现。图 10-24 是一个虚构的零错误的例子，在该对话框中可以编辑公式，观察计算步骤（与前面的公式求值相同），或通过 Excel 的帮助功能取得帮助。错误检查过程，尤其有助于核对大规模的没有显示出来的计算。

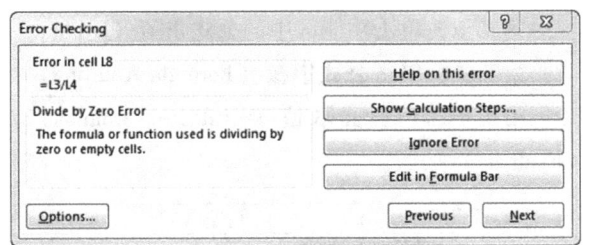

图 10-24 错误检查对话框

### 10.4.5 监视窗口

**监视窗口**（Watch Window）位于**公式审核**（Formula Auditing）模块，允许用户观察监视窗口列表中包括的单元格的值。对那些无法在屏幕上观察到完整计算或使用多个工作表的较大模型，监视窗口显得比较有用。用户可以监视在模型改变时所列单元格是如何改变的，而不用搜索整个工作表或从一个工作表转为另一个工作表。

Gambrell 制造公司模型的监视窗口，如图 10-25 所示。

将单元格 B17 加入监视列表，具体操作过程如下：

第一步，单击功能区的**公式**（Formula）。

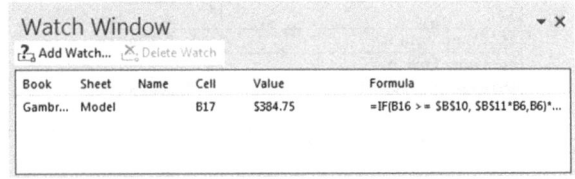

图 10-25 单元格 B17 的监视窗口

第二步，单击**公式审核**（Formula Auditing）模块中的**监视窗口**（Watch Window），以显示监视窗口。

第三步，单击**添加监视**（Add Watch）。

第四步，选择想要加入监视列表的单元格（本例中是 B17）。

如图 10-25 所示，列表给出了工作簿名称、工作表名称、单元格名称（如果使用）、单元格位置、单元格值和单元格公式。从监视列表中删除单元格，单击列表中的对象，然后单击监视窗口顶部的**删除监视**（Delete Watch）即可。

通过像图 10-25 那样的监视窗口，允许我们在工作表中有任何地方改变时，监视单元格 B17 的值。另外，如果在工作簿中有其他工作表，我们甚至可以从其他工作表中监视该工作表 B17 的改变。不论我们在工作簿的任何工作表中，监视窗口都是可见的。

## 10.5 预测性与指导性电子表格模型

做出决策的困难在于两个关键现象，一个是不确定性，另一个是可选方案太多。本章中我们介绍的电子表格 What-If 模型，属于描述性模型。拟订公式和给出公式中需要的参数资料，我们就可以依此进行计算。然而，基本的 What-If 电子表格模型可以拓展，以处理决策人面临的不确定性或众多的备选方案。

正如我们在前面有关章节看到的，预测模型可以通过电子表格中的数据、运用 Excel 自带的工具被估计出来。例如，Excel 的回归分析，"数据分析"中的指数平滑和移动平均，只要拥有数据我们就能构造预测模型，这些模型通过对未知事件或未知数量的估计，有助于处理不确定性。What-If 模型的另一个重要拓展是借助模拟帮助我们处理不确定性。

蒙特卡洛模拟本质上是人工设置自动完成的 What-If，自动的一面表现在借助高速和大量 What-If，模仿决策人面临的不确定性。通过对输入的数量化处理，模拟分析能对我们关心的输出不确定性进行量化，进而评估决策的风险。Excel 内置的概率函数，可以帮助我们模拟不确定性。

解决决策的其他复杂因素也就是备选方案过多，可以使用优化模型做出明智的决定。优化模型属于数据分析学中的指导性方法，其特征是拥有一个求极大或极小的目标函数，通常带有决策人可利用的有限选择的约束。由于能够产生可供跟进的方案，正是出于这样的认识，优化模型被看成指导性数据分析方法。Excel 有一种特殊的工具叫作规划求解（Solver），可用来求解优化模型。作为 What-If 模型的延伸，在决策问题的约束得到满足时，利用 Excel 中的规划求解功能，能够帮助我们找出使目标极大化或极小化的最优（最好）的行动方案。

在本章中，我们结合具体事例，讲解了如何利用 Excel 中的单变量求解获得描述性模型的盈亏平衡点。与单变量求解一样，基本的描述性电子表格模型在其他方面的推广，如模拟分析和优化分析，能够使我们更好地进行数据分析。

● **本章小结** ●—○—●—○—●

本章中，我们介绍了建立电子表格模型的原则、几个 What-If 分析工具、一些有用的 Excel 函数，以及如何审核电子表格模型。What-If 电子表格模型是非常重要和流行的分析工具，不仅如此，在本书后面的有关章节，我们将看到 What-If 分析也是优化和仿真模型的基础。

本章我们讲解了如何利用影响图对问题进行结构化描述。影响图可以用来指导代数模型的建立，并将其转化为电子表格模型。我们介绍了将参数部分和模型部分分隔开来的重要性，因为这会简化分析，并且能在计算公式编辑中使出现错误的风险最小。在很多场合中，单元格公式应是在变量部分引用单元格而不是使用固定值。另外，本章介绍了使用适当的形式和色彩来增强电子表格模型使用和理解。

本章里我们通过几个实例，说明了如何使用 Excel 的模拟运算表、单变量求解和方案管理器，进行详细而有效的 What-If 分析。此外，我们还介绍了一些有助于商务数据分析的 Excel 函数，讲解了 Excel 审核工具，它们可能用于调试和监视电子表格模型，以确保不发生错误。本章的最后，我们对预测性电子表格模型和指导性电子表格模型做了简单的说明。

## ● 关键术语 ●━○━●━○━●

**模拟运算表**（data table）：也可叫作数据表，对输入值改变可能产生的对输出的影响进行量化分析的 Excel 工具。

**决策变量**（decision variable）：决策人可以控制的模型输入。

**单变量求解**（goal seek）：允许用户确定一个输入单元格的值，该值会使相关输出单元格的值等于某个指定值或目标值。

**影响图**（influence diagram）：一种视觉表达，描述了模型中哪些要素影响着其他要素。

**制造-购买决策**（make-versus-buy decision）：企业经常面临的一种决策，即决定应该自己制造产品还是将产品加工任务外包给其他公司。

**单向模拟运算表**（one-way data table）：单个输入值的改变可能产生的对输出影响分析的一种 Excel 模拟运算表。

**参数**（parameter）：在 What-If 模型中，参数指的是不可控输入。

**方案管理器**（scenario manager）：Excel 中的一种工具，用来数量化分析多个输入的变动对 1 个或 1 个以上输出结果的影响。

**双向模拟运算表**（two-way data table）：两个输入值的改变可能产生的对输出影响分析的一种 Excel 模型运算表。

**What-If 模型**（What-If model）：用于研究模型输入的改变对模型输出影响的模型。

## ● 复习思考题 ●━○━●━○━●

1. Cox 电子公司生产电子元件，该公司一款新产品的生产需要投入的固定费用是 10 000 美元，单位原材料的采购费用是 0.15 美元，单位用工成本 0.10 美元，产品的单位收益为 0.65 美元。注意：无论生产多少产品固定费用都会发生，单位用工成本和单位原材料的采购费用共同构成单位可变费用。假设 Cox 电子公司的产品能全部卖出，利润可以通过总收益减去固定费用和总可变费用计算出来。

(1) 绘制计算利润的影响图。
(2) 用代数形式表达利润的计算。
(3) 根据电子表格模型的设计原则，创建电子表格模型。
(4) 如果 Cox 电子公司生产 12 000 件产品，这时的利润是多少？
2. 利用复习思考题 1 建立的电子表格模型，回答下列问题：
(1) 产品产量从 0 开始直至 100 000 件，步长为 10 000 件，利用单向模拟运算表进行分析，并指出收支均衡的产量变化范围。
(2) 利用 Excel 单变量求解功能，找出收支平衡时的产量。
3. Eastman 出版公司正准备出版一本电子表格在商业分析中应用的电子教材，其中稿件编写、图书设计、网站建设这些固定开支估计为 160 000 美元，可变成本估计为每本 6 美元，预计每本零售价格为 46 美元。根据这些资料：
(1) 建立电子表格模型，计算销售量为 3 500 本时的利润（或损失）。
(2) 步长为 200，销售量从 1 000 到 6 000 变化时，分析利润的变化情况。
(3) 假定销售 3 500 本，Eastman 出版公司需要取得收支平衡，运用单变量求解确定每本图书的定价应是多少。
(4) 考虑下表所列情境，

|  | 情境1 | 情境2 | 情境3 | 情境4 | 情境5 |
| --- | --- | --- | --- | --- | --- |
| 单位可变成本（美元） | 6 | 8 | 12 | 10 | 11 |
| 定价（美元） | 46 | 50 | 40 | 50 | 60 |
| 需求量 | 2 500 | 1 000 | 6 000 | 5 000 | 2 000 |

每种情境下，固定费用仍然是 160 000 美元，运用方案管理器生成摘要报告，给出每种情境下相应的利润，并说说哪种情境下利润最高、哪种情境下利润最低。
4. 辛辛那提大学的商务数据分析中心为了拓展业务，与企业合作开展商务数据分析应用研究和继续教育。该中心开展的项目之一是每季度的商务智能专题讨论会。每次讨论会有三个关于数据分析实际应用的演讲，中心的每个合作会员（目前有 10 个）在每次讨论会上拥有 5 个免费座席。参加讨论会的非会员每人必须支付 75 美元，每个参会者有早餐、午餐及免费停车位。举行一次讨论会的费用开支如下：场地租金 150 美元，办理登记手续费每人 8.50 美元，支付演讲人的课酬 3 × 800 = 2 400（美元），欧式早餐费每人 4.00 美元，午餐费每人 7.00 美元，停车费每辆 5.00 美元。
(1) 根据出席讨论会的非会员人数，运用电子表格模型测算利润或损失。
(2) 运用 Excel 的单变量求解功能，找出能实现收支平衡时出席讨论会的非会员人数。
5. 背景资料见复习思考题 4，要求：
(1) 商务数据分析中心正考虑一项对缺席者的返现政策，没有参加会议的会员不返现，但没有参加会议的非会员将以现金方式返还 50% 的缴费额。根据过去的参会记录，会有 25% 登记的会员和 10% 登记的非会员缺席讨论会。商务数据分析中心是根据报名人数（不是实际参会人数）早餐和午餐承办方支付费用的，但只为参会者支付停车费。如果所有合作会员都报名参会，并且有 127 名非会员报名，这时的利润是多少？

(2) 假定非会员报名数从 80 人开始，以步长 5 人递增到 160 人，非会员缺席会议的比例从 10% 开始，以步长 2% 递增到 30%，试运用双向模拟运算表对利润的变化情况进行分析。

(3) 对于下表所列情境：

|  | 基本情况 | 最坏情况 | 最好情况 |
| --- | --- | --- | --- |
| 没有出席会议的会员占比（%） | 25 | 50 | 15 |
| 没有出席会议的非会员占比（%） | 10 | 30 | 5 |
| 办理登记手续的非会员人数 | 130 | 100 | 150 |

所有其他需要输入的资料与本题（1）一样，运用方案管理器生成摘要报告，给出每种情境下相应的利润，并说说哪种情境下利润最高、哪种情境下利润最低。

6. 背景材料见复习思考题 3，通过网上测试，Eastman 出版公司构造了一个预测模型，即以价格估计需求。该预测模型是：需求量 $= 4\,000 - 6 \times p$，这里的 $p$ 是电子书的价格。

(1) 根据给定的需求预测模型，对复习思考题 3 的电子表格模型进行改进。

(2) 运用单变量求解，计算收支平衡时的图书价格。

(3) 假定零售价格从 50 美元开始，以步长 25 美元递增到 400 美元，通过模拟运算表，找出能使利润达到最大的零售价格。

7. Lindsay 现年 25 岁，拥有一份新的网站开发工作。Lindsay 希望确保 30 年后的财务状况良好，因此她计划接下来 30 年的每年年末投资同样数额的一笔钱到退休账户。建立一个数据表，为 Lindsay 展示不同水平的年投资和回报率下的退休账户余额。建立双向模拟运算表，年投资额以 1 000 美元为步长从 5 000 美元到 20 000 美元，回报率以 1% 为步长从 0% 到 12%。注意：因为 Lindsay 在年末投资，所以她在某年的投资在当年并没有收益。

8. 背景资料见复习思考题 7。投资 30 年后 Lindsay 账户的实际价值，与该时期的通货膨胀有关。Excel 的净现值函数 = NPV（rate, value1, value2, …）中，rate 被称为折现率，value1、value2 等是相同时期内的收入（正数）或开支（负数）。对复习思考题 7 建立的模型进行修改，使用 NPV 函数计算出 Lindsay 退休金的净现值。要求：构建模拟运算表，显示不同回报率和通货膨胀率（折扣率）下 Lindsay 退休金的净现值。使用模拟运算表，以 1% 为步长从 0% 到 12% 改变回报率，以 1% 为步长从 0% 到 4% 改变通货膨胀率，反映它们对净现值的影响。（提示：使用 NPV 函数，计算每年账户的总增加额和现金流的折现。）

9. Goal Kick Sports（GKS）是一家连锁零售店，经销青少年和成人足球装备。GKS 的财务计划人员开发一款电子表格模型，用以测算新开的一家零售店第一个五年运营的折现现金流量净额。这个模型用于评估扩建的新地点，具体资料可以用邮件向本书出版商索取。

(1) 运用 Excel 公式审查工具对模型进行审核，并纠正发现的错误。

(2) 模型修正后，对下列情境运用方案管理器生成总折现现金流量摘要报告，并指出这些情境下总折现现金流量的范围见下表。

|  | 情境 | | | |
|---|---|---|---|---|
|  | 1 | 2 | 3 | 4 |
| 税率（%） | 33 | 25 | 33 | 25 |
| 通货膨胀率（%） | 1 | 2 | 4 | 3 |
| 销售年增长率（%） | 20 | 15 | 10 | 12 |

10. Newton 制造公司生产计算器，类型有 N350、N450 和 N900。Newton 公司计划在 8 个国家和地区分销这些产品，分别是巴西、中国、法国、马来西亚、美国东北部、美国东南部、美国中西部和美国西部。下表给出了当前季度每种产品和每个国家和地区的数据：

| 1 | A | B | C |
|---|---|---|---|
| 2 | 分销国家和地区 | 产品类型 | 运输量（千件） |
| 3 | 马来西亚 | N350 | 399.0 |
| 4 | 中国 | N350 | 3 158.3 |
| 5 | 法国 | N350 | 1 406.0 |
| 6 | 巴西 | N350 | 163.5 |
| 7 | 美国东北部 | N350 | 68.7 |
| 8 | 美国东南部 | N350 | 999.7 |
| 9 | 美国中西部 | N350 | 544.9 |
| 10 | 美国西部 | N350 | 1 804.0 |
| 11 | 马来西亚 | N450 | 228.0 |
| 12 | 中国 | N450 | 540.9 |
| 13 | 法国 | N450 | 289.8 |
| 14 | 巴西 | N450 | 240.5 |
| 15 | 美国东北部 | N450 | 313.2 |
| 16 | 美国东南部 | N450 | 681.3 |
| 17 | 美国中西部 | N450 | 1 720.3 |
| 18 | 美国西部 | N450 | 2 922.3 |
| 19 | 马来西亚 | N900 | 1 301.6 |
| 20 | 中国 | N900 | 1 629.3 |
| 21 | 法国 | N900 | 1 790.8 |
| 22 | 巴西 | N900 | 740.7 |
| 23 | 美国东北部 | N900 | 48.3 |
| 24 | 美国东南部 | N900 | 1 522.3 |
| 25 | 美国中西部 | N900 | 22 110.5 |
| 26 | 美国西部 | N900 | 1 243.6 |

DATA *file*
Newton

表中，A、B 和 C 表示数据在 Excel 中所在的列，最左侧列中的数字为 Excel 中的行号。

Newton 公司希望知道运至每个分销区域的产品总数，以及运到每个分销区域的各种产品的总数。有几种方法可以从数据集中获得这些信息，其中一种方法就是利用 Excel 中的 SUMIF 函数。

SUMIF 函数是 SUM 函数功能的扩展，允许用户对符合逻辑条件的单元格进行加

总。SUMIF 函数的编辑格式为

= SUMIF(测试范围,条件,求和区域)

所以,对上述给定的资料,我们使用 SUMIF 函数,并进行如下编辑,便能得到运至马来西亚的产品总数:

= SUMIF(A3:A26,A3,C3:C26)

单元格 A3 包含文本"马来西亚", A3:A26 是分销区域所在的 Excel 工作表中的范围;C3:C26 是这些分销区域每个产品的数量。函数 SUMIF 在 A 列寻找"马来西亚"的匹配项,如果找到匹配项,则将其产品量加入总值。利用 Excel 中的 SUMIF 函数,可以获得每个分销区域的总量和每个产品的总量。

要求:利用 Excel 中的 SUMIF 函数,对 Newton 公司运至每个分销区域的产品总数以及运到每个分销地区每种类型的产品总数进行合计。

11.  Williamson 公司的运输问题,与本章讨论的 Foster Generator 公司的问题非常相似。Williamson 公司生产一种产品,加工厂分别位于亚特兰大、莱克星顿、芝加哥和盐湖城,仓储设在波特兰、圣保罗、拉斯韦加斯、图桑和克利夫兰。每个工厂加工能力有限,每个仓库需要量要满足。Williamson 公司打算建立使运费用最小的电子表格模型,具体情况见下表:

| | 单位运费(美元) | | | | | |
|---|---|---|---|---|---|---|
| | 波特兰 | 圣保罗 | 拉斯韦加斯 | 图桑 | 克利夫兰 | 加工能力 |
| 亚特兰大 | 2.17 | 0.92 | 1.75 | 1.50 | 0.56 | 10 000 |
| 莱克星顿 | 1.97 | 0.61 | 1.68 | 1.53 | 0.22 | 10 000 |
| 芝加哥 | 1.71 | 0.37 | 1.53 | 1.41 | 0.34 | 15 000 |
| 盐湖城 | 0.63 | 0.99 | 0.35 | 0.58 | 1.57 | 8 000 |
| 需要量 | 5 000 | 15 600 | 5 000 | 3 750 | 4 570 | |
| 模型 | | | | | | |
| 总运费 | 45 732 968 | | | | | |
| | 运输量 | | | | | |
| | 波特兰 | 圣保罗 | 拉斯韦加斯 | 图桑 | 克利夫兰 | 运出量 |
| 亚特兰大 | 0 | 0 | 0 | 3 750 | 0 | 3 750 |
| 莱克星顿 | 0 | 2 600 | 0 | 0 | 4 570 | 7 170 |
| 芝加哥 | 2 000 | 13 000 | 0 | 0 | 0 | 15 000 |
| 盐湖城 | 3 000 | 0 | 5 000 | 0 | 0 | 8 000 |
| 运达量 | 5 000 | 15 600 | 5 000 | 3 750 | 4 570 | |

Williamson 公司的经理审查了结果,立刻觉察到总运输费用与其感觉不一致。要求:运用 Excel 中的"公式审查"(Formula Auditing)工具,找出模型中的具体错误,并进行纠正。(提示:模型中存在两个错误,一定要检查每个公式。)

12. 为了统计 58 名学生选修"运营规划与统筹学"课程(课程编号:OM455)的成绩,Rao 教授希望能利用电子表格模型完成这项工作。其中,课程的总评分由期中考试成绩和期末考试成绩各占 50% 加权计算得出(见下表)。

| | A | B | C | D | E |
|---|---|---|---|---|---|
| 1 | OM 455 | | | | |
| 2 | Section 001 | | | | |
| 3 | Course Grading Scale Based on Course Average: | | | | |
| 4 | | | | | |
| 5 | | 得分下限 | 得分上限 | 学分等级 | |
| 6 | | 0 | 59 | F | |
| 7 | | 60 | 69 | D | |
| 8 | | 70 | 79 | C | |
| 9 | | 80 | 89 | B | |
| 10 | | 90 | 100 | A | |
| 11 | | | | | |
| 12 | | | | | |
| 13 | 学生姓名 | 期中考分 | 期末考分 | 总均得分 | 学分等级 |
| 14 | Alt | 70 | 56 | 63.0 | |
| 15 | Amini | 95 | 91 | 93.0 | |
| 16 | Amoako | 82 | 80 | 81.0 | |
| 17 | Apland | 45 | 78 | 61.5 | |
| 18 | Bachman | 68 | 45 | 56.5 | |
| 19 | Corder | 91 | 98 | 94.5 | |
| 20 | Desi | 87 | 74 | 80.5 | |
| 21 | Dransman | 60 | 80 | 70.0 | |
| 22 | Duffuor | 80 | 93 | 86.5 | |
| 23 | Finkel | 97 | 98 | 97.5 | |
| 24 | Foster | 90 | 91 | 90.5 | |
| 25 | Fuss | 74 | 82 | 78.0 | |
| 26 | George | 72 | 92 | 82.0 | |
| 27 | Gerson | 83 | 76 | 79.5 | |
| 28 | Girling | 61 | 66 | 63.5 | |
| 29 | Greer | 95 | 100 | 97.5 | |
| 30 | Guerro | 70 | 77 | 73.5 | |
| 31 | Hager | 65 | 93 | 79.0 | |
| 32 | Heilman | 82 | 88 | 85.0 | |
| 33 | Hibbard | 95 | 94 | 94.5 | |
| 34 | Hills | 62 | 57 | 59.5 | |
| 35 | Hughes | 78 | 93 | 85.5 | |
| 36 | Hutchison | 88 | 95 | 91.5 | |
| 37 | Jackson | 85 | 100 | 92.5 | |
| 38 | Kassner | 87 | 90 | 88.5 | |
| 39 | Kelcik | 74 | 86 | 80.0 | |
| 40 | Kern | 46 | 76 | 61.0 | |
| 41 | Kinner | 55 | 86 | 70.5 | |
| 42 | Lair | 90 | 97 | 93.5 | |
| 43 | Marsh | 88 | 96 | 92.0 | |
| 44 | Martini | 67 | 88 | 77.5 | |

(续)

| | 学生姓名 | 期中考分 | 期末考分 | 总均得分 | 学分等级 |
|---|---|---|---|---|---|
| 45 | Mattlin | 78 | 84 | 81.0 | |
| 46 | McGough | 74 | 78 | 76.0 | |
| 47 | Miller | 65 | 80 | 72.5 | |
| 48 | Minnick | 58 | 93 | 75.5 | |
| 49 | Minster | 66 | 67 | 66.5 | |
| 50 | Mueller | 68 | 93 | 80.5 | |
| 51 | Munzo | 86 | 94 | 90.0 | |
| 52 | Nanko | 83 | 96 | 89.5 | |
| 53 | Owen | 54 | 78 | 66.0 | |
| 54 | Reth | 70 | 86 | 78.0 | |
| 55 | Rezai | 95 | 100 | 97.5 | |
| 56 | Ridder | 81 | 79 | 80.0 | |
| 57 | Rodgers | 87 | 97 | 92.0 | |
| 58 | Ruschau | 72 | 90 | 81.0 | |
| 59 | Schneider | 74 | 96 | 85.0 | |
| 60 | Schnirring | 75 | 93 | 84.0 | |
| 61 | Schwartz | 51 | 81 | 66.0 | |
| 62 | Scott | 45 | 76 | 60.5 | |
| 63 | Shaw | 63 | 87 | 75.0 | |
| 64 | Sims | 74 | 68 | 71.0 | |
| 65 | Steelman | 83 | 79 | 81.0 | |
| 66 | Trentman | 65 | 72 | 68.5 | |
| 67 | Villaris | 78 | 83 | 80.5 | |
| 68 | Wettee | 64 | 61 | 62.5 | |
| 69 | Weyer | 93 | 95 | 94.0 | |
| 70 | Whipky | 88 | 90 | 89.0 | |
| 71 | Willis | 90 | 95 | 92.5 | |

（1）运用 VLOOKUP 函数给每位学生评定学分等级。

（2）运用 COUNTIF 函数确定每个学分等级的学生人数。

13. Richardson Ski Racing（RSR）销售高山滑雪设备，其中的一款产品是下坡过程使用的栅栏。该栅栏每卷长 150 英尺[一]，售价每卷 215 美元。RSR 采用折扣策略，具体资料见下表：

| 订购量 | 每卷价格（美元） | 订购量 | 每卷价格（美元） |
|---|---|---|---|
| 1~50 | 215 | 101~200 | 175 |
| 51~100 | 195 | 201 以上 | 155 |

RSR 目前已接到未来 6 周的订单，每笔订单的订购量见下表：

---

[一] 1 英尺 = 30.48 厘米。

| 订单编号 | 订购量 | 订单编号 | 订购量 | 订单编号 | 订购量 | 订单编号 | 订购量 |
|---|---|---|---|---|---|---|---|
| 1 | 86 | 44 | 490 | 87 | 391 | 130 | 452 |
| 2 | 452 | 45 | 94 | 88 | 375 | 131 | 111 |
| 3 | 492 | 46 | 285 | 89 | 487 | 132 | 208 |
| 4 | 191 | 47 | 237 | 90 | 11 | 133 | 317 |
| 5 | 356 | 48 | 101 | 91 | 264 | 134 | 60 |
| 6 | 148 | 49 | 53 | 92 | 14 | 135 | 185 |
| 7 | 342 | 50 | 257 | 93 | 177 | 136 | 383 |
| 8 | 382 | 51 | 273 | 94 | 193 | 137 | 52 |
| 9 | 276 | 52 | 415 | 95 | 427 | 138 | 282 |
| 10 | 118 | 53 | 346 | 96 | 320 | 139 | 188 |
| 11 | 464 | 54 | 133 | 97 | 347 | 140 | 52 |
| 12 | 188 | 55 | 287 | 98 | 64 | 141 | 106 |
| 13 | 25 | 56 | 431 | 99 | 430 | 142 | 346 |
| 14 | 427 | 57 | 113 | 100 | 282 | 143 | 277 |
| 15 | 30 | 58 | 197 | 101 | 66 | 144 | 484 |
| 16 | 111 | 59 | 6 | 102 | 457 | 145 | 208 |
| 17 | 161 | 60 | 328 | 103 | 377 | 146 | 229 |
| 18 | 314 | 61 | 114 | 104 | 15 | 147 | 311 |
| 19 | 442 | 62 | 207 | 105 | 333 | 148 | 450 |
| 20 | 429 | 63 | 273 | 106 | 23 | 149 | 304 |
| 21 | 451 | 64 | 257 | 107 | 230 | 150 | 379 |
| 22 | 32 | 65 | 113 | 108 | 378 | 151 | 15 |
| 23 | 181 | 66 | 400 | 109 | 136 | 152 | 99 |
| 24 | 163 | 67 | 324 | 110 | 250 | 153 | 324 |
| 25 | 336 | 68 | 500 | 111 | 377 | 154 | 151 |
| 26 | 240 | 69 | 60 | 112 | 388 | 155 | 179 |
| 27 | 68 | 70 | 117 | 113 | 256 | 156 | 460 |
| 28 | 317 | 71 | 466 | 114 | 337 | 157 | 441 |
| 29 | 435 | 72 | 370 | 115 | 419 | 158 | 309 |
| 30 | 211 | 73 | 293 | 116 | 171 | 159 | 37 |
| 31 | 76 | 74 | 164 | 117 | 278 | 160 | 305 |
| 32 | 374 | 75 | 63 | 118 | 184 | 161 | 348 |
| 33 | 415 | 76 | 252 | 119 | 357 | 162 | 85 |
| 34 | 408 | 77 | 394 | 120 | 368 | 163 | 135 |
| 35 | 196 | 78 | 109 | 121 | 409 | 164 | 288 |
| 36 | 302 | 79 | 233 | 122 | 100 | 165 | 454 |
| 37 | 312 | 80 | 340 | 123 | 154 | 166 | 238 |
| 38 | 31 | 81 | 430 | 124 | 160 | 167 | 38 |
| 39 | 317 | 82 | 210 | 125 | 239 | 168 | 451 |
| 40 | 394 | 83 | 363 | 126 | 186 | 169 | 374 |
| 41 | 348 | 84 | 120 | 127 | 383 | 170 | 437 |
| 42 | 49 | 85 | 429 | 128 | 156 | 171 | 184 |
| 43 | 500 | 86 | 113 | 129 | 217 | 172 | 455 |

（1）利用 VLOOKUP 函数，结合给出的价格表，确定这些订单的总收益。

（2）利用 COUNTIF 函数确定每个价格组对应的订购量。

14. 看跌期权允许在未来以给定价格出售一定数量的股票，有多种类型，其中一种欧式看跌期权允许以给定价格（也称为预购股票价格）在购买期权后的特定时间点出售一定数量的股票。例如，假设以 26 美元的预购股票价格购买了一定数量股票的 6 个月期欧式看跌期权，如果6个月后每股价格是26美元或更高，则期权没有价值，如果在6个月后股票价格每股低于26美元，这时投资人可以购买股票，然后马上以高于预购股票价格26美元出售股票。例如：6个月后的每股价格是22.50美元，投资人可以以22.50美元的价格购买一股股票，然后使用看跌期权马上以26美元销售该股票。投资人的收益是股票价格之间的差26 – 22.50 = 3.50（美元），然后再减去期权成本。假定每份看跌期权需要支付1.00美元，这时的收益将会是3.50 – 1.00 = 2.50（美元）。

(1) 根据上述背景资料，创建欧式看跌期权收益的电子表格模型。
(2) 通过模拟运算表，对步长1.00美元，显示股票价格在每股10美元至30美元之间变化时的每股收益。

15. 背景资料见复习思考题14。购买欧式看跌期权的目的，是要限制股票的每股价格降低的风险。假设以每股28美元的价格购买了200股股票，以26美元的预购股票价格购买了75份6个月的欧式看跌期权，每股看跌期权成本为1美元。

要求：
(1) 利用模拟运算表建立模型，显示以1.00美元为步长，6个月后每股价格在15美元至35美元之间变化时，有看跌期权和无看跌期权的投资组合价值；
(2) 讨论有看跌期权和无看跌期权的投资组合价值。

16. Camera Shop销售两款（用A和B代表）流行的数码相机，这两种产品的销售存在一定的相关性：如果一款相机的价格上涨，另外一款的销量就会上升。在经济学上，两款相机之间的这种关系，被称为可替代产品。Camera Shop希望确定价格策略，以使这两种产品的收益达到最大化。根据过去的销售资料，得到如下的销售数量（$N$）与每款相机价格（$P$）的方程：

$$N_A = 195 - 0.6 P_A + 0.25 P_B$$
$$N_B = 301 + 0.08 P_A - 0.5 P_B$$

(1) 根据上述资料，建立总收益的电子表格模型；
(2) 假定每款相机的售价从250美元开始，以步长10美元递增至500美元，通过双向运算模拟表，估计总收益最大时每款相机的价格。

17. 几年前，Dave和Jana买了一套新房。他们以年固定利率5.49%（15年期）、每月还款1 881.46美元，借了230 415美元。目前为止已经还了25次，贷款余额是208 555.87美元。

利率现在空前地低，为此Dave和Jana考虑新的15年定期贷款，银行也已经答应供贷，条件是：期限15年，利息3.0%，每月还款2 937美元，每月还款必须到时足额支付。

为评估这个贷款方案，可以通过电子表格模型进行。基于等额支付和固定利息率，用Excel函数

$$= \text{PMT}(\text{rate}, \text{nper}, p_v, f_v, \text{type})$$

计算贷款支付。上式中：

rate = 贷款的利息率

nper = 支付总次数

$p_v$ = 现值（借款金额）

$f_v$ = 未来值［最后一次付款后期望的现金余额（通常为0）］

type = 支付类型（0 = 期末，1 = 期初）

比如，对 Dave 和 Jana 原来的贷款，这是 180（12×15=180）次的支付，所以 = PMT（0.054 9/12 180,230 415,0,0）=1 881.46。注意：由于是按月支付，年利率需要换算成月利率，另外假定支付发生在月末。

贷款的节省随着时间的推移发生，因此需要被贴现成现值，储蓄 $t$ 个月后的 $K$ 美元的现值计算公式为

$$\frac{K}{(1+r)^{t-1}}$$

式中，$r$ 为月利息率。

假定 $r=0.002$，Dave 和 Jana 的支付时间是每个月的月末。

要求：构建模型，计算再融资贷款的现值和原贷款的现值。

18. 背景资料见复习思考题 17。假设 Dave 和 Jana 已经接受了再融资贷款的方案：定期贷款 15 年，利息 3.0%，每月还款 2 937 美元。Dave 和 Jana 目前的借款额是 208 555.87 美元，假定不存在提前偿款罚金，这样超过所需还款的任何金额只以当月偿付的金额为准。

要求：构建模型，运用单变量求解确定每月还款金额，以使 Dave 和 Jana 能够在 12 年内还清贷款，如果提前到 10 年和 11 年还清贷款，你会选择哪个？为什么？（提示：没有偿还分为利息和本金，从所欠余额中扣除，每月支付的利息是每月贷款利率乘以剩余贷款余额。）

19. Floyd 公司有 5 个分销中心，分别位于印第安纳州的拉法耶特、北卡罗来纳州的夏洛特、加利福尼亚州的洛杉矶、得克萨斯州的达拉斯、宾夕法尼亚州的匹兹堡，每个分销中心配送该公司经营的所有产品。Floyd 公司的客户是一些汽车维修店和大的汽车配件经销商，现在要求你对每个分销中心为哪些经销商运送货物做个分析，原则上分销中心应负责最近的经销商。数据文件 Floyds 中的数据，包含 5 个分销中心到每个客户的运输距离。据此，请你列示出每个分销中心应该为哪些客户提供运送任务。

Floyds

解决这个问题，使用 Excel 中的函数 =MIN( ) 可能是有帮助的。函数 MIN 的功能是输出一组数字的最小值，比如假定我们在单元格 A1:A3 中输入了数字 6、25、38，这时 =MIN(A1:A3) 的输出结果是 6，因为 6 是这三个数字中最小的一个。

Excel 中的函数 MATCH，能帮助我们在一系列单元格中搜寻某个具体的数值，并输出该数值所在的位置。Excel 函数 MATCH 的编辑方式是：

= MATCH( lookup_value, lookup_array, match_type)

式中，参数 lookup_value 是指定被匹配的数值；lookup_array 是搜寻的数值范围；match_type 是匹配的类型（比如 0 就是精确匹配）。

假定单元格 A1:A3 中输入了数字 6、25、38，现在要找到数字 25 所在的位置，可以这样来操作：

= MATCH(25, A1:A3, 0)

按回车键后，输出的是 2，表示查找的数字 25 位于 A1:A3 中的第 2 个。

Excel 中的函数 INDEX，其功能与函数 MATCH 相反，它输出的是在一组数字中指定位置的数字是什么。函数 INDEX 的编辑格式是：

= INDEX( array, column_num)

式中，参数 array 是所要查找的数据所在的阵列；column_num 是指定的查找位置。

拿上面的例子来说，=INDEX(A1:A3,2)=25

（提示：要完成该复习思考题的要求，需要新建3列。其中，第1列运用MIN找出最小的那个数值，第2列运用MATCH函数找出这个最小值所在的位置，第3列运用INDEX找出处于该位置的数字。）

20. 背景资料见复习思考题19。假如Floyd公司把它的配送任务交给专门的运输公司完成，Floyd公司按装满一整车货物标准支付运输费用。这样一来，运输费用可看成是运输距离和燃油附加费的函数。每英里的运输费用是2.42美元，每英里的燃油附加费为0.56美元。数据文件FloydsMay中的数据，是5月份的配送运输的数据。运用Excel中的函数MATCH和INDEX，找出每次运送任务的运输距离，并计算出相应的收费。Floyd公司对5月份的运输任务，总共需要支出多少费用？

21. 汽车代理商声称，一款标价35 208美元的新型汽车现在只需25 995美元，购买者可以一次性付清钱款，也可以不计利息分72个月还清，但每个月需要支付489美元。注意：72×489=35 208（美元），刚好是汽车标价。现在该代理商借给你25 995美元，并且也允许分期付款（从现在开始每月一次）。如果选择0利率的支付方式（分期付款），代理商借贷赚取的实际利率是多少？[提示：将支付折合为现值（参见复习思考题17中的有关折现的介绍），并使用单变量求解找出使分期支付的净现值=25 995美元折现率。]

## ● 案例讨论：退休计划 ●─○─○─●

Tim现年37岁，希望给自己建立一个退休计划。通过电子表格模型，帮助Tim完成退休养老方案。电子表格模型需要包括以下参数：

Tim现在的年龄=37岁

Tim目前的总退休储蓄=259 000美元

退休储蓄的年回报率=4%

Tim目前的年工资收入=145 000美元

Tim预期的年工资收入增长率=2%

Tim年工资收入中拿出用于退休金的比例=6%

Tim预期的退休年龄=65

Tim预期退休后的年花费（现值美元）=90 000美元

退休后退休储蓄的年回报率=3%

退休后的收入所得税率=15%

假设Tim的雇主为Tim的退休基金摊缴其工资收入的6%，Tim每年可以在税前（免税）额外为其退休基金缴付16 000美元。假设Tim每年缴付6 000美元，通胀率为2%。

根据上述背景材料，撰写管理分析报告，其中要求：

1. 在给定的输入参数条件下，构造电子表格模型，要能给出Tim刚退休时的累计储蓄，以及基金全部花费完时Tim的年龄。

2. 通过模拟运算表，解释基金被花完时Tim的年龄对退休年龄与额外的税前摊销的敏感性。

3. 列出Tim退休计划安排的最大影响因素。

CHAPTER 11 第11章

# 蒙特卡洛模拟

**数据分析案例：根除脊髓灰质炎**

脊髓灰质炎是一种传染性疾病，已经存在了上千年。这种疾病会引起肌无力、麻痹甚至可能导致死亡。通过接种脊髓灰质炎疫苗，脊髓灰质炎得到预防。脊髓灰质炎疫苗是由匹兹堡大学的 Jonas Salk 博士和辛辛那提大学的 Albert Sabin 博士，在 20 世纪 50、60 年代研发的。在许多发达国家，脊髓灰质炎疫苗接种有效根除了脊髓灰质炎发病。由于在发达国家根除脊髓灰质炎获得成功，1988 年成立的"全球脊髓灰质炎根除计划"（Global Polio Eradication Initiative，GPEI），目标就是终结所有来源的脊髓灰质炎病例的发生。美国疾病控制和预防中心（CDC）作为 GPEI 的领导成员之一，每年贡献出 1 亿多美元用于脊髓灰质炎根除工作。2001 年，CDC 与 Kid Risk 公司共同发起对脊髓灰质炎防控和根治决策实际效果的调研。该项活动已经募集了数百万美元，用于支持全球脊髓灰质炎根除，并迅速得到在防控脊髓灰质炎暴发和疫苗接种策略决策中的应用。

来自 CDC 与 Kid Risk 公司的研究小组运用各种各样的数据分析工具评估脊髓灰质炎控制和根除决策，其中就使用了蒙特卡洛模拟，来评估脊髓灰质炎随时暴发风险的可能影响。尤其是，研究人员评估了在原发的脊髓灰质炎病毒传播初步根除之后的策略决策。即使初步根除，但如果有效的疫苗接种政策和控制方法没有跟进，或者病毒偶然再发生，脊髓灰质炎可能还会出现。当接种了疫苗但对疫苗效果存在排斥的个体由疫苗衍生出来的脊髓灰质炎病毒的偶然再发生，仍然有可能成为传染源。随着原发的脊髓灰质炎病毒被根除，那么因疫苗接种衍生出来的脊髓灰质炎病毒，有可能成为传播的主要源头。

蒙特卡洛模拟能够帮助决策人在初步根除原发性脊髓灰质炎病毒后，评估使用 20 年的不同疫苗接种策略。模拟模型需要考虑不确定性，就是疫苗衍生出来的脊髓灰质炎病毒的传播率和大规模暴发的可能性。模拟模型在对不同入组人以及不同的疫苗接种策略下，跟踪脊髓灰质炎随时突然暴发的风险，然后利用这些模拟模型帮助研究人员提出更具体的策略，并把不同入组人群脊髓灰质炎防治内在的风险传达给决策人。

CDC 和其他 GPEI 合作者持续运用数据分析模型评估决策策略，相比于简单使用传统的免疫方法，据估计 GPEI 得益于数据分析产生的净收益自 1988 年至 2035 年间将达到 4 000 万~5 000 万美元。

资料来源：K. Thompson, R. Duintjer Tebbens, M. Pallansch, S. Wassilak, S. Cochi. "Polio Eradicators Use Integrated Analytics Models to Make Better Decisions". Interfaces 45, No. 1（1月-2月, 2015）: 5-25.

> 蒙特卡洛模拟起源于第二次世界大战期间研制核武器的曼哈顿计划。蒙特卡洛虽然是个分类方法的代码，但该名称来自摩纳哥的蒙特卡洛轮盘赌，不确定性是赌博活动的天然特性。

在商务活动、行政管理，乃至我们个人的生活中，正是因为存在不确定性，所以才需要进行决策。这一章里，我们将介绍如何使用**蒙特卡洛模拟**，以评估不确定性对决策的影响。模拟方法在许多领域已经得到了成功的应用，例如，金融领域中的投资计划制定、投资项目选择、期权定价，市场营销领域中的新产品开发、产品投放市场时机选择，管理领域中的项目规划、订货策略（特别是对季节性产品）、产能安排、收益管控（尤其是航空、旅馆、汽车租赁业）。在诸如此类的问题中，不确定因素使得决策过程变得十分复杂。

利用电子表格做模拟分析，需要按照一定的逻辑形式，正确地把参数和想要的输出结果之间的关系表达出来，并依此构造出分析模型。例如：在给定的滑雪衫订购量和滑雪衫市场需求量的基础上，通过电子表格模型可以计算出服装零售商的利润水平。对此，模拟分析可能不再需要滑雪衫需求量的某个单个值，而是根据**概率分布**模拟出滑雪衫需求量的一系列可能的取值。滑雪衫需求量的概率分布，不仅是一系列可能的取值，而且包括各个不同取值的可能性。

为了能运用蒙特卡洛模拟对决策进行评估，分析人员需要识别没有把握能知道其取值的参数，并且要把这些参数当成随机或不确定的变量来对待。**随机变量**的取值是从给定的概率分布下通过随机方式产生的。模拟方法需要使用随机产生的随机变量的值，并且要能在参数和决策结果之间建立函数关系。具体来说，随机模拟试验产生了结果值的分布，该分布对应着随机产生的不确定性输入变量的值。输出值的概率分布刻画了可能结果的范围，以及每个结果的相对可能性。针对模拟结果的审查，数据分析人员通常能够提出对**可控输入**的决策建议，不仅是平均结果，也包括结果的变异性。

在本章中，我们仅使用本地 Excel 功能构建电子表格模拟模型。我们将会看到，对现实问题实用的模拟模型，可以在本地 Excel 中执行。然而，有许多模拟软件能提供复杂的仿真建模，并能自动地生成像图表和汇总统计结果。作为 Excel 插件的软件包，如@ RISK、Crystal Ball、Analytic Solver，都可以安装使用。

## 11.1 Sanotronics 公司的风险分析

在不确定条件下做决策，决策人可能关心的不仅是平均结果或期望结果，也会关心所有可能结果的变化范围。尤其是，决策人会格外关心风险。所谓**风险分析**，是指对不希望出现的结果的等级和可能性的数量化测量。这一节我们将结合 Sanotronics 公司的事例，着重介绍如何进行风险分析研究。

Sanotronics 是一家新创公司，专门生产医院使用的医疗器械。该公司创始人的家庭成员中有人患过癌症，受此启发，Sanotronics 已经开发出一种新型医疗器械的式样。这款新型医疗器械旨在保护医护人员，在化疗施药的准备、操作和处置过程中，减少对这些危险药物的接触。这款医疗器械属于创新型设计，有可能存在一定的市场前景。

Sanotronics 公司打算分析一下这款医疗器械第一年可能获得的利润。考虑到 Sanotronics 公司目前的现金流比较紧张，所以该公司特别在意可能出现的损失。经过仔细分析，对该公司第一年利润具有关键影响的因素，主要有产品销售的单价（$p$）、第一年的管理和广告费用（$c_a$）、单位产品的直接劳动力成本（$c_i$）、单位产品的零部件购买费用（$c_p$）以及第一年的市场需求量（$d$）。通过市场调研和公司财务分析，Sanotronics 公司较有把握估计该医疗器械的零售价格是每件 249 美元，第一年的管理和广告费用需要 1 000 000 美元。对 Sanotronics 公司来说，没有把握的是直接的劳动力成本、零部件的外购价格和第一年的市场需求量。在项目的可行性论证阶段，Sanotronics 公司先采用这样的决策参数初始值，即单位劳动力成本 45 美元、零部件外购每件 90 美元、第一年的市场需求量 15 000 件。

### 11.1.1 基本情境

根据上述给定的条件，Sanotronics 公司的第一年利润为

$$利润 = (p - c_i - c_p) \times d - c_a \tag{11-1}$$

由于 Sanotronics 公司有把握能确定产品的零售价是 249 美元，管理和广告费用为 1 000 000 美元，把这两个参数带入式（11-1），便有

$$利润 = (249 - c_i - c_p) \times d - 1\,000\,000 \tag{11-2}$$

Sanotronics 公司给出的单位劳动力成本 45 美元、零部件外购每件 90 美元、第一年的市场需求量 15 000 件，在这样的**基本情境**下，Sanotronics 公司第一年能够获得的利润为

$$利润 = (249 - 45 - 90) \times 15\,000 - 1\,000\,000 = 710\,000(美元)$$

表明在基本情境下，Sanotronics 公司第一年能够获得 710 000 美元。

尽管在假定的条件下，Sanotronics 公司第一年能够获得的利润是可观的，但我们要清醒地认识到，单位劳动力成本、零部件购买价格、第一年的市场需求量的取值都带有不确定性，鉴于此，Sanotronics 公司第一年能够获得的利润可能并不是 710 000 美元。为了帮助 Sanotronics 公司评估不确定性的影响，我们需要进行 **What-If 分析**。What-If 分析就是对随机变量（这里主要是指单位劳动力成本、零部件购买价格、第一年的市场需求量）的可能取值分别计算相应的结果（这里指的是利润）。

Sanotronics 公司可能会在意，当单位劳动力成本、零部件购买价格、第一年的市场需求量的估计值与基本情境下给定的值不一样时会有什么样的结果发生。例如，假定单位劳动力成本从 43 美元变成了 47 美元，单位零部件购买价格可能在 80~100 美元范围内变化，

第一年的市场需求量有可能是 0~30 000 件。由这些数值，通过 What-If 分析可以评估出现的**最坏情境**和**最好情境**。

### 11.1.2 最坏情境

如果劳动力成本是 47 美元（最大值）、单位零部件购买价格是 100 美元（最大值）、第一年的市场需求量是 0（最低值），这是 Sanotronics 公司面临的最坏情境，此时 Sanotronics 公司能获得的利润为

$$\text{利润} = (249 - 47 - 100) \times 0 - 1\,000\,000 = -1\,000\,000 (\text{美元})$$

也就是，在最坏情境下，Sanotronics 公司将会损失 1 000 000 美元。

### 11.1.3 最好情境

反过来，如果单位劳动力成本、零部件购买价格、第一年的市场需求量都取最好的值，即劳动力成本是 43 美元（最小值）、单位零部件购买价格是 80 美元（最小值）、第一年的市场需求量是 30 000（最大值），在这样的情境下，Sanotronics 公司能获得的利润为

$$\text{利润} = (249 - 43 - 80) \times 30\,000 - 1\,000\,000 = 2\,780\,000 (\text{美元})$$

表明在最有利的条件下，Sanotronics 公司盈利是 2 780 000 美元。

在本书的第 10 章，我们曾介绍了如何利用 Excel 中的模拟运算表（Data Table）、单变量求解（Goal Seek）和方案管理器（Scenario Manager）进行 What-If 分析，然而即使如此，也不能指出不同情境发生的可能性大小。

这样一来，通过 What-If 分析得出，Sanotronics 公司的利润可能为 -1 000 000~2 780 000 美元，这一区间范围包含了基本情境下的盈利值 710 000 美元。尽管基本情境下有可能获得 710 000 美元，但 What-If 分析也表明了，Sanotronics 公司有可能遭受损失，也有可能确实获得盈利。利用 what-if 分析的原理，Sanotronics 公司完全可以尝试其他可能的情境。但是，这样的 What-If 分析无论怎样重复去做，也断然不能说明不同盈利水平出现的可能性。特别是，对 Sanotronics 公司来说，我们不知道损失发生的概率是多少。要想对 Sanotronics 公司的盈利风险做个更加全面的评估，需要采用电子表格模拟模型。

### 11.1.4 Sanotronics 公司的电子表格模型

建立电子表格模拟模型，首先需要在输入变量和输出结果之间建立起符合函数关系的表达式，以 Sanotronics 公司为例，其电子表格模型的编写情况见图 11-1。

图 11-1 中，产品的零售价格、管理和广告费用、单位劳动力成本、零部件购买价格、第一年的市场需求量的数据，分别录入电子表格单元格 B4:B8，利润的计算公式见式（11-1），电子表格的编写方式见图 11-1 的 B11。图 11-1 采用的是基本情境下给定的参数值，现在只需要改变参数的取值（如最好情境下的参数值、最坏情境下的参数值），便能得到相应的手工版的 What-If 分析结果。

## 

|   | A | B |
|---|---|---|
| 1 | Sanotronics | |
| 2 | | |
| 3 | Parameters | |
| 4 | Selling Price per Unit | 249 |
| 5 | Administrative & Advertising Cost | 1000000 |
| 6 | Direct Labor Cost Per Unit | 45 |
| 7 | Parts Cost Per Unit | 90 |
| 8 | Demand | 15000 |
| 9 | | |
| 10 | Model | |
| 11 | Profit | =((B4-B6-B7)*B8)-B5 |
| 12 | | |

|   | A | B |
|---|---|---|
| 1 | Sanotronics | |
| 2 | | |
| 3 | Parameters | |
| 4 | Selling Price per Unit | $249.00 |
| 5 | Administrative & Advertising Cost | $1,000,000 |
| 6 | Direct Labor Cost Per Unit | $45.00 |
| 7 | Parts Cost Per Unit | $90.00 |
| 8 | Demand | 15,000 |
| 9 | | |
| 10 | Model | |
| 11 | Profit | $710,000.00 |

图 11-1　Sanotronics 公司的电子表格模型

## 11.1.5　随机变量取值的概率分布

运用 What-If 进行风险分析，我们需要人工输入随机变量值（这里指的是单位劳动力成本、零部件购买价格、第一年的市场需求量的数据），然后由图 11-1 的做法，自动得到相应输入数据下的利润。对随机变量值的输入，我们可以不用手动的做法，通过进行蒙特卡洛模拟，可以随机地产生随机变量的取值，然后根据这些模拟出来的值，观察究竟发生了什么样的变化。概率分布可以描述随机变量的可能取值，以及不同取值出现的可能性大小。我们可以结合掌握的有关随机变量的历史资料和知识（如随机变量取值的范围、均值、众数、标准差），来确定不同随机变量适合的概率分布。因此，Sanotronics 公司要想利用 Excel 自带的函数进行模拟分析，就需要考查清楚单位劳动力成本、零部件购买价格、第一年的市场需求量各自适合使用什么样的概率分布。

下面，我们针对单位劳动力成本、零部件购买价格、第一年的市场需求量，分别说说它们可能适用的概率分布。

根据近年来的工资水平和生产这款医疗器械的工艺过程的需要，假如 Sanotronics 公司的高管确信，单位劳动力的成本为 43~47 美元，对此可以用**离散型概率分布**描述单位劳动力的成本变化，详见图 11-2。

由图 11-2 可知，单位劳动力成本 43 美元时的概率是 0.10，单位劳动力成本 44 美元时

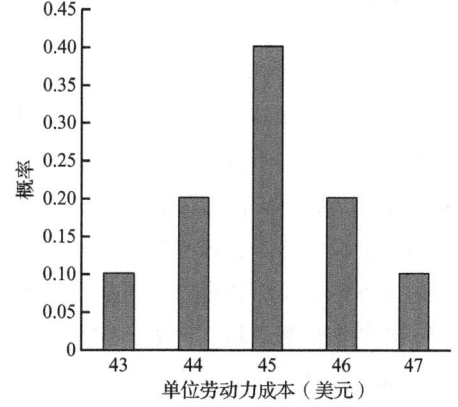

图 11-2　单位劳动力成本的概率分布

的概率是0.20,等等。图11-2显示最大的概率是0.40,对应的单位劳动力成本是45美元。由于我们假定单位劳动力成本服从离散型概率分布,因此单位劳动力成本只取43、44、45、46、47中的某个数值。

> 模拟分析的长处之一,就是能使分析人员通过修改随机变量的概率分布,以考查不确定性对决策结果可能带来的影响,最终帮助分析人员进行决策的敏感性分析。

Sanotronics公司对零部件价格的判断显得不那么自信,原因是零部件的价格受到很多因素的影响,如总体经济状态、该零部件的市场需求、零部件供应商的定价策略等。但Sanotronics公司相信,零部件的价格有可能位于80～100美元,并且每个值都有相同的可能性。如果是这样的情况,Sanotronics公司可以采用均匀概率分布描述零部件价格的变化,参见图11-3。

图11-3显示的均匀概率分布,属于**连续型概率分布**,意味着零部件价格取80～90美元的任何一个值都有同等的可能性。

根据相似的医疗器械产品的销售情况,Sanotronics公司相信该公司产品第一年的市场需求量服从于均值15 000、标准差4 500的正态概率分布,参见图11-4。

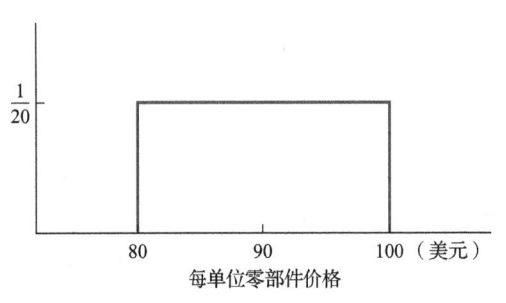

图11-3 零部件价格的概率分布

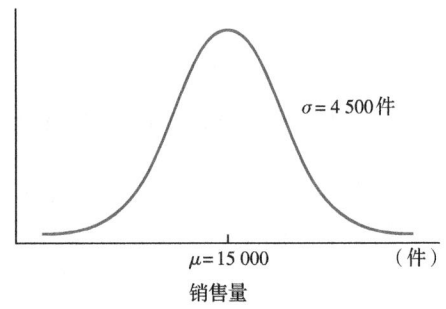

图11-4 医疗器械市场需求量正态分布

正态分布属于连续型概率分布,形状类似钟形,变量取值离均值越远,其发生的可能性会越小。

### 11.1.6 运用Excel生成随机变量值

为了能对Sanotronics公司的问题进行模拟分析,需要找到单位劳动力成本、零部件购买价格、第一年的市场需求量这三个随机变量的值,并依此计算相应的利润。所有随机变量取值所构成的集合,叫作一个试验。每获得一个这样的集合,便得到对应的利润值。持续不断地进行这样的过程,只要试验的次数足够多,就可以得到让人满意的决策结果的概率分布。简言之,生成随机变量的值、计算相应的决策结果是模拟的基本过程。

对Sanotronics公司的问题进行模拟分析,需要对单位劳动力成本、零部件购买价格、第一年的市场需求量,产生出它们各自的代表性数值。为了说明具体做法,我们需要了解如何通过计算机生成随机数字。

计算机生成的随机数字[一]，是从 0~1（接近于 1 但不包括 1）中随机地选择数字，这个区间可以表示为 [0,1)。因此，由计算机生成的随机数字都是等可能性的，并且服从于 [0,1) 区间上的均匀分布。计算机生成的随机数字，可以通过使用计算机模拟软件内置的函数及电子表格中内置的函数功能获得。例如，在 Excel 工作表的单元格中编写"= RAND()"，便能得到 0~1 的随机数字。

下面，我们以 Sanotronics 公司的问题为例，说明怎样根据随机变量相应的概率分布，运用随机数字生成有关随机变量的值。我们先来说明怎样产生单位劳动力成本随机数值，对任何离散性质的概率分布，我们都可以模仿这样的做法获得相应随机变量的取值。

表 11-1 说明了对 [0,1) 进行分区的做法，这样做的目的主要是，保证每个子区间生成的随机数字的概率与相应的单位劳动力成本取值的发生概率相等。对区间 [0.0,0.1)，它与单位劳动力成本 43 美元相对应，同样地，区间 [0.1,0.3) 对应着

表 11-1　劳动力成本生成值的随机数字区间

| 单位劳动力成本（美元） | 概率 | 随机数字区间 |
| --- | --- | --- |
| 43 | 0.1 | [0.0, 0.1) |
| 44 | 0.2 | [0.1, 0.3) |
| 45 | 0.4 | [0.3, 0.7) |
| 46 | 0.2 | [0.7, 0.9) |
| 47 | 0.1 | [0.9, 1.0) |

44，等等。之所以这样分配随机数字区间给相应劳动力成本的可能取值，是因为能够保证每个随机数字区间产生的随机数字的概率，等于获得的劳动力成本相应值的概率。因此，为了给单位劳动力成本选取一个值，我们在 Excel 中运用 RAND 函数生成 0~1 范围内的随机数，如果该随机数落在区间 [0.0,0.1)，我们就令单位劳动力成本等于 43，如果落在区间 [0.1,0.3)，就令劳动成本等于 44，其他依次类推。

每次模拟试验规定了劳动力成本的一个值。假定第一次试验模拟得到的随机数是 0.901 09，由表 11-1 可知，随机数字 0.901 09 落在区间 [0.9,1.0)，对应的劳动力成本是 47 美元。假如第二次试验模拟得到的随机数字是 0.284 1，该随机数字落在区间 [0.1, 0.3)，所以对应的劳动成本是 44 美元。

同样，对于零部件购买价格和第一年市场需求量，在每次模拟试验的时候，也获得一个取值。现在，我们来介绍怎样产生零部件购买价格的值。图 11-3 表明外购零部件价格服从均匀分布，该概率分布与直接劳动成本的概率分布有所不同，因此我们运用随机数产生零部件购买价格的值，在具体做法上会存在一些差别。对连续均匀分布的随机变量（如零部件购买价格），在 Excel 中我们可以通过下列方法产生一个值：

$$\text{均匀随机变量的值} = \text{该变量取值的下限} + (\text{该变量取值的上限} - \text{该变量取值的下限}) \times \text{RAND()} \tag{11-3}$$

在 Sanotronics 公司的例子中，该公司零部件购买价格服从均匀分析，且下限值是 80 美元、上限值 100 美元。由式 (11-3)，要想获得零部件购买价格值，可利用如下的模拟公式：

---

[一] 计算机生成的随机数字，形式上看可能属于伪随机数字。原因是，计算机生成的随机数字，一般都利用了数学公式，因此从机制上讲，不是完全随机化的。我们认为，纯随机数和伪随机数之间的差别，仅表现在哲学意义上，实际使用时我们不做这样的严格区分。

$$零部件购买价格 = 80 + (100 - 80) \times \text{RAND}() = 80 + 20 \times \text{RAND}() \quad (11\text{-}4)$$

只要我们认真看看式（11-4），便不难理解怎样利用随机数产生零部件购买价格。由于 RAND 生成的 0～1 的随机数是等可能的，因此模拟出来的零部件购买价格为 80～100 美元的任何一个值也完全等可能。例如，假定 RAND 产生出来的随机数是 0.457 6（见图 11-5），这时零部件购买价格就是：

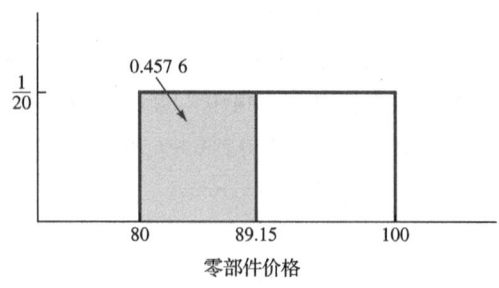

图 11-5　随机数为 0.457 6 时零部件的价格

$$零部件购买价格 = 80 + 20 \times \text{RAND}() = 80 + 20 \times 0.457\,6 = 89.15(美元)$$

假如 RAND 产生出来的随机数是 0.584 2，这时存在

$$零部件购买价格 = 80 + 20 \times \text{RAND}() = 80 + 20 \times 0.584\,2 = 91.68(美元)$$

只要修改下限值和上限值，式（11-3）就可以用来产生任何服从均匀分布的变量值。

最后，我们来讲讲如何由计算机生成的随机数产生 Sanotronics 公司第一年的市场需求量。第一年需求量服从均值 15 000、标准差 4 500 的正态分布（见图 11-4），因此我们只能从正态分布出发，在给定具体均值、标准差的条件下，生成第一年需求量的随机值。

在 Excel 中产生正态随机变量值，可以使用如下的计算方法：

> 只要给出均值和标准差，运用式（11-5），就可以生成相应的正态随机变量的值。

$$正态随机变量值 = \text{NORM.INV}(\text{RAND}(),均值,标准差) \quad (11\text{-}5)$$

因为 Sanotronics 公司第一年的市场需求量服从均值 15 000、标准差 4 500 的正态分布，由式（11-5）得：

$$市场需求量 = \text{NORM.INV}(\text{RAND}(),15\,000,4\,500) \quad (11\text{-}6)$$

如果 RAND() 产生的随机数为 0.602 6，这时的市场需求量 = NORM.INV(RAND(), 15 000, 4 500) = NORM.INV(0.602 6, 15 000, 4 500) = 16 170，在此用图 11-6 帮助大家直观地理解。

如果 RAND() 产生的随机数是 0.355 1，对应的市场需求量 = NORM.INV(RAND(), 15 000, 4 500) = NORM.INV(0.355 1, 15 000, 4 500) = 13 328。这和我们直觉上的感觉是相当的，该正态分布的一半面积位于均值 15 000 之下，另一

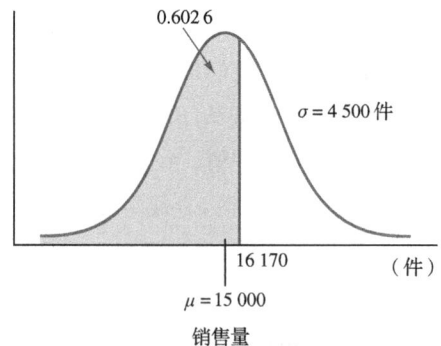

图 11-6　随机数为 0.602 6 时的市场需求量

半面积位于均值 15 000 之上。这样的话，由 RAND 得到的随机值小于 0.5，其对应的第一年的需求量一定小于均值 15 000；反之，由 RAND 得到的随机值大于 0.5，其对应的第一年的需求量一定大于均值 15 000。

至此我们大概已经知道了如何根据随机变量服从的概率分布，通过随机方式生成随机

变量（如直接劳动成本、零部件购买价格、第一年的需求量）的值。现在我们就可以把图 11-1 介绍的做法修改运用到图 11-7。

| | A | B | C | D |
|---|---|---|---|---|
| 1 | Sanotronics | | | |
| 2 | | | | |
| 3 | Parameters | | | |
| 4 | Selling Price per Unit | 249 | | |
| 5 | Administrative & Advertising Cost | 1000000 | | |
| 6 | Direct Labor Cost Per Unit | =VLOOKUP(RAND(),A15:C19,3,TRUE) | | |
| 7 | Parts Cost Per Unit | =B22+(B23-B22)*RAND() | | |
| 8 | Demand | =NORM.INV(RAND(),D22,D23) | | |
| 9 | | | | |
| 10 | Model | | | |
| 11 | Profit | =((B4-B6-B7)*B8)-B5 | | |
| 12 | | | | |
| 13 | Direct Labor Cost | | | |
| 14 | Lower End of Interval | Upper End of Interval | Cost per Unit | Probability |
| 15 | 0 | =D15+A15 | 43 | 0.1 |
| 16 | =B15 | =D16+A16 | 44 | 0.2 |
| 17 | =B16 | =D17+A17 | 45 | 0.4 |
| 18 | =B17 | =D18+A18 | 46 | 0.2 |
| 19 | =B18 | 1 | 47 | 0.1 |
| 20 | | | | |
| 21 | Parts Cost (Uniform) | | Demand (Normal) | |
| 22 | Lower Bound | 80 | Mean | 15000 |
| 23 | Upper Bound | 100 | Standard Deviation | 4500 |

图 11-7　Sanotronics 公司问题的电子表格模型

图 11-7 中，单元格 B6、B7 和 B8 用能产生随机数值的单元格公式取代了图 11-1 中的 45、90、15 000。单元格 B6 使用了由 RAND 函数产生的随机数，并运用 VLOOKUP 函数查找图 11-7 中的包含在单元格 A15:C19 相应的单位直接劳动成本。单元格 B7 运行的是方程式（11-4），该单元格分别涉及服从均匀分布零部件采购价格的下限单元格 B22 和上限单元格 B23 ⊖。单元格 B8 运行了式（11-6），该单元格分别涉及了服从正态分布第一年需求量的均值单元格 D22 和标准差单元格 D23 ⊖。

## 11.1.7　运用 Excel 进行模拟试验

每次模拟试验，都牵涉随机地生成随机变量（如 Sanotronics 公司问题中的单位劳动力成本、零部件购买价格、第一年的市场需求量）的值，以及计算相应的结果（如 Sanotronics 公司问题中的利润）。要想实现多次模拟试验，可以利用 Excel 模拟运算表（Data Table）这个虽不正统但却十分有效的功能。为了建立一个 1 000 次模拟的电子表格模型，我

---

⊖ 从符合事实的角度，使用连续型概率分布刻画随机变量零部件采购价格，应该要保留恰当的小数位数。比如，零部件采购价格需要保留的小数位数精确到便士（分）。为了表述的方便，我们不要过于在意小数位数多少可能带来的误差。为保证如零部件采购价格这样的随机变量取值的精确性，单元格 B7 采用的处理方法是：=ROUND(B22+(B23-B22)*RAND(),2)。

⊖ 正态分布是连续性分布，但在用于离散型现象（如医疗器械需求件数）时，从符合事实的角度需要进行四舍五入取整。此外，正态分布也允许取负值，第一年需求量取负值发生的概率很小，为简单起见，我们忽略不计取整过程中产生的误差，为了使第一年需求量模拟出来的结果更准确，单元格 B8 中采用了这样的处理：=MAX(ROUND(NORM.INV(RAND(),D22,D23),0),0)。

们需要构造一张表,如图 11-8 中的单元格 A25 到单元格 E1025。

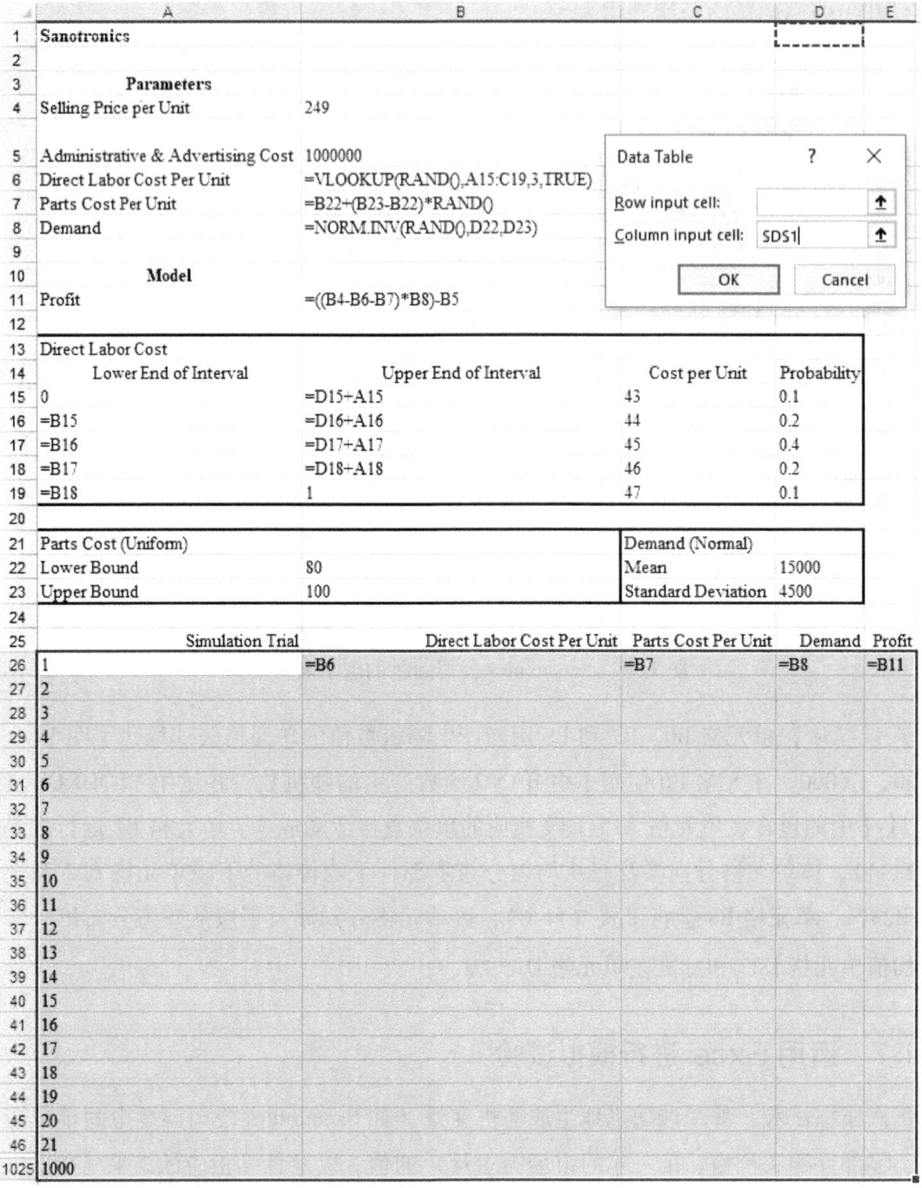

|   | A | B | C | D | E |
|---|---|---|---|---|---|
| 1 | Sanotronics | | | | |
| 2 | | | | | |
| 3 | Parameters | | | | |
| 4 | Selling Price per Unit | 249 | | | |
| 5 | Administrative & Advertising Cost | 1000000 | | | |
| 6 | Direct Labor Cost Per Unit | =VLOOKUP(RAND(),A15:C19,3,TRUE) | | | |
| 7 | Parts Cost Per Unit | =B22+(B23-B22)*RAND() | | | |
| 8 | Demand | =NORM.INV(RAND(),D22,D23) | | | |
| 9 | | | | | |
| 10 | Model | | | | |
| 11 | Profit | =((B4-B6-B7)*B8)-B5 | | | |
| 12 | | | | | |
| 13 | Direct Labor Cost | | | | |
| 14 | Lower End of Interval | Upper End of Interval | Cost per Unit | Probability | |
| 15 | 0 | =D15+A15 | 43 | 0.1 | |
| 16 | =B15 | =D16+A16 | 44 | 0.2 | |
| 17 | =B16 | =D17+A17 | 45 | 0.4 | |
| 18 | =B17 | =D18+A18 | 46 | 0.2 | |
| 19 | =B18 | 1 | 47 | 0.1 | |
| 20 | | | | | |
| 21 | Parts Cost (Uniform) | | Demand (Normal) | | |
| 22 | Lower Bound | 80 | Mean | 15000 | |
| 23 | Upper Bound | 100 | Standard Deviation | 4500 | |
| 24 | | | | | |
| 25 | Simulation Trial | Direct Labor Cost Per Unit | Parts Cost Per Unit | Demand | Profit |
| 26 | 1 | =B6 | =B7 | =B8 | =B11 |
| 27 | 2 | | | | |
| 28 | 3 | | | | |
| 29 | 4 | | | | |
| 30 | 5 | | | | |
| 31 | 6 | | | | |
| 32 | 7 | | | | |
| 33 | 8 | | | | |
| 34 | 9 | | | | |
| 35 | 10 | | | | |
| 36 | 11 | | | | |
| 37 | 12 | | | | |
| 38 | 13 | | | | |
| 39 | 14 | | | | |
| 40 | 15 | | | | |
| 41 | 16 | | | | |
| 42 | 17 | | | | |
| 43 | 18 | | | | |
| 44 | 19 | | | | |
| 45 | 20 | | | | |
| 46 | 21 | | | | |
| 1025 | 1000 | | | | |

Data Table
Row input cell:
Column input cell: $D$1

图 11-8 Sanotronics 公司问题的多次模拟试验设置示意图

图 11-8 的 A26:A1025(其中行 47 到行 1 024 隐藏了)是各次模拟的编号。单元格 B26:E26 包含了涉及对应于直接劳动力成本、零部件购买价格、需求量和利润的单元格。为了能在单元格 A26:E1025 中植入模拟试验,可以按照如下的步骤操作:

第一步,选定单元格范围 A26:E1025。

第二步,打开功能区的**数据**(Data)。

第三步,在**预测**(Fore Cast)中单击**假设分析**(What-If Analysis),并选择**模拟运算表**(Data Table)。

第四步，当出现**模拟运算表**（Data Table）对话框时，不管**输入行引用的单元格**（Row input cell），而将电子表格中的任一空白单元格（如 D1）键入**输入列引用的单元格**（Column input cell）。

第五步，单击**确定**（OK）按钮。

在模拟运算表中进行模拟之后，表中的行给出了每次模拟试验后的随机变量的值。图 11-9 为模拟试验的结果。

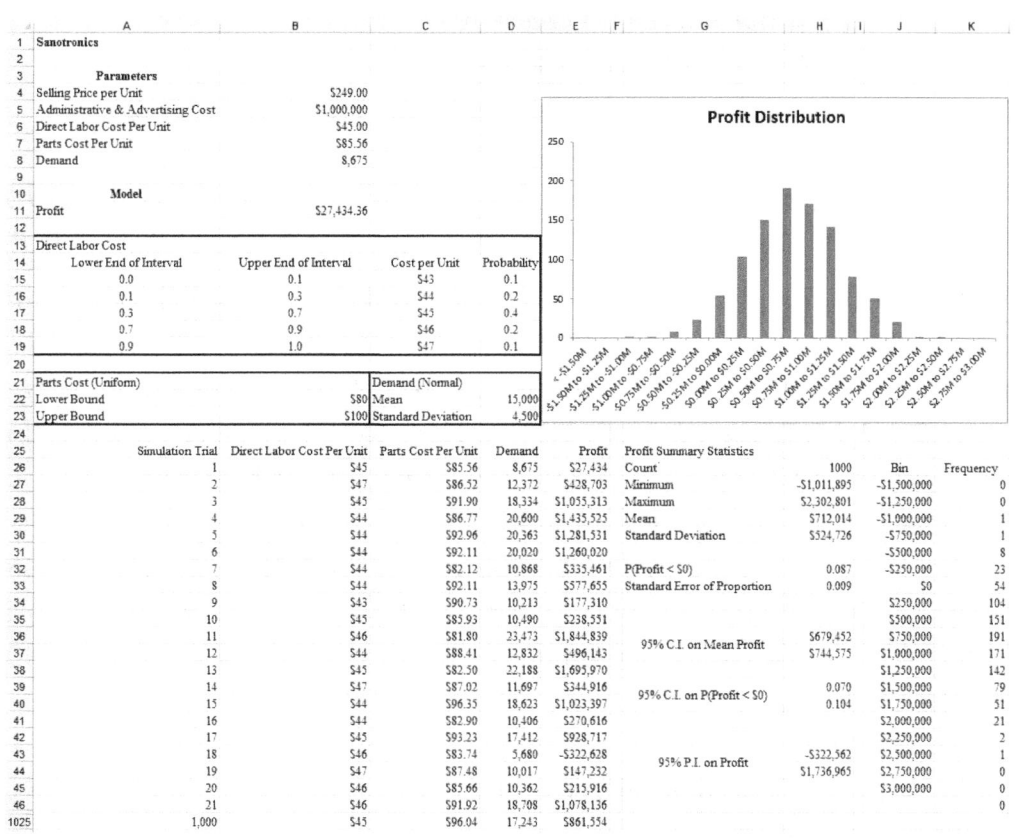

图 11-9　Sanotronics 公司问题 1 000 次模拟的结果

图 11-9 展示了 1 000 次模拟试验的结果。在运用模拟运算表执行模拟运算之后，在模拟试验表体部分，每一行都由对应的随机变量不同取值组成。例如，在试验 1（电子表格的第 26 行）中，我们看到单位直接劳动力成本是 45 美元、零部件购买价格是 85.56 美元、第一年的需求量是 8 675 件，带来的利润是 27 434 美元；在试验 2（电子表格的第 27 行）中，我们看到单位直接劳动力成本是 47 美元、零部件购买价格是 86.52 美元、第一年的需求量是 12 372 件，带来的利润是 428 703 美元。另外，我们也注意到，每次（按 <F9> 键）电子表格都给出重新运算，由 RAND() 函数产生的随机变量值，会导致新的一组模拟试验结果。

## 11.1.8　模拟结果的综合测量与分析

对一组模拟试验所有结果进行分析，是模拟分析过程重要的组成部分。对模拟试验的集合，计算如试验次数、最小值和最大值、均值、标准差、占比及其标准误差的描述统计量，是很有助益的。在 Sanotronics 公司问题的例子中，有关这些统计量的计算，我们可以使用下列的 Excel 函数。

单元格 H26 = COUNT(E26:E1025)
单元格 H27 = MIN(E26:E1025)
单元格 H28 = MAX(E26:E1025)
单元格 H29 = AVERAGE(E26:E1025)
单元格 H30 = STDEV(E26:E1025)
单元格 H32 = COUNTIF(E26:E1025,"< 0")/COUNT(E26:E1025)
单元格 H33 = SQRT(H32 * (1 - H32)/H26)

单元格 H32 计算的是试验结果中利润小于 0 的试验次数占总试验次数的比例，改变 COUNTIF 函数的第二项输入，我们就可以得到单元格 H32 中利润小于某个值的发生概率。单元格 H33 运用公式 $\sqrt{\bar{p}(1-\bar{p})/n}$ 计算了样本比例的标准误差，式中 $\bar{p}$ 是符合标准（本例中利润小于 0）的样本比例，$n$ 为样本规模（本例中为 1 000 次试验）。样本比例标准误差给出了样本比例 $p$（利润 <0）怎样随着 1 000 次模拟试验所得到的不同样本变异的测度。

从图 11-9 中我们可以看出，1 000 次试验得到的 1 000 个利润观察值，其变化范围是 -1 011 895 美元至 2 302 801 美元。利润的均值为 712 014 美元，标准差为 524 726 美元，出现负利润的占比为 0.087，相应的估计标准误差 0.009。

在以上描述统计量的基础上，为了能直观地显示模拟结果利润的分布，我们可以绘制柱状图和运用 Excel 中的函数 FREQUENCY 创建直方图。在图 11-9 中，单元格 J27:J44 是分组的上限值，目的是把列示在单元格 E26:E1025 的 1 000 次模拟出来的利润所发生的次数划归在相应的组中。具体做法是：

第一步，选定单元格 K27:K46。

第二步，输入公式 = FREQUENCY(E26:E1025，J27:J45)。

第三步，然后同时按 <Ctrl + Shift + Enter> 键。

同时按 <Ctrl + Shift + Enter> 键，是促使函数 FREQUENCY 输出一列值并填充到单元格 K27:K46 中。例如，单元格 K27 为利润观察值小于 -1 500 000 美元发生的次数，单元格 K28 是模拟出来的利润在 -1 500 000 美元至 -1 250 000 美元之间发生的次数，单元格 K29 是模拟出来的利润在 -1 250 000 美元至 -1 000 000 美元之间发生的次数，其他依次类推。

根据频数分布，绘制柱状图可以通过以下过程完成：

第一步，选定单元格 K27:K46。

第二步，单击功能区的**插入**（Insert）。

第三步，在**图表**（Chart）模块，单击**柱状图或条形图**（Insert Column or Bar Chart）。

第四步，当子类型图列表出现后，单击 **2D 柱状图**（2-D Column）中的**簇状柱状图**（Clustered Column）。

第五步，选定上一步创建的柱状图，然后单击功能区中的**图表工具**（Chart Column）。

第六步，在**数据**（Data）模块中，单击**选择数据**（Select Data）。

第七步，在**选择数据源**（Select Data Source）对话框中的**水平（分类）轴标签**[（Horizontal (Category) Axis Labels)] 区域，单击**编辑**（Edit），当**轴标签**（Axis Labels）对话框出现后，选择单元格范围 J27:J45，然后单击**确定**（OK）按钮，继续单击**确定**（OK）按钮。

第八步，单击图形上方的文本框，并用"利润分布"替换图表标题。

由图 11-9 可以看出，模拟出来的 Sanotronics 公司利润分布是相当对称的，利润大部分位于 0~1 500 000 美元，在 1 000 次试验中，只有 10 次利润小于 -500 000 美元，有 3 次利润大于 2 000 000 美元。在频数分布中，大多数利润位于 500 000~750 000 美元，1 000 次模拟试验一共有 191 次。

比较随机模拟试验和手工进行 What-If 分析，我们不难看出，通过模拟分析我们可以获得更多的信息。回顾一下 11.1 节 What-If 分析的结果，在基本情境下，Sanotronics 公司的利润是 710 000 美元，最坏情境是损失 1 000 000 美元，最好情境是获利 2 780 000 美元。可是，从 1 000 次模拟试验的结果看，尽管损失 1 000 000 美元和获利 2 780 000 美元都有可能，但出现这种情况的概率是非常非常小的。另外，进行模拟试验，对风险分析是有很大好处的，能让我们了解到发生损失的可能性。在既定的直接劳动力成本、零部件购买价格、市场需求量的分布下，我们能够估计损失的概率、利润取值分布范围，以及获得什么样的利润最有可能。

当我们按 <F9> 键，产生新的 1 000 次模拟试验，我们会观察到汇总统计量也随之发生变化。尤其是，每个新的一组模拟试验所得到的利润均值和负利润占比出现了波动。从抽样误差的角度，我们可以构建利润均值和负利润占比的置信区间。通过前面有关章节的学习，我们已经知道了，置信区间是点估计量 ± 抽样允许误差。为了计算 Sanotronics 公司问题的置信区间，在 Excel 中我们使用了下列函数：

单元格 H36 = H29 - CONFIDENCE.T(0.05, H29, H30)

单元格 H37 = H29 + CONFIDENCE.T(0.05, H29, H30)

单元格 H39 = H32 - (NORM.S.INV(0.975) * H33)

单元格 H40 = H32 + (NORM.S.INV(0.975) * H33)

式中，单元格 H36 和 H37 计算的是利润均值的 95% 置信区间的下限和上限。为计算区间估计的抽样允许误差，我们使用了 Excel 中的函数 CONFIDENCE，使用该函数需要输入 3 个参数，分别是显著性水平（1 - 置信水平）、样本均值、样本标准差。

单元格 H39 和 H40 计算的是负利润占比的 95% 置信区间的下限和上限。为了计算区间估计的抽样允许误差，需要用比例的抽样标准误差（单元格 H33）乘以对应于置信水平 95% 的 $z$ 值 [计算方法是 = NORM.S.INV(0.975)]。

图 11-9 显示，利润均值的 95% 置信区间是 679 452~744 575 美元，负利润占比的 95% 置信区间是 0.070~0.104。对利润均值 95% 置信区间的一个常见错误解读是，把它当作 1 000 次模拟得到的利润值的分布。可是，我们看看利润的分布，就能很明显地得出 95% 的利润值并不在 95% 的置信区间 [679 452, 744 575] 范围内，95% 的置信区间仅与利润均值估计的信度有关，不是某个利润值的可能性。假如我们想得到包含 95% 的利润

观察值的区间，我们可以使用函数 PERCENTILE.EXC。以 Sanotronics 公司问题为例，由下限 PERCENTILE.EXC(E26:E1025,0.025) = -322 562 美元和上限 PERCENTILE.EXC(E26:E1025,0.975) = 1 736 965 美元所构成的区间，大概有 95% 的可能包含了模拟出来的利润值。

通过模拟试验得到的结果，能够帮助 Sanotronics 公司管理人员更好地掌握新型医疗设备生产可能存在的利润或损失。总体来说，模拟结果对制定合适的决策会很有助益。

●─○─●─○─●  **注释与点评**  ●─○─●─○─●

1. 本章的这一节里，我们介绍了怎样生成服从一般离散分布、均匀分布、正态分布的随机变量的值。生成正态随机变量的值，需要使用 Excel 中的函数 NORM.INV 和 RAND。当我们使用 Excel 公式 = NORM.INV(RAND(),m,s) 时，其中 RAND() 产生 0~1 之间的随机数 $r$，NORM.INV 函数识别出最小值 $k$，以使 $P(X \leq k) \geq r$，这里 $X$ 为服从均值 $m$、标准差 $s$ 的正态随机变量。对于服从 $\beta$ 分布、二项分布、伽马分布、对数正态分布等的随机变量，我们同样可以利用 RAND 生成相应随机变量的值，Excel 对应的函数分别是：BETA.INV，BINOM.INV，GAMMA.INV，LOG-NORM.INV。对于随机变量取值发生的概率，这时只需改变服从的概率分布，便能得到该随机变量相应的取值。但是，怎样确定随机变量服从的概率分布，这是一个难题，需要结合历史资料的分析和个人的知识。模拟分析中，常用的概率分布在本章的附录中给出介绍。

2. 对样本均值、样本比例的置信区间，我们如果想要缩小它们的范围，可以通过增加模拟试验的次数，比如超过 1 000 次模拟试验。然而，增加试验次数，可能会加重 Excel 的运算负担。为了缩小抽样误差，可能需要做 1 000 次以上的模拟试验。这时我们可能希望把 Excel 限制在仅通过某个具体命令才更新模拟值，而不是任何时候按 <Enter> 键都发生更新。为此，我们可以这样来做：单击功能区的**文件**（File），单击**选项**（Option），选择**公式**（Formulas），然而选择**计算选项**（Calculation options）中的**手动重算**（Manual），在做了这些设置后，只有按 <F9> 键时 Excel 才会更新模拟值。

## 11.2　Land Shark 公司模拟模型

Land Shark 公司是一家房地产企业，主营业务是地产开发和销售。通过首价密封投标竞拍的方式，Land Shark 公司曾成功地取得一些地产项目。在首价密封投标竞拍中，每位投标人需要提交一个不公开的报价，然后比较各个投标人的报价，出价最高的投标人将赢得标的。要是出现两个相同最高报价的人（这当然是个稀有事件），这时通过抛硬币的方式确定最终的中标人。

Land Shark 公司已经考察了即将举行的所有地产拍卖，并甄别出一个对该公司有利可图的商业地产项目。根据 Land Shark 公司管理层的分析，这块商业地产的估值达到 1 389 000 美元。基于公开的招标投标资料，Land Shark 公司把与这次地产拍卖类似的最近 13 次商业地产拍卖情况做了整理，详细资料见表 11-2。

表 11-2　商业地产拍卖报价数据

| 项目编号 | 报价金额对比值 | | | | | | | |
|---|---|---|---|---|---|---|---|---|
| | 报价1 | 报价2 | 报价3 | 报价4 | 报价5 | 报价6 | 报价7 | 报价8 |
| 1 | 0.830 | 0.797 | 0.833 | 0.878 | 0.839 | 0.843 | | |
| 2 | 0.835 | 0.823 | 0.781 | 0.892 | 0.767 | 0.787 | | |
| 3 | 0.763 | 0.862 | 0.814 | 0.895 | | | | |
| 4 | 0.771 | 0.859 | 0.867 | 0.850 | 0.833 | | | |
| 5 | 0.836 | 0.898 | 0.831 | 0.897 | 0.831 | 0.657 | 0.846 | |
| 6 | 0.850 | 0.863 | 0.825 | 0.910 | 0.848 | | | |
| 7 | 0.890 | 0.820 | 0.874 | 0.877 | 0.818 | | | |
| 8 | 0.804 | 0.881 | 0.786 | 0.884 | 0.773 | 0.819 | 0.824 | |
| 9 | 0.819 | 0.851 | 0.786 | 0.896 | 0.784 | 0.792 | | |
| 10 | 0.860 | 0.756 | 0.876 | 0.887 | 0.866 | | | |
| 11 | 0.880 | 0.834 | 0.831 | 0.871 | 0.857 | 0.759 | | |
| 12 | 0.810 | 0.870 | | | | | | |
| 13 | 0.887 | 0.716 | 0.817 | 0.900 | 0.869 | 0.885 | 0.856 | 0.761 |

表 11-2 中，为了便于进行对比，Land Shark 公司整理的资料中采用了报价金额对比值，它是类似招标投标项目中已中标企业的报价与相应商业地产估值之间相比的结果。

Land Shark 公司想对这块商业地产投标报价 1 229 000 美元，但更想评估一下能够中标的机会。

### 11.2.1　Land Shark 公司的电子表格模型

为了评估 Land Shark 公司赢得竞拍的可能性，现在我们对竞拍情况进行模拟分析。模拟竞拍的第一步，是要能识别出输入参数和输出参数。接下来，就是在输入和输出之间建立函数关系，以将问题转化成电子表格模型。建立模拟分析的电子表格模型，需要输入带有概率分布的可能值，以取代本来就没有把握确知的不变参数值。

对于 Land Shark 公司的竞拍问题，有关的输入参数包括地产的估计价值、投标的人数、各个竞标人的报价，以及 Land Shark 公司的报价。Land Shark 公司确信有把握的是地产估值为 1 389 000 美元，也能控制住自己的报价金额，并且希望评估报价金额为 1 229 000 美元。可是，Land Shark 公司对竞拍人数、这些竞标对手的报价金额没有把握。

输出的结果主要有 Land Shark 公司是否能赢得竞拍、Land Shark 公司可能获得的净收益。一旦 Land Shark 公司赢得了竞拍，此时该公司的净收益就是地产的估价与报价之间的差。如果 Land Shark 公司没有中标，该公司的净收益便是 0。

要确定 Land Shark 公司是否能中标进而从中获取收益，我们需要认识其中的逻辑。为此，我们首先来考虑输入的静态参数值。根据表 11-2 的资料，竞争者报价的个数为 2~8 个，因此会有 8 个不同的竞争者报价。假定这 8 个竞争者的报价对比值（占地产估值百分比）分别是 0.887、0.716、0.817、0.900、0.869、0.885、0.856、0.761。可是，有可能这 8 个报价并不全部都会提交。假定只有 4 位竞争对手决定提交报价，那么我们仅会考虑 8 个报价中的 4 个。如果报价金额是随机顺序列示的（就像表 11-2），我们可能就选择前 4

个报价而忽略后 4 个报价。在本例中，前 4 个竞争报价金额（用美元表示）是：0.887 ×
1 389 000 = 1 232 043，0.716 × 1 389 000 = 994 524，0.817 × 1 389 000 = 1 134 813，0.900 ×
1 389 000 = 1 250 100。那么，最高的竞争报价是这 4 个报价中最大的值即 1 250 100 美元。
我们把 Land Shark 公司的报价（1 229 000 美元）与最高竞争报价（1 250 100 美元）做对
比，如果是这样的情境，Land Shark 公司不会赢得竞拍，因而其收益就是 0 美元。

上面，我们仅考虑前 4 个竞争者报价而忽略了后 4 个竞争者的报价，并从这 4 个竞争
者报价中确定了最大的报价。一般地说，竞争报价的数目是不确定的，并且彼此之间也不
一样。因此，我们需要设计一个电子表格模型，使其能在不知道会有多少个报价时正确地
计算出最大的竞争报价。

图 11-10 展示了电子表格模型的计算公式及其相应的结果。

| | A | B | C |
|---|---|---|---|
| 1 | Land Shark | | |
| 2 | | | |
| 3 | Parameters | | |
| 4 | Estimated Value | 1389000 | |
| 5 | Number of Bidders | 4 | |
| 6 | | | |
| 7 | Bid Index | Bid Fraction | Bid Amount |
| 8 | 1 | 0.887 | =IF(A8>$B$5,0,B8*$B$4) |
| 9 | 2 | 0.716 | =IF(A9>$B$5,0,B9*$B$4) |
| 10 | 3 | 0.818 | =IF(A10>$B$5,0,B10*$B$4) |
| 11 | 4 | 0.9 | =IF(A11>$B$5,0,B11*$B$4) |
| 12 | 5 | 0.869 | =IF(A12>$B$5,0,B12*$B$4) |
| 13 | 6 | 0.885 | =IF(A13>$B$5,0,B13*$B$4) |
| 14 | 7 | 0.856 | =IF(A14>$B$5,0,B14*$B$4) |
| 15 | 8 | 0.761 | =IF(A15>$B$5,0,B15*$B$4) |
| 16 | | | |
| 17 | Model | | |
| 18 | Land Shark Bid Amount | 1229000 | |
| 19 | Largest Competitor Bid | =MAX(C8:C15) | |
| 20 | Land Shark Win Auction? | =IF(B18>B19,1,0) | |
| 21 | Land Shark Return | =B20*(B4-B18) | |

| | A | B | C |
|---|---|---|---|
| 1 | Land Shark | | |
| 2 | | | |
| 3 | Parameters | | |
| 4 | Estimated Value | $1,389,000 | |
| 5 | Number of Bidders | 4 | |
| 6 | | | |
| 7 | Bid Index | Bid Fraction | Bid Amount |
| 8 | 1 | 0.887 | $1,232,043 |
| 9 | 2 | 0.716 | $994,524 |
| 10 | 3 | 0.818 | $1,134,813 |
| 11 | 4 | 0.900 | $1,250,100 |
| 12 | 5 | 0.869 | $0 |
| 13 | 6 | 0.885 | $0 |
| 14 | 7 | 0.856 | $0 |
| 15 | 8 | 0.761 | $0 |
| 16 | | | |
| 17 | Model | | |
| 18 | Land Shark Bid Amount | $1,229,000 | |
| 19 | Largest Competitor Bid | $1,250,100 | |
| 20 | Land Shark Win Auction? | 0 | |
| 21 | Land Shark Return | $0 | |

图 11-10　Land Shark 公司基础电子表格模型

图 11-10 中，单元格 B4 是 Land Shark 公司对地产的估值（这个估值对 Land Shark 公司
来说是比较有把握的），单元格 B5 是投标的人数（对 Land Shark 公司来说这是个不确定变
量），单元格 B8 到单元格 B15 是 8 个可能的竞标对手相对报价（也可看成是随机变量）。
单元格 C8 到单元格 C15 是绝对数值表示的报价，但考虑了有多少投标人，所以采用了 IF

（条件）函数。例如，对于单元格 C8，其计算公式是：= IF（A8 >$B$5,0,B8 *$B$4），它先把单元格 A8 投标人的编号与单元格 B5 的投标人数进行比较，如果前来投标的人的编号超过了既定的投标人数，那就取报价为 0 美元，也就是说不需要考虑这样的报价，反之，报价就用单元格 B8 的相对值乘以地产的估值来表示。

单元格 B18 是 Land Shark 公司的报价，单元格 B19 是把单元格 C8:C15 中竞标对手的最大报价找出来。由于 Land Shark 公司关心两个结果：其一是能否赢得竞标；其二是竞拍成功后的收益。因此，把单元格 B18 的 Land Shark 公司的报价与竞争对手的最大报价（单元格 B19）进行比较，就能判断出 Land Shark 公司是否能赢得竞标。单元格 B20 就是实现这项功能的，采用的计算方式为 = IF(B18 > B19,1,0)，这里的逻辑值 1 表示 Land Shark 公司中标，逻辑值 0 表示 Land Shark 公司没有中标。在一组模拟试验中，通过单元格 B20 的输出，可以对 Land Shark 公司赢得竞标的可能性进行计算。单元格 B21 计算的是 Land Shark 公司中标后可能获得的收益，采用的计算方式为 = B20 *（B4 − B18），如果 Land Shark 公司中标，则其收益是地产估值与投标金额之间的差，如果单元格 B20 的值为 0 即没有中标，这时 Land Shark 公司的收益是 0。

## 11.2.2 生成 Land Shark 公司随机变量值

在图 11-10 给出的 Land Shark 公司的模拟模型中，不确定变量是竞标的人数、竞标人会给出什么样的报价（报价与地产估值之比）。下面，我们将讨论怎样对这些不确定量或随机变量进行具体的概率分布刻画。

首先，我们介绍的是投标人数的概率分布。根据 Land Shark 公司搜集的以往竞标资料，投标的人数可能为 2 ~ 8 人。除非 Land Shark 公司确信只有不到 2 个投标人，否则最好还是认为前来投标的人数多于 2 个比较稳妥。根据 Land Shark 公司搜集的资料，从来就没有出现过 8 个以上的投标人，所以有理由假定投标人数最多是 8 个。

图 11-11 给出了竞标人数取不同值的相对可能性，因此，Land Shark 公司决定对竞标人数分别为 2、3、4、5、6、7、8 时用等概率进行描述。

根据 Land Shark 公司采集的资料绘制的频数分布（见图 11-11），对于参与竞标人数的多少，采用整数均匀分布刻画是比较合适的选择。

> 整数均匀分布是离散均匀分布的一个特例，不论是一般的离散均匀分布，还是整数均匀分布，它们所有的取值都是等可能的。只不过整数均匀分布在定义的范围内可能取的整数值是连续不断的整数，而一般的离散均匀分布可能的取值不一定是连续不断的整数（甚至整数），仅仅是一系列不相同的离散值。

对于服从整数均匀分布的随机变量，利用 Excel 产生其随机值，操作方法为：

整数均匀分布随机变量值 = RANDBETWEEN(最小的整数值,最大的整数值)  (11-7)

就 Land Shark 公司问题来说，最小的整数值是 2，最大的整数值是 8。由式（11-7）可知，在图 11-10 的单元格 B5 中，输入计算公式 = RANDBETWEEN(2，8)。

在 Land Shark 公司问题的例子中,每个竞争对手的相对报价也是一个随机变量。由 Land Shark 公司搜集的类似招投标资料绘制的频数分布直方图如图 11-12 所示。

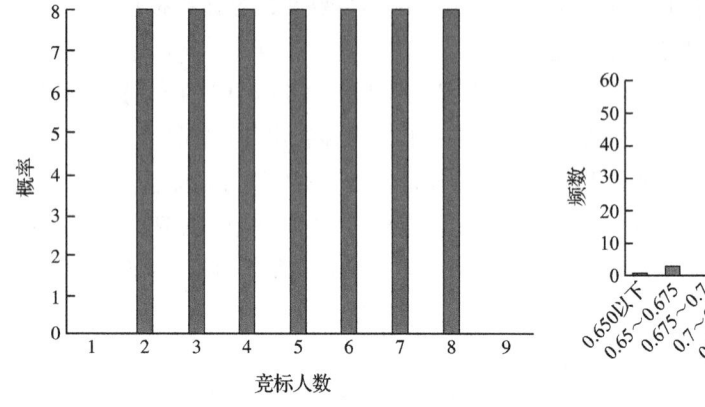
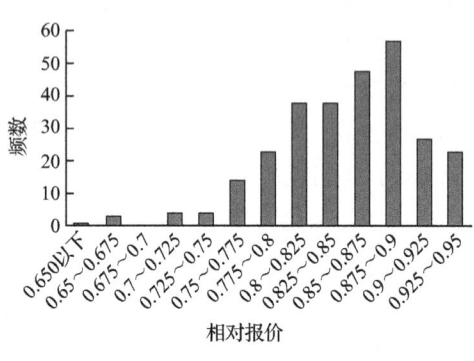

图 11-11 竞标人数的频数分布　　　　图 11-12 报价占地产估值比的频数分布

图 11-12 中共有 13 个分组,相对报价(报价与地产估值之比)的频数分布呈左偏形状,相对报价在 (0.875, 0.900) 区间出现的频数最多。

以图 11-12 为基础,存在多种方法可以利用电子表格模拟投标报价。方法之一是,依据图 11-12,选择离散型概率分布来反映报价值(就像我们在 Sanotronics 公司的事例中产生直接劳动力成本随机值的做法一样)。不过,如果使用离散型概率分布,那么只能选取一些代表性相对报价,如 0.65、0.675、0.70、0.725、0.75、0.775、0.80、0.825、0.85、0.875、0.90、0.925、0.95 都可能会出现,由此一来可能会导致信息的损失。从图 11-12 我们可以看出,相对报价大多数取值在最小值 0.645 和最大值 0.947 之间,因此采用离散概率分布产生相对报价值可能并不合适。

另外两个重要的备选做法分别是:直接从搜集的观察资料中抽样以用于模拟试验,根据搜集的资料拟合连续型概率分布。

假如 Land Shark 公司确信目前拥有的报价资料能准确地代表未来的报价情况,那么从现有的报价资料中抽样不失为一种好的选择。如果是这样,对于即将进行的竞标活动,我们可以从现有的相对报价资料中随机地选择一个值作为报价的模拟结果。从现有的相对报价资料中抽取一个值,在 Excel 中我们采用如下的做法:

= VLOOKUP( RANDBETWEEN(1,280) , $A$2 : $B$281 ,2 ,FALSE)

式中,数字 280 为 Land Shark 公司目前掌握的相对报价资料的总数;A2:B281 为相对报价所在的 Excel 工作表中的竞标人的编码和相对报价数据。

当从目前拥有的相对报价资料中抽取观察值,被抽取出来的相对报价值将会被用于模拟试验。如果现有观察数据能充分地代表可能取值的范围,并且这些可能取值的分布遍及整个范围,那么从现有观察数据中再抽样就是一种好的做法。反之,假如样本数据不能充分地刻画随机变量所有可能的取值,这时找出能很好拟合数据的概率分布,并从拟合后的概率分布而不是直接从数据中抽样,可能更为合适。

## 11.2.3 模拟试验和结果分析

在 Land Shark 公司的例子中，每一次竞标模拟试验都涉及随机产生竞标者人数和 8 个可能相对报价的随机数，并依此计算 Land Shark 公司是否会中标以及从中标中获取的收益。为了利用电子表格进行 1 000 次模拟试验，我们构建了图 11-13 的电子表格。

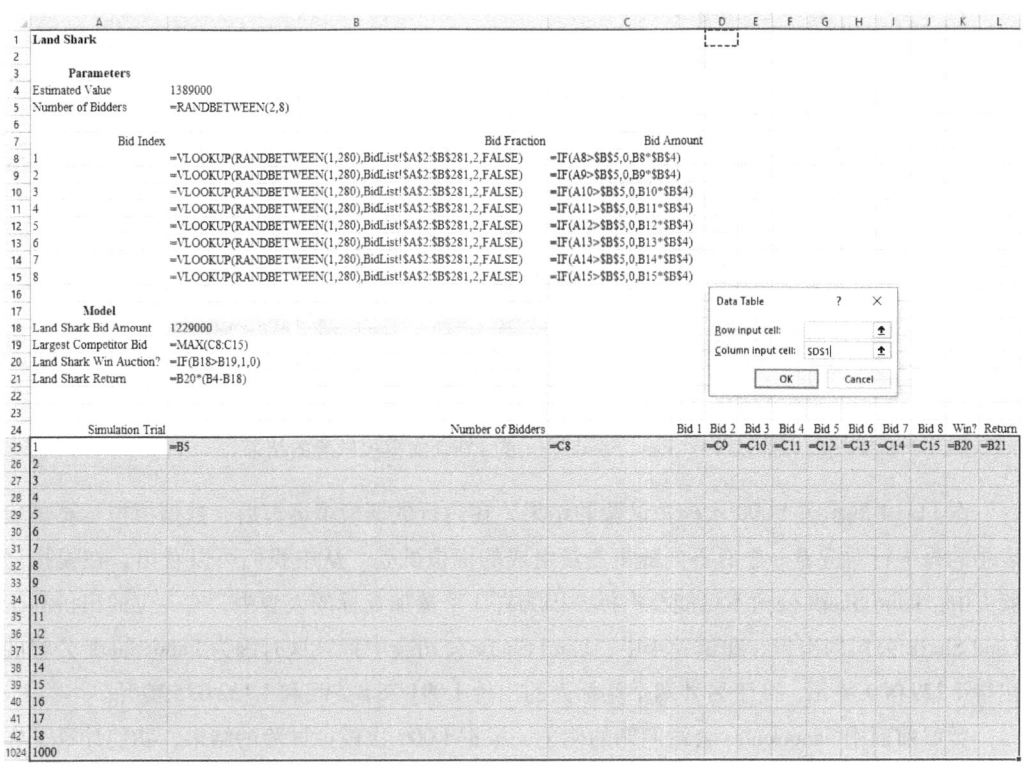

图 11-13　Land Shark 公司问题 1 000 次模拟试验的电子表格模型

图 11-13 中，单元格 A24:L1024 用于放置 1 000 次模拟试验，单元格 A25:A1024 为行数，分别对应着 1 000 次模拟试验（其中 A43:A1023 隐藏起来了），模拟运算表的第一行（单元格 B25:L25），包含着与随机数有关的 Excel 公式（竞标者人数和 8 个可能的报价金额），以及两个输出结果（Land Shark 公司是否会中标，中标后的收益）。

为了把模拟试验植入工作表模型中，可以按照以下步骤操作：

第一步，选定单元格 A25:L1024。

第二步，单击功能区中的**数据**（Data）。

第三步，在**预测**（Forecast）模块，单击**假设分析**（What-If Analysis），并选择**模拟运算表**（Data Table）。

第四步，当**模拟运算表**（Data Table）对话框出现后，跳过**输入引用行的单元格**（Row input cell），在**输入引用列的单元格**（Column input cell）输入任一空白单元格（如 D1）。

第五步，单击**确定**（OK）按钮。

经过以上步骤，便可以得到 Land Shark 公司的模拟试验结果，如图 11-14 所示。

| | A | B | C |
|---|---|---|---|
| 1 | **Land Shark** | | |
| 2 | | | |
| 3 | **Parameters** | | |
| 4 | Estimated Value | $1,389,000 | |
| 5 | Number of Bidders | 3 | |
| 6 | | | |
| 7 | Bid Index | Bid Fraction | Bid Amount |
| 8 | 1 | 0.906 | $1,258,434 |
| 9 | 2 | 0.832 | $1,155,648 |
| 10 | 3 | 0.909 | $1,262,601 |
| 11 | 4 | 0.835 | $0 |
| 12 | 5 | 0.778 | $0 |
| 13 | 6 | 0.866 | $0 |
| 14 | 7 | 0.877 | $0 |
| 15 | 8 | 0.817 | $0 |
| 16 | | | |
| 17 | **Model** | | |
| 18 | Land Shark Bid Amount | $1,229,000 | |
| 19 | Largest Competitor Bid | $1,262,601 | |
| 20 | Land Shark Win Amount? | 0 | |
| 21 | Land Shark Return | $0 | |

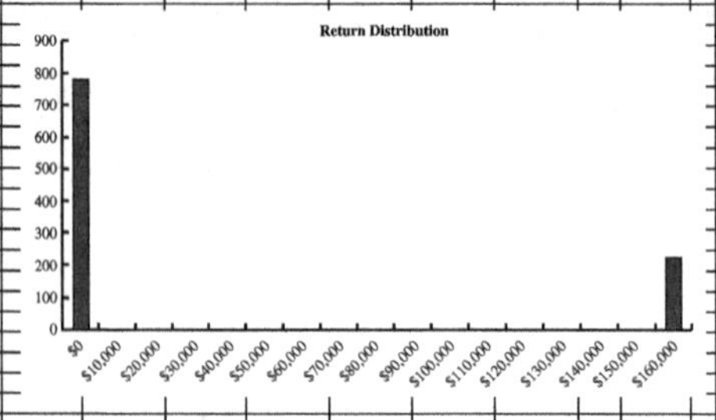


| | A | B | C | D | E | F | G | H | I | J | K | L |
|---|---|---|---|---|---|---|---|---|---|---|---|---|
| 24 | Simulation Trial | Number of Bidders | Bid 1 | Bid 2 | Bid 3 | Bid 4 | Bid 5 | Bid 6 | Bid 7 | Bid 8 | Win? | Return |
| 25 | 1 | 3 | $1,258,434 | $1,155,648 | $1,262,601 | $0 | $0 | $0 | $0 | $0 | 0 | $0 |
| 26 | 2 | 4 | $1,233,432 | $1,029,249 | $1,090,365 | $1,245,933 | $0 | $0 | $0 | $0 | 0 | $0 |
| 27 | 3 | 5 | $1,230,654 | $1,277,880 | $1,287,603 | $1,219,542 | $1,237,599 | $0 | $0 | $0 | 0 | $0 |
| 28 | 4 | 2 | $1,091,754 | $1,132,035 | $0 | $0 | $0 | $0 | $0 | $0 | 1 | $160,000 |
| 29 | 5 | 4 | $1,234,821 | $1,218,153 | $1,154,259 | $1,276,491 | $0 | $0 | $0 | $0 | 0 | $0 |
| 30 | 6 | 8 | $1,138,980 | $1,070,919 | $1,312,605 | $1,170,927 | $1,191,762 | $1,204,263 | $1,204,263 | $1,132,035 | 0 | $0 |
| 31 | 7 | 2 | $1,201,485 | $1,201,485 | $0 | $0 | $0 | $0 | $0 | $0 | 1 | $160,000 |
| 32 | 8 | 4 | $1,173,705 | $1,195,929 | $1,220,931 | $1,237,599 | $0 | $0 | $0 | $0 | 0 | $0 |
| 33 | 9 | 4 | $.1258,434 | $1,193,151 | $1,297,326 | $1,223,709 | $0 | $0 | $0 | $0 | 0 | $0 |
| 34 | 10 | 8 | $1,247,322 | $1,309,827 | $1,148,703 | $1,237,599 | $1,109,811 | $1,222,320 | $1,123,701 | $1,261,212 | 0 | $0 |
| 35 | 11 | 5 | $1,080,642 | $1,059,807 | $1,050,084 | $1,173,705 | $1,299,265 | $0 | $0 | $0 | 0 | $0 |
| 36 | 12 | 6 | $1,188,984 | $1,132,035 | $1,134,813 | $1,112,589 | $1,220,931 | $1,279,269 | $0 | $0 | 0 | $0 |
| 37 | 13 | 5 | $1,308,438 | $1,009,803 | $1,187,595 | $1,140,369 | $1,232,043 | $0 | $0 | $0 | 0 | $0 |
| 38 | 14 | 2 | $1,045,917 | $1,173,705 | $0 | $0 | $0 | $0 | $0 | $0 | 1 | $160,000 |
| 39 | 15 | 2 | $1,191,762 | $1,061,196 | $0 | $0 | $0 | $0 | $0 | $0 | 1 | $160,000 |
| 40 | 16 | 8 | $1,304,271 | $1,061,196 | $1,220,931 | $1,265,379 | $1,232,043 | $1,237,599 | $1,113,978 | $1,143,147 | 0 | $0 |
| 41 | 17 | 2 | $1,125,090 | $1,152,870 | $0 | $0 | $0 | $0 | $0 | $0 | 1 | $160,000 |
| 42 | 18 | 2 | $1,301,493 | $1,125,090 | $0 | $0 | $0 | $0 | $0 | $0 | 0 | $0 |
| 1024 | 1,000 | 3 | $1,184,817 | $1,262,601 | $1,220,931 | $0 | $0 | $0 | $0 | $0 | 0 | $0 |

| | N | O | Q | R |
|---|---|---|---|---|
| 24 | Summary Statistics | | | |
| 25 | Count | 1000 | Bin | Frequency |
| 26 | Minimum Return | $0 | $0 | 663 |
| 27 | Maximum Return | $160,000 | $10,000 | 0 |
| 28 | Mean Return | $35,680 | $20,000 | 0 |
| 29 | Standard Deviation of Return | $66,635 | $30,000 | 0 |
| 30 | | | $40,000 | 0 |
| 31 | P(Win Auction) | 0.223 | $50,000 | 0 |
| 32 | Standard Error of Proportion | 0.013 | $60,000 | 0 |
| 33 | | | $70,000 | 0 |
| 34 | 95% C.I. on Mean Return | $31,545 | $80,000 | 0 |
| 35 | | $39,815 | $90,000 | 0 |
| 36 | | | $100,000 | 0 |
| 37 | 95% C.I. on P(Win Auction) | 0.197 | $110,000 | 0 |
| 38 | | 0.249 | $120,000 | 0 |
| 39 | | | $130,000 | 0 |
| 40 | | | $140,000 | 0 |
| 41 | | | $150,000 | 0 |
| 42 | | | $160,000 | 337 |
| 1024 | | | | |

图 11-14　Land Shark 公司的 1 000 次模拟试验的结果

图 11-14 展示了 1 000 次模拟试验的结果，在运行数据模拟运算后，数据模拟运算试验表中的每一行对应着一个有不同随机变量组成的模拟试验。从中我们可以看出，在模拟试验 1 中，Land Shark 公司不可能会中标，因为在 3 个参加竞标的人当中，有 2 位的出价高于 Land Shark 公司的出价。在试验 4 中，Land Shark 公司会中标，这时因为 Land Shark 公司的出价 1 229 000 美元，高于另外两个竞标人的出价 1 091 754 美元和 1 132 035 美元。

类似前面中 Sanotronics 公司问题的例子，根据 1 000 次模拟试验的结果，我们计算了样本统计量，并对收益均值和是否会中标的可能性做了 95% 的区间估计。图 11-14 中，有关这些方面的内容陈述如下：

| | |
|---|---|
| 单元格 O25 计数 | = COUNT(L25:L1024) |
| 单元格 O26 求最小收益 | = MIN(L25:L1024) |
| 单元格 O27 求最大收益 | = MAX(L25:L1024) |
| 单元格 O28 平均收益 | = AVERAGE(L25:L1024) |
| 单元格 O29 标准差 | = STDEV(L25:L1024) |
| 单元格 O31 中标频率 | = AVERAGE(K25:K1024) |
| 单元格 O32 中标频率标准误差 | = SQRT(O31 * (1 - O31)/O25) |
| 单元格 O34 平均收益下限 | = O28 - CONFIDENCE.T(0.05,O29,O25) |
| 单元格 O35 平均收益上限 | = O28 + CONFIDENCE.T(0.05,O29,O25) |
| 单元格 O37 中标频率下限 | = O31 - NORM.S.INV(0.975) * O32 |
| 单元格 O38 中标频率上限 | = O31 + NORM.S.INV(0.975) * O32 |

由 1 000 次模拟试验的结果，我们对收益编制了频数分布，具体见单元格 Q26:R42。

其中，单元格 Q26:Q42 是频数分布分组的上限值，单元格 R26:R42 植入的是 FREQUENCY 函数。

从图 11-14 中我们可以看出，根据 1 000 次模拟试验，Land Shark 公司估计的平均收益是 35 680 美元，中标发生的频率是 0.223。如果 Land Shark 公司报价 1 229 000 美元，则存在两个结果：要么中标赚取 160 000 美元，要么没有中标也没有损失和收益。由频数分布可知，Land Shark 公司在 1 000 次模拟竞标中有 663 次不会中标（收益等于 0）、337 次会中标（此时能赚取收益 160 000 美元）。

LandShark Resample

在建立和运行 Land Shark 公司问题的模拟运算后，我们按 <F9> 键就会生成新的一组 1 000 次随机模拟试验，并因此而会导致描述统计值的改变。通过不断按 <F9> 键，对于所得到的不同统计汇总结果，我们可以估算输出统计结果存在的抽样误差有多大。另外，收益均值的 95% 置信区间及中标概率的 95% 置信区间，反映了抽样误差的程度。置信区间的范围越宽，从精度角度看，意味着样本均值和样本比例的不确定性越大。如果我们按 <F9> 键 100 次，产生 100 个 1 000 次试验的样本，我们将得到 100 个平均收益区间，这 100 个平均收益区间中大概有 95 个包含了 Land Shark 公司问题真实的平均收益。同样地，在中标比例试验的 100 个置信区间中，大概有 95 个包含了 Land Shark 公司赢得竞拍的概率。

一般地，随着模拟试验次数的增加，将会降低描述统计结果的变异性。因此，如果希望降低输出统计的抽样误差，我们需要增加模拟试验的次数。

对 Land Shark 公司问题的模拟模型，我们自己动手运行它时，得到的结果和教科书给出的值可能不一样，这在模拟模型分析中是意料之中的事情。模拟模型在每次执行时，所得到的输出结果都会发生变化，这是因为每次执行模拟的时候，电脑软件都使用了不同的随机数。要想得到一组不变的模拟值，可以使用 Excel 的复制（Copy）和粘贴（Paste Values）功能，将动态数据表替换为一组不变的试验值。

## 11.2.4　运用拟合分布生成投标报价金额

在 Land Shark 公司问题的例子中，图 11-14 给出了其模拟模型，并依此从拥有的竞拍数据中通过直接抽样方法产生出竞争性报价。这种做法的好处是相对而言比较容易实现。然而，现有的竞标数据并不代表着适合其他可能的相对报价，由此建立的模型可能不能准确地反映新的竞标活动的情况，进而不能准确评估 Land Shark 公司的报价金额。

这里，我们再根据 Land Shark 公司搜集的招标投标数据，运用模拟模型产生相对报价的另一类做法。具体地说，就是根据现有的数据绘制直方图，然后以此为基础拟合连续型概率分布。拟合分布的优点是，产生出来的模拟值可能不是现有数据中的某个值，但仍然能够体现现有数据存在的特征；拟合分布的不足是，实施过程稍微复杂点，并且要求分析人员熟悉概率分布的知识。

识别连续型概率分布的目标，是对相对报价资料显示出来的直方图（见图 11-12）拟合相应的概率分布。一些离散型概率分布和连续型概率分布的知识，参见本章附录的介绍。对于相对报价数据，由相对报价可能取值的大多数，我们寻找一个连续型概率分布。而且我们知道相对报价的范围，其最小值为0、最大值为1，因为竞标人的报价不可能是负数，当然也不可能高于地产的估值。有不少概率分布存在上下限的要求，比较常见的如均匀分布、三角分布、$\beta$分布等。接下来，我们将逐个进行考查。

均匀分布要求在某个具体的最小值和最大值之间，每个取值是等可能的，不会出现像图11-12那样的情形。所以，要想产生相对报价值，选用均匀分布不合适。尽管如此，假如我们打算在模拟模型中运用均匀分布产生相对报价，那么我们必须要确定最大值和最小值。拿Land Shark公司的数据来说，最小值是0.645、最大值是0.947。可是，从理论上讲，相对报价有可能是从0.000到1.000。设定分布的最小值和最大值是建模的一种选择，这将会影响竞标人对最高、最低报价的选择。假如Land Shark公司确信，观察到的值0.645、0.947可能是竞标人的最低报价和最高报价，那么我们就用0.645、0.947作为均匀分布的下限值和上限值，并由式（11-3），利用Excel产生连续型均匀分布的值。

三角分布是单峰分布，具有3个参数，分别是最小值（$a$）、众数（$m$）、最大值（$b$）。虽然相对报价频数分布并不表现出与三角分布完全一样，但或许值得作为选择。为了确定三角分布的众数（最可能的）值，我们注意到计算连续相对报价数据的众数有点困难，因为没有哪个单个值频繁出现。因此，我们只能根据图11-12的直方图确定众数，从图11-12我们观察到，[0.875,0.9)这一组最频繁出现，对此可以用该组的中点0.8875作为三角分布的众数。对于相对报价数据，图11-15直观地显示了三角分布的拟合情况。

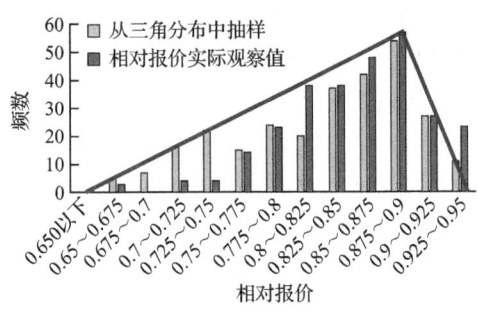

图11-15 中，由三角分布产生的数值所绘制的三角形状的曲线，代表了理论上的连续分布。图11-15 中，左边的柱状图是根据从三角分布产生的样本数据绘制的，右边的柱状图是根据实际数据绘制的。把左边的柱状图与右边的柱状图比较一下，我们可以看到，三角分布似乎在0.645~0.80范围产生

图11-15 相对报价数据的三角分布拟合

LandShark Triangular

更多的相对报价，而在0.925~0.95范围内的相对报价较少。在对Land Shark公司问题的模拟试验中，我们需要记住这个重要的事情。

要想产生具有三角分布特征的随机变量的值，在Excel中我们可以这样来做：

$$\text{三角随机变量值} = \text{IF}(random < (m-a)/(b-a), a + \text{SQRT}((b-a)*(m-a)*random),$$
$$b - \text{SQRT}((b-a)*(b-m)*(1-random))) \tag{11-8}$$

式（11-8）中，random表示相关的各个单元格由Excel函数=RAND()产生的随机数，式（11-8）中所有的random必须要保证取相同的值。

对于Land Shark公司问题，运用式（11-8）产生280项观察的做法为

$$\text{相对报价} = \text{IF}(random < (0.8875 - 0.645)/(0.947 - 0.645), 0.645 +$$
$$\text{SQRT}((0.947 - 0.645)*(0.8875 - 0.645)*random), 0.947 -$$
$$\text{SQRT}((0.947 - 0.645)*(0.947 - 0.8875)*(1 - random))) \tag{11-9}$$

图 11-16 展示了 Land Shark 公司模拟模型中，运用式（11-9）产生相对报价的计算公式。

| | A | B | C | D | E | F | G | H |
|---|---|---|---|---|---|---|---|---|
| 1 | **Land Shark** | | | | | | | |
| 2 | | | | | | | | |
| 3 | **Parameters** | | | | | | | |
| 4 | Estimated Value | 1389000 | | | | | | |
| 5 | Number of Bidders | =RANDBETWEEN(2, 8) | | | | | | |
| 6 | | | | | | | | |
| 7 | Bid Index | Bid Fraction | Bid Amount | | Bid % Parameters (Triangular) | | | Random # |
| 8 | 1 | =IF(H8<$F$13/$F$12,$F$8+$QRT($F$12*$F$13*H8),$F$9-$QRT($F$12*$F$14*(1-H8))) | =IF(A8>$BS5,0,B8*$B$4) | | Minimum | 0.645 | | =RAND() |
| 9 | 2 | =IF(H9<$F$13/$F$12,$F$8+$QRT($F$12*$F$13*H9),$F$9-$QRT($F$12*$F$14*(1-H9))) | =IF(A9>$BS5,0,B9*$B$4) | | Maximum | 0.9647 | | =RAND() |
| 10 | 3 | =IF(H10<$F$13/$F$12,$F$8+$QRT($F$12*$F$13*H10),$F$9-$QRT($F$12*$F$14*(1-H10))) | =IF(A10>$BS5,0,B10*$B$4) | | Mode | =(0.9+0.875)/2 | | =RAND() |
| 11 | 4 | =IF(H11<$F$13/$F$12,$F$8+$QRT($F$12*$F$13*H11),$F$9-$QRT($F$12*$F$14*(1-H11))) | =IF(A11>$BS5,0,B11*$B$4) | | | | | =RAND() |
| 12 | 5 | =IF(H12<$F$13/$F$12,$F$8+$QRT($F$12*$F$13*H12),$F$9-$QRT($F$12*$F$14*(1-H12))) | =IF(A12>$BS5,0,B12*$B$4) | | Max - Min | =F9-F8 | | =RAND() |
| 13 | 6 | =IF(H13<$F$13/$F$12,$F$8+$QRT($F$12*$F$13*H13),$F$9-$QRT($F$12*$F$14*(1-H13))) | =IF(A13>$BS5,0,B13*$B$4) | | Mode - Min | =F10-F8 | | =RAND() |
| 14 | 7 | =IF(H14<$F$13/$F$12,$F$8+$QRT($F$12*$F$13*H14),$F$9-$QRT($F$12*$F$14*(1-H14))) | =IF(A14>$BS5,0,B14*$B$4) | | Max - Mode | =F9-F10 | | =RAND() |
| 15 | 8 | =IF(H15<$F$13/$F$12,$F$8+$QRT($F$12*$F$13*H15),$F$9-$QRT($F$12*$F$14*(1-H15))) | =IF(A15>$BS5,0,B15*$B$4) | | | | | =RAND() |
| 16 | | | | | | | | |
| 17 | **Model** | | | | | | | |
| 18 | Land Shark Bid Amount | 1229000 | | | | | | |
| 19 | Largest Competitor Bid | =MAX(C8:C15) | | | | | | |
| 20 | Land Shark Win Amount? | =IF(B18>B19,1,0) | | | | | | |
| 21 | Land Shark Return | =B20*(B4-B18) | | | | | | |

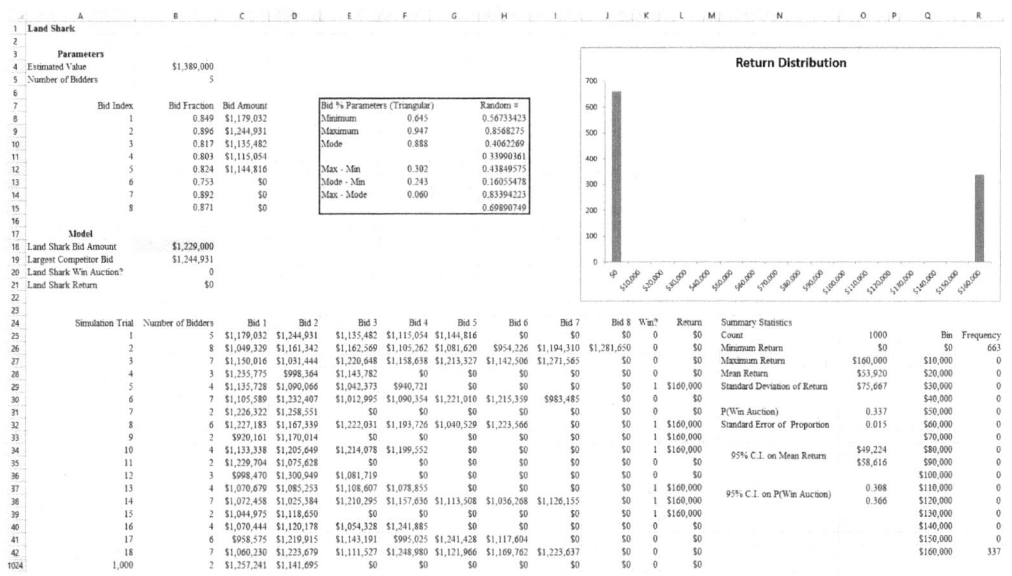

图 11-16　Land Shark 公司利用三角分布产生相对报价的计算公式

模拟运算后得到的结果，如图 11-17 所示。

| | A | B | C | E | F | H |
|---|---|---|---|---|---|---|
| 1 | **Land Shark** | | | | | |
| 2 | | | | | | |
| 3 | **Parameters** | | | | | |
| 4 | Estimated Value | $1,389,000 | | | | |
| 5 | Number of Bidders | 5 | | | | |
| 6 | | | | | | |
| 7 | Bid Index | Bid Fraction | Bid Amount | Bid % Parameters (Triangular) | | Random # |
| 8 | 1 | 0.849 | $1,179,032 | Minimum | 0.645 | 0.56733423 |
| 9 | 2 | 0.896 | $1,244,931 | Maximum | 0.947 | 0.8568275 |
| 10 | 3 | 0.817 | $1,135,482 | Mode | 0.888 | 0.4062269 |
| 11 | 4 | 0.803 | $1,115,054 | | | 0.33990361 |
| 12 | 5 | 0.824 | $1,144,816 | Max - Min | 0.302 | 0.43849575 |
| 13 | 6 | 0.753 | $0 | Mode - Min | 0.243 | 0.16055478 |
| 14 | 7 | 0.892 | $0 | Max - Mode | 0.060 | 0.83394223 |
| 15 | 8 | 0.871 | $0 | | | 0.69890749 |
| 16 | | | | | | |
| 17 | **Model** | | | | | |
| 18 | Land Shark Bid Amount | $1,229,000 | | | | |
| 19 | Largest Competitor Bid | $1,244,931 | | | | |
| 20 | Land Shark Win Auction? | 0 | | | | |
| 21 | Land Shark Return | $0 | | | | |
| 22 | | | | | | |
| 23 | | | | | | |

| | A | B | C | D | E | F | G | H | I | J | K | L | N | O | Q | R |
|---|---|---|---|---|---|---|---|---|---|---|---|---|---|---|---|---|
| 24 | Simulation Trial | Number of Bidders | Bid 1 | Bid 2 | Bid 3 | Bid 4 | Bid 5 | Bid 6 | Bid 7 | Bid 8 | Win? | Return | Summary Statistics | | | |
| 25 | 1 | 5 | $1,179,032 | $1,244,931 | $1,135,482 | $1,115,054 | $1,144,816 | $0 | $0 | $0 | 0 | $0 | Count | 1000 | Bin | Frequency |
| 26 | 2 | 8 | $1,049,329 | $1,161,342 | $1,162,569 | $1,105,262 | $1,081,620 | $954,226 | $1,194,310 | $1,281,650 | 0 | $0 | Minimum Return | $0 | $0 | 663 |
| 27 | 3 | 7 | $1,150,016 | $1,031,444 | $1,220,648 | $1,158,638 | $1,213,327 | $1,142,506 | $1,271,565 | $0 | 0 | $0 | Maximum Return | $160,000 | $10,000 | 0 |
| 28 | 4 | 3 | $1,235,775 | $998,364 | $1,143,782 | $0 | $0 | $0 | $0 | $0 | 0 | $0 | Mean Return | $53,920 | $20,000 | 0 |
| 29 | 5 | 4 | $1,135,728 | $1,090,066 | $1,042,373 | $940,721 | $0 | $0 | $0 | $0 | 1 | $160,000 | Standard Deviation of Return | $75,667 | $30,000 | 0 |
| 30 | 6 | 7 | $1,105,589 | $1,232,407 | $1,012,995 | $1,090,354 | $1,221,010 | $1,215,359 | $983,485 | $0 | 0 | $0 | | | $40,000 | 0 |
| 31 | 7 | 2 | $1,226,322 | $1,258,551 | $0 | $0 | $0 | $0 | $0 | $0 | 0 | $0 | P(Win Auction) | 0.337 | $50,000 | 0 |
| 32 | 8 | 6 | $1,227,183 | $1,167,339 | $1,222,031 | $1,193,726 | $1,040,529 | $1,223,566 | $0 | $0 | 1 | $160,000 | Standard Error of Proportion | 0.015 | $60,000 | 0 |
| 33 | 9 | 2 | $920,161 | $1,170,014 | $0 | $0 | $0 | $0 | $0 | $0 | 1 | $160,000 | | | $70,000 | 0 |
| 34 | 10 | 4 | $1,133,338 | $1,205,649 | $1,214,078 | $1,199,552 | $0 | $0 | $0 | $0 | 1 | $160,000 | 95% C.I. on Mean Return | $49,224 | $80,000 | 0 |
| 35 | 11 | 2 | $1,229,704 | $1,075,628 | $0 | $0 | $0 | $0 | $0 | $0 | 0 | $0 | | $58,616 | $90,000 | 0 |
| 36 | 12 | 3 | $998,470 | $1,300,949 | $1,081,719 | $0 | $0 | $0 | $0 | $0 | 0 | $0 | | | $100,000 | 0 |
| 37 | 13 | 4 | $1,070,679 | $1,085,253 | $1,108,607 | $1,078,855 | $0 | $0 | $0 | $0 | 1 | $160,000 | 95% C.I. on P(Win Auction) | 0.308 | $110,000 | 0 |
| 38 | 14 | 7 | $1,072,458 | $1,025,384 | $1,210,295 | $1,157,636 | $1,113,508 | $1,036,268 | $1,126,155 | $0 | 1 | $160,000 | | 0.366 | $120,000 | 0 |
| 39 | 15 | 2 | $1,044,975 | $1,118,650 | $0 | $0 | $0 | $0 | $0 | $0 | 1 | $160,000 | | | $130,000 | 0 |
| 40 | 16 | 4 | $1,070,444 | $1,120,178 | $1,054,328 | $1,241,885 | $0 | $0 | $0 | $0 | 0 | $0 | | | $140,000 | 0 |
| 41 | 17 | 6 | $958,575 | $1,219,915 | $1,143,191 | $995,025 | $1,241,428 | $1,117,604 | $0 | $0 | 0 | $0 | | | $150,000 | 0 |
| 42 | 18 | 7 | $1,060,230 | $1,223,679 | $1,111,527 | $1,248,980 | $1,121,966 | $1,169,762 | $1,223,637 | $0 | 0 | $0 | | | $160,000 | 337 |
| 1024 | 1,000 | 2 | $1,257,241 | $1,141,695 | $0 | $0 | $0 | $0 | $0 | $0 | 0 | $0 | | | | |

图 11-17　三角分布产生相对报价的模拟结果

由图 11-17，运用三角分布模拟相对报价得到的平均收益的 95% 置信区间为 49 224 ~ 58 616 美元，Land Shark 公司中标可能性的 95% 置信区间是 0.308 ~ 0.366。与图 11-14 给出的结论相比，似乎更乐观。

对相对报价值进行模拟的最后一种方法，就是对 Land Shark 公司拥有的招标投标资料拟合 $\beta$ 分布。$\beta$ 分布是一类灵活性很强的分布，该分布的特征可以通过 4 个参数体现出来：参数 $\alpha$、参数 $\beta$、最小值 $A$、最大值 $B$。通常估计 $\beta$ 分布的参数 $\alpha$ 和 $\beta$ 使用的是样本均值 $(\bar{x})$、样本标准差 $(s)$，并按照下式进行计算[⊖]：

---

⊖ 运用式（11-10）、式（11-11）估计参数，这种做法基于“矩估计”统计方法。有关矩估计的内容，本书不做介绍。有需要的读者，可以参阅专门介绍统计估计的图书。

$$\alpha = \left(\frac{\bar{x}-A}{B-A}\right)\left(\frac{\left(\frac{\bar{x}-A}{B-A}\right)\left(1-\left(\frac{\bar{x}-A}{B-A}\right)\right)}{\frac{s^2}{(B-A)^2}} - 1\right) \quad (11\text{-}10)$$

$$\beta = \alpha\left(\frac{\left(1-\left(\frac{\bar{x}-A}{B-A}\right)\right)}{\left(\frac{\bar{x}-A}{B-A}\right)}\right) \quad (11\text{-}11)$$

对 Land Shark 公司现有的数据，样本均值 $\bar{x} = 0.851$，样本标准差 $s = 0.056$，最小值 $A = 0.645$，最大值 $B = 0.947$。把这些值代入式（11-10）、式（11-11），可以得到

$$\begin{aligned}\alpha &= \left(\frac{\bar{x}-A}{B-A}\right)\left(\frac{\left(\frac{\bar{x}-A}{B-A}\right)\left(1-\left(\frac{\bar{x}-A}{B-A}\right)\right)}{\frac{s^2}{(B-A)^2}} - 1\right) \\ &= \left(\frac{0.851-0.645}{0.947-0.645}\right)\left(\frac{\left(\frac{0.851-0.645}{0.947-0.645}\right)\left(1-\left(\frac{0.851-0.645}{0.947-0.645}\right)\right)}{\frac{0.056^2}{(0.947-0.645)^2}} - 1\right) = 3.546\end{aligned}$$

$$\beta = \alpha\left(\frac{\left(1-\left(\frac{\bar{x}-A}{B-A}\right)\right)}{\left(\frac{\bar{x}-A}{B-A}\right)}\right) = 3.546 \times \left(\frac{\left(1-\left(\frac{0.851-0.645}{0.947-0.645}\right)\right)}{\left(\frac{0.851-0.645}{0.947-0.645}\right)}\right) = 1.655$$

对于服从 $\beta$ 分布的随机变量，在 Excel 中生成其值的做法为

$$\beta \text{ 变量的值} = \text{BETA.INV}(\text{RAND}(), \alpha, \beta, A, B) \quad (11\text{-}12)$$

在 Land Shark 公司问题的例子中，用参数的估计值代替式（11-12），便可得到

$$\text{相对报价} = \text{BETA.INV}(\text{RAND}(), 3.546, 1.655, 0.645, 0.947) \quad (11\text{-}13)$$

用 $\beta$ 分布拟合相对报价数据，其图像显示如图 11-18 所示。

图 11-18 中，曲线代表着由 $\beta$ 分布产生的值绘制的理论上的连续分布。左边的柱状图是根据 $\beta$ 分布产生出来的样本数据绘制的，右边的柱状图是由相对报价的实际数据绘制的。对比一下我们可以发现，用 $\beta$ 分布拟合相对报价是比较合理的。

运用式（11-13），产生 Land Shark 公司问题的相对报价的模拟值时，有关计算公式如图 11-19 所示。

根据图 11-19 的设定，模拟分析的结果如图 11-20 所示。

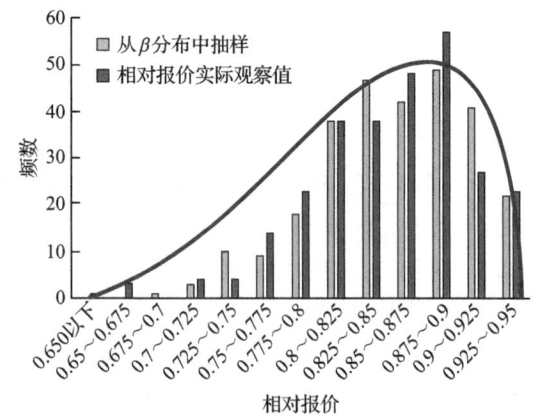

图 11-18 相对报价的 $\beta$ 分布拟合

由图 11-20 我们可以看出，运用 $\beta$ 分布拟合相对报价所得到的平均收益 95% 的置信区

间为 26 199 ~ 33 961 美元，Land Shark 公司中标可能性的 95% 置信区间为 0.164 ~ 0.212。这个结论相比直接从现有相对报价资料中抽样所得到的模拟结果（见图 11-14）不够乐观。

| | A | B | C | D | E | F |
|---|---|---|---|---|---|---|
| 1 | Land Shark | | | | | |
| 2 | | | | | | |
| 3 | Parameters | | | | | |
| 4 | Estimated Value | 1389000 | | | | |
| 5 | Number of Bidders | =RANDBETWEEN(2,8) | | | | |
| 6 | | | | | | |
| 7 | Bid Index | Bid Fraction | Bid Amount | | Bid % Parameters (Beta) | |
| 8 | 1 | =BETA.INV(RAND(),$F$10,$F$11,$F$8,$F$9) | =IF(A8>$B$5,0,B8*$B$4) | | Minimum | 0.645 |
| 9 | 2 | =BETA.INV(RAND(),$F$10,$F$11,$F$8,$F$9) | =IF(A9>$B$5,0,B9*$B$4) | | Maximum | 0.947 |
| 10 | 3 | =BETA.INV(RAND(),$F$10,$F$11,$F$8,$F$9) | =IF(A10>$B$5,0,B10*$B$4) | | Alpha | 3.54618101391835 |
| 11 | 4 | =BETA.INV(RAND(),$F$10,$F$11,$F$8,$F$9) | =IF(A11>$B$5,0,B11*$B$4) | | Beta | 1.6546630559593 |
| 12 | 5 | =BETA.INV(RAND(),$F$10,$F$11,$F$8,$F$9) | =IF(A12>$B$5,0,B12*$B$4) | | | |
| 13 | 6 | =BETA.INV(RAND(),$F$10,$F$11,$F$8,$F$9) | =IF(A13>$B$5,0,B13*$B$4) | | | |
| 14 | 7 | =BETA.INV(RAND(),$F$10,$F$11,$F$8,$F$9) | =IF(A14>$B$5,0,B14*$B$4) | | | |
| 15 | 8 | =BETA.INV(RAND(),$F$10,$F$11,$F$8,$F$9) | =IF(A15>$B$5,0,B15*$B$4) | | | |
| 16 | | | | | | |
| 17 | Model | | | | | |
| 18 | Land Shark Bid Amount | 1229000 | | | | |
| 19 | Largest Competitor Bid | =MAX(C8:C15) | | | | |
| 20 | Land Shark Win Auction? | =IF(B18>B19,1,0) | | | | |
| 21 | Land Shark Return | =B20*(B4-B18) | | | | |

图 11-19 运用 $\beta$ 分布模拟相对报价的相关公式

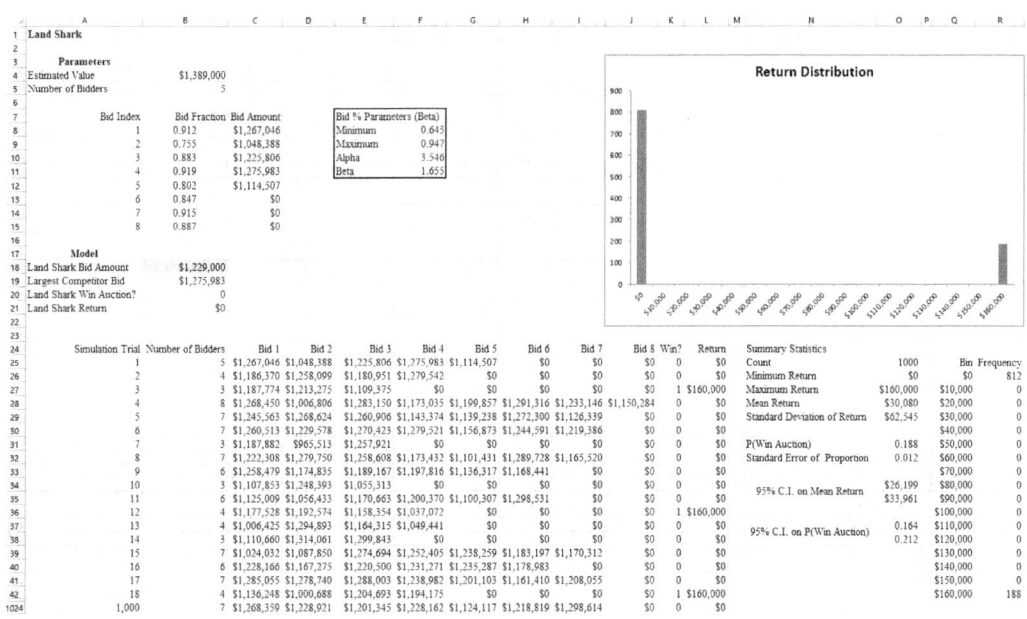

图 11-20 运用 $\beta$ 分布模拟相对报价的输出结果

对于不确定的相对报价模拟，当我们不能识别哪种办法"最好"时，通过试验不同的分布能够获得一定的认识。运用拟合效果好的理论分布（本例中的 $\beta$ 分布就是典型）产生相对报价的好处之一是，能够得到数以千计的不同的相对报价。相反，从现有的数据中抽样，只不过是一次次使用原有的相对报价值。

一般地，在蒙特卡洛模拟中，对随机变量运用什么样的模拟方法产生其模拟值，这是难以确定的事。对那些情境界定好的现象，如掷一颗材质均匀的骰子，就非常清楚怎样产生随机变量的值（掷一颗骰子出现的点数）。在其他情境下，我们可能不知道如何确定模拟不确定性。对此，我们建议从可以利用的样本资料检查入手，一方面可以直接从样本资料中抽样，另一方面可以把样本数据与常用的概率分布（如均匀分布、正态分布、三角分布、$\beta$分布）做比较，以确定什么样的理论概率分布拟合样本数据比较合适。不管什么样的情境，检查不同模拟方法可能的影响都是重要的，模拟模型虽然不能帮助我们准确地看到未来，但能够帮助我们认识不确定性对决策的影响。

## 11.3 相依变量模拟

在11.1节和11.2节的例子中，我们对每个不确定变量产生的模拟值，是假定这些不确定变量彼此之间不相关，换句话说，就是把这些不确定变量作为独立的随机变量看待。在这一节，我们结合具体的事例来讨论彼此相关的不确定变量模拟问题。

Press Teag Worldwide（PTW）在美国生产产品，产品销往三个海外市场：英国、新西兰、日本。这三个海外市场的销售收入都是以当地的货币核算的，分别是英镑、新西兰元、日元。每个季度后的第一周，PTW 会把各个海外市场的销售收入兑换成美元打到总部账上，一方面用于美国的生产支出，另一方面为了规避汇率风险。

为了评估 PTW 受汇率波动的影响水平，可以借助模拟模型。创建模拟分析模型时，首先需要识别输入参数和输出指标，然后建立电子表格模型，以计算在给定的输入参数值下的输出结果。对不确定的、需要用概率分布反映其可能取值的输入参数，我们需要替换掉输入参数的固定值转而通过电子表格模型开展模拟分析。

PTW 问题的相关输入参数：①每个海外市场的季度收入；②每个季末三种外币和美元的汇率。PTW 问题的输出指标，是换算成美元的季末总收入。

为了能建立英镑和美元汇率下一个季度的波动模型，PTW 采用一美元（\$）兑换多少英镑（£），计算公式为

$$\text{季末 £/\$} = \text{季初 £/\$} \times (1 + \text{£/\$ 变动率}) \tag{11-14}$$

这就是说，式（11-14）是根据季初美元对英镑汇率，以及季度美元对英镑汇率变动率（%），来计算季末美元对英镑汇率的。同样地，我们也可以依此计算季末美元（\$）对新西兰元（NZD）汇率、美元（\$）对日元（¥）汇率，具体计算公式为

$$\text{季末 NZD/\$} = \text{季初 NZD/\$} \times (1 + \text{NZD/\$ 变动率}) \tag{11-15}$$

$$\text{季末 ¥/\$} = \text{季初 ¥/\$} \times (1 + \text{¥/\$ 变动率}) \tag{11-16}$$

我们来说明一下怎么使用式（11-14）～式（11-16）。假定季初美元对英镑、新西兰元、日元的汇率分别是 0.615£/\$，1.200NZD/\$，87.10 ¥/\$。另假定 £/\$ 变动率 4.61%、NZD/\$ 变动率 -0.27%、¥/\$ 变动率 11.23%。因此，可以得到

$$\text{季末 £/\$} = 0.615 \times (1 + 0.0461) = 0.6436 \text{£/\$}$$

$$\text{季末 NZD/\$} = 1.200 \times (1 - 0.0027) = 1.1968 \text{ NZD/\$}$$

$$\text{季末 ¥/\$} = 87.10 \times (1 + 0.1123) = 96.8813 \text{ ¥/\$}$$

一旦季末汇率已知，用英镑、新西兰元、日元表示的季度收入便可以按照下式换算成

美元：

$$季末英镑换算成美元的收入 = 季末用英镑表示的收入 / 季末 £/\$ \quad (11\text{-}17)$$

$$季末新西兰元换算成美元的收入 = 季末用新西兰元表示的收入 / 季末 NZD/\$ \quad (11\text{-}18)$$

$$季末日元换算成美元的收入 = 季末用日元表示的收入 / 季末 ¥/\$ \quad (11\text{-}19)$$

假定用英镑、新西兰元、日元表示的季度收入分别是：100 000£，250 000NZD，10 000 000 ¥。由式（11-17）~式（11-19）可得

$$季末英镑换算成美元的收入 = 100 000£ / (0.6436£/\$) = 155 385\$$$

$$季末新西兰元换算成美元的收入 = 250 000NZD / (1.1968NZD/\$) = 208 897\$$$

$$季末日元换算成美元的收入 = 10 000 000 ¥ / (96.8813 ¥/\$) = 103 219\$$$

经过换算后，季度总收入 = 155 385$ + 208 897$ + 103 219$ = 467 502$。

Quarterly Exchange

在给定的背景资料下，PTW 公司问题基本情形下的电子表格计算公式及计算结果，如图 11-21 所示。

| | A | B | C | D | E |
|---|---|---|---|---|---|
| 1 | Press Teag Worldwide | | | | |
| 2 | | | | | |
| 3 | Parameters | | | | |
| 4 | Start-of-Quarter Exchange Rate (per $) | 0.6152 | 1.2 | 87.1 | |
| 5 | Quarterly % Change in Exchange Rate | 0.0461 | −0.0027 | 0.1123 | |
| 6 | End-of-Quarter Exchange Rate (per $) | =B4*(1+B5) | =C4*(1+C5) | =D4*(1+D5) | |
| 7 | Quarterly Revenue | 100000 | 250000 | 10000000 | |
| 8 | | | | | |
| 9 | Model | | | | Total |
| 10 | End-of-Quarter Revenue in $ | =B7/B6 | =C7/C6 | =D7/D6 | =SUM(B10:D10) |

| | A | B | C | D | E |
|---|---|---|---|---|---|
| 1 | Press Teag Worldwide | | | | |
| 2 | | | | | |
| 3 | Parameters | | | | |
| 4 | Start-of-Quarter Exchange Rate (per $) | £0.615 | NZD 1.200 | ¥87.10 | |
| 5 | Quarterly % Change in Exchange Rate | 4.61% | −0.27% | 11.23% | |
| 6 | End-of-Quarter Exchange Rate (per $) | £0.6436 | NZD 1.1968 | ¥96.8813 | |
| 7 | Quarterly Revenue | £100,000 | NZD 250,000 | ¥10,000,000 | |
| 8 | | | | | |
| 9 | Model | | | | Total |
| 10 | End-of-Quarter Revenue in $ | $155,385 | $208,897 | $103,219 | $467,502 |

图 11-21 PTW 公司问题的基本电子表格模型

美元对英镑汇率、美元对新西兰元汇率、美元对日元汇率，它们的季初到季末的变动率是不确定的。因此，PTW 需要把美元对英镑汇率£/$、美元对新西兰元汇率 NZD/$、美元对日元汇率 ¥/$当成随机变量，模拟美元对英镑汇率£/$、美元对新西兰元汇率 NZD/$、美元对日元汇率 ¥/$的变动率。

然而，我们也要认识到汇率波动之间存在一定的相依存关系。例如，美元对英镑贬值，很有可能美元对新西兰元也会贬值。因此，汇率变动率应该不能独立地生成，相反需

要连带产生（以作为一批相关的值）。为了把汇率变动间的相依性考虑进来，PTW 公司构建了三种汇率两两之间连带变动率的数据集，详细资料见数据文件 QuarterlyExchange（https://login.cengage.com）中的 Data 工作表，这些数据既有历史观察值，又有专家判断的结果。根据美元对英镑汇率变动与美元对新西兰元汇率变动、美元对英镑汇率变动与美元对日元汇率变动、美元对新西兰元汇率变动与美元对日元汇率变动的资料，绘制的散点图如图 11-22 所示。

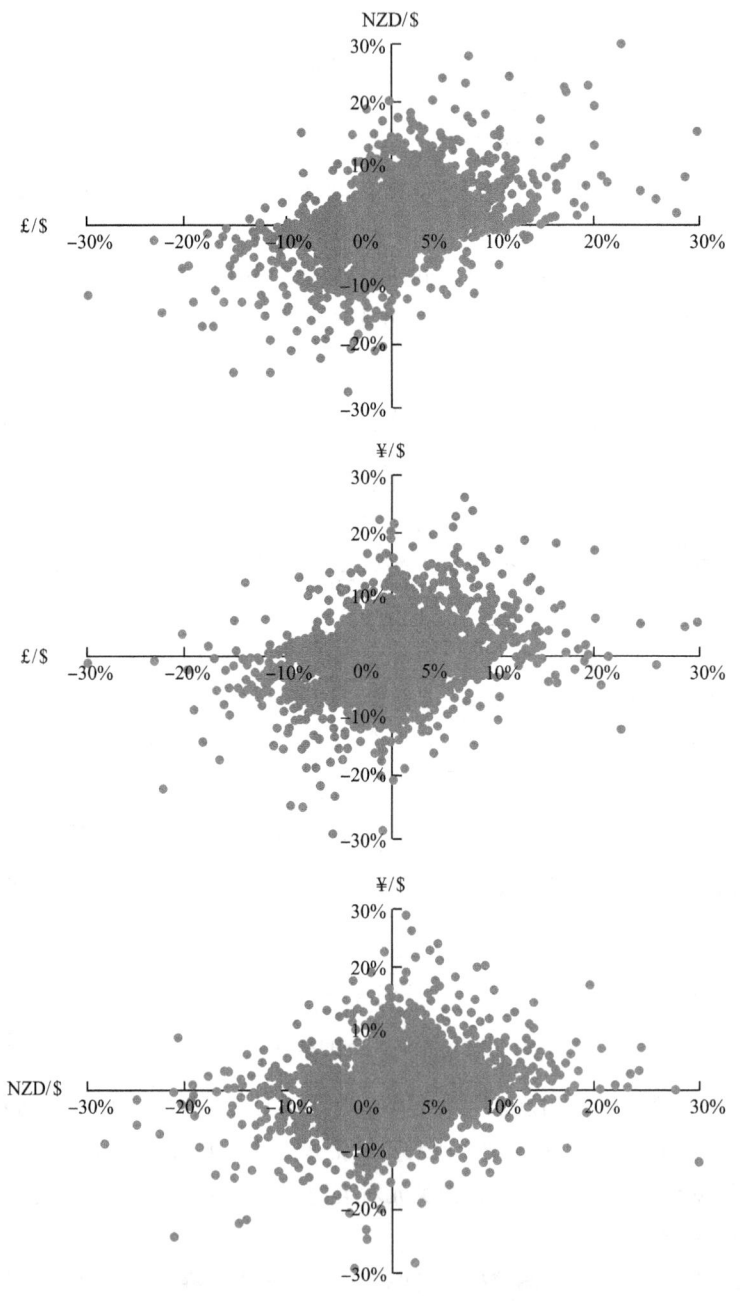

图 11-22　PTW 公司问题的汇率散点图

从图 11-22 我们可以看出，无论是美元对英镑汇率变动与美元对新西兰元汇率变动之间，还是美元对英镑汇率变动与美元对日元汇率变动、美元对新西兰元汇率变动与美元对日元汇率变动之间都存在相关关系。其中，美元对英镑汇率正的变动，伴随着美元对新西兰元汇率正的变动，同时美元对英镑汇率负的变动，伴随着美元对新西兰元汇率负的变动。如果美元对英镑汇率变动与美元对新西兰元汇率变动之间相互独立，那么我们是不可能从图 11-22 中看到这样的模式出现的。同样地，美元对英镑汇率变动与美元对日元汇率变动，以及美元对新西兰元汇率变动与美元对日元汇率变动之间也存在着相关关系。

直接从 Data 工作表数据中抽取一个，以获得相应的美元对英镑汇率£/$、美元对新西兰元汇率 NZD/$、美元对日元汇率¥/$的变动率，我们可以使用如下的 Excel 公式计算：

$$= \text{VLOOKUP}(E7, \text{Data}!\$A\$3:\$D\$2002, 2, \text{FALSE}) \qquad (11\text{-}20)$$

$$= \text{VLOOKUP}(E7, \text{Data}!\$A\$3:\$D\$2002, 2, \text{FALSE}) \qquad (11\text{-}21)$$

$$= \text{VLOOKUP}(E7, \text{Data}!\$A\$3:\$D\$2002, 2, \text{FALSE}) \qquad (11\text{-}22)$$

具体情况，详见图 11-23。

| | A | B | C | D | E |
|---|---|---|---|---|---|
| 1 | Press Teag Worldwide | | | | |
| 2 | | | | | |
| 3 | | | | | |
| 4 | | | | | |
| 5 | **Parameters** | | | | |
| 6 | Start-of-Quarter Exchange Rate (per $) | 0.6152 | 1.2 | 87.1 | Random Scenario |
| 7 | Quarterly % Change in Exchange Rate | =VLOOKUP($E$7,Data!$A$3:$D$2002,2,FALSE) | =VLOOKUP($E$7,Data!$A$3:$D$2002,2,FALSE) | =VLOOKUP($E$7,Data!$A$3:$D$2002,2,FALSE) | =RANDBETWEEN(1,2000) |
| 8 | End-of-Quarter Exchange Rate (per $) | =B6*(1+B7) | =C6*(1+C7) | =D6*(1+D7) | |
| 9 | Quarterly Revenue | 100000 | 250000 | 10000000 | |
| 10 | | | | | |
| 11 | **Model** | | | | Total |
| 12 | End-of-Quarter Revenue in $ | =B9/B8 | =C9/C8 | =D9/D8 | =SUM(B12:D12) |

图 11-23 PTW 公司问题的工作表计算公式

图 11-23 中，单元格 E7 是 Excel 的计算公式 = RANDBETWEEN(1,2 000)，通过该公式运算从数据表的 2 000 个季度情境中随机地生成一个情境的编号。VLOOKUP 函数帮助我们搜索季度情境的编号，并返回美元对英镑的汇率£/$的变动率（单元格 B7）、美元对新西兰元汇率 NZD/$的变动率（单元格 C7）、美元对日元汇率¥/$的变动率（单元格 D7）。VLOOKUP 函数的第三个输入项对应着输出包含在数据 Data！$A$3:$D$2002 中季度汇率变动率。因此， = VLOOKUP(E7, Data！$A$3:$D$2002,2,FALSE)输出的是，数据 Data！$A$3:$D$2002 中季度汇率变动率第二列（列 B）的某个值。VLOOKUP 函数的第四个输入项，指定的是被要求的季度编号的精确配对结果。由于是从相同的季度情境下抽取的汇率波动，这样搜索出来的值彼此之间是相依的，换句话说，各个汇率的变动不是独立，而是相关地生成出来的。

就像在 Sanotronics 公司问题和 Land Shark 公司问题中的做法一样，我们可以利用模拟运算表进行模拟试验，并获得相应的样本统计。图 11-24 展示了 1 000 次模拟试验输出，据此 PTW 公司可以分析汇率变动的风险，并采用相应的风险对策。

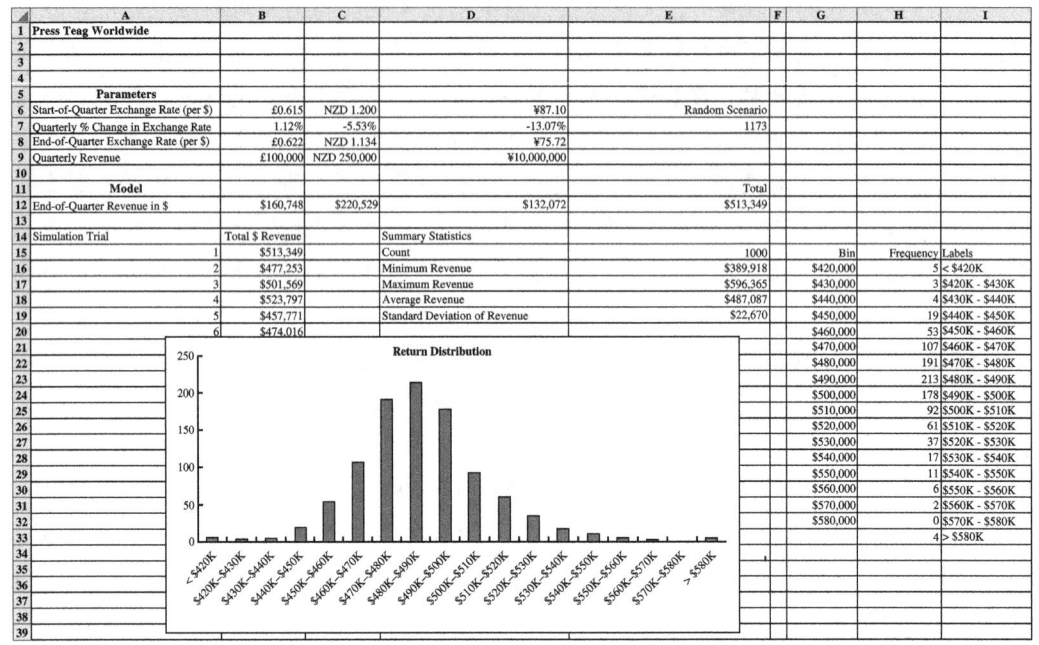

图 11-24　PTW 公司问题的模拟输出结果

## 11.4 模拟分析的几点思考

模拟研究的一个重要方面，是要证实采用的模拟模型是否准确地描述了现实系统。对不准确的模拟方法，我们便不能指望这样的模型分析能够提供什么有价值的信息。因此，在利用模拟结果形成结论之前，我们需要对采用的模拟模型进行必要的核查和有效性验证。

### 11.4.1 核查与验证

**1. 核查**

随机模拟分析中的**核查**活动，是要判定执行模拟计算的计算机程序在逻辑上是否正确。核查的主要任务，在于纠正和确保执行模拟分析的计算机程序不出现错误。在某些情况下，分析人员可能会把计算机模拟的结果，与不发生相互影响的用手工计算的有限次结果之间做出对比，以考查计算机模拟程序的正确性。有的时候，分析人员可能对随机变量的值是不是正确地生成出来，以及对模拟模型所得到的结果是不是合理进行检查。在模拟分析过程中，核查活动贯彻始终，除非我们有较高的把握确信计算机模拟程序不存在错误。

**2. 验证**

随机模拟分析中的**验证**活动，是要确保模拟分析结果能够准确地表现现实系统。做验证性分析，需要模拟分析人员和商务管理人员，在模拟模型构建时所采用的逻辑关系和假定条件是否反映了现实系统问题上，达成某种程度的一致性看法。验证活动要先于或至少同步于模拟分析的计算机程序开发，在模拟分析的计算机程序开发之后，验证活动仍然需要继续下去，这时候分析人员可以检查模拟出来的结果是不是比较接近现实系统的表现。只要有可能，分析人员就要把计算机模拟出来的结果与现实系统的状态进行对比，以确保模拟分析结果的客观性和正确性。如果做不到这一点，模拟分析人员可以让那些有实际系统运营经验的人，凭个人的经验对计算机模拟的结果做出评价。

总之，对待核查和验证，我们不能掉以轻心，它们是任何模拟分析的关键环节，做这一切的目的在于，要能确保基于模拟分析得出的决策和结论，与客观现象的实际状况保持吻合。

### 11.4.2 模拟分析的优缺点

1. 模拟分析的优点

开展模拟分析的主要优点表现在：模拟分析易于理解；对那些尽管并非不可能但运用常规分析方法确实比较难以处理的复杂现象，借助模拟分析手段可以将其转化为模型然后获得认知；模拟分析的灵活性很强，不需要像数学函数那样必须给出假定条件；随机变量越多的现象，模拟分析就越优势明显；随机模拟分析，可以给现实问题提供一个实验室式的研究，只需要在模拟模型中改变相关的假定参数，或者把运营策略因素纳入模拟分析模型，就可以判断这些方面的改变是怎样影响真实系统的变化的。试想一下，如果要直接对真实系统进行试验，这是不可能做到的，所以借助模拟分析手段，可以对糟糕的决策方案有可能带来的灾难性后果，比如现实系统瓦解、重大的财务损失等，事先发出预警和提醒。

2. 模拟分析的缺点

当然，模拟分析也并非没有缺点。对复杂的问题，开发、核查、验证模拟分析方法，可能不仅耗时而且比较费钱。和所有的数学模型一样，模拟分析方法也是在一定的假定条件下设计出来的，所以我们应该清醒地认识到这一点。另外，每一次的模拟分析，只是提供了现实系统运行的一个样本，因此模拟数据的统计分析，只是给出现实问题的样本估计。

虽然如此，只要在开发模拟模型的时候能够做出良好的判断，只要在建模的过程中能认真开展核查和验证，只要模拟分析进行足够多的次数，只要尝试不同的模拟条件，是可以在一定程度上克服因模拟分析得出不客观决策的风险的。

● **本章小结** ●—○—●—○—●

采用能够反映现实系统的模型，通过试验式的模拟分析，有助于我们了解现实系统。作为一种方法，模拟分析之所以能广泛流行，可能与这些理由分不开：①模拟分析的适应面很广，能够用于分析各种各样的实际中的问题；②模拟方法相对比较容易解释和理解，由此会使管理人员对模拟结论的自信度增加，因而也就更容易接受模拟分析的结论；③现在像 Excel 这样的电子表格软件和专业性的软件包，使得构建和运行模拟模型更为便捷，即便复杂的问题也有可能诉诸模拟分析。

本章中，我们结合几个例子介绍了如何利用 Excel 自带的函数进行模拟分析。在 Sanotronics 公司问题的例子中，说明了怎样运用模拟方法进行新产品开发的风险评估。在本章的 11.2 节，我们以 Land Shark 公司问题为例构建了模拟模型，并讲解了怎样依此评估竞标报价及其对中标的可能影响。本章的 11.3 节，我们结合 Press Teag Worldwide（PTW）公司汇率波动之间具有相关性的事例，讲解了随机变量的模拟模型的构建。

进行模拟分析，一般需要经过以下几个环节：

1. 构建电子表格模型。一个良好的电子表格模拟分析模型，要能正确地将模拟分析的输入和输出有机地连接起来。因此，要注意检查所建立的电子表格模型，以确保设置在单元格中的公式不出现错误，并能针对不同的输入值生成相应的结果。

2. 识别输入变量是不是具有不确定性，并界定服从的概率分布（不仅是静态固定的数字）。注意，并不是所有的输入变量都是高度不确定的，以至于需要运用概率分布进行刻画。对那些不属于随机变化的输入，就不应该用概率分布来反映，可以由决策人直接给出它们的输入值。

3. 确定输出结果变量，以记录和衡量模拟试验的输出。对模拟分析的输出，我们可以采用直方图来描述，也可以采用诸如均值、标准差、最小值、最大值、所占的百分比等特征数字或指标来反映。

4. 按照确定的试验次数实施模拟分析。在本章介绍的事例中，我们对模拟模型采用 1 000 次的模拟试验。当然，我们也可以根据模拟输出结果指标的波动情况，通过控制抽样误差的大小来确定模拟试验次数。如果输出结果的置信区间范围大得难以接受，可以通过增加试验次数减小抽样误差。

5. 对输出结果进行解释，并说明决策方案执行时需要注意的事项。分析模拟输出结果，可以采用均值的方式，也需要给出所有可能输出结果的分布情况说明。

在本章中，我们着重介绍了蒙特卡洛模拟，这种模拟分析方法，是由一系列相互独立的试验构成，每个试验结果相互之间不存在影响。我们还介绍了另外一种风格的模拟分析方法，就是**离散事件模拟**。离散事件模拟，适用于随着时间变化而发生渐进变化的现象。离散事件模拟一个最常见的应用就是排队系统。在排队系统的模拟分析中，随机变量是顾客到达的时间间隔、顾客接受服务的时间，这两个变量共同决定着顾客等待和接受完服务所需要的时间。尽管运用 Excel 自带的功能就能执行小型离散事件模拟，不过离散事件模拟分析最好还是使用像 Arena®、ProModel®、Simio® 这样的专门软件。这些专业化软件内置了仿真模拟钟，具有产生随机变量的简化方法，以及采集和汇总模拟结果的程序。

## ● 关键术语 ●─○─●─○─●

**基本情境**（base-case scenario）：输出结果是模型中随机变量最有可能取值产生的。

**最好情境**（best-case scenario）：输出结果是模型中随机变量最好取值产生的。

**连续型概率分布**（continuous probability distribution）：概率分布的一种类型，这种分布中

随机变量的可能取值以区间或区间的集合形式出现，取值区间包含正无穷和负无穷。

**可控输入**（controllable input）：是模拟过程中的输入，由决策人自行选择。

**离散型概率分布**（discrete probability distribution）：概率分布的一种类型，该分布中随机变量仅取明确的离散值。

**离散事件模拟**（discrete-event simulation）：对离散事件进行的模拟，离散事件是指在一个个离散时点上出现的事件，借以反映系统是怎样随着时间的变化而发生变化的。

**蒙特卡洛模拟**（Monte Carlo simulation）：一种典型的模拟方法，对反映现实现象的模型中的不确定变量，通过多次反复随机抽样展现变量的取值特点，并依此计算出模型的输出结果。

**概率分布**（probability distribution）：对随机（不确定）变量的可能取值及其发生概率的描述。

**随机变量（不确定变量）**[random variable (uncertain variable)]：是模拟过程中的输入，其取值带有不确定性，需要结合概率分布来反映。

**风险分析**（risk analysis）：在不确定决策中，评估不期望出现结果的水平和可能性大小的过程。

**验证**（validation）：对模拟分析能不能更准确地体现客观现象状态的说明。

**核查**（verification）：对计算机模拟程序是否存在错误进行检查，以使计算机程序按照某种意图执行模拟分析。

**What-If 分析**（What-If analysis）：通过试错方式了解决策可能结果的变化范围。具体做法是对模型中涉及的未知变量分别赋予不同的值，并根据计算出来的结果进行分析。

**最坏情境**（worst-case scenario）：输出结果是模型中随机变量最坏取值产生的。

### ● 复习思考题 ●━━○━━●━━○━━●

1. Galaxy 公司向互联网服务供应商分销无线路由器，该无线路由器进价为 75 美元，零售价为 125 美元。无线路由器每个月的需求量服从均值 100 件、标准差 20 件的正态分布，月初 Galaxy 公司订购足够的路由器，使存货水平达到 100 件。如果每个月的需求量不到 100 件，Galaxy 公司需支付每月每件 15 美元的存储费。如果每月需求量超过 100 件，那么因缺货 Galaxy 公司将损失每件 30 美元。
   (1) 对于月初补充存货至 100 件的库存策略，Galaxy 公司每个月的平均利润是多少？
   (2) 需求能得到完全满足的月份占比是多少？
   (3) 运用模拟模型计算每月补充存货 100 件、120 件、140 件路由器时的收益率，并给出相应的平均利润的 95% 置信区间。

2. 建立电子表格模拟模型，做掷骰子的 1 000 次模拟试验。
   (1) 对一颗骰子的 1 000 次模拟试验，用直方图描述出现的点数。
   (2) 对掷两颗骰子的 1 000 次模拟试验，记录每次试验出现的点数和，用直方图描述点数和出现的情况。
   (3) 对掷三颗骰子的 1 000 次模拟试验，记录每次试验出现的点数和，用直方图描述点数和出现的情况。

(4) 对掷四颗骰子的 1 000 次模拟试验,记录每次试验出现的点数和,用直方图描述点数和出现的情况。

(5) 比较上述各个直方图,从中能得出什么统计结论?

3. Madeira 计算公司准备引进一款适合穿戴的电子设备,该设备具有掌上电脑和电话功能。生产这种产品的固定成本为 300 000 美元,可变成本为每件 160~240 美元,最有可能的可变成本是每件 200 美元。该产品的零售价为每件 300 美元,市场需求预期在 0~20 000 件,最有可能的需求量是 4 000 件。

(1) 建立 What-If 电子表格模型,计算基本情境、最坏情境、最好情境下的利润。

(2) 对可变成本用均匀分布模拟,对产品需求用参数 $\alpha=3$、参数 $\beta=2$ 做 1 000 次伽马分布模拟,构建模拟模型以估计平均利润和该产品投产导致损失的概率。

(3) 你是否建议投产该产品?

4. Brinkley 公司的管理层对运用模拟分析方法估计产品利润有浓厚的兴趣。该公司一款新产品的售价是 45 美元,外购价格、用工成本、单位运输费用资料见下表。

| 外购价格 | 概率 | 用工成本 | 概率 | 运输费用 | 概率 |
|---|---|---|---|---|---|
| 10 | 0.25 | 20 | 0.10 | 3 | 0.75 |
| 11 | 0.45 | 22 | 0.25 | 5 | 0.25 |
| 12 | 0.30 | 24 | 0.35 | | |
| | | 25 | 0.30 | | |

(1) 构造模拟模型,估算单位产品的平均利润,给出单位产品平均利润的 95% 置信区间。

(2) 该公司的管理层认为,如果单位产品的利润小于 5 美元,那么这款新产品项目可能难以为继,对此试运用模拟分析方法估算单位产品利润小于 5 美元发生的概率,并给出其 95% 置信区间。

5. 如果青少年驾驶人员每次出行时间长于 10 分钟,那么 Statewide 汽车保险公司认为 1 000 次中就会导致 1 次车祸。假定车祸发生的费用可以用 $\alpha=1.5$、$\beta=3$、最小值 500 美元、最大值 20 000 美元的 $\beta$ 分布描述。试通过模拟模型回答下列问题:

(1) 假如某位青少年驾驶人员 500 次出行长于 10 分钟,因车祸导致的平均费用是多少?给出其 95% 的置信区间。

(2) 假如某位青少年驾驶人员 500 次出行长于 10 分钟,因车祸导致的总费用超过 8 000 美元的概率是多少?给出其 95% 的置信区间。

6. 农业保险公司给出了过去一年汽车碰擦理赔的概率分布(见右表)。

(1) 设置随机数字区间表,运用 Excel 中的函数 VLOOKUP 产生汽车碰擦理赔金额值。

(2) 构建模拟模型估计汽车碰擦平均理赔金额,以及理赔金额的标准差。

(3) 用离散型随机变量 $X$ 表示汽车碰擦理赔金额,

| 理赔金额(美元) | 概率 |
|---|---|
| 0 | 0.83 |
| 500 | 0.06 |
| 1 000 | 0.05 |
| 2 000 | 0.02 |
| 5 000 | 0.02 |
| 8 000 | 0.01 |
| 10 000 | 0.01 |

$x_1, x_2, \cdots, x_n$ 表示 $X$ 的可能取值，那么 $X$ 的均值（$\mu$）和标准差（$\sigma$）的计算公式分别为 $\mu = x_1 P(X = x_1) + \cdots + x_n P(X = x_n)$、$\sigma = \sqrt{(x_1 - \mu)^2 P(X = x_1) + \cdots + (x_n - \mu)^2 P(X = x_n)}$，根据（2）的模拟结果，计算样本均值和样本标准差，并谈谈怎样改善模拟样本估计的精度。

7. 达拉斯小牛队和金州勇士队是美国职业篮球联赛（NBA）的两支劲旅，在一个NBA赛季中两队将进行多次交锋，假定在与金州勇士队的比赛中达拉斯小牛队有25%的概率赢得比赛。
   （1）运用负二项分布模拟达拉斯小牛队在赢得4场比赛前输掉多少次比赛。
   （2）假定达拉斯小牛队面对金州勇士队季后七强系列赛，运用（1）的模拟模型估计达拉斯小牛队赢得季后七强系列赛的概率。

8. Grear 轮胎公司生产一款新型轮胎，该款轮胎的平均使用寿命大概为36 500英里<sup>⊖</sup>。该公司的管理层认为，该款轮胎使用寿命的标准差为5 000英里，且服从正态分布。为了促销该款轮胎，如果在轮胎更换之前行驶里程没有达到30 000英里，Grear 轮胎公司将向用户提供补偿金。特别对于使用寿命低于25 000英里的轮胎，Grear 轮胎公司将按每100英里补偿1美元的标准向用户进行补偿。
   （1）对每个售出的轮胎，平均促销费用是多少？
   （2）对轮胎的补偿金超过25美元的概率是多少？

9. 为了给新业务找出路，Gustin 投资服务公司在佛罗里达西南部的马诺尔酒店免费举办财务计划研讨班。研讨班25人一期，每个研讨班的开班费用为3 500美元，新开账户第一年的佣金平均是5 000美元。对参加研讨班的每个人，Gustin 公司估计大约有0.01的可能将会开设新账户。
   （1）假定相关参数取静态值，通过电子表格模型分析 Gustin 投资服务公司每个研讨班的盈利情况。
   （2）谈谈新开设账户数是什么类型的随机变量。
   （3）通过模拟模型分析 Gustin 投资服务公司研讨班的盈利情况，你认为这样的研讨班还需要继续举办吗？
   （4）Gustin 投资服务公司需要举办多少人（5的倍数，如25、30、35等）的培训班，才能使研讨班的期望利润大于0？

10. 本题所需资料参见数据文件 LandSharkBeta。报价金额以步长20 000美元，在1 229 000~1 329 000美元中取值，报价金额假定服从 $\beta$ 分布，试通过模拟运算给出 Land Shark 公司问题平均收益的95%置信区间，以及 Land Shark 公司中标概率的95%置信区间，并谈谈你会给 Land Shark 公司建议什么样的报价金额。

11. 在即将到来的美国职业篮球联赛发展联盟（NBA-DL）比赛中，艾奥瓦能源队被安排对阵缅因红爪队。由于 NBA-DL 注册球员仍然处于技能发展时期，因此每场球赛的得分变化比较大。假定每位球员的得分可以被表示成以下区间的整数均匀分布（见下表）。

---

⊖ 1英里=1 609.344米。

| 球员代码 | 艾奥瓦能源队 | 缅因红爪队 | 球员代码 | 艾奥瓦能源队 | 缅因红爪队 |
|---|---|---|---|---|---|
| 1 | [5, 20] | [7, 12] | 5 | [6, 20] | [5, 10] |
| 2 | [7, 20] | [15, 20] | 6 | [3, 10] | [1, 20] |
| 3 | [5, 10] | [10, 20] | 7 | [2, 5] | [1, 4] |
| 4 | [10, 40] | [15, 30] | 8 | [2, 4] | [2, 4] |

(1) 运用电子表格模型模拟分析一场球赛每个球队的得分。

(2) 艾奥瓦能源队一场球赛得分的均值和标准差分别是多少？该球队得分的分布是什么形状？

(3) 缅因红爪队一场球赛得分的均值和标准差分别是多少？该球队得分的分布又是什么形状？

(4) 设得分差 = 艾奥瓦能源队得分 − 缅因红爪队得分，则两支球队的平均得分差是多少？标准差是多少？得分差的分布是什么样的形状？

(5) 艾奥瓦能源队得分多于缅因红爪队得分的概率是多少？

(6) 艾奥瓦能源队的教练预感到他们的球队会被打败，于是准备采取更加冒险的比赛战术，这个战术的效果是，能源队的每位球员得分均衡地增加，新的得分范围是 [0, 上表中得分的下限 + 上表中得分的上限]，比如能源队第一位球员新的得分范围变成了 [0, 5 + 20]。对此试谈谈新的得分范围是否会影响到能源队得分的均值和标准差？这时艾奥瓦能源队战胜缅因红爪队的概率是多少？

12. 在纽约交易所发行的某只股票的价格目前是 39 美元一股，右表是该只股票三个月的价格变动概率分布。

| 股价变化（美元） | 概率 |
|---|---|
| −2 | 0.05 |
| −1 | 0.10 |
| 0 | 0.25 |
| 1 | 0.20 |
| 2 | 0.20 |
| 3 | 0.10 |
| 4 | 0.10 |

(1) 假定该只股票价格三个月变动相互独立，构造电子表格模型模拟计算 3 个月、6 个月、9 个月和 12 个月的股票价格。该只股票目前的价格是 39 美元，对接下来的 4 个 3 个月期股价进行模拟，12 个月里该只股票的平均价格是多少？标准差是多少？

(2) 根据给定的假定条件，在 12 个月里该只股票最低价和最高价可能是多少？凭借你的股票市场知识，你认为这在多大程度上有效？

DATA file
Overbooking

13. 诚信航空（Allegiant Airlines）正在策划在其某个航班中采用超售策略，该班飞机有 50 个座位，但诚信航空打算接受更多的机票预订，因为总有些乘客订购了机票但没有登机，导致部分座位空置。数据文件 Overbooking 的数据是 1 000 名乘客是否登上各自航班的资料。另外，诚信航空做了一次实地测试，目的是核实对当前航班座位预订的保留情况，右表是实地测试数据。

| 保留预订的人数 | 概率 |
|---|---|
| 48 | 0.05 |
| 49 | 0.05 |
| 50 | 0.15 |
| 51 | 0.30 |
| 52 | 0.25 |
| 53 | 0.10 |
| 54 | 0.10 |

对每位预订机票的乘客（不管是否登上航

班),诚信航空都能获取 100 美元利润。对那些预订机票并赶上了飞机但因满员没有座位的乘客,诚信航空公司将进行赔偿,每人赔偿重新订票费 300 美元。为控制重新订票费,诚信航空设置了一个能够接受的预订航班的上限。试在预订航班的上限分别为 50、52 和 54 时,测算诚信航空的平均净利润。根据平均净利润 95% 的置信区间,你会建议采用什么样的预售机票上限?

14. 某项目有四项活动(分别用 A、B、C、D 代表)组成,这四项活动需要相继开展。完成每项活动所需要的时间(单位:周)及其概率分布见下表。

| 活动 | 需要的时间(周) | 概率 | 活动 | 需要的时间(周) | 概率 |
|---|---|---|---|---|---|
| A | 5 | 0.25 | C | 10 | 0.10 |
|  | 6 | 0.35 |  | 12 | 0.25 |
|  | 7 | 0.25 |  | 14 | 0.40 |
|  | 8 | 0.15 |  | 16 | 0.20 |
| B | 3 | 0.20 |  | 18 | 0.05 |
|  | 5 | 0.55 | D | 8 | 0.60 |
|  | 7 | 0.25 |  | 10 | 0.40 |

(1) 构造电子表格模型,估计完成项目的平均时间和标准差。
(2) 该项目将在 35 周内完成的概率是多少?

15. 为了迎接即将到来的假期,Fresh Toy 公司(FTC)开发了一款新式玩具名叫 Dougie,主要教授小孩怎样学会跳舞。生产这款玩具的固定成本为 100 000 美元,单位可变成本(原材料、人工费、装运费)为 34 美元。在假期销售,每只玩具售价 42 美元。如果 FTC 生产过多,那么多出的玩具将由分销商在 1 月份销售,分销商只愿意每只 Dougie 付给 FTC 10 美元。在假期里新玩具的市场需求,带有很大的不确定性,但可以用均值 60 000 只、标准差 15 000 只的正态分布进行拟合。FTC 暂定生产这款玩具 60 000 只,但在最终决定生产多少之前希望进行一次分析。

(1) 构建 What-If 分析电子表格模型,指出需求量为 60 000 只时的利润是多少。
(2) 对需求量用均值 60 000 只、标准差 15 000 只的正态分布进行拟合,用生产量 60 000 只模拟这款玩具的销售量,并指出生产 60 000 只时平均利润是多少,与 (1) 得到的利润相比差别如何。
(3) 在最终决定出生产量之前,FTC 的管理层打算分析一下乐观生产 70 000 只和保守生产 50 000 只时的利润情况,对此运用模拟方法分析这两种生产水平下的平均利润各是多少。
(4) 除了平均利润,在确定产量的时候,FTC 还需要关注哪些因素?根据这些因素,对产量 40 000、50 000、60 000、70 000 进行比较,盈亏平衡点是什么?你有什么管理建议?

16. Jonah Arkfeld 是一位建筑承包商,打算投标一个新的建筑项目。除了 Jonah Arkfeld 外,这个项目还有另外两位承包商将会投标。Jonah Arkfeld 根据对过去招标投标实际情况和相应的建筑项目要求资料的分析,认为承包商 A 的报价服从最小值 600 000 美元、最大值 800 000 美元、最可能值 725 000 美元的三角分布,承包商 B 的报价服从均值 700 000

美元、标准差 50 000 美元的正态分布。

(1) 假定 Jonah Arkfeld 报价 750 000 美元，Jonah Arkfeld 中标的概率是多少？

(2) 承包商 A 和承包商 B 中标的概率各是多少？

17. 假定你正考虑购买一辆新汽车，在福特混合型款和福特非混合型款当中选择一款。福特非混合型款价格为 23 240 美元，该款车型在城市道路每加仑汽油行驶 21 英里、高速公路每加仑汽油行驶 32 英里。福特混合型款价格为 25 990 美元，该款车型在城市道路每加仑汽油行驶 43 英里、高速公路每加仑汽油行驶 41 英里。

假如无论购买哪款福特车，你都打算使用 10 年时间，每年的行驶里程不确定，但大概为 9 000 ~ 13 000 英里。根据过去的开车经验，你的用车 60% 在城市行驶、40% 在高速公路行驶。目前的汽油价格是每加仑 2.19 美元，不过汽油价格是随时变化的。

折现率 3%，试计算每款汽车费用（购买价格 + 汽油费用）净现值（NPV）。假定你购买汽车全额付款，每年的汽油费用在每年年底结算。

(1) 平均来说，购买混合型款与购买非混合型款哪个更划得来？

(2) 由于混合型福特车的维护费用问题，购买混合型款比非混合型款福特车节省不低于 2 000 美元的概率是多少？

18. Orange Tech（OT）是一家软件公司，为每天必备的商务计算分析提供系列方案。最近 Orange Tech 公司改进了软件，并向市场投放了改版后的产品。出于公司财务考虑，Orange Tech 公司需要对未来几年的收益进行预测。为了开展这项工作，Orange Tech 公司首先想到了该公司其中的一位大客户，尽管这位客户最终总是会升级软件，但购买新的升级版软件会隔几年时间。直到该客户实际更新软件的年份，假定在任何一年更新软件的概率是 0.50。换句话说，该客户在哪一年更新软件是随机变量。另外，Orange Tech 公司从客户更新软件获取的收益（取决于更新软件的客户数）也是一个随机变量。假定 Orange Tech 从客户更新软件获得收益，服从均值 100 000 美元、标准差 25 000 美元正态分布。根据右表，在年折现率为 10% 的条件下，通过模拟分析 Orange Tech 公司可能获得收益的净现值。

(1) 说说 Orange Tech 公司能获得的平均净现值是多少？

(2) 净现值的标准差是多少？据此怎样看待题目中给出的收益标准差？

| 参数 | |
|---|---|
| 更新概率 | 0.5 |
| 更新年份 | |
| 折现率 | 10% |
| 更新收入 | |
| | |
| 更新收入（正态分布） | |
| 均值 | $100 000 |
| 标准差 | $25 000 |
| | |
| 模型 | |
| 年份 | 更新收入 |
| 0 | |
| 1 | |
| 2 | |
| 3 | |
| 4 | |
| 5 | |
| 6 | |
| 7 | |
| 8 | |
| 9 | |
| 10 | |
| 11 | |
| 12 | |
| 13 | |
| 14 | |
| 15 | |
| 16 | |
| 17 | |
| 18 | |
| 19 | |
| 20 | |
| 21 | |
| 22 | |
| 23 | |
| 24 | |
| 25 | |
| 净现值 | $0.00 |

19. OuRx 是一家连锁零售药店，现在面临着一个决策

问题：为即将到来的感冒流行季节订购多少感冒疫苗。OuRx 药店需要提前几个月下订单，因为这种疫苗的生产需要花 4~5 个月的时间。OuRx 药店打算更慎重地检查一下订单量，因为在过去的几年中，时常发生不是订货多了就是订货少了的情况。OuRx 药店订购疫苗的批发价为每剂 12 美元，零售价为每剂 20 美元。

OuRx 药店赚取的利润取决于卖出去多少感冒疫苗，但卖得再多也不可能超过感冒疫苗生产商的供应量，因此感冒疫苗的需求量是否超过订购量事关获取的利润。类似地，不能满足销售和销售不出去的疫苗，也与订购量的多少有很大关系。感冒疫苗的市场需求是个不确定的变量。数据文件 OuRx 中的 VaccineDemand 工作表给出的数据，是流行病学家为 OuRx 药店了解感冒疫苗在其各个门店的需求提供的。

(1) 在给定的需求量和订货量条件下，构造 OuRx 药店的决策分析电子表格模型，以计算出 OuRx 获得的净利润，运用订购量 500 000 剂和需求量 400 000 剂、600 000 剂，检验电子表格模型。

(2) 出于构建感冒疫苗需求模型的需要，对 VaccineDemand 工作表中的数据绘制直方图。对 VaccineDemand 工作表中的 B 列数据，取自然对数（Excel 中求自然对数的函数命令是 LN），然后分别绘制没有做对数变换和做了对数变换后的直方图，并据此谈谈运用什么样的概率分布模拟疫苗需求似乎更好些。

(3) 根据（2）得到的结论，用相应的随机变量类型表达感冒疫苗的需求，通过模拟模型确定订购量为 500 000 剂时的平均净利润，给出平均利润 95% 的置信区间，用完订购量 500 000 剂感冒疫苗的概率是多少？

20. 某大学学生文娱部准备举办学年首场摇滚音乐会，为了能使这场音乐会得以顺利举行，文娱部需要完成几项活动。下表所给的是各项活动的信息资料。

| 活动项目 | 紧前事项 | 最少完成时间（天） | 可能完成时间 | 最多完成时间（天） |
| --- | --- | --- | --- | --- |
| A：与拟邀请的歌手谈判签约 | — | 5 | 6 | 9 |
| B：预订场地 | — | 8 | 12 | 15 |
| C：节目单编排 | A | 5 | 6 | 7 |
| D：雇请安保人员 | B | 3 | 3 | 3 |
| E：广告和门票 | B, C | 1 | 5 | 9 |
| F：雇请停车场工作人员 | D | 4 | 7 | 10 |
| G：安排特许销售 | E | 3 | 8 | 10 |

紧前事项完成之后，才能开始紧后的活动。表中给出的资料分别是紧前事项、最少完成时间、可能完成时间、最多完成时间。下面的网络图给出了各项活动的紧前紧后关系，活动从 A 和 B 开始，另外，活动 E 只有在 B 和 C 活动完成之后才能开始。

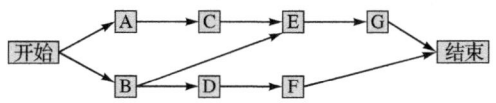

(1) 运用三角分布表达各项活动持续的时间，构造模拟模型以计算出完成各项活动所需要的总时间。

(2) 在 23 天之内完成准备工作的概率是多少？

21. Steve Austin 是共享飞机（SharePlane）公司负责调度事务的经理，该公司销售私人飞机的部分所有权。不论什么时候，共享飞机公司都必须精心地维护飞机，一旦某架飞机发生故障，就需要立即进行修复。如果飞机能正常作业，可以按规定的时间间隔进行维护。目前 Steve Austin 正为一帮委托人管理着两架飞机 A 和 B，他最为关心的是两架飞机在两次修复和维护之间的可用性，如果两架飞机同时需要修复和维护，就会影响到对客户的服务。飞机 A 和飞机 B 刚刚完成了预防性维护，下次维护将安排在 4 个月后。在这个期间飞机 A 或飞机 B 也有可能出现故障需要维修。飞机第一次发生故障的时间是不确定的，数据文件 TwoJets 中的工作表 TimeToFailData 是飞机第一次故障的历史记录数据（用月度表示）。试确定什么样的概率分布适合刻画这些数据。另外，一旦某架飞机因故障或正常维护在维修，维修多长时间也是不确定的。数据文件 TwoJets 中的工作表 RepairTimeData 是飞机维修时间的历史记录（用月度表示），试检查用对数正态分布拟合这些数据是否合适。Steve Austin 打算构建一个模拟分析模型，以估计飞机 A 和飞机 B 在未来数月都不能使用的时间有多长。为简单起见，你可以假定这两架飞机在未来数月里，只需要一次维护或维修。

(1) 这两架飞机同时不能使用的平均时间是多少？

(2) 这两架飞机同时不能使用的时间超过 1.5 个月的概率是多少？

22. 为了促进假期销售，Ginsberg 珠宝店发动了广告促销攻势，宣称：只要新年的前 7 天（1 月 1 日 ~1 月 7 日）下雪量超过 7 英寸[⊖]，凡是在感恩节和圣诞节到 Ginsberg 珠宝店购买商品的一律免费。根据过去的销售资料，同时也结合以前促销的经验，Ginsberg 珠宝店的经理相信，感恩节和圣诞节期间的销售收入在 200 000~400 000 美元，但具体是多少说不清。为此，Ginsberg 珠宝店搜集了过去若干年 12 月 17 日到次年 1 月 16 日的下雪量数据，具体资料详见数据文件 Ginsberg。

(1) 对 Ginsberg 珠宝店需要准备多少促销补偿金进行模拟分析，以作为该店为弥补损失购买保险时的参考。

(2) Ginsberg 珠宝店需要拿出补偿金的可能性有多大？

(3) Ginsberg 珠宝店需要拿出补偿金的期望值是多少？说说为何这样来评估促销风险是不合适的。

(4) 如果下雪量超过 5 英寸，期望的补偿金是多少？

23. 某创意企业开发了一款叫作 Jackpot 的新奇香皂，在每块香皂的包装里面都塞入一张美元，但面额大小没有告知。在首批投放市场的 1 000 块香皂中，塞入香皂中的各种面额美元的分布情况见右表。

| 面额（美元） | 发生次数（块） |
| --- | --- |
| 1 | 520 |
| 5 | 260 |
| 10 | 130 |
| 20 | 60 |
| 50 | 29 |
| 100 | 1 |
| 总计 | 1 000 |

---

⊖ 1 英寸 =2.54 厘米。

假如某顾客购买了 40 块香皂,含有 1 张 50 美元或 1 张 100 美元的香皂数目未知。平均来说,40 块香皂中含有 1 张 50 美元或 1 张 100 美元有多少块皂?购买的 40 块香皂中,至少有 1 块香皂夹带着 1 张 50 美元或 1 张 100 美元的概率是多少?

24. 有关背景资料参见复习思考题 23。在首批投放市场的 1 000 块香皂销售出去后,Jackpot 香皂迅速传播开来并受到广泛的欢迎。于是该企业加速了 Jackpot 香皂的生产,很快 100 万块香皂就被生产出来。为了维护市场声誉,该创意企业塞在每块香皂中的美元金额,仍然采用的是复习思考题 23 给出的分布。要求回答:获得每块香皂包装里面至少塞着 20 美元的 3 块香皂,平均需要购买多少块 Jackpot 香皂?

25. 美国职业棒球大联盟世界系列赛采用 7 局 4 胜制,在举行的 7 场比赛中,最先赢得 4 场的球队获胜。现在亚特兰大勇士队和明尼苏达双城队在比赛中相遇,前两场比赛在亚特兰大举行,接下来的三场比赛在明尼苏达双城队的球场作战。如果还不能分出胜负,剩下的两场比赛又转场到亚特兰大继续比赛。考虑到每支球队预期的首发投手,以及每只球队的主场作战优势,亚特兰大勇士队赢得每场比赛的概率分布见下表。

| 每场比赛编号 | 1 | 2 | 3 | 4 | 5 | 6 | 7 |
|---|---|---|---|---|---|---|---|
| 获胜概率 | 0.60 | 0.55 | 0.48 | 0.45 | 0.48 | 0.55 | 0.50 |

(1) 每场比赛结果(亚特兰大勇士队或明尼苏达双城队获胜)是随机变量,试据此构建电子表格模拟模型。
(2) 不管获胜的是哪支球队,平均要赛多少场?
(3) 亚特兰大勇士队获胜的概率是多少?

26. 青年企业家范冰开始了一项创业活动,以高校学生编写的故事为喜剧素材,编辑成每月一期的动漫杂志。根据市场调研分析,范冰估计平均每月需求在 500 份左右。她决定用均值 500、标准差 300 的正态随机变量模拟每月的市场需求。

范冰需要给出版商印刷的杂志每份支付 3.75 美元作为出版费,然后以 5 美元一本销售。范冰不是采用店面销售,而是通过一帮学生在校园里叫卖,为此需要给学生支付每本杂志 0.35 美元的报酬。范冰每个月都发行一期杂志,每期杂志只在当月售卖。已和出版商谈好了,月底没有卖出去的杂志,出版商以每本 2.25 美元回购。

(1) 当范冰检查你给她创建的模拟模型时,她发现用均值 500、标准差 300 的正态分布模拟市场销售有点不合适。这是怎么回事?你怎样修改模拟模型以打消她的疑问?
(2) 根据修订的模拟模型,假如范冰把订购量定在 1 200 份,平均利润估计是多少?平均利润 95% 的置信区间是什么?

27. Bianca Peterson 是 Hexagon Composites 公司的市场销售工程师,该公司经销碳复合材料储存罐。为了获得客户对产品的采纳,Bianca Peterson 开展旅行销售(经常出国)。过去的 120 次旅行销售的有关数据见数据文件 SalesTrips,该数据文件包含的数据有:被访问的客户是否采纳了公司的产品,该产品为采纳的客户带来的收益。

(1) 在未来的几个月里,Bianca Peterson 计划实施 6 次旅行销售,那么平均销售收益可能是多少?实现不足 20 000 美元收益的概率是多少?
(2) 假如在年底前,不低于 3 件产品被客户采纳,Bianca Peterson 将获得销售业绩奖

SalesTrips

励。为了获得业绩奖，Bianca Peterson 需要进行的旅行销售次数不确定，它的分布是什么？假如 Bianca Peterson 有时间在年底前做 10 次旅行销售，Bianca Peterson 能获得销售业绩奖的可能性是多少？

28. Gorditos 先生销售各种各样的墨西哥风味的食物，假定每位顾客不受其他顾客影响，下单买一块玉米饼的概率是 75%，其他 25% 的顾客下单买的不是玉米饼。假定每小时顾客到达人数服从泊松分布，每小时平均到达人数见下表。

现在 Gorditos 先生每天早上准备 750 份玉米饼面团，由于顾客的需求不确定，玉米饼有可能脱销，这不仅影响到自己的利润，也影响了与顾客的关系。每位下单买玉米饼的顾客能带来 2.35 美元利润。下单买玉米饼没有买到且没有购买其他食物的顾客，发生的概率是 0.13，买了非玉米饼食物（能带来 1.50 美元利润）的概率是 0.87。对 Gorditos 先生每天因准备不足而损失利润的分布，构建模拟模型。求：

| 时段 | 平均到达人数 |
|---|---|
| 11:00—12:00 | 200 |
| 12:00—13:00 | 200 |
| 13:00—14:00 | 200 |
| 14:00—15:00 | 50 |
| 15:00—16:00 | 50 |
| 16:00—17:00 | 50 |
| 17:00—18:00 | 150 |
| 18:00—19:00 | 150 |
| 19:00—20:00 | 150 |
| 20:00—21:00 | 50 |
| 21:00—22:00 | 50 |

(1) Gorditos 先生平均每天损失多少利润？95% 的置信区间是什么？

(2) 平均来说，Gorditos 先生在其工作日的哪些时段可能脱销玉米饼？95% 的置信区间是什么？

29. Richard Branson 是当地专有的 EMBA 项目的入学主管，拥有决定申请人是否录取的权力。决定是否录取申请人，这是一项比较棘手的工作。现在 Richard Branson 手上有 30 人的申请材料，他们当中的每一个都有不同的录取概率。根据申请人的学术能力和工作经历，Richard Branson 对这些申请人进行了打分排序，分值从 1 到 10，分值越高表示申请人条件越好，详细资料见数据文件 Admissions。

根据教学条件，Richard Branson 倾向于把 12 个学生编成一个班。班级人数不足 12 人，会导致资源没有得到利用（比如座位空置）；如果超过 12 人，会增加可变成本。具体地说，在 12 个学生以上，班级每增加一人，就会产生 20 个值点的成本。注意：只要被接受或被录取，每个学生都可能是插班生。

要求：构建电子表格模型，计算录取打分排在前 20 名的学生的净值。计算的净值是插班学生的价值减去超过 12 个座位发生的成本的总和。如果允许打分排在前 20 位的学生入学，平均净值是多少？

30. 一对新人的婚期即将到来，婚礼策划人需要了解有多少嘉宾会出席婚宴，以便做好膳食安排。下表的资料是 145 份请柬中回答能否参加、参加人数多少及没有任何回复的情况。

| 回复参加的人数 | 邀请的人数 |
|---|---|
| 0 | 50 |
| 1 | 25 |
| 2 | 60 |
| 没有任何反应 | 10 |

根据婚礼策划人的经验，凡是做出解释不出席婚宴的人，后来参加婚礼的还是非常少的，因此该婚礼策划人估计，回复不能参加的 50 人中，将不会有任何人参加婚宴。在 25 人回复单独 1 人参加的邀请函当中，婚礼策划人估计大约有 75%

会独自 1 人参加，也有 20% 的可能不参加，也有 5% 的可能带着同伴出席。对 60 个回复计划带着同伴参加的，婚礼策划人估计有 90% 的可能会带着同伴参加，有 5% 的可能只有 1 人出席，还有 5% 的人可能不来参加。在被邀请但没有做任何回复的 10 个人当中，婚礼策划人估计 80% 的不会出席，有 15% 的可能会单独 1 人参加，还有 5% 的可能会带着同伴出席。

根据上述资料，要求：
(1) 构造电子表格模型，以帮助婚礼策划人确定将出席婚宴的期望人数。
(2) 作为这场婚礼的主人，这对新人已经建议婚礼策划人使用蒙特卡洛模拟模型去确定出席婚礼的最少人数 $X$，如果要求至少有 90% 的可能性保证实际出席婚礼的人数不超过 $X$，试对 $X$ 的取值进行估计。

31. 金融分析人员在过去的几年中一直跟踪某石油公司普通股票股价每天的变动，该分析人员打算开发一个模拟模型，以分析下个季度末石油公司的股票价格。当前股价是每股 51.60 美元，右表所示是 66 个交易日的股价和变动率资料。

    (1) 利用 Excel 中的函数 CORREL，计算每天股价变动率滞后一期的相关系数，并说说股价变动率的动态相关性。
    (2) 计算样本统计量，用直方图显示股价变动率，谈谈拟合什么样的分布。
    (3) 构建模拟模型，估计季末每股价格。股票价格低于 26.55 美元的概率是多少？
    (4) 通过上述问题的练习，谈谈模拟分析的局限性，作为一个金融分析人员应该怎样处理模拟分析的局限性。

32. Burger Dome 是一家快餐店，现在正准备评估顾客服务情况。在现行的营运中，其服务流程大致是：店员接受客户的订单，然后核计多少钱，结付钱款，最后提供食物。在服务完一个顾客之后，店员才能服务下一位顾客。假定顾客到达的时间间隔服从均值 1.35min 的指数分布，店员接待一位顾客所需要的服务时间服从均值 1min 的指数分布。Burger Dome 快餐店每个工作日营业时间是 14h，利用 Burger Dome 快餐店的文件资料 Burger Dome，完成该排队系统的模拟分析模型，并根据汇总的统计结果回答以下问题：
    (1) 每位顾客平均等待的时间是多少？

| 每天股价 | 股价变动率 | 每天股价 | 股价变动率 |
|---|---|---|---|
| 51.60 |  | 43.08 | -2.6% |
| 52.20 | 1.2% | 42.81 | -0.6% |
| 52.90 | 1.3% | 41.71 | -2.6% |
| 53.67 | 1.5% | 41.61 | -0.2% |
| 53.14 | -1.0% | 40.98 | -1.5% |
| 53.32 | 0.3% | 40.32 | -1.6% |
| 53.76 | 0.8% | 38.48 | -4.6% |
| 53.65 | -0.2% | 39.12 | 1.7% |
| 53.61 | -0.1% | 38.98 | -0.4% |
| 54.25 | 1.2% | 41.71 | 7.0% |
| 54.76 | 0.9% | 39.48 | -5.3% |
| 54.14 | -1.1% | 33.57 | -15.0% |
| 53.78 | -0.7% | 34.62 | 3.1% |
| 54.68 | 1.7% | 36.10 | 4.3% |
| 54.33 | -0.6% | 34.16 | -5.4% |
| 53.84 | -0.9% | 33.79 | -1.1% |
| 54.14 | 0.6% | 31.88 | -5.7% |
| 52.36 | -3.3% | 26.84 | -15.8% |
| 50.93 | -2.7% | 30.13 | 12.3% |
| 51.84 | 1.8% | 31.23 | 3.7% |
| 47.52 | -8.3% | 28.19 | -9.7% |
| 47.15 | -0.8% | 28.86 | 2.4% |
| 45.38 | -3.8% | 29.28 | 1.5% |
| 46.29 | 2.0% | 29.15 | -0.4% |
| 46.87 | 1.3% | 29.19 | 0.1% |
| 46.26 | -1.3% | 27.88 | -4.5% |
| 45.10 | -2.5% | 27.28 | -2.2% |
| 44.81 | -0.6% | 27.27 | 0.0% |
| 44.80 | 0.0% | 26.42 | -3.1% |
| 44.58 | -0.5% | 24.84 | -6.0% |
| 44.21 | -0.8% | 24.86 | 0.1% |
| 43.08 | -2.6% | 25.43 | 2.3% |
| 42.81 | -0.6% | 26.55 | 4.4% |

DATA file
DailyStock

MODEL file
Burger Dome

(2) 最长的等待时间是多少？

(3) 顾客等待时间超过 2min 的概率是多少？

(4) 运用直方图反映等待时间的分布。

(5) 按 <F9> 键产生一组新的模拟试验，我们可以观察到汇总统计量的变化情况。最为典型的是不断增加模拟试验次数，会减少汇总统计量的变异性，对 Burger Dome 快餐店，为什么这种做法不合适？

33. 模拟分析的好处之一是，模拟模型能够容易地修改以体现假定条件的变化。参考复习思考题 32 的分析，假定服务时间用均值 1min、标准差 0.2min 的正态分布能更准确地刻画，由于正态分布的变异小于指数分布，问：服务时间概率分布的改变对输出结果会产生什么样的影响？

34. 背景资料参见复习思考题 32，Burger Dome 快餐店打算再雇一个服务员增开一个服务窗口（和第一位服务员并行开展服务），具体数据见数据文件 BurgerDome2Servers，试据此分析这个改变会对输出结果产生什么影响。（提示：顾客开始接受服务的时间会取决于可用的服务员数。）

## ● 案例讨论：四角公司（Four Corners）问题 ●

理财方案在 10 年后值多少钱？20 年后值多少钱？一直待到退休时又值多少钱呢？四角公司的人力资源管理部门接到任务，通过制定财务计划模型向员工们讲清楚这些方面的疑问。Tom Gifford 是这项工作的主管，于是决定先给自己制订一个理财计划。Tom Gifford 拥有商务专业学位，现年 40 岁，每年收入是 85 000 美元。凭借对公司退休计划工作的定期缴款和继承一小笔遗产收入，Tom Gifford 已经积累了 50 000 美元。Tom Gifford 计划再工作 20 年，希望能把个人理财方案总值增加到 1 000 000 美元。试问：Tom Gifford 能不能做得到？

Tom Gifford 首先对其未来的工薪收入、新追加的投资缴费，以及理财方案价值的增长率进行了一些假定，它们分别是：工资收入每年递增 5%，每年将工资收入的 6% 投资到个人理财账户。根据对股票历史资料的研究分析，Tom Gifford 认为理财方案年收益率理想水平应在 10% 左右。在上述假定条件的基础上，Tom Gifford 制定了如下 Excel 工作表。

| | A | B | C | D | E | F | G |
|---|---|---|---|---|---|---|---|
| 1 | Four Corners | | | | | | |
| 2 | | | | | | | |
| 3 | Age | 40 | | | | | |
| 4 | Current Salary | $85,000 | | | | | |
| 5 | Current Portfolio | $50,000 | | | | | |
| 6 | Annual Investment Rate | 6% | | | | | |
| 7 | Salary Growth Rate | 5% | | | | | |
| 8 | Portfolio Growth Rate | 10% | | | | | |
| 9 | | | | | | | |
| 10 | Year | Beginning Balance | Salary | New Investment | Earnings | Ending Balance | Age |
| 11 | 1 | $50,000 | $85,000 | $5,100 | $5,255 | $60,355 | 41 |
| 12 | 2 | $60,355 | $89,250 | $5,355 | $6,303 | $72,013 | 42 |
| 13 | 3 | $72,013 | $93,713 | $5,623 | $7,482 | $85,118 | 43 |
| 14 | 4 | $85,118 | $98,398 | $5,904 | $8,807 | $99,829 | 44 |
| 15 | 5 | $99,829 | $103,318 | $6,199 | $10,293 | $116,321 | 45 |
| 16 | | | | | | | |

表 11-16 给出未来 5 年的理财预测，在计算每年理财收益的时候，Tom Gifford 假定新追加的投资在全年均匀打进理财方案中，因此可以把一半新追加投资的收益计入当年的收益总额。由上表可知，到 45 岁时，Tom Gifford 的理财方案预期总值将达到 116 321 美元。

Tom Gifford 做出的这个计划工作表，将被当成模板用于公司其他员工理财计划方案的参考。上述工作表中的数据只要做适当的调整，就可以用于其他员工。根据各个员工的具体理财愿景，可以在表中增加一些行以反映理财计划的年份长度。在增加了 15 行之后，Tom Gifford 发现，20 年之后他本人的理财账户总值将达到 772 722 美元。于是，Tom Gifford 把他做的结果拿给公司老板 Kate Krystkowiak 审阅。

Kate Krystkowiak 在表扬了 Tom Gifford 的工作之后，也随即提出了一些批评意见。Kate Krystkowiak 认为，年工资收入采用固定的增长率是不合适的，因为大多数员工每年工资收入增长率是不一样的。另外，理财方案收益采用不变的增长率是不合理的，原因是每年投资理财收益率之间会发生相当大的差别。Kate Krystkowiak 建议 Tom Gifford 在做理财方案的时候，需要考虑年工资收入和投资理财收益率的随机变异性。

在一番商讨之后，Kate Krystkowiak 和 Tom Gifford 达成共识，年工资收入增长率为 0～5% 都有可能，要通过均匀分布模拟找到一个较为合理的值。四角公司的财务人员建议，对投资理财年收益率可以采用均值 10%、标准差 5% 的正态分布进行模拟分析。根据这些方面的建议和意见，Tom Gifford 重新开始了理财方案的电子表格设计。

请你站在 Tom Gifford 的角度，通过模拟分析制定理财方案，并撰写管理报告，该报告至少要包括以下的内容：

1. 不考虑有关变量的随机性变化，按 Tom Gifford 开发的工作表，把理财方案总收益的计算延长到 20 年。验证一下，在年工资收入采用固定增长率、理财方案收益采用不变增长率的条件下，20 年后理财方案的总值是不是像 Tom Gifford 所说的是 772 722 美元？在其他条件都保持不变的前提下，20 年后理财方案总值达到 1 000 000 美元，对此年追加投资增长率应该是多少？

2. 通过引入年工资收入增长率、理财方案收益增长率的随机性变化，运用模拟分析方法重新设计出电子表格模型。

3. 在考察了年工资收入增长率、理财方案收益增长率的随机性影响之后，对得出的理财方案给出有关的建议。

4. 以 Tom Gifford 为例，假定 Tom Gifford 打算工作 25 年而不是 20 年，以期把理财方案的总值提高到 1 000 000 美元，说说这样的做法到底值不值。

5. 说明如何把以 Tom Gifford 为对象制订的理财计划作为模板应用到其他员工身上。

## 附录11A 模拟分析中常见的概率分布

在随机模拟中,挑选合适的概率分布反映随机变量的特征是十分重要的事情。本章的这一附录,我们将回顾模拟模型中一些常用的概率分布,并说明根据相应的概率分布利用 Excel 自带的功能产生随机变量值。

1. 连续型概率分布

取许多可能值(哪怕是离散的数值)的随机变量,通常都可以用连续型概率分布进行刻画。对常见的连续型随机变量,我们将介绍它们的一些基本知识。首先,我们将列示出能界定概率分布的参数,然后描述既定分布下随机变量取值的范围,并结合例子对分布的形状进行简要的说明。最后,将举例说明如何应用,尤其是介绍怎样根据相应的概率分布利用 Excel 自带的功能产生随机变量值。

(1) 正态分布

**参数**:均值($m$),标准差($s$)

**取值范围**:$-\infty < x < +\infty$

**分布形状与适用对象**:正态分布呈钟形对称状、对称轴为均值($m$),通常适用于反映若干个相互独立的随机变量和的情况(图11-25)。

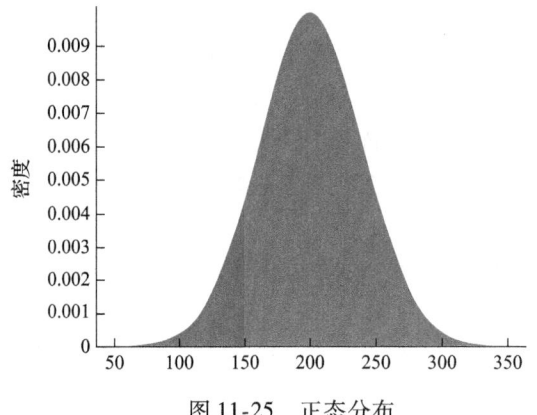

图 11-25 正态分布

**举例**:在人力资源管理中,员工绩效可以用正态分布反映,比如大约有 68% 的员工绩效在均值附近 1 个标准差的范围内,有 95% 的员工绩效在均值附近 2 个标准差的范围内,员工绩效特别高或特别低的情形相对比较稀少。又如:医药公司的销售人员的绩效,用均值 200 个采用客户、标准差 40 个采用客户的正态分布表示。

**Excel 函数**:NORM.INV(RAND(),$m$,$s$)

(2) 贝塔(Beta)分布

**参数**:$\alpha$,$\beta$,最小值 $A$,最大值 $B$。

**取值范围**:$a \leqslant x \leqslant b$

**分布形状与适用对象**:在 $A \sim B$ 范围内,只需改变参数 $\alpha$、$\beta$,并得到贝塔分布的形状（见图 11-26）。

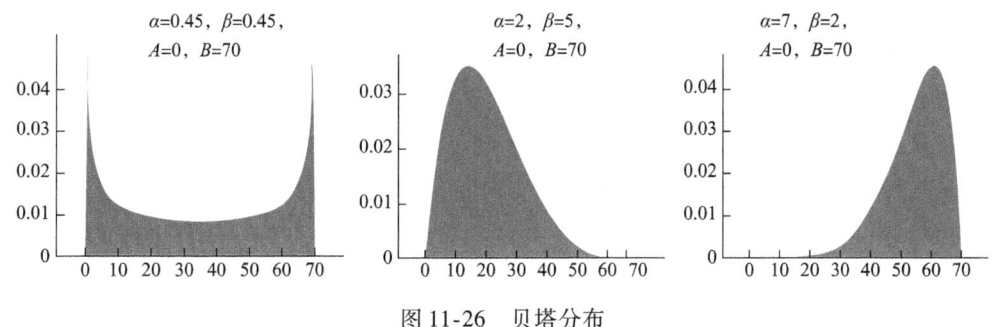

图 11-26  贝塔分布

贝塔分布存在多种形态，适用于模拟给定最小值和最大值时的不确定变量。给定样本数据时，参数 $\alpha$、$\beta$ 的估计量分别是：

$$\alpha = \left(\frac{\bar{x} - A}{B - A}\right)\left(\frac{\left(\frac{\bar{x} - A}{B - A}\right)\left(1 - \left(\frac{\bar{x} - A}{B - A}\right)\right)}{\frac{s^2}{(B - A)^2}} - 1\right)$$

$$\beta = \alpha \times \left(\frac{\left(1 - \left(\frac{\bar{x} - A}{B - A}\right)\right)}{\left(\frac{\bar{x} - A}{B - A}\right)}\right)$$

**举例**：两极分化的导演执导的一部影片产生的暴涨暴跌收入，可以用贝塔分布来描述。对 $A = 0$、$B = 70$、$\alpha = 0.45$、$\beta = 0.45$，绘制出来的贝塔分布概率密度曲线呈现 U 形，极端值出现的可能性要远大于温和的值。改变参数 $\alpha$、$\beta$，并得到贝塔分布的不同形状，其中上图左边的一个是 U 形贝塔分布，中间的一个是单峰右偏的贝塔分布，右边的一个是单峰左偏的贝塔分布。

**Excel 函数**：BETA.INV(RAND(),$\alpha$,$\beta$,$A$,$B$)

（3）伽马（Gamma）分布

**参数**：$\alpha$, $\beta$

**取值范围**：$0 \leqslant x < +\infty$

**分布形状与适用对象**：伽马分布对参数 $\alpha$、$\beta$ 很敏感，伽马分布概率密度曲线取决于参数 $\alpha$ 和 $\beta$。对那些取值小到 0 或大到正无穷的不确定变量，用伽马分布来建模很有用（见图 11-27）。

在给定的样本资料下，伽马分布的参数 $\alpha$、$\beta$ 的样本估计为

$$\alpha = \left(\frac{\bar{x}}{s}\right)^2$$

$$\beta = \frac{s^2}{\bar{x}}$$

**举例**：一个地区的保险理赔总额（以 100 000 美元计）可以用参数 $\alpha = 2$、$\beta = 0.5$ 的

伽马分布描述。

**Excel 函数**：GAMMA.INV(RAND(),$\alpha$,$\beta$)

（4）指数分布

**参数**：均值 $m$

**取值范围**：$0 \leq x < +\infty$

**分布形状与适用对象**：指数分布的均值和标准差相等，在0处取得最大值，此后呈右拖尾分布（见图11-28）。

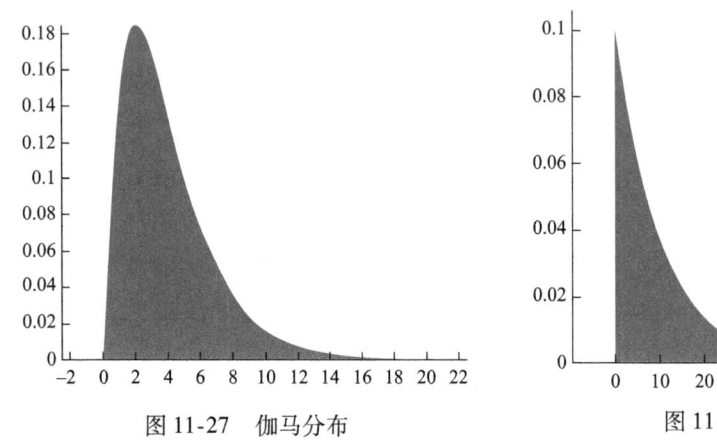

图 11-27　伽马分布　　　　　图 11-28　指数分布

**举例**：两个事件之间发生的时间间隔，比如顾客先后到达服务台的时间间隔、顾客贷款违约的时间间隔，可以采用指数分布进行描述。服从指数分布的随机变量具有"无记忆性"特征，即顾客在下一个 $x$ 分钟到达的概率，不依赖于上一次到达过了多长时间。比如：顾客到达的时间间隔平均为10分钟，那么顾客到达时间间隔超过25分钟的概率，与上一个顾客到达10分钟后下一个顾客15分钟后到达的概率相同。

**Excel 函数**：LN(RAND())*(-m)

具有均值 $m$ 的指数分布等价于参数 $\alpha = 1$、$\beta = 1/m$ 的伽马分布，因此指数随机变量的取值可以用 GAMMA.INV(RAND(),1,1/m) 生成。

（5）三角分布

**参数**：最小值 $a$，最可能的值 $m$，最大值 $b$

**取值范围**：$a \leq x \leq b$

**分布形状与适用对象**：当只知道随机变量的取值范围，并且也认为该随机变量存在一个单一众数时，通常可以使用三角分布。三角分布存在三个顶点 $a$、$m$ 和 $b$，类似三角形（见图11-29）。

**举例**：在公司财务分析活动中，如果分析人员有把握能给出项目收入增长的最小值、最可能值和最大值，这时可以利用三角分布模拟项目收入的净现值增长情况。例如，某项目在最坏情境下的年收益增长率0%，最有可能的年收益增长率5%，最好情境下的年收益增长率25%，那么这些值就可以用作三角分布的参数，并依此反映项目的收益情况。

**Excel 函数**：三角随机变量值
$$= \text{IF}(\text{random} < (m-a)/(b-a), a + \text{SQRT}((b-a)*(m-a)*\text{random}), b - \text{SQRT}((b-a)*(b-m)*(1-\text{random})))$$

式中，random 是各个单元格的随机数。

(6) 均匀分布

**参数**：最小值 $a$，最大值 $b$。

**取值范围**：$a \leq x \leq b$

**分布形状与适用对象**：该分布适合于描述在最小值 $a$ 和最大值 $b$ 之间等可能取值的随机变量。如果我们只知道现象的最小和最大取值，而对其他情况一无所知，这时采用均匀分布反映这类现象的特征可能是比较合理的（见图 11-30）。

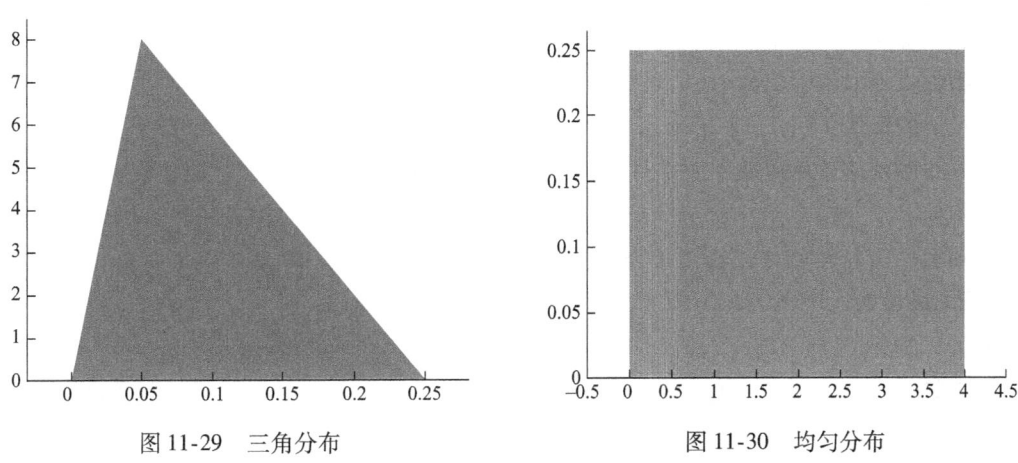

图 11-29　三角分布　　　　　图 11-30　均匀分布

**举例**：技术服务人员电话预约 4 小时之内可以到达现场，假定在这 4 小时里该技术服务人员任何时刻都有可能到达，对此用均匀分布进行描述就比较合适。

**Excel 函数**：$a + (b-a) * \text{RAND}()$

(7) 对数正态分布

**参数**：均值 $(\ln(m))$，标准差 $(\ln(s))$

**取值范围**：$0 < x < +\infty$

**分布形状与适用对象**：对数正态分布是单峰分布（这一点与正态分布一样），取值大于 0 且呈右拖尾分布（这一点与正态分布不同）。对数正态分布常用于描述若干取正数值且相互独立的随机变量乘积的情况。对服从对数正态分布的随机变量取自然对数，便能得到正态分布的结果（见图 11-31）。

**举例**：低于 99% 的总人口的收入分配，可以采用对数正态分布描述。例如，对人

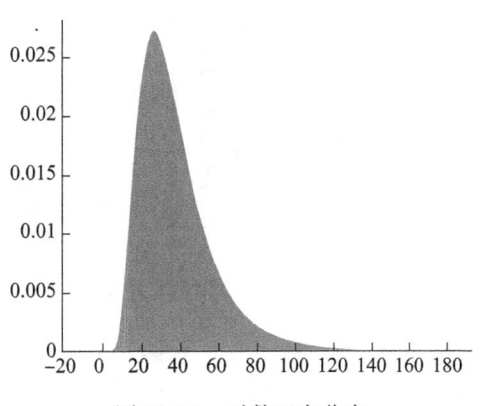

图 11-31　对数正态分布

口的收入观察值取自然对数,如果其结果服从均值 3.5、标准差 0.5 的正态分布,这时我们就可以用对数正态分布说明该人群的收入分配情况。

**Excel 函数**:LOGNORM. INV(RAND(),ln($m$),ln($s$))

其中的 ln($m$)、ln($s$) 分别是对数正态分布的均值和标准差。

2. 离散型概率分布

对那些仅取离散值且数目相对小的随机变量,通常最好使用离散型概率分布进行模拟。选择什么样的离散型分布,取决于具体情境的分析。对常见的离散型随机变量,我们将介绍它们的一些基本知识。首先,我们将列示出能界定分布的参数,然后描述既定分布下离散型随机变量取值的范围,并结合例子对分布的形状进行简要的说明。最后,将举例说明如何应用,此外,将介绍怎样根据相应的概率分布利用 Excel 自带的功能产生随机变量值。

(1)整数均匀分布(见图 11-32)

**参数**:下限值为整数 $l$,上限值是整数 $u$

**可能的取值**:$l+1, l+2, \cdots, u-2, u-1, u$

**分布形状与适用对象**:对 $l+1$、$l+2$、$\cdots$、$u-2$、$u-1$、$u$,随机变量以同等的可能性从中取值。

**举例**:10 个学生中,志愿参与慈善活动的人数 $0,1,2,\cdots,10$。

**Excel 函数**:RANDBETWEEN($l,u$)

(2)离散均匀分布(见图 11-33)

**参数**:一组数值 $\{v_1, v_2, \cdots, v_k\}$

**可能的取值**:$v_1, v_2, \cdots, v_k$

**分布形状与适用对象**:在给定的一组数值 $\{v_1, v_2, \cdots, v_k\}$ 下,随机变量能以同等的可能性从中取值。

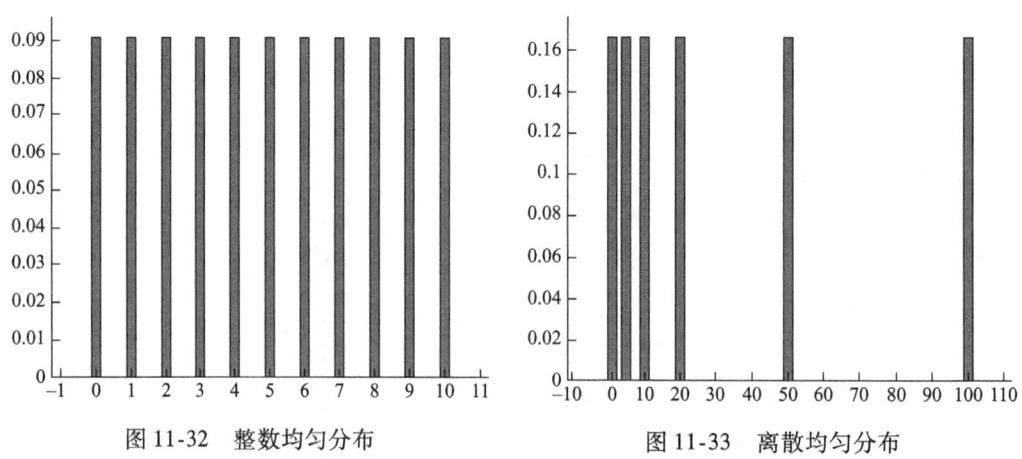

图 11-32 整数均匀分布　　图 11-33 离散均匀分布

**举例**:6 个信封中分别装着 1 美元、5 美元、10 美元、20 美元和 50 美元,现在从中随机地抽出一个信封,抽到的信封中装的钱就是奖金。对于这样的情况,可以用离散均匀分布来处理。

**Excel 函数**：CHOOSE(RANDBETWEEN(1,$k$), $v_1, v_2, \cdots, v_k$)

（3）自定义（custom）离散型分布（见图11-34）

**参数**：一组数值 $\{v_1, v_2, \cdots, v_k\}$，及其对应的权数为 $\{w_1, w_2, \cdots, w_k\}$，且 $w_1 + w_2 + \cdots + w_k = 1$

**可能的取值**：$v_1, v_2, \cdots, v_k$

**分布形状与适用对象**：可以用来描述离散的、不确定变量的截尾分布。自定义（custom）离散型随机变量的取值为 $v_j$，对应的概率 $w_j$。

**举例**：某汽车专卖店在过去50天里，没有卖出车的有7天，每天卖出1辆车的有24天，每天卖出2辆车的有9天，每天卖出3辆车的有5天，每天卖出4辆车的有3天，每天卖出5辆车的有2天。根据这些资料，我们可以用频率估计每天汽车销售的概率分布。没有汽车卖出的估计概率为 7/50 = 0.14，有1辆车卖出的估计概率为 24/50 = 0.48，其他以此类推。这样，汽车专卖店每天实现的销售就可以用自定义离散型分布来描述，其中一组数值为 $\{0,1,2,3,4,5\}$，对应的权重 $\{0.14, 0.48, 0.18, 0.10, 0.06, 0.04\}$。

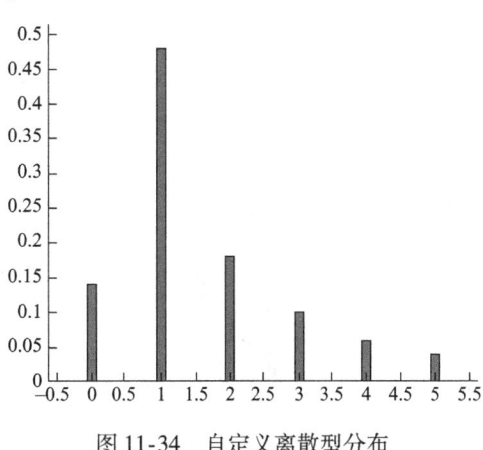

图 11-34　自定义离散型分布

**Excel 函数**：把 Excel 函数中的函数 RAND() 与 VLOOKUP 结合起来使用，引用表中的每一行列出可能的取值，对 [0,1) 进行划分，使其代表相应取值的可能性。以汽车销售为例，应用过程的示例详见图 11-35。

|   | A | B | C | D |
|---|---|---|---|---|
| 1 | 汽车销售 | =VLOOKUP(RAND(), A4:C9, 3, TRUE) | | |
| 2 | | | | |
| 3 | 区间下限 | 区间上限 | 汽车销售量 | 概率 |
| 4 | 0.00 | 0.14 | 0 | 0.14 |
| 5 | 0.14 | 0.62 | 1 | 0.48 |
| 6 | 0.62 | 0.80 | 2 | 0.18 |
| 7 | 0.80 | 0.90 | 3 | 0.10 |
| 8 | 0.90 | 0.96 | 4 | 0.06 |
| 9 | 0.96 | 1.00 | 5 | 0.04 |

图 11-35　自定义离散分布的应用示例

（4）二项分布（见图11-36）

**参数**：试验次数 $n$，试验成功的概率 $p$

**可能的取值**：随机变量的可能取值是 $0, 1, 2, \cdots, n$

**分布形状与适用对象**：每次试验感兴趣事件出现的概率为 $p$，在 $n$ 次相互独立的随机试验中，求感兴趣事件出现的次数。如果试验的次数为1，此时就是贝努利（Bernoulli）

分布。

**举例**：其投资组合由 20 只类似的股票构成，每只股票其价值增加的概率都是 $p = 0.6$，这 20 只股票中价值增加的股票数。这类事件就可以用二项分布进行反映。

**Excel 函数**：BINOM.INV($n$, $p$, RAND())

（5）超几何分布（见图 11-37）

**参数**：试验次数 $n$，总体规模 $N$，总体中感兴趣元素数 $s$。

**可能的取值**：服从超几何分布的随机变量，其可能取值 $\max\{0, n+s-N\}, \cdots, \min\{n, s\}$

**分布形状与适用对象**：总体中由 $N$ 个元素组成，感兴趣元素一共有 $s$ 个，现在从总体中按照不放回抽样方式抽取 $n$ 个，此时被抽取出来的 $n$ 个样本单位中，可能存在多少个感兴趣的元素。

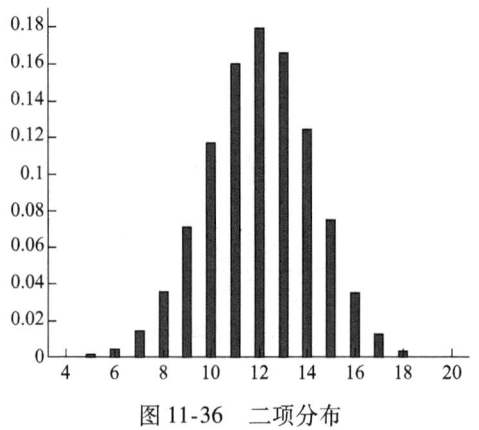

图 11-36　二项分布

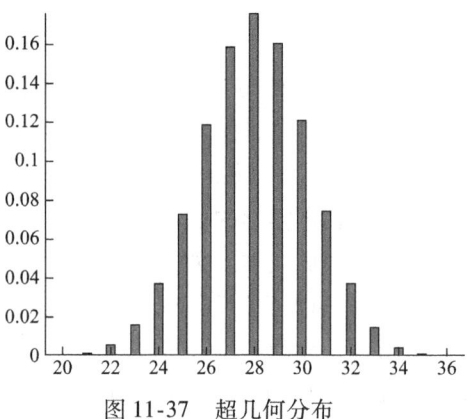

图 11-37　超几何分布

**举例**：某公司给一个计算机制造商加工电路板，由于加工过程中可能出现质量缺陷，已知 100 个某批次产品中大约有 70 块电路板合格、30 块存在缺陷。假如计算机制造商订购了这批次产品的 40 块电路板，问 40 块电路板中有多少是合格产品。这个问题事关计算机制造商是否接受这批订货，对此可以用超几何分布进行刻画，这时 $n = 40$，$s = 70$，$N = 100$。另外，订购的 40 块电路板中，合格品数在 $10 (= 40 + 70 - 100) \sim 40 (= \min\{40, 70\})$ 之间，且 40 块电路板中至少有 10 块是合格的，因为不合格品数最多是 30 个（$= 100 - 70$）。

**Excel 函数**：这里以电路板生产质量为例，用图 11-38 说明超几何分布在模拟分析中的应用过程。

（6）负二项分布（见图 11-39）

**参数**：成功次数（$s$），发生概率（$p$）

**可能的取值**：服从负二项分布的随机变量，其可能的取值是 $0, 1, 2, \cdots, \infty$

**分布形状与适用对象**：感兴趣事件在一次试验中出现的概率是 $p$，在感兴趣事件出现 $s$ 次之前，求所做的试验的次数。如果 $s = 1$，这时的负二项分布便是几何分布（见图 11-39）。

**举例**：某大公司的研发部门准备投资几个项目，每个项目获得成功的概率为 0.5，求投资的项目获得 5 个成功之前所投资的项目数。对诸如此类的问题，可以用 $s=5$、$p=0.50$ 的负二项分布拟合。

| | A | B | C | D | E |
|---|---|---|---|---|---|
| 1 | Hypergeometric Distribution Parameters | | | | |
| 2 | Trials (n) | 40 | | | |
| 3 | Population (N) | 100 | | | |
| 4 | Successful Elements in Population (s) | 70 | | | |
| 5 | | | | | |
| 6 | Randomly Generated Hypergeometric Value | =VLOOKUP(RAND(),$C$9:$E$109,3,TRUE) | | | |
| 7 | | | | | |
| 8 | Number of Successes in n Trials | Probability Mass | Lower End of Interval | Upper End of Interval | Number of Successes in n Trials |
| 9 | 0 | =HYPGEOM.DIST($A9,$B$2,$B$4,$B$3,FALSE) | 0 | =B9+C9 | 0 |
| 10 | 1 | =HYPGEOM.DIST($A10,$B$2,$B$4,$B$3,FALSE) | =D9 | =B10+C10 | 1 |
| 11 | 2 | =HYPGEOM.DIST($A11,$B$2,$B$4,$B$3,FALSE) | =D10 | =B11+C11 | 2 |
| 12 | 3 | =HYPGEOM.DIST($A12,$B$2,$B$4,$B$3,FALSE) | =D11 | =B12+C12 | 3 |
| 13 | 4 | =HYPGEOM.DIS... | | | |
| 14 | 5 | =HYPGEOM.DIS... | | | |

| | A | B | C | D | E |
|---|---|---|---|---|---|
| 1 | Hypergeometric Distribution Parameters | | | | |
| 2 | Trials (n) | | 40 | | |
| 3 | Population (N) | | 100 | | |
| 4 | Successful Elements in Population (s) | | 70 | | |
| 5 | | | | | |
| 6 | Randomly Generated Hypergeometric Value | | 29 | | |
| 7 | | | | | |
| 8 | Number of Successes in n Trials | Probability Mass | Lower End of Interval | Upper End of Interval | Number of Successes in n Trials |
| 9 | 0 | 0.000 | 0.000 | 0.000 | 0 |
| 10 | 1 | 0.000 | 0.000 | 0.000 | 1 |
| 11 | 2 | 0.000 | 0.000 | 0.000 | 2 |
| 12 | 3 | 0.000 | 0.000 | 0.000 | 3 |
| 13 | 4 | 0.000 | 0.000 | 0.000 | 4 |
| 14 | 5 | 0.000 | 0.000 | 0.000 | 5 |
| 15 | 6 | 0.000 | 0.000 | 0.000 | 6 |
| 16 | 7 | 0.000 | 0.000 | 0.000 | 7 |
| 17 | 8 | 0.000 | 0.000 | 0.000 | 8 |
| 18 | 9 | 0.000 | 0.000 | 0.000 | 9 |
| 19 | 10 | 0.000 | 0.000 | 0.000 | 10 |
| 20 | 11 | 0.000 | 0.000 | 0.000 | 11 |
| 21 | 12 | 0.000 | 0.000 | 0.000 | 12 |
| 22 | 13 | 0.000 | 0.000 | 0.000 | 13 |
| 23 | 14 | 0.000 | 0.000 | 0.000 | 14 |
| 24 | 15 | 0.000 | 0.000 | 0.000 | 15 |
| 25 | 16 | 0.000 | 0.000 | 0.000 | 16 |
| 26 | 17 | 0.000 | 0.000 | 0.000 | 17 |
| 27 | 18 | 0.000 | 0.000 | 0.000 | 18 |
| 28 | 19 | 0.000 | 0.000 | 0.000 | 19 |
| 29 | 20 | 0.000 | 0.000 | 0.000 | 20 |
| 30 | 21 | 0.002 | 0.000 | 0.002 | 21 |
| 31 | 22 | 0.005 | 0.002 | 0.007 | 22 |
| 32 | 23 | 0.016 | 0.007 | 0.023 | 23 |
| 33 | 24 | 0.037 | 0.023 | 0.060 | 24 |
| 34 | 25 | 0.073 | 0.060 | 0.133 | 25 |
| 35 | 26 | 0.118 | 0.133 | 0.251 | 26 |
| 36 | 27 | 0.159 | 0.251 | 0.410 | 27 |
| 37 | 28 | 0.176 | 0.410 | 0.586 | 28 |
| 38 | 29 | 0.161 | 0.586 | 0.747 | 29 |
| 39 | 30 | 0.121 | 0.747 | 0.868 | 30 |
| 40 | 31 | 0.074 | 0.868 | 0.942 | 31 |
| 41 | 32 | 0.037 | 0.942 | 0.979 | 32 |
| 42 | 33 | 0.015 | 0.979 | 0.994 | 33 |
| 43 | 34 | 0.005 | 0.994 | 0.999 | 34 |
| 44 | 35 | 0.001 | 0.999 | 1.000 | 35 |

图 11-38  运用超几何分布产生随机值的示例

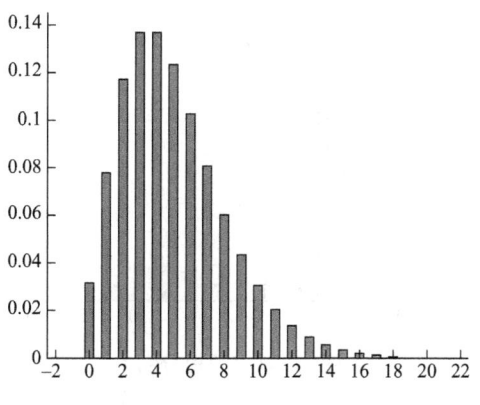

图 11-39  负二项分布

**Excel 函数**：这里以某大公司研发部门的项目投资为例，用图 11-40 说明负二项分布在模拟分析中的应用过程。

| | A | B | C | D | E |
|---|---|---|---|---|---|
| 1 | **Negative Binomial Distribution Parameters** | | | | |
| 2 | Required Number of Successes (s) | 5 | | | |
| 3 | Probability of Success (p) | 0.5 | | | |
| 4 | | | | | |
| 5 | Randomly Generated Negative Binomial Value | =VLOOKUP(RAND(),$C$8:$E$108,3,TRUE) | | | |
| 6 | | | | | |
| 7 | Number of Failures Before s Successes | Probability Mass | Lower End of Interval | Upper End of Interval | Number of Failures Before s Successes |
| 8 | 0 | =NEGBINOM.DIST($A8,$B$2,$B$3,FALSE) | 0 | =C8+B8 | 0 |
| 9 | 1 | =NEGBINOM.DIST($A9,$B$2,$B$3,FALSE) | =D8 | =C9+B9 | 1 |
| 10 | 2 | =NEGBINOM.DIST($A10,$B$2,$B$3,FALSE) | =C9+B9 | =C10+B10 | 2 |
| 11 | 3 | =NEGBINOM.DIST($A11,$B$2,$B$3,FALSE) | =C10+B10 | =C11+B11 | 3 |
| 12 | 4 | =NEGBINOM.DIST($A12,$B$2,$B$3,FALSE) | =C11+B11 | =C12+B12 | 4 |
| 13 | 5 | =NEGBINOM.DIST($A13,$B$2,$B$3,FALSE) | =C12+B12 | =C13+B13 | 5 |

MODEL file

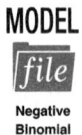

Negative Binomial

| | A | B | C | D | E |
|---|---|---|---|---|---|
| 1 | **Negative Binomial Distribution Parameters** | | | | |
| 2 | Required Number of Successes (s) | 5 | | | |
| 3 | Probability of Success (p) | 0.50 | | | |
| 4 | | | | | |
| 5 | Randomly Generated Negative Binomial Value | 3 | | | |
| 6 | | | | | |
| 7 | Number of Failures Before s Successes | Probability Mass | Lower End of Interval | Upper End of Interval | Number of Failures Before s Successes |
| 8 | 0 | 0.031 | 0.000 | 0.031 | 0 |
| 9 | 1 | 0.078 | 0.031 | 0.109 | 1 |
| 10 | 2 | 0.117 | 0.109 | 0.227 | 2 |
| 11 | 3 | 0.137 | 0.227 | 0.363 | 3 |
| 12 | 4 | 0.137 | 0.363 | 0.500 | 4 |
| 13 | 5 | 0.123 | 0.500 | 0.623 | 5 |
| 14 | 6 | 0.103 | 0.623 | 0.726 | 6 |
| 15 | 7 | 0.081 | 0.726 | 0.806 | 7 |
| 16 | 8 | 0.060 | 0.806 | 0.867 | 8 |
| 17 | 9 | 0.044 | 0.867 | 0.910 | 9 |
| 18 | 10 | 0.031 | 0.910 | 0.941 | 10 |
| 19 | 11 | 0.021 | 0.941 | 0.962 | 11 |
| 20 | 12 | 0.014 | 0.962 | 0.975 | 12 |
| 21 | 13 | 0.009 | 0.975 | 0.985 | 13 |
| 22 | 14 | 0.006 | 0.985 | 0.990 | 14 |
| 23 | 15 | 0.004 | 0.990 | 0.994 | 15 |
| 24 | 16 | 0.002 | 0.994 | 0.996 | 16 |
| 25 | 17 | 0.001 | 0.996 | 0.998 | 17 |
| 26 | 18 | 0.001 | 0.998 | 0.999 | 10 |
| 27 | 19 | 0.001 | 0.999 | 0.999 | 19 |
| 28 | 20 | 0.000 | 0.999 | 1.000 | 20 |

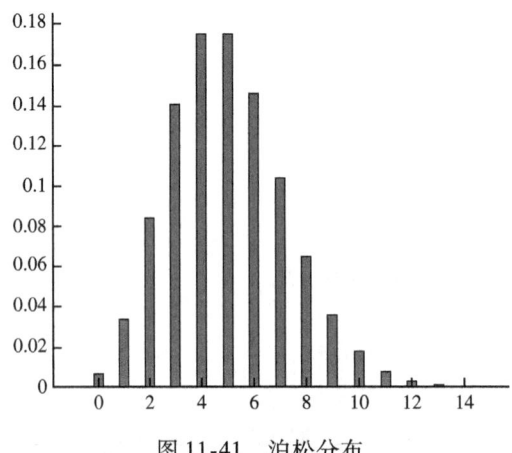

图 11-40　Excel 中运用负二项分布产生随机变量值示例

（7）泊松分布（见图 11-41）

**参数**：均值（$m$）

**可能的取值**：服从泊松分布随机变量的取值，可能是 0、1、2，…

**分布形状与适用对象**：随机变量在某个时段上出现的次数。

图 11-41　泊松分布

**举例**：假定 1 小时内平均有 5 位病人到达门诊看病，那么 1 小时内到达门诊就诊的病人数可以均值 $m=5$ 的泊松分布拟合。

**Excel 函数**：这里以门诊病人为例，用图 11-42 说明泊松分布在模拟分析中的应用过程。

| | A | B | C | D | E |
|---|---|---|---|---|---|
| 1 | Poisson Distribution Parameters | | | | |
| 2 | Mean (m) | 5 | | | |
| 3 | | | | | |
| 4 | Randomly Generated Poisson Value | =VLOOKUP(RAND(),$C$7:$E$107,3,TRUE) | | | |
| 5 | | | | | |
| 6 | Number of Event Occurrences | Probability Mass | Lower End of Interval | Upper End of Interval | Number of Event Occurrences |
| 7 | 0 | =POISSION,DIST($A7,$B$2,FALSE) | 0 | =C7+B7 | 0 |
| 8 | 1 | =POISSION,DIST($A8,$B$2,FALSE) | =D7 | =C8+B8 | 1 |
| 9 | 2 | =POISSION,DIST($A9,$B$2,FALSE) | =C8 | =C9+B9 | 2 |
| 10 | 3 | =POISSION,DIST($A10,$B$2,FALSE) | =C9 | =C10+B10 | 3 |
| 11 | 4 | =POISSION,DIST($A11,$B$2,FALSE) | =C10 | =C11+B11 | 4 |
| 12 | 5 | =POISSION,DIST($A12,$B$2,FALSE) | =C11 | =C12+B12 | 5 |

| | A | B | C | D | E |
|---|---|---|---|---|---|
| 1 | Poisson Distribution Parameters | | | | |
| 2 | Mean (m) | | 5 | | |
| 3 | | | | | |
| 4 | Randomly Generated Poisson Value | | 6 | | |
| 5 | | | | | |
| 6 | Number of Event Occurrences | Probability Mass | Lower End of Interval | Upper End of Interval | Number of Event Occurrences |
| 7 | 0 | 0.007 | 0.000 | 0.007 | 0 |
| 8 | 1 | 0.034 | 0.007 | 0.040 | 1 |
| 9 | 2 | 0.084 | 0.040 | 0.125 | 2 |
| 10 | 3 | 0.140 | 0.125 | 0.265 | 3 |
| 11 | 4 | 0.175 | 0.265 | 0.440 | 4 |
| 12 | 5 | 0.175 | 0.440 | 0.616 | 5 |
| 13 | 6 | 0.146 | 0.616 | 0.762 | 6 |
| 14 | 7 | 0.104 | 0.762 | 0.867 | 7 |
| 15 | 8 | 0.065 | 0.867 | 0.932 | 8 |
| 16 | 9 | 0.036 | 0.932 | 0.968 | 9 |
| 17 | 10 | 0.018 | 0.968 | 0.986 | 10 |
| 18 | 11 | 0.008 | 0.986 | 0.995 | 11 |
| 19 | 12 | 0.003 | 0.995 | 0.998 | 12 |
| 20 | 13 | 0.001 | 0.998 | 0.999 | 13 |
| 21 | 14 | 0.000 | 0.999 | 1.000 | 14 |

图 11-42 运用泊松分布产生随机值示例

# 第12章

# 线性优化模型

**数据分析案例：通用电气公司优化决策**

随着环境问题日益得到重视，以及对有限的不可再生能源的持续掠夺使用，许多公司已经开始强调使用可再生能源，水力、风能、太阳能这些可再生能源逐渐成了企业大规模投资的重点。

通用电气（GE）公司在能源领域有各种各样的产品，其中一项就是太阳能。在快速变化的技术中，太阳能是一个相对较新的概念，比如，太阳能电池、太阳能发电。太阳能电池能把阳光直接转换成电能，集成太阳能发电机组把大面积的太阳光聚集成能产生热能的光束以用传统的方式发电。太阳能电池可以放置在屋顶上，既可供商业使用，也可供居民生活使用，而太阳能发电机组大多数用于商业目的。近年来，GE 公司在几个太阳能电池项目上做了投资。

由于技术开发、研发费用和太阳能市场需求的不确定性，因此决定合适的产能投资规模是一个比较复杂的问题，为此 GE 公司运用一系列的数据分析工具，估算新近开发或立项的太阳能电池项目的费用，为导入的新太阳能产品在未来 10~15 年的市场需求建立了统计预测模型，并根据估算和需求预测的结果，利用多周期线性优化模型制定最优的产能投资方案。

在兼顾库存、产品性能、产量和预算的约束条件下，通过线性规划获得最优推广方案。考虑到不确定性程度很大，针对未来多个可能的情境，GE 公司的计划分析人员已经运用线性规划求解方法，寻找每个情境下的求解结果，并比较它们可能存在的风险，为该公司的太阳能部门提供战略投资决策的支持。

资料来源：B. G. Thomas, S. Bollapragada. GE 公司新型光伏产品的生产费用、市场需求及产能计划的整合方案. Interfaces 40, No. 5（2010 年）：353-367.

从本章开始，我们将介绍指导性数据分析方法，讲解如何利用最优化模型寻求和改善管理决策。所谓的最优化问题，就是在一组**约束条件**下，对**目标函数**求极大值或极小值。

下面所举的事例，是比较典型的优化问题：

（1）某制造商希望能找到一个生产计划和库存方案，使其能满足未来一个时期的需求，不仅如此，还能同时保证生产费用和库存费用达到最小。

（2）金融分析师需要从不同的股票和债券中选出一些做投资组合，以使获得的收益达到最大。

（3）营销经理需要把一笔广告预算分派给相关的广告媒介，如网络、电台、电视台、报纸和杂志。该经理的管理问题是，怎样进行广告促销组合，以使广告效果最大化。

（4）某公司拥有若干个仓库，在给定客户需求的条件下，如何确定每个仓库运送给每个客户多少商品才能使总的运费达到最小。

在上述所举的例子中，每个问题都存在一个明确的目标。例（1）中，管理的目标就是使该企业的总费用达到最小；例（2）中，金融分析师的目标是使投资组合方案带来的收益最大；例（3）中，营销经理的目标是使所做的促销组合带来的促销影响最大；例（4）中，管理的目标要能保证公司的总运送费用最小。

同样，上述所举的例子中，每个都有一些约束条件，从而限制着管理目标实现的程度。例（1）中的约束条件是产品的需求约束和产品的生产能力条件；例（2）中，金融分析师管理目标的实现，会受制于可供使用的资金总额和每只股票或债券的最大允许投资数额；例（3）中，营销经理的决策会受到广告预算规模和各个广告媒介可利用程度的约束；例（4）中，可能受到的约束是每个仓库的供应能力等。

最优化模型可能是线性的，也可能是非线性的。本章我们先来介绍线性最优化分析方法，它采用的模型也叫线性规划问题。构造线性规划模型和求解，可以帮助决策人更好地开展决策分析。在当今竞争激烈的商业环境下，线性规划模型有着非常广泛的应用范围，例如，对 GE 投资公司而言，可以利用线性规划模型确定最优的租赁模式，对 Marathon 石油公司而言，通过线性规划分析能得到最优的混合汽油生产方案，以及对新建运送管道进行经济性评估。

> 线性规划最初叫作"以线性结构形式表现出来的规划"，1948 年，Tjalling Koopmans 给 George Dantzig 提建议，认为这样的叫法显得很累赘，最好直接叫成"线性规划"。George Dantzig 采纳了 Tjalling Koopmans 的建议，此后就一直叫作线性规划。

## 12.1 最大化问题

Par 公司是一家小型高尔夫设备生产企业，现在打算进入高尔夫球袋的中高端市场。Par 公司产品的经销商热衷于建立新的生产线，并同意在未来 3 个月购买 Par 公司生产出的所有高尔夫球袋。

经过一番调研，Par 公司管理部门认为生产高尔夫球袋需要经过以下的工序过程：

第一，剪裁和着色工序；

第二，缝制工序；

第三，精整工序（主要是插入伞架、棍棒分离器等）；

第四，检查和包装工序。

生产主管分析了每道工序后认为，假如该公司生产中等价格水平的标准款高尔夫球袋，每个球袋在剪裁和着色工序需要花费 7/10 小时，缝制工序需要 1/2 小时，精整工序需要花费 1 小时，检查和包装又需要花费 1/10 小时。如果生产价格较高的豪华款高尔夫球袋，每个球袋在剪裁和着色工序需要花费 1 小时，缝制工序需要 5/6 小时，精整工序需要花费 2/3 小时，检查和包装又需要花费 1/4 小时。为清晰起见，我们把生产信息用表格形式表现出来，具体见表 12-1。

表 12-1 Par 公司高尔夫球袋每道工序所需要的时间

（小时）

| 工序 | 各道工序所需时间 | |
|---|---|---|
| | 标准款 | 豪华款 |
| 剪裁和着色 | 7/10 | 1 |
| 缝制 | 1/2 | 5/6 |
| 精整 | 1 | 2/3 |
| 检查和包装 | 1/10 | 1/4 |

对 Par 公司来说，能用于每道工序的工时是有限的。经过对每道工序的负荷评估，剪裁和着色工序的最大可用工时是 630 小时，缝制工序 600 小时，精整工序 708 小时，检查和包装工序 135 小时。财务部门通过对生产数据的分析，认为标准款高尔夫球袋每个获利 10 美元，豪华款高尔夫球袋每个可获利 9 美元。对 Par 公司来说，现在面临的问题是：标准款高尔夫球袋和豪华款高尔夫球袋，分别生产多少才能保证该公司获得最大的毛利[⊖]？

这里所说的每件产品毛利是指，没有把管理费用和其他共享的费用从中扣除。

## 12.1.1 问题的描述

**问题的描述**或**模型化**，是把用语言文字陈述的问题转化成数学分析表达的过程。模型化描述是一门艺术，需要依赖实践和经验。尽管每个问题存在一些彼此不一样的特征，但它们都或多或少具有一些共同属性。因此，我们了解一些最优化模型表述的一般原理是有帮助的，尤其是对那些初学者。下面，我们就以 Par 公司为例，说说建立数学模型的一般原则。

1. 明确问题是什么

Par 公司的问题可能比较简单，对讲清楚线性规划的基本原理比较有利。但在有的场合，我们可能面对的问题十分复杂，这时候识别哪些东西需要纳入模型就应格外小心。对那些复杂的问题，可以浏览问题的描述以感觉到哪些东西应该包含进来。在这一过程中，适当地做些笔录，将有助于我们抓住关键要害和重要事实。

2. 搞清楚目标

Par 公司的管理目标，就是使总毛利达到最大。

3. 给出约束条件

在 Par 公司的事例中，有 4 个可利用工时的约束，它们决定着标准款和豪华款高尔夫

---

⊖ 从会计的角度，由于管理费用和其他共享费用没有分摊，毛利能更准确地说明每个球袋的边际贡献。

球袋产品的生产数量。

约束条件1：剪裁和着色工序需要的工时，一定小于或等于该道工序的可用工时。

约束条件2：缝制工序需要的工时，一定不大于该道工序可以利用的有效工时。

约束条件3：精整工序需要的工时，一定不能超过该道工序可以利用的有效工时。

约束条件4：检查包装工序需要的工时，不能多于该道工序可以利用的有效工时。

4. 界定决策变量

在 Par 公司的例子中，决策变量就是我们能够进行控制的变量：一个是标准款高尔夫球袋生产数量；另一个是豪华款高尔夫球袋生产数量。令

$$S = 标准款高尔夫球袋生产数量$$
$$D = 豪华款高尔夫球袋生产数量$$

按照优化问题的术语来说，这里定义的 $S$ 和 $D$ 就是问题的**决策变量**。

5. 给出用决策变量表示的目标函数

Par 公司的毛利来自两个方面，一方面是生产 $S$ 个标准款高尔夫球袋，另一方面是生产 $D$ 个豪华款高尔夫球袋。背景材料已经告诉我们，生产出 1 个标准款高尔夫球袋，可以获利 10 美元，如果生产了 $S$ 个，则标准款高尔夫球袋能够带来的利润总额是 $10S$。生产出 1 个豪华款高尔夫球袋，可以获利 9 美元，如果生产了 $D$ 个，则豪华款高尔夫球袋能够带来的利润总额是 $9D$。如此一来，我们能得到 Par 公司总毛利的表达式：

$$总毛利 = 10S + 9D$$

Par 公司的目标是求最大毛利，并且是决策变量 $S$、$D$ 的函数，所以该问题的目标函数可以表示成 $10S+9D$。用 Max 表示英文极大化（maximize）的缩写，这样 Par 公司的目标函数便可以表示成

$$Max\ 10S + 9D$$

6. 给出用决策变量表示的约束条件

上面我们已经用文字描述了 Par 公司问题的约束条件，这里我们将其用决策变量表示出来，具体如下：

约束条件1：

（剪裁和着色工序需要的工时）≤（该道工序的最大可用工时）

Par 公司生产的标准款高尔夫球袋，每个在剪裁和着色的时候需要花费 7/10 小时，假定生产这种高尔夫球袋 $S$ 个，则标准款高尔夫球袋剪裁和着色需要花费的总时间是 $7/10S$。生产豪华款高尔夫球袋，每个在剪裁和着色的时候需要花费 1 小时，因此生产这种款式的高尔夫球袋 $D$ 个所需要的时间是 $1D$。这样，生产 $S$ 个标准款高尔夫球袋和 $D$ 个豪华款高尔夫球袋总共需要的时间为

> 约束方程左边项测量单位，必须与约束方程右边项的测量单位保持一致。

$$剪裁和着色总共需要的时间 = 7/10S + 1D$$

由于 Par 公司目前能用于剪裁和着色的总有效工时是 630 小时，所以生产两种款式的高尔夫球袋必须要满足以下条件：

$$7/10S + 1D \leq 630 \tag{12-1}$$

约束条件 2：

(缝制工序需要的工时) ≤ (该道工序的最大可用工时)

根据表 12-1 的资料，缝制工序中，生产每个标准款高尔夫球袋需要 1/2 小时，生产每个豪华款高尔夫球袋需要 5/6 小时，由于 Par 公司目前能用于缝制工序的总有效工时是 600 小时，这样在假定的标准款高尔夫球袋生产 $S$ 个，豪华款高尔夫球袋生产 $D$ 个时就有

$$1/2S + 5/6D \leq 600 \tag{12-2}$$

约束条件 3：

(精整工序所需要的工时) ≤ (该道工序的最大可用工时)

生产每个标准款高尔夫球袋，精整工序需要花费 1 小时，每个豪华款高尔夫球袋的精整工序需要花费 2/3 小时，该企业可用于精整工序的有效工时是 708 小时，由这些条件可以得到：

$$1S + 2/3D \leq 708 \tag{12-3}$$

约束条件 4：

(检查包装工序所花费的工时) ≤ (该道工序的最大可用工时)

标准款高尔夫球袋每个检查和包装需要花费 1/10 小时，豪华款高尔夫球袋每个检查和包装需要花费 1/4 小时，对 Par 公司来说，能用于检查和包装工序的总有效工时是 135 小时，因此可以得到

$$1/10S + 1/4D \leq 135 \tag{12-4}$$

至此我们已经界定了与四道工序相关的约束数学方程，那还有没有其他的约束被弄丢掉了呢？Par 公司能生产出负数的标准款高尔夫球袋或豪华款高尔夫球袋吗？很明显这是不合理的。因此，为了避免决策变量 $S$ 和 $D$ 取负数，我们还需要添加两个约束，即

$$S \geq 0 \text{ 且 } D \geq 0 \tag{12-5}$$

式（12-5）是为了使 Par 公司问题决策变量的解仅取非负值，所以上式又叫作**非负约束**。非负约束是许多线性规划问题的一般特征，可以简写成

$$S, D \geq 0$$

## 12.1.2 Par 公司的线性规划模型

通过上述过程，我们把 Par 公司问题的目标函数、约束方程等都给出代数化的表达。将目标函数、约束方程联系起来，便得到 Par 公司问题的**数学模型**：

$$\text{Max} \quad 10S + 9D$$

s. t.

$$\frac{7}{10}S + 1D \leq 630$$

$$\frac{1}{2}S + \frac{5}{6}D \leq 600$$

$$1S + \frac{2}{3}D \leqslant 708$$

$$\frac{1}{10}S + \frac{1}{4}D \leqslant 135$$

$$S, D \geqslant 0$$

式中，s.t. 表示服从于。

至此，我们关心的重点就是找出产品的生产组合，也就是通过求解得到 $S$、$D$ 的值。找出的 $S$、$D$ 的值，不仅要能满足所有约束条件的要求，并且要确保目标函数值达到最大。这时候的 $S$、$D$ 的值就是上述问题的最优解。

Par 公司问题的数学模型也叫**线性规划模型**，或可简称为**线性规划**。因为这类模型的目标函数、所有的约束方程（约束不等式的左边项），都是决策变量的线性函数。

所谓**线性函数**，是指数学函数中每个变量都以单独一项出现，并且其幂为 1 次方。上述问题中，目标函数（$10S+9D$）是线性函数，因为决策变量 $S$、$D$ 每个都是分别呈现的，所以它们的指数也都是 1。同样，剪裁和着色工序所需要的生产时间（$7/10S+1D$）是线性函数。类似地，所有的约束不等式（约束函数）的左边项都呈线性关系。基于这样的认识，可以认为 Par 公司问题的数学表达式是一个线性规划。

线性规划的"规划"（programming）与计算机程序的"程序"（programming）之间不存在任何关系，使用规划（programming）一词意在指"选择行动方案"。线性规划的数学模型中仅含线性函数，它只涉及选择行动方案问题。

●—◦—●—◦—●  注释与点评  ●—◦—●—◦—●

线性规划有三个假定条件，就是比例性、可加性和可分性。比例性是指，决策变量对目标函数的贡献和每个约束中所使用的资源量与决策变量的取值成比例。可加性是指，目标函数值和被使用的资源量可以通过将每个决策变量对目标函数的贡献以及每个决策变量使用的资源进行加总得到。可分性是指，决策变量的取值是连续性的。可分性假定与决策变量取值的非负性，表明决策变量可以取任何不小于 0 的值。

## 12.2 Par 公司规划模型的求解

上一节我们讨论了 Par 公司问题的线性规划模型，这里我们来说明如何获得 Par 公司问题的最优解。线性规划的最优解，首先必须是可行解。所谓**可行解**，就是一组决策变量的取值，满足线性规划所有的约束条件。那么最优解就是比其他可行解对应的目标值都要好的可行解。Par 公司这样的极大化问题，最优解就是能够实现目标函数值最大的可行解。要想求解线性规划问题，我们需要搜寻对应问题的**可行域**，该可行域是由所有可行解构成的，然后从中找出能够达到目标函数最好值的可行解。

Par 公司问题有两个决策变量，对此我们可以用几何图形来表示可行域。下面，我们就来用几何的办法说明 Par 公司问题的可行域,这有助于我们了解线性规划的性质,同时对利用计算机求解大型规划问题也有好处。

### 12.2.1　Par 公司问题的图形解法

我们已经知道,可行域就是满足所有约束条件的点的集合。当只有两个决策变量且目标函数和约束条件都是线性函数的时候,我们可以在直角坐标系中将约束条件标示出来。对不等式约束条件,该约束条件把整个平面分割成两个部分,其中某条线一侧的区域满足了对应的约束条件。这个位于直线一侧的区域也叫半空间,所有约束条件的半空间,便构成了线性规划问题的可行域。

图 12-1 是 Par 公司问题的可行域。

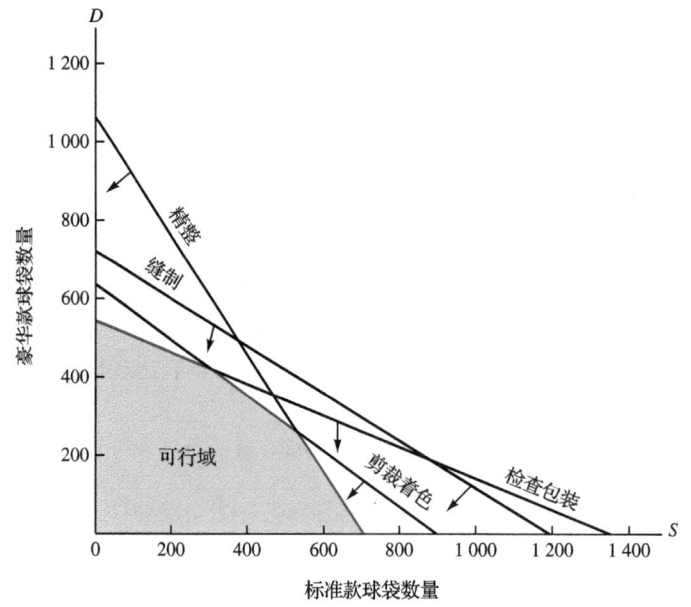

图 12-1　Par 公司问题的可行域

图 12-1 中,我们用横坐标表示 $S$,纵坐标表示 $D$,决策变量 $S$、$D$ 取值的非负性,意味着 Par 公司问题的可行域位于直角坐标系的第一象限。每条直线是相应约束方程取等号(一条直线)时的情形,箭头所指方向是不等式方程所在的区域即半个平面。Par 公司问题有 4 个不等式约束方程,那么这 4 个不等式所构成的半平面相交的地方,就是 Par 公司问题的可行域,即图 12-1 的阴影部分。位于阴影部分的任何一个点,都能同时满足所有的约束条件,包括非负性要求。

所谓求解线性规划,就是从图 12-1 的阴影部分找到某个点,在该点处能够获得目标函数的最大值。我们知道,地图上的等高线是具有相同高度的所有点的集合。类似等高线,在几何中我们可以仿照绘制目标函数的等值线,它是能够保证所有点(本例是一条直线)处的目标函数值都固定不变。通过挑选一个目标函数的固定值,就可以在可行域上画出等值线(见图 12-2)。

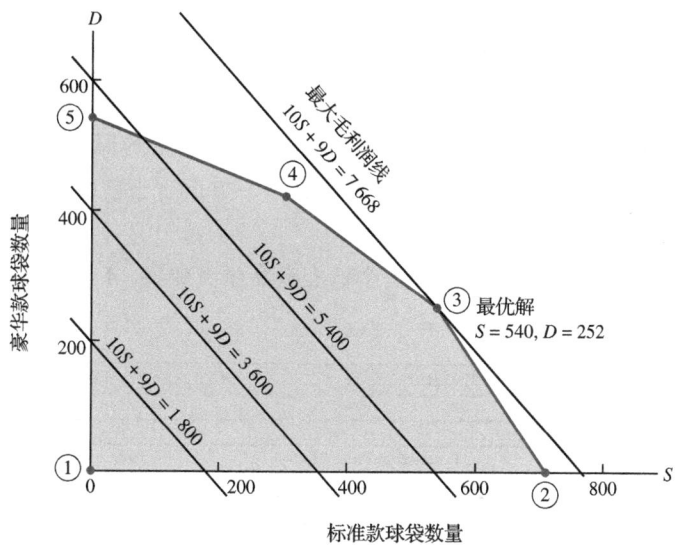

图 12-2　Par 公司问题的最优解

本例中，随着我们把等值线不断移离原点，可以看出目标函数值越来越大，最大值的等值线是 $10S+9D=7\,668$，此后如果再向右移动，目标函数等值线将离开了可行域。最大的等值线与可行域的某个点即图 12-2 中的点③处相交。

运用图形方法求解线性规划问题，仅限于两个决策变量的线性规划。通过图解法的学习，可以帮助我们了解到线性规划的一些性质特点。由图 12-2 求解一个线性最优问题，我们只需要在可行域中找到那些**顶点**。顶点是线性规划可行域的两两直线相交的点，图 12-2 中的点①、②、③、④、⑤就是 Par 公司问题可行的顶点。

既然每个顶点都是两条约束线相交的点，那么我们就可以求解这两条线所构成的联立方程组得到 $S$ 和 $D$ 的值。图 12-2 中的①、②、③、④、⑤点及相应的目标函数值如下：

| 顶点 | $S$ | $D$ | 目标值 $=10S+9D$ |
| --- | --- | --- | --- |
| ① | 0 | 0 | $10\times0+9\times0=0$ |
| ② | 708 | 0 | $10\times708+9\times0=7\,080$ |
| ③ | 540 | 252 | $10\times540+9\times252=7\,668$ |
| ④ | 300 | 420 | $10\times300+9\times420=6\,780$ |
| ⑤ | 0 | 540 | $10\times0+9\times540=4\,860$ |

比较点①、②、③、④、⑤处的目标函数值，点③处的目标值最大，为 7 668。因此，最优方案是：标准款高尔夫球袋生产 540 个，豪华款高尔夫球袋生产 252 个（详见图 12-2）。

通过上述事例的学习，我们知道求解线性规划问题，可以比较可行域顶点处的目标函数值。这个结论也可以推广到一般的线性规划模型的求解，由 George Dantzig 提出的单纯型算法，就是依据这样的做法找出一般线性规划的最优解的。

利用 Excel 可以求解线性优化模型，Excel 中的规划求解（Solver）功能就是根据 Dantzig 的单纯型算法编制出来的一款软件。接下来，我们就来介绍如何利用 Excel 规划求解功能求解线性规划问题。

## 12.2.2 运用 Excel 求解线性规划问题

利用 Excel 求解线性优化模型时，首先需要构建相应的假设分析（What-If）模型，这需要用到我们在本书第 10 章所讨论过的电子表格模型建立的原理。对于最优化问题，What-If 方法允许用户对决策变量尝试不同的取值，一方面看当前的决策变量取值是否可行，另一方面是给出可行解下的目标函数值。

图 12-3 给出了 Par 公司问题中生产 1 个标准款高尔夫球袋、1 个豪华款高尔夫球袋的电子表格模型。

|    | A | B | C | D |
|----|---|---|---|---|
| 1  | Par, Inc. | | | |
| 2  | Parameters | | | |
| 3  | | Production Time (Hours) | | Time Available |
| 4  | Operation | Standard | Deluxe | Hours |
| 5  | Cutting and Dyeing | =7/10 | 1 | 630 |
| 6  | Sewing | =5/10 | =5/6 | 600 |
| 7  | Finishing | 1 | =2/3 | 708 |
| 8  | Inspection and Packaging | =1/10 | =1/4 | 135 |
| 9  | Profit Per Bag | 10 | 9 | |
| 10 | | | | |
| 11 | Model | | | |
| 12 | | | | |
| 13 | | Standard | Deluxe | |
| 14 | Bags Produced | 1 | 1 | |
| 15 | | | | |
| 16 | Total Profit | =SUMPRODUCT(B9:C9,$B$14:$C$14) | | |
| 17 | | | | |
| 18 | Operation | Hours Used | Hours Available | |
| 19 | Cutting and Dyeing | =SUMPRODUCT(B5:C5,$B$14:$C$14) | =D5 | |
| 20 | Sewing | =SUMPRODUCT(B6:C6,$B$14:$C$14) | =D6 | |
| 21 | Finishing | =SUMPRODUCT(B7:C7,$B$14:$C$14) | =D7 | |
| 22 | Inspection and Packaging | =SUMPRODUCT(B8:C8,$B$14:$C$14) | =D8 | |

Par

|    | A | B | C | D |
|----|---|---|---|---|
| 1  | Par, Inc. | | | |
| 2  | Parameters | | | |
| 3  | | Production Time (Hours) | | Time Available |
| 4  | Operation | Standard | Deluxe | Hours |
| 5  | Cutting and Dyeing | 0.7 | 1 | 630 |
| 6  | Sewing | 0.5 | 0.83333 | 600 |
| 7  | Finishing | 1 | 0.66667 | 708 |
| 8  | Inspection and Packaging | 0.1 | 0.25 | 135 |
| 9  | Profit Per Bag | 10 | 9.00 | |
| 10 | | | | |
| 11 | Model | | | |
| 12 | | | | |
| 13 | | Standard | Deluxe | |
| 14 | Bags Produced | 1.00 | 1.00 | |
| 15 | | | | |
| 16 | Total Profit | $19.00 | | |
| 17 | | | | |
| 18 | Operation | Hours Used | Hours Available | |
| 19 | Cutting and Dyeing | 1.7 | 630 | |
| 20 | Sewing | 1.33333 | 600 | |
| 21 | Finishing | 1.66667 | 708 | |
| 22 | Inspection and Packaging | 0.35 | 135 | |

图 12-3　Par 公司问题的 What-If 电子表格模型

图 12-3 中的 1 至 10 行是 Par 公司问题的决策参数，第 14 行是决策变量，单元格 B14、C14 是两种款式高尔夫球袋的生产数量。单元格 B16 给出的是在既定的可行解下的目标函数值，使用的计算函数命令是 SUMPRODUCT，它在线性规划问题的电子表格求解中是非常重要的函数计算公式，其计算方式为

= SUMPRODUCT(B9:C9,$B$14:$C$14) = B9 × B14 + C9 × C14 = 10 × 1 + 9 × 1 = 19

同样地，我们也可以使用 SUMPRODUCT 计算每道工序所需要的工时数，具体见图 12-3 中的单元格 B19:B22。把图 12-3 中的单元格 D5:D8 的每道工序可用工时导入单元格 C19:C22，这样我们能很清楚地看出，当前给出的解 (1,1) 是可行的，因为在当前解下每道工序所需要的工时，没有超过每道工序可利用的总工时。

对乘数所在的行 B14:C14 加上绝对引用号 $，使其变成 $B$14:$C$14，这主要是为了方便拖动计算，也就是把 B19 的计算结果拖动到单元格 B20:B22 即可。

一旦这样的电子表格模型建立了起来，我们就可以使用 Excel 中的规划求解（Solver）进行线性规划问题的求解。具体操作过程如下：

第一步，在功能区中单击**数据**（Data）。

第二步，在**分析**（Analysis Group）模块中单击**规划求解**（Solver）。

第三步，当出现**规划求解**（Solver）对话框（见图 12-4），把"B16"输入**设定目标框**（Set Objective），选定**最大**（Max），把"B14:C14"输入**可变变量单元格**（By Changing Variable）框中。

第四步，单击**添加**（Add），当出现**添加约束**（Add Constraint）对话框时，把"B19:B22"输入左边的**单元格引用位置**（Cell Reference）框，从下拉式按钮中选择 <=，把"C19:C22"输入**约束值**（Constraint）框，单击**确定**（OK）按钮。

第五步，选定**假定非负性**（Make Unconstrained Variables Non-negative）。

第六步，从下拉式菜单中选择**选择求解方法**（Select a Solving Method），选择**单纯形 LP**（Simplex LP）。

第七步，单击**规划求解**（Solve）。

第八步，当**求解结果**（Solver Results）对话框出现时，选择**保存结果**（Keep Solver Solution），在**报告部分**（Reports）选择**结果报告**（Answer Report），

最后单击**确定**（OK）按钮。

通过以上步骤，我们便得到 Par 公司问题的求解结果。由图 12-4 可知，Par 公司问题的最优解是：标准款高尔夫球袋生产 540 个，豪华款高尔夫球袋生产 252 个（图 12-4 中的单元格 B14:C14），按照这样的生产方案，得到的目标函数值为 7 688（见单元格 B16），该解对应着图 12-2 中的点③。另外，比较一下单元格 B19:B22 和单元格 C19:C22，我们也能看出，只有剪裁和着色工序以及精整工序的可用工时全部得到了利用，这与我们从图 12-1 和图 12-2 看到的结果是一致的，图 12-2 中的点③就是剪裁和着色工序以及精整工序的工时约束相交之处。

| | A | B | C | D |
|---|---|---|---|---|
| 1 | **Par, Inc.** | | | |
| 2 | **Parameters** | | | |
| 3 | | **Production Time (Hours)** | | **Time Available** |
| 4 | **Operation** | **Standard** | **Deluxe** | **Hours** |
| 5 | Cutting and Dyeing | 0.7 | 1 | 630 |
| 6 | Sewing | 0.5 | 0.83333 | 600 |
| 7 | Finishing | 1 | 0.66667 | 708 |
| 8 | Inspection and Packaging | 0.1 | 0.25 | 135 |
| 9 | Profit Per Bag | 10 | 9.00 | |
| 10 | | | | |
| 11 | **Model** | | | |
| 12 | | | | |
| 13 | | **Standard** | **Deluxe** | |
| 14 | Bags Produced | 540.00 | 252.00 | |
| 15 | | | | |
| 16 | **Total Profit** | $7,668.00 | | |
| 17 | | | | |
| 18 | **Operation** | **Hours Used** | **Hours Available** | |
| 19 | Cutting and Dyeing | 630 | 630 | |
| 20 | Sewing | 480.00000 | 600 | |
| 21 | Finishing | 708.00000 | 708 | |
| 22 | Inspection and Packaging | 117 | 135 | |
| 23 | | | | |
| 24 | | | | |
| 25 | | | | |
| 26 | | | | |
| 27 | | | | |
| 28 | | | | |
| 29 | | | | |
| 30 | | | | |

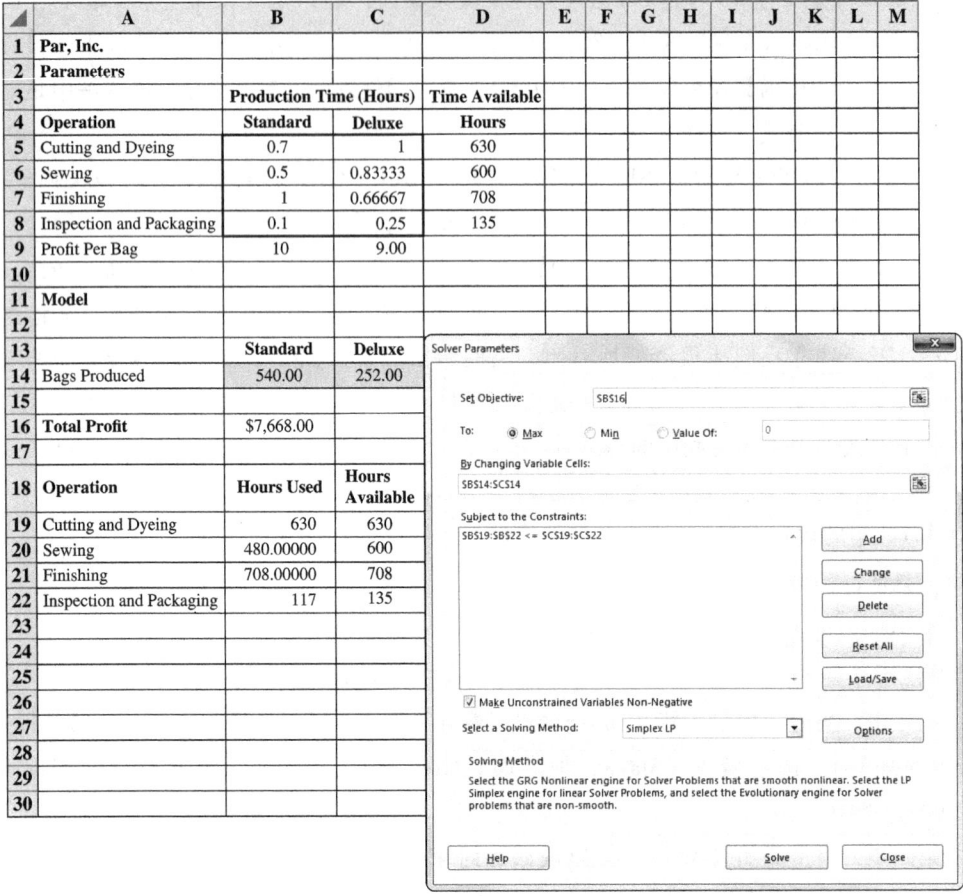

图 12-4　Par 公司问题的规划求解对话框

图 12-5 是 Excel 规划求解功能求解结果报告。

Objective Cell (Max)

| Cell | Name | Original Value | Final Value |
|---|---|---|---|
| $B$16 | Total Profit | $19.00 | $7,668.00 |

Variable Cells

| Cell | Name | Original Value | Final Value | Integer |
|---|---|---|---|---|
| $B$14 | Bags Produced Standard | 1.000 | 540.000 | Contin |
| $C$14 | Bags Produced Deluxe | 1.000 | 252.000 | Contin |

Constraints

| Cell | Name | Cell Value | Formula | Status | Slack |
|---|---|---|---|---|---|
| $B$19 | Cutting and Dyeing Hours Used | 630 | $B$19<=$C$19 | Binding | 0 |
| $B$20 | Sewing Hours Used | 480 | $B$20<=$C$20 | Not Binding | 120 |
| $B$21 | Finishing Hours Used | 708 | $B$21<=$C$21 | Binding | 0 |
| $B$22 | Inspection and Packaging Hours Used | 117 | $B$22<=$C$22 | Not Binding | 18 |

图 12-5　Excel 规划求解结果报告

由图 12-5 可知，求解结果报告包括三个部分，分别为"目标单元格（最大）"[Objective Cell（Max）]，"可变单元格"（Variable Cells），"约束"（Constraints）。除了其他信息之外，每个部分都给出了单元格的位置、名称和具体数值。在"目标单元格（最大）"[Objective Cell（Max）]，给出了目标函数的"初始值"（Original Value）和"最优值"（Final Value），初始值是 1 900 美元，最优值是 7 668 美元。在"可变单元格"（Variable Cells）部分，右边的两列分别给出了决策变量的最终值（Final Value），以及决策变量的取值特征（Integer）（是连续还是整数），这里的"Contin"表示的是连续型变量。决策变量部分的最左边一列给出决策变量所在的单元格以及它们对应的名称。

"约束"（Constraints）部分给出了约束方程"左边的值"（Cell Value），也就是在既定的生产方案下所需要花费的各道工序的工时，"公式"（Formula）显示了约束关系，"状态"（Status）说明是"紧约束"（Binding）还是"松约束"（Not Binding），以及"松弛变量"（Slack）值。**紧约束**在最优解的时候取的是等号，从几何图形来看，紧约束相交的点就是最优解，从图 12-5 中我们看到，剪裁和着色工序以及精整工序工时约束就是紧约束。

对小于或等于约束方程的**松弛值**，意味着这样的约束方程左边（所需要的工时）和右边（可以利用的工时）值之间的差别。对于紧约束方程，其松弛值一定为 0。以缝纫工序约束为例，如果引入一个非负的**松弛变量**，我们能得到该约束的等式方程：

$$\frac{1}{2}S + \frac{5}{6}D \leq 600$$

$$\frac{1}{2}S + \frac{5}{6}D + slack_{缝纫} = 600$$

$$slack_{缝纫} = 600 - \left(\frac{1}{2}S + \frac{5}{6}D\right) = 600 - \left(\frac{1}{2} \times 540 + \frac{5}{6} \times 252\right) = 600 - 270 - 210 = 120$$

松弛值表明了有多少资源没有得到利用。

●———○———●———○———● 注释与点评 ●———○———●———○———●

1. 在图 12-3 的数据部分，我们在单元格 C6 = 5/6 和 C7 = 2/3 输入的是分数，这主要是为了保证必要的计算精度，对除不尽的小数如果进行四舍五入处理，有可能会影响最终的最优解计算结果。
2. 在**求解参数**（Solve Parameter）对话框中选定**假定非负性**（Make Unconstrained Variables Non-negative），是为了保证所有的决策变量不出现负数。
3. 尽管我们把求解结果再通过结果报告显示出来，并给出详细的解释说明，不过我们经常见到的是在电子表格中直接给出的求解结果。只要电子表格设计得好，也很容易能得到最优解的信息。
4. 运用 Excel 规划求解功能进行线性规划问题的求解，除了能给出结果报告外，还有其他两个可以选择的报告，即敏感性分析报告和极限分析报告。敏感性分析报告我们将在 12.5 节介绍，极限分析报告提供了决策变量取值达到极限时目标函数值的信息。

## 12.3 极小值问题

M&D 化学公司生产两种产品，它们作为原材料卖给生产浴皂和洗衣液的厂家。根据对当前库存和下个月的需求分析，M&D 化学公司的管理人员认为，产品 A 和产品 B 加起来至少要生产 350 加仑。一位大客户对产品 A 的 125 加仑的订单要求必须交货，每加工 1 加仑产品 A 需要 2 小时，每加工 1 加仑产品 B 需要 1 小时。在下个月里，M&D 化学公司有 600 个加工工时可以利用。生产 1 加仑的产品 A 需要花费 2 美元，生产 1 加仑的产品 B 需要 3 美元，M&D 化学公司的目标是，以最小的生产成本满足这些方面的要求。

### 12.3.1 问题的提法

要想找到最小成本的生产方案，我们可以把 M&D 化学公司的问题用线性规划的形式进行表述。模仿我们在上面对 Par 公司问题的做法，我们先来设定决策变量和目标函数。

令

$$A = 产品 A 的生产数量$$
$$B = 产品 B 的生产数量$$

对给定单位产品的生产费用，M&D 化学公司问题的目标函数为

$$\text{Min } 2A + 3B$$

接下来，我们来考虑 M&D 化学公司问题的约束条件。为了满足客户的未交订单 125 加仑产品 A，对产品 A 的生产量必须不小于 125 加仑，这样就有：

$$1A \geq 125$$

对产品 A 和产品 B，它们的生产规模至少为 350 加仑，因此有：

$$1A + 1B \geq 350$$

由于 M&D 化学公司可资利用的总加工时间是 600 小时，所以有：

$$2A + 1B \leq 600$$

产品 A 和产品 B 要么生产要么不生产，它们不可能为负数，这样便得到：

$$A, B \geq 0$$

基于上述的简要分析，我们可以得到 M&D 化学公司问题的线性规划模型：

$$\text{Min } 2A + 3B$$
s.t.
$$1A \geq 125$$
$$1A + 1B \geq 350$$
$$2A + 1B \leq 600$$
$$A, B \geq 0$$

### 12.3.2 M&D 公司优化问题的求解

对 M&D 化学公司问题的线性规划模型，我们可以运用电子表格模型和 Excel 规划求解功能进行求解，具体如图 12-6 所示。

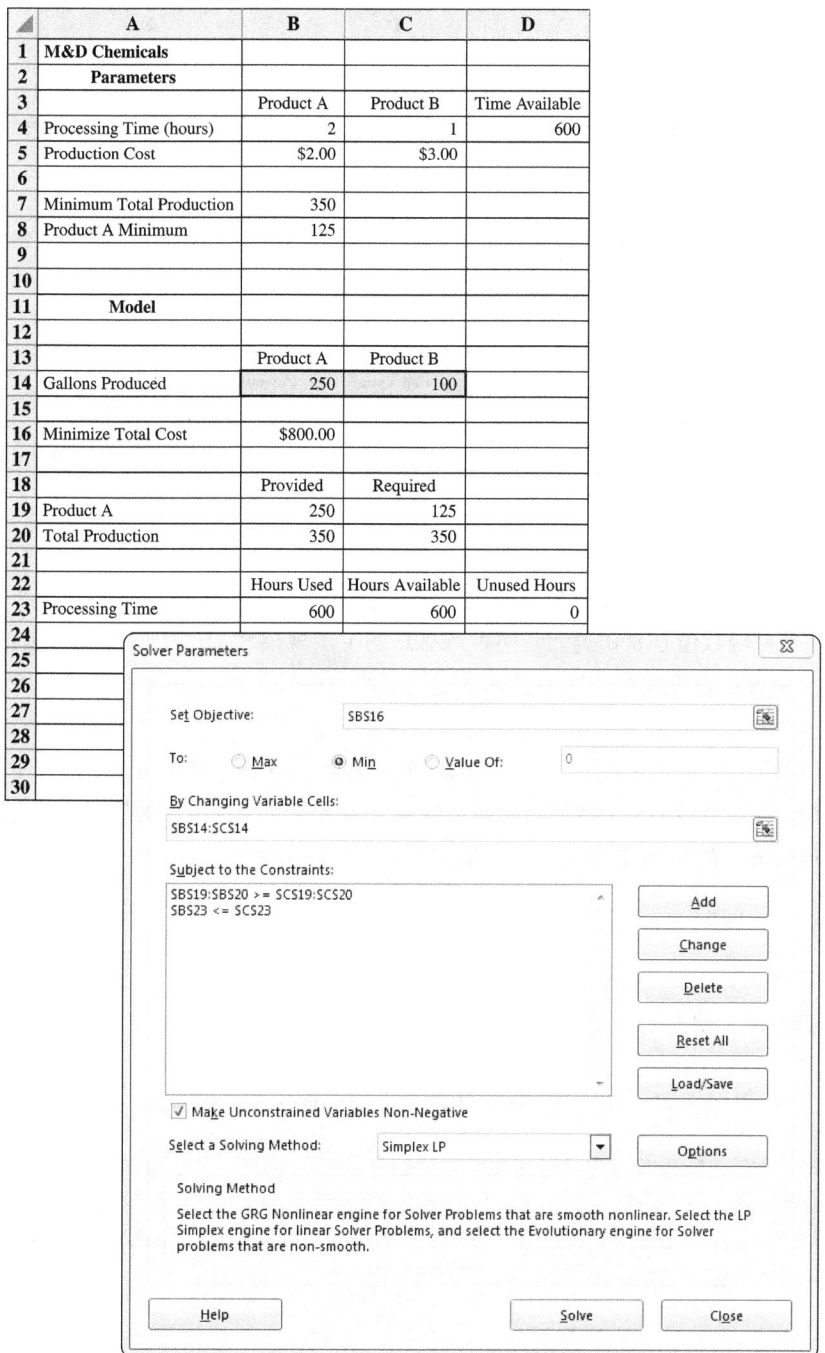

图 12-6　M&D 化学公司问题的 Excel 规划求解

图 12-6 中，我们在单元格 B16 中用 SUMPRODUCT 函数计算了总费用，在单元格 B23 计算了总的加工工时。

通过运行 Excel 的规划求解（Solver），得到的求解结果报告如图 12-7 所示。

| | A | B | C | D | E | F | G |
|---|---|---|---|---|---|---|---|
| 13 | | | | | | | |
| 14 | Objective Cell (Min) | | | | | | |
| 15 | | Cell | Name | Original Value | Final Value | | |
| 16 | | $B$16 | Minimize Total Cost | $0.00 | $800.00 | | |
| 17 | | | | | | | |
| 18 | | | | | | | |
| 19 | Variable Cells | | | | | | |
| 20 | | Cell | Name | Original Value | Final Value | Integer | |
| 21 | | $B$14 | Gallons Produced Product A | 0 | 250 | Contin | |
| 22 | | $C$14 | Gallons Produced Product B | 0 | 100 | Contin | |
| 23 | | | | | | | |
| 24 | | | | | | | |
| 25 | Constraints | | | | | | |
| 26 | | Cell | Name | Cell Value | Formula | Status | Slack |
| 27 | | $B$19 | Product A Provided | 250 | $B$19>=$C$19 | Not Binding | 125 |
| 28 | | $B$20 | Total Production Provided | 350 | $B$20>=$C$20 | Binding | 0 |
| 29 | | $B$23 | Processing Time Hours Used | 600 | $B$23<=$C$23 | Binding | 0 |
| 30 | | | | | | | |

图 12-7 M&D 化学公司问题的求解结果报告

由图 12-7 可知，M&D 化学公司问题的最优解为：产品 A 生产 250 加仑，产品 B 生产 100 加仑，目标函数值是 800 美元。两种产品总的生产规模和加工工时约束是紧约束条件，因为这两个条件的不等式符号在最优解下变成了严格等号。产品 A 至少生产 125 加仑是松约束方程。

在线性规划中，对大于或等于约束方程，我们需要引进一个非负变量，这个非负变量叫作**剩余变量**。剩余变量能告诉我们，在既定的解下约束方程的右边项的值有多少超过了约束方程左边项的值。在 M&D 化学公司问题的例子中，其剩余变量的取值为

$$1A \geqslant 125$$
$$1A - surplus_A = 125$$
$$surplus_A = 1A - 125 = 1 \times 250 - 125 = 125$$

与松弛变量一样，剩余变量取正数值，意味着对应的约束是非紧约束。

注释与点评

1. 为便于把约束条件输入增加约束对话框中，我们可以把不小于约束方程和不大于约束方程分门别类地进行编排，这不影响求解结果，但能提高我们使用 Excel 规划求解的工作效率。
2. 在求解结果报告中，松弛变量或剩余变量都统一被标示为松弛变量（Slack），在需要的时候，适当注意区分就可以了。

## 12.4 线性规划的几类特殊情况

本章的这一节，我们将讨论在线性规划求解的时候可能会出现的三种特殊情形。

### 12.4.1 多个最优解

从线性规划图解法的讨论中，我们知道最优解位于可行域的顶点。如果目标函数的等

值线与可行域的紧约束所在的某条边重叠，这将会导致**多个最优解**，也就是说，线性规划问题的最优解不唯一。

为了说明这一问题，我们再以 Par 公司问题为例。现在假定每生产 1 个标准款高尔夫球袋（$S$）需要 6.30 美元，这样 Par 公司问题的目标函数就变成了 $6.3S+9D$。此时，图解法的情况如图 12-8 所示。

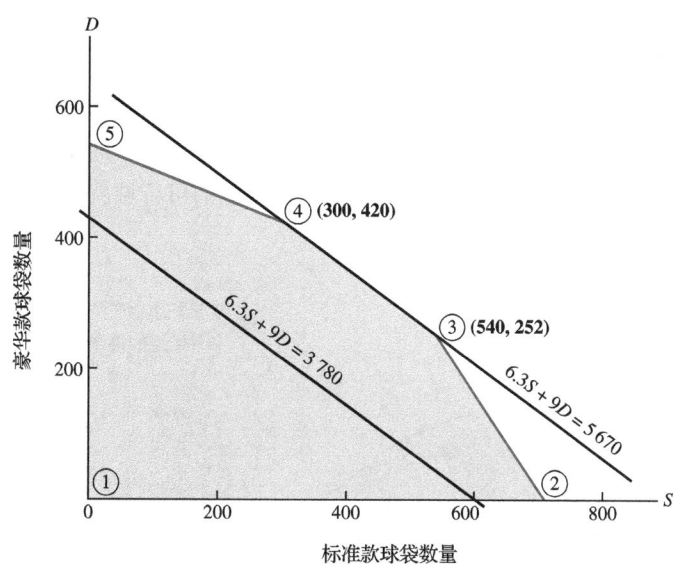

图 12-8　Par 公司问题目标函数修改后的最优解

由图 12-8 可知，这时的最优解同时出现在点③和点④处，点③处的解是 $S=540$、$D=252$，点④处的解是 $S=300$、$D=420$，它们对应的目标函数值是：

$$6.3S + 9D = 6.3 \times 300 + 9 \times 420 = 5\,670$$
$$6.3S + 9D = 6.3 \times 540 + 9 \times 252 = 5\,670$$

两者完全相同。

由此我们可以得到一个更为一般性的结论：两个最优解的点间连线上的任何一个点，也一定是最优解。比如，点③和点④连线的中间位置，对应的是 $S=420$、$D=336$，这时候的目标函数值为

$$6.3S + 9D = 6.3 \times 420 + 9 \times 336 = 5\,670$$

构造的线性规划模型如果出现多个最优解，对管理人员或决策人来说并不是一件坏事，它意味着给管理人员或决策分析人员提供了多种选择，这时只要挑选一个理想的最优解就可以了。不过，要使建立的线性规划模型具有多个最优解却不是一件简单的事情，在本章的 12.7 节我们将讨论这样的问题。

## 12.4.2　无可行解

**无可行解**表明线性规划问题找不到能同时满足所有约束方程的解。从几何意义上看，

无可行解意味着不存在可行域，也就是说，没有任何一点能满足所有的约束条件。

实际应用中，经常会出现无可行解的情形。出现这样的情况，多半与决策分析人员过高的期望有关，也与决策分析人员在模型中设置了太多的约束条件有关。

为了说明这一点，在此我们仍然以 Par 公司问题为例。现在假定 Par 公司的管理人员决定标准款高尔夫球袋至少生产 500 个、豪华款高尔夫球袋至少生产 360 个。在这样的条件下，Par 公司问题的可行域如图 12-9 所示。

由图 12-9 可知，左下方的阴影部分代表着满足了可以利用工时的约束条件，右上方的阴影部分表示满足了两种产品加工数量的约束条件，但它们没有相交的部分。这说明，如果加上产品最少生产量的要求，Par 公司问题的可行域就不存在了。

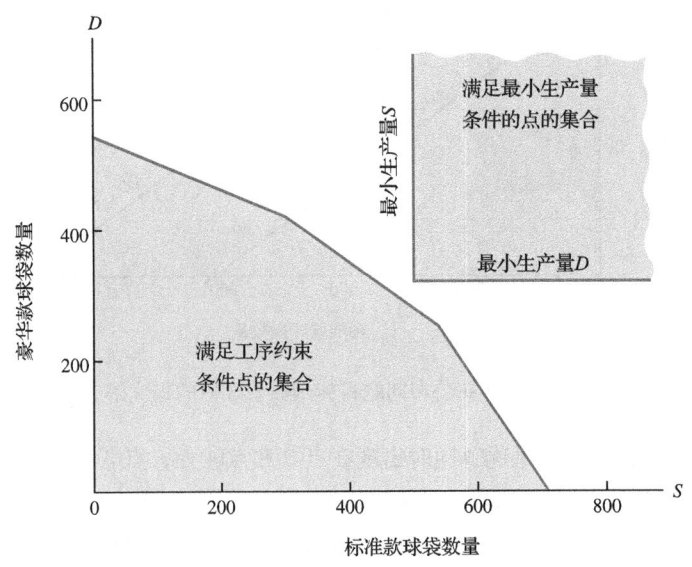

图 12-9　Par 公司问题增加了新约束后的可行域

我们应该怎样看待无可行解呢？首先，我们要告诉管理人员，在给定的可利用资源（如剪裁着色、缝制、精整、检查包装的加工工时）的前提下，我们没有办法生产出 500 个标准款和 360 个豪华款高尔夫球袋。其次，我们要明确地说明，要想生产 500 个标准款和 360 个豪华款高尔夫球袋，所需要的每种资源必须要增加到多少。表 12-2 给出了可资利用资源的最小量。

表 12-2　生产 500 个标准款和 360 个豪华款高尔夫球袋所需要的资源量

| 工序 | 最小需要的工时 | 目前可利用工时 | 需要追加的工时 |
| --- | --- | --- | --- |
| 剪裁和着色 | $(7/10) \times 500 + 1 \times 360 = 710$ | 630 | 80 |
| 缝制 | $1/2 \times 500 + (5/6) \times 360 = 550$ | 600 | 不需要 |
| 精整 | $1 \times 500 + (2/3) \times 360 = 740$ | 708 | 32 |
| 检查和包装 | $(1/10) \times 500 + (1/4) \times 360 = 140$ | 135 | 5 |

因此，如果要完成生产出至少 500 个标准款高尔夫球袋和至少 360 个豪华款高尔夫球

袋的任务，尚需要追加剪裁着色工序 80 个工时、精整工序 32 个工时、检查包装工序 5 个工时。

从管理的角度看，对于不足的工序工时，我们可以这样来处理：剪裁着色工序再雇用一些人，把工厂里的其他员工调派到精整工序，让一些缝制工序的员工临时到检查包装工序加班，总之，各道工序所需要的总工时必须要得到满足。

在进行线性规划问题分析时，一旦发现没有可行解，这时我们就需要校正管理决策分析并适时采取管理应对措施。认识到这一点是重要的，它有助于我们判断管理方案是否可行，借此可以指出无法满足的条件，以及需要寻找的正确行动。

对于无可行解的线性规划问题，如果我们仍然坚持用 Excel 规划求解功能进行求解，此时计算机会报告问题无可行解。因此，在建立线性规划模型的时候，我们需要仔细检查模型的合理性，以辨别是否存在可行解，并搞清楚不存在可行解的原因是什么。对无可行解的线性规划问题，有的时候我们可以删除一个或几个约束条件。

### 12.4.3 无界问题

对于一个求极大化的线性规划问题，在不进行约束条件扰动的情况下，该问题的目标函数值变得无限大，我们称这样的问题为**无界问题**。相反，对于一个求极小化的线性规划问题，如果不进行约束条件扰动，该问题的目标函数值会变得无限小，这也属于无界问题的一种情形。

下面，我们来考虑如下的线性规划问题：

$$\text{Max} \quad 20X + 10Y$$
$$\text{s.t.}$$
$$1X \quad\quad\quad \geq 2$$
$$\quad\quad 1Y \leq 5$$
$$X, Y \geq 0$$

图 12-10 给出了上述问题的可行域：

由图 12-10 可知，阴影部分为可行域，该可行域沿着 $X$ 轴向右端无限延伸。目标函数的等值线只要向右边平行移动，始终可以获得到更大的值。换句话说，无论我们挑选什么样的解，仍然存在一个解能得到更大的目标函数值。所以，上述给定的问题就是一个无界规划模型。

对无界线性规划问题，如果我们使用 Excel 规划求解功能进行求解，此时计算机会报告该问题的目标值不收敛。在实际应用线性规划方法的时候，一旦出现无界情形，那就意味着模型的构建是不合适或不正确的。所以，对于一个求极大化问题，出现无界解与缺少了部分约束条件有关。

●—○—●—○—● 注释与点评 ●—○—●—○—●

1. 出现不可行解与目标函数无关，之所以出现不可行状况，是因为约束限制过于严格，以至于发生了线性规划问题不存在可行域。因此,当我们面对不可行解问题的时候,改变目标函数的系数可能不管用,即使这样做了,也无助于把不可行问题变成可行。

2. 出现无界解,最常见的原因是丢掉了一些约束条件。对于无界问题,即使我们不改动约束条件,只要改变目标函数,就有可能会使一个无界问题变成有界规划。对图 12-10,如果我们把目标函数 Max20X + 10Y 修改成 Max – 20X – 10Y,这时问题就存在最优解 $X = 2$、$Y = 0$。

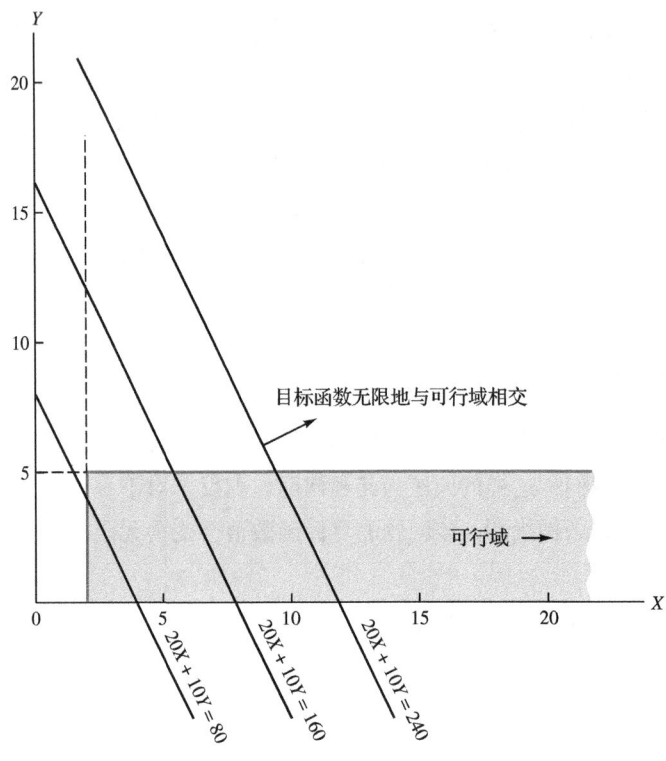

图 12-10 无界问题的例子

## 12.5 敏感性分析

在建立线性规划模型的时候,我们依据的是给定的决策参数资料,然而,这些参数值经常是变化的。这一节,我们就来介绍模型参数发生改变时的敏感性分析。利用 Excel 规划求解功能进行求解,不仅能报告最优解,同时能报告敏感性分析的结果。接下来,我们就一一介绍和说明。

线性规划的**敏感性分析**,主要是讨论模型中的参数变化是怎样影响着最优解的。通过敏感性分析,我们能得到以下的认识:

第一,目标函数系数的变化将怎样影响最优解;

第二,约束方程右边项取值的变化,又会对最优解产生什么样的影响。

由于敏感性分析主要关心上述两个问题,因此对于一个线性规划问题,只有在获得了最优解之后进行敏感性分析才有价值。正是这个原因,敏感性分析有时又被叫作后最优分析。

在本章的 12.3 节，我们讨论过了 M&D 化学公司的数学规划模型，并给出了该问题的最优解，即 $A=250$、$B=100$，对应的目标函数值是 800 美元。在该问题的最优解下，第一个约束方程不是紧约束，但第二和第三个约束方程是紧约束，因为这时存在：$1\times 250+1\times 100=350$，$2\times 250+1\times 100=600$。通过运行 Excel 的规划求解功能，从求解结果的输出报告中，我们选定敏感性分析，便得到了敏感性分析报告。M&D 化学公司模型的敏感性分析报告如图 12-11 所示。

| | A | B | C | D | E | F | G | H |
|---|---|---|---|---|---|---|---|---|
| 4 | | | | | | | | |
| 5 | | | | | | | | |
| 6 | | Variable Cells | | | | | | |
| 7 | | | | Final | Reduced | Objective | Allowable | Allowable |
| 8 | | Cell | Name | Value | Cost | Coefficient | Increase | Decrease |
| 9 | | $B$14 | Gallons Produced Product A | 250 | 0 | 2 | 1 | 1E+30 |
| 10 | | $C$14 | Gallons Produced Product B | 100 | 0 | 3 | 1E+30 | 1 |
| 11 | | | | | | | | |
| 12 | | Constraints | | | | | | |
| 13 | | | | Final | Shadow | Constraint | Allowable | Allowable |
| 14 | | Cell | Name | Value | Price | R.H. Side | Increase | Decrease |
| 15 | | $B$19 | Product A Provided | 250 | 0 | 125 | 125 | 1E+30 |
| 16 | | $B$20 | Total Production Provided | 350 | 4 | 350 | 125 | 50 |
| 17 | | $B$23 | Processing Time Hours Used | 600 | −1 | 600 | 100 | 125 |
| 18 | | | | | | | | |

图 12-11 M&D 化学公司问题的敏感性分析报告

由图 12-11 可以看出，敏感性分析的输出结果包括两个部分：一个是决策变量（Variable Cells）；另一个是约束（Constraints）。

在约束部分，最左侧的单元格所在的列标明的是单元格的位置，接下来是单元格所表达的约束名称，第三列是最优解下约束方程左边的值（Final Value），第四列给出的是每个约束的**影子价格**。影子价格是指，约束方程右边项每改变一个单位对最优目标函数值带来的改变量。例如，M&D 化学公司模型的第一个约束方程是 $1A\geqslant 125$，我们已经知道这个约束是非紧约束，因为 $250>150$。如果在该约束方程的右边项再加上 1，使其变成 $1A\geqslant 126$，那么图 12-11 给出的结论表明，该约束的改变对目标函数值不产生影响。总之，非紧约束对应的影子价格总是为 0。M&D 化学公司模型的第二个约束方程是紧约束，其影子价格是 4，具体含义是：如果把该约束方程由 $1A+1B\geqslant 350$ 修改成 $1A+1B\geqslant 351$，此时目标函数的最优值将增加 4 美元，也就是在现在这个条件下，目标函数值是 $800+4=804$（美元）。M&D 化学公司模型的第三个约束方程是紧约束，其影子价格是 −1，这意味着如果把第三个约束方程 $2A+1B\leqslant 600$ 修改成 $2A+1B\leqslant 601$，这时候目标函数值将减少 1 美元，即新的最优目标函数值将是 $800-1=799$（美元）。

从图 12-11 中我们还可以看出，第二个约束方程的影子价格是正数，第三个约束方程的影子价格是负数。这是为什么呢？影子价格的符号与问题是求极大值还是求极小值有关，另外与约束方程的类型也有关。M&D 化学公司问题的目标函数是求极小化成本，第二个约束方程取大于等于号，对此通过增加右边项的值，就会使该约束变得约束性更强，从而增加了费用开支。与此相反,第三个约束方程取小于等于号,增加右边项的值,这将会有更多的工时可以利用,本来该约束方程就是紧约束,从中找不到更可行的解,因此目标函数值会下降 1 美元。

> 把约束条件变得约束性更强通常称为加强约束,把约束条件变得约束性不强叫作放松约束。

在考查影子价格的时候,下面的基本原则需要遵守:使一个紧约束条件变得约束性更强,将降低或保持最优目标函数值的不变,使一个紧约束条件变得约束性不强,将改善或保持最优目标函数值的不变。影子价格均有对称性,约束方程的右边项减少 1 个单位,目标函数值将会改变负的影子价格量。

图 12-11 约束部分的第五列,为约束方程的右边项值(Constraint R. H. Side)中的右边的两列。在图 12-11 约束部分的右边两列,分别给出允许增加的量(Allowable Increase)和允许减少的量(Allowable Decrease)。在当前影子价格有效的情况下,允许增加的量和允许减少的量表明约束方程右边项允许的改变范围。例如,对加工时间允许增加 100 小时,假如我们给加工时间增加 50 小时,这时的加工时间是 600 + 50 = 650(小时),因此我们完全可以肯定目标函数的最优值将改变(-1)×50 = -50,也就是目标函数最优值在这个条件下将是 800 - 50 = 750(美元)。假如我们给加工时间追加的增加量超过极限值 100 小时,对此我们就不能给出最优目标函数的改变量了。同样,如果我们给加工时间约束的右边项减少 50 小时,这时最优目标函数的改变量是(-1)×(-50)= 50,即费用开支增加了 50 美元,对应的最优目标函数值是 800 + 50 = 850(美元)。一旦我们在约束方程右边项的改变量超过了允许增加的量和允许减少的量,这时候影子价格便不再有效。

图 12-11 的决策变量部分,分别给出单元格所在的位置(Cell)、单元格的名称(Name)、决策变量的最优解(Final Value)、递减成本(Reduced Cost)、目标函数系数值(Objective Coefficient)、允许增加的量(Allowable Increase)和允许减少的量(Allowable Decrease)。决策变量的递减成本是决策变量非负约束的影子价格。换句话说,**递减成本**是非负约束从 0 改变到 1 时,最优目标函数值的变化。图 12-11 决策变量部分的第五列是给定的目标函数中决策变量的系数。第六列和第七列是在当前最优解下,目标函数系数允许增加的量和允许减少的量,其中报告出来的一个值 $1 \times 10^{30}$ 表示无限的意思,因此只要产品 A 的单位成本在 2 + 1 = 3 和无限小之间变动,那么当前的最优解仍然是最优解,例如,假定产品 A 的单位成本是 2.5 美元,此时我们就不需要再去找新的最优解。

就像我们已经介绍的,Excel 规划求解功能报告出来的敏感性分析能提供很多非常有用的认识信息。不过这种经典的敏感性分析有一些局限性,因为它一次仅能对某个参数的变化进行敏感性分析,而假定其他参数保持不变。可是,在许多场合,我们感兴趣的是多个参数同时发生变化时对模型的当前解会产生什么样的影响。对此,有一个比较简单的做法,就是重新对改变后的模型进行求解。

● ─ ○ ─ ● 注释与点评 ● ─ ○ ─ ●

递减成本是非负决策变量的影子价格。某个变量存在紧上界约束，Excel 规划求解功能报告出来的递减成本，就是这个上界约束的影子价格。同样，某个变量存在紧的非零下界约束，此时递减成本便是下界约束的影子价格。更为一般地说，决策变量的递减成本，就是该决策变量的紧约束简单下界或上界的影子价格。

## 12.6 线性规划一般形式及推广应用

本章到目前为止，我们结合 Par 公司和 M&D 化学公司的案例，介绍了怎样构造线性规划模型。在讨论 Par 公司问题的时候，我们从设定两个决策变量开始的，即 $S$ = 标准款高尔夫球袋生产数量、$D$ = 豪华款高尔夫球袋生产数量。在 M&D 化学公司的案例中，也引入两个决策变量，即 $A$ = 产品 A 生产的加仑数、$B$ = 产品 B 生产的加仑数。在对 Par 公司的问题中，我们设立的变量是 $S$ 和 $D$，而在 M&D 化学公司问题中，我们使用的变量符号是 $A$ 和 $B$，这主要为了帮助大家想到相应的变量代表着的具体对象。这样的决策变量的符号表示方法，对几个变量的线性规划模型可能比较好，但对大型线性规划问题有可能不太适用。

线性规划中使用的变量，更为一般的表示方法是用带有下标的 $x$ 来表示。比如，对 Par 公司的问题，我们可以这样来进行决策变量的设定：

$$x_1 = 标准款高尔夫球袋生产数量$$
$$x_2 = 豪华款高尔夫球袋生产数量$$

对 M&D 化学公司问题，也可以采用这样命名的决策变量：

$$x_1 = 产品 A 生产数量$$
$$x_2 = 产品 B 生产数量$$

用 $x$ 这样的通用符号表示决策变量，其不足之处是，我们再也不清楚它们究竟代表着什么样的分析对象。但这样做的好处是，在有若干个决策变量的场合，用带有下标的 $x$ 表示决策变量，可能会比较容易处理。比如，对于有 3 个决策变量的问题，我们可以直接设立 $x_1$、$x_2$、$x_3$，对于有 4 个决策变量的问题，可以直接使用 $x_1$、$x_2$、$x_3$、$x_4$，等等。很明显，如果某个线性规划涉及 1 000 个决策变量，这时要给 1 000 个变量分别命名是一件比较困难的事。对此，用通用化的 $x$ 来表征，并且辅之以下标，就比较好处理，比如：$x_1, x_2, x_3, \cdots, x_{1000}$。

对于 Par 公司的问题，我们用 $x$ 表示决策变量，则线性规划模型可以写成

$$\text{Max} \quad 10x_1 + 9x_2$$

s. t.

$$\frac{7}{10}x_1 + 1x_2 \leq 630$$

$$\frac{1}{2}x_1 + \frac{5}{6}x_2 \leq 600$$

$$1x_1 + \frac{2}{3}x_2 \leq 708$$

$$\frac{1}{10}x_1 + \frac{1}{4}x_2 \leqslant 135$$

$$x_1, x_2 \geqslant 0$$

在本节的下面以及第 13 章和第 14 章，我们就用带下标的 $x$ 表示决策变量。

### 12.6.1 投资组合问题

在金融领域，如资本预算编制、融资问题、资产配置、投资组合、财务计划等问题，都可以利用线性规划模型进行分析和决策。下面，我们着重就投资组合问题介绍线性规划的应用。

当一位金融分析师需要从不同的投资项目（如股票、债券）选择一部分做投资时，就产生了投资组合问题。

互惠基金、信用联盟、保险公司、银行部门的经理人员，经常会遇到如何做投资组合这样的问题。投资组合的目标函数通常是收益极大化或风险极小化，用到的约束一般是允许的投资量、国家法律、公司政策、最大允许的风险等。投资组合问题的分析，可以使用各种各样的最优化方法来描述表达和求解，但线性规划模型是其中一种比较常用的手段。

Welte Mutual Funds 公司位于纽约城，是一家专门从事基金投资业务的公司。Welte Mutual Funds 公司刚刚把一笔产业债券兑现，获得了 100 000 美元的现金，现在正准备把这笔钱用于三种债券的投资。Welte Mutual Funds 公司的财务分析师建议，可以购买石油债券、钢铁债券、政府债券，投资的项目及其收益率见表 12-3。

Welte Mutual Funds 公司的管理人员拟定了如下的投资原则：

（1）产业类投资额度不能超过 50 000 美元；

（2）政府债券投资额度至少要占到投资钢铁额度的 25%；

（3）太平洋石油属于高收益高风险项目，投资额度不能超过石油投资总量的 60%。

表 12-3 Welte Mutual Funds 公司的投资项目及其收益率

| 投资项目 | 预期的收益率（%） |
| --- | --- |
| 大西洋石油 | 7.3 |
| 太平洋石油 | 10.3 |
| 米德维西钢铁 | 6.4 |
| 琥箔钢铁 | 7.5 |
| 政府债券 | 4.5 |

现在的问题是：Welte Mutual Funds 公司如何把 100 000 美元投资到各个项目中？在要求目标函数是求极大化收益并且符合 Welte Mutual Funds 公司拟定的投资原则情况下，可以建立线性规划模型来解决这一问题。

令

$X_1 =$ 大西洋石油投资额

$X_2 =$ 太平洋石油投资额

$X_3 =$ 米德维西钢铁投资额

$X_4 =$ 琥箔钢铁投资额

$X_5 =$ 政府债券投资额

根据表 12-3 的资料，可以得到目标函数：

$$\text{Max} \quad 0.073X_1 + 0.103X_2 + 0.064X_3 + 0.075X_4 + 0.045X_5$$

可利用的投资额的约束：

$$X_1 + X_2 + X_3 + X_4 + X_5 = 100\,000$$

产业类投资额度不能超过 50 000 美元约束：

$$X_1 + X_2 \leqslant 50\,000$$

$$X_3 + X_4 \leqslant 50\,000$$

政府债券投资额度至少要占到钢铁投资额度的 25% 约束：

$$X_5 \geqslant 0.25(X_3 + X_4)$$

太平洋石油投资额度不能超过石油投资总额的 60% 约束：

$$X_2 \leqslant 0.60(X_1 + X_2)$$

考虑到 $X_1$、$X_2$、$X_3$、$X_4$、$X_5$ 的非负性，Welte Mutual Funds 公司投资问题的数学规划模型为

$$\text{Max} \quad 0.073X_1 + 0.103X_2 + 0.064X_3 + 0.075X_4 + 0.045X_5$$

s.t.

$$
\begin{aligned}
X_1 + X_2 + X_3 + X_4 + X_5 &= 100\,000 \\
X_1 + X_2 &\leqslant 50\,000 \\
X_3 + X_4 &\leqslant 50\,000 \\
X_5 &\geqslant 0.25(X_3 + X_4) \\
X_2 &\leqslant 0.60(X_1 + X_2) \\
X_1, X_2, X_3, X_4, X_5 &\geqslant 0
\end{aligned}
$$

Welte Mutual Funds 公司投资问题的求解结果如图 12-12 所示。

图 12-12 中的最优解表明，除了米德维西钢铁以外，其他项目都需要进行投资，投资方案产生的收益是 8 000 美元，相对收益水平大概是 8%。另外，石油类投资项目和政府债券是紧约束，钢铁类投资为非紧约束。

●━━○━━●━━○━━● 注释与点评 ●━━○━━●━━○━━●

1. Welte Mutual Funds 公司问题的最优解表明，可以投资 20 000 美元购买大西洋石油股票。如果大西洋石油的股价是 75 美元，这样的话投资 20 000 美元能购买到大西洋石油 266（2/3）股股票。我们知道，购买股票以每股为最小单位，不能带有小数，为此需要取最大的整数（比如，投资 20 000 美元只能购买 266 股大西洋石油股票）。这种做法保证了预算约束条件不会违背，与此同时也产生一种可能，就是所得到的解也许不再是最优解了。不过，如果存在大量的投资证券可供选择，这样的风险比较轻微。对于这类问题，从数据分析的角度，最好是建立使决策变量取正数值的线性规划模型（第 13 章我们将介绍）。

2. 金融组合理论强调在投资收益和风险之间获得平衡，在 Welte Mutual Funds 公司问题中，我们在目标函数中只明确地考虑了收益，而将风险控制通过有意识地设定约束条件来体现，比如，确保石油股票和钢铁股票投资的多样性，以及购买政府债券和钢铁股票的平衡。在第 14 章中，我

们将介绍用投资收益方差控制风险的投资组合方案。

|   | A | B | C | D | E | F |
|---|---|---|---|---|---|---|
| 1 | Welte Mutual Funds Problem | | | | | |
| 2 | | | | | | |
| 3 | Parameters | | | | | |
| 4 | Investment | Projected Rate of Return | | | | |
| 5 | Atlantic Oil | 0.073 | | Available Funds | 100000 | |
| 6 | Pacific Oil | 0.103 | | Oil Max | 50000 | |
| 7 | Midwest Steel | 0.064 | | Steel Max | 50000 | |
| 8 | Huber Steel | 0.075 | | Pacific Oil Max | 0.6 | |
| 9 | Gov't Bonds | 0.045 | | Gov't Bonds Min | 0.25 | |
| 10 | | | | | | |
| 11 | Model | | | | | |
| 12 | | | | | | |
| 13 | Investment | Amount Invested | | | | |
| 14 | Atlantic Oil | 20000 | | | | |
| 15 | Pacific Oil | 30000 | | | | |
| 16 | Midwest Steel | 0 | | | | |
| 17 | Huber Steel | 40000 | | | | |
| 18 | Gov't Bonds | 10000 | | | | |
| 19 | | | | | | |
| 20 | Max Total Return | =SUMPRODUCT(B5:B9, B14:B18) | | | | |
| 21 | | | | | | |
| 22 | | Funds Invested | Funds Available | Unused Funds | | |
| 23 | Total | =SUM(B14:B18) | =E5 | = C23–B23 | | |
| 24 | | | | | | |
| 25 | | Funds Invested | Max Allowed | | | |
| 26 | Oil | =SUM(B14:B15) | =E6 | | | |
| 27 | Steel | =SUM(B16:B17) | =E7 | | | |
| 28 | Pacific Oil | =B15 | =E8*(B14+B15) | | | |
| 29 | | | | | | |
| 30 | | Funds Invested | Min Required | | | |
| 31 | Gov't Bonds | =B18 | =E9*(B16+B17) | | | |

|   | A | B | C | D | E |
|---|---|---|---|---|---|
| 1 | Welte Mutual Funds Problem | | | | |
| 2 | | | | | |
| 3 | Parameters | | | | |
| 4 | Investment | Projected Rate of Return | | | |
| 5 | Atlantic Oil | 0.073 | | Available Funds | $100,000.00 |
| 6 | Pacific Oil | 0.103 | | Oil Max | $50,000.00 |
| 7 | Midwest Steel | 0.064 | | Steel Max | $50,000.00 |
| 8 | Huber Steel | 0.075 | | Pacific Oil Max | 0.6 |
| 9 | Gov't Bonds | 0.045 | | Gov't Bonds Min | 0.25 |
| 10 | | | | | |
| 11 | Model | | | | |
| 12 | | | | | |
| 13 | Investment | Amount Invested | | | |
| 14 | Atlantic Oil | $20,000.00 | | | |
| 15 | Pacific Oil | $30,000.00 | | | |
| 16 | Midwest Steel | $0.00 | | | |
| 17 | Huber Steel | $40,000.00 | | | |
| 18 | Gov't Bonds | $10,000.00 | | | |
| 19 | | | | | |
| 20 | Max Total Return | $8,000.00 | | | |
| 21 | | | | | |
| 22 | | Funds Invested | Funds Available | Unused Funds | |
| 23 | Total | $100,000.00 | $100,000.00 | $0.00 | |
| 24 | | | | | |
| 25 | | Funds Invested | Max Allowed | | |
| 26 | Oil | $50,000.00 | $50,000.00 | | |
| 27 | Steel | $40,000.00 | $50,000.00 | | |
| 28 | Pacific Oil | $30,000.00 | $30,000.00 | | |
| 29 | | | | | |
| 30 | | Funds Invested | Min Required | | |
| 31 | Gov't Bonds | $10,000.00 | $10,000.00 | | |

图 12-12　Welte Mutual Funds 公司投资问题的求解结果

## 12.6.2　运输问题

如何把若干个供应地（出发地）的货物运送到若干个需求的地方（目的地），并且要保证运输费用最小？处理这类问题可以运用线性规划的运输模型。

在本书的第 10 章，我们曾提到过 Foster Generators 公司的运输问题，它涉及一种产品从 3 个加工厂到 4 个分销中心的运送。Foster Generators 公司的 3 家加工厂分别设在俄亥俄州的克利夫兰、印第安纳州的贝德福德、宾夕法尼亚州的约克。未来 3 个月某种型号发电机的生产能力如表 12-4 所示。

表 12-4　某种型号发电机未来 3 个月的生产能力

| 出发地编号 | 加工厂 | 未来 3 个月的生产能力 |
|---|---|---|
| 1 | 克利夫兰 | 5 000 |
| 2 | 贝德福德 | 6 000 |
| 3 | 约克 | 2 500 |
| | 合计 | 13 500 |

Foster Generators 公司需要把它生产的该型号的发电机分送到 4 个分销中心，这 4 个分销中心分别位于马萨诸塞州的波士顿、伊利诺伊州的芝加哥、密苏里州的圣路易斯、肯塔基州的莱克星顿。未来的 3 个月里，4 个分销中心的需求量如表 12-5 所示。

表 12-5　未来 3 个月分销中心的需求量

| 目的地编号 | 分销中心名称 | 未来 3 个月的需求量预测 |
|---|---|---|
| 1 | 波士顿 | 6 000 |
| 2 | 芝加哥 | 4 000 |
| 3 | 圣路易斯 | 2 000 |
| 4 | 莱克星顿 | 1 500 |
| 合计 |  | 13 500 |

现在 Foster Generators 公司的管理部门面临的问题是：每个加工厂分别运送多少产品到各个分销中心。图 12-13 用网络图的形式展示了 Foster Generators 公司的 12 条可能运送路线。

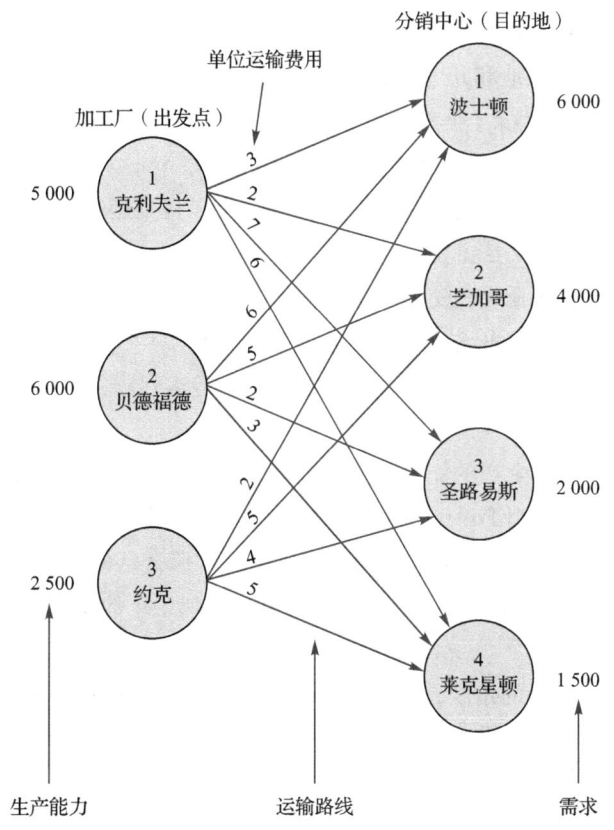

图 12-13　Foster Generators 公司的可能运送路线

图 12-13 的形式叫作网络图，图中的圆圈叫作节点，节点间的连线叫作弧。出发地和目的地，都用节点表示，每条弧代表着一条运送线路。加工生产能力（供应量）在出发点旁边给出，需求量在目的地的节点旁边标示出来。由出发点运送到目的地的产品，可以看成运输网络的流量。箭头表示由出发地到达目的地。

对 Foster Generators 公司的问题,需要确定什么样的运输路线?要使总的运输费用最小,相应的运送数量是多少?单位产品的运输费用在表 12-6 和图 12-13 中都给出了。

**表 12-6　单位产品的运输费用**　　　　　　　　　　　　　　　　　　　（美元）

| 出发地 | 目的地 | | | |
|---|---|---|---|---|
| | 波士顿 | 芝加哥 | 圣路易斯 | 莱克星顿 |
| 克利夫兰 | 3 | 2 | 7 | 6 |
| 贝德福德 | 6 | 5 | 2 | 3 |
| 约克 | 2 | 5 | 4 | 5 |

对 Foster Generators 公司的运送问题,我们可以利用线性规划模型来求解。

设

$$x_{ij} = 由第 i 个加工厂运送到第 j 个分销中心的产品数量$$
$$i = 1,2,3,4; \quad j = 1,2,3,4$$

拿 $x_{11}$ 来说,它表示从出发地 1(克利夫兰)运送到目的地 1(波士顿)的产品数量,$x_{12}$ 表示的是由出发地 1(克利夫兰)运送到目的地 2(芝加哥)的产品数量,以此类推。

一般地,有 $m$ 个出发地和 $n$ 个目的地运输问题的决策变量,可以表示成

$$x_{ij} = 由第 i 个出发地运送到第 j 个目的地的产品数量$$
$$i = 1,2,\cdots,m; \quad j = 1,2,\cdots,n$$

根据表 12-3 或图 12-13 的单位运输费用资料,可以得到运输费用的表达式:

$$由克利夫兰出发的运输费用 = 3x_{11} + 2x_{12} + 7x_{13} + 6x_{14}$$
$$由贝德福德出发的运输费用 = 6x_{21} + 5x_{22} + 2x_{23} + 3x_{24}$$
$$由约克出发的运输费用 = 2x_{31} + 5x_{32} + 4x_{33} + 5x_{34}$$

将上述的运输费用加总起来,便得到总的运输费用。运输问题的目标,就是使总的运输费用达到最小。

由于每个加工厂加工生产的能力有限,每个分销中心的需求也有要求,因此我们可以根据给定的背景材料,给出 Foster Generators 公司的运送问题的约束条件。

位于克利夫兰加工厂的生产能力是 5 000 个单位,那么从该加工厂运送出去的产品总量可以表示成 $x_{11} + x_{12} + x_{13} + x_{14}$,这样位于克利夫兰加工厂的供应能力约束便是:

$$x_{11} + x_{12} + x_{13} + x_{14} \leqslant 5\,000$$

从出发地(加工厂)的角度,由于 Foster Generators 公司有三个加工厂,所以就有三个供应约束。位于贝德福德的加工厂的生产能力是 6 000 个单位、约克加工厂的生产能力是 2 500 个单位,这两个加工厂运送出去的产品数量的约束:

$$x_{11} + x_{12} + x_{13} + x_{14} \leqslant 5\,000$$
$$x_{31} + x_{32} + x_{33} + x_{34} \leqslant 2\,500$$

Foster Generators 公司运输问题的目的地是四个分销中心,每个分销中心需求的产品数量必须得到满足,为此有以下的约束条件:

$$x_{11} + x_{21} + x_{31} = 6\,000$$
$$x_{12} + x_{22} + x_{32} = 4\,000$$

$$x_{13} + x_{23} + x_{33} = 2\,000$$
$$x_{14} + x_{24} + x_{34} = 1\,500$$

我们把 Foster Generators 公司的目标函数与约束条件按照线性规划模型的形式表达出来，便得到相应的线性规划模型：

Min $3x_{11} + 2x_{12} + 7x_{13} + 6x_{14} + 6x_{21} + 5x_{22} + 2x_{23} + 3x_{24} + 2x_{31} + 5x_{32} + 4x_{33} + 5x_{34}$

s. t.

$$x_{11} + x_{12} + x_{13} + x_{14} \leqslant 5\,000$$
$$x_{21} + x_{22} + x_{23} + x_{24} \leqslant 6\,000$$
$$x_{31} + x_{32} + x_{33} + x_{34} \leqslant 2\,500$$
$$x_{11} + x_{21} + x_{31} = 6\,000$$
$$x_{12} + x_{22} + x_{32} = 4\,000$$
$$x_{13} + x_{23} + x_{33} = 2\,000$$
$$x_{14} + x_{24} + x_{34} = 1\,500$$

$x_{ij} \geqslant 0, i = 1,2,3;\ j = 1,2,3,4$

把 Foster Generators 公司问题的线性规划模型与图 12-13 进行对照，我们能看出，每个节点有一条约束，每条弧都是一个决策变量。与某个出发点的弧有关的决策变量的和小于或等于出发点的供应量，与某个目的地有关的决策变量的和等于该目的地的需求量。

Foster Generators 公司问题的电子表格模型及其求解结果，如图 12-14 所示。

由图 12-14 可知，Foster Generators 公司问题的最小运输费用是 39 500 美元。图 12-14 中的阴影部分，是 Foster Generators 公司的运输方案。例如，克利夫兰工厂需要向波士顿分销中心运送 1 000 个单位的产品，向芝加哥分销中心运送 4 000 个单位的产品，不向圣路易斯和莱克星顿分销中心运送物资，其他可以依此给出类似的解释。

### 12.6.3 广告促销问题

线性规划在市场营销领域的应用不胜枚举，如广告促销方案、营销手段组合分析、市场调研等只是线性规划几个比较典型的应用。这里，我们着重介绍线性规划在广告促销中的决策分析。

线性规划在广告促销中的应用，比较经典的做法是：在给定的广告预算前提下，如何做广告媒介（如报纸、杂志、电台、电视台、直接邮寄广告等）的促销组合，其目标是获得极大化的受众水平、覆盖率或影响力。受到的约束条件是企业策略、协议要求、可利用的媒介等。

Relax-Enjoy 开发公司打算在一个私人拥有的湖边开发一栋湖边公寓，主要销售对象是在开发范围 100 英里内的湖边地块和住户中的中高收入家庭。Relax-Enjoy 开发公司雇用了 Boone-Phillips-Jackson（BP&J）广告公司，让其发起一场促销活动。

经过对广告媒介和可能覆盖的市场范围的分析，BP&J 建议先在 5 个媒介上做一个月的广告，然后根据已获得的广告效果再做新的促销方案。BP&J 公司收集到的数据有：已影响的潜在客户，每个广告的成本，每个广告媒介可以使用的最大时长，每个广告媒介的受众率。Relax-Enjoy 开发公司提供给 BP&J 的广告总经费为 30 000 美元，另外，Relax-Enjoy 开发公司还提出了如下的几点要求：电视广告不少于 10 次，至少需要覆盖 50 000 个潜在的客户，电视广告的花费不超过 18 000 美元。

| | A | B | C | D | E | F |
|---|---|---|---|---|---|---|
| 1 | Foster Generators | | | | | |
| 2 | Parameters | | | | | |
| 3 | Shipping Cost/Unit | | Destination | | | |
| 4 | Origin | Boston | Chicago | St. Louis | Lexington | Supply |
| 5 | Cleveland | 3 | 2 | 7 | 6 | 5000 |
| 6 | Bedford | 6 | 5 | 2 | 3 | 6000 |
| 7 | York | 2 | 5 | 4 | 5 | 2500 |
| 8 | Demand | 6000 | 4000 | 2000 | 1500 | |
| 9 | | | | | | |
| 10 | | | | | | |
| 11 | Model | | | | | |
| 12 | | | | | | |
| 13 | Total Cost | =SUMPRODUCT(B5:E7,B17:E19) | | | | |
| 14 | | | | | | |
| 15 | | | Destination | | | |
| 16 | Origin | Boston | Chicago | St. Louis | Lexington | Total |
| 17 | Cleveland | 1000 | 4000 | 0 | 0 | =SUM(B17:E17) |
| 18 | Bedford | 2500 | 0 | 2000 | 1500 | =SUM(B18:E18) |
| 19 | York | 2500 | 0 | 0 | 0 | =SUM(B19:E19) |
| 20 | Total | =SUM(B17:B19) | =SUM(C17:C19) | =SUM(D17:D19) | =SUM(E17:E19) | |
| 21 | | | | | | |

| | A | B | C | D | E | F | G |
|---|---|---|---|---|---|---|---|
| 1 | Foster Generators | | | | | | |
| 2 | Parameters | | | | | | |
| 3 | Shipping Cost/Unit | | Destination | | | | |
| 4 | Origin | Boston | Chicago | St. Louis | Lexington | Supply | |
| 5 | Cleveland | $3.00 | $2.00 | $7.00 | $6.00 | 5000 | |
| 6 | Bedford | $6.00 | $5.00 | $2.00 | $3.00 | 6000 | |
| 7 | York | $2.00 | $5.00 | $4.00 | $5.00 | 2500 | |
| 8 | Demand | 6000 | 4000 | 2000 | 1500 | | |
| 9 | | | | | | | |
| 10 | | | | | | | |
| 11 | Model | | | | | | |
| 12 | | | | | | | |
| 13 | Total Cost | $39,500.00 | | | | | |
| 14 | | | | | | | |
| 15 | | | Destination | | | | |
| 16 | Origin | Boston | Chicago | St. Louis | Lexington | Total | |
| 17 | Cleveland | 1000 | 4000 | 0 | 0 | 5000 | |
| 18 | Bedford | 2500 | 0 | 2000 | 1500 | 6000 | |
| 19 | York | 2500 | 0 | 0 | 0 | 2500 | |
| 20 | Total | 6000 | 4000 | 2000 | 1500 | | |
| 21 | | | | | | | |

图 12-14 Foster Generators 公司问题的电子表格模型及其求解结果

对于这个问题，我们需要知道每个广告媒介使用多少次，因此我们提出如下的假设：

$DTV$ = 白天电视广告的次数

$ETV$ = 晚上电视广告的次数

$DN$ = 每日报纸广告的次数

$SN$ = 星期天报纸广告的次数

$R$ = 电台广告的次数

表 12-7 是有关的广告决策分析参数。

表 12-7  广告决策分析参数

| 广告媒介 | 受众水平 | 单位费用（美元） | 每个月最大可利用次数 | 单位影响 |
|---|---|---|---|---|
| 1. 白天电视广告（1 分钟） | 1 000 | 1 500 | 15 | 65 |
| 2. 晚上电视广告（30 秒） | 2 000 | 3 000 | 10 | 90 |
| 3. 每日报纸（整版） | 1 500 | 400 | 25 | 40 |
| 4. 星期天报纸和杂志（半版，彩印） | 2 500 | 1 000 | 4 | 60 |
| 5. 电台（30 秒） | 300 | 100 | 30 | 20 |

根据上述给定的背景资料，其目标函数方程是：

$$\text{Max} \quad 65DTV + 90ETV + 40DN + 60SN + 20R$$

广告媒介的最大可利用次数的约束：

$$DTV \leq 15$$
$$ETV \leq 10$$
$$DN \leq 25$$
$$SN \leq 4$$
$$R \leq 30$$

广告预算约束：

$$1\,500DTV + 3\,000ETV + 400DN + 1\,000SN + 100R \leq 30\,000$$

至少 10 次电视广告约束：

$$DTV + ETV \geq 10$$

至少覆盖 50 000 个潜在客户约束：

$$1\,000DTV + 2\,000ETV + 1\,500DN + 2\,500SN + 300R \geq 50\,000$$

电视广告费用不超过 18 000 美元约束：

$$1\,500DTV + 3\,000ETV \leq 18\,000$$

如果把上述讨论写在一起，并加上决策变量的非负约束，便得到促销方案的线性规划模型：

Max　$65DTV + 90ETV + 40DN + 60SN + 20R$　Exposure quality

s. t.

$$
\begin{array}{rl}
DTV & \leq 15 \\
ETV & \leq 10 \\
DN & \leq 25 \\
SN & \leq 4 \\
R & \leq 30
\end{array} \right\} \text{可用媒介}
$$

$$1\,500DTV + 3\,000ETV + 400DN + 1\,000SN + 100R \leq 30\,000 \quad \text{预算}$$

$$
\left.
\begin{array}{l}
DTV + ETV \geq 10 \quad \text{电视广告} \\
1\,500DTV + 3\,000ETV \leq 18\,000
\end{array}
\right\} \text{约束条件}
$$

$$1\,000DTV + 2\,000ETV + 1\,500DN + 2\,500SN + 300R \geq 50\,000 \quad \text{覆盖的受众}$$

$$DTV, ETV, DN, SN, R \geq 0$$

对于上述问题，其电子表格模型及最优解的求解结果见图 12-15。

| | A | B | C | D | E | F | G | H | I |
|---|---|---|---|---|---|---|---|---|---|
| 1 | Relax-and-Enjoy Lake Development Corporation | | | | | | | | |
| 2 | Parameters | | | | | | | | |
| 3 | | | | Media | | | | | |
| 4 | | DTV | ETV | DN | SN | R | | | |
| 5 | Cust Reach | 1000 | 2000 | 1500 | 2500 | 300 | | Min Cust Reach | 50000 |
| 6 | Cost/Ad | 1500 | 3000 | 400 | 1000 | 100 | | Min TV Ads | 10 |
| 7 | Availability | 15 | 10 | 25 | 4 | 30 | | Max TV Budget | 18000 |
| 8 | Exposure/Ad | 65 | 90 | 40 | 60 | 20 | | Budget | 30000 |
| 9 | | | | | | | | | |
| 10 | | | | | | | | | |
| 11 | Model | | | | | | | | |
| 12 | | DTV | ETV | DN | SN | R | | | |
| 13 | Ads Placed | 10 | 0 | 25 | 2 | 30 | | | |
| 14 | | | | | | | | | |
| 15 | Max Exposure | =SUMPRODUCT(B8:F8,B13:F13) | | | | | | | |
| 16 | | | | | | | | | |
| 17 | | | Achieved | Min Required | | | | | |
| 18 | Reach | =SUMPRODUCT(B5:F5,B13:F13) | =I5 | | | | | | |
| 19 | Num TV Ads | =B13+C13 | =I6 | | | | | | |
| 20 | | | | | | | | | |
| 21 | | | Used | Limit | | | | | |
| 22 | TV Budget | =SUMPRODUCT(B6:C6,B13:C13) | =I17 | | | | | | |
| 23 | Budget | =SUMPRODUCT(B6:F6,B13:F13) | =I18 | | | | | | |

| | A | B | C | D | E | F | G | H | I |
|---|---|---|---|---|---|---|---|---|---|
| 1 | Relax-and-Enjoy Lake Development Corporation | | | | | | | | |
| 2 | Parameters | | | | | | | | |
| 3 | | | | Media | | | | | |
| 4 | | DTV | ETV | DN | SN | R | | | |
| 5 | Cust Reach | 1,000 | 2,000 | 1,500 | 2,500 | 300 | | Min Cust Reach | 50,000 |
| 6 | Cost/Ad | $1,500 | $3,000 | $400 | $1,000 | $100 | | Min TV Ads | 10 |
| 7 | Availability | 15 | 10 | 25 | 4 | 30 | | Max TV Budget | $18,000 |
| 8 | Exposure/Ad | 65 | 90 | 40 | 60 | 20 | | Budget | $30,000 |
| 9 | | | | | | | | | |
| 10 | | | | | | | | | |
| 11 | Model | | | | | | | | |
| 12 | | DTV | ETV | DN | SN | R | | | |
| 13 | Ads Placed | 10 | 0 | 25 | 2 | 30 | | | |
| 14 | | | | | | | | | |
| 15 | Max Exposure | 2370 | | | | | | | |
| 16 | | | | | | | | | |
| 17 | | | Achieved | Min Required | | | | | |
| 18 | Reach | 61,500 | 50,000 | | | | | | |
| 19 | Num TV Ads | 10 | 10 | | | | | | |
| 20 | | | | | | | | | |
| 21 | | | Used | Limit | | | | | |
| 22 | TV Budget | $15,000 | $18,000 | | | | | | |
| 23 | Budget | $30,000 | $30,000 | | | | | | |

图 12-15 广告促销问题电子表格模型及最优解的求解结果

由图 12-15 可知，广告促销的组合方案是：白天电视广告做 10 次，每日报纸做 25 次，星期天报纸做 2 次，电台广告做 30 次。按照这样的广告方案，可以获得的最大影响力为 2 370，可以覆盖的受众面为 61 500 人。

图 12-16 给出了广告促销问题的敏感性分析报告。

由图 12-16 可知，广告预算约束的影子价格是 0.060，说明广告投入的费用每增加 1 美元，将会提高促销的影响力 0.06 个单位。电视广告的影子价格是 -25，表明电视广告每多做 1 次，将会降低促销的影响力 25 个单位。从另一个角度讲，电视广告每少做 1 次，将会

| | A | B | C | D | E | F | G | H |
|---|---|---|---|---|---|---|---|---|
| 4 | | | | | | | | |
| 5 | | | | | | | | |
| 6 | | Variable Cells | | | | | | |
| 7 | | | | Final | Reduced | Objective | Allowable | Allowable |
| 8 | | Cell | Name | Value | Cost | Coefficient | Increase | Decrease |
| 9 | | $B$13 | Ads Placed DTV | 10 | 0 | 65 | 25 | 65 |
| 10 | | $C$13 | Ads Placed ETV | 0 | −65 | 90 | 65 | 1E + 30 |
| 11 | | $D$13 | Ads Placed DN | 25 | 16 | 40 | 1E + 30 | 16 |
| 12 | | $E$13 | Ads Placed SN | 2 | 0 | 60 | 40 | 16.6666667 |
| 13 | | $F$13 | Ads Placed R | 30 | 14 | 20 | 1E + 30 | 14 |
| 14 | | | | | | | | |
| 15 | | Constraints | | | | | | |
| 16 | | | | Final | Shadow | Constraint | Allowable | Allowable |
| 17 | | Cell | Name | Value | Price | R.H. Side | Increase | Decrease |
| 18 | | $B$18 | Reach Achieved | 61500 | 0 | 50000 | 11500 | 1E + 30 |
| 19 | | $B$19 | Num TV Ads Achieve | 10 | −25 | 10 | 1.33333333 | 1.33333333 |
| 20 | | $B$22 | TV Budget Used | $15,000.00 | 0 | 18000 | 1E + 30 | 3000 |
| 21 | | $B$23 | Budget Used | $30,000.00 | 0.06 | 30000 | 2000 | 2000 |
| 22 | | | | | | | | |

图 12-16 广告促销问题的敏感性分析

提高促销的影响力 25 个单位。因此，建议 Relax-Enjoy 开发公司可以考虑修改电视广告至少做 10 次的要求。

在图 12-16 的约束部分，可利用的媒介约束没有列示出来。这类约束是关于决策变量取值的上限（或下限）的说明，就像变量的非负性约束一样，所以一般都不列示敏感性分析结果，但它们的敏感性分析在变量部分会有说明。

图 12-16 的变量部分有三个非零的递减成本，现在我们逐个进行解释。晚上电视广告 ETV 在最优解下其取值是 0，对应的影子价格是 −65，表明如果把 ETV 的值 0 变成 1，这时晚上广告的影响力将会下降 65 个单位。每天报纸广告的次数 DN、电台广告的次数 R 也有非零的递减成本，它们在最优解下的取值分别是 25 和 30，意味着每天报纸广告的次数 DN、电台广告的次数 R，在 25 和 30 的基础上再增加一个单位，广告的影响力将分别增加 16 个单位和 14 个单位。

对目标函数系数允许增加的量和允许减少的量的解释，类同我们在 12.5 节的讨论。比如，只要白天电视广告 DTV 增加的量不超过 65 或减少的量不低于 25，则表明图 12-16 给出的最优解仍然是最优解。

●—○—●—○—● 注释与点评 ●—○—●—○—●

1. 构建广告媒介选择模型，需要对备选媒介的影响率做出主观评估。长期从事市场营销的经理人员或许掌握了有关媒介影响率的大量资料，但是最终用于目标函数系数的媒介影响率，可能还主要取决于管理经验的判断。
2. 这一节介绍的广告媒介促销组合模型，使用影响率作为目标函数，而把受众面当作约束条件。与此相反，有的时候在做广告媒介促销组合分析时，也可以把广告受众面作为目标函数，把广告媒介总的影响率不小于某个值用作约束。

## 12.7 线性规划多个解的一般性说明

商业数据分析的目标,是要为管理人员提供信息以便更好地进行决策。我们在 12.4 节已经做过说明,线性规划如果出现多个最优解,这对管理人员来说并非是坏事,因为如果考虑其他因素,可能另外一个最优解更受欢迎。例如,投资组合的优化问题可能存在一个以上的最大期望收益,对决策人来说,这时这些最优方案中的每一个还存在着风险大小的情况。要是对这些最优方案的风险大小进行评估,决策人就会从中选择一个风险相对较小的最优解。

下面,我们讨论如何从只有一个最优解的优化模型中产生多个最优解。对此,我们仍然以 Foster Generators 公司的问题为例来说明怎样产生另一个最优解。由图 12-14,我们已经得到了 Foster Generators 公司问题的最优解:

$$x_{11} = 1\,000, x_{12} = 4\,000, x_{13} = 0, x_{14} = 0$$
$$x_{21} = 2\,500, x_{22} = 0, x_{23} = 2\,000, x_{24} = 1\,500$$
$$x_{31} = 2\,500, x_{32} = 0, x_{33} = 0, x_{34} = 0$$

对应的目标函数值是 39 500 美元。

根据这些信息,我们把原先的模型进行修改,以产生一个替代的最优解。我们知道,找到一个新的解首先必须是可行解,同样要找到一个新的最优解,其目标函数值也必须是 39 500 美元。因此,我们可以把现在求出的最优目标函数值当作一个约束条件添加到模型中去,也就是把下列方程当作新的约束条件:

$$3x_{11} + 2x_{12} + 7x_{13} + 6x_{14} + 6x_{21} + 5x_{22} + 2x_{23} + 3x_{24} + 2x_{31} + 5x_{32} + 4x_{33} + 5x_{34} = 39\,500$$

如果做了这样的处理,那么目标函数应该做怎样的变化呢?我们在前面求出的最优解中,决策变量 $x_{13} = 0$、$x_{14} = 0$、$x_{22} = 0$、$x_{32} = 0$、$x_{33} = 0$、$x_{34} = 0$。对此,我们可以对这些变量的和求极大值,并且能保证求出的可行解是最优解。

修改后的 Foster Generators 公司问题的线性规划模型为

Max  $x_{13} + x_{14} + x_{22} + x_{32} + x_{33} + x_{34}$

s. t.

$$x_{11} + x_{12} + x_{13} + x_{14} \leqslant 5\,000$$
$$x_{21} + x_{22} + x_{23} + x_{24} \leqslant 6\,000$$
$$x_{31} + x_{32} + x_{33} + x_{34} \leqslant 2\,500$$
$$x_{11} + x_{21} + x_{31} = 6\,000$$
$$x_{12} + x_{22} + x_{32} = 4\,000$$
$$x_{13} + x_{23} + x_{33} = 2\,000$$
$$x_{14} + x_{24} + x_{34} = 1\,500$$
$$3x_{11} + 2x_{12} + 7x_{13} + 6x_{14} + 6x_{21} + 5x_{22} + 2x_{23} + 3x_{24} + 2x_{31} + 5x_{32} + 4x_{33} + 5x_{34} = 39\,500$$
$$x_{ij} \geqslant 0, i = 1,2,3;\ j = 1,2,3,4$$

修改后的线性规划模型的求解结果见表 12-8。

**表 12-8　修改后的线性规划模型的求解结果**

总运输成本 39 500（美元）

| 出发地 | 目的地 | | | | |
|---|---|---|---|---|---|
| | 波士顿 | 芝加哥 | 圣路易斯 | 莱克星顿 | 合计 |
| 克利夫兰 | 3 500 | 1 500 | 0 | 0 | 5 000 |
| 贝德福德 | 0 | 2 500 | 2 000 | 1 500 | 6 000 |
| 约克 | 2 500 | 0 | 0 | 0 | 2 500 |
| 合计 | 6 000 | 4 000 | 2 000 | 1 500 | |

通过比较表 12-8 和图 12-14，可以很容易看出，我们又得到了一组新的最优解。

什么类型的问题有可能会使管理人员表现出在若干个最优解中更偏好某一个呢？以 Foster Generators 公司为例，在图 12-14 给出的最优解中，波士顿分销中心的货源来自 3 个加工厂，而其他 3 个分销中心的货源分别只来自 1 个加工厂。这意味着波士顿分销中心的经理要同时与 3 个加工厂的管理人员打交道，其他 3 个分销中心的经理只需与某一个加工厂的管理人员接洽，这会让波士顿分销中心的经理感到很不公平，因为该分销中心的经理不得不花费更多的时间在 3 个加工厂之间周旋。对此，如果我们能找出两个以上的最优解以供选择，会使管理活动显得更公平。

总结起来，要获得线性规划问题另外一个可供选择的最优解，可以采取如下的做法：

第一步，求解原先的线性规划模型。

第二步，对原先线性规划模型最优解中取值为 0 的决策变量进行求和，作为新的线性规划模型的目标函数，并求其极大值。

第三步，把原先线性规划模型的约束条件都保留在新的线性规划模型中，并添加上原先线性规划目标函数等于最优值这样的约束条件。

第四步，对新得到的线性规划模型进行求解，如此便能得到另外一个可供选择的最优决策方案。

注释与点评

本节所讲的寻找替代最优解的四个步骤可以重复使用以找出更多的替代最优解。尽管原来的线性规划模型存在一个最优解，然而运用上面所介绍的做法并不一定保证能找到新的最优解。如果找出的新的解不是可行域的顶点，以上做法就行不通了。

## ● 本章小结

本章我们以 Par 公司和 M&D 化学公司为例，分别介绍了线性规划的极大化问题和极小化问题。在 Par 公司的事例中，我们介绍了如何用图解法求解两个决策变量的线性规划模型，以帮助我们直观地理解计算机软件是怎样求解多个决策变量的线性规划模型的。本章我们还介绍了如何运用电子表格模型和 Excel 规划求解功能求解线性规划问题。在 Par 公司和 M&D 化学公司例子的模型构造过程中，我们给出线性规划的一般性说明，即

1. 线性规划的目标函数是线性的,并且要么是求极大化问题要么是求极小化问题;
2. 一组约束方程各自都呈线性形式;
3. 决策变量都具有非负性。

为了把不大于约束方程变成严格的等式约束,我们需要引入松弛变量。对于不小于约束方程,要想把它变成等式约束,我们需要引入剩余变量。松弛变量的取值,通常可以解释成没有被使用的资源量,与此相反,剩余变量的取值可以理解成超出既定的最小需要量。对紧约束条件,其松弛变量或剩余变量的取值等于零。

对于一个线性规划问题,如果不存在可行解或者解无界,这时就不可能存在最优解。在不可行的问题中,往往不存在可行解。对于一个无界线性规划问题,如果目标函数是求极大值,此时该问题的目标函数值将会变得无限大,如果是求极小化问题,问题的解将会变得无限小。在多个最优解的线性规划问题中,一定存在两个或两个以上的顶点使得目标函数取得最大值。

这一章里,我们还讨论了线性规划的敏感性分析问题,并介绍了 Excel 规划求解功能输出的敏感性分析报告的内容,以及目标函数系数和约束方程右边项值的改变给目标函数带来的影响。我们还介绍了一般的线性规划模型的表示方法,通过三个事例介绍了线性规划的应用问题。本章的结尾部分,我们还说明了如何生成两个以上的最优解。

## ● 关键术语 ●──○──●

**多个最优解**(alternative optimal solution):能够获得目标函数最优值的两个或两个以上的解。

**紧约束**(binding constraint):在最优解状态下,取严格等号的约束方程。

**约束**(constraint):关于决策变量取值的限定性要求。

**决策变量**(decision variable):线性规划模型中可控制的输入。

**顶点**(extreme point):线性规划可行域的两两直线相交的地方。从几何意义上讲,是位于可行域中的角点处的可行解。

**可行域**(feasible region):所有可行解的几何表示。

**可行解**(feasible solution):同时满足所有约束条件的解。

**无可行解**(infeasibility):没有哪个解能同时满足所有约束条件的线性规划问题。

**线性函数**(linear function):每个决策变量各自出现并且都是一次幂的数学方程。

**线性规划模型(线性规划)**[linear programming model(linear program)]:由线性目标函数、一组线性约束方程和非负决策变量组成的数学模型。

**数学模型**(mathematical model):目标和约束都用数学表达式进行表示。

**非负约束**(nonnegative constraints):要求线性规划模型中的决策变量都取非负值。

**目标函数**(objective function):线性规划问题中,用于求极大或极小的表达式。

**问题的描述**(problem formulation)或**模型化**(modeling):把用语言文字表达的问题,转化成能用数学模型表达的过程。

**递减成本**(reduced cost):是决策变量的影子价格,表明决策变量每增加一个单位对目标函数值带来的改变量。

**敏感性分析**（sensitivity analysis）：关于线性规划问题给定的参数的变化怎样影响目标函数最优值的分析。

**影子价格**（shadow price）：约束方程右边项每改变一个单位对目标函数值带来的改变量。

**松弛**（slack）：不大于约束方程右边项与左边项之间的差。

**松弛变量**（slack variable）：能把不大于约束方程变成严格等式的变量，其取值表明没有得到利用的资源量。

**剩余变量**（surplus variable）：能把不小于约束方程变成严格等式的变量，其取值表明多于最小需要的资源量。

**无界问题**（unbounded）：对极大化线性规划问题，目标函数出现无限大；对极小化线性规划问题，目标函数出现无限小。

## 复习思考题

1. Kelson 体育装备公司生产两种款式的棒球手套，即普通手套和接球手用手套。剪裁和缝制工序可利用工时 900 小时，精整工序可利用工时 300 小时，装运工序可利用工时 100 小时。每道工序的加工工时和每款手套的利润见下表。

| 款式 | 每道工序所需工时（小时） | | | 单位利润（美元） |
|---|---|---|---|---|
| | 剪裁和缝制 | 精整 | 装运 | |
| 普通手套 | 1 | 1/2 | 1/8 | 5 |
| 接球手用手套 | 3/2 | 1/3 | 1/4 | 8 |

该公司希望获得的总毛利最大，要求：
（1）写出线性规划模型。
（2）编写该问题的电子表格模型，并运用 Excel 的规划求解功能进行求解。
（3）Kelson 公司的最大毛利是多少？
（4）该公司可利用工时的使用情况如何？
（5）每道工序松弛变量值是多少？

2. 海码头旅馆正在设法找到一个最好的办法，将每个月 1 000 美元的广告预算在报纸和电台这两种广告媒介之间进行分配。每种广告媒介至少需要分得广告总预算的 25%，并且用于地方报纸广告的花费至少比用于电台的费用多 2 倍。根据分析，地方报纸广告的受众水平为 50 个单位，当地电台广告的受众水平是 80 个单位。海码头旅馆应该怎样分配广告预算，才能获得最大的受众水平？
（1）根据上述给定的背景资料，建立线性规划模型。
（2）编写该问题的电子表格模型，并运用 Excel 规划求解功能进行求解。

3. Blair & Rosen（B&R）公司是一家经纪企业，专长于做投资组合。某位客户有 50 000 美元，打算让 B&R 公司帮其做一个投资方案。B&R 公司的经理建议选择两种项目投资，一种是互联网基金，另一种是蓝筹股。互联网基金预计年收益 12%，蓝筹股预计年收益 9%。B&R 公司的经理认为，互联网基金至少需要投入 35 000 美元，互联网基金投资的风险率是 6/1 000，蓝筹股的风险率是 4/1 000。经过风险态度的测评，该客户接受的最大风险率是 240 个单位。

(1) 构造线性规划模型，给出最优投资组合方案。

(2) 建立电子表格模型，运用 Excel 规划求解功能求解。

(3) 假如客户的投资额为 50 000 美元，能接受的最大风险率是 320，这时候的最优解是多少？

(4) 假如客户的投资额为 50 000 美元，能接受的最大风险率是 160，这时候的最优解是多少？

4. ASB 银行拿出 100 万美元，准备发放住房贷款、个人贷款和汽车贷款。住房贷款的年收益率 7%，个人贷款的年收益率 12%，汽车贷款的年收益率 9%。该银行的管理委员会决定，对住房贷款的发放额度不低于贷款总额的 40%，用于个人贷款的不能超过汽车贷款的 60%。

(1) 针对上述问题，构造线性规划模型。

(2) 每类贷款的发放金额是多少？年收益是多少？年收益率又是多少？

(3) 假如住房贷款年收益率为 9%，这时每类贷款发放额度是多少？

(4) 假如用于发放贷款的金额又增加了 10 000 美元，这对总的年收益会产生什么影响？

(5) 假如要求住房贷款的发放额度低于贷款总额的 41%，这时的年收益会发生什么改变？年收益率又会发生什么变化？

5. Round Tree 是一家旅馆，能提供两类客房（分别称之为客房Ⅰ和客房Ⅱ）、三种服务水平的住宿，不同类型的客房和服务水平的每晚收费标准（单位：美元）见下表。

由于客房Ⅰ没有无线上网接口，因此不能用于商务人士住宿。根据过去的经验，特惠客房最大入住率每晚 130 间，豪华客房 60 间，商务客房 50 间。Round Tree 旅馆拥有客房Ⅰ 100 间、客房Ⅱ 120 间。

| 客房类型 | 服务水平的每晚收费标准（美元） | | |
| --- | --- | --- | --- |
| | 特惠 | 豪华 | 商务 |
| 客房Ⅰ | 30 | 35 | — |
| 客房Ⅱ | 20 | 30 | 40 |

(1) 运用线性规划确定每类客房有多少能接受预订服务？怎样才能把预订分配到每类客房？客房等级能不能满足需要？为什么？

(2) 每种类型的客房有多少能提供预订？

(3) 只要经过适当的装修，可以把没有派上用场的办公用房改造成客房，假定改造成客房Ⅰ和客房Ⅱ的费用一样，你建议是改造成客房Ⅰ还是客房Ⅱ？

(4) 如果提前做好客房接待安排，现有的线性规划模型需不需修改？如果要这样做，需要哪些信息，又如何改进模型？

6. Industrial Designs 公司已经接到一个合同，要为湖景酒庄生产的一款新酒设计标签，估计完成这项任务需要花 150 小时。该公司有三位设计师可安排做这件事：Lisa，高级设计师兼团队负责人；David，高级设计师；Sarah，初级设计师。除了这项任务，Lisa 还承担了湖景酒庄的其他项目，因此至少需要完成分配给其他两位设计师工作时间的 40%，但 Lisa 最多只能在这个项目上投入 50 小时。为了能给 Sarah 提供更多的设计体验，Sarah 至少需要完成总设计时间的 15%，但也不能超过其他两位高级设计师工作时间的 25%。Lisa、David、Sarah 的小时工资分别是 30 美元、25 美元和 18 美元。

(1) 针对上述背景资料，构造线性规划模型。

(2) 每位设计师分别应该承担多少工作时间？总的费用是多少？

(3) 假定 Lisa 分配的工作时间超过了 50 小时，这对最优解会产生什么影响？

(4) 假定对 Sarah 没有最少工作时间的要求，这时的最优解有没有发生改变？为什么？

7. Vollmer 制造公司为制冷设备企业生产 3 种元件（分别命名为元件 1、元件 2、元件 3），这些元件的加工需要使用两种机器设备，即成形和打磨。每种元件加工的时间（单位：小时）见下表。

成形工序可以利用的工时是 120 小时，打磨工序的有效工时 110 小时。元件 3 的销售不会超过 200 个，其他两种元件的销售量都在 1 000 个以上。另外，元件 1 有 600 个未交订货。3 种元件的利润水平分别是：元件 1 为 8 美元，元件 2 为 6 美元，元件 3 为 9 美元。

(1) 构造线性规划模型，并进行求解。

(2) 对这 3 种元件来说，目标函数系数的变化范围各是多少？

(3) 右边项值的变化范围是多少？

(4) 假如打磨工序有更多的有效工时可以利用，这值不值得使用？

(5) 假如元件 3 降价 4 美元时能卖得更多，Vollmer 制造公司会不会降价？

| 元件 | 机器设备 | |
|---|---|---|
| | 成形 | 打磨 |
| 1 | 6 | 4 |
| 2 | 4 | 5 |
| 3 | 4 | 2 |

8. 成像技术公司是一家生产为数码相机生产可充电电池的企业，与一家数码成像公司签订了一份协议，为其生产三种型号的锂电池。协议要求每种型号的电池生产量见左下表。

成像技术公司可以在两个加工厂生产电池，这两个加工厂分别位于菲律宾和墨西哥，由于生产设备和人工成本不一样，每种型号的电池单位加工成本（单位：美元）见右下表。

| 电池型号 | 加工数量 |
|---|---|
| PT-100 | 200 000 |
| PT-200 | 100 000 |
| PT-300 | 150 000 |

| 电池型号 | 加工厂 | |
|---|---|---|
| | 菲律宾 | 墨西哥 |
| PT-100 | 0.95 | 0.98 |
| PT-200 | 0.98 | 1.06 |
| PT-300 | 1.34 | 1.15 |

PT-100 和 PT-200 电池在两个加工厂使用的生产设备相同，但两个加工厂对这两种型号电池生产的总量有限，其中位于菲律宾的加工厂生产能力为 175 000 件，位于墨西哥的加工厂的生产能力是 160 000 件，PT-300 在菲律宾加工厂的产能是 75 000 件，墨西哥加工厂的产能是 100 000 件。菲律宾加工厂的运输费用是每件 0.18 美元，墨西哥加工厂的运输费用是每件 0.10 美元。

(1) 根据上述背景资料，建立线性规划模型，以使总的生产和运输费用最小。

(2) 对构造的模型进行求解，并给出最优生产方案。

(3) 对菲律宾加工厂生产的 PT-100 电池的生产和运输费用进行敏感性分析。

(4) 对墨西哥加工厂生产的 PT-200 电池的生产和运输费用进行敏感性分析。

9. Westchester Chamber 商会定期地赞助公共服务研讨课程，最近又开展这样的活动。广告方案可供选择的有电视、电台和报纸。估计的收看（听）人数、成本、广告媒介可供利用的最大量见下表。

|  | 电视 | 电台 | 报纸 |
|---|---|---|---|
| 收看（听）人数（人） | 100 000 | 18 000 | 40 000 |
| 单位成本（美元） | 2 000 | 300 | 600 |
| 最大利用量（次） | 10 | 20 | 10 |

为了使广告媒介能获得均衡使用，电台广告不能超过广告授权总量的50%，另外电视广告至少要占到广告授权总数的10%。

(1) 假定预算限定在18 200美元，每类广告媒介各做多少次，才能保证收看（听）人数达到最大？广告预算在三类媒介各分配了多少，收看（听）总人数是多少？

(2) 假定每类广告媒介各追加100美元，此时收看（听）人数会增加多少？

10. Hartman公司的管理人员尝试确定两种产品的生产规模，下表是两种产品的盈利水平（单位：美元）、各道工序可以利用的总工时（单位：小时）、单位产品各道工序所需要的加工工时（单位：小时）。

| 工序 | 所需要的加工工时 | | 可利用的工时 |
|---|---|---|---|
|  | 产品1 | 产品2 |  |
| A | 1.00 | 0.35 | 100 |
| B | 0.30 | 0.20 | 36 |
| C | 0.20 | 0.50 | 50 |
| 单位利润 | 30.00 | 15.00 |  |

(1) 根据上述给定的资料，建立线性规划模型，并进行求解。

(2) 假定某些工序可能需要安排加班生产，你是否会建议这样做？如果确实需要加班生产，你会建议小时加班费给多少？

(3) 假定A、B、C三道工序安排的加班工时分别是10小时、6小时、8小时。另外，假定工序A每小时的加班费用是18美元，工序B每小时加班费用22.50美元，工序C每小时加班费是12美元。对此，建立线性规划模型，并给出最优解。

11. 雇员信贷联盟正在为来年的基金做分配预案，该联盟只给其成员提供4种类型的信贷业务，另外也从事无风险的有价证券投资。相应信贷和投资项目的年收益率资料见右表。

| 信贷业务类型与投资 | 年收益率（%） |
|---|---|
| 汽车消费贷款 | 8 |
| 家具类贷款 | 10 |
| 抵押贷款 | 11 |
| 无担保贷款 | 12 |
| 无风险的有价证券投资 | 9 |

现在该联盟有200万美元，所在州的法律和信贷联盟政策要求，开展信贷和投资需要遵守如下的约束：无风险证券投资额不能超过总基金的30%；无担保贷款额不能超过所有贷款总额的10%；家具类贷款和抵押贷款之和不能超过汽车消费贷款总额；抵押贷款和无担保贷款之和，不能超过无风险的有价证券投资额度。

要求：如何将200万美元分配到各项贷款和投资活动项目，以确保年收益率达到最大？预计的年总收益是多少？

12. Atlantic公司（ASC）是一家海鲜食品批发企业，主要向美国东北部地区的餐馆和专营海鲜产品的商店提供货源，在纽约城拥有一座冷冻储存设施。ASC 经销的产品之一是冷冻大黑虎虾，每个周六 ASC 能够以储存地所在市场价格购进或销售黑虎虾。ASC 公司的目标是用每周的最低价购进黑虎虾，然后再以最高价销售。ASC 公司现有 20 000 磅黑虎虾库存，每周可能利用的最大库存是 100 000 磅。另外，ASC 对未来 4 周的黑虎虾价格进行了估计，结果见右表。

| 周 | 价格（美元/磅） |
|---|---|
| 1 | 6.00 |
| 2 | 6.20 |
| 3 | 6.65 |
| 4 | 5.55 |

现在，ASC 公司准备为接下来的 4 周制定最优的购进、存储、销售策略。每磅虾一周的存储费用是 0.15 美元，考虑到供需不可预见的不确定性，管理人员建议在第 4 周周末必须要有 25 000 磅黑虎虾的库存。

要求：据此确定 ASC 公司的购进、存储、销售最优策略，4 周的收入是多少？（提示：分别给每周的购进、储存、销售设立变量，然后运用这样的关系建立约束，即上期的库存量 + 本期的购进量 − 本期销售量 = 期末库存量。）

13. 银星自行车公司准备在未来的 2 个月生产男款和女款两种变速自行车。生产管理部门接到任务：确定男款和女款变速自行车每个月各生产多少。市场需求预测分析表明，第一个月男款自行车需求 150 辆、女款 125 辆，第二个月男款自行车需求 200 辆、女款 150 辆。其他资料见下表。

| 款式 | 费用 | 加工工时（小时） | | 当前库存（辆） |
| | | 制造 | 装配 | |
|---|---|---|---|---|
| 男款 | 120 美元 | 2.0 | 1.5 | 20 |
| 女款 | 90 美元 | 1.6 | 1.0 | 30 |

上个月银星公司使用了 1 000 劳动力工时，由于劳资关系的政策，不允许每个月加工工时降低或增加 100 小时以上，另外，公司根据当月月末的库存水平以 2% 的生产费用收取每个月的库存费用，并希望在 2 个月后的月末存有两种款式的自行车各 25 辆。
(1) 建立一个生产方案，在满足加工工时、需求和库存条件下，使得生产和库存费用达到最小。
(2) 假定该企业不允许每个月加工工时减低和增加不能超过 50 小时，这对生产方案会产生什么影响？费用将会增加多少？你的建议是什么？

14. 克拉克县治安部门把每天划分成 6 个时段：上午 8 点开始上班至中午 12 点，中午 12 点至下午 4 点，下午 4 点至下午 8 点，下午 8 点至午夜 12 点，午夜 12 点至凌晨 4 点，凌晨 4 点至上午 8 点。警察可以选择任何一个时段上班，但一旦上班就必须工作满 8 小时。在正常的工作日当中，每个时段所需要的最少警察人数见右表。

要求：据此确定每个时段需要安排多少警察，才能使总的人数达到最少。（提示：设

| 每天划分的时段 | 所需要的警察人数 |
|---|---|
| 上午 8 点至中午 12 点 | 5 |
| 中午 12 点至下午 4 点 | 6 |
| 下午 4 点至下午 8 点 | 10 |
| 下午 8 点至午夜 12 点 | 7 |
| 午夜 12 点至凌晨 4 点 | 4 |
| 凌晨 4 点至上午 8 点 | 6 |

$x_1$ 表示上午 8 点开始上班至中午时段的警察人数，$x_2$ 表示中午至下午 4 点时段的警察人数，以此类推。）

15. 海湾石油公司将三种配料（用代码 1、2、3 表示）混合起来，生产两种类型（普通和高级）的燃料，它们的差别是辛烷水平不一样。普通燃料需要具有最低的辛烷水平 90，高级燃料的辛烷水平至少在 100 以上。每桶配料的成本（单位：美元）、每桶配料的辛烷水平、每种配料可利用的量（单位：桶）、两种燃料的最大需求量（单位：桶）、每桶收益（单位：美元）资料见右表。

    要求：根据上述给定的资料，构造线性规划模型并求解。

| 配料 | 成本 | 辛烷水平 | 可利用量 |
|---|---|---|---|
| 1 | 16.50 | 100 | 110 000 |
| 2 | 14.00 | 87 | 350 000 |
| 3 | 17.50 | 110 | 300 000 |

| 燃料 | 每桶收益 | 需求量 |
|---|---|---|
| 普通 | 18.50 | 350 000 |
| 高级 | 20.00 | 500 000 |

16. 某个运输问题的网络图如下图所示。

    图中给出了供应量、需求量、单位物资的运输成本。要求：试据此确定最优运输方案。

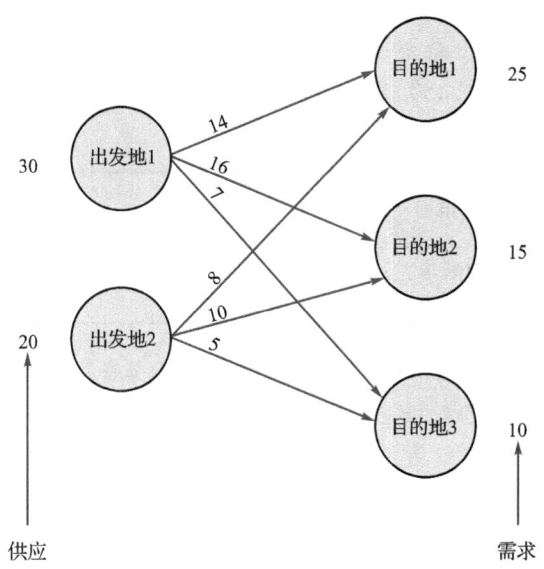

17. 根据复习思考题 16 的资料，运用 12.7 节的知识，试找出另外一个新的最优解。

18. Aggie 发电公司给美国许多城市的居民提供电力服务，其主要发电厂位于洛杉矶、塔尔萨、西雅图，生产出来的电力主要输往西雅图、波特兰、旧金山、博伊西、里诺、波兹曼、拉勒米、帕克城、弗拉格斯塔夫、杜兰戈。每座城市的电力需求量（单位：MW）、电力输送单位费用（单位：美元/MW）见下表：

| 目的地 | 输送单位费用 | | | 需求量 |
|---|---|---|---|---|
| | 洛杉矶 | 塔尔萨 | 西雅图 | |
| 西雅图 | 356.25 | 593.75 | 59.38 | 950.00 |
| 波特兰 | 356.25 | 593.75 | 178.13 | 831.25 |
| 旧金山 | 178.13 | 475.00 | 296.88 | 2 375.00 |
| 博伊西 | 356.25 | 475.00 | 296.88 | 593.75 |

（续）

| 目的地 | 输送单位费用 | | | 需求量 |
|---|---|---|---|---|
| | 洛杉矶 | 塔尔萨 | 西雅图 | |
| 里诺 | 237.50 | 475.00 | 356.25 | 950.00 |
| 波兹曼 | 415.63 | 415.63 | 296.88 | 593.75 |
| 拉勒米 | 356.25 | 415.63 | 356.25 | 1 187.50 |
| 帕克城 | 356.25 | 356.25 | 475.00 | 712.50 |
| 弗拉格斯塔夫 | 178.13 | 475.00 | 593.75 | 1 187.50 |
| 杜兰戈 | 356.25 | 296.88 | 593.75 | 1 543.75 |

（1）假定每家发电厂都有足够的生产能力，这时的最优解是什么？

（2）假定每家发电厂的最大供应能力是4 000MW，此时的最优解是什么？如果把这种情况下的电力最小输送成本当成约束添加到模型中，会增加多少输送成本？

19. Calhoun 纺织厂正在制定一个生产计划，以期能安排好下一个季度不同布料的纺织量。下表给出了每种布料的可变成本，以及该企业市场销售部提供的15种布料的订单数。

| 布料 | 需求量（码） | 多臂机（码/小时） | 普通机（码/小时） | 生产费用（美元/码） | 订购费用（美元/码） |
|---|---|---|---|---|---|
| 1 | 16 500 | 4.653 | 0.000 | 0.6573 | 0.80 |
| 2 | 52 000 | 4.653 | 0.000 | 0.5550 | 0.70 |
| 3 | 45 000 | 4.653 | 0.000 | 0.6550 | 0.85 |
| 4 | 22 000 | 4.653 | 0.000 | 0.5542 | 0.70 |
| 5 | 76 500 | 5.194 | 5.194 | 0.6097 | 0.75 |
| 6 | 110 000 | 3.809 | 3.809 | 0.6153 | 0.75 |
| 7 | 122 000 | 4.185 | 4.185 | 0.6477 | 0.80 |
| 8 | 62 000 | 5.232 | 5.232 | 0.4880 | 0.60 |
| 9 | 7 500 | 5.232 | 5.232 | 0.5029 | 0.70 |
| 10 | 69 000 | 5.232 | 5.232 | 0.4351 | 0.60 |
| 11 | 70 000 | 3.733 | 3.733 | 0.6417 | 0.80 |
| 12 | 82 000 | 4.185 | 4.185 | 0.5675 | 0.75 |
| 13 | 10 000 | 4.439 | 4.439 | 0.4952 | 0.65 |
| 14 | 380 000 | 5.232 | 5.232 | 0.3128 | 0.45 |
| 15 | 62 000 | 4.185 | 4.185 | 0.5029 | 0.70 |

现在有两种类型的织布机，即多臂机和普通机。多臂机能织所有的15种布料，并且能织某些特殊的布料（如格子呢）。每种类型的织布机纺织各种布料的效率见表12-20，生产效率为0表示该种织布机不合适纺织相应的布料。如果某种布料能在两种织布机上纺织，假定它们的纺织效率相等，某种织布机由一种布料换成另一种布料纺织，其所需要的时间忽略不计。Calhoun 纺织厂有普通纺织机90台、多臂机15台。要求：怎样分配织布机、纺织什么样的布料，以及从市场上购买哪些布料，才能使成本达到最小？

20. 背景材料见复习思考题19，利用本章12.7节介绍的办法，找出一个新的最优解。假如能找到这样的最优解，试把它与复习思考题19的最优解进行比较。

21. Orion Fitness 公司生产带有嵌入式芯片的手环，以跟踪穿戴者的活动。该公司在丹佛和杰克逊维尔建有加工厂，生产出来的手环运往位于丹佛和辛辛那提的仓库。然后丹佛和辛辛那提的仓库，负责给芝加哥、奥兰多、休斯敦和小石城的市场供货。每个加工厂运往丹佛、辛辛那提的仓库单位运费（单位：美元/件），以及每个加工厂的生产能力资料见右上表。

由仓库运往各个市场的单位运费（单位：美元/件）及各个市场的需求量（单位：件）资料见右下表。

(1) 构建线性规划模型并进行求解，以使各个市场的需求得到满足且总运输费用最小。

(2) 如果该问题存在最优解，试找出另一个新的最优解，并谈谈你的建议。

| 加工厂 | 运往仓库的单位运费 | | 生产量 |
|---|---|---|---|
| | 丹佛 | 辛辛那提 | |
| 丹佛 | 2 | 3 | 700 |
| 杰克逊维尔 | 3 | 1 | 400 |

| 仓库 | 运往各个市场的单位运费 | | | |
|---|---|---|---|---|
| | 芝加哥 | 奥兰多 | 休斯敦 | 小石城 |
| 丹佛 | 3 | 7 | 4 | 7 |
| 辛辛那提 | 5 | 5 | 7 | 6 |
| 需求量 | 200 | 150 | 350 | 300 |

22. Brendamore 运动公司生产足球和橄榄球，需要对未来6个月中每个月足球和橄榄球的生产数量制订计划。下表是每个月的足球和橄榄球需要量的预测数。

| 月份 | 预测的足球需要量 | 预测的橄榄球需要量 | 月份 | 预测的足球需要量 | 预测的橄榄球需要量 |
|---|---|---|---|---|---|
| 1 | 15 000 | 10 000 | 4 | 5 000 | 5 000 |
| 2 | 25 000 | 15 000 | 5 | 2 500 | 5 000 |
| 3 | 20 000 | 10 000 | 6 | 5 000 | 7 500 |

足球在未来6个月中每个月的生产费用（单位：美元/个）和贮存费用（单位：美元/个），以及橄榄球在未来6个月中每个月的生产费用（单位：美元/个）和贮存费用（单位：美元/个），在右表中给出。

Brendamore 运动公司每个月拥有充足的产能，能够生产32 000个球（包括足球和橄榄球），也具备充足的库存能力每个月月底能够贮存20 000个球（包括足球和橄榄球）。Brendamore 运动公司当前的库存情况是：足球7 000个，橄榄球5 000个。为了能及时满足市场需求，Brendamore 运动公司需要在6个月之后保持足球7 000个、橄榄球5 000个的库存量。

| 月份 | 足球生产费用 | 足球贮存费用 | 橄榄球生产费用 | 橄榄球贮存费用 |
|---|---|---|---|---|
| 1 | 13.80 | 0.69 | 10.85 | 0.54 |
| 2 | 13.90 | 0.70 | 10.55 | 0.53 |
| 3 | 12.95 | 0.65 | 10.50 | 0.53 |
| 4 | 12.60 | 0.63 | 10.50 | 0.53 |
| 5 | 12.55 | 0.63 | 10.55 | 0.53 |
| 6 | 12.70 | 0.64 | 10.00 | 0.50 |

要求：据此制订6个月的生产计划，以保证生产和贮存费用达到最小。

23. 某投资人打算在下一年投资10 000美元，预期的市场状况可能有4种情形，至于哪种市场状况会出现不确定，这或许会影响到该投资人在3种股票和1种债券上的投资。由于该投资人是风险厌恶者，因此不管哪种市场状况出现，该投资人都希望投资收益与最坏的收益尽可能一样好。下表给出了每个投资项目的当前价格，以及不同市场状况下投资项目的估算价格（单位：美元）。

|  | 可能的市场状况 | | | | |
| --- | --- | --- | --- | --- | --- |
|  | 当前价格 | 状况1 | 状况2 | 状况3 | 状况4 |
| 股票A | 4.94 | 4.58 | 3.95 | 5.67 | 5.39 |
| 股票B | 5.88 | 5.24 | 7.28 | 4.82 | 6.22 |
| 股票C | 6.48 | 8.27 | 5.65 | 7.66 | 5.78 |
| 债券D | 2.68 | 2.11 | 2.53 | 2.80 | 2.09 |

要求：构建线性规划模型，并运用Excel的规划求解功能进行求解。谈谈该投资人每种投资项目应该投资多少钱，注意：购买的股份可能带有小数。

24. 某财务经理管理着一笔现金基金，可供选择的投资项目是各种定期存款，也叫CD，具体见右上表。

当然，该财务经理也必须预留充足的基金确保公司未来6个月的开支。右下表列出了该财务经理承担的净支出（单位：1 000美元）。

用于投资的现金，第1个月开始是200 000美元，且在第6个月月末需要使用的最少现金是100 000美元。试建立和求解线性规划模型，在满足所有财务保障的条件下使在未来6个月的利息收入达到最大。（提示：投资从月初开始，每个月月底结算收益。例如，第1个月月初投资1个月期CD，在第1个月月底获取利息，同样第，在第1个月月初投资3个月期CD，在第3个月月底获取利息。）

| 投资项目 | 收益率（%） | 可用性 |
| --- | --- | --- |
| 1个月期CD | 0.5 | 每个月月初 |
| 3个月期CD | 1.75 | 1、2、3、4月月初 |
| 6个月期CD | 2.3 | 第一个月月初 |

| 月份 | 净支出 |
| --- | --- |
| 1 | 45 |
| 2 | (11.00) |
| 3 | 25 |
| 4 | (22.00) |
| 5 | 43 |
| 6 | (15.00) |

注：表中括号中的数字是净流入而不是流出。

25. 某农场种植有机苹果，提供给当地4家专卖店。苹果从果园被采摘后，运到3个分拣中心进行分拣（清洗、分装），然后再运往各个专卖店。因为苹果是鲜活农产品，需要及时分销，所以运费比较高。

左下表、右下表分别是：（1）从果园运到分拣中心的运费和分拣费用（单位：美元/磅）；（2）各个分拣中心每月的库容（单位：磅）；（3）4个专卖店的需求量（单位：磅）；（4）分拣好后的苹果从分拣中心运到各个专卖店的单位运费（单位：美元/磅）。

| 分拣中心 | 从果园运到分拣中心的运费+分拣费 | 每月库容 |
| --- | --- | --- |
| 1 | 0.60 | 300 |
| 2 | 1.20 | 500 |
| 3 | 1.80 | 800 |

|  | 单位运费 | | | |
| --- | --- | --- | --- | --- |
| 分拣中心 | 专卖店1 | 专卖店2 | 专卖店3 | 专卖店4 |
| 1 | 0.80 | 1.10 | 0.70 | 1.40 |
| 2 | 1.20 | 1.10 | 0.50 | 1.40 |
| 3 | 0.20 | 1.40 | 1.30 | 1.70 |
| 每月需求 | 300 | 500 | 400 | 200 |

（1）考虑从果园运到分拣中心的运费和运量、从分拣中心运到各个专卖店的运量和运费，在既能满足市场需求又要使运费最小的前提下，建立线性优化模型并进行求解。

（2）对该问题寻找它的替代最优解，并解释你的结论。

## 案例讨论：投资策略

J. D. Williams 公司是一家从事投资咨询业务的企业，为众多客户管理着多达 12 000 万美元的基金。J. D. Williams 公司通过资产配置模型，为客户提供增长股基金、收益性基金、货币市场基金的投资组合方案。针对每位客户不同特点，也是为了保持每位客户投资组合的差异性，J. D. Williams 公司给每个投资方案中能用于投资 3 种基金的投资额设置了百分比限制。总的原则：投资于增长股基金的投资额占投资组合方案的总投资的 20%~40%，收益性基金的投资额占投资组合方案的总投资的 20%~50%，货币基金的投资额不低于投资组合方案总投资的 30%。

另外，J. D. Williams 公司还对每位客户的风险容忍度进行了评估，以使投资方案更适合投资人的需要。例如，J. D. Williams 公司现在有一位新客户，其拥有 800 000 美元，根据风险容忍度的评估，判定该客户的风险容忍度是 0.05。J. D. Williams 公司对 3 类基金的风险评估：增长股基金的风险是 0.10，收益性基金的风险是 0.07，货币市场基金风险是 0.01。那么投资方案的总体风险，就是 3 种基金风险水平的加权算术平均数，其中使用的权数就是每类基金投资额占相应投资方案投资总额的比重。

J. D. Williams 公司对 3 种基金年收益水平预测的结果：增长股基金 18%，收益性基金 12.5%，货币市场基金 7.5%。根据这些信息，对一位有 800 000 美元的客户，怎样建议将这笔钱分别投资到 3 种基金。

要求：建立线性规划模型，根据该模型求解的结果写出管理分析报告，并要包括如下的几个方面的内容。

1. 说明每类基金分别投资了多少钱，预期的年收益是多少？

2. 假定该客户的风险容忍度增加到 0.055，投资收益会增加多少？投资组合方案会发生怎样的变化？

3. 客户的风险容忍度仍然是 0.05，假定增长股基金的年收益水平下降到 16% 甚至 14%，这时候的投资方案会发生什么样的变化？

4. 因客户对投资到增长股基金的钱表示了某种程度的担心，现在假定投资到增长股的投资额不能超过收益性基金的投资额，这时的投资方案又会发生什么样的改变？

5. 无论预期收益是怎样修改的，运用资产分配模型校正投资组合方案可能是有用的，说说在什么情形下使用所建立的模型是可能的。

# 第13章

# 整数线性优化

**数据分析案例：石油钻井工人运送的优化问题**

Petrobras 公司是巴西最大的企业，在富含石油的坎波斯盆地经营着近 80% 的近海石油开采和勘探业务。对 Petrobras 公司来说，后勤组织和保障是它面临的一个最大问题，这其中就包括每天如何富有效率和安全地把分散住在 4 个陆上基地的员工运送到近海钻井作业平台。该公司的调度人员每天都要规划路线，安排直升机把公司雇员从陆上住地运送到作业面，把下班的员工运送到陆上住地。由于可供选择的路线和人员安排存在各种各样的选择，因此单靠经验往往困难重重。

对此，Petrobras 公司采用了混合整数线性优化方法，来解决人员运送安排和制定行走路线方案。该问题的目标函数是确保交通安全、最大限度地满足需要、最小化运送成本等进行加权综合的结果。由于海上着陆是最大的风险之一，因此需要尽可能地减少海上着陆的次数。另外，需要考虑运送路线和人员编排问题，包括在某个时段离开作业平台的人数，确保直升机和飞行员不存在时间冲突，给飞行员安排合适的休息时间，规定每天每架直升机的飞行次数和飞行路线。这个问题用到的决策变量，有的属于 0-1 变量，如安不安排某架直升机执行接送任务、安不安排某位飞行员休息；有的属于数值型变量，如每班运送的员工数。

和从前运用的人工经验做法相比，使用整数线性优化模型，使得海上着陆次数下降了 18%，飞行次数减少 8%，成本降低了 14%，每年节约开支将近 2 400 万美元。

资源来源：F. Meneaes 等. Optimizing Helicopter Transport of Oil Rig Crews of Petrobras. Interfaces 40, No. 5 (September-October 2010): 408-416.

本章我们将讨论另外一种类型的线性规划问题，其决策变量存在取整数值的要求，我们称之为**整数线性规划**。

本章的定位仅在于介绍整数线性规划模型的应用。13.1 节我们先来介绍整数线性规划的常见类型；13.2 节我们通过一个实例详解纯整数规划的几何特征及其解法；13.3 节介绍如何利用 Excel 规划求解功能求解整数线性规划问题；13.4 节将讨论一些常见的整数线性规划的应用，包括 0－1 整数线性规划、资金预算、固定费用、银行选址、市场份额等；13.5 节将补充介绍如何运用 0－1 变量提高建模的柔性；13.6 节介绍如何产生整数线性规划的替代最优解问题。

## 13.1　整数线性规划的类型

整数线性规划模型与第 12 章介绍的一般线性规划问题的唯一区别在于，前者中的决策变量存在一个或多个有取整数值的要求。如果所有的决策变量都要求取整数值，这就是**纯整数线性规划**问题。下面给出的例子，有两个决策变量，并都要求取整数值，所以属于纯整数线性规划模型。

$$\text{Max} \quad 2x_1 + 3x_2$$
$$\text{s.t.}$$
$$3x_1 + 3x_2 \leqslant 12$$
$$\frac{2}{3}x_1 + x_2 \leqslant 4$$
$$x_1 + 2x_2 \leqslant 6$$
$$x_1, x_2 \geqslant 0, \text{且取整数}$$

对上述模型，如果我们把取整数要求拿掉，那就是我们所熟悉的两变量线性规划问题。所以，一般的线性规划问题，可以看成整数线性规划的放松。从这一点来看，线性规划也可叫作**整数线性规划放松**（LP 放松）的规划。

如果决策变量只有一部分不是全部存在取整数的要求，我们把这样的线性规划问题称作**混合整数线性规划**。以下是混合整数线性规划的一个例子：

$$\text{Max} \quad 3x_1 + 4x_2$$
$$\text{s.t.}$$
$$-x_1 + 2x_2 \leqslant 8$$
$$x_1 + 2x_2 \leqslant 12$$
$$2x_1 + x_2 \leqslant 16$$
$$x_1, x_2 \geqslant 0, \text{且 } x_2 \text{ 取整数}$$

对上述问题，如果把 $x_2$ 取整数的要求拿掉，也能得到放松后的线性规划模型。

在有些场合下，整数决策变量可能取 0 或 1 这样的值，这种线性规划通常叫作 **0－1 整数线性规划**。本章的后面我们将会谈到，通过引进 0－1 变量，能够给模型提供更多的适应性。

## 13.2　整数规划的一个实例

Eastborne 物业公司拥有 200 万美元，可购买新的房产以用于出租。经过初步筛选，

Eastborne 物业公司决定缩小选择范围，只专注于购买联排别墅和公寓式楼房。联排别墅的价格每栋 282 000 美元，有 5 栋可供购买。公寓楼房每套 400 000 美元，想购买多少就能购买多少，没有购量限制。

Eastborne 公司财产部经理每个月能拿出 140 小时投入这些新的项目活动。每个联排别墅业务每个月需要 4 小时，每个公寓楼房每个月需要投入 40 小时。扣除抵押贷款和运营开支，每个联排别墅的年现金流 10 000 美元，每个公寓楼房的年现金流 15 000 美元。Eastborne 物业公司的所有人想要决定分别购买多少联排别墅和公寓楼房，以使年现金流达到最大。

对于这样的问题，我们可以设：

$$T = 联排别墅的购买套数$$
$$A = 公寓楼房的购买套数$$

以现金流（单位：1 000 美元）作为管理对象，则目标函数可以表示成

$$\text{Max } 10T + 15A$$

约束条件分别是：

$$282T + 400A \leq 2\,000 (可用资金)$$
$$4T + 40A \leq 140 (经理工作时间)$$
$$T \leq 5 (联排别墅购量)$$

决策变量 $T$ 和 $A$ 必定是非负的，另外，联排别墅和公寓楼房的购买套数不可能带有小数，所以它们的取值只能是整数。因此，我们得到了 Eastborne 物业公司的纯整数线性规划模型：

$$\text{Max } 10T + 15A$$
s. t.
$$282T + 400A \leq 2\,000$$
$$4T + 40A \leq 140$$
$$T \leq 5$$
$$T, A \geq 0, 且取整数$$

上述模型是两个决策变量的整数线性规划，我们可以用图解法进行求解。

绘制出来的图像如图 13-1 所示。

图 13-1 的阴影部分，是放松后没有取整数要求的一般线性规划的可行域，其最优解位于 $b$ 点，它是经理人员的时间约束和可利用资金约束方程的交汇点，由此解出来的决策变量的值分别是：$T = 2.479$，$A = 3.252$，此时的目标函数值是 73 574 美元。显然，联排别墅购买 2.479 套、公寓楼房购买 3.252 套是不符合常理的。

在很多场合，人们对非整数解往往采取四舍五入处理，以得到可接受的整数值。例如，某个生产计划问题的线性规划的解是需要加工 15 132.4 份早餐麦片，对此进行四舍五入取整得到 15 132，这样做可能对目标函数值影响不大，或许也不会影响到解的可行性。对大多数人来说，四舍五入取整可能被认为是理所当然的处理方法，这在对目标函数值影响不大并且不违反约束条件的前提下，确实是可以接受的，毕竟能获得一个接近最优的解。

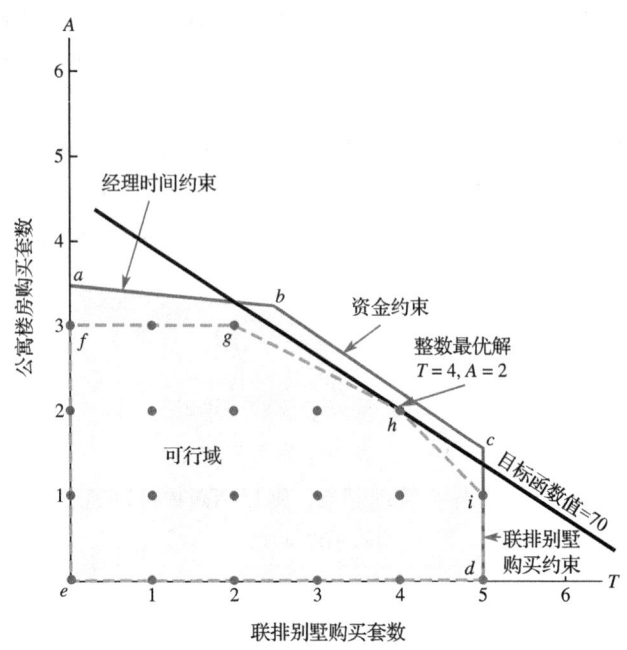

图 13-1 Eastborne 物业公司问题的可行域

然而，四舍五入的做法并非总是上策。当决策变量取的值较小，或者对目标函数值有比较大的影响，或者四舍五入处理有可能出现不可行解时，我们就不得不重新去寻找整数最优解了。现在我们仍然以 Eastborne 物业公司的问题作为例子，检查四舍五入做法的影响，该问题取整放松后的最优解是联排别墅购买套数 $T = 2.479$、公寓房购买套数 $A = 3.252$。由于每套联排别墅价值 282 000 美元、每套公寓房价值 400 000 美元，对此最优解进行四舍五入取整处理，可能就会产生实质性的经济影响。

假定我们把取整放松后的线性规划的最优解进行四舍五入以获得整数解，即把 $T = 2.479$ 取成 2、把 $A = 3.252$ 取成 3，这时的目标函数值是：$2 \times 10\ 000 + 3 \times 15\ 000 = 65\ 000$（美元），远小于取整放松后的线性规划最优解时的目标函数值 73 574 美元。如果把 $T = 2.479$ 取成 3、把 $A = 3.252$ 取成 3，此时需要 $282\ 000 \times 3 + 400\ 000 \times 3 = 2\ 046\ 000$（美元）资金，超过了 2 000 000 美元的可用基金，意味着这样的四舍五入得到的整数解不可行。同样的原因，如果把 $T = 2.479$ 取成 2、把 $A = 3.252$ 取成 4，这时的解也变得不可行了。所以，用四舍五入取整的做法，只不过是权宜之计，并不符合数理逻辑的规则。

通过四舍五入法获得整数解是一种试错的方法，每个通过四舍五入得到的解都需要评估它是否可行。即使四舍五入得到的整数解是可行的，我们也不能保证这样的解就一定是最优整数解，我们很快将会看到四舍五入得到的解（$T = 2$、$A = 3$）不是 Eastborne 物业公司问题的最优解。

对 Eastborne 物业公司的问题，它的真正可行域是什么呢？该问题的可行域是其取整约束放松后对应的线性规划可行域中的一些离散的整数点，详见图 13-1。由图 13-1 可知，Eastborne 物业公司问题的可行解存在 20 个左右的点（图 13-1 中用圆点标示），由虚线标出的界限范围,就是由一系列可行整数解构成的**凸包**。图 13-1 中的凸包,有一些整数顶点,如 $d$、$e$、$f$、$g$、$h$、$i$。这时可以运用前面我们介绍过的方法,通过比较顶点处的目标函数值获得最优的整数解。

现在我们来比较凸包中各个顶点的目标函数值:

| 顶点 | $T=$ | $A=$ | 年现金流(单位:1 000 美元) $=$ |
|---|---|---|---|
| $d$ | 5 | 0 | $10 \times 5 + 15 \times 0 = 50$ |
| $e$ | 0 | 0 | $10 \times 0 + 15 \times 0 = 0$ |
| $f$ | 0 | 3 | $10 \times 0 + 15 \times 3 = 45$ |
| $g$ | 2 | 3 | $10 \times 2 + 15 \times 3 = 65$ |
| $h$ | 4 | 2 | $10 \times 4 + 15 \times 2 = 70$ |
| $i$ | 5 | 1 | $10 \times 5 + 15 \times 1 = 65$ |

由图 13-1 可知,目标函数的等值线显示 $h$ 点处是最优解,即联排别墅 $T=4$、公寓楼房 $A=2$,对应的目标函数值是 70 000 美元。这个结果确实比四舍五入 $T=2$、$A=4$ 时的目标函数值 65 000 美元好。通过这个事例也再一次说明,用四舍五入得到整数解并非好的做法。

**注释与点评**

1. 从对 Eastborne 物业公司问题的分析中,我们能得到一个重要的发现,这就是最优整数解时的目标函数值与取整放松后的线性规划目标函数值之间存在一定的关系。对求极大化的整数线性规划问题,取整放松后的线性规划问题的最优目标值,是整数线性规划最优目标值的上界。以 Eastborne 物业公司问题为例,其整数最优解时的目标函数值是 70 000 美元,对应的取整放松后的线性规划最优解时的目标函数值是 73 574 美元。显然,上述结论是正确的,也就是取整放松后线性规划最优解时目标函数值 73 574 美元,是相应的整数线性规划目标值的上界。对求极小化的整数线性规划问题,取整放松后的线性规划最优解时的目标函数值,是对应的整数线性规划问题最优解时目标函数值的下界。

2. 求解整数线性规划,有两个比较常用的方法:一个是分枝定界法;另一个是割平面法。这两种方法都是通过求解一系列取整放松后的线性规划问题以获得整数最优解。其中,分枝定界法把取整放松后的线性规划问题的可行域划分成更小的可行域,直至该小的可行域存在整数解,或者能决定所得到的解不能再划分成更小的可行域。割平面法通过添加一系列新的不排除整数可行解的约束,不断识别出整数可行解以得到整数线性规划问题的最优解。许多优化软件包括 Excel 规划求解功能,在求解整数线性规划模型时,都采用了这两种求解方法。

## 13.3 运用 Excel 求解整数优化问题

在 Excel 中求解整数线性规划,其所用到的公式和求解方法,与我们在第 12 章介绍的线性规划求解过程非常类似,只不过在求解参数设定和求解选项选择的时候,需要增加一些额外的信息。在求解参数对话框中,必须增加决策变量的整数约束。

下面，我们用 Eastborne 物业公司问题的例子，说明如何运用 Excel 规划求解功能进行整数线性规划模型的求解。

Eastborne 物业公司问题的电子表格模型如图 13-2 所示。

|   | A | B | C | D | E | F | G |
|---|---|---|---|---|---|---|---|
| 1 | Eastborne Realty Problem | | | | | | |
| 2 | Parameters | | | | | | |
| 3 | | Townhouse | Apt. Bldg. | | | | |
| 4 | Price (000) | 282 | 400 | | | Funds Avl. ($000) | 2000 |
| 5 | Mgr. Time | 4 | 40 | | | Mgr. Time Avl. (Hours) | 140 |
| 6 | | | | | | Townhouses Avl. | 5 |
| 7 | Ann. Cash Flow ($000) | 10 | 15 | | | | |
| 8 | | | | | | | |
| 9 | | | | | | | |
| 10 | | | | | | | |
| 11 | Model | | | | | | |
| 12 | | | Number of | | | | |
| 13 | | Townhouses | Apt. Bldgs. | | | | |
| 14 | Purchase Plan | 4 | 2 | | | Total Used | Total Available |
| 15 | | | | | | Funds ($000) =SUMPRODUCT(B4:C4,$B$14:$C$14) | =G4 |
| 16 | | | | | | Funds (Hours) =SUMPRODUCT(B5:C5,$B$14:$C$14) | =G5 |
| 17 | Max Cash Flow ($000) | =SUMPRODUCT(B7:C7,B14:C14) | | | | Townhouses =B14 | =G6 |
| 18 | | | | | | | |

|   | A | B | C | D | E | F | G | H |
|---|---|---|---|---|---|---|---|---|
| 1 | Eastborne Realty Problem | | | | | | | |
| 2 | Parameters | | | | | | | |
| 3 | | Townhouse | Apt. Bldg. | | | | | |
| 4 | Price (000) | $282 | $400 | | | Funds Avl. ($000) | $2,000 | |
| 5 | Mgr. Time | 4 | 40 | | | Mgr. Time Avl. (Hours) | 140 | |
| 6 | | | | | | Townhouses Avl. | 5 | |
| 7 | Ann. Cash Flow ($000) | $10 | $15 | | | | | |
| 8 | | | | | | | | |
| 9 | | | | | | | | |
| 10 | | | | | | | | |
| 11 | Model | | | | | | | |
| 12 | | | Number of | | | | | |
| 13 | | Townhouses | Apt. Bldgs. | | | | | |
| 14 | Purchase Plan | 4 | 2 | | | Total Used | Total Available | |
| 15 | | | | | | Funds ($000) | $1,928 | $2,000 |
| 16 | | | | | | Time (Hours) | 96 | 140 |
| 17 | Max Cash Flow ($000) | $70 | | | | Townhouses | 4 | 5 |
| 18 | | | | | | | | |

图 13-2　Eastborne 物业公司问题的电子表格模型

接下来，我们对图 13-2 中的一些关键元素进行说明，并详细介绍如何求出最优解，以及对得到的解如何进行认识等。

图 13-2 中的 A1:G7 是决策参数和相应的命名，工作表下方的单元格，包括决策变量所在的单元格（B14:C14）、目标函数值所在的单元格（B17）、约束方程左边项值所在的单元格（F15:F17）、约束方程右边项值所在的单元格（G15:G17），是通过运行 Excel 规划求解功能所得到的结果。其中：B17 = SUMPRODUCT(B7:C7,B14:C14)，F15 = SUMPRODUCT(B4:C4,$B$14:$C$14)，F16 复制 F15 并粘贴，F17 = B14，G15 = G4，G16 = G5，G17 = G6。

运用 Excel 规划求解功能的求解操作步骤是：

第一步，单击功能区中的**数据**（Data）。

第二步，在**分析**（Analysis）模块中，单击**求解**（Solver）。

第三步，当出现**求解参数**（Solver Parameters）对话框（见图 13-3）时，把"B17"输入**设置目标**（Set Objective）框，选定**求极大值**（Max），把"B14:C14"输入**通过改变变量**（By Changing Variable Cells）框。

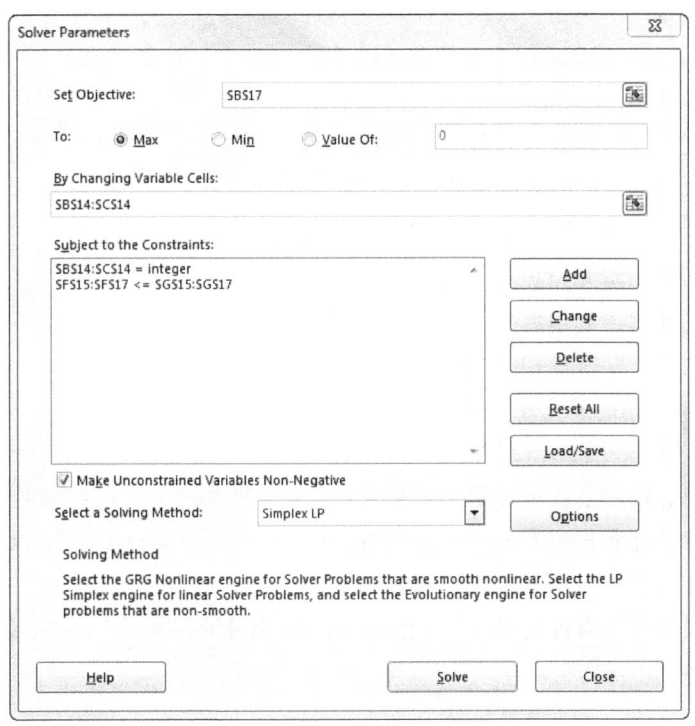

图 13-3　Solver Parameters 求解对话框

第四步，单击**添加**（Add）按钮，当出现**添加约束**（Add Constraint）对话框时，将 B14:C14 输入**参考单元格**（Cell Reference）框，从下拉式菜单中选择**整数**（int）。

第五步，单击**添加**（Add）按钮，当出现**添加约束**（Add Constraint）对话框时，将 F15:F17 输入**参考单元格**（Cell Reference）框，从下拉式菜单中选择≤，将 G15:G17 输入**约束**（Constraint）框，单击**确定**（OK）按钮。

在**求解参数**（Solver Parameters）对话框中，对 0 – 1 整数变量选择 bin 即可。

第六步，选定**非负约束**（Make Unconstrained Variables Non-Negative），从**求解方法**（Select a Solving Method）的下拉式菜单中选择**单纯形线性规划**（Simplex LP）。

第七步，单击**选项**（Options），从弹出的对话框中，选择**所有方法**（All Methods），设定**整数最优性**（Integer Optimality）为 0（见图 13-4），单击**确定**（OK）按钮。

第八步，当再次出现**求解参数**（Solver Parameters）对话框（见图 13-3）时，点击**求解**（Solver）。

第九步，当**求解结果**（Solver Results）对话框出现时，在**报告**（Reports）中选择**答案**（Answer），最后单击**确定**（OK）按钮。

图 13-5 给出了 Eastborne 物业公司问题的求解结果报告。

把图 13-5 与第 12 章的求解结果报告比较一下，我们不难发现，不论是一般的线性规划还是整数线性规划，Excel 规划求解功能的求解结果报告在形式上是非常相似的。图 13-5 的第一部分是有关目标函数的信息，例如，目标函数值所在的单元格 B17，求出的目标函数的最优值 70 000 美元。图 13-5 的第二部分是决策变量的有关信息，包括决策变量所在的单元格位置、决策变量的名称、决策变量的初始值和最终值，以及决策变量取值的整数性说明。根据图 13-5 的报告，我们知道 Eastborne 物业公司的最优方案是购进 4 套联排别墅、2 套公寓楼房。图 13-5 的第三部分是有关约束条件的信息，说明了在最优解下约束条件的状态，例如，我们能看出所有的 3 个约束方程都不是紧约束，在松弛变量所在的列，我们知道预算约束有 72 000 美元没有得到利用，工作时间有 44 小时没有被利用起来，能够购买的 5 套联排别墅还剩一套不需购买。

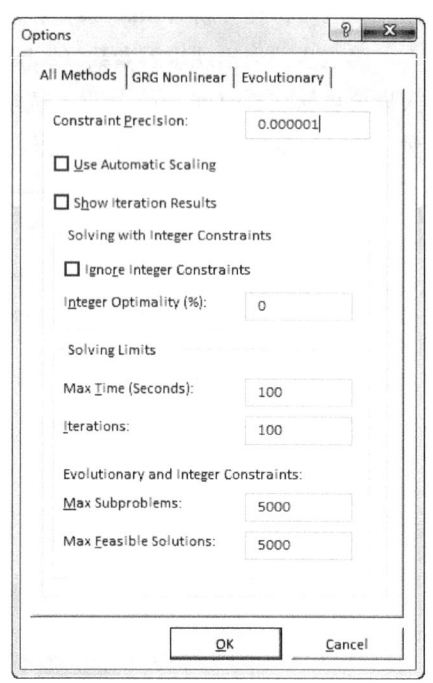

图 13-4　求解选项对话框

| | A | B | C | D | E | F | G |
|---|---|---|---|---|---|---|---|
| 13 | | | | | | | |
| 14 | Objective Cell (Max) | | | | | | |
| 15 | | Cell | Name | Original Value | Final Value | | |
| 16 | | $B$17 | Max Cash Flow ($000) | $0 | $70 | | |
| 17 | | | | | | | |
| 18 | | | | | | | |
| 19 | Variable Cells | | | | | | |
| 20 | | Cell | Name | Original Value | Final Value | Integer | |
| 21 | | $B$14 | Purchase Plan Townhouses | 0 | 4 | Integer | |
| 22 | | $C$14 | Purchase Plan Apt. Bldgs. | 0 | 2 | Integer | |
| 23 | | | | | | | |
| 24 | | | | | | | |
| 25 | Constraints | | | | | | |
| 26 | | Cell | Name | Cell Value | Formula | Status | Slack |
| 27 | | $F$15 | Funds ($000) Total Used | $1,928 | $F$15<=$G$15 | Not Binding | 72 |
| 28 | | $F$16 | Time (Hours) Total Used | 96 | $F$16<=$G$16 | Not Binding | 44 |
| 29 | | $F$17 | Townhouses Total Used | 4 | $F$17<=$G$17 | Not Binding | 1 |
| 30 | $B$14:$C$14=Integer | | | | | | |
| 31 | | | | | | | |

图 13-5　Eastborne 物业公司问题的求解结果报告

正如本例所示和我们在图 13-1 所看到的，与一般的线性规划有所不同，整数线性规划在获得最优解时，其约束方程往往都不是紧约束。

我们在第 12 章中讨论的敏感性分析，在整数线性规划中就没有用了。由于整数优化问题解的离散性，不可能轻易地能计算出目标函数系数变化的范围、影子价格，以及约束方程右边项取值的变化范围。然而，这并不意味着对于整数线性规划做敏感性分析就不重要。相反，比起一般的线性规划，对整数线性规划做敏感性分析时常也是更为重要的。对于整数线性规划问题，约束系数的一个微小的变化，有可能会带来最优值比较大的变动。为了明白其中的原因，我们来考虑如下的规划问题：

$$\text{Max} \quad 40x_1 + 60x_2 + 70x_3 + 160x_4$$
$$\text{s. t.}$$
$$16x_1 + 35x_2 + 45x_3 + 85x_4 \leqslant 100$$
$$x_1, x_2, x_3, x_4 = 0, 1$$

对上述问题，其最优解是：$x_1 = 1$，$x_2 = 1$，$x_3 = 1$，$x_4 = 0$，目标函数值是 170。现在假定约束方程的右边项值增加了一个单位，即把 100 改变成 101，这时的最优解是：$x_1 = 1$，$x_2 = 0$，$x_3 = 0$，$x_4 = 1$，目标函数值是 200。比较一下便知，约束方程右边项改变一个单位，目标函数值就产生了 30 个单位的变动。所以，当约束条件对最优解起着突出的敏感性作用的时候，我们建议最好还是重新对模型进行求解。

> 对整数线性规划问题，Excel 规划求解功能一般不报告敏感性分析结果。如果要考查决策参数变化对整数线性规划解的影响，最好针对改变后的模型重新进行求解。

●———○———●———○———● 注释与点评 ●———○———●———○———●

对整数线性规划问题，利用软件进行求解所需要的时间有很大的变异性。如果某个整数线性规划不能在一个合理的时间里找出它的最优解，这时软件中的"整数最优性"（Integer Optimality）有可能被自动重新设定在 5%，甚至更大的值，这样一旦找到渐进最优解，计算机就会停止搜索过程。对此，除非我们有经验能判断运算的时间，否则我们建议把"整数最优性"设定为 0。

## 13.4　0-1 变量的应用

在模型中引入 0-1 变量，可以增加整数线性规划建模的灵活性。在许多应用场合，通过 0-1 变量，可以把我们想采取的活动设定为 1，把我们不想采取的活动设定为 0。如资本投资预算编制、分布系统设计、银行选址等问题，都有可能会用到 0-1 变量。

### 13.4.1　资金预算问题

Ice-Cold 制冷公司正打算在几个项目上进行投资，这些项目在未来的 4 年多时间里，对资本需求有一定的变化性。由于该公司每年的资金量有限，公司管理人员希望能挑选出获利性好且又有承受能力的项目进行投资。每个项目的净现值、每个项目需要的投资规模、Ice-Cold 制冷公司未来 4 年里可以利用的资金由表 13-1 给出。

表 13-1 净现值、需要的投资规模、可利用的资金 （美元）

| 现值 | 项目 | | | | 可利用总资金 |
|---|---|---|---|---|---|
| | 扩建厂房 | 扩建库容 | 购买设备 | 开发新产品 | |
| 第 1 年需要的资金 | 90 000 | 40 000 | 10 000 | 37 000 | — |
| 第 2 年需要的资金 | 15 000 | 10 000 | 10 000 | 15 000 | 40 000 |
| 第 3 年需要的资金 | 20 000 | 15 000 | — | 10 000 | 50 000 |
| 第 4 年需要的资金 | 20 000 | 20 000 | — | 10 000 | 40 000 |
| 第 5 年需要的资金 | 15 000 | 5 000 | 4 000 | 10 000 | 35 000 |

我们设立如下的 4 个 0-1 变量：

$P = 1$ 表示扩建厂房，0 表示不扩建厂房

$W = 1$ 表示扩建库容，0 表示不扩建库容

$M = 1$ 表示购买设备，0 表示不购买设备

$R = 1$ 表示开发新产品，0 表示不开发新产品

在**资金预算问题**中，Ice-Cold 制冷公司希望能获得最大化的净现值，该问题有 4 个约束，也就是未来 4 年中每年可以利用的资金规模。由给定的背景资料建立的 0-1 整数线性规划模型为

$$\text{Max} \quad 90P + 40W + 10M + 37R$$

s. t.

$$15P + 10W + 10M + 15R \leq 40 \,(\text{第 1 年可用资金})$$
$$20P + 15W \quad\quad\quad + 10R \leq 50 \,(\text{第 2 年可用资金})$$
$$20P + 20W \quad\quad\quad + 10R \leq 40 \,(\text{第 3 年可用资金})$$
$$15P + 5W + 4M + 10R \leq 35 \,(\text{第 4 年可用资金})$$
$$P, W, M, R = 0, 1$$

式中，数字单位是 1 000 美元。

Ice-Cold 制冷公司的电子表格模型及 Excel Solver 的求解对话框如图 13-6 所示。

图 13-6 中单元格 B24:B27 及 D16，都是根据 SUMPRODUCT 函数计算出来的。运用 Excel 规划求解功能求解，得到的结果报告如图 13-7 所示。

由图 13-7 可知，Ice-Cold 制冷公司问题的最优解是：$P = 1$，$W = 1$，$M = 1$，$R = 0$，总净现值是 140 000 美元。这说明，在给定的条件下，Ice-Cold 制冷公司应该选择扩建厂房、扩建扩容、购买设备、不进行新产品开发。由图 13-7 的松弛变量的值，Ice-Cold 制冷公司第 1 年剩余了 5 000 美元，第 2 年剩余了 15 000 美元，第 4 年剩余了 11 000 美元。通过资金利用情况的检查，第 2 年和第 4 年该公司有充足的资金可用于新产品的研发。但 Ice-Cold 制冷公司也必须在第 1 年和第 3 年再额外各筹集 10 000 美元，以配合用于新产品的开发。

| | A | B | C | D | E | F | G |
|---|---|---|---|---|---|---|---|
| 1 | **Ice-Cold Refrigerator** | | | | | | |
| 2 | **Parameters** | | | | | | |
| 3 | | | | Financial Data ($1000s) | | | |
| 4 | | | Plant | Warehouse | New | New Prod. | |
| 5 | | | Expansion | Expansion | Machinery | Research | Capital |
| 6 | | Net Present Value | $90 | $40 | $10 | $37 | Available |
| 7 | | Year 1 Capital | $15 | $10 | $10 | $15 | $40 |
| 8 | | Year 2 Capital | $20 | $15 | | $10 | $50 |
| 9 | | Year 3 Capital | $20 | $20 | | $10 | $40 |
| 10 | | Year 4 Capital | $15 | $5 | $4 | $10 | $35 |
| 11 | | | | | | | |
| 12 | | | | | | | |
| 13 | | | | | | | |
| 14 | **Model** | | | | | | |
| 15 | | | | | | | |
| 16 | | Net Present Value ($1000s) | | $140.00 | | | |
| 17 | | | | | | | |
| 18 | | | Plant | Warehouse | New | New Prod. | |
| 19 | | | Expansion | Expansion | Machinery | Research | |
| 20 | | Investment Plan | 1 | 1 | 1 | 0 | |
| 21 | | | | | | | |
| 22 | | Amount ($1000s) | | | | | |
| 23 | | Spent | Available | | | | |
| 24 | Year 1 | $35 | $40 | | | | |
| 25 | Year 2 | $35 | $50 | | | | |
| 26 | Year 3 | $40 | $40 | | | | |
| 27 | Year 4 | $24 | $35 | | | | |

MODEL file
IceCold

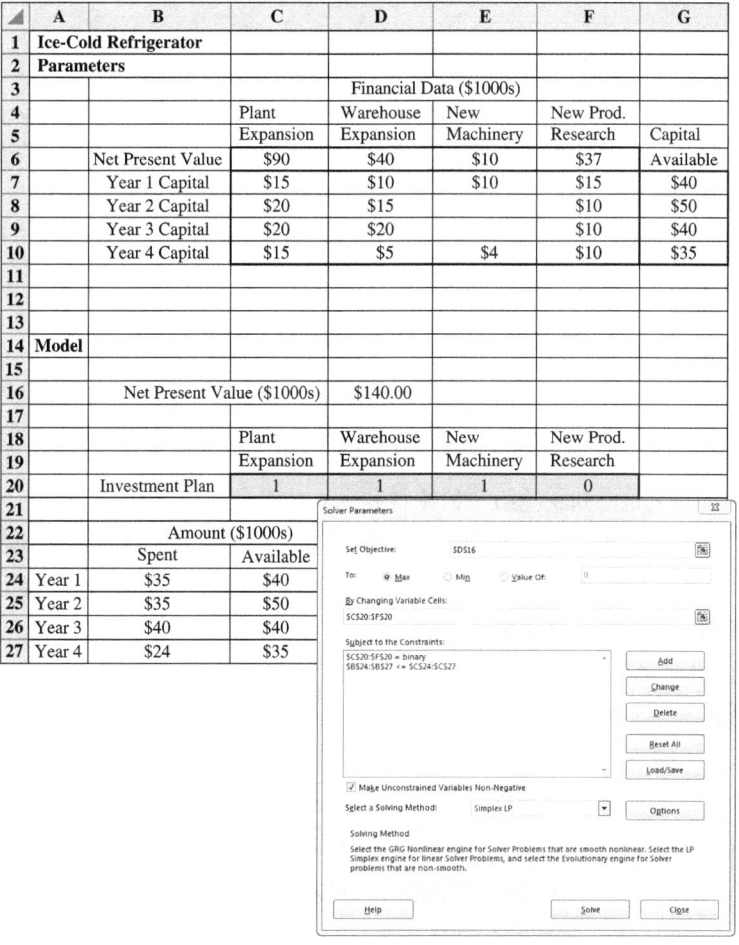

图 13-6　Ice-Cold 制冷公司的电子表格模型及 Excel Solver 的求解对话框

| | A | B | C | D | E | F | G |
|---|---|---|---|---|---|---|---|
| 13 | | | | | | | |
| 14 | Objective Cell (Max) | | | | | | |
| 15 | | **Cell** | **Name** | **Original Value** | **Final Value** | | |
| 16 | | $D$16 | Net Present Value ($1000s) Expansion | $0.00 | $140.00 | | |
| 17 | | | | | | | |
| 18 | | | | | | | |
| 19 | Variable Cells | | | | | | |
| 20 | | **Cell** | **Name** | **Original Value** | **Final Value** | **Integer** | |
| 21 | | $C$20 | Investment Plan Plant Expansion | 0 | 1 | Binary | |
| 22 | | $D$20 | Investment Plan WH Expansion | 0 | 1 | Binary | |
| 23 | | $E$20 | Investment Plan Machinery | 0 | 1 | Binary | |
| 24 | | $F$20 | Investment Plan Research | 0 | 0 | Binary | |
| 25 | | | | | | | |
| 26 | | | | | | | |
| 27 | Constraints | | | | | | |
| 28 | | **Cell** | **Name** | **Cell Value** | **Formula** | **Status** | **Slack** |
| 29 | | $B$24 | Year 1 Spent | $35 | $B$24<=$C$24 | Not Binding | 5 |
| 30 | | $B$25 | Year 2 Spent | $35 | $B$25<=$C$25 | Not Binding | 15 |
| 31 | | $B$26 | Year 3 Spent | $40 | $B$26<=$C$26 | Binding | 0 |
| 32 | | $B$27 | Year 4 Spent | $24 | $B$27<=$C$27 | Not Binding | 11 |
| 33 | | $C$20:$F$20=Binary | | | | | |
| 34 | | | | | | | |

图 13-7　Ice-Cold 制冷公司问题的求解报告

## 13.4.2 固定费用问题

生产成本由两部分组成：一个是置办成本，也就是所谓的固定费用；另一个是可变成本，与生产的数量发生直接的关系。在生产问题中，通过引进 0-1 变量，有可能会将置办成本包含在分析模型中。

在此，我们以 RMC 公司为例来说明**固定费用问题**。该公司有 3 种原料可用于生产 3 种产品，即燃油添加剂、溶剂、地毯清洗液。决策变量可以设成：

$$F = 燃油添加剂生产量$$
$$S = 溶剂生产量$$
$$C = 地毯清洗液生产量$$

每吨燃油添加剂可以获利 40 美元，每吨溶剂获利 30 美元，每吨地毯清洗液获利 50 美元。每吨燃油添加剂是由 0.4 吨第一种原料和 0.6 吨第三种原料混合加工出来的，每吨溶剂需要第一种原料 0.5 吨、第二种原料 0.2 吨、第三种原料 0.3 吨，每吨地毯清洗液需要第一种原料 0.6 吨、第二种原料 0.1 吨、第三种原料 0.3 吨。RMC 公司现有第一种原料 20 吨、第二种原料 5 吨、第三种原料 21 吨。

对于 RMC 公司的问题，建立的线性规划模型如下：

$$\text{Max} \quad 40F + 30S + 50C$$

s.t.

$$0.4F + 0.5S + 0.6C \leq 20 \text{（第一种原料）}$$
$$0.2S + 0.1C \leq 5 \text{（第二种原料）}$$
$$0.6F + 0.3S + 0.3C \leq 21 \text{（第三种原料）}$$
$$F, S, C \geq 0$$

通过运行 Excel 的规划求解功能，得到上述问题的最优解：$F = 27.5$，$S = 0$，$C = 15$，目标函数值 1 850 美元。

对 RMC 公司建立的上述模型，没有把产品生产的固定费用考虑进来。假定我们还采集到了如下的每种产品的固定费用，以及每种产品的最大生产量资料（见表 13-2）。这时可以通过引进 0-1 变量，把产品生产的固定费用也纳入模型。设

**表 13-2 每种产品的固定费用、最大生产量资料**

| 产品 | 固定费用（美元） | 最大产量（吨） |
|---|---|---|
| 燃油添加剂 | 200 | 50 |
| 溶剂 | 50 | 25 |
| 地毯清洗剂 | 400 | 40 |

$$SF = 1 \text{ 表示生产燃油添加剂}, 0 \text{ 表示不生产燃油添加剂}$$
$$SS = 1 \text{ 表示生产溶剂}, 0 \text{ 表示不生产溶剂}$$
$$SC = 1 \text{ 表示生产地毯清洗剂}, 0 \text{ 表示不生产地毯清洗剂}$$

根据这样设立的变量，RMC 公司总的固定费用可以表示成：

$$200SF + 50SS + 400SC$$

包含了固定费用的目标函数为

$$\text{Max } 40F + 30S + 50C - 200SF - 50SS - 400SC$$

把固定费用考虑进目标函数后，这时的目标函数表示的是净利润。

某种产品要不要生产，如果生产的话其生产规模不能超过最大产能，因此我们尚需在模型中增加如下的约束条件：

$$F \leqslant 50SF$$
$$S \leqslant 25SS$$
$$C \leqslant 40SC$$

综合起来，考虑固定费用和生产能力之后，RMC 公司问题的线性规划模型为

Max $\quad 40F + 30S + 50C - 200SF - 50SS - 400SC$

s. t.

$$0.4F + 0.5S + 0.6C \leqslant 20$$
$$0.2S + 0.1C \leqslant 5$$
$$0.6F + 0.3S + 0.3C \leqslant 21$$
$$F \leqslant 50SF$$
$$S \leqslant 25SS$$
$$C \leqslant 40SC$$
$$F, S, C \geqslant 0; SF, SS, SC = 0, 1$$

RMC 公司问题改造后的模型的电子表格编写，以及 Excel Solver 的求解对话框如图 13-8 所示。

| | A | B | C | D | E |
|---|---|---|---|---|---|
| 1 | RMC | | | | |
| 2 | Parameters | | | | |
| 3 | | | Material Requirements (tons) | | |
| 4 | | Fuel | Solvent | Cleaning | Tons |
| 5 | Materials | Additive | Base | Fluid | Available |
| 6 | Material 1 | 0.4 | 0.5 | 0.6 | 20 |
| 7 | Material 2 | | 0.2 | 0.1 | 5 |
| 8 | Material 3 | 0.6 | 0.3 | 0.3 | 21 |
| 9 | Profit per Ton | $40 | $30 | $50 | |
| 10 | Setup Cost | $200 | $50 | $400 | |
| 11 | Capacity (Tons) | 50 | 25 | 40 | |
| 12 | | | | | |
| 13 | | | | | |
| 14 | Model | | | | |
| 15 | | | | | |
| 16 | | | | | |
| 17 | | Max Net Profit | $1,350.00 | | |
| 18 | | | | | |
| 19 | | | | | |
| 20 | | | Fuel | Solvent | Cleaning |
| 21 | Tons Produced | | 25.0 | 20.0 | 0.0 |
| 22 | Setup | | 1 | 1 | 0 |
| 23 | | | | | |
| 24 | | | | | |
| 25 | | | | Used | Available |
| 26 | | | Material 1 | 20 | 20 |
| 27 | | | Material 2 | 4 | 5 |
| 28 | | | Material 3 | 21 | 21 |
| 29 | | | | | |
| 30 | | | | Tons Produced | Max Tons |
| 31 | | | Max F | 25 | 50 |
| 32 | | | Max S | 20 | 25 |
| 33 | | | Max C | 0.0 | 0 |

图 13-8 RMC 公司问题改造后模型的 Excel Solver 对话框

图 13-8 中，单元格 C26:C28 使用了 SUMPRODUCT 函数。单元格 C31、C32、C33 是产品的生产能力和相应的 0-1 变量相乘得到的，例如，C31 = B11 × B22，C32 = C11 × C22，C33 = D11 × D22。

RMC 公司问题改造后模型的 Excel 规划求解功能求解结果报告如图 13-9 所示。

| | B | C | D | E | F | G |
|---|---|---|---|---|---|---|
| 13 | | | | | | |
| 14 | Objective Cell (Max) | | | | | |
| 15 | Cell | Name | Original Value | Final Value | | |
| 16 | $C$17 | Max Net Profit | $0.00 | $1,350.00 | | |
| 17 | | | | | | |
| 18 | | | | | | |
| 19 | Variable Cells | | | | | |
| 20 | Cell | Name | Original Value | Final Value | Integer | |
| 21 | $B$21 | Tons Produced Fuel | 0.0 | 25.0 | Contin | |
| 22 | $C$21 | Tons Produced Solvent | 0.0 | 20.0 | Contin | |
| 23 | $D$21 | Tons Produced Cleaning | 0.0 | 0.0 | Contin | |
| 24 | $B$22 | Setup Fuel | 0 | 1 | Binary | |
| 25 | $C$22 | Setup Solvent | 0 | 1 | Binary | |
| 26 | $D$22 | Setup Cleaning | 0 | 0 | Binary | |
| 27 | | | | | | |
| 28 | | | | | | |
| 29 | Constraints | | | | | |
| 30 | Cell | Name | Cell Value | Formula | Status | Slack |
| 31 | $C$26 | Material 1 Used | 20 | $C$26<=$D$26 | Binding | 0 |
| 32 | $C$27 | Material 2 Used | 4 | $C$27<=$D$27 | Not Binding | 1 |
| 33 | $C$28 | Material 3 Used | 21 | $C$28<=$D$28 | Binding | 0 |
| 34 | $C$31 | Max F Tons Produced | 25 | $C$31<=$D$31 | Not Binding | 25 |
| 35 | $C$32 | Max S Tons Produced | 20 | $C$32<=$D$32 | Not Binding | 5 |
| 36 | $C$33 | Max C Tons Produced | 0.0 | $C$33<=$D$33 | Binding | 0 |
| 37 | $B$22:$D$22=Binary | | | | | |
| 38 | | | | | | |

图 13-9 RMC 公司问题改造后模型的 Excel Solver 求解报告

由图 13-9 可知，RMC 公司问题改造后模型的最优解是：燃油添加剂生产 25 吨，溶剂生产 20 吨，地毯清洗剂不生产，目标函数值是 1 350 美元。在这个最优解下，RMC 公司需要花费的固定费用是：200 + 50 = 250（美元）。

通过上面的例子我们能看出，把固定费用引入分析模型，其中的关键一点是要设立 0-1 变量，并确定相应生产规模的上限。假定 $x$ 是生产数量，$M$ 为最大生产能力，$y=1$ 表示生产该产品，$y=0$ 表示不生产该产品，则约束条件一般可以表示成 $x \leq My$。

## 13.4.3 银行选址问题

俄亥俄信托公司的战略规划部正在制定一项规划，打算在俄亥俄东北部 20 个县拓展业务（见图 13-10）。

目前，俄亥俄信托公司在这 20 个县尚没有一个业务经营办公场所。根据俄亥俄州的法律规定，某家银行只要设立了一个办公场所（PPB），就可以在该地方以及与其邻近的县开设分行。可是俄亥俄信托公司要想建立一个新的公共场所，需要获得该州银行监管部门的批准，或者在该州收购一家银行。

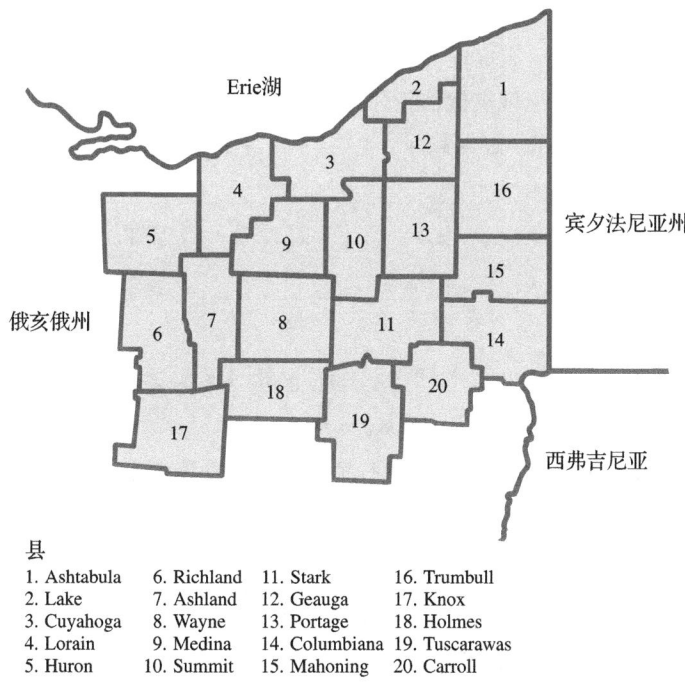

县
1. Ashtabula      6. Richland      11. Stark         16. Trumbull
2. Lake           7. Ashland       12. Geauga        17. Knox
3. Cuyahoga       8. Wayne         13. Portage       18. Holmes
4. Lorain         9. Medina        14. Columbiana    19. Tuscarawas
5. Huron         10. Summit        15. Mahoning      20. Carroll

图 13-10 俄亥俄信托公司的业务规划图

表 13-3 列示了俄亥俄州东北部的 20 个县及彼此相邻的县，比如：与 Ashtabula 县相邻的县有 Lake、Geauga、Trumbull，与 Lake 县相邻的县有 Ashtabula、Geauga 和 Cuyahoga。

表 13-3 俄亥俄州东北部 20 个县及相邻的县

| 可设立办公场所的县 | 邻近的县（用代码表示） | 可设立办公场所的县 | 邻近的县（用代码表示） |
| --- | --- | --- | --- |
| 1. Ashtabula | 2, 12, 16 | 11. Stark | 8, 10, 13, 14, 15, 18, 19, 20 |
| 2. Lake | 1, 3, 12 | 12. Geauga | 1, 2, 3, 10, 13, 16 |
| 3. Cuyahoga | 2, 4, 9, 10, 12, 13 | 13. Portage | 3, 10, 11, 12, 15, 16 |
| 4. Lorain | 3, 5, 7, 9 | 14. Columbiana | 11, 15, 20 |
| 5. Huron | 4, 6, 7 | 15. Mahoning | 11, 13, 14, 16 |
| 6. Richland | 5, 7, 17 | 16. Trumbull | 1, 12, 13, 15 |
| 7. Ashland | 4, 5, 6, 8, 9, 17, 18 | 17. Knox | 6, 7, 18 |
| 8. Wayne | 7, 9, 10, 11, 18 | 18. Holmes | 7, 8, 11, 17, 19 |
| 9. Medina | 3, 4, 7, 8, 10 | 19. Tuscarawas | 11, 18, 20 |
| 10. Summit | 3, 8, 9, 11, 12, 13 | 20. Carroll | 11, 14, 19 |

俄亥俄信托公司制定规划首先需要考虑的事情是，如何开设最少的 PPB 以覆盖 20 个县的业务。对这一**选址问题**，我们可以通过设置 0-1 变量来建立规划模型。

令

$x_i = 1$ 表示在第 $i$ 个县建立经营办公场所；0 表示不在该县设立办公场所

这样，俄亥俄信托公司的目标函数为

$$\text{Min} \quad x_1 + x_2 + \cdots + x_{20}$$

约束条件为相邻的几个县至少要设有一个经营办公场所。以 Ashtabula 县为例，其约束

方程为
$$x_1 + x_2 + x_{12} + x_{16} \geq 1$$
如此一来，我们能构造出俄亥俄信托公司问题的数学规划模型：

$$\begin{aligned} \text{Min} \quad & x_1 + x_2 + \cdots + x_{20} \\ \text{s.t.} \quad & x_1 + x_2 + x_{12} + x_{16} \geq 1 \\ & x_1 + x_2 + x_3 + x_{12} \geq 1 \\ & \quad \vdots \\ & x_{11} + x_{14} + x_{19} + x_{20} \geq 1 \\ & x_1, x_2, \cdots, x_{20} = 0, 1 \end{aligned}$$

就上述模型，我们可以利用 Excel Solver 进行求解，具体结果在图 13-11 中标出。

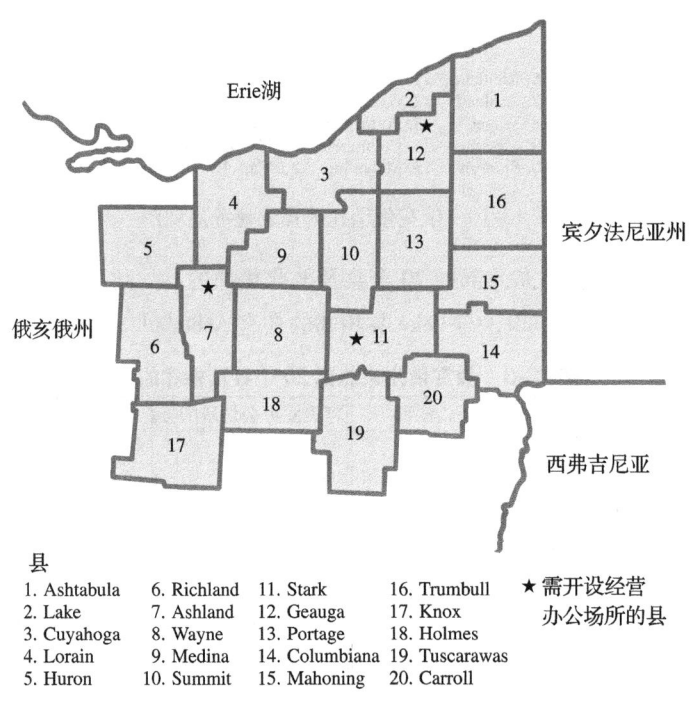

图 13-11　俄亥俄信托公司的最优解

由图 13-11，俄亥俄信托公司只需在 3 个县开设经营办公场所，它们是 Ashland、Stark、Geauga。很显然，就是对全俄亥俄州，我们也能通过这样的整数线性规划模型进行处理。

### 13.4.4　产品设计与市场份额优化问题

**联合分析**是一种市场研究技术，可用于了解产品的潜在买家是怎样评价产品属性的。这里，我们来介绍怎样把联合分析的结果，运用到**产品设计**和**市场份额优化**的整数线性规划模型中。

Salem 食品公司主要从事速冻食品的生产，现在正打算开发速冻比萨市场。目前 Antonio 和 King 这两种品牌的比萨，占据着主要的市场份额。为了开发一款有可能会获得大量市场份额的腊肠比萨，Salem 公司认为这款比萨需要具有 4 个方面的特性，即带有脆皮、奶酪、调味汁、腊肠口味。脆皮有两种可供选择，一是薄脆皮，一是厚脆皮。奶酪口味可选择意式味道和混合味道，调味汁可选淡味道和浓味道。腊肠味道有 3 种可供选择，分别是淡口味、大众口味和辣口味。

在一个典型的联合分析中，样本受试顾客需要各自说出对产品各种配方的喜好。通过回归分析，可以确定每个特性的影响作用，也叫**成分效用**。成分效用是一种效用价值，能反映消费者被某个特性所吸引的情况。根据回归分析得出的成分效用，我们将介绍如何把它们应用到消费者价值的确定。

表 13-4 的资料是 8 位正在食用 Antonio 和 King 这两款比萨的人对不同配方比萨口味的感受。

表 13-4 受试人对不同配方比萨口味的感受

| 食客编号 | 脆皮 | | 奶酪 | | 调味汁 | | 腊肠味道 | | |
|---|---|---|---|---|---|---|---|---|---|
| | 薄 | 厚 | 意式 | 混合 | 淡味 | 浓味 | 淡口味 | 大众口味 | 辣口味 |
| 1 | 11 | 2 | 6 | 7 | 3 | 17 | 26 | 27 | 8 |
| 2 | 11 | 7 | 15 | 17 | 16 | 26 | 14 | 1 | 10 |
| 3 | 7 | 5 | 8 | 14 | 16 | 7 | 29 | 16 | 19 |
| 4 | 13 | 20 | 20 | 17 | 17 | 14 | 25 | 29 | 10 |
| 5 | 2 | 8 | 6 | 11 | 30 | 20 | 15 | 5 | 12 |
| 6 | 12 | 17 | 11 | 9 | 2 | 30 | 22 | 12 | 20 |
| 7 | 9 | 19 | 12 | 16 | 16 | 25 | 30 | 23 | 19 |
| 8 | 5 | 9 | 4 | 14 | 23 | 16 | 16 | 30 | 3 |

例如，编号为 1 的消费者，对薄脆皮比萨的感受是 11、对厚脆皮比萨的感受是 2，表明这位消费者更倾向于薄脆皮比萨。再拿奶酪来说，该食客对意大利式奶酪比萨的评价是 6、对混合式奶酪比萨的感受是 7，相对而言这位消费者对混合式奶酪比萨稍稍有好感。由表 13-4 的资料可知，该消费者对浓调味汁比萨的好感明显高于淡调味汁比萨（17 对 3），而在腊肠味道方面，这位消费者对辣口味腊肠比萨的感受要显得差些。编号为 2 的消费者，对薄脆皮、混合型奶酪、浓调味汁、淡口味比萨，表现出一定的偏好。其他受试样本单位，可以依此进行认识，我们就不再赘述了。

成分效用可以被用于确定消费者对某款比萨的总价值（效用）。例如，编号为 1 的消费者，对厚脆皮、意大利式奶酪、重口味调味汁、大众口味腊肠的 Antonio 款比萨显示了一定程度的喜好。这样，我们就可以根据表 13-4 的资料，对编号为 1 的消费者效用进行分析。由于表 13-4 的第一行是编号为 1 的消费者的测评结果，因此对该消费者来说，其对 Antonio 款比萨的效用就是：2 + 6 + 17 + 27 = 52。据此我们也能对该位消费者对 King 款比萨的效用进行计算，由表 13-4 的资料可得：11 + 7 + 3 + 26 = 47。总的来说，我们把消费者对不同款式比萨的偏好值相加起来，作为他们的效用值。

为了保证产品开发的成功，Salem 公司认识到，必须想办法把消费者从他们目前喜爱款式的比萨吸引到 Salem 公司的产品上来，也就是说，Salem 公司需要从脆皮、奶酪、调味汁、腊肠口味等方面下功夫，设计出一款能为大多数消费者带来较高效用的比萨，这样才能保证生产出来的产品有充足的销量。假定表 13-4 给出的 8 位消费者的测试资料，能代表速冻腊味比萨市场消费者的意见，根据这些资料，我们可以构造整数线性规划模型，来帮助 Salem 食品公司完成产品的开发。

对诸如此类的问题，我们可以设置如下的决策变量：

$l_{ij} = 1$ 表示对 $j$ 个特性选择其中的第 $i$ 个水平；0 为对 $j$ 个特性不选择其中的第 $i$ 个水平

$y_k = 1$ 表示第 $k$ 个消费者选择 Salem 公司产品；0 为第 $k$ 个消费者不选择 Salem 公司产品

对 Salem 公司的问题，其管理目标是要从每种特性中选择出不同的水平，以使更多的消费喜爱该公司的产品。因此，Salem 公司问题的目标函数可以构造成：

$$\text{Max } y_1 + y_2 + \cdots + y_8$$

表 13-4 中的每个受试样本单位，可以构成一个约束。为了说明怎样写出约束函数方程，我们先来以第一个样本单位作为示例。对第一位受试消费者，其某款比萨的效用可以表示成成分效用的和，即

第一位消费者的效用 $= 11l_{11} + 2l_{21} + 6l_{12} + 7l_{22} + 3l_{13} + 17l_{23} + 26l_{14} + 27l_{24} + 8l_{34}$

如果第一位消费者喜欢 Salem 公司的比萨，此时 Salem 公司比萨的效用一定大于该位消费者对其目前吃的比萨的效用。由于第一位消费者目前喜欢的是总效用为 52 的 Antonio 比萨，于是应该存在

$$11l_{11} + 2l_{21} + 6l_{12} + 7l_{22} + 3l_{13} + 17l_{23} + 26l_{14} + 27l_{24} + 8l_{34} > 52$$

考虑到第一位消费者是否喜欢 Salem 公司的产品，这时应有

$$11l_{11} + 2l_{21} + 6l_{12} + 7l_{22} + 3l_{13} + 17l_{23} + 26l_{14} + 27l_{24} + 8l_{34} \geq 1 + 52y_1$$

就第一位消费者来说，如果 Salem 公司产品不能带来比其目前食用的比萨至少大一个单位效用，该消费者是不可能购买 Salem 公司的产品的。所以，我们可以得到如下的一组约束：

$$11l_{11} + 2l_{21} + 6l_{12} + 7l_{22} + 3l_{13} + 17l_{23} + 26l_{14} + 27l_{24} + 8l_{34} \geq 1 + 52y_1$$

$$11l_{11} + 7l_{21} + 15l_{12} + 17l_{22} + 16l_{13} + 26l_{23} + 14l_{14} + 1l_{24} + 10l_{34} \geq 1 + 58y_2$$

$$7l_{11} + 5l_{21} + 8l_{12} + 14l_{22} + 16l_{13} + 7l_{23} + 29l_{14} + 16l_{24} + 19l_{34} \geq 1 + 66y_3$$

$$13l_{11} + 20l_{21} + 20l_{12} + 17l_{22} + 17l_{13} + 14l_{23} + 25l_{14} + 29l_{24} + 10l_{34} \geq 1 + 83y_4$$

$$2l_{11} + 8l_{21} + 6l_{12} + 11l_{22} + 30l_{13} + 20l_{23} + 15l_{14} + 5l_{24} + 12l_{34} \geq 1 + 58y_5$$

$$12l_{11} + 17l_{21} + 11l_{12} + 9l_{22} + 2l_{13} + 30l_{23} + 22l_{14} + 12l_{24} + 20l_{34} \geq 1 + 70y_6$$

$$9l_{11} + 19l_{21} + 12l_{12} + 16l_{22} + 16l_{13} + 25l_{23} + 30l_{14} + 23l_{24} + 19l_{34} \geq 1 + 79y_7$$

$$5l_{11} + 9l_{21} + 4l_{12} + 14l_{22} + 23l_{13} + 16l_{23} + 16l_{14} + 30l_{24} + 3l_{34} \geq 1 + 59y_8$$

现在还需要增加产品特性方面的约束，也就是对每位消费者必须选择一种且只选择一种产品特性的水平，比如对脆皮特性应有

$$l_{11} + l_{21} = 1$$

产品的其他 3 个特性的约束是

$$l_{12} + l_{22} = 1$$
$$l_{13} + l_{23} = 1$$
$$l_{14} + l_{24} + l_{34} = 1$$

目前喜欢 Antonio 款比萨的受试者编号是 1、4、6、7, 喜欢 King 款比萨的受试者编号是 2、3、5。

对 Salem 公司的问题，需要构造一个 17 个决策变量、12 个约束方程的整数线性规划模型，具体是

Max $y_1 + y_2 + y_3 + y_4 + y_5 + y_6 + y_7 + y_8$

s.t.

$$11l_{11} + 2l_{21} + 6l_{12} + 7l_{22} + 3l_{13} + 17l_{23} + 26l_{14} + 27l_{24} + 8l_{34} \geq 1 + 52y_1$$
$$11l_{11} + 7l_{21} + 15l_{12} + 17l_{22} + 16l_{13} + 26l_{23} + 14l_{14} + 1l_{24} + 10l_{34} \geq 1 + 58y_2$$
$$7l_{11} + 5l_{21} + 8l_{12} + 14l_{22} + 16l_{13} + 7l_{23} + 29l_{14} + 16l_{24} + 19l_{34} \geq 1 + 66y_3$$
$$13l_{11} + 20l_{21} + 20l_{12} + 17l_{22} + 17l_{13} + 14l_{23} + 25l_{14} + 29l_{24} + 10l_{34} \geq 1 + 83y_4$$
$$2l_{11} + 8l_{21} + 6l_{12} + 11l_{22} + 30l_{13} + 20l_{23} + 15l_{14} + 5l_{24} + 12l_{34} \geq 1 + 58y_5$$
$$12l_{11} + 17l_{21} + 11l_{12} + 9l_{22} + 2l_{13} + 30l_{23} + 22l_{14} + 12l_{24} + 20l_{34} \geq 1 + 70y_6$$
$$9l_{11} + 19l_{21} + 12l_{12} + 16l_{22} + 16l_{13} + 25l_{23} + 30l_{14} + 23l_{24} + 19l_{34} \geq 1 + 79y_7$$
$$5l_{11} + 9l_{21} + 4l_{12} + 14l_{22} + 23l_{13} + 16l_{23} + 16l_{14} + 30l_{24} + 3l_{34} \geq 1 + 59y_8$$
$$l_{11} + l_{21} = 1$$
$$l_{12} + l_{22} = 1$$
$$l_{13} + l_{23} = 1$$
$$l_{14} + l_{24} + l_{34} = 1$$
$$l_{11}, l_{21}, l_{12}, l_{22}, l_{13}, l_{23}, l_{14}, l_{24}, l_{34} = 0, 1$$
$$y_1, y_2, y_3, y_4, y_5, y_6, y_7, y_8 = 0, 1$$

通过软件求解，得到上述问题的最优解：$l_{11} = l_{22} = l_{23} = l_{14} = 1$, $y_2 = y_5 = y_6 = y_7 = 1$。目标函数值是 4, 表明假如 Salem 公司开发新款比萨，就目前的情况来看，8 位消费者中有 4 人会喜欢 Salem 公司的产品。$l_{11} = l_{22} = l_{23} = l_{14} = 1$, 意味着 Salem 公司开发的新款比萨要想获得更大的市场份额，需要重点开发薄脆皮、混合式奶酪、浓调味汁、微辣腊肠式比萨。另外，由于 $y_2 = y_5 = y_6 = y_7 = 1$, 所以 Salem 公司要想开发新款比萨，需要重点根据这些消费者口味进行设计。

## 13.5  0-1 变量与建模

本章的上一节，我们介绍了 0-1 变量在 4 个例子中的应用，这一节我们再深入讨论一下 0-1 整数变量在建立线性规划模型中的有关问题，主要包括三个方面的内容：一是在相互排斥的多种选择中如何利用 0-1 变量；二是怎样利用 0-1 变量从可供选择的 $n$ 个项目中选出 $k$ 个项目；三是 0-1 变量在条件选择中的应用。

### 13.5.1 相互排斥的多种选择问题

在 13.4 节，我们曾介绍过 Ice-Cold 制冷公司的决策问题。当时，我们设立了 4 个 0–1 变量，分别是：$P=1$ 表示扩建厂房，0 表示不扩建厂房；$W=1$ 表示扩建库容，0 表示不扩建库容；$M=1$ 表示购买设备，0 表示不购买设备；$R=1$ 表示开发新产品，0 表示不开发新产品。假定现在不是只扩建一个仓库，而是有三个仓库可以考虑扩建。三个仓库的某一个必须进行扩建，以适应不断增加的产品需求，但也没有到需要同时扩建两个以上仓库的地步。针对这样的**多重选择约束**情况，我们可以设

$W_1 = 1$ 表示扩建第一个仓库,0 表示不扩建第一个仓库
$W_2 = 1$ 表示扩建第二个仓库,0 表示不扩建第二个仓库
$W_3 = 1$ 表示扩建第三个仓库,0 表示不扩建第三个仓库

如果要在三个仓库中选取某一个进行扩建，这时我们可以建立如下的约束方程：

$$W_1 + W_2 + W_3 = 1$$

如果不一定非要扩建仓库，我们可以这样来设立约束方程：

$$W_1 + W_2 + W_3 \leq 1$$

诸如这类约束，通常称为**相斥约束条件**。

### 13.5.2 从 n 个项目中选出 k 个项目问题

作为多种选择的推广，可以根据这样的原理把它用于**从 n 个项目中选出 k 个项目问题**的决策分析。

假定有 $W_1$、$W_2$、$W_3$、$W_4$、$W_5$ 共 5 个仓库可供选择进行扩建，现在要求有 2 个必须拿出来扩建，这时我们可以构造如下的约束方程：

$$W_1 + W_2 + W_3 + W_4 + W_5 = 2$$

如果有不多于 2 个需要进行扩建，此时我们可以构造约束方程：

$$W_1 + W_2 + W_3 + W_4 + W_5 \leq 2$$

当然，这里的 $W_1$、$W_2$、$W_3$、$W_4$、$W_5$ 都是 0–1 性质的变量。

### 13.5.3 条件前提约束问题

有的时候我们碰到的问题可能是，接受某个项目是接受另一项目的条件。对于 Ice-Cold 制冷公司来说，只有在扩建了厂房之后，才有必要考虑要不要扩建仓库。换句话说，如果没有扩建厂房，也就没有必要扩建仓库。用 $P$ 表示扩建厂房，$W$ 表示扩建仓库，这里的 $W$ 和 $P$ 仍然是 0–1 变量，其中，$W=1$ 表示扩建仓库，0 表示不扩建仓库，$P=1$ 表示扩建厂房，0 表示不扩建厂房。对这样的问题，我们就需要考虑条件约束，只有厂房扩建了我们才会考虑扩建仓库。

在面对这类条件约束问题的时候，编制可行表往往很有帮助。所谓**可行表**，就是把相关的 0–1 变量所有可能取值情况的组合列示出来，并说明是否可行。对于 Ice-Cold 制冷

公司扩建厂房和扩建仓库的事例，编制的可行表见表13-5。

表 13-5 可行表

| 扩建仓库 W | 扩建厂房 P | 是否可行 | 备注 |
|---|---|---|---|
| 0 | 0 | 是 | 既不扩建厂房也不扩建仓库 |
| 1 | 0 | 否 | 如果厂房不扩建，我们不可能扩建仓库 |
| 0 | 1 | 是 | 即使扩建了厂房，我们可能也不会扩建仓库 |
| 1 | 1 | 是 | 厂房和仓库同时扩建 |

注意：只有 $W$ 小于等于 $P$，才是可行条件约束，如果 $W$ 大于等于 $P$ 就是不可行的。因此，**前提条件约束**可以表达成：

$$W \leq P$$

现在我们考虑另一种场景，仓库扩建和厂房扩建互为约束。如果厂房得到扩建，仓库不得不扩建，或者仓库得到了扩建厂房也必须扩建，对此我们就认为它们是**互为条件约束**。所以，只要其中的某一个扩建，另一个也必须扩建，对这样的情境可以编制表 13-6 的可行表。

表 13-6 可行表

| 扩建仓库 W | 扩建厂房 P | 是否可行 | 备注 |
|---|---|---|---|
| 0 | 0 | 是 | 既不扩建厂房也不扩建仓库 |
| 1 | 0 | 否 | 如果厂房不扩建，我们不可能扩建仓库 |
| 0 | 1 | 否 | 如果仓库不扩建，我们也不可能扩建厂房 |
| 1 | 1 | 是 | 厂房和仓库同时扩建 |

在上述可行表中，我们可以看出 $W$ 和 $P$ 只有取同样的值，所构成的组合才是可行的，反之则不可行。据此，对互为条件的问题，其约束可以表达成：

$$W = P$$

其含义是厂房扩建和仓库扩建必须同时进行。

●—○—●—○—●  注释与点评  ●—○—●—○—●

1. Ice-Cold 制冷公司事例的前提条件和互为条件，仅涉及两个 0–1 变量，在可行表中，我们列示了它们所有可能的组合情况，一共有 $2^2 = 4$ 种。有的时候，我们可能会涉及前提条件和互为条件 3 个或 3 个以上的 0–1 变量。对 3 个 0–1 变量，各种组合情形会有 $2^3 = 8$ 种。如果是 4 个 0–1 变量，就有 $2^4 = 16$ 种搭配。因此，超过 3 个变量，可行表的编制将变得十分烦琐。

2. 在 Excel 中，对前提条件或互为条件建模，某种程度上自然而然的做法就是利用 IF 函数。可是，IF 函数属于不连续函数（带有断点或跳跃点），这可能妨碍线性规划单纯形算法选项的使用。使用 IF 函数进行 Excel 规划求解的非线性选项（第 14 章中将介绍）有时可能找到好的结果，但并不总是能够保证其最优性。鉴于此，我们建议最好用线性方式对前提条件建立约束。

## 13.6 生成 0–1 问题的替代最优解

正如我们在前面有关章节所说的，如果某个问题存在替代最优解，要是能够找出这个替代最优解，对管理活动来说可能是件好事，因为它能提供在模型中没有考虑的因素方面的选择机会。即便不能做到这一点，假如某个问题只有唯一最优解，通过对替代最优解的讨论，也能揭示出新问题的最优解比原先的最优解糟糕的程度。要是新问题的最优解与原先问题的最优解比较接近，但考虑到其他方面的因素，选择新的最优解并非是一件坏事。

下面，我们仍然以 13.4 节俄亥俄信托公司作为实例来说明这些方面的问题。在 13.4 节，我们已经给出了问题的最优解，即只需设立 3 个营业办公场所，由图 13-11 可知，这 3 个营业办公场所应设立在 Ashland 县（代码 7）、Stark 县（代码 11）和 Geauga 县（代码 12）。然而，如果俄亥俄信托公司按照这样的解建设营业办公场所，那么有可能在 3 个县都找不到合适的地方。这个问题存在不存在替代的最优解？还是只有唯一的一个最优解？根据实际情况，通过增加一些约束条件，我们就能很好地回答这些问题。

对 13.4 节得到的俄亥俄信托公司的解，我们现在把它们划分成两个变量组，一些分在 O 组，表示取值为 1 的组，另外一些分在 Z 组，表示取值为 0 的组，O、Z 分别表示分组的名称。俄亥俄信托公司的例子组的划分办法为

O 组　　$x_7, x_{11}, x_{12}$

Z 组　　$x_1, x_2, x_3, x_4, x_5, x_6, x_8, x_9, x_{10}, x_{13}, x_{14}, x_{15}, x_{16}, x_{17}, x_{18}, x_{19}, x_{20}$

这样一来，我们可以构造一个约束方程：

$$O \text{ 组的变量和} - Z \text{ 组的变量和} \leq O \text{ 组的变量和} - 1$$

联系到俄亥俄信托公司的例子，新的约束方程为

$$(x_7 + x_{11} + x_{12}) - (x_1 + x_2 + x_3 + x_4 + x_5 + x_6 + x_8 + x_9 + x_{10} + x_{13} + x_{14} + x_{15} + x_{16} + x_{17} + x_{18} + x_{19} + x_{20}) \leq (x_7 + x_{11} + x_{12}) - 1 = 3 - 1 = 2$$

上述构造出来的新的约束方程有个很特别的性质，它能使当前解不可行，而能使其他可行解保持可行。这样的约束条件，会使 O 组中的变量至少有 1 个从该组换到 Z 组，或者是 Z 组中的变量至少有 1 个从该组换到 O 组。

当我们把这个新的约束方程添加到 13.4 节俄亥俄信托公司的模型中，此时模型变成

$$\text{Min} \quad x_1 + x_2 + \cdots + x_{20}$$

s. t.

$$x_1 + x_2 + x_{12} + x_{16} \geq 1$$

$$x_1 + x_2 + x_3 + x_{12} \geq 1$$

$$\vdots$$

$$x_{11} + x_{14} + x_{19} + x_{20} \geq 1$$

$$(x_7 + x_{11} + x_{12}) - (x_1 + x_2 + \cdots + x_6 + x_8 + \cdots + x_{10} + x_{13} + \cdots + x_{20}) \leq 2$$

$$x_1, x_2, \cdots, x_{20} = 0, 1$$

上述模型的求解结果，我们在图 13-12 中显示出来。

比较图 13-12 和图 13-11 可知，添加了新的约束条件后，最优解由原来的 3 个变成了 4 个。这表明，我们在 13.4 节得到的目标函数值 3 是唯一最优解。通过添加约束得到的解，

县
1. Ashtabula　6. Richland　11. Stark　16. Trumbull
2. Lake　7. Ashland　12. Geauga　17. Knox
3. Cuyahoga　8. Wayne　13. Portage　18. Holmes
4. Lorain　9. Medina　14. Columbiana　19. Tuscarawas
5. Huron　10. Summit　15. Mahoning　20. Carroll

★ 需开设经营办公场所的县

图 13-12　俄亥俄信托公司的替代最优解

虽然其目标函数值比原来的要大，但也是可行解。因此，当我们在 3 个县中找不到合适的经营办公场所，迫不得已这时可以考虑在 4 个县建立办公场所，具体位置如图 13-12 所示。如果添加了新的约束方程之后，我们得到的目标函数值仍然是 3，这就意味着我们已经找到一个替代最优解。

寻找替代最优解的过程总结如下：

第一步，对构造的线性规划问题进行求解。

第二步，将决策变量划分成两个组。O = 第一步中的取值为 1 的 0-1 变量，Z = 第一步中的取值为 0 的 0-1 变量。

第三步，构造新的约束方程。O 组的变量和 – Z 组的变量和 ≤ O 组的变量和 – 1，并把它放到原先的线性规划模型中，然后进行求解。

第四步，判断。假如第三步得到的目标函数值等于第一步得到的目标函数值，表明我们已经找到了一个替代的最优解。如果第三步得到的目标函数值次于第一步的目标函数值，意味着我们只找到一个次优解。

●─○─●─○─●─○─●　注释与点评　●─○─●─○─●─○─●

1. 上面介绍的寻找替代最优解的方法，可以多次反复迭代进行。比如我们可以在次最优解的基础上，再构造新的约束方程然后进行求解。只不过每次添加新的约束方程时，记得把上次添加的约束方程舍弃掉。
2. 引入新的约束方程，并不在于使得目标函数越来越恶化，一切只是为了帮助我们找到新的替代最优解而已。

## 本章小结

本章中我们介绍了线性规划模型的重要扩展整数线性规划问题。通过学习我们知道，线性规划与整数线性规划的区别在于，后者的部分乃至所有决策变量都存在取整数值的限制性要求。如果所有的决策变量都取整数，这是纯整数线性规划问题；如果只有部分决策变量取整数，这是混合整数线性规划问题；如果决策变量取值是 0 或者 1，这是 0-1 整数线性规划问题。

学习和掌握整数线性规划，有两个极为重要的原因：

第一，当决策变量不能取小数值时，我们就必须要给决策变量增加取整数的限制。当对一般线性规划模型的解进行四舍五入处理并不能得到整数最优解时，我们只能按照整数线性规划的分析原理寻找最优解。

第二，通过在模型中引入 0-1 变量，可以增强模型构建的灵活性。通过本章所介绍的一些实例，我们大概能意识到 0-1 整数规划的意义所在。比如：通过引进 0-1 变量，可以帮助我们寻找新的替代最优解，这会为改善管理活动带来很大的益处。

现在整数线性规划的研究和应用发展很快，究其原因主要是：整数线性规划求解软件的不断开发成功；经过多年的研究，整数线性规划的求解方法不断得到改善，加之计算机运行速度的提高，使得大型整数线性规划能够得到处理；最后就是实践活动中的巨大需要。

## 关键术语

**纯整数线性规划**（all-integer linear program）：所有的决策变量都带有整数约束的线性规划问题。

**0-1 整数线性规划**（binary integer linear program）：整数变量取值要么为 0 要么为 1 的线性规划问题。

**资金预算问题**（capital budgeting problem）：通过 0-1 变量选择投资项目或投资活动，以使投资收益达到最大化。

**前提条件约束**（conditional constraint）：一个现象的发生以另一个现象是否发生为前提条件。

**联合分析**（conjoint analysis）：市场研究中的一种方法，用于了解产品的潜在用户是怎样评估产品特性的。

**凸包**（convex hull）：线性不等式最小交集中点的集合。

**互为条件约束**（corequisite constraint）：两个 0-1 变量相等，要么同时出现在解中，要么同时不出现在解中。

**可行表**（feasibility table）：在对前提条件或互为条件的 0-1 变量建模时经常用到的一种表式，该表列示出相关 0-1 变量所有可能组合情形，并指出哪些组合可行哪些组合不可行。

**固定费用问题**（fixed-cost problem）：通过 0-1 变量把固定费用纳入模型，以确定要不要采取相应的管理活动。

**整数线性规划**（integer linear program）：一个或多个决策变量带有整数约束的线性规划。

*n*个项目中选出*k*个项目问题（*k* out of *n* alternatives constraint）：*n*个0-1变量之和等于*k*。

选址问题（location problem）：通过0-1变量选择最好的地理空间位置，以使既定的目标得以实现。

整数线性规划放松（LP放松）（LP relaxation）：对整数线性规划中，决策变量取整数要求拿掉后的线性规划。

混合整数线性规划（mixed-integer linear program）：只有部分决策变量有取整数要求的线性规划问题。

多重选择约束（multiple choice constraint）：两个或两个以上0-1变量的和等于1。

相斥约束条件（mutually exclusive constraint）：两个或两个以上0-1变量的和小于或等于1。

成分效用（part-worth）：在联合分析中，产品特性的每一个水平吸引用户的效用价值。

产品设计和市场份额优化（product design and market share optimization problem）：通过产品的不同设计，以使消费者人数达到最大化。

## 复习思考题

1. King City公司生产车床，监管King City公司两种车床生产的产品经理需要决定本月两种产品各生产多少。这两种产品分别是TopLathe和BigPress，生产它们每个都需要某种共用部件。其中，生产1个TopLathe需要10个共用部件，生产1个BigPress需要7个共用部件。每个月仅有49个共用部件可资利用，销售人员认为车床的生产数量不能小于5个（TopLathe的生产数量和BigPress的生产数量之和不少于5个），TopLathe的单位利润是50 000美元，BigPress的单位利润是34 000美元。
   (1) 假定劳动和其他资源都有保障，构建整数规划模型以使利润获得最大。
   (2) 在不考虑变量取整要求的条件下，求解上述模型，并说说TopLathe和BigPress的最优生产数量是多少，最优利润是多少。
   (3) 对（2）得到的最优解四舍五入取整，由此得到的整数解是否可行？为什么？
   (4) 对（2）得到的最优解取整数部分，由此得到的整数解是否可行？为什么？
   (5) 对变量增加取整要求，所得到的最优解是什么？目标函数值是多少？

2. 医院的管理人员需要对护士进行排班，以使病人能得到及时的护理。在同一个班次，不仅需要能及时提供护理服务，也要使费用支出少。根据过去的记录，管理人员掌握了每周一天中每个班次所需要的最少当值护士人数。排班的目标，就是找出每天需要的最少护理人数，并且还要能及时做好护理服务。

   护士人员可以选择任何一个时段（除了第6个班次）的始点上班，一旦当值就需要连续工作8小时，具体资料见右表。

   要求：据此构建排班的整数规划模型，并进行求解。（提示：超过每个班次需要的最少

| 班次 | 时间 | 需要的最少护士人数 |
|---|---|---|
| 1 | 0:00a.m.—4:00a.m. | 10 |
| 2 | 4:00a.m.—8:00a.m. | 24 |
| 3 | 8:00a.m.—12:00p.m. | 18 |
| 4 | 12:00p.m.—4:00p.m. | 10 |
| 5 | 4:00p.m.—8:00p.m. | 23 |
| 6 | 8:00p.m.—0:00a.m. | 17 |

护士人数不要紧,只要总人数最少即可。)

3. STAR 公司是一家贸易型企业,给一些小工厂提供卷纸,该公司现有一批 100 英尺宽的纸卷,要把它们裁成 12 英尺①、15 英尺和 30 英尺。有 5 种裁法可供选择,不同裁法能得到不同尺寸的纸卷和产生相应的边角料,具体见下表。

未来一周的订单量是:12 英尺的 5 670 卷,15 英尺的 1 680 卷,30 英尺的 3 350 卷。每类卷纸超过订单量都可以拿到市场上出售,并且不允许存在库存。

(1) 通过整数线性规划模型确定剪裁方案,在满足订单的条件下,使得边角料最小。
(2) 求解上述模型,并说说最小的边角料是多少,每种剪裁法是多少,自行在市场上销售的每类卷纸的数量又是多少。

| 裁法 | 12 英尺 | 15 英尺 | 30 英尺 | 边角料(英尺) |
|---|---|---|---|---|
| 1 | 0 | 6 | 0 | 10 |
| 2 | 0 | 0 | 3 | 10 |
| 3 | 8 | 0 | 0 | 4 |
| 4 | 2 | 1 | 2 | 1 |
| 5 | 7 | 1 | 0 | 1 |

4. Brooks 开发公司(BDC)面临着资本预算决策,现有 6 种不动产项目可供投资,净现值(单位:百万美元)和需要的费用(单位:百万美元)见下表。

| 项目编号 | 1 | 2 | 3 | 4 | 5 | 6 |
|---|---|---|---|---|---|---|
| 净现值 | 15 | 5 | 13 | 14 | 20 | 9 |
| 需要的费用 | 90 | 34 | 81 | 70 | 114 | 50 |

选择投资项目的时候,需要符合下列条件:
- 编号 1、3、5 和 6 的项目至少有两个必须进行投资;
- 选择编号 3 或编号 5 的项目投资,则另一个也必须进行投资;
- 除非选择编号 1 和编号 3 的项目投资,否则编号 4 的项目不投资。

投资的总预算是 220 百万美元。要求:
(1) 在满足所有条件且不超过投资总预算的前提下,构造 0 - 1 整数规划模型,以使净现值达到最大。
(2) 对构造的模型进行求解,指出最优的净现值是多少,哪些项目可以投资,总预算有没有被全部使用。

5. Spencer 公司打算安排一些投资项目,可供选择的投资方案、净现值(单位:美元)、每年需要的投资额(单位:美元)、未来 3 年可供利用的资金资料见下表。

| 投资项目 | 净现值 | 投资额 | | |
|---|---|---|---|---|
| | | 第 1 年 | 第 2 年 | 第 3 年 |
| 小规模库容扩建 | 4 000 | 3 000 | 1 000 | 4 000 |
| 大规模库容扩建 | 6 000 | 2 500 | 3 500 | 3 500 |
| 新产品试销 | 10 500 | 6 000 | 4 000 | 5 000 |
| 广告促销 | 4 000 | 2 000 | 1 500 | 1 800 |
| 基础研究 | 8 000 | 5 000 | 1 000 | 4 000 |
| 购买新设备 | 3 000 | 1 000 | 500 | 900 |
| 可利用资金 | | 10 500 | 7 000 | 8 750 |

① 1 英尺 = 30.48cm。

(1) 构造整数线性规划模型，并进行求解。
(2) 假定只有一种库容扩建方案能采纳，此时建立的模型是什么？
(3) 如果新产品试销被采纳，就必须开展广告促销活动，这时建立的模型又是什么？

6. Morgan 公司为完成产品生产，计划购买一种零部件。该零部件预期未来 12 个月的需求量见右表。

零部件的订购费用（包括：人工、运输、说明书等开支）是 150 美元，存储费每个月每件 1 美元，零部件的价格在未来 12 月保持不变，每件 12 美元，不存在数量折扣，最大的订购量为 1 000 件。

| 月份 | 需求量 | 月份 | 需求量 |
|---|---|---|---|
| 1 | 20 | 7 | 500 |
| 2 | 20 | 8 | 540 |
| 3 | 30 | 9 | 460 |
| 4 | 40 | 10 | 80 |
| 5 | 140 | 11 | 0 |
| 6 | 360 | 12 | 20 |

Morgan

(1) 在满足 Morgan 公司需求的情况下，构建模型以使总费用达到最小。
(2) 对构建的模型进行求解，最优费用是多少？订购量是多少？

7. Grave 城准备对辖下的派出所进行重新布局，以增加犯罪频发地区的治安警力。可供选择的派出所选址及其覆盖的区域范围（代码）资料见右表。

| 可供选择的派出所地址 | 覆盖的区域范围 |
|---|---|
| A | 1, 5, 7 |
| B | 1, 2, 5, 7 |
| C | 1, 3, 5 |
| D | 2, 4, 5 |
| E | 3, 4, 6 |
| F | 4, 5, 6 |
| G | 1, 5, 6, 7 |

(1) 针对上述问题，构造用最少派出所数覆盖所有城区范围的整数线性规划模型。
(2) 对模型进行求解。

8. Hart 公司生产三种产品，每种产品需要经过 A、B、C 三道工序，每件产品在各道工序需要的加工工时见右表。

在一个生产周期中，Hart 公司各道工序能够利用的有效工时分别是：工序 A 为 450 小时，工序 B 为 350 小时，工序 C 为 50 小时。3 种产品的单位利润分别是产品 1 为 125 美元，产品 2 为 228 美元，产品 3 为 330 美元。

| 工序 | 产品 1 | 产品 2 | 产品 3 |
|---|---|---|---|
| A | 1.50 | 3.00 | 2.00 |
| B | 2.00 | 1.00 | 2.50 |
| C | 0.25 | 0.25 | 0.25 |

(1) 针对上述问题，建立线性规划模型，以使该公司的总毛利最大。
(2) 求解出线性规划模型，并说明每种产品各生产多少时可能获得到的最大利润。
(3) 假定产品 1 的生产置办费为 400 美元，产品 2 的置办费为 550 美元，产品 3 的置办费为 600 美元。根据（2）得到的解，在考虑了产品加工固定费用后，这时的净利润是多少？
(4) 管理人员意识到，如果考虑产品生产的固定费用，这时得到的最优解有可能与（2）给出的不一样。现在假定，产品 1 生产量不能超过 175 件，产品 2 生产量不能超过 150 件，产品 3 不能超过 140 件。在这些条件下，构造考虑固定费用的混合整数线性规划模型。
(5) 对构造的混合整数线性规划模型进行求解，并把求解结果与（3）的结果进行比较。

9. Offhaus 公司是一家生产办公设备的企业，其产品的交付需要通过第三方物流公司完成。Offhaus 公司要把它位于俄亥俄的 Dayton 加工厂生产出来的产品，船运到 20 个城市（用数字 1、2、3……代表），为此邀请了若干家物流公司（分别用 A、B、C……表示）前来竞标，各家物流公司的投标报价（单位：美元/标箱）资料见下表。

| 报价 | A | B | C | D | E | F | G | 目的地 | 需要量（标箱） |
|---|---|---|---|---|---|---|---|---|---|
| 1 | | | | | 2 188 | 1 666 | 1 790 | 1 | 30 |
| 2 | | 1 453 | | | 2 602 | 1 767 | | 2 | 10 |
| 3 | | 1 534 | | | 2 283 | 1 857 | 1 870 | 3 | 20 |
| 4 | | 1 687 | | | 2 617 | 1 738 | | 4 | 40 |
| 5 | | 1 523 | | | 2 239 | 1 771 | 1 855 | 5 | 10 |
| 6 | | 1 521 | | | 1 571 | | 1 545 | 6 | 10 |
| 7 | | 2 100 | | 1 922 | 1 938 | | 2 050 | 7 | 12 |
| 8 | | 1 800 | | 1 432 | 1 416 | | 1 739 | 8 | 25 |
| 9 | | 1 134 | | 1 233 | 1 181 | | 1 150 | 9 | 25 |
| 10 | | 672 | | 610 | 669 | | 678 | 10 | 33 |
| 11 | 724 | | 723 | 627 | 657 | | 706 | 11 | 11 |
| 12 | 766 | | 766 | 721 | 682 | | 733 | 12 | 29 |
| 13 | 741 | | 745 | | 682 | | 733 | 13 | 12 |
| 14 | 815 | 800 | 828 | | 745 | | 832 | 14 | 24 |
| 15 | 904 | | 880 | | 891 | | 914 | 15 | 10 |
| 16 | 958 | | 933 | | 891 | | 914 | 16 | 10 |
| 17 | 925 | | 929 | | 937 | | 984 | 17 | 23 |
| 18 | 892 | | 869 | 822 | 829 | | 864 | 18 | 25 |
| 19 | 927 | | 969 | | 967 | | 1 008 | 19 | 12 |
| 20 | 963 | | 938 | | 955 | | 955 | 20 | 10 |
| 承运的城市数 | 10 | 10 | 10 | 7 | 20 | 5 | 18 | | |

DATA file
Offhaus

考虑到同众多的物流公司打交道耗费精力过大，Offhaus 公司希望只把产品运送任务交给 3 家物流公司去做。另外，顾及客户关系，Offhaus 公司要求每个城市只安排一家物流公司运送货物，也就是不能让两家以上的物流公司承运某个城市的货物。

(1) 根据给定资料，通过线性规划模型，选出 3 家物流公司，并使总的运输费用最小。

(2) 因为不能确信限定选 3 家物流公司是否合适，所以 Offhaus 公司还是希望从 7 家应聘物流公司中进行不限定挑选，这时的决策方案是什么？

10. Martin-Beck 公司在圣路易斯有家工厂，年生产能力大约为 30 000 单位。生产出来的产品将船运至 3 个集散中心，分别是波士顿、亚特兰大、休斯敦。根据市场预测分析，Martin-Beck 公司产品的市场需求将会有增加，为此 Martin-Beck 公司准备在底特律、特拉多、丹佛、堪萨斯城选取地点建立新的加工厂，每年的固定费用和年生产能力资料见左下表。

Martin-Beck 公司的长期计划部对 3 个集散中心的年需求预测结果见右下表。

| 新工厂选址 | 每年固定费用（美元） | 年生产能力 |
|---|---|---|
| 底特律 | 175 000 | 10 000 |
| 特拉多 | 300 000 | 20 000 |
| 丹佛 | 375 000 | 30 000 |
| 堪萨斯城 | 500 000 | 40 000 |

各个加工厂到集散中心的单位产品运输费用（单位：美元）见右表。

(1) 根据上述背景资料，构建混合整数规划模型。

(2) 对建立的模型进行求解，并指出最优费用是多少，需要开设几个工厂。

(3) 根据13.6节介绍的原理，找出该问题的替代解，并说说费用有没有增加。

| 集散中心 | 年需求量 |
|---|---|
| 波士顿 | 30 000 |
| 亚特兰大 | 20 000 |
| 休斯敦 | 20 000 |

| 工厂所在地 | 集散中心 | | |
|---|---|---|---|
| | 波士顿 | 亚特兰大 | 休斯敦 |
| 底特律 | 5 | 2 | 3 |
| 特拉多 | 4 | 3 | 4 |
| 丹佛 | 9 | 7 | 5 |
| 堪萨斯城 | 10 | 4 | 2 |
| 圣路易斯 | 8 | 4 | 3 |

11. Galaxy Cloud公司在全美经营着几家数据中心，主要是收集和处理互联网上的数据。该公司现有5个数据中心，其中密歇根、俄亥俄、加利福尼亚各有1个，纽约有2个，每个数据中心拥有安全和绝密各一台服务器。Galaxy Cloud公司的管理人员打算对这些数据中心进行扩容，以满足不断增加的需求。改造成本和服务器增加的容量资料见右表。

据估计，对安全服务器和绝密服务器的总扩容需要各为90。Galaxy Cloud公司的管理人员想知道对哪些数据中心进行改造，才能满足预期的需要，同时还要使得扩容改造的总费用达到最小。

(1) 建立0-1整数线性规划模型。

(2) 对构造的模型进行求解，并给出管理建议方案。

| 数据中心 | 改造成本（100万美元） | 安全服务器 | 绝密服务器 |
|---|---|---|---|
| 密歇根 | 2.5 | 50 | 30 |
| 纽约1 | 3.5 | 80 | 40 |
| 纽约2 | 3.5 | 40 | 80 |
| 俄亥俄 | 4.0 | 90 | 60 |
| 加利福尼亚 | 2.0 | 20 | 30 |

12. CHB是一家银行控股公司，正在评估在俄亥俄州拓展业务的可行性。根据俄亥俄州的法律，要想开办业务需要设立业务经营办公场所。下图是俄亥俄州的地图。

要求：根据给定的背景资料，构造0-1线性规划模型，然后进行求解，并指出CHB公司需要设立业务办公场所的最小数目是多少，分别位于俄亥俄州哪些县。

13. 对复习思考题12，根据13.6节介绍的原理，检查一下所构造的0-1规划问题的解是否唯一。如果解不唯一，能不能找到替代最优解？有多少个替代最优解？

14. 背景资料见复习思考题12，假如存在一个开办业务办公场所的限定数，CHB公司希望对这些数量有限的办公场所进行布局，以覆盖更多的人口。

(1) 假定办公场所数目是一个固定的数，用$k$表示。通过0-1整数线性规划模型，说说CHB公司应该怎样进行布局，才能使覆盖的人口达到最大。

(2) 假定只能开办2个办公场所，这时应该怎样对办公场所进行布局，以使覆盖的人口达到最大。

Ohio

(3) 假定 $k$ 的取值从 1 到 10，也就是对（1）构造的模型求解 10 次。将每次覆盖的人口数记录下来，并用地图表示出来。出于公司财务的慎重考虑，只要增加一个办公场所能覆盖不少于 500 000 人口，CHB 就会增加 1 个业务办公场所。这时你会建议 CHB 公司开办多少个业务办公场所？

15. Northshore 银行针对全职出纳员工和兼职出纳员工，打算制定一份更有效的工作作息时间表，不仅要能保证充分的客户服务，同时也要能安排好员工的轮休等。每周五 Northshore 银行从上午 9:00 开始营业，下午 7:00 歇业，在营业期间，每个时段需要的最少出纳人数见右表。

| 时段划分 | 最少需要的出纳人员数（人）|
|---|---|
| 上午 9:00—上午 10:00 | 6 |
| 上午 10:00—上午 11:00 | 4 |
| 上午 11:00—中午 12:00 | 8 |
| 中午 12:00—下午 1:00 | 10 |
| 下午 1:00—下午 2:00 | 9 |
| 下午 2:00—下午 3:00 | 6 |
| 下午 3:00—下午 4:00 | 4 |
| 下午 4:00—下午 5:00 | 7 |
| 下午 5:00—下午 6:00 | 6 |
| 下午 6:00—下午 7:00 | 6 |

对于全职员工，从上班开始需要工作满 4 小时，可以休息 1 小时，然后工作满 3 小时。对于兼职员工，从上班开始只需工作满 4 小时。全职员工每小时 15 美元（相当于 1 天 105 美元），兼职员工每小时 8 美元（相当于 1 天 32 美元）。

(1) 根据上述背景资料，建立整数线性规划模型，使得能以最小的人工开支做好客户办理业务服务。

(2) 对（1）构造出来的模型，不考虑整数约束，将其求解出来。

(3) 对（1）的模型进行求解，并进行适当的分析说明。

(4) 假定每个时段都必须有 1 名全职出纳人员当值，全天至少有 5 名全职出纳人员在工作，这时的模型怎样构造？其解是什么？

16. Burnside 市场研究所受 Barker 食品公司委托,对该公司一款新的即食麦片的配方进行调研。对即食麦片口感最有影响的因素主要在 3 个方面:麦片中小麦含量对玉米含量的比例、甜味剂和香味。Burnside 市场研究所选取 7 名小孩来试吃不同配方的麦片,然后让他们给出自己的评价,其中麦片中小麦含量对玉米含量的比例采用两个水平(高和低),甜味剂采用三种水平(糖、蜂蜜和人工增甜剂),香味采用两个水平(有香味和无香味)。得到的测试资料见下表。

| 受试编号 | 小麦对玉米比例 | | 甜味剂 | | | 香味 | |
|---|---|---|---|---|---|---|---|
| | 低 | 高 | 糖 | 蜂蜜 | 人工增甜剂 | 有香味 | 无香味 |
| 1 | 15 | 35 | 30 | 40 | 25 | 15 | 9 |
| 2 | 30 | 20 | 40 | 35 | 35 | 8 | 11 |
| 3 | 40 | 25 | 20 | 40 | 10 | 7 | 14 |
| 4 | 35 | 30 | 25 | 20 | 30 | 15 | 18 |
| 5 | 25 | 40 | 40 | 20 | 35 | 18 | 14 |
| 6 | 20 | 25 | 20 | 35 | 30 | 9 | 16 |
| 7 | 30 | 15 | 25 | 40 | 40 | 20 | 11 |

(1) 假定每个小孩当前喜爱的麦片的总效用是 75,能让 7 个小孩最多人数选择 Barker 食品公司产品的配方是什么?

(2) 假定 1~4 号小孩当前喜爱的麦片的总效用是 75,5~7 号小孩当前喜爱的麦片总效用是 80,能让 7 个小孩最多人数选择 Barker 食品公司产品配方是什么?

17. 贝塞德艺术馆(Bayside Art Gallery)计划安装一套监控系统,以减轻投保保费负担。贝塞德艺术馆用于展览的 8 个展室的平面图如右图所示。

图中的数字 1~13 分别表示展室间的进口。安检部门建议,在一些展室的进口,要各安装一个监控摄像头,一台监控摄像头最好能够同时监控两个展室。例如,在展室的第 4 个进口处安装了一个摄像头,该摄像头需要能监控到第 1 个展室和第 4 个展室。再比如:在展室的第 11 个进口处安装了一个摄像头,该摄像头需要能监控到第 7 个展室和第 8 个展室。贝塞德艺术馆的管理人员认为,艺术馆的大门口不需要安装摄像头。贝塞德艺术馆的管理任务是,如何用最少的摄像头安装数量,实现整个展室的全覆盖。

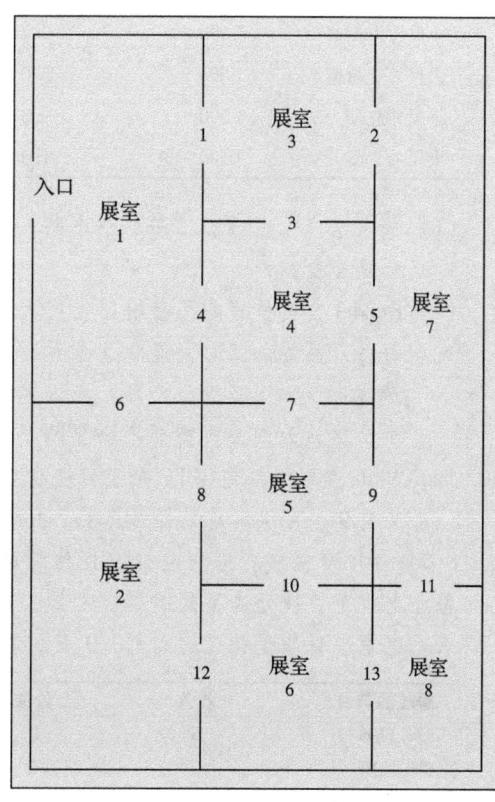

(1) 运用 0-1 整数线性规划模型,确定摄像头的安装位置。

(2) 对建立的模型进行求解,并指出需要购买多少个监控摄像头。
(3) 假定贝塞德艺术馆管理部门认为需要对第 7 个展室进行特别的监控,也就是对该展室需要有两个摄像头进行监控,这时对(1)建立起来的模型需要做什么样的改动?
(4) 对(3)修改后的模型进行求解,并给以适当的说明和解释。

18. 对复习思考题 6,假定零部件的订货量必须是 0、250、500、750、1 000 件,要求:修改模型,最优费用是多少?

19. Roedel 公司是一家电子设备制造企业,专门生产平板电脑的配件,其中的一个产品是平板电脑支架,款式有两种:小尺寸和大尺寸。不管哪种尺寸的支架,它们都使用同样的键盘。但由于支架由两个不同零件组成,一是上窗盖,一是不同尺寸的立架,因此,对 Roedel 公司来说,要生产平板电脑支架需要建立 3 条生产线,分别是键盘、上窗盖和立架。

销售预测分析表明,小尺寸平板电脑支架未来需求 7 000 个,大尺寸平板电脑支架需求 5 000 个。由于 Roedel 公司只有 500 工时可以利用,为此该公司考虑要从外部供应商那里购买一部分甚至全部生产线。如果 Roedel 公司自己建造一条生产线,就需要投入置办的固定费用和相应的加工可变费用。具体决策参数分析资料见下表。

| 产品类型 | 固定费用<br>(美元) | 单位产品生产时间<br>(分钟) | 单位产品加工费用<br>(美元) | 单位产品购买成本<br>(美元) |
| --- | --- | --- | --- | --- |
| 键盘 | 1 000 | 0.9 | 0.40 | 0.65 |
| 小尺寸上窗盖 | 1 200 | 2.2 | 2.90 | 3.45 |
| 大尺寸上窗盖 | 1 900 | 3.0 | 3.15 | 3.70 |
| 小尺寸立架 | 1 500 | 0.8 | 0.30 | 0.50 |
| 大尺寸立架 | 1 500 | 1.0 | 0.55 | 0.70 |

(1) 每条生产线应该加工多少个产品?应该购买多少产品?总的生产费用和购买费用各是多少?
(2) Roedel 公司打算购买新机器生产大尺寸上窗盖,新机器的置办成本是 3 000 美元,每件产品的加工时间是 2.5 分钟,每件产品的加工费用是 2.6 美元。此时每条生产线应该加工多少个产品?应该购买多少产品?总的生产费用和购买费用各是多少?你认为该公司需要不需要购买新机器?为什么?

20. John White 是电视频道 CCFO 的节目播放主管,正在计划下周三晚间的电视节目播放方案。

共有 9 个可供考虑的播放节目,John White 需要从中选取 5 个节目在下周三的下午 8:00—10:30 播放。每个电视节目估计的广告收入(单位:百万美元)见下表,另外每个电视节目被分成不同的属性,如公益、暴力、喜剧、戏剧。表中第 3~6 列中的 1 表示电视节目属于相应的类别,0 表示该电视节目不属于相应的类别。

| 播放的节目 | 收入 | 公益 | 暴力 | 喜剧 | 戏剧 |
| --- | --- | --- | --- | --- | --- |
| Sam Place | 6 | 0 | 0 | 1 | 1 |
| Texas Oil | 10 | 0 | 1 | 0 | 1 |
| Cincinnati Law | 9 | 1 | 0 | 0 | 1 |

(续)

| 播放的节目 | 收入 | 公益 | 暴力 | 喜剧 | 戏剧 |
|---|---|---|---|---|---|
| Jarred | 4 | 0 | 1 | 0 | 1 |
| Bob & Mary | 5 | 0 | 0 | 1 | 0 |
| Chainsaw | 2 | 0 | 1 | 0 | 0 |
| Loving Life | 6 | 1 | 0 | 0 | 1 |
| Islanders | 7 | 0 | 0 | 1 | 0 |
| Urban Sprawl | 8 | 1 | 0 | 0 | 0 |

John White 希望节目的播放能带来最大的广告收入,不过也需要注意以下要求:
- 公益类的电视节目和暴力类的电视节目播放至少要一样多;
- 如果播放"Loving Life",则需要播放"Jarred"或"Cincinnati Law";
- "Loving Life"和"Urban Sprawl"不能同时播放;
- 如果播放超过 1 次以上的暴力类节目,将会损失广告收入 400 万美元。

(1) 构建 0-1 整数规划模型。
(2) 对模型进行求解,并说说广告收入是多少。

21. 东海岸汽运公司通过它在各地的办事处,从事从波士顿到迈阿密的交通运输服务。东海岸汽运公司设在各地的办事处,分别位于波士顿、纽约、费拉德费亚、巴尔的摩、华盛顿、里士满、罗利、佛罗伦萨、萨凡纳、杰克逊维尔、坦帕、迈阿密。各个办事处之间的距离(单位:英里)资料见下表。

| | 波士顿 | 纽约 | 费拉德费亚 | 巴尔的摩 | 华盛顿 | 里士满 | 罗利 | 佛罗伦萨 | 萨凡纳 | 杰克逊维尔 | 坦帕 | 迈阿密 |
|---|---|---|---|---|---|---|---|---|---|---|---|---|
| 波士顿 | 0 | 211 | 320 | 424 | 459 | 565 | 713 | 884 | 1 056 | 1 196 | 1 399 | 1 669 |
| 纽约 | 211 | 0 | 109 | 213 | 248 | 354 | 502 | 673 | 845 | 985 | 1 188 | 1 458 |
| 费拉德费亚 | 320 | 109 | 0 | 104 | 139 | 245 | 393 | 564 | 736 | 876 | 1 079 | 1 349 |
| 巴尔的摩 | 424 | 213 | 104 | 0 | 35 | 141 | 289 | 460 | 632 | 772 | 975 | 1 245 |
| 华盛顿 | 459 | 248 | 139 | 35 | 0 | 106 | 254 | 425 | 597 | 737 | 940 | 1 210 |
| 里士满 | 565 | 354 | 245 | 141 | 106 | 0 | 148 | 319 | 491 | 631 | 834 | 1 104 |
| 罗利 | 713 | 502 | 393 | 289 | 254 | 148 | 0 | 171 | 343 | 483 | 686 | 956 |
| 佛罗伦萨 | 884 | 673 | 564 | 460 | 425 | 319 | 171 | 0 | 172 | 312 | 515 | 785 |
| 萨凡纳 | 1 056 | 845 | 736 | 632 | 597 | 491 | 343 | 172 | 0 | 140 | 343 | 613 |
| 杰克逊维尔 | 1 196 | 985 | 876 | 772 | 737 | 631 | 483 | 312 | 140 | 0 | 203 | 473 |
| 坦帕 | 1 399 | 1 188 | 1 079 | 975 | 940 | 834 | 686 | 515 | 343 | 203 | 0 | 270 |
| 迈阿密 | 1 669 | 1 458 | 1 349 | 1 245 | 1 210 | 1 104 | 956 | 785 | 613 | 473 | 270 | 0 |

EastCoast

东海岸汽运公司计划对一些办事处的服务设施进行翻建,每个被纳入翻建计划的办事处必须能为方圆 400 英里范围内的其他办事处提供业务服务,比如:翻建里士满的办事处,则该办事处需要能为位于纽约、费拉德费亚、巴尔的摩、华盛顿、里士满、罗利、佛罗伦萨的办事处提供服务。东海岸汽运公司的管理层希望纳入翻建计划的办事处数量最少,并能说清楚对哪些办事处实施翻建。

(1) 针对上述背景资料,构建整数线性规划模型。
(2) 对模型进行求解,给出纳入翻建计划的最少办事处数量,并指出纳入翻建计划的是哪些办事处。

（3）若每个办事处只能提供方圆 300 英里范围内的服务，这时候的模型最优解是什么？

22. Dave 现有 100 000 美元，打算投资于 10 只互惠基金。为了能更好地分散风险，任何一只基金的投资额不要超过 25 000 美元。如果决定投资某只基金，需要的投资额也不能少于 10 000 美元。纯债券基金的总投资额需要和纯增长型基金的投资额一样多。各类基金的预期收益率（%）见右表。

试根据上述给定的背景资料，构造整数线性规划模型，并进行求解，针对求解的结果，给出适当的解释和说明。

| 基金代码 | 基金类型 | 预期收益率（%） |
| --- | --- | --- |
| 1 | 增长型 | 6.70 |
| 2 | 增长型 | 7.65 |
| 3 | 增长型 | 7.55 |
| 4 | 增长型 | 7.45 |
| 5 | 增长与收入型 | 7.50 |
| 6 | 增长与收入型 | 6.45 |
| 7 | 增长与收入型 | 7.05 |
| 8 | 股票与债券型 | 6.90 |
| 9 | 债券型 | 5.20 |
| 10 | 债券型 | 5.90 |

## ● 案例讨论：苹果牌儿童服装销售问题

苹果牌儿童服装公司是一家从事零售业务的企业，在大型购物广场设立专柜专门销售幼童（年龄在 1~3 岁的小孩）高端服装，同时开展网店销售，而且做得比较成功。最近，电子商务部门的副总裁 Dave Walker 先生已经发出命令，要求扩大公司的网络销售，并且主持了一项研究，以了解新闻网站做销售广告的效果。调研结果是令人振奋的：在现有的老客户中，收看了新闻网站广告后的客户所花的钱平均起来看比不看广告的客户要多得多。

基于网络广告的调研信息，Dave Walker 继续去考察如何增强网络广告能更富有效率地吸引网络客户。其中的策略之一，是提前和假季里在新闻网站做广告。为了搞清楚什么样的新闻网站广告效果会更好，Walker 实施了跟踪研究。给 1 200 个网络用户分发了电子邮件问卷，让这些人填答 30 个新闻网站中经常浏览的是哪些，最终目的是要在客户光顾量大的网站做公司产品的宣传促销。问题的复杂性表现在，如果某位受试人浏览多个带有苹果牌儿童服装公司的广告，或者对某个网站苹果牌儿童服装公司的广告浏览多次，这样就会把某位客户多次重复地统计了，从而造成调查结果的不准确。

随着调查问卷不断反馈过来，Walker 打算先根据当前已收到的 53 份问卷，建立一个初步的数据处理模型。企业每周的广告预算是 10 000 美元，10 个网站每周的广告费用，受试人经常浏览的网站用 1 代表，不经常光顾的网站用 0 表示，详细资料见下表。

| | 网址代码 | | | | | | | | | |
| --- | --- | --- | --- | --- | --- | --- | --- | --- | --- | --- |
| | 1 | 2 | 3 | 4 | 5 | 6 | 7 | 8 | 9 | 10 |
| 费用（美元） | 5.0 | 8.0 | 3.5 | 5.5 | 7.0 | 4.5 | 6.0 | 5.0 | 3.0 | 2.2 |
| | 网址代码 | | | | | | | | | |
| 客户 | 1 | 2 | 3 | 4 | 5 | 6 | 7 | 8 | 9 | 10 |
| 1 | 0 | 0 | 0 | 0 | 0 | 0 | 0 | 0 | 0 | 1 |
| 2 | 1 | 0 | 0 | 1 | 0 | 0 | 0 | 0 | 0 | 0 |
| 3 | 1 | 0 | 0 | 0 | 0 | 0 | 0 | 0 | 0 | 0 |
| 4 | 0 | 0 | 0 | 0 | 1 | 1 | 0 | 0 | 0 | 0 |
| 34 | 0 | 0 | 0 | 1 | 1 | 0 | 0 | 0 | 0 | 0 |

(续)

| 客户 | 网址代码 | | | | | | | | | |
|---|---|---|---|---|---|---|---|---|---|---|
| | 1 | 2 | 3 | 4 | 5 | 6 | 7 | 8 | 9 | 10 |
| 35 | 1 | 0 | 0 | 0 | 1 | 1 | 0 | 0 | 0 | 0 |
| 36 | 1 | 0 | 1 | 0 | 0 | 0 | 0 | 0 | 0 | 0 |
| 37 | 0 | 0 | 1 | 0 | 1 | 0 | 0 | 1 | 0 | 0 |
| 38 | 0 | 0 | 1 | 0 | 0 | 0 | 0 | 0 | 0 | 0 |
| 39 | 0 | 1 | 0 | 0 | 0 | 0 | 1 | 0 | 0 | 0 |
| 40 | 0 | 1 | 0 | 0 | 0 | 0 | 1 | 0 | 0 | 0 |
| 41 | 0 | 0 | 0 | 0 | 0 | 0 | 1 | 0 | 0 | 0 |
| 42 | 0 | 0 | 0 | 1 | 1 | 1 | 0 | 0 | 0 | 0 |
| 43 | 0 | 0 | 0 | 0 | 0 | 0 | 0 | 0 | 0 | 0 |
| 44 | 0 | 0 | 0 | 0 | 1 | 0 | 0 | 0 | 0 | 1 |
| 45 | 1 | 1 | 0 | 0 | 0 | 0 | 0 | 0 | 0 | 0 |
| 46 | 0 | 0 | 0 | 0 | 0 | 0 | 1 | 0 | 0 | 0 |
| 47 | 1 | 0 | 0 | 0 | 1 | 0 | 0 | 0 | 0 | 1 |
| 48 | 0 | 0 | 1 | 0 | 0 | 0 | 0 | 0 | 0 | 0 |
| 49 | 1 | 0 | 1 | 1 | 0 | 0 | 0 | 0 | 0 | 0 |
| 50 | 0 | 0 | 0 | 0 | 0 | 0 | 0 | 0 | 0 | 0 |
| 51 | 0 | 1 | 0 | 0 | 0 | 1 | 0 | 0 | 0 | 0 |
| 52 | 0 | 0 | 0 | 0 | 0 | 0 | 0 | 0 | 0 | 0 |
| 53 | 0 | 1 | 0 | 0 | 1 | 0 | 0 | 1 | 1 | 1 |

1. 根据给定的背景资料，建立分析模型。

2. 对建立起来的模型进行求解，并说明在不超过每周广告预算的前提下，找出网络客户的最大浏览人数。

3. 对广告预算进行敏感性分析，广告预算额度从5 000美元开始，然后以公差5 000美元为一个等级直至35 000美元，进行递增情况的分析。

CHAPTER 14

# 第14章

# 非线性优化问题

**数据分析案例：洲际酒店的零售定价**

洲际酒店集团（IHG）在全球100多个国家或地区自营、租借或特许连锁经营着4 500多家旅馆，拥有客房总数达700 000间（套），比其他任何一家酒店都多得多。洲际酒店、皇冠假日酒店、皇冠假日度假村、假日酒店、假日快捷酒店等，都是洲际酒店集团旗下的企业。

如同航空和汽车租赁公司，旅馆业务也属于"易腐性"服务，也就是说，旅馆只能在一个有限时间窗口出售自己的服务产品，一旦没有抓住机会，也就谈不上赚钱了。航班上没有人坐的位子是不会带来价值的，旅馆的客房也是如此，没有人入住的房间就只能空置。对于诸如此类的易腐性产品，如何给它们定价以获得最大化收益，确实是一个很棘手的问题。旅馆房间的价格定高了，会增加客房的空置率，进而产生不了收益。如果价格定得太低了，会导致旅馆人满为患，即使如此，有可能获得的收益甚至还不如入住不足的情况多。收益管理（RM）是经常被提起的一个用词，可用于定价问题的数据分析。

洲际酒店集团运用非线性优化模型，开发了一种带有传奇色彩的酒店客房定价方法。每天洲际酒店集团的管理团队通过互联网，搜寻着竞争对手的定价。然后把竞争对手的价格，当成一个变量引入洲际酒店集团的定价优化模型，日复一日都是如此。为了保证净收益（收益－成本）达到最大化，不论是需求还是收益都是价格的函数，所以洲际酒店集团定价模型中的目标函数一定是非线性的。据说已经有超过2 000家洲际酒店集团旗下的旅馆，采用了洲际酒店集团开发的定价办法，并因此额外增加了超过1.45亿美元的收益。

资料来源：D. Kosuhik, J. A. Higbie, C. Eister. Retail Price Optimization of Inter Continental Group. Interfaces 42, No. 1（January-February 2012）：45-57.

大量的商务活动过程表现出非线性方式，例如，债券价格就是利息率的非线性函数，股票期权价格与标的股票价格呈非线性关系，产品生产的边际成本随着生产规模的不断扩大而表现出递减状态，某种产品的需求量随着价格变化出现了指数形式的变化，诸如此类的非线性关系，在许许多多的商务活动中都存在着。

**非线性优化问题**也是一类优化问题，在这类问题中，目标函数或约束方程里至少有一项是非线性的。在 14.1 节，我们将解决一个目标函数是决策变量非线性函数的生产问题；14.2 节我们讨论非线性优化与线性优化模型的异同；14.3 节专门介绍厂区布局的非线性规划模型；14.4 节将介绍诺贝尔奖获得者 Markowitz 的兼顾收益和风险的投资组合模型；14.5 节讨论众所周知的新产品销售预测或采纳模型。

## 14.1 一个生产管理实例

在第 12 章中，我们介绍过了 Par 公司生产问题的线性规划。这里，我们仍然拿这个企业作为例子，介绍有约束和无约束的非线性优化模型。首先我们考虑产品定价和产品销售量之间的关系，是什么导致目标函数呈现了非线性变化，并对由此导出的无约束非线性问题进行求解。就像我们即将看到的，无约束最优解不满足原问题的生产约束。对此，在问题中添加生产约束，便能构造出有约束的非线性最优化模型，当然我们也会讲解非线性最优化模型的求解。

### 14.1.1 无约束问题

下面，我们对第 12 章中讲过的 Par 公司的问题进行修改。Par 公司生产两款高尔夫球袋，即标准款和豪华款，在第 12 章我们对 Par 公司生产问题构造线性规划模型的时候，假定该公司生产出来的标准款球袋和豪华款球袋都能卖掉。可是，如果我们考虑到产品能不能顺利卖掉还与定价有关，这时情况就不一样了。价格与需求之间存在相反的关系，价格提高了需求量会下降。用 $P_S$ 表示标准款球袋定价，$P_D$ 表示豪华款球袋定价，标准款球袋销售量用 $S$ 表示，豪华款球袋销售量用 $D$ 表示，另外假定存在这样的关系式：

$$S = 2\,250 - 15P_S \tag{14-1}$$

$$D = 1\,500 - 5P_D \tag{14-2}$$

标准款高尔夫球袋的收入是其定价 $P_S$ 乘以销售量 $S$。假如生产这种款式的高尔夫球袋的单位成本是 70 美元，那么生产和销售标准款球袋的利润（总收入 - 总成本）为

$$P_S \times S - 70 \times S = (P_S - 70) \times S \tag{14-3}$$

由式（14-1）解出 $P_S$，得到 $P_S = 150 - (1/15)S$，将其代入式（14-3）中，便有

$$(P_S - 70) \times S = [150 - (1/15)S - 70] \times S = 80S - (1/15)S^2 \tag{14-4}$$

假定生产每个豪华款球袋的成本是 150 美元，与上述做法一样，生产和销售豪华款高尔夫球袋的利润为

$$(P_D - 150) \times D = [300 - (1/5)D - 150] \times D = 150D - (1/5)D^2$$

Par 公司的总利润，应该是两款高尔夫球袋各自利润的和，也就是：

$$总利润 = 80S - (1/15)S^2 + 150D - (1/5)D^2 \tag{14-5}$$

注意：式（14-1）和式（14-2）是线性函数，但式（14-5）给出的总利润函数是非线

性函数。式（14-5）是**二次函数**的一个例子，因为该函数存在一个非线性项，即带有幂次方（$S^2$ 和 $D^2$）。

---

如何利用 Excel 规划求解功能求解非线性规划问题，我们将在后面的有关章节进行详细的介绍和说明。

---

对上述问题，如果我们运用 Excel 的规划求解功能，能得到最优解：$S = 600$，$D = 375$。标准款高尔夫球袋的定价是 110 美元，豪华款高尔夫球袋的定价为 225 美元，能获得的总利润是 52 125 美元。如得到的解还能同时满足生产约束条件，我们便获得了 Par 公司生产问题在考虑了新的因素条件下的最优解。

### 14.1.2　有约束问题

14.1.1 中给出的最优解，没有把我们在第 12 章有关 Par 公司生产问题的约束条件考虑进来。如果要把这些约束也考虑进来，并根据上一节的讨论结果，这时 Par 公司生产问题的数学规划模型可以写成

$$\text{Max} \quad 80S - \frac{1}{15}S^2 + 150D - \frac{1}{5}D^2$$

s. t.

$$\frac{7}{10}S + 1D \leqslant 630$$

$$\frac{1}{2}S + \frac{5}{6}D \leqslant 600$$

$$1S + \frac{2}{3}D \leqslant 708$$

$$\frac{1}{10}S + \frac{1}{4}D \leqslant 135$$

$$S, D \geqslant 0$$

考虑了约束条件后模型的可行域，如图 14-1 所示，在此我们同时也把 14.1.1 节中未考虑约束条件得到的最优解标示出来。

由图 14-1 可知，14.1.1 节中讨论的无约束问题的最优解，显然位于有约束问题可行域之外。

这里给出的 Par 公司生产问题有约束的规划模型，除了目标函数是非线性函数之外，其他与第 12 章讨论的 Par 公司生产问题模型基本上没有区别。现在 Par 公司生产问题有约束且目标函数呈非线性形式，其最优解用图 14-2 展示出来。

由图 14-2 我们能看出，存在 3 个目标函数的等值线。在同一等值线上的点，它们的目标值是相同的。由于目标函数是非线性函数，因此目标函数的等值线是椭圆形状。3 条等值线分别表示的是目标函数值为 45 000 美元、49 920.55 美元和 51 500 美元。以 45 000 所在的等值线来说，它是由标准款高尔夫球袋和豪华款高尔夫球袋生产数量的一系列组合构成的，但该等值线有一部分产品生产数量的组合穿过可行域。51 500 那条等值线，也是由标准款高尔夫球袋和豪华款高尔夫球袋生产数量的各种组合构成的，然而该等值线上没有任

何点与可行域相交。从图 14-2 我们还能看出,离无约束问题最优解(600,375)越远,有约束的非线性规划模型的目标函数值会变得越来越小。49 920.55 所在的等值线,与可行域有一个点相切。这里我们不去详细地介绍这个点的取值是怎么得到的,只直接给出它的结果:标准款高尔夫球袋生产 459.717 个,豪华款高尔夫球袋生产 308.198 个,该点处的总利润是 49 920.55 美元。显然在解可行的要求下,不可能有其他点的目标函数比 49 920.55 美元还要大。由于 Par 生产问题有约束非线性规划的目标函数是非线性的,因此对这样的问题其最优解只能是等值线与可行域相切的点,这与一般的线性规划问题的最优解在可行域的顶点处有所不同。

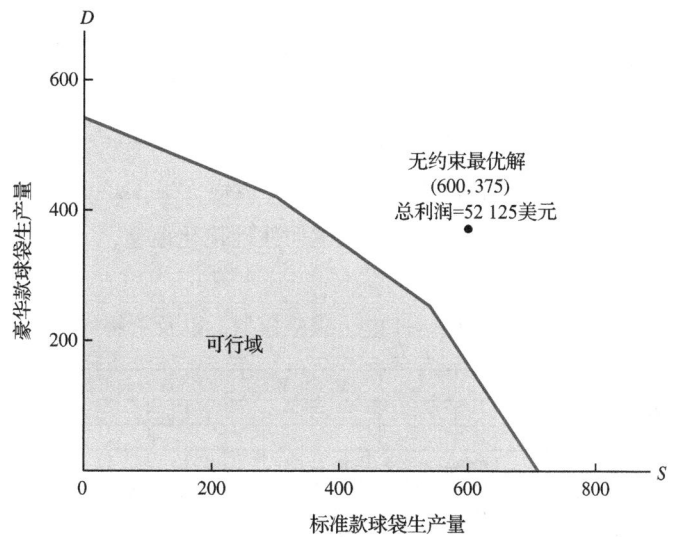

图 14-1 Par 公司生产问题可行域及无约束最优解

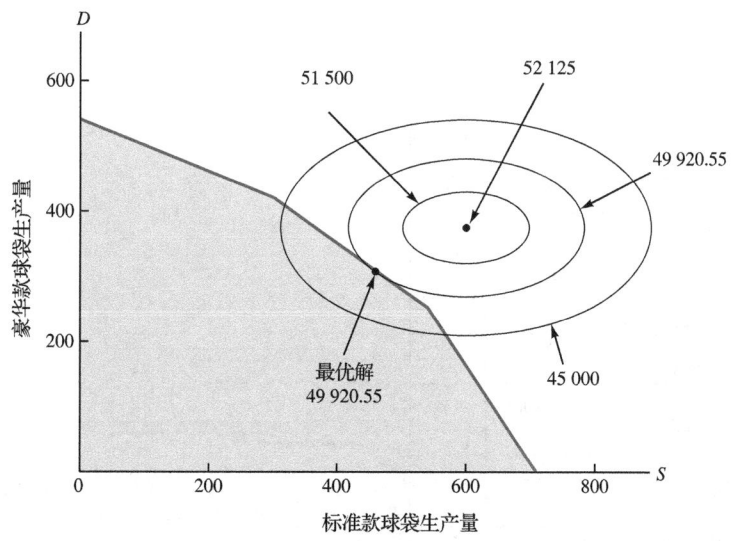

图 14-2 Par 生产问题有约束非线性目标函数的最优解

对非线性优化问题,其最优解有可能位于可行域里面。例如,假定 Par 生产问题约束方程的右边项值，都以充分大的数量在增加，那么这时候的可行域范围就会随之不断扩大，以至于不考虑约束时的最优解（600,375）也会被包括进可行域。所以，我们提醒大家，对非线性优化问题，它的最优解不一定都在可行域的边界上。

对线性规划模型，采用的求解原理是单纯形算法，它对可行域顶点处的目标函数值不断进行比较，以找出能使目标函数获得最优值的解为相应模型的最优解。可是，对非线性有约束的规划问题，单纯形算法可能行不通了，因为这类模型的最优解并不总在可行域的顶点处，所以对非线性优化问题，其算法要比一般的线性规划问题复杂得多。但是，对此不需要有太多的担心，从应用的角度讲，我们只需要知道如何利用软件进行求解就可以了。现在应用软件非常发达，如 Excel Solver、Analytic Solver 都可以用于求解非线性优化问题。下面，我们就来介绍如何利用 Excel 的规划求解功能求解非线性优化问题。

### 14.1.3 利用 Excel 求解非线性优化模型

这里，我们以 Par 公司生产问题的有约束非线性模型为例，来说明 Excel 规划求解功能的求解操作过程。运用 Excel 规划求解功能求解非线性优化模型，其过程和使用方法与我们在第 12 章介绍的大同小异。

图 14-3 是 Par 公司生产问题的 Excel 电子表格模型，以及求解的对话框。

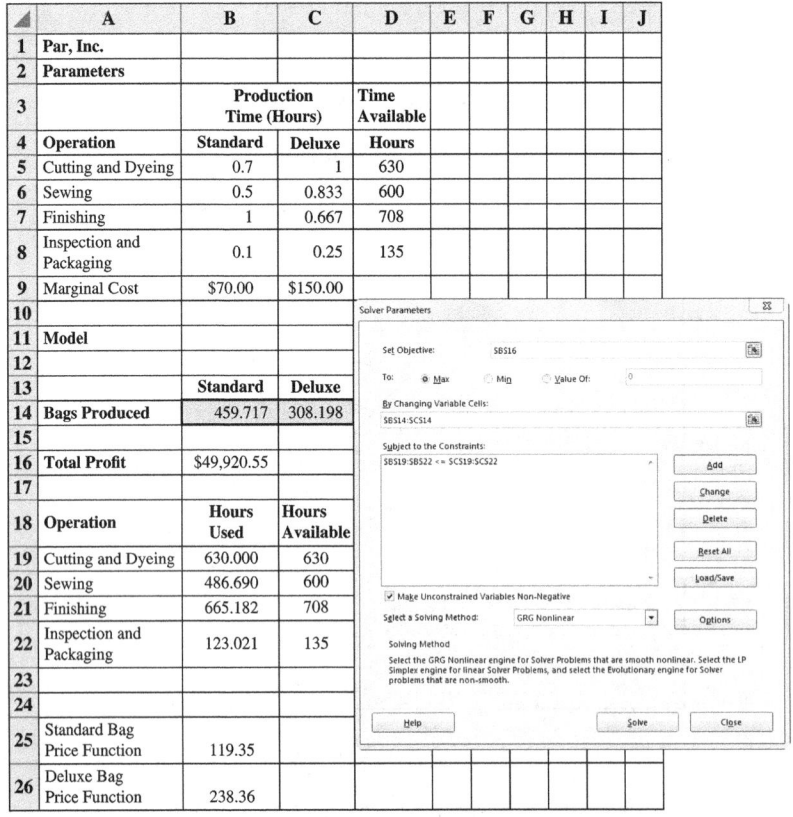

图 14-3　Par 问题的 Excel 表格与求解对话框

图 14-3 中，在单元格 B19:B22 中我们采用 SUMPRODUCT 函数计算每道工序所需要的时间。单元格 B25 计算的是标准款高尔夫球袋价格，其计算公式 = 150 – (1/15)\*$B$14。单元格 B26 计算的是豪华款高尔夫球袋价格，其计算公式 = 300 – (1/5)\*$C$14。单元格 B16 是目标函数所在的位置，其计算方法 = (B25 – B9)\*B14 + (B26 – C9)\*C14，相应于 $[150-(1/15)S-70]\times S+[300-(1/5)D-150]\times D$，数学上等价于式 (14-5)。

在做好上述工作的基础上，现在我们就可以利用 Excel 规划求解功能进行求解，具体操作步骤如下：

第一步，单击功能区的**数据**（Data）。

第二步，单击**分析**（Analysis Group）模块中的**规划求解**（Solver）。

第三步，当出现**规划求解**（Solver）对话框时，把"B16"输入**设定目标框**（Set Objective）。

第四步，依次选定**最大**（Max），把"B14:C14"输入**可变变量单元格框**（By Changing Variable）。

第五步，单击**添加**（Add），当出现**添加约束**（Add Constraint）对话框时，把 B19:B22 输入**单元格引用位置**（Cell Reference），从下拉式按钮中选择≤，把"C19:C22"输入**约束值**（Constraint）框中，然后单击**确定**（OK）按钮。

第六步，选定**非负性**（Make Unconstrained Variables Non-negative）。

第七步，从下拉式菜单中，选择**求解方法**（Select a Solving Method）：**广义梯度法**（GRG Nonlinear）。

第八步，单击**求解**（Solve）。

第九步，当**求解结果**（Solver Results）对话框出现时，单击**确定**（OK）按钮。

对非线性优化问题，Excel 规划求解功能输出的求解结果报告格式，与线性规划求解结果报告完全一样。这里我们没有给出 Par 公司生产问题有约束非线性模型的求解报告，但从图 14-3 中，我们也容易读出该问题目标函数的最优值是 49 920.55，对应的决策变量的值分别是：标准款球袋生产 459.717 件，豪华款球袋生产 308.198 件，所有的求解结论与图 14-2 显示的完全一样。另外，把单元格 C19:C22 与单元格 C19:D22 做了比较，表明仅有剪裁和着色工序是紧约束，与图 14-2 一样。基于最优生产数量的最优定价，在单元格 B25 和单元格 B26 给出，标准款高尔夫球袋的最优定价为 119.35 美元，豪华款高尔夫球袋的最优定价为 238.36 美元。

## 14.1.4 非线性规划的敏感性分析和影子价格

Par 公司生产问题有约束非线性模型的敏感性分析报告如图 14-4 所示。

和线性规划的敏感性分析报告一样，由图 14-4 可以看出，Excel 规划求解功能输出的非线性优化模型敏感性分析报告也由两个部分组成：变量部分和约束部分。

在变量部分，Excel 规划求解功能输出的结果给出单元格所在的位置、命名、最终（最优）值，以及减少的梯度。**减少的梯度**和线性规划模型递减成本反映的含义一样，其实质是非负约束的影子价格，或者更概括地说，是决策变量紧约束简单下界或上界的影子价格。

| | A | B | C | D | E | F |
|---|---|---|---|---|---|---|
| 4 | | | | | | |
| 5 | | | | | | |
| 6 | Variable Cells | | | | | |
| 7 | | | | | | |
| 8 | | Cell | Name | Final Value | Reduced Gradient | |
| 9 | | $B$14 | Bags Produced Standard | 459.7166 | 0 | |
| 10 | | $C$14 | Bags Produced Deluxe | 308.19838 | 0 | |
| 11 | | | | | | |
| 12 | Constraints | | | | | |
| 13 | | | | | | |
| 14 | | Cell | Name | Final Value | Lagrange Multiplier | |
| 15 | | $B$19 | Cutting and Dyeing Hours Used | 630 | 26.720587 | |
| 16 | | $B$20 | Sewing Hours Used | 486.69028 | 0 | |
| 17 | | $B$21 | Finishing Hours Used | 665.18219 | 0 | |
| 18 | | $B$22 | Inspection and Packaging Hours Used | 123.02126 | 0 | |
| 19 | | | | | | |

图 14-4　Par 公司生产问题有约束非线性模型的敏感性分析报告

约束部分由 4 列构成，分别标示了单元格所在的位置、名称、约束方程左边的最终值（资源使用量），还有**拉格朗日乘子**。拉格朗日乘子是非线性规划问题的影子价格，大致也表达了约束方程右边项值变化对目标函数带来影响的变化率。图 14-4 中的 26. 72 表明，剪裁着色工序每增加 1 个工时，目标函数将会增加 26. 72 美元。不过，我们也需要注意到，非线性优化的敏感性分析和影子价格报告中 Excel 没有给出约束方程右边项的允许变化范围，原因是允许增加和允许减少的基本上等于 0。尽管如此，拉格朗日乘子仍然给出了放松某个紧约束的重要性的估计。

## 14. 2　局部最优和全局最优

**局部最优解**首先是一个可行解，在该可行解邻近的地方找不到比该可行解的目标函数值还要好的可行解，这样的可行解我们称为局部最优解。对局部最优解，可将其区分为局部最大值和局部最小值。拿 Par 公司生产问题有约束非线性规划模型来说，它的局部最优解与局部最大值有关，如果在某个邻域没有哪个可行解的目标函数值比该可行解的目标函数值还要大，这个可行解所对应的目标函数值就是**局部最大值**。相反，对求最小化问题，在某个邻域没有哪个可行解的目标函数值比该可行解的目标函数还要小，那么这个可行解所对应的目标函数值就是**局部最小值**。

可行解的邻域是个数学概念，指的是紧邻某个可行解的若干个点所构成的集合。要直观地认识，可以参见图 14-7 中的局部最小值和局部最大值的情况。

对一个非线性优化模型，有可能存在多个局部最优解。对这些局部最优解，我们最为关心的是其中最好的一个。所谓的**全局最优解**，首先它也是一个可行解，只不过是其中能够达到目标函数最好值的那个可行解。对最大化问题，其所对应的全局最优解就是**全局最大值**解，最大值点是可行域中没有其他哪个点能给出比该点目标函数值严格大的点。对一个最小化问题，**全局最小值**点是可行域中没有其他哪个点能给出比该点目标函数值严格小的点。全局最大值也是局部最大值，全局最小值也是局部最小值。

> 全局最优解一定是局部最优解，然而局部最优解不一定都是全局最优解。

如果一个非线性优化问题存在多个局部最优解，对这样的问题进行求解往往是比较困难的。不过，在许多非线性优化的应用中，某个局部最优解同时是该问题的全局最优解。对诸如此类的问题，我们仅需要找出一个局部最优解即可。接下来，我们就开始介绍这类非线性问题的几个常见的类别。

对函数 $f(X,Y) = -X^2 - Y^2$，其图像如图 14-5 所示。

由图 14-5 可以看出，$f(X,Y) = -X^2 - Y^2$ 的几何形状如同一只倒扣的碗，一般把这类形状的函数叫作**凹函数**。从图 14-5 能看出，$f(X,Y) = -X^2 - Y^2$ 存在一个极大值 0，对应的解是 (0,0)。点 (0,0) 既是局部最大值点，同时它是全局最大值点，因为再也没有其他哪个点处的函

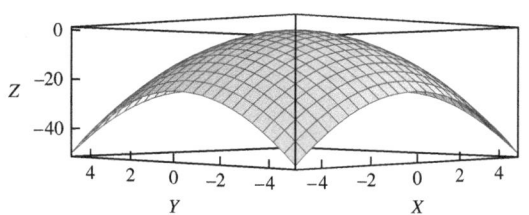

图 14-5　函数 $f(X,Y) = -X^2 - Y^2$ 的几何图像

数值比 0 还大。换句话说，没有哪对 $X$ 和 $Y$ 的值能使目标函数值大于 0。对凹函数，它的局部最大值也是全局最大值，像这样的非线性函数，找它的最大值相对比较容易。Par 公司生产问题的目标函数 $80S - (1/15)S^2 + 150D - (1/5)D^2$，就是一个凹函数。判断凹函数的一条规则是：在一个二元二次函数方程中，如果所有的二次项前面的系数都是负数，并且不存在交叉乘积项（如 $XY$ 或这里的 $SD$），那么这样的函数就是二元二次凹函数。所以对 Par 公司的生产问题，我们确信利用 Excel 规划求解功能（见图 14-3）求解出来的局部最大值，也一定是全局最大值。

现在我们再来考察另一种类型的简单局部最优同时是全局最优的函数，对函数 $f(X,Y) = X^2 + Y^2$，其几何图像如图 14-6 所示。

图 14-6 的形状，类似一只正放着的碗。对这样的函数，我们称为**凸函数**。由图 14-6 能看出，函数 $f(X,Y) = X^2 + Y^2$ 存在一个最小值 0，对应的解是 (0,0)。解 (0,0) 既是局部最小值点，同时也是全局最小值点，因为不存在哪对 $X$ 和 $Y$ 的取值能使目标函数值小于 0 了。所以，

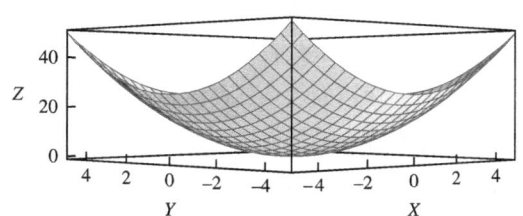

图 14-6　函数 $f(X,Y) = X^2 + Y^2$ 的几何图像

对于 $f(X,Y) = X^2 + Y^2$ 这样的函数，存在一个唯一的最小值，并且相对也比较容易进行求解。

如果是凹函数，只要我们确信计算机软件报告了局部最大值，便意味着我们已经获得全局最大值。同样，对凸函数，如果计算机软件找出局部最小值，便意味着我们获得了全局最小值。可是，一些非线性函数存在多个局部最优值。比如函数

$$f(X,Y) = X\sin(5\pi X) + Y\sin(5\pi Y)$$

其值域是：$0 \leq X \leq 1$、$0 \leq Y \leq 1$。式中，sin 是三角函数，$\pi$ 近似等于 3.141 6。

该函数几何图像如图 14-7 所示。

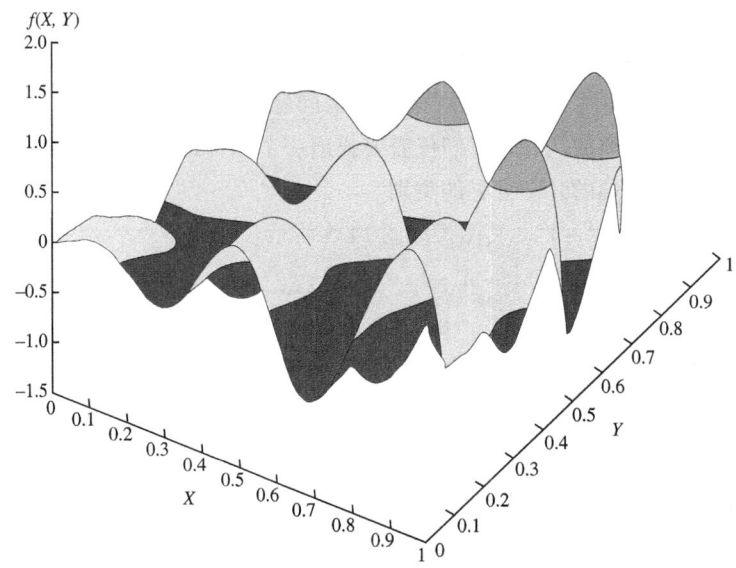

图 14-7　$f(X,Y) = X\sin(5\pi X) + Y\sin(5\pi Y)$ 的几何图像

图 14-7 中，山顶和山谷分别代表着局部最大值和局部最小值，说明这样的函数拥有多个局部最大值和局部最小值。

从计算机软件的编写角度来说，带有多个局部最优值的函数，是最优化软件开发的最大挑战，因为有时软件运算得到局部最优值后就终止计算了，所以我们要注意，许多最优化软件报告出来的最优解，其实很可能只是局部最优解，离全局最优解还差得远。如何找到一个算法，能够获得全局最优解，这是目前研究得比较多的一个领域。

下面，我们介绍一个非常实用的方法，就是在利用 Excel 规划求解功能求解非线性优化问题的时候，如何处理局部最大值和局部最小值。

怎样才能知道是否存在多个局部最优解呢？对此，我们不从数学角度只从应用的角度给出说明。运用最优化软件能否获得某个解，如果和初始解的设定有很大关系，那么可能就表明存在多个局部最优问题。因此，利用 Excel 规划求解功能求解一个非线性优化模型，对不同的决策变量的初始解，运算结果表现出差别，就说明相应的模型存在多个局部最优解。但这句话反过来说不一定成立，即输入不同的决策变量初始解得到的却是同样的最优值，不过这并不意味着我们已经找到了全局最优解。

对下列非线性优化模型（其几何图像参见图 14-7）：

$$\text{Max} \quad f(X,Y) = X\sin(5\pi X) + Y\sin(5\pi Y)$$

s. t.

$$0 \leqslant X \leqslant 1$$

$$0 \leqslant Y \leqslant 1$$

表 14-1 给出了不同初始解（如果安装了 Excel 加载宏中的规划求解功能，这些初始值在决策变量单元格中给出）时，Excel 规划求解功能输出的最优解。

表 14-1  不同初始解时 Excel 输出的最优解

| 初始解 | | 最优解 | | 目标函数最优值 |
| --- | --- | --- | --- | --- |
| X | Y | X | Y | |
| 0.000 | 0.000 | 0.129 | 0.129 | 0.231 |
| 1.000 | 0.000 | 0.905 | 0.000 | 0.902 |
| 0.000 | 1.000 | 0.000 | 0.905 | 0.902 |
| 0.500 | 0.500 | 0.508 | 0.508 | 1.008 |
| 1.000 | 1.000 | 0.905 | 0.905 | 1.805 |

对表 14-1 的每一对初始解，Excel 规划求解功能在求解的时候，都显示了这样的信息："已经收敛于当前解，所有的约束都能得到满足。"

Excel 规划求解功能提供了选择，使我们易于找到全局最优解。这时，只要单击 Excel 规划求解功能中**规划求解参数**（Solver Parameters）的"**选项**"（Options），然后选择**广义梯度非线性**（GRG Nonlinear），具体如图 14-8 所示，再在**多个初始解**（Multistart）中选择使用**多个初始解**（Use Multistart），以使 Excel 规划求解功能从多个初始解出发，从中寻找最好的解。

在图 14-8 中，**总规模**（Population Size）表示的是，使用的初始解的最大数目。Excel 规划求解功能会使用**随机种子**（Random Seed），随机地从给定的范围内选择出发点。尽管设定下限和上限并不需要［除非选定了**需要给变量设定范围**（Require Bounds on Variables）］，但当范围给定后该方法似乎更加有效。我们建议选择**需要给变量设定范围**（Require Bounds on the Variables），并在使用**多个初始解**（Use Multistart）之前，给出范围界限。

图 14-8 使用了随机产生的初始点，0~1 的范围在规划求解对话框被设定为约束。Excel 规划求解报告的结果：$X = 0.904\,47$，$Y = 0.904\,47$，目标函数值 1.804，同

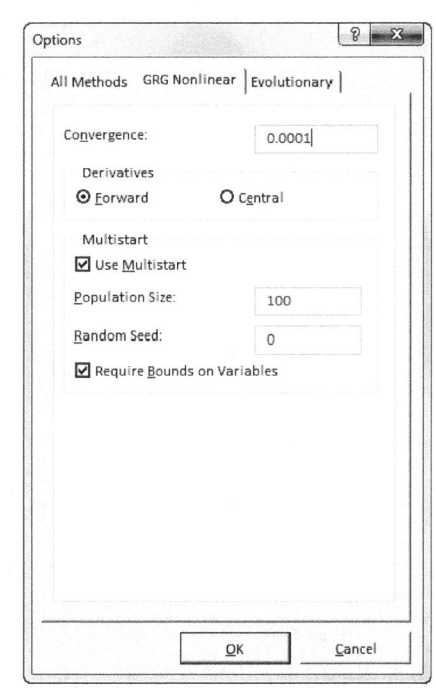

图 14-8  Excel 规划求解功能中广义梯度非线性选项

当问题的求解依赖于对决策变量的初始赋值时，我们建议大家选定多个初始解选项。

时 Excel 规划求解也报告了"以概率收敛于全局解"。

注释与点评

1. 对每个决策变量限定范围后，多个初始解功能能更好地发挥作用。而对决策变量，通常能比较容易地计算出有效的上限和下限。例如，对具有正系数的小于等于约束，上限可以用每个变量的系数除以右边项计算出来。用 Par 公司问题的剪裁着色约束来说，$7/10S + 1D \leq 630$，我们可以导出决策变量的上限值：$S \leq 630(7/10) = 900$，$D \leq 630/1 = 630$。
2. 对具有局部最优解的非线性优化问题，除了 GRG 求解方法之外，Excel 还带有另一种求解方法，就是演化求解。演化求解算法是通过迭代调整大量的备选解以寻找最优解的搜索算法。本书仅介绍非线性优化问题的 GRG 算法，这种算法属于最经典的优化技术。不过，对那些涉及 Excel 函数 VLOOKUP、IF 等较为复杂的非线性模型，演化算法可能更有用。

## 14.3 选址问题

LaRosa Machine Shop（LMS）是一家生产机械产品的企业，面临着一个确定工具仓库在车间之间摆放位置的管理问题。该公司 5 个生产车间的位置如图 14-9 所示。

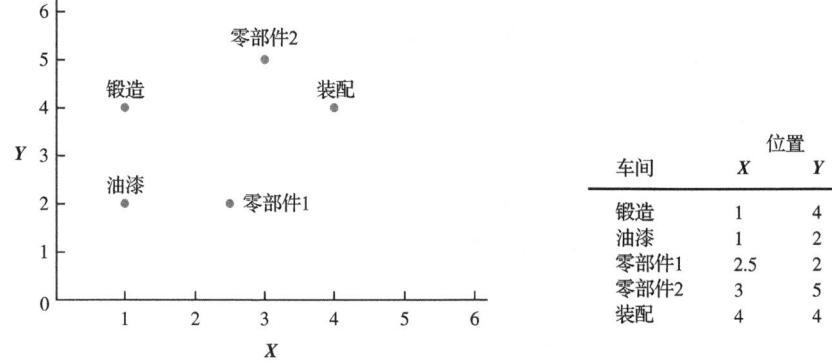

图 14-9 LMS 公司 5 个生产车间的位置

为了做到对每个生产车间的每个工人尽可能公平，公司管理部门正试图找到合理的工具仓库的位置，以使其距离每个生产车间的路程最短。

令

$$X = 工具仓库的横坐标$$
$$Y = 工具仓库的纵坐标$$

对此，我们可以用欧氏（Euclidean）距离公式，计算工具仓库到各个生产车间的路程。例如，图 14-9 显示锻造车间的平面坐标是（1,4），这样该车间到工具仓库（$X,Y$）的欧氏距离为

$$\sqrt{(X-1)^2 + (Y-4)^2}$$

依此，我们可以构造一个无约束的最优化问题：

$$\text{Min} \quad \sqrt{(X-1)^2 + (Y-4)^2} + \sqrt{(X-1)^2 + (Y-2)^2} + \sqrt{(X-2.5)^2 + (Y-2)^2} +$$
$$\sqrt{(X-3)^2 + (Y-5)^2} + \sqrt{(X-4)^2 + (Y-4)^2}$$

注意：对 $X$ 和 $Y$，不需要限制它们取值非负。运用 Excel 规划求解功能，得到该问题的最优解是：$X=2.230$，$Y=3.349$。在此，我们用平面图直观地显示（见图 14-10）。

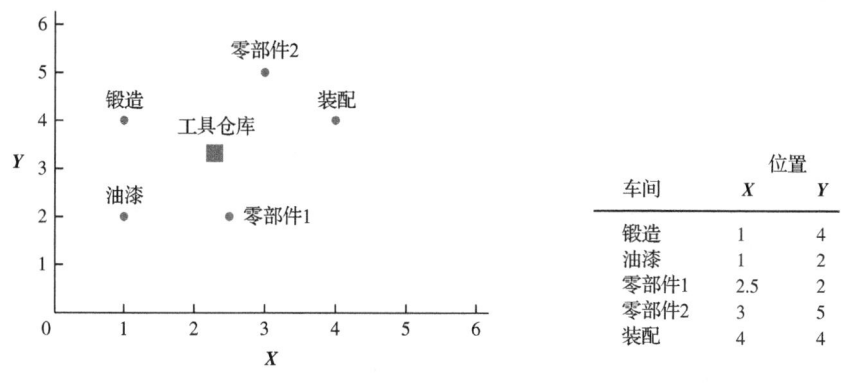

图 14-10　工具仓库的摆放位置

选址问题有广泛的应用，如计算机电路板打孔的位置、物资集散地的布点、商场的区位规划等。这些种类繁多的选址问题模型，其目标函数可能各不相同，甚或带有行走距离方面的约束。

## 14.4　Markowitz 投资组合模型

Hary Markowitz 因其在投资组合领域的奠基性研究，被授予 1990 年度的诺贝尔经济学奖，他所采用的均值 – 方差组合分析模型，可以看成非线性规划的经典应用。本章的这一节，我们来对 Markowitz 的均值 – 方差组合分析模型进行讲解和介绍。全球基金管理公司使用了各种各样的分析方法，但大多是以 Markowitz 的均值 – 方差组合分析模型为蓝本。

制订财务投资计划，最为关键的是要在收益和风险之间取得平衡。收益与风险同在，投资人要想获得更大的收益，也必须面对更大的风险。在大多数投资组合优化模型中使用的收益概念一般是指，所选择的各个投资项目可能收益的期望值（平均值），风险由各个投资项目可能收益的变异指标来反映。

下面，我们用一个实例来说明 Markowitz 的投资组合模型。

Hauck 公司是一家投资咨询服务企业，针对投资人不同的风险承受能力，专门为他们设计年金保险理财、个人退休养老金理财、固定分担退休金理财等投资方案。现在 Hauck 公司打算开发一个投资组合模型，以用于处理 6 类互惠基金投资安排。表 14-2 给出 6 种互惠基金 5 个不同水平的 1 年期年收益率（%）。

表 14-2  6 种互惠基金 5 个不同水平的 1 年期年收益率

| 基金类型 | 年收益率（%） | | | | |
|---|---|---|---|---|---|
| | 第 1 年 | 第 2 年 | 第 3 年 | 第 4 年 | 第 5 年 |
| 外国股票 | 10.06 | 13.12 | 13.47 | 45.42 | -21.93 |
| 中期债券 | 17.64 | 3.25 | 7.51 | -1.33 | 7.36 |
| 大盘成长股 | 32.41 | 18.71 | 33.28 | 41.46 | -23.26 |
| 大盘价值股 | 32.36 | 20.61 | 12.93 | 7.06 | -5.37 |
| 小盘成长股 | 33.44 | 19.40 | 3.85 | 58.68 | -9.02 |
| 小盘价值股 | 24.56 | 25.32 | -6.70 | 5.43 | 17.31 |

由表 14-2 可以看出，在第 1 年中 6 种互惠基金的年收益水平都比较好；第 2 年中除了中期债券，其他互惠基金的年收益水平都比较好；第 3 年中小盘价值股的年收益水平比较糟糕；第 4 年里中期债券的年收益率为负数；第 5 年 6 种互惠基金中有 4 种出现了负收益率。

对于任何一种基金，要想精确地预报未来 12 个月的收益率是多少，这是没有可能的事情。但对 Hauck 公司的投资经理们来说，表 14-2 给出的 5 年中每 1 年的收益率，便提供了一个很好的素材，能够将它们用于分析未来 1 年互惠基金年收益率的可能变化。为了能够给客户建立投资组合方案，Hauck 公司的投资经理们只能根据表 14-2 给定的资料，从 6 种互惠基金选出一部分做投资组合。

构建投资组合的一个问题，就是要决定投资组合方案中每个项目需要投资多少钱。因此，我们设：

$FS$ = 投资组合方案中外国股票投资占比

$IB$ = 投资组合方案中中期债券投资占比

$LG$ = 投资组合方案中大盘成长股投资占比

$LV$ = 投资组合方案中大盘价值股投资占比

$SG$ = 投资组合方案中小盘成长股投资占比

$SV$ = 投资组合方案中小盘价值股投资占比

在一个投资组合方案，每个项目的投资额所占的比例之和必定等于 100%，所以有

$$FS + IB + LG + LV + SG + SV = 1$$

其他的约束就是在表 14-2 给定的每 1 年内对投资组合方案将获取收益的要求。投资组合方案在未来 12 个月的收益，与表 14-2 中 5 年中可能出现的各年情况有关。$R_1$ 表示出现第 1 年情况的投资组合方案收益，$R_2$ 表示出现第 2 年情况的投资组合方案收益，$R_3$ 表示出现第 3 年情况的投资组合方案收益，$R_4$ 表示出现第 4 年情形的投资组合方案收益，$R_5$ 表示出现第 5 年情况的投资组合方案收益。因此，我们可以构造如下的投资组合方案收益：

$$R_1 = 10.06FS + 17.64IB + 32.41LG + 32.36LV + 33.44SG + 24.56SV$$

$$R_2 = 13.12FS + 3.25IB + 18.71LG + 20.61LV + 19.40SG + 25.32SV$$

$$R_3 = 13.47FS + 7.51IB + 33.28LG + 12.93LV + 3.85SG - 6.70SV$$

$$R_4 = 45.42FS - 1.33IB + 41.46LG + 7.06LV + 58.68SG + 5.43SV$$

$$R_5 = -21.93FS + 7.36IB - 23.26LG - 5.37LV - 9.02SG + 17.31SV$$

假定 $p_s$ 是 $n$ 种情形中第 $s$ 种情形出现的概率，那么上述各种情形下投资组合方案的期望收益（$\bar{R}$）为

$$\bar{R} = \sum_{s=1}^{n} p_s \times R_s \tag{14-6}$$

假如我们能确信 5 种情形出现的机会相等，这时期望收益还可以直接写成：

$$\bar{R} = \sum_{s=1}^{5} p_s \times R_s = \sum_{s=1}^{5} \frac{1}{5} \times R_s = \frac{1}{5} \sum_{s=1}^{5} R_s$$

对收益风险的测量稍显困难，Markowitz 的投资组合经常用到的风险测量方法，就是计算投资组合收益的方差。如果投资期望收益采用了式（14-6）的定义，那么这时投资组合收益的方差可以这样来计算：

$$\text{Var} = \sum_{s=1}^{n} p_s \times (R_s - \bar{R})^2 \tag{14-7}$$

联系到 Hauck 公司的例子，如果 5 种情形出现机会相等，则式（14-7）还可直接表示成：

$$\text{Var} = \sum_{s=1}^{5} \frac{1}{5} \times (R_s - \bar{R})^2$$

投资组合收益的方差，是每种情形下投资组合收益偏离均值的平方的算术平均数，其值越大，意味着投资组合收益的变异程度越大。如果投资组合收益方差等于 0，那就表明每种情形下的收益 $R_i$ 完全相等，也就意味着没有风险。

有两种基本的办法可以构造 Markowitz 的投资组合模型：①在投资组合方案期望收益的约束下，使得投资组合方案收益的方差最小；②在投资组合方案收益方差的约束条件下，使得投资组合方案收益达到最大。

现在我们讨论第一种办法，并且假定客户要求投资组合方案的期望收益不能低于 10%，那么根据我们约定的记号，目标函数为

$$\text{Min} \quad \frac{1}{5} \times \sum_{s=1}^{5} (R_s - \bar{R})^2$$

且投资组合收益的期望约束是：

$$\bar{R} \geq 0.10$$

因此，完整的 Markowitz 的投资组合模型一共涉及 12 个变量和 8 个约束（包括非负约束），可以表示成：

$$\text{Min} \quad \frac{1}{5} \times \sum_{s=1}^{5} (R_s - \bar{R})^2 \tag{14-8}$$

s.t.

$$10.06FS + 17.64IB + 32.41LG + 32.36LV + 33.44SG + 24.56SV = R_1 \tag{14-9}$$

$$13.12FS + 3.25IB + 18.71LG + 20.61LV + 19.40SG + 25.32SV = R_2 \tag{14-10}$$

$$13.47FS + 7.51IB + 33.28LG + 12.93LV + 3.85SG - 6.70SV = R_3 \tag{14-11}$$

$$45.42FS - 1.33IB + 41.46LG + 7.06LV + 58.68SG + 5.43SV = R_4 \tag{14-12}$$

$$-21.93FS + 7.36IB - 23.26LG - 5.37LV - 9.02SG + 17.31SV = R_5 \quad (14\text{-}13)$$

$$FS + IB + LG + LV + SG + SV = 1 \quad (14\text{-}14)$$

$$\frac{1}{5}\sum_{s=1}^{5} R_s = \overline{R} \quad (14\text{-}15)$$

$$\overline{R} \geq 10 \quad (14\text{-}16)$$

$$FS, IB, LG, LV, SG, SV \geq 0 \quad (14\text{-}17)$$

上述模型中，目标函数是最小化投资组合收益率方差。式（14-9）～式（14-13）是每种情形的收益；式（14-14）反映的是所有投资到各个项目上的资金占比等于1，这个约束通常称为单位约束；式（14-15）是各种情形下收益率的平均，也是投资组合收益率的期望值；式（14-16）反映了投资组合收益率不能低于10%；式（14-17）是决策变量取值的非负性要求。注意：$R_1$、$R_2$、$R_3$、$R_4$、$R_5$ 和 $\overline{R}$ 没有非负性要求，因此各种情形下的收益率平均值或投资组合的期望收益率有可能会是负值。

上述模型运用 Excel 规划求解功能进行求解，得到的结果如图 14-11 所示。

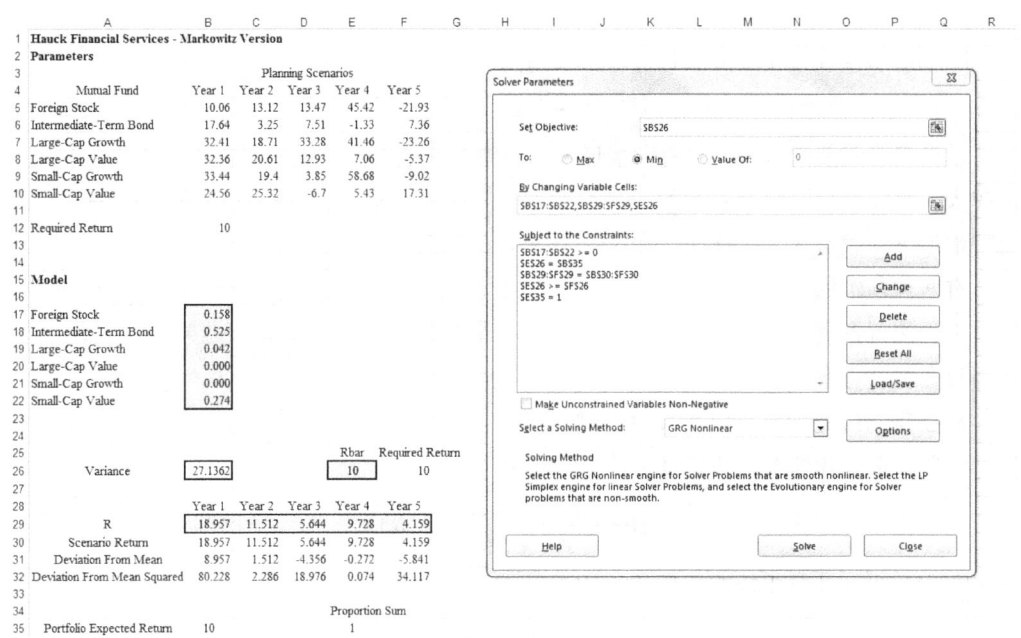

图 14-11　Hauck 公司问题的 Excel 规划求解功能求解结果

由图 14-11，在客户 10% 的预期收益要求下，投资组合方案收益方差的最小值是 27.136。投资组合方案中外国股票投资占比（$FS$）15.8%、中期债券投资占比（$IB$）52.5%、大盘成长股投资占比（$LG$）4.2%、小盘价值股投资占比（$SV$）27.4%。

图 14-11 给出了**求解参数**（Solver Parameters）对话框，从中可以看出，我们选择的求解方法是**广义梯度非线性**（GRG Nonlinear），另外，我们没有选择**非负性**（Make Unconstrained Variables Non-negative），这是因为我们在**约束**（Constraint）框中，已经输入了 \$B\$17:\$B\$22≥0。

Markowitz 的投资组合模型给投资者平衡收益与风险提供了一种办法，实际中，针对不同的收益值，该模型会被反复地求解。同样的是投资组合收益方差最小，图 14-12 给出了要求的期望收益率从 8% 开始以 1% 递增到 12% 时的方差变化情况（见图 14-12）。

在金融领域，图 14-12 被叫作**有效边界**。有效边界上的每个点，代表着在要求的收益率下最小的可能风险（用投资组合收益率方差衡量的）。参考这个图像，投资者可以选择最适合他们的均值–方差投资组合方案。

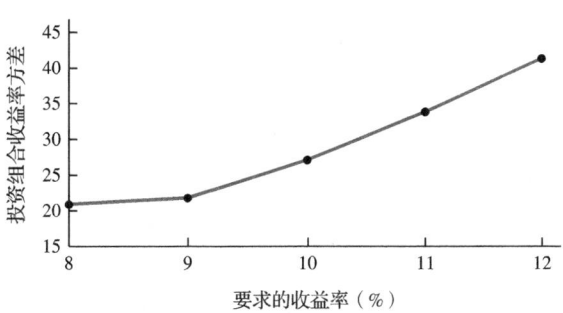

图 14-12　Markowitz 投资组合模型有效边界

　注释与点评　

1. 由图 14-11，我们注意到计算出来的投资组合方案中期债券占比超过 50%。在一个投资组合方案中，让一个项目出这么大的力可能是不明智的。在投资组合中，对某类资产的投资量上下限范围约束，可以很容易被模型化。因此，可以对投资组合中某个资产占比规定其上限。同样地，在投资组合中某个资产出现极其小的投资量也是不合理的，所以对在投资组合中占比非常小的资产，可以规定一个非零约束。
2. 在 Hauck 公司的例子中，投资的对象都是互惠基金。可是，对那些风险厌恶投资者来说，总倾向于把一些钱投资到像美国国库券这样无风险的资产上。对此，许多投资组合优化模型也允许把基金投资到无风险的资产上。
3. 这一节中，投资组合收益方差被用来测量风险。然而，根据方差的一般定义，方差计算的是均值上下的离差。对大多数投资者来说，他们对收益率在均值之上是很高兴的，更想回避的是均值之下的收益率。对此，投资组合模型也允许使用灵活的风险测度方法。
4. 在实际中，不管是经纪人还是互惠基金公司，在有新的信息的情况下，会调整投资组合方案。因此，经常性地修改投资组合方案，可能会产生很大的交易费用。本章最后给出的案例，需要你在考虑交易费用的条件下改进 Markowitz 的投资组合模型。

## 14.5　新产品市场销售预测

在一款产品投放市场之后，如何预测产品的接纳程度，这是市场营销领域中的重要研究课题。本章的这一节，我们将介绍由 Frank Bass 开发的预测分析模型，据说该模型已经被证实在预测创新和新技术市场时显得特别有效。运用 Frank Bass 的分析模型，需要通过非线性优化估计模型中的参数。这些参数分别为

$$m = 估计的最终接纳新产品的人数$$

最终接纳新产品的人数，是企业非常感兴趣的事情，因为企业投放一款新产品，就是

希望有更多的消费者会购买。

$$q = 模仿系数$$

该系数刻画了受到已经使用该款产品的消费者的影响，潜在消费者也接纳产品的可能性。我们可以把这个模仿系数理解成口碑效应或社会传播的影响效应。

$$p = 创新系数$$

该系数表示不受其他已经购买（接纳）了这款新产品消费者的影响，完全出于本人的追新偏好而购买新产品的可能性。

在定义了这三个变量之后，下面我们就来介绍 Frank Bass 的分析模型。令 $C_{t-1}$ 表示在 $t-1$ 时刻已经接纳了新产品的人数，由于 $m$ 是估计的最终接纳新产品的人数，因此 $m-C_{t-1}$ 表示了到 $t-1$ 时刻仍然是潜在的购买人群的人数。从时间 $t-1$ 到时间 $t$，处于潜在购买人群的消费者，有的会购买新产品，所占的比例取决于这一部分消费者成为新接纳人员的可能性。

笼统地说，成为产品新接纳人员的可能性，一定是效仿成为新产品接纳人的可能性和追新成为新产品接纳人的可能性两者之和。对效仿消费者来说，通过效仿成为新产品接纳人的可能性，是已经属于新产品消费者人数的函数。接纳新产品的消费者基数越大，由口碑或传媒所产生的影响也就越大。将 $C_{t-1}$ 与 $m$ 相除得到 $C_{t-1}/m$，表示的是 $t-1$ 时刻已经成为新产品消费者的人数占被估计的最终成为新产品消费者人数的比例，这样因效仿成为新产品接纳者的可能性，可以用 $C_{t-1}/m$ 乘以模仿系数 $q$ 得到，因此存在：

$$q(C_{t-1}/m)$$

因个人追新行为成为新产品接纳人，不受已经使用新产品的消费者的影响。这样一来，成为产品新接纳人员的可能性为

$$p + q(C_{t-1}/m)$$

通过新产品接纳可能性，我们就能对仍处于潜在状态的消费者在 $t$ 时刻，会成为新产品接纳人进行预报。用 $F_t$ 表示 $t$ 时刻成为新产品新接纳人的人数，则有：

$$F_t = [p + q(C_{t-1}/m)](m - C_{t-1}) \quad (14\text{-}18)$$

式（14-18）就是 Frank Bass 的预测分析模型，完全可以根据严格的统计原理推导出来。这里我们不讲具体的推导过程了，只给出直观的解释。

要让 Frank Bass 的分析模型派上用场，对 $t$ 时刻新产品的新接纳人进行预测，需要做其他的一些准备工作。根据过去的销售资料，我们可以对 $t-1$ 时刻已经接纳了新产品的人数 $C_{t-1}$ 进行估计。然而，还需要知道式（14-18）中另外一些参数的值。现在我们就来说说，如何运用非线性规划方法，对参数 $m$、$q$、$p$ 进行估计。

先来看看图 14-13。

图 14-13 是根据首次发行的前 12 周，独立片场电影和暑期功夫大片每周票房收入（单位：百万美元）资料绘制的。严格地讲，$t$ 时刻的票房收入，与该时刻的观众人数是不对等的，不过按常理来说，反复观看的人数比较少，并且票房收入是喜欢看电影的人的倍数。比较一下，不难看出 Frank Bass 的分析模型比较适合这样的现象。

由图 14-13，这两部电影展示了截然不同的收益变化模式。对独立片场电影，其票房收入在前 4 周一直是增加的，在第四周达到高峰，此后变成持续下降。对该部电影，其票房收入明显地受到口碑效用的影响。以 Frank Bass 的理论来说，效仿消费比创新消费的影

响大,也就是存在 $q>p$。然而,对于暑期功夫大片而言,票房收入在第一周达到高峰,此后急剧下滑,表明创新消费影响比模仿消费影响大,因而存在 $q<p$。

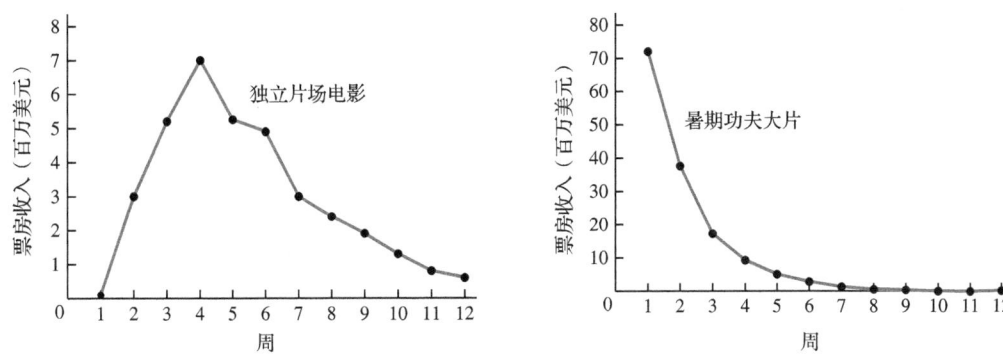

图 14-13 独立片场电影和暑期功夫大片每周票房收入

式(14-18)给出的预测分析方程,能被用在非线性优化模型中,从而能帮助我们找到 $q$、$p$、$m$ 的值。假定我们有 $N$ 个时间上的可用资料,用 $C_t$ 表示各个时间上新产品的实际接受人数,$t=1,2,\cdots,N$。这样一来,各个时间上的新产品接纳人数的预测 $F_t$ 及其误差 $E_t$,可以表示成

$$F_t = [p + q(C_{t-1}/m)](m - C_{t-1})$$
$$E_t = F_t - C_t$$

根据统计学的经验,要想获得 $q$、$p$、$m$ 值的最好估计,需要使得预测误差 $E_t$ 最小。于是,我们可以构造如下的非线性优化模型:

Frank Bass 预测模型中的参数 $q$、$p$、$m$,在上述非线性优化模型中都成了决策变量。

$$\text{Min} \quad \sum_{t=1}^{N} E_1^2 \tag{14-19}$$

s. t.

$$F_t = [p + q(C_{t-1}/m)](m - C_{t-1}), \quad t = 1,2,\cdots,N \tag{14-20}$$

$$E_t = F_t - C_t, \quad t = 1,2,\cdots,N \tag{14-21}$$

由于式(14-19)、式(14-20)带有非线性项,因此上述模型是非线性优化模型。表 14-3 的资料是独立片场电影在发行之后 1~12 周的票房收入和累计票房收入。

表 14-3 独立片场电影发行之后 1~12 周的票房收入和累计票房收入

(百万美元)

| 每周代码 | 票房收入($S_t$) | 累计票房收入($C_t$) | 每周代码 | 票房收入($S_t$) | 累计票房收入($C_t$) |
| --- | --- | --- | --- | --- | --- |
| 1 | 0.10 | 0.10 | 7 | 3.00 | 28.45 |
| 2 | 3.00 | 3.10 | 8 | 2.40 | 30.85 |
| 3 | 5.20 | 8.30 | 9 | 1.90 | 32.75 |
| 4 | 7.00 | 15.30 | 10 | 1.30 | 34.05 |
| 5 | 5.25 | 20.55 | 11 | 0.80 | 34.85 |
| 6 | 4.90 | 25.45 | 12 | 0.60 | 35.45 |

由表 14-3 的资料,对独立片场电影非线性模型中的参数,可以按照如下模型进行

估计：

$$\text{Min} \quad E_1^2 + E_2^2 + E_3^2 + \cdots + E_{12}^2$$

s. t.

$$F_1 = (p)m$$
$$F_2 = [p + q(0.10/m)](m - 0.10)$$
$$F_3 = [p + q(3.10/m)](m - 3.10)$$
$$\vdots$$
$$F_{12} = [p + q(34.85/m)](m - 34.85)$$
$$E_1 = F_1 - 0.10$$
$$E_2 = F_2 - 3.00$$
$$\vdots$$
$$E_{12} = F_{12} - 0.60$$

上述模型的求解，以及对暑期动作大片模型的求解结果，见表 14-4。

表 14-4 给出的参数估计值，直观上看，它们与图 14-13 所反映出来的情况比较一致。独立片场电影在第四周票房收入最大，对应的模仿参数 $q$ 值是 0.490、追新参数值 $p = 0.074$，比较一下，模仿参数值比追新参数值要大得多，

表 14-4  模型求解结果

| 参数 | 独立片场电影 | 暑期功夫大片 |
| --- | --- | --- |
| q | 0.074 | 0.460 |
| p | 0.490 | -0.018 |
| m | 34.850 | 149.540 |

表明独立片场电影前四周的票房收入之所以能获得增加，可能主要是由于口碑影响带来的。与此对照，暑期功夫大片的票房收入其模仿参数 $q$ 的估计值是负数 -0.018，而追新系数 $p$ 的估计值是正数 0.460，最大接纳数出现在第一周，此后新接纳数一直在下降，显然，对这类影片的口碑影响没有起到什么作用。

根据表 14-4 估计出来的参数值，我们对新产品接纳人数做了预测。图 14-14 同时给出预测接纳人数和实际观察数据的变动曲线。

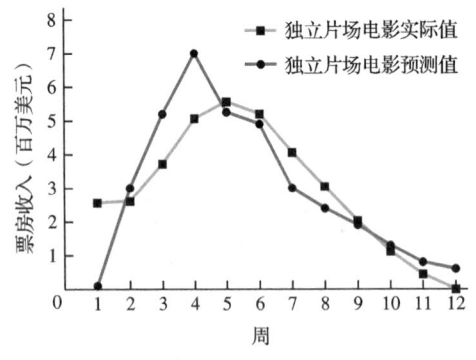
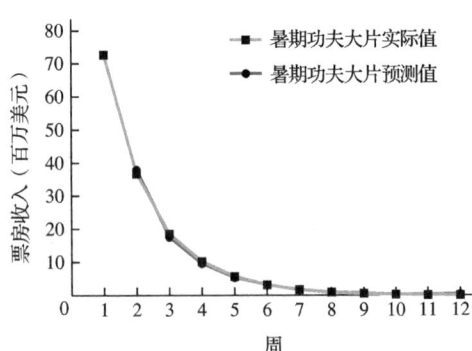

图 14-14  预测接纳人数和实际观察数据的变动曲线

由图 14-14 可知，对于独立片场电影的票房收入，Frank Bass 预测模型给出的预测结果与实际票房收入曲线相比，拟合的情况还是比较好的。对暑期功夫大片，由 Frank Bass 预

测模型给出的预测结果与实际票房收入基本上是完全拟合的。

你可能会说,我们等待直到接纳周期结束后再去估计模型中的参数,然后建立预测模型岂不是更好。对新产品使用 Bass 预测模型的一种做法,就是假定新产品的销售类似 $p$ 和 $q$ 值已经被计算出来了的以前产品,然后对新产品潜在市场份额的 $m$ 进行主观估计。例如,某人或许会假定下一个暑期电影票房收入与上一个暑期票房收入相似,这样一来,为预测下一个暑期电影票房收入的 $p$ 和 $q$ 值,可以根据上一个暑期票房收入的实际数据计算出来。

另外一个做法是等待,直到新产品有几期数据可以利用。如假定有 5 期数据可以利用,那么这 5 期销售数据可以被用来预测第 6 期的需求。然后,在获得 6 期销售数据之后,再预测第 7 期。这样的做法,通常被称为滚动时域法(rolling-horizon)。

●—○—●—○—●  注释与点评  ●—○—●—○—●

对 Bass 预测模型运用优化方法确定其中的参数值,是非线性优化问题的一个事例,其中尚存在不少问题。Bass 预测模型中的函数既非凸函数也非凹函数,对这样的模型,局部最优给出的值也许比全局最优更差。所以,当求解这样模型的时候,我们建议在利用 Excel 规划求解功能时使用"多个初始解"(Multistart)。

## ● 本章小结 ●—○—●—○—●

本章我们主要介绍了非线性优化模型。非线性优化也是一类优化问题,与线性优化模型不一样的地方是,非线性优化模型的目标函数或约束方程中,至少存在一个非线性项。在商业数据分析的许多场合,会牵涉非线性函数,所以非线性优化也是一类有重要应用价值的优化问题。投资组合分析、期权定价、市场营销领域、经济学领域、选址问题、销售预测分析、统筹规划,等等,都可能会用到非线性优化方法。

与线性优化问题相比,甚至与整数线性优化问题相比,非线性优化模型求解起来可能不是那么容易。如果某个问题可以很好地通过线性优化方法或整数线性优化方法得到解决,那我们理所当然地会首选线性优化模型。非线性问题的局部最优解,往往不是全局最优解。许多求解非线性规划的软件,在搜索到一个最优解后便自动终止运行,所以我们要注意分析报告出来的最优解是不是"最好"的最优解。可是,正如本章介绍的,在优化问题的众多类型中,有一类属于凸非线性最优化问题,如 Markowitz 投资组合分析模型。对于凸优化模型,它的局部最优解同时是全局最优解。另外,现在求解(非凸的)非线性优化问题的软件开发正在飞快发展,相信在不久的将来,我们也能像求解线性规划问题那样,顺利解决非线性规划的求解难题。最后提醒一句,如果运用 Excel 规划求解功能求解非线性规划模型,我们建议选择多个初始解(Multistart)的选项。

## ● 关键术语 ●—○—●—○—●

凹函数(concave function):函数图像类似倒扣的碗,如 $f(x) = -5x^2 - 5x$、$f(x, y) = -x^2 - 11y^2$ 都是凹函数。

**凸函数**（convex function）：函数图像类似正放着的碗，如 $f(x) = 5x^2 + 5x$、$f(x, y) = x^2 + 5y^2$ 都是凸函数。

**有效边界**（efficient frontier）：期望收益风险最小时的投资组合方案的集合。

**全局最大值**（global maximum）：比可行域中所有可行解的目标函数值都要大的可行解。

**全局最小值**（global minimum）：比可行域中所有可行解的目标函数值都要小的可行解。

**全局最优解**（global optimum）：比可行域中所有可行解的目标函数值都要好的可行解。

**拉格朗日乘子**（lagrangian multiplier）：类似影子价格，是非线性规划模型中，约束方程右边项变化所带来的对目标函数值的影响。

**局部最大值**（local maximum）：比该邻域内其他可行解的目标函数值都要大的可行解。

**局部最小值**（local minimum）：比该邻域内其他可行解的目标函数值都要小的可行解。

**局部最优解**（local optimum）：比该邻域内其他可行解的目标函数值都要好的可行解。

**Markowitz 的均值-方差组合分析模型**（markowitz mean-variance portfolio model）：一类组合优化分析方法，用于制定在最大化收益水平条件下使风险达到最小的组合方案。

**非线性优化问题**（nonlinear optimization problem）：目标函数或约束方程中至少存在非线性项的一类优化模型。

**二次函数**（quadratic function）：带有二次幂项的非线性函数。

**减少的梯度**（reduced gradient）：类似线性规划中递减成本，是非线性规划问题中决策变量取值变化所带来的对目标函数值的影响。决策变量紧约束简单下界或上界的影子价格。

## ● 复习思考题

1. GreenLawns 公司是一家专门从事为草坪供应肥料和除杂草业务的企业，为了吸引新顾客，该公司还以很低的价格提供土壤增氧服务。公司的管理人员计划通过两种手段推广公司的新业务，一是使用电台做广告，一是直接邮寄广告，活动的总预算 3 000 美元。根据过去促销其他服务的数据，GreenLawns 公司估计出了在两种推广手段上投入的资金和实现的销售之间如下的函数关系：

$$S = -2R^2 - 10M^2 - 8RM + 18R + 34M$$

式中，$S$ 表示销售额（单位：1 000 美元）；$R$ 表示电台广告投入的资金（单位：1 000 美元）；$M$ = 直接邮寄广告投入的资金（单位：1 000 美元）。

GreenLawns 公司希望推出的促销策略能够达到的管理目标是：在既定的广告预算约束下，获得最大的销售收入。

(1) 假定电台广告花费 2 000 美元、直接邮寄花费 1 000 美元，这时的销售收入是多少？

(2) 根据给定的背景资料，构造优化分析模型。

(3) 给出问题的最优解，并指出最优的目标函数值是多少。

2. Cobb-Douglas 生产函数是经济学中的一个经典模型，经常用来反映产出与资本、劳动投入之间的关系。典型的 Cobb-Douglas 生产函数方程为

$$f(L, C) = c_0 L^{c_1} C^{c_2}$$

式中，$L$ 表示劳动投入；$C$ 表示资本投入；$c_0$、$c_1$、$c_2$ 分别是常数。

(1) 假定 $c_0 = 5$、$c_1 = 0.25$、$c_2 = 0.75$，劳动每单位成本 25 美元，资本每单位 75 美元，

可以利用的总预算 75 000 美元，试根据这些资料，建立优化分析模型。
   (2) 对构造的模型进行求解，并回答劳动和资本分别投入多少预算。（提示：利用 Excel 规划求解功能求解该模型时，使用多个初始解选项，$0 \leqslant L \leqslant 3\,000$，$0 \leqslant K \leqslant 1\,000$。）

3. $S$ 表示钢的生产量（单位：吨），生产钢需要使用劳动力（$L$）和资金（$C$），劳动力成本 50 美元，资金成本 100 美元，且假定存在下列关系：
$$S = 20L^{0.30}C^{0.70}$$
   (1) 假定需要生产 50 000 吨钢，试构造优化模型。
   (2) 对构造出来的模型进行求解。（提示：利用 Excel 规划求解功能求解该模型时，初始解 $L > 0$，$K > 0$。）

4. 假定存在两个产品如下的函数：
$$利润 = -3x_1^2 + 42x_1 - 3x_2^2 + 48x_2 + 700$$
式中，$x_1$ 代表产品 1 的生产量；$x_2$ 代表产品 2 的生产量。

产品 1 每单位的生产需要 4 个工时，产品 2 每单位的生产需要 6 个工时，现在总共有 24 个工时可以利用。工时成本已经从利润函数中扣除，但考虑到有可能加班，加班的话每工时的成本是 5 美元。
   (1) 针对上述背景资料，构造优化模型。
   (2) 对构造的模型进行求解，并指出两种产品各生产多少，需要安排多少加班工时。

5. Jim 商店专营高端照相机，一款是 Sky Eagle，一款是 Horizon。$D_S$ 表示 Sky Eagle 的需求量，$P_S$ 表示 Sky Eagle 的销售价格，$D_H$ 表示 Horizon 的需求量，$P_H$ 表示 Horizon 的销售价格，并且假定存在如下的关系：
$$D_S = 222 - 0.60P_S + 0.35P_H$$
$$D_H = 270 + 0.10P_S - 0.64P_H$$

   Jim 商店希望决定产品的销售价格，以使两款产品的收入最大化。要求：对这两款产品构造收入函数，并找出使销售收入最大化的产品销售价格。

6. Heller 公司拥有两家生产棒球手套的工厂，由于员工的劳动效率、当地的税收、生产设备的类型、生产能力等方面的差别，因此不同加工厂的生产费用也各不相同。Dayton 加工厂每周的生产费用函数为
$$TCD(X) = X^2 - X + 5$$
式中，$X$ 表示 Dayton 加工厂每周生产的棒球手套数量（单位：1 000 只）；$TCD(X)$ 表示 Dayton 工厂的每周生产费用（单位：1 000 美元）。

   Hamilton 工厂的每周生产总费用函数为
$$TCH(Y) = Y^2 - 2Y + 3$$
式中，$Y$ 表示 Hamilton 工厂每周生产的棒球手套数量（单位：1 000 只）；$TCH(Y)$ 表示 Hamilton 工厂的每周生产费用（单位：1 000 美元）。

   Heller 公司的管理目标是：以最小的生产费用，每周生产出 8000 副棒球手套。
   (1) 根据上述给定的背景资料，构造数学优化模型。
   (2) 对模型进行求解，并针对求解结果给出适当的说明和解释。

7. 许多预测分析模型使用的参数，需要采用非线性优化方法进行估计。本章介绍的 Frank Bass 分析模型就是一个很好的例子，另外，我们在第 8 章介绍的指数平滑预测模型也在

实际中得到比较好的应用。用于销售预测最基本的指数平滑模型为

$$\hat{y}_{t+1} = \alpha y_t + (1 - \alpha) \hat{y}_t$$

式中：$\hat{y}_{t+1}$ 表示 $t+1$ 期的预测值；$y_t$ 表示 $t$ 期的实际值；$\hat{y}_t$ 表示 $t$ 期的预测值；$\alpha$ 为平滑系数，其取值在 $0 \sim 1$ 的闭区间。

这个模型具有递归性，我们利用它来预测第 $t+1$ 期的值，需要用到 $t$ 期的预测值 $\hat{y}_t$ 和 $t$ 期的实际值 $y_t$，以及平滑系数 $\alpha$。在平滑系数取值 0.3 时，对未来 12 期的预测值及预测误差，参见下表。

| 预测期 ($t$) | 实际值 ($y_t$) | 预测值 ($\hat{y}_t$) | 预测误差 ($y_t - \hat{y}_t$) | $(y_t - \hat{y}_t)^2$ |
| --- | --- | --- | --- | --- |
| 1 | 17 | 17.00 | 0.00 | 0.00 |
| 2 | 21 | 17.00 | 4.00 | 16.00 |
| 3 | 19 | 18.20 | 0.80 | 0.64 |
| 4 | 23 | 18.44 | 4.56 | 20.79 |
| 5 | 18 | 19.81 | -1.81 | 3.27 |
| 6 | 16 | 19.27 | -3.27 | 10.66 |
| 7 | 20 | 18.29 | 1.71 | 2.94 |
| 8 | 18 | 18.80 | -0.80 | 0.64 |
| 9 | 22 | 18.56 | 3.44 | 11.83 |
| 10 | 20 | 19.59 | 0.41 | 0.17 |
| 11 | 15 | 19.71 | -4.7 | 22.23 |
| 12 | 22 | 18.30 | 3.70 | 13.69 |
| 合计 | | | | 102.86 |

平滑系数 $\alpha$ 的选取，需要使用预测误差的平方和，这样才能保证指数平滑预测效果。上述表中的预测值、预测误差，是在既定平滑系数 0.3 时得到的，预测误差在表中的第 4 列给出，$\alpha$ 值的选取通常要求使预测误差平方和达到最小，表中的最后一列为预测误差平方和预测误差平方和。

使用指数平滑预测模型时，需要选取平滑系数 $\alpha$ 的值以保证预测效果达到最好。

（1）根据表中给定的观察值，运用上述公式自己动手编制带有预测值、预测误差和预测误差平方及其和的表。注意，第 1 期的预测值用第 1 期的观察值代替，即 $\hat{y}_1 = y_1 = 17$。对平滑系数建立一个单独的单元格。在验证了平滑系数 0.3 时表的各项值之后，尝试用不同的 $\alpha$ 值，看看能不能得到更小的预测误差平方和。

（2）利用 Excel 规划求解功能，找出能使预测误差平方和最小的平滑系数 $\alpha$ 值。

8. Andalus 家具公司拥有两家加工厂，一家位于 Aynor，另一家位于 Spartanburg。两家加工厂各自生产餐厅用椅子，其中 Aynor 工厂生产量为 $Q_1$ 时的成本（单位：美元）函数为

$$75Q_1 + 5Q_1^2 + 100$$

Spartanburg 工厂生产量为 $Q_2$ 时的成本（单位：美元）函数为

$$25Q_2 + 2.5Q_2^2 + 150$$

Andalus 公司刚接到一份订单，需要生产 40 把餐厅用椅子。要求：Aynor 加工厂和 Spartanburg 加工厂分别生产多少，才能使总生产费用最小？

9. 在库存管理中，经济订货批量（EOQ）模型是一类比较经典的决策分析工具。经济订货批量模型中使用到的费用概念包括货物单位贮存费用、订货费用、货物本身的购买费用。经典的经济订货批量模型采用的条件：只针对一种货物，全部订购的货物同时到

达，对这种货物单位时间使用量相同，不允许缺货。

现在我们来对经典经济订货批量模型进行推广应用，同时考虑多种货物，要求这些货物除了在订货预算外相互之间不发生影响。令

$D_j$ = 第 $j$ 种货物的年需用量
$C_j$ = 第 $j$ 种货物的单位购买价格
$S_j$ = 第 $j$ 种货物的每次订货费用
$w_j$ = 第 $j$ 种货物需要的存储空间
$W$ = 所有货物最大可供利用的存储空间
$i$ = 货物的存储费用，相当于货物单位购买价格一个百分比

决策变量 $Q_j$ 表示第 $j$ 种货物的订购量。对此，我们可以建立如下的模型：

$$\text{Min} \quad \sum_{j=1}^{N} \left[ C_j D_j + \frac{S_j D_j}{Q_j} + iC_j \frac{Q_j}{2} \right]$$

s.t.

$$\sum_{j=1}^{N} w_j Q_j \leq W$$

$$Q_j \geq 0, j = 1, 2, \cdots, N$$

在上述目标函数中，第一项表示货物的年购买费用；第二项为年订货费用，其中 $D_j/Q_j$ 表示订货次数；第三项是年存储费用，其中 $Q_j/2$ 表示平均存货量。

要求：根据右表给定的相关资料，构造和求解非线性优化模型。

| | 货物1 | 货物2 | 货物3 |
|---|---|---|---|
| 年需要量 | 2 000 | 2 000 | 1 000 |
| 单位货物价格（美元） | 100 | 50 | 80 |
| 每次订货费用（美元） | 150 | 135 | 125 |
| 需要的存储空间（平方英尺） | 50 | 25 | 40 |
| $W = 5\ 000$ | | | |
| $i = 0.20$ | | | |

10. 菲利普公司生产两种不同的产品，分别用产品 A 和产品 B 表示。这两种产品不在同一市场销售，所以每种产品无论是成本、价格还是需求，都不会发生相互影响。菲利普公司的管理分析人员采集了广告投入、销售利润方面的资料，由这些资料可以看出，广告投入越多带来的销售利润也越高，但广告做到一定程度出现了销售利润边际递减，尤其是产品 B 在这一方面的表现更为明显。于是该公司的分析人员给出了如下的函数关系：

产品 A 的年利润 $= 1.271\ 2LN(X_A) + 17.414$

产品 B 的年利润 $= 0.397\ 0LN(X_B) + 16.109$

式中，$X_A$、$X_B$ 分别表示投放在产品 A 和产品 B 上的广告费用（单位：1 000 美元）；产品的年利润以百万美元为计量单位；$LN$ 为自然对数函数。

菲利普公司的广告预算总额是 500 000 美元，每种产品的广告投放量不能少于 50 000 美元。（提示：在 Excel 中计算 $X$ 自然对数的值，使用公式 $=LN(X)$。为了能利用 Excel 的规划求解功能进行求解，该问题中的决策变量取值需要大于 0）。要求：

（1）根据上述背景资料，构造优化分析模型。

（2）运用 Excel 规划求解功能，给出模型的求解结果。

11. 在本章的 14.3 节，我们曾介绍过 LaRosa Machine Shop（LMS）的选址问题，这里我们

再以这一问题为背景,要求在下列条件下,建立优化模型并进行求解。

(1) 每个车间每天到工具仓库取货的平均次数是不一样的,其中:锻造车间每天到工具仓库取货的平均次数是 12 次;油漆车间每天到工具仓库取货的平均次数是 24 次;零部件 1 车间取货 13 次,零部件 2 车间取货 7 次,装配车间取货 17 次。因此,工具仓库的摆放位置似乎应该更靠近那些去工具仓库取货次数较多的车间。在给定每个车间到工具仓库取货次数的条件下,构造新的无约束优化模型,使加权距离和最小。加权距离是取货次数和车间到工具仓库距离的乘积。

(2) 对所构建的模型进行求解,并把求解的结果与 14.3 的结果相比较,指出两者之间的差别。

12. TN 通信公司是一家专事移动通信服务的企业,筹划着在辛辛那提拓展业务,并为此正试图给公司的发射塔寻找最佳位置。发射塔的传播半径大约 10 英里,能接收到发射塔信号的城市的平面位置如下图所示。

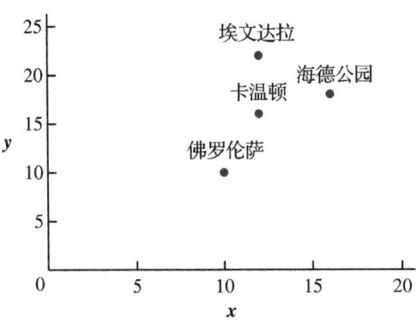

|  | $x$ | $y$ |
|---|---|---|
| 佛罗伦萨 | 10 | 10 |
| 卡温顿 | 12 | 16 |
| 海德公园 | 16 | 18 |
| 埃文达拉 | 12 | 22 |

TN 通信公司希望能确定发射塔的地点,以覆盖每个城市,并且还要保证通信信号良好。要求:

(1) 根据上述背景资料,建立非线性优化模型求解。

(2) 构造发射塔到各个城市的最大距离最小化模型并求解。

13. 用 $lat_1$、$long_1$ 表示城市 1 所在的纬度和经度,$lat_2$、$long_2$ 表示城市 2 的纬度和经度,则这两个城市的距离也可以按照下面的公式来计算:

$$69\sqrt{(lat_1 - lat_2)^2 + (long_1 - long_2)^2}$$

Ted 先生的女儿在筹办婚礼,Ted 向分散在美国 15 个地方的亲戚发出参加婚礼的邀请,下表是各个地方亲戚所在城市的经纬度资料:

| 所在城市 | 纬度 | 经度 | 亲戚人数 | 所在城市 | 纬度 | 经度 | 亲戚人数 |
|---|---|---|---|---|---|---|---|
| New York | 40.714 | -74.006 | 43 | Wyoming | 43.623 | -110.626 | 1 |
| Maryland | 39.026 | -77.076 | 8 | CA | 34.019 | -118.491 | 10 |
| Virginia | 37.432 | -78.657 | 2 | Iowa | 41.699 | -93.047 | 7 |
| SC | 32.216 | -80.753 | 1 | IL | 41.850 | -87.650 | 4 |
| NC | 35.772 | -78.639 | 12 | Mass | 42.934 | -70.798 | 1 |
| TN | 35.961 | -83.921 | 1 | NJ | 40.901 | -74.514 | 10 |
| FL | 27.499 | -82.575 | 6 | PA | 39.952 | -75.164 | 2 |
| Ohio | 39.136 | -84.503 | 6 | | | | |

根据上述资料，运用加权距离找一个离各地亲戚都比较近的婚礼举办地。

14. 下表的资料是 APPL、AMD、ORCL 三家公司股票收益的 8 种可能情形：

| | 1 | 2 | 3 | 4 | 5 | 6 | 7 | 8 |
|---|---|---|---|---|---|---|---|---|
| APPL | -39.80 | 10.10 | 124.89 | 151.84 | -58.33 | 14.34 | -41.91 | 57.10 |
| AMD | -42.52 | 13.56 | 56.93 | 36.67 | -34.76 | -67.35 | 183.59 | 6.33 |
| ORCL | -10.19 | 137.89 | 170.64 | 16.57 | -40.73 | -30.30 | 15.21 | -0.65 |

Stock Return1

(1) 假定 8 种情形出现的可能性相等，期望收益不低于 25%，试构造 Markowitz 投资组合模型。

(2) 对构造的模型进行求解。

(3) 将期望收益从 25% 开始逐次增加一个百分点直至 30%，然后绘制出投资组合的有效边界。

15. 对本章 14.4 节 Hauck 公司的投资组合问题，我们改变提法：在投资收益风险不超过某个具体值的情况下，使期望收益达到最大。需要的背景资料，见本章的表 14-2。

(1) 假定期望收益风险不超过 30，试给出 Markowitz 投资组合分析模型。

(2) 对模型进行求解，并给出适当的说明。

HauckData

16. 具体资料见表 14-4，要求：以所有 5 种情形下最小收益率为对象构造收益最大化收益模型，并进行求解。

17. 下表是 3 只股票的收益资料（单位:%）：

| | 1 | 2 | 3 | 4 | 5 | 6 |
|---|---|---|---|---|---|---|
| 股票 1 | 30.0 | 10.3 | 21.6 | -4.6 | -7.1 | 5.6 |
| 股票 2 | 22.5 | 29.0 | 21.6 | -27.2 | 14.4 | 10.7 |
| 股票 3 | 14.9 | 26.0 | 41.9 | -7.8 | 16.9 | -3.5 |
| | 7 | 8 | 9 | 10 | 11 | 12 |
| 股票 1 | 3.8 | 8.9 | 9.0 | 8.3 | 3.5 | 17.6 |
| 股票 2 | 32.1 | 30.5 | 19.5 | 39.0 | -7.2 | 71.5 |
| 股票 3 | 13.3 | 73.2 | 2.1 | 13.1 | 0.6 | 90.8 |

Stock Return2

(1) 12 种收益情形等可能出现，期望收益不低于 15%，试构造出 Markowitz 投资组合分析模型。

(2) 运用 Excel 规划求解功能，给出模型的求解结果。

(3) 绘制不同期望收益水平下投资组合的效率边界。

18. 对本章 14.4 节的 Hauck 公司的投资组合问题，我们现在增加一组 S&P 500 指数的收益资料，具体见下表：

(1) 如果要求投资组合的收益尽可能与 S&P 500 指数收益相匹配，试据此构造出 Markowitz 投资组合分析模型。（提示：对投资组合项目的收益率计算与 S&P 500 指数收益离差平方和，并求其最小。）

(2) 运用 Excel 规划求解功能，给出模型的求解结果。

Hauck500

| 基金类型 | 年收益率（%） | | | | |
|---|---|---|---|---|---|
| | 第1年 | 第2年 | 第3年 | 第4年 | 第5年 |
| 国外股票 | 10.060 | 13.120 | 13.470 | 45.420 | -21.930 |
| 中期债券 | 17.640 | 3.250 | 7.510 | -1.330 | 7.360 |
| 大盘成长股 | 32.410 | 18.710 | 33.280 | 41.460 | -23.260 |
| 大盘价值股 | 32.360 | 20.610 | 12.930 | 7.060 | -5.370 |
| 小盘成长股 | 33.440 | 19.400 | 3.850 | 58.680 | -9.020 |
| 小盘价值股 | 24.560 | 25.320 | -6.700 | 5.430 | 17.310 |
| S&P 500 指数 | 25.000 | 20.000 | 8.000 | 30.000 | -10.000 |

19. 本章的 14.4 节里，我们曾介绍了用方差衡量投资收益的风险。然而，用方差衡量收益风险是有缺陷的，因为收益围绕着平均收益变化，有的可能大于平均收益，有的可能小于平均收益。对大于平均收益的，可能这样的风险就构不成对投资人的威胁，鉴于此，人们引进了半方差的概念。所谓半方差，就是只对低于平均水平的收益计算它们的离差，这样做可能更能刻画投资收益的风险。

（1）期望收益不低于 10%，试构造出半方差的 Markowitz 投资组合分析模型。

（2）运用 Excel 规划求解功能，给出模型的求解结果。

20. 背景资料见复习思考题 15，假定允许的最大方差从 20 开始，以等差 5 逐次递增到 60，要求：据此绘制投资效率的有效边界，并把它与图 14-12 做比较。

21. 暑期功夫大片每周的票房收入（单位：100 万美元）资料见下表。

根据 14.5 节介绍的原理，对 Frank Bass 预测模型式（14-19）~式（14-21）中的参数 $q$、$p$、$m$ 进行估计。

非线性规划求解比较困难，Bass 预测模型便是最好的例证之一。你得到的答案或许是与表 14-4 给出的结论不一样的局部最优。利用 Excel 规划求解功能，选择多个初始解（Multistart）求解模型，试试是否能得到与表 14-4 一样的结果。对 $p$、$q$ 的范围设定：最低限 -1，最高限 1。对参数 $m$ 设定范围：最低限 100，最高限 1 000。

| 周 | 票房收入 |
|---|---|
| 1 | 72.39 |
| 2 | 37.93 |
| 3 | 17.58 |
| 4 | 9.57 |
| 5 | 5.39 |
| 6 | 3.13 |
| 7 | 1.62 |
| 8 | 0.87 |
| 9 | 0.61 |
| 10 | 0.26 |
| 11 | 0.19 |
| 12 | 0.35 |

22. 某女士服装零售连锁店对南卡罗来纳州查尔斯顿旗舰店收集了过去 5 年的定价和销售资料，利用这些数据估计需求和定价之间的回归方程，以下方程是夏季服装的需求与定价的关系：

$$Y = 1\,000 - 1.89p$$

式中，$Y$ 表示夏季服装需求；$p$ 为单价。

夏季服装成本为 210 美元，数据显示每卖出一件夏季服装，平均会与夏季服装一起卖出一双鞋子和一只钱包。每双鞋子的利润是 18 美元，一只钱包的利润是 26 美元。

（1）在不计鞋子和钱包利润的情况下，能使夏季服装利润最大的价格是多少？

（2）在考虑鞋子和钱包利润的情况下，能使夏季服装利润最大的价格是多少？

（3）比较上述定价的差别。

## ● 案例讨论：带有交易费用的投资组合优化问题

Hauck 理财服务公司拥有一批依赖感强、买入后就持有的客户，对这些客户只要同意一年做一次投资组合方案调整，就可以把他们的钱打入 Hauck 公司开设的互惠基金投资组合账户。当对投资组合进行调整时，Hauck 公司会把发生的交易费用纳入 Markowitz 投资组合分析模型，并据此调整确定每位客户互惠基金投资组合方案。在每年对投资组合方案进行调整的时候，每位投资者被收取数额不大的交易费用。为简单起见，我们提出如下条件：

- 只在期初（本例中就是年初）开始对 Hauck 公司提供的互惠基金买进卖出投资方案进行调整。
- 与买进或卖出有关的交易费用，只在投资方案调整的期初进行支付，支付方式是从可用投资资金中扣除，因此，这会减少资金的可用投资额。
- 除非出现重大利好，否则在一个时间段里不再进行第二次交易活动。
- 交易费用按一定比例从买进额或卖出额中提取。

Jean Delgado 是一位买入后就持有的 Hauck 公司客户，下面我们对 Hauck 公司给 Jean Delgado 做投资组合调整所使用的分析模型进行扼要介绍。Hauck 公司为 Jean Delgado 考虑的投资选择，主要是外国股票（FS）、中期债券（IB）、大盘成长股（LG）、大盘价值股（LV）、中小盘成长股（SG）以及中小盘价值股（SV）。在传统的 Markowitz 投资组合分析模型中，投资组合中各项资产投资用百分比表示，例如：FS 是投资组合中用于外国股票投资的占比，不过把 FS 看成外国股票投资额也是对的，这样 FS = 25 000 便意味着 25 000 美元投资到外国股票上。

在上述假定的条件下，投资组合调整后，其期初值一定等于花在交易费用的钱与投资在各个项目上钱的总和，即存在：

期初投资组合总值 = 投资调整后花在各个项目上的钱 + 花在交易费用上的钱

投资方案调整后，存在一个平衡约束，即

第 $i$ 只基金上投资额 = 第 $i$ 只基金的期初持有额 + 本期购进额 − 本期卖出额

使用这个平衡约束，对每只基金需要新加三个变量，一个是调整之前的投资额，一个是卖出额，另一个是购进额。如对外国股票的平衡约束来说，即

$$FS = FS\_START + FS\_BUY - FS\_SELL$$

Jean Delgado 在调整投资方案前账户上积有 100 000 美元，要求投资回报不能低于 10%。根据这些条件和要求，Hauck 公司为其制定了如下带有交易费用的投资组合方案分析模型：

$$\text{Min} \quad \frac{1}{5} \times \sum_{s=1}^{5} (R_s - \overline{R})^2$$

s. t.

$$0.1006FS + 0.1764IB + 0.3241LG + 0.3236LV + 0.3344SG + 0.2456SV = R_1$$

$$0.1312FS + 0.325IB + 0.1871LG + 0.2061LV + 0.1940SG + 0.2532SV = R_2$$

$$0.1347FS + 0.0751IB + 0.3328LG + 0.1293LV + 0.385SG - 0.0670SV = R_3$$

$$0.4542FS - 0.0133IB + 0.4146LG + 0.0706LV + 0.5868SG + 0.0543SV = R_4$$
$$-0.2193FS + 0.0736IB - 0.2326LG - 0.0537LV - 0.0902SG + 0.1731SV = R_5$$
$$\frac{1}{5}\sum_{s=1}^{5} R_s = \overline{R}$$
$$\overline{R} \geq 10\,000$$
$$FS + IB + LG + LV + SG + SV + TRANS\_COST = 100\,000$$
$$FS\_START + FS\_BUY - FS\_SELL = FS$$
$$IB\_START + IB\_BUY - IB\_SELL = IB$$
$$LG\_START + LG\_BUY - LG\_SELL = LG$$
$$LV\_START + LV\_BUY - LV\_SELL = LV$$
$$SG\_START + SG\_BUY - SG\_SELL = SG$$
$$SV\_START + SV\_BUY - SV\_SELL = SV$$
$$TRANS\_FEE \times (FS\_BUY + FS\_SELL + IB\_BUY + IB\_SELL +$$
$$LG\_BUY + LG\_SELL + LV\_BUY + LV\_SELL + SG\_BUY +$$
$$SG\_SELL + SV\_BUY + SB\_SELL) = TRANS\_COST$$
$$FS\_START = 10\,000$$
$$IB\_START = 10\,000$$
$$LG\_START = 10\,000$$
$$LV\_START = 40\,000$$
$$SG\_START = 10\,000$$
$$SV\_START = 20\,000$$
$$TRANS\_FEE = 0.01$$
$$FS, IB, LG, LV, SG, SV \geq 0$$

式中,交易费用按 1% 的比例收取,见模型中的最后一个约束方程,交易费是所有互惠基金买进和卖出额的线性函数。交易费在调整的时候从客户账户中扣除,这样便减小了投资总金额。作为管理报告的一部分,Jean Delgado 的调整投资方案求解结果见下表。

假如你是一位被 Hauck 投资咨询服务公司新雇来的员工,目前接手的第一份工作,就是审验 Jean Delgado 投资组合调整后模型,以解答 Jean Delgado 的疑问。在过去的 5 年中,Delgado 女士也是交由 Hauck 公司打点个人投资事务的,但一直埋怨没有获得她想要的不低于 10% 的收益。可是根据对过去 5 年的年度报告的审查,Delgado 女士认为平均起来说她实际上是能获得不低于 10% 的收益的。

根据上述背景资料及模型求解结果,撰写管理分析报告,该管理报告的内容至少需要包括以下各个要点。

1. 根据模型的求解结果,对 Jean Delgado 女士买进的中期债券 IB_BUY = 41 268.51 美元,她需要支付多少手续费?

2. 根据模型的求解结果,说明 Jean Delgado 投资组合方案调整的交易费用是多少?

3. 扣除交易费用之后,Jean Delgado 还剩余多少钱投资到各个项目?

4. 根据模型的求解结果,$IB = 51\,268.51$ 美元,Delgado 女士预期年末有多少钱投在中期债券基金项目?

| 最优目标函数 | 27 219 457.356 | 最优目标函数 | 27 219 457.356 |
|---|---|---|---|
| 决策变量 | 决策变量值 | 决策变量 | 决策变量值 |
| $R_1$ | 18 953.280 | IB_START | 10 000.000 |
| $\bar{R}$ | 10 000.000 | IB_BUY | 41 268.510 |
| $R_2$ | 11 569.210 | IB_SELL | 0.000 |
| $R_3$ | 5 663.961 | LG_START | 10 000.000 |
| $R_4$ | 9 693.921 | LG_BUY | 0.000 |
| $R_5$ | 4 119.631 | LG_SELL | 5 060.688 |
| FS | 15 026.860 | LV_START | 40 000.000 |
| IB | 51 268.510 | LV_BUY | 0.000 |
| LG | 4 939.312 | LV_SELL | 40 000.000 |
| LV | 0.000 | SG_START | 10 000.000 |
| SG | 0.000 | SG_BUY | 0.000 |
| SV | 27 675.000 | SG_SELL | 10 000.000 |
| TRANS_COST | 1 090.311 | SV_START | 20 000.000 |
| FS_START | 10 000.000 | SV_BUY | 7 675.004 |
| FS_BUY | 5 026.863 | SV_SELL | 0.000 |
| FS_SELL | 0.000 | TRANS_FEE | 0.010 |

5. 根据模型的求解结果，Jean Delgado 投资组合的期望收益是 10 000 美元，到年末 Jean Delgado 投资账户上的期望收益是多少，有没有达到不低于 10% 的要求？

6. 解释为什么 Delgado 女士每年的投资收益率没有达到 10%，对修改后的投资组合方案模型提出建议，以使 Jean Delgado 能如愿地在下一个年底获得余额 110 000 美元。对模型进行修改，以保证在扣除交易费用之前年初基金总额的期望收益率达到 10%。对现在的模型为什么达不到期望收益水平，给出相应的解释。

7. 对在第 6 点中修改的模型进行求解，并指出修改的模型与现在给出的模型，它们在投资组合的构成上有什么不一样。

CHAPTER 15

# 第15章

# 决策分析

**数据分析案例：Phytopharm 公司的新产品研发**

作为一家药品和功能性食品开发企业，Phytopharm 公司的收入主要源于向其他大公司收取的专利使用权转让费。通过先期成功的临床试验，Phytopharm 公司在掌握了一款新产品的重要证据之后，为消解新产品研发的负担，Phytopharm 公司开始寻求用收取转让费的方式，向有能力从事进一步开发和生产销售的大型药品或营养品公司提供配方。

处于开发阶段的产品的未来市场需求有多大，确实是一件不好说清楚的事情，更何况药品和功能性食品类中的所谓新产品，大约只有10%最后能投放市场，即使能顺利投放市场，也只有30%能够产生正常的收益。或许因为如此，在制定专利转让协议的时候，Phytopharm 公司和有意向购买专利使用权的企业，一开始总是会存在很大分歧。为了解决这个问题，Phytopharm 公司专门邀请了一个研究团队，让其帮助开发一种评价产品潜质的更易为合作双方接受的方法，以为双方的谈判提供参考。

利用计算机模拟产生出来的决策分析模型，能帮助 Phytopharm 公司对下列事项开展敏感性分析：开发成本的估算，拿到美国食品药品监督管理局（FDA）批文的可能性，可能的投放市场的时间、销售规模、市场份额、专利保护期限等。特别是一种叫做决策树的决策方法，可以帮助 Phytopharm 公司和有意购买专利使用权的企业在关键节点上达成一致意见。根据每个节点上项目的实施情况，专利使用方可以选择是放弃还是继续开发。决策树所展现出来的一系列序贯决策，可以帮助 Phytopharm 公司和其授权使用方公正地对分期支付和提成比例进行协商。

资料来源：P. Crama, B. De Ryck, Z. Degraeve, W. Chong. Research and Development Project Valuation and Licensing Negotiations of Phytopham plc. Interfaces 37, No. 5（September-October 2007）: 472-487.

开展商业数据分析的最终目的是帮助人们进行更好的决策。我们在本书前面所介绍的工具和技术，是专门用来帮助决策制定者分析现有的数据、预测未来的状况以及推荐决策方案的。本章将介绍决策分析方面的知识，当决策人面对几种可供选择的方案和决策状态具有不确定性或带有风险的时候，决策分析常常被用来寻找所谓的最优策略问题。例如，在采用佳洁士美白系列的时候，宝洁公司在对不同命名和不确定性评估的基础上，运用决策分析方法确定产品的名称。

决策分析方法在许多场合都得到了广泛的应用，上面给出的 Phytopharm 公司的新产品研发问题，因其研发周期较长，并且不确定性水平相对较高，所以需要用到决策分析方法。美国的联邦机构经常运用决策分析方法评估来自恐怖袭击的潜在风险，并为此制定相应的反恐策略。北卡罗来纳州在评估是否实施筛检以检查新生婴儿代谢紊乱的时候，就成功地运用了决策分析方法。

即使进行了十分谨慎的决策分析，决策状态的不确定性导致的最终结果，也不是决策制定人所能完全控制的。某些场合下，挑选出来的决策方案也许产生了良好甚至是极好的结果，可是换一个场合，由于决策面临的意外情况出现了，千挑万选出来的决策方案也许只能带来差强人意甚至更差的结果。与决策方案选择相伴随的风险，直接导致了决策最终产生的后果的不确定性。对风险的分析向决策人提供了可能出现的有利或不利后果的概率信息。

在开始具体学习决策分析方法之前，我们先来考察与决策备选方案和决策所处的状态有关的几个问题。对决策问题来说，报偿表和决策树给决策分析提供了一个结构，通过它们能更好地展示决策分析的基本原理。决策树常被用于分析更复杂的决策问题，有助于识别最优策略选择的过程。敏感性分析能够呈现出决策因素某些方面的改变是怎样影响着决策方案筛选的。为了计算决策状态发生的概率和能更好地利用额外的决策信息，我们也将介绍贝叶斯定理的应用。在本章的最后一节，我们还将介绍效用与决策分析的关系，因为这牵涉决策人对风险所持的态度。

## 15.1 问题的表述

决策分析过程的首要阶段，是对有关问题进行公式化表述。我们从决策问题的口语化表述开始，然后辨识**决策备选方案**，以及决策所处的不确定未来事件或**机会事件**，最后是每个备选方案在相应的自然状态下发生的**结果**。下面，我们从匹兹堡开发公司（Pittsburgh Development Corportion，PDC）建设项目的事例开始。

PDC 购买了一块地，将用它来建造一座新型豪华的拥有独立产权的公寓综合体。该项目一旦落成，匹兹堡城的壮美景观能够一览无余。为此，PDC 公司打算将每套公寓房售价定为 300 000~1 400 000 美元。

PDC 委托设计单位对三种方案分别设计了建筑草图，这三种方案是：30 套公寓、60 套公寓、90 套公寓。该项目能否赚到钱，取决于公寓综合体的建设规模，以及独立产权公寓房的市场需求。对于这一决策问题，我们可以将其表述成：在市场需求不确定的状态下，如何确定最好的项目建设规模，以帮助企业获取最大的盈利。

这个问题存在三种决策备选方案，即

$d_1$ = 30 套公寓房的小型综合体
$d_2$ = 60 套公寓房的中型综合体
$d_3$ = 90 套公寓房的大型综合体

究竟挑选哪个方案，受到市场上对独立产权公寓需求这一不确定因素的影响。当问到对独立产权公寓的可能需求时，PDC 董事长承认各种各样的可能性都有，但关注需求的两种状态——旺盛和疲软可能比较合适。

在决策分析中，对机会事件可能出现的结果通常称为**自然状态**。各种自然状态的划分，需要做到两种以上的状态不可能同时发生（互斥性），且至少有一种自然状态情形必须出现（完备性）。因此，在各种各样的自然状态情形中，有且只有一个会出现。以 PDC 的事例来说，该决策问题面临的自然状态情形是：$s_1$ = 需求旺盛，$s_2$ = 需求疲软。

挑选一个方案，在对应的自然状态情形下，就会得到相应的决策结果。PDC 事例的决策结果，就是该项目获得的利润。

### 15.1.1 报偿表

PDC 的例子给出了三种备选方案和两种自然状态，现在的问题是 PDC 应该选择哪一个建设规模呢？要想回答这个问题，PDC 公司需要知道每种方案在相应的自然状态下可能产生的结果。在决策分析中，我们通常把这样的结果叫作**报偿**。

> 报偿是一个一般性的叫法，它可能是利润、成本、时间、距离，或其他与决策问题相关的决策结果的衡量。

把每个备选方案在各个自然状态下的报偿，用表格的形式表示出来，便得到**报偿表**。

由于 PDC 公司决策的目的是要获得最大的利润，因此 PDC 决策中的报偿就是利润，其报偿值见表 15-1。

表 15-1　PDC 项目的报偿值　　　　　　　　（百万美元）

| 备选方案 | 自然状态 | |
|---|---|---|
| | $s_1$ = 需求旺盛 | $s_2$ = 需求疲软 |
| $d_1$ = 30 套公寓房的小型综合体 | 8 | 7 |
| $d_2$ = 60 套公寓房的中型综合体 | 14 | 5 |
| $d_3$ = 90 套公寓房的大型综合体 | 20 | -9 |

表 15-1 中的 14，就是备选方案 $d_2$ = 60 套公寓房的中型综合体在市场状态 $s_1$ = 需求旺盛下，可能会实现的利润水平。通常，我们用 $V_{ij}$ 表示第 $i$ 个备选方案在第 $j$ 个自然状态下的报偿。比如，$V_{31}$ = 20 就是表 15-1 中备选方案 $d_3$ = 90 套公寓房的大型综合体在市场状态 $s_1$ = 需求旺盛下的报偿值，同样 $V_{32}$ = -9 是备选方案 $d_3$ = 90 套公寓房的大型综合体在市场状态 $s_2$ = 需求疲软下的报偿值，意味着如果选择方案 $d_3$ = 90 套公寓房的大型综合体，一旦市场出现需求疲软，这时 PDC 公司将会损失 900 万美元。

### 15.1.2 决策树

**决策树**是用图像形式所表示的决策分析的过程，图 15-1 是 PDC 事例的决策树。

注意：决策树呈现了随着时间变化将出现的决策分析自然的、逻辑性推进过程。以 PDC 的例子来说，首先 PDC 必须要从三种公寓综合体的建设规模（$d_1$、$d_2$、$d_3$）做出选择，无论选择哪种方案，都会面对着两种自然状态（$s_1$ 或 $s_2$）。决策树的每个端点处的数值，是某个具体序列相应的报偿。比如，图 15-1 最上端的那个枝条端点处的 8，表示的是如果 PDC 公司选择 30 套公寓房的小型综合体建设方案（$d_1$）一旦市场需求出现旺盛（$s_1$），可以预期能获得 800 万美元的利润。再如，图 15-1 中的第二个枝条端点处的 7，就是 PDC 如果选择建设 30 套公寓房的小型方案（$d_1$），在市场需求疲软（$s_2$）的状态下，PDC 公司有可能获得的利润是 700 万美元。总之，图 15-1 用图像的形式呈现了 PDC 公司各种备选的决策方案及其对应的自然状态，以及每种决策方案在相应自然状态下的有可能获得的利润。

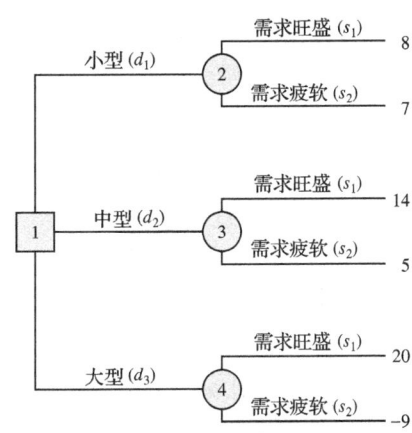

图 15-1　PDC 公司的决策树

图 15-1 所示的决策树，共有 4 个**节点**，分别是 1、2、3、4。这些节点代表着决策和机会事件。一般地，用方框表示**决策节点**，圆圈表示**机会节点**。在图 15-1 中，节点 1 是决策节点，2、3 和 4 分别表示的是机会节点。各个节点之间通过**分枝**连接起来。从决策节点出发的各个分枝，对应着一系列决策方案。从机会节点出发的分枝，对应着各个自然状态。每个决策方案在相应自然状态下产生的结果（报偿），在决策状态分枝的端点标示出来。至此，现在的问题集中在：决策人根据报偿表中的资料，或者由决策树出发，如何才能挑选出最优的决策方案。可供选择的方法有好几种，这在本章后面的有关章节中将加以介绍。

注释与点评

1. 面对较为复杂的决策问题，最好从一开始就把它分解成一个个小的决策问题。对此，决策树在问题的细分中就能发挥很好的作用，并且能清晰地展示决策分析的过程。
2. 对同一个问题，不同的人看待问题的角度往往有所差别。因此，有关决策树应用的讨论，也许能提供对决策问题额外的洞察和认识。

## 15.2　不使用概率的决策分析

在本章的这一节，我们来介绍完全不确定型决策分析方法，它处理的是决策自然状态发生概率未知的决策问题。只要求给出最好和最坏的决策结果，决策人没有足够的能力对决策自然状态发生的概率做出评估，在这样的场合下，下面介绍的决策分析方法可能就比较适用。由于采用不同的不确定型决策分析方法，有时会得到截然不同的决策分析答案，因此决策人在运用不确定型决策分析方法的时候，必须要明白什么样的分析方法可以使用，哪一个决策分析方法才最合适。

### 15.2.1 乐观主义准则

在做出决策的时候，持**乐观主义准则**的人总是从每个备选方案在各种自然状态下的报偿中挑选最好的报偿值，根据这种决策分析方法所做出的选择，应该是最好报偿值所对应的那个决策备选方案。如果决策问题的指标追求的是利润类的正指标，像PDC公司的决策问题那样，那么由这种决策分析方法，决策人做出的选择结果就是最大利润所对应的那个备选方案。与此相反，如果决策问题报偿的衡量指标是逆指标，此时按照这种决策分析方法所得到的结果，应该取最小报偿值对应的那个备选方案。

> 对报偿值是正指标的决策问题，运用乐观主义准则做决策分析，通常也叫作大中取大决策分析方法。对报偿值是逆指标的决策问题，运用乐观主义准则做决策分析，也可直接叫作小中取小决策分析方法。

为了说明乐观主义准则的决策分析过程，我们用PDC公司作为例子。首先，我们需要找出每个备选方案下的最大报偿值，然后从找出来的每个方案下的最大报偿值中再挑选出最大的报偿值，最后用这个在所有报偿值中最大的报偿值所对应的备选方案作为乐观主义准则的最终决策结果，具体见表15-2的过程。

表15-2　PDC项目乐观主义准则的决策过程　　　　　　（百万美元）

| 备选方案 | 每个方案最大报偿 |
|---|---|
| 30套公寓房的小型综合体，$d_1$ | 8 |
| 60套公寓房的中型综合体，$d_2$ | 14 |
| 90套公寓房的大型综合体，$d_3$ | 20　←——各个方案最大报偿下的最大报偿 |

由于报偿值20是所有报偿值中最大的，该报偿值对应的备选方案是$d_3$，因此按照乐观主义准则，PDC公司应该选择这个方案，即建设90套公寓房的大型综合体。

### 15.2.2 保守主义准则

与乐观主义决策分析准则刚好相反，持**保守主义准则**的人在对每个方案进行评估的时候，总是从最坏的报偿值出发。因此，运用这种决策分析方法给出的选择结果，一定是最坏的报偿值中属于最好的那个所对应的方案。对一个决策问题，如果它的报偿值是利润类指标，就像PDC公司的决策问题一样，此时运用保守主义准则进行决策分析，决策人应该从各个决策方案中选出最小的报偿值，然后从这些最小报偿值中挑选一个最大的报偿值，这个最大报偿值所对应的备选方案就是决策的结果。

> 对报偿值是正指标的决策问题，运用保守主义准则做决策分析，通常也叫作小中取大决策分析方法。对报偿值是逆指标的决策问题，运用保守主义准则做决策分析，也可直接叫作大中取小决策分析方法。

为了说明保守主义准则的决策分析方法，下面我们仍然以PDC公司为例。保守主义准则下的决策过程：首先，从每个备选方案中找出最小的报偿值；然后从这些找出来的最小报偿值中找出最大的报偿值;最后以这样确定出来的最大报偿值所对应的备选方案为最终决策结果,具体情况详见表 15-3。

表 15-3　PDC 项目保守主义准则的决策过程　　　　　　　　　(百万美元)

| 备选方案 | 每个方案最小报偿 |
| --- | --- |
| 30 套公寓房的小型综合体,$d_1$ | 7 ←——每个方案最小报偿中的最大报偿 |
| 60 套公寓房的中型综合体,$d_2$ | 5 |
| 90 套公寓房的大型综合体,$d_3$ | -9 |

由表 15-3 可知,每个备选方案下最小报偿值中最大的一个是 7,对应着备选方案 $d_1$,所以保守主义准则下的决策结果就是建设 30 套公寓房的小型综合体。

这样的决策分析方法之所以叫作保守主义,原因在于它从最坏的可能报偿值中挑选决策方案,只是避免不出现更为极端不利的结局。在 PDC 事例中,该公司也许能获得更多的利润,但运用保守主义准则决策能确保 PDC 公司获得不低于 700 万美元的利润。

### 15.2.3　后悔主义准则

在决策分析中,**后悔**指的是某个自然状态下,各个备选方案的报偿值与该状态下所有备选方案报偿值中最好那个值之间的差。由这样定义的后悔,实际上代表了因选择某个方案而放弃掉多少潜在的报偿。正因为如此,后悔也时常被叫作**机会损失**。

运用**后悔主义准则**进行决策,我们应该从所有可能出现的自然状态情况下,从最大的后悔值中挑选出最小的后悔值对应的方案。后悔主义准则的决策,既不是纯粹的乐观主义,也不是纯粹的保守主义。

这里,我们仍然以 PDC 公司的事例来说明后悔主义准则的决策分析方法。假定 PDC 公司选择建设第一种方案 $d_1$ = 30 套公寓房的小型综合体,同时假定市场需求旺盛($s_1$),这时表 15-1 给出的收益水平是 800 万美元。然而,当市场需求出现旺盛($s_1$)局面,我们认识到应该选择第三种建设方法,因为这种方案能带来 2 000 万美元的利润,是市场需求出现旺盛情形下,三种备选方案中利润最大的一个。市场需求旺盛($s_1$)下三种方案中利润最大的 2 000 万美元,与选择第一种方案的利润之间的差 1 200 万美元,就是采用第一种方案带来的后悔值或机会损失。与此类同,假定市场需求仍然出现旺盛,且 PDC 公司选择第二种方案 $d_2$ = 60 套公寓房的中型综合体,此时出现的后悔值或机会损失就是:2 000 - 1 400 = 600(万美元)。当然如果 PDC 公司在市场需求旺盛的情形下选择第三种方案($d_3$),这时就不存在后悔。

一般地,后悔值或机会损失的计算公式为

$$R_{ij} = |V_j^* - V_{ij}| \tag{15-1}$$

式中,$R_{ij}$ 表示第 $i$ 个备选方案在第 $j$ 个自然状态下的后悔值或机会损失;$V_j^*$ 表示第 $j$ 个自然状态下各个方案中的最好报偿值;$V_{ij}$ 表示第 $i$ 个备选方案在第 $j$ 个自然状态下的报偿值。

注意:在式(15-1)中,我们使用了绝对值符号。对报偿值是逆指标的决策问题,最好的报偿值 $V_j^*$ 是第 $j$ 个自然状态下所有方案中最小的那个报偿值。由于这时候的 $V_j^*$ 总是

不大于 $V_{ij}$，因此对 $V_j^*$ 与 $V_{ij}$ 的差取绝对值以确保所得到的差是正值。

根据式（15-1）和表 15-1 的资料，我们能很容易地计算出 PDC 公司备选方案在各个自然状态下的后悔值，详见表 15-4。

表 15-4　PDC 项目的后悔值或机会损失表　　　　　　　（百万美元）

| 备选方案 | 自然状态 | |
| --- | --- | --- |
| | $s_1$ = 需求旺盛 | $s_2$ = 需求疲软 |
| 30 套公寓房的小型综合体，$d_1$ | 12 | 0 |
| 60 套公寓房的中型综合体，$d_2$ | 6 | 2 |
| 90 套公寓房的大型综合体，$d_3$ | 0 | 16 |

在得到后悔值或机会损失表后，我们就可以按照后悔主义准则进行决策分析。首先，从各个备选方案在所有自然状态下的后悔值中找出最大的后悔值，然后从这些最大的后悔值中找出最小的后悔值，这个最大后悔值中最小的那个后悔值所对应的备选方案就是决策结果，具体情况见表 15-5。

表 15-5　PDC 项目的后悔主义准则决策　　　　　　　（百万美元）

| 备选方案 | 每个方案下的最大机会损失 |
| --- | --- |
| 30 套公寓房的小型综合体，$d_1$ | 12 |
| 60 套公寓房的中型综合体，$d_2$ | 6 ←——每个方案最大机会损失中的最小机会损失 |
| 90 套公寓房的大型综合体，$d_3$ | 16 |

由表 15-5 可知，根据后悔主义决策准则，每个方案最大机会损失中的最小机会损失是 6，对应的备选方案是建设 60 套公寓房的中型综合体（$d_2$）。

这一节介绍的三种决策分析方法，所得到的结果各不相同，但就各个决策准则来说，它们本身并没有对错之分，只是反映了不同决策准则所依据的决策指导思想的差别。总之，决策人在做决策分析时，需要选择一个最合适的决策准则，并赖之做出最终的决策分析结果。上述决策分析准则的主要缺陷在于，它们都没有考虑各种自然状态出现的可能性大小。

## 15.3　使用概率的决策分析

上一节我们介绍的决策分析方法，是在没有自然状态变化概率信息的基础上做出的。本章的这一节，我们将讲解如何利用概率信息选择决策方案。

### 15.3.1　期望值准则

在许多决策分析场合，我们能获取自然状态发生的概率。一旦知道自然状态的发生概率，我们就能通过**期望值准则**做出决策方案选择。下面，我们先来介绍一下备选方案期望值的计算，然后结合 PDC 公司的事例讲解期望值准则的具体应用。

令

$$N = 自然状态数目$$

$$P(s_j) = 自然状态 s_j 发生的概率$$

因为 $N$ 个自然状态中有一个且只有一个会发生，另外，概率的公理化要求存在：

$$P(s_j) \geq 0, \quad j = 1, 2, \cdots, N$$

$$\sum_{j=1}^{N} P(s_j) = P(s_1) + P(s_2) + \cdots + P(s_N) = 1$$

这样一来，某个备选方案（$d_i$）的**期望值**（EV）为

$$\mathrm{EV}(d_i) = \sum_{j=1}^{N} P(s_j) V_{ij} \tag{15-2}$$

由式（15-2）可以看出，所谓的备选方案的期望，就是该备选方案报偿值的加权之和。其中，备选方案报偿值使用的权数，是各个自然状态出现的概率。

下面，我们以 PDC 公司为例，说明期望值准则的应用。PDC 公司高管对建设豪华超高层独立公寓楼是十分看好的，假定因此对市场需求旺盛（$s_1$）赋予的主观概率是 0.8，那么相应地市场需求疲软（$s_2$）的主观概率就是 0.2。也就是假定存在：$P(s_1) = 0.8$，$P(s_2) = 0.2$。这样一来，根据式（15-2）和表 15-1 的资料，计算出来的各个备选方案的期望值为

$$\mathrm{EV}(d_1) = 0.8 \times 8 + 0.2 \times 7 = 7.8$$
$$\mathrm{EV}(d_2) = 0.8 \times 14 + 0.2 \times 5 = 12.2$$
$$\mathrm{EV}(d_3) = 0.8 \times 20 + 0.2 \times (-9) = 14.2$$

因此，根据期望值准则，大型建设方案的期望值最大达到 1 420 万美元，所以应该选择建设 90 套公寓房的大型综合体。

为了找出具有最好期望值备选方案所需要的计算，可以通过决策树得到方便地实现。对 PDC 公司的决策问题，其标出状态分枝概率的决策树如图 15-2 所示。

绘制决策树是从左往右展开的，但在进行决策分析的时候，采用的次序是由右往左。根据给定的决策树，首先我们需要计算各个机会节点的期望值，也就是，在每个机会节点处，我们用自然状态可能发生的概率，对报偿值进行加权求和。由此，我们能得到节点 2、3 和 4 处的期望值，如图 15-3 所示。

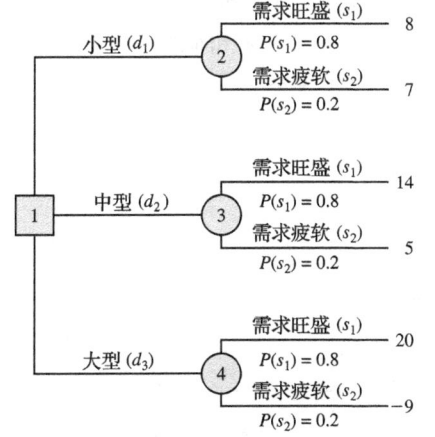

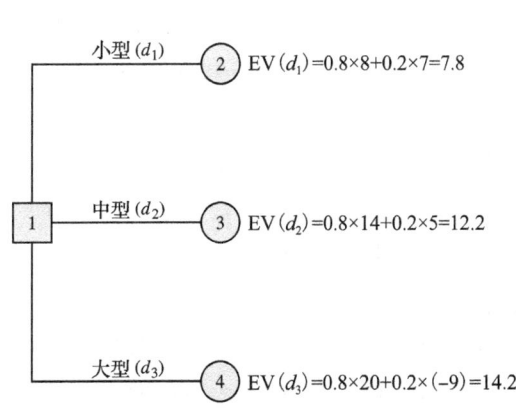

图 15-2　PDC 问题标示状态分枝概率的决策树　　图 15-3　PDC 问题状态节点的期望值

从决策节点 1 处出发存在几个决策枝，对此决策人是心知肚明的。在 PDC 公司的事例中，我们试图获得期望利润最大化，这样该问题的决策分析结果就是选择第三个备选方案 $d_3$，因为该方案对应的期望利润最大为 1 420 万美元。须知，对这个决策分析给出的结果，如果用报偿表的方法计算期望报偿，也能得到同样的结论。

这里介绍的 PDC 公司的期望值准则决策问题比较简单，对那些比较类似但相对很复杂的决策问题，只要存在合理的备选方案数目和自然状态，我们仍然能运用上述所呈现出来的决策树分析方法。做法是：画一个决策树，标出所有的能描述问题特性的决策节点、机会节点和枝条，如果准备采用期望值决策方法，接下来就要给出每个自然状态发生的概率，以及计算出各个机会节点下的期望值，最后以具有最好期望值机会节点所在的分枝对应的方案作为最优方案。

实际中，要想获得每个自然状态发生概率的精确值，往往可能性比较小。某些决策问题在历史上可能已反复做过多次，对此，我们可以利用历史资料来估计各个自然状态发生的概率。如果很少或没有这样的历史资料可以利用，我们只好用主观的办法来给出自然状态的概率。在给自然状态赋予主观概率的时候，我们最好对各个自然状态提供几个估计的概率，以便于从中进行选择，之所以这样做，原因是许多研究揭示了很多见多识广的专家也常常会做出过于乐观的估计。因此，当面对主观概率的时候，特别要注意加强风险分析和敏感性分析。

### 15.3.2　风险分析

**风险分析**，有助于决策人识别决策方案期望值与事实上有可能出现的报偿值之间的差别。每个备选方案在相应自然状态下的报偿值，构成了决策分析的依据。备选方案面临的**风险状况**，展示了与其相应概率一同出现的可能报偿值。

下面，我们用 PDC 公司的事例说明风险分析以及风险状态的结构。根据期望值准则，我们已经知道 PDC 公司选择大型综合体（$d_3$）建设方案是最好的，该方案的期望值达到 1 420 万美元。这个期望值，是基于 2 000 万美元出现的概率 0.8 和损失 900 万美元发生的概率 0.2，共同作用的结果。因此，对 2 000 万美元报偿的概率 0.8 和损失 900 万美元的概率 0.2，构成了大型综合体建设方案的风险状况，如图 15-4 所示。

有时候，对最优决策方案的风险状况进行检查，有可能会导致决策人选择另一种备选方案，哪怕这个备选方案的期望值不怎么好。比如，PDC 公司例子中的第二种备选方案（$d_2$），其风险状况是 1 400 万美元报偿的概率 0.8、500 万美元报偿的概率 0.2。原因在于，第二种备选方案 $d_2$ 中的风险状况没有出现损失，因此可以断定建设中型综合体方案的风险比建设大型综

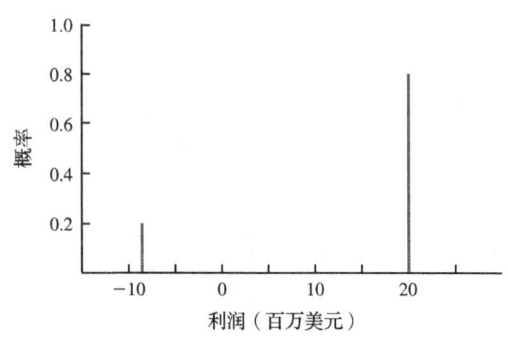

图 15-4　PDC 公司第三种建设方案的风险状况

合体方案小。于是，决策人很有可能会倾向于选择建设中型综合体方案，尽管该方案比建设大型综合体方案的期望值小 200 万美元。

### 15.3.3 敏感性分析

借助**敏感性分析**，可以确定自然状态出现的概率或报偿值发生改变是怎样影响着决策方案选择的。在许多场合下，自然状态发生的概率和备选方案的报偿值，往往是根据主观评估得出来的，对此实施敏感性分析，可以帮助决策人了解这些因素中哪一个的改变会对最好决策方案的选择起着重要的影响。假如某个自然状态发生的概率或某个备选方案的报偿值发生了微小的变化，却导致了决策方案选择的改变，那么这一因素对决策问题的求解就具有敏感性。一旦如此，我们就需要更多的努力和小心，以确保这一因素的取值尽可能准确。与此相反，假如某个自然状态发生的概率或某个备选方案的报偿值发生了较大甚至很大的变化，也不会对决策方案的选择产生影响，那么我们就说这样的因素对决策问题的求解不敏感，对此我们就没有必要花时间和精力对这个因素取值进行精确的估计。

敏感性分析的方法之一，就是给决策的自然状态发生概率赋予不同的取值，或者对报偿给出不同数值，然后对决策问题进行求解。如果这时的决策方案出现了改变，那么我们就知道了这个因素取值的变化对决策问题的求解具有敏感性。以 PDC 公司的例子来说，假如市场需求旺盛的概率改成 0.2，市场需求疲软的概率是 0.8，这时的决策分析结果是否会发生改变呢？现在我们面对的是：$P(s_1) = 0.2$，$P(s_2) = 0.8$。那么根据式（15-2），能得到：

$$EV(d_1) = 0.2 \times 8 + 0.8 \times 7 = 7.2$$
$$EV(d_2) = 0.2 \times 14 + 0.8 \times 5 = 6.8$$
$$EV(d_3) = 0.2 \times 20 + 0.8 \times (-9) = -3.2$$

现在小型公寓综合体建设方案（$d_1$）的期望值最大达到 720 万美元，而大型公寓综合体建设方案（$d_3$）的期望值变成了最小为损失 320 万美元。因此，对 PDC 公司来说，当市场需求旺盛的概率比较大时，应该选择第三种建设方案，当市场需求旺盛发生的概率比较小时，PDC 公司就要选择小型公寓综合体建设方案。很明显，如果我们不断修改自然状态的概率，也许就能掌握更多的自然状态概率的变化是如何影响着备选方案的确定的。至此，我们只介绍了自然状态概率对决策结果的敏感性分析，同样我们可以对报偿值的敏感性进行检查。

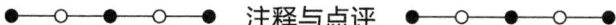 注释与点评

1. 本章给出的期望值定义，与第 5 章中所讲到的期望值计算是一致的，只不过这里使用的记号和具体叫法，根据决策分析背景做了相应的改变。不管怎么说，期望值都是可能结果的加权算术平均数。
2. 敏感性分析的局限性是需要大量的计算，对自然状态概率或报偿值的各种变化都要进行计算和评估，为此需要学会利用 Excel 进行敏感性分析计算。

## 15.4 运用样本信息的决策分析

不可否认，决策人可能有能力搜集到有关自然状态额外的信息。如何利用这些追加信息蕴含的价值，了解它们怎样影响决策分析，往往是值得关注的。获取追加信息最为常见的手段，是掌握实验设计采集到的自然状态的**样本信息**。原材料抽样、产品检测、市场调研这些比较典型的做法，都有可能会帮助修改或替换决策自然状态的概率。

### 15.4.1 样本信息期望值

为了分析追加信息潜在的好处，我们先来介绍几个与决策分析有关的术语。

（1）验前概率或**先验概率**，自然状态的先验概率是由掌握的以往资料得出来的，没有利用追加的样本信息。

（2）**后验（修正）概率**，它是利用追加信息对先验概率修改后的概率。

PDC 公司为了更好地掌握市场对其项目的需求状况，开展了为期 6 个月的市场调研，预期能得到如下的两个结果：

第一，有利情况。凡是被联系上的客户，有相当的人表示对 PDC 公司的综合公寓楼项目感兴趣。

第二，不利情况。被访问到的客户，只有很少的一些人表示了有可能会购买 PDC 公司的公寓楼房。

对 PDC 公司的决策问题，如果追加上样本信息，此时的决策树形状如图 15-5 所示。

通过引入市场调研得到的可能结果，PDC 公司的决策问题从决策树图形来看变得更复杂了。其一，PDC 公司的管理人员必须决定是否有必要实施市场调研，如果要进行市场调研，一旦调研结果表明市场需求会出现有利的一面，这时 PDC 公司管理人员必须决定项目应该建

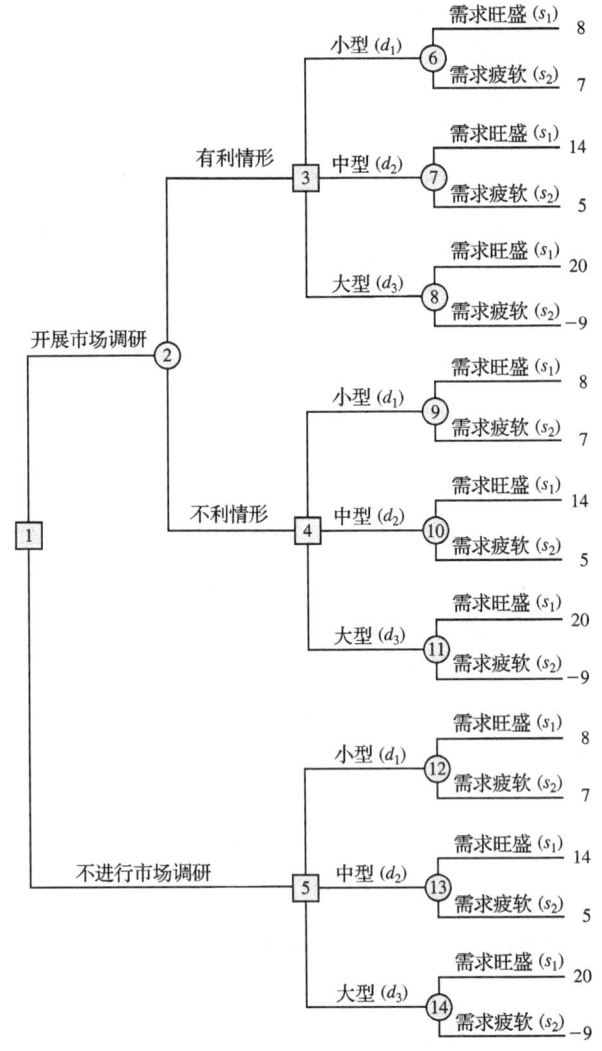

图 15-5　PDC 公司追加样本信息的决策树

设多大的规模,要是市场调研结果表明市场需求可能会出现不利的一面,对此还要选择其他建设方案。在图 15-5 中,方框是决策节点,圆形是机会节点。在每个决策节点处,被采用的决策树的枝条,取决于概率或机会。例如,决策点 1 首先需要 PDC 公司做出是否实施市场调研的决策,假如决定要实施市场调研,那么在机会节点 2 引出两条有利和不利的分枝,它们不是 PDC 公司所能控制的,节点 3 又是一个决策节点,表明在市场出现有利局面下,是采用小型建设方案还是中型或大型建设方案,节点 4 也是一个决策节点,要做出在市场出现不利局面下的建设方案决策,节点 5 是决策节点,它是在不实施市场调研的情形下,对建设方案做出的选择,节点 6~14 属于机会节点,代表着市场需求旺盛和疲软的自然状态。

图 15-5 所示的决策树分析和最优策略的选择,要求给出每个机会节点分枝相应的概率。假定 PDC 公司进行了市场调研,并且得到调研结果的概率:

$$P(市场出现有利局面) = 0.77$$
$$P(市场出现不利局面) = 0.23$$

如果市场调研结果表明市场会出现有利的局面,假定此时的市场需求状态的后验概率为

$$P(在市场出现有利局面的情况下,市场需求旺盛) = 0.94$$
$$P(在市场出现有利局面的情况下,市场需求疲软) = 0.06$$

如果市场调研结果表明市场会出现不利的局面,假定此时的市场需求状态的后验概率为

$$P(在市场出现不利局面的情况下,市场需求旺盛) = 0.35$$
$$P(在市场出现不利局面的情况下,市场需求疲软) = 0.65$$

在没有做市场调研的情况下,市场需求状态的概率仍然采用的是先验概率,即

$$P(市场需求旺盛) = 0.80$$
$$P(市场需求疲软) = 0.20$$

如果把状态枝的概率显示出来,图 15-5 就变成图 15-6。

**决策策略**是决策和机会结果的测定序列,决策方案的选择取决于将要确定的机会事件的结果。确定最优决策策略的做法是,按照下列步骤在决策树中从右向左计算期望值:

第一步,在机会节点处,计算出期望值,也就是用状态枝尾端的报偿值直接乘以相应的状态枝概率。

第二步,在决策节点处,选择能产生最好期望值的决策枝,并且把这个期望值作为决策节点处的期望值。

根据决策树具体开始决策分析的时候,需要采用从右向左的顺序展开。图 15-6 中,各个机会节点的期望值计算如下:

$$EV(节点 6) = 0.94 \times 8 + 0.06 \times 7 = 7.94$$
$$EV(节点 7) = 0.94 \times 14 + 0.06 \times 5 = 13.46$$
$$EV(节点 8) = 0.94 \times 20 + 0.06 \times (-9) = 18.26$$
$$EV(节点 9) = 0.35 \times 8 + 0.65 \times 7 = 7.35$$

$$EV(节点 10) = 0.35 \times 14 + 0.65 \times 5 = 8.15$$
$$EV(节点 11) = 0.35 \times 20 + 0.65 \times (-9) = 1.15$$
$$EV(节点 12) = 0.80 \times 8 + 0.20 \times 7 = 7.80$$
$$EV(节点 13) = 0.80 \times 14 + 0.20 \times 5 = 12.20$$
$$EV(节点 14) = 0.80 \times 20 + 0.20 \times (-9) = 14.20$$

在计算出各个概率枝节点的期望值后,图 15-6 可以简化成图 15-7。

在完成上述步骤后,接下来进行决策节点 3、4 和 5 的决策。对每个这样的节点,我们选择能带来最好期望值的决策备选方案枝。比如,对决策节点 3,有三种方案可供选择,一是小型建设方案,其期望值 EV(节点 6) = 7 94 万美元,二是中型建设方案,期望值 EV(节点 7) = 1 346 万美元,三是大型建设方案,期望值 EV(节点 8) = 1 826 万美元。对此,我们选择大型建设方案,因为这种建设方案的期望值最大。

对节点 4,我们从节点 9、10 和 11 中选择一个最好的期望值,由于这三个节点处的最好期望值 EV(节点 4) = 815 万美元,它对应着中型建设方案。对节点 5,应从节点 12、13 和 14 中选择一个最好的期望值,结果是大型建设方案,因为在该节点处其期望值最好 EV(节点 5) = 1 420 万美元。

至此,图 15-7 又可以得到进一步的简化,如图 15-8 所示。

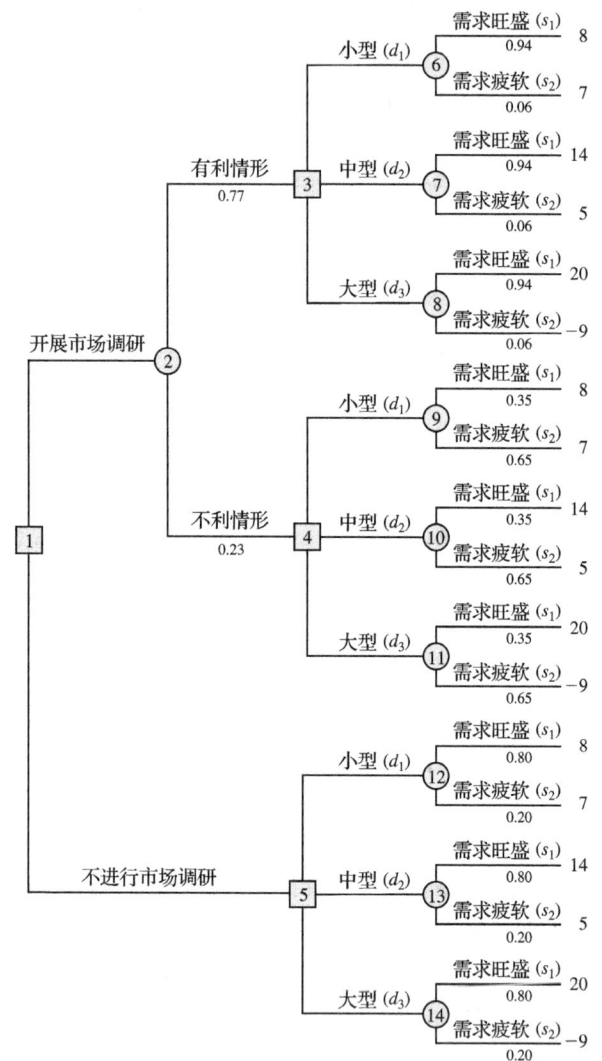

图 15-6  PDC 公司的决策问题带有状态概率枝节点的决策树

现在从图 15-8 出发,节点 2 处的期望值计算是:
$$EV(节点 2) = 0.77 \times EV(节点 3) + 0.23 \times EV(节点 4)$$
$$= 0.77 \times 18.26 + 0.23 \times 8.15 = 15.93$$

这样一来,图 15-8 又可以简化成仅存在两个决策枝的决策树,如图 15-9 所示。

从图 15-9 出发,最后我们能得到节点处 1 的决策结果。从节点 2 和 5 处的期望值中,选择一个最好的期望值,EV(节点 2) = 15.93,EV(节点 5) = 14.20,所以选择节点 2,表明 PDC 公司在进行项目方案决策的时候，最好事前开展市场调研活动。

总之，PDC 公司的最优决策是：

（1）实施市场调研，在市场出现有利局面时采用大型建设方案；

（2）如果市场出现不利局面，应该采用中型建设方案。

通过 PDC 公司的例子，我们了解到了决策树决策问题分析的基本做法，它同样可以被用于比较复杂的带有多层次的系列型决策问题。首先，需要绘制一个决策树，包含一系列决策点和机会点，以及能反映决策问题的所有状态枝；然后给出每个机会结果的概率；按照从右向左的顺序，逐步确定决策问题的最优决策结果。

在 PDC 公司的例子中，市场调研是可用于确定最优决策策略的样本信息。与市场调研有关的期望值是 1 593 万美元，在没有实施市场调研时最好的期望值是 1 420 万美元，两相比较，它们之间的差是 1 593 − 1 420 = 173（万美元）。这就是**样本信息期望值（EVSI）**，换句话说，PDC 开展市场调研能给 PDC 公司增加 173 万美元的期望值。

一般地，样本信息期望值的计算方法为

$$\text{EVSI} = |\text{EV}_\text{w}\text{SI} - \text{EV}_\text{wo}\text{SI}|$$

（15-3）

式中，EVSI 表示样本信息的期望值，$\text{EV}_\text{w}\text{SI}$ 表示带有自然状态样本信息的期望值，$\text{EV}_\text{wo}\text{SI}$ 表示不含自然状态样本信息的期望值。

### 15.4.2 完全信息期望值

当样本信息提供了关于自然状态的**完全信息**，这时候可以考虑增加与决策问题有关的追加信息。在 PDC 公司的事例中，如果能精准地确定哪一种自然状态将发生，

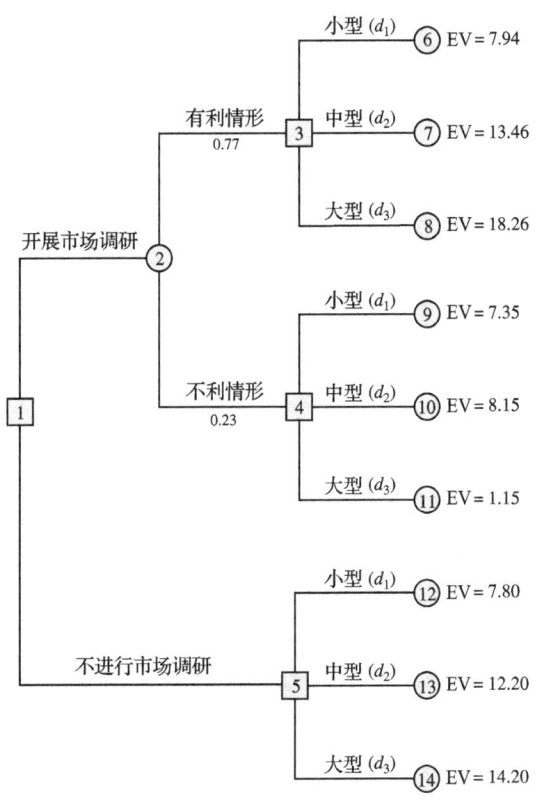

图 15-7 计算出各个概率枝节点期望值后图 15-6 的简化图

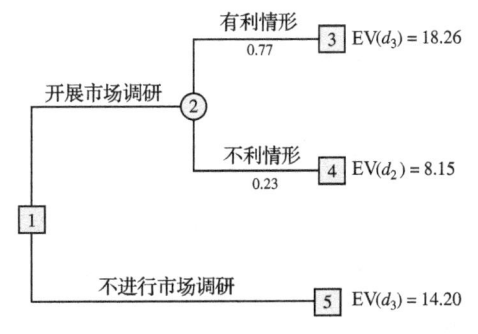

图 15-8 图 15-7 简化后的结果

这里的 EVSI = 173 万美元，意味着 PDC 公司愿意花 173 万美元实施市场调研。

就可以考虑搞市场调研。很明显，单靠一次市场调研没有可能能够获得这样的结论，不过市场调研分析带来的一个好处是能够进行最好情形的分析。假如所需要的追加信息的投入超过了完全信息期望值，那么这时候我们可能就不采取行动了。

下面，我们仍然以 PDC 公司为例，说明完全信息期望值的计算。我们暂且假定 PDC 公司在进行项目建设方案选择决策之前，就能对哪种自然状态会发生给出确定性的决定。为了能利用完全信息，一旦了解到哪种自然状态会发生，我们将会制定一个 PDC 公司应该采用的决策策略。

为了帮助 PDC 公司确定决策策略，我们仍然使用报偿表 15-1 的资料。假如 PDC 公司确信自然状态 $s_1$ 会出现，此时最好的决策方案就是能获得 2 000 万美元的第三种建设方案（$d_3$），同样地，假如 PDC 公司能确信自然状态 $s_2$ 会出现，这时最好的决策方案是能获得 700 万美元的第一种建设方案（$d_1$）。因此，当有如下的完全信息可以利用时，我们可以把 PDC 公司的最优决策策略表述成：

假如自然状态 $s_1$ 出现，选择大型建设方案 $d_3$，此时能获得 2 000 万美元利润。

假如自然状态 $s_2$ 出现，选择小型建设方案 $d_1$，该方案能带来 700 万美元收入。

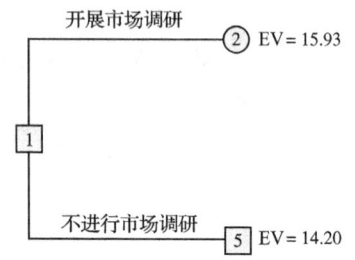

图 15-9　图 15-8 简化后的决策树

> 对 PDC 公司来说，在选择方案之前，值得花 320 万美元去了解项目的市场需求状态。由于市场调研无论怎么做，也不指望能获得市场的准确情况，所以 PDC 公司为了能获得追加的决策信息，值得花的调研费用的最大值是 320 万美元。

那么，这样的决策策略的期望值是多少呢？为了计算在完全信息下的期望值，我们复述一下自然状态原来采用的发生概率：$P(s_1)=0.8$，$P(s_2)=0.2$。对此，我们可以这样来理解，完全信息以 0.8 的概率预示着自然状态 $s_1$，由此采用大型建设方案 $d_3$ 将带来 2 000 万美元收入，同样完全信息以 0.2 的概率预示着自然状态 $s_2$，此时最好的方案是小型建设规模 $d_1$，并能获得 700 万美元的利润。根据式 (15-2)，运用完全信息所得到的决策策略的期望值是 $0.8\times 2\,000+0.2\times 700=1\,740$（万美元）。这样得到的 1 740 万美元，就是具有完全信息的期望值（$EV_wPI$）。

在本章介绍的期望值准则决策分析的那一节，我们给出的决策方案是大型建设规模 $d_3$，对应的期望值是 1 420 万美元。由于这个 1 420 万美元是在没有利用完全信息的情况下得到的，我们不妨称为无完全信息的期望值（$EV_{wo}PI$）。完全信息下的期望值是 1 740 万美元，没有完全信息下的期望值是 1 420 万美元，如此一来，**完全信息期望值（EVPI）** 就是 1 740 − 1 420 = 320（万美元）。换句话说，如果有完全信息可以利用，我们有可能获得额外的 320 万美元。

完全信息期望值（EVPI）的一般计算方法为

$$EVPI = |EV_wPI - EV_{wo}PI| \tag{15-4}$$

式中，EVPI 表示完全信息期望值，$EV_wPI$ 具有完全信息的期望值，$EV_{wo}PI$ 无完全信息的期望值。

## 15.5 利用贝叶斯定理计算状态枝概率

本章15.4节对决策树中各个机会节点状态枝的概率采用的是问题本身给定的,没有进行什么计算。本章的这一节,我们来介绍如何运用**贝叶斯定理**计算决策树中各个概率枝发生的概率,它是根据市场调研反映出来的有利或不利局面的样本信息,对概率枝概率进行修正得到的后验概率。

> 贝叶斯定理在第 5 章中做过了介绍,它的主要做法是一旦获得了追加的信息,就对先验概率进行修正,以得到后验概率。

对 PDC 公司的决策问题,使用的决策树如图 15-10 所示。

图 15-10 中:

$F$ = 市场出现有利局面

$U$ = 市场出现不利局面

$s_1$ = 市场需求旺盛(第一种自然状态)

$s_2$ = 市场需求疲软(第二种自然状态)

在机会节点 2 处,我们需要了解概率枝的概率 $P(F)$ 和 $P(U)$,在机会节点 6、7、8 处,我们需要知道市场调研表明出现有利局面情况下自然状态 1 出现的概率 $P(s_1 \mid F)$,以及市场出现有利局面情况下自然状态 2 的**条件概率** $P(s_2 \mid F)$。$P(s_1 \mid F)$ 和 $P(s_2 \mid F)$,也可叫作后验概率,因为它们是在样本信息条件下得到的概率。在机会节点 9、10、11 处,我们需要知道市场出现不利局面情况下市场需求旺盛 $s_1$ 出现的概率 $P(s_1 \mid U)$,以及市场出现不利局面情况下市场需求疲软 $s_2$ 的条件概率 $P(s_2 \mid U)$。在机会节点 12、13、14 处,我们需要知道没有做市场调研时市场需求状态的概率 $P(s_1)$ 和 $P(s_2)$。

在进行条件概率计算的时候,我们需要了解 PDC 公司对市场需求状态发生概率的评估,也就是给出市场

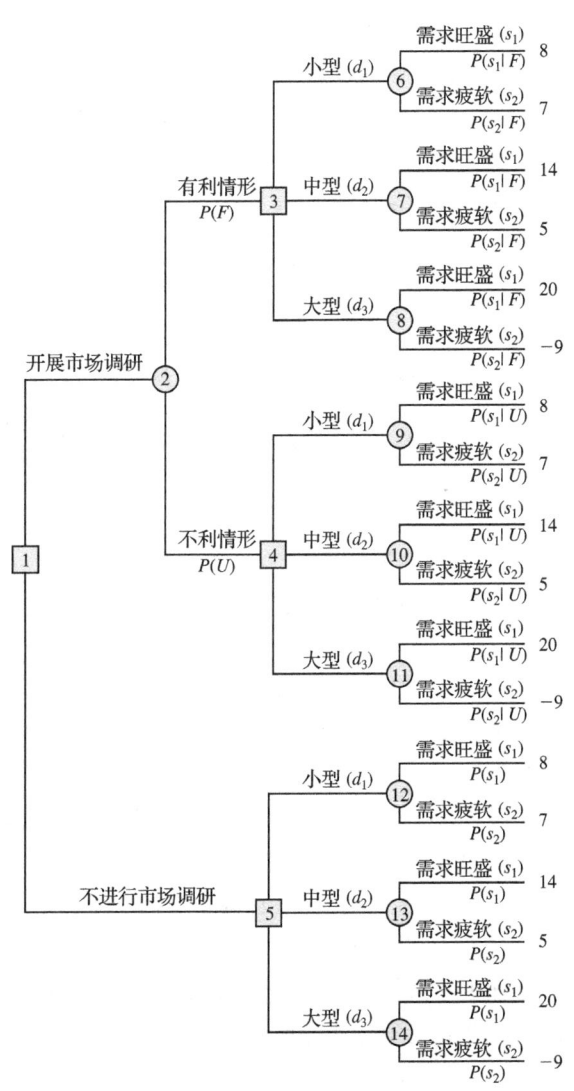

图 15-10 PDC 公司的决策树

需求状态的先验概率 $P(s_1)$ 和 $P(s_2)$。另外，我们必须知道在给定每个自然状态下的市场调研结果（样本信息）的条件概率，如市场需求旺盛条件下市场出现有利局面的概率即 $P(F|s_1)$ 等。为了这些概率的计算，我们需要在给定各种自然状态下相应的样本结果的条件概率，包括 $P(F|s_1)$、$P(F|s_2)$、$P(U|s_1)$、$P(U|s_2)$。这些条件概率是市场调研准确性的评估，可以通过过往市场调研的历史资料进行估计。例如，$P(F|s_1)$ 可以用市场出现有利局面时历史上发生市场需求旺盛的频率来估计。在 PDC 公司的例子中，我们假定取得表 15-6 的条件概率值。

注意：先前的估计概率可作为市场调研可信性的合理水平。假如真实的自然状态是 $s_1$，市场调研报告显示市场有利的概率 0.9，那么市场调研报告市场

表 15-6 条件概率值

| 自然状态 | 市场调研结果 | |
|---|---|---|
| | 出现有利局面，$F$ | 出现不利局面，$U$ |
| 市场需求旺盛，$s_1$ | $P(F|s_1)=0.90$ | $P(U|s_1)=0.10$ |
| 市场需求疲软，$s_2$ | $P(F|s_2)=0.25$ | $P(U|s_2)=0.75$ |

出现不利的概率便是 0.1。假如真实的自然状态是 $s_2$，市场调研报告显示市场有利的概率 0.25，此时市场调研报告市场出现不利的概率便是 0.75。对自然状态 $s_2$，可能带有误导性的市场调研报告有利的概率 0.25，对那些潜在购买者第一次听到 PDC 公寓楼综合体项目时，他们的热情有可能引导着这些人夸大了他们的真实兴趣。潜在购买者初始的令人愉快的反映，一旦面临着签订购买协议和办理支付手续的时候，可能会迅速地变成说"不"。由此可知，在有样本信息可以利用的条件下，需要对先验概率做出修正。

> 式（15-5）是贝叶斯定理的重新表示形式，贝叶斯定理在第 5 章有过介绍。

式（15-5）是用来计算后验概率的贝叶斯公式：

$$P(A_i|B) = \frac{P(B|A_i) \times P(A_i)}{P(B|A_1) \times P(A_1) + P(B|A_2) \times P(A_2) + \cdots + P(B|A_n) \times P(A_n)} \tag{15-5}$$

根据式（15-5）的贝叶斯公式计算 $P(U|s_1)$ 的时候，我们只需用 $U$（市场调研报告市场出现不利局面）代替 $B$、用 $s_1$ 代替 $A_i$ 即可，这样我们能得到：

$$P(s_1|U) = \frac{P(U|s_1) \times P(s_1)}{P(U|s_1) \times P(s_1) + P(U|s_2) \times P(s_2)} = \frac{0.10 \times 0.80}{0.10 \times 0.80 + 0.20 \times 0.75} = 0.35$$

计算结果表明，在市场调研报告市场出现不利局面的条件下，市场需求旺盛的概率是 0.35。

同样，在市场调研报告市场出现不利局面的条件下，利用式（15-5）可以计算市场需求疲软的概率：

$$P(s_2|U) = \frac{P(U|s_2) \times P(s_2)}{P(U|s_1) \times P(s_1) + P(U|s_2) \times P(s_2)} = \frac{0.20 \times 0.75}{0.10 \times 0.80 + 0.20 \times 0.75} = 0.65$$

在市场调研报告市场出现有利局面的条件下，市场需求状态的概率 $P(s_1|F)$ 和 $P(s_2|F)$ 的计算方法分别为

$$P(s_1|F) = \frac{P(F|s_1) \times P(s_1)}{P(F|s_1) \times P(s_1) + P(F|s_2) \times P(s_2)} = \frac{0.90 \times 0.80}{0.90 \times 0.80 + 0.25 \times 0.20} = 0.94$$

$$P(s_2|F) = \frac{P(F|s_2) \times P(s_2)}{P(F|s_1) \times P(s_1) + P(F|s_2) \times P(s_2)} = \frac{0.25 \times 0.20}{0.90 \times 0.80 + 0.25 \times 0.20} = 0.06$$

计算结果表明，在市场调研报告市场出现有利局面的条件下，市场需求旺盛的后验概率是 0.94，而市场需求疲软的后验概率仅有 0.06。

通过本节的学习，我们知道了决策树中各个分枝发生的概率之间存在着一定的关系。因此，在有后验信息可以利用的情况下，我们仍然直接使用先验概率 $P(s_1)$ 和 $P(s_2)$ 可能不合适，需要通过 $P(F)$、$P(U)$ 进行改进，以获得市场状态相应的后验概率 $P(s_1|F)$、$P(s_2|F)$、$P(s_1|U)$ 和 $P(s_2|U)$。

## 15.6 效用理论

到目前为止，决策分析所针对的是能用货币单位表示的结果（报偿）。根据机会事件结果可以利用的概率，我们界定了所谓的最优决策方案，就是那个能带来最好期望值的备选方案。可是，在某些场合下，具有最好期望值的决策方案，可能不是首选的方案。决策人在进行决策分析的时候，或许也会考虑一些无形的因素，比如风险、看法以及其他一些不能用货币价值表示的准则。在货币价值并不必然能导致最受欢迎决策的时候，我们可以使用效用概念，根据期望效用来决定哪个备选方案最好。

**效用**是关于某个结果的主观价值或相对欲望的一个测度，能用于反映决策人对利润、风险、损失的态度。研究人员已经发现，报偿的货币价值在决策人认为合理的范围之内变化，使用最好期望值准则通常会得到比较理想的决策方案。如果报偿值出现极端情形，决策人在做决策的时候，对用最好期望值准则确定的决策方案，可能就不会感到满意或自在。

为了给大家建立一个直观的认识，我们来考虑 Swofford 公司的例子。该公司位于佐治亚州亚特兰大市，是一家小型不动产投资公司。Swofford 公司现在面临着两个投资机会，需要同等规模的现金支出。由于受到资金限制，Swofford 公司不能一次性进行多于一个项目的投资。对此，有三个备选方案可供选择：

$d_1$ = 投资项目 A

$d_2$ = 投资项目 B

$d_3$ = 项目 A 项目 B 都不投资

与投资机会相应的货币价值的报偿，取决于选择什么样的项目投资，同时也取决于未来 6 个月的不动产市场行情（机会事件）。不动产市场价格有可能上扬，也有可能保持不变或者下跌。据此，Swofford 公司决策的自然状态是：

$s_1$ = 不动产价格上扬

$s_2$ = 不动产价格保持不变

$s_3$ = 不动产价格下跌

根据可利用的信息资料，Swofford 公司得到了表 15-7 的报偿表。

表 15-7 Swofford 公司报偿表 （美元）

| 备选方案 | 自然状态 | | |
|---|---|---|---|
| | 价格上扬，$s_1$ | 价格不变，$s_2$ | 价格下跌，$s_3$ |
| 投资项目 A，$d_1$ | 30 000 | 20 000 | −50 000 |
| 投资项目 B，$d_2$ | 50 000 | −20 000 | −30 000 |
| 项目 A 项目 B 都不投资，$d_3$ | 0 | 0 | 0 |

假定 Swofford 公司面临的市场状态发生的概率分别是：不动产价格上扬的概率 0.3，不动产价格不变的概率 0.5，不动产价格下跌的概率 0.2。

在上述条件下，Swofford 公司三种投资方案的期望值分别为

$$EV(d_1) = 0.30 \times 30\,000 + 0.5 \times 20\,000 + 0.20 \times (-50\,000) = 9\,000$$

$$EV(d_2) = 0.30 \times 50\,000 + 0.5 \times (-20\,000) + 0.20 \times (-30\,000) = -1\,000$$

$$EV(d_3) = 0.30 \times 0 + 0.5 \times 0 + 0.20 \times 0 = 0$$

根据期望值准则，Swofford 公司应该选择第一种投资方案即投资项目 A，投资该项目的期望值是 9 000 美元。现在的问题是，这样选择出来的方案是不是最好的呢？要考虑，选择投资项目 A，一旦不动产市场价格下跌，Swofford 公司是否有能力承受得起 50 000 美元的损失。Swofford 公司是一家小型不动产投资企业，目前的财政状况比较窘迫，正因为这样的情况，该公司只能选择一个项目进行投资。可是更为重要的是，该公司的董事长认为如果投资以损失告终，将会导致公司破产。尽管利用期望值准则应该选择第一种投资方案 $d_1$，但该公司的董事长会不会青睐这个方案呢？我们怀疑该公司董事长为了避免有可能出现的 50 000 美元的损失，或许会选择方案 $d_2$ 或方案 $d_3$。假如一旦出现 30 000 美元的损失，该公司有可能就经营不下去了，这时候一个合理的结论是，该公司董事长可能会选择方案 $d_3$，因为对 Swofford 公司目前的财务状况来说，无论是选择方案 A 还是方案 B，承受的风险都太大了。

要解决 Swofford 公司的两难处境，我们需要考虑清楚该公司对不同结果的效用。如果能对不同结果的效用给出正确的评估，那么具有最好期望效用的备选方案，可能就是该公司喜欢的一个。

### 15.6.1 效用与决策分析

以 Swofford 公司的例子来说，要想给每个报偿赋予效用值，其做法是先给最好和最坏的报偿值指定效用，至于给出什么样的效用值无所谓，但必须是最好报偿值给出的效用要比最差报偿的效用值大。Swofford 公司的例子中，最好的报偿值是 50 000 美元，最差的报偿值是 −50 000 美元，对此假定我们给这两个值指派的效用值为

−50 000 美元的效用 = $U(-50\,000) = 0$

50 000 美元的效用 = $U(50\,000) = 10$

此后，我们再来确定其他报偿值的效用。

对 30 000 美元效用的确定可以这样来做：我们询问

> 也可以给最好或最坏的报偿值赋予 0 或 1 的效用值，这里之所以指派 0 和 10 的效用，主要是为了避免和概率取值的混淆。

Swofford 公司的董事长，让他在稳获 30 000 美元和有机会购买彩票或赌博之间用某个概率 $p$ 表达个人的偏好，即

　　　　Swofford 公司以概率 $p$ 获得 50 000 美元，以概率 $1-p$ 失去 50 000 美元

很显然，如果 $p$ 的取值接近于 1，意味着 Swofford 公司董事长有可能倾向于购买彩票而不去选择有保证的 30 000 美元。如果 $p$ 的取值接近于 0，这时候 Swofford 公司董事长更会倾向选择有保证的 30 000 美元。不管怎样，当 $p$ 的取值由 0 逐渐趋向于 1 时，稳获 30 000 美元的偏好随之降低，直至在某点处等价于购买彩票的偏好。现在假定 $p$ 的取值为 0.95 时，Swofford 公司董事长在稳获 30 000 美元和购买彩票之间的偏好没有差别，这时候我们可以这样来计算 30 000 美元的效用值：

$U(30\,000) = p \times U(50\,000) + (1-p) \times U(-50\,000) = 0.95 \times 10 + 0.05 \times 0 = 9.5$

容易看出，如果我们给出的 50 000 美元和 -50 000 美元与上述不同的效用值，这时 30 000 美元的效用值也不是 9.5 了。例如，我们一开始给 50 000 美元赋予的效用值是 100，给 -50 000 美元的效用值是 10，则 30 000 美元的效用值为

$U(30\,000) = p \times U(50\,000) + (1-p) \times U(-50\,000) = 0.95 \times 100 + 0.05 \times 10 = 95.5$

因此，我们要明白，指派给每个报偿值的效用是不唯一的，并且取决于对最好报偿和最坏报偿的最初赋予的效用值。

下面，假定 Swofford 公司董事长给 30 000 美元赋予的效用值是 9.5，这是购买彩票的可能结果，很显然，在 $p$ 的取值为 0.95 时，购买彩票的期望值为

　　EV(购买彩票) $= 0.95 \times 50\,000 + 0.05 \times (-50\,000) = 47\,500 - 2\,500 = 45\,000$

尽管在 $p$ 的取值为 0.95 时购买彩票的期望值是 45 000 美元，但是购买彩票还是稳获 30 000 美元，对 Swofford 公司董事长来说是无关紧要的。因此，Swofford 公司董事长可能会采取保守或风险回避的观点。对那些想得到稳获收益超过购买彩票期望报偿的决策人，他们

购买彩票的期望值与稳获收益之间的差，可以看成决策人愿意支付的风险溢价。

属于风险回避者或风险厌恶人。对 Swofford 公司董事长而言，他可能更愿意稳赚 30 000 美元，而不愿意冒哪怕不到 5% 的风险损失 50 000 美元。

对报偿 -20 000 美元的效用计算，我们需要询问 Swofford 公司董事长，让他在稳获 -20 000 美元和有机会购买彩票之间表达偏好：

　　　　Swofford 公司以概率 $p$ 获得 50 000 美元，以概率 $1-p$ 失去 50 000 美元

对此，我们需要确定一个概率 $p$ 的值，以使在稳获 -20 000 美元和购买彩票之间，对 Swofford 公司董事长来说不存在差别。例如，我们可以这样来问 Swofford 公司董事长："购买彩票能以概率 0.90 获得 50 000 美元收入并以概率 0.10 损失 50 000 美元，与稳获 -20 000 美元相比您会选择哪个？"想想我们会得到什么样的回答？可以肯定，能以比较大的概率获得 50 000 美元的报偿，Swofford 公司董事长就会购买彩票了。接下来我们继续问，是否觉得以 0.85 的概率获得 50 000 美元和稳获 -20 000 美元之间不存在差别，这时 Swofford 公司董事长或许还会选择购买彩票。继续进行这样的问询，假定在概率为 0.55 时，Swofford 公司董事长觉得稳获 -20 000 美元与购买彩票相比，对他来说已经不存在差别了，那么，

−20 000 美元的效用值为

$$U(-20\,000) = p \times U(50\,000) + (1-p) \times U(-50\,000) = 0.55 \times 10 + 0.45 \times 0 = 5.5$$

在概率为 0.55 时，购买彩票的期望值为

$$\text{EV}(购买彩票) = 0.55 \times 50\,000 + (1-0.55) \times (-50\,000) = 27\,500 - 22\,500 = 5\,000$$

以上我们对报偿 30 000 美元和 −20 000 美元介绍了它们的效用计算，据此我们可以用同样的做法，对任何报偿 $M$ 计算其效用。大致过程是要找到一个概率值 $p$，以使决策人在稳获报偿 $M$ 和以这个概率值获得 50 000 美元之间感到没有差别，这样就可以计算出报偿值 $M$ 的效用，计算公式为

$$U(M) = p \times U(50\,000) + (1-p) \times U(-50\,000)$$
$$= p \times 10 + (1-p) \times 0 = 10p$$

根据这个公式，我们可以给 Swofford 公司的其他报偿值确定出效用值，具体见表 15-8。

以 Swofford 公司为例，在确定出各个报偿值的效用之后，原来的报偿值表 15-7 就可以改写成效用值表，见表 15-9。

表 15-8　Swofford 公司报偿值效用

| 报偿值（美元） | 无差别概率 $p$ | 效用值 |
|---|---|---|
| 50 000 | — | 10.0 |
| 30 000 | 0.95 | 9.5 |
| 20 000 | 0.90 | 9.0 |
| 0 | 0.75 | 7.5 |
| −20 000 | 0.55 | 5.5 |
| −30 000 | 0.40 | 4.0 |
| −50 000 | — | 0.0 |

表 15-9　Swofford 公司报偿效用值

| 备选方案 | 自然状态 | | |
|---|---|---|---|
| | 价格上扬，$s_1$ | 价格不变，$s_2$ | 价格下跌，$s_3$ |
| 投资项目 A，$d_1$ | 9.5 | 9.0 | 0.0 |
| 投资项目 B，$d_2$ | 10.0 | 5.5 | 4.0 |
| 项目 A 项目 B 都不投资，$d_3$ | 7.5 | 7.5 | 7.5 |

利用表 15-8 的资料，我们可以使用期望值准则进行决策分析，不过这时候我们计算的是**期望效用（EU）**。期望效用的计算公式为

$$\text{EU}(d_i) = \sum_{j=1}^{N} P(s_j) \times U_{ij} \tag{15-6}$$

式中，$U_{ij}$ 表示第 $i$ 个决策方案在第 $j$ 个自然状态下的效用；$N$ 为自然状态的数目。

根据式（15-6），我们能计算出 Swofford 公司各个备选方案的期望效用：

$$\text{EU}(d_1) = 0.30 \times 9.5 + 0.50 \times 9.0 + 0.20 \times 0 = 7.35$$
$$\text{EU}(d_2) = 0.30 \times 10 + 0.50 \times 5.5 + 0.20 \times 4.0 = 6.55$$
$$\text{EU}(d_3) = 0.30 \times 7.5 + 0.50 \times 7.5 + 0.20 \times 7.5 = 7.50$$

根据期望效用的计算结果，Swofford 公司应该选择第三种方案 $d_3$，也就是不进行投资。

根据 Swofford 公司董事长的效用评估，该公司的备选方案的排序及其对应的货币报偿期望值见表 15-10。

对 Swofford 公司来说，如果选择第一种项目投资，尽管能带来 9 000 美元的期望货币报偿，但从理性行事出发，该

表 15-10　备选方案的排序及其对应的货币报偿期望值

| 备选方案排序 | 期望效用 | 货币报偿期望值（美元） |
|---|---|---|
| 项目 A 项目 B 都不投资 | 7.50 | 0 |
| 投资项目 A | 7.35 | 9 000 |
| 投资项目 B | 6.55 | −1 000 |

公司不会选择第一种项目投资，原因是第一种投资项目存在着 0.2 的概率损失 50 000 美元，这有可能会给该公司带来灭顶之灾。

期望效用决策分析的一般过程如下。

第一步，建立一个决策问题用货币价值表示的报偿表。

第二步，从得到的报偿表中找出最好和最坏的报偿值，并给它们分别指派一个效用值，其中要求 $U($最好报偿$) > U($最坏报偿$)$。

第三步，对报偿表中其他货币报偿 $M$，根据以下步骤确定它们的效用值：

(1) 设想购买彩票，以概率 $p$ 获得最好报偿和以概率 $1-p$ 产生最坏报偿；

(2) 给出概率 $p$ 的值，使决策人感到稳获报偿 $M$ 和购买彩票的收益之间不存在差别；

(3) 按照如下的公式计算 $M$ 的效用，$U(M) = p \times U($最好报偿$) + (1-p) \times U($最坏报偿$)$。

第四步，把报偿表中每个货币值都转换成对应的效用。

第五步，根据得到的效用表，运用期望值方法计算出各个备选方案的期望效用，并以最好的期望效用对应的方案为最终决策结果。

不仅是货币价值的报偿，对其他非货币单位表示的报偿，我们也可以用上述介绍的方法给出每个报偿的效用。大致做法是：给最好的报偿赋予效用值 10，给最差的报偿赋予效用值 0；然后设想购买彩票，以概率 $p$ 获得最好报偿和以概率 $1-p$ 获得最坏报偿；对每个其他报偿找出概率 $p$ 的值，以使决策人无论选择购买彩票还是选择该报偿的效用无差别；最后在不断提问中按照下列公式计算某个结果的效用值。

$$U(某个报偿值) = p \times U(最好报偿) + (1-p) \times U(最坏报偿)$$

### 15.6.2 效用函数

接下来，我们讲解决策人对待效用风险的几种不同的态度。由于 Swofford 公司的财务状况原因，使得该企业的董事长从保守或风险回避的角度评估投资机会。要想获得收益，可能必须要冒风险。如果 Swofford 公司资金充裕，并且不动产市场未来变化稳定，Swofford 公司的董事长或许会选择投资方案。随着条件的改变，Swofford 公司的董事长将变成风险偏好者。

所谓**风险偏好者**，本质上也是决策人，这些人一般愿意挑战不可预期的事，而不喜欢收益稳定。这里从风险偏好者的角度分析 Swofford 公司面临的决策问题，然后把它与风险回避的情形做一比较。

对于 Swofford 公司的决策问题，运用期望效用的决策分析方法，我们在上面已经讨论过了。一个风险偏好者，对各个报偿值的效用评估见表 15-11。

按照上面所说的，$U(50\ 000) = 10$，$U(-50\ 000) = 0$。注意：表 15-11 与表 15-9 反映出来的行为上的差别。不同风险偏好的

表 15-11　Swofford 公司董事长为风险偏好者时的报偿值效用

| 报偿值（美元） | 无差别概率 $p$ | 效用值 |
| --- | --- | --- |
| 50 000 | — | 10.0 |
| 30 000 | 0.50 | 5.0 |
| 20 000 | 0.40 | 4.0 |
| 0 | 0.25 | 2.5 |
| -20 000 | 0.15 | 1.5 |
| -30 000 | 0.10 | 1.0 |
| -50 000 | — | 0 |

决策人，在面对稳获报偿 $M$ 与以概率 $p$ 购买彩票获得 50 000 美元、以概率 $1-p$ 损失 50 000 美元时，对概率 $p$ 怎么赋值没有什么区别，但风险偏好者为了能获得 50 000 美元的收益机会，而更愿意接受损失 50 000 美元的风险。

根据表 15-7 和表 15-11 的资料，我们能得到风险偏好者的报偿效用表，具体见表 15-12。

表 15-12　Swofford 公司董事长为风险偏好者时的报偿效用表

| 备选方案 | 自然状态 | | |
|---|---|---|---|
| | 价格上扬，$s_1$ | 价格不变，$s_2$ | 价格下跌，$s_3$ |
| 投资项目 A，$d_1$ | 5.0 | 4.0 | 0.0 |
| 投资项目 B，$d_2$ | 10.0 | 1.5 | 1.0 |
| 项目 A 项目 B 都不投资，$d_3$ | 2.5 | 2.5 | 2.5 |

这时在既定的自然状态发生概率的情况下，各个方案的期望效用为

$$EU(d_1) = 0.30 \times 5.0 + 0.50 \times 4.0 + 0.20 \times 0 = 3.50$$
$$EU(d_2) = 0.30 \times 10.0 + 0.50 \times 1.5 + 0.20 \times 1.0 = 3.95$$
$$EU(d_3) = 0.30 \times 2.5 + 0.50 \times 2.5 + 0.20 \times 2.5 = 2.50$$

现在应该选择哪个方案，会让你感到吃惊吧，第二种方案的期望效用最大为 3.95，所以应选择投资项目 B。在前面的期望值决策中，我们得到的第二种方案的期望是 $-1\,000$ 美元，为什么这里的分析建议采用第二种方案？这是因为我们假定决策人是风险偏好者的缘故。因此，尽管第二种投资方案的期望值是负数，可是效用分析的结论是，由于决策人是风险偏好者，愿意投资第二种方案以期有可能获得 50 000 美元利润。

仿照前面的做法，我们也把备选方案按期望效用大小进行排序，并同时给出相应的期望值，具体见表 15-13。

表 15-13　风险偏好情形下备选方案的排序

| 备选方案排序 | 期望效用 | 货币报偿期望值（美元） |
|---|---|---|
| 投资项目 B，$d_2$ | 3.95 | $-1\,000$ |
| 投资项目 A，$d_1$ | 3.50 | 9 000 |
| 项目 A 项目 B 都不投资，$d_3$ | 2.50 | 0 |

同样的备选方案和自然状态及其发生概率，风险偏好者与风险回避者得出的决策结论是不一样的。在 Swofford 公司的事例中，根据该公司董事长报偿效用的期望值，项目 A 和项目 B 都不投资，但对一个风险偏好者而言，倾向于投资项目 B。如果依据期望报偿准则，则选择项目 A 投资。

根据货币价值和效用值，我们可以用图像的形式来描绘风险偏好者和风险回避者之间决策行为的差别。用横坐标表示货币价值，纵坐标表示货币价值对应的效用。由表 15-8 的资料，我们能得到风险回避者的效用函数图像，它是一条向上弯曲的曲线。同样，根据表 15-11 的资料，我们得到的是风险偏好者的效用函数，它是一条向下弯曲的曲线。对 Swofford 公司的例子，得到的**货币效用函数**图像如图 15-11 所示。

通过观察图 15-11，我们能得到风险回避者和风险偏好者效用曲线的一般情形。尽管效用曲线的精确形状会因不同决策人而发生改变，但我们能看出这两类效用曲线的一般状态。对风险回避者而言，效用函数展示出了货币价值回报效用存在着边际递减，比如，货币价值从 -30 000 美元增加到 0 美元，此时的效用增加量是 7.5 - 4.0 = 3.5，货币价值从 0 美元增加到 30 000 美元，此时的效用增加量却只有 9.5 - 7.5 = 2.0。

然而，对风险偏好者而言，效用曲线呈现出对货币价值回报的边际效用递增，比如，货币价值由 -30 000 美元增加到 0 美元，这时的效用增加量为 2.5 - 1.0 = 1.5，当货币价值由 0 美元上升到 30 000 美元，效用的增加量为 5.0 - 2.5 = 2.5。与此同时，我们也要注意到在这两种情形中，效用函数值一直是持续递增的，换句话说，更多的货币价值回报会产生更多的效用。注意，这是所有效用函数的共有特征。

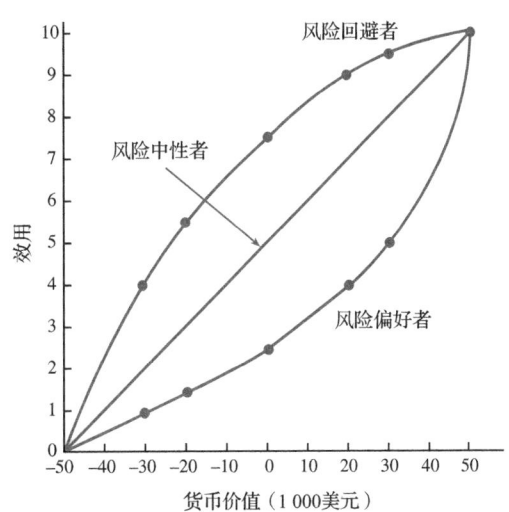

图 15-11　风险偏好者、风险回避者和风险中性者的货币效用函数曲线

总之，对于**风险回避者**，随着货币价值的变化，会出现边际效用递减，而对于**风险偏好者**，会出现边际效用递增。当货币价值的边际效用既不递减也不递增，而是保持着一个常量变化，那么与这样的效用函数对应的决策行为便是风险中性。对于**风险中性者**，一般有以下的几个特征：效用函数表现为一条直线，连接着"最好"和"最坏"的点；无论是采用期望效用准则还是货币期望报偿值准则，得到的决策结论完全相同。

对于某个具体的决策问题，如果它的报偿值落在一个合理的范围，即最好的报偿也不是太好、最坏的报偿也不算太坏，这时决策人可以用期望报偿准则进行决策分析，为此，我们建议先考查一下最好和最坏的报偿值是不是合理，一旦认为最好和最坏的报偿值是在合理的范围之内，那么我们就可以利用最好期望值准则确定最优决策方案。如果报偿值出现不合理的大或不合理的小（如巨大损失），决策人认为货币价值不能确切地反映出他们的偏好，这时候我们最好采用效用决策分析。

### 15.6.3　指数效用函数

通过询问的方式确定效用函数会花费很多时间，作为一种替代性做法，可以假定决策人的效用函数是指数函数，图 15-12 给出了几种不同形状的指数效用曲线。

注意：指数效用函数一定代表着决策人是风险回避态度。指数效用函数的表达式为

$$U(x) = 1 - e^{-x/R} \tag{15-7}$$

式中，$R$ 是参数，表示决策人对风险的容忍度，它直接影响着指数效用函数的形状。

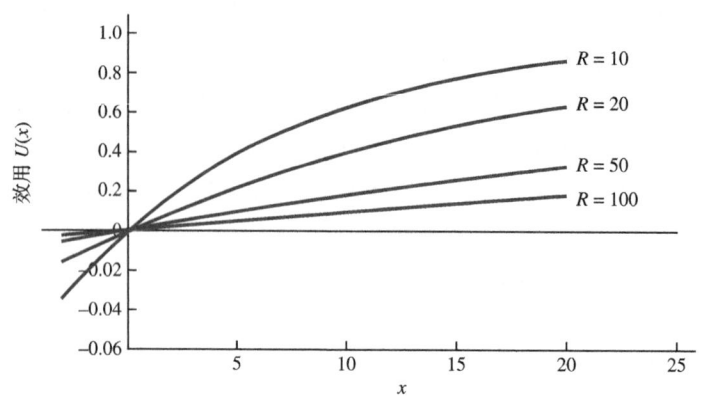

图 15-12 指数效用曲线

$R$ 的取值比较大时，对应的指数效用曲线比较平缓，也意味着决策人对风险的厌恶程度比较小，甚至接近风险中性态度。$R$ 的取值比较小时，表明决策人对风险的厌恶程度比较大，对风险的容忍度较小。确定决策人风险容忍度的一个常用做法是，设计一个场景，然后让决策人回答以 0.5 的概率获得 $R$ 美元和以 0.5 的概率损失 $R/2$ 美元。式（15-7）中的 $R$，是决策人能够接受的最大赌注。比如，决策人能舒服地接受以 50% 的概率获得 2 000 美元和以 50% 的概率损失 1 000 美元，但不再愿意接受以 50% 的概率获得 3 000 美元和以 50% 的概率损失 1 500 美元，这样我们就取 $R$ 值为 2 000。确定出决策人愿意接受的最大赌注，然后用于式（15-7），这比生成一个完整的无差别概率表花更少的时间。至此我们有必要提醒一下，只有决策人是风险回避者时，才能使用指数效用函数，不过在商业问题的实际决策中，这样的假定经常是真实的。

> 在式（15-7）中，自然数 $e = 2.718\,282\cdots$ 是个数学常数，对应着自然对数的底。在 Excel 中，$e^x$ 的计算函数是 EXP($x$)。

**注释与点评**

1. 在 Swofford 公司的例子中，我们一直用 10 表示最好报偿的效用值、0 表示最差报偿的效用值。我们也可以选择其他任何数字表示效用，只要最好报偿的效用值比最差报偿的效用值大即可。当然，我们也可以对最好报偿的效用值用 1 表示，对最差报偿的效用值用 0 表示。一旦做出这样的选择，对任何货币价值 $M$，其效用值将一直是概率 $p$，也就是以概率 $p$ 获得最好报偿和以概率 $1-p$ 产生最坏报偿，使决策人感到稳获报偿 $M$ 和购买彩票的收益之间不存在差别的 $p$。因此，任何货币价值的效应都将等于获取最优报偿值的概率。因为在计算方面比较容易，通常会做这样的选择。本章的这一节里，我们没有这样做，主要是要提醒大家注意效应值和无差别概率之间的区别。

2. 在做决策的时候，置身的环境常常决定着人是成为风险回避者还是成为风险偏好者。例如，在做理财决策时，你可能自以为是风险回避者，但如果你曾经购买过彩票，那么你实际上是一位风险偏好者。假定购买了一张 1 美元的彩票，该张彩票是从 50 组数字中挑选 6 组数字，假定赢者（挑选出来的 6 组数字都是正确的）将获得 1 000 000 美元。从 50 组数字中挑选 6 组数字，一共有 15 890 700 种组合，这样中彩的概率大概是 1/15 890 700 = 0.000 000 062 929 889 809 763（也就是说概率非常小），购买一张彩票中奖的期望值为

$$(1\,000\,000 - 1) \times 1/15\,890\,700 + [1 - 1/15\,890\,700) \times (-1)] = -0.937\,07 \approx -0.94$$

既然购买一张彩票得到的期望收益是负数，为什么还有这么多人乐此不疲地热衷于买彩票呢？其中的奥妙就是效用在作祟。绝大多数人在购买彩票的时候，对赢得 1 000 000 美元奖金的效用很大，而购买彩票花去 1 美元的效用很小，所以即使购买一张彩票的期望值是负数，但购买一张彩票可能带来的效应值是正数。

## ● 本章小结 ●─○─○─○─●

当决策人面对着不确定和充满风险的未来事件时，决策分析方法可以用于备选方案的选择或确定最优决策策略。决策分析的目标是在给定的不确定性事件的信息和可能的后果或报偿前提下，帮助我们识别最好的决策方案和最优的决策策略。所谓的"最好"决策，应该要考虑决策人在评估结果时的风险偏好。

我们介绍了如何利用报偿表和决策树去建构一个决策问题，并且描绘了决策方案、机会事件及后果之间的关系。本章我们介绍了不带有概率情况下的三种决策方法，即乐观主义准则、保守主义准则和后悔主义准则，同时介绍了给定自然状态概率时所运用的期望值准则决策方法。

尽管期望值准则可以帮助我们找出最优的决策方案，但实际出现的报偿值经常与期望值不一样。对此，风险状况分析能提供报偿值的概率分布，这有助于决策人评估与不同备选方案相关的风险。通过敏感性分析的学习，可以帮助我们了解自然状态概率及报偿值的变化对决策方案选择的影响。

如果有关于机会事件的样本信息可以利用，这时有一系列的事情需要给予关心。首先，我们必须确定是否值得去搜集样本信息资料。如果需要额外搜集样本资料并且采集到相应的样本信息资料，这时候要基于具体样本信息做出最优策略选择。在这样的条件下，决策树和期望值准则可以用来决定最优决策策略。

本章我们介绍了贝叶斯定理在决策树中分枝概率计算中的运用，通过贝叶斯公式能修正决策人有关自然状态的先验概率，利用样本信息得到后验概率。

本章我们还介绍了效用决策问题，在货币价值不能给报偿提供一个合适的测量的时候，利用效用进行决策分析不失为一个好的选择。效用是后果的全部价值的衡量，严格地讲，效用关注的是决策人对决策结果方方面面的评估，包括利润、损失、风险，乃至其他非货币表示的因素。本章所举的例子，说明了怎样利用期望效用选择决策方案，并且指出了效用决策与期望值准则之间的差别。

决策人的主观判断需要被用于确定决策结果的效用，为此我们一步步讲解了对货币报偿如何确定出它们的效用。另外，我们还讨论了风险回避者和风险偏好者在效用评估中的差异。

## ● 关键术语 ●─○─○─○─●

**贝叶斯定理**（bayes theorem）：能利用样本信息修正先验概率的计算公式。

分枝（branch）：是一条线，代表着从决策节点引出的备选方案，或从机会节点引出的结果。

机会事件（chance event）：与决策有关的影响着决策后果或报偿的带有不确定性的事件。

机会节点（chance node）：不确定性事件可能会出现的节点。

条件概率（conditional probabilities）：给定（可能）相关事件已知结果下另一个事件发生概率。

保守主义准则（conservative approach）：不需要概率时确定最优备选方案的一种方法。运用这种方法选择决策方案时，对报偿值是正指标的决策问题，需要从最小报偿值中选择最大的报偿值，并依此确定最优方案。反之，对报偿值是逆指标的决策问题，需要从最大报偿值中选择最小的报偿值，并依此确定最优方案。

决策备选方案（decision alternatives）：可供决策人做出的选择。

决策节点（decision node）：需要做出方案选择的节点。

决策策略（decision strategy）：对一个决策问题寻找最优解时涉及的一系列选择及结果。

决策树（decision tree）：决策问题的图形表现，能够展示决策过程的相继特征。

期望效用（expected utility, EU）：与决策备选方案有关的效用的加权平均数，权数是自然状态发生概率。

期望值（expected value, EV）：机会节点处的报偿值的加权平均，采用的权数就是自然状态发生的概率。

期望值准则（expected value approach）：根据每个备选方案期望值的大小来选择决策方案。

完全信息期望值（expected value of perfect information, EVPI）：完全信息最优决策方案期望值与不用样本信息"最优"期望值之间的差。

样本信息期望值（expected value of sample information, EVSI）：利用和没利用样本信息所得到的最优方案期望值之间的差。

后悔主义准则（minimax regret approach）：不需要概率时确定最优备选方案的一种方法。对每个备选方案，找出最大的后悔值，然后从这些最大的后悔值中找出一个最小后悔值，并以其对应的备选方案为决策结果。

节点（node）：决策树中的各个枝条的交汇处或连接点。

乐观主义准则（optimistic approach）：不需要概率时确定最优备选方案的一种方法。运用这种方法选择决策方案时，对报偿值是正指标的决策问题，具有最大报偿值的方案就是最优方案。反之，对报偿值是逆指标的决策问题，具有最小报偿值的方案就是最优方案。

结果（outcome）：选择的决策方案及其在相应的机会事件下所带来的产出。

报偿（payoff）：决策结果的衡量，它是备选的决策方案与其对应的自然状态共同作用的结果，如利润、成本、时间等。

报偿表（payoff table）：决策问题报偿值的表式表达。

完全信息（perfect information）：样本信息的一种特别情形，依据这样的信息能准确地告诉决策人哪一种自然状态能出现。

后验（修正）概率 [posterior (revised) probabilities]：根据样本信息对自然状态先验概

**先验概率**（prior probabilities）：在样本调查之前所给出的自然状态的发生概率。

**后悔（机会损失）**[regret（opportunity loss）]：每个自然状态下不能做出最好选择时所产生的损失量。

**风险分析**（risk analysis）：面对不确定性的时候，对可能的报偿及其与备选方案有关的概率进行研究。

**风险回避者**（risk avoider）：选择稳获报偿而不愿意做有更好期望报偿冒险事件的决策人。

**风险中性者**（risk-neutral）：对风险既不偏好也不回避的决策人，对这样的决策人，具有最好期望值的备选方案等同于最大期望效用的方案。

**风险状况**（risk profile）：与决策方案选择有关的报偿值的概率分布。

**风险偏好者**（risk taker）：愿意选择做冒险的事而不愿选择有稳定报偿的决策人。

**样本信息**（sample information）：通过调研或实验获得的新的信息，能够对自然状态发生概率进行更改和修正。

**敏感性分析**（sensitivity analysis）：关于自然状态发生概率和报偿值的改变是怎样影响着决策方案选择的研究。

**自然状态**（states of nature）：机会事件可能出现的结果。

**效用**（utility）：决策结果全部价值的衡量，能够反映决策人对利润、损失、风险的态度。

**货币效用函数**（utility function for money）：描绘货币价值与效用之间关系的曲线。

## ● 复习思考题 ●—○—●—○—●

1. 以下是两个方案三种自然状态的决策问题的利润报偿表（见右上表）。
   要求：
   （1）构造这个决策问题的决策树。
   （2）运用乐观主义准则、保守主义准则、后悔主义准则确定最优方案。

| 备选方案 | 自然状态 | | |
|---|---|---|---|
| | $s_1$ | $s_2$ | $s_3$ |
| $d_1$ | 250 | 100 | 25 |
| $d_2$ | 100 | 100 | 75 |

2. Southland 公司打算建立一条新型的娱乐产品生产线，现在拟订了两种方案，一种是小规模生产线，另一种是大规模生产线。市场销售人员判断，该产品线的未来市场需求有三种状态，分别是低迷、一般和旺盛。右下表是可能获得的利润（单位：100 万美元）。
   （1）要做出的决策是什么？机会事件是什么？
   （2）构造 Southland 公司的决策树。

| 备选方案 | 长期需求 | | |
|---|---|---|---|
| | 低迷 | 一般 | 旺盛 |
| 小规模 | 150 | 200 | 200 |
| 大规模 | 50 | 200 | 500 |

   （3）分别运用乐观主义准则、保守主义准则和后悔主义准则，给出决策分析结果。

3. Amy Lloyd 打算租一辆新的 Honda 汽车，并为此向三家汽车经销商询问了租金。汽车经销商向 Amy Lloyd 提供了租金支付方式，即在签订合同的时候一次性支付 36 个月的足额租金。其中租金的构成是：每个月的收费；在约定的 36 个月行驶里程之外，每多行驶一英里的额外收费。三家汽车经销商，分别给出的每个月的租金（单位：美元）、约定的总行驶里程（单位：英里）、每一英里的额外收费（单位：美元）资料见下表。

| 汽车经销商 | 每个月租金 | 约定的总行驶里程 | 每一英里的额外收费 |
| --- | --- | --- | --- |
| Hepburn Honda | 299 | 36 000 | 0.15 |
| Midtown Motors | 310 | 45 000 | 0.20 |
| Hopkins Automotive | 325 | 54 000 | 0.15 |

Amy Lloyd 决定从三家经销商中选择一家，目标是使 36 个月的总费用最小。现在的困难是，Amy Lloyd 不能确切把握租下汽车的三年之内总共能开多少里程。Amy Lloyd 认为，每年行驶里程可能是 12 000 英里，也可能是 15 000 英里或 18 000 英里。在这样的假定前提下，Amy Lloyd 估计了三年租期的总费用。比如，如果租用 Hepburn Honda，每年行驶里程为 12 000 英里，这时总共需要支付的费用是 $36 \times 299 + 0.15 \times (36\,000 - 36\,000) = 10\,746$（美元）；如果每年行驶里程是 15 000 英里，对此总共需要支付的费用是 $36 \times 299 + 0.15 \times (45\,000 - 36\,000) = 12\,114$（美元）；如果每年行驶里程是 18 000 英里，总共需要支付的费用是 $36 \times 299 + 0.15 \times (54\,000 - 36\,000) = 13\,464$（美元）。

(1) 要做出的决策是什么？机会事件是什么？

(2) 给出 Amy Lloyd 决策问题的报偿表。

(3) 分别运用乐观主义准则、保守主义准则和后悔主义准则选择决策方案。

(4) 假定 Amy Lloyd 三年租期内每年行驶的里程 12 000 英里、15 000 英里、18 000 英里，相应的概率分别是 0.5、0.4 和 0.1，试运用期望值准则进行决策分析。

(5) 根据期望值准则得到的决策方案，其相应的风险状况是什么？

(6) 经过慎重思考，Amy Lloyd 认为三年租期内每年行驶里程 12 000 英里、15 000 英里、18 000 英里，相应的概率分别是 0.3、0.4 和 0.3，这时 Amy Lloyd 的期望值准则下的决策会是哪一个？

4. 投资顾问估计了计算机、金融、制造、医药这四类股票的收益，股票本身的收益与宏观经济形势的变化有很大关系。投资顾问预期在不同经济形势下，股票的年收益水平见右表。

| 备选方案 | 宏观经济形势 | | |
| --- | --- | --- | --- |
| | 改善 | 维持 | 衰退 |
| 计算机 | 10 | 2 | -4 |
| 金融 | 8 | 5 | -3 |
| 制造 | 6 | 4 | -2 |
| 医药 | 6 | 5 | -1 |

(1) 某位投资人打算选择一类股票进行投资，该投资人预测宏观经济形势变化的概率是改善 0.2、维持 0.5 和衰退 0.3，试回答这位投资人会选择哪类股票进行投资，期望收益水平是多少？

(2) 假定宏观经济形势变化的概率是改善 0.4、维持 0.4 和衰退 0.2，此时这位投资人会选择哪类股票进行投资？期望收益水平是多少？

5. 哈德森公司正在考虑数据库管理的三种方案，其中：方案 1 是由该公司自己的员工管理，方案 2 是从外面雇用经销商管理，方案 3 由该公司员工和外面雇用的经销商共同管理。运营费用取决于未来的市场需求，每种方案下的年运营费用（单位：1 000 美元）见下表。

| 备选方案 | 未来需求 | | |
|---|---|---|---|
| | 高 | 中 | 低 |
| 由该公司自己的员工管理 | 650 | 650 | 600 |
| 雇用经销商管理 | 900 | 600 | 300 |
| 由该公司员工和雇用的经销商共同管理 | 800 | 650 | 500 |

(1) 假定未来市场需求的概率分别是高 0.2、中 0.5，低 0.3，试据此运用期望值准则确定哈德森公司的决策方案。

(2) 对决定出来的最优方案进行风险状况分析，并回答运营费用超过 700 000 美元的概率是多少。

6. 右表是两个备选方案、两种自然状态下的决策问题的利润资料。

   (1) 假定 $P(s_1) = 0.2$，$P(s_2) = 0.8$，由期望值准则得到的最优决策是什么？

   (2) 在给定的自然状态概率 $P(s_1) = 0.2$，$P(s_2) = 0.8$ 下，对备选方案 $d_1$ 的报偿值进行敏感性分析，并回答决策结果是不是对报偿值具有敏感性。

| 备选方案 | 自然状态 | |
|---|---|---|
| | $s_1$ | $s_2$ |
| $d_1$ | 10 | 1 |
| $d_2$ | 4 | 3 |

7. Myrtle 航空快递公司打算开展克利夫兰到默特尔比奇的直达运输服务，现在有两种方案可供选择：一种是使用该公司的新型喷气式飞机，采用足额收费；另一种是使用小型通勤飞机，采用折扣收费。无论采用哪种收费方式，都会受到两种市场需求的影响，即需求旺盛和需求疲软。通过估算，得到了右表的季度利润（单位：1 000 美元）报偿表。

| 备选方案 | 自然状态 | |
|---|---|---|
| | 需求旺盛 | 需求疲软 |
| 足额收费 | 960 | −490 |
| 折扣计价 | 670 | 320 |

(1) 要做出什么样的决策？机会事件是什么？报偿的结果是什么？存在几个备选方案？机会事件的状态水平是什么？

(2) 运用乐观主义准则、保守主义准则和后悔主义准则，分别进行决策分析。

(3) 假定 Myrtle 航空快递公司的管理人员认为，需求旺盛的概率是 0.7、需求疲软的概率为 0.3，试运用期望值准则进行决策分析。

(4) 假定需求旺盛的概率是 0.8、需求疲软的概率为 0.2，这时运用期望值准则得到的决策分析结果是什么？

(5) 对市场需求旺盛的概率进行敏感性分析。

8. 为了迎接即将到来的放假季节，视频技术公司准备从两款新的视频游戏中选择一款开展市场促销活动。这两款视频游戏分别是"太平洋战争"和"太空海盗"。其中："太平洋战争"是一款独一无二的游戏，目前还没有同款产品问世。在市场需求高、中、低三种状态下，"太平洋战争"游戏估计的利润（单位：1 000 美元）水平见右表。

视频技术公司对"太空海盗"这款游戏也持有乐观的态度，可是担心该款游戏有可能会受到竞争对手同款游戏的影响。

| | 市场需求 | | |
|---|---|---|---|
| | 高 | 中 | 低 |
| 利润 | 1 000 | 700 | 300 |
| 发生概率 | 0.2 | 0.5 | 0.3 |

在有没有竞争对手的情形下,"太空海盗"估计的利润(单位:1 000 美元)见左下表、右下表。

| | 市场需求 | | |
|---|---|---|---|
| | 高 | 中 | 低 |
| 利润 | 800 | 400 | 200 |
| 发生概率 | 0.3 | 0.4 | 0.3 |

| | 市场需求 | | |
|---|---|---|---|
| | 高 | 中 | 低 |
| 利润 | 1 600 | 800 | 400 |
| 发生概率 | 0.5 | 0.3 | 0.2 |

(1) 绘制视频技术公司决策问题的决策树。
(2) 出于做好预案的目的,视频技术公司认为,市场上出现和"太空海盗"同类视频游戏的可能性是0.6,针对这一情况,视频技术公司的市场销售主管建议,该公司应该做好"太平洋战争"这款游戏的市场促销活动,试据此运用期望值准则进行决策分析。
(3) 对给出的决策分析结果进行风险状况分析。
(4) 对"太空海盗"出现竞争对手的概率进行敏感性分析。

9. Seneca Hill 酒庄最近买了一块地,准备用它来建立一座葡萄园。管理人员打算种植两种不同的白葡萄品种:霞多丽和威士莲。霞多丽将用于生产干白霞多丽葡萄酒,威士莲用于生产半干威士莲葡萄酒。从计划种植直至收获,大约需要4年的时间。由于时间比较长,难以把握未来市场需求,从而对选择种植哪种葡萄带来了困难。现在有三种方案可供选择:仅种植霞多丽、仅种植威士莲、两种葡萄都种植。为了实现这一计划,该酒庄的管理人员认为对两种类型的葡萄酒,考虑两种市场需求是比较合适的,即需求旺盛和需求疲软。根据行业情报分析,该酒庄的管理人员对两种葡萄酒分别评估了市场需求的概率,具体见右上表。

| 霞多丽市场需求 | 威士莲市场需求 | |
|---|---|---|
| | 需求疲软 | 需求旺盛 |
| 需求疲软 | 0.05 | 0.50 |
| 需求旺盛 | 0.25 | 0.20 |

假如仅种植霞多丽,市场对霞多丽干白葡萄酒在需求疲软时能获利 20 000 美元、在需求旺盛时能获利 70 000 美元。如果仅种植威士莲,市场对威士莲葡萄酒在需求疲软时能获利 25 000 美元、在需求旺盛时能获利 45 000 美元。如果两种葡萄都种植,它们在相应的市场需求状态下的获利情况(单位:美元)见右下表。

| 霞多丽市场需求 | 威士莲市场需求 | |
|---|---|---|
| | 需求疲软 | 需求旺盛 |
| 需求疲软 | 22 000 | 40 000 |
| 需求旺盛 | 26 000 | 60 000 |

(1) 要做出什么样的决策?机会事件是什么?报偿的结果是什么?存在几个备选方案?机会事件的状态水平是什么?
(2) 根据给定的资料,绘制决策分析的决策树。
(3) 试运用期望值准则进行决策分析。
(4) 当市场对霞多丽干白葡萄酒的需求旺盛时,Seneca Hill 酒庄的一些管理人员认为,威士莲葡萄酒也很可能出现需求旺盛。假如霞多丽干白葡萄酒需求旺盛而威士莲葡萄酒需求疲软时的概率是 0.05,霞多丽干白葡萄酒需求旺盛且威士莲葡萄酒需求也旺盛时的概率是 0.40,那么这时候的决策结果是什么?假如霞多丽干白葡萄酒需求疲软而威士莲葡萄酒需求疲软时的概率仍然是 0.05，霞多丽干白葡萄酒需求疲软且威士莲葡萄酒需求旺盛时的概率是 0.40，此时的决策分析结论又是什么？

(5) Seneca Hill 酒庄的另一部分管理人员认为，在未来的某个时间会出现霞多丽干白葡萄酒的需求饱和，由此会引发价格下跌。当霞多丽干白葡萄酒的市场需求旺盛且又仅种植的是霞多丽葡萄，那么年利润预期降到 50 000 美元，试在最先给定的需求概率情况下，讨论最优决策结果的变化。

10. Hemmingway 公司正在筹划一个 500 万美元的研发项目，预期收益比较可观，但该公司的董事长担心这个研发项目成功的可能性仅有 0.5，并且即使该项目研发成功，为了能顺利投产，尚需要花 2 000 万美元建造一条生产设施。如果建造了生产线，对该项目产品的需求以及盈利情况，仍然充满着不确定性。如果研发成功，Hemmingway 公司还有另外一个选择，就是出售研发的产权，估计能获利 2 500 万美元。下图是 Hemmingway 公司决策问题的决策树。

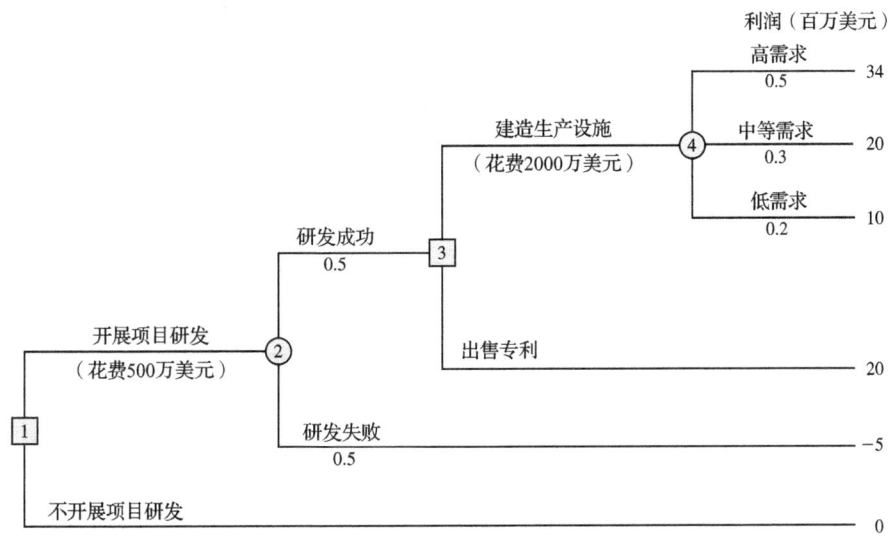

(1) 根据给定的决策树，分析 Hemmingway 公司是否值得开展这个研发项目。假如决定进行研发，并且假定研发获得成功，这时候 Hemmingway 公司应该做什么？决策的期望值是多少？

(2) 如果 Hemmingway 公司决定出售知识产权，对此需要要价多少？

(3) 对最优方案进行风险状况分析。

11. Dante 公司打算去投标一栋新的办公楼建筑项目，下图是该公司用于决策分析的决策树。在节点 1 处，要给出该公司是否投标的决策选择，投标的准备费用需要 200 000 美元。从节点 2 出发的上层分枝，表示 Dante 公司一旦决定去投标，有 0.8 的可能性中标，如果该公司中标，需要交付 200 万美元。节点 3 为决策点，表示 Dante 公司为了了解市场需求，在开始建筑之前是否需要做市场调研，如果决定做市场调研，需要花费 150 000 美元。节点 4 是机会节点，表示市场需要的状态。

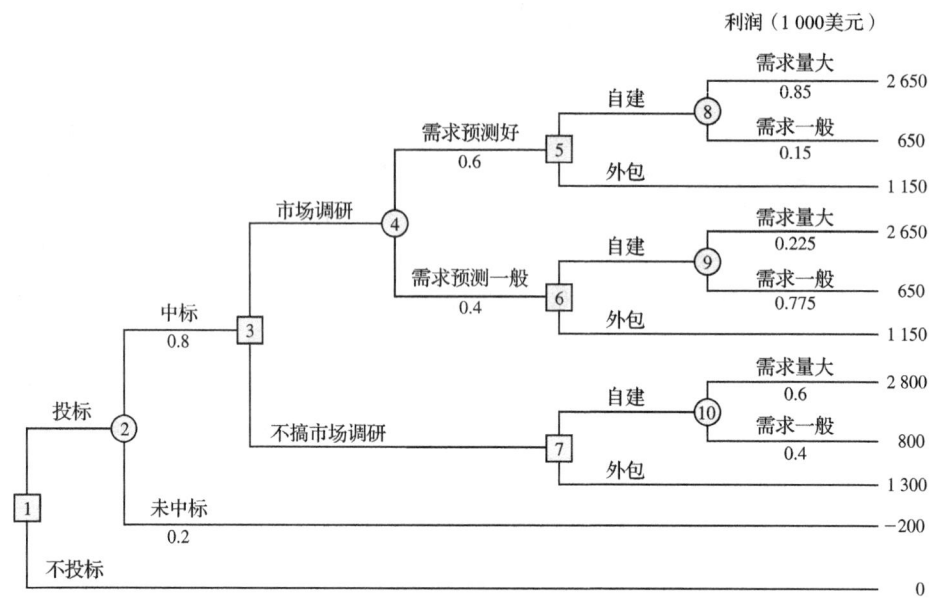

节点 5、6 和 7 都是决策节点，表示 Dante 公司是自己建造办公楼还是外包给其他建筑公司。如果决定自己建筑，在市场需求好的情况下，能获得 500 万美元的收入，如果市场需求一般，能获得 300 万美元的收入。如果 Dante 公司外包出去，对此估计能获得 350 万美元收入。节点 4、8、9 处给出的概率，是根据市场调研推断的结果。

(1) 对上述决策树右上角两个分枝末端的利润值 2 650、650 进行验证。
(2) Dante 公司的最优决策是什么？该项目的期望利润是多少？
(3) 多少市场调研支出会改变 Dante 公司做不做市场调研的决定？
(4) 对 Dante 公司的风险状况进行分析。

12. Embassy 出版公司收到了一本由 6 章组成的大学教材打字稿件，大学教材出版部的编辑非常熟悉这个稿件的内容，估计该教材一出版就能被广泛采用的概率是 0.65，这样能获得 750 000 美元收益。如果确定出版这本教材但没有被采用的话，会损失 250 000 美元。

在是否接受出版这部教材之前，编辑打算先把书稿送出去让人评估，以了解受到欢迎（$F$）和不受欢迎（$U$）的情况。根据过去的经验，受到欢迎的概率 $P(F) = 0.7$、不受欢迎的概率 $P(U) = 0.3$。用 $s_1$ 表示教材能获得成功，$s_2$ 表示教材没有获得成功。编辑对成功和不成功的初始概率，需要根据评估是不是受到欢迎进行修正，修正的概率如下：

$P(s_1 | F) = 0.75$，$P(s_2 | F) = 0.25$，$P(s_1 | U) = 0.417$，$P(s_2 | U) = 0.583$

(1) 假定 Embassy 出版公司首先要做是否把书稿送出去评估的决策，然后做是否接受出版这部教材的决策，试据此绘制决策树。
(2) 找出 Embassy 出版公司的最优决策方案。
(3) 假如 Embassy 出版公司把书稿送出去评估会花费 5 000 美元，这时你的建议是什么？
(4) 完全信息期望值是多少，EVPI 对 Embassy 出版公司决策问题会带来什么样的建议？

13. 具体利润报偿资料参见复习思考题 1，假定自然状态的发生概率分别是 $P(s_1)=0.65$，$P(s_2)=0.15$，$P(s_3)=0.20$。
    (1) 假如有完全信息可以利用，这时候的最优决策是什么？
    (2) 对（1）得到的决策结果，其期望值是多少？
    (3) 在没有完全信息的情况下，运用期望值准则进行决策分析，并给出决策结果的期望值。
    (4) 完全信息的期望值是多少？

14. 普莱西德湖镇议会决定建造一座新型市政中心，主要用于开大会、大型演出和其他公共活动，可是在建设规模上产生了意见分歧。许多有影响力的市民希望建造的规模更大些，以便将来可以用于举办展览活动。可是市长担心，如果没有举办展览业务，一旦建设规模过大，势必会损失很大。经过权衡，拟订了三种建设方案：小型、中型、大型。现在的焦点集中在，市政中心建成后有多少人会使用这样的设施，这一点几乎每个当事人都表示赞成。区域规划顾问提供了三种需求状况，即非常差、一般、非常好。其中：出现非常差的情况，与该地区旅游业大幅度下降有关；出现一般需求情况，与普莱西德湖镇在现有水平上继续出台吸引游客的措施有关；出现非常好的情况，与普莱西德湖镇旅游业的大发展有关。该顾问指出各状况的发生概率为非常差 0.10、一般 0.6、非常好 0.3。

    普莱西德湖镇议会考虑用 5 年左右的净现金流，作为最好方案的选择依据，右表是净现金流的估算结果（单位：1 000 美元），它包括了有关费用如顾问费等。

    | 建设规模 | 需求状态 | | |
    |---|---|---|---|
    | | 非常差 | 一般 | 非常好 |
    | 小型 | 400 | 500 | 660 |
    | 中型 | -250 | 650 | 800 |
    | 大型 | -400 | 580 | 990 |

    (1) 运用期望值准则，普莱西德湖镇可能会选择什么样的方案？
    (2) 对中型和大型建设规模进行风险状况分析，假定普莱西德湖镇市长关心损失的概率和（1）给出的结果，这时你会有什么样的建议？
    (3) 计算完全信息期望值，你认为是否值得搜集有关需求状态追加的信息？
    (4) 假定出现需求非常差的概率是 0.2，需求一般的概率是 0.5，需求非常好的概率是 0.3，这时产生的决策影响是什么？
    (5) 顾问认为如果拿出 150 000 美元做市场促销活动，会使需求出现非常差的概率降到 0，并会把需求非常好的概率提高到 0.4，问是否值得投入这笔钱？

15. 某不动产投资商现在有个机会，能购买一块住宅规划用地。假定该地方的行政部门批准可以把这块地重新规划为商业用地，该投资商可能会出租给打算开一座新型折扣商场的公司，然而如果新规划没有得到批准，该投资商将不得不折价出售该块地。下表是利润报偿表（单位：1 000 美元）。

    | 决策方案 | 自然状态 | |
    |---|---|---|
    | | 重新规划得到批准（$s_1$） | 重新规划没得到批准（$s_2$） |
    | 购买地块，$d_1$ | 600 | -200 |
    | 不购买地块，$d_2$ | 0 | 0 |

(1) 假定重新规划得到批准的概率是 0.5，这时的决策分析结果是什么？期望利润是多少？

(2) 该投资商可以通过期权购买这块地，在这种情况下，该投资商可以在未来的三个月内保有购买这块地的权利，以便更多地了解地块重新规划用途可能面临的阻力。假定存在

$$H = 土地重新规划的阻力很大$$
$$L = 土地重新规划的阻力很小$$
$$P(H) = 0.55, \quad P(L) = 0.45$$
$$P(s_1|H) = 0.18, \quad P(s_2|H) = 0.82, \quad P(s_1|L) = 0.89, \quad P(s_2|L) = 0.11$$

在这些条件下，最优决策是什么？

(3) 假如购买期权额外需要花费 10 000 美元，该投资商是否会购买这样的期权？为什么？该投资商为购买期权愿意支付的最大费用是多少？

16. 某决策问题存在三种状态，分别是 $s_1$、$s_2$、$s_3$，其先验概率为 $P(s_1) = 0.2$、$P(s_2) = 0.5$、$P(s_3) = 0.3$，样本信息用 $I$ 表示，并且 $P(I|s_1) = 0.1$、$P(I|s_2) = 0.05$、$P(I|s_3) = 0.2$，试据此计算修正（后验）概率 $P(s_1|I)$、$P(s_2|I)$、$P(s_3|I)$。

17. 为了节省开支，Rona 和 Jerry 同意一起拼车上下班。Rona 倾向于走路程稍长但红绿灯较少的皇后城大道，Jerry 更喜欢走快速通道，但快速通道拥堵时也同意 Rona 的意见走皇后城大道。下表是单程的行驶时间（单位：分钟）。

根据交通记录，Rona 和 Jerry 一致认为，快速通道发生拥堵的概率为 0.15。另外，他们俩也觉得快速通道受天气影响较大。

| 决策方案 | 自然状态 | |
|---|---|---|
| | 快速通道不拥堵（$s_1$） | 快速通道拥堵（$s_2$） |
| 皇后城大道，$d_1$ | 30 | 30 |
| 快速通道，$d_2$ | 25 | 45 |

$$C = 天气晴朗, \quad O = 阴天, \quad R = 下雨$$

以下是条件概率：
$$P(C|s_1) = 0.8 \quad P(O|s_1) = 0.2 \quad P(R|s_1) = 0.0$$
$$P(C|s_2) = 0.1 \quad P(O|s_2) = 0.3 \quad P(R|s_2) = 0.6$$

(1) 运用贝叶斯定理计算在天气条件下快速通道不拥堵（$s_1$）或拥堵（$s_2$）的发生概率。

(2) 绘制该问题的决策树。

(3) 找出最优决策方案，并给出期望时间。

18. Gorman 制造公司现在面临一个决策问题，是在密歇根州的米兰工厂加工部件，还是从供应商那里购买这种部件。利润取决于使用这种部件产品的需求，下表是估计的利润报偿（单位：1 000 美元）。

| 决策方案 | 自然状态 | | |
|---|---|---|---|
| | 需求量小（$s_1$） | 需求量一般（$s_2$） | 需求量大（$s_3$） |
| 加工制造，$d_1$ | -20 | 40 | 100 |
| 购买，$d_2$ | 10 | 45 | 70 |

自然状态的概率分别是：$P(s_1) = 0.35$，$P(s_2) = 0.35$，$P(s_3) = 0.30$。

(1) 运用决策树进行决策分析。

(2) 运用 EVPI 说明 Gorman 制造公司是否需要对需求进行更好的估计。

(3) 市场调研表明，有可能出现有利（$F$）或不利（$U$）的局面，相应的条件概率是

$$P(F \mid s_1) = 0.10 \quad P(U \mid s_1) = 0.90$$
$$P(F \mid s_2) = 0.40 \quad P(U \mid s_2) = 0.60$$
$$P(F \mid s_3) = 0.60 \quad P(U \mid s_3) = 0.40$$

市场调研表明出现有利局面的概率是多少？（提示：需要对联合概率求和，具体是 $P(F) = P(F \cap s_1) + (F \cap s_2) + (F \cap s_3) = P(s_1)P(F \mid s_1) + P(s_2)P(F \mid s_2) + P(s_3)P(F \mid s_3)$。联合概率参见第 5 章的介绍。）

(4) Gorman 制造公司的最优决策策略是什么？

(5) 市场调研信息的期望值是多少？

19. 某企业的三种投资方案及其报偿值（单位：1 000 美元）见下表。

| 决策方案 | 自然状态 | | |
|---|---|---|---|
| | 经济状况好转（$s_1$） | 经济状况一般（$s_2$） | 经济状况糟糕（$s_3$） |
| 投资方案 A，$d_1$ | 100 | 25 | 0 |
| 投资方案 B，$d_2$ | 75 | 50 | 25 |
| 投资方案 C，$d_3$ | 50 | 50 | 50 |
| 概率 | 0.40 | 0.30 | 0.30 |

(1) 运用期望值准则决定最优方案。

(2) 对某个冒险事件（购买彩票）能以概率 $p$ 获得 100 000 美元、以概率 $1-p$ 获得 0 美元。两位决策人各自提出了下表的无差别概率。

试运用期望效用准则，分别确定每位决策人的决策结果。

(3) 为什么两位决策人没有获得一致的决策方案？

| 利润（美元） | 概率 | |
|---|---|---|
| | 决策人 A | 决策人 B |
| 75 000 | 0.80 | 0.60 |
| 50 000 | 0.60 | 0.30 |
| 25 000 | 0.30 | 0.15 |

20. 亚历山大实业准备为它在密苏里圣路易斯的一座新的办公楼购买保险，该保险的年度金额是 10 000 美元。假如不买保险，一旦发生小火灾将会损失 100 000 美元，发生大火灾的话将会损失 200 000 美元。下表是报偿表。

| 决策方案 | 损毁情况 | | |
|---|---|---|---|
| | 没有损失（$s_1$） | 小损失（$s_2$） | 重大损失（$s_3$） |
| 购买保险，$d_1$ | 10 000 | 10 000 | 10 000 |
| 不买保险，$d_2$ | 0 | 100 000 | 200 000 |
| 概率 | 0.96 | 0.03 | 0.01 |

(1) 运用期望值准则进行决策分析。

(2) 你将怎样评估效用无差别概率（提示：损失是逆指标，最好的报偿是 0 美元）？

(3) 假定有右上表的无差别概率。这时的决策分析结果是什么？

(4) 期望值准则和期望效用准则，你更喜欢哪一个？为什么？

| 费用 | 无差别概率 |
|---|---|
| 10 000 | $p = 0.99$ |
| 100 000 | $p = 0.60$ |

21. 购买一张彩票要花 2 美元，对要不要购买彩票，假定有右下表的报偿表。

    (1) 中奖的概率大概是 1/250 000，试运用期望值准则进行决策分析。

    (2) 假如某位当事人认为 0 报偿的无差别概率是 0.000 001，试运用期望效用准则验证会不会有人购买彩票，再运用期望效用进行验证。

| 决策方案 | 中奖情况 | |
|---|---|---|
| | 中奖（$s_1$） | 没中奖（$s_2$） |
| 购买彩票，$d_1$ | 300 000 | -2 |
| 不买彩票，$d_2$ | 0 | 0 |

22. 下表是决策问题的报偿表。

| 决策方案 | 自然状态 | | |
|---|---|---|---|
| | $s_1$ | $s_2$ | $s_3$ |
| $d_1$ | 20 | 50 | -20 |
| $d_2$ | 80 | 100 | -100 |

三位决策人各自给出的效用值无差别概率见下表。

| 报偿值 | 无差别概率 | | |
|---|---|---|---|
| | 决策人 A | 决策人 B | 决策人 C |
| 100 | 1.00 | 1.00 | 1.00 |
| 80 | 0.95 | 0.70 | 0.90 |
| 50 | 0.90 | 0.60 | 0.75 |
| 20 | 0.70 | 0.45 | 0.60 |
| -20 | 0.50 | 0.25 | 0.40 |
| -100 | 0.00 | 0.00 | 0.00 |

(1) 给出每个决策人的效用函数曲线。

(2) 这些决策人分别属于什么类型的风险偏好者？

(3) 对报偿值 20，风险回避者将会支付多少额外费用？风险偏好者要想获得高报偿，这将需要支付多少额外费用？

23. 对复习思考题 22，假定 $P(s_1) = 0.25$，$P(s_2) = 0.50$，$P(s_3) = 0.25$，对每位决策人制定相应的决策方案（注意：对相同的决策问题，不同效用可能会导致不同的决策）。

24. 某决策人的效用函数服从 $R = 250$ 的指数函数，对货币报偿（单位：美元）：-200、-100、0、100、200、300、400、500，它们相应的效用函数值是多少？

25. 对某项投资，以 50% 的概率赚取 25 000 美元、50% 的概率损失 12 500 美元，决策人觉得能够接受，但对任何具有相同回报的较大投资却不能接受。

    (1) 写出符合该决策人的指数效用函数。

    (2) 绘制出决策变量 $x$ 取值为 -20 000 ~ 35 000 指数效用函数曲线，并谈谈该决策人是风险偏好者、风险中性者还是风险回避者。

(3) 对以 50% 的概率赚取 30 000 美元、50% 的概率损失 15 000 美元的项目，假定该决策人愿意进行投资，试绘制出指数效用函数，并把它与（2）的指数效用曲线做比较，这时的决策人是哪种风险态度者？

## ● 案例讨论：不动产投资策略

Oceanview 开发公司董事长 Glenn Foreman 正考虑参与一块地产的投标活动，这块地产是被某县税务部门因未按章纳税而没收来的，发标方采用的招标方式是密封投标拍卖。Glenn 给出的初始报价是 500 万美元，根据他的经验，这样的报价从概率上讲有 0.2 的可能性属于最高报价，从而有可能拿下标的。当前的时间是 6 月 1 日，该招标活动的截止时间是 8 月 15 日，最终结果在 9 月 1 日公布。

如果 Oceanview 开发公司出了最高报价，并且获得标的，那么该公司准备用这块地建造一座大型豪华复式公寓出售。然而，比较棘手的问题是，这块地目前规划只能用于独户住宅。公司董事长 Glenn 认为，在 9 月份开始的选举中，有可能就这块地的最终用途会做出市民公决，一旦市民公决获得通过，将会改变这块地的用途，并有可能准许建设复式公寓住房。

招投标的程序要求，来投标的企业需要拿出报价的 10% 作为保证金。如果投标被拒绝，缴纳的保证金会被全额退还。如果投标获得成功，保证金则用于抵付地产的定金，但是中标人一旦反悔或者不能在 6 个月之内缴付剩下的余款，则缴纳的保证金将会被没收。

为了慎重对待是否去投标，Glenn 进行了一些初步分析。得出的结论是，通过市民公决，改变这块地产的规划能得到批准的可能性大概有 0.3，由此带来的费用开支（单位：美元）和收益（单位：美元）情况见右表。

如果 Oceanview 公司中标，并且在 11 月份公布的地产规划改变结果时，重新规划没有得到批准，Glenn 认为这时要终止购买地产。此时，Oceanview 公司将被罚没缴纳的 10% 保证金。

| 成本与收益情况 | |
|---|---|
| 收益 | 15 000 000 |
| 购买地块成本 | 5 000 000 |
| 建设成本 | 8 000 000 |

由于在这个决策中，地块用途重新规划的市民公决结果是非常重要的因素，Glenn 提议应该雇用专门的市场调研机构，对当地选民的意见做个调查。通过对选民意见的调查，能够给出对该地块用途是否能得到重新规划的较好估计。曾经和 Oceanview 公司合作过的一家市场调研公司答应愿意做这样的市场调研，但 Oceanview 公司需要支付 15 000 美元的费用。调研报告可能在 8 月 1 日提供出来，这样在 8 月 15 日截止日期之前，Oceanview 公司能够利用这样的信息。调研结果有可能表明该地块重新规划能得到批准，也有可能是没有得到批准。根据调研公司给 Oceanview 公司以前做过的调研记录，Glenn 得到了如下的概率：

$$P(A \mid s_1) = 0.9 \quad P(N \mid s_1) = 0.1$$
$$P(A \mid s_2) = 0.2 \quad P(N \mid s_2) = 0.8$$

式中

$A =$ 地块重新规划得到批准

$N =$ 地块重新规划没有得到批准

$s_1 =$ 选民接受地块重新规划

$s_2 =$ 选民不接受地块重新规划

要求：

对 Oceanview 开发公司面临的决策问题进行分析，并据此写出管理报告，该报告需要包括如下几个内容。

1. 用决策树展示 Oceanview 开发公司的决策问题。
2. 假如没有市场调研信息的时候，Oceanview 公司应该采取什么样的决策方案？
3. 在进行了市场调研的情况下，Oceanview 公司应该采取什么样的决策？
4. 按照市场调研提供的信息价值，对 Oceanview 公司是否通过市场调研公司进行调研，给出相应的管理建议。

# 参考文献

## 数据管理与Access

Adamski, J. J., K. T. Finnegan, and S. Scollard *New Perspectives on Microsoft® Access 2013, Comprehensive.* Cengage Learning, 2014.

Alexander, M. *The Excel Analyst's Guide to Access,* Wiley, 2010.

Alexander, M. *Access 2013 Bible*, 1st ed. Wiley, 2013.

Balter, A. *Using Microsoft Access 2010.* Que Publishing, 2010.

Carter, J., and J. Juarez. *Microsoft Office Access 2010: A Lesson Approach, Complete.* McGraw-Hill, 2011.

Conrad, J. *Microsoft Access 2013 Inside Out*, 1st ed. Microsoft Press, 2013.

Friedrichsen, L. *Microsoft® Access 2013: Illustrated Complete.* Cengage Learning, 2014.

Jennings, R. *Microsoft Access 2010 in Depth.* Que Publishing, 2010.

MacDonald, *Access 2013: The Missing Manual*, 1st ed. O'Reilly Media, 2013.

Owen, G. *Using Microsoft Excel and Access 2016 for Accounting*, 5th ed. Cengage Learning, 2017.

Pratt, P. J., and M. Z. Last. *Microsoft® Access 2013: Complete.* Cengage Learning, 2014.

## 数据挖掘

Linoff, G. S., and M. J. Berry. *Data Mining Techniques: For Marketing, Sales, and Customer Relationship Management,* 3rd ed. Wiley, 2011.

Berthold, M., and D. J. Hand. *Intelligent Data Analysis.* Springer (Berlin), 1999.

Hand, D. J., H. Mannila, and P. Smyth. *Principles of Data Mining.* MIT Press, 2001.

Hastie, T., R. Tibshirani, and J. Friedman. *The Elements of Statistical Learning,* 2nd ed. Springer, 2009.

Schmueli, G., N. R. Patel, and P. C. Bruce. *Data Mining for Business Analytics: Concepts, Techniques and Applications with XLMiner,* 3rd ed. Wiley, 2016.

Tan, P.-N., M. Steinbach, and V. Kumar, *Introduction to Data Mining.* Pearson, 2006.

## 数据可视化

Alexander, M., and J. Walkenbach. *Excel Dashboards and Reports.* Wiley, 2010.

Camm, J., M. Fry, and J. Shaffer, "A Practitioner's Guide to Best Practices in Data Visualization," *Interfaces* 47, no. 6 (November-December 2017): 473–488.

Cleveland, W. S. *Visualizing Data.* Hobart Press, 1993.

Cleveland, W. S. *The Elements of Graphing Data*, 2nd ed. Hobart Press, 1994.

*Entrepreneur,* 2012 Annual Ranking of America's Top Franchise Opportunities, 2012.

Few, S. *Show Me the Numbers: Designing Tables and Graphs to Enlighten.* Analytics Press, 2004.

Few, S. *Information Dashboard Design: The Effective Visual Communication of Data.* O'Reilly Media, 2006.

Few, S. *Now You See It: Simple Visualization Techniques for Quantitative Analysis.* Analytics Press, 2009.

Longley, P. A., M. Goodchild, D. J. Maguire, and D. W. Rhind. *Geographic Information Systems and Science.* Wiley, 2010.

The Pew Research Center, Internet & American Life Project, 2011.

Robbins, N. B. *Creating More Effective Graphs.* Wiley, 2004.

Telea, A. C. *Data Visualization Principles and Practice.* A. K. Peters, 2008.

Tufte, E. R. *Envisioning Information.* Graphics Press, 1990.

Tufte, E. R. *Visual and Statistical Thinking: Displays of Evidence for Making Decisions.* Graphics Press, 1997.

Tufte, E. R. *Visual Explanations: Images and Quantities, Evidence and Narrative.* Graphics Press, 1997.

Tufte, E. R. *The Visual Display of Quantitative Information,* 2nd ed. Graphics Press, 2001.

Tufte, E. R. *Beautiful Evidence.* Graphics Press, 2006.

Wong, D. M. *The Wall Street Journal Guide to Information Graphics.* Norton, 2010.

Young, F. W., P. M. Valero-Mora, and M. Friendly. *Visual Statistics: Seeing Data with Dynamic Interactive Graphics.* Wiley, 2006.

## 决策分析

Clemen, R. T., and T. Reilly. *Making Hard Decisions with DecisionTools.* Cengage Learning, 2004.

Golub, A. L. *Decision Analysis: An Integrated Approach.* Wiley, 1997.

Goodwin, P., and G. Wright. *Decision Analysis for Management Judgment,* 4th ed. Wiley, 2009.

Peterson, M. *An Introduction to Decision Theory.* Cambridge, 2009.

Pratt, J. W., H. Raiffa, and R. Schlaiter. *Introduction to Statistical Decision Theory.* MIT Press, 2008.

Raiffa, H. *Decision Analysis.* McGraw-Hill, 1997.

## 时间序列与预测

Bowerman, B. L., R. T. O'Connell and A. Koehler. *Forecasting, Time Series, and Regression*, 4th ed. Cengage Learning, 2005.

Box, G. E. P., G. M. Jenkins, and G. C. Reinsel. *Time Series Analysis: Forecasting and Control,* 5th ed. Wiley, 2015.

Hanke, J. E., and D. Wichern. *Business Forecasting,* 9th ed., Prentice Hall, 2009.

Makridakis, S. G., S. C. Wheelwright, and R. J. Hyndman. *Forecasting Methods and Applications,* 3rd ed. Wiley, 1997.

Ord, K., and R. Fildes. *Principles of Business Forecasting.* Cengage Learning, 2013.

Wilson, J. H., B. Keating, and John Galt Solutions, Inc. *Business Forecasting with Accompanying Excel-Based Forecast X™ Software,* 5th ed. McGraw-Hill/Irwin, 2007.

## 商业数据分析

Ayres, I. *Super Crunchers: Why Thinking-by-Numbers Is the New Way to Be Smart.* Bantam, 2008.

Baker, S. *The Numerati.* Mariner Books, 2009.

Davenport, T. H., and J. G. Harris, *Competing on Analytics.* Harvard Business School Press, 2007.

Davenport, T. H., J. G. Harris, and R. Morrison, *Analytics at Work.* Harvard Business School Press, 2010.

Davenport, T. H., Ed. *Enterprise Analytics.* FT Press, 2012.

Fisher, M., and A. Raman. *The New Science of Retailing.* Harvard Business Press, 2010.

Lewis, M. *Moneyball: The Art of Winning an Unfair Game.* Norton, 2004.

Wind, J., P. E. Green, D. Shifflet, and M. Scarbrough. "Courtyard by Marriott: Designing a Hotel Facility with Consumer-Based Marketing Models," *Interfaces* 19, no. 1 (January–February 1989): 25–47.

## 优化分析

Baker, K. R. *Optimization Modeling with Spreadsheets,* 3rd ed. Wiley, 2015.

Bazaraa, M. S., H. D. Sherali, and C.M. Shetty. *Nonlinear Programming: Theory and Algorithms.* 3rd ed. Wiley, 2006.

Bazaraa, M. S., J. J. Jarvis, and H. D. Sherali. *Linear Programming and Network Flows.* 4th ed. Wiley, 2009.

Chen, D., R. G. Batson, and Y. Dang. *Applied Integer Programming.* Wiley, 2010.

Sashihara, S. *The Optimization Edge.* McGraw-Hill, 2011.

Winston, W. L. *Financial Models Using Simulation and Optimization,* 2nd ed. Palisade Corporation, 2008.

## 概率论

Anderson, D., D. Sweeney, T. Williams, J. Camm and J. Cochran. *Modern Business Statistics with Microsoft Excel,* 6th ed. Cengage Learning, 2018.

Anderson, D., D. Sweeney, T. Williams, J. Camm and J. Cochran. *An Introduction to Statistics for Business and Economics,* 13th Revised ed. Cengage Learning, 2018.

Ross, S. M. *An Introduction to Probability Models,* 11th ed. Academic Press, 2014.

## 回归分析

Chatterjee, S., and A. S. Hadi. *Regression Analysis by Example,* 5th ed. Wiley, 2012.

Draper, N. R., and H. Smith. *Applied Regression Analysis,* 3rd ed. Wiley, 1998.

Graybill, F. A., and H. K. Iyer. *Regression Analysis: Concepts and Applications.* Wadsworth, 1994.

Hosmer, D. W., and S. Lemeshow. *Applied Logistic Regression,* 3rd ed. Wiley, 2013.

Kleinbaum, D. G., L. L. Kupper, A. Nizam, and E. Rosenberg. *Applied Regression Analysis and Multivariate Methods,* 5th ed. Cengage Learning, 2013.

Mendenhall, M., T. Sincich, and T. R. Dye. *A Second Course in Statistics: Regression Analysis,* 7th ed. Prentice Hall, 2011.

Montgomery, D. C., E. A. Peck, and G. G. Vining. *Introduction to Linear Regression Analysis,* 5th ed. Wiley, 2012.

Neter, J., W. Wasserman, M. H. Kutner, and C. Nashtsheim. *Applied Linear Statistical Models,* 5th ed. McGraw-Hill, 2004.

## Monte Carlo模拟

Bell, P. *Brent-Harbridge Developments, Inc.* Richard Ivey School of Business, University of Western Ontario, 1998.

Law, A. M. *Simulation Modeling and Analysis,* 4th ed. McGraw-Hill, 2006.

Ross, S. *Simulation.* Academic Press, 2013.

Savage, S. L. *Flaw of Averages.* Wiley, 2012.

Talib, N. N. *Fooled by Randomness.* Random House, 2004.

Wainer, H. *Picturing the Uncertain World.* Princeton University Press, 2009.

Winston, W. *Decision Making Under Uncertainty.* Palisade Corporation, 2007.

## 电子表格建模

Leong, T., and M. Cheong. *Business Modeling with Spreadsheets: Problems, Principles, and Practice,* 2nd ed. McGraw-Hill (Asia), 2010.

Powell, S. G., and R. J. Batt. *Modeling for Insight.* Wiley, 2008.

Winston, W. *Excel 2016 Data Analysis and Business Modeling.* Microsoft Press, 2016.

## 统计推断

Barnett, V. *Comparative Statistical Inference,* 3rd ed. Wiley, 1999.

Casella, G. and R. L. Berger. *Statistical Inference,* 2nd ed. Duxbury, 2002.

Roussas, G. G. *An Introduction to Probability and Statistical Inference,* 2nd ed. Elsevier, 2014.

Wasserman, L. *All of Statistics: A Concise Course in Statistical Inference,* Springer, 2004.

Welsh, A. H. *Aspects of Statistical Inference,* Wiley, 1996.

Young, G. A. and R. L. Smith. *Essentials of Statistical Inference,* Cambridge 2005.

# 译者后记

与前一版相比，本版在很多方面做了改进，主要表现在：章节的增删、内容编排的调整、大数据知识的充实、Excel 数据分析新功能的讲解、电子辅助资料和纸质图书的配合使用。

本版一共由 15 章组成，比上一版增加了三章。其中：将上一版的第 6 章"数据挖掘"改写成现在的第 4 章和第 9 章——"描述性数据挖掘"和"预测性数据挖掘"，分别进行讲解；新增了两章内容，即第 5 章"概率：模式化不确定性原理"、第 6 章"统计推断分析"；基本上重新编写了蒙特卡洛模拟这一章的内容。本版的目录与上一版对比如下：

| 第 3 版目录 | | 上一版目录 | |
|---|---|---|---|
| 第 1 章 | 导论 | 第 1 章 | 导论 |
| 第 2 章 | 描述统计分析 | 第 2 章 | 描述统计分析 |
| 第 3 章 | 数据可视化 | 第 3 章 | 数据可视化 |
| 第 4 章 | 描述性数据挖掘 | | |
| 第 5 章 | 概率：模式化不确定性原理 | | |
| 第 6 章 | 统计推断分析 | | |
| 第 7 章 | 线性回归分析 | 第 4 章 | 线性回归分析 |
| 第 8 章 | 时间序列分析与预测 | 第 5 章 | 时间序列分析与预测 |
| 第 9 章 | 预测性数据挖掘 | | |
| | | 第 6 章 | 数据挖掘 |
| 第 10 章 | 电子表格模型 | 第 7 章 | 电子表格模型 |
| 第 11 章 | 蒙特卡洛模拟 | | |
| 第 12 章 | 线性优化模型 | 第 8 章 | 线性优化模型 |
| 第 13 章 | 整数线性优化 | 第 9 章 | 整数线性优化 |
| 第 14 章 | 非线性优化问题 | 第 10 章 | 非线性优化问题 |
| | | 第 11 章 | Monte Carlo 模拟 |
| 第 15 章 | 决策分析 | 第 12 章 | 决策分析 |

除了各章的重要改动外，还增补了一些节的内容，例如，在"描述统计分析"这一章增加了一节"数据清洗"；在"数据挖掘"部分增加了对"文本挖掘"的介绍；在"线性回归分析"这一章中新增了"大数据与回归分析""回归预测分析"两节内容。

本版的编写仍然采用了由商务数据统计分析逐步过渡到商业数据分析的思路，全书教学内容可以划分成描述性数据分析、预测性数据分析和指导性数据分析三个组成部分。但在各章编排顺序上做了一定的调整，尤其是把蒙特卡洛模拟这一章从上一版的优化模型有关章节之后，移到在优化模型章节之前介绍，从而能与第 10 章电子表格模型更好地衔接起来。因此，本版各章的编排使得知识点的讲解更为紧凑，除第 1 章导论对数据分析的概念与性质、分类、应用进行总括性介绍外，第 2～6 章着重讲解了数据资料的描述分析，第 7～11 章主要是关于预测性定量分析的原理及其应用，第 12～15 章大致可以归结为指导性数据分析的教学内容。

在目前的商务活动情境下，大数据是一个绕不开也回避不了的话题。本版的编写，在有关大数据的内容上做了很多的充实。对大数据的一般知识，除了介绍大数据产生的现实背景、大数据的基本内涵之外，还有意地讲解了大数据的性质特点，通过实际事例介绍了大数据在工商企业管理中的应用价值，结合具体案例说明了如何对大数据进行整理。在"统计推断分析"这一章，就大数据对统计推断的影响做了很好的说明，包括大数据与抽样误差、大数据与统计置信区间估计、大数据与统计假设检验的关系等。在"线性回归分析"这一章中，讲解了大数据对回归分析的影响。商业大数据分析离不开统计，但大数据也给传统统计数据分析方法带来了挑战，本书作者对大数据与统计数据分析的这些观点是值得学习、思考的。

本版对 2016 版 Excel 的数据分析和模拟新功能使用做了较为详细的讲解。主要体现在以下各个方面：Excel 自荐的数据透视表，Excel 的箱线图功能，Excel 数据资料的高级可视化功能（如利用 Excel 绘制树映射图、利用 Excel 绘制地理信息系统），Excel "预测表"的运用，Excel 的"方案管理器"等。相比于数据分析、数据挖掘、仿真模拟、优化求解专业软件，Excel 的普及程度要大得多，尤其是新版 Excel 开发了许多新的实用价值大的功能，因此系统介绍 Excel 在日常商业数据分析中的运用，无疑会激发数据分析知识初学者的兴趣。

《商业数据分析》第 2 版中文版面世后，经常有用户发送邮件索要书中讲解的软件 Analytic Solver。这款软件有试用时间限制，此后需要付费使用，因而给学习者带来诸多不便。本版改用 Excel，讲解 Excel 的数据处理、模拟和优化分析，由此给教师和学生带来更多的选择，至少让教师或学生可以根据各自的兴趣与方便选择熟悉的软件进行教学活动。

本版的修订还表现在其他许多方面：根据章节修订后的内容，增删和重新编写了复习思考题；对书中部分章节案例性质的"数据分析案例"做了更新替换；新增和替换了部分"案例讨论"题目；对书中使用到的商业活动背景说明资料进行了更新和修改。

本版的编写延续了以前版本的优点，在讲解相应的数据分析方法和模型的时候，总是从商务活动实际背景材料出发引出数据分析的问题及方法，对分析工具的性质、应用注意事项进行细致的说明，然后讲解如何利用 Excel 的功能进行求解，最后对数据分析的结果给出解读。这样做有三个方面的效果：一是能让读者真切地体会到商业数据分析的实用价值；二是帮助初学者正确地理解数据分析和数据分析方法原理；三是能够帮助初学者掌握数据处理的软件。由此避免了只知道商业数据分析的知识而不能动手处理数据，或者只知道使用软件而不知道其中原理的不足，从而引导读者更好地把数据分析方法知识原理的学习和软件实际操作结合起来。另外，各个章节的注释与点评，对讲解的相关数据分析方法的局限性做了提醒，意在帮助学生更深入地认识和理解所学的知识，同时给那些希望进一步加强数据分析方法学习的人指出了方向。

　　本书的翻译历时五个多月，在这期间我每天的工作基本上都是围绕着翻译进行的。年过半百了，就是想试试自己还有没有坐下来的那份毅力和耐心。特别感谢机械工业出版社的编辑提供的学习机会！记得在接到编辑的电话不久后我就后悔了，因为翻译这件事吃力不落好，但抱着既然答应了人家就不能把人家的事情搞砸的心态，我一再暗示自己要坚持住。全书由我独自翻译完成，尽管希望做得更好，但由于个人才识不逮，翻译中存在的错误和不足在所难免，恳请读者批评指正。

耿修林

2019 年 10 月 12 日

# 数据科学与大数据管理丛书

**运筹学：原理、技术及应用**

作者：肖勇波 编著　ISBN：978-7-111-67203-6　定价：49.00元

**Python基础与应用**

作者：林志杰 陈宇乐 编著　ISBN：978-7-111-70454-6　定价：55.00元

**Python应用基础**

作者：谢志龙 李庆 著　ISBN：978-7-111-68513-5　定价：49.00元

**人工智能：技术、商业与社会**

作者：闵庆飞 刘志勇 编著　ISBN：978-7-111-67648-5　定价：49.00元